中国訴訟社会史の研究

夫馬 進 編

京都大学
学術出版会

まえがき

本書は科学研究費補助金による共同研究「東アジア史上における中国訴訟社会の研究」（二〇〇六年四月～二〇一〇年三月）の成果報告書である。

「訴訟社会」という日本語は、本書第一章「概論」で記したように、おそらくは英語のLitigious Societyを翻訳したものである。リティジャスとは訴訟好きなという意味であるから、中国語訳するとすれば「好訟社会」がより適訳であろう。私自身、中国人研究者に「訴訟社会」を説明する場合、「好訟社会」の語をしばしば用いてきたし、私の論文を中国語訳する時にもこの語を使ったことがある。しかし日本人にとっては普通、これら「訴訟社会」と「好訟社会」には若干のニュアンスの違いが感じられるようである。我々が「訴訟社会」と聞いた場合まず思い浮かべるのは、訴訟が多発することにより、これを身近に感じる社会というものであって、訴訟好きな社会であるというのは、より二次的なものではないか。さらに言うなら、人々は訴訟を好まないのに巻き込まれざるを得ない社会、というニュアンスさえ帯びている。訴訟が多いことを伝統中国では「健訟」と言った。したがって現代日本で言う「訴訟社会」を中国語を用いて表現するなら、「好訟社会」より「健訟社会」の方がより近いであろう。本書で言う訴訟社会とは、何でも訴訟に持ちこみ論争するのを好む社会（好訟社会）を示すとともに、この訴訟が多発することにより人々がそれを身近に感じざるをえない社会（健訟社会）、をも示す。また本書は「訴訟の社会史（Social History）」という側面を一部含むが、これはむしろ二義的な意味しか持たない。

さて、かつての中国社会では訴訟が多発していた、あるいは好訟であったということは、中国史研究という分野で常識となっているわけでは決してない。むしろ普通の研究者が「中国訴訟社会史」とか「中国好訟社会史」という言葉を聞いたなら、現在のところむしろ奇異にすら思うであろう。現に昨年、私がある中国人研究者に対して間もなく本書『中国訴訟社会史の研究』が公刊されようとしていると言ったところ、さっそく『論語』に見える孔子の言葉、すなわち「自分は訴訟が起ることそのものを無くしたく思う（必也使無訟乎）」との言葉を引き合いに出しつつ、中国ではかつて訴訟は少なかったのではないか、と驚かれたことがある。普通の見方、つまり中国法文化に関わる常識的な認識によれば、孔子が理想とした「無訟」の世界を実現することが為政者らの当然なすべきこととされ、被治者もこれにならって訴訟を好まなかった、すなわち「厭訟」であったとされてきたのであった。

かつての中国では訴訟が多かった、あるいは好訟であった、少なくともそれが多発し好訟であった時代や地域があったということが議論されるに至ったのは、必ずしも古いことではない。このことが問題にされるに至ったのには、おそらく私が一九九三年、中国明清時代では訴訟が多発していたと具体的なデータをもとに主張したこと、それが一九九八年に中国語訳されたことが一つの契機となっているであろう。すくなくとも中国の学界は、そうであるかに見える。私が注目したのは訟師という当時の感覚で言えば訴訟ごろつき、現代でいえば弁護士、中国で言う律師に似て非なる者たちである。私は一九九三年以来、彼ら訟師が果たした社会的役割や訟師秘本と呼ばれる訴訟のためのマニュアル本に関心を持ち、今日に至っている。

数年前、私は中国の人々と訴訟との関わりについて、より広くより深く知りたいと思うようになった。人々は訴訟することに何を求めたのか、求めはかなえられたのか、旧中国で訴訟がどの程度に起こっていたのか、人々は本当に好訟だったのか、あるいは歴代の政府は訴訟の多発に対してどのような施策をとりこれを抑え込もうとしたのかなど、さらに詳しく知りたく思った。さらにまた、中国ではいつから訴訟が多くなったのか、逆に民国時代はどうであったか、その中国的特色というものは何であったのか、知りたく思った。そこでこの種の問題に私と同じく関心を持つ何人かの先生方に、科学研究費による研究を行おうではないかと相談したところ、幸いに賛同を得た。共同研究への参加者は私のほか、浅井正（愛知大学法科大学院）、岩井茂樹（京都大学人文科学研究所）、大平祐一（立命館大学法学部）、髙嶋航（京都大学文学研究科）、谷井俊仁（三重大学人文学部）、谷井陽子（天理大学文学部）、辻正博（京都大学人間環境学研究科）、寺田浩明（京都大学法学研究科）、籾山明（埼玉大学教養学部）、伍躍（大阪経済法科大学教養部）の各氏であり、外国からは阿風（中国社会科学院歴史研究所）、陳宝良（西南大学歴史文化学院）、范金民（南京大学歴史系）、黄源盛（国立政治大学法学院）、王志強（復旦大学法学院）の各氏が参加された。当初さらに韓国から二人の研究者が参加することになっていたが、私の不手際から参加していただけなくなったのは残念である。

私が先に述べた諸問題に近付くために具体的にやりたいことは、大きく言って二つあった。共同研究参加者はその専門が中国では明清時代を中心に古代から現代にまたがり、しかも日本や韓国にまで及ぶ。各世界、各時代における人々と訴訟との関わりについてその具体像を出しあい、これをもとに共通認識を深めること、これが第一であった。我々は四年間の間に二七回研究会を聞き、それぞれ専門に関わる研究報告をするとともに、James Whitman（イェール大学法学院）、邱澎生（中央研究院歴史語言研究所）、劉増貴（中央研究院歴史語言研究所）の各氏をお招きして研究報告をしていただいた。

もう一つしたかったのは、実際の訴訟档案（文書）を参加者一同で読むことであった。今回の参加者の内七名は、かつて行った科学研究費による共同研究「中国明清地方档案の研究」（一九九七年四月～二〇〇〇年三月）のメンバーと重なっている。我々は中国の地方档案について、先の共同研究において『順天府档案』の訴訟にかかわる部分のマイクロフィルムを購入し、四川省档案館などで関連史料を調査収集するなど、すでにおおよそ目鼻をつけることができるようになっていた。

本共同研究を始めるしばらく前、ちょうど四川省档案館蔵『巴県档案』がマイクロフィルムの形で売りに出されるに至っていた。私が会読用に購入したのは、このうち『巴県档案（同治朝）』である。なぜ同治朝のものをまず選んだかというと、一つには次の光緒朝のものは数量が多く高価であり、科学研究費によって一括購入することは到底不可能だったからではある。しかし、同治朝のものを選んだより積極的な理由が別にあった。それは江南地方の訴訟档案については、数量ははるかに少ないが日本国会図書館に同治年間から光緒初年にかけての『太湖庁档案』（登録名は『太湖理民府文件』）が蔵されており、これとの比較が可能だからである。さらに言うなら、同治一一年（一八七二）には、上海で『申報』が発行されはじめ、この新聞にしばしば訴訟に関連した記事が載っているので、やはり同じ時期における二つの地域の訴訟と社会について比較することが可能であると考えた。研究会には正式なメンバーのほかに何人かの学生諸君が常時参加した。彼らが担当したものを含め、『巴県档案（同治朝）』の会読は合計九回行われた。数ある案件のうちどれをテキストにするかは担当者各人の関心に従い、自由に選んでいただいた。私自身は各ジャンルについてできるだけ満遍なく広く読んだ。

清代四川省の巴県とは、現代の重慶市にあたる。『巴県档案』から浮かびあがる清末同治期（一八六二〜一八七四）の訴訟のあり様、それを何と表現したらよいのであろうか。「無訟」とも「厭訟」とも無縁であったことは、言うまでもない。私は「概論」において、「同治年間の『巴県档案』を読むものは誰でも、そこには〝訴訟社会〟などという言葉がなお温和すぎることを感じるであろう」、と感じるがままに書いた。さらに誰もがそこでは「どす黒い巨大なエネルギーが渦いていたことを感じるに違いない」とも書いた。この社会を「訴訟社会」と表現するのが適当なのか、あるいは「好訟社会」と評する方が適切なのか、はたまた別により適切な表現があるのかどうか、ここでは一まず置く。まず間違いないと思うのは、『巴県档案（同治朝）』の会読会に参加した者はおそらくは誰でも、そこでは自分が生き延びんがために訴訟が様々な手練手管を伴って利用され、すさまじいばかりの訴訟合戦が繰り広げられていたこと、これを実際の史料をもって実感したことである。

膨大な『巴県档案』のうち我々が同治朝のものを購入して会読したのは、偶然といえば偶然であったが、「中国訴訟社会史」をタイトルとして掲げた我々にとっては幸運なことであった。というのは、かりに『巴県档案』のうち乾隆朝や嘉慶朝のものを購入して読んでいたとしたら、おなじ巴県という一地域にかかわるものでありながら、人々の訴訟と裁判に対する関わりとしてはまったく違ったものを摑んでいたに違いないからである。これについても私は「概論」で簡単に触れた。

本書収録論文の執筆に当たっては、四、五人の先生には私の方から特定のテーマで書いていただくようお願いしたほか、他の先生方には訴訟にかかわることであればどんなテーマでもかまわないとして、自由に書いていただいた。私は「概論」を担当したが、これは中国訴訟社会史と名付ける書物を公刊する以上、ここに収録する個別論文だけではどうしても漏れてしまういくつかの重要な論点がある、と考えたからである。これを補う必要があると考えたためである。この意味で「概論」とは称するものの、執筆者全員の総意を踏まえ、満遍なくこれをまとめて書いたものではないこと、そこに誤りがあれば当然私一人の責任であることをはじめに記しておきたい。

毎回開かれる研究会には、日本側のメンバー各位は忙しい日程の中でもほとんど全員が参加された。海外のメンバー各位も多忙であるにもかかわらず時間を作っていただき、何度か京都へお来しいただいた。范金民先生と陳宝良先生には草書体を解読する訓練会まで担当していただき、これには京都大学大学院文学研究科と法学研究科などの学生諸君が多数参加した。研究分担者としての各先生には、研究代表者である私の独断専行をよくお許しいただいた。ここに心よりお詫びするとともに感謝する。

研究会には正式メンバーのほか、新堂幸司（東京大学名誉教授）、臼井佐知子（東京外国語大学）、井上徹（大阪市立大学）、脇田喜智夫（御所南法律事務所）、山崎岳（京都大学人文科学研究所）の各氏がしばしば参加してくださり、それぞれ有益な発言をしてくださった。学生諸君の中では、箱田恵子、水越知、石野一晴、田邉章秀の諸君が毎回のごとく参加し、会場の設営から通訳にいたるまで様々に助けてくれた。また我々は三回にわたって成都へ赴き、四川省档案館で『巴県档案』の調査収集にあたった。そこでは郭紅玲女史（西南交通大学）に大いに助けていただいた。中央研究院近代史研究所が購入した『巴県档案（乾隆朝・嘉慶朝）』のプリントアウトについては、林月恵女史（中国文哲研究所）と鄭〓謨君に助けていただいた。邱澎生先生には、この史料の目録をいただいた。以上の方々に心より感謝する。

最後に残念に思うことを二つ記さねばならない。一つは二〇〇七年六月に谷井俊仁氏が急逝したことである。彼は本共同研究に先立つ「中国明清地方档案の研究」の時から、有力メンバーの一人として活躍した。飄々としたところがある一面、責任感は人一倍強かった。中国法制史の方面で将来大きな仕事をすることになると誰からも期待され、この点で間違いなしに我々のホープであった。その彼が、これから大輪の花を咲かせんとする直前になって、我々の世界からいなくなってしまった。私は返すがえすも残念でならない。責任感の強い彼のことだから、今回の報告書にも大作を寄稿してくれていたに違いなく、本書のためにも残念至極である。

あと一つ残念なのは、滋賀秀三先生（東京大学名誉教授）が二〇〇八年二月に逝去されたことである。本書執筆者のほぼ全員は、あるいは受講生としてあるいは私淑するものとして、先生に様々にご指導いただき仰ぎ見てきた。おそろしいほどにシャープで目の見える先生であった。先生を評するに畏敬の二字が最もふさわしいであろうが、少なくとも私には常に温かい励ましの言葉をかけてくださった。先生に我々の報告書を御批判いただけないのが、残念である。

本書の出版に当たっては、京都大学教育研究振興財団より出版助成をいただいたことに感謝する。また京都大学学術出版会の國方栄二氏には、本書編集に際してお世話になった。中田裕子さんにはこの研究会を準備する段階から報告書を出版する段階にいたるまで、資料整理など事務万端においてまったく無能な私を助けていただき、ハードワークをこなしていただいた。最後になるが、お二人に心より感謝する。

二〇一一年一月九日

夫馬　進

目次

第四部

第一部

第一章　中国訴訟社会史概論

夫馬　進

はじめに

現在「訴訟社会」として定着している日本語は、英語のリティジャス・ソサイエティー（Litigious Society）を翻訳したものである。リティジャスとは「訴訟好きな」という意味であるから、これを中国語訳するとすれば「好訟社会」がより相応しいであろう。

「訴訟好きな社会」の代表として常に挙げられるのは、現代アメリカ社会である。(1) 訴訟社会を語る場合、これまでであれば訴訟になるとは考えられないささいな問題につき、一市民が裁判に訴えるに至っていることが事例としてしばしば引き合いに出される。また訴訟件数の多さが訴訟社会であることの証拠とされることもあるし、弁護士の多さがその証拠とされることもある。なぜなら、弁護士が人々の身近な存在であることが訴訟と裁判へのアクセスを容易にしていると考えられるからである。そこは「法による支配」がなされる社会である。人々は「救済を受ける権利がある」と主張し、その権利は法で保障されていると主張する。彼らは弁護士の助けをかり、法を根拠として訴え出る。またそこは民主社会であり、少なくとも理論上は誰もが訴えることができる社会である。かつてのヨーロッパ伝統社会であれば慣習が法よりも重んじられ、また紛争を解決する手段としては民間での調停がしばしば用いられた。かつてはコミュニティーの規制力が、人々が訴訟へ至ることを妨げていた。ところがそこにかつてあった父権的な強制力やコミュニティーの規制力が取り払われた結果、人々はあるトラブルが生じた場合、これを自らの権利に対する侵害であるとして、ただちに裁判に訴えるに至った。要するに現代アメリカ社会は、かつてのコミュニティーが崩壊し、権利意識が発達した「法化社会」であるから、人々は訴訟好きとなり、そこでは訴訟が多発するのだとされる。

おそらく、現代アメリカ社会の対極に位置すると考えられてきたのが、かつての中国社会であろう。たとえばあるヨーロッパ法制史を専攻するアメリカの研究者は、帝政期の中国では民事紛争を解決するための法廷が存在しなかったと述べている(2)。欧米の研究者の多くはこれまで、旧中国の社会は法や権利によって成りたつよりも、より儒教倫理にもとづく礼や恭順によって成りたってきたと考えてきたからであろう。あるいはまた、人々の争いは法廷に持ち込まれる前に、親属という紐帯あるいは村落などのコミュニティー内部で解決されたと考えてきたからであろう。そこはいわゆる専制支配が行われたところであって、民主社会ではまったくない。専制支配が行われるところでは、統治者が儒教倫理に従い訴訟の少ないことを望むのであれば、これを押さえ込んで法廷にまで持ち出されることを防ぐことが可能であった、と考えたのかもしれない。あるいは中国専制支配と密接に関係する刑事法廷が発達を遂げた分だけ、民事法廷が逆に発達しなかったと考えたのかもしれない。

しかしこの種の考え方がまったくの誤りであり、かつての中国社会の一面をとらえたものでしかないことは、本章において事実をもって明らかになるであろう。まず第一に、「健訟」の語、「好訟」の語が中国ではすでに千年前から文献にしばしば現れるからである。健訟の健とは壮健の健、すなわち盛んに訴訟をすること、好訟とは訴訟を好むこと、まさしくリティジャスなことである。これらの語が史料の中で多く現れ始めるのは宋代、つまり十世紀、十一世紀の頃からである。

第二に権利意識の問題がある。前近代の中国では、たしかに権利意識という言葉や概念はなかったかもしれない。しかし権利意識に代わる情理意識と呼ぶべきものは確実にあった。それは人情と道理が一緒になった意識、あるいは人情にもとづいた道理の意識である。アメリカにおける権利意識は自分が正しいと主張する時、法を何らかの根拠に掲げるのに対して、中国の情理意識は法と一致する場合もあれば、法と乖離する場合もあった。少なくとも本章で問題とする漢代以降には、この情理意識にもとづいて自分が正しいと訴え出ることはきわめて当たり前のことであった。それが専制権力によっていつも押さえつけられていたようには見えなし、またこの情理意識にもとづいて起こる軋轢が、親属や村落などの狭い範囲内でいつも解消できていたようにも見えない。

第三に、かつての中国には訴訟についてよりゆゆしい問題があった。それは、訴訟はこのような情理意識などという綺麗ごとだけで起こったわけでは決してないことである。少なくとも宋代以降では、法律上は言うまでもなく人情から見ても道理から見ても、特段に相手が悪いわけではないと内心では知りながら、人々は何のかんのと口実を設けて訴えた。その種の行為は「図頼」と呼ばれるのが普通であった。それは希図頼騙、図騙抵頼などを省略した表現であり、言いがかりをつけて相手を騙し、金品などを巻き上げることである。それが訴訟という手段を使ってなされる場合、それは「言いがかり訴訟」というべきものとなる。金銭の貸借や土地争いという現代で言えば民事案件から殺人や盗難という刑事案件にいたるまで、要するに事件をでっち上げ責任の所在を人になすりつける訴訟がしばしば起こっていた。原告がそうであるなら、被告もこれと同じ態度を取った。現代のアメリカさらには日本においても、この種の「言いがかり訴訟」「たかり訴訟」はあるが、旧中国の場合、その量においても質においてもこれをはるかに上まわり、問題が深刻であったようである。

さらに問題とすべきは専制支配と訴訟との関係である。一見すれば、専制支配が行われたことは、訴訟を少なくする要因になったかのごとくである。しかしかつての中国で専制支配が行われたことは、それが訴訟を少なくする要因であると同時に、一面ではむしろ民間で争いをより多く生み出す要因となり、またその争いがより多く法廷に持ちこまれる要因となったのである。

本章の目的の第一は、「訴訟社会」という語に相応しい社会がかつての中国には間違いなくあったことを示しつつ、これら「訴訟が身近である社会」を導いた要因とは何であったか、考察を加えることである。この際、専制支配と訴訟との関連が論点の主軸に据えられるであろう。

本章の目的の第二は、現存する档案をもとに、清代の一つの県で何枚程度の訴訟文書が毎年官庁に提出されていたのか、これを推計することである。ある社会を訴訟社会であると主張するなら、何らかの数量的裏付けが不可避であると考えるからである。そしてこの問題と関連して、あまりに訴訟が多発するようになったため、債権回収案件などは瑣末な問題と見なされ、訴状を提出しても多くは受理されなかった、従って档案文書として現存するに至らなかった実態をも示すであろう。

第三の目的は、第二の問題のようにかつての中国における訴訟を数量として示すのではなく、質として示すことである。各時代の中国の人々が与えられた制度の中で、訴訟や裁判に何を求めどのように関わってきたのか、その具体像を示すことである。なかでも清代巴県档案という一地方文献の中からいくつかの事案を紹介することによって、そこが「訴訟社会」という言葉が普通われわれに喚起するイメージより、はるかに激しく訴訟が闘わされた社会であったことを示すことにしたい。

第一節　無訟の理念と費孝通の無訟論――『太湖庁档案』と『巴県档案』

つい近年になるまで、ヨーロッパ法制史の研究者の一部では、かつての中国には民事紛争を解決するための法廷すら存在しなかったと考えられてきたこと、すでに述べたとおりである。中国法制史を研究する者がこのような極端な考え方をすることはもちろんなかったが、しかし中国における法制史の学界でさえ、前近代の中国社会でもどうやら訴訟が多発していたらしいと考えられ始めたのは、つい近年になってからのことである(3)。そして中国ではかつて訴訟が少なかったと見なしこの種の議論をする場合、必ずといってよいほど挙げられる論拠が二つあった。一つは孔子が訴訟について述べたとされる言葉であり、今一つは、著名な社会学者にして文化人類学者である費孝通が自らの体験にもとづいて述べた報告である。中国訴訟社会史を論ずるにあたって、われわれはまずこの一つの理念、一つの言説がどの程度信憑性を持つのか、検討することから始めよう。

その孔子の言葉とは「訟を聴くは吾れ猶お人のごときなり。必ずや訟無《な》からしめんか（必也使無訟乎）」（『論語』顔淵）である。彼は、法廷で人々の訴えを聴くということでいえば、自分も他の者と似たようなものであろうが、自分はむしろ必ずや訴訟が起こることそのものをなくしたく思う、と言ったという。孔子とその信奉者たちは、社会から訴訟そのものをなくそうとするにあたって、為政者及び被治者とに譲り合いと相手を思いやる仁の気持ちを生み出させ、礼の精神を自ら内面化するまで教えこむことによってそれは実現されると考えていた。この種の統治理念は一般に徳治主義あるいは礼治主義と呼ばれる。儒教が国家の統治理念として定着した漢代以降になると、この「無訟」あるいは「必ずや訟無からしめんか」という孔子の言葉が文献におびただしく登場し、実際にこれが実現された様子が美談として記されるようになる。(4) たとえば後漢では、王堂が山東省の一地方を治めたとき、数年の間、訴訟をなくすことに成功したという。(5) また、北斉の天保年間（五五〇～五六〇）のこと、宋世良がある地方官になったときには、未決監獄で判決を待つものが一人もおらず、獄内には櫓《たで》が生え、桃の木や蓬藁《よもぎ》が一面に生い茂るに至り、官庁の中は訴訟するものがいないために静まりかえっていた、と伝える。(6) また隋の開皇年間（五八一～六〇〇）、劉曠がある地方官になった時にも、人々は彼の徳化による影響を受け、訴訟は絶えて未決監獄にはことごとく草が生え、法廷となる屋外の庭では鳥をとるための網が張られるまでに閑散としていたという。(7)

これら無訟の理念とその実践を記した記録は、二千年近くにわたって連綿と続くのであって、『清史稿』循吏伝でもこの種の話が数多く伝えられる。たとえば楊栄緒が同治年間（一八六二～一八七四）に湖州府知府となった時、その裁判の公正さに人々は感服して訴訟は日々に減少し、ついには刑具は朽ちはて、官庁の差役たちは訴訟と裁判がないのでは食ってゆけないために府庁の門前に座して瓜を売って自活するに至ったと伝える。(8) この種の話、すなわち無訟が実現されたという話に訴訟が減少したという話を加えるならば、正史のみならず地方志や文集に記される歴代地方官たちの伝記の中に、ほとんど無数と言ってよいほどに登場するであろう。

一方、費孝通が『郷土中国』の一章「無訟」の中で伝える民国期の中国農村社会とは、次のようなものである。費孝通が描く農村社会は「郷土社会」と呼ばれて概念化されている。それは「都市社会」においてはすでに律師つまり弁護士が活躍し、法律が重視されるようになっているのとは違う世界である。そこでは、争いが起こっても訴訟を起こすことはつとめて回避される。では、民間における紛争はどのようにして解決されるかというと、長老による調解、すなわち調停仲裁によって解決されるという。彼は実際に農村で体験したこととして、この種の調解のための集会に何度か参加したことを伝えている。(9)費孝通による報告は実態調査にもとづくものであるから、臨場感に溢れており信憑性を感じさせる。彼の観察、すなわち農村では争いは長老たちによる調解によって解決され、人々はめったに訴訟しないとの観察は、歴代の文献すなわち漢代から清代に至る文献の中にこれまた無数と言ってよいほどに記される事例と符合する。歴代の統治者たちは、訴訟をすることが結局のところいかに損失であるかを繰り返し繰り返し人々に教えるとともに、かりに争いが起こったとしても政府の最末端に置かれた出先機関、すなわち県にまで上げさせ受理することは極力避けた。その代わりに利用したのが郷村に住む「長老」である。里長、耆老、老人、社長、郷約、約保、保長などと呼ばれる者たちである。実際に訴訟が取りあげられ裁判になってからも、統治者はこれらを使って調解させることに努めた。無訟の理念と郷村における自治とは、そこでは親和的なものと考えられていたと言ってよい。費孝通の無訟論は歴代の統治者たちも理念として主張したところであって、康熙帝が定めた聖諭十六条の一条「郷党を和しもって争訟を息む」とは、この両者が親和的であることを最もよく表したものと言ってよいであろう。

しかしこのような見方には二つの大きな問題が含まれる。一つは費孝通がその無訟論を展開するにあたり、彼は一体どこの農村をイメージしていたのかという問題である。さらに言えば、彼がイメージしたその農村は、中国の広い地域と長い歴史の中でどこに位置づけることができるか、という問題である。費孝通自らが記した履歴や『郷土中国』後書きなどによるかぎり、彼がこの書を著す前に農村調査を行ったのは、一九三六年にイギリスへ留学する直前、江蘇省呉江県の開弦弓村で二ヶ月間にわたって行ったものと、一九三八年に帰国後、昆明の農村で行ったものの二回である。このうち『郷土中国』に投影された農村とは、それが中国の典型的な事例としてイメージされているのだから、辺境昆明のものではほとんどありえない。すなわちそれは、彼の故郷、呉江県城の近郊農村であり、なかでも開弦弓村を除いてありえない。『郷土中国』で概念化されモデル化された郷土社会が、彼のデビュー作*Peasant Life in China*(『中国の農民生活』)で調査対象とされた開弦弓村ときわめてあい似たイメージをもって描かれていることも、これを裏付ける。[10] 一農村における農民生活を詳細に記述したこの書の中でも、一度として訴訟にかかわる話が出てこない。これは『郷土中国』で述べる、彼自身が調解のための集会に何度か出席した体験と呼応している。彼が「無訟論」を展開するにあたってその基礎とした情報は、主に一九三六年に自ら赴いた江蘇省蘇州府呉江県開弦弓村で得たものと考えてよいであろう。

とすればわれわれは幸い、これより約五〇年前に遡るが、開弦弓村と目の鼻の先にあった一郷村地域で作られた訴訟文書群を持っている。そして同時にまた、これとまったく違う地域のものであるがまったく同じ時期に作成された訴訟文書群をも持っている。われわれは今、費孝通が体験したものそのままではないとしても、これと同じ地域で農村をつき破って訴訟にまで至ったいくつかの事例を知ることができるし、またこれを同時期の別の訴訟文書群と一緒に読むことによって、彼の見聞とはその実何であったのかを知ることができる。

開弦弓村とほど近い郷村地域とは太湖庁である。開弦弓村と太湖庁とは太湖の狭い入江を隔てて、わずか一〇キロほど離れているだけである。日本の国会図書館には『太湖庁档案』が現存する。それは江蘇省蘇州府太湖庁で生み出された文書群であり、そのうち訴訟にかかわる档案は合計二一件を数える。清末同治八年(一八六九)から光緒二年

（一八七六）にかけてのものである。(11)

一方、中国四川省档案館には『巴県档案』が現存する。巴県はかつて四川省重慶府城に県庁を置き府城内外の都市部とその近郊郷村部とを管轄領域としていた。その大半は訴訟档案であって、同治年間（一八六二～一八七四）のものだけでも合計約一万七〇〇〇件近くを数える。

さて、これら『太湖庁档案』と『巴県档案』という同じく清末同治年間に作られた訴訟文書を読み比べるなら、誰もがそこに生きた人々の訴訟との関わりについて、またそこでなされていた裁判について、まったく異なる姿を見出すことになる。その二つの類型を詳しく比較し論ずることは後日にゆずらざるをえないが、行論のためにさしあたりの印象として簡単に言っておけば、前者に見られる人々は実際に争いを起こしているにもかかわらず、同時代の巴県の人々に比べればはなはだ温和でおだやかである。裁きを下す地方官に対しても彼らはむしろ従順ですらある（No.27, 31）。当時の感覚では現在の刑事事件に相当したであろう案件については、たしかに枷刑などが加えられることがあるにはあるが、そこでは最も軽微な処罰である掌責（ビンタ）ですら、ほとんど加えられることがない。たしかにそこにも金銭トラブルがあり殴りあいもあり、さらには窃盗事件も相続争いもあって、だからこそこれらが裁判に持ち込まれる。しかし一つの事案について見ても、原告と被告の双方から提出される訴状の枚数はほとんどがそれぞれ一枚二枚程度であって、わずかである。案件の多くはこれらいくつかの訴状をもとに裁判が開かれ、地方官すなわち裁判官が堂諭（判決）を下し、原告と被告ともが結状つまり判決に従いますとの誓約書を書いて終わりとなる。あるいは判決が下りるまでに調解が成り立つ。またそのいくつかでは、訴訟裁判が進行している途中で、まさしく費孝通が実見したのと同じような「長老」が登場し、彼らが訴訟の取り下げを申し出ている（No.14, 16, 18, 26）。

巴県での訴訟と裁判はこれらの点ですべてまったく逆である。その実態については、後に第六節で見ることになるからここでは述べない。同治年間の『巴県档案』を読むものは誰でも、そこには「訴訟社会」などという言葉がなお温和すぎることを感じるであろう。そこではどす黒く巨大なエネルギーが渦巻いていたことを感じとるに違いない。清末同治年間というまったく同じ時期のものでありながら、『巴県档案』はそこが訴訟社会、あるいはそれ以上の社会であったことを伝えてくれるのに対して、『太湖庁档案』はそこが訴訟社会などという言葉とまったく無縁な社会であったことをわれわれに伝えてくれる。

このように日本国会図書館蔵『太湖庁档案』は費孝通の「無訟論」とあい通ずる農村社会に生きた人々の訴訟との関わり、彼らが体験した裁判のあり方を伝える点で貴重であるが、さらに貴重なのは同じく『太湖庁档案』と呼ぶべき文献が他にあって、この両者を併せて用いることによって、太平天国期をまたいで訴訟と裁判のあり方を比較することができることである。その文献とは南京博物院蔵『太湖庁档案』である。そこには嘉慶八年（一八〇三）から咸豊二年（一八五二）までの訴訟档案四十数件が収められる[12]。一方、『巴県档案』は乾隆、嘉慶期から同治期を越え宣統期にいたるまでのものを連続して含んでいる。したがってわれわれは、江蘇省太湖庁と四川省巴県という両地点での訴訟と裁判について、太平天国期をまたいでそれぞれの変化をも知ることができるし、さらにまた両地点における差異をも知ることができるのである。

まず南京博物院蔵『太湖庁档案』による限り、この時期すなわち太平天国期までの半世紀において、そこでの訴訟と裁判のあり方がすでに述べた同治時代のものと大きく違っていたようにはまったく見えない。当時そこに住んだ人々は、太平天国期後の档案に登場する人々と同様、巴県の人々に比べるならば温和でおだやかであった。原告と被告から提出される訴状の枚数もそれぞれほとんどが一枚二枚程度であって、これも同治年間とほとんど変わりがない。地方官つまり裁判官の権威もしっかり保たれており、彼に対する人々の態度も従順である。同治期のものと同様、この時期でもしばしば親属や近隣の者が仲介し、裁判の取り消しを申請している（No.2102, 2116）。各案件は多くの場合、原告と被告がともに結状を提出して終わりとなる。これも同治期と同じである。すなわち清末同治期のものとしてわれわれがすでに見たもの、太湖庁における訴訟と裁判の諸特徴は少なくとも清中期の嘉慶年間にはすでに形づくられていたのであって、そこに大きな差異を認めることができない。言い換えれば、費孝通の「無訟論」は太湖庁について見れば、少なくとも清代中期にまで遡って当てはまると言うことができるのである。

これに対して、太平天国期以前における巴県での訴訟と裁判は、同治期のそれと著しく違うものであった。筆者が選んだのは、乾隆二三年（一七五八）から六〇年（一七九五）にかけてのもの（『巴県档案（乾隆朝）』〈地権〉No.645~663、〈借貸〉No.1006~1024）と嘉慶元年（一七九六）から一六年（一八一一）にかけてのもの（『巴県档案（嘉慶朝）』〈地権〉No.1396~1415、1888~1917）計約九〇件にすぎないから、比較とはいえ実質的に乾隆・嘉慶期と同治期を比較したにすぎない。たしかに巴県の人々は乾隆、嘉慶期にあっても、嘉慶から同治期にかけて生きた太湖庁の人々よりはるかに荒々しい。一件あたりの訴状の数も太湖庁のそれに比べてたしかに多い。つまり「好訟」あるいは「健訟」というべき同治期のそれに連なる風気をすでにそこにうかがうことができる。しかし乾隆、嘉慶期の巴県と同治期のそれとでまったく違うのは、裁判のあり方である。乾隆、嘉慶期の巴県ではなお地方官の権威がしっかり保たれており、原告、被告ともに多くは彼の判決に従い、それに従ってしばしば結状を提出し終わっていた（乾隆朝No.1007, 1018, 1019, 1021）。また郷約や近隣の者が裁判の進行途中で重要な役割を果たしている。彼らは知県が命じた実情調査をこれまた従順に代行し、また調解においても十分にその存在意義を発揮していたと言ってよい（乾隆朝No.1013, 1015、嘉慶朝No.1888, 1889, 1891）。さらに案件が判決という最後段階にいたった場合、同治以降に比べるならば白黒が比較的はっきり分かれた一方的勝訴、一方的敗訴の判決が下されることが多い（乾隆朝No.1005, 1007, 1018、嘉慶朝

No. 1880, 1891, 1892)。ごく簡単に言えば、乾隆、嘉慶期では裁判という場で地方官の抑えが十分に利いていたのであって、郷約や近隣の者たちはその権威に服して実情調査を比較的に念を入れて行い、原告、被告もその威厳に服して結状を納め、一方を勝ちとする判決に多くは承服していたのである。これらの点では後に見る同治年間における裁判のあり方とまったく違っている。同じ同治期においても太湖庁と巴県においては訴訟と裁判のあり方がまるで違っていたことはすでに述べたが、このうち裁判のあり方に限って言えば、乾隆、嘉慶朝における巴県のそれはむしろ太湖庁のものに近いと言ってよいであろう。

かつてフィリップ・ホワンは中国での地方官は裁判において調停者としての役割を果たしたのか、あるいは裁判官としての役割を果たしたのかを論じ、巴県、宝坻県、淡新の各档案をサンプル調査したことがある。その結果、彼はこれら三档案に含まれる二二一案件の中で一七〇件、すなわち七六・九パーセントが一方的勝訴として明確に判決が下されたものであるとした。そのうち巴県についてみれば、四七件が原告側の一方的勝訴、二二件が被告側の一方的勝訴として知県により明確な判決が下されたとした[13]。つまり巴県では九八件中六九件、すなわち七〇パーセントが原告あるいは被告の一方的勝訴として判決がなされたとした。しかしホワンが『巴県档案』として抽出調査したのはすべて一八五〇年代すなわち咸豊年間以前のものであった。しかもそのうち約五八パーセントが乾隆年間から嘉慶初年(一七九九)にかけてのものであった[14]。いつの時点ではっきりした差異が表れたのかはなお検討せねばならないが、乾隆、嘉慶期における巴県での訴訟、裁判のあり方と同治期におけるそれとが非常に異なることは明らかである。さらに言えば、同治年間における判決に即して言うなら、それが原告側の一方的勝訴か被告側の一方的勝訴かを見分けることはきわめて困難なケースが多い。かりにそれをあえて見分けても、それにどのような意味があるかわからないケースが多いこと、後にいくつかの実例をもって見るとおりである。かりにホワンが『淡新档案』『宝坻档案』と同じく、『巴県档案』についても主に同治、光緒期のそれからサンプルを取っていたなら、まったく別の統計と結論が生まれていたであろう。

同じ清末同治年間でありながら、巴県と太湖庁とでなぜ訴訟と裁判のあり方がかくも違ってしまったのかについては、いくつかその要因を指摘することができる。その第一としては、両地方における人口問題の違いを挙げねばならない。清代に四川省で急激な人口増加があったことは、すでに周知のところである。最もここで問題にすべきは、一八五一年から十数年続いた太平天国の乱が、太湖庁と巴県という二つの地域で、人口変動にどのような違った影響を及ぼしたかである。ある推計によれば、巴県があった四川省重慶府では太平天国前の咸豊元年（一八五一）には四五五万人であったものが、太平天国が終息した後の光緒六年（一八八〇）には五五九万四〇〇〇人にまで増加していたという。二〇パーセント以上の増加である。一方、太湖庁が置かれていた江蘇省蘇州府では一八五一年に六五四万三〇〇〇人を数えた人口が、一八八〇年には二三六万七〇〇〇人に激減している。この三〇年間に実にその人口の六〇パーセント以上が減少したのである[15]。太平天国軍が蘇州城から撤退したのは同治二年（一八六三）のことである。蘇州府全体ではなく太湖庁に限ってみて、人口がどの程度変化したのかを示すデータを現在挙げられないが、一八八〇年頃に巴県に加わっていたような人口圧がなかったことは、ほぼ疑いないであろう。

両者に違いをもたらした要因として第二に挙げるべきは、太湖庁が蘇州城の内外とまったく違う郷村社会にあったのに対し、巴県がこの地方随一の大都市重慶を抱えた高位の中心地であったからである。スキナーは一八四三年段階にあってさえ、重慶を長江上流地域において成都と並ぶ巨大都市（Metropolitan City）であったとしている[16]。同治時代の巴県で年間何件ぐらいの訴訟があったかは、後に見るとおりであるが、その訴訟数の多さとともに『巴県档案』から感じる社会の息苦しさと活気とは、この人口圧とそこが都市社会及びその近郊であることから来るものと見て間違いないであろう。

第三に指摘できるのは、巴県が開拓途上にありそこが入植者たちの中心地であったのに対し、太湖庁がすでに成熟した社会であったことである。巴県では時代を追って次から次へと新しい移民が根を下ろしていた。アメリカが訴訟社会となった要因の一つとして、そこが数百年にわたって次から次へと入植し、新しく根を下ろしていった移住民たちによって構成された社会であることが挙げられる。清代同治年間の巴県もまさしくそれであった。同治期の『巴県档案』には危険極まりない活気があふれかえっている。たとえば重慶城に臨む長江や嘉陵江では、船がしばしば転覆水没して多数の死者を出していた。そしてそれが訴訟となった。その原因の多くは船頭が経験不足であったからであり、また定員定量をはるかに超えた乗客、貨物を載せたからであった〈水運〉No.14395, 14405）。おそらくはインフラの整備が人口と物量の急激な増加に追いつかなかったのであろう。そこに生きた人々は荒々しく、社会はなお未成熟であった。これと対比する時、嘉慶期から同治期にかけての『太湖庁档案』からは、そこに住む人々の落ちついた様が浮かび上がる。太湖庁の人々は、すでに十九世紀になった時点において、つとめて訴訟を避け、また長期化させぬよう気を配っていたかのごとくである。彼らは無訟の理念、すなわち訴訟をつとめて起こさぬことがプラスであるとの価値観を受け入れ、地方官が途方もない判決を下さない限り、これに従うことにしていたかに見える。それは安定し成熟した社会において、はじめてありえることである。

以上『太湖庁档案』と『巴県档案』による限り、同じ清末同治期という時代をとってみても、太湖庁と巴県ではその訴訟と裁判のあり方はまったく違っていた。費孝通が開弦弓村を調査したのは一九三六年のことである。ある人口統計によれば、一九三三年の段階で蘇州府の人口は二四三万五〇〇〇人であった。[17] かりにこの数値がおおよそ正しいものとすれば、それは『太湖庁档案』が作成された頃の光緒六年（一八八〇）の数値二三六万七〇〇〇人とほとんど変わらない。費孝通の無訟論に見える「郷土社会」とは、類型的に言えば『太湖庁档案』に見えるものそのものであったとしてよいであろう。

とすれば費孝通の「無訟論」があてはまる社会が現にあったことは疑いない。しかし一方それは、概念化され体験にもとづくため一見すれば中国の農村社会すべてに通ずるように見えながら、きわめて偶然性の強い要素をもとに組み立てられたものであったと言ってよい。彼がかりに巴県の農村を訪れていたなら、はたして同じような『郷土中国』を生み出していたかどうかは大いに疑問である。またはたしてやはりあい似た「無訟論」を唱えていたかどうかも大いに疑問である。さらに言えば、彼の無訟論は都市に生きた膨大な人々に当てはまらない。費孝通の「無訟論」についての以上の検討により、かつての中国では訴訟社会と非訴訟社会とが同じ時代に併存していたことをまずは認めざるをえない。したがって本章で論ずるのは、主にこのうちで訴訟社会としての側面に限られることをあらかじめ明らかにしておく。

第二節　無冤の理念とその現実

費孝通の「無訟論」に大きな問題があること以上の通りであるが、無訟の理念とその実践そのものにも実はいくつかの大きな問題がある。その一つは無訟の理念とともに無冤の理念というべきものがあり、これがまた中国社会で訴訟を増減させる要因として大きく作用したからである。

無冤の理念とは次のようなものである。たしかに孔子が無訟の理念を掲げてから、それは二千年にわたって為政者たちの大きな政治指針であり続けた。しかし、そこに問題があることは、誰にもわかった。というのは、人々の間に不平不満が募れば訴訟にまで至ることは避けられないと考えられたからである。第一、孔子は「無訟の世界を実現できたら」と単に願いを述べたにすぎない。このため、「無訟は舜でも難しい」「古帝でも難しい」「聖人でも難しい」としばしば指摘された。第二に、彼らが期待をかけた郷村での調解機能がはなはだ頼りないものであった。というのは、調解者たるべき「長老」がしばしば豪強その人であり、自ら秩序を破り郷里で横暴悪事を働く張本人であったからである。(18) 彼らはしばしば人々の生活を脅かす元凶であったから、これでは公正な調解がなされるはずがない。また逆に、一方で彼ら「長老」はしばしば国家から徭役として調停せよと命ぜられ、いやいやこれに当たるほかなかったからである。徭役には誰も当たりたくないので逃げまわり、豊かで実力があるものはこれを免れ、才覚がない者や貧しい者がしばしば調解の場に臨んだ。これでは調解に必要な威厳がなく、訴訟当事者は彼の裁定に承服しない。これは費孝通が自ら体験した調解の様子として報告しているところである。彼は、「最も面白いのは保長がまったく発言しないことである。というのは、彼は農村の中で社会的な地位がまったくなく、彼は一幹事にすぎないからである」と言っている。さらに言えば、誰もやりたがらないことをやるのであるから、彼らは当然のごとく役得すなわち賄賂などを求めた。これではやはり裁定の公正さは求められない。

そこで「無訟の理念」は理念として尊重しつつ、むしろ訴訟をできるだけ県以上で受けつけるようにし、公正な裁判をすることこそが為政者の責務であるとする理念も生まれた。民間における様々な争い、田地の取引や家産の継承、あるいは徭役負担などをめぐって生まれる様々なトラブルが昂じて訴訟にまで至るのは、何らかの形で先に述べた情理意識の現れであることが多かった。「言いがかり訴訟」の場合でもそこでは、自己の方に道理があり人情から見ても間違っていないと主張された。これと表裏の関係にあるのは「冤抑」という感覚である。自分が相手から人情と道理にもとる不当なあつかいを受けているという思いから生まれるもの、あるいは訴訟当事者がそのように主張するものであって、これは冤抑などの言葉で表された。[19] 冤抑の冤はまた「怨」に通ずる。訴訟当事者の怨みは、まず第一に自分を不当に扱う争いの相手に向けられた。そして第二に、これを裁判に訴えたところ、判決が不公正であると感じられたとき、この冤の思い怨の思いはさらに裁判に当たる地方官にも向けられた。「無冤の理念」というものは、民間に「冤」つまり「怨」がある以上は努めてこれを為政者本人が受けとめ、公正な判定を下すことによってこれを解消するとともに、自らへ向けてさらに冤＝怨の思いが増幅し発せられることを未然に防ごうとするものである。

この「無冤の理念」も儒教が国家の統治理念となった漢代にはすでに生まれ、清末に至るまでその実現が目指された。『漢書』にはすでに「天下に冤民がいない（天下無冤民）」ことが賞賛すべきこととして登場する。[20] さらに『後漢書』には次のような話を伝える。陳寔が太丘県の県長であった時、監察官（司官）がこの地を視察に訪れることになった。陳寔の他の官吏たちは県民がここぞとばかり監察官に不満を訴え出るのではないかと恐れ、これを禁じようとした。ところが、彼は「訴えんとするのは、これによって自分が正しいということを明らかにしてもらいたいからだ。訴えを禁じたのでは道理は伸びない」と言った。これを伝え聞いた監察官は「陳寔がそう言っているのであれば、人々に怨みなどあるはずはない」と言っていたところ、実際に訴え出てくるものはいなかったと伝えている。[21]

この逸話は、後漢の時代からすでに無冤の理念というものが為政者にあって、その実現がはかられていたこと、無冤の理念は無訟の理念と一体となって存在し、これを補完するものと考えられていたことを伝えて興味深い。しかしさらに興味深いのは、陳寔のような特異な地方官がいなければ、その治下の人民は監察官が視察に訪れたのを好機と考え、放置しておけばここぞとばかり訴え出ていたこと、地方官の側は極力この種の陳情をさせなくしていたことである。というのは、この逸話が後に述べる王符の「愛日篇」に関係すると考えるからである。陳寔と王符はほぼ同時代人である。陳寔伝に言う監察官（司官）とは、一説によれば州の従事であるというが、郡の督郵であったかもしれない。[22]州従事にしても郡督郵にしても、この時太丘県に来たのは監察の役目を帯びてのことであった。

無冤の理念は訴訟制度としてその後、中国に特徴的な二つの制度となって結実することになる。一つは上訴（上控）制度であり、一つは告状不受理を禁ずる制度である。

上訴制度を明確に定めた法令は遅くともすでに隋代には登場する。そこでは訴訟において冤抑をうけて不満が残り、県で理《おさ》めることができなければ上級官庁である郡へ、そしてさらにその上級官庁である州へ、さらには中央の省にまで訴えることができ、そこでも理めることができなければ宮廷（闕）に申訴することができるとし、それでなお不満であれば登聞鼓へ行って訴えることができると定められていた。[23]宋代においても県（知県）→州（知州）→路（監司）→中央省部（尚書・刑部）などの上訴のルートが定められていた。[24]実際にこのような上訴が盛んに行われていたこと、後に『清明集』に即して見るとおりである。清代でも嘉慶五年（一八〇〇）には「軍人でも民人でも冤抑があれば、先に州県へ文書で訴えることとし、もし審理判決が不公正であれば、さらにその上級官庁へ赴いて訴えることとする。もしさらに屈抑があるとき、はじめて北京まで来て訴えることを許す」と定められている。[25]後に見る『巴県档案』によれば、当時の上訴は上控と呼ばれ、地方では県（知県）→府（知府）→道（道員）→省（布政司）などというルートでしばしば行われていた。さらには京控と言って北京にまで赴き訴えることも盛んに行われていた。これは本書第八章阿風論文で述べるとおりである。[26]

一方、人民が訴えてきたならば、一見してそれが規定に反しておらず、誣告でなさそうであれば、必ず受理すべきであるとの法令も定められた。これを履行しない官僚は逆に処罰されることが定められていたのであって、明清時代にはこの法令を「告状不受理」と呼んだ。[27]この告状不受理を禁止するとの規定は、これまたすでに『唐律』闘訟の一条において、「受け付けるべきであるのに押さえつけて受け付けない者は笞五十」と定められている。

これら何段階にもわたって上訴することができ、また訴状は受理せねばならないとの原則は、無冤の理念の法制化として現れたものであったし、それらは無訟の理念とも矛盾なく、むしろ無訟をもたらす前提であり一つの手段であると考えられたが、実際には実にやっかいな問題を生み出すことになった。それは、無冤の理念を言葉だけでなく本気になって実践に移したとき、ある場合には無訟をもたらすどころか逆に訴訟を激発することになったからである。その一例としてはまず、明代の海瑞による実践を挙げることができる。

彼は隆慶三年（一五六九）から翌年までの数ヶ月間、応天巡撫という一地方の最高長官であった。その彼はこの期間に次のような指令を発したという。

もしあらかじめ人々の訴状がウソ八百を列べたものだと考え、十紙のうち九紙までが誣告せんがためのものだとして、（訴状を受け付けぬことで）九人の誣告を切り捨てえたとしても、一人の真実はなおその中に含まれているはずだ。ましてや、十人のうちでただ一人だけが真実を含んでいるだけだ、などと言うことはありえない。十人中で一人が〝冤〟だとすれば、一千人一万人の中でこれを積み上げてゆくと〝冤〟は数百数十ということになる。こちら裁判に当たる側が誣告する者に対して法律を厳しく適用できぬがために、彼らを懼れさせることができず、訴訟にやってこないようにさせられないだけでなく、真実の者まで切り捨ててしまって、〝冤〟の思いを懐く者たちの心を伸ばし怨みを雪いでやることができぬとしたなら、何で地方官（裁判官）のことを〝民の父母〟などと呼べるであろうか。(28)

われわれはここに、無冤の理念を追い求めこれを実践しようとした者の典型的な姿を見て取ることができる。彼は訴訟が増えることを願ったわけではもちろんない。彼もまた無訟の世界を追い求めていたのであって、訴訟は極力これを受理し人民を教化するとともに、公正で厳正な裁判をすることこそがそれを減らすことができると考えていた。ところが彼がこの指令を治下の南直隷に発するや、訴訟を受け付けてもらえると知った人々は、われ先にと訴えて来るに至った。この地では郷紳による土地兼併が進行しており、海瑞によって発せられた指令は、彼ら不正に土地を奪われた者たちにとってこれを奪い返すまたとないチャンスだったからである。これを快く思わない者によれば、事実にもとづかぬ誣告の類も多かったという。このため松江府上海県などでは訴訟が激増し、これによって訴状を書くための所定用紙が急騰する事態を招き、ある商店では売り上げが一日で銀三〇両にもなったという。(29) 彼がわずか数ヶ月で応天巡撫の任を解かれたのは、主にこの混乱をまねいたためであった。

海瑞と同じく無冤を求め、同じく「失敗」したのは清の嘉慶帝である。彼もまた「たとえ健訟な者が十人のうち七人、八人いたとしても、冤の気持ちを懐きながら晴らせない者一人、二人」のことを大切にすべきだと考えた。嘉慶八年（一八〇三）、彼は上諭を下し、この「十人のうち一人、二人のために」京控案件はつとめて受理して慎重に調査せよと命じた。(30) この結果、京控案件が「ない日はない」と言われるほど激増したほか、各省でも数千件にも及ぶ未決案件を積み重ねることになった。

先に「やっかいな問題」と述べたのはこれである。孔子の徒として一方で無訟を求めながら、一方でまた「民の父母」であるべき為政者として、十人のうち一人でも二人でも冤に泣き怨みを懐く者がいる以上、無冤の理念も捨てられなかった。ところがすでに訴訟が多発している世界で無冤を追求するなら、訴状の中には誣告あるいは言いがかり訴訟を起こそうとするものも大量に含まれていたから、そこでは一件一件慎重に審理するために膨大な経費を必要とし、勢い行政効率を度外視せねばならなかった。これによって胥吏や差役という事務員やその手下たちを増員し、また官僚自らの仕事をサポートしてくれる幕友を増やす必要があった。これによる経費の増加は、回り回って人民の負担となった。

比較的良心的な地方官が取った方策は、自らが職務に精励して一件でも多く訴訟案件を処理し切るとともに、正式に訴状を受理する前に原告がそれを提出しに官庁へ現れた段階で、彼が誣告しに来たのではないかとその挙動から推して睨みをつけ、その場で彼らを略式裁判にかけることであった。これは康熙初年に知県となった于成龍がすでに薦めるところであり、彼は「訊問に先んじて、原告の訴状や顔色から察することによってみだりに訴状を受理しなければ、悪賢く頑冥なまでに訴訟をやろうとする風習を止めさせることができる」と述べている。(31) 康熙年間にあい継いで刊行された官箴書『未信編』『福恵全書』ともに、訴状を受け付ける段階で原告を相手に略式裁判することを薦めている。(32) しかしこの誣告ではないかと睨んだ原告に対して、訴状を受理する前に訊問を加えるなどの手段により、訴訟そのものを激減させたので最も有名なのは、何と言っても道光五年（一八二五）から七年にかけて巴県知県であった劉衡の事例であろう。(33) 現存する『巴県档案』によって、彼が丸々在任した道光六年（一八二六）には、事案数が不自然に減少していることを確認することができる（表1）。この手段が成功すれば、たしかに無訟に一歩でも近付きえたし、かつ無冤もより実現できたかに見える。

このような「良心的」とも言うべき訴訟減少策よりはるかに手荒く、しかも最も普通であったのは、訴状そのものを受け付けないことであった。これなら一見すれば無訟の世界に近付いているかに見えるが、言うまでもなく一方の無冤の実現には目をつぶらざるをえないし、告状不受理の禁を破ることであるから法律違反でもある。海端が応天巡撫となる以前、その治下の各官庁ではおおよそこうしていたらしいことは、先に紹介した事例から推測できるが、さらにその典型として雍正帝による訴訟対処法を挙げることができる。

表1　巴県档案事案件数

年	事案件数	乾隆 39	120	嘉慶 14	537	道光 24	603	総　計	16,980
乾隆 1	2	乾隆 40	127	嘉慶 15	537	道光 25	784	年	事案件数
乾隆 2	0	乾隆 41	98	嘉慶 16	570	道光 26	508	光緒 1	1,499
乾隆 3	3	乾隆 42	62	嘉慶 17	304	道光 27	784	光緒 2	1,187
乾隆 4	1	乾隆 43	94	嘉慶 18	452	道光 28	568	光緒 3	1,369
乾隆 5	3	乾隆 44	102	嘉慶 19	375	道光 29	783	光緒 4	1,586
乾隆 6	4	乾隆 45	99	嘉慶 20	582	道光 30	820	光緒 5	1,868
乾隆 7	5	乾隆 46	122	嘉慶 21	405	道光 その他	372	光緒 6	1,382
乾隆 8	2	乾隆 47	78	嘉慶 22	374	総　計	21,853	光緒 7	1,614
乾隆 9	3	乾隆 48	60	嘉慶 23	285	年	事案件数	光緒 8	1,345
乾隆 10	4	乾隆 49	136	嘉慶 24	401	咸豊 1	881	光緒 9	1,081
乾隆 11	1	乾隆 50	100	嘉慶 25	432	咸豊 2	685	光緒 10	1,777
乾隆 12	2	乾隆 51	104	嘉慶 その他	167	咸豊 3	727	光緒 11	1,491
乾隆 13	1	乾隆 52	122	嘉慶 記録なし	11	咸豊 4	756	光緒 12	1,537
乾隆 14	4	乾隆 53	87	総　計	8,952	咸豊 5	862	光緒 13	1,788
乾隆 15	7	乾隆 54	82	年	事案件数	咸豊 6	1,017	光緒 14	1,441
乾隆 16	2	乾隆 55	92	道光 1	560	咸豊 7	746	光緒 15	1,343
乾隆 17	7	乾隆 56	102	道光 2	521	咸豊 8	1,165	光緒 16	1,480
乾隆 18	4	乾隆 57	86	道光 3	597	咸豊 9	1,122	光緒 17	1,284
乾隆 19	3	乾隆 58	100	道光 4	673	咸豊 10	1,231	光緒 18	1,166
乾隆 20	10	乾隆 59	131	道光 5	796	咸豊 11	1,019	光緒 19	1,013
乾隆 21	7	乾隆 60	157	道光 6	452	咸豊 その他	148	光緒 20	1,096
乾隆 22	6	乾隆 その他	104	道光 7	678	総　計	10,359	光緒 21	1,071
乾隆 23	27	乾隆 記録なし	252	道光 8	619	年	事案件数	光緒 22	1,050
乾隆 24	58	総　計	4,060	道光 9	690	同治 1	1,172	光緒 23	766
乾隆 25	53	年	事案件数	道光 10	500	同治 2	1,312	光緒 24	971
乾隆 26	39	嘉慶 1	170	道光 11	745	同治 3	1,338	光緒 25	975
乾隆 27	84	嘉慶 2	296	道光 12	900	同治 4	1,443	光緒 26	1,276
乾隆 28	63	嘉慶 3	143	道光 13	650	同治 5	1,320	光緒 27	881
乾隆 29	103	嘉慶 4	243	道光 14	750	同治 6	1,573	光緒 28	1,051
乾隆 30	179	嘉慶 5	214	道光 15	943	同治 7	1,401	光緒 29	1,056
乾隆 31	117	嘉慶 6	224	道光 16	560	同治 8	1,325	光緒 30	1,094
乾隆 32	154	嘉慶 7	191	道光 17	891	同治 9	1,376	光緒 31	1,066
乾隆 33	132	嘉慶 8	234	道光 18	986	同治 10	1,221	光緒 32	1,436
乾隆 34	69	嘉慶 9	206	道光 19	877	同治 11	996	光緒 33	1,240
乾隆 35	101	嘉慶 10	387	道光 20	903	同治 12	1,109	光緒 34	1,391
乾隆 36	71	嘉慶 11	360	道光 21	809	同治 13	1,136	光緒 その他	485
乾隆 37	47	嘉慶 12	420	道光 22	789	同治 その他	223	光緒 記録なし	2,008
乾隆 38	65	嘉慶 13	432	道光 23	742	同治 記録なし	35	総　計	46,164

1）本表は夫馬進・伍躍・山崎岳による調査をもとに、中田裕子が整理作成したものである。
2）目録では実際の案件年代を誤って記すものがあるが、本表は目録のままとする。
3）たとえば乾隆年間と記すもの、年代不明あるいは何年のものか文字を読み取れないものについては、「乾隆その他」とした。また、たとえば目録上では嘉慶二九年などとあるが、嘉慶二九年は実在しないので、これらも「嘉慶その他」に含めた。
4）「記録なし」と記したのは年月を記す欄が空白になっているものを表す。
5）○年～○年まで、○月～○月までと記されているものについては、原則として始まった年月でとる。各案件は複数年、あるいは複数月にわたって続くのが普通である。したがって、ここでの年は一つの目安である。
6）道光年間の目録には、番号の重複がある。本表の数値はこれを調整したものである。

雍正四年（一七二六）のことである。湖南巡撫の布蘭泰は治下の衡山県知県張翼が芝居見物と酒におぼれて犯人を護送せず、かつまた「民間からの訴状を受け付けない（不接民間詞状）」と弾劾した。これを受けた雍正帝は、飲酒と芝居見物で公務をおこたったことで張翼を革職処分としたが、訴状を受け付けなかった問題については次のような注意を下した。

「張翼が訴状を受け付けようとしなかった」との布蘭泰の言葉は、大いに間違ったものだ。民間から提出されてくる訴状にはデタラメなことが多い。もしどれもこれも受け付けたなら、必ず悪賢いやからが誣告し健訟する端緒を開くことになる。この風潮を断じて長じさせてはならぬ。たとえば余甸が山東按察使であった時には、多く訴状を受け付けたため、その後処理しきれなくなり人々は巻きぞえを食ったことがある。布蘭泰がもし、どれだけ訴状を受け付けたかで部下の賢否を定めるならば、部下たちは必ずやこれにならって多く受け付けようとするに違いなく、一層面倒なことになる。(34)

『大清律例』に「告状不受理」という条項が明記されている以上、雍正帝が下した上諭は明らかな法律違反である。たしかに雍正帝が指摘するとおり「民間から提出されてくる訴状にはデタラメなことが多」かった。しかし、「デタラメなところがなければ訴状を成さない（無謊不成詞）」との諺はおそくとも康熙初年にはすでに文献に見えており、訴状に虚偽が多く含まれていることは当時常識であった。(35)さらに言えば、明末から清初にかけて爆発的に出版された訟師秘本には、いずれも訴状を作成するときは誇大で刺激的な表現を用いるべしと教えていたし、実際当時の訴状は誇大かつ刺激的な表現であふれていた。しかし、ではなぜ誇大で刺激的な表現を用い、時に偽りを書かねばならないかと言えば、もとはと言えばそのように書かなければ逆に受理してもらえない可能性があったからである。(36)海瑞も嘉慶帝もこのことを重々承知のうえで、しかもなお無冤の理念を重視してあえて訴状をできる限り多く受け付けるべしと指示したのである。

雍正帝の指示は、明らかに皇帝自らが法律違反をせよと部下に命じたものである。専制支配の一つの表れであると言ってよい。しかし、告状不受理をめぐってなされた彼の観察と判断は、それから約八〇年後、嘉慶帝がこれとはまったくちがう判断を下したことによってまきおこされることになる司法界の混乱を予見していたかのように、適確である。さらにわれわれが注意すべきは、雍正帝が下したような判断は、決して彼だけのものではなかったことである。彼の父康熙帝もまた、浙江布政使であった趙申喬が「好んで訴状を受け付け（好収詞訟）、民が多く巻きぞえを受けている」との噂を聴きつけ、「好んで訴状を受け付けたなら、悪賢い民で訴訟を起こすことが必ず多くなる。たとえすぐに審理したとしても、訴えられた者は一家の財産がすでにすっからかんになっている」と批判しつつ、訴状を多く受け付けてはならぬと訓諭している。[37] 趙申喬もまた、明の海瑞とともに「清官」として有名であった。

「告状不受理」の条項を無視してまで訴状を多く受け付けてはならないというのは、世情に通じた皇帝の判断だけではない。それは当時にあっては、むしろ美談であるとまで知識人に考えられることがあったらしい。やはり康熙初年のこと、毛奇齢は知人が知県であったときの治績を記し、「努めて民とともに休息し、一切の訴状を審理しなかった」と賞賛している。[38] もちろん、知県が彼一人の独自の判断で「一切の訴状を審理しない」ことは難しかったであろう。というのは、県で審理してくれなかったと、府へ上訴すればよかったからである。たとえば、同じく康熙初年に黄州知府であった「清官」于成龍は無冤を目指し、州県で受け付けられなかったり受け付けられても審理されない時には、その事由を記したうえで府へ上控（上訴）してくるように、と指示している。[39] また先に述べたように、「好んで訴状を受け付けた」趙申喬がかりに毛奇齢の知人の上官であったならば、その統轄下にあり監視を受ける知県が勝手に「一切の訴状を審理しない」ことは、困難をともなったに違いない。

このように見てくるならば、訴訟が多発する時代あるいは場所であっても、皇帝あるいは総督・巡撫などの訴訟に対する判断一つで、さらに言えば腐敗が進むなど官界全体の風気一つで、無訟の状態に近づくことは十分に可能であった。官界の上下で、訴状を受け付けないことが暗黙の了解事項となっておれば、なんの問題もなかった。そこでは地方官の無能や怠慢が、そのまま無訟の美名を獲得することと直結していた。たとえば劉基は元末における地方社会での訴訟状況について、次のように伝えている。

すなわち、知府・知州・知県の中にはその治下で訴訟が少ないとの名声を博している者がいる。たしかにその官庁の公庭へ入ってみると訴えて来る者もなく、裁判もなされないため、その階には草が生えているし、机の上に置かれた書類には塵が積もっている。ところが官庁のある都市を離れ郷村部を訪ねて観察してみると、豪右たちが横行し怨声は道路に満ち満ちている。どうしてこうなのかと聞くと、

お上が訴状を受け付けてくれない、訴えても受け付けてくれるところがないからだ。

との答えである。監察官がやって来ても、「当地のお上はよくやっており、面倒な問題を生じさせない。人民どもがやかましく言ってくるのはお上の罪ではない」と助け船を出す。監察官に不満を訴えに来た者はみな怒りを含んでその場を立ち去る。そしてこれがあちこちで伝えられると、もう二度と訴えに来るものはいなくなる。かくして「簡訟である。訴訟が少ない」との名声を彼は得るのである。(40)

『元史』刑法志によれば、元代でも『明律』の「告状不受理」に相当する条項はたしかにあった。(41) 劉基の観察によれば、裁判が行われる公庭の階には訴えて来る者がいないために草が生え、一見すれば無訟社会がこの世に実現して

いるかのようであった。しかし何のことはない、訴状が受け付けられなかったから「無訟」となるほかなかったのである。

劉基による種明かしは、中国歴代王朝における訴訟のあり方やその多寡について、われわれに再考を迫るものである。あるいは、中国では宋代になる前まで訴訟は少なかったのではないかとの予測に対し、再考を迫るものである。たしかに歴代正史の循吏伝を読むかぎり、後漢と宋とに挟まれた時代は、訴訟は少なかったかに見える。もちろんこの時代に訴訟がなかったわけではない。たとえば『宋書』によれば山陰県（浙江省紹興）では民戸三万のところ、訴訟案件は積もりに積もり公庭には常に数百人が押しかけていたといいうし、同じ山陰県について『南斉書』では「獄訟煩積」であったという(42)。『顔氏家訓』でも著者顔之推の地元の江南では、ある家の家長が死去したとき遺産争いのために訴訟する者が多かったと言うし、また北斉の都の鄴では女たちが盛んに訴訟を行い、堂々と曲直を争っていたことを伝えている(43)。

ところが一方、奇妙な記述がいくつか散見する。北斉の高隆之なる人物は、その敵対者から「訴訟にやって来る者を見るたびに〝可哀想に〟という表情を見せ、自分には裁判する能力がないことを伝えた」と陰口をたたかれたという(44)。また南朝宋の王僧達が宣城太守であった時には、狩猟が好きな彼は数日間官庁へ帰ることなく、狩場で訴訟を受け付けていたなどという(45)。また梁の任昉が新安太守であった時には、体裁を飾らぬ彼は官庁から出歩き、民で訴状を出してくる者がいれば道端で判決したともいう(46)。

これらの史料はいずれも、中国訴訟史という観点から見るなら、南北朝時代は無訟の理念から見ても無冤の理念から見ても、いささか異常な時代であったことを物語っている。さらに劉基による観察を重ね合わせてみるならば、この時代にあっては官界の風気に従いその前後の時代と比べて訴状があまり受け付けられなかった、あるいは受け付けられても審理されなかったが故に、訴訟そのものに関わる史料があまり残らなかった可能性がある。

費孝通の訴訟論だけでなく「無訟の理念」そのものに大きな問題が含まれていたことが、以上によって明らかとなったであろう。第一には無訟の理念と親和的と見えた郷村での「長老」による調解が、実に頼りないものであった。第二には「無冤の理念」が生まれ実践されたが、これがまた上訴制度の充実や告状不受理を原則として禁止する法令を生み出し、これが逆に訴訟を多発させる大きな要因となった。第三には「無訟の理念」は帝政期中国を通じてたしかに価値であり続けたため、訴状を受け付けぬことで名声を博することができた。このため、ある官僚が統治した時代にはこれが訴訟数を減らす大きな要因となりえた。訴状を受け付けないことが官界で暗黙の了解を得ている時と場所では、より大きな規模でそれは訴訟数を減少させる要因となったのである。

「無訟の理念」を「無冤の理念」とセットにして実現することがいかに困難であったかは、海端の事例と嘉慶帝の事例が雄弁に物語っている。すでに訴訟が多く生まれるようになってしまった社会でこの二つの理念を実践すること、言葉を換えれば一件でも訴訟を減らして究極には無訟を実現することがいかに難しかったかは、道光年間に巴県知県となった劉衡の事例がさらに雄弁に物語る。彼はすでに述べたように、訴訟を一件でも減らそうとして原告を前に略式裁判を行うなど、様々な方法によってたしかに訴訟件数を激減させた。しかし今一度表1を見ていただきたい。彼は道光五年（一八二五）から七年（一八二七）にかけて巴県知県であった。たしかに彼が丸々知県であった道光六年には激減しているが、翌年に彼が離任すると訴訟件数はただちにもとの数値に戻っている。ここで示される数値は第五節で述べるように、正確には事案件数というべきものであるが、その大半は訴訟件数である。これはすでに訴訟社会となってしまったところ、あるいはさらに増加傾向にあるところで、「無訟の理念」を追い求めることが一知県の力をもってしてはほとんど不可能であったこと、「良心的」な一官僚の営為とはほとんど無意味な努力であったことを物語ってくれて興味深い。

為政者たちが持った無訟の理念とその現れを以上で概観したわれわれは、次に後漢に限って訴訟の実際を見ることにしたい。

第三節　王符の訴訟論と後漢の冤結

健訟すなわち訴訟が盛んに起こされるという言葉が数多く現れるのは宋代であり、これが一つの特徴的な社会現象となるのも宋代からである。このため宋代の訴訟については数多くの研究が積み重ねられ、健訟をもたらすに至った要因についても様々な指摘がなされてきた[47]。これら指摘のうちで、宋代に訴訟が増加した根本的な原因は唐代中期以後になって土地所有制が確立したからであり、民間での土地売買が加速したからであるとの考え方がある[48]。この考え方はわれわれにとってほぼ共通の認識になっている唐宋変革論とも合致し、説得的であるかに見える。

しかしながらこの考え方には、次の二点で大きな難がある。それは第一に、土地の所有が認められその売買が公認されていたのは、決して宋代に始まることではなく、おそくともすでに前漢時代には盛んに売買がなされていたからである。かりに漢代では土地が私有されていたと言うのが不適切であるとして、それは土地の私的占有であったなどと言い換えてみても、そこで土地の売買が基本的にすでに公認ないしはやむを得ぬことと見なされていたことは動かない。そして第二に、ここで検討するように後漢の王符がその『潜夫論』愛日篇の中で訴訟をする者が当時全国で毎日十万人いると記しているからである。かりにこの数値に何らかの信憑性があるとすれば、宋代から遡ること一千年前にすでに、中国は訴訟が身近かであったという意味で、訴訟社会であったと見なすことができよう。

宋代が健訟社会となった要因を指摘する議論では、この土地所有制の変化をその要因として指摘するものだけでなく、その大半が暗黙のうちに唐代の制度や社会を比較の対策としている。われわれは以下、後漢の訴訟と宋のそれとを比較することを通じて、中国の訴訟に通底するものを見出すとともに、一千年の間に何が根本的に変化したのかを明らかにしたい。

王符の生没年および『潜夫論』が何年に成立したのかは、ともになお定説をみない。しかし王符がこれを書いたのが一一〇年頃から一五〇年頃のことであり、また彼が目撃しここに記した後漢の社会がこの時代のものであったことはほぼ動かない。彼の議論を検討するにあたって、黄巾の乱が始まったのが一八四年であること、すなわち『潜夫論』に描かれる世界から数十年後のことであることは、まず念頭に置いておく必要がある。また『潜夫論』愛日篇で描かれる後漢期の訴訟問題については、籾山明が本書第二章で詳細に述べているから、そこで述べられることはここでは再論しない(49)。

さて王符が「愛日篇」で最も問題にしているのは、人々が訴訟に日数をとられてしまって肝心な農作業に励めなくなっているとの現状である。「愛日篇」の愛日とは本来農作業に当てるべき日数を訴訟のために無駄使いしないこと、日を愛《お》しむことである。彼は述べる。

　今、三公府以下、県、道、郷、亭および州の従事、郡の督郵に至るまで、司法に関連した官庁に民が農作業をやめて詰めかけ、訴訟で人を訴えたり取り調べの官吏に向き合う者は、毎日十万人になるに違いない(50)。

三公府とは国都洛陽におかれた三つの最高官庁、以下州から郡へ下り県・道にいたる。県・道の下には郷が置かれ、後漢時代には一県あたり三郷余りからなっていたとされる。郷の下には亭がおかれる。後漢では亭は一郷あたり三亭か四亭であったらしい。郷には県の属吏である嗇夫がおり、徴税とともに聴訟つまり裁判にあたっていた。亭にはこれまた県の属吏である亭長がおり、盗賊の逮捕を業務の中心とし聴訟をも行っていた。(51) 州の従事と郡の督郵とは、すでに述べたとおりそれぞれの治下を巡回する監察官である。つまり中央の三公府から県の下の郷、亭さらに従事や督郵を含めた全国の司法関連の官庁に、何らかの訴訟のために詰めかけている者は毎日十万人いる、と言うのである。

『潜夫論』が一一〇年頃から一五〇年頃に生み出されたと考えられていること、すでに述べたが、当時全国の戸数が約一千万戸であったことは、多くのデータで一致している。(52) 王符は何らかの形で訴訟に出かけている者が全国で毎日十万人いるというのだから、一戸からかりに一人が出かけているとして単純に計算すれば、百戸に一戸が毎日訴訟していたということになる。もちろんこれには、原告側と被告側双方が含まれると考えるべきであろう。王符が示す数値に誇張が含まれるとしても、また全国一律ではなかったにしても、それが当時の人々の実感からあまりに大きくずれていたとすれば、リアリティーに欠けるため議論それ自体が成り立たなかったと考えられる。ここでたとえば毎日全国で一万人と記せば、全国で県は千県余りであると当時の知識人の頭の中にあったから、一県で毎日十人が訴訟しているというのでは誰が見ても説得力に欠けたに違いない。かりに毎日百戸に一戸が訴訟しているとすれば、その社会ではそれが多発していたという限りで、後漢にすでに訴訟社会が出現していたと見なすことは、ほぼ承認されるであろう。

王符の認識によれば、この時代、訴訟は農作業の順調な遂行を妨げるほど多発していた。後漢の二世紀前半にかくも多くの訴訟が生まれたのは、第一に当時はまず県の下の郷、さらに郷の下の亭でそれが多く受理されたからだと考えられる。呂后二年（前一八六）のものとされる『二年律令』具律でも、県城から遠くに住む者は「みな所在の郷に告訴することができる」と定められていた[53]。「愛日篇」では「郷亭の部吏」でも判決はできると主張しており、郷と亭とを訴訟に関連した官庁として論じている。これからすれば、実際には郷にとどまらずその下の亭でも訴訟を受け付けていたのであろう。後漢ではおおよそ、一県には三郷余りが置かれ、一郷にはまた三亭から四亭が置かれていたから、郷村に住む人々にとって訴訟を受け付けてくれる所轄部署は手近にあった。多くの訴訟が当時は郷亭にまず持ち込まれるものであったらしいことは、「愛日篇」ではそれがまず郷亭の「豪吏」つまり嗇夫や亭長に持ち込まれるところから描き始めているところに読みとることができる。さらに彼は「断訟篇」で訴訟や不正が何故起こるかを論じ、これは「もともとすべて郷亭できちんと治めるべきものであって、大半は詐欺によって起こる」と述べていることからも明らかである。

ではかくも多くの訴訟が起こるのは実際にどのような問題によるのかというと、これについて王符は具体的に何も述べていない。郷亭から三公府までの訴訟過程を述べたところでも、郷亭でのそれは「羸民」「貧弱」すなわち貧しく弱い民と「豪富」「豪猾」すなわち豪族やずる賢い金持ちの間で争われると描いているだけである。あるいは「豪富」「豪猾」が郷亭の「豪吏」と結託し、「貧弱」な「羸民」を欺圧するという構造を述べるだけである。

訴訟が郷村で多くは「豪富」と「羸民」との争いから起こるものであったとすれば、われわれがその原因としてまず想起するのは、当時盛んに行われていた土地の兼併である。王符が言う「豪富」と「羸民」とは、宇都宮清吉が土地の兼併を述べるに際して用いた概念、すなわち「上家」と「下戸」にあまりに酷似している[54]。もっとも『後漢書』さらに『漢書』の中で最も多く登場する訴訟事例は、兄弟間の争い、伯父と甥との争いなど親属内のそれであって、かりにそれらが土地の分配をめぐるものであったとしても「羸民」と「豪富」との間で起こったそれ、なかでも土地兼併をめぐるそれはほとんど出てこない。

しかし次のような事例がある。陳寵が四川の広漢郡太守になったとき、「豪右」は兼併し「吏」は多く姦貪であったため、訴訟は「日々に百件を単位として数えるほど」起こされていたという(55)。「百件を単位として数える」とは「百件程度より多かった」ということを意味するであろう。彼は王符より数十年前の人である。毎日百件程度以上も起こされた訴訟とは、郡の官庁で直接受け付けたもの、さらにこれに郡の督郵が各県で受け付けてきたものを加えたものと考えるのが順当であろう。郡と言えば、言うまでもなく県より一級上の官庁である。

ここに見える「豪右」は『潜夫論』に見える「豪富」を、姦貪な「吏」は「豪吏」を彷彿させるに十分である。一日百件程度以上も郡であつかわれる訴訟のすべてが「豪右」による兼併がもとで起こされたわけではもちろんないであろうが、その主要な原因がこれであったこともここに明記されている。

また苑康が太山郡太守となった時には、郡内に不法な「豪姓」が多く、彼らは彼の厳しいやり方に懼れをなし、人から奪った田宅をもとの所有者に返還せよと彼に命ぜられる前に返還したという(56)。

苑康のような官僚が赴任してきた際、土地を奪われた者が「豪姓」を訴えた可能性は十分にある。だからこそ「豪姓」はそれを事前に返還したのであろう。王符は「愛日篇」で郷亭で始まる訴訟を描くにあたり、「貧弱」な「嬴民」を「直なる者、正しい者」と見なし、裁判に当たる郷亭の吏に何ら賄賂を贈る必要を持たない者とするのに対して、「豪富」「豪滑」はこれと逆の立場にある者と見なしている。かりに苑康が地方官として赴任してきた時に、「嬴民」が不法に土地を奪われたとして「豪富」を訴えたなら、彼は「直なる者、正しい者」として勝訴しえた可能性は十分ある。「豪姓」の不法が生の暴力によって土地を強奪するというものであれば、「嬴民」がここで勝利しえた可能性は十分にある。

しかし土地兼併をめぐって嬴民と豪富との間で起こる訴訟としては、別のパターンを考える必要がある。それは土地の売買をともなう訴訟である。土地の売買そのものは、前漢時代から広く行われていたことであり、また当時を生きた広範な農民たちによって生き延びるために不可避な手段として是認されるところでもあった。王莽の時代に反乱に起った隗囂は、この新の皇帝を糾弾する檄文の中で「田を王田となし、売買できなくさせた」と非難している[57]。これは広範な農民たちにとって、私有する土地を売買することはやむをえぬことと考えられていたからであり、隗囂の檄文は彼らのこの思いに投じたものにほかならない。土地の売買そのものが彼らにとって「道理」でありかつ「人情」に従ったものと考えられているのであれば、そこに訴訟は生まれにくいはずである。

ところで前漢の鼂錯は農民の窮乏化とこれにともなう田地兼併の過程を次のように述べる。すなわち不時の災害や国家の重税などによって窮乏化した農民は田地を半価で売り出し、田地のない者は借金して二倍の利息を取られ、田宅を売り子孫を売って借金を返却しなければならない[58]。

これは暴力的な強奪によらない、売買を通した土地兼併のプロセスを述べたものである。このプロセスが訴訟に至り裁判にまで至った事例として参考になるのは、後漢の鍾離意が関与したそれである[59]。以下は彼が会稽郡の督郵であったときの話である。

孫常と孫並は兄弟であったが、すでに分居していた。弟である孫並の死後に飢饉が起こったため、孫常は弟の妻子に米粟を少しずつ支給して助けたのだが、いくら支給したのかを記した借用証文（券）を作っておき、ついにはその田を没収してしまった。孫並の子が成長したのち、土地を取りあげた伯父孫常を訴えた。この案件を審議した小役人（掾史）たちはみな、「この子は飢饉の時に一升一合を伯父から貸してもらったからこそ、生きながらえ成長できたのである。にもかかわらず伯父を訴えるとは不遜である」と判断した。これに対して鍾離意のみが次のように判断した。すなわち、伯父が父を亡くした甥を慈しみ護るのは人道正義である。一升一合のことで借用証文を作りその田を奪ったのは、人をだましておとし入れ（姦詭）、利を貪ったものにほかならない。したがって孫常からその田を取りあげて孫並の妻子らに与えるべきである、と判断した。小役人たちも彼の判断に従ったという。

この物語は豪富が羸民から売買によって土地を取りあげたものではないが、構造の上では同じである。飢饉という危急の際に、鼂錯が言うように人の足下を見て土地を奪ったという点で同じである。小役人たちがした判断は、この甥の主張を斥けるものであったが、その判断の論拠としては二つ考えられる。一つは借財や借金は返済するのが当然であるとする社会通念であり、いま一つは甥が尊属である伯父を訴えるのは不遜であるとする通念である。このうち後者について見れば、同じく後漢の周党が「少《わか》くして父をなくし、宗人に養われた」のだが、成長ののち父の財産を預かったまま返却しないでいるこの宗人を訴えている事例があり、この場合は彼の方が勝訴している(60)。幼い周党から豊かな資産を預かって養ったという宗人とは、孫常の甥と同じく彼の伯父や叔父にあたるような最も近い尊属であったと見て、まず間違いないであろう。とすれば、孫並の子の主張が斥けられたのは、甥として伯父を訴えたことそのものではありえない。少なくともそれは主要な原因ではなかった。すなわち小役人たちが下した判断は、借りたものを返済するのは当然である、という社会通念、情理意識に則ってなされたものであった。これに比べて孫常が危急に際して近親者の間で借用証文を取ったことと、これをもとに土地を奪ったことは重視されなかった。これが鍾離意ならぬ普通の者の判断であった。ましてや近親者ではない者の間でこのような貸借がなされた場合、その結果として土地が取りあげられたとしても、普通は債権者の方が勝訴したことはこれによって疑いがない。

小役人たちの判断と鍾離意の判断との違いは、法廷での正義、裁判における正義をどこに置くかという違いであった。小役人たちが考える法廷で実現されるべき正義とは、債務は必ず返済されねばならず、これが果たされなければ土地を手放すこともやむを得ないという社会通念、つまりある種の情理意識からなされたものであって、それは当時農民たちが是認していた土地売買の慣行に基づいたものであった。これに対して鍾離意が法廷で実現されるべきものとして重視したのは、ここで見事に活写されているように「人道正義」であった。近親者はたがいに慈しみあい、苦しい時には助け合って当然である、という倫理観、つまりこれまた一種の情理意識であった。孫並の子が伯父を訴えたのもまた、かくも近い親属の間で危急の際に借りた米粟をもとに借用証文を作り、そのあげくに土地を取りあげたのは、鍾離意のいったという言葉を借りれば「姦詭」であり、人道正義にもとると判断したからに違いない。

ここにわれわれは王符『潜夫論』の中で、「姦詐」「詐欺」「詭詐」「欺負」「欺紿」「虚偽」「譎詐」「譎詭」「巧偽」など、「姦詭」と相似た言葉があふれかえっているのを想起すべきである。彼の現実に対する批判は、そのどれをとってもこの種の倫理観からするものである。王符が鍾離意と同じ場面に遭遇したとすれば、おそらくは兄孫常のやり方を彼や孫並の子と同じく「姦詭」であると断じ、「人道正義」という倫理から判決を下したことであろう。しかしそのように判断するのは珍しいことであった。小役人たちがなした判断が当時にあっては普通であったからこそ、これが美談として残ったのである。

王符は郷亭での訴訟を描くにあたり、「直なる貧弱」「正なる羸民」であるにもかかわらず、彼らを原告とはしていない。彼が「羸民」を原告とせず、「豪富」をこの被告であるとして議論を進めていないことが注目される。これは多くの場合、借金を返済せよと催促する「豪富」の方が、むしろ原告として訴え出ていることを示唆していないであろうか。『居延簡牘』には数多くの借金問題にからむ訴訟事例が見えるが、ほとんどすべて誰々が借金を返済しないという原告の訴えと、これに対する債務者の答弁である。あるいはまた、後漢の建武三年（二七）前後に居延県で起きた民事訴訟案件、すなわち「候粟君所責寇恩事」も、候粟君が寇恩に貸財の返済を求めて起こされたものである。(61)とすれば、田地の兼併にかかわる訴訟としては、窮乏する農民から起こされるよりは、むしろ借金の返済を求める

「豪富」からより多く起こされたと考える必要があろう。前漢期最後の時代を生きた河南省南陽の豪族である樊重は、一方で三〇〇頃におよぶ田土を開墾し、千余家にのぼる老弱を収容する典型的な大荘園主であったが、同時に彼は数百万銭に上る貸借関係を郷村の民衆との間に持っていたと伝える。(62) そして彼らから取った借用証文を遺言により焼き削らせた、との美談をも伝える。しかしこの美談は逆に、金銭の貸借がもとで訴訟にまで進展すれば、これら借用証文は必ずやその返済を求めるための証拠として提出されたことを物語るであろう。

では借金を返済しないでおきながら、そして証文もつき出されながら、貧弱な羸民は自らを「直なる者」として訴訟に勝つことができたのであろうか。『二年律令』によれば債権者があえて抵当をとることは違法行為であると定められている。また他人名義で田宅を登録することも、不法なこととして禁止されている。(63) はたして土地を手放さざるをえなかった農民たちが、このような法令を知っていたかどうか定かではないが、かりに知っていたとすれば、自らを法律から見ても「直なる者」として主張できたであろう。

しかし、借金がもとで訴訟が起こった場合、自らを「直なる者」「正なる者」と見なして債務者の側から債権者を訴えたのは、おそらく多くはこのような法律を知っていたからではない。おそらくは先に見た孫並の子のように、土地兼併をしてゆく者のやり方を「姦詭」であると見なし、「人道正義」に反すると見なしたからであろう。しかし実際に裁判で下された判決は、小役人たちの判断がそうであったように、むしろ「姦詭」な人物を勝ちとするものであった。借金がもとで訴訟になった場合、「人道正義」に訴えて相手を「姦詭」であると指弾し非難するだけで勝訴できたとは、ほとんど考えられない。また土地を買いたたかれたと訴えても、土地は多くの場合、返ってこなかったであろう。そうでなければ、鼂錯による議論そのものが成り立たなくなってしまうし、鍾離意の話は後世に残るはずはなかったからである。裁判とは正義が実現される場であるはずであった。ところが後漢という時代にあっては、裁判は土地兼併の実現のために、いわば構造的に組み込まれてしまっていたのである。そしてこのこと、つまり裁判が「人道正義」にあらざることの実現のために構造的に組み込まれてしまっているとの現実こそが、後漢に訴訟がいかに多かったにしても、次に述べるように王符はそれを「冤結」するもの、怨みが晴れないものとして悲劇的に描かざるをえなかった根本原因であったと考えられるのである。

王符の訴訟論では、羸民すなわち貧弱な者が訴訟を起こす、あるいは訴訟を起こされた場合、ほとんど悲劇的な結末に終わるとされている。それは郷亭、県、郡、州、三公府と渡り歩いても、結局「聴訟とはこのようなものであるなら、…〝冤〟はどうして処理できよう」といっていることから明らかである。(64) 彼は『潜夫論』の中で何度も「怨」「冤」「冤民」「冤枉」「愁怨」「怨言」など同種の言葉を用いているが、最も注目すべきは「冤結」という言葉を多用することである。それは〝冤〟である、怨んでいるとの思いが結ぼれてしまい、解きほぐせない情況を言う。『潜夫論』愛日篇で冤結と記されるところは、『後漢書』では「怨結」と記される。『漢書』『後漢書』でも冤結の語は多く用いられ、いずれもよほどの僥倖がなければ〝冤〟が晴れない情況を言う。王符は「三式篇」で「細民は冤結して訴える所もなく、都までは遠く離れているのだから、闕（宮城）に行ってまで訴えることができる者は一万人のうち数人もいない」と述べ、「述赦篇」でもこれとほとんど同じことを述べている。これもまた後に見る『清明集』あるいは『巴県档案』から受ける当時の訴訟イメージとは、大いに異なる点である。なるほど宋代の文献にも清代の文献にも、人々の怨みが晴れない、つまりは冤結しているとの報告がしばしば見えている。しかし、人々はあくまで健訟であり纏訟であって活気があったというのが、『清明集』『巴県档案』などから受ける印象である。王符の訴訟論から受ける訴訟イメージは、限りなく暗い。そして、宋代以降であれば訴訟する民衆は非難の対象として描かれるのに対して、王符の訴訟論では訴訟する彼らはむしろ「直なる者」、同情に値するものとして描かれている。

その根本的な原因が、羸民と豪富との間で借金や土地をめぐって訴訟が起こった場合、本来「直なる者」であるはずの羸民が敗訴するほかなかったからであること、すでに述べた。しかしこのほか、宋代の文献に現れ始める訟師、すなわち訴訟を教え助ける者が、当時はなお現れず、またいかに人と訴訟しあって負けないかという「訟学」が未発達であったことが、大きな原因としてあろう。『後漢書』郭躬伝には河南省潁川郡陽翟でのこととして、次のような話を伝える。郭躬の父は「小杜の律」つまり前漢の杜延年から伝えられた法律を学んだ。彼は地元の潁川郡の官庁で三〇年にわたり司法（断獄）をつかさどった。郭躬も若い頃から父より法律を学び、「生徒に講授すること常に数百人」であったという(65)。これによれば潁川郡という一地方で、たしかに法律が講じられ、数多くの者がこれを学んでいたことは間違いない。潁川郡という地は『漢書』地理志によれば、戦国時代には韓の都であり、申不害や韓非子が出たところで「法律を好み、民は貪欲にして争訟し、父母が亡くなっていないうちから家産分割するのが欠点である」という(66)。とすれば宋代の江南西路、つまりのちの江西省におけるいくつかの地方が健訟であるとして有名であったのと同様、漢代の潁川郡が訴訟について何か独特の風気を持つところであったのかもしれない。しかも当時は『辞訟比（詞訟）』七巻『決事都目（決事科条）』八巻などという判例集のごときものも出現していた(67)。

しかし郭躬が数百人の生徒に教えていたのは法律学あるいは断獄学というべきものであり、訟学ではなかったとするのがより常識的であろう。先に無冤の理念を述べたところで、陳寔という人物を紹介した。太丘県の県長であった時、県民たちが巡回してきた監察官に不満を訴えることを妨げなかったという人物である。彼も実は潁川郡の人であった。彼は若くして苦学した人物であり、潁川郡西門の亭長であったこともある。郷里でもめ事が起きると決まって陳寔の裁定を求め、その裁定に対して怨む者はいなかったという。彼の裁定に説得力があったのは、彼が苦学して学んだのが法律学あるいは断獄学であり、法律を武器として持っていたからではないか。彼が太丘県の県長を辞任することになった理由もこれを裏書きする。すなわち彼は、太丘県の上級官庁である沛国の長官が賦税を徴収したことに対して、「それは法律違反である」と論じて自ら職を辞したのだという。このエピソードは法律を学んだ人物の面目躍如たる姿を伝えている。郭躬が教えていた法律学あるいは断獄学とは被統治者の側が学ぶ訟学ではなく、陳寔のように県吏から亭長へ、そして県長へ進んだ統治者の側の人物にふさわしい。

以上により、後漢における訴訟について、次のような結論をいくつか得ることができる。王符が述べるところによれば、二世紀前半には全国で毎日十万人が何らかの形で訴訟を行っているというほど、それは多発していた。その原因は第一に、当時訴訟は県で受理されるよりまず郷亭という人々にとってアクセスが容易なところで受理されたからであると考えられる。そして第二に、そこで豪富と羸民との対立として記される内実は、その多くが結果として土地の兼併となってあらわれる金銭の貸借などから始まったものであった。この二つの要因が重なることにより、百戸のうち一戸が毎日何らかの訴訟を行っているという状況を生んだと考えられる。

王符が描いたのはこの社会矛盾が増大するなか、郷亭をもふくめた訴訟制度がまだ何がしか機能を保持していた時代であった。『後漢書』爰延伝では、彼が隴西県下の郷嗇夫となったとき、「人はただ嗇夫のことを聞くだけで郡国を知らなかった」という。(68) 爰延は王符とほぼ同時代人である。嗇夫は郷の徴税と聴訟にあたる。彼が治めていた郷の人々は、納税や訴訟のために県やその上の郡まで行かなかったというのである。たしかに王符は羸民が訴訟する結果を暗く「冤結」として描いている。しかし社会がさらに混乱すれば、訴訟制度自体まったく機能を停止し、人々も争いの解決をこれに求めない。黄巾の乱がそれである。

郷の嗇夫や亭の亭長とは、厳耕望が何度も強調するようにあくまで「郡県の属吏が外へ出て統轄する者」であって、地方自治の意義はまったくなかった。(69) 彼らは農民たちが行う訴訟についても、そこが県城からあまりに遠いために、県令や県長に代わって最も手近なところで受理していたのである。ここから始まる訴訟が、王符が言うようにはたして百戸に一戸によって行われていたとすれば、それはそこでの紛争がもはや現地の居民たちの内部で調解されて終わるものではなくなっていたこと、国家の力がそこまで浸透していたことを物語るであろう。中国ではすでに戦国時代あるいは秦代から、民衆が自律的に取り結ぶ一切の共同的関係は否認され、人々は個に分解された単子的存在として、君主権の直接支配を受けることが求められた(70)。これを国家の側から言えば、県令・県長の下に嗇夫と亭長を置く制度となって表れたのであり、人々の側から言えば、紛争は彼らが自律的に取り結ぶ共同体的関係の内だけでは解決を見なくなっていたことを表すであろう。この種の支配のあり方をわれわれは専制支配と呼ぶ。

われわれは王符による訴訟論の中に、専制支配がかえって訴訟を多く生んだという一つの例証、そのきわめて早い時代のそれを見出すのである。

第四節　宋代の健訟と差役の糾論——上訴及び中国近世における税役負担と訴訟

すでに述べたように、中国史の中で健訟という言葉が現れるのは宋代である。健訟という言葉は、その後歴代の王朝でも訴訟が多いことを非難するものとして使われ続けた。健訟の語こそは、宋代以降の訴訟の特徴を表すキーワードと見なすことができる(71)。

さて宋代になると文献の量がそれまでと違って格段に多くなることもあってか、一つの県、一つの府州で一年に生まれる訴訟件数や提出される訴訟文書の枚数につき、具体的な数値が数多く表れる。訴訟文書とここで言うのは原文で多く詞状というものである。詞訟という語も訴訟の意味とともに訴訟文書の意味で用いられた。州とは県の上位の行政区画であり、府とはその上の路の拠点となる大都市があるところで、州より一つランクが上である。宋の州は後漢の郡に、そして明清時代の府にほぼ相当する。宋代では後漢と違い、訴訟文書を受け付けてくれる最も下の機関は県であった。後漢の時代には郷亭でも受け付けてくれたのに比べるならば、アクセスの点で不便となったはずである。ところがたとえば、北宋の程顥が上元県の知県代理となった時には、「詞訟は日々に二百を下らなかった」という。しかしいかに大きな県であっても、訴訟そのものが毎日二百回を数えたということはありえない。そこである注釈が記すように、これは「民が訴訟に際して提出してくる文書が百枚、二百枚であった」と考えるべきであろう。(72)

南宋の漳州龍溪県でも朱子によれば毎日百余紙の訴訟文書を処理していたという。(73)南宋時代に編纂された官箴書『昼簾緒論』でも、知県になって始めて赴任する頃は多ければ毎日数百枚、少ないときでも百枚、二百枚と訴訟文書が届けられるものだという。(74)

程顥が赴任したという上元県は、当時の江寧府城つまり現在の南京におかれていた県であるし、龍溪県が漳州治下の四県の中で特別に大きな県であったことは、朱子自身が記すところである。また『昼簾緒論』も全国一律のこととして言っているわけではなく、大きな県に照準を合わせた議論と見るべきであろう。しかし全国の大きな県であれば毎日百枚以上の訴訟文書を受け付けていたらしいことは間違いないようである。またかりに『昼簾緒論』で掲げる数値が清代の多くの県での正式な受け付け方式、すなわち三八放告により農閑期にのみ受け付けたものとしたら、年間における訴訟文書数は清代の記録で多いとして記録される数値とすでにほとんど同じぐらいになっていたと見てよいのではないだろうか。(75)

では、何故このような数値になったかというと、その原因の一つはこれまた清代と同じであり、一案件につき原告・被告とも繰り返し繰り返し文書を提出したからである。『昼簾緒論』では、一回に受け付ける訴訟文書の中で新しい案件はほとんどなく、十の内で七、八は前のものと同じ内容であったという。これは後に見る清代『巴県档案』などでもまったく同じであり、この点でも宋代の訴訟のあり方は清代のそれとよく似ていた。

しかし、宋の訴訟が明清時代のそれと大きく違っているところがいくつかある。その一つは県の上の州、または府へ提出される訴訟文書が多かったことであり、訴訟と裁判において州または府が重要な役割を果たしていたことである。南宋時代の官箴書『州県提綱』では、「州と県では一回に受け付ける訴訟文書が、少ない場合でも百紙を下らない」という。[76]同じく南宋の人である陳淳は、彼の郷里漳州（福建省）での訴訟文書数について次のように言う。すなわち、漳州には姦雄にして健訟なるものがおり、訴訟の筋道を心得ており、官庁の事情に通じている。およそ訴訟するものはみな、必ず彼らを頼りとして「盟主」とし「主人頭」と呼んでいる。彼らは貢士、国学生、進士なのだが科挙で順調に進めなかった者、あるいは有力な家の子供なのだが我が儘で大人しくしていない者、あるいは罷免された元胥吏（事務員）や没落家族の者である。かつて漳州知州であった趙伯逿（慶元元年＝一一九五年任）はこのようなやからを退治し、州庁の後園に「自訟斎」という建物を置いてここへ監禁し、一年中帰宅させなかった。[77]この結果、彼らはあえて健訟などしようとせず、翌年になると受け付けた詞状（訴訟文書）は一日三〇紙にも満たなくなった。ところが次の知州が自訟斎を廃止したため訴訟文書数は突然はね上がり、一日四〇〇枚から五〇〇枚になった。次にやってきた張斗南は趙伯逿のやり方を参考にして官庁門前に告示を出したから急にまた減少したが、いま溥伯成が赴任してきたところ、訴訟文書は一日ほぼ三〇〇枚から四〇〇枚になった。これは趙伯逿のやり方を見倣わなかったからである。[78]

これによれば、趙伯逿が去ったあとは、それまで押さえられていた訴訟文書を提出せんとする勢いが息を吹きかえし、一日四〇〇枚から五〇〇枚となり、今また三〇〇枚から四〇〇枚であるという。

陳淳のこの言葉が事実を伝えているとしたら、趙伯逷が知州をしていたときのような荒治療をしないならば、一日三〇〇枚程度の詞状が漳州州庁へ届けられていたと見てよいだろう。漳州で最大の県は漳州城に県庁を置く龍溪県である。陳淳は朱子が漳州知州であった時の愛弟子である。ところですでに述べたように、朱子は龍溪県を漳州四県の中でも特別に大きな県であるとし、しかも訴訟が多いところだと強調しつつ、ここでは毎日百余枚を処理していたと記していた。朱子はまた漳州治下四県のうち、龍溪県のほかの三県の賦税は、龍溪県の十分の八にも及ばないとも言っている。ということは漳州で受け付けた訴訟文書のうち、少なくとも半数以上は龍溪県下の人民から提出されたものと見積もってよかろう。朱子が漳州知州となってから趙伯逷が赴任してくるまでは、わずか五年間の開きしかないから、この間情勢に大きな変化があったとは考えられない。とすれば、龍溪県一県から漳州州庁へ提出された訴訟文書は、趙伯逷が赴任直前の時点でおおよそ毎日一五〇枚から二〇〇枚程度であったと見てよかろう。これに対して龍溪県では訴訟文書が毎日百余枚処理されていたと朱子は述べていた。すなわち両史料を重ね合わせるなら、宋代の訴訟制度でも明清時代のそれと同様、訴訟文書をまず受理すべきは県であったにかかわらず、その上位官庁である州の方へほぼ同数かこれより多く提出されていたことになる。これは明清時代から見れば異常である。

このように宋代では、州へは県と同数程度かそれ以上の訴訟文書が提出されていたようであるが、その原因を訴訟制度に即して言えば二つ指摘できる。一つは宋では越訴がきわめて多かったことである。法令では訴訟当事者が県の判決が間違っている、つまり「断不当」「断不公」であると考えた時や、いつまでたっても判決が下りない時は上級官庁の府州へ、それでも不満であれば路へ上訴すべきことと定められていた。ところが実際には県を飛ばして直接州へ訴訟文書を出したり、州を飛ばして県から直接路へ上訴することがしばしば行われていた。この種の越訴が宋代では頻繁に行われていたことは、すでに宋代史研究者によって指摘されているが、明清時代の史料をより多く読むものから見てもこれに同意できる。

あと一つは、宋代では上訴制度がそれまでに比べて格段に発達し、実際大いに機能していたことである。『宋会要』刑法門にこの上訴についての規定が数多く見えるだけでなく、『清明集』にはその実例が頻繁に登場する。たとえば一家族で誰を後継ぎとするかを巡って親族の間で争われた訴訟では、県へ訴えたあと州へ上げられ、次いで州から路へ、ついには中央の刑部に至っている。これは刑事性のない現代で言えば純然たる民事訴訟であるが、中央刑部にまで上訴されただけでなく、二十余年も延々と係争されたという。[79] また『続資治通鑑長編』によれば、北宋の咸平元年(九九八)のこととして、財産の分配が平等ではないと互いに訴訟しあい、十数次にわたる判決にいずれも当事者たちは不服で、ついに中央の台省(御史台・尚書省)にまで至った話を伝えている。[80]

上訴制度が実質的に機能したのは、一つにはこれによって実際に判決がしばしば覆ったからである。『清明集』の中にわれわれはその実例を数多く見出すことができる。『清明集』ではたしかに、すでに県や州で判決が下りているにもかかわらず、依然として上訴し争い続ける者を「健訟である」と非難する。ところが『清明集』に載せる事例で興味深いのは、州や路で判決する、あるいはそこで判決の原案を作る「名公」たちが、彼のもとに至った案件について県での原判決が間違っていた、あるいは州では誤審があったなどとしばしば明確に記していることである。さらには上訴して止まない者を「健訟である」とまずは非難しながら、結局のところ彼らの方に理があるとまで明言するものもある。たとえば路の転運司にいた范応鈴は、路にまで至った案件について、

イナカの民が訴訟をかまえてあるいは何年にもわたり、何度も判決が下りているのに従わないのは、もとより多

くは頑固で口うるさいやからがとことん訴訟してやろうと企んでいるからだとかつては思っていたが、一方でミスが官府の方にあることによって争いをまき起こすこともある。

と率直に認め、県の判決、州の判決ともに誤った判断のもとになされたものであると指摘する。そして、何年にもわたって訴えてくる原告を「強横である」と一方では非難しておきながら、

ミスは州と県にあるのだから、人民を責めることはできない。

と評してさえいる。[81]また府にあったらしい呉革は、原告と被告の間で争われている土地が、もともと抵当に当てられたのであって売買されたものではないにもかかわらず、県では、

当初ふとどきにもそれが抵当であるのに正当な典（質入れ）による売買であったと見なし、前後何度かの判決でも、原告徐子政が（売買であれば自分の方から納税するための）納税手続きを変更しなかったこと、土地も（実際には自分の方へ）移しもしなかったことをまったく明断に判断しなかった。それが抵当であるからには、それに相応しい条法を適用するのでなければ、（徐子政が）何とかスキをうかがって得をしようとする心を閉ざすことはできない。

と手厳しく批判している。[82]知府あるいは知州であったらしい姚珤は、県では一方の当事者をこれとよく似た姓名の別人と取り違えて不当判決をしたと明言するばかりか、本来詐欺罪を適当すべきところを府州の司法官も誤った判断をしたのだと主張している。[83]蔡抗が路のおそらくは提点刑獄であったときには、

本州の僉庁が下した判決、路の検法官が自分に提出した原案ともに、みな間違っている。とも言っている。[84] 提点刑獄とは一路の司法長官であり、州の僉庁とはその一級下にある州の簽書判官庁公事が勤務する官庁である。また検法官とは提点刑獄のもとにあり、判決を下すにあたって案件に最もふさわしい法律を検索することを職務とする。すなわち蔡抗は管轄下にある州の判決も不当であり、直接の部下が出してきた原案も不適当だということである。

またある州の僉庁にあった一官僚は、かつて同じ僉庁でなされた判断について、「訴訟当事者一方の主張にのみ耳を傾けたミスを犯していないか」と明言して、これを斥けている。[85]

宋代ではこのようにいったん出された判決がしばしば上級官庁である府州や路のレベルで覆され、あるいは完全に覆されぬまでも、上訴したものにとってより有利な判決が改めて下しなおされることがあったから、そこでの訴訟は「冤結」しなかった。州あるいは府へ持ち込まれる訴訟文書が多かったのは、もちろん越訴が多かったという要因も考えねばならないが、上訴することによって、より有利な判決を勝ちとることができたからでもある。呉革がおそらくは知府であったとき、抵当と見なすべきか売買と見なすべきかで県が下した判決は間違っていたと手厳しく批判したこと、すでに述べたが、別の案件でも県の判決はやはり抵当と売買を混同してしまった誤審であると指摘しつつ、自分の非を認めることなく府へ上訴してきた被告に対しては、

自分も初め、こいつは健訟なやつだと疑っていたのだが、繰り返し詳しく調べてみると、なるほどこちらの方に言い分がある。

訴が止むはずはなかったのである。

と認めるに至っている。[86] これではほとんど「健訟する者が正しい」と言ってしまったようなものである。これでは上訴が止むはずはなかったのである。

宋代では上訴することによって判決がしばしば覆ったから、そこでの訴訟は「冤結」しなかった。「冤結」しないことによって、二十数年も係争が続くのでは原告も被告も疲れ果てたであろう。一事不再理というわれわれの世界にある原則は、たしかに生活の知恵ではあるが、どの法が適用されるべきかは現代でも選択の幅があるであろうし、正しいことはあくまで正しいというのも、一つの社会正義である。たしかに宋代でも後漢の王符が記したように、裁判に当たる地方官が賄賂を受け取り不当不正な判決を下すことがあった。それは『清明集』の中でも清廉な地方官であり裁判官であることは難しいと述べつつ、「豪民巨室が訴訟する時には、必ず勝たんとして金に糸目をつけないから、よほど修練を積みかさね自愛する者でなければ、必ずその誘惑に汚く染まってしまう」と言うとおりである。[87] しかし、下級官庁での判決が不当であった、部下が判決ミスをしていたと指摘するなど、以上挙げた数例から浮かび上がる彼ら官僚の姿は、きわめて気まじめである。これは『清明集』全体から受ける印象であって、それが『名公書判清明集』というとおり、「名公」自らに語らせた勤務記録だからでもあるだろう。たしかに『清明集』だけをもってして、宋代の訴訟や裁判の全体を語ることは慎重でなければならない。しかし明清時代の文献に比べ宋代の文献全体から見てもそのような印象を受けるのであって、『清明集』に見えるような判決を覆してゆく「名公」は決して例外であったとは思えない。そこにわれわれは、当時流行した朱子学を代表とする新儒学の精神とあい通じるもの、ある種の気まじめさを見るべきであろう。

「名公」らによる司法界での活躍が、彼らが非難するところの必要もないのに訴訟をする者や、あるいはその手助けをする者を懼れさせ、訴訟件数を減らした可能性はもちろんある。しかし以上見たところからすれば、「名公」の活躍がむしろ訴訟を増やした可能性も否定できない。
「名公」の一人呉革が「健訟する者が正しい」と言わんばかりのことを述べたこと、すでに述べたが、これでは無訟の願いはいよいよ遠のくであろう。さらに「名公」の一人胡穎は、健訟の徒である劉涛を処罰し、「自訟斎」に収監して再教育をほどこすべしとした判決文で、次のように記している。

劉涛は今、聖賢の戒めに背いて間違ったところにその心を用い、官庁に出入りすることによって一手に訴訟を請け負い気脈を通じながら、本人はこれでもって「自分のやっていることは〝義〟である」などと言っている。〝天下の義事〟を普通の人間にできるものか。……孟子様は「同じ村の中で喧嘩が始まった時、行って仲裁することは心得違いである」（離婁下）とおっしゃっているのだ。にもかかわらず、劉涛は他人の訴訟に関与するのを〝義〟だとするのか。(88)

劉涛がいわゆる訟師の一人であったことはほとんど疑いない。彼は「もっぱら教唆詞訟をもって生業となす」とここで言われており、胡穎が劉涛を評するに際して孔子の「その位に在らざればその政を謀らず」、曾子の「君子はその位を出でざるを思う」という『論語』の言葉をあえて引用しているように、劉涛は何の官職もないとはいえ、「君子」つまり読書人であった。だからこそ「自訟斎」に閉じ込め、『論語』などを読ませて再教育をはかったのである。たしかに胡穎は孔子、曾子、孟子、董仲舒、馬援、韓愈の言葉や行動を示す古典をふんだんに引用して理論武備するが、劉涛が自らの行為を〝義〟であるとする主張を打ち破るだけの説得力を残念ながら備えない。
胡穎が劉涛について、「県下全域の人々は訴訟があれば必ず彼の所へ飛んでゆく」と記す部分もまた、先に紹介した陳淳が記した言葉、すなわち「およそ訴訟する者はみな、必ず彼らを頼りとして〝盟主〟とし〝主人頭〟と呼んでいる」という描写と符合する。陳淳が紹介する「自訟斎」は漳州城内州庁の後園にあった。宋代では県民が府や州にまでしばしば訴訟に行っていたこと、すでに述べた。州城から遠く離れたところに住む者にとって、これは県へ訴えることに比べてアクセスの点で格段に不便であったに違いない。この点でも州城や府城の内外に住む訟師たち「健訟の徒」は、「盟主」「主人頭」として頼むに足る便利な存在であったに違いない。

宋代になると訴訟が「寃結」しなかったことは、多くの「名公」たちが非難の言葉をもって証言するように、これら健訟の徒つまり訟師たちが広範に存在するようになったことに大きな原因があった。訟師という存在が科挙制度と密接な関係にあったこと、それは主に科挙によって膨大に生み出される生員つまり学生を陰転させたものであったことは、かつて明清時代に即して述べたとおりである[89]。この点では宋代もほとんど同じである。ある研究によれば、南宋時代に進士となった者の社会層のうち、その約半数は先祖三代にわたって官界で何らの職についたこともない者、つまり庶民出身であった。この点でも明清時代とほとんど変わりがなかった[90]。この約半数の庶民出身進士を生み出すために、受験勉強に励みながら解試にもまだ合格しないでいる学生の数は、膨大なものであったに違いない。

陳淳は訟師となったものの中には貢士、国子監生だけでなく進士までいたというが、一方で彼らは科挙での成功者ではなかったとも言う。しかしこの貢士や国子監生にすらなれなかった半知識人は、一つの県一つの府州でどれだけの数になったのであろうか。南宋時代には進士となった者の約半数が庶民出身であったとすれば、挙人にもなれなかった者、さらには貢士、国子監生にすらなれなかった者たち、つまり単に文字が書けるというだけではなく訴訟文書を作成するのに必要なレトリックを容易に使いこなすことができる程度の〝半知識人〟〝半庶民〟は、どれくらいいたのであろうか。訟学という訴訟のやり方、訴訟文書の作り方を教える教育が北宋時代の文献から現れることは、宮崎市定が指摘して以後すでに周知のところである[91]。その中に引用される『宋会要』所載史料では、訟学を教授する者を「教書夫子」と称している。「教書夫子」の語は決して上級の知識人を連想させるものではない。おそらく彼らの多くは学生もしくはこれにもなれなかった半庶民＝半知識人であったであろう。とすれば、彼らはどれほど多くの庶民たちに訟学を教えたのであろうか。宋代の健訟を支えたもの、「冤結」させなかったものは、彼ら広範な「庶民」たちそのものであったと考えられる。後漢の潁川郡では郭躬によって常に生徒何百人を対象として法律学ないしは断獄学が講じられていたこと、先に述べたが、これに比べれば宋代の庶民はより自らの生活に身近な「訴訟学」を身につけていた。要するに彼らはかつてよりはるかに豊かに「知恵をつけていた」と言うべきである。

宋代社会が健訟化した大きな要因として、もう一つ役法の問題を挙げねばならない。これは訴訟の問題として従来あまり知られていないと考えるからであるし、その後あい似た問題が清末まで続くと考えるからである。

宋代では郷村に住む一般民戸をその家産に従って九等にランク分けし、一等戸二等戸など家産が豊かであると評価された者から順に、重い差役にあてた。そのうち州庁や県庁に詰めて、倉庫の見張りのほか官僚や胥吏の命令に応じて様々な費用を供給し、官庁の修繕から物品の調達に至るまで様々な仕事を負担させられる衙前の役、郷村での賦税徴収の責任を負い、定められた税額に及ばなければ自分で補塡し代納せねばならなかった里長・保正・大保長の役などが重役として知られる(92)。このような重役には誰もがつきたがらずに逃げまわるので、実際に豊かな家がこれを免れ、代わって真実豊かならざる家が負担することとなり、これが宋一代を通じて大問題であった。王安石によって負担戸が実際に差役に当たる差役法から、金銭を代納してこの費用で別の者を雇って役につかせる募役法に改められたこと、これが新法党と旧法党の間における重要な争点であったことは古来有名である。

ところで、この差役の問題が原因でしばしば訴訟が起こった。たとえば南宋の葉適は、すでに募役法が行われている情況下で、保正と副保正を選定するときですら訴訟が多発していたことを述べる。すなわち、郷村の民がそれらに

当てられたくないために、その家産を評価されるにあたって、

民は死力を尽くしてでもこれを争おうとする。いま天下の訴訟のうち大問題にして決しがたきものは、差役よりはなはだしいものはない。(93)

と述べている。また同じく南宋の杜範も、

ひとたび役に当たる順番やランクを決定する段になると、訴状が紛然として至る。

と述べる。(94)また朱子も、差役を公平に割り当てる一方策として義役を実施したところが、これに当たる順番を決めるにあたって「目下、訴訟が紛然として起こっている」と報告し、また、

差役の一事は利害が大きく関係する。本司が毎日受理する訴訟のうちその多くは、人戸がこの差役の問題を陳訴してきたものである。

と問題の重大さを指摘している。(95)

誰が衙前の役や保正・大保長の役などの重役につくかは、たとえば「税を納めていない者の分まで大保長が代納せねばならない」など一家の死活問題であった。その選定の時に多くの者が兢々としたことは当然であるが、しかし資産の多寡が正確に評価されず、したがって本来役につくべき者が免れて貧しい者が代わってつかねばならぬとしたら、これは現代で言えば行政訴訟の問題になるはずである。ところが、中国宋代ではそうはならなかった。国家と民の対立であるはずのものが民と民との対立に転化し、行政訴訟であるはずのものが民事訴訟に転化したからである。もっ

と簡単に言えば、あいつは役を免れている、あいつは豊かであると人民自身にたがいに告発させたからである。

差役に当たるというもともと官と民との対立が、民と民との対立となるしくみについては、明末に編纂された訴訟秘本『珥筆肯綮』に即してこれまでに論じたことがある。『珥筆肯綮』は訴状を書くに当たってどの点に注意すべきかを教えている。事例は明代であり、したがってここで述べられているのは里甲の役にかかわる訴訟であるが、問題は宋の差役にかかわるものとまったく変わらない。それは自らが貧しいから糧長に当たれないと上申する場合、「もし自分の戸では負担できない」というだけでは受理されないから、必ず負担能力のある者の名を具体的に訴状で示せと教えている。また自分の属する里では甲首戸がほとんど逃亡しているとの陳情書を提出するに際しても、誰が自分に代わって役を負担できるのか、豊かな里長の名を具体的に書いて示せと教えている。(96)

宋代の場合もこれとまったく同じであった。その具体的な事例を『清明集』の中に見ることができる。一件のあらましは次の通りである。

ある県の十五都保正を勤めた熊俊英が任期満了となったため、県では熊瀾を交替として保正に当てることとした。ところが熊瀾はその納税額の少なさから見て到底この役に充てられるのを承服できない、と府へ訴えてきた。案件担当の府簽書判官庁公事が熊瀾の提出してきた訴状を調べたところ、そこには熊俊乂、熊俊民、張師説、張師華、師承之、師望之の六名を「糾論」してあった。この六人についてそれぞれ保正に充てるのが適当かどうか調べたところ、熊俊乂以下五人はその資産額とこれまでの当役実績から見て不適当であったが、師承之は次の当番に充てる要件をすべて満たしている。そこで師承之に対して応役するよう命ぜられたし、と知府に申し上げるというものである。(97)

さて、熊瀾が詞（訴状）内に六名を糾論してきたという「糾論」とは、誰々は役に十分当てられうると名を挙げてあばきたて論ずることである。『州県提綱』で差役を公平に当てる方式を論じ、「納税額が高く最近差役に当たった家に対しては、〝輪番で差役に当てる法〟を用いて、納税額が少なく長らく役に当たっていない家を〝糾させ〟、逆に納税額が少なく長らく役に当たっていない家に対しては、〝六年間差役を休んでから再び差役に当てるという法〟を用いて納税額が高く最近差役に当たった家を〝糾させる〟、というのもこれである(98)。すなわち郷や都などで差役を負担するよう定められているグループの中で、豊かな家には「あいつはたしかに貧しいが長い間差役に当たっていない」と実名を挙げて告発させ、逆に貧しい家には「あいつは最近差役に当たったばかりだが、豊かだからまだ十分に負担能力がある」とこれまた名指しで告発させるのである。糾論して決することを糾決という。北宋の文彦博が里正として負担すべき衙前の役を誰に当てるか定めるごとに、「毎回たがいに糾決していた」とし、このために何ヶ月も大騒ぎとなっていたというのもこれを示すに違いない(99)。糾決をまた指決とも言う。ある人物が十分に差役に耐えられると別の者に名指しさせ、決するからである。北宋期の一史料では糾決を指決と言い換え、さらに「人が投名するのを許す」と言い換えている(100)。糾論、糾決という手段で差役に当てることを糾役あるいは糾差と言った。

『清明集』に見える事例は、熊瀾が六人の名を次に保正の役を担当しうる者だとして名指しで訴えたことを示している。そしてこの訴訟が紛糾したことは府にまで上訴されたことが示している。また「被告」のごとく名指しされた師承之に対して、「もし再びデタラメに訴状を出し（妄状）、引き延ばしをはかったならば」と注意を促していることからすれば、これに至るまで彼は何度もこれまた答弁書ないしは反訴状を提出したものに違いない。先に示した杜範の言葉、「ひとたび役に当たる順番やランクを決定する段になると、訴状が紛然として至る」とは、この事態を指すものであった。

差役の順番を決めるのにこの糾論、糾決という方法をとったことは、奇妙な形で「原告」と「被告」を生み、訴訟を多発させることとなった。糾論、糾決が訴訟を多発させたのは農民の社会だけではなく、商人や工人の社会も同じであった。王安石は市易法を施行する前の情況として、官庁御用達として物品を納入すべき行の商人たちは負担が重いために、「一人を糾して行に引き入れようとするたびに訴訟がやまなかった」と言っている[101]。官庁の営繕工事を負担する工人も同じである。官庁では首都の木工たちの姓名を帳簿につけ、順番で営繕にあたらせ、これを「当行」と称していた。時にこの当行を免れる者がいると、木工仲間たちは訴訟を起こして彼を何としてでも引き込んだ。これを「糾差」と称したという[102]。

この糾差、糾役と訴訟との関係について、南宋の袁説友は次のように言う。すなわち官僚たちは差役の弊害ということを知っているが、糾役の弊害の方がこれよりひどいことを知らない。なぜなら差役が不公平に割り当てられるなら、それは一家の害でしかない。ところが糾役が正しく行われないと、害は一家に止まらないからである。誰かが当番の差役を終えて別の者がこれに当たるべきときに、「いや自分は当たることができない」と言ったがために、代わりにいわれもなく名指しされる別の者は一人ではないからだ。これを路の諸司や都の六部にまで訴えることがあるし、一人を妄糾して一、二年たっても決着しないことがある[103]。実際、『清明集』に見える事例では合計六名が糾論されていた。

この糾論、糾決の問題は、宋代だけに限られた問題ではなく、基本的に清末まで続いた。

明代ではそれは、これまで里甲制の解体として社会経済史の枠内で論じられてきた問題と密接に関係する。訟師秘本には、里甲制の下にあった農民たちが名指しで同じ里甲内の者を訴える訴状の文例が多く見える。たとえば万暦二三年（一五九五）に出版され、訟師秘本の代表と言ってよい『新鍥蕭曹遺筆』巻二、戸役類には、「甲首を告発し争う（告争甲首）」と題する文例とこれとセットになる反訴状、「甲下を告発する（告甲下）」とそのまた反訴状の文例など、合計五例が収められている。これらは里長戸が別の里長戸を訴える、里長戸が甲首戸を訴える、甲首戸が里長戸を訴えるなど様々であるが、漫然と里甲編成が不均衡であると嘆き、自分は貧しくて当たれないと言うのではなく、必ず個人名を挙げて告発している。この時代に出版された訟師秘本は、どれも同様な例文を掲げており、『新鐫訂補釈注蕭曹遺筆』第二、戸役類などでは、いかにも実際の訴状であるかのように、原告も被告も固有名詞が書き込まれている[104]。これら文例によるかぎり、里甲制の下で発生した訴訟は、ただ単に誰を次の糧長や里長に当てるかを名指しする時に起こっていただけではなかった。またたとえば、甲首戸である誰が税を滞納しているため、自分が代納せねばならないと訴える時も同様であった。里甲制が解体する過程で訴訟が激発したのは、このように個人名を名指しして告発する方式をとったからであった。

清代になると地丁銀制が実地され、徴税については官収官兌とよばれるように納税者個人が自ら納税に赴く方式がとられたため、一見すれば糾論のような問題はなくなったかのようである。しかしなくなったわけでは決してなかった。『巴県档案（同治朝）』の中では〈契税〉の中に数多くその実例を見出すことができる。一例だけを挙げておこう。

同治元年（一八六二）四月二二日に、直里七甲の郷約謝文華と総役の王才との連名で甲内の糧戸陳桂芳ら十人を訴えた「稟状」が残っている。稟状とは告状が明確に相手を被告として告発するものであるのに対し、あくまで「申し上げます。何とかしてください」と訴える文書ではあるが、これもまた訴状であったことと変わりはない。それはその前年、陳桂芳が納税の義務を負いながら抵抗して納税しなかったため、郷約の謝文華らが立て替えて支払った。これまで何度も催促したが一分一厘も支払わないどころか、逆に「とことん訴えてやる（賭控）」と反抗する始末である。これ今年も陳桂芳らは納税せず、自分たちはもはや立て替え払いができない、ついては彼を召喚して究明のうえ追求していただきたいと訴えたものである。これに対して知県は、「召喚して訊問追求するのを待て」と批示している（No. 14533）。

「誰々が抗税している、自分はこのため立て替え払いをした」として糧戸を訴える事例は、この〈契税〉の中に数多くその事例を見出すことができる。たとえばこのNo.14533として分類されるものも、同様なものであるが本来まったく別々であった案件八つを一つにしたものにほかならない。これら八件の案件につき「稟状」を提出したのは、いずれもある甲内で各糧戸に納税をするよう催促する義務を負った郷約と差役である。この種の差役は催差と呼ばれる。陳桂芳ら十人は「被稟」として名指しされ、知県の批示でも「召喚して訊問追究するのを待て」という、普通の訴状に対する批示とまったく同じものであった。

納税問題すなわちこの場合のように税を収めない、あるいは滞納したというなら、現在であれば明らかに国や市などの公共機関と納税負担戸との間の争いである。ところが中国では、清代でも宋代で見たのと同じく、本来行政上の問題であるものが民間での民事訴訟と同様な訴訟となった。同じ甲に編成された糧戸が、同じ甲の郷約から「あいつが滞納している税を自分は立て替えねばならなかった」と訴えられた。「被稟」つまり被告はこれに対して逆に、「とことん訴えてやる」と言い返していた。そこではこれまた納税問題という官と民との矛盾が、民と民という私的な訴訟に簡単に転化している。たとえば私人間における金銭の貸借訴訟と同様な訴訟となっている。宋代の糾論、糾決でも、一度の訴訟で数多くの者が原告と被告となったこと、すでに見たところであるが、この納税問題から生まれる被告の数はさらに膨大なものとなった。滞納者が多かったからである。たとえばNo.14533に収められた八つの案件だけで数えてみても、被稟として挙げられた被告の数は十人、三人、六人、六人、二人、九人、二〇人、九人、二五人、八人の合計九八人であった。これら稟状に対して知県はいずれも「定められた額を納税せよ。相変わらず抵抗して遅延するならば、今度は衙門に連行して訊問するぞ」と脅しをかけ、档案は多くここで終わっている。

では、日本ではこのような訴訟はありえたのであろうか。少なくとも日本江戸時代における徴税制度と徭役制度のもとでは、このような訴訟はありえないはずである。というのは、徴収する租税あるいは負担させる徭役は、村請けという村単位で課せられ、それを実際に誰が納入し負担するかは村の内部で決着されるべき問題であったからである。幕府や藩は当面、村の内部で具体的に誰がそれらを負担するかには関与しないからである。都市において町人たちに公役や諸費用を負担させるときも同様であり、それは個人単位ではなく町単位で課せられた。村全体あるいは町全体として税や役を負担するに際して、一個人がこの種の共同体を飛びこえ、同じ共同体に属する別の者を名指しで訴えることは基本的にあり得ないのである。(105)

これに対して中国では、郷から都・里に至るまで様々なレベルで課せられる租税や徭役について、それを誰が実際に負担するかは決して郷や都・里の内部では完結しなかった。国家はもちろんこのような問題が保正、里長、郷約などによって編成される各種の単位で「自治的」に解決されることを望んだが、一方で保正などの重い徭役を次に誰が負担すべきかは、「糾論」「糾決」という方式により実名を前任担当者らに指させ県に挙げさせた。あるいは『珥筆肯綮』に示されるように、自分は貧しいから糧長や里長の役に当たることはできない、免除してくれるようにと申請嘆願する場合でも、では代わりに誰が負担しうるかと実名を指して「告発」する必要があった。『巴県档案』によれば、徴税にあたって責任を負う郷約や催差が糧戸を名指しして訴え出ていた。すでに述べたように、民衆が自立的に取り結ぶ共同的関係は遅くとも秦代以降には確実に否定された。以来人々は個に分解された存在として国家の直接支配を受けることとなったが、この糾論、糾決という方式こそはこのような国家による支配方式の一つにほかならない。そこでは租税の未納や徭役の不均衡という問題をめぐって、人々は必然的に「原告」「被告」とならざるをえず、訴訟を多発させることになったのである。

この構造は、郷村だけのものではなく都市でも基本的に同様であった。本書第七章では范金民が清代重慶という一都市に即して、そこで商工業者の間で闘わされた訴訟を論じている。商工業者によってつくられる同業組合は、官庁御用達という差務を負担する代償として経営独占が認められていた。この差務を果たすために、同業者たちには差費、幇義銭などと名付けられた分担金を組合に納めることが義務づけられていた。ところがこれを拒む者がいれば、やはり名指しで告発し訴え出ていたのである（三一三頁）。これまで見た税役負担と訴訟との関係は、都市でもほぼ同じであったと見てよいであろう。

第五節　清代同治期巴県档案に見る年間訴訟文書数と訴訟件数

明清時代における訴訟の実態については、これまですでに訟師の活動に即してその具体的な姿を述べたことがある。彼らは都市と郷村を覆って広く活動しており、訴状を代作し当事者に代わって官庁で様々な交渉に当たることから、原告や被告が法廷で供述するにあたってどの点に注意すべきかを教えるなど、訴訟における様々な局面で手助けをしていた。彼らの内には、上訴を望む者のために都市と都市とを結んでネットワークを形成する者もあったし、ギルドのごとき組織を持つ者もあった。官憲から彼らは法律を無視し黒を白と転倒する者であるとか、訴訟せよと人々を唆し食いものにする者であるとか、終始指弾され一貫して禁圧された。また国家は訴訟は当事者本人またはその近親者が代理すべきものと定め、訟師を金銭目的のために人の紛争に首をつっこむ者であると見なしていた。しかし、一般庶民から見れば不慣れな訴訟を代行してくれる者として、法と裁判の流れとを知る者として、彼らは大変に便利な存在であった。すでに訴訟に慣れた者であっても、彼らに相談しその知恵を借りることは、自らの安全を確保し争いをより有利な方向へ導くために必要であったし、また上訴においてその一部を代行してもらうことは是非とも必要であった。彼らが広範に存在するに至ったことは、庶民にとって訴訟や裁判へのアクセスが容易となったことを意味していた(106)。

また訴訟の様々なパターンに従って書かれた訴状文例集と、そこに記せば相手を貶め自らには同情を呼び寄せるような語彙集とが合体し、さらにこれに訴訟するにあたっての注意事項を書き加えた書物が十六世紀後半、すなわち中国年代で言えば明代嘉靖年間から万暦年間にかけて大量に出版され始め、広範に普及するにいたった。これを訟師秘本と総称する(107)。訟師の普及に加えこれが広く流伝したことが、無訟を願う官憲が危惧したとおり、訴訟にならずにうやむやの内に終わったであろう紛争を顕在化させたことは疑いない。さらに言えば、これらの存在が誣告を容易にし、「言いがかり訴訟」を多く生んだことも間違いないであろう。

さて宋代では大きな県であれば、すでに清代のそれと変わらぬ程度に多くの訴訟文書が提出されていたのではないか、とはすでに述べたところである。本節ではもっぱら、清代の一つの県に即し、実際に毎年何枚程度の訴訟文書が届けられていたのか、さらにまた毎年何件程度新しく訴訟が起こされたのかという具体的な数値を示すことに努力を傾けたい。

ここで訴訟文書というのは、最も普通には詞状または呈詞・呈状と呼ばれたものである。後に問題とする『巴県档案』について見ると、詞状のうち原告が初めに人を告発する時の文書を「告状」といい、被告が答弁あるいは反訴のために提出した文書を「訴状」といった。原告、被告とも二回目以降に提出する文書は、普通「稟状」と称される。稟状の稟とは「申し上げます」という意味であって、たとえば被告として名指しするのだが、はっきりとその人物を告発するのではなく、彼が怪しい、彼には問題がある、彼を何とかしてくださいという時にもこの稟状を用い、その彼を被告と呼ばずに「被稟」と呼んだ。ここで詞状すなわち訴訟文書というのは、これまで訴状と呼んできたものだけではなく、地方官から調解を求められた民間人が報告書として提出する稟状、さらには判決に従いますと誓約した「約状」などを含めたものであって、一訴訟をめぐって民間から提出された文書の総称である。

この訴訟文書の数にかかわることとして、筆者はかつて次のように述べたことがある。明清時代には一県で毎日百数十紙、二百余紙、さらには三〇〇紙から四〇〇紙を下らぬ詞状、呈詞を受け付けていたと諸史料には見えている。そこでこれらの数値をもとに一県で年間に何枚ぐらいの訴訟文書が提出されていたかを概算することが可能である。当時は緊急案件を除いて農閑期である八月一日から三月末までの八ヶ月間だけ訴訟文書を受け付けるのを原則としていた。しかも一ヶ月の間では三八放告、すなわち三日、八日、一三日、一八日、二三日、二八日の六日間だけ受け付けるのが最も普通であったから、かりに一日二百余紙を受けつけていたとすれば、二〇〇枚×六日×八ヶ月＝九六〇〇枚ほどを毎年受け付けていたとした[108]。しかしそれらはいくつかの官箴書や地方官の行政記録などに見える数値を根拠とし、当時の訴訟制度から推して概算したものにすぎず、現存する档案すなわち訴訟文書にもとづいたものではなかった。ところが今やわれわれは、この問題についてより正確な答えを出しうる有力な材料を持つに至っている。『巴県档案』である。

『巴県档案』は現存する清代地方档案の内でも最も数量が多く、最も長い期間をカバーするものとして有名である。しかし『巴県档案』が貴重なのはこれらの点にあるだけではない。それは不完全ながら档案の年代と内容にしたがって分類がほどこされ目録が作成されている。したがってわれわれは、この目録をたよりにして年間に新しく提起された訴訟件数を割り出すためのデータを得ることが可能である[109]。さらに貴重なのは咸豊元年（一八五一）あるいは咸豊二年にはじまって清末宣統年間に至るまで、原告や被告が提出した一部の訴訟文書には番号が付されていることである。(110) われわれはこの番号が訴訟過程のどの段階でどのような文書にどのような方式で付けられたのかを検討することによって、年間に提出された訴訟文書の概数を把握できる。はたしてかつて筆者がなした概算は、どこまで当を得たものだったのであろうか。まずは同治の一三年間に限って、巴県では何枚程度の訴訟文書が実際に毎年提出され、受けつけられていたのか明らかにしよう。

どの档案でもいい。後に状式格状と呼ぶことにする一類の訴訟文書にはよほどの例外を除いてすべて、たとえば次のような番号が付けられている（図1）。

丁字第一千〇四号　捕衙掛号訖〔『巴県档案（同治朝）』〈商貿〉No. 8711〕

この一枚の文書には同治六年一一月一八日の日付が書き込まれている。丁字と記されるのは同治六年が丁卯にあたっているからであること、たとえば丙字がその前年の同治五年（丙寅）、戊字がその翌年の同治七年（戊辰）に対応した文字であることから明らかである。また原則として、この年の正月に書き込まれた番号のものほど小さな数字で、年末一二月のものほど大きな数字であり、またほとんどすべて月日の順で番号が機械的に増加しているから、ここに例として掲げた第一〇〇四号とは、同治六年に第一〇〇四番目のものとして文書に付せられた番号であることは明らかである。すなわち各年度とも、原則として一二月末日の日付を持つ番号こそ、その年の訴訟文書総数を示すはずである。同治七年（一八六八）五月下旬に「捕衙掛号訖」の五文字は「捕衙験訖」の四文字に変更されるが、番号を付ける方式はまったく変わらない。

ただ年末に提出された訴訟文書に加えられた番号がその年度の訴訟総数であったとしても、それらを単純に抜き書

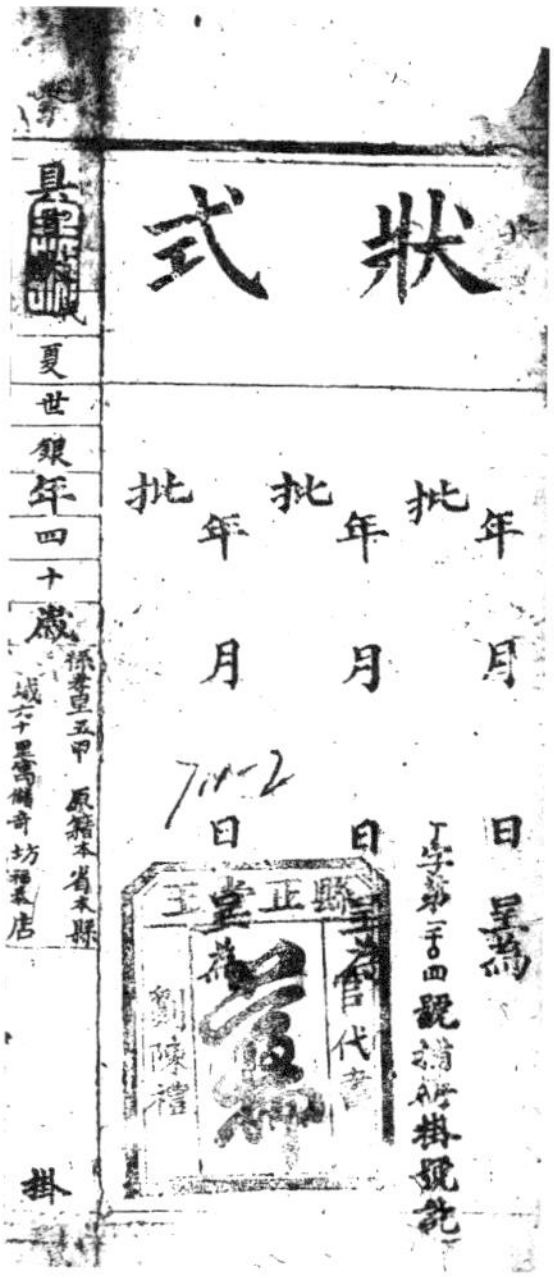

右：図1　状式格状（No.8711，第一面と第二面第一行）
右下が捕衙戳記（番号）、左下が代書戳記、左上に「新案」「内号」の戳記
左：図2　略式格状（No.8947，末尾）
五行からなる批示、後ろから第二行に捕衙戳記と番号

きする前に解決しておかねばならない問題が二つある。一つは、ある訴訟文書が提出されはしたが不受理であるとしてはね除けられた場合、これにも連番で番号がつけられたのかどうかという問題である。不受理とされたものが大量にあり、しかもそれらには番号が付せられなかったとすれば、各年年末の数値はその年の訴訟文書の総数を示すことにはならないからである。そして第二に、ある種の類型の訴訟文書の中にはこの番号がつけられていないものがあることである。かりにこれら番号が付せられない訴訟文書が多いのであれば、やはりまた年末の数値をもって年間訴状の総数であるとは見なせない。この二つの問題を解決するためには以下のような考証を必要とする。

まず第一の問題である。近年発見された清末『黄巌档案』のうち訴訟文書としてほぼ原型を保っているのはわずか七八枚であるが、その中に数多くの不准すなわち不受理とされたものが含まれているのは貴重である。明確に「不准」つまり不受理と批示されたものは合計二〇枚、すなわち約三〇パーセントを占めている。[11]『黄巌档案』の場合、ある案件につき始めて出された文書には「初詞」のスタンプが押されるか「初呈」の二文字が書きこまれるのを原則とする。「初詞」「初呈」あるいはその内容から見てこれにちがいないものの中で、不准と明記されたものは合計一六枚、すなわち二〇パーセントを占めている。かりに『巴県档案』も『黄巌档案』と同じく二〇パーセントもの訴訟文書が新たに提出された段階で不准とされたとするなら、これらにも連番でナンバーが加えられていたかどうかで年間訴訟文書数の推計が大きく狂ってくる。

では『巴県档案』の場合、官庁内で文書処理をする何時の時点でナンバーが連番で書きこまれていったのであろうか。それは准と不准とに分けられる前であったのだろうか、それとも後であったのだろうか。清初に編纂された『未信編』と『福恵全書』には、訴訟文書の処理過程とそれらに番号を付ける時点を記してあるから、まずこれを参考にして考えてみよう。当時は通常、官庁のことを衙門と呼んでいたから、以下この言葉を用いてどのように文書が処理され、どの段階で番号がつけられたのか見てみることにする。

県衙門は大きく二つの空間から構成される。それは胥吏という事務員および衙役という彼らの部下が活動する空間と、幕友という知県の秘書および門丁・門子と呼ぶ知県によって私的に雇われた小使いが活動する空間である。後者は衙門のなかでも「内衙」と呼ばれ、これを隔てるのは「宅門」と呼ばれる衙門の内部に置かれた門である。両空間は相互に厳重に隔離されていた。汪耀祖が「宅門の外は官である。宅門の内は家である」と的確に説明しているように、内衙とはいわば知県のプライベートな執務空間であった(112)。

さて、訴訟文書はまず胥吏らが活動する空間、普通われわれも当時の人々も衙門と考えていた空間で官が受け付けた。受け付けた文書は一束とされて白紙に包まれ、衙役らが勝手に差し換えたりできないようにするために封印がなされ、当日のうちに内衙に運び込まれた。知県およびその秘書たる幕友が批示を書き加えるためである。ここで准

（受理）と不准（不受理）に分けられ、ともにそれを示す批示が書き加えられた。

『福恵全書』では以上の過程を「閲批」として記し、以下の過程については「掛号」という論題の下で次のように記す。すなわち准（受理）とされた文書について、この内衙でそこに記された訴えの要点と批示の内容を「自理詞状号簿」という帳簿に記し、これに番号を加える。これを「内号」と呼ぶ。これには承行差役の姓名も記され、誰が各案件を担当すべきかも指示される。しかる後、内衙で一連の処理を受けた文書は、まとめて胥吏のいる承発房へ発送され、ここからさらに実際に各案件を処理すべき部局へ分発される。この承発房でも再び番号をつけるべきものとされ、これを「外号」と呼んでいる(113)。

以上は『福恵全書』に記された訴訟文書の処理過程であるが、『未信編』でもほぼ同様に記述されている。『福恵全書』によるかぎり、「閲批」したあとに「掛号」することになっており、しかも「准とされた訴状はナンバーをつける必要がある」と記されているから、受理されたものだけにナンバーをつけたことになる。

しかしそうではないことは、档案自体が雄弁に物語る。というのはまず、『巴県档案』でも『黄巌档案』でも『太湖庁档案』でも、すべて訴訟文書の一行目の一番頭の部分に「内号」あるいは「登内号」というスタンプが押してあるからである（図1）。『黄巌档案』には「内号」の二文字が押されながら、文書の上に番号らしきものは一切見えない。つまり「掛号する」番号をつけるとは、文書そのものに番号を書き入れることではない。「自理詞状号簿」などと呼ぶ別に設けた帳簿に番号を書き込むことであった。これに従って案件の内容から原告・被告の姓名、受けつけた年月日や批示に至るまで、必要事項がそこに簡潔に書かれたのである。内衙では「内号」のスタンプを押すと同時に、帳簿には番号に従ってこれら必要事項を記していったものに違いない。「内号」というスタンプに混じってしばしば「登内号」のスタンプが代わりに押されているのは、まさしく「内号として登録した」ことを示すのであろう。承発房で「外号」をつけたのもこれとまったく同じであって、『黄巖档案』には訴訟文書のうえにまったく番号が記されることがない。

『福恵全書』では「准とされた詞状（訴訟文書）は必ずナンバーをつける必要がある」と記し、あたかも受理されたものだけにナンバーをつけたかに記すが、『黄巖档案』中の文書には、「不准」と明確に記されたものでもすべて「内号」の二文字が押されている。したがって『福恵全書』の記述は誤りであるか不正確である。あるいは全国おしなべて一律ではなかったことを示すに違いない。さらに『黄巖档案』が興味深いのは、全七八枚の訴状の内二四枚には「承発房呉慶恵掛号訖」（No.71）などといったスタンプが押され、このうち七枚が「不准」と明記され、しかも初めて提出されたものであることである。すでに述べたとおり、文書そのものには番号は一切見えないから、承発房でもただ帳簿に番号を振っただけで、それに従って案件の概要を記していったのに違いない。すなわち「不准」であるにもかかわらず、内衙を出て承発房へ発送されたものにも「承発房の呉慶恵がナンバーをつけ訖《おわ》った」と記されるのであって、内衙でも承発房でもナンバーは帳簿の方に付けられたのであった。

では『巴県档案』にみえる番号は、黄巖県と同様に各文書が内衙から胥吏と衙役が活動する空間に廻されたのち、書き込まれたのであろうか。ここで先に例として示した番号がどのように書かれていたか、思い出してみよう。そこには「丁字第一千〇四号　捕衙掛号訖」と記されていた。数字が墨筆で書き込まれているのに対し、「捕衙掛号訖」の五文字はスタンプ（戳記）を押して記されている。捕衙とは捕庁衙門のことであり捕署ともいう。その長を典史といい、一県の刑獄すなわち犯人逮捕、訴訟裁判、監獄監理などをその職務としていた。すなわち「捕衙掛号し訖《おわ》る」とは「捕庁という部署でナンバーをつけ終わった」ということを意味している。

巴県では黄巖県で承発房がやっていたのと同様な作業をこの捕衙で代わりにやっていたかというと、これまたそうではなかった。これについても档案自身が最も雄弁に物語る。第一に『巴県档案（同治朝）』〈商貿〉No. 8928に含まれる一文書がその証拠である。この文書には珍しく代書戳記も押してなければ、捕衙で加えられたはずのナンバーも見えない。このためそこに記された批示では、「文書に捕衙戳記がない、ふとどきである（詞無捕衙戳記、不合）。あわせてしかと申しつける」と記されている。これは通常、巴県では内衙で批示が書かれる前に捕衙で戳記が押され番号を書き込んだことを明瞭に示している。

あと一つの証拠は『巴県档案（同治朝）』〈商貿〉No. 8947に含まれる一文書である。これは後に説明する略式格状という用紙に書き込まれたナンバーである。略状格式という用紙は、状式格状という普通の用紙に比べて批示を書き込むスペースが狭い。またナンバーは文書の最後の部分、すなわち批示の後ろに書き込まれることになっている。この文書の場合、批示が五行にもなり長すぎてそれを書き込むべきスペースに収まりきらず、捕衙でナンバーを書き入れたところにまではみ出てしまった。そこで批示はこの数字の部分を避けて書き込まれたのである（図2）。内衙で批示が先に書き込まれ、しかるのち捕衙でナンバーを書き込んでいたなら、当然に捕衙のほうが逆に批示を避けていたはずである。

以上の考証を経た結果、巴県では『福恵全書』に記された文書処理の過程とも黄巌県で実際に行われていた文書処理の過程とも異なり、訴訟文書は内衙へ送られる前に捕衙という部署で先にナンバーが付けられていたことがわかる。したがって不准と批示され残存していないものにももとはナンバーが付けられていた、とほぼ断定することができる。

ところが、もう一つ考証を加えるべき問題がある。というのは、以上述べたような番号が書き込まれているのは、状式格状と呼ぶことにする文書のすべてと、略式格状と呼ぶことにするものの一部にしかすぎず、それらは全訴訟文書の一部でしかないからである。巴県で訴訟文書として用いられた文書の様式は、大きく言って四つあった。それをここでは状式格状、略式格状、衙内格状それに無格状と呼んで説明を加えよう。

第一のものは、最も普通のものであって基本的にすべてに番号が付けられる。同治年間に巴県で用いられた最も普通の訴訟文書は六面からなる折り本であり、定式があらかじめ印刷されている。その第一面最上段には「状式」と横書きで大書され、左下には代書戳記が押されている。代書戳記とは官代書が任期中の知県から下付されたスタンプであり、訴えの内容を訴訟当事者に代わって清書するとき代金を受け取るとともに、これを捺印することになっていた。これによって当該の文書が訟師によって作成されたものではないことを保証するとともに、この過程を通すことによって、それが訴訟文書として適格なものであるかどうか初歩的なチェックを受けた。捕衙戳記はその右側に押されるのが普通である（図1）。第二面はタテ二五字分×ヨコ八字分、計二〇〇字分などからなる方眼があらかじめ印刷されており、ここへ訴状の内容を書き込む。第三面は被告、被稟や証人名などの名前と日付を書き込む欄、第四面から第五面にかけては知県が批示つまり指示命令を書き込む欄、そして最後に五面から六面にかけて訴状を提出するにあたっての禁止事項が印刷されている。これは『未信編』にサンプルとして掲載するもののほか、『太湖庁档案』、『黄巌档案』、『淡新档案』などほとんどどれも大同小異で最も普通のものである。『福恵全書』ではこのようなものを刻印状とも格状とも呼んでおり、かつ「状式」の二文字が大書されるのがその特徴であるから、これを状式格状と呼ぶことにする。

第二の様式のものは、略式格状と呼ぶべきものである。これは状式格状を簡略化したもので、先の第二面方眼の部分と第四面知県の批示の部分のみからなっている。方眼が印刷されず、その代わりに縦の罫線が印刷されたものもある。これは、初めて訴状を提出する者が状式格状によって提出したのだから、禁止事項もすでに知っており代書戳記を受けてチェックも受けているということで不要であると見なし、原則として同一人が二回目以降に訴状を提出するときに用いたものと考えられる。もちろんこれも原則であり、新案であるにもかかわらずこの略式格状が用いられることがある。これには番号が状式格状と同じく書き込まれたものと、番号が書き込まれていないものとがある。表2に「略式格状数」として書き加えたものは、このうち番号のあるものだけの数値である。

第三は衙内格状と呼ぶべきものであって、巴県衙門の内部で用いられていた事務用紙に書かれたものである。それはちょうど現代の官庁や企業で内部の者が用いるため、縦卦や横卦で定型印刷された用紙と似ている。それは衙門内部で働く差役が、知県に指示を受けた後でその報告書を書く時にも用いられる。ところが胥吏や差役たちは、この衙門内で用いられていた用紙を自分が原告として人を訴える時にも用いた。たとえばある衙内格状には、妻の銀簪や銀の耳飾りが誰々に盗まれたが返してくれない、彼を召喚して追求してほしいと差役が被告の実名を挙げて訴えたものがある〈盗窃〉No.10368)。これは民間人であれば必ずや状式格状や略式格状によって提出せねばならなかった案件であるが、原告がたまたま衙門の内部で働いている者であったからこれを用いたのである。これには番号は書き込まれない。

先に見たように、納税の義務を負うある戸が滞納した場合、郷約や差役（催差）がこれを立て替えて支払い、あとで「誰々の税を立て替え払いしたが、この返却を求めたところ支払ってくれなかった」と訴えることがあった。この場合も、公的な役職を帯びた者による訴えであるがゆえに、衙内格状を用いるのが普通である。

第四は無格状と呼ぶべきものである。もともと官僚の間で公的な文書をやりとりする場合、そこでは卦線の入った用紙は普通用いない。そこで団練の責任者である団首や監正などの肩書きを持つ者、あるいは商人団体である行会の会首など何らかの身分を持つ者が稟状を差し出す時もこれに准じ、しばしばこの卦線の入っていない用紙を用いた。これにも番号は書き込まれない。

表２　『巴県档案（同治朝）』状式格状数と略式格状数

	状式格状数	月　日	（档案番号）	略式格状数	月　日	（档案番号）	計	知県
同治１年（1862）	5775	12月26日	（No.8512）	2821	12月28日	（No.14420）	8596	張秉堃
同治２年（1863）	1243 4824 （6067）	３月23日 11月16日	（No.14423） （No.14481）	511 1814 （2325）	３月８日 12月３日	（No.14422） （No.6811）	8392	張秉堃 王臣福
同治３年（1864）	5195	12月22日	（No.14483）	2942	12月26日	（No.8633）	8137	王臣福
同治４年（1865）	3322 3687 （7009）	７月22日 12月24日	（No.8620） （No.8627）	1638 1445 （3083）	７月30日 12月15日	（No.8602） （No.14432）	10092	王臣福 黄樸
同治５年（1866）	3800 3094 （6894）	７月９日 12月21日	（No.8634） （No.14436）	581	２月９日	（No.8615）	7475	黄樸 霍為芬
同治６年（1867）	8040 2246 （10286）	10月３日 12月25日	（No.8454） （No.8714）				10286	霍為芬 王宮午
同治７年（1868）	4664 800 4791 （10255）	５月15日 ６月28日 12月23日	（No.6978） （No.8740） （No.6953）				10255	王宮午 王宮午 金鳳洲
同治８年（1869）	3421 3997 322 （7740）	６月10日 11月29日 12月23日	（No.14446） （No.8763） （No.8784）	186 545 （731）	５月13日 11月28日	（No.14407） （No.8805）	8471	金鳳洲 王燕瓊 田秀栗
同治９年（1870）	5817 3928 （9745）	８月３日 12月29日	（No.14423） （No.6957）	377	６月22日	（No.8823）	10122	田秀栗 李玉宣
同治10年（1871）	7994	12月26日	（No.14454）	840	８月26日	（No.8883）	8834	李玉宣
同治11年（1872）	8287	12月26日	（No.7044）	272	６月29日	（No.8908）	8559	李玉宣
同治12年（1873）	4062 3907 7969	閏6月25日 12月21日	（No.14426） （No.8946）	200	閏6月20日	（No.14464）	8169	李玉宣 王鱗飛
同治13年（1874）	1835 5315 （7150）	５月10日 12月29日	（No.8959） （No.14472）	126 1437 （1563）	５月11日 12月19日	（No.14416） （No.14416）	8713	王鱗飛 李玉宣

１）本表の読み方については注114を参照。知県名は『民国巴県志』巻６、職官による。

もちろん以上の区別は原則であり、四つの様式のうちどれを用いるかはかなり柔軟であった。実際、団練の責任者が盗賊を捕まえたので衙門へ送ると述べた文書も無格状ではなく、ナンバー付きの略式格状によっている〈盗窃〉No.10370)。なかでも状式格状を用いるか略式格状を用いるかは、はなはだフレキシブルであった。さらに略式格状の中には、ほとんど同じような内容の訴状であるにもかかわらず、一方ではナンバーが付けられ一方ではナンバーが付けられない。おそらく、ナンバーを付けたものの方がそれがないものより、一文書を提出する費用が高額だったのであろう。現在でも中国では郵便を書留にすることを掛号という。掛号にするのを選ぶのは、これによって輸送がより安全確実になるためである。おそらく民間人は捕衙で掛号してもらうことによって、訴訟文書がより安全確実に保管されることを願ったのであろう。

表2は同治の一三年間にわたり、巴県衙門の捕衙において番号が明瞭に書き込まれた文書数を集計したものである[114]。これによれば同治五年の途中から七年にかけて略式格状による訴状の提出は少なくなる。これは官庁の方で略式格状を用いないよう、民間人を誘導したためであろう。ナンバーを付けた数字として表れたかぎりで言えば、同治五年(一八六六)には七千数百枚がこの年提出されたナンバーが記された文書数の最小限、同治六年(一八六七)には約一万枚が最小限である。同治六年とその翌年に表れた数値が、われわれが推測するように官庁の方で略式格状ではなく状式格状を用いよと民間人を誘導した結果だとすれば、この約一万枚強という数値が衙内格状や無格状という用紙を用いない、言い換えれば一般民間人が最も普通に訴訟をするとき提出した年間文書数であると考えてよいであろう。またこの数値を毎年の全訴訟文書数を推計するための基礎的数値と見なすことができるであろう。

では全詞状つまり全訴訟文書の中で、状式格状と略式格状のうち番号のつけられているものとは何パーセントにあたるのか、言い換えれば番号の記されないものをも含めて、巴県衙門に一年間に提出されたものは何枚程度であったのか。

結論のみを言えば、同治年間に一年間に提出された訴訟文書数は、おおよそ一万二〇〇〇枚から一万五〇〇〇枚程度であったろうと推計できる。[115] この数値はかつてわれわれがとった計算方法がまったくの誤りではなく、この方法によって得られた数値も見当はずれなものではなかったことを物語る一方、やや過大であった可能性を認めざるをえない。[116]

次に年間訴訟件数の問題に移ろう。すでに述べたように、『巴県档案』には清代乾隆年間から宣統年間にかけての案件につき、分類に従いすべて年代順に目録がつくられている。その分類とは、〈内政〉〈司法総類〉〈命案〉〈地権〉〈房屋〉〈借貸〉〈欺詐〉〈家庭〉〈婦女〉〈継承〉〈商貿〉〈兇殴〉〈盗窃〉〈租佃〉〈賭博〉〈煙泥〉〈水運〉〈工礦〉〈宗教〉〈契税〉〈移関〉〈其他〉の二二項目である。年度ごとにそれぞれの数値を総計したものが、表3のうちで「事案件数」とするものである。〈内政〉は、いわゆる行政文書を中心とする。〈司法総類〉は個々の案件は収録しない。〈移関〉は巴県以外の諸官庁から送られた文書（移文）、ないしは物や人を送るのに際して添付した文書（関文）であって、巴県で起きた事案についての訴訟文書それ自体を基本的に含まない。〈契税〉は契約文書と税捐これらの二つの分類を一つにしたものであり、訴訟案件に関わるものはほぼ八〇パーセントを占める。そこで〈内政〉〈司法総類〉〈移関〉と〈契税〉に含まれるものの二〇パーセントとを省き、各年につき一九分類の数値を加えたものが表3の「訴訟件数」である。[117]

これによれば同治一三年の間では最も少ない同治一一年が八六三件、最も多い同治六年間が一三五七件、平均で年間訴訟件数は一〇九八件であったと見積もってよいであろう。現在に至るまでに廃棄あるいは遺失された文書があるに違いないから、統計に表れた数値は毎年の訴訟件数を見積もるための基礎数であるにすぎない。たとえば同治元年

兇殴	盗窃	租佃	賭博	煙泥	水運	工礦	宗教	契税	移関	其他	事案総計	訴訟件数
106	207	22	12	11		5	1	17	54	97	1,172	881
99	288	39	12	11		5	8	9	46	87	1,312	1,127
92	281	43	14	6	2	1		22	75	103	1,338	1,145
138	334	34	20	11	5	7	2	15	98	72	1,443	1,250
109	328	30	23	11	4	2	1	11	85	66	1,320	1,150
139	368	22	30	4		3	3	23	115	79	1,573	1,357
97	221	19	17	8	4	4	6	17	124	116	1,401	1,150
99	158	35	21	5	3	5	2	17	113	106	1,325	1,104
131	216	38	29	6	1	3	5	16	57	97	1,376	1,236
122	211	33	15	5	2	3	5	15	60	103	1,221	1,083
63	202	18	23	6		3	3	9	65	71	996	863
85	191	19	20	10	2	9	5	9	63	89	1,109	977
60	261	25	13	10	2	6	1	18	101	65	1,136	949
10	26	9	3			1	1		19	31	223	
										9	35	
1,350	3,292	386	252	104	25	57	43	198	1,075	1,191	16,980	(年平均)1098

べて内政に含める。

や一一年の場合、表2に見えるようにこれらの年に提出された訴訟文書数は他の年度に比べてとくに少ないわけではない。ところが表3に表れた限りでいえば、これらの年度における数値がともに八〇〇件台であるのは、これらの年度の文書がより多く廃棄ないしは遺失されたことを示唆するであろう。〈内政〉類に含まれる訴訟件数も若干加える必要がある。とすれば残存档案によるかぎり、一三年間における年間訴訟件数としては一〇〇〇件から一四〇〇件程度を基礎数として見積もって、大過ないであろう。

　またこれらの数値には、新しい案件であるのに不准あるいは後に述べるような未准として処理されたものを基本的に含まない。『巴県档案』として残っているのは主に「准」すなわち受理するとされ

表3　『巴県档案（同治朝）』における事案件数と訴訟件数

	内政	司法総類	命案	地権	房屋	借貸	欺詐	家庭	婦女	継承	商貿
同治 1 (1862)	220	14	27	52	4	28	174	11	80	1	29
同治 2 (1863)	131	6	55	87	7	44	210	31	97	2	38
同治 3 (1864)	105	9	59	80	17	61	207	18	107	2	34
同治 4 (1865)	84	8	65	91	10	54	221	22	112	1	39
同治 5 (1866)	79	4	52	78	8	59	193	23	106	1	47
同治 6 (1867)	93	3	67	131	12	60	206	32	128	4	51
同治 7 (1868)	116	8	57	102	6	60	205	37	133		44
同治 8 (1869)	89	16	33	138	8	65	208	32	121	4	47
同治 9 (1870)	74	6	54	88	12	97	241	26	121	5	53
同治10(1871)	72	3	55	113	5	53	186	23	98		39
同治11(1872)	60	6	65	83	14	45	153	14	65	3	25
同治12(1873)	66	1	56	69	10	62	181	22	112	2	26
同治13(1874)	76	6	71	89	7	41	145	19	81		39
同治 その他	15	1	20	25	1	11	31	3		2	14
同治 記録なし	16						10				
総　　計	1,296	91	736	1,226	121	740	2,571	313	1,361	27	525

1）目録で同治十四年、十七年と記すものは「その他」に含めた。
2）目録では内政以下に、外交・軍事・財経・工交・農林・文教・社会があるが、これらはす
3）右端は訴訟件数（推計）。

たものである。「准する」つまり受理するとは、文書処理の過程でこれは当時「立案する」と呼ばれたことがほぼそれに当たる。立案とは当該の案件について担当胥吏が関連文書をブッキングし、その後の審理に備えることである。すなわちここで始めて案件は本当の意味で訴訟案件となり、これに関連する档案は永く保管されることになる。立案にまで至らなければ、それに至るまでに提出された文書の多くは、しばらくすれば廃棄されるのであって、これらはすでに述べた事案件数をも訴訟件数をも構成しない。『黄巌档案』の場合、新しく提起された訴訟のうち約二〇パーセントが明確に不准すなわち不受理とされていたこと、すでに述べた。「未准」とされた案件は、これよりさらに膨大であった。とすれば

巴県档案でも、初めに訴状は提出されたものの立案されるまでに至らなかったもの、言い換えれば原告・被告らに召喚状が発せられる、あるいは仵作という検傷検屍役人が派遣されるなどの措置がとられるに至らなかったものは、これまた膨大な数値であったと考える必要がある。すなわちここで挙げた年間訴訟件数一〇〇〇件から一四〇〇件とは基本的に立案された件数にほかならず、残存档案から見て確実にこれ以上であるという最低限の数値である。さらに言うなら、実際の訴訟はしばしば二年三年と続くことがあったから、年間に起こされていたそれはこれの数倍であったと見て、間違いないであろう。

年間一〇〇〇件から一四〇〇件という数値はこのようにきわめて限定的な意味合いしか持ち得ないが、かりにこの最小数値をもとにした場合でも、巴県に生きた人々が毎年どの程度訴訟にかかわったことを示しうるであろうか。様々な要素を考え合わせれば、これを割り出すのは不可能であるから、かりに一件の訴訟に一家族が原告となり、また別の一家族が被告になったものとする。同治年間の巴県一県の戸数は同治元年（一八六二）に約一二万戸、同治一三年に約一三万四〇〇〇戸、年間の平均で約一二万六六〇〇戸程度であったろうと推計する。[118]

同治年間の巴県では毎年最小に見積もっても訴訟が一〇〇〇件から一四〇〇件程度新しく起こされて立案されるまでに至り、当時の戸数が約一二万六六〇〇戸程度であったとすれば、そして原告側として一戸、被告側として一戸これに参加したものとして単純に計算すれば、約四〇戸に一戸から六〇戸に一戸の割合で毎年新しく起こされ、しかも立案にまで至った訴訟に関与したことになろう。また毎年、一〇〇〇件から一四〇〇件新しく立案にまで至る訴訟が起こされたとすれば、これまた一件につき原告一人、被告一人であったとして単純計算するならば、毎年二〇〇〇人から二八〇〇人が新しく訴訟に関与したことになる。ところで実際の訴訟においては、原告が一戸、被告が一戸であったとは考えられない。後に第六節で見るように、同治元年巴県においては原告と被告をあわせて五、六人の名が文書に記されるのは、きわめて普通のことである。とすれば、毎年四〇戸から六〇戸に一戸が新しく起こる訴訟に関与したというのは、最小限の数値のさらにまた最小限と考えざるをえない。先に見たように、納税訴訟においては一つの案件で一〇人、二〇人が一度に「被告」となった。そして彼ら「被告」は訴えられた時、「とことん訴訟してやる（賭控）」と言い返すのが日常茶飯事であったらしい。清末同治年間に巴県で生きた人々は、自らの家庭の誰かが原告・被告となっただけではない。彼らの多くはまた、証人、近隣の者、団練の関係者などの名目で出廷を余儀なくされた。四〇戸から六〇戸に一戸が、一年間に新しく立案にまで至った訴訟の直接の当事者であったとすれば、立案にまで至らなかった原告、および自分が訴えられていると知った被告を加えれば、その率はこれよりはるかに高くなった。これに加えて親属や近隣の者の誰かが訴訟していると耳にする者を含めるならば、まさしく訴訟を身近かに感じる環境の中で人々は生きていたと考えるべきである。

以上は清代における一地方、同治年間の巴県について量的側面からそこが訴訟社会であったことを示しただけである。以下ではさらに、量からではなくその質から見ても訴訟社会であったことを示すことにしたい。

第六節　清代同治朝巴県における纏訟と瀆訟

清末の档案や地方官の判決を記録した判牘では、しばしば「纏訟」という言葉が登場する。それは乱れた糸がまといつくように、ある訴訟がいつまでたっても終わらないことである。この語は地方官だけではなく訴訟当事者自身が相手方こそ訴訟好きであるとして貶める時にも、健訟の語、好訟の語とともにしばしば用いられた。纏訟に類する事象はすでに宋代に現れる一方で、この問題の深刻さは現代中国における訴訟のあり方に直接繋がっている。[119] この語は単に健訟と好訟だけでは表せない中国訴訟社会の特色を表すキーワードの一つであると言ってよい。

一方、彼ら地方官が批示の文章の中でより頻繁に用いたのは、「瀆」の一字である。地方官がもうこれ以上くどくどと訴えてくるな、これ以上不必要な訴状を差し出してくるなと人民に訓諭する時、その批示ではしばしば「多瀆を用うることなかれ（毋庸多瀆）」「徒《いたずら》に嘵瀆することなかれ」「冒瀆することなかれ」などと表現した。瀆は瀆とも書き、お上に対して狎《な》れなれしい態度をとることである。「多瀆を用うることなかれ」とはつまり、本来絶対的権力を持つ自分に対して、不必要な訴状をこれ以上狎れなれしくみだりに出してくるなということである。瀆の字は『太湖庁档案』や『巴県档案（乾隆朝）』でもしばしば用いられ、この場合はこの一字を用いることによって地方官の抑えが比較的よく利く。ところが『巴県档案（同治朝）』になると、地方官が何度「多瀆を用うることなかれ」と命じても、まったく効果がなかったようである。瀆の一字は纏訟の語には含められない清代訴訟社会の重要な一面を含んでいるし、また現在の濫訴という語に近い。史料上では冒瀆、多瀆、嘵瀆などと用いられるのが普通であるが、瀆控、瀆訴、瀆告、瀆訟の語が使われないわけではない。そこでここでは、瀆の一字に代えて「瀆訟」の語を用いることにしよう。

一、「未准」という領域

さて、清代の訴訟文書は衙門つまり官庁で受け付けたのち、知県あるいはその秘書である幕友が批示を書き込み、これによって准すなわち受理するものと不准すなわち受理しないものとに分けられると通常理解されている。[120] すでに見たように『福恵全書』などでもそのように記していた。この理解は、受け取った文書にしたがって衙門として当面何らかの処置を取るか取らないかを判断したものであるとする限り、誤りではない。

しかし、文書の上にただ単に「多瀆を用うることなかれ」などと批示が書かれることと、これに「不准」の二字が加えられることとは、大いに違うものであった。というのは実際の『巴県档案』に即して見るかぎり、「多瀆を用うることなかれ」「軽率に訴訟を起こしてはならぬ（毋遽興訟）」「傷を負ったとデタラメを言ってつまらぬ訴えをしてくるでない（不必捏傷呈瀆）」などと言う批示であれば、これが間違いなく当面は不受理であったにもかかわらず、二度三度と訴状を提出することによって受理されるに至った、つまり復活を果たした案件が大量にある一方で、すでに受理されて審理中であるものを除き、「新案」として提出されたものに「不准」と批示されたもので、同じ人物がその後に継続して訴状を提出し最終的に受理されるに至ったものは、管見のかぎりまったくないからである。すでに受理され審理中である案件につき、原告あるいは被告が提出してきた訴状について、「不准」と批示されたものがまれにあるが、これはこの訴状を考慮しない、無視するという知県の意志表示である。管見のかぎり『巴県档案（同治朝）』に収める文書の中で、新案として提出されたものに「不准」という批示が書かれているにもかかわらず「復活を果たした」のは、わずかに〈租佃〉No.13650の一件のみである。しかもこれをよく調べてみると、これは訴訟の相手方が「殴られた」と逆に訴えてこちらの方が受理されたため、「不准」とされたにもかかわらず参考文書の一つとして「復活を遂げた」ものである。かりに相手方の訴状も不受理となっていれば、「不准」とされた文書はしばらくして廃棄されたはずである。

もちろん「不准」とされたからと言って、受理されることを狙って同様な文書を再度提出することは可能であった。たとえば樊増祥の判牘集『樊山批判』には、一度「不准」とされた案件につき、再度訴状を提出したのだが、結局「飾瀆を用いて不始末をしでかすな。この提出文書はやはり不准とする（勿庸飾瀆干咎。此呈仍不准）」と批示されたものがある。[121]『黄巌档案』でも、同様な事例をいくつか見ることができる（No.23, 40, 58）。これらは『巴県档案』でも

「新案」について「不准」とされながら、これにひるむことなく同じ案件で再度提出されたものがあったことを示唆するであろう。しかし『樊山批判』に見える一事例がそうであったように、巴県でもいったん「不准」とされた案件が復活を果たすことは、かりにあったとしてもよほどの例外であったであろう。そうでなければ、かりに『巴県档案』でも『黄巌档案』と同様に、「新案」文書について不准と明確に書き込まれたものが全体の約二〇パーセントを占めていたとするなら、これだけ多量に残った文書の中に多くの復活を果たした案件が残っていてしかるべきである。

これに対して明確に「不准」と批示されなかった案件は、しばしば復活を果たした。同じく当面は批駁され受理されなかったものでも、明確に「不准」と記されたものとそうでないものとの間には大きな違いがあったのだと考えざるをえない。後者のような案件を当時の巴県の人々は「未准」と呼んだ。「未准」とは、その字のとおりまだ受理されていないということであって、准でも不准でもない、いわばその中間のものとして理解することができる。もちろんそれは未准であり当面は受理されなかったのであるから、当該文書は案件を処理する担当部局に廻されることはない。しばらく保管された後、廃棄されたようである。二年後に復活を果たしたある文書では、「未准の訴訟文書は担当部局へ発して立案しないから」、二年前に提出した文書を探し出すのは難しいと述べている（『巴県档案（乾隆朝）〈借貸〉No. 1021）。

清代の訴訟が瀆訟となり纏訟となったのは、このような未准であったものがしばしば復活したことが大きな要因である。たとえば次のような案件がある。

同治元年（一八六二）八月二九日、六十四歳になる寡婦李呉氏は「新案」として以下のような訴状を提出した。実家の母が亡くなったため、李呉氏の弟は彼女から棺木一つを銀六五両の評価額で借りた。彼女によれば、この棺木は自分の葬式のために買ってあったものだという。ところが弟は一三両を支払っただけで残りを返済しない。そこで彼女自ら催促に赴いたところ、押し倒され、腰や肋骨部分を殴られたうえ小腹を蹴られ、血を吐き死にかけた。ついては、検傷し究追していただきたい。

これに対する知県の批示は、「未払いの銀高は多くないから保証人に頼って道理に従って要求してもらえ、傷を負ったとデタラメを言ってつまらぬ訴えをしてくるな」という、不受理とするものであった。

そこで彼女は閏八月二五日、「旧案」として改めて次のような訴状を出した。批示のとおりに原証人を通して要求したのだが、やはり返済されない。弟は「先の批示が〃未準〃であったことをいいことに、自分が百回訴えても受理されはしないぞと吼えたてている（蒳批未准、吼称任百控）」。弟が自分に冷水をあびせかけたため、自分は風邪をひき前に殴り蹴られた傷がぶり返し、飲食も進まずに今にも死にそうだ。銀数十両が生死の分かれ目だ。自分は好訟なわけでは決してない。ほかにどうしようもないから訴えるのだ。

このため知県はしかたなく、仵作すなわち検屍検傷役人を派遣して検傷させることにした。すなわち今度は准（受理）にしたのである（〈借貸〉No.3480）。

すなわちこの案件では、初回に提出した文書はまさしくこの寡婦の言うとおり「未准」という扱いであったから、批示にしたがって原証人を通して要求したと理屈をたてて再度訴えた結果、今度は受理され、初回に提出した文書は復活を果たし、現存するに至っているのである。

ちなみにその後この案件がどうなったかというと、次のようであった。

一〇月五日、知県が仵作から受けた報告によれば、彼女の傷はすでに平復しており検傷報告を書けない、というものであった。簡単に言えば、彼女が半死半生のけがを受けたというのはウソであった。そこで彼女は同日、次のような訴状をまた出した。

弟は召喚されぬのをいいことに、仵作が帰ったのを機に多くの者を率いてわが息子を捉えに来た。息子は難をのがれたが、自分は傷が治らず起きあがることも難しい、云々。

知県の批示は、「仵作の報告によれば傷はすでに平復したとのこと、先の批示どおり保証人に頼って清算してもらえ。滋訟するのはやめよ」というものであった。この寡婦は検傷の結果、傷は平復していると報告されても、なお傷は治らず起きあがることも難しい、と平気でウソをつき続けている。

これら三通の訴状と知県の批示と処置によるかぎり、次のことがわかる。それは「不准」と明確に批示されたものではなく、保証人にかわって解決してもらえなどという批示であるならば、これは「未准」と考えられていたことである。間もなく劉氏という一族でおきた遺産相続訴訟において見ることになるが、原告劉元慶が「新案」として提出した訴状に対して知県は、「親属が集まり処理せよ（憑族集理）」との批示を出した。これに対して親属の房長らは「批示に従い回答申し上げます」との文書を提出した。ところがこのように親属によって何らかの処置をとったとの回答文書がなされているにもかかわらず、これは未准であると考えられていた。劉元慶はその五日後に再度訴状を提出し、その中でかつて出した訴状は「未准であった」と明記しているからである。また劉元坦という人物が「新案」として提出した訴状に対して、知県は「兄弟の間で骨肉の争いを続けるのは止めよ。同族の者に公正に処理してもらえ」と説教する長い批示を出した。ところがこれまた未准であると考えられていた。というのはこれまた、劉元坦が継いで提出した訴状の中で、かつて提出した文書は「未准」であったと明記しているからである（〈家庭〉No.6940）。

この種の保証人、仲介者、親属の者さらには近隣の者にたいしていわゆる調解を命ずる批示は、『巴県档案（同治朝）』による限りすこぶる多いのだが、これらは明確な「准」すなわち受理されたものとは見なされなかった。では明確な「准」とは何かというと、検傷検屍のために仵作を派遣する、あるいは関係者を召喚するなど、公権力として明確に案件の処理に対して何らかの行動を起こすことを宣言することであった。未准とされた案件は、そのご原告がそれ以上訴状を提出し続けない、あるいは案件の処理を命ぜられた保証人や親属の者が回答しないのであれば、自然と立ち消えとなった。この場合、これまでに提出された訴状がしばらくして廃棄されたことは、すでに述べたとおりである。

とすれば、この「未准」は准と不准との間の広大な領域を覆うものであったということができる。これら未准とされた案件には、そのご立案されずに事案ともならなかったものが多かったに違いないが、かの老寡婦の場合がそうであったように、なにか別の要素が加わるならば「准」すなわち受理に転ずる場合も多かった。これが清末の巴県の場合、纏訟というとおり何時までも訴訟が続き、また瀆という文字が知県の書く批示に氾濫する事態を引き起こす大きな要因であった。以下ここでは、債権回収訴訟と遺産相続訴訟に限って、その実態を見ることにしたい。

二、債権回収訴訟

まず始めに債権の回収をめぐる訴訟案件を挙げる。これにかかわる争いが当時民間で最も頻発していたと考えられるからである。すでに見た老寡婦による訴えもそれであった。『巴県档案（同治朝）』には、〈借貸〉という分類で、合計七四〇件の訴訟案件が収められるほか、〈商貿〉〈欺詐〉あるいは〈賭博〉などに分類されているものの中にも、大量の債権にかかわる案件が含まれている。なおこの問題については、王志強が本書第十四章でも別に論じているから参照されたい。

まず比較的簡単に決着がついた案件として、次のようなものがある。

玉器商蔣洪順は同治元年四月一一日に新案として「告状」を提出し、番頭である李双発が売上代金の一部一四〇余両をいまだ納めていないと告発した。これには証人二人の名と、これまでに調解を求めていた人物二人の名が書き込まれている。これに対して知県は、「さらに証人に頼って清算してもらえ。みだりに訴訟を起こすな（着仍憑証清理。毋輒興訟）」との批示を下している（〈商貿〉No. 8493）。これは先ほど言った「未准」である。このような批示を受けた場合、官庁は被告人を訊問するなど何らの対応をもとってくれない。ここで言うとおり、証人や仲介者らに頼って、自らの力で解決するしかないのである。

「被告」李双発はこれへの対抗措置として、同じく自らを「原告」として蔣洪順を被告とする「告状」を四月二三日に提出した。文書にはやはり新案のスタンプが押されている。彼は自らこそが被害者である、蔣洪順から自分は賃金を受け取っていないと訴えた。これに対する知県の批示もまた「賃金はわずかである。証人に頼って道理をもとに要求せよ。軽率に訴訟を起こしてはならぬ（工銀細故。着仍憑証理討。毋遽興訟）」という未准であった。

翌々日の二五日、蔣洪順は再度訴状を提出した。すなわち四月二五日、「先の批示のとおり李双発に道理をもとに再度返済を要求したのだが、やはり納入されなかった」と今度は旧案として訴えた。今度は「関係者を召喚訊問し究明追求するのを待て（候喚訊察追）」との、明確に受理するとの批示が下された。

五月七日になると知県は関係者を召喚せよと発令している。次いで五月一二日、李双発は旧案とスタンプが押された用紙で「訴状」を提出した。「訴状」とはこの場合、被告としての答弁書ないしは反訴状である。これらを踏まえ、六月二六日には訊問が行われた。七月一日、被告李双発が貸し借りを相殺してたしかに四〇千文未納であると認め、原告蔣洪順とともに「結状」（誓約書）を提出し、一件は落着している。

「原告」蔣洪順が提出した文書は告状、稟状、結状を含めて四枚、「被告」李双発が提出した文書は、告状、訴状、結状の三枚、『巴県档案（同治朝）』の中では比較的に簡単に決着がついたものと言ってよい。判決も原告のほぼ一方的勝訴に終わった。李双発が求めた未払い分の賃金についても、問題にしないとの判決である。

以上は比較的簡単に解決を見た事例であるが、多くはこのように行かなかった。

債権取りたての訴訟は通常、このように原告が誰々にいくら貸したが返済してもらっていない、あるいは商品の代金や賃金をいくらまだ支払ってもらっていない、証人は誰々であると書いた訴状を提出するところから始まる。しかしこの訴えに対する知県の批示は通常、以上見たとおりの「証人に頼って清算してもらえ。つまらぬ訴えをしてくるな（着憑証清理。毋得率瀆）」というものである。金額が十両程度であれ百数十両にのぼる場合であれ、処置は同じである。しかしよく考えてみれば、原告は訴訟にいたる前に、今次の訴訟のために立てた証人、あるいは貸借する時に立てた保証人を通してすでに何度も借金や負債の返済を求めていたであろうから、このような批示はほとんど無意味であるといってよい。通常は再度証人に頼ってみても埒はあかないはずである。蔣洪順は再度の訴えに際して、証人のことには一言も触れていない。他の案件をあわせ読むなら、彼は衙門の内に知人をもっていたか、賄賂を使った可能性を考えるべきであろう。

では普通の原告がそこでどうするかというと、借金や負債の取りたてに被告の家へいったところ、逆に殴られたと再度訴状を出すのが普通である。あるいはこれを見越して、初めから殴られたと訴えるのが普通である。案件はここで単なる金銭貸借などの債権案件から『大清律例』でいう闘殴案件に発展したことになるから、知県は傷を受けたのは本当かどうか、傷の程度はどの程度か検傷するために係り員を派遣する必要が生まれる。この係り員が仵作である。ところが仵作の報告は多くの場合、検傷に向かったところ「本人には会えなかったので報告書を書きようがない（未与書〔=仵作〕晔面、無憑開閲）」、あるいは先の寡婦の場合のように「傷はすでに平復しており、検傷報告書を書きようがない（傷已平復、無憑開閲）」というものである。仵作がたとえば被傷者に会えなかったと回答すれば、「明らかに傷を受けたというのはデッチアゲである（顕係捏傷）」との批示がなされ、多くはこの場合、訴訟はこれ以上進展しない（No.3476）。「検傷に赴いたところまったく顔を見せなかったというのは、明らかに負傷したとウソを言い妄控したのにちがいない。召喚し訊問究明するのを待て（査験並不眸面、顕係捏傷妄控。候集訊察究）」との批示がなされることもある（No.3500）。この場合、殴られたと虚言した者が、たとえ本当に借金を返済してもらえなくとも出廷することは普通ない。知県もこれ以上追求しない。いずれにしても、〈借貸〉や〈商貿〉に収められる案件のほとんどは、ここで不明朗なかたちでウヤムヤのうちに終わっている。

同治一二年一二月一八日、商人楊世柱は取引先の魏敦五が一〇〇千文ほどの売掛け代金を未払いであると訴えた。これを取りたてに行ったところ殴られたという。翌年になって知県はやっと仵作を派遣して検傷させた。仵作の検傷報告は二月二日のことである。その報告とは「傷痕はすでに平復しているから検傷報告書を書きようがない」というものであった。楊世柱は検傷をすでに受けたのになかなか召喚されないのにしびれを切らせ、早く召喚してほしいと再度訴状を提出した。これに対する批示は「この訴えをしかと調べたところ、傷はすでに平復しているし、問題もはなはだ細微である。できるだけ団練のものや証人に頼って道理を説いて要求してもらえ。デタラメな文書をこしらえて再び訴え、面倒をおこすでない」というものであった（〈商貿〉No.8954）。一件文書はここで終わっている。

楊世柱が要求した銭一〇〇千文は当時のレートで換算して、銀六〇両から七〇両になったはずである。これは「問題ははなはだ細微である」といいうる金額ではない。しかも検傷結果は「本人には会えなかった」というのではなく、「すでに平復している」と述べていた。闘殴があったことは知県にも明らかであった。つまりここでは債権問題が闘殴問題にすり替わり、さらには傷の深さや現在における病情にすり替わっている。

これら案件から窺うことができるのは、単純な債権問題だけではほとんど公判にまで至らなかったことである。つまり訴訟を起こしても、ほとんど争いは解決しなかったのである。このように債権訴訟でまず初めに「証人に頼って要求してもらえ」という未准の批示が出されたこと、そしてその後もそれが闘殴事件に発展するかそれに見せかけたものでなければ裁判にまで至らなかったことは、債権処理の問題を抱える者に対して、訴訟を思いとどまらせるのに大きな効果があったに違いない。すなわち訴訟予備軍と言うべき人々が実際にこれに及んだ人々よりはるかに多かったことは疑いなく、〈借貸〉〈商貿〉などに収められる案件とは、当時起こったこの種のトラブルのほんの氷山の一角にすぎなかったのである。

仲介者、保証人が誰であるかは、この世界ではこのような訴訟に至らないためにあまりにも重要なことであった。しかし不幸にもこの仲介者や保証人が意味をなさない場合、原告は普通どうしても殴られたと申し出る必要があった。この場合、被告に殴られたというのがウソであるのが一般的であり、しかもこの虚言に対して処罰が加えられることも通常なかった。原告側本人のこの種の誣告に加勢して、近隣の者や親属が偽証したとしても、すでに述べたとおり「格外に寛大にあつかい免責する（格外悉寛免責）」と処置されるのが、これまた普通であったらしい（〈商貿〉No. 8486）。少なくとも、彼らが何らかの処罰を受けたとはめったに記されない。

またこれらの案件から見ることができるのは、原告、被告ともに知県すなわち裁判官に対してウソをつくのが当たり前のように考えられていたことである。あるいはウソをつくように強いられていたと言うこともできる。彼らの知県への眼差しには、畏敬というものをまったく感じさせず、きわめて軽いものである。「多瀆をもちうることなかれ」と連発せざるをえなかった一因はここにある。たとえば借金取りにやってきた男に妻が突き倒され五ヶ月になる胎児を落としてしまった、と訴えた者がいる。これは同治元年二月一五日の訴えであるが、仵作の報告はその一ヶ月後の三月一八日である。その報告によれば、「妻には傷痕はない。彼女が言うには胎児は二月七日に早産し、すでに捨ててしまったということで、検傷のしようがない」というものであった〈借貸〉No. 3472)。どのような原因によるのか不明であるが、仵作の検傷は事件のあったとされる日よりはるかに遅れる。これを見越して彼女と夫は芝居を打ったのであろう。

これら〈借貸〉〈商貿〉に分類される金銭トラブルで特徴的な第二点は、何らかの地域共同体による紛争調解の機能がきわめて弱いか、ほとんどないに等しかったことである。この点でも乾隆、嘉慶期のものとはまったく異なる。ここで共同体というのは、たとえば団練である。いやむしろ言えば、団練内部の紛争すら解決する能力を持たない。団練としてある者に公金を貸したところ、これを返済してもらえないと知県に訴えているものすらあるから、団練内の人々における債権問題について、これを解決する能力があったことは疑うべきであろう。たとえば、廉譲団という団練が劉元芳に公金一〇千文を借し、毎月利息は一〇文であるとしたところ、元本利息ともに一三千二〇〇文を返してくれないと訴えている。この場合でも知県は「金額は多くない。団練によって道理をもって要求せよ」とのまことに奇妙な批示をしただけであった。それでも劉元芳は支払わなかった。そこで団練の責任者である総監正は再度訴状を提出した。これに対する批示がやっと「召喚し訊問追求するのを待て」というものであった。案件はここで不自然に終わっている。おそらく訊問を恐れた劉元芳が、ここで返済に応じるなど、何らか対応を変えたためであろう〈借貸〉No. 3495)。この案件は、団練の公金、しかもわずか一三千二〇〇文程度が返済されないという紛争についても、これが団練というコミュニティー内部で解決を見ることなく、一度は訴訟というルートをくぐる必要があったことを示している。巴県では共同体による調解機能が弱いことが、訴訟を多発させた大きな要因であったこと、疑いない。

次に債権問題にかかわる一案件を紹介することを通じて、訴訟において具体的に何が問題であったか、今一度見ることにしよう。

その案件とは、おおよそ次の通りである〈借貸〉No.3545）。A・B・Cと表記するのは訴状の順番である。

孫徳禄は周以江を保証人として敷金（押銀）一八〇両を曾怡昌に支払い、曾怡昌の田を小作する権利をえた。後にこの地は曾怡昌自身のものではなく、彼が管理していた江西省吉水県人会（吉水会）の共有地であることが判明する。ところが同治三年（一八六四）春、耕作を始めようとしたところ、先に小作権を持っていた佃戸謝仁和がたち退かなかった。つまり曾怡昌は謝仁和からも耕作のための敷金、つまり権利金を受けとったままで、彼との間で退佃の交渉をすませていなかったからである。実は曾怡昌と謝仁和の間にも訴訟があったこと、これも後に判明する。

そこで孫徳禄は曾怡昌が敷金を返却してくれないとして、保証人周以江をも被告として訴えた（A：二月二一日）。これに対する知県の批示は、「団練や証人（団証）を頼りとして道理に従い解決してもらえ。倉卒につまらぬ訴えをしてくるな」という、いつもどおりのものであった。批示のとおりやってみたが回収できなかった、と孫徳禄が再び訴えたのは三月二九日のことである（B）。批示ではやっとここで、「関係者を召喚し究明追求するのを待て」と述べるに至っている。

ところが曾怡昌は召喚令状があったにもかかわらず、娘婿の家に身を隠して出頭しなかった。急展開を見せるのは六月末である。債務の返済を求めるため孫徳禄の妻が幼児をつれ、これに兄嫁黄氏も加わって曾怡昌の家へ行き、座り込んで返済を求めた。ところが曾怡昌はその子にけしかけ、兄嫁に暴力をふるったという。これがために黄氏は精神不安となったうえ、六月二〇日には幼児が突然死亡した。続いて二三日、今度は黄氏も突然死亡した。二人が死んだのは曾怡昌らのせいであるとして、今度は彼の息子や娘婿をも召喚すべきであると訴えた（C：六月二四日）。

第一回の訊問が行われたのは、六月二五日である。この結果、曾怡昌は械責鎖押という刑を科せられ、五日間を限って債務銀一六八両、銭三千五〇〇文などを返済すべきことと判決が下った。また曾怡昌がこの判決に違反すれば、次に吉水会値年首事をも召喚訊問すると決せられた（第一次訊問）。しかし曾怡昌は返済できなかった。そこで八月二日、第二次公判訊問が行われ、曾怡昌はさらに十日を限って返済すべきこと、次には吉水会首事とともに佃戸謝仁和をも召喚訊問することに決せられた（第二次訊問）。

その後あまりに複雑な展開を示すので、以下、日時をおって経過を簡単に記す。

D　八月一八日　曾怡昌が訴状を提出（被稟：孫徳禄、周万興）。彼は孫徳禄が敷金を曾義生に手渡したので持ち逃げされた、訟棍周万興が孫徳禄を唆して自分を訴えさせたのだ、と答弁する。

E　九月三日　江西吉水会所在の四団練責任者が連名で稟状を提出。曾怡昌は拘束されて衣食なく、まず三回吉水会首に仲裁を求め、さらに四団練に仲裁を求めて来た。佃戸謝仁和が立ち会いのもとで貸借を清算したが、曾怡昌の名義で貸してある吉水会の公金九三両をなお返済してもらっていない、と責任者らは説明した。

（第三次訊問）九月九日。

F　九月九日　曾怡昌が稟状を提出（被稟：孫徳禄、謝仁和、余璋、曾体聡、曾澄彩）。謝仁和に貸しがあることは、訊問で明らかになっている。堂姪の曾体聡と曾澄彩は曾怡昌から銀三六〇〇両と老後のたくわえ（膳銀）二七〇余両とを借りている。また蠧役の余璋が案件の回答を故意に遅らせている、と訴える。

G　九月九日　謝仁和が稟状を提出。去年八月に曾怡昌は「悪佃欺主」という罪情で自分を訴えたが、訊問の結果、それが誣告であるとする判決が下りた。曾怡昌は自分に米石も銀も返さない、証拠もないのに自分が三回彼から銀を借りたと言うが、自分が借りているのは吉水会の公金である、と釈明する。

（第四次訊問）九月二三日。十日を限り曾怡昌は二〇両、吉水会夏永順ら、佃戸謝仁和はともに四〇両を孫徳禄にそれぞれ支払うべきことと判決が下る。曾怡昌はなお鎖押とする。

H　九月二六日　吉水会夏永順らが稟状を提出。曾怡昌の悪事は本会と関係ないので四〇両を支払わないと主張する。

I　九月二八日　謝仁和、謝仁礼の兄弟が連名で稟状を提出。前年同治二年に曾怡昌は謝仁和と謝仁礼を相手に訴訟を起こしていたが、彼と孫徳禄の訴訟は自分に関係ないので四〇両を支払わない、と主張する。

（第五次訊問）一一月三日。曾怡昌は五日を限り孫徳禄に二〇両を支払うべきこと、その間はなお鎖押とする。夏永順ら、謝仁和ともに三〇両を孫徳禄に支払うべきことと判決が改められる。

J　一一月九日　謝仁和、謝仁礼が稟状を提出。三〇両を支払えない、耕牛を売って一〇両を返済するが、ほかは支払えないと主張する。

K　一一月九日　吉水会夏永順らが稟状を提出。曾怡昌がかつて吉水会の会衆を相手取り、貸した金を返済してもらっていないと訴え、返済せよとの判決が下りている。しかし会衆は二百余家で、会の銀はとぼしいが、曾怡昌とは関係を一切絶ちたいから、会衆がかりている銀を返済したい。ついては彼が受け取りを承知するよう命じてほしい、と要求する。

（第六次訊問）一一月二六日。曾怡昌は二〇両支払うべきところ、八両払っただけである。夏永順らは三〇両をまだ支払っていない。謝仁和は二〇両払うべきところ、一〇両支払っただけである、と判明する。

L　一二月二九日　曾怡昌が稟状を提出（被稟：孫徳禄、謝仁和、謝仁礼、周万興、四廂団正蔣洪順ら五人）。孫徳禄ら

が攫っていった家財を返してほしい、また悪佃謝仁和兄弟を鎖押とし、所払い（逐搬）の処分をしてほしい、と要求する。

M　同治四年正月一九日　孫徳禄が稟状を提出（被稟：曾怡昌、夏永順、裴万昌、光裕茂、謝仁礼、謝麻二）。曾怡昌、夏永順らはまだ支払っていない。

N　二月一五日　曾怡昌が稟状を提出。二〇両はすでに年末に支払ったのに、黄氏の屍体がまだ自宅に置かれたままになっている、と苦情を申し出る。

O　四月八日　孫徳禄が稟状を提出。まだ支払いを受けていないから、黄氏の屍体は曾怡昌の家にあるままで安葬できない、と主張する。

P　五月九日　曾怡昌が稟状を提出。自分は吉水会新会首の劉両儀に翻弄され、家産をなくした。家主から借家を売りに出すと言われているから、早く黄氏の屍体を引き取ってほしい、唆訟の周万興を訊問してほしい、と要求する。

Q　五月一九日　曾怡昌の家主で寡婦の呉劉氏が稟状を提出（被稟：曾怡昌）。曾怡昌は自分の借家に住みながら、四ヶ月分の借家賃（佃銀）しか支払っておらず、二〇両を滞納していると訴える。また黄氏の屍体が借家の中堂に置かれたままで腐爛し臭気に耐えがたい、夏永順らが孫徳禄にまだ支払わないので移されぬままになっている、と苦情を訴える。

（第七次訊問）六月二〇日。曾怡昌は二〇両、謝仁和は一〇両をすでに支払った。謝仁礼はさらに一〇両、夏永順らは三〇両を支払うべきである、と判決を下す。

R　六月二七日　曾怡昌が稟状を提出（被稟：夏永順ら吉水会の三人）。自分も江西省人だが、夏永順らは自分を吉水会から完全に除名して、始めて三〇両を助けて支払ってやるという。これは天理と人情から見てやり過ぎである、と主張する。

S　七月一九日　夏永順らが稟状を提出。三〇両は支払うから、曾怡昌を吉水会から除名あつかいとし、三〇両を受領したとの証文を彼から取ってほしい、と要求する。

この同治四年七月一九日、孫徳禄、曾怡昌、夏永順らの三者はそれぞれ結状を提出し、案件が解決したと同意誓約した。

さて、もともと敷金（押銀）の返還を求めたこの訴訟と裁判では、次のような注目すべき諸点を指摘できる。

第一に提出された訴状の多さ、関係者の多さである。孫徳禄が新案として初めて告状を出したのは同治三年二月二一日、そして彼と被告曾怡昌および吉水会の夏永順ら三者が結状を出し、問題は解決したと同意したのは翌四年七月一九日である。この間わずかに一年五ヶ月の間であるが、合計一九枚の訴状が提出されている。原告は五回、被告は六回、ほかに吉水会責任者が四回、佃戸謝仁和らが三回、さらには被告の家主まで一回提出している。最後に三者から出された結状を含めるなら、合計二二枚の訴訟文書が一案件で出されたことになる。

表面化した一案件の中に、それまであった様々な訴訟と紛争が入れ込まれ、問題を複雑化するとともに、被告の数を膨らませている。争点が限定されない。もとはといえば孫徳禄が告状においてその「被告」の項に書き込んだのは、曾怡昌と保証人となった周以江の二人だけであった。ところが黄氏が死去した段階で提出された稟状では、「被稟」の項にこの二人のほか「添喚」として曾怡昌の娘婿廖老耶と殴打に加わったとされるその子曾二、さらに一件文書でどのような人物であるかまったく明らかにされることのない陳婦という名までが書き込まれている。一九枚の提出文書において、被告、被稟とされた者、すなわち何らか訴えられている人物は合計一七人にのぼる。

八月一八日付で曾怡昌が提出した稟状には、「被稟」として孫徳禄のほか「唆訟」周万興の名が書き込まれている。周万興は訟棍であると曾怡昌に訴えられているが、六月二五日の初回訊問以来、いずれの訊問の場でも一度として嫌疑ある人物とはされていない。つまり曾怡昌が彼を訟棍であるとしたのは一種の誣告であるが、逆に曾怡昌もこの誣告によって処罰を受けたようにはまったくない。ある訴訟が起こされたとき、自分の「正しさ」を証明するため、あるいは自分の罪を軽減するための戦略として、この目的のために使えそうな人物であれば誰彼なしにその名を挙げ、彼らを巻き込んでいったのである。このようにして曾怡昌は、四人を加え（F）、六人を加え（L）、さらに三人を加え（R）、合計一五人を訴えた。

さらにいったんこの種の訴訟が起こると、これを好機としてそれまでの紛争を解決しようとする動きがこれに混じる。この最もよい例は曾怡昌を借家に住まわせていた寡婦の呉劉氏である。彼女はこの訴訟ともともとまったく関係なかったが、これを好機として捉えたらしく、曾怡昌が未払いである借家賃二〇両をとりたてるべく稟状を出している。吉水会会首らも、これを禍を転じて福となす好機であると考えたらしい。彼らはこの訴訟を曾怡昌と一切手を切り、彼を同郷会から閉め出すのに利用した。佃戸の謝和仁もこの訴訟を利用した。

知県はここでも軽い存在である。たとえば第四次訊問の場で曾怡昌は二〇両、夏永順は四〇両、謝仁和は四〇両それぞれ孫徳禄に支払えとする判決が下されたが、夏永順と謝仁和は何のかんのと言って従わない。知県は彼らからの「支払えない」との訴えについて、「銀数は多くないから金の工面は難しくないはずだ。つべこべ口実を並べたてて責任逃れをするな」などと批示を出しているが、これには重みがまったく感じられない。現に約一ヶ月後の第五次訊問では、夏永順らと謝仁和ともに三〇両に「値引き」されている。

たしかに被告曾怡昌には返済期限を設けてそれまでに返済を完了すべしとして、鎖押の刑が科せられている。そして結状が出され、最終的に決着を見ている。はじめに例として挙げた番頭が売上代金を未納のままであるとの訴訟と同様、このように債権問題でもある程度の決着がつくことがあったから、訴訟は止まなかったのである。しかしかりに、この案件では被告が一方的に敗訴したとして、これを統計に挙げたとしても、同治年間巴県における訴訟とは何であったかを理解するために、ほとんど無意味である。

最も興味深いのは、この案件における黄氏の死が持つ意味である。そもそもこの種の紛争では、女性が重要な役割を果たすことが多い。孫徳禄は曾怡昌から敷金を取り戻せないと見るや、彼は妻に幼児を引き連れさせ、兄嫁の黄氏とともに借金を取りに行かせ座り込ませた。あるいは彼女たちが自発的に出かけたのかもしれない。彼女たち自身「借金を返してくれない」という訴えだけでは、それが返らないことを重々承知していた。殴られたという虚偽の訴えも十分には効力がなかった。実際に殴られたなら、確実に裁判にまで持ちこむことができたからである。この種の債権債務にかかわるトラブルでは、この種の手段が多く用いられる。彼女たちは体を張って借金取りに赴くのである。この時、黄氏は曾怡昌の子によって「兇凌された」と孫徳禄は訴えたが、どの程度の「兇凌」であったか一度も検傷検屍されなかった。しかし事実として黄氏はその数日後に死去してしまった。孫徳禄が二月二一日に初めて曾怡昌を訴え、三月二九日に再度訴えてから、これまですでに三ヶ月近くが過ぎていた。かりに彼女の死という契機がなければ、この債権取り立ては訴訟によっては解決しなかった可能性がきわめて強い。

黄氏の死を最大限に利用したのは、ほかならぬ孫徳禄であった。彼は黄氏が死ぬと、さっそく屍体を曾怡昌の家の中堂（正堂）に運びこんだ。そしてその腐爛し臭気の発するにまかせて埋葬しなかった。これによって債務者曾怡昌に圧力をかけるためである。曾怡昌はその臭気に耐えかねたかのように、二〇両を返済した。それでも孫徳禄は屍体を引きあげなかった。彼は吉水会の夏永順らが三〇両を払い終えるまで、屍体を引きあげなかった。

『巴県档案（同治朝）』〈命案〉には、娘が嫁ぎ先で突然死亡したとの報を父母が聞きつけ、その死は娘に対する嫁ぎ先の扱いが悪かったためである、あるいは殺されたとして、訴訟に及んだ案件が多数収められる（No. 2078）。それは娘の死をむしろ「好機」としてとらえた「たかり訴訟」「言いがかり訴訟」と言うべきものである。本書第十章寺田浩明論文でも、この種の案件がいくつか紹介されている（四四六頁以下）。それら案件を読んで感ずるのは、「一死をも無駄にしない」という父母たちの太々《ふてぶて》しさ、たくましさである。一見すれば孫徳禄は当然支払われるべき押銀を一部ではあれ回収したのであり、もともと被害者であるに違いないが、彼のやり方には「たかり訴訟」「言いがかり訴訟」のそれに通ずるところがある。というのは、債権の取り立てと黄氏の死とは、本来まったく関係ないからである。検屍すらされていない。どうやら彼も黄氏の死を「好機」としてとらえたようであり、「一死をも無駄にしなかった」のである。いや、吉水会の夏永順らも佃戸の謝仁和も、さらに言えば家主の呉劉氏さえも、ここに起きた訴訟を「好機」として最大限に利用したと言えよう。

三、遺産相続訴訟

次に見るのは、これまた当時頻発したと考えられる遺産相続、家産分割をめぐる訴訟である。一つだけ事例を示す。数ある親族間における訴訟の中でこれを選んだのは、この事例がまことに纏訟と呼ぶのに相応しいからだけではない。そこに登場する劉王氏という一女性と訴訟の関わりが興味深いからである。まずこの訴訟そのものを簡単に描いてみよう（〈家庭〉No. 6940）。

劉氏は重慶城から六〇キロほど離れたところに住んでいた。(122) 劉光先は大地主であり、先妻との間に二人、後妻蔣氏との間に四人の男子をもうけた。生前中の道光元年（一八二一）、老後のためにとっておく贍田などを除き、田産を六人兄弟で均分する約を交した。七年には劉光先が死亡した。ところが第二子劉元慶が現金を必要とするに至り、道光二五年（一八四五）には贍田をも六人で均分し、かつ元慶の所有地を兄弟らに売った。そしてこの年、以上の事由を記し、さらに「もしこの約に従わなければ、被害を受けた者はこの約を執って官に訴え出ることを許す」と記した約（誓約書）をとり交した。母蔣氏が死去したのは、同治六年三月のことである。

劉元慶が新案として初めて訴状を出したのは、同治七年（一八六八）閏四月二九日のことであった。彼はまだ未分割の土地があるとか、母蔣氏が自分の土地を不当に安い価格で買ったとか、さらには母の命令と称して残った共有地などを自分以外で四等分したのは不当であるとの理由をあげ、弟の劉元暉、劉元坦ならびに甥たち計六人を相手どって訴えたが、道光元年に交された約と、第二次訊問の後に下された彼には遺産の再配分に与ることができないという裁定とから見るかぎり、要するに劉元慶の目論みは「たかり」「言いがかり」で利をうることであった。彼はこの年、六十八歳になる老人であった。

これに対する知県の批示は「一族に頼って解決してもらえ」というものであり、これまた未准であった。一族の長老である房長劉友堂ら三名はこれに応じ、道光元年と二五年の二つの約をそえて知県に返答した。しかしそれは、「これまで一族は仲が良かった。何によって訴訟が起きたのかわからない」という、まったく意味をなさぬものであった。

劉元慶によって被告の一人とされた劉輔臣は、劉元慶の訴えが結局「未准」であったのを見はからって、五月二五日、今度は彼の方から新案として、すなわち彼のほうが原告として訴えでた。それは劉元慶の子供に一〇両を貸したところ、返済しないどころか叔姪の関係であるにもかかわらず尊族である自分を殴ったというものであった。ここに家産分割の問題が同じく闘殴案件に発展したことにより、彼の告状は受理されるにいたった。これ以降、劉元慶、劉輔臣、劉元暉、劉元坦らが入り乱れて訴状の提出合戦を行うことになる。そこでは、どちらが原告でどちらが被告なのか、まったくわからない。第一回の訊問がなされたのは遅れに遅れて一一月七日のことであった。一〇月五日付で劉元暉は劉元慶の子供の劉天訓らを反訴するとともに、劉王氏を必ず喚問すべき人物であるとして名指しする訴状を提出した。この訴状に対する知県の批示は、次のようなものであった。

査するに、戴王氏即ち劉王氏は先の訴状にも名前が挙がっており、一同召喚のうえ訊問すべきこととすでに命じておる。何故ただちに法廷へやってこないのか。かつこの案件はすでに四ヶ月の久しきにわたり、原告、被告が出してきた訴状と重慶府へ上訴（上控）した訴状とは二〇余紙を下らないのに、今になっても一回の訊問すら行われておらん。これは告訴しておいて審問には及ばないよう企んでおるのか、はたまた差役に賄賂をやって引き延ばしをはかっておるのか。かくのごとく同族内で武器を執りあい、纏訟して止めず、いつまでたっても案件が解決しないのであれば、なんじらの生まれながらの良心（天良）はいったいどこにあると言えるのか。

閏四月二九日に劉元慶が初めて訴状を出してから、一〇月五日にこの訴状が提出されるまで、数えてみると県へは一八枚におよぶ訴状が提出されている。この間、劉元慶は巴県で一度も公判が開かれていないにもかかわらず、重慶府へ上訴している。つまりこれを加えれば、わずか六ヶ月足らずの間に原告、被告の双方から合計一九回訴状が提出されたことになる。それはまことに訴訟提出合戦と言うべく、知県が言うとおり「纏訟」というべき有様であった。

さてここで、劉元暉が喚問を要求した劉王氏なる一婦人について述べよう。実はこの劉王氏こそ、纏訟をもたらしたキーパーソンであったらしいからである。劉元暉は劉元慶が訴訟を始めたのも、彼女の戦略であり、彼女が唆したからだと睨んでいた。

劉王氏はもと戴某の妻であった。のちに生員となる劉元坦の妻となったのは三十歳のこと、劉元坦にはすでに二人の妻があった。自ら提出した訴状では自分は劉元坦の側室であると称し、訊問の場では妾であると答えている。彼女は多少の読み書きもでき、しかも経営手腕と交渉能力においても優れたものがあったらしい。劉元暉らは彼女こそが「纏訟」をもたらすキーパーソンであると睨みをつけ、彼女の人格を貶めるためにいくつか文書を提出しており、それが一件文書の中に残っている。これによれば彼女は再婚以前に重慶城において棧店（旅館）を経営しており、生員となるべく科挙のためにやってきていた劉元坦がここに宿泊したことから、二人は恋仲となったのだという。多少の読み書きができたと考えられるのは、劉元暉らが提出した文書の中に「抄戴王氏与劉元坦勾姦情詩単」があり、彼女が既婚者であるにもかかわらず劉元坦に与えた七言絶句の恋歌があるからであり、これに対する劉元坦の反歌七首が並記されているからである。彼らは今で言う恋愛結婚であった。なおこれについては劉元坦が妻のために援護射撃を加えており、彼女らの結婚に際しては一族の長老劉進光が媒酌人となったと、その正当性を主張する。

経営手腕と交渉能力があったと考えられるのは、劉元暉や劉元坦の母蔣氏からその才を見こまれ、病弱で受験勉強にはげむ夫に代わって様々な経営と対外交渉をまかされていたからである。彼女自らの弁明によれば、蔣氏は彼女の苦労に酬いるため、特に米を与えて褒賞したという。

さて、彼女と訴訟とのかかわりに話をもどそう。劉元暉は彼女を貶めるため、彼女がいかに訴訟好きであるかを示す文書を提出した。それは「戴王氏が婦道を守らず」訴訟を主導し関与した証拠として、咸豊一一年（一八六一）から同治七年にいたるまで、彼女が関与した合計一二件の案件を一件一件列挙したものである。劉王氏のことをあえて繰り返し繰り返し戴王氏と呼んでいるのは、彼女が再婚をした不道徳な女であることを強調せんがためである。その初めの二条のみ左に示そう。

一、咸豊一一年九月、劉元坦が「串売兇阻」という訴状タイトルで趙元滙兄弟を訴えた一案において、彼女は訊問の場に臨んだ。戴王氏は劉王氏の名義で夫の劉元坦が病気であると捏称し、自ら弁がたつことを恃み、夫に代わって審問の場に臨んだ。公廷で跪くこと三次、纏訟すること二年、知県の張秉堃さまに辱罵され、やっと結審した。

一、同治元年五月、劉元坦が「乗危佔摟」の件名をもって胡自堂、張徳春らを訴えた一案において、彼女は審問の場に臨んだ。戴王氏は劉王氏の名義で夫が病気だと捏称して代わって審問をうけ、公廷に跪坐すること四次、纏訟すること四年、知県の王臣福さまに辱罵され、やっと結審した。

これによれば、咸豊一一年からわずか八年の間に劉元坦とその妻は合計一二件の訴訟を起こし、あるいは関与していたことになる。その多くは、彼女が夫を唆して訴訟させたものだという。かりに劉元暉が言っているとおりとして、これをもとに計算すると、彼女は同治三年、四年、七年にはそれぞれ一年の間に同時に四つ訴訟を抱えていたことになる。当時の巴県がいかにすさまじい訴訟社会であったかが、これからも理解できる。八年の間に彼や劉王氏が一二件の訴訟に関与したことは、劉元暉らによる「誣告」では必ずしもない。というのは、これに対する彼女自身による弁明文書も、一件文書に含まれているからである。そこでは次のように言う。

(咸豊一一年、姑である蔣氏の命をうけ、蔣氏と劉元坦夫妻で経営していた) 鉄廠の問題で、趙元済と訴訟をかまえるために重慶城へやってきました。……私めは一門の者が二回頼んできたので訴訟をしたのです。この年、太平天国の賊が巴県をさわがし、自分と蔣氏とが要塞に引っこしたとき、家具や穀物を人に略奪されました。このため夫劉元坦が胡自堂を訴えたこと、案巻にあるとおりです。夫が病気であったため、自分から代わって訊問に答えますと申請したのです。同治二年に私は「設関摟搕」との件名で重慶府へ上訴（上控）いたしました。これは劉香亭（劉元暉）、劉輔臣、魏清奇が証人となり、姪（甥）の劉錫三が私に代わって訴状を届け出てくれました。すべて証拠として案巻がそろっており、本当であることを調べられます。

ここで言う劉元暉や劉輔臣とは今次の訴訟においては敵方の人物である。その彼らがかつて自分が訴訟を起こした時には証人となっているのに、今度は自分が訴訟好きだと非難している彼らこそ人格に問題があると弁明するのである。彼女は八年間に一二回訴訟に関与したことにつき、まったく否定しない。それどころかそれらに自分が正当に関与したことは、親属一門に頼まれたり証人となってくれたからで、それぞれ案巻即ち一件文書としてすべて衙門内にあるから、調査していただきたいと主張する。彼女の態度には悪びれたところはまったくなく、堂々たるものである。

一一月二二日には二回目の訊問が行われた。その結果、故蔣氏が所有していた年間収益四六〇石の租田を十等分し、一分に当たる四六石分の田を劉元慶に与えて養老資金とし、同じく一分の四六石分の田を劉元坦がかつて蔣氏とともに鉄廠を経営した時に負った債務を返済する資金に充て、残り八分を第三房劉元暉、第四房劉元章の子劉天策ら、第五房劉元東の子劉天楽ら、第六房劉元坦で均分することとして裁定が下され、合意を見た。劉元慶についてはその訊問調書においてとくに「不応再分」という罪情が記されている。「不応」とは罪を犯した人物について、以下の言葉がその罪情であると明記するものである。つまり「不応再分」とは、劉元慶が遺産の配分に再び与ってはいけないのに与った、という罪を犯したと明記されている。彼がこのたび蔣氏の遺産の十分の一を得ることになるのは、このような罪を犯しながら得るものであると言っている。それは兄弟間で家産は均分相続であるべしと誰もが認める原則によって得るものではなく、同胞兄弟が彼の窮状を見かねて特に養老資金として与えるものと裁定されたのであった。簡単に言えば、彼がこれまでやってきた訴訟とは「言いがかり訴訟」にほかならず、この裁定この合意は彼にとって完全なごね得であったはずである。

ここに問題は解決したかに見えたが、簡単には終わらなかった。というのは劉元坦はともかく、劉元慶と劉元暉らがともに結局裁定に合意しなかったからである。このため一二月一四日に第三次訊問が開かれ、一族の劉元芳に関係者一同を宗祠に集めて引き続き協議させることになった。調解にあたった一族の劉元芳から知県に対して報告が寄せられたのは、やっと翌八年の三月二九日のことであった。その回答には次のように言う。

いかんせん、戴王氏（劉王氏）が口先達者で一族のものを教唆して離間させ、居ながらにして財産を傾け、姓は同じだが宗族関係にない劉万成なる人物を用いて劉元慶の子劉天訓を手引きし、四川省都の布政使まで上訴させようとは！　私としては回答を申しあげようがありません。

親属による調停機能は、ここでも完全にマヒしていた。「回答」に対する知県の批示は次のようであった。

戴王氏は悪賢くも、家長である劉元坦を唆し、こうして財産を争い纏訟して止めない。これはすでに「婦道を守らない」との罪に当たるのだが、しばらく婦女無知なるを思い、深究を加えないでおく。

知県もまた、纏訟し省都にまで上訴するに及んだ張本人は、劉王氏にほかならない、彼女が糸を引いていると睨んでいた。あるいは劉元芳による回答をこのようにそのまま鸚鵡返しすることによって、自ら何の解決方向をも示せない無能ぶりを隠そうとしたのであろうか。

案件は府を越え省都の布政使まで上訴されていた。これを取り仕切ったのが劉王氏その人であると知県も認定しながら、彼は彼女にまったく手を出せなかった。省都である成都まで上訴するとなれば当然に訟師を用いたことを考えねばならない。いや、咸豊一一年（一八六二）からこの同治七年に至る八年間に、合計一二回も訴訟に関与したことから見れば、それまでも訟師に知恵を借りていたと考えるのが自然であろうし、彼女自身が訟師以上に訴訟の筋道に精通した存在となっていたとも考えられる。当時の地方官は訟師を手厳しく弾圧することによって、かえって後にしっぺ返しをくらうことを恐れていた。[123]「婦女無知なるを思い、云々」とは、たしかに批示でよく用いられるレトリックであるが、もしかしたら時の知県金鳳洲は本当にこの劉王氏を怖れていたかもしれない。あるいは劉王氏を深く追求すれば、いよいよ彼女の術中に陥ることになると心配したのかもしれない。いずれにしても、知県が劉王氏こそ纏訟をもたらしている張本人であると睨み、その批示でもこれを明言しながら、彼女に対して何の処罰も加えていないのは不可解としか言いようがない。裁判官としてであれ調解者としてであれ、知県としての威厳と重みとをそこにまったく見出すことができない。紛争解決に向けての機能不全に陥っていたのは、親属組織だけでなく知県も同じであった。

訴状の提出合戦は三回に及ぶ訊問のあとも衰えることがなかった。これには劉元慶が同治八年五月に死去したことが拍車をかけた。というのは、彼の妻が夫の死をこれまた「好機」としてごね得をはかり、「言いがかり訴訟」を続けたからである。劉元暉らは年間収益四六〇石分の田の十分の一、四六石分を劉元慶に与えなかった。七十歳に近い老人が死亡したといえば、老衰によると考えるのが自然である。しかし彼女は、夫は劉元暉や劉元芳に「威逼され」、食事を摂れなくなって死亡したと訴えた（八年五月一三日）。さらに彼女は省都の布政使にまで上控したらしい（六月三〇日）。彼女が八月一九日に提出した訴状になると、夫は劉元芳と劉輔臣に「兇辱凌逼され、転んで地に倒されて死んだ」と、まるで二人に殺されたかのごとく言っている。ここまで来ると『巴県档案（同治期）』〈命案〉にしばしば見えるところの、人の一死を利用した「言いがかり訴訟」と完全に同じである。そのご劉輔臣と劉元暉らは、この劉楊氏と劉元坦・劉王氏とを離間させる戦術をとったらしい。そしてこれが成功するや劉輔臣・劉元暉らと劉楊氏との間には調解がなりたち、今度は彼らが一致して劉元坦・劉王氏を訴える。一件文書のうちで明確に日付を読みとれるものとしては、同治九年二月八日の日付が書き込まれたものが残っている。したがって、この訴訟は少なくともこの時まで解決を見ることはなかったのである。

劉元慶が初めて訴状を出したのは同治七年閏四月のことであったから、この訴訟は少なくとも二年近くの間途切れることなく続いた。提出された文書としては、その日付が書き込まれたものとしては同治八年一〇月二一日付のものが最後である。訴訟が始まってからこれに至るまで一八ヶ月である。この間、何枚の訴状が提出されたのかと数えてみると、両者合わせて四〇枚である。これに調解者側から出されたものが二枚あるから、一八ヶ月の間に合計四二枚の訴訟文書が出されたことになる。さらに同治九年二月までとるなら、府、道、省へ上訴（上控）したものがいくつかあるから、合計五〇枚を越えることは確実である。

ここでさらに問題とすべきは、量的な問題であるより訴訟の質的な問題である。この訴訟でもどちらが原告であったか被告であったか、まったくわからない。劉元慶が出した訴状には、劉元坦、劉王氏の手が何らかのかたちで入っていたと考えてよいが、初めに彼が出した訴状（首状）の中には「被首」つまり実質的には被告の一人として、劉元坦自身の名前も書き込まれている。いわゆる訴訟戦術の一つであったに違いない。

また上訴（上控）が何度もなされている。劉元慶がまだ一度も県衙門で訊問が行われていない段階で重慶府へ上訴したこと、さらには省都成都の布政使にまで上訴したこと、すでに述べた。また劉元慶の妻が夫が死ぬやこれまた成都の布政使にまで上訴したらしいことも、すでに述べたところである。実は同治八年三月の段階で劉元暉の側も劉王氏を重慶府に上訴した（八年六月三〇日、劉楊氏による稟状）。宋代の場合、県から上級官庁である府州や路へしばしば上訴がなされ、そのため判決が覆ったことがこの時代に健訟化をもたらした要因の一つであったこと、すでに述べた。しかし『巴県档案（同治朝）』を読むかぎり、府や省でやったことは、ほとんど県に対して当該案件について審議訊問を進めることを命ずるだけであって、上訴は実質的には纏訟を一層促進しただけであったように見える。

劉氏一族における遺産相続訴訟は、まさしく纏訟、瀆訟という語が相応しいものであった。巴県における纏訟、瀆訟は劉氏のような富裕なものがからむ場合にしばしば起こった。訴状に対する知県の批示では、「多瀆を用うることなかれ」（七年六月一四日）、「慎んで固執纏訟するなかれ」（七月九日）などの命令が頻々と出されるが、まったく利いているようにはない。劉元坦は生員であったので、特に「なんじはその身が学校にあるのをいいことに、こちらを騙して訴状をあちこちに出しまくっている……かくのごとく不逞狡猾にも健訟するとは、ことに卑しむべきである（恃身列膠庠、瞞案岐控、…似此逞刁健訟、殊属卑鄙）」と批判され、「多瀆を得ることなかれ」と非難された（八月八日）。しかし彼は一向にひるんだ様子もなく、それからも次々と訴状を出し続けた。夫劉天慶を亡くした劉楊氏にいたっては、「お前の歳はもう六〇いくつになっている。くどくど訴えてくるな（氏年已六十余歳、不得呶瀆）」（八年八月一九日）と言われながら、それから二ヶ月もたたないのにまた訴状を出している。そこには知県に権威らしきものをまったく見ることができない。

最も問題となるのは、すでに見た知県が劉王氏に対してとった処置である。彼は「彼女こそが纏訟して止めない」

元凶であると見なしながら、指一本触れることができなかった。彼女を訟師以上の存在として恐れたのか、彼女の後ろに隠れている訟師を恐れたのか、それはわからない。劉王氏が八年間に一二件の訴訟に関与したとの讒言を受けた時、彼女がただちに提出した弁明書を思い出してみるとよい。そこでは相手の讒言をそのまま自分の正当性を主張するため、逆襲の言葉として用いていた。またこの弁明書によれば、彼女は法に触れる行いを一切していない。

訴訟件数と訴訟文書数から見て、清末の巴県は訴訟社会にあったと考えるのが適当である。さらにまた以上いくつかの事例に見える訴訟の複雑さと訟師の影などからしても、そこを訴訟社会と考えることが適当である。

結語

中国における訴訟の多寡とその様態は、そこでの支配のあり方と密接に関係していた。支配のあり方とは、これまで何度か専制支配と呼んできたものである。後漢に郷亭レベルから始まる訴訟が多発したのも、また宋代以降、徭税や徭役負担をめぐりこれが多発したのも、そのような支配がなされた結果であった。宋代で「糾論」「糾決」という言葉が用いられたのには、どこか秦の密告制度を連想させるものがある。また専制支配が効率よく紛争解決のために働いた時には、訴訟当事者が地方官の権威に従順に服しただけではなく、親属や隣人などによる調解も効果的になされた。地方官による裁判と民間における調解とは、しばしば逆方向のものと考えられているが、実はそうではない。

専制支配という概念は、われわれにはマイナスイメージのみ伴いやすいが、必ずしもそうではない。訴訟制度に即して言うなら、これが早くからほぼ万人に開かれたものとなったこともまた、この専制支配という方式があったからである。人々の間の争いはコミュニティーや中間集団のレベルで抑えられることなく、それらを突き破って表へ出たのである。「無冤の理念」の進展、上訴制度の発達、さらに告状不受理を禁ずる法令の出現などは、すべてこの支配のあり方と密接な関係を持っていた。日本の江戸時代であれば、たとえば京都の市民が訴訟をしようとするのであれば、彼はこれに先立ってまず町役という町の責任者を必ず通す必要があった。もしもこのような手続きを経ずに誰かが出願したと聞きつけたならば、町内でただちに願い下げの届けを出すべきであるとされていた(124)。アメリカ訴訟社会の場合、近代化の過程でコミュニティーの規制力が弱まった結果として訴訟が多発するに至ったとされるが、中国の場合、そこは早くからその規制力が弱体化した社会であった。

居延漢簡によるかぎり、債権回収にかかわる案件がすでに約二千年前に多発していたことは興味深い。債権にかかわるトラブルこそ、古代から現代に至るまで民間で最も多く起こったトラブルであったと考えられる。ところが『巴県档案（同治期）』によるかぎりでいえば、この種のトラブルのうちで訴訟にまで至ったのは決して多くなかった。それは当時この種の案件があまりにも多くなりすぎたため、裁判に訴えても解決に有効な判決を得ることが難しかったためである。訴状を受理してもらうことさえ、難しかったからである。

ではなぜ、この種の紛争に有効な解決を得られなかったかというと、全体の訴訟案件の中で人命、窃盗、闘殴案件などが増加してそれらを裁くことが優先され、この種のいわゆる戸婚田土案件が後回しにされ、しばしば受理されぬようになったからである。表3はある程度これを示すであろう。また『珥筆肯綮』は明末に生まれた訟師秘本の一つである。その中では、「負本坑生事」（財本私債）と題する訴訟の文例を示しつつ、次のような注意を加えている。

（債権にかかわる訴状は）つまらぬ問題だから、告訴しても多くは受理されがたい。ゆえに訴状の中でどうでもよ

い言葉を多くならべたて、「情」をもって人を動かそうとするのである。(125)

つまり債権回収に係わる案件などは、明末にあっても「受理されがたかった」から、この種の訴状では「情」をもって裁判官の感情を揺さぶるなど、一工夫も二工夫も必要となったのであった。

『巴県档案』や『太湖庁档案』には「不准」とされたもの、つまり明確に不受理とされた文書や、「未准」つまりやんわりと門前払いにされたものを多くは含まないから、たとえば債権回収案件の中で何パーセントぐらいの訴状が受理されたのかわからない。ただこれまた幸い、『黄巌档案』には不准あるいは未准として処理された文書も含んでいるから、実際の案件に即してこれを確認することができる。

『黄巌档案』七八案件のうちでは、債権回収にからむものが一七件含まれており、そのうち受理されたと見なすことができるのを数えてみるとわずかに二件である。しかも一件は名分が関係するもの、また一件は徴税が関係するものである。すなわち債権回収を求めた訴状のうち受理されたものはともに特殊案件であって、純粋な債権回収案件として受理されたものは、ゼロであった。これら一七件についてその批示の部分を一つ一つ調べてみると、何のかんのと理由をつけて不准（不受理）とし、あるいは未准として駁回している。たとえば被告が銀一五元を着服して返さないと訴えた訴状に対しては、「提出してきたように票拠（借用証文）もあるのだし、仲介者も明記されているのだから、できるかぎり自分で取り戻せ。今急に申し出て来て、きつく取り立てくださいなどと言うでない。票拠は返却する」と批示している。(126)この訴状を提出した人物は、借用証文もあり仲介者がいるにもかかわらず債権を回収できなかったから、だからこそ裁判に訴え出たのに違いないが、知県は逆に借用証文があり仲介者もいることを駁回する理由として挙げたのである。

われわれは先に『巴県档案（同治期）』〈借貸〉〈商貿〉に即して、債権回収訴訟ではまず初めに「証人に頼って道理を説いて要求してもらえ」という未准の批示が出されたことが、これら訴訟を思いとどまらせるのに大きな効果があったであろうと述べた。これら未准として処理されたもののほか、さらに不准として処理されたものも多かったことを想起すれば、このやり方はいよいよ訴訟件数を減少させるのに大きな効果を持ったに違いない。〈借貸〉〈商貿〉に含まれる案件だけではない。本章中で一例として挙げた小作人孫徳禄が押銀（敷金）を返却してくれと曾怡昌を訴えた案件は、〈借貸〉に分類されここに収められているが、この種の案件は〈租佃〉でも登場する。〈商貿〉には商取引きの案件を収めるだけであるが、土地の売買にかかわるものは、これと別に〈地権〉に収められる。土地を買ったが売り手が立ちのかない、などのトラブルはいくらでもあった。そしてこの場合でも、巴県知県はたとえば「さらに仲介者に頼って道理を説いて耕作するのを止めさせ、引っ越しをさせるように申しつけよ。訴訟を起こして面倒なことにならないように」と批示していたのである（〈租佃〉No.13668）。

われわれは先に同治年間の訴訟文書数が巴県の場合、年間でおおよそ一万二〇〇〇枚から一万五〇〇〇枚程度、档案として残存するものだけでも訴訟件数が一〇〇〇件から一四〇〇件程度であったことを見た。以上から見るなら、これらの数値はこの種のトラブルが表面に現れたほんの氷山の一角であったと言うべきである。本来であれば、おそらくはこれの数倍の訴状が訴訟当事者から届けられるはずであったところを、以上示したような不准あるいは未准の方法を用いることによって、やっとここまで抑え込んだ数値であったと言うべきである。康熙帝や雍正帝は『大清律例』「告状不受理」の条項に自ら違反してまで、「訴状を多く受け付けるな」と部下に命じた。しかし巴県でとった方法、すなわち訴状を不准あるいは未准という批示を記して駁回するという方法が、法令違反をすることなく訴訟を減少できた点で、はるかに巧妙であり、悪く言えばはるかに狡猾であった。われわれは今後、官箴書や地方官の政治記録の中で、「当地は健訟の地である、一日に提出される訴状が何百枚にも上る」などと記されているのであれば、この数値に表れない膨大な訴訟予備軍がいたことを念頭に置いて読むべきであろう。

また訴訟が多発する地で取られたその減少策としては、我々はまずたとえば訟師の取締りなどを想起する。しかしこの不准や未准という訴訟制度そのものに根ざしたやり方こそが、訴訟減少策としてはるかに効果があったに違いない。

清末には近代化に向けて司法制度でも改革がはかられ、省都及びこれに準ずる重要都市には地方審判庁が設置された。辛亥革命を経た民国三年（一九一四）には新設の審判庁について再び大規模な整理が行われ、巴県について言えば巴県地方審判庁が設置された。巴県地方審判庁の管轄は、江北庁が削られたほかはほぼかつて清代巴県のそれと同じであったと言ってよい。中華民国政府司法部が作成した統計によれば、民国四年（一九一五）に巴県地方審判庁で新たに受理された案件すなわち新受受理案件は、民事が一六七九件、刑事が一二八一件、計二九六〇件であった[127]。同治年間に受理した件数に比べるならば、約四〇年の間に約二・五倍に増えている。清末光緒新政以降の司法制度の改革によって、訴訟においてそれ以前と以後とで何が変わったのかは大問題であって、慎重な検討を要する。またこの間における巴県人口の増加も考慮にいれる必要がある。しかし仮説を述べることが許されるのならば、このように急激に受理案件が増加した原因の一つは、清代に抑えこまれていた訴訟が民国期になって比較的容易に受理されるようになったからではないだろうか。言葉を換えれば、同治年間で年間一〇〇〇件から一四〇〇件という訴訟件数は、すでに述べたように不准や未准として処理されたものを含まない数値だったからではないだろうか。それまでであれば様々な難癖をつけて不准もしくは未准としていたものを、形式さえ調っていれば受理するようになったことこそ、司法の近代化の一つの表れであったに違いない。われわれが住む世界においては、たとえば債権回収のトラブルは証拠があろうとなかろうと、殴り合いがあろうとなかろうと、それは必ず裁判所で受理される。この意味からすれば、単に史料に表れた訴訟件数だけをもとにして現代アメリカや近代ヨーロッパと旧中国を比較し、中国がかつて訴訟社会であったかどうかを考察することはまったく無意味であると言ってよい。

巴県のようにいったん訴訟件数が増えてしまったところ、すなわち一衙門でその処理能力をはるかに越えてしまったところでは、訴訟と裁判そのものの様態も著しく変化していったに違いない。その一端は『巴県档案』における乾隆、嘉慶期と同治期との違いとしてすでに述べた。本当に裁判を必要とする者の訴状が受理されないのであれば、彼らはより誇大なウソをつくことを強いられたかもしれない。債権回収訴訟としての実例で見たように、これが闘殴案件になれば受理されたから、人々の行動をいっそう荒々しいものとしたであろう。裁判の途中でも、すでに見たように原告の孫徳禄は屍体をいつまでたっても引きあげないという荒々しい手段をとった。

かつて滋賀秀三は『淡新档案』を読んだ時の印象として、その世界に見える荒々しさ、すなわち民事的紛争にしばしば暴力行為が伴ったことに注意している[128]。筆者は『淡新档案』を数多く読んだわけではないが、たまたま読んだその中のいくつかの案件から受ける印象は、『巴県档案（同治朝）』から受けるものとまったく同じである。たしかにそこは巴県と同じく入植者の世界であり、もともと荒々しい気風があったのかもしれない。この点では、滋賀が『淡新档案』から受けた印象に同意する。しかし滋賀は重要なことを記し忘れている。それは滋賀が読んだ『淡新档案』は、ほとんど光緒期のものでしかないことである。すなわち民事的紛争にしばしば暴力行為をともなったのも一つの時代的な偶然でしかなかった可能性が強い。というのは、巴県に即して言えば、同治期よりも百年も遡らない時代、すなわち乾隆・嘉慶期ではそこでの訴訟と裁判が百年足らず後のものと違った様態を示していたからである。そこでは皇帝の名代として赴任してきた知県の抑えが、なおよく利いていた。専制支配という方式は、「無訟」という理念に少しでも近付くのに、よく利いていた。そこではなお同治期に見られるようになる荒々しさや暴力行為は特に目立ったものではなかった。おそらくは訴訟が多発し始めたことが裁判の様態にも変化をもたらし、この裁判の様態の変化がまた訴訟そのものの様態を変えていったのであろう。すなわちわれわれは、『淡新档案』や『巴県档案（同治朝）』に見えるところの、当時における両地方の人々がしばしば紛争解決の過程で暴力を用いていたことだけに目を止めるだけではなく、彼らは訴訟と裁判の過程で暴力的になることを強いられるようになったことにも、注意を向ける必要があるであろう。本章第六節で掲げたいくつかの事例は、これを示しているように見える。そしてこの繰り返し、その相互作用が巴県をして纏訟の世界、瀆訟の世界に変え、人々をして訴訟と裁判の過程においてさらに荒々しい行動をとらせたのである。

同治年間の巴県の人々が、それが調停者としてであれ裁判官としてであれ、知県を見る眼差しは、はなはだ軽いものであった。そこでは、知県の前でウソをつくことは何でもないことのように考えられていたようである。そこではいわゆる「言いがかり訴訟」やこれに類したものは、いくらも起きていた。そしてまた、これにともなって訟師が活動する領域はいよいよ広まっていった。中国における司法の近代化は、これらの事実を前提として始められることになるのである。

注

（1）ジェスロ・K・リーバーマン『訴訟社会』（長谷川俊明訳、東京、保険毎日新聞社、一九九三年）。原著初版はJethro K. Lieberman. *The Litigious Society*, New York, Basic Books, 1981. 平野晋『超訴訟社会：モンスター化する「権利主張」と恐怖の連鎖』

（東京、ビジネス社、二〇〇八年）。

(2) フレドリック・L・チェイエット「〝各人にその取り分を〟—十一～十三世紀南フランスにおける法と紛争解決」（服部良久編訳『紛争のなかのヨーロッパ中世』京都、京都大学学術出版会、二〇〇六年）七頁。本論文はもと*French Historical Studies*, 6, 1970に掲載され、のちB. H. Rosenwein and L. K. Little eds. *Debating the Middle Ages: Issues and Readings*, Malden, Mass. and Oxford, 1998にFredric L. Cheyette, "Giving Each His Due" いうタイトルで採録されたものという。

(3) 范愉「訴訟的価値、運行機制与社会効応——読奥爾森《訴訟爆炸》」（『北大法律評論』第一巻第一輯、一九九八年）。

(4) 瞿同祖『中国法律与中国社会』（北京、中華書局、一九八一年）第六章「儒家思想与法家思想」二九一～二九二頁。

(5) 『後漢書』列伝第二一、王堂伝（中華書局標点本、一一〇五頁、以下同じ）。

(6) 『北斉書』巻四六、循吏伝、宋世良伝（六三九頁）。

(7) 『隋書』巻七三、循吏伝、劉曠伝（一六八五頁）。

(8) 『清史稿』巻四七九、循吏伝、楊栄緒伝（一三〇八五頁）。『同治湖州府志』巻五によれば楊栄緒は同治三年から九年、一〇年から一三年在任。

(9) 費孝通『郷土中国』（上海、観察社、一九四八年）五八～六三頁、「無訟」。

(10) 費孝通「学歴簡述」（『中国当代社会科学家』第三輯、北京、書目文献出版社、一九八三年）二二七～二二八頁。*Peasant Life in China: A Field Study of Country Life in the Yangtze Valley*, Routledge, London, 1939. 中国語版は『江村経済：中国農民的生活』（南京、江蘇人民出版社、一九八六年）。日本語版は仙波泰雄・塩谷安夫訳『支那の農民生活——揚子江流域に於ける田園生活の実態調査』（東京、生活社、一九三九年）。

(11) 拙稿「国会図書館蔵太湖庁档案に見る訴訟と裁判の実際——その初歩的知見」（永田英正編『中国出土文字資料の基礎的研究』京都、京都大学文学部、一九九三年）。

(12) 范金民「太湖庁档案所見洞庭商人的活動　附：南京博物院蔵太湖庁档案目録」（夫馬進編『中国明清地方档案の研究』京都、京都大学大学院文学研究科東洋史研究室、二〇〇〇年）一三七～一四〇頁。

(13) Philip C. C. Huang, "Codified Law and Magisterial Adjudication in the Qing", Kathryn Bernhardt and Philip C. C. Huang, eds.,

Civil Law in Qing and Republican China, Stanford: Stanford University Press, 1994, p. 144, p. 185. また黄宗智『民事審判与民間調解：清代的表達与実践』（北京、中国社会科学出版社、一九九八年）七八、一三一頁。

（14）同前書p. 181, 一二七頁。

（15）曹樹基『中国人口史　第五巻　清時期』（上海、復旦大学出版社、二〇〇一年）六九一～六九六頁。

（16）G. William Skinner, "Regional Urbanization in Nineteenth-Century China", in G. William Skinner ed., *The City in Late Imperial China*, Stanford, Stanford University Press, 1977, p. 215. またスキナー『中国王朝末期の都市――都市と地方組織の階層構造』（今井清一訳、京都、晃洋書房、一九八九年）六頁。

（17）前注(15)、四五九頁。

（18）中島楽章『明代郷村の紛争と秩序――徽州文書を史料として』（東京、汲古書院、二〇〇二年）三三一～三四四頁では、私受詞状と武断郷里の語を用いてこのいくつかの事例を挙げる。

（19）寺田浩明「権利と冤抑――清代聴訟世界の全体像」（『法学』第六一巻第三号、一九九七年）。

（20）『漢書』巻七一、于定国伝（三〇四三頁）。

（21）『後漢書』列伝第五二、陳寔伝（二〇六六頁）。標点は吉川忠夫訓注『後漢書』（東京、岩波書店、二〇〇四年、第七冊、五〇〇頁）に従う。

（22）一説とは『後漢書集解』巻六二に引く沈欽韓の説。州従事については厳耕望『中国地方行政制度史』上編巻上〔秦漢地方行政制度〕（台北、中央研究院歴史語言研究所、一九七四年）三〇五頁以下、郡督郵については同書一三八頁以下。

（23）『隋書』巻二五、刑法志（七一二頁）。

（24）『宋会要輯稿』刑法三（北京、中華書局、一九五七年、六五八二～六五九一頁）。

（25）胡星橋・鄧又天主編『読例存疑点注』（北京、中国人民公安大学出版社、一九九四年）六七九頁。

（26）本書第八章、三三二頁。

（27）『明律』刑律、訴訟、告状不告理の条、および『大清律例』同条。

（28）『海瑞集』（北京、中華書局、一九六二年）二七五頁、示府県状不受理。

(29) 拙稿「明清時代の訟師と訴訟制度」(梅原郁編『中国近世の法制と社会』京都、京都大学人文科学研究所、一九九三年、四四三頁、中文訳は滋賀秀三等『明清時期的民事審判与民事契約』北京、法律出版社、一九九八年、三九四頁、英文訳は"Litigation Masters and the Litigation System of Ming and Qing China", *International Journal of Asian Studies*, Vol. 4, No. 1, p. 83)。
(30) 『嘉慶道光両朝上諭档』(桂林、広西師範大学出版社、二〇〇八年)第八冊、一四六頁。
(31) 『于清端政書』巻一、対金撫台問地方事宜(『四庫全書』一三一八—五四九頁)。
(32) 『未信編』巻三、放告(『官箴書集成』黄山書社、一九九三年、第三冊、七一頁)、『福恵全書』巻一一、放告(第三冊、三二九頁)。
(33) 拙稿「アテナイ市民の訴訟好きと中国訴訟社会」(『ギリシア喜劇全集』東京、岩波書店、二〇〇九年、第五巻、月報5)九頁。
(34) 『世宗憲皇帝上諭内閣』巻四六、雍正四年七月五日。
(35) 于成龍『于清端政書』巻二、請禁健訟条議(『四庫全書』一三一八—六〇八頁)。
(36) 前注(29)、拙稿、四五七頁(中文版:四〇五頁、英文版:九四頁)。
(37) 『聖祖仁皇帝御製文集』第三集、巻四、康熙四二年二月二〇日、また『聖祖仁皇帝聖訓』巻四五、康熙四二年二月乙未。なお趙申喬が浙江省布政使であったのは、康熙四〇年正月から四一年正月の間。
(38) 『西河文集』巻九八、墓誌銘八、駱明府倪孺人合葬墓誌銘。
(39) 『于清端政書』巻二、請禁健訟条議(『四庫全書』一三一八—六〇八頁)。
(40) 『誠意伯文集』巻七、書蘇伯修御史断獄記後。なお、蘇伯修とは元の至順三年(一三三二)に南台御史となった蘇天爵のことであり、劉基のこの観察は明初ではなく元末のそれである。
(41) 『元史』巻一〇四、刑法志(二六七一頁)。
(42) 『宋書』巻九二、江秉之伝(二二七〇頁)、『南斉書』巻五三、傅琰伝(六一四頁)。
(43) 『顔氏家訓』巻上、後娶篇、治家篇。
(44) 『北斉書』巻一八、高隆之伝(二三七頁)。
(45) 『宋書』巻七五、王僧達伝(一九五二頁)。

(46)『梁書』巻一四、任昉伝（二五四頁）。
(47)小川快之『伝統中国の法と秩序―地域社会の視点から』（東京、汲古書院、二〇〇九年）と、本書七～九、三四～三八頁掲載の各論文。
(48)陳智超「宋代的書舗与訟師」（『劉之健博士頌寿紀念宋代史研究論集』京都、同朋舎、一九八九年）一一八頁。
(49)本書第二章、一四四頁。
(50)標点は『潜夫論箋』（北京、中華書局、一九七九年）二一九頁に従う。ただしこの部分、脱文および衍字があるらしく読みにくいため、『後漢書』列伝第三九、王符伝（一六四一頁）、前注（21）、吉川忠夫訓注『後漢書』（第六冊、三九三頁）によって補う。
(51)前注(22)、厳耕望著書、五七～六〇頁、二三七～二四三頁。
(52)趙文林・謝淑君『中国人口史』（北京、人民出版社、一九八八年）五二頁。
(53)冨谷至編『江陵張家山二四七号墓出土漢律令の研究』（京都、朋友書店、二〇〇六年）訳注篇、六八頁。
(54)宇都宮清吉「僮約研究」（『漢代社会経済史研究』東京、弘文堂、一九五五年）三一六頁。
(55)『後漢書』列伝第三六、陳寵伝（一五五三頁）。
(56)『後漢書』党錮列伝第五七（二二一四頁）。
(57)『後漢書』列伝第三、隗囂伝（五一六頁）。
(58)『漢書』巻二四上、食貨志上（一一三二頁）。
(59)『通典』巻一六八、刑六、決断。同じ話はほかに『折獄亀鑑』巻八、鍾離意などにある。
(60)『後漢書』列伝第七三、周党伝（二七六一頁）。
(61)籾山明『中国古代訴訟制度の研究』（京都、京都大学学術出版会、二〇〇六年）二〇四～二一三頁には、数多くの貸借案件が見える。候粟君所責寇恩事については、一三九～一四七頁。
(62)『後漢書』列伝第二二、樊宏伝（一一一九頁）。前注(54)、宇都宮清吉著書、三一九頁。
(63)前注(53)、冨谷至編書、一二二、二二四頁。
(64)前注(50)、二一七頁。

(65)『後漢書』列伝第三六、郭躬伝（一五四三頁）。
(66)『漢書』巻二八下（一六五四頁）。
(67)『東観漢記』巻一四、鮑昱伝、『後漢書』列伝第三六、陳寵伝（一五四九頁）。また同書、列伝第三八、応劭伝（一六一二頁）に『漢儀』『春秋決獄』など数多くの法律書を記す。
(68)『後漢書』列伝第三八、爰延伝（一六一八頁）。
(69)前注(22)、厳耕望著書、一三七頁。
(70)谷川道雄『中国中世社会と共同体』（東京、国書刊行会、一九七六年）七二頁。
(71)宋代における健訟の語とその用例および実例については、劉馨珺『明鏡高懸―南宋縣衙的獄訟』（台北、五南図書出版公司、二〇〇五年）二八七～三一八頁。また梅原郁『宋代司法制度研究』（東京、創文社、二〇〇六年）一六九～一七九頁。
(72)『二程文集』巻一二、伊川文集、明道先生行状。熊節『性理群書句解』巻二〇。
(73)『朱文公文集』巻一九、薦知龍溪県翁徳広状。
(74)『昼簾緒論』聴訟篇（『官箴書集成』第一冊、一〇五頁）。
(75)前注(29)拙稿、四四〇頁（中文訳：三九二頁、英文訳：八一頁）。また本章第五節六二頁参照。
(76)『州県提綱』巻二、籍緊要事（『官箴書集成』第一冊、五四頁）。
(77)自訟斎については、前注(71)、劉馨珺著書、三九八頁。
(78)『北溪大全集』巻四七、上傅寺丞論民間利病六条。『万暦漳州府志』巻三、秩官上。
(79)『名公書判清明集』巻一三、挾讎妄訴欺凌孤寡（北京、中華書局、一九八七年）五〇四頁。
(80)『続資治通鑑長編』巻四三、咸平元年十月乙未。また『涑水紀聞』巻七、『東都事略』巻三二。
(81)『名公書判清明集』巻四、漕司送下互争田産、一二〇頁（高橋芳郎『訳注《名公書判清明集》戸婚門』東京、創文社、二〇〇六年、七三頁、以下同じ）。
(82)同前書、巻六、抵当不交業、一六八頁（高橋、一七四頁）。
(83)同前書、巻五、重疊交易合監契内銭帰還、一四二頁（高橋、一一七頁）。

(84) 同前書、巻九、卑幼為所生父売業、二九八頁（高橋、二五九頁）。
(85) 同前書、巻五、姪仮立叔契昏頼田業、一四七頁（高橋、一二七頁）。
(86) 同前書、巻六、以売為抵当而取贖、一六九頁（高橋、一七四頁）。
(87) 同前書、巻一、諭州県官僚、五頁。
(88) 同前書、巻一二、士人教唆詞訟把持県官、四七七頁。
(89) 前注(29)、拙稿、四六六～四六八頁（中文訳：四一三～四一五頁、英文訳：pp. 101-104）。
(90) 周藤吉之『宋代官僚制と大土地所有』（東京、日本評論社、一九五〇年）五五～五六頁。何炳棣『科挙と近世中国社会』（東京、平凡社、一九九三年）一一五頁。
(91) 宮崎市定「宋元時代の法制と裁判機構」（『宮崎市定全集』第一一冊「宋元」、東京、岩波書店、一九九二年）二〇六～二一一頁。龔汝富『明清訟学研究』（北京、商務印書館、二〇〇八年）六九頁。
(92) 宮崎市定「胥吏の陪備を中心として」「宋代州県制度の由来とその特色」（『宮崎市定全集』第一〇冊「宋」、東京、岩波書店、一九九二年）。周藤吉之「宋代郷村制の変遷過程」（『唐宋社会経済史研究』東京、東京大学出版会、一九六五年）。
(93) 『水心先生文集』巻三、役法。
(94) 『清献公文集』巻八、便民五事奏劄。
(95) 『朱文公文集』巻一八、奏義役利害状、巻二一、論差役利害状。
(96) 拙稿「訟師秘本『珥筆肯綮』所見的訟師実象」（邱澎生・陳熙遠編『明清法律運作中的権利与文化』台北、聯経出版公司、二〇〇九年）二一〇～二一一頁、三一一頁。原文は邱澎生「覚非山人『珥筆肯綮』点校本」（『明代研究』第一三期、二〇〇九年）二三七、二八四頁。
(97) 『名公書判清明集』巻三、産銭比白脚一倍歇役十年理為白脚、八二頁。なおこの文章中で「使・府」と標点されるところ、前注(71)、梅原郁著書、一八八頁、および前注(81)、高橋芳郎著書、三一頁で「使府」＝知府の敬称とするのに従う。
(98) 『州県提綱』巻二、酌中差役（『官箴書集成』第一冊、五六頁）。
(99) 『潞公文集』巻一七、奏里正衙前事（至和二年）。

(100) 陳襄『古霊集』巻六、乞均差衙前等第状。
(101)『続資治通鑑長編』巻二四〇、熙寧五年一一月丁巳。
(102) 岳珂『愧郯録』巻一三、京師木工。
(103)『東塘集』巻九、糾役疏。
(104) 拙稿「訟師秘本『蕭曹遺筆』の出現」（『史林』第七七巻第二号、一九九四年、一六〇頁、中文訳：「訟師秘本『蕭曹遺筆』的出現」（『中国法制史考証』丙編第四巻、北京、中国社会科学出版社、二〇〇三年、四六四頁）。
(105) 渡辺尚志『百姓の力』（東京、柏書房、二〇〇八年）一一〇～一二〇頁、秋山國三『近世京都町組発達史』（東京、法政大学出版局、一九八〇年）二二六～二三四頁。これについては大平祐一立命館大学教授のご教示を受けた。記して感謝する。
(106) 前注(29)、拙稿、四五二～四七二頁（中文訳：四〇二～四一八頁、英文訳：pp.90～107）。
(107) 前注(104)、及び拙稿「訟師秘本の世界」（小野和子編『明末清初の社会と文化』京都、京都大学人文科学研究所、一九九六年）、中文訳は「訟師秘本的世界」（『北大法律評論』第一一巻第一輯、二〇一〇年）。
(108) 前注(29)、拙稿、四四一頁（中文訳：三九三頁、英文訳：p.82）。
(109) この問題を明らかにするにあたって、次のことに注意する必要がある。それは現存する档案が、かつて巴県衙門つまり巴県県庁で作成され保管されたものすべてではありえないことである。すでに古くなった档案は、清朝の時代にすでに意図的に一部廃棄されてしまったかもしれない。腐蝕したために一部はやむなく当時からすでに捨てられたかもしれない。また伍仕謙「一座内容豊富的文献宝庫―巴県档案」（『文献』第一輯、一九七九年）六二頁によれば、この档案が一九五三年に発見されて博物館に運び込まれるまでは、重慶（巴県）城の南を流れる長江南岸にあった古廟にそれは放置されていたため、付近の住民や子供さらには乞食たちがこれに火を付け燃やしていたという。また一部は国民政府の手によって南京へ運ばれたともいう。これではせっかく目録が作成されているのに、これから年間訴訟数量を推計しがたい。
　ところが四川省档案館作成の目録を年代に従って数えてみると、重要なことがわかってくる。それは当面ここで問題にする同治年間について言えば、現存档案はほぼ当時の原貌をとどめたものであるらしいことである。というのは、現存档案数は咸豊六年（一八五六）に一千件の大台に乗ったあと、咸豊七年（一八五七）と同治一一年（一八七二）の二年を除くほかは、二〇年以上にわたって毎年一〇〇〇件から一八〇〇件の間にあるからである。これは大きく減少している年のものを除いては、ほぼ廃棄などを免れていることを物語るであろう。

また後述するように、一年間に提出された訴訟文書の数量を推計することによって、かりにある年の档案のうち部分的に廃棄などに遇ったものがあったとしても、ある程度はこれを補正することが可能となる。したがって同治年間に関する限り、統計的にはほぼ問題のない数値を得ることができると考える。

(110) 訴状に番号が付けられ始めるのが何年からかは、復旦大学王志強教授に調査をお願いした。記して感謝する。

(111) 田涛・許伝璽・王宏治編『黄巌訴訟档案及調査報告（上巻）黄巌訴訟档案』（北京、法律出版社、二〇〇四年）。なお鄧建鵬「訟師秘本与清代訴状的風格―以〝黄巌訴訟档案〞為考察中心」（『浙江社会科学』二〇〇五年第四期）七四頁では、七八枚のうち明確に「駁回」と裁定されたものは四〇枚であり五一パーセントを占め、自ら処理するか親属に調解してもらえと命ずるものは二〇枚あり、二五・六％を占め、当事者の訴えが認可されたものは、わずかに七枚、八・九パーセントであるとする。これは「准」と「不准」の中間的なもの、つまり後に言う「未准」をもすべて「駁回」や親属による調解などに含めた数値である。

(112) 『学治臆説』巻下、宅門内外不同（『官箴書集成』第五冊、二八八頁）。

(113) 『福恵全書』巻一一、刑名部、放告、批閲、掛号（『官箴書集成』第三冊、三二八～三三〇頁）。『未信編』巻三、刑名上、准状（『官箴書集成』第三冊、七三～七四頁）。

(114) 文書番号は次のような原則に従って付けられる。また本章では次の原則に従って計算する。

（一）新年正月ごとに新番号に切り換えられる。

（二）ある年度内に知県が交替した場合、新番号に切り換えられるのを原則とする。たとえば同治二年の場合、四月に張秉堃から王臣福に交替している。三月二三日付で第一二四三号であるとしたのは、管見のかぎり明瞭に番号を読みとりうるのがこの日のものであることを記す。同じく一一月一六日付で第四八二四号としたのは、三月末から四月初めに第一号に切り換えられてから、この日に至って四八二四号となったことを示す。この日以後の数値は、管見のかぎり明瞭なものがない。したがってこの年の状式格状数は、最小限に見積もっても六〇六七枚である。ただし同治九年の場合、田秀栗時代の八月には六〇〇〇号を超える前の段階で新番号に切り換えられ、また李玉宣は一二月に新任したためか、田秀栗時代の新番号をそのまま引き継いでいる。

(三) 同治七年五月末には、知県は同じ王宮午でありながら「捕衙掛号訖」から「捕衙験訖」に戳記が変更され、これに伴って番号も切り換えられている。

(115) 『巴県档案』のうち〈命案〉〈地権〉などに分類された一項目を取り出し、これらをサンプルとして全体を計算して割り出すことは、各項目の間であまりに大いに偏差があることから不可能である。そこで本章では〈命案〉〈地権〉などの分類に即し、各分類に含まれる文書数が全文書数に占める割合をまず割り出し、それに見合ったサンプル数を定めた。たとえば最も文書数の少ない〈継承〉〈水運〉からそれぞれ一サンプル取るのに比例し、最も文書数が多い〈盗窃〉からは一三二サンプル取り出した。そして各分類ごとに、番号のあるものとないものとがどのような割合であるかを調査した。サンプルを取り出すに当たっては、同治元年のものを原則として選んだ。

(116) たとえば乾隆五二年（一七八七）の湖南省寧遠県について、汪輝祖が自らの体験として「三八放告によって受けつけた訴訟文書は一日で二百余枚を下らなかった」と述べているのをもとに、年間で約一万枚近くを受けつけていたとしたのは、やや過大な計算であったかもしれない。というのは、寧遠県の戸数は嘉慶二一年（一八一六）で二万三三六六戸であったとされるのに対して、後に見るように同治年間における巴県の戸数は約一二万戸であったと考えられるからである。乾隆年間の寧遠県で年間一万枚近くの訴訟文書を受けつけていたことを否定する材料はほかにないが、巴県における戸数と受けつけ文書数とを依拠するに足る数値だとすれば、やはり年間約一万枚近くというのは多すぎるであろう。汪輝祖が「一日で二百余枚を下らなかった」と言ったのは「三八放告によって受けつけた訴訟文書は、最も多い数日で一日二百余枚を下らなかった」というのがおそらく事実であり、「最も多い数日で」を省くことによって誇大に表現したものと考えられる。なお、『巴県档案（同治朝）』によれば、この時期にも三八放告が行われていたことは確実であるが、訴状が提出された日は年間にくまなく分散している。

(117) 一二分類のそれぞれについて点検すると、〈命案〉〈地権〉〈房屋〉〈借貸〉〈欺詐〉〈家庭〉〈婦女〉〈継承〉〈商貿〉〈租佃〉〈賭博〉〈煙泥〉〈水運〉〈工砿〉〈宗教〉〈其他〉に収められるものは、すべて訴訟案件であるか、ほぼすべてそれである。〈盗窃〉に収める各案件には、状式格状と略式格状によるものも多く含まれはするが、衙内格状や無格状によるものもすこぶる多い。これはその多くが、現在言うところの刑事案件であるからである。それは単に団練によって提出された被害届であって、被告の名すら提示しないものもある（No.10362）。被告の名が記されていても、裁判と判決にまで至っていないものも数多い。これらの事案は、いわゆる「訴訟案件」という概念になじまない。したがってこれらを含めるならば「訴訟件数」というより「事案件数」と呼ぶのがより正確であろう。本章で「事案件数」という概念を用いるのは、このためである。しかし団練が犯人を捕まえたとして稟状をもって訴え出たときや、あるいは被告者個人が稟状をもってやはり犯人を捕まえて突きだしたとき、彼らが「原告」のごとき立場で訊問されているものも多い（No. 10363. 10364）。その過程は〈借貸〉や〈家庭〉に収める案件での訴訟と裁判の過程にきわめて類似している。よく言われるとおり、そこでは民事案件と刑事案件の区別、民事訴訟と刑事訴訟の区別はなかったからである。〈兇殴〉に収録する事案、〈水運〉に収録する事案の一部もそれである。したがってここでは、本来「事案件数」とすべきものも「訴訟件数」に含めた。

一方〈内政〉に含まれる事案をすべて「訴訟件数」に含めなかったのは、次のいくつかの理由による。第一には、購入した『巴県档案（同治朝）』にはもともと〈内政〉部分が含まれず、ここに収める事案がどのようなものか確認できなかったからである。目録に示される事案の名称によって判断する限りで言えば、〈内政〉事案の約一五パーセントは何らかの訴訟案件であるらしい。第二には、四川省档案館ではもともと同一案件に含まれる文書のうち、一部が「はぐれ」となっているものをもしばしば一事案として独立して登録しているからである。本章本節は年間訴訟件数がどの程度であったか算出するのを目的とする。したがって〈内政〉に含まれる訴訟件数をすべて計算に含めず、これをもって本来一件のものを重複して二件としているものなどを相殺することにした。

(118) 前注(15)曹樹基著書、二七五頁では、『嘉慶四川通志』に嘉慶一七年（一八一二）の巴県戸数として記す七万五七四三戸は信用できる数値とする。ただ四川大学歴史系・四川省档案館主編『清代乾嘉道巴県档案選編』（成都、四川大学出版社、一九九六年）下冊三四一頁には、道光四年（一八二四年）度に行われた保甲調査によって得られた数値として、巴県城内外および郷村における土着戸と流寓戸を総計し八万二〇五三戸とする。道光四年は嘉慶一七年よりも同治年間により近く、この数値を大きく実態から離れたものと見なすべき点がないので、本章ではこの数値を採用する。

また『重慶市志（第一巻）』（成都、四川大学出版社、一九九二年）七七四頁には、宣統二年（一九一〇）の戸口調査の結果得られた数値として、巴県一九万一三九四戸を掲げる。曹樹基も宣統二年の数値は信用できるものとする。そこで本章では道光四年から宣統二年までの八六年間における年平均戸数増加数を約〇・九八九七パーセントであったと割り出し、同治一三年間の平均戸数は約一二万六六〇〇戸程度であったと推算した。

(119) 陳柏峰「纏訟、信訪与新中国法律伝統　法律転型時期的纏訟問題」（『中外法学』第一六巻第二号、二〇〇四年）。

(120)　たとえば、滋賀秀三「淡新档案の初歩的知識——訴訟案件に現われる文書の類型」（同『続・清代中国の法と裁判』東京、創文社、二〇〇九年）三五頁。
(121)　『樊山批判』巻二、批許則喜呈詞（『歴代判例判牘』第一一冊、北京、中国社会科学出版社、二〇〇五年、六〇、六五頁）。
(122)　同じ原告、同じ被告が出した訴状でも、重慶城を離れること一二〇里とするのと一六〇里とするものとがある。ここでは、より多い一二〇里＝約六〇キロを採用する。
(123)　邱澎生「十八世紀清政府修訂〈教唆詞訟〉律例下的査拿訟師事件」（『中央研究院歴史語言研究所集刊』第七九本第四分、二〇〇八年）六六五頁。
(124)　前注(105)、秋山國三著書、二〇五頁。
(125)　前注(96)、邱澎生論文、二四九頁。また前注(96)、拙稿、一八頁。
(126)　前注(111)、一六七頁、No.47。なお『黄巌档案』のうち何らかの債権回収案件であると判断したのは、No.1, No.2, No.19, No.22, No.31, No.34, No.40, No.41, No.42, No.43, No.46, No.47, No.48, No.53, No.55, No.58, No.70である。このうちNo.1, No.22の二つを受理案件と判断した。
(127)　司法部総務庁第五科編『第二次刑事統計年報（中華民国四年）』（一九一八年）、『第二次民事統計年報（中華民国四年）』（一九一八年）。この史料は田邉章秀氏の提供による。記して感謝する。なお地方審判庁については、本書第十一章、田邉章秀論文、四八一頁。
(128)　滋賀秀三「清代州県衙門における訴訟をめぐる若干の所見―淡新档案を史料として」（『続・清代中国の法と裁判』東京、創文社、二〇〇九年）六四頁。

【謝辞】　四川省档案館蔵『巴県档案』の調査収集については、西南交通大学郭紅玲教授と唐雪梅研究生の助力を得た。また中央研究院近代史研究所蔵『巴県档案』マイクロフィルムからの資料収集では、中国文哲研究所林月恵研究員、歴史語言研究所邱澎生研究員と鄭堷謨氏の協力を得た。記して感謝する。

第二章　後漢後半期の訴訟と社会

——長沙東牌楼出土一〇〇一号木牘を中心に

籾山　明

はじめに

本章は、後漢時代後半期における訴訟と社会の一端を、出土文字資料の読解を通してうかがおうとする試みである。本書の目的は、中国における訴訟の多発と長期化の要因を解明するところに置かれているが、古代史という研究分野でこの課題に正面から答えることは、いささか困難と言わざるをえない。両『漢書』をはじめとする文献史料には、訴訟にかかわる記述が少なからず見えるけれども、定量的な分析を展開することはもとより、何らかの傾向性を読み取ることも難しい。なぜなら、「平凡なことは記録しない」という歴史書の性癖により、ありふれた事例、わかりきった手続などは、かえって記録されないからである。

出土文字資料、とりわけ公文書類の長所はまさに、「平凡なこと」を伝えてくれる点にある。取り上げられる訴訟事例は、庶民の暮らしや官吏の日常業務にかかわるものが少なくないし、手続面に関しても、煩瑣な常套句の類も含めて、担当機関の対応が逐一記録されている。むろん、その反面で、出土公文書はそれぞれの機関にかかわる範囲での集積であり、大きな歴史の流れについては語らない。本章では、この欠点を補うために、出土資料とほぼ同時代の時局についての評論を、伝世文献の中から選んで対置した。両者の接合になお問題を残す面はあろうが、訴訟案件と時局評論、下級役人の報告書と知識人の言説、という二つの異なる世界を通して、後漢後半期「訴訟社会」の一斑を描いてみたいと考える。

前半の二節では、資料の出土状況と形状の検討、ならびに語句の解釈に、多くの紙幅を費やしている。これは著者の出土文字資料に対する姿勢、すなわち、その使用にあたっては資料的性格の確定と、何よりも正確な字釈・訓詁が不可欠であるという見解にもとづく。そのうえでなお残された不明の箇所に関しては、材料の増加と学界の議論とに俟ちたいと思う。出土文字資料の釈文に用いた記号のうち、⧄は簡牘の断裂、□は一文字不鮮明、字⃞は推測による釈字、〔　〕は文字の読み替え、【　】は欠字の補塡を示す。

第一節　東牌楼七号古井（J7）と出土簡牘

二〇〇四年四月から六月にかけて、湖南省長沙市の中心部、五一広場東南方のビル工事現場で、前漢から明清に至る三五基の古井戸が発掘された。その中の七号古井（J7）から出土した一群の簡牘資料を、整理者は「長沙東牌楼東漢簡牘」と呼んでいる。発掘報告（長沙市文物考古研究所二〇〇六。以下「報告」と略称）によれば、七号古井の北九五メートルには一四万枚にのぼる三国呉簡の出土した走馬楼二二号古井が位置し、東北一一〇メートルには前漢簡牘一万余枚の出土した走馬楼八号古井が位置する。周辺からは明代王府の建築基壇や戦国時代の城墻なども検出されており、五一広場を中心とした一帯は、戦国から明清時代におよぶ歴代官衙の所在地であったと推定される。

東牌楼七号古井は地表から三メートルの深さに開口し、口径は一・二メートル、井口から井底までの深さは七・六メートル。内部の堆積は土質・土色と包含遺物から五層に区分され、第二～五層から簡牘が出土した。発掘簡報（長沙市文物考古研究所二〇〇五。以下「簡報」と略称）ならびに「報告」は、出土した陶器の破損状態からみて、下部の第三～五層は井戸が使用されていた時期に、上部の第一・二層は廃棄後に堆積した可能性が高いと推定している。しかしながら、現に使用されている水井中に大量の簡牘が投棄される事態は想定しにくい(1)。古井内の遺物形成プロセスについては、なお検討の余地があるように思われる。

「報告」によれば、七号古井から出土した簡牘は合計四二六枚。うち文字のあるものは二〇六枚で、残る二二〇枚には文字が認められないという。「簡報」「報告」ともに、簡牘を第一類から第六類までの六つに分類しているが、これまでの簡牘学の成果によらず、独自の基準と呼称を用いているため、問題を残す結果となっている。たとえば本章で分析対象とする一〇〇一号木牘は第三類「封検」と分類されるが、裘錫圭が批判する通り、封検とは文書に封をするための木板・木片のことであるから、本件のような公文書を記した簡牘をそう呼ぶことは適切でない（裘錫圭二〇〇六、三四〇〜三四一頁）。また、出土した木牘の多くが封検の形態をもっている点や、「郵」「亭」に言及する簡が少なくない点などを理由に、有文字簡牘の性質を「郵亭文書」と概括しているが、これもまた適切でない。同じく裘錫圭が指摘する通り、資料の性質を形態だけで決定するのは不当であるし、文書に見える「中部督郵」や「仇重亭」の役割は、文書伝達機関としての「郵亭」と直接の関係はない。たとい関係があったとしても、公私を問わず多くの文書が郵亭経由で伝達される制度のもとで、郵亭の関与を理由に「郵亭文書」という概念を用いることに、ほとんど意味はないだろう（裘錫圭二〇〇六、三四一〜三四二頁）。

第二層から出土した一〇〇三号木牘は、中央に「臨湘丞掾駅馬行」と大書され、右側に小ぶりの文字で「桂陽大守行丞事南平丞印」と記されている（図A）。漢簡の知識にてらせば、この一枚は封泥匣（印窠）をもたない検であり、大書されているのは「臨湘県丞の掾へ駅馬によって送る」という宛名ならびに送達方法、小ぶりの文字は受取者による記入で、「桂陽郡の丞代行たる南平県丞の封印あり」との意味であろう[2]。つまりこの木牘は、桂陽郡から臨湘県に宛てた文書を封緘していた検である。また、第三層から出土した一〇五六号木牘は、中央に封泥匣をもつ形式の検であるが、上半部に「臨湘／廷以郵行」（臨湘県廷あてに郵によって送る）と二行書きされ、下半部には四行に分けて「合檄一封／東部勧農郵亭掾周安言事／詣如署／光和六年正月廿四日乙亥申時□駟□亭」と記されている（図B）。前三行は「合檄一通、東部勧農郵亭掾である周安が申し上げる、宛先に送達」の謂で、封緘された内容を示す見出し、末尾一行は楼蘭出土封検の例から推して、発信日時と送達方法を記したものと思われる（籾山二〇〇一、一四九〜一五〇

図Ａ　1003 号木牘

図Ｂ　1056 号木牘

頁）。とするならば、この封検とともに送られたのは、東部勧農掾から臨湘県に宛てた文書であったと推定される。さらに、第五層出土の一一五八号木牘には、「□二月日、遣主者詣府白状、右倉曹李饒当対」（……二月〔数字欠〕日、責任者を府に行かせ事情を説明させた、右倉曹の李饒が回答に当たった）のような記録が正・背両面に七箇条列挙されている。(3) このような内容の簡牘が集積されるのは、郡府の管轄下にあり、かつ「倉曹」などの部局をもった機関、すなわち県廷をおいてほかにあるまい。七号古井出土の簡牘は、臨湘県廷で廃棄された文書や簿籍と考えるのが妥当であろう。

出土した紀年簡はすべて後漢霊帝期（一六七〜一八九）に属し、最も早い紀年は建寧四年（一七一）、おそい紀年は中平三年（一八六）で、建寧・熹平・光和・中平という霊帝の年号すべてが確認できる。東牌楼七号古井の簡牘は、霊帝期における地方行政と郷里社会の実態を伝える一次資料という点で、かけがえのない価値をもつ。本章で分析の対象とするのは、その中の標本番号一〇〇一号、光和六年（一八三）の紀年をもった木牘である。

七号古井出土の有文字簡牘については、王素「長沙東牌楼東漢簡牘選釈」（王素二〇〇五。以下「選釈」と略称）が六点を選んで釈読と注釈を行い、次いで正式報告書である長沙市文物考古研究所・中国文物研究所編『長沙東牌楼東漢簡牘』（長沙市文物考古研究所・中国文物研究所編二〇〇六。以下「東漢簡牘」と略称）により全簡の図版と釈文・注釈が提供された。「選釈」の観点は「東漢簡牘」に継承されているが、不要な注釈が散見するとともに、既述の通り文書分類に不適切な箇所が少なくない。これに対して、長沙東牌楼東漢簡牘研読班「《長沙東牌楼東漢簡牘》釈文校訂稿」（長沙東牌楼東漢簡牘研読班二〇〇八。以下「校訂稿」と略称）は、釈文、句読、語釈などに関して「東漢簡牘」を修正しており有益である。また、有文字断簡のうち数組が綴合可能であることを、中村威也や鄔文玲が指摘している（中村二〇〇七／鄔文玲二〇〇八）。

第二節　一〇〇一号木牘の釈読

本章で分析対象とする一〇〇一号木牘は、七号古井第二層からの出土で、長さ二三センチメートル、幅八・四センチメートルの完形。「東漢簡牘」図版五に原簡のモノトーン写真、彩版二にカラー写真が掲載されている（図C）。縦断面は凹字型を呈し、両端部は厚さ二・六センチメートル、記載面となる中央底部は厚さ〇・八センチメートル。お

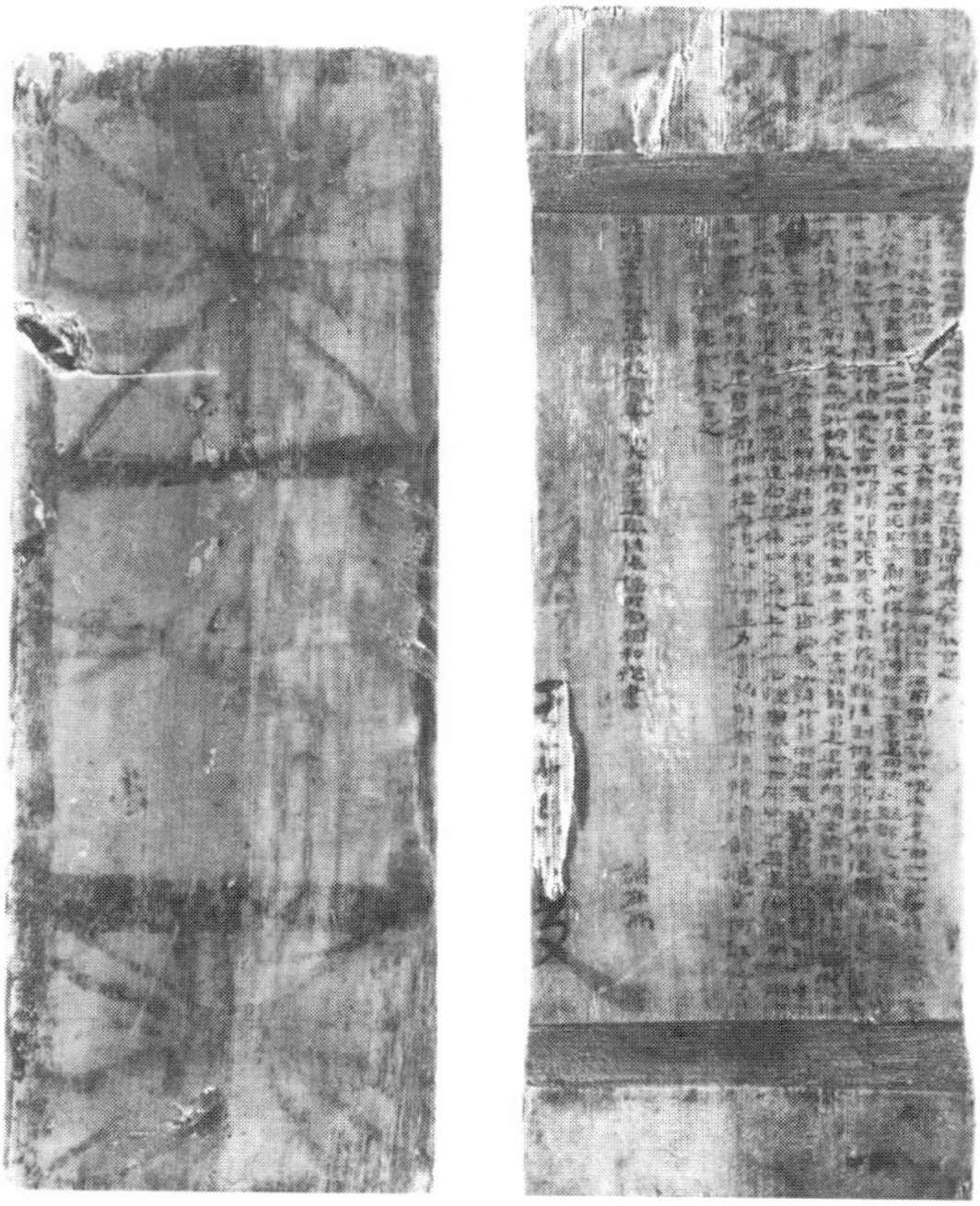

図C　東牌楼1001号木牘

そらくは図Bのような検を凹部に嵌め込み、文面を封緘した状態で送達されたのであろう。本文は一〇行にわたるが、第九・一〇行の間に一行分の空白がある。後述の訳文の通り、第一〇行には本文の内容要約が記されており、冊書でいう尾題簡にあたる。また、記載面左端の下半部に大ぶりの草書体による書き付けがある。背面に文字はなく、墨で「目」字状の太枠を描き、枠内に放射状の線が引かれている。あるいはこの箇所への文字の記入を避けるための工夫かとも考えられるが、確かなところは分からない。

以下、前掲の「選釈」「東漢簡牘」「校訂稿」のほか、裘錫圭の論考（裘錫圭二〇〇六）も参照しつつ、釈文と訳文を作成し、若干の語句に関して注釈を加えることにしたい。釈文は原則として「東漢簡牘」に従うが、改めた場合は注釈に根拠を示した。なお、「東漢簡牘」との比較対照のため、この釈文に限り中国式の標点符号を用いる。

【釈　文】

1　光和六年九月己酉朔十日戊午，監臨湘李永例〔列〕：督盗賊殷何叩頭死罪敢言之：
2　中部督郵掾治所檄曰：民大男李建自言大男精張、精昔等：母姃有田十三石，前置三歳田税禾当為百二下石，持
喪，葬皇宗
3　事以〔已〕。張、昔今強奪取田八石，比暁張、昔，不還田。民自言辞如牒。張、昔何縁強奪建田。檄到，監部
吏収摂張、昔，実核田
4　所畀付。弾処罪法，明附証験，正処言。何叩頭死罪死罪。奉桉檄，輒径到仇重亭部，考問張、昔，訊建父升辞，
皆曰：
5　升羅，張、昔県民。前不処年中，升娉取〔娶〕張同産兄宗女姃為妻，産女替，替弟建，建弟顔，顔女弟条。昔
則張弟男。宗病物
6　故，喪尸在堂。後姃復物故。宗無男，有余財，田八石種。替、建皆尚幼小。張、升、昔供喪，葬宗訖，升還羅，
張、昔自墾食宗
7　田。首核：張為宗弟，建為姃敵〔嫡〕男，張、建自倶為口分田，以上广二石種与張，下六石悉畀還建。張、昔
今年所畀
8　建田六石，当分税。張、建、昔等自相和従，無復証調。尽力実核，辞有後情，続解復言。何誠惶誠
9　恐，叩頭死罪死罪敢言之。
10　監臨湘李永例〔列〕督盗賊殷何言実核大男李建与精張諍田自相和従書　詣在所
11　九月　其廿六日発

【訳　文】

A光和六年（一八三）九月己酉朔十日戊午、監臨湘の李永が報告[a]。

B督盗賊[b]の殷何が恐れながら申し上げます。

中部督郵掾[c]の治所からの檄によれば、

「民の成人男子の李建が成人男子の精張・精昔らを自ら訴えて言うには、『母の姃に田十三石[d]があり、先年、三年分の田税、禾で百二下石相当を取り置いて喪事を行ない[e]、祖父の宗の埋葬を終えた。このたび張・昔らは田八石を無理やり奪い取り、何度も張・昔をさとしたが[f]、田を返さない』とのこと。民自らの訴えの語は別添文書の通り。張・昔はどのような理由で建の田を無理やり奪ったのか。この檄が届いたら、監部吏は張・昔をとらえ[g]、田地を誰に与えるかについて事実を明確にせよ[h]。弾劾して罪にあて、確かに証拠を添えて、適切な判断とともに報告せよ[i]」とのこと。

何が恐れながら〔申し上げます〕。謹んで檄にしたがい、すみやかに仇重亭の管区に赴いて[j]張・昔を訊問し、建の父の升の供述をただしたところ、皆が言うには、

「升は羅県の、張・昔は臨湘県の民である。何年のことか確かではないが、升は張の兄である宗の娘の姃を婦娶して妻とし[k]娘の替を産んだ。替の弟が建、建の弟が顔、顔の妹が条で、昔は張の弟である。宗が病死し、遺体が堂にある時、姃もまた死去した。宗には男児がなく、遺産として田八石種[l]があり、替と建はなお幼少であった。張・升・昔は共同で葬儀を行ない、宗の埋葬が終わると、升は羅県へ帰り、張・昔は宗の田を自分たちで耕作した」とのこと。

明確にされた事実について承服するに[m]、

「張は宗の弟であり、建は姃の嫡男である。張と建は自ら口数に応じて田を分け合い(n)、上田广二石種(o)を張に与え、下田六石はすべて建に返還する。張・昔は今年建に与えた田六石について田税を負担すべきである(p)」と。張・建・昔らは互いに和解し、これ以上、証拠にもとづいて調停することはありません(q)。事実の明確化に力を尽くしましたが、今後また真相にかかわる陳述があれば、あらためて弁解内容を報告いたします(r)。何が恐れながら申し上げます。

監臨湘李永の報告にかかる、大男の李建が精張と田を争い互いに和解した件につき、督盗賊の殷何が述べた文書。

在所に送達(s)。

C九月。その二六日に開封(t)。

【注　釈】

（a）**監臨湘の李永が報告**　原文「監臨湘李永例」。「監臨湘」は「臨湘県を監察する」の謂で、「東漢簡牘」が指摘する通り、後出する「中部督郵掾」の別称であろう。「例」字を「東漢簡牘」は下文に付けて「監臨湘李永、例督盗賊殷何」と句読し、「監臨湘の李永」と「例督盗賊の殷何」とが連名で事にあたったと解するが、「校訂稿」は「列」と読み替え、「本文書は実際上、監臨湘すなわち中部督郵の李永により上呈された、大男の李建と精張とが互いに和解するよう督盗賊の殷何が実核した案巻であり、決して二人が連名で対処したわけではない。したがって木牘の文は連読すべきである」と指摘している。従うべき解釈であるが、「敢言之」の主体は李永ではなく殷何なので、「例」の後ろにコロン（：）を入れるべきであろう。

（b）**督盗賊**　督郵の配下にある郡の属吏であろう。「北海相景君碑」碑陰には「故中部督郵都昌羽忠字定公」に続いて「故門下督盗賊劇騰頌字叔遠」と見える。都昌・劇ともに北海国の属県である。

(c) **中部督郵掾**　督郵掾は督郵に同じ。詳しくは次節で述べる。

『後漢書』卓茂伝李注所引『続漢書』「郡監県有五部、部有督郵掾、以察諸県也。」

『後漢書』方術伝上・高獲条李注所引『続漢書』「監属県有三部、毎部督郵書掾一人。」

『通典』職官一五「督郵、漢有之、掌監属県、有東西南北中部、謂之五部督郵也。故督郵、功曹之極位。」

(d) **田十三石**　「石」は土地計量の単位。曹旅寧によれば、旧社会の長沙およびその周辺では、解放前まで土地計量単位として「石」が使用され続けており、田一石は旧制の六畝七分に相当するという(曹旅寧二〇〇七)。

(e) **三年分の田税……喪事を行ない**　原文「置三歳田税禾当為百二下石持喪」。「持喪」とは「治喪」に同じで「喪事を執り行う」の謂。「置三歳田税」とは三年分の田税を「取り置く」ことであろう(夫馬進氏の教示による)。「三歳」とあるのは服喪期間と関連するのであろうか。

『後漢書』李恂伝「太守潁川李鴻請署功曹、未及到、而州辟為従事。会鴻卒、恂不応州命、而送鴻喪還郷里。既葬、留起冢墳、持喪三年。(「持喪」太平御覧二六四引続漢書作「治喪」)」

(f) **何度も張・昔をさとしたが**　原文「比暁張昔」。「選釈」は「比暁，張、昔」と句読し「事件が明るみに出る(事情敗露)」と訳す。「比」字を「及ぶ」、「暁」字を「明らかになる」と解釈したのであろう。一方、裘錫圭は「比暁張、昔」と句読し「くりかえし張・昔の二人を教えさとす」と訳す(裘錫圭二〇〇六、三四二頁)。この場合「比」字は「くりかえし」、「暁」字は「教えさとす」の謂となる。張・昔による田土の占有は当初から明らかになっている事実であるから、解釈としては後者のほうが妥当であろう。

(g) **監部吏は張・昔をとらえ**　原文「監部吏収摂張昔」。ここにいう「監部吏」すなわち「部の監察にあたる吏」とは督盗賊を指すのであろう（廣瀬薫雄氏の教示による）。「収」字を「東漢簡牘」は「役」と釈すが、意味の上から「収摂」と釈すのが妥当。訊問のために身柄を拘束すること。

『三国志』魏書・国淵伝「時有投書誹謗者、太祖疾之、欲必知其主。淵請留其本書、而不宣露。其書多引二京賦、淵勅功曹曰……旬日得能読者、遂往受業。吏因請使作箋、比方其書、与投書人同手。収摂案問、具得情理。」

（h）**田地を誰に与えるかについて事実を明確にせよ**　原文「実核田所界付」。「実核」は「実覈」で、事実を明確にすること。「校訂稿」は「畀」字を「界」と釈して「実核田所界」と読むが、「実核」すべきは田地の帰属関係であり、田の境界ではないはずである。
『説文解字』七下襾部「覈、実也。攷事襾笮邀遮其辞得実曰覈。从襾、敫声。」段注「襾者、反覆之。笮者、迫之。徼者、巡也。遮者、遏也。言攷事者定於一是、必使其上下四方之辞皆不得逞、而後得其実、是謂覈。此所謂咨於故実也、所謂実事求是也。」

（i）**弾劾して罪にあて……報告せよ**　原文「弾処罪法明附証験正処言」。「弾処罪法」は「処罪」に同じで罪にあてることか。「証験」は証拠、「正処」は案件に適切な判断を下すことであろう（廣瀬薫雄氏の教示による）。
『三国志』呉書・虞翻伝「翻性疏直、数有酒失。……〔孫〕権積怒非一、遂徙翻交州。雖処罪放、而講学不倦、門徒常数百人。」

甘谷漢簡23A「……各実【核】所部、正処、書到言……」（張学正一九八四）

（j）**仇重亭の管区に赴いて**　田土は亭部すなわち亭の管轄区を単位として把握されていた。
『後漢書』粛宗孝章帝紀「〔元和二年〕九月壬辰、詔、鳳凰黄龍所見亭部無出二年租賦。加賜男子爵、人二級。」

（k）**娶して妻とし**　「娶」字を「東漢簡牘」は「娉」に作るも、旁部は「得」字に同じ。「娶娶」の義は未詳。ただし次節で述べる通り、旧時の「招壻」（女家に男を迎えて家女の夫となす）のような婚姻形態を指す可能性が高い。

（l）**田八石種**　「石」については既述。「種」は「作付けされた」または「作付け可能」の意味。「税」が徴収できるのは、もとより「種」の田に限られたのであろう。

『後漢書』劉般伝「是時下令禁民二業、又以郡国牛疫、通使区種増耕、而吏下検結、多失其実、百姓患之。般上言、……又郡国牛疫・水旱、墾田多減、故詔勅区種、増進頃畝、以為民也。而吏挙度田、欲令多前、至於不種之処、亦通為租。可申勅刺史・二千石、務令実覈、其有増加、皆使与奪田同罪。帝悉従之。（華嶠書「奪」作「脱」也）」

（m）**明確にされた事実について承服する**　原文「首核」。「首」は「服（したがう）」の意味だから、「首核」とは「実核の結果に服する」の謂であろう。督盗賊の明らかにした事実関係に対し、当事者が承服したことをいう。

『後漢書』西域伝「永興元年、車師後王復反攻屯営。雖有降首、曾莫懲革、自此浸以疏慢矣。」李注「首猶服也、音式救反。」

（n）**自ら口数に応じて田を分け合い**　原文「自倶為口分田」。「口分」とは家族の数に応じて分けること。陳述中に兄弟・姉妹の全員を列挙しているのはそのためであろう。

『春秋公羊伝』宣公十五年・何休解詁「夫飢寒並至、雖堯舜躬化、不能使野無寇盗、貧富兼并、雖皐陶制法、不能使彊不陵弱。是故聖人制井田之法、而口分之。」

（o）**广二石種**　「广」字の義は未詳。「東漢簡牘」は「あるいは『廣』字の簡体ではないかと推測する」と言う。

（p）**田税を負担すべきである**　原文「当分税」。推測するに、田六石は李建の所有に帰したが、今年の収穫はすでに精張・精昔のものとなっていたのであろう。したがって田税は張・昔が負担せよという一節が必要となる。「分税」は税を負担すること。

『晋書』食貨志「後軍将軍応詹表曰、……江西良田、曠廃未久、火耕水耨、為功差易。宜簡流人、興復農官、功労報賞、皆如魏氏故事、一年中与百姓、二年分税、三年計賦税以使之、公私兼済、則倉盈庾億、可計日而待也。」

（q）**これ以上、証拠にもとづいて調停することはありません**　原文「無復証調」。「証調」の正確な語義は未詳であるが、「証験にもとづく調停」の意味と解した。「以上をもって調停を終えた」という意味の定型句ではあるまいか。

（r）**今後また……報告いたします**　原文「辞有後情続解復言」。類例のない文言で、正確な解釈は後考に俟つ。秦漢時代の訴訟文書では多くの場合、「辞」は供述・陳述、「情」は真実・真相、「解」は弁明・弁解を意味する（籾山二〇〇六、第二章）。

（s）**在所に送達**　原文「詣在所」。この三文字はおそらく本文と同筆。「在所」とは「現に今いるところ」の謂であり、本文書の場合、裘錫圭が「〃在所〃とは当然、中部督郵掾のいる所を指す」と説くように（裘錫圭二〇〇六、三四二頁）、中部督郵が現に駐在している場所と解釈するのが妥当であろう。督盗賊からの報告書が督郵のもとへ届けられたことを示す語句だと考えられる。

居延漢簡EPT21:12B　☐遣李持檄詣在所即☐

懸泉置漢簡ⅡT0314②382（呉礽驤二〇〇四、一七四頁所引）

合檄一、大守章、詣賊捕掾在所　☐

板檄一、大守章、詣督郵在所　☐

（t）**九月。その二六日に開封**　原文「九月其廿六日発」。大ぶりの草書で、本文とは明らかに別筆。本文書を受信した臨湘県廷で書き付けられたメモであろう。「東漢簡牘」が指摘する通り、「九月」の墨色は薄く、消去された結果と考えられる。「廿六日」の箇所は木の表面が剝離（？）していて、図版からは十分に読み取れない。末尾の一文字を「東漢簡牘」は「若」と釈すが、裘錫圭はこの字が草書の「発」であり、「打開（開封）」の意味であることを論証している（裘錫圭二〇〇六、三四四頁）。

第三節　一〇〇一号木牘に見える訴訟の特徴

一〇〇一号木牘に見える係争の対象と訴訟の流れについて、前節での釈読にもとづいて整理しておこう。李建が精張・精昔両名を訴えるに至った経緯は、督郵李永の檄に引用された「自言」と、案件を「実核」した督盗賊殷何の報告とによって知ることができる。訳文から抜き出して要約すれば、事実関係の骨子は次のようになる。

精宗の女児の精姃は、羅県の李升と結婚し、李建ら四人の子供を産んだ。やがて精宗が逝去し、遺体の埋葬が済まないうちに姃もまた物故した。李升は宗の弟にあたる精張・精昔らとともに義父の葬儀にあたったが、埋葬を終えると郷里に帰り、宗が遺した田八石は張と昔とが占有し耕作していた。

もとより訊問にあたった殷何によって再構成された事実であるが、最終的に「首核」されたことから判断すれば、真相を大幅に外れてはいないと思われる。当事者をめぐる親族関係は図Dの通り。係争の対象物となっているのは精宗の遺した田八石であり、精張・精昔によるその占有を不当だとして、李建は官憲に提訴した。その際「監臨湘」に「自言」したわけであるから、彼は母の死後、父の李升に従わず臨湘県に留まっていたに相違ない。おそらくは叔祖である精張・精昔のもとにあったのであろう。

　これに類似した事例、男児が成人したのち自らが継承するはずの家産の返還を求めた訴訟として、『風俗通義』佚文に見える話を引いておく。[4]

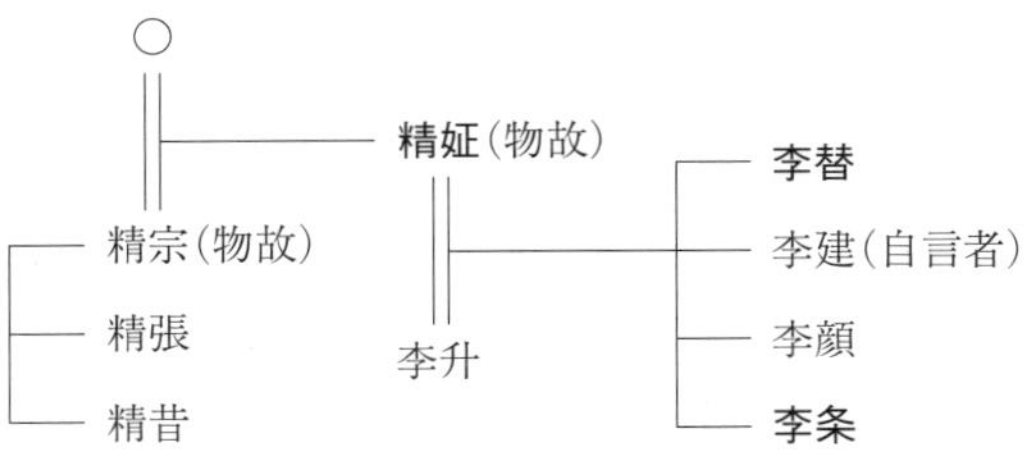

図D　1001号木牘に見える親族関係（太字は女性）

沛郡に富豪の老人がおり、資産は二千万あまり。妾の産んだ男児は年わずかに数歳、母を亡くし、他に近親もなく、〔正妻の産んだ〕女児は人徳に欠けていた。老人は病が篤くなると、遺産を争えば男児には護ることができないと考えた。そこで一族の者を呼んで遺書をしたため、財産は全部を女児に渡すことにしたが、一ふりの剣を遺し、男児が十五歳になったら返してやるように告げた。しかしその時が来ても剣を与えようとしなかったので、男児は郡府に赴いて、剣を取り返したいと訴えた。案件を担当したのは時の沛郡太守、のちの大司空何武である。訴えを受けて、女児とその壻を勾留し、遺書を調べると、掾史に向かって言った。「女児は性格がきつく壻もまた貪欲なので、男児を手にかけることを危惧し、またもし男児が遺産を得ても護り通すことはできないと考えた。だからかりに女児に与えたが、実際はかれらに寄託したに過ぎない。剣を渡すべきではない。そもそも剣とは、決断するためのもの。十五歳と年齢を限ったのは、自立するだけの知力が備わるからだ。この女児と壻はきっと剣を返さないだろうから、そうすればお上に訴え出ることになり、お上が取り調べて事実が明らかになれば、不利益から解放してもらえると推し量ったのだろう。この凡庸な人物がどうしてかくも深謀遠慮をはたらかせることができたのか」。遺産をすべて取り上げて男児に与え、言うことには、「性悪の娘と悪壻も十年間ぬくぬくと過ごしたのだから幸運であったろう」。裁きにかかわった者たちはみな心服した。

前漢末に大司空となった何武の裁きと伝えられるが、むしろ『風俗通義』撰者の応劭が生きた後漢末、遺産継承をめぐる訴訟の社会問題化を背景に創作された物語と考えるのが妥当であろう。

一〇〇一号木牘で注意をひくのは、訴訟の対象物である田土を李建が「母の田」と認識していることである。黎石生がつとに指摘している通り、これは父の李升が贅壻であることを意味する（黎石生二〇〇六）。男児なき精宗にとって、女壻の李升は継嗣を得るための招壻であり、家産は娅を経由して嫡男の李建に承継さるべきものと予定されていた。「招壻婚契約により招壻は招家の為めに男子を生むことを委託せられ、其生男は出生と同時に何等の行為儀式を要せずして招家の同宗者となり、祭祀家産を継承するものである」という「支那旧慣」についての戴炎輝の発言や（仁井田一九四二、七三二頁）、「妻家の財産を分け取るために、妻の父母の標撥（贈与）に藉口していることは、女壻は妻家の継承人とはなり得ないことが当事者自身に自覚されていたことを示す」という南宋の判語をめぐる滋賀秀三の解説は（滋賀一九六七、六一二頁）、本件の理解にとって示唆に富む。義父の埋葬を終えた李升が羅県に帰ってしまったのは、そのような自己の立場を自覚して実家へ帰宗したのであろう。(5) 李建が父に従わず、臨湘県に留まったのも当然であった。

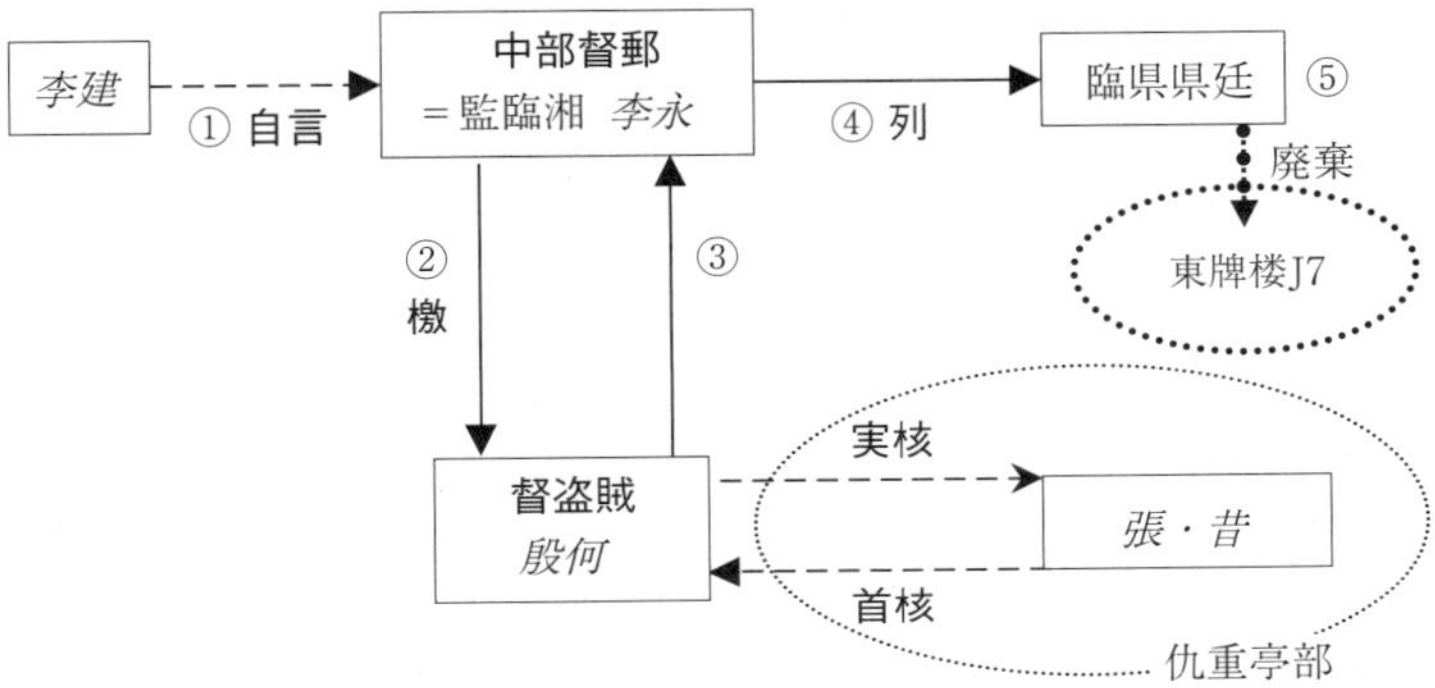

図Ｅ　訴訟の経過と文書の流れ

もうひとつ本案件で注目されるのは、訴えの受理から決着に至る一連の手続が、督郵と督盗賊という監察系統の吏によって担われていることである。吏の対応を中心に、訴訟の経過と文書の流れをまとめてみよう（図Ｅ）。

①臨湘県の李建が中部督郵の李永に精張・精昔を告訴。

②李永は督盗賊の殷何に檄を送り、仇重亭の管区に赴いて事実を明確にするよう指示。

③殷何は精張・精昔を訊問して事実関係を明確にし、張・昔と李建の承服を得て和解を実現、以上の経緯を李永に復命（以上、訳文Ｂ部分）。

④李永は殷何の対応を臨湘県廷に文書で報告（訳文Ａ部分）。

⑤臨湘県廷は文書を受信・開封（訳文Ｃ部分）。不要になった時点で古井に廃棄。

直接に訊問を行なったのは督盗賊の殷何であるが、手続の全体を指揮しているのは督郵の李永であった。督郵とは、注釈（c）に引いた史料に見る通り、属県の督察をつかさどる郡の下級役人で、他の監察系統の官吏と同様、「部」と呼ばれる管轄区内を恒常的に巡回する。厳耕望はその職掌を、督察、郵書の督送・教令の奉宣、属県督察から派生した諸般の職務、の三つに分けて論じたうえで、本務であった郵書の督送から派生した督察がやがて最も主要な職掌に転じたと述べる（厳耕望一九七四、一三八頁以下）。また羅新によれば、督郵が督郵書掾とも称されるのは、郵書を担う県吏の郵書掾を監督することが本来の職務であったためであるという（羅新二〇〇四、三〇九〜三一〇頁）。前漢後半期から史書に散見するが[6]、後漢時代に至ると出現頻度が格段に増え、活動の場を広げたことがうかがえる。秩禄が低い割には権限が大きく、また年少者が就任する場合もあったため[7]、県の官吏から嫌われる側面もあった。礼装で督郵を出迎えるよう求められたおり、「わずかな俸禄のために田舎の若造に腰を低くすることはできぬ（我不能為五斗米折腰向郷里小人）」と嘆じ、彭沢県令の地位を捨てて郷里に帰った陶淵明の逸話は（『宋書』隠逸伝）、こうした関係の延長上に位置する。

配下に督盗賊を従えていることから明らかなように、督郵は警吏としての性質をもつ。郡太守が督郵に命じて亭長の不正を「案考」させようとした例や（『後漢書』鍾離意伝）、罪を犯した邑長を「収《とら》」えるよう命じた例（『三国志』魏書・董卓伝裴注所引謝承『後漢書』）などに、その実態を見ることができよう。また、長沙走馬楼二二号古井から出土した三国呉の木牘J22-2540は、官米を横領した吏を督郵の勅を受けた録事掾が「窮覈考問」した報告書である（籾山二〇〇六、九七〜九九頁）。督察という行為が非違検断を主とする以上、犯罪・不正の摘発は督郵の中心的な職務と言える。それゆえに、巡回している督郵を立春に「府に還す」ことは寛政の象徴的行為となるし（『後漢書』何敞伝）、「督郵が府の門を出ない」ことは平穏な統治の証しとなった（西狭頌摩崖）。

木牘に見える「収摂（身柄の確保）」、「考問（訊問）」、「処罪法（罪の確定）」などの用語は、すべて「案治」と呼ばれる刑事手続のものである（籾山二〇〇六）。そのような手続によった理由は、言うまでもなく李建が「強奪取」という罪名をもって告訴した結果であるが、また一面そうした対応は、督郵という警吏であればこそ可能であった。そして督盗賊の「考問」の結果、精張らによる田土占有の実態が「強奪取」とは言えないことが明らかになった。一方で、李建の側にも田土継承を主張するべき相応の理由があることを思えば、その訴えを誣告と断じても問題は解決しない。この段階で「処罪法」から「和従（和解）」へと舵が切られたと思われる。精宗の実弟として田土を守った――そしておそらくは李建らを養育した――精張・精昔の実績と、家産の継承人となるべく約束された李建の立場とを勘案したうえで、「口分田（口数に応じて田土を分け合う）」という調停案が示されたのであろう。「処罪法」という当初の指示にこだわることなく、「実核（事実関係の明確化）」の結果をもとに、当事者にとって最も妥当な解決方法が選び取られたわけである。「自相和従」すなわち「互いに和解した」という表現を用いているのは、双方合意であることを明記するために違いない。

以上の結果が督郵によって臨湘県廷へ報告されているのは、県内の諸事を記録して功課に備えるという県令の職務に供するためであろう。明帝の時代に豊県の県令となった牟融は、「在職すること三年、県内に獄訟なく、州郡首位の成績となった（視事三年、県無獄訟、為州郡最）」（『後漢書』本伝）と伝えられる。各県の獄訟の状況が州郡に把握されていた証拠と言えよう。

一〇〇一号木牘の内容について、本節での理解に大過なきものとするならば、次なる課題は、当時の社会的状況の中にこの資料を位置づけることである。木牘が書かれた時代、後漢霊帝の在位期間（一六七～一八九）は、先行する桓帝の時代（一四六～一六七）と併せて「桓霊の間」と称される。范曄が「桓霊の間より、君道は悪化し、朝廷の綱紀は日々衰え、国内にはしばしば争端が開かれるようになった（自桓霊之間、君道秕僻、朝綱日陵、国隙屢啓）」（『後漢書』儒林伝・論）と評する通り、後漢王朝はこの時期に衰退の途をたどり始める。政情不安が親族間のいさかいを生んだといった類の短絡的な議論はもとより退けられるべきであろうが、しかし反面、木牘に記された内容が後漢後半期の地方政治と社会の一面を切り取っていることは確かであろう。それはどのような一面であったのか、次節では視野を木牘の背景に広げ、右の課題にこたえてみたい。

第四節　『潜夫論』にみえる訴訟と社会

後漢後半期の政治と社会を考える上で、王符の『潜夫論』は看過できない著作であろう。『後漢書』王符伝は同書について「時世の短所を指弾し、世情を暴き出して責め、当時の教化・政治のさまを見るに足る（其指訐時短、討讁物情、足以観見当時風政）」と評する。要するに時局批判の書であるが、全三六篇のうち「愛日」「断訟」の二篇を割いて社会問題としての訴訟を論じている点に、他書に見られない特色がある。金発根の考証によれば、王符の没年は桓帝延熹八年（一六五）以前、『潜夫論』の成立は安帝永初五年（一一一）と桓帝元嘉二年（一五二）の間であるという（金発根一九六九）。M・ピアソンもこの説にほぼ同調し、一四〇年代半ば以降の成書であろうと述べている（Pearson 1989 : 31）。とするならば、『潜夫論』が批判の対象とするのは、順帝末年から桓帝初年、「桓霊之間」前夜の時局ということになる。一〇〇一号木牘の紀年より一世代をさかのぼる時代であるが、政治・社会的状況は連続しているとみてよいだろう。王符の思想をめぐっては、「その批判は要するに批判に止まって、その現状を打開するだけの積極的な現実の指導理念はついに持ちえなかった」（金谷一九九七、五四二頁）という厳しい評価が目にとまる。しかし本章の目的にとっては、批判を通して後漢後半期の実情をうかがえる点が貴重と言える。

二篇のうち断訟篇の骨子となるのは、訴訟根絶のための提案である。「明察の官が政務に追われ、君臣が憂慮・労苦する原因は、もとをただせば郷亭の処理する案件が大半は詐偽であるところから生じている（原官察之所以務念

〔恖〕、臣主之所以憂労者、其本皆郷亭之所治者、大半詐欺之所生也〕」。このように断じた上で王符は、王侯貴戚が債務に苦しみ、果ては債権者の殺傷に及ぶ事態と、結納金を目当てに寡婦を強制的に再婚させる悪弊とを俎上に載せる。トラブルの根本原因が不誠実と騙欺にあるとするならば、「徳行ある者を顕彰し、無道の者を懲らしめる〔表顕有行、痛誅無状〕」ことで訴訟はおのずと消滅しよう、というのが彼の結論である。王符の人間観や刑法観をうかがうに足る一篇であるが(8)、全体として人倫をめぐる議論に傾き、訴訟の実態を知る手掛かりとはなりにくい。これに対して愛日篇の基調をなしているのは、「日を愛《お》しむ」という篇名に示される通り、訴訟が民から労働の時間を奪い、国力の減退を引き起こしているとの認識である。この認識のもとに、訴訟の多発と長期化の原因を摘出し、批判することが同篇の中心を占めており、当時の地方行政の実情についても興味深い事実が見えている。その内容は次の三点にまとめられよう(9)。

第一は、郡県の役人が傲慢な対応で民を苦しめ、訴訟を長期化させていることへの批判である。百姓が農桑を捨てて郡府・県廷まで訴えに出向いても、朝夕の決められた時刻でなければ応対されず、賄賂がなければ会うこともできない。いたずらに月日を延ばし、裁きが終わってみれば一年の収穫はもう望めない。郡県で不満が解消されないうえに、州の役人が取り上げなければ、民は家産を犠牲にして三公府まで赴くが、公府では真偽を明察できず、時間と経費を浪費させようとするばかり。訴えを受けてから百日経たねば移書しない法規を勝手に決めたので、民は百日を満たすまで毎日足を運ばねばならない。

第二は、末端の吏の不正によって訴訟が長期化することへの批判である。本来ならば、郷亭部吏のもとにおいても公平な裁きが期待できるはずなのに、現実には富者から賄賂を受け取り正しい側を退ける。再度の取調べの結果(10)、不正の罪に問われると、郷亭部吏は県廷に案件を持ち込んで相手を退けようとする。豪吏を相手にあらそえば細民に勝ち目はなく、かくて県は郷亭に同調する。同様のことが県から郡、郡から州へと繰り返されて、最後は遠く三公府まで出かけることになる。公府では裁くことができずに、かりそめに審理まで百日の日限を切るが(11)、貧者は十日といえども無駄に過ごすことはできず、対して富者は人を雇って百日どころか千日といえども対応できる。鬱積した不利益感がいつまでも晴れないうちに赦令が下り、再び審理することはかなわなくなる。

第三は、訴訟の多発が国力を消耗しているとの批判である。当今、上は三公から下は県道郷亭ならびに従事督郵の有典の司に至るまで(12)、農桑を捨てて訴訟に出向いたり、審問に呼び出されたりするために、日に一〇万人が仕事の手を止める。当事者一人に送飯者二人で、一日に三〇万人が本業を離れるが、かれらを中農として計算すれば、そのため年に二〇〇万人が飢えることになる(13)。これでは盗賊はなくならないし、太平の世も実現できない。

このようにまとめてみると、問題の根底にあるのは、訴訟の多発と郷亭部吏の不正であることがわかる。「日に一〇万人」という数に多少の誇張があるにせよ、王符の目睹した現実が、後世であれば「健訟」と呼ばれるような状況であったことは確かであろう。陋規の代表であるかに論難される、百日先に審理を延ばす対応は、係属したまま滞っている案件を古いものから順次片付けようとする対応策とも言えるのではないか。むろん訴える側にしてみれば、「冤枉」すなわち不当な抑圧を受けているとの思いは消えないばかりか、かえって倍加することになる(14)。

そのような現状であるならば、有秩・嗇夫・游徼・亭長などの「郷亭部吏」が訴訟を引き受けることは、民の冤枉をその場で晴らし、郡県の負担を軽減することにつながったはずである。郷亭部吏は地域のいわば巡査であるから、さながら召伯棠陰の聴訟のように、日常の生活の場で係争を裁く役割が期待できるはずであった。しかるに先述の通り、そこでは不正が横行し、かえって訴訟の長期化をもたらす結果となっている。郷里社会の秩序と安寧を護る郷亭部吏に不正が横行している状況は、地方行政の腐敗と言うべきであろう。

地域の官吏に不満をいだく「冤民」から見れば、督察に訪れる監察系統の吏に裁きを求めて訴え出るのは、自然な心情であったと思われる。民が訴訟を持ち込む先として、「県道郷亭」と並んで「従事督郵」と見えているのは、そのような事情を示すのであろう。前漢末期の史料ではあるが、『漢書』朱博伝に見える逸話は、監察系統に対する「自言」の場面を活写した例として注目される。

朱博はもと武吏で、法律の道を経由しなかった。刺史となって管轄地区の巡察に出るにおよんで、吏民数百人が道をさえぎって訴え、役所に満ち溢れた。部下の従事は、しばらくこの県に留まって訴えのある者の言い分を聞き、それが済んでから出発するよう提案し、朱博を試そうとした。朱博はそれを察知して、役所の外に声をかけ馬車の準備を急がせた。準備が終わったと告げられたところで、役所から出て馬車に乗り込み、訴えに来た者たちに向かい、従事を通して吏民にはっきりと告げて言うには、「県の丞や尉を訴えようとする者は、刺史は黄綬を督察しないので、それぞれ郡へ行くように。二千石や墨綬の長吏を訴えようとする者は、使者が部の巡察から戻ったら、滞在している役所へ来るように。民で吏に抑圧されている者、あるいは盗賊・もめごとを訴える者は、それぞれ各部の従事に担当させる」。朱博が馬車を止めて決裁すると、四、五百人が訴えをやめて立ち去り、そのさまは神のごとくであった。吏民が大いに驚いたのは、朱博の臨機応変ぶりがこれほどのものとは思ってもみなかったからである。

朱博の対応が示すように、刺史本来の職務は「二千石や墨綬の長吏」すなわち郡太守や県の令長の督察であった。にもかかわらず、窃盗の被害や各種もめごとにいたるまで、あらゆる種類の案件が持ち込まれているのは、地域の官吏には望めなかった不満の解決を、刺史という外部から来る権力に期待したためであろう。ひとり朱博の場合に限らず、刺史来訪の知らせを聞けばどこにおいても、同様の光景が展開したに違いない。

愛日篇に見られるような、地方行政の状況と監察系統の官吏が果たす役割は、一〇〇一号木牘の背景としても想定できると思われる。むろん木牘の記載から直接、賄賂の横行や訴訟の多発を読み取ることはできないが、督郵への「自言」という手段を李建が選んだ背後には、地域の行政官吏によっては納得のいく解決が得られないという事情があった。そう考える根拠は、督郵に訴えた言葉に見える「何度も張・昔をさとしたが、田を返さない（比暁張昔、不還田）」という一節である。これは督郵への提訴に先立ち、何度か説得による調停が試みられていたことを意味する。「暁」とは上位者が下位者を教えさとす謂であるから、精張・精昔を「何度もさとした」のは、郷亭部吏かあるいは三老・孝悌などの郷官であった可能性が高い[15]。その調停が不調に終わったために、李建は督郵へ訴える挙に出たのであった。「強奪取」という——おそらくは真実に反する——強い調子の語を用いたのは、自らがいかに不当な状態に置かれているかを印象付けて、督察の吏の注意を引くための方便であったとも思われる。親族間の紛争は、郷里内部で裁ききれずに、外部権力の関与によってひとまずの決着をみた。とするならば、この木牘の背景として、部吏の腐敗とは別の面から、地方行政の動揺を想定することも可能であろう[16]。

おわりに

顧炎武『日知録』に「郷亭之職」と題する一篇がある。ここで顧炎武が展開するのは、有名な「郡県論」と同様に、地方行政とりわけ親民の官の充実が国家の基礎を支えるという主張であるが、その原注に「宣徳七年、正月乙酉、陝

西按察僉事の林時」の発言として次のような文章が見えている。(17)

洪武の時、天下の邑里はどこも申明・旌善の二亭を置いて、民に善悪があればそれを書きつけて勧善懲悪を示し、戸婚・田土・闘殴など日常の事件はすべて、里老がここで裁きをつけました。しかし今、亭はほとんど廃屋となり、善悪は書きつけられることなく、小さな事件も里老を通さず、すぐに上司に持ち込まれます。獄訟が繁多となったのは、すべてここに原因があるのです。

一読して明らかなように、林時の言に示されているのは、邑里すなわち行政の末端における紛争処理機能の衰退が上司（この場合は県官であろう）における獄訟過多の原因となった、との認識である。それは先述した『潜夫論』の主張、郷亭部吏の不正が上級官の職務繁忙と民の労苦を招いたという認識に、あい通ずると言ってよい。あえて定式化するならば、「訴訟多発の原因は末端行政の機能不全にある」ということになろうか。巡察の警吏にすぎない督郵が活動の場を広げていった原因も、同じ所に求められよう。

しかし、問題の本質は、さらに深いところにあるように思う。『潜夫論』全体を通して王符の批判は官吏の腐敗に向けられており、民の事情の分析は「不誠実と騙欺」といった議論を出ていない。しかし「日に一〇万人」とも称される多数の訴訟が、なぜこの時期に発生するようになったのかと問うならば、道義の頽廃といった一般論で済ませることはできないだろう。その原因をさらに探っていくと、地方行政の動揺と共通の根に行き当たる。それはおそらく、後漢後半期における人と人との結びつき、社会的結合のありかたの変容なのではあるまいか。

広く知られているように、漢代の石刻史料は後漢時代に急増し、なかでも後半期に集中している。永田英正の計算によれば、『漢代石刻集成』収録の年代のわかる石刻のうち、前漢時代の八種に対して、後漢時代は実に一二一種。

さらにそのうち後半期の順帝期以降が八五種と、全体の七〇パーセントを占めている（永田一九九四、三二四〜三二五頁）。特に目立つのが桓帝・霊帝期の六六種で、両帝の在位期間を勘案すれば、後漢時代の五分の一にすぎない時期に、半数を超える石刻が集中していることになる。永田も指摘している通り、石刻の作成される背後には、葬儀に代表される人間関係が存在するから（永田一九九四、三四五〜三四八頁）、また汪桂海二〇〇九）、とするならば、その激増は人々の社会的結合の変化を反映している可能性があろう。そのような視点に立って、「桓霊の間」の史料を見直すことが、是非とも必要だと思われる。古代における訴訟の多発と長期化の要因をさぐる論考として、本章はただ歴史の表層を逍遥したにすぎない。

注

（1）井戸の遺構から出土する簡牘については、日本木簡の研究者による次のような指摘が傾聴に値する。
「……井戸は使用する限り清浄に保たれ、木簡のようないわばゴミは常に排除され続ける必要がある……井戸で多数の木簡が出土する場合があるのは、井戸枠内ではなく井戸枠を抜き取った抜き取り穴にゴミとして投棄される場合に限られる。……井戸枠の抜き取り穴は、遺構としての性格からいうと、むしろ……土坑に近いものがある。」（渡辺二〇〇三、九頁）

（2）図Aに見る通り、一〇〇三号木牘は左上部が欠損しているが、漢簡の用法に従えば、この箇所には受信日時や配達者などが小字で書き付けられていたはずである。

（3）一一五八号木牘の一行目には、表題にあたる「□□当対」という文字が読み取れる。「当対」とは、職務に関する諮問を受けて「回答に当たる」こと。『漢書』遊俠伝・陳遵条に、酒席への参加を強いられた部刺史が、遵の母に「当対尚書有期会」すなわち「尚書への回答に当たり期限を決められている」むねを告げ、裏門から逃がしてもらった逸話が見える。

（4）『太平御覧』巻六三九・刑法部所引『風俗通義』。『通典』巻一六八・刑法六決断に引くテキストに従い、訳文の一部を改めた。

（5）埋葬を境に死者との関係が変化することを、夫と死別した妻の再婚を例として、邢義田が指摘している（邢義田二〇〇八、一二二頁以下）。李升が義父の埋葬を終えた時点で帰宗したことは、同様の慣行の存在を推測させる。

（6）『漢書』尹翁帰伝に、河東太守であった田延年が尹翁帰の能力を見込んで督郵に任じたとあるのが、史書に見える早い例であろう。大将軍霍光の執政期、前七〇年頃のことである。

（7）『三国志』魏書・満寵伝によれば、満寵は十八歳で山陽郡の督郵になった。また、『後漢書』鍾離意伝によれば、鍾離意も「少（わか）くして郡の督郵と為」っている。

（8）堀池信夫によれば、王符の人間観の特徴は「人間の主体性」を強調する点にあり、したがって、人間の大半を占める「中庸の民」に対しては、教化と政治が果たす役割を重視する。しかし一方、少数の「下愚の民」には主体性による改善の余地を認めず、激烈な法刑の適用を正当化したという（堀池一九八八、三三五～三四〇頁）。その結果、「王符は法の位置をほとんど儒と対等にまで高めた」と堀池は述べるが、これに対して渡部東一郎は、王符や崔寔の「法治」の立場は、寛政の弊害を猛政によって救う「寛猛相済」という論理にもとづいており、「儒教の枠組みの中で捉えるべきものである」と説いている（渡部一九九七）。

（9）現行『潜夫論』のテキストには、脱文や衍文、文字の訛誤などのため、文意の通らない箇所が少なくない。本章で引用するにあたっては、胡楚生『潜夫論集釈』（胡楚生一九七九）と彭鐸校正による汪継培『潜夫論箋』（汪・彭一九八五）とを中心に、張覚の現代語訳（張覚一九九九）やピアソンの英訳（Pearson1989）、ならびに『後漢書』王符伝などを参照したが、繁雑になるため、解釈の根拠は特に論旨の展開にとって重要な部分に限って注記するにとどめる。

（10）「再度の取調べ」と訳した原文は「反覆」。秦漢時代の訴訟制度において、この語は「覆按」「覆治」などと同じく、「あらためて調べなおすこと」の意味で用いられ、その担い手は多くの場合、最初の取調官と別人である。『周礼』秋官・郷士職に「聴其獄訟、察其辞。弁其獄訟、異其死刑之罪、而要之、旬而職聴于朝」とあり、鄭玄は「（前略）十日乃以職事治之於外朝、容其自反覆」と注する。死刑は慎重を期すために「その自ら反覆するを容（ゆる）す」、すなわち「起訴する前に自分で調べなおす余地を与える」わけである。「自ら判決を覆す」では意味をなさない。

（11）「かりそめに審理まで百日の日限を切る」と訳した部分の原文は「苟欲以銭刀課之」。『後漢書』に引く愛日篇では「当延以日月」に作る。汪継培や胡楚生は「銭刀」のままで「金銭刀布」の謂とみて、係争物の額に応じた受付制限（汪・彭一九八五）あるいは訴訟に先立つ保証金の要求（胡楚生一九七九、またPearson1989：142）と解釈するが、いずれも下文とのつながりが悪いように思う。ここは『後漢書』に従う。

(12)「有典の司」を張覚やピアソンは「従事督郵の部下」と解釈しているが（張覚一九九九、三三〇頁、Pearson1989：142）、従うべきであろう。一〇〇一号木牘に見える督盗賊のような佐吏のもとに人々が召喚されることを念頭に置いた表現である。

(13)「年に二〇〇万人」と訳した部分の原文は「歳三百萬口」。『後漢書』に引く「愛日篇」も「歳三百萬人」であるが、ここは汪継培の指摘する通り、「中農食七人（中農ひとりが七人を食べさせる）」という『漢書』貢禹伝にもとづいた計算であるから、「二百」に作るべきである（汪・彭一九八五）。

(14) 清代の訴状に見える「冤」とは、訴える側が相手によって「押しへこまされ、しかも有効な対抗策がとれない自己の側の悲惨な状態を一言でまとめる場合に」用いられる語であるが（寺田一九九七、二九頁）、漢代の文献においてもまったく同じ意味であらわれる。したがって、訴えを裁く官吏の対応が不当と感じられた場合には、「加冤枉（冤枉をかさねる）」結果となるわけである。

(15) 三老・孝悌による教喩の例として、たとえば『後漢紀』孝桓皇帝紀上には、民に訴訟があれば、まず三老孝悌に命じて「喩解」させ、不調の場合はみずから閭里に出向いて和解させた、膠東侯の相呉祐の例が見えている。

(16) とはいえ、督察の吏も不正と無縁であったわけではない。前掲注(7)の『三国志』魏書・満寵伝には続けて、満寵が守高平令（高平県令心得）となった際、督郵の張苞が賄賂を貪り吏政を乱していたので、巡回に来たおりを見計らって伝舎で捕え訊問した、という話を伝える。

(17)『日知録』巻八「郷亭之職」。出典は『明宣宗実録』巻八六。

引用文献一覧

〔日文〕

金谷　治（一九九七）「後漢末の思想家たち――特に王符と仲長統」『中国古代の自然観と人間観』金谷治中国思想論集・上巻、平河出版社（初出一九六九年）。
滋賀秀三（一九六七）『中国家族法の原理』創文社。

寺田浩明（一九九七）「権利と冤抑——清代聴訟世界の全体像」『法学』第六一巻第五号。

中村威也（二〇〇七）「〈批評と紹介〉長沙市文物考古研究所・中国文物研究所編『長沙東牌楼東漢簡牘』」『東洋学報』第八九巻第二号。

永田英正（一九九四）「概説　漢代の石刻」永田編『漢代石刻集成』同朋舎出版。

仁井田陞（一九四二）『支那身分法史』東方文化学院。

堀池信夫（一九八八）『漢魏思想史研究』明治書院。

籾山　明（二〇〇一）「魏晋楼蘭簡の形態——封検を中心として」冨谷至編著『流沙出土の文字資料——楼蘭・尼雅文書を中心に』京都大学学術出版会。

——（二〇〇六）『中国古代訴訟制度の研究』京都大学学術出版会。

渡辺晃宏（二〇〇三）『日本古代宮都の官衙配置の研究』平成一二年度～平成一四年度科学研究費補助金基盤研究研究成果報告。

渡部東一郎（一九九七）「後漢における儒と法——王符と崔寔を手掛かりに」『集刊東洋学』第七八号。

〔中文〕

鄔文玲（二〇〇八）「東牌楼東漢簡牘断簡綴合与研究」『簡帛研究二〇〇五』広西師範大学出版社。

王素（二〇〇五）「長沙東牌楼東漢簡牘選釈」『文物』二〇〇五年第一二期。

汪桂海（二〇〇九）「談漢代碑刻、簡牘中的賻賵名籍」『秦漢簡牘探研』文津出版社（初出二〇〇八年）。

汪継培箋・彭鐸校正（一九八五）『潜夫論箋校正』中華書局。

裘錫圭（二〇〇六）「読《長沙東牌楼七号古井（J7）発掘簡報》等文小記」『湖南省博物館館刊』第三期。

金発根（一九六九）「王符生卒年歳的考証及潜夫論写定時間的推論」『中央研究院歴史語言研究所集刊』第四〇本下冊。

邢義田（二〇〇八）「秦或西漢初和姦案中所見的親属倫理関係——江陵張家山二四七号墓《奏讞書》簡180-196考論」柳立言主編『伝統中国法律的理念与実践』中央研究院歴史語言研究所。

厳耕望（一九七四）『中国地方行政制度史』上編巻上（秦漢地方行政制度）、中央研究院歴史語言研究所。

胡楚生（一九七九）『潜夫論集釈』鼎文書局。

呉礽驤（二〇〇四）「説〝都吏〟」『簡牘学研究』第四輯、甘粛人民出版社。

曹旅寧（二〇〇七）「長沙東牌楼東漢簡牘〝李建与精張諍田案〞中〝石〞的解釈」武漢大学簡帛研究中心簡帛網（http://www.bsm.org.cn/）、発布時間二〇〇七年六月二四日。

長沙市文物考古研究所（二〇〇五）「長沙東牌楼7号古井（J7）発掘簡報」『文物』二〇〇五年第一二期。

長沙市文物考古研究所（二〇〇六）「長沙東牌楼7号古井発掘報告」長沙市文物考古研究所・中国文物研究所編二〇〇六、所収。

長沙市文物考古研究所・中国文物研究所編（二〇〇六）『長沙東牌楼東漢簡牘』文物出版社。

長沙東牌楼東漢簡牘研読班（二〇〇八）「《長沙東牌楼東漢簡牘》釈文校訂稿」『簡帛研究二〇〇五』広西師範大学出版社。

張覚（一九九九）『潜夫論全訳』貴州人民出版社。

張学正（一九八四）「甘谷漢簡考釈」甘粛省文物工作隊・甘粛省博物館編『漢簡研究文集』甘粛人民出版社。

羅新（二〇〇四）「呉簡所見之督郵制度」北京呉簡研討班編『呉簡研究』第一輯、崇文書局。

黎石生（二〇〇六）「長沙東牌楼東漢簡牘《李建与精張諍田自相和従書》初探」『湖南省博物館館刊』第三期。

〔英文〕

Pearson, Margaret (1989) *Wang Fu and the Comments of a Recluse*. Center for Asian Studies, Arizona State University.

【追記】 本章で用いた一〇〇一号木牘は、著者の主宰する東牌楼東漢簡牘講読会（二〇〇六年七月〜二〇〇七年三月）で最初に検討したものである。本木牘の講読を担当した片野竜太郎氏をはじめ、このような形で使用することに同意してくださった参加者各位に、あらためて感謝申し上げる。なお、『風俗通義』佚文に見える何武の裁きは鈴木直美氏から、裘錫圭・黎石生論文の存在は廣瀬薫雄氏から、それぞれ御教示いただいた。

第三章　隋唐時代の相州における司法と社会
——「訴訟社会」成立の前提

辻　正博

問題の所在——「訴訟社会」と「健訟」

本章は、中国史における「訴訟社会」成立の前提条件について、初歩的な考察を試みるものである。本章で言う「訴訟社会」とは、トラブル・紛争の解決を裁判に頼る傾向が強く、結果として、訴訟が日常的に多く行われている社会を指す。言うまでもなく、訴訟の多寡など、比較による相対的なものに過ぎない。本章で特にこの問題について取り上げるのは、中国史において、紛争解決の手段として裁判が選択される傾向が強まるのは、いつの時代からなのかという問題関心からに他ならない。

従来、こうした問題については、「健訟」の語をキーワードとして論じられてきた。たとえば、青木敦氏は、宋代の健訟について、次のように述べている。

健訟とは、假に解釈すれば、人々が好んで、盛んに、したたかに訴訟を行うといった意味だが、それは制度的に共有された意味を持つ語ではない。ある訴訟の状態が存在したときに、士大夫官僚が健訟と認識すればそれが健訟となるのであり、我々が目にする記述は、個々の書き手が抱く社会や土地、その人々の行動についての〈イメージ〉に過ぎない。(1)

青木説の眼目は、「健訟」として描写される事象が、書き手のきわめて主観的なイメージであることを指摘する点にあるのだが、その意味で、本章のいわゆる「訴訟社会」もまた、「健訟」の語と同様、主観的なイメージであることを免れない。

さて、これまでの研究蓄積によって、「健訟」を社会問題として為政者が認識していたことは、宋代以降清代に至るまで、それぞれの時代について確認されている。そして、その中心地と目されてきたのが江西地方であった。(2)「健訟」が社会問題化する原因についても、人口増と商業化による社会構造の変化、交通の活潑化・往来の激化に伴う治安の悪化、土地売買の活潑化・土地移転の加速・賦税の複雑化、移民の流入（フロンティアへの入植に伴う人口増）など、これまでさまざまに論じられてきた。健訟の原因とされるこれらの現象は、議論の対象とされている時代や地域について個別に見た場合には、それなりの説得力を確かにもっている。しかし、いずれの事象も、ある程度通時代的に発生し得る事柄である点が、どうも気になる。つまり、「健訟」が「社会問題」として為政者の念頭に上るのは宋代以降であるが、それ以前にも、その原因と目される現象は発生していたのではないか、ということである。一見同じような条件にありながら、唐代以前には「健訟」として問題視されるに至らず、宋代以降は由々しき事態として認識されるのはなぜか――本章の問題意識は、この一点に尽きる。

第一節 「健訟」と「滞訟」

「健訟」とは、「好訟」「囂訟」「喜訟」などとも表現され、みだりに、あるいは、好んで訴訟を行うことを言う(3)。頻々と訴えが起こされることにより、地方官はその処理に忙殺されることになる。人ごとに処理能力に優劣の差があるのは致し方ないことであるが、ともすればそれは「滞訟」、すなわち、訴訟事務の停滞という事態を出来させることとなる。

翁育瑄氏は、文集や地方志に見える墓誌を用いた北宋時代の「健訟」に関する研究において、健訟の風潮を助長する要素として「越訴」と「滞訟」を挙げ、特に後者について、

「滞訟」は宋代の法文化に遍在し、まさに「健訟」の要因ではないかと、筆者は疑っている。北宋の墓誌を検証してみると、「滞訟」の解決は官僚の自慢の業績として記載され、紛糾の仲裁は地方官の重要な仕事とされる。しかし、このように記載され、顕彰されることは、「滞訟」がむしろ普通のことだったことを裏書きするのでは、と考える(4)。

と指摘している。翁氏が提示した墓誌史料は、法制史研究においては従来ほとんど注目されてこなかったものゆえ、大いに注目に値する。ただ、翁氏も了解しているように、墓誌の記述は、墓主の生前の徳行や治績を讃えるためになされるものであり、健訟についての記述も例外ではない。つまり、墓誌史料において、ある地方が「健訟」の地であったことが記されるのは、地方官として乗り込んだ墓主がそうした事態を収拾したことを賞讃するために他ならないのである。

翁氏の紹介した「健訟」事例（計四三例）を内容によって分類すると、半数餘り（一四例）が案件を精力的に処理して問題を解決した事例であり、害悪をなす胥吏を摘発した事例（一一例）を僅かながら上回っている。また、地方官が仁政を敷いた結果、これまで蔓延していた「健訟」の現象が解消したという事例も相当数見られる（一二例）。

要するに、一口に「健訟（好訟、喜訟）」と言っても、その内実はかなり多様であり、対処法も一様ではなかった。換言すれば、史料中に「健訟」とあっても、実際には単に訴訟案件が溜まっていただけ、すなわち「滞訟」であるに過ぎない場合もあり、前任者の怠慢を、有能な後任者がさっさと尻拭いして自らの功績としたというケースもあり得る、ということである。

一方、「健訟」の元凶となっていた胥吏を摘発・処罰して問題を解決した事例が見られることも重視しなければならない。官と民のあいだに割って入り訴訟の連発を煽る者の存在が、北宋時代の墓誌史料においても確認されるのである。

訴訟案件の処理能力に問題がある地方官の存在は、出現頻度の差こそあれ、通時代的な現象と言えるであろう。たとえば、陸機の手になる「晋周孝侯碑」（『金石萃編』巻一〇六所収。『晋書』巻五八、周処伝もこの記事を採録）は、三世紀後半、西晋が全国統一を成し遂げて間もない時期の広漢郡において、「滞訟」が問題となっていたことを記している。

広漢郡では過去の訴訟案件が大量に滞っていて、三十年を経ても解決しないものさえあった。周処はそうした案件の理非曲直を明らかにして、一朝のうちに解決してしまった。広漢は巴郡（現重慶市）から涪水を遡ったところに位置する、戸数五千ほどの小郡である。三十年来裁判が滞っていたということであれば、それは三国・蜀時代に端を発することになり、王朝の交替を間にはさんで周処の到任まで、歴代の郡太守に放置されていたことになる。

第二節　隋代の相州における司法と社会

さて、前述の「健訟」問題発生の条件を考慮して、宋代に訟師・譁徒が出現したのに類似する社会的条件・特徴をもつ事例を、これに先行する時代に見いだそうとすれば、北斉滅亡後の鄴が候補の一つに挙がると思う。北斉王朝の滅亡後、その都であった鄴では社会構造が大きく変化し、それによって既成の秩序も激しく動揺した。一方で、ソグド人らを中心とする商業活動は依然として活潑であった。史料からは、訴訟を頻りに起こそうとしていた者のいたことも窺われる。では、それを背後で嗾《そそのか》していた訟師・譁徒の存在を、果たして確認することができるであろうか。

一、北斉時代の鄴――訴訟問題から見た

北斉王朝の都・鄴が華北における商業の中心地として繁栄を極めたことは、改めて説明するまでもあるまい(5)。天保

七年（五五六）、鄴都の知事たる司州牧となった彭城王浟の伝記には、次のようなエピソードが記されている。

司州牧に転任すると、文才があって物事を筋道立てて判断できる者を州の属官に採用したので、周囲から「美選」との評判を得た。州には以前から滞っていた案件が五百餘りあったが、浟は一年と経たぬうちに白黒を付けて片付けてしまった。別駕の羊脩らは有力者（原文「権威」）の機嫌を損なうことを恐れて、彼のオフィスに押しかけて陳情した。彼らに対して浟はこう告げさせた、「私は正道を行っているのである、どうして有力者の意向を気にかけることがあろうか。卿らは人として踏み行うべき理想の姿を実現すべきなのに、それどころか、有力者の意向を引き合いに出して云々するのか」。脩らは恥じ入って退散した。（『北史』巻五一、神武諸子・彭城景思王浟伝）

北斉時代の鄴にも「滞訟」の問題は存在したが、その背景には「権威」の影が見え隠れしていた。行政の実務に当たる属僚たちは、司法行政に有力者が介入し混乱を来たすことを恐れ、州牧にご注進に及んだのであるが、高浟は正論をもってそれを退けたのである。

当時、強者が弱者を虐げ、権勢を頼んで田産を奪い取り、富める者は広大な土地を兼併し、貧しき者は僅かな土地も持つことすらできなかった。その昔、漢王朝は、人々を募って農地のあるところに移住させ、租税を取り損なわないようにするため良田に就かせた。ところが、北斉王朝には深い考えなど全く無く、場当たり的な法令を暫くのあいだ施行はするけれども、土地争いの案件には三十年経っても決着しないものがある。これは、土地の授受に定法がないからである。そもそも賜田とは、公田および皇帝が下賜された諸々の田をいう。（中略）鄴に遷都した当時、朝廷は官職を乱発し、官吏は手に入れた公田を全て転売した。また天保年間（五五〇～五五九）には、遠くにある他人の田地を無理矢理に我がものとして土地台帳に登録することが行われた。武平年間（五七〇～五七六）以降になると、皇帝は強引に貴族や外戚、佞倖の家に土地を賜与した。また河川の中洲や山林に耕墾可能な肥沃な土地があると、その全てについて権勢ある者が借り上げたり払い下げを願い出たりして、一般の民戸は僅かな土地すら入手することができなくなった。（『通典』巻二、食貨典、田制・北斉に引く「関東風俗伝」）

これは、いわゆる「勲貴」（建国の元勲）や恩倖・外戚が北斉の政治のみならず経済をも牛耳っていたことを示す史料としてよく知られたものであるが、これによって、北斉における「滞訟」問題の原因が、政界の有力者による土地の流動化（賜田・公田）にあることを窺い得る。この背景には、鮮卑系の武人勢力（勲貴）と漢人貴族（皇帝権力に接近してしばしば姻戚関係を結び、外戚となった）、恩倖が互いに覇を競ったという、北斉政界の特異な権力構造がある。『北史』を繙くと、「売官鬻獄」、すなわち、官職を金で購い、判決が財力で左右された記事が頻見されるが、それらは北斉時代にほぼ限定し得る。社会には貪財の風潮が蔓延し、城内に多数居住していた商胡[6]（ソグド商人）が宮廷内にも一定の政治的影響力を及ぼしていた[7]。

二、隋代の相州とその統治

(a) 鄴都から相州へ

隋代の相州は、北斉王朝の都であった鄴都に由来する地方都市である。史料の検討に先立ち、まず、この都市の成立の経緯について一瞥しておきたい。

承光元年（五七七）正月、武帝みずからが率いる北周軍によって鄴は陥落し、北斉は滅亡した。皇太后や幼主、諸王は長安に連れ去られ、貴族・士人も少なからず関中への遷徙を餘儀なくされた。その結果、鄴の城内は、商工業者や楽戸で満たされることとなった。

北斉王朝が滅亡すると、官僚や貴族の多くは関中地方に移住させられ、手工業者や商人、楽戸が鄴の城内に移住した。（『隋書』巻七三、循吏伝、梁彦光伝）

北周による占領統治の下で、往時の壮麗な宮殿建築がそのまま維持されることはなかったけれども、武帝は占領直後から、鄴（相州）に「宮及び六府官」を置き、旧北斉領統治の中心地とする方針を明らかにしている（『周書』巻六、武帝紀、建徳六年（五七七）二月丁未条）。この時点では、鄴はまだ旧都の雰囲気をそれなりに留めていたのであろう。

ところが、翌年六月の武帝の急逝を境に、鄴のまちは急速に寂れてゆくことになる。まず宣帝の大成元年（五七九）、相州六府が洛陽に遷されることとなった（東京六府）。宣帝は、古都洛陽を再建して帝国の中心にしようと目論んでいたものと思われる。しかし、これにも増して鄴の衰亡を決定づけたのは、翌年に起こった相州総管尉遅迥の反乱である。宣帝崩御の直後に起こったこの反乱は、外戚楊堅の権力奪取の動きを阻止するためのものであったが、韋孝寛の率いる討伐軍の前に敗退し、尉遅迥は自殺、「鄴城及び邑居は皆なこれを毀廃」し、相州はそれより少し南方の安陽に治所を移された。東魏・北斉の都であった鄴のまちは廃墟と化したのであり、これ以降の史料に見える「相州（魏郡）」は、安陽に置かれた新たな城市を指す。

（b）隋代の相州

新たに置かれた相州の様子は、この州の刺史に任ぜられた人々のエピソードを通して垣間見ることができる。

梁彦光は、安定郡烏氏（陝西省涇川県附近）の人、祖父・父ともに州刺史をつとめたことから、関隴地方の豪族の子弟と見なしてよかろう。北周王朝に仕官し、隋朝成立時には長安の西隣、岐州刺史・兼領岐州宮監となり「甚だ恵政有り」との評判を得た。上々の治績を引っ提げて相州刺史に着任したわけであるが、結果は惨憺たるものであった。

梁彦光は、以前に刺史として岐州にいたことがあったが、その地の風俗が純朴だったので、「静」を以てこの地を統治し、領内は大いに治まり、人事考課でも連続して最上とされ、天下第一の評価を得た。相州に赴任しても、岐州でのやり方を踏襲した。鄴都は「雑俗」にして、民衆は「変詐」なる者が多かった。彼らは彦光のために歌を作り、彼では相州をうまく統治できないと囃し立てた。皇帝はこのことを聞いて彦光を譴責し、彦光は刺史を罷免された。（『隋書』梁彦光伝）

梁彦光の前任地岐州は、風俗・人情ともに純朴そのものであり、「静を以て」、つまり、特段の施策を行うまでもなく、境内の治安は安定していた。ところが、「雑俗」「変詐」で鳴る相州の統治は、関中と同じ手法ではまったくうまく行かず、彦光は程なく解任されてしまったのである。

「雑俗」とは、多様な人々が集住していることによる風俗習慣のるつぼのごとき状態を言い、「変詐」とは、弁舌が巧みで詐騙に長けたことを謂うのであろう。それは、儒教的価値観から見た商工業者の特徴そのものであり、北斉滅亡後の鄴都の城内の様子として先に引用した描写（『隋書』梁彦光伝）に酷似している。

前述したごとく、隋代の相州は、北斉の鄴都そのままの都市ではない。しかし、梁彦光伝に描かれた相州の風俗は、北周による占領直後の鄴の城内とほとんど変わるところがない。戸口数などはかなり減少したであろうが、隋の相州には、梁彦光伝に記されたごとく、かつて鄴都にいた商工業者らが移り住んでいたものと推測されるのである。

さて、梁彦光は相州刺史を解任された後、一年ほどの時を経て、河北の趙州刺史を拝命する。しかし彼は文帝に上書して、もう一度、相州刺史となって彼の地の「風俗」を変えたい旨を願い出て、聞き届けられた。当地の「豪猾なる者」たちは、彼が再び刺史として戻ってくることを聞いて嘲笑したが、結果は前回とは打って変わって、彦光は着任早々に「神のごとき明智を以て悪事を摘発し、狡猾なる輩はことごとく影を潜め、領内の人々は大いに驚いた」と、華々しい成果を上げたのである。

三、「難治」の地・相州の司法行政

梁彦光の二度目の相州統治に関するエピソードは、いかなる手法をもって彼がこの地の治安を安定させたかを示すとともに、当時、相州の司法行政が抱えていた問題についても情報を提供してくれる。

梁彦光伝によれば、相州のまちは当時、「人々は心がねじ曲がっていて、いい加減な噂を流し、あの手この手を使って官人を訴える（原文「妄起風謡、訴訟官人」）」という状態であった。これに対して梁彦光は、

自らの俸禄で山東の大儒を招聘し、郷ごとに学校を立て、聖哲の書以外は教授させないようにし、季末ごとに学生を集め自ら臨席して筆記試験を行った。熱心に学習した者や成績の優秀な者を学堂に昇殿させて宴席を設け、その他の者は廊下の席に着かせた。訴訟ごとを好んで学業を怠り成績の振るわない者に対しては、庭に座らせて粗末な食事を用意した。（『隋書』梁彦光伝）

という施策を講じて、状況の改善を図った。学校による儒教教育の推進と成績優秀者の顕彰を、身銭を切って行うことにより、人々の生活を「改善」に導き、訴訟に現を抜かす者には恥辱を与え、それが誤った生活態度であることを

思い知らせようとしたのである。そして、列伝は、彼の統治政策の正しさを立証するかのごとき次の逸話で締めくくられている。

滏陽（相州の北、現河北省磁県）の出身で焦通という者がいた。酒癖が悪く、無礼な態度で親に接したため、従弟に訴えられた。彦光は彼を罪に問わず、州学に連れて行き、孔子廟を見学させた。廟の中には、韓伯瑜が母に杖打されても痛がることなく、却って母の力が弱々しく衰えたことを痛感し、それを悲んで泣いている像があった。通はこれを見るや感悟し、我を忘れて悲嘆し、かつ恥じ入った。彦光は彼を教え諭して放免した。後日、焦通は過ちを悔い改めて修練に励み、ついには善き士人となった。

この記事に続く「徳を以て人を化すること、皆な此の類ひなり。吏人感悦し、略ね《おおむ》諍訟無し」との結語はいささか念押しがましいが、これこそが、この時代の統治者にとって訴訟問題解決の「王道」に他ならなかった。梁彦光が刺史を解任された直後に相州刺史となった樊叔略の伝記にも、「俗薄」「難化」で知られたこの州を「徳による教化」によって治めたことが記されている（『隋書』巻七三、循吏伝）。

ただし、この地を統治して治績を上げることのできた刺史は、むしろ例外に属した。また、梁彦光による「教化」も、決して相州の地に根付いたわけではなかった。長孫平（父の倹は北周の柱国大将軍）の伝記によれば、

鄴都は人情の軽薄なところで、昔から「難治」で評判の土地柄であり、歴代の刺史には治績の上がらぬ者が多かった。朝廷は、長孫平が任地（の汴州）での評判が良かったため、相州刺史に転任させたところ、すこぶる有能であるとの名声を得た。しかし、平が刺史に着任して数年目の正月十五日に、領民が悪ふざけをして、衣裳に

鎧兜の図柄を描くという事件が起こったため、皇帝は激怒して平を解任してしまった。（『隋書』巻四六、長孫平伝）

と、隋朝創業以来、歴代刺史はおおむね相州の統治に失敗したというが、「甚だ能名有り」との評判をとった彼とて、最後には相州の民衆に手玉にとられ、解任に追い込まれているのである。

では、相州の司法行政が抱えていた問題の本質とは、何だったのであろうか。梁彦光が直面していたのは、「妄起風謡、訴訟官人」、すなわち、隋朝の統治に対する人々の反撥であった。歴代の相州刺史は、いわゆる「関隴貴族」もしくは「武川鎮軍閥」出身者がほとんどであった（表一を参照）。

表一　隋代の相州刺史

姓名	着任時期	本貫地	前任官	治績	後任官	『隋書』
趙煚	開皇元年頃	天水西	大将軍		尚書右僕射	巻四六
梁彦光	開皇初	安定烏氏	岐州刺史	不能理化	免官	巻七三
樊叔略	開皇五年頃	陳留	汴州刺史	政為当時第一	司農卿	巻七三
梁彦光	開皇中	安定烏氏	免官	吏人感悦、略無諍訟	卒官	巻七三
豆盧通	開皇中	昌黎徒河	定州刺史		夏州総管	巻三九
張威	開皇末	不知何許人	洛州刺史		卒官	巻五五

交通の要衝であろうと商工業の盛んな都市であろうと、彼らが「抑商重農」を旨として統治に臨んだことは、次の

記事からも明らかである。

文帝が泰山で祭祀を執り行っての帰途、汴州に宿泊したところ、その賑やかでやくざ者の多いことを不愉快に思った。そこで、令狐熙を汴州刺史に任命した。熙は着任するや、無為徒食の徒を取り締まり、商工業者の活動を制限し、街路に向かって門戸を開いている者についてはこれを閉鎖させ、城郭外のそこここに船舶を停泊させている者は強制的に聚落に住まわせ、他所から移り住んできた者は郷里に追い返した。訴訟が停滞すればそのたびに案件を処理し、禁令を徹底して、「善政を敷いた」との名声を得た。皇帝はその評判を聞いて褒美を与え、近侍の者を顧みて言った、「鄴都は、全国で統治が最も困難なところである」。相州刺史の豆盧通に勅を下して、令狐熙の手法を学ぶよう命じた。（『隋書』巻五六、令狐熙伝）

豆盧通の伝記には相州刺史としての事績は特に記されていないが、文帝紀には、開皇一五年（五九五）六月の記事として、

相州刺史の豆盧通が綾織りの反物を献上したが、文帝はこれを朝堂で焼却するよう命じた。（『隋書』巻二、文帝紀）

とある。この記事と令狐熙伝中の記事との前後関係は不明であるが、「歴任した官職では、いずれも『寛恵』と称された」という彼に対する評価を勘案すれば、抑商重農策が徹底して行われたとは考えにくい。吝嗇で知られる文帝に対し、いかにご当地の名産とはいえ高級な綾織りの反物を献上した豆盧通の感覚からは、相州の商工業者に籠絡され、彼らとの癒着、なれ合いによる統治が行われていたことすら窺わせる。

相州刺史として「甚だ能名有り」とされた薛冑とて、在任中、現地の有力者と持ちつ持たれつの関係にあったことを思わせる形跡が無いわけではない。煬帝の即位直後（仁寿四＝六〇四年）に反乱を起こした漢王諒の軍が東進してくると、薛冑は相手の武将と交渉して矛先を別方面に向けさせた。ところがその武将は、討伐軍に敗れると軍を棄てて冑のもとに逃げ込んで来た。朝廷は当然、薛冑に貳心あるを疑い、彼を逮捕した。これに対して、「相州の吏人（＝吏と民）」は平生、冑より受けていた恩義に報いんがため、上京して彼の無実を訴えたのである。結果として、薛冑は死刑を免れ、嶺南への配流（配防）となった（『隋書』巻五六）。

一見したところ、このエピソードは、薛冑が相州の統治者として吏民に慕われていたことを示す美談である。しかし、大規模な陳情団を組織して上京し、事を成就させるには、相当のリーダーシップと財力が必要であり、相州の有力者がこれに関与していたことは想像に難くない。ましてや相州は、朝廷から「俗薄」「人多変詐」「難治」「人俗澆浮」（『隋書』巻五一、長孫晟伝）「民多姦宄」（『隋書』巻六二、衛玄伝）と目されてきた土地柄であり、その「風俗」は、統治者の人徳を慕ってこうした行動を起こす純朴さの対極にあると認識されていた。そして、刺史としての「能名」の評価は「徳治」に由来し、その実態は「抑商重農」政策の断行である。このように考えれば、薛冑が当地の有力者に慕われる理由など本来無いと見るのが、むしろ素直なのではあるまいか。

つまるところ、隋王朝の相州統治は、刺史と現地の有力者（商工業者）との妥協（なれ合い）によって均衡が保たれてきたと言えるであろう。司法行政について言えば、朝廷の基本方針である「抑商重農」策に対する反撥が「妄起風謡、訴訟官人」という形で発現し、朝廷の方針を断行する力量を刺史が持ち合わせているようであればしばらく鳴りを潜めておき、いったん与しやすしと見れば籠絡しにかかり、刺史との妥協を図る。妥協を受け入れた刺史は、無難に任期を終え、「能名」の評価を得た。しかし、隋代を通じて相州が「難治」の地として朝廷に認識され、結果として「不称職」の刺史が相次いだ（前掲、『隋書』長孫平伝）ことは、隋朝が送り込む刺史と相州の商工業者のあいだでの妥協が必ずしも容易でなかったことを物語っている。北斉滅亡時、「衣冠の士人が関中に遷り、鄴の城内は商工業者と楽戸で埋め尽くされた」（前掲、『隋書』梁彦光伝）ことを考え合わせれば、両者の間に立って調整機能を果たす名望家の不在が、こうした問題の原因の一つであるとも考えられよう。(8)

第三節　唐代の相州——地域のイメージとその実態

一、相州の地域イメージ

相州に対する隋朝の地域イメージは、北斉時代の鄴都に対するネガティヴな印象に由来している。『隋書』地理志も、魏郡の「淫巧」な風俗の原因を、北斉の旧都であることに求めている。

魏郡は、かつて鄴都が置かれた所であり、その文化は華やかで洗練されていたが、軽薄の風気もあった。とりわけ彫刻は精緻を極め、士人や貴婦人の服飾はみな豪華・華麗を以て良しとし、往時の都洛陽の風俗を理想として目指していた。当時は「魏郡・清河は、天公といえども、如何ともし難い」と言われたものである。これも皆な、当地の人々の軽佻で狡猾な性格のなさしめた結果である。（『隋書』巻三〇、地理志、冀州）

こうした地域イメージは、唐代にも引き継がれていた。

相州〈今、安陽県に治所を置く〉。（中略）北斉もこの地に都を置き、清都郡と改め、尹を置いた〈北周の武帝が北斉の後主を滅ぼした〉。北周は、相州と魏郡を置いた〈鄴の故城から安陽城に移転した〉。隋の初めに、郡は廃止された。煬帝の初め、州が廃止され、再び魏郡が置かれた〈北斉の滅亡以後、貴族や士人の多くは関中地方に移住し、手工業者や商人、楽戸が城郭内に移住した。これ以後、住民の風気は陰険邪悪となり、今に至るまで訴訟を好んで行う〉。大唐は、相州と改めた。鄴郡と称した時もあった。（『通典』巻一七八、州郡典、古冀州）

杜佑は『隋書』梁彦光伝に拠りつつ隋代の相州の風俗を記述しているが、注目すべきは、その後に「至今好為訴訟也」とつづけている点である（傍線部）。この部分は『隋書』に無く、『通典』独自の記事と考えられる。『通典』が徳宗に進呈されたのは、貞元一七年（八〇一）であるが、その記事内容はおおむね天宝年間を下限としている。したがって、傍線部分にいう「今」も、八世紀前半当時を指すと見てよかろう。唐代前半期においても、相州＝「好訟」の地というイメージに変化は無かったのである。

二、唐代の相州

では、唐代の相州は、実際に刺史として統治にあたった者の目に、どのような土地として映っていたのであろうか。唐朝の歴代相州刺史のうち、その治績について列伝に記載のある者は決して多くない。その中で多少なりとも目を引くのが、貞観七年（六三三）、都督・魏王泰の名代として長史として赴任した張亮と、高宗の治世に相州刺史となった許圉師である。

張亮は鄭州滎陽の出身で、秦王府時代から李世民の信任が厚く、世民と李建成・李元吉との権力抗争に際しては、

洛陽に拠って「山東豪傑」との連携を画策した人物である。(9)

さて、張亮の相州統治策であるが、彼の伝記に、

> 張亮は刺史に着任すると、側近の者に州内の事情を密かに探らせ、「姦隠」（今まで隠れていた悪事）を摘発すること、神のごとくであった。豪強の者を抑圧し貧弱なる者を救済したため、民衆から称えられた。（『旧唐書』巻六九、張亮伝）

とあるように、それは「姦隠」の摘発と「豪強」の抑圧を旨とするものであった。太宗は張亮の経歴を鑑み、相州を含む旧北斉領（＝「山東」）についてある程度の政治的影響力をもっていることを期待して送り込んだのであろうが、彼の統治策は、前節で見た「抑商重農」策と大きく変わるものではなかった。そして、太宗の期待を裏切るようなスキャンダルに関する記事が、この後に記されている。

> 張亮は、郷里にいた頃に妻と離婚し、あらたに李氏を娶った。李氏は身持ちの悪い女性で、我が儘と嫉妬は特にひどかったが、張亮は彼女を寵愛するあまり、あえて改めさせようとしなかった。相州にやってくると、鄴県に筆売りを生業とする若者がいた。彼は歌と踊りが得意で、李氏は彼を見て大いに気に入り、私通するに及んだ。そしてその筆売りを、張亮がかつて彼の母親と野合して産ませた子供であると虚言して張亮の養子とし、慎幾と名付けた。亮の前妻の子である慎微は、慎幾を養子とすることについて、折に触れて張亮に苦言を呈したが、亮は従わなかった。李氏は左道に入れ込み、屋敷の至るところに巫覡が詰めかけ、また統治のことに口出ししたので、張亮の声望は徐々に損なわれることとなった。（同前）

張亮の後妻が虜となった若者は鄴出身の筆売り、おそらくわが江戸時代の「飴売り」さながらに、派手な衣装で歌い踊りつつ筆を売り歩いていたのであろう。また、「左道」を好んだ李氏のもとには多くの巫覡（実際には占い師か）が詰めかけ、彼らのお告げをもとに李氏は政治向きのことに容喙したものと思われる。こうしたことが原因となって、張亮の統治者としての評価は低落することとなった。

一方、許圉師の相州統治は、徳による「教化」を旨とするものであった。

許圉師は相州刺史に転任すると、「寛恵」（寛大と慈しみ）を旨として統治を行い、民や官吏は石碑を立ててその善政を顕彰した。官吏の汚職の罪が露見したことがあったが、許圉師はその罪状を糾明せず、ただ「清白詩」（清廉を歌った詩）を下賜して彼を激励した。罪を犯した官吏は大いに恥じ入り、改心して清廉な士人となった。許圉師の寛厚なること、かくのごときであったのである。（『旧唐書』巻五九、許圉師伝）

「寛恵」「寛厚」による統治もまた、隋代の相州刺史の統治のしかたに前例を見いだすことができる。張亮のやり方が「ムチ」による統治ならば、許圉師の方法は「アメ」による統治である。徳による吏民の教化は、ひとまずの成果を上げ、彼は戸部尚書として中央政界に復帰することができた[10]。

では、彼ら以外の相州刺史の治績は、どうだったのであろうか。開元年間に相次いで刺史となった二人の人物の伝記からは、相州が開元年間においても依然として「難治」の地であったことを窺い得る。まず、開元二〇年（七三二）頃に相州刺史となった桓臣範の墓誌中の記事である。

庚午の歳（＝開元一八年）に、京兆尹に転任した。アメとムチを使い分けて統治し、その政治手腕は素晴らしいものであった。有力者を抑圧して、盗賊の手から民衆を守った。（中略。宰相に疎んぜられて）相州刺史に転出した。当時の言い伝えによれば、相州刺史に任ぜられても、その任期を全うする者はまず無いとされていた。鬼神に祟られて必ず災厄に遭うと信じられていたのである。公は、仁徳により民衆の気持ちを和ませ、また正直な心持ちが神の御心に通じたのであろう、心安らかに平静にこの地を治め、大事なく時が過ぎていった。宣州刺史に転任し、荊州都督府長史を歴て、岐州刺史に転じた。（「大唐故左武衛大将軍桓公墓誌銘幷序」[11]）

桓臣範は、武周朝末年に起こった張易之・張昌宗に対するクー・デタで活躍した桓彦範（『旧唐書』巻九一、『新唐書』巻一二〇に立伝）の弟である。臣範は、京兆尹から左遷されて相州刺史となった。当時、「鬼神の祟り」によってこの職を拝命して無事に任期を終えた者は稀有であったというが、臣範は無事にこの職を勤め上げ、宣州刺史に転任し、最終的には西京副留守として都に戻っている。

開元二五年（七三七）に相州刺史となった張嘉祐の列伝に見える逸話は、相州刺史の受難を、非業の死を遂げた尉遅迥の怨念によるものだとしている。

張嘉祐には統治の才能があった。右金吾将軍から浦陽府折衝に左遷されていたが、〔開元〕二五年になって相州刺史に任ぜられた。相州は、開元以来、在任中に死亡したり左遷された刺史が十数人もいた。張嘉祐は、北周末に相州総管となった尉遅迥が国難に殉じて死んだことを聞き知ると、尉遅迥を祀る祠堂を建てて、相州を加護してくれるよう祈願した。三年の任期を経て、左金吾将軍に転任した。後日、鄴郡太守となった呉兢も、尉遅迥の神格に冕服（高官の装束）を奉納した。その後、郡守が災厄に見舞われることはなくなった。（『旧唐書』巻九九、張嘉貞伝附嘉祐伝）

張嘉祐が相州刺史となったのは、尉遅迥の乱から実に約一六〇年も後のことである。『太平広記』巻三〇〇に引く「広異記」によれば、反乱に敗れた尉遅迥の一族六十餘口の骸骨が刺史官舎の一角に埋もれており、それらが祟りをなして、相州刺史のポストが「凶闕」となっていたのだという。これを知った張嘉祐は、その建物を廟として御霊を祀り、任期を全うし得たのである。墓誌によれば、

公は、程なくして相州刺史に任命された。この地方の人々は心がねじけていたため、刺史となった者は気の休まることがなかったが、公は、真心と信義を旨として統治に当たった。神のごとき明智を以て政務を行い、民にとって煩瑣・苛酷なことがらを取り止め、時宜に従って古いしきたりを廃止したので、特に皇帝より璽書を賜り、紫金魚袋を与えられた。入朝して、金吾将軍に栄転した。相州の人々は公のことを慕って、石碑を立てて顕彰した。(『古誌石華』巻一一「唐故左金吾将軍范陽張公墓誌銘幷序」)

と、油断のならない相州の民衆を相手に、張嘉祐は刺史として一定以上の治績を上げたようであるが、その統治策は、先に見た「摘発と教化」によるものであった。

こうして見てみると、相州刺史にとって、この地が統治に相当の工夫を要する「難治」の地であったことは明らかである。隋代以来語られている相州の地域イメージは、ある程度実態を反映したものであったと言えるだろう。

なお、八世紀後半以降の相州は、反側藩鎮の一つ、魏博節度使の所領に入ったこともあり、その地がどのように統治されたか、現存の史料では明らかでない(12)。

第四節　結びにかえて——「訴訟社会」の前提

宋代になると相州でも「健訟」の問題が顕在化していたことが、次の史料から窺われる。

> 政和元年（一一一一）、公は四度にわたって進士科を受験したので、皇帝の特恩により相州林慮県の主簿に任命された。着任して間もなく、公は県知事の代理となって、隠れた悪事を摘発し、豪腕さと明敏さによって統治を行った。県の民に牛万なる者がいた。彼は頑迷・狡猾にして訴訟を好む輩であり、周囲の人々は彼を……していた。ある時、……に対して無礼を働いたことがあった。公はすかさず彼を逮捕して獄に繋ぎ、そして県庁の中庭で彼を杖打した。牛万はしっぽを巻いて逃げ帰ると公的な場から身を引いて、二度と法を犯すことはなかった。胥吏が……数十人の仲間で結託し、武霊王廟の改修に言寄せて、徒党を組んで大声で囃し立て、神様のお告げと称して出鱈目なことを言い、お上の御用と同じように、民衆を呼び立ててさまざまにこき使った。金品を脅し取って自分の懐に入れ、言うことを聞かない者は皆な、ひどい目に遭わせた。公は彼らの悪事を調べ上げ、部下を遣わして一味を逮捕し、法律に照らして処罰したので、県内の治安は良くなった。（『京畿冢墓遺文』巻下「李章墓誌」。「……」は缺字部分）

県主簿たる李章が県知事の職を代行した相州林慮県（現河北省林県）は、安陽の西方約四五キロメートルの地点に位置する、太行山麓の小城市である。安陽に比べると都市の規模は格段に小さいが、鉄を産出し磻陽冶が置かれた。(13)

鉱業の盛んな地域と「健訟」との関係については、すでに小川快之氏により指摘されている[14]。鉱産物の運送・売却などのために周辺地域との人やモノの出入りが激化し、それによって紛争・訴訟が多発したのだとすれば、隣接する州治・安陽でも「健訟」問題が発生していたと想定することは、十分に可能であろう。

前節までの検討から、隋唐時代における相州の地域イメージとその実態との間に大きな乖離は認められなかった。とすれば、「好訟」の地であった隋唐時代の相州に「訟師」「譁徒」の類が見られないのは、いったい何故なのであろうか。

唐令の規定では、訴訟を起こす当事者以外の者が訴状を書く、すなわち、訴状を代筆することが認められていた。すなわち、復旧獄官令二三条（『唐令拾遺』七七六頁）に、

謀叛以上の罪に該当しない犯罪の告発があった場合は、すべて三度審理させること。書類を受け取るべき官庁は、必ず、「告発内容が虚偽であれば反坐（逆に処罰を受ける）となる」旨を詳しく説明すること。（中略）文字を解することのできない者には、典（書記役人）が告発状を代筆してやること。

とあるとおり、訴訟を起こすに際して、識字能力の無い者については、「典（主典）[15]」が代筆するよう定められていたのである。また、代筆者が訴えの内容を勝手に改変すれば、処罰の対象となった。

他人のために訴状を作成する際に、その内容を膨らませ、告発内容の通りに記さなかった者は、笞五十の刑に処す。内容を水増しして罪が重くなった場合は、誣告の罪より一等減じた刑を科す。金品で雇われて（原文「受雇」）他人の罪を誣告した者は、自ら誣告した場合と同じと見なす。多額の金品を受け取っていた場合は、坐贓

のかどで論罪し、二等級重い刑を科す。その者を雇った者（原文「雇者」）は、教唆のかどで処罰する。もし告発した内容が事実であれば、坐贓のかどで論罪し、雇った者は処罰しない。（闘訟律五五条）

律文中に「受雇」「雇者」とあり、疏がこれを「他人に雇われて訴状を作成し、告発内容を膨らませた者」と説明していることから、「主典」が代筆する以外にも、訴訟人が代書人を雇って訴状を作成することが認められていたと考えてよかろう。つまり、唐の律令の規定においては、宋代になって登場する「書鋪（写状鈔書鋪戸）[16]」似た役割を果たす人々（代筆業者）の存在が想定されていたのである。

さらに、断獄律五六条には、次のような規定がある。

他人を教唆（原文「教令」）して罪を告発させた場合、それが虚偽であれば反坐とする。告発内容が事実であって褒美を与える場合は、いずれも告発した者を主とし、教唆した者を従とする。

これは、他人を教唆して訴訟を起こさせた場合の処罰規定である。訴えた内容が虚偽の場合は、教唆者が誣告の罪に問われ、真実であった場合は訴訟人を主、教唆者を従として褒賞が与えられる。この条文で想定されている「教令」なる行為は、たとえば『名公書判清明集』巻一二、懲悪門、把持、責決配状（胡石壁）に、

およそ市井の一般民衆や郷村の人々には、訴訟を好んで起こすような気持ちはない。皆な悪事を働く狡猾な輩（原文「姦猾之徒」）に教唆されてそのように仕向けられているのである。そうした輩は、訴訟に勝てばその利益を自らに帰し、敗訴すればその損害を他人に押しつける。したがって、訴訟を起こした者は、勝訴しても負けと同じ、敗訴すれば文字通りの負けであり、教唆した者は、勝訴すれば当然ながら勝ちであり、敗訴しても勝ったの

と同じなのである。

とある「姦猾之徒」、すなわち、訟師・譁徒の行っていることと、何ら変わるところがないように思われる。

唐律・唐令の条文においては、訴状の代筆業務や訴訟の教唆を行う者の存在が想定されていた。したがって、統治者から「好訟」の地と見なされ、その実態も認識されていた隋唐時代の相州においても、そうした行為を行う者は存在していたのかも知れない。宋代になって訟師・譁徒が惹起する「健訟」問題が、隋唐時代の相州に起こる可能性はあった。ところが、隋唐時代の相州刺史は、そうした問題のあったことを指摘していない。相州においても「健訟」の問題は、北宋時代になってようやく顕在化するのである。

これまで、宋代の「健訟」についてなされてきた諸研究においては、宋代中国の特定地域において「健訟」が問題化したのはなぜか、という点に焦点が当てられてきた。本章ではいささか発想を切り替えて、同じような条件を備えながら、なぜ唐代以前には「健訟」問題が顕在化しなかったのかという問題意識をもちつつ、隋唐時代から宋代にかけての相州について考察を加えてきた。結果として、相州においても「健訟」が問題化するのは宋代になってからであり、それ以前には顕在化していなかったことを指摘した。その原因については、遺憾ながら未だ特定するに至らないけれども、それは、唐以前には存在せず、宋代以降になって登場・普及した「何か」であるに違いない。たとえば、印刷技術の普及と出版業の発展などが原因の一つとして想定できるであろう。法典の出版は厳しく規制されたとはいえ、科挙受験に必要な知識としてそれが社会に求められていたことも事実だからである。まことに陳腐ではあるけれども、一つの假説として提示しておきたい(17)。

注

（1）青木敦「健訟の地域的イメージ――11～13世紀江西社会の法文化と人口移動をめぐって」（『社会経済史学』第六五巻三号、一九九九年）四頁。

（2）主要な先行研究については、注（1）青木論文、三～五頁、および山本英史「健訟の認識と実態――清初の江西吉安府の場合」（大島立子編『宋―清代の法と地域社会』東洋文庫、二〇〇六年所収）二〇二～二〇三頁に紹介されている。それ以外に、翁育瑄「北宋の「健訟」について――墓誌を利用して」（『高知大学学術研究報告（人文科学編・社会科学編）』五六巻、二〇〇七年）、小川快之『伝統中国の法と秩序――地域社会の視点から』（汲古書院、二〇〇九年）所収の諸論考などがある。

（3）「健訟」の語の由来については、注（1）青木論文、四頁の注（6）を参照。

（4）注（2）翁氏論文、四〇頁。

（5）高敏主編『魏晋南北朝経済史』下（上海人民出版社、一九九六年）九四七～九四八頁。

（6）北斉朝治下におけるソグド人の活動については、後藤勝「東魏・北斉朝の西域人――西域帰化人研究　その4」（『聖徳学園岐阜教育大学紀要』一九、一九九〇年）を参照。

（7）東魏北斉時代の鄴の城内には、胡人（ソグド人）が多数居住し、宮廷内にも一定の政治的影響力をもっていたことが、夙に知られている。陳寅恪『隋唐制度淵源略論稿』（一九四六年初出。上海古籍出版社、一九八二年）一一六～一二三頁。

（8）隋代、「訴訟無き社会」を実現し得た事例において、在地の名望家が果たした役割の小さくなかったことは、たとえば『隋書』巻七三、循吏伝、辛公義伝の記事から窺い得る。山東半島中部にあった牟州刺史となった彼は、訴訟を新たに受理すると、書面審理に委ねることなく、当直の属僚に直接事情を聞き取らせた。委細を尽くさず、訴訟の当事者を勾留する必要があったときは、公義自らが役所に泊まり込んで聴取に臨んだ。そこまでする必要はないと諫める者もいたが、公義は「それでは自分の気が休まらない」と言って取り合わなかった。罪人はこのやりとりを知って自ら罪を認め、また、訴訟を起こそうとする者に対しては郷里の耆老が「この程度のことで州知事殿の手を煩わせてはならぬ」と教え諭し、争っていた者双方を和解させたという。

（9）「山東豪傑」に関しては、陳寅恪「論隋末唐初所謂「山東豪傑」」（一九五一年初出。『金明館叢稿初編』上海古籍出版社、一九八〇年所収）を参照。

(10) 高宗の乾封二年(六六七)に、許圉師の徳政を称える石碑が立てられている(『金石録』巻四、目録、唐相州刺史許圉師徳政碑)。
(11) 趙水森「唐桓臣範墓誌的文献学視域」(楊作龍・趙水森等編『洛陽新出土墓誌釈録』北京図書館出版社、二〇〇四年所収)。
(12) 五代・後唐の同光三年(九二五)三月、魏州(現河北省大名県附近)は「鄴都」と改められた。魏州は、本章で取り上げた相州から東北東に六〇キロメートル餘り隔たったところに位置し、八世紀後半以降、魏博節度使の会府が置かれた城市である。十世紀前半、魏州も「好訟」の地として、統治者にとって問題多き都市となっていた。『旧五代史』巻七五、後晋・高祖紀、長興元年(九三〇)二月条を参照。
(13) 『元豊九域志』巻二、河北路、相州。『宋会要輯稿』食貨三三―三、鉄。
(14) 小川快之「宋代信州の鉱山における紛争の構図」(二〇〇一年初出。前掲『伝統中国の法と秩序』所収)。
(15) 復旧獄官令二七条(『唐令拾遺』七八一頁)に「諸問囚、皆判官親問。辞定令自書款。若不解書、主典依口写、訖対判官読示」とあることから、前掲獄官令にいう「典」は「主典」と同義であると考えられる。すなわち、唐名例律四〇条(所謂「四等官連坐法」)に見える「主典」の意味に解すべきであろう。『訳注日本律令』五(東京堂出版、一九七九年)二三五~二四六頁を参照。
(16) 宋代の「書鋪」については、陳智超「宋代的書鋪与訟師」(『劉子健博士頌寿紀念宋史研究論集』同朋舎、一九八九年所収)を参照。
(17) 葉煒『南北朝隋唐官吏分途研究』(北京大学出版社、二〇〇九年)によれば、南北朝時代後半から唐前期にかけての時期に、高度の政治的判断を行う「官」と単純な文書処理を日常業務とする「吏」の分化が起こり、隋唐時代に入ると、後者すなわち「胥吏」の数が飛躍的に増大し、それに伴って「吏」の地位は、官界においても社会においても徐々に低下していった、という。本章で取り上げた「訴訟社会」成立の前提を考える際には、文書処理に携わる吏員をめぐる社会環境のこうした変化についても念頭に置く必要があろう。

第二部

第四章　中国近世における親子間訴訟

水越　知

はじめに

「訴訟社会」がいかなる社会を指すものか明確な定義はない。そのなかで訴訟件数は大きな指標であり、前近代の中国は膨大な数の訴訟が起こされた大変な「訴訟社会」であったことはつとに指摘されている。しかし今日一般に危惧をもって論じられる「訴訟社会」とは、訴訟件数に止まらず訴訟内容もまた大きな指標なのではなかろうか。つまり「訴訟社会」とは、あらゆる二者関係のあらゆる種類の紛争が訴訟になりうる社会、もっとも訴訟に馴染まない人間関係でさえ原告と被告になりうる社会のことを漠然とイメージするのだと思われる。前近代中国もまたあらゆる種類の紛争が法廷に持ち込まれたが、それでもなお訴訟に馴染まないのは「親」と「子」による訴訟ではなかったか。これは単なる情愛の面だけでなく、親子が法廷で相争うような場面の現出を儒教倫理やそれに基づく法思想を含めたあらゆる社会システムが阻んでいたと考えられるからである。

中国法制史の研究においても親子間の訴訟という発想から家族法が論じられたことはほとんどない。古くから「孝は百行の本」と言われてきたように、中国社会における「孝」思想の持つ意味は絶大なものがある。父母や祖先に対して孝養を尽くすことは、いわゆる「儒教社会」、「封建的社会」の中核をなす倫理であり、この理念に支えられた家族を基本単位として成り立つ秩序は家父長制として中国社会のイメージを決定づけている。あらゆる社会的結合が安定的な姿を提示しない中国社会にあって、ほとんど唯一疑いをはさむ余地がない組織は家族、ことに親子関係と見なされているからだ。そして家族法はこの儒教倫理を貫徹すべく、違反者に処罰を加えていくシステムとして論じられてきた。とくに違反者たちが押された「不孝」の烙印と重罰がこのシステムの強固さを物語っている。

桑原隲蔵氏の古典的研究では中国社会に占める「孝」の重要性とともに、違反者すなわち「不孝」に対して、歴代王朝がいかに峻厳な態度を示してきたか法的な側面から概観しており(1)、その後に続く中国の家族法を論ずる先学たちはみな「不孝」罪の処罰について論じ、親の法律上の絶対的優位を明らかにしている。つまり親子が法廷に立つことがあるとしても、それは子の「不孝」を訴えて断罪する場であるというのが一般的な認識であろう。前近代の中国では民事訴訟と刑事訴訟の明確な区別はなく、親子間の訴訟もほぼすべて「不孝」やその他の刑罰を前提とした刑事訴訟である。このため先行研究は「孝」原理が貫徹された法律制度のほうへ関心が寄せられ、「不孝」罪の成り立ちや具体的な処罰例の検討などは行われている。それとともに「不孝」罪が親の側に立ってその権力を補強し、それによって秩序を安定させようとする国家の意図もたびたび論じられてきたところである(2)。

この好適な例は清末の同治四年（一八六五）、湖北省のある地方で起きた、ある士人がその妻とともに母親を笞で殴打する事件の顛末である。これは桑原隲蔵氏の研究のなかで紹介された事件で、士人の夫婦は皇帝の厳命のもと、生きながら皮を剝がれ、のみならず地方官や親戚・近隣の者までことごとく処罰された。桑原氏は「孝治主義の立場から、不孝の行為に対して、設想以上の厳重処分を加える」一例であるとしている(3)。ところがこの事件とまったく同時期、四川省重慶府の巴県では継母が子を訴え、また子が訴え返して継母を罵り、最後には継母が地方官から処罰されたという訴訟が起きている。その一件だけではない。同様な親子間の訴訟は何件も起きている。我々は残された巴県の档案史料から、それらの訴訟の存在を知りうる。つまり前近代の中国でも親子が法廷で争った場面が見られたのである。

これは儒教倫理に基礎を置く中国社会にとって深刻な事態であったはずである。こうした親子間の訴訟の実態について従来ほとんど論じられていないが、法制史や家族史の上で検討を進めていくべき問題だと考える。そのなかで近年、柳立言氏が宋代家族史研究の一環として親子間の紛争・訴訟について論じ、いくつかの特徴を指摘した(4)。柳氏によれば宋代にはすでに親子間の紛争のうち、子が親を訴えて訴訟になる事案が少なからずあり、親が敗訴するケースもしばしば見られるとする。さらに子が訴えた事案は相手がほとんど継母であり、この背景に宋代には継母の地位が動揺し始めたことがあるとした。

柳氏の研究は、明清時代の家族関係の基礎を形成した時代として宋代の家族を分析する意図を明言するが、その状況が明清時代に継続・発展したのかはほとんど論及されていない。また史料のほとんどを南宋の判例集『名公書判清明集』（以下『清明集』と略称）に依拠した分析だが、親子間の紛争という問題の性質上、法廷で解決されるものだけではない。したがって史料の範囲は広く小説や筆記などに及ぶ必要もある。さらには論旨全体の鍵として、係争の増加原因は父系の論理による家族再編であるとの視点も一考を要する。

本章では同治年間の巴県档案を考察材料の一つの柱としながら、宋代以降、清末に至る親子間の訴訟の実態を描き出すことを目的とする。その際にできるかぎり親と子の双方が、訴訟を通じて何を獲得し、それぞれの立場をどのように主張したのか周辺の史料と照らし合わせつつ見ていきたい。

第一節　不孝に関する法令と処罰

一、「不孝」罪の定義

まず親子間訴訟において争点となる「不孝」罪について確認してみよう。「不孝」罪の起源がいかに古く、また重大な罪であったかは、『孝経』五刑章に「五刑の属三千、而して罪不孝より大なるは莫し」の有名な一節が雄弁に物語っている。しかし実際の裁判のなかでは、いかなる行為をもって「不孝」と認定するかについては漠然とした部分も多い。『唐律疏議』（以下『唐律』と略称）には「不孝」について「善く父母に事えるを孝と曰い、既に違犯有れば、是れ不孝と名づく」(5)とあり、「孝の違反者＝不孝」というかなり大雑把な定義である。一方では『唐律』には不孝に関して個別の事例も列挙している。つまり「不孝」罪の内容として、儒教倫理違反としての「不孝」の定義がある上に、さらに個別の違反行為としての「不孝」罪が存在する重層性を再確認せねばならない。

まず儒教倫理違反としての「不孝」の定義を見てみると、『孟子』に「不孝に三有り、後無きを大となす」とある

のが儒家たちに盛んに引用されている。孟子は三つの不孝のうち残る二つに言及しないが、後世の注では、

（1）親に阿諛して不義に陥れる
（2）家が窮乏し親が年老いても出仕しない
（3）結婚せず後嗣がない

の三つが「礼において不孝な者」であるとする。(6)ただこのなかで現実に親子間の紛争に発展する不孝は、後嗣のないことよりも、むしろ子の不行状である。同じく『孟子』には日常生活における五つの不孝を述べている箇所があり、それによると

（1）怠けて孝養を尽くさない
（2）賭博・酒などの悪習
（3）妻子ばかり可愛がる
（4）淫欲をむさぼる
（5）血気にはやり親を危険にさらす

の五つだとする。(7)これらの行為は日常的に見られるであろうし、社会的にはただちに指弾の的となるが、犯罪性を認定しにくい行為ばかりのように思われる。しかし秦漢時代には「不孝」の一言のみで死刑に直結するものであったとされる。この法律上の「不孝」罪の具体的な行為について若江賢三氏は「親に対して殺害を企てる」「経済的援助を怠る」「親の喪中の性的犯罪」などを挙げ、いずれも「親子関係を破壊する犯罪」としている。(8)

法典のなかに「不孝」の定義がまとまった形で確認できるのは『唐律』が一番古く、以後の法律でもこれを基準としてほぼ変わらない。『唐律』における「不孝」は、冒頭の名例律「十悪」の一つとして挙げられる。具体的な「不

孝」行為としては、①告言（親を告発・告訴する）、②詛、③詈、④別籍異財（親の生前に財産を分割して別居する）、⑤供養有闕（十分に親を扶養しない）、⑥自身嫁娶（父母の喪中に嫁娶する）、⑦作楽釈服従吉（服喪中に喪服を脱いで平服になる、音楽会を催す）、⑧匿不挙哀（喪をかくす）、⑨詐称死（親の死を詐称する）、の九種類が挙がっている。ただし秦漢時代のごとく死刑を前提とするのではない。『唐律』において死刑に相当するのは①、②、③であり、そのほかは徒刑・流刑などだが、⑤供養有闕の「徒二年」がもっとも軽い。そのほかに十悪の「不孝」に含まれないが、関連する罪はそれぞれの律に条文がある。例えば十悪の「悪逆」には親の謀殺が含まれるし、闘訟律には祖父母・父母を殴打した場合は斬罪とある。[9]

　このうち訴訟の際に重要になるのが告言の禁止であり、後世「干名犯義」と呼ばれる罪である。「干名犯義」は名分を犯すこと、すなわち家族内では卑幼が尊長を訴えることを禁じたものである。「干名犯義」のなかでももっとも重いのは子が親を訴える場合であり、『唐律』では父母・祖父母に対する告訴は原則として絞刑、たとえ親の犯罪を告訴した場合でも同様である。これは宋代の『宋刑統』、元代の『元典章』にも継承されている。[10]背景には「干名犯義」と表裏をなす「親属容隠」（子の場合、親や尊長の犯罪を隠匿する）の原則が伝統的に存在し、『唐律』・『宋刑統』に載る告訴可能な例外規定は謀反・大逆・謀叛などの国家的重罪と父親を殺害した母親を告発する場合だけである。[11]つまりこの「干名犯義」が訴訟における親子間の立場の違いを決定的なものにしている。

　一方でこれらの「不孝」罪は具体的な行為を挙げているものの、かなり曖昧な部分を残していることは否めない。例えば親を罵るのは死刑に当たる重罪だが、どの程度ならば罪になるか基準は明確ではない。もっとも典型的なものは闘訟律の「子孫違犯教令」であろう。教令についてはさまざまな解釈がなされているが、清代の教令を詳細に論じた森田成満氏によれば、教令の内容は不法行為を諫め、妥当な行為をなすことを勧める「生活全般の指導」であり、具体的には賭博や窃盗のごとき犯罪から浪費や遊蕩などの道徳的な違反まで幅広い(12)。それだけに親の側に法的にかなり有効なカードを与える規定といえるだろう。全体として「子孫違犯教令」は軽微な「不孝」罪と呼ぶべきものだが、清代には発遣（辺境地帯への流罪）に処されるため罰は決して軽くない。

このように、明文化された「不孝」罪が存在しながら、内容としてはなお曖昧な部分が多く、裁判における判断基準としては安定を欠いている。その最たるものは「子孫違犯教令」だが、これは律の条文に含まれない儒教倫理違反の「不孝」をも対象にできるため、あらゆる子の行為を封じ込めうる。しかしあまりにも広範囲の行為に網をかけたために、かえって個別の案件について事情を斟酌せねばならず、結果として処罰が一貫性を欠いたことは以下に見る通りである。

二、地方官の処罰――厳罰と教化

中国の歴代王朝は「不孝」に対して原則として厳罰姿勢で臨んできた。それはときに極端な結果もともないつつ、清末に至るまで一つの系譜として脈々と続くものである。その一方、若江賢三氏は死刑に直結する「秦律的不孝罪」とは別に、漢代ごろから儒教による徳治が前面に出ることで、「不孝」の一部は教化の対象となり、結果として死刑に至らない「不孝」罪の事例が増えると指摘する(13)。虚心に考えれば、「不孝」を告訴理由とする案件は千差万別であり、親の恣意的な告訴もありうることから、厳罰だけで対処することに地方官が疑問を抱いても不思議はない。それを踏まえて「情理」に最大の配慮を払うことが「民の父母」たる地方官の理想像にも適うことになる。これを象徴するのが後漢の仇覧の逸話であり、後世の官箴書などでもしばしば言及される先例であるため、ここで紹介しておく。

仇覧が蒲亭長のとき、陳元という者が母親と住んでいたが、その母が仇覧に陳元の不孝を訴えてきた。仇覧は「陳元は悪人ではなく、教化が及んでいないだけである。年老いた母親が一時の怒りをぶちまけたとしても、本当に子を不義の者にしようと願うことはない。」と述べ、母親はこれを聞いて感涙して帰った。その後仇覧は陳元の家を訪ね、母子とともに酒を飲み、人倫や禍福のことを話して聞かせた。その後陳元は孝子となった。(14)

異伝では不孝の子に『孝経』を授けて読ませたともいう。(15)方法はともかく不孝事案に対して教化をもって臨むべしとする立場を支える根拠になった。(16)このように「不孝」に対する厳罰と教化はごく古い段階から併用されてきたのである。

唐代以降も状況は基本的に変わらない。従来の研究では、『唐律』に不孝に対して厳しい規定がある上に、宋代、とくに南宋に至り道学者たちによって孝道が宣揚された結果、いっそう厳しい処置がとられたとする。(17)それを裏づける例として、宋代のある地方官は親を殴った子に石を背負わせて川に沈め、同様の方法で三人を処刑し、そのために一県ことごとく驚愕して風俗も改まったという話がある。(18)かなり極端な例ではあるが、こうした厳罰を称賛する人々は確実に存在した。その一方でこれも多くの論者が認めるように、宋代以降の判例では「不孝」はしばしば軽罪で済まされている。南宋の『清明集』の判例では『宋刑統』で「徒二年」に相当する刑罰が「杖六十」や「杖十五」に大幅に減じられたり、(19)『孝経』をひと月読ませるなどの処分も見られる。(20)

地方官の立場からいえば、不孝事案は秩序の根幹に関わる問題として、なおざりにはできないものだった。しかし実際に処置するとなると「孝」の大原則をどのように解釈し処分を実施するか、厳罰と教化の間を揺れ動いた。厳罰・教化のいずれにも明快な論拠があり、また模範とすべき前例があることから、判断は地方官個人の裁量に大きく委ねられることになる。しかし厳罰を徹底すれば親の誣告による冤罪を招きかねず、教化のみで対処すれば不孝者を放任し、さらに深刻な事態を引き起こす可能性がある。この背景にはやはり「不孝」罪の定義の曖昧さのために、一貫した処罰がとられなかったと見ることができる。

第二節　親子間訴訟の概観——巴県档案を中心に

前節では従来の法制史研究の成果に沿って「不孝」を中心とした家族法を概観してきたが、実際の法廷においては親子間の紛争がどのように争われ、どのような結末となったか見ていきたい。本章では親子間訴訟の実態を概観する材料として、清末の四川省重慶府の巴県档案を利用する。その上で宋代の家庭内紛争の特徴を分析した柳立言氏の研究と比較しながら、清末の親子間訴訟のイメージとの共通点、あるいは相違点がどこにあるのかも確認しておきたい。なお本章で利用する巴県档案は、同治朝〈家庭〉に分類された档案群で、通し番号ではNo. 6782～No. 7094の三一三件である。(21)

まず数的な分析をしておきたい。同治朝〈家庭〉の三一三件は、単純に件数だけをみれば、同治朝の巴県档案の一万数千件のなかでは二パーセント程度である。このうち親子間訴訟と認められる案件は一一六件であり、全体の一パーセントにも満たない。他の分類に含まれる親子間訴訟もあるため、親子間訴訟の割合はもう少し増えるが、(22)親子間の紛争と呼べる内容を多く含む〈家庭〉の分類を主要な対象としたため、一一六件を基礎として検討していきたい。(23)ところで同治年間は一三年あったので、一一六件とは平均すれば一年に八、九件の親子間訴訟があったことになる。一つの档案のなかで複数回の告訴・反訴が繰り返されることも多いから、実際の訴訟数はもっと増える。訴訟全体のなかで割合は決して多くないとはいえ、それほど珍しい訴訟ではない。

それでは一一六件をもう少し統計的に分析してみよう。原告・被告の関係でいえば、訴訟はすべて親が原告、すなわち告訴する立場である。ほかに親族や近隣が訴えたものもあるが、子が原告になっている案件はない。さらに細かく見れば、父→子の訴訟が四八件、母→子が六〇件で、母親からの訴えがやや多い。また親子に直接の血縁関係がない養子・義子などが被告である場合が二七件でかなり多く、しかも継母→子のパターンが一六件とそのなかでも多い。[24] すなわち数的に分析すると、とくに母子間の訴訟、しかも母が継母である場合が多いことが見て取れる。さらに言えば、子が反訴することによって全面的な訴訟に発展するケースは全体で九件あるが、うち八件が継母→子の訴訟であり、父親の死後に継母と子の間で紛争が発生するパターンは宋代についての柳氏の指摘と同じ傾向を示している。[25]

次に訴訟理由について見てみよう。柳氏の研究を援用して分類すると、(1)教令違犯、(2)詈言、(3)擅用家財、(4)養老放棄、(5)殴傷、などが主な理由である。[26] もう少し具体的にいえば、(1)は「正業に務めず」に賭博、酒色、散財、アヘン吸引などの不行状全般が該当し、多くの案件は教令違犯の内容を含んでおり、大抵はそれを示す「約束を聴かず」などの句が告訴状に含まれる。[27] (2)(5)のように闘殴、罵詈など直接の被害は多くの場合連動して起きており、訴訟理由として区別する意味はあまりない。これらは律の規定からいっても深刻であるため、傷を調べさせる処置がとられる。ちなみに子に殴られたのは母親が圧倒的に多い。(3)(4)のように財産を勝手に分割したり、親の扶養義務を怠った場合ももちろん「十悪」の不孝に該当するため、本来は軽い罪ではない。[28] いずれの理由にせよ告訴状のなかで被告の子に対して「逆子」や「不孝」などと呼び、儒教の名分を印象づける文面になっている。

訴訟の結末はどうなっているか。滋賀秀三氏による淡新档案の分析と同じく、もっとも多いのは、明確な判決がなく告訴状に知県が「取り調べを待て（候拘喚訊究）」などの批をつけ、さらに召喚を命じた「票」が出たあとに途切れているもので、(29)一一六件のうち六五件を占める。このほか傷の検視だけが終わったもの、法廷の呼び出しを示す名単のみあるもの、さらに「票」すらなく、まったく不明の案件も一七件あり、全体の七割以上ははっきりした結末がない。

結末が分かるものもいくつかに分類される。一つは知県の「批」のみで「家庭の細事を訴え出るな。親族内で処理せよ」などと親や親族に解決を命じる場合が四件ある。またおもに親族から「注銷」、すなわち訴訟の取り下げを願い出る場合が六件ある。そのほかはほとんどが何らかの刑事処分が出ている。(30)このうちもっとも重い処罰が出されたのが「笞責、枷示一月」（No.7082）であり、そのほかは掌責（平手打ち）かせいぜい笞責である。

このなかで特徴的なのが「存案」となるケースである。「存案」は通常、案件としてファイルされることを意味するが、ここではそれ以上の意味を有している。すなわち告訴の段階ですぐ処罰はいらないが、今後の再犯を予防するために「存案」しておくという意味である。親が子を訴えるときは普通「具首状」か「具稟状」の形式だが、「存案」を求めるときは「具存状」で書かれる。そして子が再犯したときには過去の「存案」実績が新しい告訴状に書きこまれ、訴えの正当性を担保する根拠になる。(31)この担保の有効期間がどの程度であったかは不明だが、同治五年（一八六六）の「存案」が同治七年（一八六八）の告訴でも有効であった例がある（No.6929）ほか、別件ではあるが、六年後の訴訟で言及された例もある（No.6954）。一方では「存案」が認められないこともあったが、これは知県が親の責任回避と判断した場合で、「毋得僅請存案了事（わずかに存案して事を終わらせることを願うな）」（No.6828）、「不得呈請存案免累（存案して累を免れようと願うな）」（No.6975）などと批が書かれる。

このように同治年間の巴県档案〈家庭〉から親子間訴訟を概観すると、訴訟の主導権を握る親が子を「逆子」、「不孝」とすることで「不孝」罪適用の事案に持ち込もうとしているのは『清明集』と同じである。宋代に見られた子が親を告訴した訴訟は見られないものの、子の反訴はしばしば行われており、これは宋代と共通する現象である。また個々の訴訟理由や案件の内容から見れば、紛争の原因も柳氏の分類にほぼ重なり、内容も似通っている。その点で宋代と清末の親子間訴訟の社会的素地は基本的に変わらないものと見てよかろう。

一方でもちろん異なる部分もある。訴える側の親は子の不行状に困り果てていて、親の権威を示す印象はない。もちろんこれは訴訟独特の修辞法ではあるものの、「存案」のごとき手法はかなり消極的な予防策のように思われ、官の力に依存する親も少なくないようである。ところが清末の地方官による処罰は『清明集』の地方官のような「不孝」を撲滅する意欲も、教化する熱意も見られず、ほとんど形ばかりのものである。こうした親の権威も訴訟の結末も漠とした親子間訴訟の像はこれまでの中国の家族史・家族法史のなかであまり描かれてこなかった点であり、以下の節ではさらに幅広く史料を集めて、档案が描き出す周囲の状況にまで目を配ってみたい。

第三節　親子間訴訟における親子双方の立場

一、親の告訴——誣告の危険性

親子間訴訟はほぼすべてが親の告訴から始まるが、法的な立場でいえばこれは単なる訴訟の開始に止まらない。すなわち原告が親の場合、告訴の瞬間さまざまに有利な立場を保持できる。例えば官は受理せねばならないのが原則で、[32] その段階ですでに「人倫風化」に関わる重大事件の扱いを受ける。親の告訴はすべてが法廷で裁かれるわけではないにしても、告訴があった時点で警告の意味になることもあろうし、また親の告訴さえあれば自動的に子が罰せられる場合も多かった。清代には「呈請発遣」として親の申請があれば不孝の子をただちに発遣、すなわち流罪にできた。[33] このような結果が予想されるため、親にとって訴訟にともなう負担は常に重いとは限らない。

しかし親の告訴を増加させる最大の原因は親が子を誣告しても罪にならないことにある。そもそも「不孝」の認識は多分に主観的であるため、親の恣意的な告訴、はなはだしきは誣告の危険性がある。しかし『明律』、『清律』には祖父母、父母で子孫を誣告する者は「論ずる勿れ」、つまり不問に付すとあり、歴然と名分の違いを示している。[34] もちろんこれは親の側の一方的な権利で、子は正当な反訴でも原則として認められない。つまり誣告問題は親子間では法的な立場の優位が絶対的であるため、通常の誣告よりもいっそう弊害があったと思われる。

こうした親の告訴が引き起こす危険性は社会的にも広く認識されていたはずである。官でもこの危険を認識しており、『明律』の問刑条例では継母が告訴した場合は必ず近隣や親戚から事情聴取し、とくに慎重に調べるべきこととされている。[35] また筆記や小説の類には親による誣告を題材にした話がいくつもある。

例えば明代の小説『初刻拍案驚奇』巻一七「西山観設籙度亡魂　開封府備棺追活命」という話があるが、これは明察の地方官が母親の誣告を見抜き、孝子を救い出す名裁判の話である。[36] その誣告に至るあらすじを述べると、開封府の寡婦・呉氏は若くして夫を亡くし、身寄りもなく十二歳の一子劉達生と二人になった。亡夫の百日忌の建醮に道士・妙修を招いたのをきっかけに、ひそかに情を交わすようになり、三年の間関係が続いた。十五歳になった達生はこれを知って二人の密会を阻むようになったので、呉氏は達生を亡きものにしようと妙修に相談すると、妙修は達生を「不孝」として告訴し、死刑にしてもらうことを提案する。このときの妙修の言い分はこうである。

ここ開封府で平生もっとも憎むべきは忤逆の子であって、告訴すれば、打ち殺されるのでなければ重罪に問われて牢屋に入れられる。今お前さんが告状一通を差し出して息子の不孝を訴えれば、奴はどうすることもできない。とくにお前さんは実母で、継母ではないんだからお前さんの言うことは正しいということになって、疑いもかからない。……ましてお前さんが息子を捨てて、打ち殺してくれと望んだら、お上として母親の望みに従わないことはないよ。

これは小説の世界である。しかし律の規定や実際の案件からみれば、この道士の言葉も信憑性がある。例えば「実母の訴えだから大丈夫」とは継母の場合の慎重な調べと対応する話である。実の父母は誣告などしないことが前提なのであろうが、実の父母であっても子を誣告する者もある。清末の道光年間、汪士鐸『汪梅村先生集』には子に刀で切られたという母親の虚偽の告訴を見破った話がある。[37] 巴県档案で例を探してみると、父が子を訴えた不孝事案がすべて父の精神病ゆえの捏造であるとして、祖父が父を訴えたり（『巴県档案（同治朝）』〈家庭〉No. 6942）、実母が子を訴えたのに対して重慶府知府が「情節支離拉雑（情状が支離滅裂である）」として本当に「親生之子（実子）」であるか調査せよと指示している（同No. 7024）。継母の場合はさらに厳しく、知県が「捏砌の弊無くんばあらず（訴訟捏造の疑念がある）」と一蹴したものもある（同No. 7073）。これとは別に巴県档案には兄弟同士の訴訟で親の名を騙って「誣告」する例もしばしばある。[38] これらの多くはおそらく親の告訴の絶対性を悪用したものであり、親子間訴訟の大きな弊害となったはずである。

二、子の法廷戦術――親の告訴への対処

次に子の立場から親子間訴訟を見てみよう。訴訟における子はきわめて厳しい立場に置かれている。親には大幅な告訴の自由があり、孝観念を前面に押し出した法廷戦術がとれるが、反対に子は訴えられた時点ですでに圧倒的に不利である。しかも「不孝」罪となると、最高で死刑も考えられる上に、子は親を訴えただけで「不孝」罪に問われてしまう。まして親から誣告されることもある。つまりどの側面から見ても訴訟は子に有利な点はない。こうしたなかで子たちが親子間の訴訟にどのように対処していたのだろうか。

(a) 訴訟・刑罰の回避

子のとる法廷戦術としてまず考えられるのは、親に訴訟を起こさせないことである。これは日常的な光景として見られたはずだが、史料に残りにくいものである。そこで小説を例にとって訴訟以前の努力を見てみることとする。

小説では、親子間で訴訟が起きそうなときしばしば訴訟の専門家の「訟師」が登場して苦境にある子の側に立って知恵を授ける。例えば清代の訟師を主人公にして書かれた民国初期の『四大悪訟演義』(39)という小説のなかに、愛人にうつつを抜かし、けんかの末に母親を殴った不孝者の息子が母親に告発されそうになり、伝説的訟師として知られる謝方樽のもとに駆け込む話がある。ここで謝方樽は散々報酬を釣り上げたあとに引き受ける。彼は息子を自分の家に隠匿しつつ時間を稼ぎ、説得を繰り返して母親の怒りを解き、訴訟を起こす気を失くさせるのである。この話での謝方樽が母親を欺いた詭弁も面白いが、より面白いのは、はじめ正面から説得したが失敗し、結局時間をかける方策に切り換えたことである。これはもちろん小説に過ぎないが、先行する類似の逸話はいくつもあったであろう。その背景に、親が告訴した場合に有効な手段は少なく、穏便に取り下げさせることが最上の解決だと読者が認識を共有して

いたと言えよう。

また周囲の親族や近隣住民らの調停も見られた。巴県档案では親の告訴の前に子が周囲の人々に調停を頼んだ案件がしばしばある。例えばNo. 6975では母の劉伍氏に告訴されそうになった劉成富が、法廷に引き出されるのを恐れて親族や「団紳」(団練の幹部である紳士、すなわち地元有力者)に「初犯だから大目に見てやれ」と母親を説得してもらい、二度と悪事はしないという文約を作成している。ただし档案に残るような不孝の子はこうした調停も空しく、また別の悪事を働いてしまうのであるが。

うまく親の告訴が回避できず、また告訴状が問題なく受理されると、子は法廷に召喚される。ここで採りうる戦術の一つは召喚に応じないことである。巴県档案では、召喚のために差役が派遣されながら子が拒むなど、結局うやむやになった案件が目立つが、これらのなかには、ついに法廷に引き出されずにすんだ場合もあるはずだ。[40] ただし召喚に応じなくとも「存案」したり、あるいは呈請発遣もあるので決して安全な策ではない。

回避する術なく法廷に出ることになると、何とか軽罰で済ませたいと考えるはずである。こうした際にもやはり訟師の機知が子の窮地を救う話が見られる。有名な話では、親を殴って歯を折った不孝者の息子が、訟師に策を授けてもらいにいくと、訟師が突然耳に噛みつき、「父親に噛まれたが、父親は歯が弱っていたので折れたのだ」と話をでっち上げるように言う。こんなことで果たして地方官は欺かれたという。[41] また『清稗類抄』には光緒元年(一八七五)のこととして、やはり不孝の子が訟師に泣きついた話がある。このとき訟師は子の両の手のひらに「妻有刁蟬之貌」「父生董卓之心」と子の筆跡をまねて書き、それを法廷で黙って見せろとする。これはもちろん『三国志演義』で義子の呂布の愛人を董卓が奪った故事にかけたものだが、これが功を奏して地方官は父親を叱責したという。[42] どちらも小説の域を出ない話だが、前者は清末の官箴書『平平言』でも取り上げて「訟師畏るべし」としていることから、一定の真実味があったのだろう[43]。

先に見た母親に誣告された劉達生の場合は、訟師に頼る暇もなく、即刻拘引されて法廷に引き出された。彼はいったん法廷に出ると神妙に己の不孝を認め、何の抗弁もしなかった。それを裁く河南府尹・李傑は達生の態度から不孝の事実に不審を抱く。一方母親は尋問されても「無頼の息子には何の未練もない」と頑なに主張したため、府尹・李傑は棺を買いに行かせる。その後李傑は母親が後悔することを望んで、説得を試みる。「息子が死んでしまったら再生はできない。ここは二〇回打って釈放し、まだ行いが改まらなければ再度告発するのではどうか？」と持ちかけたが、母親はまったく主張を曲げなかった。ところが李傑が密かに放っていた密偵が母親と道士が「うまくやった」と喜んでいる姿を目撃していたので、誣告であることがわかり、道士は杖刑に処されて打ち殺された。母親は息子が嘆願したおかげで罪を免れた。

一方同じ話をもとにした『明鏡公案』姦情類「李府尹遣覘奸婦」の話では母親に告発された息子はすぐに訟師に泣きついている。このとき息子は訟師に「訴状」を書いてくれるよう頼むが、訟師は、

もし反訴すれば本当に不孝と認定されてしまう。母親が不孝を告発しただけでもお前の罪は重い。もし反訴して母と道士の私通を暴いたのち、道士が否認すればお前の罪は万死に値することになる。

として、息子には罪に甘んじて打たれておけばそのうちに母親と道士がぼろを出すだろう、と助言する。この意見は訴訟を生業としていた訟師らしく実際的な考え方である。先ほど見た父親を董卓呼ばわりさせた訟師でさえ、「子に父を訴えるの理なし」と正攻法は勧めない[44]。すなわち親に告訴されたらひたすら孝子として振る舞い、地方官や親の憐憫を誘うのが有効な法廷戦術なのである。そして最後には、

今蒙審訊、沐把小的笞責押候。実係錯了、只求格外施恩。(45)(今お取り調べいただき、わたくしは鞭で叩かれ、収監されました。まったく間違っておりました。ただ格別のご恩を願うばかりです。)

というように、多くは供状のなかであっさりと自らの非を認めてしまう。供状内の言葉は常套句だとしても、子が一心に謝罪することで円満に決着することが当事者にとって理想的な結末だったということだろう。

(b)反訴

次に親の告訴に対し、自己の正当性を主張して争う場合について見てみる。中国の訴訟では告訴された者、つまり被告は訴えに対し自己の正当を主張するために「訴」、すなわち反訴を行う。次項の「積極的告訴」で再度確認するが、本来中国の伝統法では親の告訴に対して反訴することには非常に大きな制限があり、自分の立場を守るための告訴は不可能と考えられる。(46)

巴県档案ではたしかに親の告訴に対する反訴が行われていた。とはいえ反訴の相手は継母に限られており、しかも慎重に行わねば命取りになる。例えば継母に反訴した子が、訴状に「刻薄不賢」と継母を批判したことが仇となり、掌責されてしまった例がある。(47)

そこでより安全な策として巴県档案でも反訴はしばしば周囲の人物を訴えることで間接的に行われている。とくに父親が相手のときはより難しい戦術が必要であったと思われる。例えば父から訴えられた次男が母を担ぎ出して長男を反訴した案件など、(48)あらゆる手段を利用した法廷闘争が窺える。

このような法廷戦術を授けたのは先の『明鏡公案』の場合のように、やはり訟師たちだったであろう。より確実な証拠は明代のいわゆる「訟師秘本」にも載せられている。父親を相手取って反訴するのは母親よりいっそう困難であったが、夫馬進氏の紹介した明代の訟師秘本『珥筆肯綮』の例によれば、父親が子を誣告した際の子の反訴状も載せられている。このとき訴えられた子は、弟が父に告訴を教唆したとして訴訟に巻き込むことによって自らに着せられた不孝の濡れ衣を回避する策を採っている。とくに評語のなかで、父親の誣告に反訴することは法律上不可能なため、他人を巻き添えにせよとある。(49) これが訟師たちのマニュアルにあるのはこうした戦術が定石であったということだろう。

さらに明代後期に出版された裁判の実用書『三台明律招判正宗』に載る訴訟の詞状文例のなかにも子の反訴状の文例がある。これは「告継子」の告状の文例に対するものであり、継子として迎えた子が教戒を聞かず、自分に殴りかかったとして養父が告訴する設定で、それ自体は典型的な内容である。この例では継子はこの案件を「冤誣」だとし、

(父が) 後に庶母某氏を娶り、弟某が生まれたために (庶母に) 嫉妬が生じ、財産を独占しようとして、毎夜父に私を害するよう教唆し、毎日理由なく殴られました。いよいよ危ないと思って逃げ出しましたが、父が追ってきて髪をつかみ、肘を咬んだので、痛みに耐えかねて思わず父の歯を折ってしまったのです。(50)

と反訴している。もちろん原告である父親を直接訴えることは避け、庶母、すなわち継母が教唆した結果、父から無用の責めを受けるようになった、また告訴のきっかけとなった事件も偶発的なものだと主張する。また明代後期の「訟師秘本」である『新鍥蕭曹遺筆』(51) にも同内容の文例があり、こちらに附された判決では継父に対して「今後は宜しく父道を尽くすべし」との判語を得て落着し、ひとまず「不孝」罪を避ける目的は果たしたといえる。反訴の内容は公案小説と見まがうばかりだが、子の反訴は地方官、訟師など広く司法関係者にとって想定されていたことを示している。

三、積極的告訴

ここまで親に告訴された子の対処を見てきたが、反対に子が積極的に親の非を告訴することはありえたのだろうか。反訴はやむを得ず自己の正当性を主張する面もあるが、積極的告訴は「親属容隠」の原則も含め儒教倫理上いっそう制限が大きい。

歴史的に見れば、子が親を訴えることを禁じた「干名犯義」の律が若干緩和されたのが『明律』である。子の告訴がただちに絞刑とはならず、告訴内容が事実ならば「杖一百・徒三年」で、死刑ではなくなった。中村茂夫氏によれば、子の告言は「親属容隠」の規定と表裏をなし、『唐律』と『清律』を比較すると容隠が推奨される場合が減少し、むしろ告発を義務づける場合が増えたという[52]。『明律』の該当箇所は『清律』と共通するので、実際には『明律』が大きな転換点となったのである。しかし柳立言氏が多くの判例から論じたように、積極的告訴もまた宋代から広がっていた可能性が高い[53]。

柳氏がとくに注目したのは宋初の端拱元年（九八八）に安崇緒なる者が亡父の財産を奪ったとして継母を訴えた事件である。このとき母親を告訴した罪で安崇緒を処刑すべきとする者と、安崇緒の亡父や実母の立場も考慮し、彼に亡父の財産を継承させ、実母に孝養を尽くさせるべきとする者の二通りの見解があったが、皇帝の太宗が律の適用を修正し、安崇緒を処刑すべきでないとして「超法規的措置」を採ったことで法制史上重要な事件となっている[54]。『清明集』や他の史料でも子や養子が継母を訴えた例がかなり認められ[55]、少なくとも宋代には子が親を訴えた場合、状況次第では受理し、親の非も裁くことがあったと想定される。こうした状況を示す興味深い史料として、『朱子語類』のなかに朱熹と弟子・黄榦の間で以下のような問答が録されている。

黄榦「私の兄が某地の任にありましたとき、ある継母が父親（その夫）とともに、先妻の子にすげなくし、貧乏で自活できない子どもたち数人が、役所に泣きつきました。役所は（子が親を訴えるというのは）告訴理由が立たない（名分不便）ので、やむなく慰めて不起訴処分にし、結局どうしようもありませんでした。」

朱熹「それはいかん。こういうところはお上の法で裁くべきなのだ。やはり後妻を呼び出して、戒告を加えねばならん。もしこの上先妻の子を寄せ付けず、生活が立ちゆかぬようにするなら、必ず厳重に懲罰すべきだ。[56]」

またこれに続けて朱熹は自分の地方官としての経験談を話している。

紹興府のある継母が、夫の従弟と通じたあげく、後がまにすえ、その男が勝手に財産を使い、思いのままに費消した。泣き寝入りできぬ息子が告訴してきた。はじめは（子が親を訴えるというのは）告訴理由が立たない（名分不便）というので却下したが、あとで数十里の遠方まで追いすがってきて、その息子の心情があまりにも深刻なので受理してやることにし、楊敬仲（楊簡）に任せた。敬仲は、子が母を訴えるのは不都合だとの意見だった。私は彼に話した。「父親のことを考慮してやったか。彼の父親が亡くなると、妻は簡単に裏切って他人と密通し、しかも財産をつぶしたのだ。こんな大罪をもしお上が究明してやらなかったら、父親は地下で恨みをのまずにおれるだろうか。今お上ではとりあえず彼の息子を別のところにおくより仕方がないのだ。[57]」

この問答では、南宋の地方官たちが儒教倫理の名分と実際起きる親子間の紛争との懸隔に矛盾を感じ、柔軟に対応すべきだと考えていることがわかり大変興味深い。朱熹が反訴を容認したことが後世どの程度影響したのかわからないが、これまで一般に考えられてきた儒教倫理に基づく厳格な対処とは大きく異なり、いわゆる「情」を重んじた考えである。この場合は、継母の私通を重く見て、亡父の名誉と子の継承権がより守られるべきだという考え方である。こうした地方官の柔軟な姿勢を見抜いてか、訟師秘本『新鍥蕭曹遺筆』に載る「求諭継母帖」は、正面から告発するのではなく「親をお諭しください」と陳情する形になっている。(58) ただしいずれも告訴の対象が継母である点は注意せねばならない。

このように子の積極的告訴が想像以上にしばしば起こされたことがわかるが、「孝」の問題が横たわる以上、無制限に訴えを起こすことは難しかった。子が親を告訴するのは多くが継母・養母が相手であり、実母やまして父親を告訴することは例外であった。(59) 訴えを受ける側はどうだったか。宋初の安崇緒事件の先例にもかかわらず、原則としては親に対する告訴の受理を容認する姿勢は見せない。(60) しかし朱熹の発言からも垣間見えるように、現実には地方官レベルで柔軟な対応があったとも考えられよう。

第四節　親子間訴訟発生の背景

一、親の権力の不安定性

親子間の法的な立場に歴然と違いがある以上、訴訟は親の権力を見せつける場となる。それならば親子間訴訟は盤石な権力を背景に行われたのかといえば、必ずしもそうではない。実際には不孝の子がいても思うままに罰することができない親が多くいたのである。不孝の子に対する親の苦慮をよく表した史料として南宋の応俊『琴堂諭俗編』の一節がある。

（『孝経』に）「五刑の属三千、罪不孝より大なるはなし」とあるが、世の中には不孝の人がいながら不孝の刑を受けた者がいないのはいったいなぜか。渝川欧陽氏が論ずるには、「父母の心は慈愛を本としており、子や孫が親に背いても官に訴えることを望まないのだ。」思うに富貴の者は家門の恥となるのを恐れ、貧賤の者は子どもに養ってもらいたいから、一切怒りを抑えて我慢をする。だから不孝者が刑罰を免れるのだ。(61)

これを要約すれば、世の中に不孝者がいるのに親が訴え出ないのは情愛、名誉、経済的困窮の三つの理由があるということである。裏返せばこれらの点で押し止めなければ告訴の可能性があり、実際の告訴の背景もやはりこの三つが鍵であることが多い。

情愛の点は論証になじまないが、継父母と子の関係の場合は情愛が希薄になりやすいことはあるだろう。また家の名誉の点では、諸先学が明らかにしたように親は法廷に出る前に家庭内で処理、すなわち私的な制裁――ときに殺害に至る場合もある――が法的にも認められており、内々に処理することが可能であった。孝思想に基づく秩序によれば、もっとも簡単な処理に思われる。実際に古くは親が不孝の子を殺害することも許されており、清代に至ってもまったく教令にそむいていない子を「故殺」したのでなく、懲戒の結果として死亡した場合は容認される。もっと軽微な笞打ちなどの制裁は当然可能であり、子が死亡しない限りはとくに問責もされなかったようである。しかし訴訟案件を見れば、子に制裁を加える力のない老人や母親が原告であることが多いのは注意すべきであろう。その一方、時代が下ると親の生殺与奪の権は変わらぬものの、制裁権は徐々に縮小され、国家が代わって制裁を加えるように移行していったとされる。(62) 言い換えれば国家は親の請願を受けて処罰を代行する機関となったわけで、結果として私的制裁ではなく訴訟を起こす場合が増えるのは当然である。

三つの理由のなかで、親にとってもっとも深刻なのは経済的困窮である。そして第一節で見た告訴理由のなかでもほとんどの背景に親に対する扶養義務の問題がある。もちろん個々のケースで事情が異なるが、律の条文に照らして言えば④「別籍異財」（ただし別居は認めないが家産分割は父母が許可すれば認められる）と⑤「供養有闕」がそれに当たる。この二つは多くの場合連動して起こるが、財産のない最貧層にとっては「別籍異財」は無関係である。とはいえ貧困層でも扶養義務まで免ぜられるわけではなく、やはり「供養有闕」あるいは「不能養贍（養うことができない）」が罪状となる。経済的困窮だけでなく、別の犯罪などで処罰されて扶養できなくなり、親が絶望して自殺するようなことがあれば、それも追って処罰される厳しいものだった(63)。

ここまで扶養義務を強調する背景に、社会福祉の未整備な前近代の中国では一般的に「養児防老」、すなわち子を養育することで老後の生活を安定させる考え方があった(64)。老人にとっては成人した子の収入に頼るほかないため、子が自分の意のままにならぬ、あるいは酒や賭博のために家財を蕩尽してしまうことはすぐさま自らの生活を危機的なものにする。「別籍異財」の禁止の目的も儒教理念や家父長権力の補助というだけでなく、老人の不安定な生活を緩和する意図はあったに違いない。ただ実際には父母の存命中に子に財産を分与することは一般的に行われていた。分与の方法としては、父母が養老などの名目で一部の耕作地を留保するか、子から一定額の金銭を定期的に受け取る権利を有するやり方がある(65)。しかしこれらが多くの場合、空手形となって親子間の紛争の種になる。その背景には親の支配権の凋落がある。つまり財産分与の前であれば父親は家長として経済的な支配権を持っているが、財産分与後になるとその立場が逆転し、家長といえども経済的には無力な老人となってしまう。

これが母親、まして継母であればいっそう深刻である。親子間訴訟で子が堂々と争う案件はほとんど母親相手に限られるが、夫の死後の財産をめぐって成人した子との争いになることが多いのである。柳立言氏が言うように宋代以降、徐々に寡母の財産権が低下し、子に対する優位性が後退してしまったため、争いが訴訟に至ることが増えるという図式はかなり妥当性がある。(66)そこでは将来的には家長たるべき子と、現時点では家長代行的な立場にある継母が、お互いに自己の立場を全力で主張して争うことになるわけである。(67)

このように、親子間訴訟発生の第一の原因は、近世に至って親の権力が実は安定した基盤を失ったことにある。体力的にも経済的にも子を圧倒する力を失った親に残されたのは儒教倫理による権威のみである。残された手段としては、官から自分の経済的な権力を確定してもらうことしかないのだが、自らの主張を通すために「孝」の理念を前面に押し出して子を服従させるのが最善の手段なのであった。

『琴堂諭俗編』の後段で、応俊は泣き寝入りした親たちの怨みが天に感応するのだと述べ、不孝を戒める。しかし実際には不孝の子の話は尽きることがない。おそらく筆記や小説に散見する親を虐待する子たちも、家庭内で実質的な権力を握る子の姿を描いたものではなかろうか。これらの話に登場する子たちは許しがたい不孝者として糾弾され、天罰を下されるわけだが、目下困窮している親にとって天罰は確実な懲戒とはいえまい。このため多くの親が法廷の門を叩くことになったのであろう。(68)

二、民間調停機能の限界

親子間の紛争のうちどの程度が法廷に持ち込まれたか判断するすべはない。当然ながらすべての紛争が法廷に持ち込まれたはずはなく、それ以前に穏便に済ませる努力は払われたと思われる。明代の官箴書『居官水鏡』のなかに、ある父親が子を訴えてきたとき、地方官が父親に頭を冷やす機会を与えるために「妻と相談せよ」、「郷党親戚に告げてこい」とたびたび突き返す話がある[69]。歴代の地方官たちは多くの人間を問に立たせることで、できるだけ不孝事案を法廷に持ち込ませないという方針では一貫していたと思われる。地方官から見れば親子間訴訟の多くは家庭内の細事であり、「不孝」で一括する諸案件も、重大な案件から単純な親子喧嘩に近いものまで非常に幅広いことは一般的な認識であった。もちろん本来「不孝」は重大な罪であり、親族や近隣は告発の義務さえ有していた。しかし地方官の態度は告発を望むものではなく、むしろ親や親族・近隣に差し戻す「民事不介入」的な態度をとった。それでは親族や近隣社会が不孝者を制裁・教化する機能はどの程度有効であったのか。

宗族（父系を同じくする同族集団[70]）による不孝者への私的な懲戒や「裁判」が行われたことはすでに仁井田陞氏、滋賀秀三氏や徐揚傑氏らが詳細に論じており[71]、それらをまとめると以下のようになる。まず親族は国家の法律、族内の規定などに違反した子弟に対し、国家による公的な懲罰に先んじて懲戒を行ったが、その際には祠堂（宗族の祖先を共同祭祀する場）が臨時の法廷となり、族長が裁判官の役割を果たす。父親が手に負えずに宗族に訴える場合、当該の子弟だけでなく、父親も教戒を怠った責任を問われる[72]。

これらは宗規、あるいは家規などと呼ばれる宗族内の規定のなかに書かれている。もちろん個々の宗族によって内容は異なるが、制裁について詳細まで決めている宗規もある。徐揚傑氏の引用した『義門陳氏大同宗譜』によれば、「荘首荘副が銭穀を使いこんだら杖二十と苦役一年、賭博・闘殴・酒色に溺れるなどは杖十五から二十と苦役一年」などとある[73]。あるいは宗族内での解決を前提としたうえで、案件の重大性や再犯の場合には官に訴えることを取り決めているものも多い。不孝事案に特化した懲罰規定もある。光緒元年の安徽合肥の『邢氏宗譜』によれば、「教令違犯・缺養は責三十、父母を罵るのは責五十」などとあり、最後に「不孝の大なる者は官に送りて処置す」とある[74]。ここまで詳細でなくとも「孝」の勧めと「不孝」の戒めはいかなる宗規にも必ず書かれる宗族の結合理念の柱である。

宗族内で「不孝」と断じられることは最終的に官への告訴まで至る可能性があり、子弟にとっては威嚇になったと考えられる。

ただ宗族の私的懲戒が下級裁判所のごとき役目を十全に果たしていたかは留保が必要である。周知のごとく宗族の凝集力や規制力は個別的であるし、時代や地域による偏差も大きいからである。巴県档案による限り、地方官が不孝事案をできるだけ親族に解決させようと期待していたことは間違いない。一方、親子間訴訟が公の法廷に持ち込まれた時点で親族の解決能力を越えているのだが、この段階で構成員同士の起こした訴訟の取り下げを願い出ることもある。しかしそれをはるかに上回る案件で親族の構成員が次々に参加し、混乱を助長している印象がある。

不孝事案に対する近隣による調停・懲罰も公的、私的のいずれも存在した。制度的には元代の社長や明代の里長・老人による裁判が有名だが、[75]「不孝」は「戸婚田土」に準ずる細事として社長や老人たちが裁いた。老人制の基礎なる明初・洪武帝の『教民榜文』では「十悪」と「非十悪」を区別して前者のみ官が扱うとした（第一一条）。「不孝」は十悪の一つであるから、官の裁判に係るはずだが、別の箇所では「子孫違犯教令」などは老人が扱うものとしている（第二一条）。実際に中島楽章氏が紹介した例でも老人が親に従わない子に対し、「笞撻四十」の罰を与えている。[76]これは死刑もありうる重大犯罪の「不孝」と軽微な「不孝」罪との二分化と映る。もちろん『教民榜文』に明確な基準が示されている訳ではないが、伝統的観念として「不孝」に対する処置の任意性を保持する意図があったのではないか。つまり官の側が「不孝」の処置を民間に押し付ける場合、教令違犯と認定してしまえばよいからである。ただしこれらの制度が長くは機能しなかったため、民間で止まるべき案件が官へ訴えられることになったものだろう。

巴県档案によれば、不孝を訴える際には、まず親族や近隣に報告することが必要だったと見られる。官に告訴された案件には、定式のように「親である自分が教諭し、「族戚」「団隣」などに訴え、教戒したが改悛しなかった」などと書いてある。そうなると否応なく親族・近隣が不孝事案の調停・懲戒に乗り出す場面が出てくる。間に親族・近隣が介在するとすれば、告訴された不孝事案は、宗族や近隣によって解決できなかった結果であり、調停が不調に終わったことを示す文言が少なからずある。親族や近隣が不孝の子、あるいはその親も含めて、再度「不孝」によって浪費や乱暴をした場合は官に告訴するという調停段階の文約が添付された案件もある。[77]ただしこれも親の側の法廷戦術として「お上」に訴え出る前に、親族・近隣による調停・懲戒が行われるべきという図式に即したもので、「やるべきことはやった」という親のアピールだとも言えそうである。

同治年間の巴県で年に八件程度の親子間紛争が訴訟に至ったことを数的に評価することは難しいが、広く親族間の訴訟である「骨肉の訴訟」まで含めれば、何倍にも達することから、調停能力には疑問符がつく。そこに見えるのは不孝の子弟の始末を親・親族・近隣・地方官が互いに責任転嫁する姿である。親の権威も絶対ではなく、親族・近隣の規制力も不孝者を出さず、親の訴訟を封じ込めるには不足だった。結局のところ何らかの決定的な処置を下しうるのは地方官しかないのだから、争いの続く限り、どこかで親子間の紛争は公の訴訟へと持ち込まれていくことになったはずである。

三、「無訟」の理想と親子間訴訟

地方官の理想的統治の一つは訴訟のない状態、すなわち「無訟」である。このような状態は現実にはあり得ない。しかし地方官たちは儒教的知識人として、少なくとも「無訟」を目指して努力せねばならない。ことに親子間の訴訟はもっとも存在してはならない種類の訴訟である。

こうした考えが一般的になるのは、「不孝」に対して厳罰よりも教化を含めた温情的な措置が求められるのとあい通ずるものと思われる。この温情的な措置の形式もある程度時代による変化が見られる。後漢の仇覧の逸話に代表されるように、比較的古い時期には訴えられた不孝者を諄々と説諭し、ときに『孝経』の読誦をさせるなど、不孝者の再教育に重点を置いている。また宋代の例では理をもって説諭するなど、理性的な態度が目立つ。その一方で感情に訴えることで親に訴訟継続の意志をなくさせる形での解決例も徐々に増えてくる。古くは唐の韋景駿は母子が訴え合った案件に対し、自分の教化が不十分であることを嘆いた上で「嗚咽流涕」して『孝経』を授けた。すると母子は感悟して、子は孝子になったとの話がある。(78) さらに明清時代の墓誌銘や地方志などから検出できた、地方官として親子間訴訟を解決した例を見ても、韋景駿と同様の「泣き落とし」のパターンが増える印象を持つ。(79) そのほか縄で縛ったり、叩くなど脅しによる解決もある。具体的な手法はさまざまだが、共通するのは親や子の「情」に訴えること、そして明確な処罰を下す前に訴訟の取り下げをさせる考えである。

この理想をより直截に述べるのは地方官向けの行政マニュアルたる官箴書である。例えば元代の官箴書『牧民忠告』には「親族の訟は宜しく緩むべし」(80) とあり、親族間の訴訟一般に関しても情を交えて円満に解決をするよう述べる。さらに一歩進めた意見としては、清代中期の『図民録』に「骨肉の興訟は当に以て之を感動せしむべし」とあり、(81) そこでは「天理」・「民彝（人倫）」によって感情を動かすのが先で、それがだめならば裁判で曲直を分かつことを次善の策としてあげる。つまり裁判で決するのは最優先ではなく、訴訟を取り下げさせるのが最善の解決である。

仮に裁判に至ったとしても、なお温情による円満解決をよしとしていた。そのため官箴書には温情判決へ導くマニュアルも作られていた。清末の官箴書『州県初仕小補』には親が子を告訴した場合の法廷での尋問について、情によって親子双方を悔悟させる道筋が非常に具体的な、なかば公案小説のごとき問答形式で書かれている。やや冗長となるが大体のところを翻訳し、地方官の情による裁きの理想形を見てみたい。(82)

すべて子孫の忤逆を訴える者は、訴え出たそのときはまさに怒りの頂点にあり、必ずその子が凶悪で、苦難はもはや容認できず、意を決してお上に訴え死を以てあとの憂いを絶ちたいと言ってくる。およそこの種の案件があれば、男であれば、

「妻は原配（最初の妻）か、あるいは後妻か、子どもは全部で何人か、この子（訴えられた子）は誰が生んだ子か」

と尋ねる。女の場合も同じように尋問する。

もし後妻の場合は、

「後妻の生んだ子はあるか、年は何歳か、妻を娶っているか、同居しているか」と逐一尋問すれば問題は自ずと明らかになってくる。

このあとはまず実子である場合の想定問答が始まる。

もし実子であれば、「骨肉の情は二度と作り直せないし、死んだ者は二度と生き返らない。後悔しても及ばない」と懇切に勧諭する。もしそれでも親が「いらない」と言った場合は、

「そうなってしまっても悔いはないか?」と問う。すると親は必ず「悔いはない」と言う。するとまた

「怒りにまかせて失敗をするな。私がお前とともに厳しく教え諭し、過ちを改めて孝順に再教育してやるのでよくはないか?」と問う。すると親は必ず「この子は極悪ですから断じて更正はできません。おそらくは不測の事態を引き起こしましょう。」そこで地方官は「少し試しに見てみよ」と言って、子を堂上に引き出し、父母を指さして「彼らはお前の何か?」と言えば、必ず「これは私の父と母です」と答える。

ここからは子を尋問しながら親の態度の変化を待つという筋書きになる。

「お前の父母が忤逆不孝で訴えてきた以上、父母が生を求めれば生かすし、死を求めれば処刑されることは分かっているか?」と言えば、必ず「知っている」という。そこで「それを知っていてなぜ不孝を犯したのか?」と言えば、「何もしていない」と答える。

「もし何もなければお前の父母が忤逆で法廷に突きださなかった。お前を死刑にするよう望むなら、本官がどうすることができよう。お前を打ち殺して後患を絶とうというなら、ただちに服を脱がせて打つ。」と言いながら父母に憐憫の気持ちがあるか窺う。

ここで子を実際に叩き始める。体中皮が破れ、血が流れ出すと子は恩赦を哀願し始める。そこで地方官は、

「わしとて自分の意見は挿めない。父母に頼んでみたらどうか」

と言うと、子は父母に哀願する。このときに父母が異議も出さなければ怒りは消えている。まだすぐに許しそうにない場合は

「今日のところはしばらく死刑を見合わせ、先に牢獄に拘禁して処分を待てば、お前の父母が怒りを解いてくれ、本官も「逆倫」の重案を免れよう。」

と言って、ただちに刑具を付けて拘禁し、父母には家に帰らせる。父母は子の血まみれの体を見て死なせたくないと憐憫の情が起きるし、子も叩かれたことで、お上の厳格であることを知って縮みあがる。また法では実の父

母より大事なものはなく、軽々しく侵すものでないことも知る。

このように父母と子の両方に思い知らせた後はどのように決着をつけるかという段になる。

数日たてば親族が保釈願いをしてくるだろう。しかし二度まではねつけ、自由にはできぬことを思い知らせる。その後また法廷で厳しく訓戒した上で叩かせる。親族は必ず懇願してくるので、「お前たちの顔を見てはしばらく寛大にしておく。もし再び孝順をわきまえず、法廷に出されたときはただちに打ち殺す。二度目の許しは決してないぞ」と言い、さらに親族たちに「もし再犯の場合はお前たちが速やかに法廷に突きだしたかも問うことになる。容隠などしてお前たちまで引き出されぬようにせよ」と言っておいて保釈する。

これで一件落着である。なお少し付言として「前妻の子や、庶母・継母が訴えた場合は斟酌せよ」とあり、また結局は臨機応変にせねばならず、一概には論じられないとも述べている。

絵に描いたような温情判決である。見事に父母や周囲の感情を和らげながら、同時に官の厳しさも知らしめ、また自身としては「逆倫重案」を回避できる。細かな部分は母親の誣告を見抜いた名裁判官・李傑の台詞と似通っており、おそらく公案小説の類を参考にしたのであろう。こまめに親子双方の態度を窺いながら情を引き出そうとしており、まさに理想的な展開である。こうした解決が理想であり、また特筆すべき事例であることはしばしば墓誌銘などに記載されたことからもわかろう。それが称賛すべきことだから書くのであり、日常的な光景であったかはまた別の検討が必要である。

今言えるのは「不孝」罪となっても、刑が免じられることが多いことである。明清時代の刑案を見ると、子が処刑される段になって親が後悔し、告訴の取り下げを願い出ることは珍しくない。国家の側でも親の感情の変化は想定していて、明代の場合あくまで律の条文どおりに刑を執行するより、むしろ皇帝の「好生の徳」による「恩」が示された(83)。また『明律』では親を罵ったとして親が告訴した場合、親が息詞（訴訟取り下げ願い）を提出すれば処罰は免れた(84)。巴県档案でも初犯、再犯くらいまでは地方官の叱責や少し叩かれる程度で放免されるのが普通である。地方官としてはこの間に親子関係が修復し、子の不孝が治まることを望んだに違いない。理想は消極的であっても求められ続けたのではないか。しかしせっかくの温情にもかかわらず、不孝者は二度、三度と「不孝」を繰り返し、多くが処罰されたのも動かざる事実である。

このように親子間訴訟が頻繁に起こされる一つの要因は、親が「孝」原理を背景にして倫理的にも法的にも絶対的な優位を占めていたことにある。この状況は家父長権力による統制を想像させるが、その実多くの親が子の不孝に怯えていた現実も浮かび上がる。親は自ら懲戒を行うことを認められており、あえて訴訟によるリスクを背負う必要はない。しかし実際には傷害や罵詈など直接の被害だけでなく、経済的にもしばしば従属を強いられていた。これに対し「不孝」罪による告訴は親にとって絶対的な威力をもつカードではあったが、同時にほとんど唯一のカードであったともいえる。告訴の結果本当に子が死刑になってしまえば自らの老後の危機はいっそう深刻になるはずで、本来的な情愛の面からいっても本心で子の処刑を望むことは少なかったに違いない。望むべき結果は地方官による懲戒を経て、あるいはそれ以前に告訴そのものが警告となり反省を促すことであろう。こういう父母の心情を考えると、一般に言われる地方官の怠慢や調停機能の不全と同じように、地方官の温情重視の傾向もまた親子間訴訟の増加に寄与したと言えるのではないか。

おわりに

本来は家庭内で処置されるべき親子間の紛争が訴訟の場で公になり、親族や近隣社会の多くの人間を巻き込んでいく様子は、すでに「訴訟社会」の体をなしている。しかし法的立場において絶対的な違いのある親子がなぜ進んで法廷に向かったのだろうか。すなわち孝思想が貫徹しているはずの社会に何か別の要素を想定しない限り、親子間の訴訟など起こす必要はないはずである。

近代知識人が一斉に批判したように、孝思想による中国の親子関係は子に対して過酷なものであった。その思想を基礎にした法律もまた過酷である。不孝が死刑に相当し、親の悪事は告発できないなど、現代的な視点では著しい権利の不平等としか見えない。しかしそれを前近代中国社会の特徴として「儒教倫理の根幹だから当然だ」と淡々と結論づけるには疑問が残る。この過酷なシステムが二〇〇〇年以上維持されてきたことは厳然たる事実であるが、儒教教育や法律などで子を隷属させるだけでかくも長期間システムが破たんしなかったとは考えにくい。そこには現代との価値観の相違というだけではない何らかの運用の妙があったのではないか。換言すれば親子間訴訟を頂点とする親子の紛争には過酷さを緩和するシステムがあったのではないだろうか。

法制上では子の法的権利が徐々に拡大していくことにより、当然子の反訴・告訴も増加し、とくに夫を亡くした母親の財産権はしばしば子の財産権と衝突することとなる。これと比例して権利の侵食を防ごうとする親側もまた訴訟を起こすケースが増えるのも自然の流れである。裁く側の地方官にも絶対的な基準がなく温情判決に流れがちであった。これもまた訴訟を増やす要因になったと説明できる。根本的に「不孝」罪に対して国家が厳罰と軽罪の二つの立場を示している曖昧さ、あるいは「二重基準」が混乱を招いたのだ、といえば簡潔な説明になろう。

「不孝」に対する「二重基準」の正体は何だったのか。儒家と法家などの法思想の違いに還元されるのか、あるいは士大夫か民衆かという処罰の対象、つまりは教化レベルに還元されるべきなのか、さまざまな見方はできる。しかしもっと実際的な意味で、訴訟上の「刑事」的なものと「民事」的なものの区別ではないのは確かである。一見して「民事」的で事件性に乏しくとも「不孝」罪の範疇に入れることは可能だし、たちまち重罪も成立する。反対に罵詈・暴力などの重罪に当たる「不孝」でも教令違犯という「民事」的な案件に押し込めることも可能である。しかも訴訟内容も含めてまったく個別的で、きわめて一般化しづらいものである。これらが混乱の原因になるとすれば改善すべきだったのではないかと思えるが、筆者はむしろ「二重基準」の維持が一定の意味を持っていたと考える。

訴訟の当事者たる親子はこれをうまく利用して、自らに有利な決着を得ようとしていたのではないか。親は自らの権利を確定させ、子を懲戒すればよいので、子が刑罰に処されることを望んでいるわけではない。告訴が受理されれば十分な警告になるし、法廷に立っても地方官から温情判決を引き出そうとする。子のほうでも「不孝」が俎上にのぼると立場は苦しくなるため、温情判決に向けて平身低頭する。地方官も常に厳罰をちらつかせ、権威を示そうとする。そして三者が「父子（母子）如初」の決着を目指すという、一つの予定調和のなかでそれぞれの役割を演じていたと言えよう。つまり「二重基準」の維持によって地方官は厳罰のカードを持ち続け、実際には子の権利を保護すべく温情のカードの切りどころを計っていたということだろう。

儒教倫理を杓子定規に当てはめて裁判を行えば、妻や子にとっては悲惨な状況になる。歴代王朝はそうした犠牲を払っても家父長による秩序維持を優先したとするなら、それも一面の真理であろう。しかしこの不均衡を何とか緩和しようとする振り子の反作用も必ずあったはずである。そこに「法の下の平等」といった法意識があったかはわからない。ただ公案小説などの親の誣告譚は世論から法制への一種の批判であったろうし、明代以降顕在化する訟師の存在もまた子にはしばしば救いの手となった。そして最大のものは地方官の裁量に委ねきったことである。地方官は「不孝」罪について一律の基準を適用せず、個々の案件によって判断する。周囲の士大夫たちもときに厳罰を推奨しつつ、ときに温情判決に喝采した。この矛盾した現象は儒教倫理を秩序の根幹としながら、そのなかで法的弱者の権利を守る「見えざる手」であったように思われる。

注

(1) 桑原隲蔵「支那の孝道殊に法律上より観たる支那の孝道」(『桑原隲蔵全集』第三巻、岩波書店、一九六八年所収)。

(2) 親子間の紛争における刑法や家族法に関する研究は枚挙に遑がない。この問題を通時代的に論じた研究として、桑原隲蔵注(1)前掲論文、仁井田陞『中国身分法史』(復刊版、東京大学出版会、一九八三年)、同『補訂中国法制史研究 奴隷農奴法・家族村落法』(東京大学出版会、一九八〇年)、滋賀秀三『中国家族法の原理』(創文社、一九六七年)、瞿同祖『中国法律与中国社会』(中華書局、一九八一年)などがあり、古典的研究となっている。法制上の問題、歴史的経緯などはこれらの研究によっておおむね明らかにされている。

(3) 桑原隲蔵注(1)前掲論文、三九頁。

(4) 柳立言「子女可否告母?——伝統「不因人而異其法」的観念在宋代的局部実現」(『台湾大学法学論叢』三〇—六、二〇〇一年)、「従法律紛糾看宋代的父権家長制——父母舅姑与子女媳婿相争」(『宋代的家庭和法律』上海古籍出版社、二〇〇八年)、このほか前掲書に所載の諸論文。

(5) 『唐律疏議』巻一、名例律「十悪」。

(6)『孟子』離婁上。および後漢・趙岐の注。

(7)『孟子』離婁下。

(8)若江賢三「秦漢律における「不孝」罪」(『東洋史研究』第五五巻第二号、一九九六年)。

(9)若江賢三「『元典章』及び『唐律疏議』に見られる前近代中国の「不孝」罪」(『愛媛大学法文学部論集(人文学科編)』第二号、一九九七年)。

(10)『元典章』巻五三、刑部、禁例「禁止干名犯義」。

(11)中村茂夫「親属容隠考」(『東洋史研究』第四七巻第四号、一九八九年)。

(12)森田成満「清代家族法に於ける教令の秩序とその司法的保護」(『星薬科大学一般教育論集』第一五巻、一九九七年)。

(13)若江賢三注(8)前掲論文。若江氏はこのとき「伏流水化」した「秦律的不孝罪」が『唐律』の十悪に集大成されることで再び法体系の主流的地位を獲得したと述べている。

(14)『後漢書』巻七六列伝六六、循吏列伝。仇覧の故事を援用したものとしては南宋の『清明集』巻一〇「母訟其子而終有愛子之心不欲遽断其罪」、真徳秀『西山先生真文忠公文集』巻四〇「潭州諭俗文」、明代の張萱『西園聞見録』巻八六「刑部三」、楊昱『牧鑑』巻四「応事三」など、時代を問わず例がある。

(15)『後漢書』循吏列伝の注に引く謝承後漢書。

(16)また教化を選択させるもう一つの要因として、不孝の誣告によって孝行者を冤罪で処刑することへの恐れがあると考えられる。しばしば引き合いに出されるのはいわゆる「東海孝婦」の逸話である。『漢書』巻七一、于定国伝にその故事があり、姑からの誣告で処刑された孝婦の怨霊によって三年間干ばつが続いたという。こうした地方官の意識を規制した報応説については霍存福『復仇報復刑　報応説——中国人法律観念的文化解説』(吉林人民出版社、二〇〇五年)第九章「刑官報応説」で論じられている。

(17)郭東旭『宋代法制研究』(河北大学出版社、二〇〇〇年)第八章第二節「家庭法」、黄修明「論儒家孝道倫理対唐宋司法訴訟文化的作用及其影響」(『宋代文化研究』一二、線装書局、二〇〇三年)。

(18)陸佃『陶山集』巻一四「朝奉大夫陸公墓誌銘」。

(19)『清明集』巻一〇「母訟其子量加責罰如再不改照条断」。

(20)『清明集』巻一〇「読孝経」。このほか「不孝」罪で重罰を科されるべき者でも、親にとって唯一の扶養者である場合は死刑を免じて流刑にするなどの減刑が通例として行われた。

(21) ただし全件が完全な一件文書ではなく、一枚から数枚で内容も判然としない断片もあり、一つの番号の档案に別の案件が複数含まれている場合もある。全体数については当面档案館の整理番号に従っておく。

(22) たとえば〈賭博〉の分類に多く含まれている。

(23) 本章で統計の対象としたのは親子関係となる訴訟のみである。「不孝」を争点とする訴訟としては、孫や媳婦（息子の嫁）、女婿なども該当するが、これらは純粋な親子間とはまったく別の要素も問題とせねばならないため、ここでは取り上げない。

(24) このほか近隣・親族が訴えた案件が五件、原告が不明な案件が三件ある。

(25) 柳立言注(4)前掲「従法律糾紛看宋代的父権家長制」。

(26) 柳氏はこのほかに「非法性行為」「継承」を挙げて、合計七つに分類しているが、本章では父母と女婿・媳婦との訴訟を除外したため、「非法性行為」「継承」は考察対象から外した。

(27) ただし賭博などは単独でも重罪であるため、しばしば別件として処理されている。

(28) このほか服喪や葬儀などで礼を失するなどは士大夫層にあっては重大事とされたが、巴県档案を見る限り、民衆レベルでは葬儀費用を負担しないなどの金銭トラブル以外はあまり問題視されていない。この問題で具体的に処罰を受けた場合については、例えば『元典章』の不孝の事例はほとんどが官僚・胥吏クラスの服喪違反であり、解任や除名処分を受けている。大島立子「元代における「孝」と「不孝」——奨励と罰則」（『愛大史学』第一五号、二〇〇六年）ではこれが民衆にも適用された可能性に留保しつつも、「儒教的規範」に力を入れた儒者官僚の自らを律する姿勢に原因を帰着させている。一般に士大夫層のなかには民衆が服喪や葬礼に関して不孝を犯してしまうのはやむを得ないという態度が見られる。例えば元末の孔斉『至正直記』巻二「不葬父母」では七年間母を葬らなかった者を諭し、金銭も与えてようやく葬らせたとあるが、これが罪に問われた形跡はない。

(29) 滋賀秀三「清代州県衙門における訴訟をめぐる若干の所見——淡新档案を史料として」（『法制史研究』三七号、一九八七年）。

(30) 取り調べの録供だけで終わっている案件が三件ある。

(31) 李艶君『従冕寧県档案看清代民事訴訟制度』（雲南大学出版社、二〇〇九年）一一六頁参照。

(32)『清律』刑律「闘殴下」。
(33)『清律』刑律「断獄・有司決囚等第」条例。また王雲紅「論清代的〝呈請発遣〟」(『史学月刊』二〇〇七年第五期)参照。
(34)『明律』刑律「闘訟・干名犯義」、『清律』刑律「訴訟・干名犯義」。
(35)『明律』刑律「闘殴・殴祖父母父母」問刑条例。
(36)この話は『旧唐書』巻一〇〇、李傑伝の母親の誣告を看破した故事に基づいており、五代・宋代に『疑獄集』、『折獄亀鑑』、『棠陰比事』などの裁判故事集に採録されている。そのほか『明鏡公案』姦情類「李府尹遣覘奸婦」では登場人物の名は異なるが、話の筋は同じである。
(37)汪士鐸『汪梅村先生集』巻七「記李太守事」。
(38)例えば『巴県档案(同治朝)』〈家庭〉No.6887は当初、父親・廖登良が次子・廖洪銀を告訴して訴訟が始まるが、母親の廖林氏が「廖登良の告訴は、長子の廖洪才が父の名を騙って起こした捏告だ」と訴えている。類例として同No.6932, No.6955, No.7087などがある。
(39)『筆記小説大観』(新興書局、一九八三年影印)一七篇六冊。
(40)このほかに『巴県档案(同治朝)』〈家庭〉No.6845では被告である子の利害関係者が子を隠匿した場合や、同No.6830のように、被告の子に対し召喚状が出たあとに子の妻が剃刀で自殺すると騒ぎ、原告の父親に訴訟を取り下げるよう要求した場合などがある。滋賀秀三氏によれば三ヶ月審理がなければ事実上の取り下げとなったとあり、時間稼ぎはそれなりに効果ある戦術だったであろう。
(41)凌濛初『初刻拍案驚奇』巻一三「趙六老舐犢喪残生　張知県誅梟成鉄案」、馮夢龍『智嚢補』巻二七「嚙耳訟師」。
(42)徐珂『清稗類抄』獄訟類「訟師伎倆」。ただしこの話は道光年間に書かれた呉熾昌『客窓閑話』巻四「書訟師」にすでにある。
(43)方大湜『平平言』巻三「訟師可畏」。
(44)『清稗類抄』獄訟類「訟師伎倆」。
(45)「道光二十八年一月初四蕭李氏等供状」(『清代乾嘉道巴県档案選編』下、四川大学出版社、一九九六年)四八一頁。
(46)『唐律』では「自理訴」、すなわちある一定範囲の親族の尊長に対しては被害を受けた場合にのみ告発可能だったが、祖父母・父母はそれに含まれない。

(47)『巴県档案（同治朝）』〈家庭〉No. 6836。
(48)『巴県档案（同治朝）』〈家庭〉No. 6887。
(49) 夫馬進「訟師秘本《珥筆肯綮》所見的訟師実象」（『明清法律運作中的権力与文化』聯経出版公司、二〇〇九年）、二九～三〇頁。また邱澎生「覚非山人《珥筆肯綮》点校本」（『明代研究』一三、二〇〇九年）二七七頁参照。
(50)『新刻御頒新例三台明律招判正宗』（国立公文書館内閣文庫所蔵）巻一二上欄、継立類。
(51)『新鍥蕭曹遺筆』（万暦二三年序刊本、蓬左文庫所蔵）巻二、継立類「告継子」。本書については夫馬進「訟師秘本『蕭曹遺筆』の出現」（『史林』七七―二、一九九四年）参照。
(52) 中村茂夫注(11)前掲論文。
(53) 柳立言注(4)前掲「従法律糾紛看宋代的父権家長制」。
(54)『文献通考』巻一七〇、刑考九、詳讞。宮崎市定「宋元時代の法制と裁判機構」（『宮崎市定全集』一一、岩波書店、一九九二年）参照。柳立言注(4)前掲論文でも「九八八年先例」と呼んでいる。
(55) 柳立言注(4)前掲「従法律糾紛看宋代的父権家長制」。
(56)『朱子語類』巻一〇六「外任・浙東」。なお当該箇所は田中謙二『朱子語類外任篇訳注』（汲古書院、一九九四年）四三～四八頁を参考にした。
(57)『朱子語類』巻一〇六「外任・浙東」。柳立言氏によれば、朱熹は後に唐仲友を弾劾する際に「子告母姦」による社会の退廃をその理由の一つに挙げている。また朱熹の法思想は一般に「三綱五常」を重視したと論じられ、この逸話もほとんど触れられたことがない。
(58)『新鍥蕭曹遺筆』巻三、説帖類「求諭継母帖」。
(59) 変則的な例として死後に父親を告訴した例については滋賀秀三注(2)前掲書一八五～一八八頁参照。
(60) 例えば『明太宗実録』巻三二、永楽二年六月乙酉の記事によると、子が母親を訴えたのを罪とせず受理した上に、母親の罪を問うた地方官に対して永楽帝が激怒し、訴えた子とともに地方官まで罰せられた事件がある。
(61)『琴堂諭俗編』巻上。なお『琴堂諭俗編』には小林義廣氏による訳注『宋代地方官の民衆善導論――『琴堂諭俗編』訳注』（知泉書館、二〇〇九年）がある。
(62) 仁井田陞注(2)前掲『補訂中国法制史研究』、三五四頁。瞿同祖注(2)前掲書九～一一頁、森田成満注(12)前掲論文。
(63) 中村茂夫『清代刑法研究』（東京大学出版会、一九七三年）二三〇～二三三頁。
(64) 宋代の扶養意識については柳立言「養兒防老――宋代的法律・家庭与社会」（柳氏注(4)前掲書所収）、また明清時代については趙全鵬『清代養老制度』（西安出版社、二〇〇三年）参照。
(65) 滋賀秀三「家の法律的構造」（注(2)前掲『中国家族法の原理』所載）、趙全鵬注(64)前掲書など参照。
(66) 仁井田陞注(2)前掲『中国身分法史』、八二四～八二七頁。柳立言注(4)前掲「子女可否告母?」、「従法律糾紛看宋代的父権家長制」。
(67) 柳立言注(4)前掲「子女可否告母?」では継母の権利として「持有権」、「使用権」、「監管権」はあるが、「継承権」は子に帰属し、「九八八年先例」を機に「継承権」が優先されるようになったとする。
(68) 古来中国では不孝の子は「天刑」として雷に打たれて死ぬとされていた。また幸い普通に死んでも、死後に地獄に落とされ、責め苦を受けることになる。知識人たちも筆記などに書き残していることから、「当然そうあるべき」ものと考えていたはずである。民衆であればなおさらであり、不孝の子を官ではなく神に訴えたという話（元・劉壎『隠居通議』巻三〇「鬼神」）や、道士・丘処機が雷によって不孝の子を懲罰すると宣言する話（『元史』巻二〇二、釈老伝）などから見れば、それなりの抑止効果はあったであろう。
(69) 劉明俊『居官水鏡』巻二、批詞類「批王思恵訟子巻」。
(70) ここでは宗族と親族は区別して用いる。親族は父系の同族のほかに母方や妻の姻族も含むため、含まれる範囲が異なる。
(71) 仁井田陞注(2)前掲『補訂中国法制史研究　奴隷農奴法・家族村落法』、二八九～三一六頁、滋賀秀三『清代中国の法と裁判』（創文社、一九八四年）「刑案に現われた宗族の私的制裁としての殺害」、徐揚傑『宋明家族制度史論』（中華書局、一九九五年）第六章「宋明律例和封建家族制度」。
(72) 仁井田陞注(2)前掲『補訂中国法制史研究　奴隷農奴法・家族村落法』、三三六、三四六頁。
(73) 徐揚傑注(71)前掲書二二一頁。

(74) 多賀秋五郎『宗譜の研究　資料篇』(東洋文庫、一九六〇年) 七三七頁。
(75) 元代の社長、明代の老人に関する論考は多いが、社長については太田彌一郎「元代社制の性格」(『集刊東洋学』第二三号、一九七〇年)、中島楽章「元代社制の成立と展開」(『九州大学東洋史論集』第二九号、二〇〇一年)、明代の老人については、中島楽章『明代郷村の紛争と秩序』(汲古書院、二〇〇二年)、三木聰「明代老人制の再検討」(『明清福建農村社会の研究』北海道大学図書刊行会、二〇〇二年所収) など参照。
(76) 中島楽章注(75)前掲書一二二頁。
(77) 『巴県档案 (同治朝)』〈家庭〉No.6975, No.7006, No.7090。ほかに文約自体は付されていないが、訴状で文約を結んだことに言及した案件も数件ある。また同No.6908では継母と子の財産争いで、継母の取り分を決めて双方を納得させるべく文約を結ばせている。
(78) 『新唐書』巻一九七、循吏、韋景駿伝。
(79) 一、二の例を挙げると呂枏『涇野先生文集』(道光一二年刊本) 巻三四「明故海州知州龍坡李君墓誌銘」では自ら家に出向いて涕泣し、「子の不孝は自分の過だ」と自責している。また鄧顕鶴『南村草堂文鈔』巻一九「湖南新田県知県王君死事述」では、やはり胸を叩いて自責、号泣し、それにつられて母と子が泣き、「母子如初」となった。
(80) 張養浩『牧民忠告』巻上「親族之訟宜緩」。
(81) 袁守定『図民録』巻二「骨肉興訟当有以感動之」。また古来の地方官による「感動」の例が挙げられている。
(82) 褚瑛『州県初仕小補』巻上「忤逆不孝」。
(83) 『皇明条法事類纂』巻三六「不孝二次三次不准息詞及聴信後要査勘例」。
(84) 『明律』刑律「罵祖父母父母」条例。

第五章　なぜ「冤抑」を訴えるのか
――明代における告状の定型

谷井陽子

はじめに

滋賀秀三は清代の訴状（当時の用語としては「告状」が一般的なので、以後「告状」で統一する）について、その力点は「自分が如何なる屈抑を受けているかの陳述に置かれ(1)」、「相手方が如何に不法であり、そして自分が如何に不当に苦しめられているかの事情すなわち冤抑の情を」述べるのに紙面の大半を費やしていることを指摘した(2)。民が官府に訴える際、もっぱら自らが被った「冤抑」を強調したことは、現在では広く知られた事実と言ってよかろう。

寺田浩明は、この「冤抑」をキーワードとして、清代の民事的裁判の全体像をモデル化して提示している(3)。互譲による共存を建前としつつも、自分はあまりにも不当に「押しへこまされている」ことを訴える民と、「不当にも押し込まれ小さく縮こまらされた提訴者の冤抑を伸ばす」裁判官という図式が、裁判を通した紛争解決に一つのあるべき型を与えているというのである。

当事者間の互譲の限度を越えた一方の「押し過ぎ」が提訴の理由となり、裁判官がそれを是正して失われた均衡を取り戻す役割を担うという民事的紛争解決の定型自体については、筆者も特に異論はない。ただ、当時の告状に見える「冤抑」表現を民事的紛争における正当性（というよりむしろ相手方の不当性）の根拠とみなし、当時の民事的裁判を「冤抑―伸冤型裁判」と捉えることには違和感を覚える。民事的訴訟において訴えられた「冤抑」の情とは、提訴者が相手方の「押し過ぎ」を正当に、あるいは大袈裟に述べたものなどではなく、別次元の問題にすり替えを図ったものだと考えるからである。「冤抑―伸冤」の論理は、当時の民事的裁判の拠りどころを示すものではなく、むしろ拠りどころとなるべき正当性の不在、あるいは不確定を示すと見るのである。

「冤抑」の語は、前近代中国の為政者にとって、疑いなく重大な意味をもった。しかし、為政者の立場からすれば、「冤抑」の概念が土地争いのような「民事的訴訟」と何の関係もないことも確実であった。実際、「冤抑」の情を訴えてきた告状を裁判官が受理して解決した場合にも、当の裁判官がそれを「伸冤」と認識していたかどうかは疑わしい。官府の側の史料では、「伸冤」の語が民事的裁判において審判を下す場面に現われることはほとんどない。本来「冤抑」「伸冤」とは、土地争いにおける「押し過ぎ」とその是正などという生やさしい文脈で用いられるべき語ではないのである。それにもかかわらず、なぜ多くの告状が一様に「冤抑」と表現するほかないような事情を訴えるのか、筆者が重要だと思うのはこの点である。

筆者は、民事的訴訟において「冤抑」を訴えるという型が形成され定着するに当たっては、民事秩序とは無関係な制度的背景が存在すると考える。もともと為政者側が重んじる事態とそれに関する政策方針は、必ずしも民のニーズに合致しない。民の方から為政者に働きかけて政策を変更させることがまず不可能であった以上、民の方では自らの利益のため、為政者側の方針に合わせて間接的な操作を試みるしかない。「冤抑」の訴えは、そうした操作の一環であり、当時の社会における訴訟のあり方を如実に示すものであったと見られるのである。

こうした点を明らかにするため、本章では研究の蓄積された清代より遡って、明代の状況を取り上げ検討したい。明代においては、「冤抑」「伸冤」の観念とそれに関する政策指針が明瞭であり、極端でさえある。清代には、明代の制度が基本的には引き継がれたが、政策方針においては満洲王朝の独自の政治思想が重みをもち、それが明から受け継いだ制度にも反映されて、ややわかりにくい部分があるからである。

以下、第一節では、明朝の政策方針として民の「冤抑」を晴らすということが非常に重視され、一方で民事的な訴訟は「冤抑」の救済とは無関係なものとして冷淡に扱われたことを示す。第二節では、「冤抑」に苦しむ者を発見し救済するための努力は積極的になされ、制度化も進んだが、民事的な訴訟は官府で取り上げるべき根拠さえ曖昧であったことを述べる。第三節では、訴訟を起こす民の側では、そうした官府の姿勢を呑み込んだ上で、数ある告状の中から自分の訴えを取り上げてもらい、有利な判決を得るため工夫する必要があったことを示す。最終的には、官府が自任する責務と民が官府に求める役割との間にはギャップがあり、これは解消し難い性格のものであったこと、そのため数量的に最もニーズの多い民事的裁判の不安定性は一向に改善されなかったことを明らかにしたい。

第一節　「冤抑の事」と「争論の事」

清初に著された沈之奇の『大清律輯注』には、「冤抑の事ありて陳告するを訴といい、争論の事ありて陳告するを訟という」とある。(4)伝統的に、あるいは当時において、このような「訴」と「訟」の区別が一般に成り立っていたかどうかはともかく、「冤抑の事」と「争論の事」を分けることは、前近代中国の伝統的な訴訟観を確かに示している。孝婦の冤罪が三年続きの旱害の原因になったという故事（『漢書』于定国伝）に見えるように、無辜の民の冤抑が晴らされずにいると、天が災害を下して警告するとされ、冤抑を晴らすことは為政者の重要な責務であった。それに対して、単なる争論に属する訴訟は、正しく裁くことよりも「訟無き」を期すことの方が重んじられた（『論語』顔淵篇）。同じ民からの「訴えごと」であっても、為政者にとって両者の重みには甚だしい懸隔があった。

明初に洪武帝が打ち出した政策は、「冤抑」と「争論」に対する姿勢の違いを端的に示している。「冤抑」をなくすことは、天子の務めとみなされていた。『皇明祖訓』には、「凡そ聴訟は明なるを要す。不明なれば則ち刑罰中《あた》らず、罪良善に加わり、久しくせば則ち天必ず怒る」とある。(5)府県官は民の詞訟を正しく裁くよう命じられ、(6)「奸を罪し頑を治め、冤を伸ばし枉を理《おさ》む」ことが務めとされた。(7)法司が賄賂で罪を左右し「冤者を伸ばさず枉者を理めざらしむるを致」した場合、罪を犯した者と同罪とされた。(8)洪武帝は「刑名を掌る者」が不当な審判を行ない、「冤者を伸ばさず枉者を理めざらしめ、冤を啣《ふく》んで訴えるなからしむるを致」し、それが帝の知るところとなった場合は厳しく罪するということを宣している。(9)

もとより法司や府州県官が務めを果たしていれば、民の冤はありえないのだから、冤枉が放置されているとすれば、それは担当する官に問題があることになる。内外官僚を監察すべき御史台・按察司御史台（後に都察院・按察司と改称）は逸早く設置され[10]、監察御史・按察司は「冤枉を辯明」することを職務の一つと定められた[11]。監察官の業務であることや、その後の条例の規定などから見ても、ここで言う「冤枉」とは、基本的に担当官の過誤や腐敗によるいわゆる冤罪を指したものと考えられる。

こうした官司の設置とは別に、洪武帝はさらに民の訴えをすくい上げることに努めた。洪武元年の末には、宮城の午門外に伝統に則って登聞鼓を置き、監察御史に監視させて、「府州県省官及び按察司伸理を為さざる、及び冤抑の重事ありて自ら達する能わざる者」には直接訴え出ることを認めている[12]。監察御史は直ちに引奏することとされ、妨害する者は死刑と定められた。訴訟は「下より上す」という原則は確立していたが、地方官もそれを監察すべき按察司も正当な審理をしなかったり、「冤抑」によって通常の経路で訴えることができなかったりという場合には、皇帝に対する直訴を認めたのである。また、洪武帝は官僚だけでなく民に及ぶまで広く上奏直達を認めたため、通政司を通じて「四方の陳情建言・伸訴冤枉・民間疾苦善悪等の事」「不公・不法等の事」を訴えるのは[13]、原則として誰でも可能であった。

しかしながら、登聞鼓については「戸婚田土の諸細事はみな有司に帰し、鼓を撃つを許さず」と定め、いわゆる民事的訴訟は最初から埒外と決めていた[14]。通政司を通した訴えについても、おそらく同様の想定がなされていたのであろうが、訴えの門戸が開かれていた以上、結果的に様々な形で「戸婚田土の細事」に関する争いが持ち込まれることになったのは当然と言ってよかろう。洪武末には、京師への越訴の増加を理由として、有名な『教民榜文』が出され、「戸婚・田土・闘殴相争う一切の小事」は各里の老人・里甲に扱わせるよう命じられた。つまり、京師への越訴の多くが、つまるところ戸婚田土等の小事であったとみなされ、それらを事前に切り捨てる方針を取ったのである。

元代にも、「婚姻・家財・田宅・債負」に関する「違法重事に係らざる」ことであれば、社長が「理をもって諭解」するよう定めていた。[15] 民事的訴訟については、正規の手続きで裁くことにより「農務を妨廃し官司を煩紊する」値打ちがないとみなされていたからである。『教民榜文』の方針は、おそらくこれを引き継いだものであった。

洪武帝は、「戸婚田土・闘殴相争」というものは、曲直を弁じるのが「甚だしくは官吏に難からず」とし、[16] 府州県で解決しないのは判断が困難だからではなく、もっぱら官吏の不正によるとみなしている。後述するように官吏の不正は重大視されたが、事が「戸婚田土・闘殴相争」程度のことであれば、そもそも「互相に含忍」するべきであり、「人の凌辱を被ることが甚だしく、情理として容認し難い場合でも」、里甲・老人で十分に解決できるはずとして、むしろ最初から官府に扱わせない方針を採ったのである。[17] 洪武帝が奏訴を認めることで救済しようとしたのは、より重大かつ深刻な事態であって、民事的訴訟などは奏訴どころか官府で扱うにも値しないと考えられていたのである。

それでは、より重大かつ深刻な事態とはどのような事態を指すのかと言えば、まず「戸婚田土」の対極にある「強盗人命」の重罪に関わることがある。重罪犯を逃すことはもとより大問題であるが、ここで救済の対象として考えられるのは、いわゆる冤罪を被った者である。「死罪重囚」を慎重に審理することと、無実の罪あるいは軽罪によって長く獄中に囚われ、横死の危機に晒されている「淹禁」を摘発することは、「冤枉」を晴らす目的で命じられる業務の筆頭に挙げられる。死罪処決の手続きを慎重にするのは、前代からの伝統を引き継いだものであるが、洪武十四年には、「天下の刑獄壅蔽の弊を革」めるため各地に御史を派遣し、罪の重い者は京師に送って大理寺に詳議させるよう命じている。[18] その際の勅諭に「御史の職は法を司り冤抑を伸理するに在り」とあるように、目的は冤罪を晴らすことであった。「人命至重」「死者復た生くるべからず」の常套句がしばしば用いられるように、[19] およそ人の生死に関わる不正は容認できないと考えられていた。『御製大誥』は不正な抑留や囚徒の虐待を戒めるのに言葉を尽くし[20]、一方で賄賂を受けて囚徒を逃がすことも極刑をもって脅している[21]。

次に挙げられるのは、貪官汚吏が民を虐げることである。皇帝が任じた官僚や、官府の名の下に民に対して権力を行使できる吏役が腐敗して、私利私益のために民を喰い物にするようであれば、如上の「冤枉」が必然的に生まれる土台となる。『教民榜文』では、六部から府州県に至る官府の「儒は真儒に非ず、吏はみな猾吏」であって、私利私欲のため「仁義を倒持し、良善を殃害する」ことが、京師への越訴の原因としている。『御製大誥』では、各地の官吏が民を搾取し、「民間詞訟、是をもって非となし、非をもって是となし、人の罪を出入し、冤枉の下民、冤を啣んで地に満つ」状態にしたことを述べる[22]。こうして「冤を啣んで訴える無き」に至った者は、「たとえ訴えんと欲するも、下情上達する能わ」ぬものであるが、たまたま洪武帝の知るところとなった場合には、極刑を含む厳罰をもって臨むとしている[23]。同時に、布政司から府州県に至る官吏が民を害した場合、住民が連名で「京に赴き状奏する」のを許すとしている[24]。

官僚・吏役だけでなく、「豪強」「勢豪」などと表現される在地の有力者が地域社会に権勢を振るい、一般の民を苦しめることも、同様に由々しい事態と考えられた。これら「豪強」の専横がまかり通るのは、官府と結託しているか、官府も抑えることができないかどちらかであるから、官僚・吏役だけの腐敗より深刻とさえ言える。洪武帝は、もし城市・郷村に「詞訟を起滅（手段を弄してねじ曲げる）し、官府を把持（牛耳る）し、或いは官吏を撥置（挑発）して民を害する者」があれば、人民の「赴京面奏」を許すとしている[25]。

以上のような場合については、皇帝の命令によって積極的に摘発され、あるいは皇帝への直訴が明文をもって認められている。もちろん正規の訴訟の手続きは、たとえ「冤抑」があったとしても「下より上す」のが原則であり越訴は禁じられていたが[26]、相応の事情が認められれば違反が免罪されることもあった。父が無実の罪で捕われて京師に送られたのを、子が越訴して救った際、洪武帝の旨により越訴の罪が免じられた例がある[27]。

一方、こうした事由に該当しない越訴については、禁止命令が繰り返し出されている[28]。洪武二十一年に下された『教民榜文』は、洪武帝の目に軽微な事柄が、何度禁じても越訴・奏訴されてくることに業を煮やして、抜本的対策を講じたものと考えられる。

このように、深刻な「冤抑」や、その原因となる官吏の腐敗・在地有力者の横暴などは積極的に訴えを取り上げ、その対極にある民事的訴訟は軽視して切り捨てたがる姿勢は、永楽期にもほぼそのまま引き継がれている。永楽六年には、三法司による覆訊の手続きを終えた死刑囚三百余人に対して、「冤抑あれば自陳を許す」との諭旨が特に下された[29]。

三百余人、未だ必ずしも人人皆その実情を得ざらん。一も不実あらば、則ち死者冤を銜《ふく》む。爾ら更に従容としてこれを審せよ。一日尽くさざれば、則ち二日三日、便《すなわ》ち十日なるも亦た何ぞ害あらん。必ずそれをして冤無からしめよ。

永楽帝のこの諭旨は、冤抑の中でも最も重大な「冤罪による死刑」に対する明朝の公式見解をよく示している。個人としての永楽帝は、自分の意に背く者に対して苛酷を極めたことで知られるが、皇帝としての建前では、「死者が冤を銜む」ことは一人もあってはならなかったのである。実際、冤罪を被った者の家族が登聞鼓を撃ち、取り上げられた例も見られる[30]。永楽九年には、地方の獄にある者は冤があっても登聞鼓を撃って訴えるのが難しかろうということで、審覆のための官を遣わしている[31]。軽罪の者の淹禁も憂慮すべきこととして、時に審録が命じられている[32]。

官吏の不正や豪民の横暴を訴えることも、引き続き認められた。永楽帝は「有司の分外科徴、非理の虐害、或いは豪勢の家が強きを恃み弱きを凌ぐ」場合は、官府に訴え出ることを許し、もし取り上げられなければ、『御製大誥』を持参して京師に赴き陳訴することを許すとした。(33) 永楽九年には、京師での操練によって耕作できなかったにもかかわらず、衛官から子粒（屯租）を要求され、事情を訴えても取りあわれなかったという屯軍が登聞鼓を撃った。彼の訴えは認められ、衛官が罰せられた上、「およそ公事により農務が妨げられた場合は子粒を免じる」という法令も勝ち取る結果となった。(34)

一方で、重大事に当たらないとみなされた一般の訴訟は、同じくできるだけ持ち込ませない方針が取られた。越訴の禁は、永楽元年に改めて確認されたのを始め、三年にも『教民榜文』の規定が繰り返された。(35) 繰り返されたこと自体から明らかなように、効果が現われた形跡はない。永楽二十二年の時点で、「頑民ややもすれば輒《みだ》りに京に赴きて越訴し、逮問に及ぶや十に率《おおよ》そ五六は不実」(36) と言われている。そこで、訴えが重事でなければ、すべて巡按御史・按察司に発して審問させると定められたが、ともかく受理はされたので、もちろん数が減ることはなかった。

戸婚田土のつまらぬ争いが越訴されてくるのを防ぐため、永楽十年には、「越訴して、訴えは事実と認められたが、律により（越訴事体の罪で）笞罪に当る者」については、笞罪を免じた上、北京周辺に土地を与えて入植させるよう命じている。(37)「奸民が訟を好むのは恒産がないため」とみなし、土地の余っていた北京周辺の復興との一石二鳥を狙ったのである。知県が賦役を公平にしたため「民用擾るるなく、訴訟もまた簡」になったといった表現に見えるように、(38) 民の訴訟が多い根本原因は貧富の差にあるとの見方があった。訴訟の多くは恒産なきが故に恒心をもち得ない民が苦し紛れに起こすものであるとすれば、そうした訴訟が為政者から真剣な扱いを受けなかったのは当然であろう。

第二節 「重罪」と「細事」への政策的対応

明代中期以降、民からの訴えのうち「冤抑」の懼れのあるものは、より積極的に取り上げるべく制度が整えられ、単なる「争論」については政策上なおざりにされ続けた。

冤抑をなくすための努力は、府州県以上の官が日頃から心がけておくべきことではあった。応天巡撫在任時の海瑞は、府州県に対して、あらゆる囚犯は「その人の訴状の有無に拘らず、本院（巡撫）の批行の有無に拘らず」詳細に取り調べ、確かに冤罪であればただちに報告せよと命じている。[39]「民の父母が差し障りを憚って冤抑を座視するならば、民の父母たり得ようか」という建前からである。しかし、「訴状（反訴状）」や「批行（属僚に案件を引き渡し審理を命じること）」がなくても調べよと命じているように、一般に冤抑は同じ府州県への新たな訴え（官は交代している場合が多かったろう）や巡撫・巡按への訴え（奏訴が転発されたものも含まれよう）によって取り上げられるものであった。訴える術を知らなかったり、訴える道を封じられたりした無辜の者が冤抑に苦しんでいる可能性は常にあった。明代半ばには、主に死刑囚を対象として、定期的に全国一斉の罪囚審録（再審理）を行ない、積極的に冤抑をすくい上げる制度が成立した。

罪囚審録を毎年行なうのは、京師では天順三年に始まったという。[40] 毎年霜降後に刑部・都察院・大理寺の三法司が合同で重囚を再審理するというもので、「朝審」と言った。それ以前から、災害があった年に各地の重囚の審録を命じたことはある。「天が災譴を降すのは、多く刑罰の不当に感じてのこと」[41]という伝統的な天人感応思想から、冤罪が隠れているのなら見つけ出さなければならないという趣旨である。地方の罪囚審録は、成化初には定例となっており、成化期を通して整備され、制度として確立した(42)。

この制度は、巡按御史が都司・布政司・按察司および分巡道・分守道と合同で、管下の各衙門に収監中の罪囚を再審理するというものである。毎年、府州県官は在監囚犯の各人について、審理記録全文を含む準備書類を整え、あらかじめ一々自ら審問し、「情真（誤り無し）」「矜疑（情状酌量の余地あるいは錯誤の疑いあり）」「虧枉（誤審）」の別を注記しておく。「情真」で異議申し立てをしない者は、文書で一報するだけで身柄は送らないが、「情真」でも異議申し立てをしている者と「矜疑」「虧枉」の者については、身柄を引き出し、証人を揃え、本人であることを確認した上で、巡按らの会審（合同審理）の場に送る。

巡按を中心とする会審担当者らは、準備書類を参照しつつ、囚犯と証人を再審問する。結果はやはり「情真」「可矜」「可疑」「虧枉」などに分けて中央に報告される。「可矜」「可疑」「虧枉」などの場合は、その根拠を説明して減刑もしくは釈放を請う。死罪の囚犯については、「情真」と判定されれば中央に上申されて、三法司の審議を経た後、皇帝の裁決を得て刑が確定する。死刑の確定した囚犯は、次の巡按会審でも「情真」とされれば執行されるはずである。しかし、実際にはよほどの重大犯罪でなければ巡按が執行命令を出したがらず、執行命令が出ても刑に臨んで冤罪を訴えれば再度審録に与かることができ、しかも臨刑称冤の回数制限はなかったので、同じ死刑囚が何年にも（場合によっては何十年にも）わたって審録を受けることになった。もちろん、その間に獄死する者も多かったはずであるが、何度も審録を受けるうちに「情真」の判定が揺らいで、減免対象に入ることもあった。

以上のような審録の手続きを毎年行なうには、多大な労力と事務経費がかかったはずである。その上さらに、成化期後半には、毎年の会審とは別に五年に一度、刑部や大理寺から官を派遣して同じく審録を行なう制度が成立している。五年一次の差官審録には刑名に詳しい者が派遣され、毎年の会審よりもいっそう慎重を期したものと見られる。つまり、通常の裁判制度とは別に、コストのかかる審録制度をあえて設定し、運用していったのである。[43] この制度の設立・運用を支えたのは、冤抑を見出し救うことが為政者の責務であるという精神に他ならない。

重罪犯に対する度重なる入念な再審理は、副産物として律例解釈の統一とその運用の徹底を促した。審録の際に問題にされたのは、事実認定だけではなく、律例の解釈や適用の誤りもあった。律例で用いられる用語や適用のルールについて、当時の一般官吏がおおむね無知であったことは、当時の裁判記録からも窺える。嘉靖九年に南直隷に派遣されて審録を行なった刑部署郎中応檟らは、一般の裁判担当者が往々にして律例を「随意に解釈し、恣意的に引用する」ことを指摘し、彼らに対する指導を求めた上奏を行なっている。実際に律例解釈の統一や適用基準の周知徹底が政策的に行なわれるのは、もっと後の万暦期あたりからのことになるし、律に公定注釈が附せられるのは清代になってからである。だが、律例の適用を厳密にしていこうという政府内での動きは、審録制度が定着する明代後半に現われ、徐々に実現に向かうのである。

ただし、以上のような政策的動きは、すべて重罪犯に関わるものである。笞・杖の軽罪やそれらにさえ相当しない民事的訴訟については、とにかく数を減らそうという以上の政策的意図は見えない。周知のように、里甲・老人に軽微な裁判を任せるという制度は定着せず、明代半ばには府州県が地方末端の裁判機関であることが公認されている。しかし、これは政府が民事的訴訟を重視するようになった結果ではなく、単に里老裁判がうまく機能しなかったためである。民事的訴訟を軽視する姿勢は、依然として皇帝や中央高官から府州県官まで共通していた。嘉靖八年に両淮巡塩御史の朱廷立が商人たちに向けて出した禁約には、「闘訟を戒む」として、商人たちが集まると諍いを起しやすく「往々にしてそれで闘殴・争訟を行ない、甚だしきは家を破り身を亡ぼすに至る」から気をつけよとある。[44] 訴訟は闘殴と同列に語られるべきつまらぬ争いごと、要は喧嘩なのである。訴訟を起こす前に、平静に顧みて深く是非・利害を思い、「各々宜しく含忍すべし」[45]というのが、民に対する基本的な教えであった。

「告状不受理」は律で禁じられているにもかかわらず[46]、訴訟の受理・不受理は担当者に一任された状況であり、その点を疑問視する意見は見えない。「訟を禁ずれば則ち民に抑鬱の情あり、訟に任ずれば則ち民に拘繫の苦あり」[47]というように、受理したことによる弊害が重視されたためである。「民間の苦事、株連（巻き添え）より甚だしきはなし」という[48]。訴訟に巻き込まれた人は多大な迷惑を被るが、まして長期間拘禁されたり、そのまま死亡したりすれば、立派な「冤抑」になる。「冤抑」を何としても避けるという立場からすれば、重罪に当たらない訴えについては、あえて受理しないことにも正当な理由がある。

門前払いが多すぎて問題があるとすれば、それは結果的に訴訟を減らすことにはならず、越訴を増加させることになるからである。戸婚田土の訴訟を有司が受理しなかったり公正に裁かなかったりすると、やむなく越訴を行なう民が増えるので、きちんと対処しなければ、「書類が繁雑になり、狡猾な輩の思う壺になるばかりでなく、税糧納入を妨げ、国家に益がない」[49]と言われていた。要は、大局的に見て国家の損失になるからである。

明末の余自強は、地方官の利害の観点から、彼らがなるべく訴訟を受理するよう勧めている。その理由の第一は、受理せずにいれば越訴が盛んになってかえって面倒ということであるが、もう一つの理由は「多く受理するのを憚ることはない」といういささか奇妙なものである[50]。これは明代特有の罰贖制度に関わる[51]。明代には、伝統的な収贖とは別に、笞・杖から雑犯死罪まで、犯人の資力に応じてその時々に定められた労役（後に銀納）による贖罪を認めるという制度があったので、罰贖を多く科せば官府の収入が増えることになる。

思うに朝廷が官府を設立した意図は、元々民の間に憂いを分ち争いを止め、一々和解させるためである。今の人は官を設けた意図を知らず、ただ告状を受理することが銭を取る手段であることだけを知る。故にただ多く受理するのを忌むのである。自分の心が公正・公平で、一件たりともただでは帰さないという心があるのでなければ、多く受理したとて何の害があろうか。

つまり、罰銀目当てに訴訟を受理するのが当たり前になっていたため、逆にあまり受理しないようにして廉潔の名を保とうという屈折した事態が生じていたことがわかる。いずれにせよ、民の争いをやめさせるのが官府の本来の職務であることは、わざわざ確認する必要があるほど見失われていたのである。

民の「争いを止め」「和解させる」のが官府の責務とも自覚されていない状況では、地方官にとって、裁判を行なうことは民に対する一種の恩恵と捉えられる。前掲の呂坤は、州県の租税滞納問題を解決する手段として、未納の者が告状を出してきたら、たとえ理のある訴えであっても上司の批行であっても受理しないことを勧めている。[52] 訴訟を受理することは、官府が民との駆け引きに使ってよい程度のものとみなされたのである。

こうした考え方の背景にあるのは、訴訟の大半は民事的訴訟であり、民事的訴訟は民事的訴訟であるが故に些事であるとの観念である。もちろん、民事的訴訟も当事者にとっては切実な問題であり、だからこそ越訴や誣告紛いの訴えもするのだということは、当局者にも知られていた。成化六年正月、兵科給事中官栄が行なった上奏では、[53]「各処の刁徒（狡猾な輩）」がしきりに訴訟を起こし、官府を掻き乱し良民を悩ませるのは、もとをただせば「家財・田地などを争う些細な事柄」から起こっているとする。こうした訴訟が起こされた場合には、つとめて公正に吟味する必要があり、分書や売買文契を調べて、分産なら分居五年以上、田地売買なら実売・過割（名義書き替え）して何年もたっていることが確認されれば、現所有者から重ねて分与・支払いさせるのを許さないように提議し、認められて各地に通達された。

「健訟」の主たる原因が土地・財産をめぐる争いであり、これを抑えるため必要なのは公正な裁きであるとし、そのための統一的な基準を設定しようというのは、まったく順当な見解と言えよう。いつどこに訴えても同じ判定が下されるとなれば、僥倖を求めて不当な訴えを繰り返す輩は減るに違いない。ここで示されたものは、家産分与・田地売買の後の再度の分与・支払いという限られた問題に関する、「分居五年」「実売過割年久」というごく大雑把な基準に過ぎない。それでも、こうした具体的基準が多くの民事的案件について蓄積され、整理・統合されて民事法の体系が形成され、全国一律に適用されるようになれば、「健訟」を防ぐ効果が上げられたかもしれない。

だが実際には、民事的裁判の具体的判定基準を示した事例は少なく、しかも周知徹底した様子がない。上掲の事例も、成化十九年に山東の一知州から、現場で遵守されていないとの上奏があり、同じ事例を重ねて通達している(54)。重罪案件の場合と違い、民事的案件については、上司の批行を除いて裁判結果が上申されることもなく、重囚審録のような一斉再点検がなされることもなかった。よく訴えの対象になる問題について、たまたま気づいた官僚が取り上げて対応策を提議したという場当たり的な成り立ちをし、通達後に遵守されたかどうかを確認する術もない。笞罪に当たる律が引用されることはほとんどなかったと言われるように(55)、罪として軽微な案件は、律例の適用もまともになされずに処理されていた。そもそも律例がまともに適用されない状態では、解釈や運用の統一も、新しい事例の整備もなされるはずがない。重罪案件に関わる裁判が画一を期されるようになっていったのとは裏腹に、民事的案件に関わる裁判は軽視されたまま、事実上現場の裁量任せが続いたのである。

第三節　「冤抑」を訴える必要性

官府において何らかの訴訟を起こそうと思う者は、以上のような政府の方針と、それに基づく官府の姿勢を念頭に置いて、自分にとって有利な形で訴える必要があった。特に民事的訴訟のような「細事」に関しては、判定基準の統一が進まず、訴える相手や訴え方によって結果が大きく異なる可能性があったため、訴え方を工夫する余地が大きかった。

明初以来問題視され続けた奏告や越訴は、下級機関でまともな裁判が受けられないためやむなく起こるという面も確かにあったろうが、有利な結果を導くための作戦としてあえて行なわれることも多かった。度重なる禁令にもかかわらず、奏告が盛んに行なわれたのは、奏告すれば、たとえ戸婚田土の細事として一蹴されたとしても、愚直に下級機関から上していく以上の成果が見込まれたからである。

奏告した案件は、重事でなければ巡按・按察司に発せられ、往々にしてさらに地方衙門に送られて審理されることになった。越訴も同様に、多くが属下の地方衙門に批行された。したがって、奏告や越訴をしても、実際に審理される場について言えば、通常の手続きどおり府州県に訴えたのと変わらないことが多かった(56)。しかし、地方官は奏告して発下された訴訟の場合、原告側に偏向した審判を下すことが多いと言われており(57)、奏告すれば審理開始の時点ですでに有利な位置に立つことができた。奏告に限らず、上級機関への越訴についても同様である。呉遵の『初仕録』には、上司から発せられた案件を審理する際、「上司に阿って原告に肩入れし、狡猾な風潮を助長してはならない」とある。[58]審理自体は不公平にならなくても、州県官が自分で受理した「自理」案件と、上司から発せられた「批行」案件とは、扱いに差があるのが当然とみなされていた。上司批行案は遅らせることができなかったので、自理案よりも優先的に審理しなければならなかった。審理も慎重でなければならないので、時間をかけるのが普通であった。[59]現地の州県官に不満があった場合だけでなく、最初から訴訟を有利に運ぶために奏告や越訴は有効だったのである。[60]

そのため、奏告や越訴は赤の他人が積極的に関わってくることが多かった。人を唆して訴えさせる者や虚偽の告状を代作する者は、奏告に限らず遥か以前から存在したし、訴えるべき事情のある人の代わりに直接関わりのない別人が訴えを起こすことも、洪武期には禁令が出ている。[61]明代半ばには、こうしたことが特に奏告・越訴に関して度々問題にされ、取り締まりの対象とされた。たとえば天順元年には、禁令に反して奏告し、本人と無関係な（「不干己」）ことや恩赦前のことを訴えたり、軽微なことで訴え、事実でも虚偽にわたり、十人以上を誣告した者、あるいは建言を理由として、軽微なことから重大な事情をでっち上げて上奏し、人を雇って文書を送らせたり、人に託されて送り届けたりした者は、「本犯並びに主使教唆・捏写本状の人」を厳罰に処すとしている。[62]正統期から成化期にかけて、こうした禁令は何度も新しく出されたり再確認されたりしている。[63]

これらの禁令は、弘治『問刑条例』に「人に代って本状を捏写し、教唆或いは扛幫（徒党を組む）して京に赴く、及び巡撫・巡按幷《なら》びに按察司官処に赴いて、各々叛逆等項の機密・強盗・人命重事を奏告して実ならざる、幷びに十人以上を全誣せる者」を充軍とする条文に結実している。また、同じ『問刑条例』に「凡そ本状をもって財を用いて雇寄して人に与え京に赴いて奏訴せる者、幷びに兜攬（集め引き受ける）して雇を受け寄を受くるの人」を充軍または口外為民とする条文もある。

こうした条例を見れば、遅くとも明代半ばには、告状の代作から京師に出向いて奏告することまで、財貨と引き換えに請け負う者がいたということがわかる。「扛幫」「兜攬」といった表現は、奏告の代行が商売あるいは共同事業として成り立っていた様子を窺わせる。[64] 明初から問題になっていた奏告の多さは、このような一種の代行業者の存在によって拍車がかけられていたのであろう。前掲の条例で「叛逆等項の機密・強盗・人命重事を奏告して実ならざる、幷びに十人以上を全誣せる者」を罪するとしているのは、こうした奏告に極端な誇張・嘘偽りが多かったことを示す。「全誣十人以上」にしてはじめて罪するというのなら、九人まで、あるいは十人以上でも部分的に真実を含んでいれば不問ということになるが、[65] その程度ならばあまりに当然で一々咎められなかったということであろう。

このような誇張・嘘偽りが当たり前になるのは、奏告というものの性格を考えれば、やむを得ない面がある。そもそも奏告というのは、他に訴える道のない「冤抑」やそれを生む官吏の腐敗・土豪の横暴などという重大な不正を訴える場合のみ許された例外的手続きであった。叛逆や人命・強盗の重事を捏造するのはもとより、多くの人を巻き込むのも、悪の徒党に抑圧されているように見せ掛け、「重大な不正」を演出するため、常にある程度は必要だったはずである。明朝当局としても、よほど悪質でない限り、そのような方便を黙認していたと見える。

明代半ばまでには、奏告は通常の訴訟をより有利に運ぶための一種の抜け道と化して、その多くは一種の代行業者によって行なわれるようになっており、極端な誇張・嘘偽りを含む告状の定型も成立していたのである。

それでは、一般の訴訟はどうだったのかと言えば、奏告に関する禁令に少し遅れて、同様の禁令が出始めている。成化三年には、「在外司府州県」においても、恩赦前のことや本人に無関係なことを訴えるのを禁じる命令が出された。[66] 一方で成化四年には、奏告以外の訴訟について、人の告状を代作したり教唆したりする者を一々充軍にしたのではきりがない上、刑罰の均衡を欠くとして、軽減するよう改められている。[67] 他人の訴訟を営利の手段とする者はどこにでもおり、地方で活動している分には中央政府からあまり問題にされなかったに過ぎないのである。

こうした訴訟業者は、一般に「訟師」として知られている。[68] 官府から目の敵にされた訟師は、単に告状を代作するだけではなく、裁判のしくみに通じ、詐術でもって理非曲直を歪め、自分を雇った訴訟当事者の有利になるように、裏から裁判に介入する者である。そうしたことができるほどの知識と実力を備えた訟師は数が限られたであろうから、誰でも雇えるものであったとは考えにくい。しかし、訴訟を起こす際に必ずまず提出しなければならない告状だけは、誰でも専門の代作者に頼んで書いてもらうのが普通であった。

前近代中国においては、告訴を文書によって受け付ける習慣が早い時点で成立したと思われるが、同時にそうした文書は前近代を通じて当事者以外の者の手で書かれるのが一般的であったと見られる。『唐律』には、「諸《およ》そ人のために辞牒を作り、その状を加増して、告ぐる所の如からざる者は、笞五十」[69] とある。「辞牒」はその前条にある「告事辞牒」、すなわち告状である。当時の識字率を考えれば、告状を他人に書いてもらうことが多かったのは当然であり、後代の「代書」のように官府が常設していた可能性もある。代作者の書いた内容が告訴者自身の訴えと違うというのは、代作者が勝手に脚色した場合を想定している。[70] つまり、告訴者自身が述べたとおりではなく、代作者がいいと思うように作文するのが一般的だったということである。

元代には、官府が「状鋪」なるものを設けて、告状を代書させ、「理のある詞状を書かせ、訴えるべきか訴えるべきでないかの基準を知らせる」役割を与えていたという。「書状人」らは往々にして謝礼の多寡によって書く順番を早くしたり遅くしたりし、裕福な者の告状は「言葉を飾りたて、事実を捏造し、理がなくてもあるように」書き、貧しい者の告状は「情理があっても削除したり、緊要な事情についてはっきりした表現を省いたり」したという。[71] 官府とつながりがあって訴訟に詳しく、多くの告状を実際に扱っている者にとっては、裁判で「情理」があるとみなされる事情や「緊関」とみなされる事柄がどのようなものか、日頃訴訟と縁のない一般人よりもはるかに詳しかったはずである。「営利の所」とする者がいたのは当然であろう。つまり、告状を代作する者は常におり、そうした代作には脚色がつきものだったのである。

公設の代書は清代にも置かれており、これはこれで終始存続していたと見られるが、明代の史料に告状の代作者としてよく現われるのは、基本的に官府が認めていない業者である。為政者が敵視するのは裁判の裏表に通じた訟師であるが、明末の佘自強によれば[72]、江南の州県に持ち込まれる告状の多くは「流れ者のごろつき（流棍）や占い師（卜算者）の手による」ものであり、彼らが「部門別の底本（門類底本）」に基づいて書いて生計の手段としているという。そのため、「でたらめの嘘偽りが詞状十枚のうち九枚を占める」ということであった。つまり、当時の告状の多くは、占いなど他の仕事で各地を渡り歩く者が、副業として書いたものということになる。読み書きはできても特に訴訟に詳しくもない者が参考書を頼りに書いたものが、当時の告状の多数を占めたのである。

ここにいう「門類底本」は、もちろんいわゆる「訟師秘本」の類であろう。『蕭曹遺筆』を代表とする訟師秘本は、嘉靖から万暦初にかけて流布し始めたと言われ、多くの翻刻本や再編集された版が出版された[73]。『五車抜錦』『三台万用正宗』などの日用類書にも採録されており、様々な形でまとめられ出回っていたようである。訟師秘本に採録された文例や用語集を参考にして書かれたのであれば、「でたらめの嘘偽り（謊状無情）」が大半を占めるのは当然である。訟師秘本は、みな訴えるべき事実と懸け離れたほど強烈な字句を用いるよう教えているからである。こうした底本に基づく極端な言い回しを駆使するのが「十枚のうち九枚」であったとすれば、それが当時の告状の一般的なスタイルになっていたということである。

訟師秘本に見える告状のスタイルは、元々は一部の訴訟関係者によって、少しでも目を惹く表現を狙って生み出され、それが広まった結果、「刺激的で挑発的な言葉でなければ訴えを受付けてもらえない[74]」という状態になり、一般化したのであろう。「訟師」とまで呼び難い「境外無名の人」は、特に意図してというわけではなく、告状とはこのように書くものだと思って、お手本どおりに「謊状無情」を並べていたに違いない。

訟師秘本に示されている表現は、何よりも「刺激的で挑発的」であることが特徴と指摘されており、その点は一見して明らかである。しかし、そうした「刺激的」「挑発的」な表現は、単に訴えたい事実を大袈裟に誇張するものではなく、独特の方向性が付与されたものである。

明末の日用類書『五車抜錦』(75)体式門は、「珥筆文鋒」として告状の書き方を採録している。この史料を例にとって見ると、告状を書く際に強調すべきだと思われていた方向性がよくわかる。

ここに載録された「硃語」すなわち告状の趣旨として記す決まり文句の分類は、「土豪」「闘殴」「婚姻」「姦情」「戸口」「銭債田産」「財本」「人命」「賊情」「官員」「郷宦」「吏書皁快」「地方交（教）唆」となっている。「婚姻」「戸口」「銭債田産」など民事的紛争の理由となるものや「闘殴」「人命」などの犯罪行為は、告訴の理由として示されて当然である。しかし、「土豪」「官員」「郷宦」「吏書皁快」など、特殊な相手を訴える場合の分類が一定割合を占めているのは特徴的と言えよう。特に「土豪」は分類の冒頭に置かれ、載せられた語数も多い。

「土豪」に分類された告状本文の文例を見ると、「前段」は「某はもとより強横を恃み、法紀に遵わず、衙門と結託してともに人を喰いものにし、助け合って隠蔽しております」などと始まり、「後段」は「前記の悪者が多くの兵を集め率い、一斉に家に押しかけてきたものですから、住居家屋・家財道具をすべて取り上げられて何も残らず、一家全員が追い払われて東奔西竄させられ、生死の保証もありません」などとまとめるものが示されている。「土豪」とは、官府と結託し、手下を集めて暴力的に一般人の生命・財産を脅かす輩であり、要するに国家から「豪強」「勢豪」として警戒されていた在地有力者に当たる。

地方官や吏役、在地有力者を被告ないし被告と結んだ敵役として取り上げるのは、よほどよくあることであったと見え、『蕭曹遺筆』の「硃語」でも相手方の呼称を列挙した部分に、まず「衙門類」として「酷官」「虐官」以下、官僚・吏役を指す語を挙げ、次に「郷宦類」「大戸類」と続き、「平人」や親戚関係は後回しである。現実に官吏や大戸を相手に紛争を起こすことが平人や親戚相手より多かったというよりは、官吏や大戸を槍玉に挙げることができる場合、そうしたがる傾向が強かったということであろう。

訴えの直接的理由が官吏の不正・土豪の横暴でない場合でも、そのような背景を示す表現は多用した方がよいと思われていたようである。訴訟の理由として最も一般的であったはずの戸婚田土についても、たとえば「婚姻類」では「この悪辣なる者は、わたくしめの妻が見目良いのを覗い見て、しばしば良からぬ心を起こし、姦通を謀って果たさずにおりました。そこでなんとこの悪人は公然と力ずくの挙に出て、手下を率いて強奪して妾とし、良民に配偶を失わせました。情況は差し迫っており実に許し難いことです」、「銭債田土類」では「父が遠方に出ており、わたくしめに身寄りがないのを見て、悪党めは富を恃みに姦計をめぐらし、わたくしめを捉えて無理やりに空売買の契約書を書かせ、腹心のごろつき某を証人にさせたのを盾として、手下を率い佃戸を指図して、田地に印をつけて田租を奪い、わたくしども一家が衣食の道を絶たれるまでに陥れました。情況はひどい有様で耐えることができません」といった文例が並べられている。(76) 多くの「手下を率い」て人の妻女や財産を強奪するというのは、「土豪」の悪事の定番である。

すでに述べたように、民の訴えのなかで奏告が公認されるほど重視されたのが、深刻な「冤抑」と、その原因となる官僚・吏役の不正、彼らと結んだ土豪の横暴であった。官府において、「冤を伸ばし枉を理むるは、上下みな責あり」(77)と言われていた。冤抑が見出された場合、官府としては必ず取り上げなければならない。単なる民事的紛争で訴える場合でも、官吏・土豪の不法と絡めれば、冤抑の可能性を演出することができる。訴えの名目が「土豪の横暴」でなくても、被告人を「豪悪」「刁豪」などと呼び、「衆を統べ」「強覇し」「伊《かれ》の勢豪なるを恃み」といったそれらしい語句をちりばめるのが勧められたのは、皇帝を始め為政者が警戒する社会的抑圧の存在をほのめかすことで告状に対する注意を惹き、受理してもらおうという意図からであろう(78)。

訴訟の手続きは告状を投じることから始まり、この告状によって受理・不受理が決まる。場合によっては、この段階で簡易判決に相当する官の判断が示されてしまうこともあるので、告状の果たす役割は大きい。清初の黄六鴻は、無知で読み書きのできない民は必ず人を雇って告状を書いてもらうが、それらは多くが牝豚を一匹傷つけただけでも「母子を活殺す」と書く類のものであり、詞状を見れば皐陶でさえ激怒するほどであるのに、審理の際に口頭で述べるのを聞けば龍図（包拯）も笑い出すと記している(79)。告状で極端に誇張して書くのは慣例のようなものであり、審理の際には口頭で実情を訴えるのが普通となっていたのである。明末の佘自強は、最初の告状と後から投じた文書とで事の重大さが段違いであることを述べ、後から投じた小事こそが真の事情であるから、それについて審理せよと言う(80)。自理の案であれ上司の案であれ、告状を真に受けたら全員誣告罪に問わなければならないというのは(81)、上述のような告状のスタイルからすれば当然であろう。

告状の内容と本当に訴えたい内容が一致しないのは問題であるが、訴える側にしてみれば、告状によって官を動かすことができなければ真の訴えを聴いてもらうこともできないのだからやむを得ない。ともかくも聴いてもらうことができれば、土地争いや借金のような「細事」であっても、それなりの理を訴えることができる。告状は、法廷への門戸を開く鍵のようなものだったのである。特に人から頼まれて書く者にしてみれば、告状を読まれて門前払いされたのでは立場がない。何としても受理だけはされるように心がけたことであろう。

したがって、告状は争いたい事実や主張を明確に述べるよりも、官に取り上げようという気を起こさせることが重要である。『蕭曹遺筆』には、詞状を書く要諦として、

人をして一見するやこぞってただちに我が方のために見過ごしにできないという気を起させて、然る後に必ず官において受理してもらうことができる。

とある。[82] そうであれば、何が官府にとっての関心事であるかを見抜き、その関心事に引きつけて相手方の非を訴え、あるいは印象づけようとするのは当然であったろう。実際、専門的な訟師は、官府の一般的傾向に止まらず、もっと個別具体的に現任官の動向を探って対応していたと思われる。佘自強は、人を陥れようとする輩が「常に官府の意思の向かう所を見て、もし官府が淤田を清査するならば、ただちに淤田の申告漏れを申し出て人を害し、もし官府が軍屯・税契を清査するならば、ただちに屯租や税契の申告漏れを申し出て人を害する」ことを述べ、「故に状は軽信すべからず」と言っている。[83]

冤抑を訴えること、あるいはその可能性を示唆することは、官府の基本的な責任に訴えることになる。十中八九まで虚妄であっても、官にとっては自分の管内で民に冤抑あらしめたとあれば穏やかでない。自分の審判には自信をもっていたとしても、目の届きかねる胥吏・衙役や在地有力者の不法については、あるともないとも確信をもつのは難しかったろう。念のため確認するという程度の感覚であっても、告状を受理してもらうことができれば、まずは訴訟の第一関門を突破したことになる。訴える側としては、権力や財力を笠に着た暴力的な抑圧を受けているのが多少なりとも事実であれば、審問の場でそれを訴えればよいし、抑圧自体は事実でなくても、自分なりに理があると思う本来の訴えの趣旨を説明することができる。文句なしに「重事」として取り上げられる人命・強盗の案件よりも、根

本的に軽視されている民事的案件ほど「冤抑」を演出する必要性は高かったに違いない。

一般に民事的案件を訴える告状が、しばしば訴えの趣旨と懸け離れた暴力的抑圧を強調したのは、訴えの趣旨とは関わりなく、ともかくも訴えを聴いてもらうための方便であったと見るべきであろう。一片の告状を何とか取り上げてもらうためには、取り上げる必要を感じさせる内容を文中に盛り込まなければならない。民事的紛争一般が「細事」として軽んじられていた以上、告状では訴えが理に適っていることではなく、いかに「重事」であるかを印象付けなければならなかったのである。

こうした手管がいったん有効となれば、告状の大半が「重事」を訴えるものとなったのは当然であろう。当時の告状は基本的に原告自身の言葉を反映するものではなく、雇われた代作者が定型に則って書くものであったからである。

結　語

民事的裁判は、近現代の市民社会において重要な意味を認められている。それは個々の市民の権利を守るという重大な使命を担っているからである。しかし、前近代中国においては、同種の裁判にそのような意味も重みも認められていなかった。もちろん、民事的紛争が人々の生活にとって深刻な意味をもったことに違いはないはずであるが、そうした紛争を裁くことを公権力の主要な義務の一つとみなす政治思想は存在しなかった。そのため、前近代中国における民事的訴訟の当事者は、自分たちの訴えが本来真剣に取り上げられるに値しないものだという特有の弱みをもつことになった。

一方で、人命・強盗などの重大犯罪、無辜の民の冤罪、官吏・土豪の一般人に対する抑圧などの訴えは、皇帝自身が直接関わるほど重大視された。同じ民からの訴えであっても、為政者の立場からすれば、民事的訴訟とは截然と区別される違いがあったのであるが、この違いは事の重大性の違いであり、根本的な性格の違いとは意識されておらず、少なくとも訴えの手続きにおいては区別されていなかった。したがって、民事的訴訟を起こそうとする者は、自らの訴えを重大なものと見せるため、為政者が重大視する問題に少しでも引きつけて訴えることが一般的になった。民事的紛争と関係しやすい在地有力者の横暴に事寄せて、その被害に苦しむ「冤抑の情」を訴える方法が編み出されたのは、こうした事情によると考えられる。各地を転々とする職業的代筆者の存在は、こうした訴え方が広範に普及するのに大いに与かったことであろう。

筆者の考えによれば、前近代中国の民事的訴訟において「冤抑の情」を訴えることが多かったのは、それが民事的秩序のあり方を示しているというより、民事的ならざるものへのすり替えを図った結果である。このことは、民事的訴訟を民事的訴訟として訴える正当性がいかに薄弱であったかを示している。自分が不当な目に遭っていると確信できたとしても、それが官府に訴え出るための正当性を保証するわけではない。文句なしに受け付けてもらうためには、為政者側の論理にすり寄るしかない。いったん受け付けてもらい、審理に持ち込むことができれば、そこで展開される主張は告状に記された「冤抑の情」とは限らない。実際、民事的訴訟の多くは、社会的地位も財力も大差ない者どうしの間で争われたのであろうし、戸婚田土の案を裁いた判牘を見ても、一方が有利な立場を悪用して他方を抑圧したことを決め手とする判決が一般的であったとは思えない[84]。

佘自強は田土の訴訟の審判について、「風俗同じからずと雖も、天理・人情、おおよそ争う所は遠からず。人に在りてこれを審酌するのみ[85]」と言う。万人にほぼ受け入れられるはずの「情理」に基づいて、裁判官その人が判断するというのであれば、要は審判を下す官の良識以外に拠りどころはないことになる。その「良識」がどのようなものかとなれば、それは多くの判例を見て、だいたいの傾向を察する以上のことはできまい。個々の審判において依るべき具体的基準があらかじめ明示されておらず、事後的にも検討されないならば、統一的な基準は形成されることがない。そのことは当然、民事的裁判の審判をぶれやすくし、結果的に僥倖を狙った訴訟の多発を促したと考えられる。

民事的訴訟は民にとって重要な意味をもったにもかかわらず、官府によって軽視された。そのことは裁判の不安定を招き、不安定であるためにより多くの訴訟を呼んだ。民事的訴訟と本来無関係な「冤抑の情」がしきりに訴えられたのは、民事的訴訟における正当性の観念が成立していなかったことの表われであり、またその結果であったと見ることができる。

注

（1）滋賀秀三『清代中国の法と裁判』（創文社、一九八四年）一五三頁。
（2）滋賀秀三『続・清代中国の法と裁判』（創文社、二〇〇九年）三四〜三五頁。
（3）寺田浩明「権利と冤抑――清代聴訟世界の全体像」（『法学』第六一巻第五号、一九九七年）。
（4）沈之奇『大清律輯注』刑律・訴訟・冒頭の上注。
（5）『皇明祖訓』祖訓首章。
（6）『明太祖実録』呉元年七月丁丑条。
（7）『御製大誥』開州追贓。
（8）『御製大誥』官民犯罪。

(9)『御製大誥』諭官無作非為。
(10)『明太祖実録』呉元年十月壬子条。
(11)『大明律』刑律・断獄・辯明冤枉。元代にも「冤抑」があれば御史台に訴えることが許されていた（『元典章』刑部・訴訟・称冤・称冤従台察告）のを継承したことになる。
(12)『明太祖実録』洪武元年十二月己巳条。
(13)『諸司職掌』通政司・通達下情。
(14)『明太祖実録』洪武元年十二月己巳条。『明史』は「非大冤及機密重情不得撃」（刑法志二）と表現する。
(15)『元典章』刑部・訴訟・聴訟・至元新格。
(16)『御製大誥』姦貪誹謗。
(17)『教民榜文』。
(18)『明太祖実録』洪武十四年十月癸亥条。
(19) たとえば『明太祖実録』洪武十四年五月丙申条の上諭など。
(20)『御製大誥続編』枉禁凌漢、刑獄、再詰刑獄など。
(21)『御製大誥三編』官吏長押売囚。
(22)『御製大誥』積年民害逃回。
(23)『御製大誥』論官無作非為。
(24)『御製大誥』民陳有司賢否。
(25)『御製大誥』耆民奏有司善悪。
(26)『大明令』刑令および『大明律』刑律・訴訟・越訴。
(27)『明太祖実録』洪武十五年十月癸卯条。
(28)『明太祖実録』洪武十五年八月辛巳、同十月戊戌、十七年四月壬午条など。
(29)『明太宗実録』永楽六年十一月丁巳条。

(30)『明太宗実録』永楽七年六月甲辰条。
(31)『明太宗実録』永楽九年四月癸巳条。
(32)『明太宗実録』永楽九年十一月丙子、同十二月辛丑条など。
(33)『明太宗実録』永楽九年正月甲子条。同二十年にも「比年各処閒吏羣聚於郷、起滅詞訟、擾攪官府、虐害平民、為患不小」として対策を講じている（『明太宗実録』永楽二十年八月壬寅条）。
(34)『明太宗実録』永楽九年九月壬午条。
(35)『明太宗実録』永楽元年二月癸丑、同三年二月丁丑条。
(36)『明太宗実録』永楽二十二年五月戊子条。
(37)『明太宗実録』永楽十年正月辛亥条。
(38)『明太宗実録』永楽十五年三月丙申条。
(39)海瑞『備忘集』巻五・続行条約冊式。
(40)『明憲宗実録』天順八年十月甲申条。
(41)『明英宗実録』正統八年六月丁亥条に引く翰林院侍講劉球の上奏。
(42)以下、審録制度とその副産物としての律解釈の統一については、拙稿（A）「明代裁判機構の内部統制」（梅原郁編『前近代中国の刑罰』京都大学人文科学研究所、一九九六年）、拙稿（B）「明律運用の統一過程」（『東洋史研究』第五八巻第二号、一九九九年）参照。
(43)また、囚人の生活費は自弁が原則であったが、貧しくて出せない者は官費で養われた。囚犯が累積してくると、この囚糧が地方財政の負担になった。だが、それでも死刑執行を厳正にせよと主張する者は、張居正のような例外的な政治家に限られ、それも激しい非難の的になった。「情真」の死刑囚であっても、わざわざ殺すように圧力をかけるよりは、囚糧の調達方法を講じる方が良識と目されたのである（前注拙稿（B）五九頁参照）。
(44)嘉靖『塩政志』巻十・朱廷立禁約。
(45)薛応旂『方山薛先生全集』巻五十三・公移七・暁諭斉民。

(46)『大明律』刑律・訴訟・告状不受理。ただし「闘殴・婚姻・田宅等事不受理者、各減犯人罪二等、並罪止杖八十」となっているので、軽罪にしか当たらない民事的案件は受理しなくても実質的に罪に当たることはない。

(47) 呂坤『実政録』民務巻三・有司雑禁。

(48)『実政録』風憲約巻六・聴訟。

(49) 台湾中央研究院歴史語言研究所蔵『大明成化年間条例』成化十七年正月・越訴田土等項問罪通計起数将本等(管)司府州県官吏取招住俸例。

(50) 佘自強『治譜』巻四・詞訟門・准状不妨多。

(51) 滋賀秀三『中国法制史論集』(創文社、二〇〇三年)二三二〜二三五頁。

(52)『実政録』民務巻四・徴収税糧。

(53)『大明成化年間条例』成化十九年十二月・分定家産重告者立案不行例。

(54) 同右。なお、この事例は文言を整理して弘治『問刑条例』に採録されている。

(55)『実政録』風憲約巻六・提刑事宜・聴訟。

(56) ただし、時には上司が自ら手掛けることもあったし、現地の州県でなく他の州県に批行されることもあった。だが、その場合にも現地の地方官が容喙することは可能だったようである(劉時俊『居官水鏡』巻三・告示類・桐城到任禁約に「一、禁越訴以免拖累。……如詞批本県、先行責治、後方虚心問理。如上司親提、或批行別県、本県亦不即解発、仍申請原詞批県、追出刁唆之人、並本犯枷号重責、痛懲之後、亦与虚心問理」とある)。

(57)『皇明条法事類纂』巻三十九・在外告革前及不干己事照在京立案不行…発落例。

(58) 呉遵『初仕録』刑属・公聴断。

(59)『治譜』巻四・詞訟門・初到審訟。

(60)「上司人犯」とされた場合、巻き込まれた者の被害がいっそうひどくなったことも指摘されている(『治譜』巻四・詞訟門・上司詞状)。

(61) 洪武十五年には、江西・両浙・江東の民に「人に代って状を訴うる者」が多いとして、これを禁じており(『明太祖実録』洪武十五年八月辛巳条）、二十一年の『教民榜文』では、「刁頑の徒」が「本人と無関係なことでことさらに訴えを起こす」ことを処罰の対象としている。
(62)『皇明条法事類纂』巻三十九・禁約捏写詞訟幷吏典犯罪脱逃為民例。天順八年には、「近頃見るに、江西・浙江・広東・四川・湖広等処の悪辣な軍民が、原籍の戸婚・田土・私債・闘殴・搶奪・人命等の事情をもって、京師に来て奏告するが、多くは大赦前の本人とは無関係な事である（革前不干己事）」と言われている（同巻三十九・原籍詞訟幷告革前不干己事俱立案不行）。
(63)正統八年に越訴の禁止を繰り返した際、「違う者および主使教唆し本状を捏写せる者」を杖一百・発戍辺衛とすることを定めているが、これは以前の禁令を「申明」つまり再確認したものである（『明英宗実録』正統八年正月辛巳条）。
(64)夫馬進「明清時代の訟師と訴訟制度」（梅原郁編『中国近世の法制と社会』京都大学人文科学研究所、一九九三年）は、清代の訟師の「包攬詞訟」について取り上げている（四五二～四五三頁）。
(65)弘治十七年には、「戸婚・田土・銭債を争競する一切の私事」について、七八十人以上を巻き込んだ訴えは虚実を問わず受け付けるなという法令が出ている（『大明律直引』所載「問刑条例」）。
(66)『皇明条法事類纂』巻三十九・在外刁頑駕（架）空告訐幷不干己事…断結例。
(67)『皇明条法事類纂』巻三十九・在外誣告十人以上者…問発辺遠充軍例。
(68)訟師については、注(64)所引夫馬論文参照。
(69)『唐律疏議』闘訟・為人作辞牒加状。
(70)劉俊文『唐律疏議箋解』（中華書局、一九九六年）、一六六五～一六六六頁。
(71)『元典章』刑部・訴訟・書状・籍記吏書状。
(72)『治譜』巻四・詞訟門・告状投到状之殊。
(73)夫馬進「訟師秘本『蕭曹遺筆』の出現」（『史林』第七七巻第二号、一九九四年）。
(74)注(73)所引夫馬論文、三一頁。
(75)東京大学東洋文化研究所蔵。汲古書院より『中国日用類書集成』第一・二巻として影印刊行（一九九九年）。
(76)『五車抜錦』巻二十四・体式門・珥筆文鋒。

(77)『実政録』民務巻三・有司雑禁。
(78)一般に訟師の呈詞代作が訴えを受理してもらうために必要とされたことは、注(64)所引夫馬論文、四五六～四五七頁に述べる。
(79)『福恵全書』巻三・攷代書。
(80)『治譜』巻四・詞訟門・告状投到状之殊。
(81)同右。
(82)『蕭曹遺筆』法家管見。
(83)『治譜』巻四・詞訟門・状不可軽信。
(84)たとえば、明末の顔俊彦『盟水斎存牘』に見える「訟債」「争産」「争田」「争継」に関する判語など。同書では「土豪」や「衙蠹」の罪に対する判語は戸婚田土関係の判語と別に分類・載録しており、土豪や胥役が社会的立場を利用して悪事を行なった場合は、一般の民事的紛争とは問題の性格が異なると捉えていたことが窺われる。
(85)『治譜』巻四・詞訟門・田土。

第六章　「郷土社会」か「好訟」社会か？
——明清時代の「好訟」社会の形成およびその諸相

陳　宝　良
（水越知訳）

はじめに——「郷土社会」から説き起こす

社会学の視角から中国の伝統社会の本質を考えると、かなり普遍的な見方が出来上がっている。すなわち中国の伝統社会は「郷土社会」である、というものである。費孝通は「郷土社会」に関する研究のなかでこのように述べている。——郷土社会にあって、訟師といえば、誰もが火のないところにもめ事を起こす悪行を連想する。地方の秩序を担う「父母官」は礼的秩序を維持する理想的な手段は教化であって、裁判による断罪ではないと考えていた。したがって郷村社会では訴訟を起こすことは恥ずべきこととなり、教化の不足を表すものだった。郷村では紛争が起きれば調停による解決に重きが置かれ、その調停こそがまた一種の教育の過程なのだ――と。[1] 林端は伝統中国の法律文化についてさらに一歩踏み込んだ見解を示した。彼によれば、伝統中国社会の法律は礼教や人情を重んずる儒教倫理の制約を受けており、「判決」より「調停」が重要だとしないものはなかった。言い換えれば、儒家の倫理が唱導する「とことん訴訟すれば凶」（『易経』）との考えは、つまり郷土社会の本質とは「反訴訟社会」であることの証明になるのだ、とした。これを基に中国人は実際に体得した伝統の基礎を築いた。すなわち「法廷に出ることを恐れ、訴訟を蛇蝎のごとく嫌い、法律を蔑視したり反対するなど、法的なことから距離を置こうとする心理」である。[2] 一方、台湾の研究者・労政武は中国と西洋の法律文化の下での観念の差異について有益な比較を行った。つまり現代の西洋における「権利第一」の観念は人々の権利争奪を鼓舞し、甚だしくは「あなたの権利を眠らせるな」との掛け声のもと、盛んに訴訟を起こさせる。しかし「中国固有の法体系のなかには争いを停止することを最上とし、弱きを助け、強きを抑える考え方が存する。」すなわち「官吏の汚職には重罰をもって臨み、現任官僚の顕彰を厳禁する。それに対して老弱の者たちには寛大な処置が取られ、負債を抱えた貧困者には返済の割引もされる」。[3]

伝統中国社会を「無訟」を主体とする「反訴訟」社会だと定義すれば、実際の中国の状況をほぼ反映するとして間違いない。指摘しておくべきは、歴史研究はもちろん社会の本質を概括する社会学理論による指導を必要とするが、歴史上の社会形態の変遷、また変遷に内在する「理路」に注意して、さらにその成因を解釈せねばならないことである。こうした意識に基づいて伝統中国社会の訴訟という事実に注意することが肝要である。その原因を求めた台湾の研究者・張徳勝の「社会原理」解釈は、大いに研究者を啓発するものであった。すなわち伝統社会の儒家たちは「教化を主張」したとしても、「規範が内から生まれ」ることを通じて、「個人が自ら遵守すること」を望んでいた。換言すれば、社会規制の角度から見れば、単純な教化は決して万能ではない。個人の欲望の存在は最後には社会が要求する規範と抵触する部分が出てくる。そこで「あらゆる社会において何らかの外部規制の手段が採用され、成員たちの規範を形成する」ことになる。(4)ここでいう「外部規制の手段」とは、実際には法律の強制力や裁判のことである。この点で伝統中国の「和解」に対してできるだけ「完全、円満な結果」をもたらしたわけではない。蕭公権はこの理由について一つの答えを出している。「専制帝政の統治下にあって、また全ての人民がいくつかの明確に異なる社会集団に編成されている社会にあって、異なる利益の存在は避けがたいことである。この利益――統治者と人民、紳士と平民、異なる地縁、民族、職業団体間の利益――を調和させようとしたら永遠に不可能だろう。このため個人と個人の間、あるいは団体と団体の間に衝突が発生する可能性も永遠に存在する」(5)。たとえ伝統中国の法体系が常に採用してきた「扶弱鋤強（弱きを助け強きを挫く）」の法があり、当時の一部の地方官から「施政の大要」だと見なされていたとしても、決して完全な「無訟」状態に達することはできなかった。それどころか「官を待たずして勝負は已に決した」、あるいは「紳士は困窮し、狡猾な有力者が志を遂げ、ならず者が民に害を及ぼす」(6)。状況であった。言外には民間の「好訟」の風が起こったことが込められている。

このように儒家知識人たちが「無訟」の理想状態を追求しながら、明清時代の社会の現実は「好訟」の世界を呈していた。そこで「無訟」の理想と「好訟」の現実は必然的に衝突した。衝突の結果生じたのは「息訟」の観念の出現と具体的な司法事務のなかでの実践であり、「好訟」社会の最終的な形成であった。

第一節　「好訟」社会の諸相

官側の記載はもちろん、民間の史料によっても明清時代がすでに「好訟」社会を形成していたことを証明できる。明清時代の史料に「好訟」、「喜訟」、「健訟」、「囂訟」、「刁訟」などの類語は頻繁に出現する。さらに清代の人たちは積年訴訟を繰り返す人を「訟油子」と呼んでおり、この種の「健訟」の人は広範に存在し、「刀筆」（訴訟文書の作成）の訟師を増殖させる温床を提供していた(7)。

明清時代は好訟社会（訴訟社会）として、訴訟が頻繁に起こされるという外在的な現象のほか、訴訟内容や形式面でも新しい方向性が出現し始めた。これを明らかにすべく、以下の六つの側面から考察していきたい。

一、「民告官」の風潮の形成

明代初期の制度によれば、人民が官を非難した場合は「通常より割増して罰する」として処理された。さらに法律の規定では婦女は姦通、殺人あるいは舅姑を殴る、罵るなどの不孝の罪のほかは、すべて訊問を免れることができた。これは明らかに官の尊厳を守るためであり、またできるだけ婦女を公の法廷で顔をさらさせないためである。ところが正統年間（一四三六～四九）初年から「民告官（民が官を訴える）」の風潮が出現する。当時の刑部は「近年、人民が官を訴え、多くは官員の妻妾や娘が訴訟に巻き込まれ、法廷で辱められるのを喜び、それで私憤を晴らす」と上奏している(8)。これは訴訟傾向の一大変化であり、同時に官民の階級制度が弛緩しつつあることも反映している。

「越訴」の現象が広く現れたことも、すでに民間では末端の官員たちを信任しておらず、直接上級の衙門で自分の正義を通したいと希望していたことの証左となり、これも民が官を訴える風潮を反映したものである。明代の制度では軍民の訴訟は必ず「下から上」の制度を遵守し、決して本来の衙門を飛び越えた上訴は許されていない。明代中期以後、人に教唆されて北京まで上告した例が広く見られることは否定できない。ただし明初にも上告する人は多かったが、それらのほとんどが大きな冤罪を抱えていたことは指摘せねばならない。これは明らかに明初の法令の厳格さと関係している。明代の史料によれば当時越訴に関する法令上の規定には、もし冤罪があるとして北京に上告した場合、必ず「釘板に寝ころば」ねばならず、さもないと「勘問はしない」だった。(9) つまり北京に上告する者は一種の犠牲精神を持つ者でなくてはならず、また犠牲精神を持つ者はそれだけ大きな冤罪を抱えた者だと分かろう。

しかし宣徳年間（一四二六〜三五）以後、民間にはいわゆる「奸頑小人（奸智にたけ、物事に固執するつまらぬ人間）」がいて、往々にして私憤のために訴訟を捏造し、民間の疾苦を上言できる「実封」制度を利用し、ときには人を募って北京で訴状を提出させた。このため廉吏や良民でさえ誣告されるに至った。こうした風潮は四川でもっとも盛んであった。宣徳四年（一四二九）、宣宗は行在都察院右都御史である顧佐に命じ、天下に告示させた。「今後は機密や重大事で実際に証拠があれば〝実封奏聞〟を許す。そのほかの一般の案件は〝下から上〟の原則を遵守せねばならない。依然として越訴する者に対しては虚実を問わず司法機関が懲罰を加える権限を持ち、必ずや主導的な者、教唆した者および訴状を代書した者を追及し、〝杖一百を加え、家族全員を遼東への流刑に処する〟。この法令は定例とし、永遠に遵守するものとせよ」。これがその告示の大意である。(10)

清代に入り、湯斌が陝西潼関道副使の在任中、〝抱牌陳告〟制度を設け、人々が正規の司法手続きによって当地の汚職官僚を告訴することを許した。(11) また康熙二三年（一六八四）、今度は湯斌が江蘇巡撫に赴任した後の告示で、訴訟案件の上告手続きについて明確な規定を設けた。このうち民が官を訴える案件に関するのは以下の三条である。一、民間人が汚職官吏を告訴するとき、もし汚職の証拠物件やその年月日を確定する証拠がなければ受理しない。二、民間人が、官員が正額以外の税金や役を課したと告訴するとき、もし名目や数量の記載や年月の確証がなければ受理しない。三、もし官員が情実によって法を枉げたと上級機関に越訴するときも証拠が必要であり、手続きに沿って上告せよ。もし案件の内容が人命（殺人）、強盗に関する場合、定例に照らして当該の州県を通じて告訴し、判決をもらうこと。当該州県による判決を経ないものは越訴を許さない。もし判決を下した官が情実によって法を枉げたならば、必ず「日月を明記し、証拠を提出し」、事実に基づいて陳告させる。違反者は許さない。[12] 以上の三条の規定から、実際の証拠物件と、裏打ちする確証があり、規定に沿った手続きで「事実に依拠して陳告」しさえすれば、民間人が汚職官吏や正額外の課税、情実による枉法を上告することができ、それらはすべて承認・受理されることが分かるだろう。

二、家庭内訴訟案件の増加

宗族内の家長・族長と各地の里老は末端の地域社会で訴訟を止めさせ、調停を行う中心的存在である。とりわけ宗族制度は広範に存在し、明清時代の社会の「徳をもって国を治める」教化理念を体現している。

注目すべきは、明清時代、家族内でもまた紛争が日常の光景となり、財産争いによって訴訟が起きるケースが徐々に増加していくことである。[13] たとえば明末の蘇州府太倉州では「父子が互いに訴え、兄弟が訴訟を起こす」とあり、日常的に見られるものだった。清初の湯斌がやはり陝西潼関道副使のとき、陝西の人々は「利を重んじ倫理を軽んじており、すでに一つの気風をなしている。また人々の多くは些細な私憤のために兄弟やおじ・おいの間での訴訟をして止まない、とはっきり述べている。[14] 清代の袁鈞はさらに直接的に指摘した。「自己の利益を図る風が起こり、兄弟で訴訟する者が現れた」。それだけでなく、「現に父親が存命中でも兄弟が争い、裁判沙汰になる者」さえ出現した。[15] 儒家の伝統的統治の基礎である家族は、その内部で至るところ財産争いを発端とする訴訟が起きていた。これを「風俗の衰微」と説明するだけでなく、さらに好訟の風潮がすでに形成され、家族の基礎を動揺させつつあったと説明するのが適切であろう。

三、土地訴訟案件の増加

明清時代の官の教化理念や司法の規定では、通常、田土関係（土地関係）の民事訴訟は宗族・郷約・里老に任せて調停させるべき範囲とした。明清両朝の建国当初は、国家の規制力が大変強く、宗族・郷約・里老はその機能を十全に発揮し、田土関係の紛争の多くは調停によって訴訟が止められたことは否定すべくもない。しかし明清王朝のいずれも中期以降となると、土地訴訟案件が増加し始める。

明代にもっとも処理が難しい訴訟案件とされたのが土地の問題であり、そのなかでも土地関係の訴訟となるとさらに情状が千変万化となる。権勢を借りて他人の土地を占拠する、土地の境界が接していることを利用して併呑する、すでに土地を売却したのに二重に土地を売る、他人が荒地を開墾し、収穫があったのを見て、突然それを訴え出て争う、また仲買人たちに賄賂をおくって「虚銭実契（実際には金がないのに契約した）」と称して土地の売買関係を否認させるなどである。ひどい者になると他人の田を有力者に献上して名義を変えたり、「人を集めて殺し合い、殺人をでっち上げ、越訴をする」輩もいた。[16]

浙江の淳安では「山に界無く、直だ頼に憑る（山には境界を示す目印がなく、ただ好き勝手な言いがかりによる）」と言われていた。これは当地の民間の訴訟のなかで山地争いの割合が増加したことを示している。山地は境界が不明瞭で証拠がない一方、本当の地主は数年に一回山を見回るくらいで、隣の地主に聞いても頼りにならない。すると山地はしばしば当地の人間たちの争奪やごまかしの横行する主要な資産となり、官府が何度判定しても紛争や訴訟は絶えなかった。海瑞の統計によれば、淳安県の民事訴訟案件の「告訴状十枚のうち、山地争いが五、六枚はある」といい(17)、その比率がかなり大きかったことが分かる。また明末の福建邵武県では土地や長年の債務など経済的な紛争に関わる訴訟案件が増加し続けていた。万暦四一年(一六一三)、邵武県に赴任した呉甡は土地・債務の訴訟がかなり日常的に起こされることに気付いた。邵武県の慣習では土地を所有する者は「田骨」、田を佃作する者は「田皮」と称して、各自が若干の費用を負担していた。それが年代を経ると「田骨」権と「田皮」権が混乱し、田を買った家が「何かにつけて小作から得る金の増額を告訴し、訴訟をして止むことがない」という。このほか邵武県の無知な民が債務をでっち上げられたり、他人と訴訟して敗訴したことで、ときに極端な手段に訴えた。断腸草を食べて相手の家の前で倒れて死に、死んだ者の子弟や親族が「騙して恐喝したり、誣告したりして利を得る」という方法である(18)。

清代になると、「健訟」の風は「大半が田土に起こる」と言われるまでになる。たしかに史料に見られるごとく、土地売買の手続きのなかでは土地の値段は時期によって高下するが、売買成立の期限は長さもまちまちで、値段が安ければあとで少し値を加え、売却時期が最近ならば買い戻すのであれば通常の考え方である。しかし宝山県月浦鎮では「土地代はすでに支払われ、年月も相当たつのに、無頼どもが侵占されたとして争い、郷民の謹厳な者の多くを訟師が煽りたて」るという驚くべき事態が起きていた(19)。同様の状況は浙江天台県にもあった。天台県の知県であった戴兆佳は次のように指摘した。「天台県の民情は不正・欺瞞が多い。保証人や地契(土地の権利書)も明確で問題がなく、土地の所有権も移動して久しいのに、〝返済金の残りを何度も請求したり、しばらく抵当に入れただけである〟とか、

〝税金逃れにより代わって支払わされた〟とか〝税金の未納分をあとで支払って完納した〟とかの名目で訴訟を起こし、しきりに上告し、紛争を繰り返している。土地台帳と対照し、訊問してみれば十に一つも事実がない。[20]」これらの土地訴訟は〝十に一つも事実がない〟ものながらも、家族や財産に関わる訴訟が増加したことは「好訟」社会の真実を反映している。

四、顔を晒して告訴する婦女たち

伝統的な観念に照らせば、婦女は公然と外に出ることを慎まねばならないし、まして顔はもっとも見られてはならない。たとえ姦通事件に関係した婦女であろうと、当時の裁判規程では出頭せずともやむを得ずとし、婦女を無理に出頭させなかった。その原因の一つは、明らかに伝統的な礼教の規定によるもので、「婦女が物言わないのは、礼に明文がある」と言われる。あるいは「婦女の道とは三従（幼いときは父に従い、嫁しては夫に従い、老いては息子に従う）を重んずるのを第一とする」と言われ、「男女関係の疑いから遠ざけ、姦淫が入り込むのをふさぐ」との考え方に至る。もう一つは清代の万維翰の言うように、婦女が姿を見せることが習慣になると恥を忘れてしまい、ついには無軌道になる危険があるからである。[21]

しかし現実はそうではなかった。明清時代の史料を見れば、婦女が堂々と公に告訴し、法廷に出入りすることが当たり前だったことは明らかである。清代の欒城県の知県・桂超万は「男は訴訟し、女が法廷に出る」のが欒城の一大「悪習」だったとしている。また興化県では非常に多くの訴訟で「婦女を法廷に出させ」、「慣れ切って、恥じるところもなかった」とされる。[22]婦女が公然と告訴し、あるいは婦女を利用して騒動の渦中に入れ、混乱を起こす原因のほとんどは重大案件ではなく、「蝿の頭ほどのわずかな利害」のためであり、ときには訴訟の必要すらないものもある。

さらには紳士の家柄の婦女も「破廉恥を顧みず」、あるいは「母親を法廷に立たせ」、「妻を盾にして訴訟を繰り返し」ていた。[23] 婦女が公然と訴訟を起こすことの目的は当時の史料にあるように、「婦女であることを武器に悪事を逞しくし、姦計を図る」とか、「郷里にたまたまもめ事があれば、とにかく婦女をその渦中に巻き込み、彼女に手を出せないようにする」ことにあった。[24]

明清時代の家庭内の男子が「妻を武器に法廷でほしいままに悪事を働い」たり、婦女が「訴訟に関わる」風潮が広く現れたのは、単に彼女らの父親や夫の容認によるだけでなく、こうした風潮が人心に深く浸透していたためで、後には父親や夫でさえ彼女らの行為を制約できなくなっていった。最後には「街角の喧嘩でも田舎のもめ事でも、家内で問題が起きれば親族にも問題が飛び火し、大人数の意見はまとまらず、とめどなく広がっていく」[25] 状況に至った。これは父親や夫など男性たちが当初予測しなかった事態で、やはり「好訟」社会の典型的な現象である。

五、僧侶が関わる訴訟案件の増加

常識的にはすでに出家した僧侶は行雲流水、到る処を家となし、あるいは寺院で斎醮や誦経し、本来の「六根清浄」の姿を保持せねばならない。

明清時代の史料、とくに法律文献からは僧侶が関わる案件が増加する傾向が見られる。この種の訴訟案件をさらに細かく分析すると、大きく二種類に分けられる。一つは僧侶が姦通や強姦、殺人などに関係して被告となる場合で、僧侶が自ら罪を犯し、いわば受動的に訴訟に関わったものである。もう一つは僧侶が家屋や土地、池などの財産争いのため、ときには「衣衲（僧衣）」のような細事のために積極的に訴訟を起こした場合で、これは注目すべき社会現象である。浙江の天台県では会明なる僧が俗人と家屋の土地をめぐって争った。秀峰なる僧は田の売買過程で納税の問題で買い手と訴訟に及んでいる。このほか僧侶と一般の民が池を争奪した事案もある。[26] また山東の蒙城県では性慧なる八〇歳に近い老僧が「衣衲の細事」のため、すなわち高士周なる者から衣衲をもらおうと平然と虚偽捏造して法廷に告訴した。[27]

僧侶の関わる訴訟案件の増加は、明清時代の僧侶の質、つまり彼らが貪・嗔・痴の三つがまだ消え去らない「野狐禅（低級な禅）」の輩に過ぎず、仏教が世俗化した事実を反映したものと説明できるが、さらに言えば「好訟」社会形成の重要な証左でもある。

六、「好訟の地」の形成

明清時代には「好訟」は社会に普遍的に見られる現象となっていたが、さらに注意すべきは「好訟の地」と呼ばれる地域の形成である。たとえば江南、江西、浙江の紹興、福建の泉州などはいずれも世に聞こえた好訟の地だった。

明代には訴訟の地域傾向は一般的に江南が江北より盛んであった。また江南と同様に江西ももっとも盛んな地域だった。これについて明人の張弼は以下のように比較している。天下全体では南方の文風（文を習う気風）は北方に勝る。一方で北方は訴訟が少なく、南方の訴訟は頻繁である。さらに南方のなかでは江西の文風が明らかに他の地方に勝っている。不思議なのは他の地方は訴訟が少ないが、「江右（江西）の訟は実に繁たり」と述べていることだ。その原因は何か。張弼は慎重に以下のような推測を述べている。彼によれば江西の「習経好文の士」たちが「正業」に務めずに、「口が達者で非難譏謗に巧み」だからであり、[28] それゆえにこそ江西の「好訟」の風は盛んになったと言える。

明代の正統的な史料の記載では、江南の気風は狡猾で詐術に長けていると特徴づける。そこで訴訟も粉飾・虚偽が横行する風潮が現れる。その訴訟活動は詐欺的なやり方だった。小は「契約証文を偽作し、帳簿や契約書を改竄し、財産をだまし取る。もともと喧嘩だったのを強奪だと誣告し、借金取り立てだったのを劫掠だとする」類であった[29]。より大きな詐欺となると、殺人事件で人を陥れるようなこともする。その目的は官府に再度死体を検視させることである。ひとたび官府がその告訴状を受理すれば、被告はたちまち下手人に仕立てられ、家は破産し刑罰を受けるなどあらゆる苦悩が待っている。何度も審訊を経て最後に誣告と確かめられ、原告が誣告であったと自供し、承服しても、受ける刑罰はせいぜい徒罪である。まさに海瑞が「誣告の刑罰は被害の万分の一も償えない」という通りで[30]、これがさらに誣告を常態化させたのである。

このほか、福建の泉州、浙江の紹興などはいずれも「好訟」が常態化していた。明代には泉州は「民が淳朴で訴訟が少ない」として、「仏の国」と称されたほどだった。その後変化が起き、「旧俗は徐々に変化し、訴状は何百という数になった」、「あるいは上司が来府することがあれば、馬を取り囲んで騒ぎたてる者が引きも切らない。そこで知州や知県になる者は統治の難しさに苦悩する」、「推官として刑罰を専門とする者はますますその苦労を避けられなくなった」[31]。泉州府管下の晋江県はかつて「民が淳朴で訴訟が少ない」と称され、「易治（統治しやすい）」と言われていた。しかし成化年間（一四六五〜八七）以後は「昨今の訴訟は一日に数十、数百枚の訴状が投じられる」ようになった[32]。清代の紹興では「奸民」も登場し、「人々は刀筆に習熟し、健訟を得意として、地方官がやって来るたびに常にでたらめな訴えで地方官の関心を引こうと」した。また放告の時期には「多ければ二、三百枚の訴状が出され、訴状には多く条例が引用される。こうすれば圧力になるからだ」との記載もある[33]。

以上、六つの側面について述べてきたが、いずれも明清時代には間違いなく「好訟」社会が形成されていたことを証するものである。これは明確な社会変動の現象、つまり「郷土社会」から「好訟」社会への転換である。清の龔煒はこの変遷の真実についてこう記述する。礼教の秩序が安定した郷土社会では村民が官吏のことを口にするときに「恐れる様子」があった。しかし「好訟」社会では、家に少し余裕ができれば胥吏と親密になり始める。またわずかな過失があれば胥吏を告訴し、遂には法廷を自分の庭のごとく闊歩する、と。[34] 郷村でさえこの状態であれば都市では推して知るべしである。「好訟」社会では、一様に訴訟文書が繁多になっただけでなく、その多くで「無情の訴」、すなわち虚偽の訴えがますます増加した。たとえば戴兆佳が浙江・天台県に着任後、読んだ訴状は「千有余枚」だったというが、その千余件の訴訟案件のうち「殺人や強姦を捏造したもの、細事を大げさに粉飾し、小さな過失を重大事案で訴えるもの、大勢を巻き込んで虚偽の不正をほしいままにしたり、婦女を巻き込んで一時の憤懣を晴らそうとしたり、あるいは事が赦免前であれば年月を書きこまず、案件がすでに結案して久しいものであれば新たな名目で訴訟を起こす」ものだった。つまり大半が事実無根の訴えだったのである。[35] あるいはまた、人との「闘争」が習慣となり、「三尺の童子さえ、みな人を押しのけ上位に立とうとし、一介の匹夫さえ傲岸な態度をとる。誰もが口を尖らせて罵り、何かと争いを起こす。天賦の善性や倫理はたちまち破壊された」とされる。[36] 「好訟」の目的は結局「貨利を争う」か「財産を争う」のが大多数であった。そして「一木一石のごとき微細なこと」のために「でたらめな言葉で告訴し」、「貨利を争う」ために、「親類・朋友とも敵対し」、「尺布斗粟（わずかな利益のこと）のことに心を燻らせる」ために、「兄弟のことを買った奴隷だと言う」。その目的は明らかに「財産を争う」ためであり、そのためならば「搶刼されたと詐称さえする」のである。[37]

第二節 「好訟」社会の形成要因

「好訟」社会の形成要因を探ろうとすれば、まず多くの訴訟案件が起こされた原因から分析せねばならない。明清時代、訴訟が増加傾向にあったことは間違いない。訴訟を増加せしめた原因に関しては論者によって見解が異なっているため、その概括のしかたもそれぞれ違っている。このこと自体がすでに訴訟の増大を誘発した原因が非常に複雑なことを物語る。

清・王又槐の『辦案要略』は訴訟の発生から変遷まで順序立てて分析しており、議論の基本的な材料として用いることができよう。王又槐によれば、訴訟の発生原因は明らかに民間調停の失敗にあるとする。つまり多くの訴訟案件の発生原因はすべてが「不法の事」ではなく、「郷村の愚民の度量が浅いので、一草一木でさえややもすれば争いになり、互いに勝ちを競い、怒りの種を作る」のだという。ひとたび争いが生じると、人々はまず親族・近隣や地保らに「排解（和解調停）」を頼むことを考える。親族・近隣や地保らが十分に調停に長け、意を尽くして指導するならば、係争中の双方も落ち着きを取り戻し、最後は「無訟」に帰着するだろう。事実は決してこうはいかない。調停の途中で何か不当なことがあればかえって「激して訴訟になる」ことがしばしばだった。これ以外にも訴訟案件を増加させる原因はさまざまある。一つ目は地保人たちが訴訟案件から分け前を得ようと求め、ときには紛争が起きるとこれ幸いと双方に「訴訟を起こせ」と唆すことである。二つ目は双方の紛争当事者が訴訟を望まないのに、周囲の人間が担ぎ出し、讒言を鵜呑みし、「訴訟を起こす」ことである。三つ目は「平素から狡猾で、もっぱら訴訟でたたかうことを得意とする」者で、彼らは何か事が起きれば当事者たちに訴訟を持ちかける。四つ目は一部の人間がとりとめのないことを捉えて「平空訐訟（事実無根の訴訟）」を起こすものである。五つ目は詐欺の目的が達せられず、故意に争端を求める者の存在である。六つ目は平生から人とのいがみ合いが積もり積もって、訴訟によって「憤懣を晴らそう」とするものである。七つ目は他人が孤弱で騙されやすいと見るや訴訟で陥れようとするものである。[38]

当然ながら、「好訟」社会の形成には特殊な地域的要因も存在する。史料には、清代の三呉地方一帯（長江下流地域）では「准を図り審を図らず（訴状を受理してもらうことだけを図り、実際の審訊を望まない）」という諺も見える。なぜそうなるのか。清・王有光は青浦・嘉定両県を例として詳細に分析している。両県を比較すると、青浦県は毎年の訴訟案件は百単位だったが、嘉定県では毎年千単位で起こされていた。この件数の差が生じた原因を求めるには、両県の衙門の案件処理の差異から説き起こさねばならない。一般的に訴訟は「官司」と称され、現在でも残っている言葉である。実際には「官司」とは官の衙門の一機能、すなわち訴訟を通じて官員に曲直の判断を求める行為に限られたものである。清代には訴訟はまた「官私」とも俗称される。ここでの「官」は「情理の曲直」を指し、「私」は「経差の使費（担当差役などの費用）」を指す。すなわち訴訟は一方で官府によって曲直を調べねばならず、もう一方で案件を具体的に事務処理する人々からの収奪に遭わざるをえない。青浦県では差役の費用は普通原告・被告が共同で出し、支払いも緩やかだった。これに対し嘉定県では差役の費用は被告が支払い、「家を傾けても仕方がない」ものだった。この結果、青浦県の民は「一時の憤懣」は「時間をかければ徐々に解決する」ので、しばしば間に人を立てて調停し、最後には訴訟案件にまで至らなかった。これに対し嘉定県の民は自分が被告になることを避けるため、先を争って衙門に訴状を出し、親族・友人の調停も及ばず、あるいは調停には不都合だった。このためどうしても「訴状を粉飾し、受理されることだけを考える」ようになり、ただ「憤懣をはらす」ためだけに、「審訊の虚実」は考慮の外に置くまでになった。[39]嘉定県の訴訟案件の多さの要因はここにあると思われる。

訴訟の事情は千差万別とはいえ、調停が失敗して訴訟を引き起こすほか、すでに述べたようなさまざまな要因は、いずれも明清時代の「好訟」社会の基本的特性をはっきりと示している。以上の見解をもとに、「好訟」社会形成の基本的な原因を具体的に論じても問題ないだろう。これらの論点のほか、さらに明清時代の法律史料を細かく分析していけば、当時訴訟が大変盛んだった原因を以下の諸点から考察できる。

一、商業化・都市化による教化体制の形骸化

礼教の階級秩序を根幹とする「郷土社会」のなかにあっては通常、教化を優先する原則が採られる。それに応じたものとして一連の教化制度、すなわち郷約・里老・申明亭・旌善亭や宗族などを通じて直接教化を実施し、さらには民間の紛争を調停・解決する制度がこれに当たる。ところで明清時代になると商業化・都市化の発展は争えない事実となり、このために「人情」に多くの変化が起きた。一つは人々の考えが狡猾になったことである。清代の学者・紀昀は「人情の狡猾さは京師（北京）に勝る場所はない」と述べる。[40]現存する『行商遺要』の鈔本には「考えてみると、近年の世情は、人心は大きく変じ、孔子・孟子（などの儒学）を学ばず、みな墨子に倣う」とあり、また「昔は人々が古来互いに仁義を大事にし、交際は誠信をもってし、一度言えば二言はなかった。だんだんと世間の風潮が狡猾に流れ、弊害が生じ始めた」[41]とある。清末の呉趼人の考えでは、当時の都市はすでに「鬼蜮（妖怪や鬼）の世界」となっており、官界や士人たちは言うに及ばず、商家などもみな狡猾に行動する。真正の「忠厚の君子」は郷村の人々のなかに辛うじて見つけ出せるのみである。[42]二つ目は人々の考えが権勢に阿諛し、刻薄なものになったことである。明代の姚旅は「今の人は高位高官を知っても、道徳の存在を知らない。盗跖（古代の大泥棒）でも衣冠をつければひ

たすらこれに擦り寄るのに対し、物乞いでも孝友（親孝行で兄弟仲がよい）の人物に敬意を払う者はほとんどいない」と述べる。[43] 明末清初の小説『鴛鴦鍼』の編者は「犬は君子を噛まない」という俗語によって、当時すでにうわべの権勢だけを重んずる気風が起こっていたことを表した。[44] ただただ官位や財産を重んずるだけで、道徳や孝友を軽んずるというのは、たしかにそれまで天下になかった風俗であった。三つ目は詭計・詐術の流行である。呉趼人は憤慨して「そもそも詭計は今一番流行している事」だと言った。どうしてそう言えるのか。これにも根拠がある。と言うのは、清末でも殺人の供述でさえ同じように虚偽捏造の現象が見られたからである。[45] 実際、明清時代には殺人案件の捏造や言いがかりに近い案件が常態的になっていた。

これについては、明代の海瑞が訴訟が徐々に増加する原因を分析し、まさにその勘所を押さえている。海瑞によれば大量の訴訟は以下の二点に原因するという。一つは風俗人心が日々軽薄になってからというもの、人心が昔とは変化して、人々の利益追求の意識もますます強まった。彼らは利益のためなら日常的に訴訟を起こすのも厭わなかった。もう一つは倫理の軽視である。伝統的で緊密な家族内関係を調和させるべき倫理は、個人の利益追求と衝突してぼろぼろに破綻していた。家族内の上下関係が破綻すると、家庭的な温情のベールの下にあった紛争が公衆の面前に暴露され、赤裸々な訴訟関係に至るのは避けがたいことだった。[46]

世俗の人情が大きく変化したことは、最後に「市道」の形成をもたらした。市道とは主に市場取引のなかでの赤裸々な金銭関係を指す言葉で、この市道が種々の社会関係に浸透し始めたのである。通常、土地を買って地主になり、小作料を得るのが儒家の「成功の近道」であって、清廉を守り「市道」には染まらなかったと言われる。しかし清代には地主と佃戸の間で「互いに欺き合う」のが普通になったのは「市道」と異なるところがない。[47] また明の許梅屋は「子は父が貧しいことを怨み、兄は弟が豊かだからとこれを盗み、妻妾は贅沢であるかつつましやかであるかで悲嘆もし歓喜もし、奴僕は主人の盛衰を見て勤勉にも怠惰にもなる」と述べている[48]。「市道は門外にあらず（損得ずくの関係は家の外のことではない）」、それどころか温情溢れるはずの家庭倫理関係のなかにも入り込んできた。

伝統的観念によれば、上を安んじ民を治めるのは礼によるのが最善である。『易経』には「上下をわきまえ、民の心を安定させる」とあり、孔子は「国を治めるのは礼による」と論じた。言い換えれば、身分の高い者が低い者を治め、身分の低い者が高い者を支える。体が手を使うように脈絡が互いに通じ、筋道が繋がってはじめて「名分が厳格になる」のである。しかし人情が変化し、市道が家庭や社会関係と衝突し、最後には伝統的階級制度を崩壊へ向かわせた。明代の王叔杲は浙江の湖州・嘉興二府の風俗を考察し、風俗の変化が礼教の階級秩序と衝突する様子を鋭敏に見てとった。彼は「文が盛んだと奢侈の風が広がり互いに競い合い、地が豊かだと民は怠けて善行を忘れる」と述べた。まさしく江南は「文盛」、「地饒」という二つの特長のために「奢侈の風が広がり互いに競い合った」し、「民が自堕落になって善行を忘れてしまった」のである。風俗がこのように転換すれば、必然的に伝統的な階級秩序に影響を及ぼし、このような現象も見られた。「士人は学校で騒ぎ、民は市で騒ぎ、搢紳を罵り、朝廷に上聞する。その土地で役人になる者は一日も安んじていられない」[49]。これは礼教階級秩序が統御不能になった歴史の真実を断片的ながら映し出している。また伝統倫理の「三綱五常」が衝撃を受けたことも史料から明らかにしうる。明代の史料によると、「近頃は子が父に叛き、妻は夫から離れ、嫁姑は反目し、兄弟は罵り合い、奴僕は主人の命を聞かず、まさに冠と靴が逆さまになったように、皆が転倒している」とある[50]。このように父子、嫁姑、兄弟、主従の関係はたしかに秩序変動を来たしていた。伝統秩序の動揺は清代の統治者の目前に重大な難題を投げかけることになる。乾隆一六年（一七五一）六月二五日、礼部右侍郎の秦蕙田は「郷村の無頼が私憤を抱いて衆を集めてストライキをし、ひどい場合は長官を凌辱しても憚るところがない」と述べる。また「頑佃抗租（佃戸が小作料支払いを拒否する）」などの事象のなかに身分の低い者が高い者を凌ぐ悪風が形成され、後戻りできない趨勢となったことに感嘆を禁じ得ないのである[51]。乾隆一二年（一七四七）五月二四日の記事として、当時の動乱案件のなかに福建の羅日光が抗租して捕縛を拒んだ案件、山東の張懐敬が衆を集めて差役を殴った案件、江南の王育英がストライキを呼び掛けた案件、広東の韋秀貞が捕縛を拒んで傷害に及んだ案件、山西の安邑・万泉で衆を集めて官に抵抗し、城門内に立て籠もり無法をなした案件などについて、乾隆帝は「人民の気風がますます驕傲になった」事実を認めざるを得なかった[52]。

好訟・健訟の気風が出現したことの原因には、やはり申明亭・旌善亭のごとき教化制度の形骸化がある[53]。明初には教化と法律が一体であった。教化体制が健全な状態の下では、多くの民間の紛争が里老の調停によって円満に解決され、法律に訴える必要がまったくなかった。しかしひとたび教化制度が形式的なものになると、人々は教化をかなぐり捨てて、法律に訴えるようになった。

もちろん礼教秩序と訴訟行動は相反しながら両立する関係にある。もし礼教秩序が安定していれば、自然に温情溢れる「反訟」社会を形成する。これに対し「好訟」社会はもちろん礼教秩序の崩れたことを前提に出現する。「好訟」の気風が伝統倫理が形成した秩序と衝突したことを挙げればもっとも好適な例証となる。清人の裕謙は「戒訟説」という一文を著し、十の側面から好訟の弊害を述べた。このうち好訟が伝統倫理と衝突したことを二点指摘している。一つは「天倫を傷つける」ことである。父子、兄弟、夫妻は本来「天賦の親愛」があるものだが、ひとたび「意見が合わずに責め合ったり、費用がかかりすぎて互いに怨んだり、関係者として引っ張られ連座させられ」ることで、訴訟が引き起こされると、「天倫（家族の情愛）」を傷つけるに足る。もう一つは「家庭教育を失する」ことである。裕謙は仁、義、礼、智、信の「五常」を家庭教育の基礎と考え、人々がいったん「好訟」になると、心は刻薄になり、物事の筋道は妥当を欠き、怨みを含んで紛争し、財を傾け家を破産させ、人々を欺誣するようになり、「五常」がすべて失われると、さらに「家人や女子供が見聞きし」、悪習に染まらずにはおらず、家の「内外は和順」しがたくなる。最後には「五常に悖り、徳を乱」してしまう。これこそ「訴訟が家庭教育を失わせるに足る」ことだと考えたのである。[54]

史料上から見ても明清時代には家庭内の紛争から発展した訴訟案件が増加の一途をたどっていた。たとえば明代の遼東では人々が「家族が大きければ常に争いがあることの憂い」があったという。[55]「倫理に悖り教化を傷つける」あるいは「人を侮り淫猥である」との議論は、「衣冠をつけた禽獣」が世の中に溢れたことを証明するだけでなく、「好訟」が伝統的な倫理関係に少なからぬ衝撃を与えたことも示している。[56]「好訟」の気風が伝統的倫理による階級制度の弛緩を引き起こしたことも多くの清代の史料から裏付けられる。たとえば「婦女には長舌（おしゃべり）があり、人の怒りを引き出すには、あろうことか舅から強姦されたと誣告する。子には禽獣の心があり、天倫を論ぜず、父の罪を立証しようとするのだ」とある。[57]これはまさに訴訟と伝統的な嫁姑関係、父子関係との衝突である。また「奴僕が主人を脅し、佃戸が地主を騙し、卑幼が尊長を制する」ともある。[58]これは「好訟」と倫理階級制度との衝突である。

二、訟師と「好訟」の相互発展

訟師の大量出現は明らかに当時の好訟の気風との相互作用から起きた。[59]地方官から見れば、こうした訟師は普通「放刁把濫（悪事をほしいままにする）の徒」と認識され、大多数は「みな奸民猾吏」であった。彼らの日常の行動は「もっぱら官府の間違いを窺い、資産家の過失を探し出し、自分で告訴したり他人を教唆し、訴訟を勝手に起こしたりもみ消したりし、官府を牛耳る」[60]ことであった。明代の史料には「農民の多くは法を知らず、争いも少ないので、狡猾な者が訴訟に誘い、官府の門に足を運べば官吏や差役たちまでみな喜び、〝わが佃戸（地主にとっての佃戸のごとく金づるになる者）がやって来た〟と言う」とある。[61] もともと農民は争いが少ないのだが、「狡猾な者」が訴訟に誘い、農民が「官府まで足を運ぶ」ことになるのである。

明の洪武年間に定められた教民榜文はもちろん、その後の官員たちの建言や榜文でも「息訟」（訴訟の取り下げ）の観念を唱導しないものはない。当時、民間の訴訟には「自ら息訟を願う者はゆるす」との規定があった。法令では「自分に関係ないことで告訴しあう」ことや「官吏が人を陥れて賄賂を仲介する」のはいずれも懲罰を受ける。もし「冤罪の事実があれば」、「順序を踏んで告訴」してよいし、一家全員が被害を受けた場合は親族や近隣の者が訴え出てもよかった。しかし正統年間以後、状況に変化が生ずる。南直隷巡撫の周忱の上奏によれば、こうした息訟の観念はすでに強い攻撃にさらされ、訴訟が溢れかえっていた。この主たる原因は「刁民（狡猾な民）」の出現である。彼らのやり口は主に二通りある。一つは「図頼人命」であり、殺人案件に巻き込みさえすれば官府を聳動させ、小民を恐怖させることができる。二つ目は「牽連雑事」であり、雑事でありさえすれば結局処理できなくなるからであって、これに乗じて財物を詐取し、官府を牽制することさえできる。たとえ事が露見しても「充軍擺站」か「納米運磚」という処罰で済んだし、逃亡したり姓名を変えることでまた訴訟捏造やもみ消しを繰り返すのである。[62]

こうした訴訟教唆をする人間は一般に「刁徒」と呼ばれ、「刀筆」を生業としていた。「刁徒」に関しては明代の李開先が詳細に述べている。それによれば「刁徒」はみな「衙門を養身の巣窟とし、刀筆を生活の資とする」者ばかりであり、「一つの案件で数十件を引き起こし、一人を告訴して数十人を巻き込み、何年も決しない裁判に大金をはたかせて家を破産させる」という。[63] 万暦一三年（一五八五）に定められた「真犯死罪充軍例」からは当時すでに訴訟を教唆し、訴訟を起こしたりもみ消したりする「訟棍」が広範に存在したことが確認される。「訟棍」の多くは「刁軍」「刁民」あるいは「無籍の棍徒」であった。彼らの主たる活動は以下の三つである。一つは官吏を抱き込み、善良な民衆を陥れ、訴訟を捏造し、徒党を組んで虚偽の告訴を繰り返し、官府を牛耳り、通常の業務をできなくさせることである。二つ目はひそかに結託して自分とは関係のない事柄で訴状を捏造し、告訴すると言いふらして金銭を脅し取ることである。三つ目は人に代わって訴状を捏造し、叛逆などの機密を奏告するぞと公言し、あるいは殺人・強盗などの重罪であると称し、他人を教唆したり手助けして北京へ上告に行き、巡按御史や按察司に告状を出すことである。(64)

清代になると、訟師が民間の訴訟活動に頻繁に関与するようになる。官の文書のなかで訟師は通常「訟棍」や「打網游棍」と貶斥される。訟師たちは訴訟によって「衣食の頼り」としており、「一日訴訟がないと一日の生活の術がなくなる」という。彼らは「架空の訴訟をでっち上げ、ほとんど空中の楼閣のごとく変幻奇怪で、いくら批駁しても追いつかない」有様だった。訟棍がこのように欺瞞を行う根本的な原因はやはり「准を図り、審を図らない」、つまり受理させるところまでは請け負うが、審理訊問を受けるところまでは持って行かない姿勢にある。だから「ひとたび受理されればすぐに和解し、すでに和解したのにまた告訴する者が続出する」のである。たとえば萊陽県の知県・荘綸裔が赴任して間もなく、訟棍たち数十人を厳罰にしたが、そのなかで姓名が分かるのは、劉雲起、于紹堂、劉徳盛、于紹南、劉全甲、劉黄雲、夏朋児、王緒慶、展正仁、左裕昆、左建章、王即三、崔顕俊、程仁格、呂雲年、崔成九、劉東渓、任煥文、魯有宗、隋蘭香、蓋華延、劉培十、鄭王氏、張史氏である。(65)これらの「打網游棍」たちは上告の訴状があれば「日ごろの仇敵を関係の有無を問わず一まとめに訴状内に入れ、ひどい場合は一枚の訴状に些細な項目を紛々と書き連ね、数十人に及ぶものもあった」(66)。清初の湯斌は陝西潼関道副使のとき、任地で訟師が横行する悪風を認識し、その原因を「刁民の心底は奸偽であり、財を得ることを考えている」からだとした。(67)

明清時代の訟師の存在は主に代書人の欠陥から来ている。民間の訴訟において代書人が訴状を書くとき、その訴状の文章は往々にして質朴で飾りがないため、地方官を動かすことができず、訴訟は不受理になってしまう。このことを考えて人々は「訟師に相談」するより道はなかった。訟師の同業組織は宋代の「業嘴社」に始まる。明代に至って「躲雨会」、「三只船」などの訟師組織も登場した(68)。早くも明末には嘉定県外岡鎮で訟師集団のなかに科挙の合格発表や花柳界の美人や俳優の番付のような力量の品評が現れ、「状元」、「状元」と「会元」と評していた。史料によれば明末の沈天池、楊玉川という二人の訟師が地方で盛名があり、「状元」、「会元」の称号を得、自らの訴訟技能に相当の自負を持っていた。その後、金荊石、潘心逸、周道卿、陳心卿などの訟師は沈天池、楊玉川の二人と比べるならば、その技能は及ばなかったが、それでも訟師中の優れた者として数えることができ、自分が作った訴状を『戦国策』、『左伝』、『国語』などと同じ出来栄えであると称していた(69)。

清代に入ると、訟師の組織はさらに拡大し、「破靴党」と称するものも現れた。破靴党は明らかに地方の儒学の生員らが「うまい飯」を食う気風に起源する。すなわち生員が衙門に出入りして訴訟を請け負うようになったのである。清代の戴兆佳は浙江省天台県の士人がいったん生員となると、「すぐにうまい飯にありつこうとし、胥吏たちのご機嫌を取り結び、刀筆や下働きの差役たちと一味同心し、宴会で好みを通じて衙門に出入りし、訴訟を請け負い、郷村で横暴し、銭糧を侵奪する」と述べる(70)。破靴党の称号は明代に起源する。たとえば明の陸人龍編纂の『型世言』の小説に「次の日、王秀才が『破靴陣』の列に加わり、県の衙門に入りちゃらんぽらんな拝礼をした」とある(71)。つまり「破靴」の二字は堕落した秀才の着ていた服装を形容したものである。清代には楊光輔が「破靴党」を「生員・監生で分を守らぬ者」と定義している(72)。清末には呉熾昌が「江西には破靴党なるものがあり、欺瞞幻惑してどこにでも出没する。訟師はみな彼らに師事し、法令風紀を壊乱するといってはその極みである」と記す(73)。つまり破靴党は訟師を領導する集団だったことが分かる。

三、代書人業務の合法化

いわゆる「代書」、「代書人」は主に訴状を代書する人間を指す。明清時代には訴訟教唆の風が起きぬために、法律で「訴訟教唆」を厳禁した。(74) 法律ではもし「教唆詞訟（訴訟教唆）」の場合、「犯人と同罪」に処断された。しかしこの法律には同時に補則があり、他人が冤罪を晴らせないのを見て、代わりに訴訟を起こしてやるのは「教唆」には当たらないとされた。この原因は告訴状の文面は「達情（事情を伝えること）」が大きな役割である。一般の人々は冤罪があってもそれを雪ぐことができなかったが、唯一「訴状を借りて伝える」ことのみが採りうる手段だったことに由来する。しかし訴状の内容について官は厳格に「浮言巧語」を制限し、「事実無根の訴状」を禁止していた。これに鑑みて民間では訴訟の手続きに「代書人」に事情の陳述を頼むよりほかなかった。(75) 代理で訴状を書くのは法律でも適当な区分を設けていた。あらゆる訴状のうち「事情や罪を増減したり、人を誣告する」行為は法律が厳禁するところだが、ただ人に代わって訴状を書くだけで、犯罪行為について増減しないのであれば、教唆の例にも当たらない。(76) このように明清時代には合法的に訴状を代書することが禁止されてはいなかった。

明代の実情から言えば、県衙門の門前に代書人たちが集まっていた県もたしかにある。その後他人の訴状を代書することが徐々に合法的な職業となっていく。衙門の門前の代書人のなかには一種の職役に変化し、官府の黙認を得る者も現れた。(77) 清代には代書が一つの職業になり、地方官も代書業務を定期審査の対象に加え、できれば訟師の仕事に取って替えようとしていた。

代書がすでに合法的職業となり、片や法律では原告の訴訟内容に増減を加えることを禁止していたにもかかわらず、史料から見れば代書の「虚偽、でたらめの告訴」の風を伝える話は枚挙にいとまがない。浙江・天台県を例とすると、天台県の人々は訴訟を習慣としており、些細なことを報復するのに案件をでっち上げて訴状を作り、ときに十数年前の李、柯の二人の知県が長年にわたって審理した案件が、枝葉を付けられてまた新たに訴えられ、関係の文書は山と積まれ、関係者は熱狂して止むことなく、原告と被告の名前が何度も入れ替わる始末である。こうした気風はもちろん「小民が狡猾でもめ事を好む」ことによるが、代書が「虚偽、でたらめの告訴をし、猿に木のぼりを教えたため」でもある(78)。言い換えれば、代書はたしかに「好訟」社会形成の陰の立役者だった。その原因を考えれば、二つの側面がある。一つは呉楚江浙（長江中下流域）等の地域では訴状を代書する人は「多くは流れ者のやくざや占い師」であり、彼らは「案件に従って分類されたマニュアル本を持っていて、地縁も名声もない人でもこれがあれば稼ぎができる。本県で訴訟を起こす刁民は人を害し、網を打って金を奪うことを利とする」ことである(79)。金を稼ぎ、網を打つためなら必然的に訴状内容を重くも軽くも変えたことである。もう一つは、清代の黄六鴻の言にあるように、代書はまた「積年の訟師と同じように刀筆を弄ぶ」者であった。したがって「一匹の牝豚を傷つけても母子を殺したと訴状を書き、不良少年が強姦しても、女に誘いをかけて、何度も恥ずかしい思いをさせた、ということで釈放される」のである(80)。

四、「訟師」、「地棍」、「衙蠹」の結託

明清時代の史料では「訟師」、「地棍」（無頼）、「衙蠹」（悪徳役人）がみな衙門に巣食う輩とされ、この三者が合流結託することでさらに「好訟」社会形成の一因をなした。

訟師が訴訟教唆したことはすでに述べたが、この際に地棍が衙蠹と結託して訴訟事務に関与して取調べを行った。地棍はもっぱら虚偽でもめ事をでっち上げる役回りだったが、彼らが訴訟の事務に関与することも珍しくなかった。

たとえば清代の浙江仁和県では地棍は「竿牘（訴状）は代理で書いて代理で提出する。訴状を出すについては受け取り、受理されることを請け負う。ともすれば何事もないのに有るとし、小事を大事に変ぜしめ、たとえ原告・被告が息訟を願っても、この輩が把持して訴訟を止めない」とある。さらに甚だしい場合は「印鑑を真似て書き、偽牌（偽の召喚状）を捏造し、おえら方を装い、従僕を連れ歩き、あるいは公然と徒党を組んで人を訴え、あるいはペテンにかけて詐欺の被害を与える」[81]。清の汪輝祖はこう言う、地棍は「因縁をつけたのが成功しない」と、ただちに「もめ事を作って告訴する」。大抵は賭博や売春の告発である。もとよりそんな事実はないのだが、「長年の仇敵の家を一網打尽にし、冤罪がすぐに晴れないのは言うまでもなく、たとえ訊問を受けて誣告であるとわかっても、（誣告された家は）相次いで破産の憂き目にあう」[82]。また清の尹会一は河南省の「悪棍」は大多数が「衙門に出入りし、郷村で横暴にふるまい、是非を転倒させ、街も村もみなその害悪を被り、善良な民は枕を高くして眠れない」と記す[83]。福建省興化では地棍は「搭台」という訴訟手法を用いて、人々に横暴を働いた。ここでいう訴訟を「搭台」するとは「いなかの臆病でやや裕福な家を見つけると、無法なごろつきが慣れた手法で事情を捏造し、粉飾する」。簡単に言えば事実と関わりなく、自分で舞台に上がり（搭台）、自分で演ずる「独り舞台」のことである。彼らは「訴状を提出すべき日を守らず、胥吏と内通し、彼らが当直する日を待って、どさくさ紛れに訴状を提出し、大きな顔をして訴状ではなく口頭で訴え出る。ひたすら受理されんことをたくらみ、召喚状が出て差役が派遣されれば、あとはいくらでも脅し取れる」。欲しいだけ奪って満足すれば「和解して一件落着」となる[84]。

ここで比較しておくと、訟師は訴訟教唆を役割とし、地棍は詐欺を仕事とし、衙蠹は訟師や地棍のために内応するのである。ふたたび汪輝祖の言を引くと、「訴訟教唆は訟師がその最たるものであり、民に害を与えるのは地棍が最たるものである。二者を取り除かねば善政も人々に及んで行かない。ただこの二者を取り除くのは実際には大難題である。この輩は普段胥吏や差役たちと通じており、またその力を盾に身を守っているからで、一方の胥吏や差役たちも訟師や地棍を爪牙として利用している」と述べるのである。[85] これは一言で見事喝破したと言えよう。ほかにも清代の史料には「胥吏や差役は地棍と結託し、資産家を選んで姦通や賭博などの案件を捏造し、誣告して金を脅し取る。無能な官員が任につけば監督も行き届かず、もっとも民の害となる」とある。[86] また清の劉衡は「訟師、地棍、店主」はすべて胥吏や差役と「結託して悪事をなす」と述べる。[87] このように訟師、地棍、衙蠹がすでに合流し、共同で地方の訴訟社会を左右していたのである。

結　論　「無訟」から「好訟」へ

明清時代は結局「郷土社会」なのか「好訟」社会なのか。もちろんこれは人によって見解の分かれる問題である。民間の「好訟」の風は遅くとも宋代には出現していたことは間違いない。明清時代は社会変動の時代であった。法律・訴訟の観点でいえば、社会史的な面で間違いなく巨大な転換が起きた。すなわち「郷土社会」から徐々に「好訟」社会へ転変したのである。さらには「好訟」を社会の基本的な定型たらしめたのである。

それでは明清の「好訟」社会はどのように扱えばよいだろうか。社会史的側面から言えば、まさに清人の黄中堅が言ったように、明清時代とは「横逆」の社会だった。ここでの「横」は「強きが弱きを虐げ、金持ちが貧者を欺く」ことで「逆」とは「身分低い者が身分ある者を妨害し、小が大を凌駕する」ことである。[88] 伝統的な観念では、為政の道は民をそれぞれの分に安んじ、年長者と年少者、身分の高下、貧富の間などの融和が鍵となる。そしてこれが「郷土社会」の基本的性格となる。ひとたび小民が「上位者の権威を犯し、礼を失すれば」、礼教秩序の崩壊を意味し、社会に動揺と不安をもたらす。「好訟」の気風の形成は明らかに「横逆」社会とただちに共鳴し合う関係にある。

明清時代の多くの地方官が伝統的な「無訟」観念の影響を受けて、「息訟」によって「民の財力を養う」ことを望み、人々が瑣末なもめ事に遭遇すれば調停による和解を望んでいた。しかし人々は「状況が切迫し、黙ってはいられない」となれば、やはり「官に赴いて訴訟を起こ」さざるを得なかったことは注意すべきである[89]。これに明清の社会の大規模な変化が加わって、最終的に「好訟」社会が形成されるに至ったのである。

明清時代の「好訟」社会を分析するときには、以下の三点について特段の注意を払って認識を新たにする必要がある。(一)伝統的観念によれば訟師のごとき職業は明らかに「莠民」(悪人)の列に入れられる人々であり、地方官は極力それを誇張することで「好訟」の気風の形成を訟師による教唆に帰し、これによって在任期間の責任を転嫁したのである。虚心に論ずれば、もちろん訟師が訴訟を教唆し、衙門の胥吏・差役たちと結託した側面はあるが、一方で明清時代の訟師の同業団体の出現や、衙門外に相対的に独立した司法的役割などは近代の「律師(弁護士)」に転化するという別の側面も持っているのだ。(二)伝統中国の法律は倫理を立法の基礎に置いている。たとえば『大明律』立法の主旨を吟味すると、倫理重視の特色を体現したものと分かる。すなわち「人に徳を修めさせ」、「刑罰は教化を補助する」もので、その目的は人を「仁」に向かわせることであった。明代中期以後の司法の実践から見れば、倫理的な要素は徐々に姿を消し始めている。つまり「典獄司法」の官は具体的な司法の実践においてすでに伝統倫理思想の制約を受けておらず、「子の訴えで父を杖刑にし、甥の訴えで伯叔に刑罰を科し、弟の問題で罰が兄に及ぶ」ことになった[90]。これも明確な新動向である。(三)明清時代には訴訟審理の責任を負う地方官はもちろん、訴訟に関与する民間の人々に「民事」訴訟と「刑事」訴訟の概念が存在しなかったことである。わずかに「獄訟」を以下の二つに分類していたに過ぎない。一つは「重要なもの」、つまり緊要な訴訟であり、殺人・強盗・逃亡・強姦などの事案。二つ目は「小さなもの」、つまり微細なもめ事で引き起こされた訴訟案件で、戸婚、田土などの訴訟が含まれる。[91] しかし清末民初に至り、上海租界に居住する中国人たちは法律について自覚的な意識を持っており、もう法を守るだけの「愚者」には止まらず、「法律を利用して社会の良好な習慣を養成」する「公民」になった。こうした公民意識の存在は、一面で彼らがすでに明確に「民事」と「刑事」を区別でき、「殺人や窃盗、傷害事件は捕房（租界地の警察）に訴え、借金や小さなもめ事は会審公庁（中国官憲と租界当局との協議裁判所）に訴える」ことも知っていたことを意味する。一方で官吏が「好き勝手に不当な逮捕」をしてはならず、伝統的な衙門が「召喚状をもって拘束」するのは「私抜人」という違法行為に属することだと知っていたことも意味する。[92]

以上まとめると、儒家の伝統的な「無訟」観念は明清時代にはまだ残存し、当時の司法実践のなかに多少とも反映されている。しかし明清時代の社会現実からいえば、たしかに「好訟」と称されるべき社会であった。そして「無訟」の理想と「好訟」の現実は必然的に衝突を生じた。その衝突は明清時代の学者に「無訟」について新たに理性的思考を進めさせた。その思考の結果、彼らは「無訟」を「無為にして治める」理想世界ではなく、具体的な「聴訟」過程を通じて司法の公正に到達するものだと認定した。そして続いて現れたのは「息訟」観念の流行であり、「息供」、「省詞訟」といった訴訟を取り下げさせる司法実践行為の一般化である。

いわゆる「好訟」「健訟」は以下のような二層の意味を内包している。一つは朝廷の法律が通俗化する進行過程で、一般民衆に対し法を理解したなら、以後再び法律に触れないようにさせたが、同時に一部の人間に対し、不平の事があれば現有の法律手続きを通じて法廷に訴え、自分の利益を守ることを知らしめたことである。二つ目はいったん民間で法を理解すると、一部の紛争のために法律に訴える事例が増加し、訴訟が常態化し、訴訟案件もますます増加へ向かったことである。伝統的観念に照らせば、明清時代の「好訟」社会の形成とはもちろん「訟」が変転する過程で生じた弊害であって、「無訟」の理想との間で明らかな衝突を作り出した。角度を変えて考えると、明清の「好訟」の気風の存在、流行は「訟」の元来持つ精神と符合しないなどとはまったく言えないのだ。なぜなら「訟」とは、「訟」の手続きを通じて「不公正を責める」ものであって、現実社会の不公正に対する一種の反抗であるのだから。

注

（1）費孝通『郷土中国』（北京、北京大学出版社、一九九八年）五四～五八頁。
（2）林端『儒家倫理与法律文化――社会学観点的探索』（台北、巨流図書公司、一九九四年）二八～二九、二一八頁。
（3）労政武「従法治観点看本書」（『清代名吏判牘七種彙編』台北、老古文化事業股份有限公司、二〇〇〇年、附録所載）一一～一二頁。
（4）張徳勝『社会原理』（台北、巨流図書公司、一九八六年）二四二頁。Dennis Wrong, "The Over-socialized Conception of Man in Modern Sociology," in *American Sociological Review*, vol. 26, 1961, pp. 183-93.
（5）蕭公権「調争解紛――帝制時代中国社会的和解」（『迹園文録』台北、聯経出版事業公司、一九八三年）一五一頁。
（6）佘自強『治譜』巻四「詞訟門・忌偏事」（『官箴書集成』合肥、黄山書社、一九九七年、第二冊）一一二頁。
（7）徐珂『清稗類鈔』（北京、中華書局、二〇〇三年）「獄訟類・訟師有三不管」（第三冊、一一九〇頁）。
（8）『明英宗実録』（台北、中央研究院歴史語言研究所校印本、一九六六年）巻四〇、正統三年三月甲辰条。
（9）たとえば『明史』にはこのようにある。「孝女諸娥、山陰の人。父の士吉は洪武年間の初めに糧長となった。狡猾な者が賦税を逃れ、士吉を官に誣告し、死罪に当たるとした。士吉の子、炳と煥も連座した。諸娥は八歳だったが、昼夜号泣し、舅の陶山長と京師に行って冤罪を訴えた。当時法令では冤罪を訴える者は釘の板に寝ころばなければ訊問はしないとされていた。諸娥はその上に寝ころび瀕死の状態になり、その事は報告され、訊問されるに至り、兄一人が軍役に就かされただけですんだ。諸娥は傷が重くて死に、郷里の人々はこれを哀れんで曹娥廟に像を配享した」（『明史』北京、中華書局、一九八四年、巻三〇一「列女一」、七六九二頁）。

(10)『明宣宗実録』巻五三、宣徳四年夏四月庚子条。
(11) 湯斌『湯子遺書』巻七「禁約事」（范志亭・范哲輯校『湯斌集』鄭州、中州古籍出版社、二〇〇三年）上冊、四一一頁。
(12) 湯斌『湯子遺書』巻九「暁諭事」（『湯斌集』上冊、五五二頁）。
(13) 馮貞群纂『銭忠介公年譜』、崇禎一一年戊寅条（『銭忠介公集』附録、張寿鏞輯『四明叢書』、揚州広陵書社、二〇〇六年、第五冊、二八四四頁）。
(14) 湯斌『湯子遺書』巻七「華州詳呑業殺命事」（『湯斌集』上冊、四二八頁）。
(15) 袁鈞『瞻袞堂集』巻一〇「静寄東軒一家言」（『四明叢書』第一五冊、九〇一二頁）。
(16)『明憲宗実録』巻三三、成化二年八月辛丑条。
(17) 海瑞『海瑞集』（北京、中華書局、一九八一年）上編、「興革条例・戸属」、七三頁。
(18) 呉牲『憶記』巻一（杭州、浙江古籍出版社、一九八九年）、三八八頁。
(19) 張人鏡纂『月浦志』巻九「風俗志・風俗」（上海地方志辦公室編『上海郷鎮旧志叢書』上海、上海社会科学院出版社、二〇〇四年、第一〇冊、一九一頁）。
(20) 戴兆佳『天台治略』巻一〇「一件畳剣棲房等事」（『官箴書集成』第四冊、二二一頁）。
(21) 万維翰『幕学挙要』「好情」（『官箴書集成』第四冊、七三九頁）。明清時代の民事訴訟過程における婦女の身分と地位に関しては、阿風『明清時代婦女的地位与権力――以明清契約文書、訴訟档案為中心』（北京、社会科学文献出版社、二〇〇九年、一九六～二三二頁）がすでに一章をその解釈に充てており、かなり妥当な見解を示している。合わせて参照されたい。
(22) 桂超万『宦游紀略』巻二（『官箴書集成』第八冊、三四六頁）、周石藩『海陵従政録』「勧民十約」（『官箴書集成』第六冊、二二三三頁）。
(23) 桂超万『宦游紀略』巻二（『官箴書集成』第八冊、三四六頁）。
(24) 周石藩『海陵従政録』「勧民十約」（『官箴書集成』第六冊、二二三三頁）。

（25）周石藩『海陵従政録』「厳禁婦女途鬧」（『官箴書集成』第六冊、二四七頁）。
（26）戴兆佳『天台治略』巻一〇「一件勢豪占呑事」、「一件僧秀峰具」、「一件背据屠僧等事」（『官箴書集成』第四冊、二一六、二二一、二二三頁）。
（27）陳朝君『莅蒙平政録』「為悪棍坑殺朽命事」（『官箴書集成』第二冊、七八七頁）。
（28）張弼「原訟」（黄宗羲編『明文海』巻一三一、北京、中華書局、一九八七年、一三一八頁）。
（29）陳槐『聞見漫録』巻上「警官箴四」（『四明叢書』第一三冊、七五〇八頁）。
（30）海瑞『海瑞集』上編「続行条約冊式様」、二五六頁。
（31）蔡清『虚斎蔡先生文集』（上海、上海古籍出版社、一九九一年）巻三「贈節推葛侯報政之京序」、八二三頁。
（32）蔡清『虚斎蔡先生文集』巻三「送県尹鄧侯述職序」、八二四頁。
（33）盧文弨『抱経堂文集』（北京、中華書局、二〇〇六年）巻三〇「浙江紹興府知府朱公涵斎家伝」、三九八頁。
（34）龔煒『巣林筆談続編』（北京、中華書局、一九九七年）巻下「陸清献息訟示」、二二八頁。
（35）戴兆佳『天台治略』巻七「厳禁刁訟以安民生事」（『官箴書集成』第四冊、一七二頁）。
（36）黄六鴻『福恵全書』巻一一「刑名部・勧民息訟」（『官箴書集成』第三冊、三三二～三三三頁）。
（37）戴兆佳『天台治略』巻一〇「一件捐基造倉事」（『官箴書集成』第四冊、二二二頁）、潘月山『未信編』巻三「刑名」上「災荒停訟示沈臨汾稿」（『官箴書集成』第三冊、七二～七三頁）、陳弘謀輯『学仕遺規補編』巻三「仕学一貫録抄」（『官箴書集成』第四冊、五七三頁）。
（38）王又槐『辦案要略』「論批呈詞」（『官箴書集成』第四冊、七六九頁）。
（39）王有光『呉下諺聯』（北京、中華書局、二〇〇五年）巻四「図准不図審」、一一三～一一四頁。
（40）紀昀『閲微草堂筆記』（重慶、重慶出版社、二〇〇五年）巻一七「姑妄聴之」三、四一三頁。
（41）『行商遺要』鈔本（原蔵山西祁県晋商文化博物館。史若民・牛白琳編著『平祁太経済社会史料与研究』太原、山西古籍出版社、二〇〇二年、五三三頁より引用）。
（42）呉趼人『二十年目睹之怪現状』（北京、人民文学出版社、二〇〇六年）第五八回、四八六頁。

(43) 姚旅『露書』（福州、福建人民出版社、二〇〇八年）巻六「華篇」、一四六頁。
(44) 華陽散人編輯『鴛鴦鍼』（沈陽、春風文芸出版社、一九八五年）二巻、第一回、六九頁。
(45) 呉趼人『二十年目睹之怪現状』第四八回、四〇五～四〇六頁。
(46) 海瑞『海瑞集』上編「興革条例・刑属」上冊、一一四頁。
(47) 咸豊『南潯鎮志』巻二一「農桑」。中国人民大学清史研究所档案系・中国政治制度史教研室合編『康雍乾時期城郷人民反抗闘争資料』（北京、中華書局、一九七九年）上冊、六二頁より引用。
(48) 万表『灼艾集』巻下に引く「省約三章」（『四明叢書』第二七冊、一六六七二頁）。
(49) 王叔杲著、張憲文校注『王叔杲集』（上海、上海社会科学院出版社、二〇〇五年）、巻九「郡侯見弦湯公擢浙西憲使序」、二〇六頁。
(50) 汪天錫輯『官箴集要』巻上「宣化篇・明綱常」（『官箴書集成』第一冊、二七〇頁）。
(51) 朱批奏摺。『康雍乾時期城郷人民反抗闘争資料』上冊、三、四頁より引用。
(52) 『清高宗実録』巻二九一。『康雍乾時期城郷人民反抗闘争資料』上冊、五頁より引用。
(53) 宣徳年間の陝西按察司僉事林時の言によれば「洪武年間には、天下の邑里には皆、申明・旌善の二亭を置き、民に善悪があれば、そこに書き記して勧善懲悪を示す。戸婚・田土・闘殴などの日常的な紛争は里老がそこで判決を下し、善を顕彰し悪を明らかにする。これは最も良法である。今各地の亭は多く廃れ、民の善悪を書くこともなく、懲罰を行うこともない。あらゆる小さなもめ事が、里老によらず、官に赴く。獄訟の増加はみなこれによるのだ」とある。また正統三年（一四三八）六月、順天府宛平県の上奏には「本県の旌善・申明二亭はすでに古く廃れており、その場所はみな民居と混在している、云云」とある。（『明宣宗実録』巻八六、宣徳七年春正月乙酉条、『明英宗実録』巻四三、正統三年六月乙未条）。
(54) 徐棟輯『牧令書』巻一七「刑名」上「戒訟説」（『官箴書集成』第七冊、三九四頁）。
(55) 賀欽『医閭先生集』巻三「言行録」（『四明叢書』第一二冊、七二四六頁）。
(56) 清初の湯斌が陝西潼関道按察副使在任中に「本道が民間の訴状を見たところ、孤児を虐待し、寡婦に再婚を迫り、姦通や詐欺窃盗などがある。金持ちが貧乏人を欺き、婿を追い出し結婚をやめ、兄弟が家のなかで争い、嫁姑が罵り合い、倫理を損壊するようなことがどんどん告訴されてくる」と述べている。清末の汪康年も「近年の風俗は日ごと損なわれ、倫理を紊乱することが報告され、訴訟になるものは数え切れない。概ね有力者や学生、役所などが一番ひどい。大孝や立派な行為は、反ってもっとも貧苦の人に見られる。だから特にこのことを書き記し、立派な衣冠をつけた禽獣に恥を感じさせるのだ」と述べる。湯斌『湯子遺書』巻七「禁革乱俗以正倫常事」（『湯斌集』上冊、四一七頁）、汪康年『汪穰卿筆記』（北京、中華書局、二〇〇七年）巻四「雑記」、一六一頁参照。

(57) 潘月山『未信編』巻三「刑名」上「災荒停訟示沈臨汾稿」（『官箴書集成』第三冊、七二～七三頁）。

(58) 陳弘謀輯『学仕遺規補編』巻三「仕学一貫録抄」（『官箴書集成』第四冊、五七二頁）。

(59) 明清時代の訟師に関するもっとも建設的な研究成果は日本の学者、夫馬進教授を挙げるべきである。関係する具体的な研究成果として「明清時代の訟師と訴訟制度」（梅原郁編『中国近世の法制と社会』京都大学人文科学研究所、一九九三年）、「訟師秘本『蕭曹遺筆』の出現」（『史林』第七七巻第二号、一九九四年）、「訟師秘本の世界」（小野和子編『明末清初の社会と文化』京都大学人文科学研究所、一九九六年）、「訟師秘本〈珥筆肯綮〉所見的訟師実象」（『明清法律運作中的権利与文化』台北聯経出版公司、二〇〇九年）がある。

(60) 汪天錫輯『官箴集要』巻上「宣化篇・治刁」（『官箴書集成』第一冊、二七一頁）。

(61) 孫世芳等纂修『宣府鎮志』（明嘉靖刻本）巻二〇「風俗考」。

(62) 『明英宗実録』巻三九、正統三年二月庚午条。

(63) 李開先『閑居集』（北京、文化芸術出版社、二〇〇四年）巻一二「足前未尽」（『李開先全集』中冊、八六九頁）。

(64) 懐効鋒点校『大明律』（北京、法律出版社、一九九九年）、附録「真犯死罪充軍例」、三一九～三二〇頁。

(65) 荘綸裔『盧郷公牘』巻二「示諭厳拿訟棍告文」（『官箴書集成』第九冊、五七四頁）。

(66) 佘自強『治譜』巻四「詞訟門・上司詞状」（『官箴書集成』第二冊、一一〇頁）。

(67) 湯斌『湯子遺書』巻七「特禁悪風以安良善事」（『湯斌集』上冊、三三九頁）。

(68) これに関しては陳宝良『中国流氓史』（北京、中国社会科学出版社、一九九三年版）一一七、一七八～一八〇頁を参照のこと。

(69) 殷聘尹編『外岡志』巻1「俗蠹・訟師」（『上海郷鎮旧志叢書』第二冊、一四～一五頁）。張啓泰纂輯、陸世益編『望仙橋郷志稿』「民蠹」（『上海郷鎮旧志叢書』第二冊、二七頁）。沈天池、楊玉川の二人の訟師の史実に関しては、明・崇禎年間『外岡志』と民国期

の『望仙橋郷志稿』で記載にやや違いがある。前者は、

昔維沈天池、楊玉川有状元、会元之号、近則金荊石、潘心逸、周道卿、陳心卿、較之沈楊雖不逮、然自是能品、其一詞曰、此戦国策也、其一詞曰、左、国語也、其自負如此。

とあり、後者は、

昔惟沈天弛、楊玉川有状元会之号、近則金荊石、潘心逸、周道卿、陳心卿較之沈楊雖不逮、然自是能品、其一詞曰、此戦国策也、其一詞曰、此左、国語也、其自負如此

とある。両者を比較すると、民国『望仙橋郷志稿』が明らかに崇禎『外岡志』に取材しており、人名の誤りや脱文も見られる。二つの史料の差異については夫馬進教授のご教示を得た。謹んで謝意を表する。

(70) 戴兆佳『天台治略』巻四「再行勧勉以端士習事」(『官箴書集成』第四冊、一二四頁)。

(71) 陸人龍『型世言』(北京、中華書局、一九九三年、第二六回) 三六三頁。

(72) 楊光輔『淞南楽府』(上海、上海古籍出版社、一九八九年) 一七三頁。

(73) 呉熾昌『客窓閑話』(長春、長春時代文芸出版社、一九八七年) 巻四「書訟師」、六九頁。

(74) ある程度までは海瑞が応天巡撫のとき口告簿を設けた本意は訴訟教唆を杜絶することにあったと言える。海瑞は健訟の風の盛行は訴訟教唆する人間の出現に起因すると考えていたが、そのもっとも根本となる原因は「口告」できないために、一部の人間が訴状を書いたり教唆して訴訟を起こさせ、そこから利益を得るのだと考えていた。したがって海瑞は応天巡撫在任時、口告簿を設けると決定し、文字を知らない民衆が訴状を書けない場合、対面して口頭で訴えを起こすことを許し、必ずしも訴状によらなくてもよいとした。『海瑞集』上編「督撫条約」上冊、二五一頁参照。

(75) 張啓泰纂輯、陸世益編『望仙橋郷志稿・民蠹』(『上海郷鎮旧志叢書』第二冊、二七頁)。

(76) 懐效鋒点校『大明律』巻二二「刑律五・教唆詞訟」、一七六頁。

(77) 西周生『醒世姻縁伝』(上海、上海古籍出版社、一九八一年) 第九、七四回、一三七〜一三八、一〇五六頁。

(78) 戴兆佳『天台治略』巻七「一件厳飭代書事」(『官箴書集成』第四冊、一七一頁)。

(79) 佘自強『治譜』巻四「詞訟門・告状投到状之殊」(『官箴書集成』第二冊、一一〇頁)。

(80) 黄六鴻『福恵全書』巻三「莅任部・考代書」(『官箴書集成』第三冊、二五七頁)。
(81) 刘兆麒『総制浙閩文檄』巻六「飭禁棍徒詐騙」(『官箴書集成』第二冊、五七五～五七六頁)。
(82) 汪輝祖『佐治薬言·厳治地棍』(『官箴書集成』第五冊、三一九頁)。
(83) 尹会一『健余先生撫豫条教』巻一「士民約法六条」(『官箴書集成』第四冊、六九九頁)。
(84) 周石藩『海陵従政録』「厳禁搭台詐詐」(『官箴書集成』第六冊、二四四頁)。
(85) 汪輝祖『学治臆説』巻下「地棍訟師当治其根本」(『官箴書集成』第五冊、二八二頁)。
(86) 不著撰者『治浙成規』「厳粛吏治各条」(『官箴書集成』第六冊、六四五頁)。
(87) 劉衡『州県須知·札各牧令厳禁蠹役由』(『官箴書集成』第六冊、九七頁)。
(88) 黄中堅「征租議」(『蓄斎集』巻四、『康雍乾時期城郷人民反抗闘争資料』上冊、二五～二六頁より引用)。
(89) 黄六鴻『福恵全書』巻三「莅任部·考代書」(『官箴書集成』第三冊、二五七頁)。
(90) 陳槐『聞見漫録』巻上「明聖制二」(『四明叢書』第一三冊、七四九三～七四九四頁)。
(91) この点に関しては黄六鴻『福恵全書』巻一一「刑名部·総論」(『官箴書集成』第三冊、三三六頁)も参照。
(92) 姚公鶴『上海閑話』(上海、上海古籍出版社、一九八九年)四六頁。

第七章　把持と応差
――巴県档案から見た清代重慶の商貿訴訟

范　金　民
（箱田恵子訳）

はじめに

現存する巴県档案一一万三〇〇〇余巻の中には、商貿訴訟に関する大量の文書が含まれている。それらの訴訟の多くは、工商業者が官府の「差務」を請け負う「応差」、つまり官府が必要とする物資や役務を強制的に提供させられたことに起因しており、清代重慶の工商業者の活動を反映するきわめて貴重な史料といえるのだが、これまで系統的な研究はなされていない。理論上、清代の法律はそれまでよりも行市の把持、つまり市場価格の壟断を禁じることに意を注いでおり、明代に見られた官府が「当行」（鋪行が無償で物資を提供する）や「承値」（御用達を承知させる）などの形で工商業者をゆするようなやり方は廃止され、市価に照らして買い上げるように改められた。しかし、清代を通じて重慶の地では、「承値」と実質的に異ならない応差の慣行が、すべての業種に遍く存在していた。では、応差は具体的にどのように実施されていたのだろうか。どうして重慶の工商業者は他の地域の工商業者と違って、このような収奪に近い応差を甘んじて受けていたのか。あるいは、応差とは何を条件とし、どのような背景のもとで展開され、またどのような結果をもたらしたのか。重慶の大量の商貿訴訟はまさにこの応差によって起こったものであり、この種類の訴訟に対して官府はどのようにして裁決を下したのか、またどうしてそのような裁決が下されたのか。これらはいずれも注目に値し、検討を要する問題である。

第一節　重慶工商舗戸の承値応差

清代重慶の各業種は等しく官府の公務への徴用を受けねばならず、それはほとんど一業種とて免れることのできないものであって、牙行（仲介業者）だけに課されていたわけではなかった。巴県档案の内容から、清代重慶の工商業者による応差について、業種ごとの範囲やその程度を知ることができる。

まず牙行の場合についてみてみよう。例えば雑糧行は、川東道と重慶府江北巴県に駅馬やその飼料を納める差役を請け負った。乾隆五八年（一七九三）、軍務の規模が大きくなったため、七軒の牙行で相談し、共同で一行を開き、雑糧一石ごとに遠方より来た客商から銀二分を徴収し、軍務の差役に充てた。後に牙行は五軒に減ったが、共同で上級衙門の差役に応じた。山貨牛皮雑骨舗の場合、山貨行は牛皮・牛膠を代理売買して生計を立てており、軍務があれば、牛皮舗と共に応じた。およそ軍務に際し火薬銃・砲弾を運送するのに用いる牛皮包は、すべて山貨行が牛皮行と共同で準備しなければならなかった。嘉慶二四年（一八一九）に章程を定め、現在牛皮舗を開いているものは一戸ごとに銀三〇両を拠出し、富裕なものを選んで当番で応差の首人とし、拠出金の利息を積み立てることにした。乾隆の末年ころ、県令の尋問と判決を経て、山貨行は広貨行に毎年銀四〇両を援助し、それで応差の用に充てていたが、二十数年が経った嘉慶一三年の時点でもまだその方法は続いていた。銅鉛牙行の場合は、銅・鉛が重慶に到着すると、必ず当該行がカードを提出し、経歴司の検査を経て、当該行が販売し、国課を上納し、差役軍需に充てた。その法は厳格で任務は重く、私的な売買は規則により禁じられていた。乾隆四一年、湖北から火薬などの物品が引きも切らず重慶に送られて来たため、当該行はこれを運ぶ方法を定め、同行の舗戸は運送人夫と運送費用を出すこと、府衙門が発給する食費のほか、運送人夫一人あたり、各舗から銭八〇文を出すこととした。県衙門によって「糧鞘、軍服、火薬などはすべて重要である。人夫の派遣は旧来の規則に従って一律に行われるべきであり、随時運送を行うべきである」と命じられていた。点錫行の場合、乾隆三二年に合議して以下のように決定した。つまり、点錫は銅鉛行に帰属する、行内に公秤を設置し、交易の際には買客より一包ごとに銀一銭六分を支払い、差務への対処に資すること、と。木行の場合、科挙試験の際に木材を提供し、県試の際に試験場の修理を担当した。棉布行の場合、乾隆後期に以下のように上申している。つまり、布行を開設し、遠方より来た客商に代わって売買し、販売量に応じて行用を徴収し、国課に役立ててきた。旧例では、布一巻の取引ごとに手数料二銭を徴収してきたが、そのうち二割を布行に上納し、「もって国課差徭に役立てる」と。道光二〇年には、重慶城内の布行五家で、布を捆するごとに釐金銭一二文を取り、もって役所の差務に充当することと規定した。同じ年にまた以下のように定めた。つまり、土布の取引においては、布一匹ごとに銭一文の幇費を徴収することとする。広布行の従来の徴収方法に倣って、その幇費は布を売る布客から徴収し、土布舗戸が布を買った者からその銭を差し押さえ、応差の用に供することとし、怠ってはならない。中路の布幇で重慶にやって来て布行を通して交易する者は、布を捆するごとに手数料を徴収するが、従来通り幇費銭一二文を徴収することとする、と。棉花行の場合、嘉慶九年に当該行が述べるところによると、混じり物を検査するためのサンプルとした棉花を売買して牙行の管理費用に帰し、自分で販売することを許し、ひとまず衣食に資すると同時に、銀鞘（馬蹄銀を運ぶ箱）をやり取りする差務に応じることとなっており、この規定が定められてすでに久しい、と。磁行の場合は、嘉慶六年に以下のように定められていた。つまり、磁行を通じて磁器を売るものは、経紀牙用銭を旧例通り支払うほか、本行（磁行）の釐金銭を半減する、あるいは差徭雑費があれば、本行が収集して応じる。長江を渡ってきた水客の場合は、磁器の精粗の別なく、通常の助銀のほかに、一個ごとに六釐の釐金を拠出して本行に集めること。もし違反し、調査して明らかになれば、別に罰として埠頭の修築を課し、また磁器一個ごとに二分の助銀両を課して、公用に充てる、と。焼酒行の場合、乾隆年間の彼らの稟文に称するところによれば、牙帖（仲買許可証）を申請して焼酎行を開設し、遠方からの客商に代わって取引を行い、税金を納付し、巴県と理民府の両衙門の差務に供応してきた。およそ客民が酒甕を運び込んで焼酎行を通じて販売する場合、一両ごとに銀三分を手数料として徴収し、納税・応差の費用に充てている、と。雑糧行の場合、千厮廂雑糧行戸では、五軒が一月ごとの輪番で各官庁の差務に応じており、外来の商品を交易する際には、一石ごとに銀二分の手数料を徴収し、それを差務の費用とした。絲行の場合、もともと生糸の代理売買には「一切差務はなかった」が、乾隆四六年に四川総督が重慶に至った際、あや絹が必要となり、巴県知県が約坊に指示して絲行にあや絹を供出させたのが始まりで、以後それが慣例となり、差務があれば絲行から借用することとなったという。同治年間には、道府や府署、巴県の各衙門で要する一切の紅彩や当地を通過する客官用など、およそ公務で必要な場合は、差役が票を奉じて随時徴発したが、長年この慣例に背くことはなく、業戸がそれで取引中止や廃業に追い込まれても、官への供出を猶予することはなかった。水果行の場合、嘉慶五年の広泰水果行戸の稟文によれば、客に代わって売買することを生業とし、県の衙門が必要とする梨は、なんとか工面してこれを断ったことはなく、梨の価格に対し一両ごとに銀三分の手数料を徴収して納税・応差の費用としてきた、という。

このように、差務を引き受けたり、差費を納めなければならなかったりする牙行の業種が、時代とともに絶えず拡大し増加していたのが良くわかる。

つぎに舗戸（商店）についてみてみよう。炭舗の場合、七軒の炭舗が鉛局で使用する木炭の供給を命じられており、文武の各衙門で必要な木炭は七軒で分担していた。後に炭舗の廃業が相次ぐと、同業者で協議し、炭舗が少ないのに差務が多いのでは分担制は不便なので、月ごとの当番制とし、協力して差務に応じ、炭の代金も均等配分することにした。竹子舗の場合、乾隆四四年の稟文によれば、およそ衙門で使用する大小の竹は、衙門の票によって当番の竹舗が供出しなければならず、それが長年の決まりであったという。筵席舗の場合、乾隆後期のころ、文武の各衙門からの差務に応じ、数千枚の筵の代金を供出していた。牛燭店の場合、毎年の県試や府試に用いる牛油の蠟燭などを遅滞なく供出していた。百貨雑舗の場合、木洞鎮では酒房や油房、屠戸はみなそれぞれ一定の差務を課せられていた。

生産加工業についていえば、職人たちの中には、重慶では「公務に徴用されるのは舗家だけであって、職人には差務はまったくない」というものもあるが、実際には多くの職種で差務が課せられていた。例えば木箱舗の場合、板箱木舗の商売をするものは、道や府の各衙門や文武の院試、あるいは当地を通過する官員が使用する木箱用の板を供出していた。この業種では、もともと首事が乾物薬用木箱と松杉雑箱の販売にあたって銭を徴収し、差務に充てていたが、後に衆合公号を設立して差務に応じることとし、薬箱を販売する大規模な木舗も幇差銭を納めることとした[1]。染房の場合、重慶城内には、染物業の最盛期には五四軒の染房があり、万寿節（皇帝の誕生日）や春と秋の祭典の際に文武の衙門で必要とする染物一切の差務を請け負った。炉鉄廠の場合、鍛冶場は四軒で、伝えるところによれば、康熙年間より代々鍛冶屋を生業にしており、応差に遅れることはなく、公務を請け負うことすでに久しい。その廠頭となったものは、文武の各衙門の用いる鉄器に関する差務に応じ、これに逆らうことはなかった。乾隆六〇年、苗民鎮圧の関係で、差務の負担が不均等になった。嘉慶後期に差務がおびただしくなったため、廠頭となっていた鍛冶屋は、四軒の同業者と共に廟で協議し、廠頭を一年交替にした。鉄匠舗の場合、嘉慶年間に彼らが称するところによれば、鉄行を開設し、およそ差務があれば、塊鉄一斤ごとに銀一分を受け取ることが従来行われていたという。錫匠舗の場合、錫匠舗を開設して錫製の器物の製造を生業とし、各衙門の大小の差務や官員の歓迎、試験などの必要に際し、月ごとの当番制で差務に応じた。毎日差務にあたる人数は二十数人かあるいは一四、五人で、各所で分担した。打造銅瓢銅灯盞舗の場合、彼らの称するところによると、重慶には五軒あり、大小の差務や学政・新任巡撫等の着任に際して必要な銅製柄杓や油ランプなどはみな彼らが供出しており、異を唱えることはなかったという。雕漆匠の場合、道光年間に彼らの称するところによると、油漆舗を開設すること多年に及び、文武の各衙門の差務を滞りなく請け負ってきたという。弾花舗の場合、重慶全体の弾花匠は新旧の二舗に分かれており、それぞれ各自に棉打ちを行い、それぞれに差務を請け負っていた。新弾花舗は文武の衙門の重要差務や軍服のための棉打ちを請け負っていた。圓桶匠の場合、彼らは章程を定め、毎年順番に首人を選び、もし新規参入者がいれば、一人あたり一二〇〇文を出させ、魯祖会の費用とし、また文武の各衙門の差務に応じることとし、以来きちんと実施されていた。泥水匠の場合、道光年間後期に、余徳沛らが泥水匠頭となり、各衙門の差務や総督・巡撫の重慶訪問時の差徭を請け負った。磚瓦窯戸の場合、上・中・下の三窯があり、従来、文武衙門の差務や学政の試験、飢饉雨壇粥廠（粥の炊き出し所）の重要差務を請け負い、四〇千文から五〇千文を補塡した。大河窯戸は五人で、一月ごとの当番制で順番に差務に応じた。瀬戸物やレンガ等を重慶に運んできて販売する者については、嘉慶初年に毎年各戸が差事銭一二両ずつを補助するように定めた。上・中・下三窯は共同で差務を請け負ったので、手数料の徴収は多額にのぼり、大差なら六、七〇両、小差なら二、三〇両の補助を集め、少なくとも必ず数千文を三窯で割り当て、規定を定め、数十年余り遅滞無く実施した。毎年各窯は幇差銀六〇両を共同で用意し、差務に充当した。印刷舗の場合、乾隆初年の話として、匪賊による騒乱が激しかった際、陳元順の祖先が、総督や学政が重慶を訪問する時の壁紙貼りの差務を請け負ったという。

サービス業についていえば、花轎舗（駕籠かき業者）の場合、二つの幇が共同で文武各衙門の残業の夫差に応じ、礼物を載せた盤台を担ぐ役務を請け負った。嘉慶一三年に規約を定めて、およそ花轎を生業とするものは、銭二〇〇文を上納し、文武各衙門の応差の費用に充てることとした。その後、花轎の仕事が減ったため、規約を改めて一人一二〇〇文を上納し、差務に備えることとした。飯店の場合、乾隆五七年に蔣軒揚が訴えたところによると、彼は飯店を開いて商売し、場頭となった。同年五月に官船が重慶に立ち寄った際、人夫八名を雇ったが、人夫一人につき一六〇文を払うことになっており、その費用は舗戸が負担するのが長年の規定であった。舗戸はみな喜んで従った、と。毛柱斌らの禀によれば、〔八省〕客長となったものは、差務があればこれに応じる。兵丁の飲食費や汛主への餞別などはすべて舗民が供出することとなっており、各戸から差銀二四文を出すが、飲食費はすべて〔八省客長が〕清算する、と。茶担の場合、重慶で茶担を生業とするものは、嘉慶年間より衆議して次のような規約を定めた。つまり、文武各衙門の春秋の祭祀や総督・巡撫らの重慶訪問時の差務を請け負うのに便利なように、看板を掛けて茶担を営むことが出来るのは三七軒のみとし、看板は継承することとし、軒数の増減は認めない。毎年順番に首事を選び、これに差務や奉納芝居の処理をさせる、と。その後三十数年にわたりこの規約はきちんと実施された。

運輸業の船戸についていえば、穀物や火薬、銃弾を輸送するのに必要な差船を供出しており、同業者で協議して、富裕で経験も豊かな壮健の人物を三人、首人に選び、毎年交替で差務に応じることとし、嘉慶年間後期まで遅滞無くこの方法が実施されていた。およそ重慶に至る船に対し、その航路の遠近や船の大小、積載量の多寡を適宜考慮して、規則に基づいて毎回船ごとに手数料を徴収し、その一部を差費に充当した。大きい船なら一隻ごとに一二〇〇文、小さい船なら数十文だが、費用徴収の名目はおびただしく、細々として煩雑であった。具体的に請け負う差務の項目も、同様に非常に具体的に規定されていた。道光一五年と二五年に、当局はさらに五門の撥船幇と各地の船幇それぞれの常差（規定の差費）と兵差（臨時の差費）に関し、その船の供出方法について詳細な規定を定めた。

このほか、金鉤匠、大小木作、白披桶匠、銅葉作坊、紙銭舗、玻璃舗、磨房など、いずれも差務を請け負っていた。要するに、重慶では、牙行も、舗戸も、手工業者も、日常サービス業者も、輸送業者も、みな当番で公務の徴用を受けなければならなかったのである。(2)

上述の各商工業者について、それぞれの差務の請負方法をみてみよう。牙行の場合、棉布行は取引する布の匹数に応じて販売手数料を取り、雑糧行は取引する糧数に応じて販売手数料を取り、焼酒行は取引量に応じて販売手数料を取り、水果行は季節ごとに幇差銭を出し、山貨牛皮雑骨舗は開業の際に寄付金を出し、銅鉛行は鉛斤を輸送する際に各舗が銭を出し、磁行は取引額の中から釐金を徴収し、点錫行は売り手の名義で差銭を納めた。つまり、開業の時に納めるか、取引の際に差し引くか、季節ごとに金を出すか、というおおよそ三つに分類することができよう。手工業の場合、木箱舗は基本的に首事一人あるいは数人が売上額に応じて金銭を徴収し、銅葉作坊では釐金を徴収、錫匠舗では月ごとの輪番制で応差、炉廠では廠頭を立てて応差し一年ごとに交替、窯戸ではかまどの大きさに応じて差費を割り当て、打造銅瓢銅灯盞舗は、開業の際に入会金を払って応差の用に充て、圓桶匠は首人を推挙し、入会の際に金銭を払って応差の費用に充てた。つまり、売り上げ数量に応じて納める場合と、開業時に会費を納める場合、規模に応じて納める場合とがあった。舗戸の場合、輪番制を採るものが多数を占めた。炭戸は順番に当番となり、竹子舗はその日当番に当たっていたものが竹を納めたように、舗戸の場合、共同で順番にあたる場合と、その日に当番だったものが当たる場合とがあるが、大体のところ輪番制だった。サービス業の場合、例えば茶担では、毎年順番に首事となったものが差務や奉納芝居を担当し、花轎舗は取引ごとに銭を納め、船戸は首人をみなで選び、一年毎に輪番で請け負った。差務への応じ方は様々だが、実際には二種類に大別できる。つまり、金銭を出すものと、人や物を出すものと。だがいずれにせよ、本質的にはその土地の実情に合わせて献上品の種類や量を決めるという理念に基づいて差徭は課されていた。

その他の地域と同様、重慶の工商業者が当局の差務を請け負う場合、規定により、数多くの項目で報酬が支払われるか、あるいは市価で買い取る形で金銭が支払われた。つまり表面的には応差には報酬があったようだが、では実際はどうだったのだろうか。

档案が示すように、官の定める価格や当局が支払う報酬は、通常、実費には足りず、往々にして工商業者側による立替が積もり積もっていくこととなった。例えば山貨牛皮舗の場合、陳宏盛の稟文によれば、嘉慶年間の教匪（白蓮教）の乱の折、彼は従来通り差務を請け負うために元金から四〇〇〇両を補塡したという。雑糧行の場合、嘉慶年間の白蓮教鎮圧の際、雑穀の調達を命じられ、その立替により廃業したが、それでも遅滞無く兵糧を調達した。銅鉛行の場合、嘉慶二三年の白蓮教蜂起の際、重慶では大砲鋳造のため二〇万斤あまりの銅・鉛を要したが、銅鉛行の稟文によれば、それらの銅・鉛はすべて当該行によって準備され、官側が値段を指定して支払ったが、銅鉛行側が立て替えなければならない分もあった。磚瓦窯戸の場合、道光八年の窯戸の禀文によれば、上・中・下の三窯が長年、文武各衙門の差務や学政の試験、飢饉雨壇粥廠の重要差務にあたり、四〇千文から五〇千文を補塡していた。乾隆四二年以降、金川鎮圧のため、往来する兵丁の食事や船舶に要する瀬戸物類を供出しており、おおよそ銀四〇〇両余りを補塡していた。嘉慶九年の白蓮教鎮圧の際には、知県から石灰缸八万個で九門を固めるよう命じられ、窯戸が差銭四〇〇千銭を補塡した。このように度重なる応差のために負債が積もり積もっていたという。花轎舗の場合、嘉慶一四年のその禀文によれば、連年のおびただしい差務により、負債が一〇〇〇両余りにも上っていたという。棉花行の場合、営業の悪化と差務の増加により、道光年間に一行が倒産してしまい、残った一行だけでかろうじて応差を続けていたが、当該行はその請け負うべき差務を各土布舗も分担するよう求めている。木行の場合、嘉慶二年の陳正書の禀文によれば、県の試験会場を修理した際、木材の供出による負債や元手からの補塡が合計で銀三〇〇両余りに上ったが、当該行が官から受け取ったのは僅か五〇両で、二〇〇両余りがいまだ支払われていないという。木箱舗の場合、同治年間には曾義発一人で応差していたが、連年、一時的に借金して立替をしていたため、負債が二〇〇両余りとなり、返済できなくなった。錫匠舗の場合、乾隆四四年の呉耀南らの訴えによれば、各衙門の大小の差務や、官員の歓迎、試験などはすべて月ごとの輪番で請け負ってきたが、往々にして錫製品に欠き、その苦しみは筆舌に尽くし難く、しばしば資本に欠損を生じたという。絲行の場合、営業者は秤を取り上げられて休業や廃業に追い込まれ、予備の金に事欠き、差銭を納めることができなくなったが、知県はやはり差費の納付を命じた。船帮の場合、当該帮の禀文によれば、嘉慶八年に三河船帮が差務を請け負って以来、数十年にわたり毎年のように兵差などの差務があり、負債が数千金に上ったが、いまだ補償はされていない、と。五門撥船帮（はしけ業者の団体）は、道光一五年の禀文の中で、以前、苗族の反乱鎮圧に対する軍差に苦しみ、少なからざる負債を抱えた、と称している。道光二五年の八省客長の上申によれば、重慶は交通の要衝にある商業都市で、総督・巡撫の巡回や軍需の重差の度に、一たび封条が発せられるや、河下は混乱し、商船はすでに雇われていると未だ雇われていないとを問わず、あるいはすでに物資を積載しているとしていないとを問わず、官や軍にみだりに「封条」を貼られ、言いがかりをつけられては金品を要求され、耐え難い、と。ここから、船戸にとって差務の負担はきわめて重く、かつ軍事や国政に関わる重要な必要に対しては、差務には絶対に無条件で従わねばならず、商貿舗戸にとって深刻な災難であったことがよく分かる。

応差ではたとえ請け負う物資の価格が規定されていても、その定価は物価の上昇に応じて調整されるわけではなかった。例えば炭戸の場合、鉛局から給される配分金では実費に遠く及ばず、差務による差額の損失が積もり積もったため、炭戸の多くが差務の請負を望まなかった。絲行の場合、彩綢を供出しており、乾隆五九年時点で一両につき銀一両二分が支払われたが、それでも損失が増えていた。その後、絲価が倍になった際にも、やはり官から支払われたのは八分だけだった。しかも巴県衙門への白綢の供出に対しては支払いが無く、このため絲行は応差に困難を生じていた。後に、絲行は開業しつづけることが困難となり、牙帖を返上するよりほかなくなった。たとえ指し値（取引にあたって依頼者が指定する売買の値段）があっても、官府の支払い額はいつも代価より少なかった。

衙役は、手段をつくして悪事を働き、機に乗じて不当な利益をむさぼることが常態化していた。価格を引き下げて購入を無理強いしたり、幇差の金銭を強要したり、応差の物品をひそかに売ったり、差物を借りて長く返さなかったり、ひどい場合は自分で開業し、詐欺や暴力で他店から利益を奪い取って負担は転嫁したり、勢力を笠に来て借金を踏み倒したりした。差役は票に従って手数料を取る過程で、ゆすりや詐取を行うのが常であった。巴県の県衙門は各票にいつも「差役は差に借りて脅し取ることはできない」と言い添えているが、官府が差務を一再ならず要求していることこそが、まさにこの種の現象が広く存在していたことを示している。

重慶では、通常、牙行銭は県衙門の各房書が請け負うことになっていた。書吏は牙行を請け負い、牙行が違反して把持したり、金持ちからは賄賂をとって見逃し、貧乏なものにばかり差役を負担させたりすることにたいし、その便宜を図った。このため、書吏・衙役の立場からいえば、当然、差務が多ければ多いほど、悪事を働く余地が広がることになり、得られる利益もより多くなる。巴県の県衙門には、定員外の下っ端役人が七〇〇〇人もおり、おびただしい差役は、まさに彼らの生活が寄って立つ基盤であった。

差務に応じることで欠損が積もりに積もり、少なからざる業種や人戸が差務に応じることを「畏途（避けたい仕事）」とみなすようになっていたので、応差を願わなかったり、互いに責任をなすりつけ合ったりして、できるだけこれを逃れようとした。このほか、以下に実例を挙げるように、差務に同意した薬箱舗の間で矛盾が重なり、いずれもなんとかして差務を避け、差費の納付に抵抗しようとした。差務に応じることは欠損が積もり重なることで、もし経営資本を有していなければ、工商舗戸はすぐさま経営を維持できなくなったのである。

第二節　応差訴訟に対する官府の裁決

差務を請け負うことは、多くの工商業者にきわめて重い負担をもたらしたにもかかわらず、ではなぜそれが継続可能だったのだろうか。また、応差に関連した訴訟に対し、官府はいかにして裁断を下したのだろうか。巴県档案から、おおよそ以下のような原則を官府が堅持していたことが見てとれる。

一、相応しい行戸・舗商に経営特権を与え、経営範囲を厳格に確定する。

打造銅瓢銅灯盞舗行は、老君廟勝会を設立し、およそ行会に入り店を開くものは、必ずこの会に加わり応差することとし、銅帳鈎舗を開く者で応差しないものは、銅瓢や灯盞を製造できないことになっていた。当該行の称するところによれば、長年ずっとこの通りにしてきて、混乱は無かったという。印刷舗戸の場合、総督や学政が重慶を訪れた際に壁紙を張り替える差務を請け負ったが、当局から受け取るのは印刷工の食事代だけで、その工賃は舗戸が支払わなければならなかった。だがそれにより、江津や巴県の管轄下にある各地の紙札や各局の印票は、当該舗がその販売を一手に引き受けることとなっていた。木箱舗の場合、県衙は木箱舗の要請に応えて、五軒の薬箱舗戸だけに大小の薬箱の製造を許可し、その他の者が勝手に製造を行うことはできない、との布告を出した。この規定を徹底するため、県衙は特に衆合公号（木箱舗が共同で設立した名義上の商店）に査察令状を与え、衆合公号が令状を手に商店を回って製造数を調べ、その製造数に応じて負担金を支払うこととした。金鈎匠と銅鉛行の場合、道光五年に金鈎匠の賀正興は次のように上申している。つまり、康熙年間にその先人が各衙門の差務を請け負い、炉を設置して銀舗から出る屑金属を鋳造して以来、およそ金舗地渣や丹房地渣、屑の銅・鉛・錫などはすべて本行が炉を設置して鋳造する決まりとなった。今から百年余り前のことだが、以来この規定が乱されたことはない。遠方から来た客商に代わって売買を行うだけで、炉を設置して鋳造を行うことはできないはずの銅鉛行が、客商の邪魔をして本行で鋳造を行わせないようにしている。もし布告を出してこれを禁止し、従来の規定に戻すようお命じにならなければ、文武の各衙門の差務を請け負うことはできなくなるでしょう、と。一方の銅鉛行は、応差を口実に業務範囲の拡大を正当化しようとしたが、これに対し巴県衙門は「（銅鉛行が請け負っていた）軍営中の差鉛の数目は、自ずから旧章を査照して辦理すべく、口実を設けて責任転嫁してはならない。犯した者は取り調べ追究する」との指示を与えた。後に金鈎匠と銅鉛行の双方が協議して、客貨の丹渣（水銀化合物のカス）は必ず銅鉛行が秤にかけ、それを金鈎匠の賀正興らに引き渡して正塊に鋳造させ、それを再び銅鉛行に渡して販売する、と定めた。重慶府はこの取り決めを許可すると諭告した。道光六年、金鈎匠らが（銅鉛行の）楊洪川を訴えたが、それは客貨の丹渣が重慶に到着しても、楊は秤にかけようとせず、丹渣から鋳造して鉛にしても、取引伝票を出さないので、客貨を売ることもできなかったからである。このような楊のやり方は、明らかに鋳造業の利益を奪って「その壟断に帰せしめ」、決定権を要求するものである。巴県衙門は道光一三年に布告を出し、「今後、お前達が銅鉛を重慶に運び込んで販売しようとする場合は、必ず従来の規定に従って、牙行を通じて交易を行わねばならない。下流へ長江を下ることを口実に、個人間でひそかに交易してはならない。牙行舗戸もまた本分を超えて同業者間の規定を乱してはならない」と命じた。[3] 銅鉛行は応差の困難を理由にして業務範囲の拡大を試み、自ら炉を設置して鋳造を行ったが、このようなやり方とその本来の業務範囲は一致せず、金鈎匠の利益を損ねたので、訴訟に発展したのである。関係者双方が差務を請け負っており、このような状況の場合、地方の約保や官府の主張は、それぞれが自己の業務を尽くし、その範囲を明確に規定し、双方とも規定を違反してならないというもので、丹渣や鉛はみな銅鉛行による計量を経なければならないが、その一方で鋳造作業はやはり金鈎匠舗が行うこととされた。共同で差務を請け負っているという原則の下では、銅鉛行の要求が官府に認められることはなく、銅鉛行と金鈎匠はやはり各自の業務範囲内で商売を営むこととされた。錫匠舗の例を挙げると、乾隆四四年の蕭吉泰・呉耀南らの訴えによれば、彼らは錫匠舗を開いて生活しており、およそ各衙門や官員の歓迎、試験などの差務はすべて月ごとの輪番制で請け負ってきた。しかし、まったく差務を請け負っていない者が商品を売って利益を得る一方で、公事を第一として差務を請け負っている者がかえって休業する事態になっている、という。そこで彼らは、告諭を発して厳禁していただきたい、と訴えたのである。巴県衙門はこの訴えを認め、「今後、ひそかに錫製品を製造して通り沿いや練兵場に陳列して販売し、そのために店舗を開いている者の販売が阻害されるようなことは許さない」と布告した。(4)桶舗の例を挙げると、道光五年に徐双発が陳金全らを訴えたが、その主張によれば、陳金全らが自分達は営業許可書を官より頂き、衙門の差務を請け負っていると称し、徐双発に対し、毎月幇差銭五〇〇文、一年で六〇〇〇文を出すよう強要したという。その後双方は、「今後それぞれが自分の業務に勤め、規定に違反して面倒を起こすことのないように」という県の判断に従った。(5)撥船業（はしけ業）の例を挙げると、鄭万海・鄭永寧の叔父甥は、もともと太平門埠頭で営業しており、長距離貨物輸送を営む「叙府幇」の船を専門に、そのはしけ輸送や太平門埠頭での荷物の積み卸しを行っていた。また同時に差務も請け負っていた。当時、儲奇門の外に同じようにはしけ業に従事する李順彩という者がおり、紅花（染料）をはしけ輸送する仕事を請けていたが、鄭らは李が「幇規を乱し」て、叙幇の紅花や四川産品を積み卸しする彼らの仕事を奪っているとみなした。しかし、李もまた「滞りなく応差しており」、はしけ業には「長年の規定があり、客貨のはしけ輸送は、客商の発票を根拠とすべきである」と主張して、互いに相手を訴えた。巴県衙門はまず太平門と儲奇門の廂長、および五門撥船幇の会首に仲裁を命じ、その後裁断を下したが、それは、出入りする商貨の倉庫の所在地を基準に双方の営業範囲を決定するというものであった。つまり、撥船業者の営業地盤を正式に承認したのである。(6)と同時に、この裁断は客商が撥船業者を選択する権利を奪うに等しいものであった。

上述の事例から分かるように、およそ差務を請け負った工商舗戸に対しては、県衙が相応しい経営特権を付与し、経営範囲を厳格に確定して、差務に応じていないものが業務を奪ってしまうことを禁止もしくは防止していた。訴訟になって裁断が下される際には、官府はその経営範囲に依拠して、差務に応じていた者の利益を保護していた。

二、行戸舗商の要求を満足させるため一切の交易は牙行を介さなければならないと規定、あるいは強調し、それによって脱税を防ぎ、また手数料を明確にし、牙人を管理しただけでなく、交易者にも遵守を強いた。

客商やその他売買を行う者が牙行を介さずに交易したなら、牙行の収入は減少してしまう。よって牙行はあらゆる取引は必ず牙行を介すべきだと強調する。実際、官府は応差を条件に、牙行の切実な利益を保護していた。銅鉛牙行の例で言えば、道光二一年に該行の楊向陶は、吉陵号が私的に仕入れて売っていた黒鉛三〇〇〇斤余りを差し押さえ、官府に訴えている。生絲行の場合、道光初年、山絲を重慶に運び込んできた商人の中には、規定に反して牙行を介さず、私的に販売して手数料を逃れるものがおり、重慶城内の絲舗も自分で仕入れて販売しており、絲行はほとんど名ばかりの存在となっていた。このため、絲行の蔣晋侯らが上申して、県衙にこれを禁止するよう求めた。県衙は「今後、山絲・水絲の各種絲斤を重慶に運び込む者は、必ず牙行を介して販売することとし、それにより該牙行が手数料を徴収して国課を納付し、大小の差事を請け負うのに役立てよ。売り手と買い手の両者が私的に取引し、従来の規定を損なうことは許さない」との布告を出した(7)。棉布行は客商に代わって交易を行い、手数料を徴収していたが、後に交易量が増大すると、布舗が幇費を徴収することに改めた。しかし、各布舗ではみな規定を軽視して三聯照票（納税証）を作成せず、私的に交易を行ったため、布舗と客商はもとよりそれで交易費用を削減できたが、布行による税課の代理徴収も形骸化してしまい、布行も税収も影響を受けることとなった。乾隆五六年に布行が巴県衙門に上申して、従来通り三聯票を用いること、布舗に対し布行に幇費を納めるよう厳命し、私的な売買を厳禁することを求めた。巴県衙門は八省客長にこの問題の協議を命じた。客長の協議の結果、今後は各布舗が等しく幇費を納める必要はなく、各布舗ではその取引量に応じ、布一巻ごとに手数料を徴収し、その手数料の二割を布行に納め、それを国課差徭に充てるとし、一方で販売する布は従来通り布行に持ち込んで商標を刻印しなければならず、商標の無いものは横流し品とみなす、と定めた。巴県衙門はこの八省客長の決定に対し、すべて申請通り許可した。焼酒行の場合、乾隆年間に鄭宗榜は牙帖の下付を受けて焼酒行を開業し、客に代わって売買を行い、税課を納め、巴県・理民府の両衙門の差務を請け負っていたが、該行は一再ならず「牙行を介した販売」を要求した。磁器行の場合、嘉慶一四年に黄合順は磁器を販売するため重慶にやって来たが、商品がまだ揃っていなかったので、牙行のもとには行かなかったところ、磁行によって県衙門に訴えられてしまった。街隣の説得裁定を経て、黄合順は販売数量に照らして手数料を完納したが、以後は客が自由に牙行を選べることとし、みな悦んで承服した。嘉慶一八年にも余正興がひそかに磁器を銀四〇両余り売り、訴えられる事があった。巴県は銀一両五銭を手数料として納めるよう裁定し、さらに「今後、磁器は必ず牙行を通して販売することとし、二度と私的に販売してはならない」との布告を出した(8)。油行の場合、嘉慶一三年に劉合順らが付近の油売りや各問屋とぐるになって油をひそかに売買し、油行に訴えられた。官府は関係者を尋問して次のような判断を下した。つまり、重慶に油類を持ち込む者は、牙行を通じて販売を行う決まりとなっており、劉合順らは当然、桐油四八簍は牙行を通じて市価で販売すべきである。今後、必ず牙行を介さなければならず、ひそかに売買を行ってはならない。もしあえて同じ違反を繰り返したなら、自ら甘んじて処罰を受けることになる、と。雑糧行の場合、牙行を騙る土豪・与太者が、客商や牙行を欺くことがあり、雑糧行が県衙門に訴えて、牙行を騙る行為を禁じる告諭を出させることに成功している。しかし、道光年間中期には例の与太者たちがやはり私的に客商の貨物を独占して客商を騙し、さらに牙行の課差の責任も省みないので、同業の牙行が集って協議し、従来の規定を整理して永続的な章程を定めた。一方、道光二〇年には、麦を重慶に運び込んで販売していた劉廷秀が、逆に牙行の劉長栄らを訴えているが、それは劉廷秀が牙行を介して麦を売ろうとしたところ、劉長栄らが一石ごとに銀八分の手数料を要求し、さらに麦の市価を壟断して、一石わずか銀四両しか渡さなかったからである(9)。これに対する県の判断はやはり、重慶に持ち込まれるすべての穀物は、必ず牙行を通じて販売すること、というものであった。

上述した、各業種の経営をめぐる紛糾に対する裁断が示すように、官府の布告はいずれも「今後、各自決まりを守り、旧例を遵守し、分を超えて販売の邪魔し、壟断しようともくろんではならない」や「牙行を通じて販売せよ」を原則とした。牙行を通じて交易を行い、手数料を徴収することは、応差する各業者の根本的な利益を体現していた。

三、差事の範囲内における把持に対し、これに支持・認可を与える。特に巴県衙門は、差務を請け負っている業種の把持行為や訴訟に関しては、常にこれを支持する態度を取っていた。

いわゆる「把持」については、法律に関連する規定がある。弘治年間に定められ、さらに『大清律』の踏襲するところとなったその内容は、「各地の客商が集中する場所で、牙行や無籍の徒（牙帖を持たずに売買の仲介を行う者）が、無理に客貨の販売を妨害した場合、商品をだまして掛売りしたかどうかにかかわらず、罪に問い、いずれも首かせ一ヶ月とする。もしだまして掛売りした場合は、監督して賠償させてそれで処罰が完了したとする。もし監督して賠償させることが長年にわたっても、賠償の見込みがなく、客商を疲弊させた場合は、軍衛に属するものは辺衛に送る。有司に属するものは付近に送り、ともに充軍させる」というものである[10]。

乾隆元年、清朝朝廷は次のような布告を発した。つまり「大小衙門が公私で必要とする物品は、必ず市価に照らして公正に交易すべきであり、牙行から徴発し、衙役を放任して私的に調達してはならない。たとえ差務があっても、必ず公平に徴発し、いいがかりをつけて需索してはならない。もし衙役を放任して監督不行き届きがあったなら、部に交してそれぞれ議処し、その衙役に対しては、牙行および無籍の徒が無理に客貨を妨害した場合、商品をだまして掛売りしたかどうかにかかわらず処罰する例に照らして、首かせ一ヶ月、杖八〇とする。不法に得た金が三五両に上るものは、枉法贓（法を曲げ賄賂をとる）に照らしてその罪を決定する。受け取った賄賂は、それぞれ主人に返すか官に没収する」[11]と。

乾隆三年には以下のような上奏が皇帝の裁可を得ている。つまり「狡猾な舗戸は、ややもすればぐるになり、分担金を集めては『公議行規』と称して共同歩調をとり、定価はいくら、平色はいくらと決めている。たまに値下げして販売する者がいれば、みなで探知し、声をそろえて付和し、罰として酒席を設けさせ、多額の需索を行っている。全国の直省（新疆などを除く内地一八省）の役人に対し命じるに、手を尽くしてこれらの舗戸を諭し、これを厳禁せよ。もし今後もなおぐるになって値段を吊り上げる等の弊害があったなら、地方官は確実に追及し、把持行市の律に照らして加等処罰せよ。もし地方官・衙役が因縁をつけて行戸に迷惑をかけたなら、当該省の督撫もただちに厳格に調査・弾劾を行え」[12]と。

明清の律令はすべて次のように規定している。つまり「およそ売買において、両者が慣習に従わず、市価を壟断し、その利を専らにすること、および販鬻の徒が、牙行とぐるになって悪巧みを行い、物を売るのに安いものを高く売り、物を買うのに高いものを安く買う者は、杖八〇とする。他の人が売買するのを見て、傍らで価格を上下させたり比較したりして、人を惑わして利益を得る者は、笞四〇とする。すでに得た財物で、不法に得た利益が大きいものは、窃盗と同等として処罰するが、刺青は免除する」[13]と。

上述した清代の法律の規定に照らせば、以下のような四種類の状況が把持に相当する。つまり、①牙行が強制的な手段を用いて客商の商品を集め、客商に交易を強いること。②大小の衙門が公私に必要とする物品を市価によらずに購入すること。③舗戸が商品を売買する際、価格をコントロールし、売るときは安いものを高く、買うときには高いものを安く買い、同業者に一律の価格を遵守させ、少しでも違反すれば処罰を強行すること。④同業組合で規定を作って価格を統一し、同時に値上げしたり値下げしたりして、市価を壟断すること。このうち、第二の状況を除くその他は皆、商業経営の把持に属する。

上述の法律の規定に照らしてみると、巴県衙門が訴訟の審理の際に、行戸舗商に経営特権を与え、その経営範囲を厳格に確定していたことは、清朝政府が反対する同業組織による把持を実質的に承認もしくは許可していたことになる。同時に、法律の規定では、官府が必要とする物品を市価によらずに買い上げたり、あるいは衙役や牙行などを使って「公平な受け取り」をしなかったりすることも、官府の権勢によって市価を把持することになり、『大清律』の「把持行市」の規定に照らして罪に問われる行為である。だが、巴県衙門が朝廷の重要差務を履行する際、適切な財政的手配が完全に取られたことはなく、「公正な受け取り」などありえず、まけさせたり、価格を引き下げたり、返済を延期したりして、商人に立替によって補塡させていた。地方の差務に対して、行戸舗商は無条件で引き受けるほかなく、およそ売買に従事して生活するものは、等しく差務を請け負わなければならないので、巴県衙門による行為の多くは、実際にはみな把持に属した。巴県衙門が商業舗戸・牙行の訴訟を裁決する際も、「公平な受け取り」かどうかを考慮することはなかった。それは具体的に説明すると、以下のような四種類の状況に分類できる。

第一の状況　差事範囲内における把持への完全な支持。

大小木匠舗と圓桶匠舗とは、ずっと「互いの職域を侵すことなく、各自が差務を請け負ってきた」という。嘉慶一六年に、范姓の木匠が規定を破って勝手に圓桶を製造・販売したため、圓桶匠舗は官に訴えた。これに対し巴県衙門は、各自がそれぞれの職域を守り、規定を乱してはならないとの裁定を下している。圓桶匠舗の内部においては、同業者間で章程を定めており、新規参入者は魯祖会費用として入会銭一二〇〇文を納めなければならず、また文武の各衙門の差務を請け負わなければならなかった。道光三年に姜占和らが圓桶の販売を始めたので、陳国才らが入会銭を徴収しようとしたところ、姜らは差務にも応じないし、入会銭も払わないと、これを拒絶した。そこで陳国才らが、姜の持っていた商品や商品を売って得た代金をすべて取り上げたので、双方が互いを訴える事態となった。道光五年五月、店を開いて粗悪な杉材を売り、木桶を製造・販売していた陳金全らは、自分達は「牙帖を頂き、衙門の差務を請け負っている」と称し、店を開いて柏木黄桶の製造・販売や木桶の代理加工を行おうとしていた徐双発に対し、毎月五〇〇文、一年で六〇〇〇文の幇差銭を出すよう強要し、徐に拒絶されるやこれを県衙門に訴えた。県の裁断は、「同業者間でよく処理せよ」というもので、双方は引き続き互いを訴えた。同年六月、県は取り調べて判決を下したが、それは「圓桶木貨舗を開いて商売をする場合、これまで長らく同業者間の規定が存在し、もし新たに店を開くなら、やはり入会して共同で応差しなければならない」、徐双発は「そもそも大小木貨を扱う者で、勝手に圓桶を製造して販売してはならない」、「大小木作と圓桶舗は今後、各自それぞれの職分を守り、規定に違反して問題を起こしてはならない」というものだった[14]。このたびの大小木作と圓桶匠の訴訟、および圓桶匠匠舗内部の訴訟に対し、巴県衙門は二度裁断を下したが、それは大小木作と圓桶匠は各自それぞれの商品を製造し、職域を侵してはならない、というものと、新たに店を開くものは入会銭を納め、同業者と共同で応差せよ、というものであり、これは紛れも無く差事の範囲内における把持に許可と支持を与えたものである。

磚瓦窯戸の場合、上・中・下の三窯に分かれ、各窯戸は輪番で文武の各衙門の差務を請け負っていたが、焼き物を重慶に運び込んで販売する者には幇差銭を出させていた。嘉慶初年に、張勝文という人物が焼き物を重慶に持ち込んで売ろうとしたところ、月当番の首人に差務を拒んだとして訴えられた。取り調べて事情が明らかとなったが、毎年各戸は差事銭一二両を出すこと、五軒の窯戸は従来通り差務を請け負い、責任を転嫁してはならないこととした。道光四年に、合州人の楊秀貴が焼き物を重慶に持ち込んだが、重慶では製陶業者に差務が課されていることを知らず、差費を払わなかったため、窯戸に訴えられた。巴県の裁断は、商品を重慶に運び込む者は差費を払わなければならない、窯戸と荷主の双方は価格を下げて騙して売ってはならないし、故意に間違いを起こしてはならない、というものであった。しかし、道光六年にこの窯戸と荷主の双方はまた互いに訴え合っている。楊秀貴が文武の試験会場の差務を請け負うことを承知しながら、その時になって商品を運ばなかったため差務に遅れが生じ、窯戸が責任を問われたのである。知県が取調べ後に下した裁断は、重慶において騙してでたらめに販売し、差務を忌避してこれに遅れを生じさせてはならない、もし楊秀貴が商品を重慶に運んできたら、ひっとらえて告訴せよ、というものであった。そして道光七年に楊秀貴が商品を重慶に運んできた際、果たして捕らえられて告訴された。取調べの後、新しい窯戸は、数量に応じて瓦を供出することを承知し、むやみに争って問題を起こさないとの具結（誓約書）を提出する他なかった。[15] 長期にわたる訴訟の過程で、窯戸は重慶に商品を運び込んで販売するなら必ず差費を納めるよう主張して譲らず、でなければそれは市場を壟断して詐取するに他ならないと訴えた。一方、窯戸の内部では、新たに開業するものは必ず焼き物を差し出さねばならず、そうしなければ開業させない決まりだった。この要求に対し、八省客長と巴県衙門は共に全力で支持を与え、数十年間それが変わることはなかった。窯戸と八省客長、そして巴県衙門にとって、差務を請け負わずに商品を売ったり開業したりしたいというのは、市場の壟断・把持に他ならなかった。

泥水匠（左官）には彼ら自身の規定があり、入会者は入会金として銭一〇〇〇文を払うことになっていた。一方、磚瓦舗は公事を理由に泥水匠たちに定額以上の割り当てを課し、一人あたり七二〇〇文を徴収、磚瓦舗自体は銀一二両を負担していた。このため泥水匠たちは困窮し、同業組合に入る余力が無くなった。磚瓦舗は泥水匠を雇って仕事をしており、毎日の工賃は銭六〇文だが、応差銭として三〇文を天引きされていた。にもかかわらず、文武各衙門に差務があれば、磚瓦舗はそれをすべて泥水匠に請け負わせていた。泥水匠たちは不満を感じ、府衙門に訴えた。府は県に取調べを命じ、以下のような裁断が下された。つまり、泥水匠は手伝いを許されるだけで、自ら仕事を請け負うことはできない。一方、磚瓦舗は匠頭であり、職工を雇って各衙門に出向き応差する際、食事代以外に、職工一人あたり銭五〇文を支払わなければならない。民間の仕事の場合は、職工一人あたり銭六〇文、学徒（徒弟）なら銭四〇文を支払わなければならない。一方、磚瓦舗は請け負った仕事の代金として、職工一人あたり食費を含めて銭一〇〇文、もし米価が値上がりすれば銭一二〇文を受け取ることとする。民間の雑役の場合は職工一人あたり銭八〇文とする、と。[16] 磚瓦舗が市場を把持している状況下では、その技術を頼りに生活している職人は、直接仕事を請け負うことはできず、必ず磚瓦舗の仲介を通さねばならないため、大幅に工賃を差し引かれていた。しかし、泥水匠の側も訴訟を通じていささかの待遇改善を獲得していた。

清代中期の重慶には五四軒の染房（染物屋）があり、規定を定め、万寿節や春秋の祭典の際に文武各衙門が要する一切の差務を請け負っていた。嘉慶年間に規定を改め、舗房を開設する場合には、互いの仕事を奪い合わないよう、必ず三〇軒以上離れた場所に建てることとした。道光五年に邵如松は何裕昌の店舗から僅か十数軒しか離れていない場所に新店舗を建てたため、当該行が官府に訴え、邵如松に移転が命じられた。道光一〇年にも瑞豊号が規定に反して店舗を設け、同業者の説得を受けて移転している。道光一一年正月には、黄徳成と張同禄が共同で事業を始め、まず長泰染房の看板を取得しようとしたが、思うように行かなかったため、長泰染房の向かいに泰生染房を建てた。長泰染房の主人の未亡人である劉龔氏は、同業者らに訴えてその判断を求めた。同業の尚徳泰らは、黄徳成らの染房開設を規定違反として、これを認めない決定を下した。黄徳成らはこれを不服として劉龔氏を巴県衙門に訴えた。知県は取調べのうえ裁断を下し、従来の規定に従い三〇軒以上離れて染房を建てるよう命じ、原告・被告の双方とも決定に従うとの結状（誓約書）を提出した。しかし、黄徳成はなかなか新しい場所が見つからず、また一方の長泰染房のほうでは寡婦と幼子だけで経営を行える者がおらず、負債も累積しており、立ち退きを希望した。街坊隣居の卿義盛らに仲立ちを依頼し、黄徳成に本来の移転費用を劉襲氏に立ち退き代として与えれば、泰生染房は移転しなくてもよく、双方にとって利益になると、再三にわたり勧めた。泰生は劉襲氏に立ち退き代として銀二三両を払うことを承諾し、劉襲氏もこれを受け取って、訴訟の取り消しを求めた。今回は特殊な事情により、円満な結果となったが、規定に反して染房を設置することはその後も見られた。後には朱正福が規定に反して染房を設立し、雷大興らによって県に訴えられ、前例に従い移転を命じられている。道光一八年にも梁清潤が呉泰順染房の二四軒先に開業したため、呉泰順が会首に訴えて、同業者が二度にわたって協議し、その移転を決定した。染房の開設をめぐっては時に規定に反する事が起こったものの、染房の同業組織は常に「従来の規定が乱されれば、差務に支障がある」というのを理由に従来の規定を維持し[17]、巴県衙門も毎回、染物業者の判断を認めており、常に応差するか否かを原則として、従来の規定の遵守を命じている。

白披桶匠幇の場合、職人は六〇人余りで、店の数は二一と決まっており、操業の際には職人は必ず会首から派遣する、各店につき職人は三人とし、それ以上を雇うことはできない、職人はみな一緒に就労し一緒に休業する、などの規定を設けることでみなの生計を等しくし、差釐務を請け負っていた。同治一三年、当該行の李広発が匠師の熊同らを雇って仕事を依頼したので、同行の工吏である陳受典に捕らえられて告訴された。巴県衙門は二度にわたり審理し、今後は「従来の規定に従い、これを乱してはならない」との裁断を下した[18]。巴県衙門は職人の人数に関する厳格な同業組織の規約を擁護したのである。

第二の状況　差事範囲内の把持は支持・承認するが、その範囲を過度に拡大することは許さない。

以下に具体例をいくつか挙げてみよう。

例その一。道光二二年に鈕扣舗戸の謝永興が瀘州の舗戸からボタン二箱を購入したが、同業者の黄裕成に手工業者の幇規（同業者間の規約）を乱していると告訴された。巴県衙門は同業者間で処理すべきで、訴訟に及ぶ必要は無い、と命じた。そこで黄裕成は客約を招いて謝永興と議論したが、謝永興は従おうとしなかった。黄裕成は再び県衙門に訴えたが、県の裁決は、「重慶城内の各幇では、差務の有る者が規定に反して〝参越〟（おそらく〝攙越（越権）〟―引用者）してはならないのを除き、その他には何ら幇規など無く、まさに百貨が流通している中、お前達がただ大胆にも勝手に章程を設けて市価を把持しているだけであり、誠に狡猾で乱暴な所為である」というものであった[19]。巴県知県の裁決の意味は非常に明確で、応差する業者にのみ幇規が存在し、把持することが許されるのであり、その他の業者の言う幇規はすべて「私設章程」であって、非法な市価の把持に属するというのである。逆にいえば、応差している者に幇規があれば把持しても良く、官府は当然これを支持しなければならない。この点から、このとき重慶府や特に巴県衙門の判決がなぜ把持を基準としていたのかを我々は理解することができよう。

例その二。乾隆六〇年に炉廠廠頭の楊聚昇・楊正光らが、南邑の客貨を独占する者がおり、勝手に鉄をその店で買い入れて市場を壟断し、差務に抗い費用を負担しようとしない、と官府に訴えた。巴県の知県がこの訴状に加えた批は、「細々した鉄貨は随意に売買すれば良く、炉廠の取り扱う物とはまったく事情が異なるのだから、差務を口実に阻害してはならない。尋問して事実を明らかにしなければならない」というものだった[20]。巴県知県の批文の文意は非常にはっきりとしており、応差の範囲以外で、差務を名目にひそかに把持を行うことは許されず、もし他人が把持していると訴えたなら、それはかえって把持とみなされた。黄広順らは鉄舗で、差務を請け負っておらず、楊聚昇らはまさに応差を口実に、一再ならず黄広順が壟断把持していると訴え、それによって楊らは自分達の事業範囲外にある外地の鉄貨の販売をも応差の範囲に取り込まんと試みたのである。だが、官府が支持を与えるのはただ差務の範囲内での把持行為に対してのみなので、楊聚昇らの要求は当然、官府の支持を得ることはできなかった。嘉慶一六年に炉廠廠頭の謝国文らが上申を行い、月日の経過と共に弊害が生じることを恐れ、そこで布告を出していただき、各自が遵守できるよう、永続的な章程を定めていただきたい、と要請した。これに対する県衙門の批は「今後お前達が鉄貨を製造して重慶に持ち込む場合は、応差に資するように、必ずそれぞれ従来の規定に基づいて販売し、責任転嫁して公事に支障を生じてはならず、また勝手に壟断してはならない」というものだった。炉廠は応差しており、乾隆末年から道光一〇年までの間ずっと、関係するサイズの鉄釘の販売権利を一手に握り、舗戸、特にまだ差務に応じていない舗戸が鉄貨を重慶で販売することを許さず、少しでも舗戸の側に越権行為があれば、炉廠はすぐに官府に訴え、かつ常に官府の認可を得ていた。もちろん、巴県衙門は、応差しない舗戸に重慶での鉄貨販売を認めないのと同時に、炉廠の「勝手な壟断」の目論みに対しても警告を発しており、それは県衙門が保護を与えるのはただ応差の範囲内の経営権利に対してのみであって、その範囲を無限に拡大することは認めなかったことを示している。

例その三。前述したように、弾花匠は新棉花舗と旧棉花舗に分かれており、それぞれ新旧の棉花の棉打ち加工を行い、それぞれに差務を請け負い、互いの事業範囲を侵すことはなかった。嘉慶一五年に旧棉打ちの職人十数人が、新旧を問わず、町で棉打ちを請け負い、新花舗の商売に影響を与えたため、新花舗の梁続興らがこれを県衙門に訴え、従来の章程通り新旧それぞれ別に棉打ちを行うよう要請した。問題は、これらの職人たちの行為が元来の同業者間の規約の範囲外にあることで、このため旧花舗の王徳順らは反訴して次のように主張した。つまり、職人たちはただ舗外で苦役して生計を立てているだけであり、弾花舗とは関係が無く、規定の拘束を受けない。彼らを訴えた梁らの行為は「壟断し独占しようとの意図である」と。職人の陳永坤らも以下のように上申した。つまり、彼らは棉花舗に雇われ、旧舗では旧棉花の、新舗では新棉花の棉打ちを行っており、この棲み分けは乱してはならないものである。しかし、街頭でなら、人に頼まれるままに新旧の別なくすべて棉打ちを行っても、それは工賃を得ているだけのことで、新旧両家の棉花舗の規約に拘束されるものではない。梁らは「壟断し独占しようと計画」し、職人たちの工賃や食事代を絶ってしまおうとしている、と。同じ年、知県は「旧花舗は今後、新棉花の条子・巻子を打つことはできない。新棉花舗もまた旧棉花舗の旧花条子・巻子を打つことはできない。職人が街頭で請け負う分については、新旧を問うことなく、依頼に応じて棉打ちを行えばよく、それぞれ帰すべきところがある」との裁断を下した。(21) 県の判断は、棉花舗の元来の規定を維持させた上で、職人が街頭で請け負い、依頼に応じて新旧の別なく棉打ちを行うことに対しても支持を与えており、棉花舗の過度の把持に対しては制限を加えていた。

例その四。咸豊九年から光緒元年（一八五九～一八七五）の間、重慶で客商に代わり商品の売買を請け負っていた大河幇・小河幇の二つの水果行戸は、互いに客貨の販売を独占して利益を奪わんと、営業範囲をめぐって訴訟に及び、それは前後一七年の長きにわたり争われた。(22) 大河幇・小河幇の水果行戸は、ともに客貨の代理販売をしており、その間には長期にわたって揉め事が存在したが、官府の裁定を受け、従来の規定を遵守して、それぞれが販売する品物を定め、互いに競い合わないことに決めた。また、差徭を引き受ける場合は、大・小の両幇が一ヶ月ごとの輪番であたり、責任転嫁してはならないこと、大・小両河幇が重慶に品物を運び込んだ場合には、従来の規定に照らして幇差銭を払うが、規定額以上を強要してはならない、とも定めた。しかし、大河幇行戸の張洪発らは、差務がおびただしいことから、しばしば双方が協議して定めた規定を破り、小河幇が販売を行っている区域で商品を買い占め、さらに手数料を見積もって強制し、幇差銭を鯨呑したり、客商から商品の代金を騙し取ったりしたという。張洪発はまず咸豊九年に小河幇行戸の周五・陳朋らを訴えて、彼らに甘蔗が市場に出る時期に幇差銭を出すよう要求しており、後には同治二年に小河幇の区域に行って果物の販売を争い、同時に応差をめぐって小河幇の唐光徳・侯興順らと訴訟になっている。県衙門の尋問を経て下された判決は、差務は月ごとの輪番とし、これを乱してはならない、というものであった。その後、張洪発はまた県に上申して、小河幇と互いに協議し、仲介者を頼んで東岳廟で理明し、被告・原告の双方が規定を遵守し、それぞれが自分の幇の商品を売ること、永続的な章程を立てて両者の扱う商品を明確に区分すること、果物の取引は季節ごとに幇差銭を出すとの条項を議定することを約した。同治八年に侯興順が死去して跡継ぎがないと、小河幇は衆議して蒲炳林と蔣洪順が経営することに決定したが、張洪発はまた差務の多さを理由に規定の改訂を要求した。同年八月に双方は客幇の朱祥太らを招き、さらに李行発らに相談を持ちかけ、再度相談して、季節ごとの果物に差銭を増やすこととした。同治一一年九月には、張洪発は唐光徳の死に乗じてまた小河幇の区域に行き、商戸の聚源森の商品を買い占めたあげくその商戸に借金をし、金を使い込んで行方をくらましてしまった。このため聚源森は小河幇行戸の蒲炳林らに対して商品の代金を要求することになり、そこで蒲炳林らは張洪発を県衙門に訴えた。この訴訟案件では、双方が幾度か相手を告発しあい、光緒元年正月に至って知県の李玉宣が「大・小両幇の水果幇の客貨を売買するものは、必ず判決に従い、差務を分担し国課を納めるように。大河の客貨は大河にのみ交易を許し、小河の客貨は小河にのみ交易を許し、それぞれ責任を明確にして、言い争い騙しあうことを防止せよ。同時に協議した規定に従って商売に従事し、よって公平を期し、長く遵守して災いのもとを塞ぎ、各自が厳守して違反することのないように」と布告して、古い規定が再度、改めてはっきりと確認され、訴訟はようやく一段落したようである。しかし、この他に蓮根を担いで売る貧しい行商人が何人かおり、大河・小河の両幇は彼らからも差費を徴収しようと企み、それが新たな訴訟事件を構成することとなった。

この案件は、応差に関わる訴訟案件の中でも特に典型性を示すものである。事件に関わった双方は、水果幇内部の営業地域を異にする両者であり、双方とも応差していたため、巴県衙門はそれぞれに一定の営業地域における販売の独占権を与えた。事件に関わった大・小両幇はいずれもが、応差をおろそかにしていないとの前提のもとで訴訟を展開していた。もし相手の利益を奪い取って規定に違反し、手数料のあてが無くなったら、差務を請け負うものがいなくなってしまう。大河幇の張洪発も常に差務の多さを口実にして、幇差費の増加を要求し、甚だしい場合には、機会があれば規定を超えて小河幇の支配する範囲に行き、客貨を買い占め、多くの手数料を徴収しようとさえした。しかし、小河幇も応差していたため、そのおかげで毎回官府の支持を得、小河幇の区域の販売業務を壟断し続けることができた。訴えに接するたび、県衙門はいつも約保に「従来の規定を調査し」「従来の規定に従って」処理することを命じ、以前の県衙門の判決を維持し、応差のもとの把持を認可した。差費の保障さえあれば、県衙門が規定の法を改変するはずはない。なぜならすでに存在する規定こそ、差費を確実にする有効な保証なのだから。大・小河両幇の行戸は、販売事業や差費の徴収の面において、互いに長い間矛盾を抱えていたが、しかし、応差していない蓮根を担いで売る貧しい行商人たちに対しては、両者の意見も対応も完全に一致していた。彼らは差務を口実に、団結して行商人を訴え、これを差費の納入を伴う取引の範囲内に取り込まんとして、行商人に幇差費を上納させようとした。そして、このような姿勢は同時に、清代重慶における各業種の行戸が採った方法と努力の方向に近い。注目すべきは、この訴訟の双方が、甚だしくは延々と無駄に時間を費やすばかりのこの訴訟に巻き込まれたすべての関係者が、ひいては、巴県档案の中の関連する商貿訴訟のほとんどすべてが、「行業把持（同業組織による市場の壟断）」の問題には言及していない点である。例えば、先に言及したように、道光年間後期のある知県の批文に「重慶城内の各幇では、差務の有る者が規定に反して〝参越〟（おそらく〝攙越（越権）〟─引用者）してはならないのを除き、その他には何ら幇規など無く、まさに百貨が流通している中、お前達がただ大胆にも勝手に章程を設けて市価を把持しているだけであり、誠に狡猾で乱暴な所為である」とある。[23]この巴県知県の見解は非常に代表的なもので、応差して官府の承認さえ得ていれば、越権し規定に違反してもよいのである。その一方で、差務を請け負っていない業者が私的に章程を設けたなら、それは把持とみなされ、法律の禁じるところとなる。重慶の商業は、実際上、差費の納付を当然とみなし、商業牙行の把持を無視するという前提のもとで運営されており、重慶の地方官府の対応としても、差務に対処するため、行業把持にはまったく反対できなかった。

上述のいくつかの訴訟案件から、差事の名の下に、行規（同業者の規約）が有力な保護を受けており、把持の程度は日増しに甚だしくなっていったが、しかし、把持の範囲には一定の制限が加えられていたことが分かる。

第三の状況　差事を請け負うことで、実際上はその職域を超えて把持できること。

重慶城内外の牙行は、四川産品を取り扱う山貨行と、域外商品を扱う広貨行に大別され、それぞれ規定に従って商品の販売を行い、互いにその職域を侵すことはなかった。乾隆末年に、熊吉慶の山貨行が棉布の代理販売を兼業したため、広貨行の王西昌がこれを巴県衙門に訴えた。県衙門は山貨行に対し、幇費として毎年銀四〇両を広貨行に支払い、その応差の費用に充てるよう命じ、以後二〇年余りにわたり双方の間に問題は生じなかった。嘉慶一二年に王西昌行の一部にひそかに紅花を販売するものがおり、それが熊吉慶らに探知された。協議してこれに「罰戯（罰として演劇上演費用を出させること）」させることとしたが、従わなかったため、山貨行は（棉布の代理販売容認の見返りに支払っていた）幇費の支払いを拒否するに至り、両行は互いに訴訟を起こした。巴県知県は、今後も先の裁断に基づき、山貨行は毎年幇費四〇両を支払い、もって公事に資すること、紅白各種の花については広貨行が職域を侵して決まりを乱すことを許さず、もし違反することがあれば、各行戸に違反者を名指しして訴えることを許す、との裁断を下し、さらに「今後、各々が規定を守り、旧例を遵守せよ。職域を超え販売を阻害し、壟断を企んではならない」との布告を出した。(24)

重慶城内の牛皮舗は、乾隆三六年の金川平定の時から三営の軍差を請け負い、火薬を運送するのに用いる牛皮包を供出するようになった。嘉慶年間には白蓮教鎮圧の差務を請け負い、後に韓永盛ら四軒が牙帖の発給を受けて牙行を開設し、同じく軍差を請け負った。道光一一年、陝西人の孔茂公が山広貨行を開き、牛皮・牛膠の販売を独占した。韓永盛らは彼が軍差を請け負っていないとして、県衙門に訴えた。知県の高学濂は尋問したのち、孔茂公らが牛皮・牛膠の販売を独占することを禁じる裁断を下した。孔茂公は後に韓らと共に差務を請け負うことを承諾した。ところが、道光一五年には軍服の必要があり、営主が牛皮を徴発した際、孔茂公らは差務を逃れて徴発に応じず、牛皮行が銀一五一両を立て替えるはめになった。差務が終わると、牛皮行の同業者らはこれを県衙門に訴えた。県衙門は孔茂公らに割り当て通りに応差するよう命じる判決を下し、孔茂公はこれに従い、借金して補塡することを承諾した。(25)

木箱舗の例を挙げると、曾義発はそれまでずっと板箱木舗を開いて生活し、各道・府の衙門の差務や、文武の院試、当地を訪れる官員の対応に要する箱板を請け負っていた。道光二六年に県衙門が取り調べて明らかにしたところによると、曾義発は乾物薬箱や松杉雑箱の取引から銭を差し引き、それで応差していた。咸豊七年、余永大が同業組合の公金に穴を開け、しかも同業組合の公産の紅契を担保に借金したので、曾義発や陳義興らはこれを官に訴えた。同治五年、曾義発らはまた余永大が差務に抗って応じないと訴えた。県衙門は取調べの後、差務は曾義発や陳義興ら五軒が請け負うよう裁断し、そのために曾義発らは衆合公号を設立して応差した。県衙門は「この五軒に大小薬箱の製造を許可し、その他が勝手に製造することを許さない」との布告を出した。その後、陳義興らが他所に逃げて行方をくらましたため、曾義発一人が差務を請け負っていた。同治九年、曾義発は婁大順・聚源美が薬箱を販売しているのを発見し、これに差費を支払うよう要求したが、拒絶されたため、曾はこの両家を県衙門に訴えた。県の裁断後も、その内容が適切に執行されなかったので、曾義発は翌年八月に再び官に訴え、さらに差務請負の辞退も申し入れた。これに対する県衙門の批は、「案件はようやく審問完了した。直ちに裁断に従い、章程に照らして応差せよ。軽々しく辞退を請い、違反や遅延により咎めを受けることがあってはならない」というものだった[26]。この案件が示すのは、応差が立替による補塡でなされていたため、差務を請け負う薬箱舗の間で矛盾が重なり、みな何とかして差務を回避しようとし、差費の支払いに抗ったということである。一方、小木作の薬箱舗が差費を徴収する範囲は拡大して、すでに別に差務を請け負っていた大木作の職域にまで及び、実際上、薬箱舗の把持行為が承認された。差費を納めさえすれば、官府は、もともとの規定で薬箱を製造していなかった舗戸にもこの業務に従事することを認めており、県衙門が完全に応差するか否かを前提として、甚だしい場合には薬箱舗に特権を付与し、彼らに査牌（査察令状）を持たせ、各舗の製造数を調べて差費を徴収することを可能にしていたことが分かる。重慶で重要差務が必要となると、官府は訴訟の処理を速め、舗戸に強いて三日以内に差費を納めさせた。差務を請け負っていた舗戸が辞退を申し入れ、差務のあてが無くなる可能性が出ると、官府は厳しい言葉で舗戸の辞退要請を拒絶した。つまり、これらの官府の裁断は、地方官府が裁判を処理するに際し差務がどれほどの重要性を有していたかを具体的に表している。

これらの訴訟案件は、同じ一つの事実を反映している。すなわち、差務を請け負いさえすれば、職域を超えて把持し、相応の販売業に従事できるのである。山貨行は本来、広貨行とは区別があり、棉布取引を兼業することはできない。しかし、幇差費を納めることで兼業が可能となり、以後二〇年余りにわたって問題は生じなかった。一方、広貨行は差費を納めなかったので、紅花取引を兼業することができなかった。そうでなければ、山貨行もこれを口実に幇差費の上納を拒んだだろう。同様に、山貨行は牛皮や牛膠の販売を独占することはできなかったが、もし差務に応じていれば、この事業に従事することができたであろうし、一切がこれを基準にしていた。これらの訴訟案件がはっきりと反映しているように、把持かどうかの判断は、差務に応じたか否か、あるいは幇差費を出したかどうかで変化し、差務に応じれば職域を超えて兼業ができ、差務に応じなければ、制限を超えることはできず、把持とみなされた。

第四の状況　旧章を乱す把持には反対。

道光一二年、張松盛が新たに搾房を開こうとしたところ、郷約や舗民が風水を害するといってこれを妨害した。しかし、実はこれ以前の嘉慶年間に周天明が白市駅に搾房を開設しており、挙人の傅嘉楽が周天明を府衙門に訴えたところ、知府の批示は「風水は術士のでたらめであり、商売は人々の生活がかかっている。士子が科挙に及第したければ、その本分ただ読書にあって、風水にはない。……当該地域には現在、油搾房が三軒あり、周天明の搾房だけ開設を認めないのは、明らかに言いがかりをつけて問題を起こすものだ。昔立てた碑文など、そもそも信用できず、笑止千万、地図とともに送り返せ」というものだった。にもかかわらず、道光のこの時の巴県知県は逆に「張松盛は他の適当な場所に移転せよ、衆に背いて咎を受けるようなことがあってはならない」との批を加えた[27]。嘉慶年間の知府は把持に反対し、道光年間中期の巴県知県は逆に把持を許可したのである。巴県知県が旧章の変更を望まず、全力で旧章の認める把持を維持したことは明らかである。

重慶府は時に、巴県衙門が認める把持に対し、折衷的な処理を行うことがあった。点錫行は従来、広貨行の中に付随していたが、乾隆三二年に同業者の協議により銅鉛行に帰属することとなり、秤にかけて売買する際、買客の名義で一包ごとに手数料一銭六分を徴収し、官府の差務に充てていた。これらの協議では、証拠書類を作成して知県の印章を押しており、官府の認可を受けていた。道光二七年、重慶に舗号を開設していた江西の客商聶広茂・聶広順らが、金声振の点錫四包を購入したところ、生員で銅鉛行の彭輔仁に阻まれ、それは勝手な売買だと巴県衙門に訴えられた。巴県知県は牙帖を調査し、そこに「点錫」の文字が無かったことから、従来の規定に従い、客商の勝手に任せよと裁断して事件にけりをつけた。彭輔仁は差務に支障を受け損失が甚大だと称して、再度県に訴えた。知県は八省首事に命じて十分に協議し、旧章に照らして復命するように命じた。首事の胡起風らは彭輔仁の肩を持ち、聶広茂らに銅鉛行に帰属して銀を支払うよう諭したが、聶広茂らはこれに承服せず、重慶府に上訴したので、府衙門は県に再審議を命じた。知県は聶広茂らに対し、好んで争いを起こし言いがかりをつけているとその訴えを却下し、彼らに叱責を加え、点錫は旧例に照らして銅鉛行が秤にかけて応差することと裁断した。そこで聶広茂らは再度府衙門に訴えた(28)。聶広茂が彭輔仁を告訴したこの案件では、鍵は聶広茂らの売買行為の性質をいかに認定するかにあった。聶広茂らは、自分で買って自分で売るのに金を支払って応差するのは、愚かな悪党のペテンだとあくまで主張したが、彭輔仁や八省客長および巴県知県の認識は、同業者の協議による規定では、およそ売買や計量は銅鉛行に帰して金を支払うことになっており、そうでなければ応差するものがいなくなってしまう、というものだった。問題は、聶広茂らが当地に店舗を開いており、確かに外来の客商とは異なり、銅鉛行に行って秤にかける必要が無かったことにある。今回の案件では、銅鉛行の牙帖に点錫業務は記載されておらず、それは明らかに乾隆年間の協議によって決定されて以降のやり方であった。また、点錫行の内部で売買することと、客貨は必ず牙行を通じて売買しなければならないこととは別物であり、銅鉛行の彭輔仁のやり方は、明らかに点錫行の業務を奪おうとする嫌いがある。だが、巴県衙門はこれを把持行為として処罰することはせず、逆に点錫行を処罰した。それは他でもなく、銅鉛行が「差務に支障を生じ損失が甚大」だと脅したからである。重慶府は、巴県衙門の決定では人々を納得させられないことをよく知っていたが、もし銅鉛行の言い分を認めなければ、「応差するものがいなくなる」、そこで折衷的な方法を採り、銅鉛行の把持を承認する一方で、点錫行にも生計の道を開き、手数料をいったん払わせた上で、旧章を変更し、金額をもとの半分に軽減し、双方の利益のバランスを図った。銅鉛行が経営を把持する権利を付与されたのは、明らかに応差の故である。また徴収される手数料の相当部分が差務の費用に充てられていたが故に、点錫行の取引がもし銅鉛行の管理下に入らなければ、差費は減少し、その影響は応差にも及んだだろう。

結　語

上述してきた大量の実例が示すように、あらゆる案件の審理において、巴県衙門は差務を請け負っているかどうかに最も関心を払い、把持行為に対する黙認は、重慶府よりはるかに甚だしく、差事を請け負っている業種に対するえこ贔屓もまたよりあからさまだった。おそらくこれは、差務が最終的には県によって対処されるのであって、府によって完成されるのではないことが関わっているのだろう。

まさに差務の名義のもと、重慶の牙行は意気盛んで、一切の規定違反の行為を排除し、かつ常に官府の支持を得ていた。民間の各行には本来、それぞれに行規があり、経営範囲、生産規模、度量価格、学徒の募集などの方面で詳細な規定を作っていたが、官府の差務という名義のもと、重慶の各業種の行規はいずれも官府の強力な支持を得て、ますます合法なものとなり、またますます有効性を強化していた。全体的にいえば、官府の全面的支持と保護のもと、重慶の行商舗戸は承差を名目に経営を壟断することができ、また応差を名目に価格を把持することもでき、さらに応差を名目に金儲けができ、甚だしい場合、差に抗って同業者を規制しているとして人を訴えることさえできた。ある商貿行為が把持に属するかどうかの決定権は、経営者に無いばかりか、同業者にも無く、完全に官府の手に握られていたのである。

以上述べたところを総合すれば、清代重慶では、牙行、舗戸、さらに手工業者やサービス業、運送業を問わず、いずれも輪番で公務の徴用を受けねばならず、先行研究のいうような牙行だけということはなかった。そして、重慶の各業種が差事に応じた状況は、同時期の多くの地方に比べ、その繁雑さは突出していたが、それには複雑な社会的背景が存在した。重慶の城内の工商舗戸が当局の差事を請け負う際には、規定により多くの項目で報酬が支払われ、あるいは市価で買い取る形式で金銭が支払われた。しかし、官の定める価格や支払われる報酬は、必要額にははるかに及ばず、応差は往々にして立替による補塡が積み重なり、差務を請け負う多くの工商人戸にきわめて重い負担をもたらした。しかし、応差は途絶えることなく実施され続けた。その根本的な原因は、官府が差務を請け負った工商人戸に相応しい権利を与えていたことにある。官府が関連する訴訟を裁断する際には、一つ、応差行戸舗商に経営特権を与え、厳格に経営範囲を定め、応差していない者が業務を奪うことを禁止、あるいは防止し、いったん訴訟となると、官府は経営範囲に基づいて応差する者の利益を保護した。二つ、一切の交易はすべて牙行を通さなければならないと規定あるいは強調してほしいという、行戸舗商の要求を満足させ、それにより脱税を防ぎ、かつ手数料を明確にして、牙人を管理しただけでなく、交易する者にも遵守を強制した。三つ、差事内の把持に対しては、これに支持・承認を与え、差事を請け負う業種の把持行為や訴訟では、常にこれを支持する態度を取った。重慶の大量の商貿訴訟案件を分析すると、清代法律の「行業把持」に関連する規定とは対照的に、巴県衙門の審理過程やその結果は、実際上は清朝政府が反対する「行業把持」を承認あるいは許可するものであった。しかし、商貿行為が把持に属するかどうかを判断する権限は、経営者に無い上、また同業者にも無く、完全に官府の手に握られていた。官府が判決を下す際に依拠したのは、大清律令でもなく、官衙の布告でもなく、ただ、差事を請け負ったかどうか、同業者間の取り決めを遵守したかどうかだった。差事に対処するためには、重慶の地方官府が採りうる方法として、行業把持に反対することはそもそもできなかった。つまり、清代を通じて重慶の商業が呈した様相は、承差のもとでの把持であり、官府は経営上の独占権を餌に、少ない補償で、ひどい場合には補償無しで、工商人戸に差事を請け負わせ、一方、工商人戸のほうは差事を請け負うことで、把持したり経営を壟断したりできる特権を獲得していたのである。

注

（1）「木箱舗為承差訴訟案」『巴県档案（同治朝）』〈商貿〉No. 8887。

（2）以上は以下の史料に散見する。四川省档案館編『清代巴県档案彙編』乾隆巻（北京、档案出版社、一九九一年）、四川大学歴史系・四川省档案館主編『清代乾嘉道巴県档案選編』上（成都、四川大学出版社、一九八九年）（以下、『選編』上と略記する）、四川大学歴史系・四川省档案館主編『清代乾嘉道巴県档案選編』下（成都、四川大学出版社、一九九六年）（以下、『選編』下と略記する）。

（3）「道光五年五月初九日賀正興稟状」、「道光五年五月二十九日楊洪川稟状」、「道光五年七月十六日李成章等人息状」、「道光五年九月重慶府告示」、「道光六年六月二十三日蕭東初等稟状」、「道光十三年巴県告示」、『選編』上、三一三〜三一五頁。

（4）「乾隆四十四年三月初八日巴県告示」、『選編』上、三一一頁。

（5）「道光五年六月初二日陳金全等人結状」、「道光五年五月十三日徐双発訴状」、『選編』上、三二六頁。

（6）「道光十二年六月鄭万海稟状」、「道光十二年六月初四日李順彩告状」、「道光十二年六月二十七日李順彩等供述」、『選編』上、四一〇、四〇九、四一二頁。

(7)「道光二年五月初三日巴県告示」、『選編』上、三四七～三四八頁。
(8)「嘉慶十八年四月十一日李星聚結状」、『選編』上、三七二頁。
(9)「道光二十年劉廷秀稟状」、『選編』上、三八一頁。
(10)黄彰健編『明代律例彙編』巻一〇、「戸律七・市廛」「弘治問刑条例」の条、台北中研院歴史語言研究所専刊之七五、一九九四年、五七七頁。
(11)光緒『大清会典事例』巻七六五、「刑部四十三・戸律・市廛」「把持行市」の条、北京、中華書局、一九九一年影印本、四二八頁。
(12)同上、四二九～四三〇頁。
(13)『明代律例彙編』巻一〇、「戸律七・市廛」「把持行市」の条、五七九頁、光緒『大清会典事例』巻七六五、「刑部四十三・戸律・市廛」「把持行市」の条、四二六頁。
(14)「道光三年三月初六日陳国才等稟状」、「道光三年三月初八日姜占和告状」、「道光五年四月初五日陳金全等稟状」、「道光五年六月初二日陳金全等人結状」、『選編』上、三二五、三二六頁。
(15)「徐徳先等合約」、「道光七年三月十八日徐徳先等訴状」、「道光八年三月初三日陳洪泰等稟状」、「道光十七年三月二十七日袁長順等結状」、『選編』上、三三〇～三三三頁。
(16)「道光二十五年十二月程万洪、余徳沛等供述」、『選編』上、二四八～二四九頁。
(17)「道光十一年二月二十八日劉襲氏告状」等、「道光十八年三月十三日呉泰順告状」、『選編』上、三五五～三五七頁。
(18)「白披桶匠互控案」中の「宋意江等稟」、「李広発独覇纏害叩訊厳究事」、「宋意江等供」。『巴県档案（同治朝）』〈商貿〉No.8981。
(19)「道光二十二年八月二十三日黄裕成等稟状」、『選編』上、二四四頁。
(20)「乾隆六十年十月廠頭楊聚昇・楊正光告状」、『選編』上、二九八頁。
(21)「嘉慶十五年梁続興等告状」、「嘉慶十五年王徳順等訴状」、「嘉慶十五年陳永坤等稟状」、『選編』上、二三九～二四一頁。
(22)「水果行戸為辦差抽用互控案」、『巴県档案（同治朝）』〈商貿〉No.8909。
(23)前注(19)史料。
(24)「巴県告示」等、『選編』上、三六二頁。

(25)「道光十五年三月十八日陳宏盛等供状」、『選編』上、三六八～三六九頁。
(26)「木箱舗為承差訴訟案」、『巴県档案（同治朝）』〈商貿〉No.8887。
(27)「道光十二年十一月十九日張松盛告状」、「巴県分県批」、『選編』上、三三五、三三六頁。
(28)「道光二十八年九月重慶府稟」、『選編』上、三一〇頁。

【付記】『歴史研究』二〇〇九年第三期には本章に関わるより詳しいデータを挙げているものもある。あわせて参照されたい。

第八章　清代の京控

――嘉慶朝を中心に

阿　風
（井上充幸訳）

はじめに

清朝の嘉慶四年八月二八日（一七九九年九月二七日）、嘉慶帝は諭旨を発し、「今後、都察院および歩軍統領衙門は各省からの控訴の案件があった場合、いずれも棄却することを禁ずる」と命じた(1)。この諭旨は、清代の「京控」における「分水嶺のごとき決定」であり、これにより「上訴が上げ潮のごとく押し寄せ」ることとなった(2)、と認識されている。では、なぜ嘉慶四年にこのような諭旨が発せられたのであろうか？　それは清代の京控に対していかなる影響があったのであろうか？　また、嘉慶朝に始まる京控の拡大化の原因はどこにあるのであろうか？　本章では、これら一連の問題を多岐にわたり検討していくこととする。

第一節　京控とは何か

一、京控の概念

そもそも「京控」とは何であろうか？『清史稿』の簡明な解釈にはこうある。

あらゆる審判の等級は、直省（新疆などを除く内地各省）であれば州県の正印官をもって初審とする。不服があれば、府に控訴し、道に控訴し、司に控訴し、院に控訴し、越訴する者は笞刑に処す。それでもなお晴らすべき冤罪があり、都察院や通政司あるいは歩軍統領衙門に赴いて告訴する者は、名づけて京控という。

「京控」とは、上訴の段階における審判の等級の一つであり、案件が州県、府、道、司、院の審判を経ても、当事者がなお不服であれば、北京の都察院、通政司あるいは歩軍統領衙門に赴いて告訴したため、これを京控と称したのである。『清史稿』の同じ箇所では「叩閽」にも説き及んでいる。

鼓庁に身を投じて太鼓を撃ち、あるいは皇帝が輿に乗って郊外に巡幸するのに遭遇し、車馬に向かって直訴する者を、名づけて叩閽という。

叩閽には「投庁撃鼓」と「迎駕申訴」の二つの方法が含まれるが、いずれも直接皇帝に向かって申し立てるものである。しかし、清代では多くの場合が「迎駕申訴」であり、北京で「迎駕」する以外にも、皇帝の地方巡視、盛京や東陵、西陵での祖先祭祀、北京の寺廟への進香、承徳の避暑山荘への往来などに至るまで、いずれの場合にも「迎駕申訴」することが可能であった。そのため、叩閽は必ずしも北京だけで起こるというわけではなかった。

「京控」と「叩閽」には区別があったが、当時、両者は同種の案件として処理された。『清史稿』はこう記す。

京控および叩閽の案件は、該当する省の督撫に送り返し、あるいは刑部に奏交して取り調べさせる。事件の内容が重大なもの、および事件が各省の大官に関係するもの、あるいは言官や督撫からの弾劾を受けたものなどは、常に欽差大臣を派遣して審理させる。各省に送り返された事件および棄却された事件は、督撫に命じて司道をひきつれて自ら取り調べさせ、ふたたび最初に審理した官に差し戻すことを認めない。これらを名づけて欽部事件という(3)。

これによって考えると、審理の段階という観点からは、「京控」と「叩閽」の間に実質的な区別は無く、広い意味で「叩閽」は京控の一部分をなしている、といえよう。

二、「京控」の歴史

伝統中国の法律では、きわめて早い段階から「下から上へ」順を追って上告することが明確に規定されていた。『唐律疏議』では、起訴の際は「必ず県より開始し、州、府、省（尚書省）の順に進まねばならない」こと、「越訴した者、およびそれを受理した役人は、それぞれ笞四〇に処す」ことなどが規定されている(4)。もし尚書省に至ってもなお解決できない場合には、上表する、車駕を迎える、登聞鼓をたたく、肺石を立てる、などの形で、皇帝に対し直接申し立てることが可能であった(5)。このほか、唐代にはさらに匭函制度があり(6)、臣民にもし「いまだ裁判で冤罪を晴らせない者、あるいは訴訟のために失職した者がいれば」、箱に訴状を投じて上告することができた(7)。宋代の法律は、唐律の規定を引き継ぐと同時に、さらに完備した上訴の制度を定めた。その中では、監司の審理を経ても不当とされた案件は尚書省や御史台に上訴できると規定されており、以上の段階を経た後もなお判決に不服な者は、さらに登聞鼓院と登聞検院を通じて皇帝に訴状を提出することが可能であった(8)。元代の規定でも、「訴訟人はまず所轄の役所より、下から上に進み、道理に基づいて申し述べ」、さらに「中央官庁に申し述べる」ことが可能とされ、「越訴することはできな」かった(9)。

明朝の建国当初、朱元璋が発布した『大誥』の中では、もし地方の官吏が不法行為をなした場合、民人は「みやこに赴き訴状によって申し述べ(10)」、「命令に背く役人がいれば、民人はみやこに赴いて訴える(11)」ことができると幾度も強調されている。ただし、もっぱら官吏の不法行為を狙って制定されたこれらの特別な法令は長続きせず、洪武朝一代を通じて幾度も越訴が厳禁されている(12)。宣徳八年三月には、皇帝が「これより訴えが真実であった場合には、越訴の罪に問うてはならず」、「民が泣き寝入りをして告訴せぬ」ことの無いよう法司に命じたものの(13)、景泰四年に至り、当時の越訴が「誣告が半分以上に達する」状況に対処するため、「みやこに越訴する者は、内容の真偽に関わり無く、みな杖刑に処し辺境に流して兵役に充てる」よう規定され(14)、また、天順八年には「もしも一足飛びにみやこに赴く者がいれば、法司はこれを処罰せよ。なお告訴の供述内容については、地元に送り返して審理し、みだりに上奏することを禁ずる」と明確に規定された(15)。

もちろん、以上は越訴の規定について述べたものである。明代の法律は同時に、「すべての軍民の訴訟は、みな必ず下から上に段階を踏んで申し述べる」[16]べきであり、もしも巡撫および布、按両司の官員の審理を経た後、さらに上京して申し立てる場合には、「罪に問うことを免じ、手形を発給して照会させる」と定めている。ただし、「戸婚田土など私的な事情に関わる事件」については、「以前に出されたお上の判決が明白でない場合」には、ただ上京して控告し、「手形を発給して照会させ、訴状は本籍地の役所に転送し、関係者が審問への召喚に応ずるのを待つ」ことを除き、やはり罪に問うべし、とも規定している。[17]明代の統治者から見て、「戸婚、田土、殴闘、相争などの事件は、本来、皇帝自らが直接決裁すべき事柄ではなく、老小、残疾、婦女、雇倩などの人々も、やはり直接申し立てを行うのにふさわしくない」のであった。[18]戸婚田土の案件を京控に持ち込むべきではなく、それを実行した場合に越訴の罪に問われるのは、こうした理由によるのである。

清初の法律は、明代の規定を継承した。順治八年、清の世祖は諭令を発し、段階を踏んで上訴すべきことを明確に規定した。「もし総督、巡撫、巡按が公平ではなく、あるいは判決が不当もしくは不正であれば、さらに都察院の衙門に赴いて太鼓を撃って冤罪を申し立てよ。都察院で訊問し果たして無実であったにもかかわらず、当然上奏すべき案件を上奏しなかった場合には、通政使司の衙門に赴き文書にて上奏せよ」。そして同時に、刑部に対してこの諭令を「出版して告示し、公布して通知せしめよ」と命じたのである。[19]乾隆三〇年、清朝政府は再び戸婚田土に関わる訴訟案件の京控を厳禁し、さもなくば越訴の罪で罰することを強調した。[20]乾隆時代に至るまで一貫して、清朝政府は明代の京控政策を基本的に踏襲していたといえよう。嘉慶四年八月の「京控改革」に至って初めて、清朝の京控政策に重大なる変更が開始されたのである。

三、これまでの研究成果

清代の京控の研究における最も重要な成果は、アメリカの学者オッコ氏（Jonathan K. Ocko、欧中坦）が一九八八年に発表した「なにがなんでも北京へ行くぞ――清朝の京控」であり、清代の京控の性質と効果からその原因に至るまで、いずれも充分に明快な描写がなされている。オッコ氏の指摘によれば、嘉慶帝は、広く言路を開くべくすべての京控を受理するよう命じたため、これにより上訴が上げ潮のごとく押し寄せることとなったという。京控の審理についてオッコ氏は、督撫が欽差大臣とは異なりあまりにも多忙であったため、京控の審理を優先的に考慮することは不可能であり、ただ単に部下の官員に委託して審理させることしかできなかった、との認識を示している。清朝全体から見て、「大部分の上訴は徒労かつ無益であった」のである。このほか、趙暁華、胡震、李典蓉の諸氏が、京控に関する研究論文を発表している。趙暁華氏は清末の京控制度を重点的に考察した(21)。胡震氏は発審局の性質、清末の京控制度における婦女の訴訟資格、および訴訟を起こすに至った原因について探求した(22)。李典蓉氏は軍機処録副や内閣档案などの資料を全面的に駆使して清代の京控制度を研究し、婦女、瘋子、回民、官員など特殊な立場の原告を例にとり、彼らがいかに京控制度を利用して己の無実を訴えんとしたかを分析した(23)。このほか、さらに崔岷氏による嘉慶年間の山東における京控研究(24)や、林乾氏による京控における訟師に関する研究などがある(25)。

第二節　嘉慶朝における京控

一、嘉慶帝と京控の拡大化

一七九六年二月九日（嘉慶元年正月初一日）、愛新覚羅・永琰は乾隆帝の譲位を受けて帝位に即き、顒琰と名を改め、ここに嘉慶帝が誕生した。登極した当初は、在位六〇年、輝かしい文治と武功を誇る乾隆太上皇の存在もあり、なかなか自分の思い通りにはいかなかった。そして嘉慶四年、太上皇が病没するや、嘉慶帝は速やかに権臣の和珅を始末し、ついに真の大権を自らの手中に収めたのである。嘉慶年間のはじめ、白蓮教徒の反乱は日々拡大し続け、社会は重大な危機に直面していた。嘉慶帝の考えでは、こうした危機が生み出された原因は、「和珅が万事を取り仕切る状態が長きにわたり、勝手次第に隠蔽した結果、下々の事情がお上の耳に届かなくなってしまった」ことにあった(26)。それゆえ、「広く言路を開き」、下情を上達するよう求めたのである。嘉慶四年正月初八日、皇帝は旨を下して、文武の官員に対し「今後、事件の報告は、必ず朕の御前に直接届けさせることとし、別に副本を作成し軍機処に通知することを禁ずる」と命じた(27)。嘉慶四年三月には「道員が密摺にて封奏する例を定め(28)」、各省の道員にも奏摺による上奏を許可し、直接奏上できる者の範囲を拡大したが、その目的は「意見を諮る路を広め、それにより情報の遮断や隠蔽の原因を除く」ためであった(29)。同時に、嘉慶帝は当時不断に増加しつつあった「京控」をも、「お上の目の届かない民情をお上に通」ぜしめる経路の一つと見做したため、嘉慶四年八月に、すべての京控を上奏して報告するよう命じ、都察院と歩軍統領衙門が京控の案件を勝手に棄却することを禁じたのである。

嘉慶四年八月二八日、内閣は以下の上諭を承った。これまで各省の民人が都察院や歩軍統領衙門に赴いて呈控する案件の取り扱いについては、その衙門から文書を整えて奏交するもの、各省の督撫に咨交して審理させるもの、およびただちに棄却するもの、以上の三つの方法があった。このやり方では、京控を受理するか否かは、結果として彼らが任意に優劣をつけて判断することとなる。現在、広く言路を開き、公然と朕の耳に達するようにしたのは、もとより下情が上達せぬことの無いようにするためである。もし提出された案件を勝手に棄却するのであれば、ある省の督撫が賄賂を貪り任に堪えず、また有力者に関わるなどの事件に対する申し立てがあった場合、あるいは情実にとらわれて訴えを放置したまま採り上げず、賄賂を受け取ってもみ消すなどの風潮を引き起こす恐れがあり、関係する所は重大である。よって今後、都察院および歩軍統領衙門は、各省からの控訴の案件があった場合、いずれも棄却することを禁ずる。事件の内容が比較的重大なものについては、当然ただちに具奏せよ。たとえ本省に差し戻して審理すべき案件であっても、一か月あるいは二か月に一度、京控案件の多寡を見た上でまとめて報告し、あわせてそれぞれの案件の内容について上奏文中において詳しく分析と注記を加え、朕が目を通すのを待て。もしも比較的重大な事件であるにもかかわらず、ただちに具奏しないまま本省に差し戻して審理させ、それが朕に見つかった場合には、必ず担当の堂官を部に引き渡して厳しく処罰を加えよ。以上、命令する。(30)

本来、京控の案件は、都察院と歩軍統領衙門が事件の内容に基づき「文書を整えて奏交」し、あるいは「各省の督撫に咨交して審理させ」、あるいは「ただちに棄却」していた。皇帝の認識では、都察院などが勝手に案件を棄却することこそが、「言路」を妨害し、「賄賂を受け取ってもみ消すなどの風潮」を引き起こしていたのである。そのため、都察院などに「いずれも棄却することを禁ずる」と命じ、同時にもとの省に差し戻す案件についても、定期的に報告するよう求めたのである。

嘉慶四年にこの諭旨が発布されてからというもの、「上京して控訴する案件が、連日のように持ち込まれるに至った」。嘉慶六年六月、嘉慶帝は「越訴治罪」の規定を再度申し渡し、「各省の督撫は、上京して控訴する際の律例を、印刷出版して広く示し、狡猾な不心得者に対し畏れ憚るべき所を知らしめ」るよう命じた(31)。この命令は事実上、嘉慶四年の諭令に対する再調整であり、京控を行う際の規範を定めたものであった。にもかかわらず、嘉慶朝一代を通じ、皇帝は京控に対して比較的寛容な態度を採り続けた。「これらの京控に踏み切る民人は、もし晴らすべき冤罪事件がなければ、どうして遠くからやってきてわざわざ訴訟をおこすであろうか？　たといそのうち七、八割が訴訟を食い物にする輩であろうとも、どうして残り一、二割の無実の罪を背負わされている民に対し真実を上訴するための道を閉ざしてしまってよいと言うのか？(32)」と見做していたためである。嘉慶二五年、山東巡撫の銭臻は、山東省から持ち込まれた京控について、戸婚田土の案件から本省でいまだ控告、審理を経ていない重大事件に至るまで、すべて棄却するよう奏請した。これに対し、皇帝はこう批判した。「もし本当に冤罪を負わされている者がいるにもかかわらず、一律に上聞を閉ざしてしまえば、それこそ羹に懲りて膾を吹くというものだろう(33)」。

嘉慶四年以降、京控案件の数量は急速に増加し、都察院などの衙門では「数日間隔で、封奏が提出される(34)」に至った。『嘉慶上諭档』から得られた不完全な統計によるだけでも、嘉慶四年から同二五年に至るまでの間、都察院などの衙門から奏交された京控案件は一〇〇〇件あまり、平均すると毎月四、五件に達した。咨交された案件については記録がなく、詳細な数量を確認するすべはないが、嘉慶一一年における御史の茅豫の上奏によれば、「近ごろ民人が上京して控訴する件数が日々増加し続け、毎月の奏交案件以外にも、咨交案件が十数件から二、三〇件前後に達した」[35]という。実際には、咨交の数量は奏交の数量を大幅に超えていたようである。

二、京控の受理と審理

嘉慶四年、皇帝が都察院などの衙門に対し、勝手に京控案件を棄却することを禁じたことは、京控案件が急増する契機となった。絶えず増加し続ける京控案件に対し、嘉慶帝は依然として、現行の制度の枠内において京控案件に対処しようとしたのである。

(一) 京控の受理

京控を受理したのは、主に都察院と歩軍統領衙門であった。直隷総督も、北京へ抗告しに来た人物の逮捕、取り調べに伴って、京控を受理する場合があった。[36]理藩院もまた、モンゴルなどの少数民族の京控案件を受け付けて審理した。

都察院は、もっとも主要な京控の受理機関である。原告は都察院に訴状を提出した後、まず京畿道御史から口頭で尋問を受け、ついで訴状が審査されてから、奏交か咨交かの意見が出されることになっていた。もし奏交となった場合は、都察院長官が取り調べに基づく意見書を提出し、あるいは督撫の、あるいは欽差大臣の審理に引き渡された。最終的には満漢都御史が上奏文に署名して承諾し、しかる後に皇帝の決裁を請うた。[37]

「奏交」と「咨交」とを分つ基準であるが、事件の内容が重大であると認められたものは、皇帝に奏請して指示と決裁を仰ぐために、奏交することが求められた。そして通常の案件は、本省に咨回して審理された。嘉慶一一年六月、都察院左副都御史の陳嗣龍が「都察院に申し立てのあった人命事件は、これまですべて奏交事件であった」[38]と述べていることからも、都察院は通常、京控の内容が人命に関わる場合には、いずれも奏交に回していたことがわかる。[39]嘉慶朝の奏交案件の内容から見て、人命に関わる重要案件を除けば、その多くは汚職や法令違反、税金の不正徴収、捐納と科挙に関する不正や教匪などに関連する案件であり、さらに一年以上結審していない未決の案件についても、やはり皇帝の決裁を仰ぐため奏交とされた。これら一連の奏交案件は、事実の面において、都察院などの衙門が奏交か咨交かを決める際の基準を反映しているのである。

歩軍統領衙門は北京城の治安機関であり、この衙門が京控を受理するようになったのも、やはりそれが治安維持の側面に由来することを意味している。たとえば、嘉慶四年一〇月の、「歩軍統領衙門が、江西の民人の曾斗魁を逮捕したところ、訴状一通を押収し、その内容は地方官が公務に名を借りて徴発した事などを告訴したものであった[40]」事件や、同年一〇月の、「歩軍統領衙門が河南信陽州の人の胡重三を逮捕したところ、訴状一通を押収した[41]」事件では、これらの人物はどれも歩軍統領衙門が定例の一斉捜索（盤査）を行った際に捕まえた不審人物であり、取り調べの結果いずれも訴状を所持して京控の準備をしていたことが判明した事例である。彼らは京控を実行する前に逮捕されたのである。受理された京控案件の数量については、歩軍統領衙門と都察院とはほぼ同数であったと見做し得る。

(二) 京控の審理

嘉慶朝では、京控を審理する方法として以下の三つが採られた。一つめは地方の督撫（盛京、吉林などの将軍も含む）に送る方法、二つめは欽差大臣を派遣して審理させる方法、三つめは刑部で審理する方法である。

嘉慶帝が親政を開始した直後、彼は乾隆帝と異なるやり方を採用し、「軽々しく在京の大臣を現地に派遣して審問させることを認めず、ただちにもとの省の督撫に引き渡し現地で取り調べさせ」、欽差された「自制心を欠いた者」による賄賂の要求や、経費の不正使用を回避しようとした。ところが嘉慶五年になると、「各地の督撫たちに委任した案件については、おおむね調査の結果誣告であったとの報告ひとつで責をふさいで」おり、「このことは督撫たちが部下を庇い立てしているのでなければ、事を軽くすませようと考えているために違いない。よって審理した事件の内容についても、全面的には信用できぬ」ことが判明したため、欽差を幾度も派遣して事件を審理する必要が生じたのである。(42)

地方の督撫に引き渡された案件については、担当機関を決定する際、官僚同士が相互に庇いあわぬよう回避の原則が充分に考慮された。一般的に、もし原告が越訴して、いまだ省における審理を経ていない場合には、その省の官員に差し戻して審理させた。もしすでに巡撫の審理を経ていれば、総督の審理に回し、逆もまた然りであった。もし最初に審理した督撫が離任していた場合には、後任の者に引き継いで審理させた。このほか、京控案件が漕運の業務に関わるものであれば、河道総督のもとで審理することもあった。(43)

嘉慶初年には、白蓮教徒の反乱などが原因で、河南、陝西、四川など各省の督撫は、常に作戦指揮などの軍務に忙殺されていた。そのため皇帝は、京控案件をゆだねるにあたって、布政使あるいは按察使が審理するよう直接指名することがあった。たとえば、嘉慶四年五月の、陝西の民人の慕天清による京控について、これを受理した歩軍統領衙門は、陝西巡撫の永保に審理させるよう奏請したが、皇帝は「永保は現在兵をひきいて匪賊を討伐しており、この事件を処理する暇がない」ため、陝西布政使の馬慧裕を指名して審理させた。(44)ただし、白蓮教徒の乱の平定後、藩、臬二司の官員を直接指名して事件を審理させる事例は大幅に減少している。

皇帝の特旨にて下された京控案件について、督撫が自ら審理にあたることはまれであり、藩、臬二司が筆頭の府県と合同で、あるいはそれ以外の委員に引き渡して審理するのが通例であった。嘉慶一〇年の、安徽寿州の民人の劉栄光による京控は、寿州の武挙の張大勛の家族が三名を毒殺した事件に関わっていたため、皇帝は特に両江総督の鉄保に自らこの件を審理するよう命じた。ところが鉄保はこれを江寧藩司に委ね、さらに江蘇臬司と蘇州知府、長洲知県らと共同で処理させたため、鉄保本人は、結局この事件の審理に一切関わらなかった(45)。督撫が事件の審理を部下に次々と順送りする、という状況に対処するため、嘉慶一一年に至り、皇帝は勅令を発し、奏交と咨交の案件を分別して処理させることとした。奏交案件については、「一旦皇帝の命を受けたものは、担当の督撫に引き渡して審理させ、欽差大臣の場合と異なることのないように」させ、咨交案件については、「担当の督撫がしらべて刑罰案件、財政案件だと明らかになった場合でも、また両司に仕事を分担させ期限内に結審させることだけを許し、さらに他の部下に委託してはならない(46)」としたのである。以後、この勅令に照らして、奏交案件は督撫を指定して自ら審理させ、咨交案件は督撫が事件の内容に基づいて藩、臬二司にゆだねて審理させることとなった。

嘉慶朝においても、常に欽差大臣が派遣されて京控案件の審理にあたった。「欽差大臣が京控案件を審理するのは、本来、外省における訴訟の審理が公平性を保つことが難しく、小民が冤罪に苦しむことを恐れるためであり、そのため特別に大官を派遣して現地に赴き裁判をさせ(47)」たのである。欽差大臣の派遣は、一件ごとに一度というものではなかった。一般的に、赴任途中で案件を処理し、あるいは現地にとどまって引き続き新たな案件を審理する、という場合が非常に多かったためである。たとえば、嘉慶一二年に、周廷棟と広興が欽差大臣として山東で京控案件を審理した際、当時の山東における京控案件の多くが彼らにゆだねられ、結局彼らが処理した案件の数は合計一三件にまで達した(48)。実際、京控案件の急速な増加に対して事あるごとにいちいち欽差を派遣していては、労力の面でも資金の面でも、とても追いつけるものではなかったのである。嘉慶一四年、皇帝が「近年、京控案件がいよいよ多くなったため、……もし全部の事件ごとに官員を現地に派遣していては、あまりにも煩雑すぎる。なおかつ、みやこと外省はどちらも大事であり、中央官庁においてもやはり仕事をする人材は必要であり、多くの者を閑職のまま遊ばせておいては不都合である」と述べ、督撫が「すでに朕の特旨によって派遣されたのだから、欽差大臣と同じように」、公正に事件を審理するよう再度強調したのは、そのためであった。[49]

ところが、派遣された欽差大臣が、必ずしも皇帝の期待通りに公正無私だったわけではない。嘉慶一二年前後から山東の京控があまりに多くなったため、皇帝は広興らを欽差大臣に任じ、山東に特派して審理させた。ところが「法を捻じ曲げ貪欲であり、欲望をほしいままにして度を超えた」広興は、李瀚の分家の事件を審理した際、白銀八万両にも達する高額の賄賂を要求するなどしたため、[50]ついにその他の事件と合わせ、極刑に処されてしまった。欽差が賄賂を貪っただけでなく、地方の官吏も欽差を名目として「派遣費用を余分に徴収した」ため、嘉慶帝は、「見るがよい、外省の官吏が嬉々として欽差を名目に不正経費を取り立てる場所と見做し、口では人を利するためといいながら実際には私腹を肥やし、とうとう汚職官吏が金銭を求める巧妙な手段と化してしまった、この有様を！[51]」と嘆いた。本来、無実を晴らすためであったはずの欽差の派遣は、かえって地方に害をなす結果となったのである。

京控案件が、もし地方の官吏に関わる場合には、皇帝は審理に回す際、事件に関係する地方の官員をあらかじめ解任しておいて尋問に便宜を図り、結果として無罪であった場合には原職に復帰させるのが通例であった。嘉慶四年一二月、湖南巴陵県の民人の譚学教が上京して、知府と知県とが漕糧を余分に徴収していると告訴した。皇帝は湖南布政使の通恩に対し、知府と知県をあらかじめ解任しておき、しかる後に自ら事件を審理するよう命じた。[52]嘉慶朝において奏交された京控案件のうち、地方の官員に関わるものは、いずれも事実に基づいていたため、あらかじめ解任される場合が多かったのである。

皇帝が、事件の内容が重大であると判断した場合、あるいは疑わしい点が多いと判断した場合には、刑部に審理させることもあった。たとえば、嘉慶一四年五月、山東即墨県の武生の李泰清が、胞侄の李毓昌が淮安府山陽県で取り調べ中に中毒死した、と訴えたが、皇帝はこの事件には「疑惑が非常に多い」と判断し、証人を北京に護送して刑部でこの事件を審理するよう決定した。[53]

一般的な京控案件のほか、叩閽案件についても、軍機大臣があらかじめ口頭で尋問し、さらに刑部（行在刑部を含む）と合同で審理するのが通例であった。もし地方に差し戻して審理する必要がないと判断された場合には、軍機大臣がやはり刑部とともに、律例を参照して罪状を定め、最終的に皇帝の決裁を奏請した。

(三) 京控の結審

「各省に引き渡して審理させる事件は非常に多いが、結審を報告するものは非常に少ない」[54]、これは実際の京控における厄介な問題の一つであった。嘉慶一二年、皇帝は給事中の上奏を踏まえ、奏交案件と咨交案件の審理の期限を明確に打ち出した。

奏交の案件は、犯人らを全員召喚した日から起算して、四か月を期限とする。咨交の案件は、なお旧例に照らして、咨文を受け取った日から起算して、やはり四か月を期限とする。その期限内に結審するのが困難な事情がある場合には、奏交案件は軍機処に報告し、咨交案件は命令を受けた衙門に報告し、結審したのち、期限を超過した月日を吏部に報告せよ。特に理由もなく遅延し、期限を越えることが一か月未満であれば、担当の督撫に罰俸三か月の処分を加えよ。一か月以上は罰俸一年、三か月以上は一級を降格のうえ転任させ、半年以上の場合は革職せよ。[55]

ただし、このように規定しても、実際にこれを徹底させることはきわめて困難であった。嘉慶一六年七月、都察院は、期限を越えてもなお結審しない各省の咨交案件について上奏し、そのうち「期限を越えても決着せず、あるいは延長期間を越えてもなお結審していないもの」は、山東省では嘉慶一二年から起算して七六件に、直隷では同一三年から二七件に達したと報じた。皇帝は諭旨において「外省は仕事を怠ることが長年の習慣と化し、いずれも悔い改めず、誰もがこれを当然のことと見做し、故意に仕事を放置している」[56]と断じた。

結審した案件についても、その多くが「原告が虚偽の申し立てをした」[57]との理由で「誣告として結審する」[58]とされた。当然ながら、その中には明白な誣告の案件も存在したが、それでもいくつかの案件についてはなお不明瞭であった。嘉慶一〇年、直隷建昌県の民人の孟于氏が上京し、建昌知県が「賄賂を受け取って懐に入れ、非道にも人命を奪った」と上訴したが、この事件を審理するよう命ぜられた欽差大臣の広興は建昌県に二度赴き、「調査の結果、この訴えはまったくの虚偽である」と断じた。[59]これに対し皇帝は、広興に二度寄信を与え、提出された事件の報告書に手抜かりが多いことを指摘し、いいかげんに結論を出さぬよう譴責を加えた。後に広興は三度目の審理で以前の判決を覆して建昌知県を有罪とし、この事件の真相はようやく明白となった。[60]この事件は欽差による審理案件だったとはいえ、皇帝の粘り強さがなければ真相究明はまったく不可能であった。

三、京控する側の戦略

京控案件は、都察院や歩軍統領衙門などで訴状が受け取られた後、事件の内容の軽重に応じて奏交、咨交、棄却（嘉慶四年に禁止）いずれかに分別された。京控する者の側からすると、奏交には最も重要な意義があった。[61]結局のところ、皇帝の特旨が発せられれば、それを受けた地方の官員は慎重に対応せねばならないためである。そのため、いかなる手段に訴えれば自分の案件を奏交に持ち込めるのか、ということは、実際きわめて重大な意味を持っていたのである。

都察院などの衙門による奏交、咨交の区分は、主に事件の内容によって決められた。さきに述べたごとく、殺人事件は必ず奏交とされ、その他の奏交案件の内容は、その多くが官吏の貪贓枉法、重徴勒収などであった。そのため、京控の訴状の中には往々にして牽告、誣告の内容が盛り込まれたが、その目的は、お上の注目を惹いて奏交扱いにしてもらうことにあった。

（二）訴状に盛り込まれた牽告や誣告

牽告とは、すなわち自分と無関係な事件をも巻き込んで告訴することである。たとえば、嘉慶一六年三月、羅牛氏が叩閽し、兄弟が彼女の夫を謀殺したと告訴した。彼女はそこでこう述べた。「私が訴状の中で告訴した王鎮剛が黄氏の夫を殺害した事件につきましても、やはりいまだ罪に問われるどころか、反対に黄氏が収監されてしまっております。この事件は本来私と関係はございませんが、私が黄氏とともに四川の監獄の中におりました時に、彼女の話を聞くことができましたので、ここにあわせて牽告した次第でございます(62)」。

官の側から言えば、牽告の内容の方をかえって重視せねばならない場合もあった。嘉慶一六年一〇月、直隷滄州の民人の王大有は、歩軍統領衙門に対し、張自明が「彼の父の王其祥を殴打して殺害し、買収して替え玉を仕立て上げた」事件と同時に、「かしらの彭姓らの塩店が湖北の三帮の糧船に塩一八〇〇〇担あまりを密売した」事件についても上訴した。皇帝は直隷総督と長芦塩政にこの事件を担当するよう命じるとともに、漕運総督に寄信を発して「糧船が私塩を密輸した」事実の有無につき調査を命じた(63)。

誣告とは、すなわち事実を顚倒することである。嘉慶一三年、河間県の生員の夏文典は都察院に対し、知県が「勝手次第に使役して略奪し、上申書を捏造して罪に陥れた」と告訴した。軍機大臣の調査により、この事件はならず者が「民衆を糾合して役人に抵抗し、差役に暴行した(64)」ものと判明したが、後に欽差大臣が尋問した際に夏文典はこう弁解した。「いずれの事実も私自身が現場で目撃したわけではなく、私の父兄がたちまち連行され、詳しい事情を尋ねる時間がなく、そこでとうとう上京して訴え出たのでございます」(65)。

中には他人を欺く目的で誣告する者もいた。嘉慶八年七月、山東荷沢県の捐職従九品の武勇靖が、歩軍統領衙門に対して上訴した。その内容は、江寧布政使の康基田が、前任の江南総河在任中に銀両を送るよう迫ったというものであったが、両江総督の陳大文による審理を経た結果、武勇靖の「訴えの内容はまったくのでたらめ」(66)であることが明らかとなり、誣告の罪により例に照らして黒龍江に流された。嘉慶二五年、武勇靖は赦免されて舞い戻り、名を「武泳清」と改め、再び上京して誣告し他人を欺いた。しかもその相手に向かって「俺様にとって黒龍江は故郷も同然なのだから、誣告の罪で反坐するなぞ平気の平左だ」と豪語したのである。これには皇帝も「こやつの狡猾でしぶとくやりたい放題なことときたら、まったく常識外れというほかはない」(67)と驚きあきれた。

(二) 証拠文書や物証の添付

嘉慶四年六月、四川納溪県民の丁克玉が都察院に至り、知県の劉人龍が「人夫の賃金を苛酷に取り立て、借り上げた租税を横領し害虫のごとき小役人が人を殺した」事件について、「いずれも証拠とすべき証明書や帳簿がございます」と訴え出た。そのため皇帝は「控訴の内容はまったくの事実無根というわけではないので、必ず厳重に取り調べを行うように」と命じたが、同時に疑念も抱いた。「ましてや丁克玉は役所の胥吏や差役でもないのに、どうして県の衙門で捺印した臨時税の収支台帳が、この男の手に入ったというのか。これはこの県の政治が万事弛緩しきっている証拠であり、胥吏の弊害を、この事件からも見て取ることができる」(68)。すなわち、原告が証拠となる文書を携行していたため、事件の内容と地方の政治情勢につき、皇帝は迅速に自らの判断を下すことができたのである。嘉慶四年一〇月、河南信陽州の人の胡重三が、州の差役、家人、書吏らが銭糧を減免する諭旨が発せられたことを隠し、勝手に税を取り立てた、との訴えを携えて上京した。彼は歩軍統領衙門に逮捕され、訴状の文面とともに、証拠となる告示や串票などが発見された(69)。嘉慶一七年四月には、江都県の生員の陳兆厳が都察院に京控し、原審の案巻の写しを提出した(70)。

嘉慶八年、雲南の民人の張鼎が叩閽して訴状を差し出し、地方の郷約、塩書、秤手らが、塩の中に砂や土を混入して重量を水増ししていると訴えた。張鼎はさらに、現地の塩の見本を持参して、軍機大臣と刑部の官員たちに提出した(71)。

(三) 訴状の封印

嘉慶四年六月、広く言路を開くため嘉慶帝が定めた規定の中に、もし上奏者自らが封印した奏章があれば、軍機大臣や各部院の官員たちは、「必ずただちに封印したまま皇帝の御覧に差し出し、個人的に中身を見てはならない(72)」というものがある。ただし、嘉慶四年一一月に至り、候補捐納の微員や平民に至るまでがしきりに奏章を提出し、しかも内容が常に「おおやけの事柄にまるで裨益する所がない」ため、旨を下して「むやみに封奏してはならない」と命じたが、平民の封章奏事を全面的に禁じることはできなかった(73)。

しかも、こうした不備を逆手にとる者も存在した。「訴状を封印」して、皇帝の御前に直送しようとしたのである。嘉慶一七年一一月、安徽の民人の夏松が息子の夏以粹を派遣して、訴状を封印して都察院に提出した。都察院はあえて開封せず、そのまま奏上した。皇帝は「制度を悪用して衙門に届けあえて内容を確認させないよう」にするこうした行為に激怒し、安徽巡撫に対して、結審した際、たとえ訴えが事実であろうと原告に対しても律を按じて罪に問い、もし虚偽であれば二倍の量刑を加えよと命じた(74)。このことが起こって二日目(一一月初三日)、嘉慶帝は刑部に取り調べを命じ、条例を定めて「訴状を封印」する行為を厳禁した。この種の行為は、「これを道の傍らで叩閽し、儀仗に衝突する者と比較すれば、そのやり口は最も憎むべき」なるがためである。その後、刑部は新例の規定を以下のように定めた。「訴状を封印」する場合には、必ずその要旨を提出させ、「もし書かれた要旨と訴状の原文の内容が一致し、しかも口頭での申し立てが事実であった事件については、儀仗に衝突してみだりに直訴を行うの例に照らして一等を加え、辺遠充軍とせよ」。もし虚偽であれば、相当する罪を二倍に加算して処罰せよ。そしてもし「訴えの要旨の提出を拒んだ場合には、即座に棄却せよ」[75]。しかしながら、一二月二〇日に至り、皇帝は「要旨を書いて提出」させることを不当とし、新例の中からその条項を削除させた。それとは別に、民人が封印した奏章を提出した場合、まず刑部に送って押収し、事件の内容の軽重を調べた上で、新例に照らして処罰することとした[76]。「要旨を書いて提出」させる条項は、その制定から廃止までごく短時間であったにもかかわらず、京控する者はこの新たな規定をいち早く察知した。この条項が廃止されたまさにその日、山東の民人の韓万全が提出した封奏には、きちんと「要旨を書いて提出」されていたのである。皇帝はこれを大いに怪しみ、刑部に事実関係の調査を命じた[77]。

（四）老幼婦女による告訴

伝統中国の法律では、老人、幼児、身障者、病人、婦女および工匠、楽戸などの人々に対して実刑の代わりに罰金刑を課すことで、「老人を憫れみ幼児を恤れみ、身障者を矜れみ、婦女を寛大に待遇して労役刑に替える」[78]という基本原則を体現した。法律では、こうした人々の訴訟への関与に対する制限が定められてはいたが、実際には、これを禁絶することはできなかった[79]。そのため、こうした優遇措置が、時に京控の中において乱用されるに至ったのである。

嘉慶五年、江西の民人の黄学万が歩軍統領衙門に対して、彼の父兄が無実の罪で県の獄中で死亡したと訴え、両江総督の費淳がこの事件の審理を担当した。皇帝は上諭の中で特別に、「現在、控訴してきた黄学万は年齢がわずか一四歳であるが、彼の父と彼の兄は両者ともに獄死したため、本省において無実を晴らすことができず、彼の母の命に従ってみやこに控訴しに来たものであってみれば、きっと冤罪とすべき理由があるはずで、決して誣告ではあるまい[80]」と説き及んだ。嘉慶一〇年、洪明宜が盛京で叩閽した際、自分の年齢を八〇歳と供述した[81]。これは律例に定められた罰金刑に充てるべき「老人」の年齢に符合している。

嘉慶一五年、山東の民婦の張楊氏が路上で叩閽し、獄死した我が子の死因が不明であると訴えた。これ以前に、張楊氏はすでに三度も歩軍統領衙門に京控しており、いずれも山東省に差し回され、「みだりに訴えるの律に照らして処罰」されていたものの、婦女であったため罰金刑で済まされた。こうした行為を制限するため、皇帝は「今後、もし婦女が叩閽し審理の結果誣告であることが判明した場合には」、罰金刑を認めず相応の罪状にて処罰するよう命じ、女性の立場を利用して控訴を繰り返すことを禁じ、これは例として定められた[82]。ただし、この規定はただ叩閽する者だけを対象としたため、都察院などの衙門に赴いて京控した婦女は、依然として旧例に従い罰金刑とされた。

(五) 叩閽

「叩閽」とは、皇帝に向かって直接陳述することである。叩閽する者は、無実を訴える以外に、報償を求めて上書し叩閽する場合もあった[83]。一般的な都察院などの衙門における「京控」と異なり、叩閽による告訴は、事件の内容の真偽を問わず、いずれも儀仗に衝突するの例に照らして処罰された[84]。

乾隆帝と比べて、嘉慶帝は地方の巡視に出ることが非常に少なかったため、嘉慶朝における叩閽はそれほど多くない。だが、叩閽しさえすれば、その後は、人命に関わる重大事件であろうと、戸婚田土などの些細な案件であろうと、その多くが軍機大臣の尋問を経て、刑部か督撫かいずれかの審理に回された[85]。機会がありさえすれば、多くの人々が結果を省みず叩閽に走ったのは、そのためであった。嘉慶一〇年、皇帝が陪都に巡幸した際、「山海関外の行幸路が通じている地方において、道の傍らで叩閽告訴する者は非常に多い[86]」有様であった。嘉慶一六年の春、皇帝は西陵に詣で、五台山に巡幸したが、沿道で叩閽する者は一二名にも達した(87)。

清代中期にもっとも多いのは、旗人が叩閽する場合である。これはもとより、旗人と皇帝とは主上と奴才の関係にあり、旗人の叩閽に対する処罰は民人に比べて軽かったためである。嘉慶一四年六月、鑲藍旗満洲の已革の護軍の徳升保は、生活難のために叩閽し、「皇帝陛下へのお目通りを願い、役人の仕事口を求めようと考えた」。軍機大臣の慶桂の尋問を経て、徳升保は「例として杖一〇〇に充て、近辺充軍とせよ」とされたが、旗人であったため、例に照らして枷をはめて鞭打ちに処し、もとの旗に送り返して監視させた(88)。

第三節　京控とその拡大化の原因

清代の京控とその拡大化について、その最大の原因は、やはり制度面における欠陥であり、次いで民衆の訴訟に対する意識であった。人々は「伸冤」の過程にあって、絶えず訴訟に対する意識を強めていき、さらに生員や訟師らの一群が私利の獲得を謀ったことも、京控を拡大化させる重要な要因となった。

一、制度面からの分析

京控が生み出された制度面における原因を評価するにあたっては、近代の憲政社会の原則を尺度として安易に用いるべきではなく、当時の制度そのものを手掛かりとして、清代における政治構造の特徴的な点から分析を進めていかねばならない。

一六四四年における清軍の入関後、中国全土の効率的な統治を実現すべく、清朝政府は明代の制度と法律の多くを継承した。しかしながら、順治、康熙朝における調整、雍正朝における改革、そして乾隆朝での個別の項目にわたる制度的な強化を経て、一八世紀末の嘉慶帝の即位の時に至って、清朝の制度は基本的な部分が完成を遂げ、すでにそれ自身の特徴を備えていたのである。

清朝の政府機構は「在京」と「外省」の二つの部分で構成されていた。北京にある中央政府機構は六部や都察院などの行政、監察、司法機関を持ち、さらに外藩や少数民族に関する事務を管理する理藩院や、宗室を担当する内務府などがあった。地方政府は、東北、西北、モンゴル、チベットを除く全国に一八の行省が設けられ、督撫（封疆の大吏）や藩臬（通省の大員）が、その下には道府（方面の大員）や州県（親民の官）が、それぞれ置かれた。

清朝の皇帝にとって、理想的な政治の構造とは、皇帝を中心とし、中央には「内閣を特設して重要な政務を取り仕切らせ、六卿に職務を分担させてそれぞれに部下を統率[89]」させ、地方では「皇帝は政治の成果を上にあって統括し、その任務を督撫に分担させる。督撫はその成果を上にあって統括し、その任務を州県に分担させる。州県官というのは、民の生活全般を司り、そしてまた民と最も近しい存在である[90]」というものであった。なかんずく督撫は地方の司法、行政、軍事、監察、教化などの権限を一身に集め、地方における秩序の核心であった。康熙一八年七月、皇帝は吏部などの衙門に対し、「大臣が清廉であれば、総督や巡撫もそれを畏れ憚って、あえて法を曲げて私欲に走ることが無くなるであろう。また総督や巡撫が清く正しければ、部下の官吏の節操も自然と潔くなり、一、二の不肖の役人がいたとしても、彼らもまた必ずや心を入れ替え考えを改め、あえて大いに民を害するようなことは無くなるはずだ[91]」と説いた。

皇帝の目には、「各省に設立した督撫、司、道、府、州県などの官が、民間の訴訟において、期待通りに公平な裁判を行い、情理に従って判決を下しさえすれば、どうして一足飛びにみやこに来て、あえて控訴するに至るであろうか？」[92]と映った。そのため、もし京控する者がいるとすれば、それは事実において、地方の行政と司法の重要な部分に問題が発生し、そのことが京控の導因となった、ということを意味したのである。

(二)　御史巡按の停止──京控の濫觴

「京控」とは、上訴の体系を構成する一要素であるが、伝統中国において行政長官は同時に司法長官でもあったため、上訴は、官員の審判に対する不満の表明のみならず、同時にその行政能力に対する疑問を突き付けることをも意味した。嘉慶帝は京控を「広く言路を開く」ための措置の一つと位置付け、下情を汲み取ろうとしたが、実際の目的は、京控を通じて地方の官吏を監察することにあった、とも説明できる。嘉慶六年の山東巡撫の和寧と、嘉慶七年の江西巡撫の張誠基[93]の両者は、京控の案件により処分されたが、これはいずれも、京控を通じて地方の大員を監督した実例である。清代の同治、光緒年間に起こった「楊乃武事件」は、最終的に京控を通じて逆転無罪となったが、その原因の一つは、太平天国の後、清朝の中央政府が、京控を通じて地方の督撫の統制を強化しよう目論んだためであった。[94]

清朝初年に確立した督撫の制度とともに、明代の巡按制度も引き継がれた。ところが、督撫と巡按の職権がぶつかり合ったため、満漢の官僚の間で、御史巡按の停止をめぐる論争が続いた。さらに、清初には一部の巡按御史の汚職や法令違反により、その名声は地に落ちていた。[95]そのため順治一八年五月に至り、突然の停止と議論を経て、遂に御史巡按の停止が決定された。[96]

御史の権限が制限されただけでなく、雍正元年にはまた、「詔を発して六科を都察院に直属させ、都御史による審査を許可」[97]し、これにより「都察院と六科とを合せて一まとめに」[98]した。清朝の統治者から見て、「明朝の国事は、ことごとく言官によってぶち壊しにされてしまった」(99)ためである。嘉慶七年、給事中の陳昌斉が上奏し、こう述べた。「各省の督撫はみな監察を受けることのない存在であるため、その行為が独断に傾くことを免れ難い。よって学政に対し監察権を持たせ、督撫に滞りやごまかしなどの弊害があった場合には、随時報告させるようお願い申し上げます」。嘉慶帝はこれに対し厳しく叱責を加え、学政が「督撫を監察することは、本来朝廷の制度には無いことである。明代に設置された巡按などは、有名無実の最たるものであった」、もし学政にこの権限を与えれば、「督撫の外にさらに巡按を添えることになってしまうではないか！」(100)と反駁した。

嘉慶帝は明代の巡按御史を「有名無実」と断じたが、これは幾分偏見を交えた見方であろう。明代の巡按は「皇帝の代理として地方を巡視」し、その職務には「囚人を調査して記録」し、「文書や書物を選んで出版」し、「政治全般を監察」することなどが含まれ、さらに人物の推挙や地方官員の処罰の権限を有するなど(101)、その責任は重大であり、決して「有名無実」ではなかったのである。明代には、府州県で解決できない事件は、必ず上訴して巡按のもとに持ち込まれた。さらに、巡按は毎年交代するほか、巡倉、巡漕、巡江などの巡按御史もおり、彼らもやはり民間の訴訟を受理したため、巡按御史は事実上、定期的に派遣される欽差大臣の役割を果たしていたのである。

清初には、督撫の権限を強化するために御史巡按を停止してしまった。ただし、封疆の大吏である督撫と巡按御史の間には身分の違いがあるため、「巡按は行ってもよいが、督撫が行うには不都合なことが存在(102)」した。御史巡按を停止した後、中央の地方に対する監察能力は弱まり、のみならず、本来巡按が地方で解決すべき一部の訴訟案件が中央に回され、中央政府の負担が増したのである。清代中期における未決案件の急増や、督撫が部下の不正を庇う傾向の出現は、御史巡按の停止と密接に関係しており、これら一連の問題こそが、京控が激増した主要な原因の一つであることは明白である。

(二) 督撫の無力——積案の処理に関して

積案の問題は、京控を生み出し、その拡大化を招いた重要な原因である。積案の中には、督撫、藩臬、府州県や、その他の専門職担当の衙門が抱えているもの、さらには京控によって奏交、咨交されたものに至るまでが含まれる。

嘉慶四年からというもの、皇帝は絶えず文書を発し、封疆の大吏が州県に命じて期限内に案件を結審させるよう指示し、(103) 各地の積案を減少させようと努力したが、その効果は限られていた。嘉慶一二年二月、江西巡撫の金光悌の奏報によれば、江西巡撫、藩臬および塩糧などの各巡道の未決案件は、一六〇〇件あまりに達していた。このような状況を招いた原因とその影響についての総括の中で、皇帝はこう述べた。

そもそも外省の気風たるや、督撫たちは贅沢をして安逸をむさぼり、部下を統率して勤勉に仕事をしようなどとは思いもしない。着任した当初は、誰もが積案を片付けると口にはするものの、在任して時が経つにつれ、やはりまたもや悪習に染まり、お互い同士で悪事をまねるようになってしまう。いわゆる机上の空論であって、いったい何の役に立つというのか？　その結果部下たちもまるで遠慮が無くなってしまい、勝手に仕事を疎かにし、地方の事件のことなど全く意に介さず、案件は山積みのまま放置され、訴訟が頻発するのである。小民たちは抑圧されて冤屈を晴らすことができぬため、告発はいよいよ熾烈となり、そのためみやこに赴いて京控するのである。(104)

要するに積案の原因は、督撫が「部下を統率して勤勉に仕事を」しないことにあり、その影響の一つが、小民が上京して控訴することなのであった。

絶えず増加する京控を減らすため、嘉慶帝は金光悌の上奏を契機に、各省の督撫に対して積案の悉皆調査を命じた。

とりわけ、新任の督撫が仕事に就く際には、真っ先にその省の積案を詳しく調査するよう求め、法を設けて事件を処理し、事実に基づき上奏させたのである[105]。この後、各省の督撫は積案の状況につき続々と報告を開始した。嘉慶一二年、直隷総督の温承恵は、総督衙門における「自理詞訟の未決案件は五七件」、藩司、臬司の両衙門における自理詞訟の「未決案件は両者を合計すると二百数十件に至る」と報告し、一二年六月、福建巡撫の張師誠は、巡撫衙門における未結の訴訟が「二九七七件もの多数」にのぼる、と報告した[106]。これはまさしく、各地の積案の状況がきわめて深刻であったことを物語っており、そのため、嘉慶一二年に、江蘇巡撫の汪日章が、本省の藩臬の各衙門における未決の案件はいずれも一〇〇件ほどにすぎない、と報告した際、皇帝はかえって、江蘇省の官員が「過少に申告して処分を免れようと企図」しているのではないかと疑い、上諭の中でこう警告した。「今後もし調査によって別の案件が出てきたら、お前たちの受ける処罰はもっと重いものとなるぞ！」[107]。

しかし、積案を精査すれば、その事が前任の督撫や藩臬に及ぶことは必然であり、常に官界に連鎖反応を引き起こさずには済まなかった。たとえば、金光悌が江西の積案を調査した際、前任の江西巡撫の秦承恩が、それにより「革職留任」の処分を受けることとなった[108]。その時、秦承恩は刑部尚書であったが、彼こそは、金光悌が巡撫に転任する直前まで直属の上司だった人物なのである。嘉慶一二年、張師誠が福建の積案を精査した結果、前任の巡撫であった汪志伊（この時は湖広総督）、李殿図、温承恵（この時は直隷総督）の三人が揃って処分を受けた[109]。直隷総督の温承恵が積案を精査した時には、原任の直隷臬司にして新任の山東藩司であった護山東巡撫の楊志信が革職留任とされたが[110]、その温承恵自身も、かつて福建巡撫を務めていた七ヶ月間に、積案が三〇〇件あまりに達したため処分された人物だったのである。皇帝は温承恵に対し、「いわゆる人を厳しく非難するのに、自分に対しては大甘というやつだ。朕の見るところ所詮は同じ穴のむじなに過ぎぬ[111]」と皮肉った。嘉慶一三年、新任の河南巡撫の清安泰が河南の積案の調査状況を上奏したところ、現任の藩司の斉布森が任期内に抱え込んだ積案が一一七件に達していたため、「愚鈍にして無能である（闒茸）」との理由で降調入京とされた。[112] ところが同年、新任の浙江巡撫の阮元は、浙江における未決案件の状況を報告し、前任の浙江巡撫であった清安泰が、その任期内において「訴訟案件のうち処理すべきものとして関係部署に配付しながら結審していないものが三二一件」あったため、清安泰をはじめとする官員たちは処分された。[113]

積案の精査は、数多くの部院の大臣、封疆の大吏、通省の大員らを巻き添えにした。さすがに皇帝自身も、もし全員を規則に照らして厳重に処罰したとすれば、大員の「人事異動で人が足りなくなる」結果に陥ると気づいていた。そのため、ただ「しばらくの間はこれが外省で長らく行われてきた悪習であることを考慮し」、恩典を加えて降級留任や革職留任に止めたのである。[114]

積案に対する精査を行う目的は、ただ単に積案の数を列挙するのみならず、当然ながら、それらの積案を解決することにあった。ただし、事実が証明している通り、積案の解決は「口で言うのは簡単だが、実行するのは困難」[115]であった。嘉慶一二年、江西巡撫の金光悌が積案の調査について行った上奏において、省城に「総局」を設立して積案を精査するよう提案し、皇帝も上諭の中で、金光悌の建議に対する同意を示した。ところがそれから一ヶ月後、御史の鄒家燮が上奏し、「外省の民間における控訴案件は、すべてを督撫などの大官が地方官に命じて随時速やかに審理を行う」べきであり、もし州県の積案を総局の審理に委ねてしまえば「道路の遠近も一定ではなく、頻繁にやり取りせねばならず、結果として業務が煩雑になるであろう。しかもそれぞれの事件ごとの原告や被告や証人など、関係者が多数にのぼるため、訴訟関係者の手当や食糧の支給、および彼らの審理待ち時間で、またさらなる困難をきたすこととなろう」と反対を表明した。この奏議に対して賛同の意を示した皇帝は、各省の積案の処理は「ひたすら督撫たちの努力如何にこそ関わっている」のであって、「必ずしも別に総局の名目で、弊害を生み出すもとを作るべきではない」[116]と述べ、金光悌の提案を否定したのである。皇帝はなおも、既存の政治体制の枠内において、積案の処理という仕事を、督撫、藩臬など地方の大員たちに託すことを望んでいたのである。

嘉慶朝一代を通じて、積案の問題は根本的には解決できぬままであった。たしかに少数の督撫や藩臬の努力により、良い結果が生み出されることもあったが、それでもこうした督撫や藩臬の個人的な努力に頼ったやり方が長続きしないのは当然で、在任期間が長引いたり転任したりすれば、それに伴って状況の変化がいつでも起こり得た。嘉慶一二年五月、吉綸は京控の大省である山東省の巡撫に着任すると、嘉慶一三年正月までに、彼が「自ら取り調べあるいは部下に担当させて結審した積案は七〇〇件あまり」に達し、山東省を「控案寥寥」たらしめた[117]。ところが、この状況はやはり長続きせず、山東巡撫に奏交された京控案件は相も変わらず各省の中で最多であったため、山東巡撫を評して「みやこで肩代わりせねばならない山東省の案件のおかげで、毎日息つく暇もなくさせられている」[118]と皇帝に言わしめるに至った。

嘉慶二〇年、和舜武は山東布政使の任に就き、山東臬司の程国仁と共同で積案を処理した。彼らは嘉慶二一年正月までに、咨交されたまま積み上げられていた一一七件の京控案件をすべて結審させ、それまで京控が最多であった山東省の状況は一変した[119]。しかし、嘉慶二一年九月に程国仁が甘粛布政使に転出し、二二年七月に今度は和舜武が山西巡撫に昇進した。彼らが離任してほどなく、山東の積案と京控の状況は再び急変した。嘉慶二三年四月、山東臬司の温承恵が、「未決の案件が四〇〇〇件あまりある」と報じたのである。嘉慶帝は河南巡撫に就任して二ヶ月足らずの和舜武を山東巡撫に異動させ、いま一度、彼の個人的な努力によって山東の状況を好転させるよう期待したのであった。

着任後、和舜武はただちに積案を片付けるための措置を採った。そのやり方は、事件の性質に応じて分類し、関連部門に引き渡して自ら審理させ、期限を切って結審させるというものであった。たとえば租税に関連する案件であれば藩司が、人命に関わる案件であればもっぱら臬司が担当し、「その両方に関わる事件については、巡撫自らが担当して取り調べ」た。同時に、州県は「抵抗して出頭に応じない」犯人や証人がいれば、「ただちに指名手配して厳罰を加えよ」[120]と定めた。和舜武のやり方は短期間のうちに目覚ましい成果を挙げ、二ヶ月経たぬうちに、山東は再び「控案寂然」[121]となった。

和舜武が山東で挙げた成果は、嘉慶帝にさらなる確信を抱かせた。「訴訟を無くす道は、地方の大小の官吏たちが政治と裁判を勤勉に行うことにこそ存在する。もし机上に溜まった公文書が無く、理非曲直が明白であれば、必ずや政治と裁判は公正に行われ、上訴の風潮は禁止せずとも自然と消滅するであろう」[122]。ところが、この状況もやはり長続きしなかった、嘉慶二四年四月、和舜武が山東巡撫在任中に病死すると、山東の積案と京控はまたしても元通りになってしまったのである[123]。和舜武の事例は、一部の督撫、藩臬の個人的な努力に依存しているだけでは、積案の状況を根本的に解決することが不可能である、という事実を証明している。嘉慶帝もこの点については意識していたようであり、嘉慶後半期の諭旨の中において、幾度も「焦唇敝舌」の言葉を使い、自分はこれまで口を酸っぱくして、群臣たちが因循姑息に陥らぬよう戒告してきたにもかかわらず、「臣下の者どもが未だに誰も朕の意図を理解せず、依然として各々が怠惰な気持ちで、悠々と日を過ごしているのは、まことにもって不可解千万である」[124]と説いている。事実上、積案問題の解決を督撫に頼ることは無理だったのである。

嘉慶一七年、山東巡撫の同興はこう上奏した。訴訟が頻発する上、その多くが京控案件である。にもかかわらず、担当者が首府（済南府知府）と首庁（済南府同知）のたった二人しかいない。これでは精査して審理するなど困難であり、そこで兗州府知府と武定府知府を四ヶ月間済南に呼び寄せ、案件を審理させるよう決定した、と。嘉慶帝はこのやり方を批判し、こう指摘した。

山東省における未決の案件は、すべて山東巡撫および臬司が自ら調査と審理にあたるべき事柄である。もし案件が多すぎる場合でも、ただ省会、府庁、州県に委託して合同で審理をすればよいはずで、どうして現職にある知府を、みだりに省に出向させて仕事をさせる必要があろうか？　府にはそれぞれ本来の任務と所属の州県があり、なすべき仕事は決して少なくない。一旦省に出向させてしまえば、彼らが本来担当すべき事件を、今度は一体誰に任せればよいというのか？　物事の勢いとして必ず仕事が遅れて山積みとなり、日々万事が疎かになりゆくであろう。省の首府では古くからの事件が未だに解決されぬままで、しかも外府でも新たな事件がすでに滞っているため、……近頃ではいずれの直省もみな積案を抱えている。もし同興が上奏した通り、現任の知府が省に出向して審理し、本職を疎かにしては、政治が体を成さなくなってしまうではないか！(125)

皇帝は同興の措置を否定こそしたが、彼の述べたことがまさしく実情であることをも考慮し、このような方法を提案した。

山東省の候補官員の中には、才能があって実務に通じた者に事欠かないのだから、同興は未だ実際の職務を得ていない人員のうちから委員を選抜して審理を担当させ、さらに臬司と合同で自ら監督にあたれば、どうして積案が順次片付かないことを思い悩む必要があろうか？(126)

すなわち皇帝は、候補官員にも京控案件の審理を任せてよい、という方針を打ち出したのである。このことは実際上、京控の審理にとって大きな転換点となった。嘉慶二五年に至り、巡撫の銭臻の奏請を経て、山東では京控案件を専門に審理する「専局」が設立され、局務は臬司を責任者とし、局員は候補道府や承倅州県の中から選ばれたが、現任の人員を調用することはできなかった。[127]「専局」の成立は、事実上、既存の督撫体制の外部に、京控案件を専門に処理する機関ができたことを意味する。山東における専局の成立は、督撫に積案（京控案件を含む）を解決させるという嘉慶帝の政策が行き詰ったことを、明白に示したのである。

二、民衆の好訟意識

「好訟の風」については、宋代以来の諸文献の中に絶えず記録され続け、明清時代には多くの地方が訴訟を好むことによって知られるようになった。[128]清代の嘉慶年間における民衆が、なぜこれほどよく訴訟を起こしたのか、とりわけ、なぜこれほど頻繁に京控に訴えたのか、その原因は以下の三つに帰することができよう。

(一) 吏治の腐敗

嘉慶一二年六月、福建巡撫の張師誠が「福建省の巡撫衙門における未決の訴訟は、二九七七件もの多数にのぼる」と報告した。皇帝は張師誠に対する諭旨の中でこう述べた。

張師誠が指摘する福建省の民衆の気風が狡猾である点については、これまでも強盗殺人事件があれば、思うさま嘘を述べ立て、なおかつ通常の事件であっても、おおげさな言葉で注目を引こうとするのが普通であった。しかも訟師たちは間に立って唆し、事件が結審しないことを儲け口としている。いわゆる訴状の受理のみを企てて審理を度外視する輩であって、その弊害は実に甚だしい。……また民衆が訴訟を好む気風があるという点についても、もし地方官の政治や裁判が公平であれば、たとえ狡猾極まりない輩であっても、そうした連中を心服させることは困難ではあるまい。張師誠の意見は、最も抜本的な対策に関する議論であり、大変よく要領を得たものである。もし心と力を尽くし、この方針に則って実務に当たれば、どうして積案が一掃され、長きにわたる悪習が改まらないことを憂慮する必要があろうか？(129)

言うまでもなく、張師誠のみならず嘉慶帝までもが、「民衆の気風が狡猾であること」こそ好訟の原因であると見做していた。しかし、彼らはまた、この問題を根本的に解決するための鍵が、地方官の裁判が公正であるか否かに存する、ということも理解していた。嘉慶一二年、都察院は河南の羅山県の范錫爵が控訴した殺人事件につき上奏した。この事件はすでに臬司に控訴すること三回、巡撫に控訴すること三回に及んだが、いずれにおいても「ついに一度も結審することなく」、委託を受けた府州や委員などにおける進捗状況についても、「長い年月を経てもなお厳しく督促しようとはしない」という有様である。その結果はすなわち、「小民らがその都度上訴するにもかかわらず、どこも審理してくれないため、どうしても上京して訴訟を起こさざるを得なくなる」。そこで皇帝は「近頃各省における控訴が頻発しているが、人はただ裁判を悪用する風潮が、民の狡猾さに起因することを知るのみで、本当はまさしく役人の怠惰と無能のためにこうした事態が生じていることを知らないのである(130)」と指摘した。吏治の腐敗と裁判の不公正、そして官吏の怠慢の結果こそが、小民の好訟にほかならないのである。

(二) 生員や監生による干渉

生員(武生を含む)や監生たちは、常日頃から、その特権を利用して訴訟に直接参与していた。生員や監生が訴訟に干渉するのは、自分が所属する集団、あるいは地方の利益を守るためであった。嘉慶六年に起こった金郷冒考事件は、皁吏の子孫が冒考したという些細な理由により、四〇〇名あまりの童生が科挙への参加を拒絶したというものだが、武生の李長清の行った京控が、この事件の方向性を転換させる要因となった(131)。嘉慶一三年、直隷河間県で差役に対する集団暴行事件が発生すると、河間県の生員の夏文典、夏光中らが幾度も都察院に赴いて京控し、事実を捻じ曲げようと試みたが、その目的は、知県が「保甲の長を立てて、差役を均等に割り当てる」ることを阻止するためであった(132)。

(三)　黒幕の後押し——訟師

訟師による訴訟の教唆も、嘉慶朝における京控が激増した重要な原因の一つと考えられていた。嘉慶帝は、訟師と積案あるいは京控との関係について、幾度も言及している。

外省において控訴案件が多発する最大の原因は、訟師が人々を騙して唆すためである。そして地方官もこうした訴えの多くが虚偽であるとわかっているため、速やかに処理しようとはせず、ぐずぐずと先延ばしにしてしまうため、訟師はいよいよもって存分に腕をふるい、この事態を悪用して利益を漁って私腹を肥やし、訴訟の教唆を生計の道と心得て、止まるところを知らない(133)。

このごろ山東省の訟師どもは各地の州県にはびこり、その勢力たるや江蘇省で糧米の運漕を請け負う悪辣な生員や監生らと同等の手腕を持つに至り、大いに訴訟の仲介に精を出して利得をむさぼろうと欲している。民間に訴訟が一件起きるごとに、必ずいち早く当事者の側について謀議をめぐらす。しかもこれらの訟師の心は欲望に染まり、道理の是非や、事が重大であるか否かなどは顧みず、すぐに訴状を代作する。軽微な事柄を重大だと言い立て、ありもせぬ事実をでっちあげる。いわゆる訴状の受理のみを企てて審理を度外視し、ただその場限りで耳目を引くことを狙うけれども、事件の真相の如何については、さしあたり放置して後のはかりごととする。[134]
山東省の訟棍と江蘇の包漕の生監とは、「訴訟の教唆」によって生計を立てていた。この両省における京控の頻発は、これらの集団の活躍と密接に関係していたのである。

しかし、訟師こそが京控を後押ししていると考えられていたとはいえ、一般的な京控案件の中において、原告が訟師の存在に言及することはほとんどなかった。それどころか、多くの京控案件、とりわけ叩閽案件の中において、原告は必ずといっていいほど「私の代わりに意見を提出してくれる者がいないため、私自身が促されて上京して告訴いたしました[135]」などの常套句を用いている。しかし、原告が訟師の存在にほとんど言及しないことは、必ずしも京控の頻発と訟師とが無関係であることの証明にはならない。嘉慶一七年、長芦で塩の計量用の分銅（塩砝）に関する事件が発生し、訟師の魏三（すなわち魏瑞麟）が天津船戸の京控を教唆していたことが明るみに出たが、これにより、訟師と京控の関係を大まかに理解することができる。

魏三は直隷の生員であったが、北京や天津一帯で訟師となり、都察院副都御史の誠安の家人、天津塩運分司の衙役、戸部や都察院の貼書らとの間に人脈を持っていた。彼はまず、天津の船戸の段善慶を煽りたてて、巡漕御史のところへ、塩商が塩の計量用の分銅（塩碼）を余計に重くしたと訴えさせたが、後に段善慶は刑部に身柄を拘束されて取り調べを受けることとなった。すると魏三は弟の段善和を「もしもお前の兄を救い出そうと思うなら、きっとみやこに赴いてもう一度告訴するように」と唆し、さらに彼の訴状を通じて「釈放して帰すことを保証すれば、さらに便宜が得られるだろう[136]」などとも述べさせた。嘉慶一七年一一月、段善慶が上京して控告し、刑部において取り調べを受けた際に、魏三のことについて供述したため、刑部は係官を派遣して、魏三が身を寄せている北京の法興寺から、天津で起こった塩の計量用の分銅に関する事件に対する諭旨の写しなどの証拠文献を押収し、ここに魏三ら、訴訟を教唆していた黒幕の存在が明るみに出たのである。最終的に、魏三は生員の身分を剝奪され、極辺充軍とされた。そして、魏三と関係した生員、書吏、僧侶ら一〇人あまりも、全員厳重な処罰を受けたのである。[137]

原告の供述以外に、訴状の中においても訟師の影を見出すことができる。嘉慶二〇年六月、御史の孫升長は「上京して京控したそれぞれの訴状は、筆跡や語句が、いずれも一人の手になるかのように似通っている」[138]と上奏した。訟師たちは、京控を受理する各衙門の規則を熟知し、奏交と咨交を分つ基準にも通じていたため、訴状を脚色するための筆法においても、互いによく似たところがあったのである。

官府の側は、訟師の行為に打撃を与えようと試みたものの、こうした連中を根絶することはきわめて困難であったことは事実が証明している。訟師は、伝統中国における訴訟制度と政治制度とに深く根ざしており、裏社会の存在でもあったためである。[139]それどころか、訟師の存在がさらに大きな危険を招くことすらあった。嘉慶八年、安徽臬司の珠隆阿が「訟師を逮捕して捜索した」ところ、容疑者の一人である陳接三が、手の指を嚙み破って血書をしたため、人を介して両江総督衙門に無実を訴えた。嘉慶帝は、「珠隆阿の人となりは勇敢であり、それは彼の長所である。ただし地方における事件の扱いについては、細やかな配慮を行き届かせることができておらず、しばしば大局を見誤って、物議を醸してきたため、外任に充てるにははなはだ不向きと判断せざるを得ない」とし、珠隆阿は北京に呼び戻されて、五品京堂に輔用された。[140]珠隆阿は、訟棍を逮捕したがために、かえって失職する破目に陥ってしまったのである。

三、嘉慶帝の個人的な原因

歴代の清朝皇帝の中にあって、仁宗は「最も刑罰に留意し、しばしば自ら裁きを下した」ことで知られる[141]。嘉慶四年正月一五日、数日前に大権を掌握したばかりの嘉慶帝は、刑部侍郎の熊枚を引見し、「刑名の事務について告諭」し、いかにして「律を引用して判決を下す」べきかを建議させ、刑部に対して「律に照らして裁きを下し、法の解釈と運用を一定にする」よう命じた[142]。彼がいかに刑名の事務を重視していたかが知られよう。嘉慶朝の時期に重用された官僚のうち、祖之望、金光悌、韓崶らはいずれも刑部の出身であり、刑名の実務を熟知していた。

嘉慶四年の京控改革以後、都察院などの衙門が奏交した案件が、督撫や欽差大臣に差し回される際、皇帝は常々諭旨の中において、具体的な処理方法に関する意見を表明した。もとよりそれは、部院衙門や軍機処の官員の手になるものであったが、また、皇帝自らの考え方を表すものに他ならなかった。嘉慶一〇年、直隷建昌県の孟于氏の京控案件において、皇帝は三度にわたって、担当の欽差大臣である広興に寄信を発し、事件の扱いにおける欠陥と矛盾点を指摘した。広興がこの事件を精査した後、皇帝は「果たして朕の推し量る通りであった」と述べ、あわせて量刑に対する具体的意見を表明した[143]。この事件は事実上、皇帝自らが一貫して遠くから審理をコントロールしていたのである。このことは、嘉慶帝の個人的な性格を体現したものであるといえよう。

しかしながら、これに続く京控の拡大は、嘉慶帝の予想をはるかに上回るものであった。本来、嘉慶帝の考えでは、官吏たち、とりわけ督撫などの大員が、各々真面目に仕事に取り組みさえすれば、京控と積案の問題は解決可能なはずであった。ところが彼は、督撫たちの能力や考え方を正しく推し量ることができず、民衆の好訟意識についても見誤っていたのであった。京控の開放は、実際には京控の拡大傾向に拍車をかける原因となってしまったのである。

むすび

清朝初年における御史巡按の停止は、中国の監察制度の歴史上における大きな変革の一つであった。このことは、中央の地方官員に対する監察能力の低下を招いたのみならず、それまで巡按御史が受け持っていた訴訟の処理に関する職掌を、中央に移管することをも意味した。そのため、都察院は民衆の無実の訴えに直面せざるを得なくなった。嘉慶四年の京控改革により、さらに都察院の職権が削られ、事件の内容に応じて奏交、咨交の区分を行うことだけが都察院の仕事となり、あらゆる京控案件は、最終的に皇帝の判断に委ねられることとされたのである（咨交もまた定時報告を求められた）。嘉慶四年以後、京控案件の処理は、事実上、皇帝の日常的な政務の一つと化し、数日ごとに奏交案件が御前に届けられるようになった。

上げ潮のごとく押し寄せる京控案件に直面し、皇帝は欽差を派遣したり督撫に回して審理させて対処した。しかしながら欽差は、審理する時間も回数も限られていたため、ほとんどすべての京控案件を引き受けざるを得なかったのは、督撫などの地方の大員（およびそれを任される所属の官員たち）であった。皇帝は一貫して、地方の大員に対して強い期待を抱き、彼らの頑張りによって積案を始末し、京控の数を減らすことを望み続けた。「直省の督撫が、もし各々きちんと部下を統率し、謙虚な気持ちで公文書を公平に扱えば、冤罪に苦しむ者はたちどころにそれを晴らすことができるであろう。事実を誇張してでたらめを申し立てる者は、律に照らして懲らしめよ。同時に厳しく訟師を取り締まり、地方の愚民を惑わせるような真似をさせてはならない。これにより断じて解決の糸口を近くよりも遠くに求め、上京してむやみに告訴するなどという道理を無くさせるように」[144]。これが皇帝の考えであった。ところが、肝心の督撫が地方の引き締めに努力しなかったため、それが京控の拡大を誘発した。地方の利益に深く関わりを持つ督撫にとって、京控案件を解決すべき積極的理由はまるでなかったためである。京控案件の増加に伴い、地方における積案現象も日々深刻化し始め、かえってこれがさらなる京控の拡大化を促す、という悪循環に陥ってしまったのである。

『嘉慶朝上諭档』に記録された京控案件を見てみると、嘉慶中期以後の奏交案件の多くが、たった一言で処理されていることに気づく。その中において皇帝は「この事件は某々（総督あるいは巡撫）に命じて担当させ自ら事件の証人を集め、取り調べて事を明白にし、判決案を定めて上奏せよ。原告の某々は担当の部に命じて例に照らして護送し訊問に備えよ」[145]と指示するだけで、もはや案件の処理についての具体的意見が打ち出されることは、ほとんどなかった。もはや皇帝本人ですら、かくのごとき有様である以上、地方の督撫の努力など、なおのこと期待すべくもなかったのである。

嘉慶二五年七月四日、すなわち嘉慶帝が死去する二一日前のこと、賈允升が「各省の京控案件については棄却せぬようお命じ願いたい」と上奏した。嘉慶帝は、これに対する上諭の中で、自分が嘉慶四年に「棄却することを禁ずる」と定めたことについて、このような解釈を示した。この法令は「事件の内容が重大なものを指して言ったもの」であり、京控案件を「全部を奏交、咨交として処理」するよう命じたわけではなかった。すべての案件について「必ずひとしなみに受理せねばならないのであれば、きっと狡猾な気風を助長し、訴訟を倍増させ、次々と人を巻き添えにし、その弊害はさらに大きくなるに違いない」[146]。もしかすると晩年の嘉慶帝は、かつて自らが発した法令が、多くの弊害をもたらしたことを痛感し、さらなる解釈を重ねざるを得なかったのかもしれない。

嘉慶朝一代を通じ、皇帝と一部の督撫の努力のもと、いくつかの京控案件については、その無実を明らかにすることができた。事件の解決に貢献した官員は、多大なる褒賞と、さらなる重用によって報いられた。一方、監督不行き届きの官員は処分を受けた。しかしながら、京控案件に対する逆転無罪の実例が示されたことは、京控に踏み切ろうとする民衆を絶えず刺激し勇気づけた。人々は、冤罪を晴らすための最後の希望を、京控の中に託したのである。

注

（1）中国第一歴史档案館編『嘉慶道光両朝上諭档』（以後『上諭档』と略称）四—三一〇：八八二（第四冊、三一〇頁、第八八二条）。広西師範大学出版社、二〇〇〇年。

（2）Jonathan K. Ocko, "I'll Take It All the Way to Beijing: Capital Appeals in the Qing", *The Journal of Asian Studies* 47, No.2 (May 1988)：pp. 291-315. 中国語訳「なにがなんでも北京へ行くぞ——清朝の京控［千方百計上京城：清朝的京控］」は高道蘊（Karen Turner）、高鴻鈞、賀衛方編『美国学者論中国法律伝統』（増訂版、清華大学出版社、二〇〇四年、五一一～五五一頁）を参照。

（3）『清史稿』巻一四四、志一一九、刑法三。

（4）『唐律疏議』巻第二四、闘訟、疏議。

（5）『大唐六典』尚書刑部巻第六、および『唐律疏議』巻第二四、闘訟、疏議を参照。

（6）匭函制度については、楊一凡、劉篤才「中国古代匭函制度考略」（『法学研究』一九九八年第一期）を参照。

（7）『唐大詔令集』巻八二、政事、刑法、申冤制。

（8）石田肇「北宋の登聞鼓院と登聞検院」（『中嶋敏先生古稀記念論集』汲古書院、一九八〇年、三〇七～三二五頁）、および屈超立「宋代民事案件的上訴程序考述」（『現代法学』第二五巻二期、二〇〇三年四月、九三～九四頁）を参照。

(9)『元典章』朝綱巻之一、典章四、政紀、省部減繁格例。
(10)『御製大誥初編』、民陳有司賢否第三六。『明朝開国文献』(一)(台北、台湾学生書局、一九六六年)。
(11)『御製大誥続編』、牌喚民第一五。
(12)『明太祖実録』、洪武一五年冬一〇月戊戌、洪武二七年夏四月壬午。
(13)『明宣宗実録』、宣徳八年三月壬申。
(14)『明英宗実録』、景泰四年七月癸酉。
(15)『明憲宗実録』、天順八年正月乙亥。
(16)黄彰健『明代律例匯编』巻二二、刑律五、訴訟、越訴。
(17)黄彰健『明代律例匯编』巻二二、刑律五、訴訟、越訴、弘治問刑条例。
(18)『皇明条法事類纂』巻之四〇、刑部類、見禁囚犯不得告挙他事、老幼抱奏原籍詞訟行追壮丁勘問例。
(19)『清世祖実録』、順治八年七月己亥。
(20)薛允升『読例存疑』巻三九、刑律之一五、訴訟之一、越訴、乾隆三七年律例館按語。
(21)趙暁華『晩清訟獄制度的社会考察』(中国人民大学出版社、二〇〇一年)。
(22)李貴連、胡震「清代発審局研究」(『比較法研究』二〇〇六年第四期)、胡震「訴訟与性別——晩清京控中的婦女訴訟」(『近代法研究』第一輯、北京大学出版社、二〇〇七年)。胡震『晩清京控案件研究——以『光緒朝朱批奏折』為中心』(北京大学博士研究生学位論文、二〇〇六年)。
(23)李典蓉『清朝京控制度研究』、中国人民大学博士論文、二〇〇八年四月。このほか、博士論文の一部分として李典蓉氏の著した「被掩蓋的声音——従一件瘋病案探討清代司法档案的制作」が、『北大法律評論』第一〇巻第二輯(北京大学出版社、二〇〇九年)に発表されている。
(24)崔岷「山東京控〝繁興〟与嘉慶帝的応対策略」(『史学月刊』二〇〇八年第一期)。
(25)林乾「従葉墉包訟案看訟師的活動方式及特点」(『北大法律評論』第一〇巻第二輯)。
(26)『上諭档』四—三三二:七二。

(27)『清仁宗実録』、嘉慶四年正月丁卯。
(28)『清仁宗実録』、嘉慶四年三月戊辰。
(29)『上諭档』四―四三八：一二三八。
(30)『上諭档』四―三一〇、三一一：八八二。
(31)『上諭档』五―三二〇：八三〇。
(32)『上諭档』八―一四六：三四八。
(33)『上諭档』二五―二二四：六二四。
(34)『上諭档』一四―三三五：八〇二。
(35)『上諭档』一一―九六一：二〇四二。
(36) 嘉慶五年、直隷総督の胡季堂が奏報した、訴状を携えて上京した湖北の民人の崔珍を逮捕した事件（『上諭档』五―一九：五〇）。および嘉慶一八年、直隷総督の温承恵が「訴状を携帯して上京しようとした湖南の民人の周大賓を逮捕した」事件（『上諭档』一八―七九：二一二）。
(37) 嘉慶一一年六月、都察院左都御史の熊枚と左副都御史の陳嗣龍は、山東の民婦の盛姜氏が京控した事件をただちに奏交すべきか否かについて意見が分かれ、対立した。陳嗣龍はすぐさま熊枚を弾劾する上奏を行ったため、皇帝は軍機大臣の慶桂らを派遣して調査に当たったところ、熊枚と陳嗣龍双方の供述により、この京控案件を都察院に差し回すべきことが判明した。『上諭档』一一―四四七：九四六、一一―四四八：九四七、一一―四四九：九四八、一一―四五〇：九四九を参照。
(38)『上諭档』一一―四五〇：九四九。
(39) 嘉慶一五年、人命に関わる事件が三件発生し、その際、都察院はただちに本省に咨回し、具奏しなかった。その事実を知った皇帝は、それを不適切と判断し、都察院の堂官の多くが処罰された。『上諭档』一五―五七五：一五三二を参照。
(40)『上諭档』四―三九三：一一〇八。
(41)『上諭档』四―四〇〇：一一二七。
(42)『清仁宗実録』、嘉慶五年閏四月丙寅。

(43) 嘉慶一四年、山東平原県の民婦の張李氏が歩軍統領衙門に京控したが、事件が漕糧の余分な取り立てに関わり、さらに山東巡撫の吉綸による棄却を経ていたため、皇帝は当時済寧に駐扎していた河東河道総督の馬慧裕に審理を命じた。『上諭档』一四―一四〇：三四六、一四―三二〇：七六二を参照。

(44) 『上諭档』四―一八九：五五三。

(45) 『上諭档』一〇―七〇八：一六八八、一二―八四：一六七。

(46) 『上諭档』一一―九六一、九六二：二〇四二。

(47) 『上諭档』一二―二〇四：四二四。

(48) 『上諭档』一三―七四四：一七九六。

(49) 『上諭档』一四―三三五：八〇二。

(50) 『上諭档』一四―八七：二〇一。

(51) 『上諭档』一四―八二：一九四。

(52) 『上諭档』四―五四〇：一四九九。

(53) 『上諭档』一四―二七六：六六一、一四―二九一：六九六、一四―二九二：六九七。

(54) 『上諭档』一二―一四五：三一六。

(55) 『清仁宗実録』、嘉慶一二年五月丁未。

(56) 『上諭档』一六―四一六：一〇三九。

(57) 『上諭档』五―三二三：八三七。

(58) 『上諭档』八―二〇三：五二六。

(59) 『上諭档』一〇―三〇三：六九八。

(60) 『上諭档』一〇―三三六：七八九。

(61) 嘉慶一二年九月、山東の貢生の董如鐸が都察院に京控し、提出した訴状には「伏してお願い申し上げますに、皇帝陛下がこの件を新任の巡撫にお引き渡しの上、厳罰に処して懲らしめて下さいますよう」という一文があった。皇帝は「この貢生はすでに山東巡撫が新任であると知っているのに、どうして巡撫の衙門に対して控訴せず、はるばる遠くみやこに赴いて、都察院で控訴したのか？朕の特旨にて引き渡されるのを待て」と命じた。京控する者が皇帝に奏交されるか否かを非常に重視していたことが見て取れる。『上諭档』一二―四五五：一〇二〇を参照。

(62)『上諭档』一四―一四六：三七八。
(63)『上諭档』一六―五九六：一五〇七、一六―五九七：一五〇八。
(64)『上諭档』一三―二四五：五六五。
(65)『上諭档』一三―二六七：六一五。
(66)『上諭档』八―二六三：六八八、八―二六四：六八九、八―三二三：八四二。
(67)『上諭档』二五―二一九：六〇四。
(68)『上諭档』四―二一九：六三〇。
(69)『上諭档』四―四〇〇：一一二七。
(70)『上諭档』一七―一一四：三四〇。
(71)『上諭档』八―六三：一五一、八―六四：一五二。
(72)『清仁宗実録』、嘉慶四年六月戊子。
(73)『上諭档』四―四三八：一二三八。
(74)『上諭档』一七―四二四：一二一七。
(75)『上諭档』一七―四二五：一二二〇、『清仁宗実録』、嘉慶一七年一一月壬申。
(76)『上諭档』一七―四八三：一四一〇。
(77)『上諭档』一七―四八四：一四一四。
(78)(清)沈之奇『大清律輯注』、附在外納贖諸例図、図の後の注。
(79)『大清律例』はこう規定する。「年齢が八〇以上、一〇歳以下の者、及び身障者と婦人については、謀反、叛逆、子孫不孝などを除き、あるいは自身および同居家族の間で、盗みや詐欺あるいは財産の略奪、および殺傷などの被害をこうむった場合、告訴することを許可し、その他の事件については告訴することができない（その罪を罰金刑に振り替え可能としたのは、故意に誣告して人を陥れることを恐れるためである）。官司が受理して審理した場合には、笞五〇に処す（訴状の原文を立案した者に対しては執行しない）」。『大清律例』巻三〇、刑律、訴訟、見禁囚不得告挙他事を見よ。

(80)『上諭档』五―四四七：一一四七。

(81)『上諭档』一〇―五〇〇：一一八七。

(82)『上諭档』一五―四六六：一二二九。

(83)たとえば、嘉慶一六年、直隷唐県の人の張得新は、「私が母親に孝養を尽くしていることに対し、皇上から報償の銀銭を頂戴したいと考え、そのため道の傍らで跪いてお願い申し上げました」。『上諭档』一六―一五五：四〇六を見よ。

(84)当然ながら、皇帝の特別の恩赦として処罰を与えない事例が存在した。乾隆四六年、浙江の汪進修が叩閽し、告訴内容が事実と判明し、罪に問うことを免ぜられた。嘉慶一四年、甘粛の民人の張升が叩閽し、やはり事実であったため、「恩赦を加え汪進修の例に照らし、ただちに釈放」した。それとともに、「張升に本来科せられるべき兵役の刑罰は、彼の弟の張杰を代理として協議の結果に照らして送り出す」ことが決まった（『読例存疑』巻二〇、兵律之一、宮衛、冲突儀仗、条例、謹按、および『上諭档』一四―四九九：一二五四を参照）。嘉慶一六年の春、嘉慶帝が五台山に巡幸した際、沿道で叩閽する者が引きも切らなかった。なかんずく、相次いで叩閽した温継儒と温宣について、皇帝はその切なる伸冤の情に打たれ、しかも跪いて訴状を差しだす際に、「あえて声高に訴えを叫ばなかった」ため、「恩典を加えて儀仗に衝突するの罪を免じるよう命」じた（『上諭档』一六―一六六：四二七、四二八を参照）。

(85)嘉慶一四年、甘粛安化県の民人の張升は、兄弟と財産を争い、地方官の判決を不公平として、上京して叩閽した。もしこの事件を都察院で控告していれば、戸婚田土の案であるため、本省に咨交されていたはずである。叩閽したればこそ、陝甘総督の審理に奏交とされたのである。『上諭档』一四―一三一：三三一を参照。

(86)『上諭档』一〇―五五三：一三〇一、一〇―六一一：一四四九。

(87)『上諭档』第一〇冊、一三〇―一七〇頁。

(88)『上諭档』一四―三三六：八〇三。

(89)『上諭档』九—二一一：五七九。
(90)『清高宗実録』、乾隆九年五月庚子。
(91)『清聖祖実録』、康熙一八年七月壬戌。
(92)『上諭档』一二—七〇：一四四。
(93)張誠基の「冒功邀恩」事件については、『上諭档』七—三四九：八八七、七—四一二：一〇三六、八—一一二：三五などを参照。
(94)趙暁華『晩清訟獄制度的社会考察』二一八頁。
(95)順治一二年、吏部の書吏が刎頸して叩閽し、順天巡按の顧仁を貪贓枉法、陥害無辜の廉で告発し、順治帝を激怒させた。『清世祖実録』、順治一二年一一月癸未を参照。
(96)『清聖祖実録』順治一八年五月壬子。
(97)（清）紀昀等撰『歴代職官表』（上海古籍出版社、一九八九年）巻一八、都察院上、三三七頁。
(98)『清史稿』巻一一五、職官志二、都察院。
(99)『清世祖実録』、康熙五二年九月戊寅。
(100)『上諭档』七—二四五：六四二。
(101)『明史』巻七三、職官二、都察院。
(102)『清聖祖実録』、順治一八年六月戊寅、左都御史魏裔介又言。
(103)『上諭档』四—二四一：六九八。
(104)『上諭档』一二—八六：一七〇。
(105)『上諭档』一二—八六、八七：一七〇。
(106)『上諭档』一二—三二一：六七〇。
(107)『上諭档』一二—三五七：七六三。
(108)『上諭档』一二—一一一：二二二。
(109)『上諭档』一二—四七五：一〇六〇、一二—四九四：一一一一。

(110)『上諭档』一一—一六三：五六九。
(111)『上諭档』一一—三二一：六七〇。
(112)『上諭档』一三—一七九：六四八、一三—一八〇：六四九。
(113)『上諭档』一三—三三三：七八二。
(114)『上諭档』一一—一六三：六九。
(115)『上諭档』一一—一五四：五四七。
(116)『清仁宗実録』、嘉慶一一年三月戊午。
(117)『上諭档』一三—三二：七七。
(118)『上諭档』一五—四五七：一二〇一。
(119)『上諭档』二〇—六九四：一七八六。
(120)『上諭档』二三—二五〇：六五三。
(121)『上諭档』二三—一八九：七四九。和舜武の山東における積案の処理については、崔岷「山東京控〝繁興〞与嘉慶帝的応対策略」(『史学月刊』二〇〇八年第一期)を参照。
(122)『上諭档』二三—一八九：七四九。
(123)『上諭档』二四—五〇四：一四八一。
(124)『清仁宗実録』、嘉慶一八年九月庚辰、嘉慶一九年九月甲辰、嘉慶一九年一二月丙寅。
(125)『上諭档』一七—二三六、二三七：六六七。
(126)『上諭档』一七—二三六、二三七：六六七。
(127)『上諭档』二五—二七四：七七二、『清仁宗実録』、嘉慶二五年六月辛亥(二七日)。
(128)好訟の風については、夫馬進「明清時代の訟師と訴訟制度」(梅原郁編『中国近世の法制と社会』、京都大学人文科学研究所、一九九三年)を参照。
(129)『上諭档』一二—三二一：六七〇。

(130)『上諭档』一二―三三三：六七六。
(131) 金郷冒考事件については、岸本美緒氏が詳細に検討している。岸本美緒「冒捐冒考訴訟与清代地方社会」（邱澎生、陳熙遠編『明清法律運作中的権力与文化』、台北、中央研究院、聯経出版公司、二〇〇九年）を参照。
(132)『上諭档』一三―二四〇：五五〇、一三―二七四：六三七、一三―三一〇：七二九など。「設立保約、以均差役。」
(133)『上諭档』一二―四九四：一一一一。
(134)『上諭档』二五―二一四：五九四。
(135)『上諭档』八―三六：八九。
(136)『上諭档』一七―三八九：一一一六、一七―三九六：一一四二。
(137)『上諭档』一七―三八九：一一一六、一七―三九六：一一四二。
(138)『上諭档』二〇―二八〇：七八三。
(139) 前掲注(122)夫馬進論文を参照。
(140)『上諭档』八―三八九：一〇二五、八―四二四：一〇九六。
(141)『清史稿』巻三五二、列伝一三九、論曰。
(142)『上諭档』四―二一：五五。
(143)『上諭档』一〇―三三六：七八九。
(144)『上諭档』一三―三三一：七七。
(145) たとえば、嘉慶一七年二月に山東の人の樊京と王致行がそれぞれ個別に上京して控訴したところ、皇帝はこう命じた。「この二つの事件は山東巡撫の同興に引き渡し自ら証人と文書を取り揃えて、公平かつ厳重に審理した上で、判決案を定めて上奏せよ。原告の樊京と王致行は担当の部から例に照らして護送し尋問に備えよ」。（『上諭档』一七―四五：一三二）。
(146)『上諭档』二五―二八二：七九六、この上諭については、『読例存疑』巻八、吏律之二、公式も参照。

第九章　近世中国における行政訴訟の一齣——「民告官」

——烈婦の顕彰と挙人の身分を例に

伍　躍

はじめに

本章では、案例の分析を通して、近世晩期の清朝中国に存在した行政問題に関係する訴訟の実態を検討したい。現代社会において我々は、行政側による公権力の行使に対して不服を申し立て、行政措置の実施や取消しなどを求める、あるいは違法な行政措置により侵害された権利利益の救済を求めるなどの訴訟を「行政事件訴訟」、略して「行政訴訟」と呼んでいる（以下では、「行政訴訟」と呼ぶ）。その手続きは、関係法律などによって規定されている。[1]つまるところ、国家や政府を相手どって行政に関する訴訟を起こすことは、法律によって付与され、保護される一般市民の権利である。では、この種の訴訟は近世中国に存在したのかどうか。そして、それはどのような形を呈したのか。

これまで中国法制史研究のなかでは、民事や刑事の問題を研究し、注目すべき大量な成果を取得することができた。これに対して、行政側を相手どって訴訟を起こすという行政問題に関係する訴訟については、これまでほとんどと言っていいほど研究されてこなかった。たとえば、瞿同祖はその研究のなかで、中国の法律と社会、および清代地方行政制度を考察したが、知県が審理する訴訟を民事と刑事に分類しただけで、行政問題に関する訴訟の存在について言及しなかった。(2) 張晋藩による中国法制史に関する一連の研究のなかでも、行政法規の整備に言及してはいるが、一般民衆が起こした行政訴訟の問題への関心はなかった。(3) また、ある研究者は近世中国社会においては、法律が人民の義務のみを規定し、その権利についての規定はなかったし、人民には、その基本利益が官府によって侵害された時にその官府の違法を訴える権利がなかったと述べ、一般庶民と官僚、衙門との間に平等な訴訟関係そのもの、および「民告官」のメカニズムそのものが存在しなかった、と説明した。そして彼はこれを理由に、「近代的な意味での行政訴訟」がありえなかったと断言した。(4)

近世中国では、近代的な意味での行政訴訟は、むろん存在していなかった。しかし、その一方、近世中国においては、行政問題についての訴訟が間違いなく存在した。たとえば、賦税徭役の負担、漕糧の徴収費用、官僚衙役の横暴などをめぐる数々の訴訟は、明らかに「命盗」や「戸婚田土」などといった刑事もしくは民事に属さない事案であった。それは、ときに「民告官」と総称されるものであり、つまり人民が衙門か官僚を相手どって訴訟を起こすことである。ところが、その実態については、いまだ明らかにされていない。

近世中国、特に近世晩期中国の国家支配システムの特徴――「全知全能」を求められる知州知県を基礎とするところの「一人政府」(5)が、訴訟の審理を含む国家の行政事務から人民の営む日常生活に至るまで管理する――を考えるならば、刑事や民事にかかわる事案以外に行政訴訟が存在したのは当然のことであったと考えられる。実際、近世晩期中国社会の一般民衆は、戸婚、田土、人命、賊盜など民事と刑事の案件のほかに、国家の行政にかかわることについても、地元または自らの利益のために訴訟という手段をしばしば駆使していた。

歴史資料のなかから、一般人民は時には些細なことでも訴訟を起こしたことを読み取れる。一例をあげよう。同治五年(一八六六)頃、広西省鬱林州北流県で知県だった兄のもとで刑名幕友を務めた楊恩寿の日記には次のような記録がある。(6)

(同治五年五月)七日、晴れ、午後、大雨。……

一〇日、晴れ、午後大雨。……

五月一四日、曇り、雨。昨日の告期(伍案:「三八放告」という制度のもとで、「三」と「八」の付く日が訴状を受け付ける「告期」であった。昨日の一三日はその「告期」にあたる)に受け付けた二一枚の「呈詞」を「批」(=処理)した。北流県には夏延牲という生員がいて、普段は宋学を勉強し、生徒を数十人集め、詩文を作らせないで宋学を講義する。「誠成格致」を以て学術の根本としている彼は、品行方正の「端人」のように見える。昨日、彼は突然に「呈詞」を出して、その祖先が遺した田地が川沿いにあり、雨で被害を蒙ったことを理由に、上級官庁に「報災」して税金の減免を申請するよう「倡議」した。実は、被害の事実はなかった。……彼が求めている税金の減免額はわずか「民米二升五合」にすぎなかった、という。

清代では、災害が発生した場合、被災地の地方官は職責として、被害状況を上司に報告することが義務付けられていた。これを「報災」という。それを怠った者は、規定によって「罰俸」から「革職」の処分を受ける。(7) この夏延牲が提出した「報災減糧」を求める「倡議」を、「三八放告」の告期で「呈詞」として出されたことと、その「呈詞」はほかの二十数枚の「呈詞」を同じように「批」という形で処理されたことから見れば、当時の官側はこの種の「倡議」を訴訟に類したものとして受け付けて処理したことがわかる。しかしながら、このようなわずか「民米二升五合」の減税を求め、自らの「権利」として「報災」する「呈詞」は、民間における人命強盗、および土地や婚姻の争いにかかわる訴訟と異なり、明らかに一種の行政官庁の義務を求めるものであったと考えられる。

このような平穏な提訴が存在する一方、上控ないし皇帝への直訴（叩閽）という形で現れたものもあった。たとえば、乾隆二六年（一七六一）、陝西省楡林府懐徳県の李進章は、懐徳県知県の談恕行が「草豆馬匹」を徴用する際に「価銀」を払わなかったとして、直隷保定府新安県で巡幸中の乾隆帝に直訴しようとした。道光八年（一八二八）、新疆ウルムチの「民人王子発」は遥々北京に来て、地元昌吉県に違法な賦税の「浮収」と徭役の「科派」があったとして、「叩閽」の機会を探っていたところ、歩軍統領衙門によって逮捕された。(8) これらは、明らかに行政側が納税者の財産にかかわる権利を侵害する不法行為をしたとして、その是正を求めるものであったと考えられる。

このように、以上のような訴訟については、現代の概念を用いるならばやはり行政訴訟と呼ぶのが妥当であると考えられる。行政側が国の規定に基づき「報災」すべきことを求める前者は、現代行政訴訟において「義務付けの訴え」に類するようなものであったのに対し、「叩閽」をした二つの事案は現代の観点からすれば、違法な行政措置（決定もしくは決裁）の取消しを求める訴訟であったと言えよう。(9)

「命盗」や「戸婚田土」と呼んでいたように、近世中国の人々が行政問題に関係するこの種の訴訟をどのように呼んでいたかということは、言うまでもなく重要な問題である。残念ながら、我々はいまだ、「命盗」や「戸婚田土」

と並ぶ、行政問題に関する訴訟の歴史的用語を発見することができていない。しかし、「命盗」を「刑事」、「戸婚田土」を「民事」と言い換えることが許されるならば、「行政訴訟」という概念も近世中国においてかつて実際に使用されたものではないにしても、研究上における操作概念とすることが可能である。我々はこうした操作概念を利用して、新しい問題、すなわち近世中国の行政訴訟問題を観察することができ、近世晩期中国における国家のあり方、民衆と国家の関係などに関する認識もさらに深めることができると考えられる。

本章で取り上げて検討したい事案は、いわゆる「光緒新政」が実施されたあとで発生したものである。「光緒新政」とは、光緒二七年（一九〇一）より実施した君主立憲制度への移行を目指した清朝政府による一連の改革であった。法制の面においては、清朝政府は近代的な司法制度の導入を目標に『大清律例』の改定を行うほか、日本人法律専門家を招聘して新しい刑法や民法などの編纂も実施した。本事案が発生した光緒三四年（一九〇八）から宣統元年（一九〇九）にかけては、光緒帝と西太后の死去および宣統帝の即位を前後に、『憲法大綱』が発布され、予備立憲の実施が宣言された。つまり政治上の過渡期かつ激動期であった。本章であえてこのような時期に発生した事案を取り上げたのは、当時の人々が行政訴訟について近代的概念と言葉を用いてどのように考えていたか、ということを検討したいからである。そして、中国社会における行政訴訟の特性を見出すことにしたい。

本章のなかでは、身分問題をめぐる争いを例に、近世中国の末期における行政訴訟の問題を検証していきたい。以下では、本章で言及する烈婦と挙人の身分を概観し、その烈婦の顕彰と挙人身分褫奪の取消しにかかわる清末に起きた行政訴訟の一例をやや詳細に紹介して、最後に私見を述べておきたい。

第一節　「烈婦」と「挙人」

本節で検討の対象となる身分は二つある。その一つは「烈婦」である。「烈婦」とは貞節を守って殉ずる女性である（「節婦」、「烈女」、「列女」などと称される場合もあった）。近世中国において、このような女性は国家による顕彰の対象であった。このような女性がいた場合、その親族や「里隣」と呼ばれる関係者は連名して、事実関係を説明する文書を地方官に提出する。地方官はその書類に基づいて事実を確認したあと、「甘結」[10]と呼ばれるその「里隣」たちの保証書、確認した事実を明記する「事実冊」[11]と自らの証明書（「印結」）を添付して上司に報告しなければならない[12]。たとえば、乾隆一六年（一七五一）一〇月陝西省漢中府西郷県知県の劉灼は、県内の「節婦烈女」五人の事実を記載する「清冊」を提出した[13]。または、道光三年（一八二三）七月一三日、山東省莱州府平度州の寡婦の王高氏は、李小幅の「図姦」（強姦未遂）を原因に自殺した。事件発生後、「地保」の史鳳桃は平度州の知州に報告した。知州は現場検証したあと、強姦に反抗して命をなげうって志を明らかにしたのであるから、その節烈を顕彰すべし、と莱州府知府に報告した。さらに、この報告は、山東省按察使司と山東巡撫を経て、「題本」の形で皇帝に上呈することになった[14]。これによれば、地方官の報告は、「節婦」と「烈婦」を認定する第一歩であったことがわかる。言い換えれば、地方官による「節婦」と「烈婦」の認定はその「職掌」、すなわち法律によって付与された公権力の行使にあたる行為である。

「烈婦」であると認定されれば、次は、国家からの「旌表」が講じられる。「旌表」とは、「節婦」や「烈婦」を含む忠孝節義など、当時の社会に認められた美徳である人物に対する国家の顕彰措置であった。地方官、場合によっては皇帝からその家で飾る額が与えられたほか、家の前で「牌坊」の建設が許可されることもあった。また、地方財政から月ごとに「口糧銀両」の支給に関する規定もあった。[15]「牌坊」を建てる許可がおりた際に、費用の一部（銀三〇両）が助成される。[16]このほか、この女性の名前が地方志の「烈女」の部分に収録された。その女性とその関係者にとって、国家による顕彰、および家の前に立ち誰にでも見える巨大な牌坊はたいへん重要なことであった。

本文のなかでこれから言及するもう一つの身分は、「挙人」である。

挙人とは、科挙制度のもとで最高の学位である進士に次ぐものであった。清代では、三年に一度行われる郷試に合格すれば、国家より挙人の身分が授与された。この身分は、学位である他に、官僚となる任官資格でもあった。挙人身分の保有者は、さらに進士資格を獲得するための会試を受けることができたほか、地方官僚や中央官僚に任用されることもできた。[17]たとえば、清代法制史および地方行政史において著名な人物だった高廷瑶は挙人出身の者であった。[18]

厳しい試験を勝ち抜いた挙人たちは、国家から労役を免除する特権を与えられたほか、[19]礼儀、司法の面でさまざまな優遇措置を享受することもできた。たとえば、挙人に合格したあと、政府より一人当たり銀二〇両の「旗匾銀」が交付され、家の前に挙人の身分を示す高い旗竿を立てて、玄関に額を飾ることが許される。[20]政府の下級役人である「吏卒」が一般民人を罵る場合の処罰は「笞十」であったのに対し、挙人を罵る場合には、「六品以下長官」を罵る際の懲罰に照らして、「杖七十」に処される。[21]礼儀上、知県などの地方官に対し対等に振る舞い、必要な時に知県に対し面会を求めることができるのは、挙人と進士といった高い学位を保有する者しかいなかった。知県の前で挙人が使用する自称は同輩の「治教弟」で、歳貢生が後輩の「治晩生」という自称を使用することからは、両者それぞれがも

つ資格身分の差を見出すことができる。(22)

実は、挙人が享有するさまざまな特権のなかで最も重要なのは不逮捕特権であった。すでに紹介したが、挙人の資格は進士のそれと同じように、科挙の資格であるとともに官僚の任官資格でもあった。そのため、任官有資格者全員が享有する不逮捕特権はそのまま挙人に適用されることとなった。たとえば、罪を犯した挙人を拿捕しようとしても、まずその挙人資格を褫奪しなければならないのであった。要するに、挙人は地方社会から大きく信頼され、地元の顔役、言い換えれば知州知県が代表する国家の正式権力と並ぶ「非正式権力」の一部（ほかに進士、貢監生など）として存在した。(23)挙人を含む科挙の功名取得者への憧れが社会にかなり浸透したため、清末の光緒三一年（一九〇五）に科挙が廃止された後も、彼らの社会的声望と信頼とはすぐ失われたわけではなかった。

なお、挙人の資格は進士のそれと同じように、一度取得したあと、永遠に保有できる保証はどこにもなかった。違法行為などをした場合、国家によってその挙人資格が褫奪されるケースが数多く存在した。(24)たとえば、乾隆四年（一七三九）の会試で江西南安府挙人王天球と江南揚州府挙人呉枚はカンニングペーパーを試験場に持ち込もうとして摘発された。その処罰として二人の挙人資格がまず「革去」されて、そのあと首かせをかけられ試験場のまえで一ヶ月にわたって見せしめにされた。また、乾隆四八年（一七八三）、直隷天津府静海県の挙人高肇培は堤防工事の妨害および「逆詩」の創作などの罪に問われ、挙人資格が「革去」され、「杖一百」に処された、という。(25)

このように、近世中国社会における身分の問題には、二つの側面があると考えられる。つまりそれをいかに取得するか、およびすでに入手した身分をいかに守るかといった二つの側面であった。(26)これから紹介する事案は、実は身分問題のこうした二つの側面をめぐって起こした行政訴訟であった。以下では、まずはこの案件の経緯を紹介する。

第二節　「山陽県冤案」

一、資料

本事案の概要を記録する主要な資料は、中国上海図書館が蔵する『山陽陳参令挾嫌誣陷孫孝廉案略』（以下では『案略』と略称）である。活字本の一冊で、上海図書館のカードによれば、編纂者は不詳で、印刷年代は清末の宣統年間であった。葉の中央部に「山陽県冤案全巻」と印字されている。

「山陽県」は江蘇省淮安府の首県で、北京と杭州と結ぶ大運河の要所の一つとして知られている「四字最要缺」、つまり沖（交通の要所）、繁（政務が繁多）、疲（税金滞納が多い）、難（犯罪事件が多い）の地方であった。[27]

「陳参令」とは本案の被告で、弾劾（「参」）を受けた江蘇省淮安府清河県知県陳維藻であり、案発当時は署理山陽県知県であった。署理とは臨時代理のことである。「孫孝廉」とは、本案の原告の一人で、挙人の孫歩逵であった。「孝廉」とは挙人の雅称である。孫歩逵は同治一二年（一八七三）に「経魁」として挙人に合格し、本籍は江蘇省淮安府阜寧県西郷板湖で、案発当時は江蘇省淮安府山陽県馬廠に住んでいて七〇歳であった。[28]

二、案件発生概要

本案は、烈婦の顕彰と挙人身分褫奪の取消しをともに当局に要求した行政訴訟であった。前者が現在の行政訴訟の「不作為の違法確認の訴え」に相当するとすれば、後者は「処分の取消しの訴え」に相当するものと言えよう。『案略』に収録されている文書の内容を総合すれば、本案の起因は人命案件にあったことがわかる。

(1) 命案発生

光緒三四年（一九〇八）一二月二八日、山陽県豊字郷（県城まで一二里）に住む李淮が外出した。その妻は「年三十、有姿色」の李胡氏であった。その日の夜、屠戸の張学柱は、夫の留守中の李胡氏を誘いかけて猥褻行為をしようとした。李胡氏が声を出して助けを求めたところ、舅の李希遇と夫の弟の李溱は張学柱をその場で取り押さえ、その身柄を地保の牛長のところへ送って監視するよう依頼した。その夜、「羞憤」した李胡氏は幼い一人娘を遺して自殺した。

実は、以上のことだけであれば、本事案はそれほど複雑なものではなかった。このような「婚姻姦情」の案件は、今も昔も社会においてはけっして珍しいものではない。ある研究者によれば、刑部など中央機関が乾隆元年（一七三六）に審理しただけでも、この種の案件は三九九件にのぼっていた[29]。

清代の法律および過去の案例からすれば、「強姦未成」または「調戯」によって女性が「羞忿自尽」をした場合の刑罰は、「絞監候」であった。たとえば、乾隆一八年（一七五三）八月一三日の夜、直隷正定州晋州彭家荘の住民彭懐旺は夫の留守中の翟王氏に「求姦」したところ、罵られて未遂に終わった。翌日、帰宅した夫が翟王氏より話を聞き、甲長の彭進武に対し彭懐旺の身柄を拘束するよう求めたが、彭懐旺は逃走してしまった。一五日の夜、翟王氏は井戸に投身自殺した。一六日、翟王氏の夫は州の衙門に赴き被害の状況を訴えた。その後、犯人の彭懐旺が逮捕され、翌年の五月一二日に「絞監候」の判決を受けた。直隷総督の方観承は、自殺した翟王氏を「捐躯明志、節烈可嘉」の人物として、彼女を「旌表」するよう上奏した、という[30]。このように、地方官の交代もあり長引いた審理ではあるが、それでも数ヶ月で結審することができた。

しかし、本事案は二人の人物によって複雑な展開になり、ついに地元の士紳たちおよび地元籍の中央官僚が巻き込まれた大事件となってしまった。その二人とは、署理山陽県知県陳維藻と門丁陳栄廷であった。「門上」「司閽」とも呼ばれる門丁とは、役所内にある知県の住居の門番を務めるもので、地方官個人の私的家丁（家来）として最も信頼される存在である。

（2）命案の審理

命案発生後、犯人の張学柱は村の顔役の牛錫福（五品官の虚銜をもつ）に依頼して示談しようとしたが、遺族側はそれを拒否して、死者の夫李淮は自ら県の衙門に赴き「報験」した。牛錫福は張学柱にその「田産数十畝」を牛氏一族へ売却させ、その売却で得た銀を門丁の陳栄廷に贈賄したほか、地保の牛長に対し、「索欠逼命」という題目で「具報」するよう指示した。ここからは、張学柱を庇おうとする人たちの計算を見ることができる。先にも触れたが、女性が「羞忿自尽」をした場合、「強姦未成」または「調戯」をした犯人に対する刑罰は「絞監候」であった。しかし、「戸婚、田土、銭債」などで「威逼」して人を自殺に追い込んだ場合の刑罰は、「杖一百」というかなり軽い刑罰でしかなかった。牛錫福たちは、張学柱に「索欠逼命」という刑罰の軽い罪を認めさせ、それをもって刑罰の重い「強姦未成または調戯致死罪」の適用を回避しようとしたのである。(31)

知県陳維藻は、死者側の報告を「不実」とし、牛長の報告を信用して現場検証も取り調べもしなかった。清代の規定では、「人命」にかかわる案件の検証を故意に引き延ばした場合の最も重い処分は「革職」であると定められている。(32) 陳維藻はこの規定を無視して、数日にわたって何もしなかった。この間、張学柱と牛錫福は「再四」にわたって死者の遺族に示談を試みた。

このような情況のもとで、一九日以後、死者側は毎日のように「到堂呼冤」、つまり県の衙門に来て、事件の調査と解決を嘆願した。二四日になって、知県陳維藻はようやく山陽県典史の周域邠に対し、現場検証をするよう命じた。

これもまた『処分則例』の規定に違反する行為である。それによれば、地方の正印官が自ら現場検証をせず、「雑職」の典史に現場検証をさせることは職務規定の違反であり、その命令者は「降級留任」に処されることになっていた。[33]

典史による現場検証が行われたあと、知県の陳維藻は「堂訊」を開き、死者の夫李淮に対し「架命頼欠」、つまり命案を企て債務を踏み倒そうとしたとして、「四百板」を「重責」して拘置するとの処罰を下して張学柱をその場で釈放した。先にも述べたが、張学柱は「索欠逼命」という軽い罪を認めるつもりであったが、しかし陳維藻が出した「架命頼欠」の判決は、本事案の責任を死者とその夫に逆に押しつけるものであった。[34] そのため、審理結果を聞いて、山陽県では「一邑大譁」した、という。

三、訴訟経過

(1) 提訴

宣統元年（一九〇九）正月一三日、山陽県の「数百人」が集まり、節婦を顕彰して凶悪の者を懲らしめるため、府に公稟を提出して訴えることを決め、挙人孫歩逵と進士張廷棟を筆頭に、淮安府知府応徳閎に稟文を出した。淮安府とは言うまでもなく山陽県を管轄する上級官庁である。そのなかで張学柱を「正凶」とし、牛錫福を「助凶」とし、知県の陳維藻を「縦凶」として名指しで告発した。その陳維藻の不当行為としては、死者の夫を「毒責」して拘置し、主犯格の張学柱を釈放したことを挙げている。この案件の審理については、原告側は以下の点が最も重要であると強調した。つまり、人命重視と良風美俗の維持との目的から、李胡氏の冤をいかにすすぎ、節婦をいかに顕彰し、犯人をいかに処罰し、凶悪勢力をいかに抑えるか、という四点の要求であった。[35] 原告側がここで言う「冤」とは、言うまでもなく陳維藻が牛錫福らの言に従い、李胡氏の死因を「架命頼欠」であると判断したことを指すものであった。

この告発を受けて、淮安府知府の応徳閎は取り調べを行った。彼は、双方が陳述した「案情」は大きく異なると指摘したうえ、李胡氏が自殺に追い込まれた原因については判断せず、山陽県に対し関係者を呼び出しもう一度審理するよう命じた。彼は堂諭のなかで、「深夜は債務取り立ての時間ではなく、女性の部屋も債務取り立ての場所ではない」と述べたほか、死者の夫李淮を釈放し、張学柱を留置した。応徳閎のこうした対応は、本事案の原告側に知府が「有意平反」、つまり知県の判決を棄却する意思があるのではないか、という期待感を与える結果となった。しかし、再度の審理を待たずに、応徳閎は離任して淮安府を去った。(36)

(2) 被告(知県)側の反撃

宣統元年正月一六日、公稟で訴えられた被告の署理山陽県知県陳維藻は署淮揚海道の呉某に稟文を出し、原告の一人孫歩逵を攻撃した。淮揚海道とは、淮安府のさらに上の所轄官庁である。そのなかで陳維藻は、孫歩逵が挙人資格を盾に県内で横暴なふるまいをしており、淮安府内にいる訟師のなかで訴訟を唆す手口のうまさと、および悪事の多さとにおいて孫歩逵より甚だしい者がいない、と指摘したうえ、地方官も彼を恐れて摘発することを遠慮してきたと述べ、彼を拿捕するよう求めた。(37)

その後、正月下旬から二月上旬にかけて、孫歩逵を告発する数通の稟文が両江総督宛に提出された。両江総督とは、淮揚海道のさらに上にある監督官庁である。そのなかには匿名により、しかも郵便局に投函して出されたものもあった。それらのなかでは、孫歩逵が地方の「学堂、団練、捐務」に干渉したと非難するとともに、今回の訴訟も彼が背後で唆したものであると指摘して、知県の稟文と同じように、攻撃の矛先を孫歩逵に向けていた。

これらの稟文に対し、時の両江総督端方は、指摘の内容が事実であれば、孫歩逵は確かに地方を害する者であると認めた一方で、これほどひどい行為をした者がどうしてこれまで訴えられなかったのか、どうして匿名で稟文を投函

して出したのかとも指摘し、誣告の可能性も否定できないとして、山陽県に対し調査するよう命じた。(38)

総督の指摘に対し、陳維藻は二月に通詳を出して説明した。その説明によれば、孫歩逵が「土豪兼訟棍」で、「大訟」より陰険な手法を使ったため、被害者は彼を告発することを恐れていたのだ、という。「大訟」とはこの場合、大訟師を意味するであろう。

その後、陳維藻はさらに二回目の「通詳」を出して（五月一三日）、孫歩逵を告発する地元の「公稟」を引用して、孫歩逵が「名訟」すなわち有名な訟師であることを総督、巡撫、提督、布政使、按察司に報告して、迅速に「査辦」するよう求めた。これに対し、按察使と江蘇巡撫は批のなかで、孫歩逵の取り調べを行うために、彼の挙人身分を「奏革」する意向を示した。(39)

（3）原告側の反論

宣統元年の二月から四月にかけて、孫歩逵を支持する山陽県の「士民」たちは数回にわたって両江総督宛に「公稟」を出した。これらの「公稟」のなかで彼らは、孫歩逵を告発する稟文の内容が事実ではなく、具稟者も皆「有名無人」であると指摘して、地元の人たちがこのような「冤」に対し皆憤りを感じていると述べたうえ、自殺した李胡氏の「節烈」を顕彰し、「善良」な孫歩逵を誣告から守るよう求めた。

なお、山陽県の挙人、歳貢生員など二二名は、按察使と巡撫が孫歩逵の挙人身分を褫奪しようとしたとのニュースを聞いて、連名で淮揚海道と淮安府宛に稟文を出した。彼らは、山陽県の知県と門丁が今の維新時代に「教育の普及と実業の振興」に尽力した孫歩逵を恨み、李烈婦のために具稟したことを理由に彼を罪に陥れようとして誣告した、と主張し、孫歩逵の挙人身分を褫奪しないよう嘆願した。(40)

四月に入って、孫歩逵本人も総督に呈文を出した。彼は、知県の門丁陳栄廷が自分を罪に陥れる主謀者であり、種々の誣告についてぜひ調査して「昭雪」してくれるよう求めた(41)。

原告側と被告側の訴えと要求に対して、両江総督は桂某を委員に任命して事実関係の調査を命じた。委員の桂某は宣統元年の三月二七日から四月二日にかけて、「改服易装」して、現地に入り調査した。その調査を通して、彼は以下のことを確認した。それは、①訴えられた孫歩逵の「劣跡」がほとんど「無従査確」であること、つまり確証をつかめなかったこと、②李胡氏が確かに張学柱の行為によって「羞憤」して自殺したこと、③牛錫福と知県陳維藻の門丁陳栄廷が死者の夫李淮には「欠銭十八千文」があると捏造したこと、④応知府が離任した後、後任の劉知府は何度も審理したが、いまだ「定案」することができていないこと、などである。桂某は調査の結果を稟文にまとめたが、両江総督端方が離任したため提出することができなかった。その後、この調査の稟文は署淮揚海道の呉某によって持ち出されて、そのまま行方不明になってしまった(42)。

（4）被告側による原告の連行

孫歩逵は山陽県では身の安全を保てないと恐れて、宣統元年九月八日に息子と一緒に両江総督の所在地南京に来た。二二日、陳維藻の「家丁」と県の差役は、孫歩逵親子の宿泊先の旅館に乱入して、彼らを無理やりに山陽県に連れ戻した。翌日に釈放された後、孫歩逵は総督宛に稟文を出した。そのなかで彼は次のように述べている(43)。

知県の陳維藻が私によって訴えられており、その訴えの虚実については各地方長官が調査裁判すべきであって、陳維藻はこれを回避すべきである。すなわち彼には私を調査する権限がなく、私を拘禁できる道理もない。……古今にわたり、被告が原告を調査し拘禁するような政体が、果たしてあっただろうか。

ここで、孫歩逵は明らかにこれが訴訟であることを意識して、原告（原文では「原控之人」）と被告（原文では「被控之人」）の概念を持ち出し、被告として本案の審理を回避すべき知県が原告の自分を拿捕することは不法である、と主張した。

九月二八日、山陽県をはじめ淮安府下四県の十数名の挙人は連名で、総督宛に公稟を出した。そのなかで、彼らは孫歩逵が用いた原告と被告の論理をも使って、次のように述べている。(44)

陳維藻が孫歩逵に訴えられたことによって、二人はそれぞれ原告と被告の立場に立つ。法律からすれば、陳維藻は回避すべきであるのに、彼はどうして嫌疑を冒してまで孫歩逵を拿捕したのか。

公稟中の「原告」「被告」は原文通りである。公稟を出した挙人たちはここで、本事案が訴訟であること、本事案の被告が知県の陳維藻である、との認識を明確に示している。彼らは本案の審理について、道や府ではなく、省の官庁で行うよう求めた。

(5)　孫歩逵挙人身分の褫奪

孫歩逵本人および地元の嘆願と要請は結局、無視されてしまった。本案の誘因である李胡氏が自殺した真相、および被告側（陳維藻側）が主張した孫歩逵が「訟棍」であるかどうかの事実について、何ひとつ明らかにされることがなかった。この段階で案件の審理を担当する行政側は、強硬措置をつかって地元の不満を抑え込もうとした。

九月下旬頃、署淮揚海道の呉某と江蘇按察使の左孝同は、山陽県の「通詳」を根拠に、孫歩逵が「素より分に安んずることなく」、「悪事なら何でもする」者であり、李胡氏の命案を利用して、政府を脅迫しようとした、との理由を挙げて、彼の挙人身分を褫奪することを「奏参」するように、との内容の詳文を上呈した。その後の一〇月二日、呉某は「告示」を出して、孫歩逵の挙人身分を褫奪する手続きにすでに入ったことを知らせ、彼の罪を審理するために、被害者の訴えを受理すると公表した。[45]

（6） 陳維藻の降級処分

孫歩逵の挙人身分が褫奪されたことを受けて、淮安府下の「紳界」と「学界」は一斉に反発した。両江総督、江蘇布政使、および江蘇諮議局に対し、陳維藻の誣告行為を批判して、孫歩逵の挙人身分褫奪の処分を取り消してほしいと嘆願する「公稟」、省でこの案件を再審してほしいという「請願書」が相次ぎ出された。連名者はのべ三百余人にのぼった。そのなかに九名の諮議局の議員も含まれている。[46] この一連の反発からは、明清時代以来の中国民間の訴訟戦術、つまり「鬧大」（大きく騒ぐ）の存在を見ることができるほか、[47] その裏には何らかの組織の存在を推察できよう。

それらの公稟のなかで注目に値するのは、孫歩逵の地元である阜寧県の「紳学界」の一八人が出したものであった。彼らは公稟のなかで、本案の誘因が李胡氏の命案にあり、孫歩逵が誣告によって冤罪を蒙ったのであるから、一日も早く彼のために「昭雪」すべきである、としている。公稟のなかで次のように指摘している。

孫歩逵は先に陳維藻を訴え、陳維藻は孫歩逵を詳文で告発した。孫歩逵においては余計なおせっかいをした面もあったが、陳維藻においては恨みをもつことが明らかであった。……紳らは思うに、圧制時代において人々は服従になれて、冤罪があっても訴えることができなかったため、禍に遭う機会も少なかった。新政がすでに行われ、熱心な紳士が禍に遭うことは非常に多くなった。ところが、地方官も司法権を濫用することをもって行政権を拡張しようとする。一たび抵抗があれば、往往にしてさまざまな方法を駆使して相手を罪に陥れる。……今は過渡期であり、司法はいまだ独立しておらず、権限もいまだ確定されていない。裁判する側はしばしば上訴する者を拘禁し、さらに県に命じて再調査させるため、ついに誣告や故意に重い刑罰を加えることなどを禁止する規定が空文になってしまい、人民の身家財産は蹂躙されてしまっている(48)。

以上の公稟の中で用いられている「誣告」は、原文通りの言葉である。つまり、行政機構の長が、その治下の人民を誣告したことに対して、孫歩逵らが訴えたのだと言う。「光緒新政」つまり近代的行政制度がすでに実施されたにもかかわらず、司法独立と行政官僚の権限の確定はいまだ実現されていない。司法の現場では、裁判者側による司法権の濫用のため、行政にかかわる訴訟を起こした原告が誣告で拘禁されてしまい、身の安全も財産も踏みにじられてしまっている、というのである。このように、彼らは一部の新しい概念（「司法権」「行政権」）を取り入れて、知県陳維藻の不法行為を批判している。

これを受け取った江蘇省布政使の樊増祥は「批」のなかでこう指摘した。

孫歩逵が彼を告発する公稟や県の詳文で指摘されているような訟棍であれば、必ず関係する案件があったはずである。孫歩逵はこの李胡氏の命案以外に、果たして訴訟を請け負ったという実情はあるか？……（有名無人の稟文を根拠に孫歩逵を治罪するのであれば）その紳士たちが孫歩逵のかわりに不公平だと訴えてきたことには、やはり一理ある。

こうして、樊増祥は淮揚海道の道員奭良に対し、本案の関係者を呼び出し審理するよう命じた。

諮議局は清末新政の一環として、各省で設立された民意代表機関であった。江蘇省諮議局は「士民」たちの嘆願書を受け取ったあと、宣統元年一〇月一六日に江蘇巡撫瑞澂に電報を打ち、本事案が「冤獄」であるとの認識を示すとともに、かつて本案を調査した淮安府知府応徳閎と委員桂某の報告書が冤罪を昭雪するための重要証拠である、とも指摘した。それを受け取った瑞澂はただちに関係者に対し、その証拠書類の提出を命じた(49)。

このように、「鬧大」された事態の進展は孫歩逵にとって有利となった。彼はこのチャンスを逃さなかった。一〇月二八日、彼は稟文を出し江蘇巡撫の瑞澂に直訴した。稟文のなかで、彼はまず陳維藻の人物像について次のように説明している。

陳維藻はそもそも経験豊富な刑名幕友であり、捐納して任官資格を得た。至るところ貪欲で残忍であり、処分を受けたこともあった。……彼の門丁はいつも陳栄廷であり、この二人は実は兄弟のようなものであり、利益や権力を独占しようとした。

このあと、孫歩逵は自分の被害経過を説明したあと、こう述べている。

上官は事実関係を誇張する県の詳文に騙され、私の挙人身分を奏革した。門丁陳栄廷は無実の罪をでっちあげるために、証拠や証人をかき集めた。陳維藻はコネに頼って奔走し、道員を騙した。そのため、県の詳文が提出されると、道はそのまま転送し、私の身柄が県によって道に護送されると、道はそのまま拘禁する。……いま、諮議局が設立されて憲政がはじまるにあたり、このように残忍で、「奇冤」をでっちあげる知県を容認してはならない。本案に関するすべての書類を省の官庁に送り審理し真相を究明しなければ、私の冤罪はすすがれることなく、私は死んでも死にきれない。

ここに見られるように、孫歩逵は山陽県知県の陳維藻と彼の門丁陳栄廷を名指して、自分の冤罪をでっちあげたのがこの二人である、と主張した。

これを受けて、江蘇巡撫瑞澂は、関係文書の提出と門丁陳栄廷の出頭を命じた[50]。

その後、江蘇巡撫瑞澂は上奏して、陳維藻が幕友より官僚となった人物であり、経験を頼りに傲慢で偏った見方を固持するため、勤務地の住民と打ち解けてつきあうことができないとしたうえ、彼の降級処分を求めた。宣統元年一一月二四日には、陳維藻を「府経歴県丞」に「降補」することを命じた上諭が出された[51]。

このように、淮安府下「紳界」と「学界」の怒りと不満をかった陳維藻は、「遇事偏執、不洽輿情」の罪で「降補」の処分を受けた。しかし、官としての身分は維持されたのみならず、本事案についての責任も問われなかった。これに対し、原告側は名目上で部分勝訴を勝ち取ったと言えるが、事件の起因である李胡氏の烈婦顕彰と孫歩逵の挙人身分の回復という実質問題の解決には至らなかった。我々はこのような処理結果から、上級官庁ないし国家がある具体的な事案に対して、その真相解明や関係者の責任追及などというより、「輿情」すなわち社会秩序をいかに安定させるかを至上命題として重視する姿勢を見出すことができる。

(7)挙人身分の回復への嘆願

その後、本案は蘇州にある発審局で一五回にわたって審理される。その情況については、『案略』の編纂者が次のように述べている[52]。

審理の担当者には皆浙江者の出身者、つまり陳維藻の同郷者が多い。重要案件の審理は刑名幕友の経験者でなければならないという規定があり、結局、担当者は陳維藻に親しい者であった。そのなかに陳維善という人物がいたが、彼は陳維藻の従兄弟であった。また、翁有成という人物がいたが、彼は陳維藻とは同郷で親戚であった。要するに、本案の審理を担当する発審局のスタッフは、ほとんど陳維藻の知人、同郷者、および親戚であったため、本案原告側の主張を受け入れることができなかったのである、という。

『案略』編纂者のこうした説明はおそらく本当であろう。発審局側は審理状況を報告する際に以下のように述べている。

孫歩逵の来意は、いうまでもなく挙人身分の褫奪に対して不服であり、山陽県などですでに審理して出された判決を覆そうとしたところにある。しかし、本案の情節は非常に複雑で、関係者全員を逐一取り調べなければ、真相を究明することができない。……陳栄廷の出頭は、本案の虚実を明らかにするための要である。

以後、発審局は陳栄廷が出頭すべきであるとの主張を終始堅持した(53)。しかし、すでに左遷された陳維藻に対し陳栄廷を出頭させるよう命じたところ、陳維藻は、陳栄廷が母親を看病するため、休暇をとり上海に行ってそのまま行方をくらました、と報告した(54)。

この案件を迅速に審理してもらうために、淮安府地元の人たちは案件の概要と審理の情況を北京の中央官庁にいる淮安府籍の京官たちに知らせた。その京官たちは地元から要請を受けて、江蘇巡撫に対し発審局の対応が「陳維藻と道員呉某をかばう」ことであると厳しく批判した(55)。しかし、発審局があくまで本案の中心人物陳栄廷の出頭を堅持したため、本案の審理は結局、進むことができず、何も解決することができなかった。

(8) 社会に訴える

審理が中断したままという状況を受けて、本案の原告側はあきらめなかった。彼らは、最後ともいうべき手段を使って、本案の「審理」を社会に求めた。彼らは関係文書を収録する『山陽県陳参令挾嫌誣陥挙人孫孝廉案略』を出版した。この本の「識言」、つまり序文は次のように書いている(56)。

ここに謹んで重要な書類を掲載して、各上官、および本省と外省の諮議局、北京や各地の新聞社、ならびに国内の法学名家の公正な判断を願い、我が江蘇省の審判の実情を知ってもらいたい。このような不平の訴え先もないところで、皆さまの憐れを蒙れば、公論を伸ばして私心をおさめ、節烈を顕彰して貪虐の悪勢力を取り除くことができる。このようになれば、この案をでっちあげた人はこれから自制するようになるだけではなく、亡くなった李胡氏も地下で名声を得ることができる。

このように、本案の原告側は資料集の編纂を通じて、善人への顕彰と悪人への戒めを社会に求めたのであった。

四、本案から見た行政訴訟の形式

この件は、知県による人命案件の判決を不服として、その判決の取消しと「烈婦」の顕彰を求めるために始まった行政訴訟であった。途中、原告の一人（孫歩逵）が、本案被告としての知県によって誣告され、挙人の身分を失ってしまった。そのため、訴訟の内容に挙人身分の回復を求めることが加えられた。つまり、本件の訴訟内容は、烈婦の顕彰と挙人の身分回復であった。

以上で紹介した本行政訴訟から、近世中国における行政訴訟の形式を見てみよう。

(1) 文書形式

原告側は、事実関係や主張を述べる際に「呈文」か「稟文」を使用した。これに対し、被告側の山陽県知県は、「稟文」と「詳文」を使って主張を述べた。「呈文」、「稟文」、「詳文」とは、いずれもお上や上司に提出する上行文書である。「呈文」と「稟文」とは、民間人より官庁へ、下級官僚より上級官僚へ差し出す文書であるが、「詳文」とは、下級官庁が上級官庁に対しある事案について詳細に報告し、その指示を仰ぐ際に使われる文書である。後者は正式な公文書であるのに対し、前者の書式は比較的自由なものである。[57]

なお、本案を審理する立場にいる淮安府知府をはじめ、両江総督、江蘇巡撫などは、提出された原被告の書類に対し「批」を出し、その処理を指示した。たとえば、宣統元年正月一三日、孫歩逵をはじめ、山陽県の進士など二〇人が陳維藻による不当判決の取消しと李胡氏の「旌表」を訴える公稟を淮安府に提出した。これに対し、淮安府知府の応徳閎は次のような「批」を出した。[58]

張学柱が深夜に猥褻行為に及ぼうとしたとする告発の内容には、もとより曖昧な部分がある。債務返済を求めるために人の自宅に行くことは、極めて尋常なことである。李淮が留守しているうちに、李胡氏はなぜ自殺したか？このことに即して論ずれば、この案はたとえば猥褻行為がなくても、やはり致死の原因がある。もし稟文の内容が本当であれば、節婦を顕彰する責務が地方官庁にあり、犯人の取り締まりに関しては国の法律がある。本案の真相はまだ明らかにされていないため、慎重に調査しなければならない。淮安府の民情は非常に複雑であり、その地方官は特別な観察と処理の方法を持たねばならず、しっかりした見解がなくてはならないし、先入観はあってはならない。「神にして之を明らかにするは其の人に存す」（『易経・繋辞伝』）である。公正な坊長と保長が、一〇人のうち一人もいないので、彼らを利用して案件の真相を調査することができるとしても、彼らの話を根拠に判決を下すことはできない。山陽県は速やかに張学柱、牛長親子を府までに護送し、関係者および証拠を集め、詳細に審理して冤枉や放縦が少しもあってはならないよう。

このように、孫歩逵らから出された公稟を受け取った淮安府知府は、「批」のなかで山陽県に対し慎重かつ公正に調査するよう命じた。この手法はほかの訴訟案件に対するものと同じである。

(2) 審理方式

知県を相手どって起こした行政訴訟の審理は上級官庁（本事案は淮安府、淮揚海道、発審局）が担当する。しかし、一回目の審理では、提出された知県らを告発する稟文を受け取った上級官庁の淮安府は原則的な意見しか述べず、その稟文を告発の対象、つまり被告となった知県に送ったうえ、審理するよう命じた。これは光緒新政後の過渡期のみならず、司法独立のなかった近世中国においても、行政訴訟を審理する際の一般的方式であると言えよう。このような審理方式はまさしく孫歩逵を含む原告側が指摘したように、司法権がいまだ独立されておらず、審理を担当する上級官庁がその訴えを被告となった知県に送り審理させる方式であった。やはり彼が指摘したように、このような審理方式の最大の弊害は、行政官庁内部がかばい合うことによって「誣告故入」（でっちあげられた無実の罪で重い刑罰を科する）を禁止する法律が形骸化してしまう、というところにある。

現代であれば、民事と刑事の案件の審理にあたり、「両造」すなわち原告と被告は出廷しなければならないとされる。しかし、本事案ではいずれの審理も、被告となった陳維藻が出廷することなく、訊問を受けることもなかった。これは、『大清律』の「職官有犯」の規定に基づく措置であった[59]。

在京在外の大小官員が公罪もしくは私罪を犯した場合、関係官庁はその事実を文書で上奏して旨を請い、勝手に訊問してはならない。

これは、官僚の身分を保護する国家の法制度に基づく規定であった。あらゆる官僚の任命権は皇帝に属すという大原則からすれば、その官僚の犯罪行為を処罰するに際して皇帝の裁可を求めるのは、いうまでもなく当然のことであったと言えよう。つまり、上官とは言っても、部下を勝手に訊問してはならないとされるのであった。

本案を通じて見られるように、普通の民事や刑事事件の審理と異なって、清代中国の行政訴訟の審理は衙門で法廷を開き、そこで調査訊問をするというより、ほとんど双方から提出された文面をもとに行ったのであった。本案では、孫歩逵本人を含む原告側は何度も公稟を出して、省での審理を実施するよう嘆願したが、最後の発審局での審理を除いて、法廷を開き審理することはなかった。被告側が罷免されず官の身分を保有する以上、法廷に呼び出されて訊問を受けることは、当時の法制度のもとではとうてい考えられない。以上により、文面をもとに審理を行うことは、近世中国における行政訴訟の特徴の一つであったと言えよう。

第三節　社会における行政訴訟

以上、清末の江蘇省で発生した一つの案件を通して、近世晩期の中国における行政訴訟の実態を概観した。以下では、概観した内容を踏まえて、社会における行政訴訟の問題を考えてゆきたい。

一、行政訴訟が発生する制度的条件

通常、近世中国社会の行政訴訟についてはよく「民告官」、つまり民衆が官僚や役所を上級官庁に訴えることであると説明される。このような訴訟は、近世中国の社会では、数多く存在した。近世中国では、庶民や社会を直接管理する地方官庁による公権力＝国家権力の行使が広範囲に及ぶものであった。その代表として、行政の末端としての州

県を挙げることができる。汪輝祖はかつて、知州と知県が莫大な権力を握る（「専権」）ため、その権勢が布政使・按察使・道員・知府を超越して総督や巡撫に次ぐものである、と述べている。方大湜は地方に幸福をもたらす（「造福」）あるいは不幸をもたらす（「造孽」）という観点から、「州県」の重要性が「督撫」を凌駕すると指摘している(60)。『清代州県故事』のなかでは、一五九の項目にわたり知県が管理する行政事務を記している。そのなかに、人命や田土のほか、「考成」・「捐納」・「加級」・「交代」・「科挙」などの業務も数多く含まれている(61)。

本案においては、地元の人たちは自殺した李胡氏を烈婦として認定すること、および褫奪された孫歩逵の挙人身分を回復することを求めて行政訴訟を起こした。その理由は、この二つはいずれも官庁が管轄する行政業務であった、というところにあった。本案の李胡氏は結局、宣統二年に山陽県の「彙請」によって「烈女」として認定されることになった。ここでいう「彙請」は、言うまでもなく県側の行政行為であった(62)。

要するに、近世中国の国家権力は理論上、社会のあらゆる問題の管理に及ぶものであった。言い換えれば、このような国家制度および社会システムは、近世中国で行政訴訟が発生する客観的な条件であると考えられる。このような国家権力、より具体的に言えば地方官庁によって支配された一般民衆は、その地方官が出した判決、およびその地方官によって実施された国家の行政措置に対し不満を抱いて、しかも通常の陳情などで解決の見込みを期待できない場合、個々の官僚を相手どり「民告官」という手段を使って上級官庁に訴え、その判決の取消しおよび行政措置の是正を求めた。民衆が不満を反乱の形で爆発させるのに比べて、行政訴訟を起こすことは最後の平和的選択肢であった、とも言うべきだろう。

二、行政訴訟の法的根拠

一般庶民が官僚もしくは役所を相手どり行政訴訟を起こすということは、国家の最高支配者によってしばしば肯定された行為であった。たとえば、明代の開国皇帝朱元璋がつくった『大誥』のなかに「民陳有司賢否」の規定がある。それによれば、「朝廷の号令」を無視して不法徴収をした地方官吏がいた場合、「境内の諸耆宿人等」は、直接京師に赴き、事実関係をもとに(「指明実跡」)その「有司の不才」を「備陳」することができる。中央政府は、その「備陳」に基づいて関係官僚を「議罪」する。[63] この「備陳」とは、上級官僚に直接訴えることを通じて、下級官庁の行政措置を改正してもらう、という一種の行政訴訟であったと考えられる。

朱元璋の『大誥』は明朝初年のような特別な時代しか適用されなかったものであるが、そこに示された、行政の不法行為を上級官庁に訴えるべきである、という精神は、明律のなかに取り入れられることになった。

たとえば、「有司」が税糧の徴収および労役の徴発をする際は、管轄する人戸の世帯構成、貧富、土地の多少などを勘案して「三等九則」のランクに区分しなければならない。もし裕福者の負担を免除したり貧乏人の負担を増加したり、あるいは税金を流用するなどの不正行為があれば、被害を蒙った貧民はその「有司」の「上司」(所管官庁)に赴き、控訴することができる。控訴の内容が事実と確認されれば、当該官吏は「杖一百」に処す。その「上司」が貧民の控訴を受理しない場合の処罰は「杖八十」であり、賄賂に絡むことがあれば、その賄賂の金額に応じて法をゆがめる行為として厳重に処罰するとされる。

これは明律の規定であり、清律はこれを継承した。規定中の「有司」について、荻生徂徠は、「府・州・県の官を云」と説明している。このように、被害の貧民は、税金の徴収と労役の徴発で不正行為をした「有司」、つまり個々

の官僚を相手どり行政訴訟を起こすことが法律によって認められていたことがわかる。(64)

こうした皇帝の指示および行政訴訟に関する法律規定の存在からは、一般民衆を利用して行政の現場にいる官僚を監視監督しようという狙いがうかがえるほか、最高支配者として社会全体の公平を維持しようとする意向も読み取れる。つまり、一般民衆に対して、その不満（とくに官僚への不満）を平和裡に訴える最後の手段を与えることを通じて、皇帝あるいは国家は民衆利益の保護者たる存在であること（「為民作主」）を社会に再確認してもらい、社会の安定を維持しようとした。

このように、明清時代の法律のなかでは、行政訴訟を通じて行政措置の改正をはかる道が示されている。つまり個々の官僚または胥吏を相手どり行政訴訟を起こす「権利」は法によって定められ、保護されるものであった。

実際に、こうした「権利」はときに「公稟」「公呈」の形で「行使」されるものであった。たとえば、嘉慶一二年（一八〇七）、河南省郷試が挙行された際に、河南省の生員たちは、試験用紙の印刷を担当する河南省布政司の役人（「経歴」）が不正をしたとして「公呈」を出して抗議した。結局、その役人が解任されることになった。または、道光一五年（一八三五）、江西省建昌府新城県の生員孔広璉らは、税糧の徴収を妨害したとして取り調べを受けた。しかし、県内の生（員）童（生）たちが彼のために「呼冤」したほか、府内六つの儒学の「士子」も「公呈」を出して彼の無実を訴えた。江西巡撫は事態の深刻さを受け止めて、「徹底研究」すべきであるとの方針を決めた。また、同治六年（一八六七）、広東省肇慶府広寧県の副貢生ら数人は広州に行って、布政使衙門に公稟を出し、税糧徴収に関する書吏の不正（「浮収」）を訴えた。挙人四名を筆頭に地元の「紳富」たちは「革除陋規公局」を立ち上げ、銀一両ないし百両の「訟費」を集めて彼らを支援した。(65) これらの事案はいずれも官僚や胥吏を相手どって起こした行政訴訟であった。本事案もまた在地勢力が「公稟」を出し提起した行政訴訟であった。

我々は先に紹介した事案および本事案から、「公稟」「公呈」の性格を見出すことができる。「公稟」「公呈」の「公」とは、「私」と対峙する概念として捉えるべきであり、「稟」と「呈」とは、言うまでもなく「稟文」と「呈文」のことである。すでに紹介したように、「公稟」「公呈」を用いて訴える内容は、それを出した人たちの「私事」ではなく、地元の「公事」であった。

三、行政訴訟の複雑性

筆者は本章の「はじめに」で、近世中国の行政訴訟がよく「民告官」と総称される、と述べた。この説明は大きな間違いではないものの、近世中国における行政訴訟の複雑性を厳密に概括しきれない部分が残っている。

強大な官僚機構を相手に訴訟を起こすことは、無官無位の純粋な民衆にとってけっして簡単なことではなかった。行政側への自らの不満と冤抑をいかに明晰な条理で説明できるかは、文字の読み書きさえできない一般民衆にとって至難の業であったに違いない。近世中国の訴訟文書のなかでよく見られる「某房某某叙」の尋問記録が、ほとんどその「某房某某」という胥吏が一定の筋道に沿って作文した(「叙」)ものであったことも、訴訟の難しさを物語っている。

行政訴訟の相手は民事訴訟の場合のような一般民間人ではなく、国家政権の出先機関としての役所、およびその官僚とその配下たちである。このようなところで勝訴を勝ち取ることは容易なことではなく、さまざまな「戦術」を講ずる必要があった。その「戦術」の一つに、純粋な「民」ではなく、一定の社会的地位を有する者、つまり何らかの学位もしくは官僚資格を持つ人が「原告」を務めることがあった。その原因は、訴訟に必要な文章を作成できることはいうまでもなく、彼らが持っているその「一定の社会的地位」そのものが訴訟で勝つための重要なポイントになる、ということにある。

近世中国において、生員以上の士紳たちが訴訟にかかわるべきではない、ということは国家が定める法律の規定であり、社会の「常識」の一種でもあった。彼らがいかなるかたちであれ訴訟にかかわること自体が、「軽国体羞当世」、つまり国家制度を軽視する社会の恥であるとされていた[66]。しかし一方、士紳たちが訴訟、とりわけ「私事」ではなく「公事」のための訴訟にしばしばかかわったこともまた、「常識」の一種であった[67]。このような矛盾から近世中国社会における行政訴訟の構図を見出すことができる。

瞿同祖が指摘したように、士紳たちは「非正式権力」として、「正式権力」としての衙門や官僚たちと並んで、国家の法制度と社会の秩序を維持する役割をもつものであった。この両者が常に一致する状態を保つことは、国家の支配にとって最も理想的な構造であった。ところが、国家レベルではともかくとして、地方のレベルではこの両者が常に一致した状態を保つことは難しかった。この両者間のバランスは協力と格闘のなかで微妙に維持されてきたと言ってよいだろう。国家と官僚がその支配秩序を保つために、士紳側の協力を得たいことはいうまでもないが、民衆たちは民衆たちで、士紳側を「伸冤昭雪」するために不可欠な存在と見なしていた。結局、士紳という集団は、社会の「上」と「下」の両サイドから期待される対象となった。士紳側もその両方からの期待および自身の持つ特権を熟知して、損得勘定をしながら、訴訟参加の可否を探ったと考えられる。

行政訴訟が発生した場合、地方の官僚たちにとっては、裏切って訴訟にかかわる士紳たちが社会秩序の破壊者であるのに対し、訴訟にかかわる士紳たちにとっては、行政側の不正こそ社会秩序を破壊する原因であった。このようなところで、両者の対立、つまり士紳という「民」が「官」を訴えることが発生したのであった。

先に清代嘉慶年間以後の事例を紹介したが、ここでさらに二、三の事例を紹介したい。

明朝万暦三年（一五七五）に明末江南徽州府で税金の負担割合をめぐって「絲絹分担紛争」が発生した。巡撫、巡按のところへ訴えさらに京控をしたのは、一生員であった。その生員は北京で訴訟を勝ち取って帰郷した際に、地元の人たちから熱烈な歓迎を受けた(68)。

汪輝祖が自撰年譜のなかで言及した行政訴訟もある。その代表例の一つは、「喫漕飯」であった。「喫漕飯」とは政府の漕運を食い物にすることである。清代、北京まで運ぶ漕米を徴収する際に、地方官が徴収手数料と運搬経費などの関係経費を合わせて徴収することは慣例であった。しかし、規定どおりに徴収してきた関係経費の額だけでは、漕運の業務を遂行することはとうていできなかった。結局、漕運という至上命題を完遂したい行政側は、規定をはるかに上回る関係経費を徴収せざるをえなかった。「黠者」はこれを見て、法例に違反したことを理由に行政訴訟を起こそうとして、地方官を脅して金銭を要求した。地方官は処分や左遷を恐れて、金銭を出して訴訟を起こさないように「黠者」にお願いした。「黠者」は、こうしたことによって、地方官からもらった「口止め料」を自らの「歳需」に充てたという。つまりその漕運の訴訟で生活費などを稼いだ。乾隆三二年（一七六七）、汪輝祖が烏程県で幕友を務めた時に、その「衆黠首推」によって「喫漕飯」のリーダーをしたのは、乾隆二七年（一七六二）の郷試に合格して、二十一歳の若さで挙人資格を得た呉青華であった、という(69)。高廷瑶もかつてこのような事例を指摘したことがあった。ある挙人は救済用倉庫（「義倉」）の「虚設」を理由に知県を訴え勝訴したのに味をしめ、官僚を相手どり訴訟することを「為すべき」（「可為」）こと、大いにやるべきことと考えるに至った。その後彼は、別の知県を相手どり、数万両の賄賂を受け取っていると行政訴訟を起こし、京控さえもしたという(70)。

『案略』の事案のなかで、最初に知県陳維藻による判決の無効と烈婦の顕彰を求め行政訴訟を起こしたのは、孫歩逵をはじめとする二〇名の「学紳」（挙人孫歩逵のほか、進士一、附貢三、廩貢一、附生九、計一五名）と「官紳」（知県一、教諭一、訓導三、計五名）であった。その後、褫奪された孫歩逵の挙人身分の回復を求め、陳維藻を相手どって行政訴訟を起こし、最終的に陳維藻を解任に追いつめたのは、進士、挙人、候選知県、大挑知県などの孫歩逵が在住する山陽県と本籍地阜寧の「紳学界」、および淮安府、揚州府、徐州府の士紳たちであった。こうした「紳学界」の集団行動は、陳維藻を失職させた重要な原因であった。これに対し、本行政訴訟の被告としての山陽県知県陳維藻に有利な証言をしたのは、このような資格や肩書を持つメンバーではなく、「塩経歴銜」をもつ者を最高に、ほとんど「文童」や「民人」であった。我々はこうした対立の構図から、陳維藻が「非正式権力」を有する地方の「紳学界」の支持を取り付けられなかったことを見てとることができる。このように、我々は近世中国の行政訴訟の現場においては、単純な「官民対決」よりさらに複雑な構図があったことをしばしば見ることができる。

四、社会への訴え

司法が独立していなかった近世中国の国家は、社会の秩序を維持しながら、儒教などの理念をもとに一般庶民の生活や経済活動のあり方に積極的に介入した。つまり国家ないしそれを構成する各行政組織は、法律、法規の制定と実施、およびそれに基づく裁判などすべてのことを主体的に行った。この意味からすれば、近世中国の国家は、程度こそ現代国家に及ばないが、やはり一種の行政国家であった。このような立法・司法・行政を統括して兼務する三位一体の役所を相手どり行政訴訟を起こすことは可能ではあったが、「全面勝訴」の結果を期待するということは非常に難しかった。民事や刑事をめぐる訴訟であれば、国家は基本的に紛争の仲裁者として法廷にいた。しかし、行政訴訟のなかでは、国家は訴訟の当事者（被告）でありながら、仲裁者でもあった。このような、自らの手で自分を裁くとも言える状況が、近世中国における行政訴訟の特徴の一つであると言えよう。それは「司法はいまだ独立していない」[71]という司法環境であった。そこでは「被告兼裁判官」に対する官僚内部での組織防衛あるいは官僚同士のかばい合いがあったこと、および現職の官僚が訊問を受けない特権を享有していたことなどを考えれば、官僚そのものを相手どり訴訟を起こすこと自体の難しさが想像できよう。

『案略』で見られるように、孫歩逵らが知県陳維藻を知府に訴えたあと、知県はすぐ孫歩逵を「訟棍」と名指して、准揚海道などに対し孫歩逵の挙人身分を褫奪するよう求めた。こうした手法について、「阜寧紳学界」顧震東ら一八人が公稟のなかで述べたように、「地方官吏は往々にして司法権を濫用することをもって行政権を拡張しようとして、一たび抵抗があれば、さまざまな手段を駆使して相手を誣告する」、のである。本案では、陳維藻が降級されたものの、事案に関する責任そのものは問われなかった。発審局は門丁の陳栄廷を本案の中心人物としてその出頭要求を堅持した。それが実現できなかったため、本案の審理は事実上中断してしまった。その結果、孫歩逵の挙人身分はついに回復することなく、彼を含む原告側は全面勝訴の結果を得ることができなかった。

しかし、法廷の審理が中断したとはいえ、訴訟関係者たちはその結果と現実をとうてい受け入れることができなかった。彼らは本案の関係資料を集め、本行政訴訟の概要を記録する『山陽陳参令挾嫌誣陥孫孝廉案略』を出版した。こうした行動からは、本来、衙門のなかで審理する訴訟を社会に持ち出そうとする姿勢を読み取ることができる。衙門に対しその不公平を訴えて満足な結果を得られなかったため、今度は、社会に期待をかけ、その無実を社会に訴えたのである。法廷内部だけでは勝てない場合、この種の社会からの圧力を借りても勝とうとした。あるいは結果としてやはり勝てなかった場合でも、自分の主張を社会に訴えて、世論を味方につけることによって行政機構の外で勝とうとした。この種の世論を当時、「公論」「郷論」などと言った。

このように原告側が訴訟関係資料を収集して出版することは、清末中国だけに特有の現象ではなかった。これは、明清中国という独特の訴訟社会のなかで原告側がその無実を訴える重要な手段の一つであった。つまりこれは、こうした社会環境とその環境のなかで生まれた法意識の産物であったと考えられる。公的な問題で被告の立場に立った者も同じである。明代万暦年間の徽州府で発生した「絲絹分担紛争」の被告程任卿は、死刑判決を受けた後、牢屋のなかでその訴訟関係資料を綴った『絲絹全書』を編纂した。その序文に次のように書いてある。

ここに訴訟の資料をまとめ本を編纂し、それを通邑大都に伝え、賢人達士に知ってもらいたい。他日に忌避を顧みずこれを読んだ者はこの書を開いて胸をなでながら、この編纂者が祖先の制度に遵い従来の規定を守っただけで、他に私心がない、と感嘆するだろう。

程任卿はここで、自分の無実を「通邑大都」の「賢人達士」に訴え、自分の初志は「祖制」と「旧章」を守るにあったことを理解してもらいたい、と言っている(72)。

このような動きは、革職された官僚が関係官僚を相手どり身分の回復を求める行政訴訟のなかでも見られる。光緒八年（一八八二）一一月九日、署理湖北省武昌府蒲圻県知県の廖潤鴻は、「乖僻成性、輿論沸騰」を理由に革職された。革職を命じる上諭が知らされた（二九日）あと、廖潤鴻は「更正開復」を求めて湖広総督と湖北巡撫に対して訴訟を起こした。皇帝の上諭があった以上、この案は「更正開復」されるどころか、再審さえあり得なかった。しかし、廖潤鴻はその努力を放棄しなかった。彼は在任中および革職後の関係資料を集め、「依次編集」して『官蒲被参紀略』を革職後一年未満の光緒九年（一八八三）九月に武昌で出版した。その序文には、「（この本を読んだ）海内君子からの同情を蒙れば、私の名節は保つことができるだろう」と書いてある(73)。

このように、役所ないし国家を相手に行政訴訟を起こすに際して「全面勝訴」を期待できない、あるいは出された判決の結果に満足しない場合、原告側はしばしばその訴訟を法廷から社会に持ち出し、社会の「賢人達士」に自分たちの無実を訴え、社会世論による「判決」に期待をかける。彼らはずっと社会に訴え続けようとして、書物を編纂した。

このような訴訟を法廷から社会へ持ち出すという方法は、一種の「戦術」であるとも考えられる。それは、社会からの「納得のいく判決」を得ようとした一方、原（被）告側が数年に一度の地方官（もしくはその上司）の交代を見越して、後任者のもとで納得のいく判決を得るための世論あるいは空気を作ろうとする戦術である。要するに、今の「持ち出し」は、次の法廷に持ち込もうとするための準備であった。我々はここに、「法廷→社会→法廷……→納得いく判決」という形で、訴訟が長引いていく構図を見ることができる。

おわりに

本章の分析対象とした「山陽県冤案」そのものの解明は、残念ながら資料上の制限もありまだ十分にできていない。ただ、以上の分析を通して、近世中国における行政訴訟問題の実態解明、とりわけ「民告官」の実態解明が少しは進んだと考える。

本章の分析を通して得られたいくつかの知見は、第三節のなかですでに述べた。おわりにあたって、あと二点を強調して述べておきたい。

まずは、本事案は「冤」という言説で語られるものであった。原告の士紳たちは、「羞憤」して自殺した李胡氏が顕彰されなかったこと、孫歩逵の挙人資格が褫奪されたことを「冤」として捉えて訴え続け、上級衙門ないし社会に対しその「冤」の「昭雪」を求めた。つまり、その「冤」を訴える人たちは、「訴えと裁きとを繋ぐ回路」の一端に立ち、裁きの側にある官僚に対して、そのなすべきこととして「伸冤」の実施を引き出そうとしたのであった。言い換えれば、「冤」の陳述なくしては「官は動き得ない」。これは、彼らの「常識」であった。彼らにとって、「冤」を訴えることこそ自分たちが望んでいることを実現するための有効な手段であった(74)。実は、現代中国における行政問題にかかわる「上訪」の際にも「冤」は、訴える側がよく用いる概念である(75)。このように、「冤」の言説は、近世以来の中国において、行政問題にかかわる訴訟が発生する際にずっと存在してきた普遍的なものの一つであると考えられよう。

次に、支配される側はけっして受け身なだけの存在ではなかった。

近世中国において、権利を中心に法を考えた近代ヨーロッパとは異なり、「法」は「刑」とともに支配者の手に握られる統治の道具の一つであり、支配者がそれを定めて公布し、刑罰を制裁手段としてその強行性を貫くものであった。このため、近世中国の「法」は、行政上の組織および規則ならびに刑法からなっていた。したがって、その「法」に基づく裁判はむろん、支配者が人民に対して施す行政作用、つまり人民に対する支配の一環にほかならなかった。これは滋賀秀三が言う近世中国の法体系ないし国家制度の「基本的性格」である(76)。滋賀秀三の指摘は明快かつ包括的で、近世中国の法制度の特徴を鋭く捉えるものである。しかし我々は、これまでの中国法制史研究の成果を継承しながら、さらに前進しなければならない。

本文を通して説明したように、こうした「人民に対する支配の一環」とされる国家の法制度は、使い方によっては、国家による支配の具現、すなわち官僚統治に抵抗する道具となることも可能であった。言い換えれば、この法制度自体は一種の諸刃の剣のような存在であった。国家がそれを利用して人民を支配したのに対し、人民もそれを利用して自身の利益を主張した。本文で見られるように、近世中国において、強大な勢力を有する行政側が下した決定ないし判決に対する民衆の受け止め方は、けっして常に受身的、受動的だったわけではなかった。一部の人たちは、主体的に考えて判断し、場合によっては国家の法制度を利用して訴訟のなかで自己主張を行い、自身の利益を守ろうとした。つまり、訴訟という合法な武器を利用して権力側と戦ったのであった。

本章で紹介した清末山陽県の事例およびほかのいくつかの案例から見れば、近世中国におけるこの種の戦いすなわち行政訴訟は、非常に複雑な様相を呈していたことがわかる。第三節ですでに説明したように、法廷での対決の構図はけっして単純な「官」対「民」ではなかったのであった。国家の代表としての官僚を相手どり行政訴訟を起こしたのは、時には純粋な民衆ではなく、多くは科挙資格もしくは任官資格をもつ人たちであった。言い換えれば、支配する側、つまり国家側に属し、少なくとも国家から恩恵を受けた人たちが、地元住民の利益および自身の利益を守るために、「人民に対する支配の一環」（滋賀秀三）としての国家の法制度、および国家に与えられた「一定の社会的地位」を利用して、身内ないし恩人だったはずの国家の官僚を相手どり訴訟をしたのであった。このような行政訴訟に見る対決構図から、我々は近世中国における民衆と国家の関係、および社会構造の複雑性を見出すことができると考える。

注

（1）　たとえば、日本には『行政事件訴訟法』（昭和三七年五月一六日法律第一三九号、最終改正は平成二一年七月一〇日法律第七六号）、中国には『中華人民共和国行政訴訟法』（一九八九年四月四日第七回全国人民大会第二次会議採択、同日中華人民共和国主席令

第一六号により公布、一九九〇年一〇月一日施行）がある。
（2）瞿同祖『中国法律與中国社会』（北京、中華書局、二〇〇三年）二二四～二三五頁、同『清代地方政府』（北京、法律出版社、二〇〇三年）一九三～二〇五頁。
（3）たとえば、張晋藩総主編『中国法制通史』（北京、法律出版社、一九九九年）第七巻、明、第二章「行政法律」四三～七二頁、第八巻、清、第八章「順治、康熙時期的行政法」八三～一二六頁、第一五章「雍正、乾隆時期的行政法」三四五～三八六頁、第二二章「嘉慶、道光時期的行政法」六八五～七〇三頁。
（4）李曙光『晩清職官法研究』（北京、中国政法大学出版社、二〇〇〇年）一三四頁。
（5）瞿同祖『清代地方政府』、二八頁。
（6）（清）楊恩寿『坦園日記・北流日記』（上海、上海古籍出版社、一九八三年）一六八～一六九頁。
（7）『（欽定）吏部処分則例』（海口、海南出版社、二〇〇〇年、故宮珍本叢刊第二八三冊影印清乾隆年間刊本）巻二二、災賑、報災逾限、一三七頁。
（8）中央研究院歴史語言研究所蔵清代内閣大庫档案（以下、内閣大庫档案と略称）、第一八一三〇三、一二九五三四号。
（9）『行政事件訴訟法』、第一章、総則。
（10）『直隷冊結款式』（清代乾隆年間直隷布政使司刊本）、公挙節婦結式、六九a～b頁。
（11）『直隷冊結款式』、節婦事実冊式、七〇a頁。
（12）『（光緒）欽定大清会典』（台北、新文豊出版公司、一九七六年影印清光緒二五年石印本）、巻三〇、礼部、三〇三頁。（清）黄六鴻『福恵全書』（合肥、黄山書社、一九九七年、官箴書集成第三冊影印清康熙三八年金陵濂渓書屋刊本）、巻二四、典礼部、旌表節孝、四九六頁。
（13）内閣大庫档案、第一五五九七二号。
（14）内閣大庫档案、第〇一五五九一号。
（15）『（乾隆）欽定戸部則例』（海口、海南出版社、二〇〇〇年、故宮珍本叢刊第二八六冊影印清乾隆年間刊本）、巻一一五、蠲卹、優卹節孝、二六〇頁。

(16) 瞿同祖『清代地方政府』、二七四頁。(清) 陸海『本朝則例類編』(清康熙四二年刊本)、礼部、巻下、旌表、烈婦建坊、五九頁。

(17)『(乾隆) 銓選漢官品級考』(海口、海南出版社、二〇〇〇年、故宮珍本叢刊第二八二冊影印清乾隆年間吏部刊本)、巻三、六三、六五頁。

(18) (清) 高廷瑶『宦游紀略』(官箴書集成第六冊影印清同治一二年成都刊本)、唐樹義「誥授朝議大夫広東広州府知府高公家伝」、二頁。

(19)『(嘉慶) 欽定学政全書』(海口、海南出版社、二〇〇〇年、故宮珍本叢刊第三三四冊影印清嘉慶一七刊本)、巻三二、優恤士子、四四七頁。

(20)『(乾隆) 欽定戸部則例』、巻一一九、雑支、科場経費、三三一〜三三二頁。内閣大庫档案、第二一九二八五号。

(21)『大清律例彙輯便覧』(清同治一〇年湖北讞局刊本) 巻二九、刑律、罵詈、罵制使及本管長官、二b頁。

(22) (清) 張鑑瀛『宦郷要則』(合肥、黄山書社、一九九七年、官箴書集成第九冊影印清光緒一六年刊本)、巻三、官紳各誼手本名帖全式、一五五〜一五六頁。

(23) 瞿同祖『清代地方政府』、二八二〜二八四頁。

(24)『(道光) 欽定礼部則例』(海口、海南出版社、二〇〇〇年、故宮珍本叢刊第二九〇冊影印清道光二四年(一八四四)刊本) 巻五九、儀制清吏司、挙貢生監事故及出継事例、三六八頁。

(25) 内閣大庫档案、第〇七四四三八、二〇三八八〇号。

(26) 岸本美緒は「賤」の観念という側面から、冒捐冒考の問題を材料により高い身分をいかにして合法的に取得できるかを研究した。「清代における『賤』の観念：冒捐冒考問題を中心に」、『東洋文化研究所紀要』(東京大学東洋文化研究所)、第一四四号、二〇〇三年一二月、八一〜一三二頁。「冒捐冒考訴訟與清代地方社会」、邱澎生等編『明清法律運作中的権力與文化』(台北、中央研究院・聯経出版公司、二〇〇九年) 一四五〜一七三頁。

(27)『憲政最新搢紳全書 (宣統元年春季)』(清宣統元年北京栄宝斎刊本) 第二冊、五四b頁。

(28)『(光緒) 阜寧県志』(清光緒年間阜寧陸氏刻字修譜局刊本) 巻一〇、選挙、挙人、二a頁。

(29) 陳恵馨『伝統個人、家庭、婚姻與国家——中国法制史的研究與方法』(台北、五南図書出版股份有限公司、二〇〇六年)、第二章

第四節、従清代内閣題本刑科婚姻姦情档案論法律帝国的重建——以「強姦未成或但経調戯本婦羞忿自尽案」為例、一四二～一八八頁。

(30) 内閣大庫档案、第四一六八六号。張偉仁『明清档案』第一八七冊（台北、中央研究院歴史語言研究所、一九八九年）、第B一〇四七〇五～B一〇四七一八頁。

(31) （清）呉壇著、馬建石等校注『大清律例通考校注』（北京、中国政法大学出版社、一九九二年）巻二六、刑律、人命、威逼人致死、八〇九～八一三頁。

(32) 『（光緒）欽定六部処分則例』（清光緒一八年上海図書集成印書局石印本）、巻四三、人命、検験屍傷、一a～b頁。

(33) 『（光緒）欽定六部処分則例』巻四三、人命、一a頁。

(34) 清代の法律では、笞刑の上限は五〇回で、杖刑の上限は百回と規定される。「重責四百板」は法律を逸脱する職権の乱用であると言えよう。ただし、これは原告側の指摘であり、その詳細はわからない。『山陽陳参令挾嫌誣陥孫孝廉案略』（以下では『案略』と略称）、文書一。（清）薛允升著、胡星橋等点注『読例存疑点注』（北京、中国人民公安大学出版社、一九九四年）巻一、名例律、五刑、二頁。

(35) 『案略』、文書一。

(36) これより二ヶ月ほど前に、応徳閎の雲南省への人事異動についての辞令が発された。『宣統政紀』（北京、中華書局、一九八七年）巻二六、宣統元年一一月乙丑、影印清実録第六〇冊、四八〇頁。

(37) 『案略』、文書二。連名して「公稟」（文書一）を出した士紳たちのなかに進士や知県の肩書を持つ者もいたが、陳維藻が孫歩逵をターゲットにしたのは、おそらくこの老年の挙人を簡単に打ち負かせると判断したからである。

(38) 『案略』、文書五、六、九。

(39) 『案略』、文書一〇、一五。

(40) 『案略』、文書八、一一、一二、一六。

(41) 『案略』、文書一三。

(42) 『案略』、文書二二。

(43) 『案略』、文書一八。

(44)『案略』、文書一九。

(45)『案略』、文書二四、二六。

(46)『案略』、文書二五、二八、三〇、三一。江蘇諮議局議員の選挙は、宣統元年（一九〇九）三月に終了した。本事案の原告側に支持した九名の議員は以下の人たちである。

姓名	本籍	年齢	伝統学位	近代教育	当選時肩書
王以昭	淮安府阜寧県	五五	廩貢生		五品封職
張延寿	淮安府塩城県	三五	廩生		
周虎臣	淮安府山陽県	五六	歳貢生		候選塩運司、勧学員
王化南	淮安府清河県	四九	附生		勧学所経済員
朱継之	淮安府安東県	四二	副貢生		教育会幹事
王立廷	徐州府碭山県	三九	挙人	日本法政大学政治速成科	
梁菼	揚州府江都県	四二	増貢		補用知県
張鑑泉	通州府泰興県	四〇	附貢生		同知銜銅陵県知県
邵長鎔	海州府海州	四六	歳貢生		小学堂堂長

資料出典　張朋園『立憲派與辛亥革命』（台北、中央研究院近代史研究所、一九六九年）二五八～二六〇頁、同『中国民主政治的困境：一九〇九～一九四九—晩清以来歴届議会選挙述論』（台北、聯経出版事業股份有限公司、二〇〇七年）二三五～二三九頁。刁振嬌『清末地方議会制度研究—以江蘇省諮議局為視角的考察』（上海、上海人民出版社、二〇〇八年）一〇一～一〇六頁。

(47)　徐忠明『衆声喧嘩：明清法律文化的復調叙事』（北京、清華大学出版社、二〇〇七年）二〇三～二二五頁。なお、現在では、「大鬧大解決、小鬧小解決、不鬧不解決（大きく騒げば大きい解決が得られ、小さく騒げば小さい解決しか得られず、騒がなければ何も解決しない）」という諺がある。

(48)『案略』、文書二八。
(49)『案略』、文書三二、三三。
(50)『案略』、文書三六。
(51)『案略』、文書三七、三九。『宣統政紀』巻二六、宣統元年一一月甲子、影印清実録第六〇冊、四八〇頁。
(52)『案略』、文書四〇。
(53)『案略』、文書四〇。
(54)『案略』、文書四六。
(55)『案略』、文書四三。
(56)『案略』、識言。
(57)『公牘合表』、『大清直省同寅録』、清光緒三三年京師槐蔭山房刊本。張我徳［ほか］『清代文書』（北京、中国人民大学出版社、一九九六年）一四二～一九六頁。
(58)『案略』、文書一。
(59)（清）薛允升著、胡星橋等点注『読例存疑点注』巻一、名例律、職官有犯、二〇頁。
(60)（清）汪輝祖『学治説贅』（官箴書集成第五冊影印清同治一〇年慎間堂刊汪龍荘先生遺書本）、福孽之辨、三〇九頁。（清）方大湜『平平言』（官箴書集成第七冊影印清光緒一八年資州官廨刊本）、巻一、造福莫如州県、五九六頁。同、巻一、造孽莫如州県、五九六頁。
(61)蔡申之『清代州県故事』（台北、文海出版社、一九七〇年、近代中国史料叢刊第五〇輯影印本）四八～四九頁。なお、福建巡撫だった陳弘謀は乾隆一九年（一七五四）正月に地方官に対し、三〇項目にわたる「地方所必要之事」を明示した。つまり、田賦、地丁、糧米、田功、糧價、墾殖、物産、倉儲、社穀、生計、銀銭、雑税、食塩、街市、橋路、河海、城垣、官署、防兵、壇廟、文風、民俗、郷約、氏族、命盗、詞訟、軍流、匪類、邪教である。（清）陳弘謀『培遠堂偶存稿』（清刊本）、巻三四、諮詢民情土俗三十条論、二〇a～二七b頁。
(62)『続纂山陽県志』（民国十年刊本）、巻一二、列女二、二八a頁。

(63)（明）朱元璋『御製大誥』（楊一凡『明大誥研究』、南京、江蘇人民出版社、一九八八年、付録）、初編、民陳有司賢否第三六、二二五～二二六頁。そのほか、朱元璋はさらに「民拿害民該吏」、「郷民除患」などの規定を設けて、官僚に対する監督権、および彼らを虐待した官吏をただちに「綁縛赴京」、拿捕して京師まで連行する権利を一般庶民に与えた。『御製大誥』、三編、民拿害民該吏第三四（四〇八～四〇九頁）、初編、郷民除患第五九（二三九～二四〇頁）。

(64)（清）薛允升著、胡星橋等点注『読例存疑点注』、巻九、戸律、戸役、賦役不均、一七九頁。荻生徂徠『明律国字解』（東京、創文社、一九六六年）三九頁。

(65)内閣大庫档案、第一二四二三一、一九二四二五号。邱捷「知県與地方士紳的合作與衝突」、『近代史研究』、二〇〇六年第一期、二〇〇六年一月、二〇～三九頁。

(66)（清）高廷瑶『宦游紀略』巻上、一三頁。

(67)いうまでもないが、士紳たちは「公事」のために行政訴訟にかかわる際に、個人の利益をまったく考慮しないというわけではなかった。詳細については、ここで省略したい。瞿同祖『清代地方政府』、三〇七頁を参照。

(68)夫馬進「試論明末徽州府的絲絹分担紛争」、『中国史研究』、二〇〇〇年第二期、二〇〇五年五月、一四四～一五六頁。「明末反地方官士変」、『東方学報』（京都）、第五二巻（京都大学人文科学研究所）、一九八〇年三月、五九五～六二二頁。

(69)（清）汪輝祖『病榻夢痕録』（清光緒一二年山東書局刊本）、乾隆三五年、三三a～三四a頁。『（乾隆）欽定戸部則例』（海口、海南出版社、二〇〇〇年、故宮珍本叢刊第二八四冊影印清乾隆年間刊本）巻三三、漕運、漕糧正耗、二五九頁。同巻、貼贈雑費、二五九～二六〇頁。巻三四、漕運、糧運程限、二七二～二七四頁。岩井茂樹『中国近世財政史の研究』（京都、京都大学学術出版会、二〇〇四年）、序章、三～一二頁。

(70)（清）高廷瑶『宦游紀略』巻上、二六頁。

(71)『案略』、文書二八。

(72)（明）程任卿『絲絹全書』（北京、書目文献出版社、出版年不詳、北京図書館古籍珍本叢刊第六〇冊影印明万暦年間刊本）四四五～四四六頁。前注(68)、夫馬進論文。

(73)『清徳宗実録』（北京、中華書局、一九八七年）巻一五四、光緒八年一一月辛卯、影印清実録第五四冊、一七六頁。（清）廖潤鴻

『官蒲被参紀略』（清光緒九年武漢刊本）、自叙、一a〜二a頁。

(74) 滋賀秀三『清代中国の法と裁判』（東京、創文社、一九八四年）一五三頁。寺田浩明「権利と冤抑——清代聴訟世界の全体像」、『法学』（仙台、東北大学法学部）、第六一巻第五号、一九九七年一二月、一〜八四頁。

(75) 陳桂棣、春桃『中国農民調査』（北京、人民文学出版社、二〇〇四年）八二〜一二〇頁。これによると、上訪した農民は北京で、自殺ないし天安門広場国旗掲揚台の前で跪座をして、地方政府から受けた「不白之冤」を訴えようとした、という。最近の『人民日報』（ネット版、二〇一〇年七月二八日）の報道によれば、湖北省孝感市中級人民法院のある裁判官は、妻の処遇問題をめぐる勤め先の対応に不満を抱き、「冤」という字を大きく書いた紙を持って湖北省高級人民法院に赴き上訪した、という。

(76) 滋賀秀三『中国法制史論集』（東京、創文社、二〇〇三年）五〜七頁。

近世中国における行政訴訟の一齣（付録）

『山陽陳参令挟嫌誣陷孫孝廉案略』簡目

No.	題目	月日	批
0	識言		
1	挙人孫歩逵進士張廷棟等請表彰節烈而懲凶悪公稟	宣統元年正月十三日	府
2	山陽県陳参令維藻因李胡氏案遷怒公稟呈首挙人孫歩逵請飭訪拿上淮揚海呉道密稟	正月十六日	
3	淮安府応太尊親訊烈婦李胡氏拒姦自尽案内人証堂諭		
4	烈婦李胡氏之夫李淮陳明讞員換結上劉府尊呈		督撫臬
5	山邑文生姚鴻福等六名訐告孫歩逵公稟		○

6	候選県丞金元福等十三名訐告孫歩逵公稟	二月初九日	○
7	文生姚鴻福呈明捏名叩求摘釈稟		
8	山邑紳士馬炳勲等十五名呈明孫歩逵因李胡氏命案為得賄門丁陳栄廷傾陥公稟		藩
9	淮郡東北郷士民無名郵稟訐告孫歩逵並条状		督
10	陳参令維藻請委査孫歩逵劣跡初次通詳		
11	淮郡東北郷士民李蔭清等四十余名呈明孫歩逵被誣公稟並条状	三月二十三日	督
12	山邑文生沈歩粱等十余名呈明輿情以全善良公稟	四月初三日	督
13	阜寧県挙人孫歩逵陳明因李胡氏冤案受禍原委上江督憲瑞呈		督
14	督委桂太尊奉札査訪拠実復陳初次稟		
15	陳参令維藻請辦孫歩逵二次通詳		臬撫督
16	山陽清河阜寧安東各県挙人王恩繹等九名又歳貢江啓珍等十三名呈明誣陥縁由上道府公稟		
17	挙人孫歩逵呈明誣陥捏控上江督憲張稟		督
18	挙人孫歩逵遣子抱告孫為霖呈明慘陥仇手叩乞派委提省訊辦上江督憲張稟	九月二十三日	
19	山清阜安四県挙人顧震福等十余名陳明陳参令維藻私嫌報復請提省訊辦上江督憲張公稟	九月二十八日	
20	文生姚鴻福陳明被誣叩提集訊上江督憲張稟	十月初三日	
21	両江督憲張飭催委員桂守査訪稟復札		
22	督委桂太尊呈復孫歩逵被掲之案遵札査明業已稟復数月稟稿為呉道索観屢催不還陳令維藻実挟嫌誣掲上江督憲張稟		
23	陳参令維藻請釈放積匪猾賊顔東晟詳		

24	淮揚海呉道会同臬司請奏参挙人孫歩逵詳文		
25	山清安等県学界陳明陳参令捏稟聳詳請提省質訊上江督憲張電	十月	
26	呉道補発招告示	十月初二日	
27	顔東衛顔廷光顔承烈等被勾捏稟控詞	十月初三日～六日	
28	阜邑紳学界顧震東等十八名呈明官紳衝突実由李胡氏命案而起懇請昭雪公稟		藩
29	文生姚鴻福以被誣赴質叩求集訊免累上淮揚海道稟	三月	
30	淮安府六属紳学界致江蘇諮議局請願書	十月	
31	淮六属紳学界請保釈孫歩逵厳究陳維藻上各憲公稟	十月二十三日	撫
32	江蘇諮議局致蘇撫憲瑞電	十月十六日	
33	蘇撫憲瑞復諮議局電		
34	蘇撫憲瑞飭淮揚海道淮安府将桂守之査応守之判査巻録復札		
35	淮揚海道憲奭以孫挙老病陳令累詳空言無実惟李胡氏案較有関係上蘇撫憲瑞電		
36	挙人孫歩逵遣子抱告孫為霖呈請提省訊明昭雪上蘇撫憲瑞稟	十月二十八日	撫
37	蘇撫憲瑞奏参山陽県陳維藻請降補府経県丞片		
38	上諭	十一月初十日	
39	淮揚海道奭憲遵査呉道前詳與巻不符仍請提省審辦以昭折服上両院憲稟		
40	孫歩逵李淮等到蘇後迭次審訊堂諭		
41	孫歩逵請拠桂委奭道累次稟詳雪冤除害査提仮名並提陳維藻帰案訊辦先後稟		撫
42	蘇州府何太尊請将顔承烈等交保候訊並詰問奭道如何前詳不符桂守如何稟復詳文	宣統二年三月初一日	督撫

43	同郷京官面呈程雪楼中丞孫歩逵被冤一案雪略		
44	淮揚海道憲奭遵札査案稟復両院並咨臬司文		
45	孫歩逵請提陳維藻帰案訊明昭雪先後稟		撫
46	陳参令維藻以門丁陳栄（陳栄廷）是翁令延年所薦已函催査交稟		

○：批者不詳。

第十章　自理と上申の間
――清代州県レベルにおける命案処理の実態

寺田浩明

はじめに

伝統中国の裁判は、民が持ち込む揉め事に対し、民の安寧の総責任者たる国家・皇帝が適宜の処分を行い、それを通じて秩序全体を回復する総合的な作業として構想されていた。民は自己の抱える様々な苦衷を一括して国家に訴え、また国家の側も問題解決に際しては、公平な第三者として関係当事者間の利害の適切な折り合いどころを教示する仕方と、悪事を犯した各主体に天に替わって相応の罰を下す仕方とを、一つの裁きの中で必要に応じて併用した(1)。当然そこからは、私権の確定と刑罰の実行とを、その社会的内実において、あるいは国家権力の関与のあり方において原理的に異なる二事とした上で、それぞれのために入り口から出口まで異なる民事・刑事の二系統の裁判制度をあえて置こうといった発想法は出てくるべくもない。

ただ、ならばその裁きの中におよそ一切の制度的区分が無かったかと言えばそういうこともない。まず、いかに国家・皇帝が裁くと言っても、全天下の民が持ち込むすべての事案を皇帝一人で処理できるわけもない以上、官僚制的な分業は必須である。清代を例にとってみれば、民の訴訟はすべて州県長官（国家行政機構の最末端にあって民に直接接する立場ゆえに親民官とも称せられる。彼の管轄下には平均二〇万の人口が居る）の下にまず持ち込ませる。そして死刑・流刑・徒刑・杖刑・笞刑の五等から成る刑罰のうち、さすがに徒刑（有期労役刑）以上の本格的刑罰を必要とする事案（「重案」）については、州県長官には事実審理と適用条文を引いての刑罰原案作り（「擬罪」）をさせるだけで、後は上司の覆審に委ねさせ、最後に総督巡撫以上のしかるべき高官（民の生死がかかる死刑案件については実に一件一件皇帝その人）の最終判断を経て初めて刑の執行に移るという念入りな仕方が取られた（必要的覆審制）[2]。しかしそれとは反対に、杖刑以下の刑罰で処理ができるような、あるいは解決のためにそもそも一切の体罰を用いる必要すらないような事案（「戸婚田土の案」あるいは「戸婚田土闘殴賭博等細事」。もちろんこれらが訴訟事案の圧倒的大部分を占める）については、一転して事案を受理した各州県長官本人にその裁判を包括的に委ね切る仕方がとられた（「州県自理」と呼ぶ。ただ当事者側がその裁きに不満な場合には事案を自ら上司の下に「上控」することがほぼ無制限に許される）。後者の裁きにおいては、おのずと各当事者の訴えを良く聴いて（「聴訟」）それぞれの言い分に見合った「応分のもの」を各人に与える作業が中心となる。現代では民事裁判の形で処理されるような事柄が伝統中国ではどのように処理されていたのかという問題を、州県自理裁判を素材に論ずることはもちろん十分に可能であり、また正当でもある。

また各種事案の中でも特に「命案」（人死にが絡む事案）および「盗案」（窃盗強盗事案）については、州県長官は、事件の発覚後、即座に現地に赴き検死（档案史料では「験屍」と書く）や現場検証・関係人訊問を行い、その初動対応の内容を省内関係上司に一斉報告（「通詳」）することが求められており、またこれら「命案」「盗案」についてはたとい刑罰が徒刑に至らぬ場合でも必ず上司の覆審を経ることが義務づけられていた。(3) それゆえ制度どおりに進むなら、最小限「命案」「盗案」の二つについては州県長官が事案に接した最初から上記の戸婚田土の案とは別種の取り扱いを受けることになる。かつこれらの事案の処理においては、当該行為の悪性度に応じた適切な重さの刑罰を量り定めて執行すること（「断罪」）が中心的な話題となる。こうした犯罪発覚から取り調べ・法律適用を経て審理完了・刑罰執行（「完結発落」）に至る処理のあり方を、現代の刑事裁判のあり方と対比することももちろん十分に可能である。

しかも伝統中国国家はこの二つの事案処理方法の違いに対応して、裁判官（官僚）に異なった振る舞い方すら求めていた。すなわち州県自理裁判においては州県長官はその与えられた包括的な処断権を用いて自由自在・当意即妙な訴訟指揮をすることが許されまた積極的に求められる。それに対して命盗重案処理では、科される刑罰の重さについての全国的な画一化が求められるため、あらかじめ個別の犯情毎に科すべき刑罰を詳細に規定した成文法（律例）が制定頒布され、官僚達は上述の必要的覆審制（擬罪と覆審）の各段階でその援引（その作業を「擬律」とか「擬罪」と呼ぶ）が厳しく求められた。(4) 成文法の有無・判断の自由度だけに着目するなら両者の裁きのあり方は百八十度異なるかに見える。

そこで従来の伝統中国裁判研究は、一方では冒頭のような限定を付しつつも、他方ではこうした類比に基づき、またこうした差異に着目して、伝統中国の民事裁判・伝統中国の刑事裁判について繰り返し語り、それぞれの特質の分析に励んできた。(5) その過程で明らかにされたことはもちろん少なくない。しかしその二分法に慣れるあまり、清朝社会自身においても、すべての事案が最初から戸婚田土の案と命盗重案、州県自理事案と必要的覆審制事案に分かれて存在しており、そして前者については州県長官による自由裁量的な紛争処理が、そして後者に対しては律例に基づく厳格な刑罰付与の手続きがなされていたかのごとく考えてしまえば、それは清代にも民刑事二本立ての裁判制度があった（それを一人の州県長官が兼務していた）と論ずるのと実はほとんど違いは無いことになる。そして学説史の現状はむしろこれに近い。しかし本当にそれで十分に歴史の実態が被えているのだろうか。少なくともこの二つの間になお述べ残された部分が存在することは明らかである。事案の分類に即して言えば、まずは次の点が問題になるだろう。

すなわち、確かに命案盗案については事件発覚の最初から別途の対応手順が定められている。しかしそれらの捜査や裁判も圧倒的大多数は被害者側からの訴え（被害届）によって始まる。いかに命案概念が茫漠としているにせよ、少なくとも病死・単純な自殺・事故死は要上申事案ではない。しかし後述のとおり、当時の民達はそうした事案までもを人殺し事件であるかのごとく官に訴えた。持ち込まれた人死に事案が上申すべきなのか否かは実際には審理をしてみなければ分からない。命案盗案以外の重案についてはいよいよである。つまり、確かに最終処理結果について言えば州県自理か上申かの両種しかないのだが、その両種は最初から（あたかも事案本体が持つ本質のごとく）自明に分かれているのではなく、むしろ中間的ケースにおいてはその分離自体が州県レベルでの審問の所産なのである。あるいは上申されなかったものは州県自理の形で処理されるという側面から言えば、上申事案は州県における裁判を通じて「切り出され」て行くのである。ではその切り出しはどのようなプロセスを経て行われるのか。あるいは州県自理型の処理方法と上申型の処理方法とは、州県レベルにおいてどこまで、またどの部分が重なり、またどこで分かれて行くのか。その問題を再度州県の裁判実務にまで立ち戻り明らかにする余地と必要とがあることもまた言うまでもない。しかし我々はこれまで常識的な民事裁判像・刑事裁判像に見合うような両極部分だけに目を向け、この中間部分が孕

む問題を正面からは取り上げずに来たのである。(6)

そしてそれは史料的に見て理由の無いことではない。というのもこれまで州県段階の裁判のあり方を解明する際に最も良く利用されてきた十九世紀台湾の官庁文書『淡新档案』には、(7)人命や窃盗強盗をめぐる多数の訴訟文書が含まれ、また犯人の逮捕や護送・司法行政上の報告等をめぐって多数の上行文・下行文・平行文も見られるのだが、なぜか不思議なことに、事件の報告、験屍、通詳から始まり擬罪を経て正式に上申される正統的な上申裁判文書はついに一件も含まれていない。通詳まで行った事案は四件ほどあるが、犯人が最後まで捕まらなかったり、あるいは擬罪をする前に容疑者が監獄で病死してしまったりで、結局は上申には至らない。また強盗団の首領を死刑にしてしまう事案も二件ほどあるが、その死刑は「杖斃」という通常の裁判手続きには依らぬ即決即断型の例外的方式に依っている。(8)つまり淡新档案に依る限り、これらの事案処理のあり方を裁判制度論で言う「命盗重案」「必要的覆審制」と関連させて論ずる手掛かりがほとんど無いのである。当然そうした事情にある以上、上申されぬまま適宜の体罰や金銭和解で終わってしまうようなその他多数の暴力事件も、もっぱら暴力性が高い戸婚田土紛争として論ずる他ないことになる。(9)その結果、従前の刑事裁判研究においては、州県段階の審理像は、主要には上申文書中の記載から復元されたイメージで満たされる。しかし残念ながらそれらの記述はすべてすでに命盗重案として「切り出され」終わった所から逆算する形で（つまり上申事案は最初から上申されるべく存在するかのごとく）書かれている。上述の問題はかくしてそこで見失われることになる。

しかし、すべての州県档案が同じ事情にあるわけではない。今回の研究会において幸いにも四川省档案館所蔵『巴県档案』（同治朝）の「命案」部分のマイクロフィルム（同治朝分百リール中の第二リール半ばから第九リール半ばまで。案件番号No.1388からNo.2123まで、全七三六件、約一万八〇〇〇コマ）の閲覧の機会を与えられた。そこには総計七〇件ほど（すなわち全体の一割ほど）の上申案件が含まれている。[10] 残念ながら完全文書の数は非常に限られており、[11] かつ著者の検討もまだごく表面的な段階に止まる。しかしそれでも著者にとっては新たな発見が少なくなかった。そこで本章では上記档案からいくつかの事件を紹介しつつ、従来の研究では見落とされがちであった州県自理と上申との間にあるいくつかの問題を取り上げて論じてみることにしたい。

なお本章中では巴県档案は同治朝分に付された一連の案件番号（No. の後に四桁のアラビア数字）で示す。また一件文書の中の個々の文書については（鉛筆によるメモのごとき書き込みはあっても）正式の番号は振られておらず、かつ文書の現状は必ずしも年月日順に正確に整理されているわけでもない。以下に示す文書番号（アラビア数字で示す）は現状を前提に案件冒頭から並び順に文書単位で仮に付した私的番号であり単なる参考である。

第一節　上申事案の州県段階での処理

一、上申命案についての州県档案の内容

最終的に上申された事案について州県档案レベルではどのような文書が残るのであろうか。断片的文書も利用して全体的パターンを復元してみるならば、諸文書は以下のような三段階に分けられるだろう。文書番号を特定しての詳細な検討は後日に譲り、ここでは概要のみ簡単に示す。

まず最初に死者親族や団隣・郷約といった在地世話役から人死に事件発生を報告し同時に験屍を要請する「報状」（典型的な表題は「為懇験訊究事」）が出される。それを受けて州県長官（巴県知県。以下単に知県と呼ぶ）側から験屍命令

書「票」が立てられる（档案に残るのは原則としてその原稿のみであるが、〈命案〉No.1478には「験票」の実物が挟まっている）。そして験屍現場では、「勘得」という語で始まる現場検証記録、および「験得」で始まる験屍記録が作られる（験屍内容を所定の枠に書き込んだ公文書「験屍格」が附属していることも無いこともある）。そしてその後にはあらかじめ上記の「票」によって験屍現場に呼び集められた事件関係者（原告被告証人）を相手に行った訊問記録が続く。文書では訊問予定者の氏名を列挙した名簿（「験訊名単」）がまずあり、当日現場に来なかった者については氏名の下に「不到」などと書き込まれる。訊問調書（「録供」）は、「誰某の供述に拠れば云々」という形で供述内容が一人ずつ（あるいは時には数人分まとめて）整理した形で書かれる。訊問終了後に屍体の受け取りと埋葬が行われる時には死者親族側から知県宛に「領屍状」が出され、また必要な場合には訊問を受けたその他の人々も「結状」（誓約書）を書いて差し出す。ここまでが験屍現場関係の文書である。

ついで幾らか日にちをおいて法廷（州県衙門）で行われた訊問関係の文書が並ぶ。内訳は、まず召喚状の原稿があり、そして法廷が開かれると上記と同様の「覆訊名単」と「録供」が作られ、閉廷後には出廷者のほぼ全員が（一人ずつ、あるいは数名が連名で）「結状」を提出する。(12) 結状の内容は、訊問を通じて確認された主要内容を自らの名の下に復唱するものであり、当然ながら各人の結状内容はほとんど同旨である。ただ法廷訊問の内容に不足や不満がある場合にはその後に出廷者や関係者から訴状（「呈」や「稟」）が出され、必要に応じてまた法廷が開かれる。それが何度繰り返されるかは事案毎に違うが、簡単な事案でも験屍現場でのそれを含めて三回ほどの訊問記録が残るのが普通のように見える。そして法廷訊問を通じて事案の全容がほぼ解明されると、最後に上申すべき犯人一人を引き出して最終確認のための訊問の場が設けられ、そこでも「名単」と「録供」が作られる（犯人の画押付きの「結状」がそれに付随することもしないこともある）。

そして最後に以上を踏まえて上申関係の文書が作られる。本体文書たる「詳文」（事件の顛末とこれまでの審問内容・供述記録を詳細に記述した後に擬罪をする）及びその送り状「申」の原稿（両者合わせて定型的な便箋に書かれ冊子状になっている）がその中心をなすが、当然犯人を府に護送（「招解」）する際の文書もあり、時にはその護送費用（「解費」。犯罪者の関係者に負担が求められる）の調達をめぐる紛糾を伝える文書（〈命案〉No. 1475）があることもある[13]。

そして冒頭で問題にした「通詳」は、当時の制度では事件発覚後十日以内に行うこととなっていた[14]。そして実際、巴県档案同治命案の中でも確かに事件発覚後十日以内の日付を持つ（文書の順番で言えば、験屍現場における訊問記録の後、法廷での訊問記録の前に当たる）通詳の原稿例を見ることができる（例えば〈命案〉No. 1667[15]）。ただ事案を見て行くと、事件発覚から通詳まで相当の時間がかかっている〈命案〉No. 2059のごとき例もある。州県レベルにおける命案処理の実情を知る一つの手掛かりでもあるので、この一件については少し詳しく事案内容を紹介しておくことにしよう。

残念ながらこの案件は明らかに前缺しており、当事者達が事件発生を告げてくる諸文書が欠けている。そこで同治一三年六月二四日の法廷訊問調書（文書21。これが本文書中に現れる最初の訊問調書である）から事件の顛末を復元すれば、同年五月一四日夜半（なお一部の文書ではこれが二一日と書かれる）に、覃洋生（十五歳）が、陳秋田の家で、さる事情から鄭元（二十八歳）に指図された五人組に殴りつけられ縛られ拉致され、解放して欲しいなら身代金八千文を払えといって別所に監禁される。その場は仲裁者が入り、暴行の原因になった事情については怪我が治ってから改めて調停しようということになり、覃洋生は身ぐるみを剝がされたものの助け出され自宅に連れ戻される。ところが困ったことに五月二五日夜に覃洋生は受けた傷が悪化して死んでしまう。二七日には覃家から事件発生を報じ験屍を要求する訴えがなされ、また在地の世話役を勤めていた許姓や王萬一らからも同日に事件の報告がなされ、六月一日に験屍が行われる（その文書23「験屍格」が本案件中最も早い日付を持つ文書である。なお後の文書からはこの験屍現場で第一回目の関係者訊問が行われたことが明らかだがその訊問調書も缺落している）。王萬一がこの験屍段階ですでに殴った男達の何人かを捕まえて突き出しており、逃げていた残る男達全員も程なく逮捕される。そして覃洋生に致命傷を与えたのが最後につかまった鄭潤（三十歳）であることは、相当に早い段階で確定する。これだけ情報が揃っているならすぐにでも通詳ができそうなものだが、しかし通詳の原稿（文書22「詳冊摺稿」およびその送り状・文書17「申文」）が書かれるのは、事件発覚から三ヶ月経った八月一九日になる。

単純そうな事件なのに通詳にここまで手間取った理由は残る文書を読むとはっきりする。すなわち、覃洋生が何故鄭潤等に殴られたのかについて、多くの証言は、覃洋生が鄭元の妻と姦通しており陳秋田はその逢い引き場所の提供者である、それを知った鄭元が知り合い達に頼み陳秋田の家に乗り込み覃洋生を殴り捉えさせたのだという事件像を描く。それに対して死んだ覃洋生の族長である覃純斎（五十六歳）は、六月二四日の法廷訊問ですでにそもそも覃洋生は陳秋田の家に借金を取りに行ったところを暴行拉致されたのだという主張をしており、そして六月二八日には（おそらく先日の法廷訊問の際に一部証人が行った、鄭元は男五人組に頼む前に市場世話役の許姓の者にも声を掛けたという証言に触発されてなのであろう）この暴行拉致事件の「主謀者」は当地の「客長」（市場で客商を取り締まる立場と思われる）を勤める許一堂（二十六歳）であり、王萬一もその一味だと主張する稟（文書2）を知県宛に出してくる。それに対して許一堂・王萬一の側も七月一日に覃の訴えの陰には訟師が居ると反論する。そこでその膠着を打開すべく、知県は七月二二日に法廷を開き関係者を召喚するが、言質を取られるのを嫌ったのか覃純斎も許一堂も王萬一も、要は裏側にいる主要人物は誰一人出頭しない（文書4と5）。そこで知県は改めて欠席者に対する召喚令を出す（文書6）。そうしたところ今度は許一堂の側から、実は覃姓は我ら許姓と従前から市場の支配権を巡って対立しており覃姓はその過程で失脚した、覃純斎はその昔年の恨みを晴らすために今回の事件を利用しているだけだと主張する詳細な稟が、古文書を添えて出されてくる（文書7と8）。多数の証言は許一堂の主張を裏書きするが、反面もし覃純斎の言うとおりなら許一堂も何らかの罪に問う必要が出てこよう。この論点を処理しない限りは、あるいはより端的に言えば、強くそう主張して止まない覃純齋を何とかして黙らせられない限りは、知県としてはこの事案を処理しようもない。

そこで知県は八月六日に開かれた第三回目の法廷で、許一堂を（殺人事件の主謀の咎ではなく）先の法廷不出頭の咎で掌責し「客長」の地位から解任し、おそらくはその取引の代償として、覃純斎にも、許一堂が主使した事実は無く、覃洋生は姦通した結果として夫・鄭元の仲間に袋だたきにされただけであるという事件像を飲ませることに成功する（文書11の訊問調書、および文書13から15までの各当事者による結状）。これでようやく事件関係者全員の間で、あれが一体何の事件だったのかについての認識が一つに揃い、残るは致命傷を与えた主犯・鄭潤に殺人の罪を、また覃洋生と姦通した鄭元の妻にその姦通の罪を償わせるだけだという状態に漕ぎつける。ここまで来るのに事件発生以来、二ヶ月以上も時間がかかってしまう。

しかし知県はなぜかそれでもまだ通詳に踏み切らない。その後押しをしたのは皮肉にもその一週間後の八月一三日に覃純斎達が巴県を監督する重慶府知府に対して出した告状（文書16）であった。その中で覃純斎は、つい先日自ら出した結状内容にもかかわらず、本当に姦通ならなぜ拉致監禁したりせずにその時点で官に突き出さなかったのかと言って姦通云々の一切の事情を許姓一味による捏造とした上で、先回同様の許一堂主謀説を再度繰り広げる（そして許姓がかつて自分に仕掛けた「陳席珍捏誣之案」なる県学への資格外就学事件訴訟との併合審理を求める）。事件の存在自体をそこで初めて知った重慶府知府は、その告状に対する処理意見（「批」）の中で、巴県に対して事案審理を命ずると同時に、例に照らして通報（通詳）することを命ずる。それを受けて知県も腹を固めたのだろうか、八月一九日に、先の八月六日の訊問調書を基礎とした通詳を行い（文書22）、また九月三日には犯人・鄭潤を獄から引き出して再確認の訊問を行い（文書24、25）、罪状自認の「結状」を書かせその文書末尾に鄭潤の左手食指を押印させる（文書26）。その動きを見た覃純斎等は九月六日に再び執拗に、許一堂が法網を逃れているのは耐え難い、「陳席珍捏誣之案」との併案を望むという訴状を巴県宛てに出してくるが（文書27）、知県は上申処理はすでに済ませた（「案已擬辦、毋庸多瀆」）と言ってもうそれには取り合わない。そしてその勢いで九月一〇日には早手回しに擬罪をした詳文稿（文書15）まで書いてしまう。[16]その後に先の通詳に応える仕方で重慶府を通じて総督の「按擬招解せよ」との命令書が下り（文書18。一〇月一二日付の「札」。一〇月一七日に巴県に到来）、また一〇月末には重慶府の上司・河東道（覃純齋がさらに上控をしていたのだろう）からの審理命令書などが下ってくる。しかしもはや実際に法廷は開かれることはなく、一一月一六日に鄭潤は先の上申書と一緒に府に護送されてゆく（文書20）。

最初から明々白々な闘殴殺事件として持ち込まれ、そして最終的にはちゃんとその形で擬罪上申される事案であっても、途中には案外にゴタゴタとした展開が挟まっているものらしい。

二、訊問過程で実現されるもの——戸婚田土事案処理との類似性

これまで刑事裁判の取り調べ（事実認定）段階の特徴については、滋賀秀三氏による次のような犯人からの自白取り付けを中心においた性格付けが広く受け入れられてきた。すなわち、当時の制度では刑罰を執行するためには当事者の自白があることが必須であった。それゆえ初審裁判官たる州県長官の仕事は、「行為をめぐる真実は、行為者本人が最も良く知っている。その本人の心服をかちとって、その口から真実を語らせること、それが裁判官の任務であった」、と。[17]しかし上に見た州県裁判の実態はこの文章が与える印象とは随分と異なる。

本件では覃洋生に致命傷を与えたのが鄭潤であるという中核的事実自体は、鄭潤本人まで含む全関係者が最初から認めており、その点はかえって最後まで揺らがない。本件が通詳まで手間取った最大の理由は、もちろん、覃純齋等の動きにある。しかもそこで問題になったのは、鄭潤の行為事実というよりは、むしろこの事件の社会的な位置づけであった。すなわち鄭潤も含むほとんどすべての関係者は、この殺人事件を妻の姦通をめぐる夫グループの姦夫に対する単純な暴行事件と位置づける。ところが死者側族長の覃純齋等数人だけが、鄭潤は姦通ではなく借金取りのために陳の家に行きそこで暴行を受けたのであると主張し、さらにその暴行の裏側に許一堂の指嗾を言い立てる。行為事実だけ言えば、どちらにしても鄭潤が覃洋生に致命傷を与えて殺した闘殴殺であり、また刑罰の重さだけを言うならば、どちらの背景事情を言い立てようと鄭潤の刑は「絞監候」で変わりはない。ただ覃純齋の主張を認めれば許一堂が殺人に何らかの関わりを持つ可能性が生まれ、また覃純齋の狙いもそこにこそある。そして真実がどうであれ、いったん覃純齋が上記のような主張を行い、そしてそれに弁明すべく許一堂が知県に対して市場支配を巡る両家間の積年の因縁の説明をまでしてしまえば、それだけで事件は一定の社会的文脈の中に置かれてしまうことになる。これは個人的事情に基づく偶発的単発的な闘殴殺事件なのか、それとも両家の間の大きな争いの中の何かの一部なのか。覃純齋等の訴えは、単に敵対勢力が起こした偶発的事件で自家に人死にが出たことを奇貨としてそれを自家の勢力拡張の一齣として利用しようとしているだけなのか、それとも逆に許姓側が何かを隠蔽すべく最初から動いているのか。今回の知県の精力の大半は、犯人相手の自白取りなどではなく、その点の整理に費やされる。そして何回かのやり取りを経て八月六日の法廷訊問において、ようやく覃純齋に「事件は姦通犯のリンチの行き過ぎで生じた偶発事件に過ぎない」という事件像を飲ませ、事件を両家の社会関係から切り離して単独で処理する道を開くことに成功する。しかしそのために使われた手段はかえって、許一堂を客長から解任するというそれ自体が両家の社会関係そのものに関わる処置であった。

そして数次にわたる訊問の過程では、事件と事件関係者に対してこれ以外にも様々な処置や調整が行われる。当然犯行と無関係と分かった人々を順次釈放（「當堂省釈」）し、また暴行犯をその都度「笞責収押」したりといった処理をする他、第一回目の法廷では、早々に事件報告してきた許家関係者が、何故覃家と一緒に「協報」せずに「先行来轅呈報」したりしたのかと掌責される（この意味づけについては後述）。また第三回目の法廷では、上記の覃姓許姓間の証言合わせだけではなく、同時に拉致監禁騒動の時に奪われた覃洋生の所持品の返還と受領も行われる。そして訊問を重ねる中で事実に関する供述も少しずつ変化してゆく。最初は率先して妻を殴ったと証言していた鄭元は、後には単に五人のあとを付いていっただけになり、また最初の段階ではあった当初の拉致監禁時の金銭要求部分は後の供述からは次第に消えて行き、それに伴い解放に入った仲介者の役どころも変化する。また「姦通なら何故にすぐに官に突き出さなかったのか」という覃純齋の指摘を受けてなのか、最後には当初起こった事態自体が拉致監禁などではなく、姦通について官憲に突き出そうとしていたところ（「正要送究」）に仲裁役が割って入ったという形にまで整理されてしまう[18]。

訊問を重ねる中で、事案の枝葉部分はその場その場で適宜の処理を加え処理済みとすることでストーリーの中から外され、また事件本体についても供述側を部分的に修正したりあるいは事実の側を一括して変容させたりすることで簡略化が図られる。そしてそうした加工を経たシンプルな事件像が八月六日の法廷で鄭潤をも含む出廷者全員によって共有され、また同日に出された結状で裏書きされる。

そして刑事裁判の末端現場で行われることがこうした諸供述間の整理統合作業であるという事実自体は、実は一〇年以上も前に唐澤靖彦氏が論文「話すことと書くことのはざまで——清代裁判文書における供述書のテクスト性」の中で、刑部現審档案に即してすでに説得的に指摘していたことでもあった。すなわち、時系列で積み重ねられる訊問調書相互の間には「関係者達が語る様々な物語りを統一しようとする力」が働いている、あるいは「供述書における官の言語操作は、すでに官によって決定済みの案件の性質を当事者の声によって再言明しつつ、本来なら多面性を持つ事件という出来事を、唯一の相貌のみを見せる物語のヴァージョンへと統一していくためになされるのである」[19]。今回の命案処理において知県が法廷で関係者（特に覃純齋と許一堂）を相手に行っていた作業もまさに「関係者達が語る様々な物語りを統一しようとする」作業に他ならない。これまでの中国刑事裁判史研究は、この唐沢氏の先駆的な知見を十分に生かしてこなかったと言える。

ただいくらか皮肉なことになるが、その間に中国法制史研究は、民事裁判の分野において次のような理解に行き着いた。すなわち滋賀秀三氏は、その長きにわたる民事裁判研究の最後に次のような民事裁判像を提示した。民事裁判の目的地は「事実清楚・是非分明」にある。「〈事実清楚・是非分明〉とは、解りやすく言うならば、事の真相をめぐる各当事者の主張・認識の間の溝が埋められ、ほぼ同様の認識が各当事者に共有されるに至った状態を言うものに外ならない」。「己内面の心証形成でなく、自己と当事者・関係人など衆人にとっての共通認識の成立、これこそが聴訟手続の中核的目標なのであり、裁判官は何をしてでも宜しいからこの目標に迫るべきであったのである」[20]。そしてこの記述の一つ一つが上に見た知県の姿に当てはまることもまた驚く程である。

法廷訊問と結状作りは、当事者がこもごも語る供述を裁判官が加工調整をしつつ一つのストーリーにまとめ上げ、そのまとめ上げたものを再び当事者達に自己の供述として語らせるという手順で進められて行く。その実態を踏まえれば、滋賀氏の言う「事の真相をめぐる各当事者の主張・認識の間の溝が埋められ、ほぼ同様の認識が各当事者に共有されるに至った状態」という中核的目標へ向けての裁判官の営為と、唐澤氏の言う「本来なら多面性を持つ事件という出来事を、唯一の相貌のみを見せる物語のヴァージョンへと統一してゆく」地方官の営為とは、実は同じことの両面である。すべてが指し示している方向は明らかであろう。つまり刑事事案処理でも、狭く擬罪以前の段階、知県が法廷で当事者社会を相手に行う段階について言うならば、行っていることの本質は民事裁判とそれほどには変わらないのである。

そしてその共通性は、文書全体のあり方からも裏付けられる。もちろん、験屍関係の諸文書および上申関係文書は命案に特有である。しかし最初に民が事件発生を告げてくる「報」の書式は、実は聴訟における訴状と実質的に同じであり（形式上の差異は、訴状では「呈」字が書き込まれる個所に「報」字が書かれているだけである）、その書状末尾に知県が「批」を書き込むことで自己の所見を示し処理方法の指示をする点も戸婚田土事案処理の場合と変わりない。また法廷訊問関係の諸文書（召喚状の原稿、名単、録供、結状）についてもその形式は良く知られている州県自理の場合のそれと特段の違いはない。命案でも戸婚田土事案でも、訴えはまずは民からもたらされ、裁判に際しては関係する人間が広く呼び集められ、小さくは事案の個々の細部について、大きくは「あの事件は在地の社会関係の中にあって、どういう事件だったのか」（あるいは、どういう事件だったことにするか）について認識の摺り合わせが行われる。[21]そしてどちらの場合も、一回の法廷訊問で話がまとまらなければ、不満な側が（あるいは双方が）先の法廷では「未だ尽くさざるの情」があると述べ立てて訴状を出し、それを受けて次の法廷開廷への手続きが取られるし、また州県長官のやり方に不公平さを感ずれば当事者は審理の途中でも遠慮無しに上控し、上司がそこに介入してくることになる。

そしてそうした共有ストーリーの形成作業と並行して、登場各人物に適宜の体罰や経済的な利益不利益を割り振る作業が行われる。そして戸婚田土の裁判ではそのストーリー共有の達成それ自体が紛争の解決と同じものになる（堂諭に対して皆が「甘願してそれに遵う」旨の同旨の遵依結状を提出した段階で、すでに争いは実質的に終わっている）。それに対して命盗重案の裁判では、そのストーリーの一部・一環として犯罪行為の認定とその処罰の契機が存在するので、犯人以外の関係者が散じ終わった後にも、その刑罰の具体的な重さの決定とその実行のための作業（擬罪と上申）が官僚制内部でなおその後に引き続く。(22) 逆に言えば、擬罪以降の諸史料で出てくる犯罪者と犯罪者の行為というのは、こうした作業を通じて切り出された結果である。

三、招状の不在——自白の問題

滋賀氏は上記の自白取り付けを中心とする刑事裁判像に対応して、文書レベルでも次のような説明を行う。「かくて裁判官の胸に一つの心像が固まり、犯人も真相を吐き尽くしたと判断される状態に至ったところで、改めて罪状を一定のスタイル〔ここに原注がありそこでは「不合（申し訳なくも）」字が多用されることが指摘される〕を持った整った文章にしたため、これを本人に読み聞かせてその画押を取る。これが「招状」であり、……この招状はもはや単なる調書・記録ではなくして、罪状自認の意思表示である」(23)。そこで言われる「招状」とは、清初の官箴書の中に見える「一、問し得たり。一名犯人某。年は若干歳。某府某州某縣某都圖の籍貫に係れり。状もて招（じはく）す。某年月日、不合にも某と云云、某は各々不合にも云云……。當りて一干の犯証を提弔（よびだ）して到官せしめ、堂に當りて研審するを蒙る。口供云云を録取して巻に在り。云云の各情を審得するを蒙り、允服して詞無し。……結する所これ実たり。某年某月某日　招状人某某、背押」(24)といった犯人の画押付きの文書書式を指している。

そこで今回、上申事案の州県档案に恵まれたのを機会に懸命に探してみたのだが、巴県档案同治命案の中には、滋賀氏の論文の中に描かれるがごとき名称と形式を持つ「招状」の現物をついに一枚も見いだすことができなかった。

もちろん、それは自白調書に類する書類が一切無いという意味ではまったくない。例えば今回の事案でも、通詳の後・擬罪の前の九月三日に犯人鄭潤一人を法廷に引き出して改めて訊問し、本人の画押のついた文書（文書26）が取られている。手続き的にはそれがおそらくは滋賀氏上述の「招状」に相当する位置に立つ。しかしその文書の表題は「結状」であり、また書かれる文章の全文は「具結状人　鄭潤。今、大老爺の台前に於いて結状の事の為にす。情は覃純斎等が「報じて験究を懇う」を以て具報せる覃洋生身死の一案、恩もて験訊明確するを沐（こうむ）る。覃洋生の屍躯は實に蟻（じぶん）が鉄炭条を用いて毆傷身死するに係り、並べて別故なし。蟻は結を具して案に備え中間に虚は無し。状を結すること是れ實たり」というだけの非常に簡単なものである（そしてこの文書にもその他の結状と同様に「准結」という知県の批が書き込まれている）。招状に特有と言われる「不合」字が用いられることもなく、それどころかこの結状自体の中には、同日に法廷で取られた訊問調書（文書25）の中にはなおある「今五月間、覃洋生が鄭元の妻子の鄭劉氏と通姦するに因り、小的を邀えて往きて捉え、覃洋生をば毆傷身死す」という肝心の闘殴の背景や原因すらも記されていない（この程度では肝心の「本夫の為に糾往して姦を捉え姦夫を殺死す」という本件擬罪の根拠にすらなり難かろう）。そもそもこの文書一枚の中に事件の全体を代表させよう、あるいは罪人本人のする自白調書の形で事件全体を総括しようという気持ち自体が最初から無いのである。

こうした巴県档案同治命案における独立した招状の不存在をどう考えれば良いのだろうか。

前項における分析を踏まえれば、まずは裁きの本質レベルで次のような指摘が可能だろう。すなわち滋賀氏の自白論の背後には、裁判官―犯人―犯行事実の三者を一直線に並べ、裁判官が犯人からの自白取りを通じて事案の真相に行き着くかの図式が見て取れる。そして常習的な犯罪者（社会の敵）が起こす強盗殺人事件などについては、犯人の行為事実イコール罰すべき罪情であり、その種の議論も確かに成り立とう。しかし上掲事例のごとく加害者被害者間にあらかじめ社会的文脈がある所で起こる人命事件（そして言うまでもなく大部分の殺人事件はこれに当たる）では、事件はそれまでの社会関係の一部として起こり、またその解決自体が今度は次なる社会関係の一部になる。上掲事案において犯罪部分を犯罪部分として切り出すこと自体がすでにして争点になってしまうとおり、そこでは犯罪事実というものが客観的に存在し犯人当人の自白を静かに待っているというわけでは決してない。裁判を通じて探求されることは、客観的事実の解明それ自体というよりは、むしろその社会関係の流れの一齣として埋め込まれるべき事件像の共有、あるいは全員が共有できるような事件像の確立であり、そして本人の翻異を封じまた関係者の上控を封じ上申文書の安定度を支えるのも最終的にはこの共同認識の確立度に他ならない。

もちろんその場合でも刑罰を食らうべく上申・護送されてゆくのは犯人一人であり、その科刑について犯人自身のする罪状自認がなお制度的な基礎付けとして遇されたことは間違いない。その必要に応じて、上掲事案でも鄭潤一人を引き出して罪状自認文書は作られる。しかしそこで語られる犯罪内容は鄭潤一人で確定されたものではなく、むしろ裁判官が当事者社会を相手にして共同的に確立定位したものであり、犯人の罪状自認は（もちろん枢要だが、構造としては）その一部・一環として存在するに過ぎない。それゆえ本事案で擬罪を裏付ける中核文書は何かを論ずるなら、それは八月六日の全関係者の訊問調書（文書11）と言う方が相応しく、むしろそこで得られた一つの事件像を各当事者側からそれぞれに確認する文書として許一堂・王萬一・覃純斎等の八月六日付の結状と、鄭潤の九月三日付のこの結状が並んでいるという方が素直な理解に近い。仮に知県に対する「心服」を語るにせよ、それは犯人一人の心服ではなく、関係者全員の心服である。罪状自認が法廷後に取られる結状に類似すること、より正確に言えば、法廷供述（訊問調書）・関係者の結状・犯人の結状が一体不可分な形で存在していることは、むしろこの事態の本質の素直な現れなのである。

ただもちろん、これだけでは、巴県档案同知命案中に独立した招状が無くても不思議ではないというだけのことであり、何故無いのかという積極的理由にはならない。その問いに答えるためには、おそらく谷井陽子氏が先に論文「做招から叙供へ――明清時代における審理記録の形式」[25]の中で指摘したような明清間での上申文書形式の変化という、より大きな歴史的変動を考える必要があるのだろう。豊かな成果の中から本章に関係する論点だけ紹介すれば、明代から清代にかけて裁判結果を総括する文書（重案について言えば上申文書）のあり方が大きく変化する。明代においては、主犯（「招主」）を物語りをする主体として「一、問得犯人一名□□□、年□□歳、係□□□縣人。状招：……」といった形で全犯罪事実を再構成する仕方が取られる。しかし清代に入ると次第に冒頭から時系列に従って験屍現場や法廷での関係者の（口を揃えて同じ事を語る）録供をひたすら列挙し、その中で事案事実を再構成する仕方が現れてくる[26]。そして上掲の『未信編』に掲げられる（あるいは滋賀氏の自白論が想定する）当事者が画押する「招状」は、明らかに招主中心型上申文書に照応する。そしておそらく明代から清初までの裁判実務の中では、実際にもこの形の文書が取り調べの最終段階で作られ、それを踏まえる仕方で詳文も書かれたのであろう[27]。しかし事案の顚末を訊問調書の積み重ねの形でそのまま提示・上申することが許されるようになるならば、その前提としてこの型の招状を取り揃える益は激減する。そして実際、巴県档案同治命案に含まれる詳文はどれもが録供列挙型で書かれているのである。谷井氏は上申文書に供述内容が詳細に記されるようになる背景として、主に中央による末端裁判実務に対する統制強化の側面に注目するが、末端側の裁判実務の側面から言えば、上申情報量の増加に伴い当初から末端で存在している共同認識的実態がそのまま上部にまで持ち込まれるようになったという側面もあるのだろう。

どうやら清初官箴書に載るような「招状」書式は、事実認定・取り調べの本質（自白中心主義？）が生み出す書類と考えるより、むしろ単純に事案上申の形式が現場に要請した書式だと考える方が適当なのかもしれない[28]。あるいはより一歩進めて言うならば、自白重視論の背後にある、国家権力を体現して州県長官が犯罪者に立ち向かい、犯罪者に自らの罪を認めさせることを通じて事件の真相全体（客観的事実）を解明するというイメージ自体が、明らかに擬罪以降の刑事裁判史料から逆算された刑事裁判像（あるいは社会的文脈を欠いた常習的犯罪者の処罰の場合についてだけ当てはまるような刑事裁判像）なのであり、そしてその裁判像こそが命盗重案処理と戸婚田土細事処理との間にある右のような類似性をこれまで見失わせて来たのである。そして事態をこのように整理すると、次のような命案の処理方法が占める位置も見えてくることになる。

第二節　上申されない命案の処理方法

一、自殺や事故死として処理された案件

巴県档案同治命案にも、淡新档案と同様に、確かに人が死んではいるが殺人事件としては立件されない（それゆえ上申もされない）事案が多数含まれる。その中には渡し船の転覆事故で水死者が出た、路傍あるいは旅館で無名の行路病死者が発見されたといった事態に際して、関係者が死亡事故発生の顚末を県にあらかじめ届け出ておくものも含まれる。(29) しかしよく目に付くのは、むしろ被害者親族による験屍要請から始まる事案である。比較的に短い案件を三件、最初に紹介しておこう。

〈命案〉No.1401は、嫁に行った妹が病気で死んだという知らせが四日前に来たので見に行ったら彼女はすでにお棺に入れられており口鼻に血痕が見えた、ぜひとも験屍をして欲しい、という実兄・王興成（二十七歳）からの同治元年閏八月九日付「報状」で始まる（文書1）。知県はその報状に対して、お棺に入っているのにどうして血痕が見え

たりするのか、これは「強請りたかりを狙って嘘の訴訟を起こしていることは明らかだ（顕係藉死図索、砌詞妄控）」と批を付しつつも、同時に法廷を開くための召喚状を即日起草させる（文書2）。しかしその後、同月二二日に、今度は嫁入り先の父から、嫁は結婚当初から病弱で自殺願望があり先日首つり自殺をした。そこで直ちに嫁の母を呼んで屍体に傷が無いことを見て貰い、またその時に「埋葬銀」として二五千銭を彼女の後夫に渡した。王興成等はその中から八千銭を貪り取ろうとして上手く行かなかったので、今回別途金銭をこちらから取ろうとこの訴えをしているのだという反訴状が提出される。二ヶ月ほど経た一一月四日にようやく法廷が開かれ、王興成はそこでも当初の主張を繰り返し、妹を験屍して何も無かったら罪に服するという結状まで書く（文書6）。そこでやむなく一週間後に腐乱遺体を相手に験屍が行われるが（文書7）、結果は単なる自殺と出る。そこで遺体は嫁入り先が引き取って埋葬することになり（文書10）、またさらに一月後に開かれた法廷で王興成は強請を認めさせられ「掌責鎖押」の罰を言い渡される（文書11、12）。

〈命案〉No.1468では、同治三年一月二九日に七十歳の老未亡人が、自分の姪（亡夫の兄弟の息子）の羅廷萬（年齢不詳）が借金取りに行ったところ相手の胡松榮（四十二歳）と揉み合いになり、羅廷萬が転んで頭を打って死んだので験屍をしてくれと求めてくる（文書1）。知県はここでも直ぐに現場検証と験屍を行うことを決め、験屍をするので現場に関係者を呼び集めておけと命令をする原稿が二月一日に作られる（文書2）。しかし二月六日に加害者と名指しされた胡松榮から、羅廷萬は実は別の場所で自分で躓き転んで死んだだけである、その後に羅一族の者がその屍体をわざわざ私の土地内に運び込み、お金をゆすり取ろうとしたが失敗したので、あの訴えを出してきているのだという反訴状が出される（文書3）。そして翌七日には、興味深いことに死んだ羅廷萬の実兄達からまで、弟は自分で転んだので誰にも咎はない（「與人無尤」）、弟の遺骸が暴露されるのは忍びないといって「免験」（験屍免除）の願いが提出される（文書4「擱状」）。急転直下、事態が沈静した理由は、召喚のために現地に行っていた差役が翌日出してきた覆命書（文書5）で明らかになる。すなわち「胡松榮は葬費銭五千文を幇給し已に和案せり」。どうやら訴えの後に当事者間で金銭和解が成り立ったらしい。ただ知県はそれでもあえて三月三日に法廷を開く。しかしそこに並ぶ訊問調書や結状の内容は羅廷萬が自分で躓き転んで死んだことの確認だけで、「葬費銭」五千文の話は最後まで公式には出てこない（文書6～9）。

〈命案〉No.1477も、自分の弟の劉先華（年齢不詳）が施大興（六十五歳）に棒で頭を殴られて三月二六日に死んだので験屍をして欲しいという同治三年四月一一日付劉先榮（五十歳）の「報状」で始まる（文書1）。知県はその訴えに対して、殴られた原因も書いて無く、何より死後二週間も経ってから験屍を求めてくるのはいかにも怪しい、強請が失敗したので訴訟をしてきたのだろう（「顕因事後搕索未遂、□〔捏？〕詞聳聴、已可概見」）と批を付しつつも、ここでも即日験屍準備を命ずる（文書2）。すると翌日、暴行犯と名指しをされた施大興から、「その劉先華は三月二五日に私の畑に忍び込んだ作物泥棒であり、追い払ったところ自分で躓き転び怪我をし二七日に自分の家で死んだのである。親族が金をせびりに来たので翌二八日に、団隣の勧めに従って、彼らの貧苦を憫み銀二〇両を支払いすでに息事した。ところが劉先榮達はそれに味をしめさらにお金をゆすり取ろうとこの訴えを出したのだ」という反訴状が出される（文書3。文書11の三月二八日付劉先榮名、団隣立ち会いの「領屍埋葬文約」は、その金銭授受に際して劉先榮側が出した文書であり、この反訴状と一緒に提出されたと思われる）。施大興の佃戸の陳春山等も数日後に同様の訴状を出して施大興の応援をする（文書4）。その後、五月三日に両者から訴状の応酬がなされ、劉先榮側の要求金額が五〇両という途方もない額だったという話までが暴露される。同日開かれた法廷では結局は施大興が言うとおりの内容（すでに銀二〇両で和解は済んでいる）が全員で確認され、これ以上騒ぎ立てないという結状が双方から出されて事案は終わる。

以上に三例だけを挙げたが、実は巴県档案同治命案の全案件の半ばはこの形だと言っても過言ではない。そしてそれら金銭的解決案件の背後には共通して次の二つの要因が見て取れる。

一方にあるのは、言うまでもなく死者親族側の執拗な経済的要求である。確かに中には死者親族が強引に金銭要求をし結局「藉屍図索」として処罰されて終わるだけの例もある。しかし人が異常死した以上は誰かに何らかの咎はあるはずだという発想が当時の人々に色濃く分け持たれている以上は、なす術もなく人を死に至らしめてしまった責任を死者周辺の人々に問うことにも理が一切無いわけではない。特に死者親族が貧しく埋葬費も出ないといった背景を持つ場合は、何らかの要求があれば強者が弱者を憐れんで見舞金を出すのはむしろ社会的には奨励されるべきことに属する。例えば〈命案〉No.1914では、借金取りに行って殺されたという訴えと単なる首吊り自殺に過ぎぬという反訴が衝突し、知県は験屍を行いそれを自殺と認定しかつ死者親族側を「捏報命案」で掌責までするが、同時に「死於非命」を哀れんで加害者側に「超度之資」八千文を払わせる処置をもとる。

そして他方にあるのは当然、支払う側の弱みである。上述のごとく人が死ねば周囲の人々はそれだけで最低限の社会的な弱みを持つ。そしてここでは国家は一般にまず死者弱者側に立ってその冤抑を伸ばすことを旨とするので、国法はその弱みをカバーするのではなく、むしろ時に強める方向で作用する。人を自殺に追いやった者の罪を問う「威逼人致死」条（刑罰は杖一百、埋葬銀一〇両を屍者の家に給す）がある以上、自殺されただけでも関係者には刑事犯罪人、最低限その容疑者にされてしまう危険性が常につきまとう。一〇両内外でそれら一切の面倒から免れられるなら、言いがかりを付けられた段階で自分の方から一〇両を支払って済ませる方が話は簡単である(30)。そして事案内容によっては、時には握られている弱みはその程度には収まらなかったように見える。と言うのも巴県档案のこの種の事案には、験屍で重傷を認定しつつしかしその傷は自分で躓き転んでつけたものであると述べる例、暴力沙汰があったことまでは認めつつ（あるいはどうやっても否定はできず）ただその後に自宅に帰り（別の病気で）病死したといった決着の形があまりにも多いのである。特に上掲第三例のごとき作物泥棒の死亡事件などは、暴行と死亡の間に因果関係が無いと言い切る方がかえって不自然に聞こえよう。しかし闘殴殺となれば原則死刑であり、身に迫る危険は威逼人致死の比ではない。単なる脅しにしてもその威力は強く、また実際に殺してしまっていた場合には、要求に応えて多額の金銭を払う家族もいたに違いない。(31) もちろんここまで行けば、行われていることは実際には犯罪事件の示談・金銭による揉み消しと変わりない。

金銭解決の諸事案は、一方の端に純粋の強請を、他方の端に純粋の犯罪揉み消しを置いたこの線分上のどこかに位置付けられる。ただ上掲の二要素が元から表と裏の関係にある以上、誰某が威逼した、闘殴殺したという主張（あるいは験屍要請）一つ取ってみても、真実そうした事情がありかつ死者親族も加害者に刑罰を加えることを求めてそう主張しているのか、それとも単なる強請あるいは見舞金額つり上げの手段としてとりあえずそう言ってみているだけなのか自体が特定できないし、また金銭支払いを抗う側についても、純粋に脅しと強請に屈するのを拒んでいるのか、それとも金で事件を揉み消せること自体は望むにせよ、いくら何でも今回の相手の要求金額は高すぎると考えて抗っているだけなのかは、一概には判断が付かないことになる。当然、死者親族の貧寒を憐れみ見舞金を払ったと語られるケースにしても、それが文字どおりの憐憫に出る事例なのか、死者親族の貧寒につけ込みむりやり金銭解決を飲ませた事例なのかを断定することも難しい。

ただ当然ながら最終的に金銭和解で終わる裁判事例では、死亡はどれも最後には単なる病死・事故死・自殺死だったとされ、金銭は見舞金扱いされる。しかしそうした記述が常に真相それ自体とは限らないことは、次の例から証される。〈命案〉No. 1702。

同文書も前缺しているが、冒頭には父親幸合順（六十五歳）の験屍を求め同時にその死に洪長生（年齢不詳）等の関与を仄めかす幸貴祥（幸遇貴。二十二歳）の同治五年一二月二七日付の報状があったことは後の供述から知られる。それを受けて同日に験屍のための票の原稿（文書1）が書かれるが、直後の三〇日に幸貴祥および幸合順夫人の幸李氏（六十二歳。なお後の訴状では五十歳と書かれる）から免験願いが出される（文書3と4）。知県はここでもそれを受け入れ同時に開廷のための召喚状を出す（文書2）。同治六年一月三日に法廷が開かれ、昨年一二月二五日に幸合順と洪長生の間で境界争いをめぐる口論があったがその場は白瓊林（年齢不詳。この男は何故か最後まで訊問にも呼ばれない）の仲裁で別れ、幸合順はその後に酒に酔って躓き転び翌二六日に死んだのであり「並没別故、與人無尤」である、境界争いの件は今後在地の調停で解決する、ということが夫人幸李氏も含めた全員で確認され結状が整えられる（文書5から9）。ここまでで終われば史料が示すことは上掲の免験事例と何の変わりもない。

しかし本件では、月末の一月二八日になって夫人の幸李氏から、やはり本当に起こったことは殺人である、先日の法廷は洪長生等が息子の「幼愚」を侮って拉致した上で「和を勒した」ものである、彼らは息子に対しては「本当のことを言ったら体罰を受けるぞ（如供実情、即要受責）」と脅して法廷で嘘の供述をさせ、また法廷に幸李氏の顔をして出廷し結状を書いた女は実は彼らに金で雇われた偽者である、という訴状が突如提出される（文書10）。そこで知県は二月六日に改めて正式に験屍を実行し、幸合順が受傷身死したことを確認し、また同日の二回の訊問を通じて、幸合順が実際には魏大五（魏銅喜。四十五歳）なる男と別件で殴り合ったあげくに重傷を負い、犯罪地の地主である洪長生の家に運び込まれて看病中に死んだこと、そこで魏大五が「私埋匿報」を起意し洪長生に同調するように頼んだこと、また先日の訴訟の裏には白瓊林が間に入って作った和解工作（洪長生が「掩埋超度費用」として銀一百両を払うことで「息事免訟」する）があったこと等が判明する（文書11から17）。九日の訊問では、魏大五も含む全員が上記の犯行経緯を口を揃えて確認し（文書18から20）、また一四日の法廷では、洪長生が実際に借金をして銀一百両を用意し白瓊林を通じて幸貴祥に渡したことが確認される（文書22と23）。そこで二六日の法廷では、幸貴祥が実際に得た埋葬銀六〇両を法廷に提出させ洪長生に領収させ、また（口利き料として？）白瓊林の手に渡った四四両分の借金証文についても洪長生に返還させる措置が取られる（文書24から29）。以上を踏まえて三月四日に、私埋匿報事件が一月二八日に発覚したという通詳（文書30）および正式の験屍格（文書31）が作られ、また二二日には魏大五一人を引き出して最終確認の訊問が行われ（文書32と33）、そして総督の「按擬招解」せよとの批をうけて四月八日に闘殴殺・絞監候と擬律された詳文（文書36）が書かれ、二一日に護送命令書が作られ、五月中旬に魏大五は府に護送されて行く。(32)

当事者間での示談が発覚した後に普通の闘殴殺として立件処理された案件であり、案件の最後の段階では当初に「私埋匿報」があった事実すら言及されない。事故死として州県自理で処理されてしまう案件の裏側に時には前節で見たと同様の殺人事件があり、また逆に言えば、最後に殺人事件として立件された事案もその発端では事故死扱いされて終わる可能性を秘めていた。

二、民間交渉と裁判の関係

これらの金銭和解事案の記述を読んでまず強く印象づけられる点は、人死に事件が起こると直ちに当事者間で接触と交渉が始まっていることである。特に嫁が死亡した場合には、一般慣行としても、その死が婚家の暴行凌虐によるものではないことの確認を求めてまずは実家親族が呼ばれる。傷があれば殴殺が疑われ、服毒死であれば毒殺が疑われる。また自殺であることが明らかな場合でもそこに到るまでに婚家一族による威逼があったかもしれない。実家側が疑念を抱けばそこで直ちに争論が始まり、決着が付かぬ内は埋葬すら許さない。(33) また喧嘩で死んだ、あるいは水死や自殺さらには病死の前に誰それと喧嘩をしていたという情報があれば、死者親族は直ちに加害者と覚しき一家に押しかけ（時には遺体を持ち込み）、威逼や闘殴殺の可能性を言い立てる。ただ、そうして騒ぎが起こればおのずと隣人達が割って入るのであろう。死亡直後に周囲の郷約等が両当事者の間を取り持って和解合約を作る例も時に見て取れる。例えば〈命案〉No.1651の同治三年三月一九日の法廷訊問に提出された三月一〇日付「憑団隣領屍掩埋以息訟端文約」では、首吊り自殺事件を巡り、約保が仲介して自殺地の地主に「衣棺埋葬領行之需」三千文を出させる代わりに、これは単なる自殺であり以後何も文句を言い立てない旨の誓約書を死者の父親に書かせ遺体を引き取らせている（文書末尾には約保地隣および「在見」総計二八名が立会人として名を連ねる。たった三千文の受け渡しを証明させるためにこれだけの証人は不要なので、おそらく呼び集めた主目的は近隣の人間の意思統一にあったと想像される。ただ本件では同日に死者の弟が「誤って旁唆を聴き」県に験屍を求めてしまい、そこから訴訟事が始まってしまう）。それら合約では決まって死者親族に対して何らかの名目（埋葬銀・超度銀・安埋銭）で幾ばくかのお金が払われ、死は事故に因るものであり、死者親族はこれ以上は騒ぎ立てないことが約される。それで関係者全員が納得し外に何も漏らさなければ、官が関知せぬままに事件一切が終わってしまうこともあったに違いない。

ただ、死亡後数週間たって出された訴えに対して地方官がどうせ強請の失敗（金銭交渉の縺れ）の挙げ句の訴訟だろうと指摘する上掲第三事例が示すとおり(34)、そうした加害者被害者間の（さらにはその分け前を巡る被害者親族相互間の）交渉が不調に終われば、死者親族（あるいはその一部）が知県に対して死亡事件の発生を報告し験屍を求める訴状を出すことになる。ただ反対に提訴後に一転して原告側から「免験」願い（さらには事案全体の取り下げを求める「注銷」願い）が出される展開からはかえって、訴訟提起後にも当時者間交渉は引き続き行われており、そこで一定の満足を得られる展開もあったこと（逆に言えば、験屍を求めて官に訴訟を提起すること自体が実は最初から交渉を有利に運ぶための圧力手段の一つとして用いられていたこと）が窺われる。そして裏側で交渉妥結となれば、その後に開かれる法廷は、むしろそうした当事者和解を公的に確認するだけの場になる。ただそうなることを知りつつ免験後にあえて知県がほとんど必ずと言って良いほど法廷を開くことからは、そうした確認が社会的には大きな意味を持っていたことも分かる。(35)

もちろん、時には交渉不調のままに法廷に突入する例もあり、まれには実際に験屍が行われる。しかしその場合も知県が法廷で行うことは、大部分の事案について言えば、民間交渉で行われることと別次元のことではない。

何よりどこかの段階で当事者から免験の願いが出れば、知県は通常、事件の内実それ自体にはそれ以上立ち入ろうとはしない。また験屍を経て暴行威逼の事実の存在が確定的に示された場合ですら、両当事者の間に金銭的和解の可能性が見えているうちは、あえてそれを人死にに結びつけて論ずる姿勢は薄い。例えば〈命案〉No. 1961では、知県自身が受傷後翌日身死と明確に認定しつつ、しかし傷害殺人部分については掌責をする程度で不問に付し、法廷での処理はもっぱら加害者被害者間の経済的関係の整理に集中する。しかも前掲三事例からも分かるとおり、提訴におよぶ原因の大半は補償金支払い問題にある。そして知県が今回の訴えの原因は実は補償金額自体の低さにありその不満も無理はないと考えれば、知県はその金額を増額する方向で裁きを行い（〈命案〉No. 1826。炭坑死亡事故をめぐり団隣が行う十二千文の和解案を不満とする死者親族からの訴えに対して二五千文の解決を導く）、また当事者間で約した和解金の未払いこそが争いの根本原因だと見て取れば加害者側を拘束しその支払いを督促あるいは強制し（〈命案〉No. 1772）、さらには交渉過程それ自体の中に真の問題を見い出せば自らその解決に乗り出す（〈命案〉No. 1762。嫁の服毒自殺をめぐり即日仲介が入って母に五〇両の見舞金が支払われることになるが、一〇日後に母が死因不明と提訴する。調べてみると五〇両の見舞金の大半を仲介者がポケットに入れていたことが判明し、またそれを払わせるべく仲介者を鎖押している内に、今度は先の五〇両が高すぎたと考えたのか婚家側が府に上控する。最後は見舞金額を三〇両にディスカウントし、法廷でやり取りさせることで決着する）。

また人死に事件（あるいは人死にを話題の一部とする両家間の争い）の背後に借金や小作料の取り立て騒ぎといった紛糾がある場合には、それらも絡めて問題の一挙解決が図られる。死者側が債務者の場合には相手方に貸し金債権を減額あるいは放棄させ（〈命案〉No.1588。借金の厳しい取り立ての挙げ句に起こった自殺事件について、取り立て側を掌責鎖押した上で、二〇両の借金証文を法廷で破棄させ、さらに埋葬銀一〇両を払わせる）、また死者側が債権者の場合には加害者側を拘束して債務の支払いを強いる（〈命案〉No.1796。土地の取り立てにあって自殺した事件を巡り、験屍の上、土地関係について相手側を鎖押して解決を与えた上で、被害者親族に屍体を領埋させる）。そして法廷での話題が経済的紛争の解決に集中してしまえば、人死に話自体が単に訴訟受理の切っ掛けとして持ち出されただけのような扱いを受ける（〈命案〉No.1649, 1650）。

ただ州県の法廷で話がまとまらなければ（あるいは自己に不利な形で話がまとめられそうな場合には）、原告はまたぞろ威逼や闘殴を言い立て重慶府以上の上司に上控する（〈命案〉No.1417, 1591など）。しかし上控しても大部分は巴県に差し戻され、最後には法廷内あるいは法廷外でより多額の金銭を死者親族側に支払う形で決着をする。上控も最初「報懇験究」の訴訟と同様、金銭交渉を有利に進める方策として行われている気配が濃厚である（〈命案〉No.1941, 2030）。

一方で訴訟を提起しつつ同時に「在外」で当事者間の交渉も継続し、両者が刺激しあいながらやがて一定の落ち着き所に行き着く。こうした裁判と民間交渉の関係のあり方は、清代の民事紛争解決をめぐってすでに多数の論者によって指摘されてきた事実である(36)。上に見られることも、その意味では単に人死に事件をめぐっても同じ事が起こっているに過ぎないとは言える。

ただ官民どちらでするにせよ経済的利害の折り合わせ以外に結論がありようもない戸婚田土紛争とは異なり、これらの事案では持ち込まれる事態の一端は明らかに殺人事件に接していた。そして殺人事件について死者親族が金銭で和解することは、実は国法が明文で禁ずる所であった。律には「尊長が人に殺されたのに私和をした（尊長為人殺私和）」という条文があり、其祖父母父母及び夫若しくは家長が殺されたのに、子孫及び妻妾奴婢雇工人が賄を受けて私和した場合には杖一百流三千里に処すというケースを最高限として、卑幼が殺され尊長が私和したケースまで含む各種の受賄私和に対する刑罰が規定されており、また加害者側が話を持ちかけた場合や、第三者がそれを仲介して口銭を得た場合（説事過銭）についてもそれぞれ刑罰が決められている。[37] 逆に言えば、最初から金銭和解を志向する民間調停側や、所詮は金額つり上げのために犯罪を仄めかすだけの原告側はさておいて、ここでは最低限国家裁判側には犯罪行為に対しては私和を許さず刑罰でもって臨めという要請はあるのである。これらの裁判では、こちらの要素は一体どこに行ってしまうのだろうか。あるいは前節で見たとおり、巴県でも人死にがちゃんと殺人事件として立件されるケースはあるのである。では二つの展開の分かれ目はどこにあるのだろうか。

三、事案が刑罰事案として立件される道

事件が刑事犯罪として立件される場合には、一体どのような要素が働くのだろうか。まず分かりやすい例として、いったん金銭和解の解決が付きかけながら最後に闘殴殺事件として立件されて終わった上掲〈命案〉No. 1702の場合を見てみよう。そこで事案が一転刑事事案として立件される切っ掛けを作ったのは知県ではなく当事者側であった。

文書に最初に現れる動きは、前述のとおり一月二八日付の幸李氏の訴状（文書10）である。私和を自ら暴露するその訴状の中で、幸李氏はあたかも私和の件は自分が知らぬうちに息子の幸貴祥が独断専行し、しかもそれは訴えに行

く途中にたまたま白瓊林に出会いそこで初めて持ち出されたかの展開像を描く。しかし二月六日の洪長生の供述（文書17）によれば、それはおそらくは事実ではない。殴り合いの直後に「白瓊林が勧解する有りて已に各々散ず。後におよびて幸李氏が知覚し、その丈夫をば送りて小的の家のうちに在り。就きて説きえらく「小的は彼の朋兇に在り」と。料らざることに合順は延じて二七日に身死す」。この供述に従えば瀕死の夫を洪長生の家（すなわち加害者の周辺に居る裕福そうな家）に運び込み、洪長生を事案に巻き込んだのは実に幸李氏自身なのであり、そしてその時点ですでに幸李氏と白瓊林の手で金銭要求（あるいは金銭解決）に向けての一定の図柄は描かれていたと考える方が自然である。しかもその試みは一月当初にはいったん成功に漕ぎ着けていた。その中、幸李氏があえて自家の損になる訴状を出した原因は他にあると見なければならない。

そう考えるとき、沈黙を守ってきた洪長生が一月二八日に「私埋匿報」の件を自ら巡役に告げたという記事が注目される（文書15。ちなみに通詳や詳文も巡役の「訪聞」すなわち聞き込みで事態が発覚したと記す）。真の切っ掛けはこの動きにあり、幸李氏の訴状はむしろその動きへの素早い対処（ついで問われる筈の己の私和の罪状を軽減するための画策）として位置づけるのが良いのだろう[38]。洪長生は、事件直後には動転し、また幸李氏による共犯容疑の脅しにも屈し、白瓊林が勧めるままに自らが銀百両を工面することで魏大五の殺人事件自体の揉み消しに動く。しかし一月たって、おそらくは自分が「朋殴」の罪に問われる可能性が無いことを見て取り、かつそうだとすると百両を出したのは余りにも過剰反応だったと思い直して、事案の全体を巡役に告げる。裁判の処理の力点の一つがこの百両の返還であったこともこの推察を裏付ける。そして犯罪者側の有力者が金銭和解の方向を放棄した（あるいは魏大五を切り捨てた）時点でそれまでの金銭和解に向けたストーリーは一挙に破綻し、すべての供述は単純殺人事件とその断罪のストーリーに向けて作り直されてゆく。そして二月の一連の法廷では、一月の法廷で幸合順は酒に酔って転んで死んだと揃って述べた同じ口から、今度は魏大五による闘殴殺の顚末が揃って語られる。

そして前節で見た鄭潤事案（〈命案〉No. 2059）の発端部分についても、第一回目の法廷で最初に事件報告をしてきた許家関係者が、何故覃家と一緒に「協報」せずに「先行来轅呈報」したりしたのかと掌責されていた件が思い起こされる。そして許一堂の稟状（文書7）を読むと、実は覃洋生死亡の翌日直ぐに覃香園が来訪し金銭をせびってきた（「乗即滋索」）のでそれへの対抗として「先報」したのだという説明が現れる。あの事件でも最初に金銭要求（金銭解決）への動きは存在した。しかもさらに事態を遡らせれば、リンチされた覃洋生が五月二五日に死亡する前に鄭元らが行ったことも、姦通犯の覃洋生を監禁し解放して欲しいなら八千元を払えと覃姓に要求することであった。すなわち時系列で並べ直せば、まず最初にあったのは覃洋生の姦通発覚を巡りその金銭的清算を覃姓に求める（それを種にして覃家を強請る）許姓側の動きである。ところがその後に覃洋生が死亡すると攻守交代して今度はその死を種に許姓から金銭を強請り取ろうとする動きが覃姓側に起こる。許姓としてはそれを受ける選択肢もあったのであろう。しかし許姓はその動きに巻き込まれることを嫌い、率先して犯人を捕らえ官に突き出す側を選択する。前節で見たとおり、法廷ではその後も覃家と許家の間でその殺人事件の性格付けについてなお争論が続くが、逆に言えばそれを殺人事件として処理するか否かについての一番大きな選択は、それに先行してすでに当事者の手で行われていたのである。

前節において民事であれ刑事であれ清代の法廷で行われることは州県長官を媒介とする共有ストーリーの形成作業であると論じたが、そうしたストーリー作りはどうやら事件発生直後から両当事者周辺ですでに開始されていると見なければならない。

そして上述の諸事例を見る限り、同治期の巴県では人死に事件が起これば一度はまずは金銭的処理の道が探られるのが常であったように見え、またその判断をいったんは死者親族に委ねるのが穏当な手法ですらあったと思われる

（覃姓と相談もせずに殺人事件を単独で報告してきた許姓を巴県知県が掌責した理由はそれ以外に考えられない）。そしてその動きに加害者側も応ずれば、そこで直ちに金銭和解へ向けてのストーリー作りが行われ、その方向で関係者の認識を一致させる動きが起こる。本節で見た大部分の事案がこれに属する。しかもその工作に励むのは当事者だけでもなかったらしい。前掲〈命案〉No. 1702では、監犯の魏大五が府に招解されて行く直前に知県に対して、自分達は白瓊林の口車に乗せられて一七〇両を貪り取られ、その内の百両分だけが幸貴祥に渡りそして法廷で返還された。人を殺めた自分が絞監候とされるのは当然だが、「案に藉りて撞騙した」白瓊林がお咎め無しなのは我慢ができないという稟状を出している（文書38。なお知県は不准として取り合わない）。金額は事実と異なるようだが、事件発生直後に金目当てで関係者の間を動き回る人間が居り、結局自分たちはその餌食にされたと言いたいのであろう[39]。

ただ民間社会とて常に金銭的解決を志向した（その手法だけあればそれでこと足りていた）というわけもない。被害者側が硬く刑罰により死者の冤を伸ばすことを求めることも当然にあるし、また加害者側に要求に応ずるだけの資力や意志がなければ最初から金銭賠償の可能性自体がない[40]。また社会関係の調整を考えても、金銭和解も一つの手ではあるが、「一命一抵」すなわち犯罪者親族側が失われた被害者一人の命に対して犯罪者一人の命を差し出しそれによって相手側との関係を調整恢復する仕方も、立派な（あるいは公的には標準的に想定される）社会関係の修復・再整序の一手法である。そこでは刑罰主体としての国家の役割がむしろ民間側から要請される。

ただ死者親族側も加害者側も必ずしも常に一枚岩ではなく、関係者毎に利害状況が異なる以上は、金銭解決型と断罪型のどちらの大ストーリーに従って事件を処理するか、またその大ストーリーの中でどのような小ストーリーを立てるかについて社会レベルですでに主導権争いは起こりうる。そしてその点が未整理なまま法廷に突入すれば、法廷がそれを一つに集約する場となる。

もちろん、いったん事案が法廷に持ち込まれれば、事件像形成のイニシアティブはとりあえずは州県長官にある。そして国家に人命私和禁止の禁令がある以上、民間での動きとは関係なしに、犯罪の要素を見て取った州県長官自らが積極的に刑事罰の追求に向けて努力するケースもあったに違いない。しかし巴県档案同治命案を見て行くと、刃傷沙汰を巡って闘殴殺の立件準備を着々と進める段階で中断している案件（〈命案〉No.1614）、当事者から出てくる免験願いを無視して闘殴殺で立件を目指すも途中でとぎれている案件（〈命案〉No.1635）、また闘殴殺の通詳まで行きながらその後が欠けている案件（〈命案〉No.1426）といった「途中立ち消え」案件が相当数（三〇件ほど）含まれていることに気づく。どれも史料自体がそれ以上を語らぬ以上、真相は不明とする他はないが、民間側が十分に断罪ストーリーで固まっていない限り、州県長官がいくら立件に向けて動いても、加害者側はいつでも金銭和解により被害者側の追求の勢いを削ぐことはでき、そして被害者側の熱意が欠けると官の側も断罪型ストーリーを最後まで持ちこたえさせるのは難しいという事情が窺える。(41)

また州県長官自身が、そうした場合に常に断罪型ストーリーを選好したと考える必要もないのかもしれない。例えば〈命案〉No.1718では、知県は験屍をし病死だと認定した上で同時に見舞金支払いの措置をとらせるが、その後に未亡人が「賄験朦訊」だと訴えて来たのに対しては、すでに十分に格外の措置をしたのに何事だと叱っている。むしろ知県が金銭和解の側に誘導していると考えた方が自然なのだろう。(42)

国家が犯罪者に刑罰を下す意義の一つに一般予防（あるいは「風俗改善」）の効果が意識されていたことは疑いない。しかし当事者間での紛争解決の側面から言えば、刑罰の持つ意味は最初からそれによって被害者の「冤を伸ばす」ことにある。ただ伸冤となれば、その手段は必ずしも刑罰には限らない。そして国家とて加害者に刑罰を加えることと加害者に金銭賠償をさせることとの間に、絶対に乗り越えられぬほどの違いを感じていたわけでもない。例えば律には、闘殴殺犯について「留養承祀」を認め死刑を免ずる場合や、また恩赦で死刑を免じ流刑にする際には、その段階で改めて犯人から銀二〇両あるいは四〇両を追して死者親族に給させるという規定がある。(43) 国家側すら、国家の判断で死刑を免ずる場合には、今度は他方で死者親族への金銭賠償の必要性が思い浮かべられてしまうのである。(44)とするならば、当事者側に金銭和解に向けた動きがすでに整っている（当事者自身が伸冤方法として金銭賠償を選択した）時には、州県長官としてはあえて事件の真相には立ち入らず、むしろ最初から当事者間で成立しつつある金銭和解型ストーリーの側を尊重し、その共有・定着を後押しすることに力を注ぐということも、それはそれで理に適った対応の一つであったに違いない。ただもちろんそこに一方当事者による強制が入っていてはいけない。また紛争が蒸し返されることは避けたい。そこで法廷だけは開いてその合意が無逼自願であることだけは確認し、それが両当事者の真正の合意である場合には、それに公的な外形を与える。彼らなりの仕方で一応の筋は通しているのである。

法廷では事件像の共有が図られる。そしてその統合作業の中心にはおのずと州県長官が立つ。第一節で見たとおり、上申事案もその形で上申に漕ぎ着ける。しかし大ストーリーの選択は大幅に当事者社会の動向に委ねられており、関係当事者間で先手を打って別の共通認識を確立されてしまうと、州県長官側にはそれを覆すまでの力は一般には無い。その時には州県長官は、悪事を処罰して風俗を改善する責任者という立場をひとまずおいて、当事者間での認識共有の公的確認者という彼に期待されているもう一つの役割を果たそうと努めた。おそらくはこれが事態の全体像に近かろう。

もちろん、同じ「事件像の共有」と言っても、現実に起こった事実と事件像の関係はいつも同じではない。一方には真相の解明とその共同的確認と言って良いようなケースもあったろうが、反対に殺人が病死に化けてしまうケースまで行けば、そこに共有される「事件像」とは最初から作り話であり、「認識の共有」の内実は口裏合わせに他ならない。ただその差異が（我々が考えるほどに）裁判にとって決定的なことと考えられていたかと言えば、上の諸事例は、どうもそうでもなかったことを我々に告げる。命案として立件上申される場合ですら、第一節に見たとおりディテイルの加工は州県長官主導で日常的に行われる。その先には、自分で躓いて転んだり、帰る途中で足を滑らせて水に落ちたり、経緯不明で毒を飲んで死んだりと言った、最初から意味づけレベルの操作と整理で足りる諸事案とその処理がある。そしてそれではどうしても足りぬ場合には、共通認識（評価）側に合うように事実の側を動かすことが行われる。それら諸操作が単純に「程度問題」で並んでいる。そして官が主に気を配ったのは、それが真相かどうかという点ではなく、むしろその認識共有に際しての逼勒の有無の方であった。

おわりに

これまで伝統中国の裁判については、民双方の訴えを丁寧に聴き、その訴えの背後にある全事情を汲み取った上で、それぞれに応分の位置づけを与えるべく苦心を重ね、それでもなお時にそれを不満とする民によって裁きを蒸し返されるような「弱い」民事裁判官像と、民の犯す悪行に対して自信を持って刑罰を加え、それを通じて民の冤抑を伸ばしまた風俗を改善してゆく「強い」刑事裁判官像との二つが併存してきたように見える。後者においては、量刑の適切さという面倒な問題は後に残るにせよ、悪行は悪行であるが故に罰せられるべきこと、その役割を国家が担うこと自体はすでに自明のごとく扱われるため、彼（あるいは国家）が社会に対して行うことは「裁判」というより、むしろ最初から一方的な「取り調べ」あるいは「懲らしめ」に近いイメージで捉えられることになる。そしてこのイメージの分裂が、従前の民事裁判研究と刑事裁判研究の分離を生み出しまた支えてきた。

しかし本章での検討に基づけば、命案も当事者が持ち込む訴訟ごとの一つであり、そこで行われることもやはり「裁判」であった。そして刑事裁判の中心的テーマを、誰がどのような罰せられるべき悪事を行ったかという点の判断に置くならば、その作業は決裁権者たる皇帝や高官の手ではなく、むしろ末端の州県レベルで行われており、そしてそこで州県長官の行うことは（また彼が抱え込む苦労は）戸婚田土事案を処理する場合とそれほどの違いはなかった。

すでに別稿で述べたとおり、[45]戸婚田土事案を裁く州県長官は、訴えの内容が何であるにせよ、関係者が述べ立てる各種各様の主張を良く聴き、その上で全員が飲めるような一つの安定した事件像を確立し、それを通じて紛争を鎮静に導く役割を担う。その作業は有り体に言えば関係当事者間の妥協形成に近いものだが、その分だけかえって無価値では行い難く、常に「情理」（天理にも人情にも適う）という価値が高く掲げられる。ただ具体的に何が情理に適う処置なのかについては、天下の誰もが現に揃ってそれを「情理に適う」と認めているという以上の原理的基礎、それ以外の確証方法はなく、またその「誰もが」の範囲はおのずとまずは事件周辺に居る者達になる。もちろんそこで意見が一つにまとまらなければ（それが本当に天下の誰もが正しいとする結論なのかと誰かが声を上げれば）、おのずと事案は不満を懐く側の手によってより広い場所・高い権威の下へと持ち出され、改めて「天下の公論」の所在が問われることになる（それが上控である）。しかし反対に州県段階で目出度く関係者間で意見の一致を見てしまえば、事態はそれ以上には進まない（進める動力が無い）。

そして命案盗案についても、改めて言うまでもないことだが、刑罰は客観的な行為それ自体が天然自然に生み出すのではなく、その行為に対する評価に基づいて社会が生み出す。しかもその意味付けはここでは官が一人で出来るものではなく最低限官民の共作で行われ、またその解決方法を巡っても、本章で見たとおり、事実経過に人命が含まれる場合ですらなお、当該暴力行為を犯罪とし また当該人物を公的刑罰を科すべき犯罪者として突き出すことにより残る社会関係側を守る仕方と並んで、当該暴力行為を金銭賠償可能なものと見たてて処理することにより行為者をなお従前の社会関係の中に留める仕方が思い浮かべられていた。どんな個別の行為もそうした共同的な意味付け作業の海の中にあり、そこから本章で見たような様々なパターンが生み出されることになる(46)。

しかもこの命案の金銭的解決は決して民間が勝手にやっていたことではない。国家も十分にそれに絡んでいた、あるいはすでにそれに十二分に巻き込まれていた。そして巴県档案同治命案に依る限り、数だけを言えば、州県長官が行う命案処理の内容は金銭的解決例の方がどうやら圧倒的に多かったと思われる。律例の建前は脇に置き、実際に動いている伝統中国法像を論ずるなら、むしろ最初から伝統中国国家は命案に対して金銭的解決手法と刑罰的手法の両方で臨んでいたと素直に論ずる方が、遙かに実態に近いのである。擬罪の前にそこまでの作業が当事者社会を相手に州県長官の手で行われる。

もちろん、そこで誰かに徒刑以上の刑罰を科すと決めた場合には、事案はついで上司の覆審に委ねられる（何より徒刑や流刑は州県長官一人では物理的に実行自体ができない）。その覆審の過程で上司が事実認定部分について疑問点を指摘し、更なる上司への取り次ぎを拒否する（「駁」）ことはある。ただその原因の大半は、犯罪者当人が引き出された上司の前で詳文内容に書かれた事態の顛末（それについての自己のした罪状自認）を否認する（「翻異」）か、犯罪者親族が同様の上控をしてきたことによる。どちらも結局は、州県段階での共通認識の確立の不十分さの帰結に他ならない。そして何を機縁とするにせよ事実認定部分が問題になった場合の対処方法は、原審に戻して再審理させるか、さもなくば原審裁判官の不公平を疑い上司（あるいはその委嘱を受けた委員）自らが州県の全文書を取り寄せ、また全関係者を召喚して裁判を行うかであり、いずれにせよ行うことは当事者社会レベルでの共通認識の再確立作業をおいて他にはない。必要的覆審制の中にはこうして繰り返し現場に戻る契機が存在する。ただ州県長官による共通認識確立作業の不手際をめぐって時に上司が関与してくることは、実は州県自理事案をめぐって当事者が上控した場合でもまったく同じである（それどころか自理されそうになった命案を、死者親族が殺人だと上控する展開もある）。むしろ上司は州県長官がする上記の裁判全般に対して一般的な監督権を持っているのであり、差異は必要的覆審制によってその監督を義務的に行うか、それとも民の求めに応じてその監督権を発動するかの違いに過ぎない[47]。

戸婚田土の案と命盗重案とを問わず、事案をめぐって官によって行われることの全体は、当事者社会を相手に、基本的には州県長官の手で（そして必要に応じてより高い権威を巻き込みつつ）行われるこうした「裁判」であり、そしてその裁判は当事者社会の人々がそうして公的に確定された一つの事件像を共有することによって支えられる。あるいはより一般化して言うならば、当該事案の解決を支える規範的基礎（すなわち「法」）は、一件一件の事案毎に州県長官のリードの下、事件現場で一つ一つ手作りされる（ただその法は「法」と言うべくは余りにも個別的で具体的なので、実際には事件一件一件毎の「事件像」になってしまう）。暴行も経済的利害も区別せずに訴える民に応えて官の側にあったものは、刑罰も利益配分も自在に併用するこの一つの裁きであった。おそらく従来の民事裁判・刑事裁判を分けて論ずる議論に欠けていたのは、この大きな共通枠組みに対する素直な理解である。そしてここで振り返れば、まさに「聴訟」という良く見る史料用語が、公権力が行うこの作業部分にちょうど対応する形で使われていたことにも改めて気付くことになる[48]。

ただ必要的覆審制の中には中央へ中央へと集約される契機もある。本章冒頭でも述べたとおり、必要的覆審制には、上司による裁判監督と並んで量刑判断の全国的な画一化というもう一つの役割が負わされていた。量刑判断は、事案の事情を酌んで行う判断である以上は生の現実を離れ難いものであり、実際現代裁判では担当裁判官の裁量にその一切が委ねられる。ところが伝統中国裁判は、個々の犯情と刑罰の重さのバランス（「情法の平」）とその全国画一性を厳しく求める余り、現代であれば個別裁判官の内心で行われるような操作、事案毎に内心で懐かれる判断を、皇帝の下に統合しようとした。もちろん、事案数が膨大なので原案くらいは末端で作らせなければならない。広大な帝国各処で随時分散的に行われるその作業を整序するためには判断基準の実定化は不可欠であり、その必要に応えてあらかじめ皇帝により詳細な律例が制定頒布され、擬罪に当たってはその援引が求められる。しかし「定まり有るものは律例、窮まり無きものは情偽」という諺が示すとおり個別事情の実定法化には最初から論理的な限界（あるいは自己矛盾）があり、「情法の平」を重んじようとすればするほど最終決定は個別事案を見てから行おうということになり、その最終判断役は再び皇帝や高官に帰せられることになる。当然、量刑が具体的に確定せぬ限り刑罰の執行には移れない。そこで徒刑以上の刑罰を科すことになった事案は、事実認定について異議が無い場合にも、その最後の問題を決すべく覆審を重ねつつ決済権者の所まで上ってゆく。これが狭義の「断罪」の世界である(49)。

もちろん、目標が「情法の平」の実現である以上は、そこでも一件一件の事案が持つ細かな事情についての情報は当然必要になる。しかし全犯人を北京に集めて皇帝自らが審問するわけにも行かない以上、ある段階から先は否応なく文書だけの世界になる。高い権威はあるが、事件本体を手ずから扱いもしない人間が、なお事案の細部まで踏まえた「情法の平」判断の適否を論じようとするこの無理が、あの供述記録を満載した詳細長大な上申文書を作り出すことになる。しかしいかんせん、どんなに詳細に書かれるにせよ、その文書自体がすでにして当事者社会相手に紡ぎ出されたある種の物語りなのである。そこでは罰せられるべき人・罰せられるべき行為は、すでに罰せられるべく括り出されており、彼に刑罰を科すことの社会的正当化もすでに済んでいる。事案の「情」を量ると言っても、断罪の世界で実際に共同的に行われまた行い得ることは、良くも悪しくもこうした二次的・疑似的な現実を相手にして行う知的操作である。その中で量刑の全国的統一が図られる。

必要的覆審制の中には、こうした現場に向かう契機と中央に向かう契機、現場サイドで行われる事実認定と中央サイドで行われる量刑判断が入り交じっており、その複合物が最後に決済権者の前に提出される。その上申文書は形式的には経済的処理部分まで含めた全部の最終処断を上司の決裁に待つかの形で作られる。そして州県長官から皇帝にまで至る皇帝官僚制全体を一つの裁判主体と考えるなら、その最終決断は確かにここで示される。しかしそこで決裁権者が示す具体的な指示内容について言えば、それは犯罪者誰某に某々の刑罰を下せという命令（およびその刑罰の具体的執行方法の指示）のみであり、それ以外の処理内容については単に「餘は議に依れ」と言うだけに止まる。上述の事情を踏まえれば、当事者社会を直接相手にしない最終決裁者が、事案処理の細部についてそれ以上のことを言えるわけもないのである。

律例を使った緻密な論理操作が行われる擬罪以降の世界は、皇帝官僚制が一体となって行うこの裁きの中の狭く重罪の量刑決定に関わる部分を担うに過ぎない。その役割位置から言って、それが「刑の上げ下げ」の議論に終始するのはむしろ当然のことである。ただそれをもって伝統中国法全体の性格のごとく論じられては、褒められるにせよ貶されるにせよ、伝統中国法としてはおそらく心外のことであろう。州県段階における命案処理にまで視野を広げれば、伝統中国司法は決して刑の上げ下げにのみ耽っていたわけではない。持ち込まれる命案紛争に対して、彼らは彼らなりの仕方で繰り返し「裁判」をしていた。その裁判は必ずしも刑罰を帰結するとは限らず、時には我々の目から見れば随分と奇妙な形まで含んでいるが、しかしそれらはどれも同じく社会の中にちゃんと根を置いていた。そしてこの裁判の中からその一部が上申事案になってゆく。この全体こそが伝統中国の法と裁判の内実である。

注

（1）ちなみにこの併用は下述する事案処理手順の二分類とは関係ない。州県自理の裁きでも経済的な利益配分と併せて必要に応じて原告被告のどちらに対しても一定の体罰や拘束（巴県档案で最も良く見るのは「掌責」すなわち平手打ちと「鎖押」すなわち獄への拘禁である）が自在に加えられるし、また反対に上申事案の判決原案書（「詳文」）の中でも、犯人に対する刑罰と一緒に事件の背景にあった土地争い等の経済的紛争についての処理方法が併せて提案される。

（2）必要的覆審制の詳細については、滋賀秀三『清代中国の法と裁判』（創文社、一九八四年。以下『法と裁判』と略称する）、特にその「第一　清朝時代の刑事裁判——その行政的性格。若干の沿革的考察を含めて」を参照。なお上掲論文もすでに述べるとおり、督撫決済に依って執行開始される徒刑事案や、刑部と督撫の共同決済によって執行開始される流刑事案についても、年度毎にまとめて皇帝に詳細な事案報告（「彙題」）がなされ、皇帝はそれに基づいて刑罰を自由に更正した。そこを重く見れば、臣下達が行うのはあくまでも仮執行の開始の決定であり、徒刑以上すべての刑罰の最終決裁権は論理的には皇帝にあったと論ずることもできる。

（3）光緒『欽定大清会典』巻五五「戸婚田土之案は、みな正印官に理せしむ。罪が徒に至らば、則ち上司に達し、もって聴覈せしむ。もし命案もしくは盗案なれば、報を得れば即ち通詳し、獄成れば則ち上司に解して以って審転せしめ、総督若しくは巡撫が審勘すれば乃ち具題すべし」。そしていったん通詳すれば、それに対してほとんど自動的に上司から「事実審理をし判決原案を作成のうえ身柄を護送して上司の覆審に委ねよ（「按擬招解」）」という命令が下り、正式の上申処理が必至となる。なお杖刑で済むような人命案件（その代表例が「威逼人致死」である）についてまで犯人の身柄を上司に護送するのは余りに大げさすぎるので、それらについては実際には文書のみを送る「詳結」なる便法が用いられていた（鈴木秀光「詳結——清代中期における軽度命盗案件処理」『法学』第六三巻第四号、一九九九年）。

（4）『大清律例』刑律断獄「断罪引律令」条。「凡そ罪を断ずるには皆な須く具に律例を引くべし。違いし者は笞三十」。こうした律例の性格と機能（刑罰権の根拠としてではなく、むしろ量刑統一の目安として働く）については、拙稿「非ルール的な法」というコンセプト——清代中国法を素材にして」（『法学論叢』第一六〇巻第三・四号、二〇〇七年）を参照。それに対して州県自理裁判の法源としては「情理」という漠たるキーワードを示せるだけである。こちらについては、次注所掲の滋賀氏の民事裁判関係論文および拙稿を参照。

（5）刑事裁判研究については注（2）所掲滋賀論文が代表的研究である。民事裁判研究の例としては、滋賀秀三氏の「判決の確定力観念の不存在――とくに民事裁判の実態」、同「民事的法源の概括的検討――法・情・理」（共に上掲『法と裁判』収録）、同「清代の民事裁判について」（滋賀秀三『続・清代中国の法と裁判』創文社、二〇〇九年に収録。以下『続編』と略称する）、および拙稿「権利と冤抑――清代聴訟世界の全体像」（『法学』第六一巻第五号、一九九七年）、同「中国清代民事訴訟と「法の構築」――『淡新档案』の一事例を素材にして」（日本法社会学会編『法の構築』（『法社会学』五八号）有斐閣、二〇〇三年）等を挙げることができる。

（6）ただ滋賀秀三氏がすでに早くより「知州知県は、法の規定を発動して徒以上の刑に当てることができるような事件であっても、一応それを警告した上で、そしてしばしば何らかの情状酌量事由を挙げて、州県自理の範囲内……で済ましてしまうことが少なくなかった」という事実を「起訴便宜主義」という名で包括的に指摘しており（滋賀『法と裁判』二四七頁以下）、また中村茂夫氏も、この滋賀氏の指摘を承けて、誣告案件と威逼人致死案件の処理に即してそうしたお目こぼし型処理の実態を具体的に解明し、そうする州県長官の動機として「先ずは当事者双方の今後の人間関係の回復調和の実現が目的とされ、刑罰はそれを果たし得る範囲内に止めるよう配慮された」と述べている（中村茂夫「清代の判語に見られる法の適用――特に誣告、威逼人致死をめぐって」、新潟大学『法政理論』九巻一号、一九七六年、三三頁）。おそらくこれらの指摘がこの論点に最も近い先行研究である。これらの立論に対する評価は、注（46）を参照。

（7）淡新档案の概要およびそこに見える文書類型については、滋賀秀三「淡新档案の初歩的知識――訴訟案件に現れる文書の類型」（滋賀『続編』に収録）を参照。

（8）杖斃については、鈴木秀光「杖斃考」（『中国――社会と文化』一七号、二〇〇二年）を参照。

（9）そうした視角からの淡新档案の利用例として、滋賀秀三「清代州県衙門における訴訟をめぐる若干の所見――淡新档案を史料として」第一節「紛争と暴力」（滋賀上掲『続編』収録）がある。

（10）これら七十余件が同治期巴県の実際の上申命案全体の何割を占めるのか（あるいはこの七百数十件が同時期命案処理全体のどれほどを占めるのか）については未だ精密な検討は行っていない。しかし清代の州県は全国で千六百ほどある。清朝時期に皇帝の下に全国から集まる死刑案件数の統計は無いが、それを一年当たり数千件の単位だとすると、一州県当たりの年平均数は二・三件ということになる。それを考えると同治年間十三年間分で上申命案七十余件（一年当たり平均五件程）というこの数字は、死刑案件以外も含むとはいえ、それ自体決して少ない数ではない。むしろこれがほとんど全件に近いと考えて始める方が常識的な出発点になる。また以下に詳しく見る巴県の実情が、どれほどの代表性（あるいは地域的偏向）を持つのかはいよいよ不明である。しかし他県の状況も巴県と大差ないとするなら、話は全国の命案処理の実態も以下に見るようなものであったというだけには止まらず、中央に上申されている事案（それがこれまでの刑事裁判研究の対象の一切であった）はすべてこのフィルターをいったん通ったものに限られるという、別途波及する所の大きいもう一つの結論が導かれることになる（それがどの程度、またどのような偏向を生んでいるのかはもちろん今後の問題なのだが）。

(11) 七十余件の大部分は、験屍格や詳文といった一文書だけ、あるいは上申後の文書のみだけである。事件発覚から上申までの展開を追える比較的に完備した案件は、〈命案〉No. 1452, 1702, 1799, 2059など十例にも満たない。

(12) ちなみに淡新档案ではこの提訊名単上に「堂諭」（地方官が法廷訊問の最後に各回毎に述べ渡す結論）のメモが地方官の手によって走り書きされているのが常であるが、巴県档案同知命案上ではその例はほとんど見ることはできない。数少ない例外として〈命案〉No. 2059の文書4や文書9がある。

(13) なお州県段階での取り調べとは関係ないが、この後に省都での覆審終了後に犯人を州県監に送り返す時の文書（〈命案〉No. 1452）や、上司が中央での審理状況を知らせてくる文書（〈命案〉No. 1476, 1698など）、また秋審事案では秋審時における「存留養親」申請関係の文書（〈命案〉No. 1452, 1799, 1996）、また秋審犯が恩赦で流刑に減等された場合には死者への埋葬銀支払いをめぐる文書（〈命案〉No. 1452, 1799）などが一件文書の中に含まれることになる。また犯人未逮捕の場合には他県へ逮捕を求める移文や犯人逮捕をめぐる「賞格」（〈命案〉No. 1490, 1510）などの文書も現れる。どれもそれぞれに興味深い問題をはらむが本章ではこれ以上は立ち入らない。

(14) 滋賀『法と裁判』二九頁。典拠は、光緒『大清会典事例』巻八五三の乾隆二二年議准である。

(15) なお前述したとおり、通詳を出せばそれに応えて上司から「按擬招解」の命令文書（札）が下される。それらの文書例も当然、档案の中には見て取れる。

(16) その中には、その時点では未だ到来していない筈の上司からの命令内容や、それを受けて覆審を行った様子までがすでに書き込まれている。ちなみに擬罪の内容は、鄭潤については「合依『非応許捉姦之人、為本夫糾往捉姦殺死姦夫、無論是非登時、倶照擅殺罪人律、擬絞監候』例、擬絞監候」、鄭劉氏（姦婦）については「合依『軍民相姦通姦婦杖一百枷號一個月』例、擬杖一百枷號一個月。係犯姦之婦、杖決枷贖、給本夫領回、聴其去留」である。

(17) 滋賀『法と裁判』七一頁。

(18) なお通詳や詳文を書く際には、この最後の訊問調書内容に更なる加工が施される。最もあからさまな個所だけ挙げれば、六月二四日の訊問調書にすでにその供述内容が書かれている鄭潤について逮捕期日を七月一九日だと書き込み、しかも彼は八月一日に「在監患病」し九月一日に治癒したことになっており、丁寧にもそれを証言する「医生」「同監犯人」「禁卒」の結状までもが取り揃えられる。すべて逮捕後三ヶ月以内と定められている「県審分限」をクリアーする為の小細工である（逮捕期日を七月一九日にし、病気期間一月を控除すれば、上申期日の一一月一六日が規定の求める逮捕後三ヶ月以内になる）。

(19) 『中国――社会と文化』一〇号、一九九五年、二三一頁および二二八頁。ただ同論文がする「草供」「録供」「招状」の定義等は通常の史料用語と異なっており筆者には賛同できない。

(20) 滋賀秀三「清代の民事裁判について」（滋賀『続編』所収、一八九～一九〇頁）。ここはその場でないので立ち入らないが、筆者が前掲「法の構築」および「「非ルール的な法」というコンセプト――清代中国法を素材にして」等で述べる地方官主導の「公論」の形成と統合という認識も、内実においてこの説と変わらない。そしてここで「衆人」（当事者社会における共識。つまりは最広義における「法」）の契機を導入しそれを裁判の基礎に置いてしまえば、州県長官と事案両当事者の二項対立図式を前提にして、当事者による結論の「自発的受諾」（それを示す遵依結状）こそが民事裁判の基礎であると論ずるそれまでの滋賀氏の「調停」論も（用語は別として、裁判構造論レベルでは）もはやその歴史的役割を終えたことになる。ただ滋賀氏は同論文でもなお刑事裁判については「犯罪事実の確定には犯人の罪状自認を必須とする大原則」「刑事ならば犯人の自供、民事ならば衆人の了解」という立論を続けている。見方を変えれば、この犯人による自白論の部分だけが、滋賀氏の裁判論の中で何故か当初の当事者受諾型の基礎付け論のまま残っているとも言える。

(21) もちろん、共有事件像の確立だからと言っても、それをいわゆる「真相解明」と常に背反する作業のごとくに考える必要はない。実際、巴県档案同知命案中でもいったん立件する方向に進んだ場合、少なくとも擬罪された当人の行為に関しては人為的な加工・潤色をしている気配はほとんど見て取れない。視点も利害関心も異にする人間相互の間で、誰かを刑罰に処すような一つの共有事件像を作りだそうとする場合、おそらく最も確実で手堅いやり方が、起こった事実をそのまま愚直に復元する仕方であることは、むしろ事理の当然に近い。ただここで重要なことは、それにもかかわらず実際に一つ一つの裁判を支えるのはそうした事件像の「実体的真実性」ではなく、むしろ衆人がこぞってそう述べているという認識の共有の側である点である。そのことは次節で述べる命案の金銭解決事例を見ればよりはっきりとする。

(22) なおもう一つの違いとして、上申事案では必ず詳文の形でストーリーの確定バージョンが作られるのに対して、自理事案では(勤勉な知県が堂諭を整理した文章の形で残す例外的ケースを除けば)ストーリーの共有は法廷で行われ、文字としては当事者側が書く結状の中にそれぞれの処理に必要な限りの主要点が分散的に記されるに止まる点を挙げることができる。ただ注(18)で見たとおり、詳文では官僚制内の手続き的な配慮に基づいてストーリーがさらに書き直されるが、その詳文内容について当事者達から再度確認を取っている訳でもない(むしろ犯人まで含めた当事者には見せもしないのが通常の実務だったろう)。詳文内容は、もっぱら擬罪以降の話の一部分に含めてしまって良いのだろう。

(23) 滋賀『法と裁判』六九頁。

(24)『未信編』第一巻刑名上「章程　問擬　招状式」、「一問得一名犯人某。年若干歳。係某府某州某縣。某都圖籍貫。状招：某年月日。不合與某云云、某各不合云云、又不合云云、各又不合云云、亦不合云云、亦又不合云云、却不合云云、却又不合云云。有某不甘、通将前情、首告某衙門某官案下。當蒙提弔一干犯証到官。當堂研審、録取口供云云在巻。蒙審得云云各情、允服無詞。除将無干人証某某等先行摘放、某某等取問実招犯外、結得某某物件、時値估價銀若干両。所結是実。/　年　月　日招状人某某背押」。なお『福恵全書』巻之十二「招状式」も同文。

(25) 科学研究費研究成果報告書『中国明清地方档案の研究』(課題番号国09041015。研究代表者・夫馬進、二〇〇〇年三月)収録。

(26) こうした二形式は清代の題本中にも容易に見出せる。なお移行はゆっくりと個別的に行われる。それゆえ過渡期には状招型記述で始めその後に録供列挙が続く冗長な形態も現れる。

(27) これ以上は文書レベルでの実証問題であるが、阿風・周紹泉輯校「明代訴訟文書」46「萬暦十年正月十一日與謝世済告争徐八下塢口洪曾得莊基訴状」第7文書「供状人謝世済」供状と49「萬暦十年祁門縣判語」一問得一名謝世済の状招以下の文章は完全に同文である。

(28)　森田成満「清代の人命事案に於ける事実認定の仕組み」(『星薬科大学一般教育論集』一八、二〇〇〇年)は、招状についてそれをまずは「事実認定とは別の定擬をするための要件である」と捉えた上で、「事実認定の仕組みの中で理解するとしても、それはすでに得られた心証に念を入れるだめ押しである」とする。招状が持つ二つの文脈を的確に整理したバランスの良い理解だと思う。

(29)　届け置くだけという意味合いを込めて、文書には「報」ではなく「存」という表題が付され(〈命案〉No.1571、1604など)、知県は問題なき場合にはそれに「准存案」という批を付す。ちなみに清律「検験屍傷不以實」条の条例「一、諸人自縊溺水身死別無他故、親屬情願安葬、官司詳審明白、准告免檢。……」の前提には、「自縊溺水身死」については官に届け出て験屍を求める一般的な義務があるという考えが見て取れ、また巴県档案中にも、事件性がある死亡について草卒に埋葬してしまった件に関し、界内にある屍体を官に報ぜずに埋葬したときは罪に問うという例があるのだと叱る例(〈命案〉No.1601、1696)が見られる。また〈命案〉No.1905(路傍の無縁の餓死者について後日、他人が勝手に自己の弟だと称して押しかけ、近所の人間を強請る事案)などを見ると、怪しい事案について予防的に届出をしておく必要は民の側にも存在した。

(30)　最初からそれを狙って自殺をするのが、良く知られる「図頼」に他ならない。三木聰氏の「軽生図頼考——特に〝威逼〟との関連について」(『史朋』二七号、一九九五年)他の諸論文を参照。巴県档案(同治)でも〈命案〉No.1548は、小作料取り立てに抗して老婆が首つり自殺した上で、地主の威逼を前面に押し立てて験屍要求をする典型的な図頼事案である(事案は郷約が仲介して免験となり、最後に小作料を減免して焼埋銀に当てる措置が取られて終わる)。ただ放っておいてもそうした処置が取られてしまうせいか、巴県档案同治命案の中にはかえって正面から威逼人致死条で立件する例はほとんど無い。例外的に威逼人致死条が言及される〈命案〉No.1770とNo.1871の二事案は、どちらも相当な身分を持つ者同士の訴訟であり、またなぜかどちらも途中で立ち消える。

(31)　邪推に過ぎないと言えばそれまでだが、単なる自殺や病死・事故死で最終処理されている事案の中にも、妙に補償金額が高い例が散見する。〈命案〉No.1993では「埋葬銀」名目で八十千文もの金額が支払われ、〈命案〉No.1935では、借金取りに行ったら殴られて死んだという訴えと自殺に過ぎないという反訴の中、験屍がなされ「生前受傷後自服洋薬身死」という曖昧な結論が出されるが、加害者側は「超度銭」五十千文の他に一年分の「工資銭」二四千文の支払いを命じられ、また借銭七四千文についても法廷への提出を求められている。

(32)　なお魏大五は省都での覆審を受けた後に再び県に送り返されてくるが、具題を待たぬまま九月二六日に在監病死してしまう。すでに省の覆審まで経た監犯の病死故に、その験屍を巡っては「委員相験」の厳重な手続きが取られることになる。本案件にはその際の験屍文書や報告書、病死してしまったので具題を見合わせる件に関する文書、また魏大五の死亡に関し獄卒達の陵虐の有無を調査させる文書などが続く。

(33) 例えば〈命案〉No.1958では、嫁が死んだ翌日に実家の者がやってきて「勒して銀五十両を要し、方めて掩埋を准す」。しかし家が貧しくて払えないと拒否したので相手方はこの訴訟に及んだのだという顛末が述べられる。

(34) 類例として〈命案〉No.1507。なお〈命案〉No.1693では、その訴訟について「聴唆入訟」という。

(35) それゆえ「免験」ではなく最初から「注銷」の願いを出した場合は、その願いは大体は却下される。例えば〈命案〉No.1528「控関人命、虚実応候集訊究明、何以卒請注銷。不准」。

(36) その代表例として、岸本美緒「『歴年記』に見る清初地方社会の生活」(『史学雑誌』九五編六号、一九八六年)、及びPhilip C. C. Huang(黄宗智)「非公式の調停と公式の裁判との間——清代民事司法の第三の領域」('Between Informal Mediation and Formal Adjudication : The Third Realm of Qing Civil Justice,' *Modern China*, 19-3, 1993. 後に、Philip C. C. Huang, *Civil Justice in China : Representation and Practice in the Qing*, Stanford University Press, 1996 に収録)を参照。

(37) 『大清律例』刑律人命「尊長為人殺私和」。「凡祖父母父母及夫若家長為人所殺、而子孫妻妾奴婢雇工人私和者、杖一百徒三年。期親尊長被殺而卑幼私和者、杖八十徒二年。大功以下各逓減一等。其卑幼被殺而尊長私和者、各(依服制)減卑幼一等。若妻妾子孫及子孫之婦奴婢雇工人被殺、而祖父母父母夫家長私和者、杖八十。受財者、計贓准竊盗論従重科斷。(私和、就各該擬命者言。贓追入官。)○常人(為他人)私和人命者、杖六十。(受財、准枉法論。)」。なお私和禁止を巡っては姦情についても特別規定があり(刑律犯姦「犯姦」「私和姦事者、各減(和、刁、強)二等」)、またその外側におよその訴訟事(「公事」)について私和を禁ずる一般規定も存在する(刑律雑犯「私和公事」。最高刑は笞五十)。

(38) なお、それが功を奏してか、本件では私和の事実をこれほど明確に確認しながら、幸李氏は当然、すべての責任を押しつけられた幸貴祥についてすら「年幼を憫念し寛に従い究を免ず」と言ってその件を不問に付している(文書22)。

(39) ただ命案を私和で終わらせる為には時には適切な「作り話」が必要であり、また法廷訊問が絡む以上は関係者間での事前の「口裏合わせ」も必須となる。その需要に応えてシナリオライター役や全体を仕切る指揮者(コンダクター)役を職業とする者(事件屋）が出てくること、また彼らが生活の必要から時に「需要喚起」に励むことは、むしろごく自然な話である。

(40) 実際、史料からは終始一貫一切金銭和解の動きが読み取れない事案もある。例えば最も完備した上申事案の一つである〈命案〉No.1452では、客引きをめぐる渡船人夫同士の傷害致死について死者の母から直ちに街隣への届出がなされ、そのまま犯人逮捕と験屍・訊問が引き続き行われ、事件発覚後十日目に通詳がなされている。

(41) そして再び根拠の無い妄想との誹りを恐れずにあえて言えば、通詳後に犯人が「在監病死」で終わる例（例えば〈命案〉No.1702）の背後にも、時にはこれと同じ事情を見て取った方が良いのかも知れない。すでに上申済みの囚人や秋審犯が在監病死した場合には上級官が県に派遣され確認作業がなされるが（実例として〈命案〉No.1702, 1920）、擬罪上申より前に死んだ場合にはその確認はない。そして知県自らが医生や禁卒の結状を事後的に捏造する例があることは他の史料からも知れる（注18を参照）。いったん通詳した後に当事者間で金銭和解が成り立ってしまった場合、「在監病死」はその後の立件手続きを省きつつ文書の体裁を整える一番簡単な方法である。また〈命案〉No.1892は、犯人が喧嘩による殺人であることを完全に認めている事案であるが、犯人の一人が逃亡するうち一月後に在地側から和息願いが出されてくる。知県はそれを認めず逮捕命令を出すが、そのうちに今度は在監の犯人が「在監病死」する。再度開かれた法廷でそれまで頑張っていた被害者の母親も、逃亡犯は逃亡先で死亡したのでと言って（事実は不明）和解に応じ決着する。逃亡中、あるいは逃亡先で死亡したらしいというのも案外に立件を避ける事後的便法の一つなのかもしれない。そして〈命案〉No.1751に至っては、強盗殺人事件について犯人全員を逮捕しすでに罪状も確認済みであるにもかかわらず、何故か無名兇犯未逮捕という通詳がなされる奇妙な例である。その後に上司から来る督促に対しても鋭意追跡中と答え続ける。しかしその裏でまず主犯が「在監病死」し、従犯もいつの間にか釈放されてゆく。最も安全なやり方は（第一節の事例のごとく）事案処理の目途が立たぬ内は通詳自体をしないことだが、事件を知った上司から通詳をせよという督促があれば通詳せざるを得ない。しかしその時点で事案処理がどちらに転ぶか分からない場合には、とりあえず犯人を「逃亡中」としておく（その後に断罪型ストーリーでまとまれば改めて「逮捕」して立件し、金銭解決型ストーリーでまとまれば逃亡中を続けるなり「在監病死」してもらう）という手法もあったのであろう。

(42) 例えば『樊山政書』巻四「批渭南県余令稟」「批渭南県民王虎児呈詞」は、渭南県知県の余紹僑が「凡有命案、倶令私和、可恨之至」だと叱っている。時にはそういう官僚も居るのである。ただ我々はこうした事例を読むと直ちに加害者側が州県長官に賄賂を渡して事件を揉み消している（あるいは州県長官が賄賂目当てでそうしている）という方向のみを連想してしまうのだが（そしてそうではないと積極的に否定する必要もないのだが）、当然、私和の反対側には金銭を求めまた金銭で満足をする（あるいはその金銭で死者を埋葬し主亡き後の生活の方途を考えて行かざるを得ない）被害者側親族が居たこと、彼らへの同情的配慮もあり得たことを忘れてはならない。私和容認と州県長官の賄賂好きとは常に関係する訳ではない。むしろ私和問題の基本的な対立軸は、国家が犯罪事案を「事は風化に関わる」風俗問題として位置づけその処理を一罰百戒の手段に用いるか、それとも当事者双方の単なる諍い問題として扱うかの間にある。そして前者を推し進める為には当然それをするだけのハードウェア（捜査人員と警察機構）が州県の末端現場に必要になるが、清朝国家はそこまでの手当はしなかった。

(43)「犯罪存留養親」条例六、「戯殺誤殺過失殺傷人」条例一及び条例六。巴県档案でもその実務を示す文書がある。〈命案〉No. 1491, 1799。

(44) そして一般予防の側面（あるいは対国家の側面）についても、一部の事件を除けば、国家自身が刑罰を金銭で置き換える仕方を様々な所で用いている（歴代国家に見える贖刑制度はそれに他ならず、また州県自理裁判でも体罰と罰金が代替的に用いられる）。

(45) 前掲拙稿「中国清代民事訴訟と「法の構築」——『淡新档案』の一事例を素材にして」、及び「「非ルール的な法」というコンセプト——清代中国法を素材にして」を参照。

(46) 先に述べたとおり滋賀秀三氏は重案を州県自理内で処理してしまう州県長官の振る舞いの存在を「起訴便宜主義」という名で呼んでいた（滋賀前掲『法と裁判』三八頁）。本章で見たケースも広く見ればその一種に違いない。ただここで反対に、ならば州県長官が立件しようと決意さえすれば全部を立件できたのかと問えば、少なくとも巴県档案同治命案について見れば明らかにそうではない。律例と成案の世界では罰すべき行為（それを罰する正当性）があらかじめ客観的にあるかのごとくして議論は始められるが、現実にはそれはその都度、現場で作られる。「起訴便宜主義」とか地方官の民間社会関係への配慮といった「減算型」のもの言いでは、現実の事態が持つこの「形成的」側面が落ちてしまうのである。

(47) もちろん差異はあり特に翻異の機会の制度的保障の持つ意味は大きい。ただそれを言い出せば容疑者は常に決済権者の前まで護送されることになりそうだが、実際には徒刑人犯は府まで、流刑人犯は按察使まで、死刑案件でも巡撫の前まで引き出されるだけである（なぜか必ず決裁権者にまでは行き着かない仕組みになっている）。むしろ裁判に対する上司の監督を言うならば、上申事案の事実認定部分が上司によって駁されるより遙かに高い頻度で民の側は（自理事案と上申事案とを問わず）上控を行っていたこと、そしてその上控は（当事者側が頑張りさえすれば）理論的には皇帝にまで行き着く制度であったことの方に着目すべきであろう。

(48)　官箴書の編目名を見れば一目瞭然のことだが、命案盗案の処理の話題も「聴訟」という編目の下で語られる。そして時には統合を進める余り擬律以降の部分までもを聴訟の編目中に含む例はあるが、その逆はない。なお筆者は（民事裁判刑事裁判の二分類論にいくらか影響されて）これまで「聴訟」の語を主に戸婚田土・州県自理の裁きに対応させて用いてきた（例えば拙稿「権利と冤抑――清代聴訟世界の全体像」の副題を見よ）。しかし刑事裁判の実態を踏まえれば、そうした限定自体がもはや無用なことは明らかである。そして実際、筆者が戸婚田土処理を念頭において述べたことの大部分が、本章で見た命案処理についてもそのまま当てはまる。

(49)　必要的覆審制のこちらの側面は終始官僚制的司法の意思統一をめぐる内部問題なので、途中で上司が駁してももはや問題は民には戻らない。なお以上で述べた「情法の平」という価値のあり方、量刑判断をめぐる皇帝と官僚の間の動的な関係、およびそこにおける律例や成案の機能については、拙稿「清代刑事裁判における律例の役割・再考――実定法の「非ルール的」なあり方について」（大島立子編『宋―清代の法と地域社会』財団法人東洋文庫、二〇〇六年）および前掲拙稿「「非ルール的な法」というコンセプト――清代中国法を素材にして」を参照されたい。ちなみにこれらの論文では、当時の断罪の世界の内部論理に従い、皇帝や高官が行う作業を、現実の「情」自体への対応として描いているが、その「現実」は本章で見たようなフィルターを一度通った「現実」である。

第三部

第十一章　北京政府時期の覆判制度

田邉章秀

はじめに

清末光緒新政期以降、さまざまな改革が試みられる中、司法制度については、治外法権撤廃を実現するという目的もあり、司法の独立を図る改革が始まった。そこでは四級三審制が採用され、裁判機構は、北京の大理院を頂点として、以下高等審判庁、地方審判庁、初級審判庁の四級にわかれ、上訴は控訴と上告の二度に限ることが定められ(1)、まず各省都には高等審判庁が、省都及びそれに準ずる重要都市には地方審判庁が設置されることとなった(2)。中華民国が成立すると、この動きはさらに加速し、県において訴訟を取り扱う初級審判庁も設置され始め、国内のすべての県に審判庁を設置することを目標に、審判庁は短期間で急速にその数を増やしていった(3)。むろん一夜にして全国くまなく審判庁が設置されたわけではなく、審判庁が未設の県においては、清代同様引き続き県知事が裁判を執り行っていた。ただ全体の方針として、審判庁の拡充が目指されていたのである。

しかしこの方針は民国三年（一九一四）大きく揺らぐこととなる。あまりにも急激な拡大を目指したことで、人材の欠乏、経費の不足が生じ、そのため各方面からの反発がまき起こった(4)。かくして民国三年審判庁の大規模な整理撤廃が行われ、それまで設置されていた初級審判庁は一律廃止、地方審判庁もその数を減らし、各省一ヶ所から多くても三ヶ所程度ということになった(5)。このためほとんどの県では、審判庁がなくなり、さらに当面審判庁が設置される見込みすらなくなってしまった。結果として行政から独立した司法機関である審判庁は百ヶ所にも満たなかった。しかしながら、歴代にわたって訴訟社会と言うべきものが現出していた中国社会にあっては、わずか百にも満たない、しかも地域的にもごく限られた場所にしか存在しない司法機関のみですべての訴訟を処理することなどまったく考慮の外であったろう。したがってその不足分は伝統的体制を利用することとなり、審判庁が存在しない県では清代同様引き続き行政官である県知事が司法業務を兼務する県知事兼理司法制度がしかれることとなった。

そのため県知事が裁判を執り行うための体制を、制度として明確に整える必要が生じた。そこで「県知事兼理訴訟暫行章程」および「県知事兼理司法章程」が公布施行され(6)、県知事が裁判を担当する上での法整備や実務に関する規定が定められていくことになる。この県知事兼理司法制度は北京政府時期を通して大部分の県で実施されており、北京政府時期最末期の民国一五年（一九二六）段階においても、北京政府の支配地域における審判庁の数はわずか約一五〇に過ぎなかった(7)。

上記の理由からこの時期の司法制度を理解するためには、この県知事兼理司法制度の解明が欠かせない。そのなかでも司法が、県知事の司法業務をいかに監視監督するかというのは重大な問題である。そもそも行政官である県知事が司法業務を兼務すること自体、司法の独立を損ない、実際の訴訟においても公正を損なうというのが当時の法曹界の見解であり(8)、県知事による裁判は、慎重さに欠け冤罪の可能性が高いと考えられていた(9)。またジャーナリズムにおいても司法の独立を欠いている状態は治外法権撤廃のためには大きな障害になると懸念されていた(10)。そして法官を始めとする法曹界人士と県知事とでは、そもそも背景となる学歴が異なっており、法官には外国、特に日本での学習を経たものが多く、法律の素養ありとされていたのに対し(11)、北京政府時期の県知事は伝統的学問を修めた旧科挙士人や旧官吏の出身が多く、新式学堂出身や留学経験者は少数であったと考えられている(12)。こうした両者の出身の差異もあって、県知事が下す裁判の判決が、法官たちから見れば信頼に欠けるものとして映り、これを是正する必要が生じたのである。

県で下された判決を是正する機会として真っ先に思いつくのは、上訴された案件を審判庁が審理する場面であり、もちろん県の裁判であっても、訴訟当事者たちには上訴の権利が法律上は保障されていた。しかし被告に対して刑が重くなる重大刑事事件では、裁判の公正を期すためより慎重な審理が求められるものであり、当事者の申し立てによる上訴案件だけでは県に対する監督が不十分と考えられた。そのために用意されたのが県の判決を省の最高司法機関である高等審判庁がチェックする覆判の制度である。

そもそも一定以上の刑を科す場合、清代以前においても県の判決を府や各省の按察使、督撫、さらに死刑の場合は刑部など中央省庁の審理を経て最終的には皇帝の裁可が必要とされていた(13)。各審判庁の審理がそれぞれ独立し、裁判独立の原則があったのとは対象的だが、こうした歴史的経緯を踏まえれば、県の審理を上級機関が自動的にチェックするというのは、当時にあっては当然視されていたことであろう。このように上級機関が自動的に州県といった末端の行政機関の判決をチェックする制度を滋賀秀三は「必要的覆審」と呼んだが、本章でも清代以前のチェック制度については「必要的覆審」という語を使うこととする。なお、本章が問題とする覆判制度は、この「必要的覆審」を援用したものといえるが、民国期においてはこれとは別に「覆審」という語もある。第二節で詳述するが、民国期においては覆判とは、県で行われた第一審を高等審判庁がチェックするプロセス全体のことを指す。一方覆審とは、覆判の一部分である。審判庁が県の判決をチェックしたあと、県に差し戻して再審理を命じることがあるが、この再審理のことを覆審と呼ぶ。両者は混同しやすいと思われるので、ここで注意を喚起しておきたい。

　また先に述べたように地域的には当時の中国の大部分で県知事による裁判が実施されており、司法における覆判の重要性というのは、数量的にも黙視できないものがある。しかしこの民国期の覆判制度については、従来専論すらない状態であり、県知事兼理司法制度の研究の中で言及がなされる程度であった[14]。それが具体的にどういったプロセスで運用されていったのかという基本的な点についても未解明のままである。ただ重大案件については判決にチェックが入るという制度は、前述した清代の制度を引き継ぐものであったと同時に、また人民中国成立以後においても見られた現象であり、その特徴は各時代によってそれぞれ異なる。そして民国期、特に北京政府時期は司法制度の過渡期であったが、特にこの覆判制度はその過渡期の特徴を顕著に表すものであり、民国期の司法制度の特徴を考える上でも重要な要素である。また清代の必要的覆審制や人民中国における党による司法への介入[15]についても、今後これらを歴史的な観点から考える際に重要な視座を提供してくれるだろう。そこで本章では、覆判制度がどういう法律に基づきどう運用されていったのかを明らかにすると共に、それが民国期における司法制度の中でいかなる意味を持つのかを考察していきたい。

第一節　裁判の管轄区分と上訴のプロセス

行政機関である県公署で刑事裁判が行われる場合であっても、裁判は原則公開され、[16] 公署内に設けられた法廷（図1参照）で行われる。[17] ここでは県知事は承審員[18]の補助を得て、裁判を進行していく。判決は両者がそろって署名し、共同で責任を負うことになっていた。[19]

審理が終了し判決が下されると、ひとまず裁判は終了ということになるが、被告が判決に不満を持った場合、もちろん上級の審判庁に対し控訴することが認められていた。ただし清代までと異なり、民国期においては上訴期限が設定されており、刑事案件の場合、判決が示されてから一四日以内に控訴の意思を表明しなければならない。[20] そして控訴された案件は県公署から、通常審判庁へ審理が移されるのだが、案件は想定される罪の大きさに応じて管轄区分が設定されており、それによって第二審を担当する審判庁も異なっていた。

案件は民事でも刑事でもその重大性に応じて初級管轄と地方管轄の二種類に分かれていた。これはそれぞれ第一審を担当する審判庁が、初級審判庁であるか、地方審判庁であるか、それを表すために付けられた名称であるが、民国三年（一九一四）初級審判庁が全廃された後も、管轄区分を表現するためにこの名称は引き続き用いられた。

刑事案件の場合、管轄区分は刑の大きさによって分けられており、初級管轄は最重主刑が四等有期徒刑以下、地方管轄はそれ以上、つまり最重主刑が三等有期徒刑より重い刑の案件であり、ここにはもちろん死刑や無期徒刑も含まれていた。[21] もう少し具体的に説明すると、まず四等有期徒刑というのは、懲役一年以上三年未満の刑のことであり、

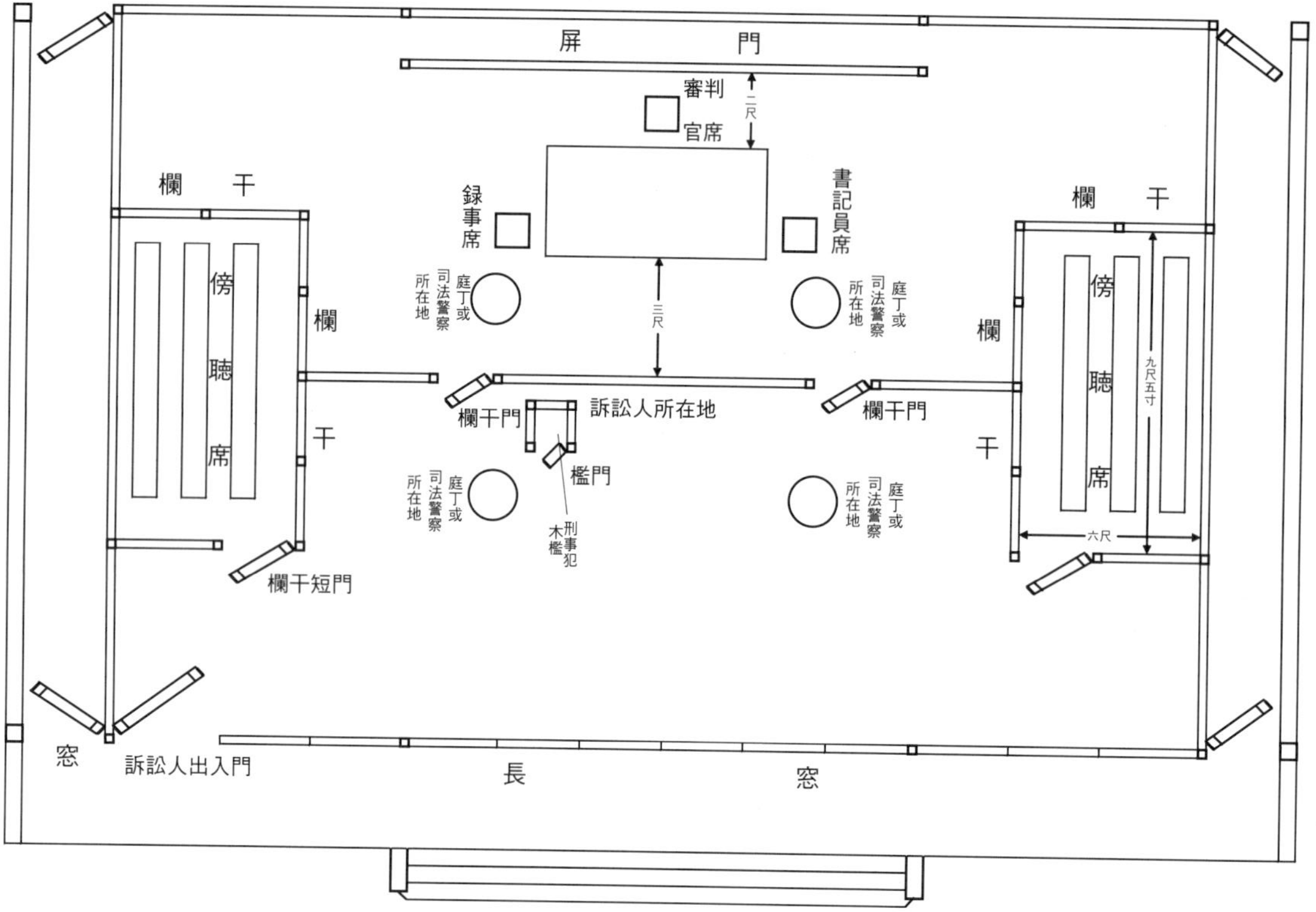

図１　**県知事公署法庭設置図**（『増訂司法例規』416頁「設置県知事公署法庭通飭」、民国５年(1916) ６月 27 日）

三等有期徒刑とは懲役三年以上五年未満の刑を指す。[22] そして民国期の刑法にあたる「暫行刑律」には、ある罪に対し、「三等から五等の有期徒刑に処す」という書かれ方がされており、これを現在の日本の刑法のように表現すると「二ヶ月以上五年未満の懲役に処す」ということになる。具体的な犯罪を例に挙げると、例えば軽微な傷害罪を犯した場合、「三等から五等の有期徒刑」[23]とされているので、これは最重主刑が三等以上ということになり、地方管轄の案件である。一方アヘンを吸引するための器具を製造したり販売したりしたものは、「四等以下有期徒刑あるいは拘役」[24]の刑が科される罪を犯したことになるので、これは初級管轄の案件となる。

ただし、管轄区分はあくまでもっとも重い刑がどれだけの刑期にあたるかということを基準にして定められており、実際に科される刑の軽重が基準になっているわけではない。初級管轄案件で科される刑が、必ずしも地方管轄案件で科される刑よりも軽いということにはならない。つまり上記の例で見た場合、ある傷害罪に対し、「五等有期徒刑六ヶ月」の刑が科され、これに対しアヘン吸引器具製造の罪に対し、「四等有期徒刑二年」の刑が科されるということも十分有り得るのだが、そういう場合であっても、もちろんアヘン吸引器具製造犯の案件は初級管轄であり、傷害犯の案件は地方管轄ということになる。

さて以上が刑事案件の管轄区分であるが、この区分が重要なところは、第二審以降の審理を担当する審判庁が異なってくるという点である。初級審判庁が全廃された民国三年以降は初級管轄案件であろうと、地方管轄案件であろうと、第一審を担当するのは県公署あるいは地方審判庁であったが、第二審はそれぞれ異なっており、初級管轄案件は地方審判庁が、地方管轄案件は高等審判庁が審理を担当することとなる。そして第三審は、初級管轄案件は高等審判庁が、地方管轄案件は大理院が審理を担当することとなっていた。[25] こうした上訴の管轄区分を図で表現すると図2のようになる。

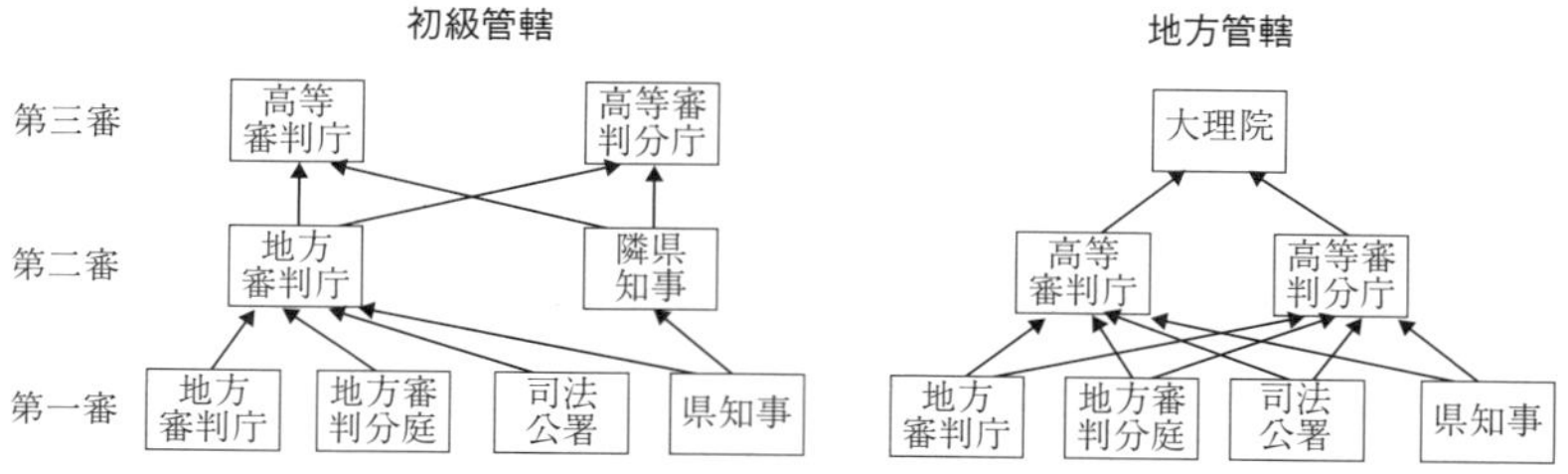

図 2

『増訂司法例規』317頁 第４類　審判　管轄 「申明初級管轄及地方管轄各支系通飭」及び『政府公報』民国元年（1912）５月 19 日「刑事訴訟律草案」關於管轄各節、「民事訴訟律草案」關於管轄各節をもとに作成

上述の上訴手続きの過程を、具体的な案件に即して説明しておこう。例として取り上げるのは、「鄭中貴控項昌鑑殺人案」という、浙江省安吉県で発生した殺人案件である(26)。これは殺人案件であるので、当然地方管轄の刑事案件である。この事件の被害者は鄭中富というもので、民国七年陰暦三月九日の夜殺害された。そして彼の弟鄭中貴が、項昌鑑が犯人であるとして、県に告訴状を提出して、刑事裁判が始まった。動機はかねてより被害者と項昌鑑とのあいだに訴訟沙汰になったトラブルがあり、その報復によるものだとしている。このように殺人事件であっても、被害者の家族等の刑事告訴によって裁判が開始するケースがあったことがわかる。そして安吉県公署はこの告訴状を受理して裁判を執り行い、鄭中富が徐阿毛のところに逗留していたところに、項昌鑑が仲間四人を引き連れ、鄭中富の手足を縛り、柴刀で切り殺したと認定、懲役一〇年の刑を言い渡した。

この判決に対し、被告の項昌鑑は、自分は無実であること、三月九日から一一日までは姚義坤の家で婚礼の宴があり、そこで酒を飲んでいたと自らのアリバイを主張して、浙江高等審判庁に控訴状を提出した。なお控訴の期限は判決告示から一四日以内であり、高等審判庁へ控訴状を提出するか、または控訴声明状を県あるいは高等審判庁に提出することとなっていた(27)。そして上訴期限内に控訴の意思が表明されれば、県は案件を各省の高等審判庁あるいは高等審判分庁へ移し、被告も移送されることとなる。なお審判庁未設の県では律師の活動は禁止されていたが(28)、この控訴審段階からは審理が高等審判庁に移るため、被告は律師に弁護活動を依頼することが可能になり、この控訴状についても律師が書くことが認められていた。この案件では、控訴状自体は被告が用意したが、そのあと律師来福成が彼の弁護活動につき、高等審判庁に対し律師から弁護意旨書が提出された。その内容は多岐にわたるが、もっとも重要な点は、証人である徐阿毛の証言が信用できない点を挙げ、県での審理記録より、徐が最初は被告項昌鑑を知らないし、殺害現場も見ていないと証言しておきながら、のちには項昌鑑を知っているし、殺害するところも目撃したと述べるなど、その証言を翻していることを指摘、証拠として採用するに値しないとして、被告の無罪を主張した。こうした書面による弁護活動の後は法廷での審理に移る。高等審判庁の審理では、被告はもちろん証人等も出廷し、さらに県における審理と異なり、律師が被告の弁護活動のため出廷して法廷弁論を行う。またここでは検察官も出廷して検察の職務を遂行することとなる。審理終了後は、高等審判庁より判決が下されるが、この案件では、浙江高等審判庁は、基本的に律師の主張を採用し、原判決を取り消し、無罪とした。その根拠として、まずこの案件において証拠となるものは唯一徐阿毛の証言であるが、その証言が途中で翻っており、証拠として採用するには問題があること、よって被告の犯行を証明できないため無罪とするというものであった。なお被告は犯行当夜のアリバイについて、姚義坤の家で人が賭博するのを見ていたと供述したが、これについては姚阿宝等が証人として証言、これを否定しており、アリバイ自体は崩れている。

こうした第二審の判決に対しては、原告被告双方とも不服があれば、大理院に上告することができるが、この案件でも浙江高等検察庁が、アリバイが証人により否定されており、犯行を否定する反証が無いにもかかわらず、無罪の判決を下したことは不当だとして、大理院に上告した。これに対しては律師来福成より項昌鑑弁護のための弁訴状が提出され、徐阿毛の証言は証拠として採用できず、鄭中富殺害が項昌鑑の犯行だとは証明されないこと、アリバイが否定されたのは、賭博が違法行為で、認めると証人の犯罪行為が追及される恐れがあるからだとし、引き続き被告の無罪を主張した。

原告と被告の双方が書面で自らの主張を展開した後は、大理院の審理に移るが、大理院の審理は法律審であり、書面のみで行われ、審理終了後判決が下されると、三審制のため、ここで判決は確定することとなる。ただし事実審ではないため、もし高等審判庁の審理に不十分な点があると認められた場合、審理は差し戻され、高等審判庁で再度第二審がやり直されることとなる。ここでも大理院の判断は、徐阿毛が証言を翻した理由を究明しておらず、彼の証言の矛盾だけで無罪とするのは軽率であるとし、浙江高等審判庁に審理を差し戻した。

このあと律師来福成より、従来からの主張を繰り返す形で弁訴状が提出され、浙江高等審判庁で審理が行われたが、徐阿毛に証言を翻した理由を訊問しても、その理由が供述のたびに変わり、やはり証拠として採用できない等といった理由で再び被告には無罪判決が下され、判決が確定した。

以上が重大刑事案件の上訴プロセスであるが、つづいて民事案件についてもみていきたい。例として取り上げるのは、浙江省嘉興県における「邵穎荘与姚錫卿欠款糾葛案」である(29)。訴訟当事者である邵穎荘の同茂泰木行と姚錫卿の姚義昌板坊は長年にわたり取引があったが、姚義昌板坊が民国七年に倒産したため、同茂泰木行に対し、未払いの一五三九元の債務が発生した。このことにつき原告邵穎荘は、一五三九元および支払いが遅延した分の利息の支払いを求め、嘉興県公署に訴えた。被告側は、姚義昌板坊が六者の共同出資によっていたこと、店の運営は実際には出資者の一人管宝珊が担っていたこと、負債額が大きすぎて返済が難しいことなどを主張した。これに対し県の判決は、原告の主張をそのまま認めるもので、負債の全額一五三九元と利息を支払うこと、返済の責任は店主であった姚錫卿にあるという判決を下した。

上記の判決に対しては、被告の姚錫卿がこれを不服として、浙江高等審判庁に控訴声明状を提出した。なおこの案件は訴訟の標的金額が大きいため地方管轄案件となり、第二審は高等審判庁で行われることになるが、もし金額が少ない初級管轄案件であれば、第二審は地方審判庁で行われることとなる。

控訴人姚錫卿は控訴を声明した後、上訴状を浙江高等審判庁に提出した。その主な内容は、返済額が大きすぎること、また返済の責任を姚錫卿一人が負うのはおかしいというものであった。これに対し浙江高等審判庁は両者に和解を勧告し、結局原告と被告の双方とも代理人として律師をたてて調停が行われ、和解が成立した。和解内容は債権額を一四五〇元とするもので、姚義昌板坊内の商品の中から同金額分が同茂泰木行に引き渡され、和解状が審判庁に提出された。このように民事案件においては、審判庁から判決が下されるだけでなく、当然当事者間で和解が成立すれば、それで案件は落着することとなる。また審判庁が審理する案件では、律師の活動が認められており、現に上記二つの案件では、律師の深い関与が見出される。

第二節　「覆判章程」と覆判案件

一、民国成立直後の覆判制度

「はじめに」で述べたように、民国に入っても大半の県では県知事が司法業務を兼務していたため、司法の立場からしてこれを何らかの形でチェックする必要があった。そこで利用されたのが、清代において行われていた必要的覆審であり、民国期においては覆判がそれに当たる。なお「はじめに」で述べたように、民国期において「覆判」とは、県での第一審をチェックするプロセス全体のことを指し、「覆審」とは覆判の結果命じられる再審理のことである。

さて民国期に入ると、そもそも各審判庁の裁判はそれぞれ独立しており、判決を下した後、上訴されなければその判決は確定したのに対し、県知事が担当した裁判のうち重大刑事案件については、これも伝統的手法にならって上級がその判決や審理内容をチェックすることとなったのである。

ただ上級機関と言っても、清代には県の上級機関である府や按察使、各省の督撫が案件をチェックしていたわけだが、民国期においては、そもそも行政機関である県が司法業務を担当すること自体が本来あるべき姿ではないのだから、チェック機関も当然司法機関である審判庁が行うことになる。具体的には各省の最高司法機関である高等審判庁が覆判を担当することとなった。

この覆判を定めた法令が公布施行されるのは、民国元年（一九一二）一〇月のことであり、「覆判暫行簡章」がそれである。(30) ここでまず覆判を必要とされたのは、審判庁がまだ設置されていない県で審理した刑事裁判であることが明示され、その対象範囲として、死刑、無期徒刑、及び一等、二等の有期徒刑の判決が下された案件であることが定められた。これらの案件については、結審の後一〇日以内に判決を含む案件に関わるすべての文書を高等審判庁に送ることとされた。高等審判庁では通常書面のみで審理されるが、必要に応じて被告を含めた関係者を召喚し訊問する。もし第一審を担当した県が高等審判庁の所在地から遠い場合、高等審判庁や他の審判庁の推事を派遣したり、場合によっては他の行政官庁から人員を派遣して審理させることも認められていた。審理が終わると高等審判庁として判決を下し、第一審の県に発還する。高等審判庁の覆判判決を受け取った県は、受理後三日以内に被告に判決を宣告するのだが、もし判決内容に不服があれば訴訟当事者は上訴することが可能であった。なお上訴は高等審判庁の第二審に対するものとみなされ、大理院への上告ということになる。上訴期間が過ぎても異議申し立てがない場合は、判決はそのまま確定し、各県で刑が執行されることとなるが、死刑については、司法部へ報告のうえ、その裁可を待って執行されることとなる。

この「覆判暫行簡章」は、翌民国二年（一九一三）三月には修正が加えられ、「修正覆判暫行簡章」が公布施行される[31]。ここでは、覆判の対象範囲に変更はないが、覆判を要する案件として上訴されていないものとすることが明記される。あわせて覆判に送る期日について、上訴期間経過後五日以内とすることが定められ、また県から直接高等審判庁に送るのではなく、まず高等検察庁に送り、検察庁を経て高等審判庁に送ることとされた。

またこの時期の覆判については、清末に施行された刑法『大清現行刑律』により判決が下された案件について、民国成立直後から施行されることとなった『暫行刑律』により刑を改めるという作業があった[32]。とりわけ旧律は新律に比べて刑が重い傾向があるので、被告人にとっては、この作業の影響は大きいであろう。そうした事例の一つとして山西省の「山西高等審判庁判決程新発等窃盗一案[33]」という案件を挙げておく。この案件は、宣統元年八月、程新発が仲間を募り、合計七人で被害者宅趙会元の家に強盗に押し入ったというもので、実行犯七名のうち、逮捕された程新発、謝竹元、呂鳳亭三人について行われた裁判である。実行犯七名のうち、呂鳳亭だけは屋内に入らず、庭で盗品の運搬を担っていた。そして一部の盗品は金に換え、現物の盗品とあわせて七人で取り分を山分けしたという事件である。山西高等審判庁が認定した事件発生後の経緯は、「被害者は前署県知事王勳に通報の上、実況検分に立会い指名手配してもらった。まず呂鳳亭、謝竹元を逮捕して、盗品及び盗品を金に換えた場所を探し出し、被害者に確認のうえ引き取らせた。ついで前潞城県知事鄧車昂が程新発を逮捕のうえ該県に移送して、訊問を経て、擬律して府へ通詳した。前署沢州府恩聯も犯人を訊問し、県の審理と異なるところはなかった。前清の現行刑律に照らして、該犯の程新発、呂鳳亭、謝竹元、即ち解竹雲はみな該県の原擬通り絞立決に擬す。呂鳳亭は強盗の実行に従い、時に臨んでは庭で盗品の受け渡しを行い、ともに入室せず、事後に分け前に与ったので、また該県の原擬通りに、死罪を免じ減刑し、新疆に発遣する。」というもので、その後案件は山西高等検察庁に送検され、検察は「情罪相付す」としたうえで、山西高等審判庁へ送った。山西高等審判庁は事実認定も量刑も相当であるとの見解を示したうえで、

暫行新刑律第二十九条内には、二人以上が共同で犯罪行為を実施するものは皆正犯であり、犯罪行為を実施する際、正犯を幇助するものは正犯に準じて論ずるとある。この案は程新発が仲間を集めて被害者の趙会元の家を強盗しようと思いつき、そのとき謝竹元、呂鳳亭等はみなこれに従い同行して、集まること七人にもなった。さらに被害者を傷つけたことは、その手段横暴にして、全くの強盗行為に当たること、疑問の余地はない。呂鳳亭は屋内に入り物色してはいないものの、庭で盗品の運搬を行っており、正犯を幇助したことは甚だ重要である。強盗行為の共同実施者と区別がないと認定して、正犯と一律に科罪する。原判は前清現行刑律を参照して擬罪したため、主従に軽重の区別を与えるに至った。（中略）司法部より公布された新刑律施行細則第四条第一款の規定によれば、程新発、謝竹元の二人はともに絞首刑に処すべきだが、ただ暫行新刑律にも〔強盗の〕専条があり、刑が軽いほうを捨てて重い刑を科す理由は無いので、第三百七十三条及び第二十九条の規定を適用し、新旧を比較して、相当の刑を科し、公平にして穏当であることを示すべきである。

として、被告三人に対してそろって一等有期徒刑一二年の刑を科した。事件自体は宣統元年発生のものであり、その後比較的早く三人が逮捕されたため、この三人については、県では大清現行刑律で判決が下され、それが府へ送られるという、清代の制度に基づいた運用がなされている。そこからさらに提法司(34)へ送られた後、検察庁、さらに審判庁

へと、この点に関しては民国期の覆判の手順に沿っていた。科刑については、旧律において死刑とされていたものについては施行条例によって絞首刑に処することが認められていたが、ここは新律の強盗罪を適用して懲役一二年に変更されている。

二、民国三年以降の覆判

以上が、民国成立直後の覆判に関する規定であるが、この時期に施行されていた法令については、審判庁が次々と設置され拡充の一途をたどっていた時期だけに、まさに「暫行」を意図したものであり、もし全県に審判庁が設置されていれば、覆判制度も必要なくなっていただろう。ところが実際には「はじめに」で述べたように、民国三年（一九一四）に入って、大規模な審判庁の整理統廃合が行われ、県知事兼理司法制度を整備するための法令が必要となり、覆判制度についても改めてより整備された法令が定められた。それが民国三年七月三日に公布施行された覆判章程[35]であり、前述の「覆判暫行簡章」より詳細な規定がなされている。なお覆判章程は、しばしば修正が加えられており、特に民国七年（一九一八）と民国一一年（一九二二）には、改訂版が定められ、改めて公布しなおされている[36]。そうした修正箇所については行論の必要に応じて、適宜指摘していきたい。

まず覆判の対象となる刑事案件について、これは最重主刑が三等有期徒刑以上、あるいは罰金五〇〇元以上の案件と定められた。これは前述の地方管轄案件と一致することとなる。この対象範囲は「覆判暫行簡章」が二等有期徒刑以上を科す案件としていたことにくらべると、その対象範囲が広まったこととなるが、同時に「覆判暫行簡章」が科刑の重さを基準としていたことに対し、この「覆判章程」では対象の基準が刑よりも適用される条文、つまりどういう犯罪を犯したかという点に置かれたことになる。これらの刑事案件について、もし判決に対して不服がある場合はもちろん高等審判庁へ控訴することが可能であり、その期間は前節で述べたように判決提示後一四日間とされた。そして一四日経過後も上訴されない場合、この刑事案件は覆判へまわされることとなる。県知事は、上訴期間を過ぎた案件について、上訴期間経過後五日以内に判決文及び供述書や事件の証拠をそろえて、まず高等検察庁に送る。(37) ただし清代とは異なり、被告は引き続き県にとどめ置かれ移送されることはない。高等検察庁は送られてきた書類を審理し、犯罪事実の認定や法律の運用に問題が無いかをチェックし、もし問題があればそれを指摘すると共に、覆判においていかなる判決を下すのが妥当か、意見書を付して高等審判庁へ送る。(38) 高等審判庁は、検察の意見を参考に供述書や証拠を精査して、県の擬罪や事実認定が妥当であるかをチェックするとともに、必要に応じて原審の県に再調査を命じることもできた。そして高等審判庁は覆判の審理が終わった後、核准、覆審、更正の三種類のうちのいずれかの判断を下すこととなる。これら三つの判断の具体的内容は以下の通りである。

まず核准とは、県による原判決を妥当と認める判決のことであり、事実認定と適用された法律に誤りがない場合は、この核准の判決が下されることとなる。

ついで更正とは文字通り高等審判庁の判断で県による原判決を更正する判決のことであり、法律の適用に誤りが見られたときにこの判断が下される。ただしその範囲は県の判決によって示された科刑が重すぎると判断された場合、あるいは科刑の軽重自体には変更がない場合に限られる。更正の判決については、高等審判庁は改めて正式な判決文を作成することとなる。

核准、更正ともに、その判決は高等検察庁へ伝えられ、さらに検察庁より原審の県へ通知され、最終的には県より被告に対して刑の宣告がなされる。そして上訴期間を過ぎても、判決に対して不服を声明し上告されることがなければ、核准や更正の判決は確定し、被告に通知のうえ、刑が執行される。刑の執行については県で実行されることになるが、このうち死刑についてだけは、司法部に報告のうえ、司法総長の許可を待って原審の知事が絞首刑を執行することとなる。(39)

以上が覆判判決の核准及び更正の手順であるが、高等審判庁による覆判の結果、県で示された科刑が軽すぎると判断される、あるいは証拠不十分であるとか、事実認定に誤りがあると判断された場合は、裁判のやり直しを意味する覆審の判決が下されることとなる。(40)

これはつまり犯罪事実をめぐって再審理をする必要があると認められたケースはもちろん、原判決よりも重い刑が科される、つまり被告人の不利益になるような場合についても、再度審理が必要とされたということになる。(41) そして覆審の決定が下された案件に対し、再審理の方法として以下の四種類中から一つが選ばれることとなる。

（一）発還原審知事覆審（第一審の県に差し戻して再審理）

（二）発交隣近地方審判庁或隣邑知事覆審（第一審の県の近くにある地方審判庁あるいは県に命じて再審理）

（三）提審（当事者を高等審判庁に召喚して高等審判庁で再審理）

（四）指定推事莅審（高等審判庁より推事を指定して第一審の県に赴かせ再審理）

（二）は原審衙門によるやり直しでは更正が望めない場合に備えて設けられた条項である。また（四）は、原審の県が辺境にあり、高等審判庁ないし高等審判分庁に被告や証人等を呼び集めるのが困難な場合に備えて設けられた条項である。

覆審は裁判のやり直しであるから、改めて証人等も再度呼び集められて、法廷で審理が行われたあとに判決が下される。そして覆審で下された判決は、判決を下した後五日以内に再度高等検察庁に送られる。(42)

以上が覆判のプロセスであるが、こうして下された判決に対しては、もちろん当事者が上訴することが認められていた。ただしもともと原判決が下されたときに上訴していないこともあって、覆判や覆審の判決に対する上訴には様々な制限が設けられていた。

まず核准の判決に対しては、被告はこれを不服として上訴を提起することはできない[43]。更正や覆審については、原判決より重い刑が科された場合に限って上訴することが認められていた。ただし原判決と刑が同じか軽い場合は、上訴は認められていなかった[44]。その一方で原告訴人には更正や覆審で被告に対する刑が軽くなった場合、これに不服として上告や控訴を提起することができた[45]。なおこの際の上訴期限は一〇日と定められている。

検察による上訴について、第一審については県による審理であるため、検察の上訴はありえない。そして覆判の判決に対して、まず民国三年施行の覆判章程の定めるところでは、検察は高等審判庁が覆判で下した更正の判決や県などが覆審で下した判決に対しては大理院へ上告することができた。ただしその後県知事の覆審に対しては上訴が大理院への上告ではなく、高等審判庁への控訴と改められた。さらに七年の修正版では核准の判決に対しても大理院への上告が認められることとなった[46]。

三、覆判案件

以上が覆判のプロセスであるが、次に実際の案件において、審判庁や検察庁が県の判決に対しどのような判断を下していたのかを見ていきたい。例えば「浙江高等検察庁対於嵊県呈送覆判裘鳳金夥同仇殺裘全茂等九人斃命一案意見書」[47]は、被告裘鳳金が仲間を募って裘全茂の家を襲い、一家九人を殺害したという事件についての県の判決に対する検察の意見書であるが、ここでは被告も罪状を否認せず、県は死刑判決を下したことに対し、検察も「情罪相当に属す」として核准の判決を下すよう高等審判庁に求めている。こうした事実認定や量刑の判断に迷う余地が無いような案件については、県の判決に異を唱える必要もなく、核准の判決が与えられることとなる。

つづいて更正の判決について述べたい。前項で更正の判決が下される基準は、法律の適用が誤っている場合や量刑が妥当でないことであると述べたが、実際には必ずしも量刑だけにとどまるものではなく、刑事処分全体が更正の対象範囲となる。その好例が浙江高等検察庁の意見書「浙江高等検察庁対於海寧県呈送覆判李阿大発掘墳墓盗取殮物罪一案意見書」(48)に見られる。この案件は被告李阿大が墓を盗掘したことに対し県の裁判で懲役一〇年の刑に処すと宣告されたというものである。この点については問題がなかったのだが、県が被告から盗掘品を没収したことについて検察は「〔原判は〕同律第四十七条第二十三条第七款に依り、銅鏡等の盗品を押収したが、この盗品を引き取るべき者はいない。大理院統字第七百九十八条解釈に依れば、没収の列にあるべきではなく、初判が刑律第四十八条第三巻に依りこれを没収していることは誤りに属す。更正の判決を与えることを請う」と述べている。更正の対象となるのは、法律適用の適否や、量刑の是非だけでなく、ここにあるように盗品の取り扱いについてもその対象に入る。さらにその根拠として挙げられているのが大理院の解釈であることからもわかるように、大理院の解釈例は法源として機能しており、当然ながら県知事であろうとそれを遵守することが求められていた。

つづいて覆審の決定が下された案件を見てみよう。覆審の決定は科刑が失出（犯した罪に対して下された刑が軽いこと）にあたる場合や、事実認定に疑問がある場合である。

まず単純な失出の例は「浙江高等検察庁検察官対於南田県判決應萬秋等傷害侮辱罪一案核送覆判意見書」(49)という案件に見られる。この案件は

本案の被告人葉阿奶は本年七月六日鴨嘴埠頭に停船し、引塩分所の検査官羅達夫が彼等父子が岸に上がった後、

巡丁王甲を連れて船を検査しにやってきたところ、銀銭を失くしたと詐称し、該稽査が盗み去ったと誣告し、郷警の王邦賢に報告して彼を連れて賠償を求め、たがいに取っ組み合いとなり、羅達夫の襟を破いた。應萬秋は傍らにあって、葉が羅を攻めるのを助け、ならびに手にしていた潮煙管を用いて、羅達夫の左わきの下と肘を叩いて傷つけ、皮膚は硬くなり色は赤くなった。以上の事実は該県の取調べを経て明確である。

というものである。こうした犯罪事実に対し、原県は應萬秋を傷害罪で「五等有期徒刑二ヶ月と五日」の刑に処し、葉阿奶については傷害の従犯及び誣告罪で「拘留四〇日、罰金二〇元」の刑に処すことを宣告した。しかしながら検察は葉阿奶の科刑について「該被告人葉阿奶が羅達夫、王甲の両名を窃盗であると誣告したことは、二人の法益を侵害したことに当たり、当然刑律第三百六十条の罪を二つ犯したこととして刑を科すべきであるが、初判はわずかに一つの罪についてのみ科刑するだけで、ことに失出である」とし、高等審判庁に対して覆審に発還するよう求めている。これはつまり犯した罪の数え方を問題としており、県が一つしか認定していないのに対し、検察は二つ認定すべきだと判断したため、失出に当たるというケースである。

また県の事実認定やそれに伴う法律の適用に疑問がある場合ももちろん覆審の決定が下される。そうした例として「湖北劉長友等為詐欺取財案覆判決定書」(50)という案件では、県の第一審で認定した事実及び科刑は、

被告人等は朱登貴の妻朱譚氏に対して借金を求めたが断られたことで恨みを抱いていた。本年陰暦二月二十四日夜間、朱登貴の地主方永久が登貴の家に地代を取り立てに来て、登貴が彼を引き止めて家に泊めたのに乗じて、逃亡中の劉道吉等大勢を招き集めて、朱登貴の家に向かい、方永久、朱譚氏の二人を縛り上げ、姦通したと誣い、ゆすろうとした。方永久の兄方永長が現場に来て、銭を与えることを許し、手形を出して、ようやく事は終わっ

た。朱登貴は劉長友が再びやってきて騒ぎを起こすことを恐れ、妻譚氏に家にあった証文を持たせ、しばらく実家に帰らせて避難させることとした。劉長友等はこれを聞き知って、また道中行く手をさえぎって恐喝し、譚氏が手にしていた風呂敷を広げ、祁善斎の証文を奪い去り、銭を奪い山分けにした。劉長友等が方永久、朱譚氏を縛り上げたことは強暴脅迫罪にあたり、刑律第百六十五条第一第二両款の罪を犯したと認定する。方永久と朱譚氏が姦通したと誣称し、意に任せて侮辱したことは、刑律第三百六十条の罪にあたる。道中をさえぎり、朱譚氏が身に持っていた借用証書を強請りとったことは詐欺取財罪であり、刑律第三百八十二条の罪を犯したことにあたる。それぞれ本条により刑を科し、並びに律に依り公権全部を剥奪し、あわせて執行する。

というものであった。これに対し湖北高等審判庁は、捆縛、誣姦は犯罪目的遂行のための手段に過ぎず、「刑律第二十六条前半の規定に従い、刑律第三百八十五条（三人以上による詐欺取財罪）の規定に依り処断すべきであるが、初判は第百六十五条第一第二両款（騒擾罪）及び刑律第三百六十条（侮辱罪）に依り科刑しているのは、まことに誤りに属する。」と述べている。これはつまり県は被告たちが騒擾罪、侮辱罪、詐欺取財罪の三つの罪を犯したと認定したことに対し、高等審判庁は三人以上による詐欺取財罪であると認定したわけである。また方永長の差し出した手形について、劉長友がこれを燃やしたとの供述があることを指摘し、これによりもし手形が流通性のあるものであれば、被告の行為は既遂に当たるが、流通性がなければ未遂にあたり、手形の性質について究明すべきであるとした。さらに被告人等が朱譚氏から証文を奪い取ったことに対し、第一審が詐欺取財罪を適用したことについて、高等審判庁は、「本案被告人等が途中で朱譚氏の行く手をさえぎり恐喝したことが、脅迫という手段を用いたことは言を俟たないが、結局祁善斎の証文を奪ったのは、果たして被告人等が強取して奪い去ったことによるものか、はたまた朱譚氏が当時被告人等に恐喝されて、自ら差し出したものか、この点は甚だ重要である。この証文がもし被告人等が強取して奪い去ったものであれば、被告人等は刑律上当然強盗罪を構成したことになる。もし朱譚氏が自ら差し出したのであれば、即ち被告人等は刑律第三百八十五条の三人以上による詐欺取財罪に依り処断されなければならない。初判はこの点に対し審理して明らかにしていない」としている。当然ではあるが、高等審判庁の推事は犯罪の構成要件について明確な考えを持っていた。そこを基準にすると、県の審理は究明が不十分であるとうつり、そのため法律の適用も誤っていると判断、さらに「原県の記録を調べると、六月初五日の方永久の供述の中に『私と朱譚氏を縛り上げ、私のふところから地代を探しました』とあり、また同日朱譚氏の供述の中に、『劉長友達は私に銭百串出すよう要求して、銭を出せば釈放してやると言い、私が身の回りには証文があるだけで、現金は無いというと、風呂敷をあけて中を物色し、劉長友達は祁善斎の二百五十串の借用証書を持ち去りました』とある。これらの供述は関係が重要であるにもかかわらず、原判が詮議していないのはことに疎漏である。原県は覆審のときあわせて審究せよ」というように県による審理の不十分さと事実認定のあいまいさを指摘している。

以上覆判における検察の意見書や審判庁の判決を見てきたが、ここから覆判においては、県による第一審の供述や判決を綿密に読み返し、審理が十分に行われたかをチェックし、事実認定や、法律の適用、量刑の妥当性が検討されていたことがわかる。特に供述の中で犯罪の構成要件に関わるような証言があるにもかかわらず、県において審議された形跡が無い場合、審理不十分の判断が下されている。こうした態度はおそらく第一審を担当する県に対しても、ある程度はプレッシャーになったはずであろう。

さて上記に挙げたような指摘を受けて、県においては覆審が行われるわけだが、覆審によっても審判庁から指摘された事実認定の不備や法律適用の誤りが必ずしも改善されるとは限らない。そうした限界を克服するためにも覆審の判決は再度検察に送られることになるのだが、検察が覆審の審理内容や判決に対して不満を持てば、先に説明したように高等審判庁に上訴されることとなる。そうした例の一つとして高等検察庁の意見書である「江西高等検察分庁検察官対於大庾県知事公署覆審判決呂易保殺傷俱発罪一案控訴意旨書」(51)を挙げたい。ここで検察は

被告人呂易保は民国六年八月十八日夜間、同居の鄭雷氏、李某氏、何朱氏、闕李氏が居間でカルタをしていたので、見に行ったところ、鄭雷氏と言い争いになった。呂易保は刀で鄭雷氏に切りつけ傷を負わせ、助けようとした何黄氏も傷つけるに及んだ。すでに何朱氏、闕李氏、何黄氏等の一致した供述より事実は明らかになった。原判は該被告が盗みを意図して鄭雷氏、何黄氏を殺傷したとしており、その事実認定は、極端な誤りに当たる。鄭雷氏が受けた傷が、精神或いは肉体に三十日以上の病であるか否か、はたまた軽微の傷害であるか、原審は詳しく鑑定を行っておらず、わずかに被害者の鄭雷氏が述べた傷跡はすでに元通りに快復したが、まだかゆみがあるとの供述により、刑律第八十八条第二項第五款の廃疾にあたるとしている。どうしてこれで信頼できる判決と言えようか。

というように認定された事実と適用された罪がまったく符合しておらず重大な誤りがあることを指摘し、県が行った覆審に対し控訴を提起している。ここから覆審が行われたからといって必ずしも検察や審判庁の意図したように審理が尽くされるとは限らないことがわかる。

同時に審判庁の判決に対して検察が上訴という形で異議を唱えることができたことはすでに指摘したが、その例として「浙江高等検察庁検察官対於同級審判庁核准翁甲誣告緩刑声明上告意見書」(52)を挙げる。この案件は高等審判庁が県の判決に核准の判決を与えたことに対し検察が異議を唱えたものである。県は被告人翁甲に対し誣告罪を犯したと

して執行猶予三年を宣告し、高等審判庁も核准を与えた。これに対する検察の意見は

本年七月二十九日、定海県の三度目の訊問記録に、告訴人翁甲が供述するには「史阿喜を捕まえたとき全員で翁乙、翁丙、翁丁、翁戊及び私の五人がおり、〔史阿喜を〕捉えて山の裾野まで行くと、水瓶があり、私と史阿喜がもめるので、一緒に水の中につけられ、肥溜めにつけられたことはありません」と言っている。この供述によれば、これは該民が史阿喜に対し農耕牛を叩き殺したと誣告した以外に、さらに私擅逮捕罪を犯したことになり、刑律第一八二条一項及び第三四四条及び二十三条に照らして処断すべきである。初判はわずかに誣告を認定するのみで執行猶予を宣告したのは、妥当ではない。ただ翁乙、翁丙、翁丁、翁戊等はみな共同の私擅逮捕犯であり、法廷に出むいて確実な反証をしていないにもかかわらず、ことごとく放置して有罪無罪の判決を下していないのはとりわけ疎漏に当たる。

と述べ、こうした県の判決に核准を与えた高等審判庁に対しては「関係者を喚問して明確にすることもなく、また原審に差し戻して審理させることもなく、にわかに核准を与えている。まことに職務上できることを最大限尽くしているとはいえない。原判を取り消し、差し戻して改めて審理させることを要請する」として、大理院に上告を提起している。

以上のように県で裁判が行われた地方管轄の刑事訴訟については、審判庁だけでなく実質的には検察庁によるチェックも行われており、両者の意見が分かれることもあった。七年公布の「覆判章程」からは、検察の覆判に対する関与が明示されたが、その意味ではより慎重な対応がなされるようになったと言える。ただそれは冤罪の有無を調べるだけにとどまらない。むしろより重要な点は審判庁や検察庁が想定する裁判の手続き、つまり重要な証言につい

てはしっかりと究明し、犯罪事実を認定したうえで、誤りなく法律を適用し、妥当な量刑を導き出し、かつそれが判決において十分示されているかを検討することに力点が置かれていたと考えられる。

第三節　「覆判章程」の修正にみる覆判制度の問題点

以上が覆判の具体的なプロセスであるが、覆判の特徴を探るため、覆判によってどういう判決がどの程度の割合で下されていたのかも指摘しておかなくてはならない。それを表したものが表1である。核准の判決が与えられた案件は全体の三分の一程度であり、六割の案件は何らかの修正が迫られたことになる。下された判決や審理内容になんらかの問題を抱えていたものが六割に上るというのは、かなり大きい数値と言えよう。ただ逆説的に言うと、だからこそ覆判の意味があるということにもなる。一方で、県知事が下す判決に問題が含まれるというのは、ある程度予測可能であっただろう。というのも当時の県知事たちは、まず法定の形式で判決を作成することさえ苦にしており、そのために覆判に送らない初級管轄の案件については、刑事も民事も県知事が作成する際法定の形式にこだわらないとする配慮が施されていた[53]。そうした点から考えると、判決の内容だけでなくその表現のあり方を含めて「判決」に問題を抱えたものが多かったという事態は容易に想像がつく。事実、審理内容以前に判決の形式自体が問題視されて覆審の決定が下された案件もあった[54]。そして、こうした形式面も含めた不備は、承審員の手助けがあっても十分に克服されなかったことになる。しかしながら覆審の決定の内訳は発還がその大部分を占めており、提審して高等審判庁自らが審理をやり直すことは少なかったことがわかる。つまり法官としては、案件に疑問を持った場合でも自ら積極的に

表１　覆判受理件数及已結未決全国総計

年度	受理件数			終結						未終結
	旧受	新受	計	核准	覆審		更正	消滅	計	
						発還原審知事覆審				
民国3年	983	4519	5502	1586	797	734	2315	104	4802	700
民国4年	749	8769	9518	3304	2331	2076	3574	141	9350	168

『中華民国三年第一次刑事統計年報』第三三表「覆判審判衙門別覆判受理件数及已結未決」、『中華民国四年第二次刑事統計年報』第三三表「覆判審判衙門別覆判受理件数及已結未決」より作成

介入して徹底的に審理するのではなく、決定権は留保しながらも、実際の審理は県に任せていたことになる。ただしこうした態度は清代においても同様だったと考えられている。(55)

また北京政府時期においては「覆判章程」はしばしば修正が加えられていった。これは運用上生じてきた問題に逐一対応するためであり、こうした修正点を分析していくことで、覆判制度が抱えていた問題点も明らかになるであろう。

まず覆審に対する上訴について、民国三年公布の「覆判章程」では高等審判庁による提審や法官を派遣して行う莅審であろうと、地方審判庁あるいは隣邑知事が行う覆審であろうと、原審の県知事が行う覆審であろうと、これらに対する上訴はすべて大理院への上告とされた。(56)しかしながら大理院の審理は原則として法律審であって、犯罪事実の究明は行われない。したがってもし裁判の事実認定に対し疑義が生じた場合は下級審に差し戻して、裁判のやり直しを命じることになる。ここで問題となるのが覆審の決定がなされた際にもっとも多く採用された手段、原審の県知事による覆審という方法である。もとよりこれが単なる法律の適用を原因とするものであれば、たいした問題にはならないだろうが、証拠不十分などにより事実認定自体に問題を抱える裁判であれば、確実に改善が見込めるのかという問題が生じてくる。覆判が進行している間に転任などが発生しない限り、第一審の県に差し戻された案件を審理するのは同じ県知事であり、前節で見たように覆審により審判庁や検察庁の要求どおり審理が

改善されるとは限らなかった。そのため案件によっては「証拠不十分のような状況であれば、覆判を行った審判庁に差し戻して提審させ、改めて控訴審の手続きを重ねることになり、訴訟の進行が遅れることが懸念される」[57]という問題を招くことがあった。そこで民国四年（一九一五）六月には、覆審判決に対する上訴に対し、大理院への上告ではなく高等審判庁への控訴と修正されることとなった。[58]また同年一〇月には犯罪事実が明確で法律の適用だけが問題となっている覆審の控訴案件については、書面のみによる審理を認め、さらに覆審を担当した県と高等審判庁の距離が遠い場合は、県へ推事を派遣して控訴審を行うことを認めるなど、訴訟当事者や法官たちの負担を軽減するための対策もとられている。[59]

ついで問題となるのが、覆判において更正の判決が下される案件の範囲の変遷である。民国三年覆判章程施行当初は、更正の判決が下せる範囲は刑の軽重に変更が無いか、あるいは刑が軽くなる場合に限られていたが、[60]民国七年の修正では、上記のケースに加え、適用する条文に誤りがなく、量刑だけ変更の場合は更正とされた。[61]つまり刑が重くなる場合でも更正の判決を下すことができるようになったわけである。これは民国一一年施行の修正覆判章程でも踏襲されている。[62]たしかに単純な量刑の変更だけであれば、証人を再度招集してまた裁判をやり直すということは、余計な手間がかかりすぎる。また覆判で刑を重くされた被告については、上訴の機会は与えられており、著しく被告人にとって不利な修正とも言えないであろう。

以上述べたような上訴に関する規定や更正範囲についての変更は、訴訟当事者に対する配慮も含めて裁判の進行をより円滑にするためのものだと考えられる。

一方で覆判の対象範囲についてはしばしば変更が加えられた。民国三年に覆判章程が施行されたばかりのころは、その対象範囲は地方管轄案件そのままであったが、わずか二月後、覆判の対象範囲に対し早くも修正が加えられた。

それは窃盗罪については覆判の対象から外すというものであり、その理由として、「県知事が審理する第一審案件はこの種の刑事に属するものが甚だ多く、案情は大抵軽微であり、審理もまた正確を期すことが難しくない」ということが挙げられた(63)。たしかに窃盗の範囲には今日の日本で言うところの「万引き」のようなものも含まれる可能性があるので、こうした変更は現状に即した対応であったと言えよう。

さらに覆判の対象範囲については、地方管轄案件とイコールであり、それは適用される刑律の最重主刑が基準となること、実際に科される刑罰の重さとは必ずしも比例しないと前節で述べたが、一部案件については、実際に宣告された刑の重さによって覆判の対象範囲から外されることも定められた。民国三年一二月の通飭では、最重主刑が三等有期徒刑の案件で四等有期徒刑以下の刑を宣告した案件については覆判に送る必要は無いとされた(64)。ただしこの決定については、その後弊害が多いとして、民国七年「〔この通飭は〕そもそも一時的な融通を利かすための方法であり、施行以後弊害があった。現在新しく覆判章程を定め、すでに大総統の教令を奉じてこれを公布施行しているので、章程の第一條第一第二各款規に依り、法定最重主刑が三等有期徒刑以上の刑のものについては、いかなる刑名を判決として下すかを問わず、みな覆判に送ることとする。以後司法事務を兼理している県知事は一律に新しい章程に遵って〔案件を〕処理し、三年第一一一八號通飭はもはや援用しないこととする(65)」というように廃止され、改めて最重主刑が三等有期徒刑以上の案件は、宣告された刑がどの程度であろうと、すべて覆判に送ることとされたのである。つまり覆判の対象とする範囲については、いったんは縮小されていたものの、それが再度引き戻されたわけである。

こうしてみると覆判の対象範囲にはしばしばゆれがあったことがわかる。もし司法の権限を確保することだけを考えるなら、覆判の対象範囲をせばめる必要は無いのだが、一方で数量的に多すぎれば、それは法官や検察の処理能力を超えてしまい、場合によっては覆判に限らず審判庁が審理すべき訴訟全体の遅滞を招くことになりかねない。権限の確保と案件数の抑制という矛盾した課題を共に解決する必要があり、その落とし所を探っていたと言えよう。
そこで問題となってくるのが、審判庁が当時置かれていた数量面での負担である。まず表2を見てみよう。これは中国の京師・直隷の高等審判庁及び地方審判庁で民国四年（一九一五）に結審された案件数（刑事・民事の第一審・第二審）と推事数、東京控訴院、地方裁判所、区裁判所において大正四年（一九一五）に結審された案件数（刑事・民事の第一審・第二審）と判事数とを比較したものである。天津地方分庭と東京区裁判所はかなり極端な数字が出ているが、この両者が扱う案件は軽微なものがほとんどであるため、結審まで時間がかからないのであろう。そして同カテゴ

表2　民国四年終結案件数及推事数

審判衙門	終結案件総数	推事数	案件数／推事数
京師高等審判庁	962	14	68.7
京師地方審判庁	9135	30	304.5
直隷高等審判庁	1485	13	114.2
天津地方審判庁	3051	12	254.2
保定地方審判庁	919	5	183.8
天津地方分庭	3109	3	1036.3

『中華民国四年第二次刑事統計年報』第七表、第一一表、第二〇表、『中華民国四年第二次民事統計年報』第一表、第一〇表、第二〇表、推事数は外務省編『支那国治外法権ニ關スル委員會ノ報告書』「新式支那国裁判所一覧表（一九二六年現在）」による。

大正四年終結案件数及判事数

裁判所	終結案件総数	判事数	案件数／判事数
東京控訴院	1474	23	64.1
東京地方裁判所	4416	45	98.1
東京区裁判所	21944	35	627

『日本帝国司法省民事統計年報』第四一回（大正四年）第三部地方裁判所・第三部第一款第二〇表、第四部区裁判所第四部第二款第四三表、『日本帝国司法省刑事統計年報』第四一回（大正四年）第一〇表、『日本帝国司法省民事統計年報』第四一回（大正四年）第二部控訴院・第二部第一款第八表、第三部地方裁判所・第三部第二款第二五表より作成、判事数は『職員録』大正四年甲（印刷局）、五九〇～五九八頁による。

リーの裁判所同士を比べた場合、中国の法官たちが同時期の日本の裁判官たちに比べより多くの案件を処理していたと言えるだろう。もちろんこれは処理した案件数のみを表すものであり、一つ一つの案件にかける労力の差もあろうから、中国のほうが日本より法官が過重な負担を強いられていたという事はできない。ただし訴訟を溜め込まないようにすべきだという要求は中国のほうが強かった。それを端的に示すものが訴訟の審理期限に対する取り決めであり、民国期の中国では刑事訴訟は公判開始後二五日以内に結審すべきことが定められている(66)。そして実際にも審判庁が訴訟をしかるべき期間で処理していたことは、例えば一年間で受理した案件のうちどの程度の案件が年内に処理されていたのかという比率からもわかる。この当時翌年に持ち越さず年内に結審された案件の割合はほとんどの審判庁で例年九割を超えていたのである(67)。こうしてみてくると、高等審判庁が下した覆審決定のうち、ほとんどが原審の県に差し戻され提審がまれであった理由の一端も窺い知れる。常に多数の案件に追われる状態であった審判庁としては、覆審にあたって自ら公判を開こうとするほど積極的な介入の姿勢は見せられなかったのであろう。

また、第二節でも見たように、覆判では判決だけでなく供述書のチェックも行われ、県において審理が十分かつ適切に行われたか検証されると述べたが、ただそれによって県での第一審審理内容そのものが改善されることはなかったようである。実際民国一二年(一九二三)になっても、覆判に送られる案件のうち核准の決定が下されたのは、全体の三分の一程度であり(68)、比率の点では民国四年段階とほとんど変化がない。むろん県での裁判の質を高めるには、他に多くの要素が必要になってくることは言うまでもないが、ただそうしたことも含めて、北京政府時期においては県での裁判自体を改善していくことは上手くいかず、またそれゆえにこそ覆判が必要とされたといえるだろう。

おわりに

以上北京政府時期の覆判制度について述べてきた。この時期の司法は、財政上の困難や人材不足といった厳しい状況下に置かれていた。覆判制度は、審判庁を各県に設置することが出来ないため司法の独立を達成できず、司法がその役割を十分に果たせないなか、多くの地域で行政官である県知事が裁判を行うという現状を、伝統的な手法を新しい制度に合わせた形で利用しながら克服するために用いられた制度である。運用にあたっては時々に改訂を重ねて県知事の判決の不十分な点を補いながら、それがひいては訴訟制度全体の維持につながっていた。ただ清代の必要的覆審制が、「自足完了的性格が全然認められなかった。小事を下に任せ大事を上に留保する権限分配方式」であり、裁判がきわめて行政的であったことを示す事例であったのに対し、民国期の覆判は司法による監督という性格が濃厚である。そして目を現代に転じてみても、人民中国における裁判が、法律上はどうであれ、実際には党機関のチェックを受ける立場にあり、特に重大案件においてはその独立性が容易に損なわれる可能性があった。こうした前後の時代と比較してみると、同じ裁判のチェックといっても、明らかにそのベクトルが異なることがわかる。これはまさに、司法の独立が声高に叫ばれ、理念としてはそれを否定されることがなかった時代なればこそである。一方で、この時期は司法の独立が希求されながら、結局財源不足、人材不足を口実として、司法機関は十分な普及を見なかった時代である。そして前節で述べたように覆判制度自体も、司法全体を大きく改善する原動力とはなりえず、その機能はきわめて対処療法的な役割に限定されるものではあったと言える。いわば覆判制度とは司法の独立を求めながら達成されなかったというこの時代ならではの制度であると同時に、求める理念と実態が食い違うとき、その間隙を埋めるために伝統的制度を巧みに援用する、当時の人々の知恵の所産と言うこともできる。この「覆判章程」は、国民政府期に入ってもほぼ同内容のものが用いられており、[69]その有用性が引き続き認められていたとも考えられるが、ただし国民政府期には、覆判制度の改良を加えていくというのではなしに、裁判機構を拡大していくという、本来あるべき司法改良の道が採られていくこととなる。

注

（1）清末の司法制度改革や法典編纂全般について、邦語文献としては島田正郎『清末における近代的法典の編纂』（創文社、一九八〇年）がある。

（2）李啓成『晩清各級審判庁研究』（北京大学出版社、二〇〇四年）。欧陽湘『近代中国法院普設研究——以広東為個案的歴史考察』（知識産権出版社、二〇〇七年）。

（3）欧陽湘前掲書。

（4）丁文江・趙豊田編／島田虔次編訳『梁啓超年譜長編』（岩波書店、二〇〇四年）、三七六〜三八六頁。Xu Xiaoqun *Trial of Modernity : Judicial Reform in Early Twentieth-century China, 1901-1937*, Stanford University Press, 2008. pp.133〜135; 李貴連・兪江「清末民初的県衙審判——以江蘇省句容県為例」、『華東政法学院学報』、二〇〇七年第二期、八〇〜八一頁等参照。さらに前年宋教仁暗殺事件の重要参考人としてときの国務総理趙秉鈞が上海地方検察庁より出頭命令を受けたことが、大総統袁世凱の不興を買い、行政機関の司法に対する反感がいっそう高まったとする説もある（呉永明「民国前期新式法院建設述略」（『民国档案』、二〇〇四年第二期）六七〜六八頁）。

（5）欧陽湘によれば、このとき廃止された審判庁は二三〇ヶ所に及び、廃止を免れた審判庁は、大理院を含めて七七ヶ所であった。

(6) 民国三年（一九一四）四月五日発令。翌四月六日の『政府公報』に掲載。
(7) 外務省編『支那国治外法権ニ關スル委員會ノ報告書』（外務省、一九二七年）二三五頁、附録一「新式支那国裁判所一覧表（一九二六年現在）」、また南方の国民政府の支配地域を含めた数については、欧陽湘前掲書を参照。
(8) 呉嘉猷「論県知事兼理司法之弊害」（『法律周刊』第二四期、一九二三年一二月）。
(9) 周承観「覆判審之覆審決定是否即為撤銷原判之問題」（『法律評論』第三三・三四期、民国一三年（一九二四）二月一七日）。
(10) 『申報』、民国九年（一九二〇）、雑評二「今後之県司法」。
(11) 外務省編前掲書、二八一頁。
(12) 魏光奇「北洋政府時期的県知事任用制度」（『河北学刊』第二四巻第三期、二〇〇四年）一八三～一八四頁。
(13) 滋賀秀三『清代中国の法と裁判』（創文社、一九八四年）、二三～三一頁。
(14) 韓秀桃『司法独立与近代中国』（清華大学出版社、二〇〇三年）二六一～二六二頁、Xu Xiaoqun, *Trial of Modernity*, pp.80-81に言及がある程度。
(15) 人民共和国成立後の司法及び裁判の独立については、小口彦太『現代中国の裁判と法』（成文堂、二〇〇三年）一七～二〇頁、二七～三七頁。季衛東『中国的裁判の構図――公論と履歴管理の狭間で進む司法改革』（神戸大学研究双書刊行会、二〇〇四年）九二～一一〇頁参照。
(16) 刑事裁判であっても、そのきっかけは当事者による自訴の場合が多いが、殺人や強盗案件については、訴え出るものがなくても、県知事に事件の解決が義務付けられており、さらに事件発生後、五日以内に高等審判庁と高等検察庁へ通報することが義務付けられていた（「県知事辦理命盗案限期及懲奨暫行規則」民国四年（一九一五）五月六日（『政府公報』民国五年五月九日））。これは清代における通詳にあたる（滋賀前掲書、二九頁）。
(17) 『政府公報』民国元年（一九一二）六月六日、「実行審判公会主義禁止強暴陵虐令」及「県知事兼理訴訟暫行章程」第二六条。
(18) 県知事の司法業務を補助するために多くの県では承審員が置かれていた。承審員は県知事の保挙を経て各省の高等審判庁が任命した。ただし判決の作成は両者の連名で行われ、また通常承審員は県知事の強い影響下にあったことが指摘されている。詳細は韓秀桃前掲書、二四八～二四九頁、魏光奇「走出伝統――北洋政府時期的県公署制度」（『史学月刊』、二〇〇四年第五期）参照。

(19) ただし、初級管轄案件については承審員による単独審理も認められていた(「変通承審員権限通飭令」(民国四年九月一三日)『増訂司法例規』四一四頁)。
(20) 「県知事審理訴訟暫行章程」第四〇条第二項。
(21) 『政府公報』民国元年(一九一二)五月一九日「刑事訴訟律草案」關於管轄各節参照。
(22) 「暫行刑律」第三七条。
(23) 「暫行刑律」第三一三条。
(24) 「暫行刑律」第二六七条。
(25) 『増訂司法例規』、三一七頁、第四類、審判、管轄「申明初級管轄及地方管轄各支系通飭」。
(26) 呉興・凌善清編輯『全国律師民刑訴状彙編』(大東書局、一九二三年)辛編「鄭中貴控項昌鑑殺人案」、一八一~一九五頁。
(27) 「県知事審理訴訟暫行章程」第三六条、第三九条。
(28) 『政府公報』民国二年(一九一三)二月一六日 司法部訓令四一號(民国二年(一九一三)二月一四日)「凡未設立審判廳地方訴訟事件暫不用律師制度」。
(29) 『全国律師民刑訴状彙編』乙編「邵穎荘与姚錫卿欠款糾葛案」、二二一~二八頁。
(30) 『法令全書』(民国元年)第十二類、司法、三三頁。
(31) 『法令全書』(民国二年)第十二類、司法、五三頁。
(32) 『大清現行刑律』は宣統二年(一九一〇)五月一五日施行、『暫行刑律』は民国元年(一九一二)三月一〇日から施行された。
(33) 『最新司法判詞』第二巻、高等審判庁、第二類、刑事判詞、三八九頁。
(34) 提法司は、宣統年間按察使から改称し、省の司法行政をつかさどる機関であった。
(35) 『政府公報』民国三年(一九一四)七月五日。
(36) 『政府公報』民国七年(一九一八)四月二七日「覆判章程」(民国七年四月二六日)、および『政府公報』民国一一年(一九二二)六月二九日「修正覆判章程」(民国一一年六月二八日)。
(37) 「覆判章程」(民国七年公布)第一条。

(38)「覆判章程」（民国七年公布）第三条第三款。
(39)「覆判章程」（民国三年公布）第七条第一款。
(40)「覆判章程」（民国三年公布）第三条第三款。
(41) ただし第三節で述べるが、民国七年の修正でこの規定は変更された。
(42)「覆判章程」（民国三年公布）第四条。
(43)「覆判章程」（民国七年公布）第八条。
(44)「覆判章程」（民国三年公布）第八条。
(45)『政府公報』民国七年（一九一八）一一月二八日、大理院復總検察廳統字第八八〇號（民国七年一一月一三日）。
(46) 民国三年公布のものでは更正の判決に対してのみであった。
(47)『書狀判牘精華錄』上、第一編、各級検察庁書類、九二頁。
(48)『書狀判牘精華錄』上、第一編、各級検察庁書類、四九頁。
(49)『書狀判牘精華錄』上、第一編、各級検察庁書類、四九頁。
(50)『書狀判牘精華錄』下、第七編、刑事判詞、詐欺取財罪、二二四頁。
(51)『書狀判牘精華錄』上、第一編、各級検察庁書類、五二頁。
(52)『書狀判牘精華錄』上、第一編、各級検察庁書類、三八頁。
(53)『政府公報』民国三年一一月二四日「司法部呈県知事審理簡易案件擬請准以堂諭代判決文並此令」（民国三年一一月二一日）。
(54)『書狀判牘精華錄』上、第一編、各級検察庁書類「江西高等検察分庁検察官対於贛県詳請覆判徐得勝等略誘罪一案意見書」、二二一頁。
(55) 滋賀前掲書、二一八頁。
(56)「覆判章程」第八条。
(57)『政府公報』民国四年六月二五日。
(58) 同上。

(59)『政府公報』民国四年一〇月一四日。
(60)「覆判章程」(民国三年公布)第三条第三款。
(61)「覆判章程」(民国七年公布)第三条第三款。ただし更正判決によって徒刑を死刑に変更することはできない。
(62)「修正覆判章程」民国一一年(一九二二)七月一日施行(『政府公報』民国一一年六月二九日掲載)。
(63)「覆判章程」中華民国三年(一九一四)九月一四日修正。
(64)『増訂司法例規』、三九一頁、「縣知事審理法定三等有期徒刑案件辦得以堂諭代判決通飭」(民国三年(一九一四)一二月二五日)。
(65)『司法例規補編(第二次)』、七九頁、「法定最重主刑為三等有期徒刑以上之刑者毋論判處何項刑名均應呈送覆判令」(民国七年(一九一八)五月一一日)。
(66)「刑事訴訟審限規則」民国七(一九一八)年六月五日(『政府公報』民国七年六月六日)、第一条に刑事訴訟は公判開始後二五日以内に結審すべきことが定められている。覆判についても同様。また覆判により原審に差し戻された覆審案件については三〇日以内の結審が求められた(同第一一条)。
(67)『政府公報』民国七年(一九一八)九月一九～二五日、「各審判庁三年至六年収結案件比較表」。
(68)『中華民国十二年第十次刑事統計年報』第三三表「覆判審判衙門別覆判受理件数及已結未決」。
(69)「覆判暫行条例」民国一七年(一九二八)九月一九日施行。

第十二章　「民刑混沌」から「民刑分立」へ
――民国初期の大理院民事裁判における法源

黄　源　盛

はじめに

二〇〇〇年以上の長きにわたる伝統中国法制の過程において、王朝が次々に交代し、立法が繰り返し行われたにもかかわらず、最後まで独立の「民法典」は出現しなかった。歴代の王朝が制定した法典を見ると、李悝の『法経』から清末の『大清現行刑律』に至るまで、現代の法律分類の概念でいえば基本的にその性質は「刑法典」に属するものであった。これらの法典の内容には往々にして民事・訴訟あるいは行政などの分野の規律が含まれていたが、それらの大半は刑罰や制裁でもってその法的効果を生じさせるものであるため、「諸法が合体し、民・刑が分かれていない」と称されている。それでは実際には、伝統中国の法制の中につまるところ「民法」は存在したのか、もし存在したとすればそれは「民・刑が分かれている」ものであったのか、それとも「民・刑が分かれていない」ものであったのか、あるいは「分かれていない中で区分が存在する」ものだったのか。これには諸説あり、見解が一致していない(1)。

法制の歴史的展開の面から見るならば、いかなる国家の法制史の研究においても「法の淵源」についての研究は不可欠であり、最も重要な課題ですらある。むしろ法制史の研究はまず「法の淵源」の論述から始まると言うべきかもしれない。「法の淵源」は一般に「法源」と言われる。その語義は広狭様々であり、哲学的意味における法源、歴史的意味における法源、形式的意味における法源などの言い回しがあるが、本章では裁判官がそれに依拠して判決を下す裁判の根拠、すなわち法規範の存在形式を指す。「法源」の研究に関しては、必ず経由すべき一つの道がある。それはすなわち、現実の訴訟の現場に着目し、裁判の事例を分析することを通じて、裁判において依拠されているものは何であるか、を示すことである(2)。

帝制中国の全時代を通じて現代的意味における正式な「民法典」が存在しなかったことはすでに定説であり、問題は、それが単に「民法典」が存在しなかったことを意味するに過ぎないのか、それとも「民事規範」すら存在しなかったことを意味するのか、である。また、たとえ「民事規範」が存在したとしても、その中には「権利と義務に対応するもの」が含まれていたのか、紛争を解決するための訴訟過程において「民事と刑事を分けて審理をした」のか、もしそうであれば、それはどのようなものであったのか、もしそうでなければ、それはなぜなのか。清末の法典編纂の時期(一九〇二〜一九一一)において、法理派の「古今を参考にし、博く中外を稽える」ことによる強力な主導の下、西洋の近代的法典編纂技術を導入し、舶来の「六法」の区分概念によって、清朝政府は一九一一年に『大清民律草案』を作成した。これは中国法制史上初めての民事実体法であったが、公布に至る前に清朝が滅亡してしまった。当時の裁判を担当する官僚が具体的な事案に直面した際、いったいどのようにしていわゆる「理の曲直」あるいは「罪の有無」による民事と刑事の境界を理解したかについては、これを問わずにはいられないが、こうした問題について深く論述したものは多くなく、見解もまた多様である。

大理院は民国初期（一九一二～一九二八）の北洋政府の最高司法裁判機関であり、存続した期間はおよそ一六年である。まさに政治・経済・制度・社会および文化の過渡的な転換期において、大理院が発揮した司法メカニズムの機能とはいったいどのようなものだったのか、その法制史上の影響や歴史的意義をいかに評価すべきか。二十世紀末以前には、これらの問題が法制史の学界において注目されることはなかったが、その主要な原因は、おそらくは大理院の完全な判例記録や判決の関連文書などが公開されていなかったことと関係があり、そのために体系的な研究を行うことが不可能であったからであろう。

一九九七年に筆者は台湾の行政院国家科学委員会に「民初司法档案整編専題研究計画」を申請し、同委員会の裁可および資金援助を得て、同年および二〇〇〇年に、本計画に参加したメンバーとともに長い旅路を経て、南京の「中国第二歴史档案館」をはじめ、北京、上海、重慶、東京、京都にある档案館（文書館）、図書館、さらには古書店においても史料を収集した。誇張して言えば「靴に穴が開き、大金を費やし」、その代わりに得たものは「古紙」の束であった。その後、五年の整理期間を経て、その大半の時間は「古紙」と過ごすことであったが、その作業も最近ようやく終わりに近づき、『大理院民事判例全文彙編』、『大理院民事判決彙覧』、『大理院刑事判例全文彙編』、『大理院刑事判決彙覧』、およびその副産物たる『平政院裁決録存』などの影印本（原件複製本）および点校本一〇〇冊近く、事案数にして五二〇〇件以上の編集作業を完成し、二〇〇七年および二〇〇九年には先行して『平政院裁決録存』および『景印大理院民事判例百選』の両書を出版した(3)。

本章では、大量に存在する裁判史料を用いて実証的な角度から出発し、清末の司法の新制度の中で「民刑混沌」から「民刑分立」へと至る嚆矢および転換がいかなるものであったかについて、まずその要点を叙述する。そして最も主要な関心は、民国初期の大理院の民事裁判の法源性についてより詳細な解明を試みることである。とりわけ以下の問題について思索をめぐらすこととしたい。すなわち立法が十分に機能せず成文法が不足した時代において、大理院はいかにして民事法の法源を探っていたのか。諸法源が相互に衝突した時に、規範の効力の上下の問題はいかにして解決されたのか。民国初期において、帝制中国の最後の伝統的刑法典たる『大清現行刑律』は、いかにして表面的な装いを改めて民事裁判の法源として依拠されるようになったのか。大理院時期の「判例要旨」の性質は英米法の判例法（case law）に属するものであるのか。大理院は「司法が立法を兼ねる」便宜的な行為に従事したのか。中華民国の正式な「民法典」が制定される以前、清末に『大清民律草案』が編纂されたが、この民律草案の性質や地位は結局のところいかに取り扱われるべきなのか。大理院の民事判決の先例の法学方法論における運用は、いったい現在の我々に対し省察するに値するいかなる問題を残したのか、である。

第一節　清末の「民刑分立」の端緒とその転換

清末、沈家本が法典編纂の命令を受けた後、新しい刑法典の制定が考慮された。しかし一方で、それは一朝一夕に完成できるものではなく、また新しい法律を施行する社会的条件もまた未成熟と考えられ、さらに礼教派の人士も草案作成中の『大清新刑律』に干渉した。他方、従来の『大清律例』もまた時代に適合しなくなっていた。このような「新律の公布にはなお時間を必要とするも、旧律の删訂は絶対に遅らせることができない」という前提の下、一九〇八年（光緒三四）正月二九日、修訂法律大臣の沈家本・兪廉三らは奏請し、以前に官制改革および人員の異動によって中止となった『大清律例』の全面的な改正作業を再開して、「修改」「修併」「移併」「続纂」の作業の完成を期することとした。

その後、沈家本は隣国日本の事例を模範とし、部分的に『大清律例』を改正するという当初の計画を改め、現在の通行章程を総合的に検討して、旧来の律例に対して全面的な修正を施すことにした(4)。同時に、『大清律例』をして刑事法典としての本来の任務を全うさせるために、名を『現行刑律』と定め(5)、漸進的な方式で新律を推し広める基礎の確立を企図した。

一九〇八年五月一八日、憲政編査館大臣の奕劻と法部は、皇帝の旨を奉じて沈家本らの奏摺を検討して上奏し、その編纂の趣旨および採用した方法に賛同した。一九〇九年（宣統元）正月一一日、京師高等検察庁検察長の任にあった徐謙は「将現行刑律参照新刑律妥為釐訂」を奏請し、新法が施行されず旧律がにわかに廃止できない段階において、過渡的法典を制定して調和を図ることを提議し、具体的提案として以下の五点を示した。すなわち、「一．民・刑を分けること」、「二．重罪は減刑し、軽罪は加重すること」、「三．贖刑を停止すること」、「四．女性に罪あれば男性と同一に処罰すべきこと」、「五．順次秋審を停止すること」である(6)。同年一二月二四日に、憲政編査館は「請飭修訂法律大臣另編重訂現行律片」を上奏し、旧律の修訂を中心とする漸進方式を重ねて言明するとともに、徐謙が列挙した五点を是認し、徐謙の上奏内容に照らして、中外の制度を調査して本国の情形を斟酌し、詳細に議論して心を尽くして審査・修訂し、別に形式を定めて「重訂現行律」を編纂するよう、修訂法律大臣に命じる皇帝の旨を求めた。この

「重訂現行律」が公布される以前、現行の『大清律例』の戸役内の「承継」「分産」、および「男女婚姻」「典売田宅」「銭債違約」の各条のまさに民事に属するものは、「奏定章程」に遵照して刑罰を科さないこととなった。一九一〇年四月七日、法律館と憲政編査館が共同して「呈進現行刑律黄冊定本請旨頒行摺」を上奏し、『欽定大清現行刑律』が公布された。これは、律三八九条、条例一三二七条で、「禁煙条例」一二条と「秋審条款」一六五条が附されていた。この上奏の中で、奕劻は特に次のように強調した。

『現行律』の戸役内の「承継」、「分産」、「婚姻」、「田宅」、「銭債」の各条のまさに民事に属するものについて、刑罰を科さないことは、すでに皇帝の裁可を得て各省に通達済みである。これはもとより新旧を折衷するものであるため、純粋に民事に属するものを指して言っている。「婚姻」内の「搶奪」、「姦佔」および「背於礼教違律嫁娶」、「田宅」内の「盗売」、「強佔」、「銭債」内の「費用受寄」の如きは、戸役に属するものであるが、新律で考えてみると刑事の範囲内に属するものであるため、これらの類はすべて現行刑律に照らして処罰すべきである。民事事案であることにかこつけて、軽んじていいかげんにしてはならない。

ここから、上述の徐謙の上奏は憲政編査館の支持を獲得したが、それは特に「民・刑を分けること」であったことが判明する。また憲政編査館が言及する「奏定章程」とは、すなわち一九〇七年一一月二九日に清朝が公布施行した「各級審判庁試辦章程」(7)であるが、この章程の第一条では「およそ審理する事案は刑事・民事の二項に分ける。その区別は左のごとし。一、刑事事案。およそ訴訟にて罪の有無を審理して定めるものは、刑事事案に属する。二、民事事案。およそ訴訟にて理の曲直を審理して定めるものは、民事事案に属する」と規定する。そして「上海地方審判庁収理民刑訴訟案件辦法通告」では、「およそ「戸婚」、「田土」、「銭債」、「契約」、「買売糾葛」に関して理の曲直を判断するものは、これを民事とする。およそ「命盗」、「雑案」の一切の法律に違反する行為で、罪の軽重を定めるものは、これを刑事とする」と明確に規定する。(8) このように清末に地方各級審判庁を準備開設する際に、民事の専科が設けられており、そこでは民事事案と刑事事案を明確に区別する必要があった。

清末の民事法体系はなおなすべき課題が数多く存在する創設段階であって、民法典もいまだ審議を通過していなかったが、一九〇六年に大理寺が大理院に改められて以降、内部組織としてはすでに「民」、「刑」の両科に区分して事務を行っていた。一九〇八年の統計資料では、大理院の下に刑科が四庭、民科が二庭設けられていた。また現審事案の統計方式は民・刑の事案を区分するものであって、当該年度の大理院の現審事案数の統計によると、刑事が一一四件、民事が一三件であった。(9) 史料的制約により、大理院が民、刑の事案を区分する際の基準がどのようなものであったかを知るすべはないが、ただ民・刑の手続的な分野は漸次形成されていた。

また『大清現行刑律』の条文を詳細に検討してみると、その中には確かに若干の民事関連の規定が存在し、かつ条文の構造から見ると、刑罰や制裁といった法律効果を生じさせるものではなく、独立した純粋な民事規範となっていたことがわかる。当然ながら、このような立法上の構成は『大清現行刑律』において初めて出現したものではなく、『大清律例』の律条中にすでに存在しており、ここにおいてその傾向が拡大したに過ぎない。

清代の宣統年間、各省の省都や開港都市において審判庁と検察庁が順次開設され、行政と司法が徐々に区分されるも、先に述べたように、清朝は滅亡するまでの間、いかなる独立の民事法典も公布することがなかった。『大清現行刑律』は、形式面における構造にせよ実質的な内容にせよ、主として刑事的制裁を科す性質のものである。それでは、民・刑の事案は結局のところいかに区分されていたのか。伝統的な中国の法制と新式の大陸法による分類が交替する状況において、「民刑分立」の概念を各級審判庁は適切に把握できたのであろうか。当時の裁判史料はほとんど残存していないため、[10]その詳細は民国初期の各級審判庁の裁判文書から見出すしかない。

清末には各級審判庁の組織内部において民・刑の事案という分類により区分が生じていた。しかし裁判を担当する官僚の大半は、この舶来の民・刑区分という概念を往々にして字面から当て推量で理解するのみであり、運用において思いのままとはなっていなかったといえる。例えば当時天津の各級審判庁の設立を主導した袁世凱は次のように述べている。

各国の訴訟は民・刑の二事が存在し、その方法は（中国と）非常に異なっている。思うに、民事はただ銭債や些細なことであるため、立法は軽くても差し支えないが、刑事は社会の安危に関わるため、審理は慎重に行わなければならない。[11]

また法部大臣ですら『酌擬各級審判庁試辦章程』を上奏した際、次のように指摘している。

村落での諍いは常に些細なことより生じるもので、いやしくも民事の判決がみな宜しきを得れば、刑事がなくなることは少なくない。従来、民事事案を処理する際、僅かに刑法の制裁に限っていたが、今、審判各庁はすでに民事を分離して専科としたのであるから、おのずから情理の平を斟酌して、もって保護・治安の責を尽くさなければならない。

彼らの論法を仔細に検討してみると、民法は、刑法に相対するものとして、ただ情節が軽微な「民間の些細なこと」と認識されていたことは明白である。彼らにとって、民事規範が存在するにせよ刑事規範が存在するにせよ、その最終目的は、分を定めて争いを止めさせ、社会秩序を安寧にするための必要な調整手段とすることに他ならなかった。この点から言えば、当時のいわゆる「民」と「刑」との間の距離は、ただ一線を隔てているに過ぎなかったといえる。

第二節　民法典のない中でいかに民事裁判を行ったか
――民国初期、大理院の民事紛争解決における法源の順序

民国初期の北洋政府の時期、政権が頻繁に交代する中、刑事や民商事などの諸法については、相前後して「法典編纂会」、「法律編査会」および「修訂法律館」などの機関が設けられ、法典の起草作業が続けられた。しかし刑法は依然として一九一〇年の『大清新刑律』から変化した『暫行新刑律』を援用していた。最も社会生活に密接する民商事の分野については、依るべき法典がない一方で、裁判を職掌とする判事は法に明文がないことを理由に裁判を拒絶することはできなかった。そのため、これらの判決の根拠の法源性はいかなるものであったか、また理論と現実の運用とはどのようなものであったか、という問題は、興味が掻き立てられ、相当注目に値する課題である。

一般的に、英米法系の国家では、法は裁判所によって作られ、判決はすなわち法源となるので、深く論議する必要はない。一方、大陸法系の国家では、法は立法機関によって制定され、裁判所はもっぱら裁判を司り、具体的な案件に対する「判決」が拘束力を有する法源となるか否かについては、多くの議論が存在する。周知のように、伝統中国の法制において民事法は独立した法典が存在せず、歴代の立法者は刑事と民事を明確に分離する必要があるとは考えず、民事規範を刑律の中に組み入れていた。清末の法典編纂から民国初期にかけての時期、その間に民法典が二度も

起草されたが、いずれも公布するには至らなかったため、正式な民法典は存在しなかったと言いうる。当時の民事に関する制定法は少数の単行法令に限られており、当然ながら社会の需要を満たすものではなかった。それゆえ、民国初期において法律の欠缺あるいは不備に遭遇したときには、おおよそ以下のような方法によって救済が行われていた。

一、清宣統二年四月に公布された『大清現行刑律』のうち、共和国の体制に抵触しない「民事有効部分」
二、民国成立以降公布された民事特別法令
三、民事慣習、民法草案、判例、法理及び学説など

以上に見るように、民国初期の民事紛争において裁判で依拠したものは、成文法の部分は、主として『大清現行刑律』の「民事有効部分」および少数の民事特別法規であった(12)。不文法の部分は、慣習法・判例・民法草案・外国の立法例・情理及び学説などから構成されていた。ここで問題となるのは、民事裁判の法源の順序はいかなるものであったか、誰により認定されるべきものであったのか、また認定の基準として依拠したものは何であったか、である。

歴史的な偶然であるかもしれないが、近世以来、例えば『ドイツ民法第一草案』（一八八八年）の第一条は、「法律に規定なき事項については、類似事項の規定を準用する。類似事項の規定が存在しない場合は、法規の精神より生じるところの原則を適用する。」と規定し、『スイス民法』（一九〇七年）の第一条は、「およそこの法律の言葉あるいは精神に含まれる事件は、すべてこの法律の支配を受ける。もし裁判をする際に適用すべき法律がないときは、裁判官は慣習法に従い、慣習法もないときは、自己が立法者ならば法規として定めるであろうと考えるところに従って裁判すべきである。ただその際は学説と法理を斟酌すべきである。」と規定する。また一八七五年（明治八）の『太政官布告』第一百零三号「裁判事務心得」の第三条は「民事ノ裁判ニ成文ノ法律ナキモノハ習慣ニ依リ習慣ナキモノハ条理

ヲ推考シテ裁判スヘシ」と規定する。[13]一九一一年（宣統三）の『大清民律草案』「総則編」の冒頭第一条には、あるいはスイス及び日本民法（一八九八年（明治三一））の立法例に基づいたのかもしれないが、「民事については、本律が未だ規定していないものは慣習法に依り、慣習法がないものは条理に依る」と定めていた。しかしながら、民法草案は大理院の終焉まで公布施行されなかったため、成文法が簡略かつ不備であり、かつ法的紛争が日々煩雑となりつつあった当時、裁判所は民事事案を審理する際に明確な法源の依拠し得るものがないことに苦しんでいた。ここにおいて大理院の判事は、鋭敏にも、一九一三年（民国二）の上字第六四号判例によってこの第一条の法意を採用し、解決の道を提示した。

本院が査するに、民事事案を判断する際に、まず法律が規定したところに依り、法律に明文がない場合、慣習法に依り、慣習法がない場合、条理に依る。これは通例である。現在、民国の民法はまだ公布されておらず、前清の『現行律』の民事に関する各規定は継続して有効であるため、自ずからまさにそれらを根拠として判断すべきである。[14]

この判例は「法律」ではないものの、拘束力を有するもので、ここより民事裁判の法源の順位は「通例」によって位置づけられた。しかしその判例がいう「法律の明文」、「慣習法」、「条理」の意味するところはいかなるものであろうか。それらが実質的に含意するものはいかなるものであろうか。適用の順序については絶対的に例外は許容されないのか。帝制時期の伝統的な裁判と比較して、新旧の「法律」・「慣習法」および「条理」には、形式上あるいは実質上いかなる差異が存在するのか。大理院の民事判決にはいったいどのような創造的な転化が存在したのか。これらの問題に関しては大いに研究の余地があることから、以下分別して論じることとする。

一、法律

「法律」の意味はいかなるものであろうか。権力分立後の民主共和政体から言うならば、権限を有する機関により立法手続を通して制定された、人間社会の生活規範を指すものと言えよう。しかし、上述の大理院判例が「まず法律が規定したところに依」ると指摘するところの「法律」は、この狭義の見解を採り得るのだろうか。またそれは行政命令をも含むものであろうか。

民国初期は政局が混沌としており、正式な憲法が作られておらず、ただ『臨時約法』の第一六条に「中華民国の立法権は、参議院がこれを行う」と規定され、また第二八条に「参議院は国会成立の日をもって解散し、その職権は国会がこれを行う」と規定されるのみであった。したがって『約法』によれば民国初期の最高立法機関は国会であったことになる。またその後の『袁氏約法』や『曹錕憲法』では、裁判所が「法律に依拠して」民事訴訟を審理する義務について明確に規定していた。しかし十余年来、国会は政情に従って浮き沈みを繰り返して立法の職務を十全に果たすことができず、行政機関が実際の必要性に応じて直接各種法規を制定し公布施行した。民事に関するものとして、例えば『国有荒地承墾条例』、『礦産条例』、『管理寺廟条例』、『清理不動産典当弁法』などが挙げられるが、これらは中央の行政機関が制定、公布したものであった。また省の行政機関が制定して中央の最高行政機関の許可を得たものとして『修正直隷巡按使呈報直省旗産圏地售租章程』などがあり、省の行政機関が制定して司法部に通知したものとして『奉天永佃地畝規則』などがあり、また司法機関が制定して行政機関が審査決定したものとして『京師拍売舗底人対於房東借租暫行簡章』などがあった(15)。これらの規範は、その名称の「条例」、「規則」、「章程」、「辦法」いかんに関わらず、形式的には「立法機関」が許容するところであり、また現実的な必要性とともに人民の遵守するところでもあったため、当時のような特殊な過渡期の情勢下では、広義における「法律」と称しうると思われる。

簡単にまとめて言えば、ここでの「法律」とは、当時の最高立法機関およびその授権あるいは認可を受けた機関によって制定された規範を指す。そこには「条例」、「章程」、「命令」、「規則」などが含まれるが、いずれも当時の北洋政府が公布施行したものである。現代法学の見地から言えば、「法律」は原則として「命令」よりも効力のレベルが高い。しかし、民国初期の戦乱により国会が常に正常に機能しない状況の下で、現代における「法律」の形式的意味と完全に合致する民事法規の制定を期待することは困難であった。大理院の数多くの民事判決から、我々は特定の行政機関が公布した命令もまた法律と同様の効力を有したことを知りうる。そしてより重要なことは、大理院の時期にすでに法律と命令の区分に階層概念が存在していたことである。大理院の民国三年上字第五九五号判例では、山主あるいは施主が廟産を処分することに関して、もし正当な理由がある場合に住持・僧道は故なく同意を拒絶できるか、また特別な慣習法則によって施主・山主が独立して処分することを認めている場合、その効力がどうなるかについて、明確に表明している。

内務部が公布した『寺院管理規則』の第四条には、「住持およびその他の関係人といえども、行政長官の許可を得なければ、寺廟の財産を売却、あるいは抵当にすることはできない」という規定がある。しかしながらこの規則は行政上の便宜のために行政長官に対してその職権を定めるものであって、住持およびその他の関係人に廟産を処分する権利を与えるものではない。したがって当該条文が称する「住持およびその他の関係人」とは、おのずから慣習法則および条理において認められる処分権者に限られ、本案の被上告人が当該廟産に対して行った処分が有効であるか否かは、先の法則によって判断しなければならない。

この実務上の見解から伺えるように、大理院はすでに真剣に「法律」と「命令」の差異を区別しようと努力し、私法上の効果として、法定の手続を経て公布された命令は法律と同様の効力を有するものの、行政長官によって公布された「単純命令」は、その省の単行章程でなければ、裁判所を拘束する効力を有さないのみならず、当事者に対する拘束力もないと考えていたのである(16)。

二、慣習法

世界の法制の発展史を見てみると、十八世紀以前は、法典の未整備により、あるいは社会関係が単純であったことにより、西洋各国では慣習法を主要な法源としていたようである。十九世紀に至ると、各国において雨後の筍のごとくに法典編纂が行われ、司法判決は「法典万能」という思潮の影響下に置かれた。ただ二十世紀以降、社会状況が多元化するとともにその変化が加速し、成文法はすでに単独で現実の需要に対応できなくなる一方で、慣習法と条理の地位が日増しに向上し、その結果、成文法・慣習・条理の三者間の関係は厳密に区分できなくなったといえる。

伝統中国法の時期における民事規範に関して、例えば身分や相続、物的関係の規定は、その大半が慣習を淵源とするが、通常「慣習」の語はさほど用いられず、むしろ「風俗」、「土俗」、「土例」、「俗例」、「成規」、「旧規」といった呼称により表現され、時には「情理」の概念に含まれることもあった(17)。事実上、慣習が存在することは、人々がすでにそれを合理的と認識していることを証明するに足るものである。そして法律は、理論上まさに民意の体現たるべきであり、もし正当な理由がなければ、当然にして軽視してはならないものである。また社会にすでに慣習が存在して人々もそれに慣れ親しんでいる状況において、もし法律がそれに優位する特別な理由もなく、慣習に反することを規定するならば、社会秩序を不安定なものにすることになる。よって法律のうち慣習に合致するものはこれを行うことが容易であるが、慣習に違背するものはこれを行うことが困難である。また法律に明文規定がなければ、法を司る者は慣習に依って判断を行うことで、比較的容易に訴訟当事者を納得させることができる。

中華民国の時代になって、適用する慣習を統一するため、北洋政府の司法部は一九一五年九月一五日に「通飭」を発し、司法裁判において正しく適用することを要求した。この「通飭」には、「各司法衙門が民事事案を審理する際、依拠すべき法規がなく案情が込み入って容易に解決できない場合は、慣習に注意を払うべし」とある。そして司法部は同時に、慣習をいかに運用すべきかについて四点の具体的な提案を行っている。すなわち、「一、各地の公正な紳士に対して、慣習について広く諮問して補うこと」、「二、事前に、ある慣習について随時詳細に検討すること」、「三、開廷時に、庁長が礼をもって公正な紳士を法廷に招き、ある慣習について陳述してもらい、参考とすること」、「四、各審判庁の庁長は民事庭の判事を率いて慣習を調査し、どのような慣習が存在するかを了解して記録し、当該庁長がまとめて司法部へ報告し、司法部はこれを法律制定時の一助とすること」である。(18)

慣習は、実際には長年にわたり行われてきたという事実と普遍的な一般人の確信をその基礎とするが、形式上は裁判所での適用を通じて、初めてその法的効力が認められるものである。大理院は論争を封じるために、早くも民国二年の上字第三号の判例において、慣習法の成立について以下の四つの要件を提示した。

（1）内的要素として、人々がそれを法と確信していること

（2）外的要素として、一定の期間内に、同一の事項について、同様の行為が反復されていること

（3）法令に未だ規定のない事項であること

（4）公共の秩序と利益に反しないこと

この判例を通じて、大理院は法的確信を具備する「慣習」を実定化して「慣習法」とする一方、「慣習法」を独立

した法源とする要件のために、具体的な範囲を確定した。しかし、民国初期以来、慣習法はわずかに法律を補充する効力をもつものであって、裁判所には慣習法を適用しなければならない義務はなかった。大理院の歴次の判決例を全体的に見ると、当事者が訴訟において主張した「慣習」は、大理院によって認容されたものよりも大理院によって却下されたものの方がはるかに多かった。特に大理院は公共の秩序および利益に反する慣習は無効と考えていた。ここでいう「公共の秩序および利益に反する」ことの意味は、もっとも広義に解釈するもので、社会の安定、公共の福祉、経済の流通、公共政策、善良な風俗に反する慣習がすべて含まれるのみならず、現在の利益に直接反しなくても、将来の文化的進歩や社会発展を妨げる慣習もまた有効とは認められないというものである。なぜなら、法律は、現在の公共秩序及び利益を守ることだけでなく、文化的な生命を充実させることも目的とするからである。例えば、大理院の民国四年上字第二八二号の判例は、「土地を売却する場合はまず同宗の親族から買い手を捜さなければならず、異姓の者がいきなり購入することは認めない」という湖南省瀏陽県の慣習を対象としているが、そこでは次のように指摘している。

土地を売買するにはまず同宗の親族から買い手を捜すという話は、瀏陽県の慣習として拠りどころとなっている。この慣習が実際に存在するかどうかはしばらく措くとして、この慣習が所有権の作用を制限して、経済上の流通と地方の発達を阻害するものである以上、法的効力を有するものとは認めがたい。

本案の係争事実は、土地の売買において同宗の親族に先買権があり、これらの人々が購入する意思がない場合にはじめて外部の者に売ることができるという湖南省瀏陽県の慣習に由来するものである。大理院は、この種の慣習について、所有権における処分の権能を制限するのみならず、経済的な流通と地方の発展に妨げになるとして、公共の秩序と利益の見地から法的効力を認められないと考えている。

実際のところ、慣習と国家実定法の境界については、往々にして一つの理論によって確定することはできず、大多数の状況においては、必ず具体的な個別事案における運用から整理検討しなければならない。例えば、すでに妻がいる者が騙してさらに娶ったことに関する事案である大理院の民国五年上字第一一六七号判例では、本案の上告人の黄少甫はまず程氏を娶って妻とし、後に被告人の黄王氏を騙してさらに娶って妻とした。上告人黄少甫は、これは両房を兼祧するもので、民間の慣習に依れば両者を娶ることができると主張した。しかし、このような見解は原審の浙江省高等審判庁および大理院が受け入れるものではなかった。高等審判庁および大理院はともに、『大清現行刑律』の「妻妾失序」門において明文により「妻がいてさらに娶った場合は、後娶の妻は必ず離別してもとの家に帰すべきこと」を規定することから、兼祧して両者を娶ることも当然禁止されると考えた。本案は最後には大理院が原審判決を破棄して高等審判庁へ差戻しとなるが、その理由は、黄王氏が婚約した際、相手に妻がいることを知っていたか、それとも騙されて婚姻したか、その事実関係が明確になっていなかったため、原審でさらに審理させるためであった。黄王氏が知っていれば法によって妾の身分となるが、騙されて婚姻したならば法によって離縁しなければならない。習俗の問題については、大理院は「もし上告人にすでに妻がいることを婚約当時に明確に通知していたならば、その後に重ねて被上告人を娶ることは、俗例にしたがえば名は均しく正妻となるものの、しかし法律上は僅かに側室の身分を有するため、騙したとは言えない」と指摘する。上述の判決の中において、再度の個別事案における判断は、慣習の適用制限を指摘している。

さらに提起すべきことは以下のことである。大理院が提示する慣習法成立の内容および実質的要件に関して、広い国土と多くの人民を持つ中国について言えば、「十里で俗を同じくせず、百里で風を同じくせず」という状況であるため、慣習法は地理的な区域上の差異を考慮すべきか、民族の多元性を考慮すべきか、誰が挙証責任を負うべきか、どのように証拠の調査をすべきか、慣習法の効力はすべて一律に法律より低く、条理に優るとすべきか。とりわけ提起すべきは、大理院の判決はややもすればいわゆる「公共秩序」、「公共利益」、「経済秩序」、「取引上の安全」といった西洋近代の新たな民法概念によって、旧来の慣習的理由を濾過・淘汰したため、一たび行われることすでに久しく、かつある特定の集団においては十分な確信が存在する慣習に関して、大理院の判決は人民の法律生活における感情を害し、互いに相容れがたいのではないか、ということである。民国初期の法制の実態から言えば、これらは深く考える必要がある問題である。

実際のところ民国初期の中国社会は、改革されるべきでありながら改革されないままの無数の旧勢力と、その生を求めながらも得られない無数の新勢力が存在した時期である。一部の既存の慣習は、往々にして社会の現実的な需要と相反し、社会における多くの新制度や新事業の発展の障害となっていた。こうした状況の下、司法機関のリーダーたる大理院は機会を掌握し、往々にして判決例の中で巧みに運用して直接間接にこれらの慣習の改変を促進することで、いわゆる「陋習」が再度適用される機会を与えないようにしたのである。

伝統中国の民事に関する規範は、旧来その多くが慣習として存在していたため、新しい民法典が公布される以前、裁判所には確かに慣習を援用せざるを得ない理由があった。それでは大理院の時期において、大量に集めた慣習を裁判の根拠としたのであろうか。公共の秩序や利益に反する慣習、および地域色が強い慣習に対して、どのような改正の態度を採ったのであろうか。慣習は司法機関が裁判において適用した後に始めて法律上の効力を有したのであろうか。これらについては、筆者はすでに別稿にて詳細に論じたので[19]、ここでは贅言しない。

三、条理

「条理」という語は、日本の民法に由来する用語と考えられているが、実際には中国の古典の中にそれを見出すことができる。『尚書』盤庚には「網の綱にありて条ありて紊れざるが若くにせよ」とあり、『中庸』第三十一章には「文理密察、以て別つこと有るに足る」とある。古人は「条」と「理」とを互訓することを好むが、これは『易』繋辞伝がいうところの「仰いで以て天文を観、俯して以て地理を察す。是の故に幽明の故を知る」である。[20]天上の日月星辰の文彩と地面の山川原野の理紋には、それぞれ条理がある。民国以降、はじめは「条理」と称し、ついで「法理」と称することが習わしとなったが、これは法の根本精神から演繹されるところの普遍的な一般原則を指す。簡単に言えば、「条理」であっても「法理」であっても、法の法たる所以あるいは根拠であり、法の基礎であり不可欠な要素とも言いうる。すなわち、時代環境の需要に適応し、理性的な公平正義の規則に合致するものであれば、それは法律価値の淵源となる。その性質が主観的なものであるか、それとも客観的なものであるかについては、学説は様々に分かれている。[21]一般的に言って、主観的な公平正義の観念は人々皆同じとはならず、往々にして人間性論、歴史観、価値観あるいは方法論によってその趣を異にする。もし裁判官が意のままに主観的な理念に依って判断の基礎とするならば、専横武断に陥りやすく、ひいては荒唐無稽な判断に至ることとなり、当事者が上訴する際も、また容易に上級裁判所の破棄するところとなる。訴訟当事者の信じる公平正義はかえって得難いものとなり、判決の基盤も脆く不安定な状態に置かれることになる。したがって、裁判官が条理を採用するには、（自己の勝手な判断ではなく）外の世界から規範を取り入れなければならず、社会一般に信じられている「通情達理」など普遍性および恒久性を有する是非善悪の準則を求め、これを判断の基準とすべきである。しからば、このような準則はどこに生じ、どこからもたらされるのだろうか。これにもまた諸説が存在する。

『大清民律草案』の第一条の立法理由には、「条理とは、社交上必ず必要とされる処置が推定される。例えば「君につかえるに忠をもってする」や「親につかえるに孝をもってする」、および一切の当然にして遵奉すべきものがそれである」とある。もし条理がこの例のようであるならば、その意味は非常に狭くまた人に「本題からかけ離れている」感を与えてしまうが、これはあるいはこの時代の思惟方式を反映したに過ぎず、その真意はただ裁判官が法律の「外側にある」社会規範を追求しただけである。(22) 司法実践の面から見れば、その意味は当然これに止まるものではない。大理院が実際に採用した条理をあまねく検討したところ、『大清民律草案』および『民国民法草案』の二度の草案内容で条理としたものを採りあげて適用したもののほか、その淵源が明らかなものは、「大理院の判例」、「法律の類推適用」、「学説の見解」、「外国の立法例」、「義理人情」及び「倫理道徳規範」等であるが、ここではそれぞれにつき逐一詳細に説明をすることはできない。

疑問がもたれるのは、「条理」と伝統法の時期に強調された「情理」は一体どのように異なるのか、という点である。これに関して、滋賀秀三氏は次のように指摘する。

　しかし条理と情理の間には微妙な違いがあるように思われる。明治八年太政官布告第一〇三号裁判事務心得第三条に「民事ノ裁判ニ成文ナキモノハ習慣ニ依リ、習慣ナキモノハ条理ヲ推考シテ裁判スベシ」と言う。……有名なスイス民法第一条に規定するように、「自己が立法者であるとすれば法規として定立するであろうところ」に従って裁判することが、「条理ヲ推考シテ裁判」することに外ならないとされていた。(23)

滋賀氏の考えを推し量るに、伝統的な「情理」と近代に西洋から舶来した「条理」は、法に明文が存在しない中で法源として判断の基準となったという点では共通するもの、後者は畢竟、規範という厳格な規則形式（rule）を参照することで成り立っているものである。それに対して、伝統中国の「准情酌理」の判牘の中で、そこに含まれている公序良俗の要素が一般条項となるという問題は趣を異にすることを除き、これらの規則の指向性は非常に薄弱であり、単純な理性的規則の遵行ですらなく、当事者各自が置かれている具体的な状況に対して念の入った配慮を体現するものであった。これはあるいは「情理」に基づく考慮が然らしめるところと言い得るのかもしれないが、その本質を考えてみるに、むしろ裁判者自身の心証形成が、確立された規則（rule）に完全に依拠して「権利」の有無を判断するのではなく、「情理」に入り込むことで人と人との間の全体的関係における調和のとれた秩序を調整することを企図したためではなかろうか。

このような見解は、大理院の判決例から検証することができるであろう。例えば、大理院の民国五年上字第四四四号判例には、「夫婦の財産分割は、現行法上それを認許する規定がないが、これを条理・人情で考えてもまた請求どおりには認めがたい。ゆえに、当事者が自ら協議を行う場合を除き、家庭の不和を理由として軽々しく財産分けを主張してはならない。」とある。条理と人情を分けていることからすると、大理院は、人情は条理とは区別されるもので、直接条理の概念に包含されるものではないと考えていたようである。あるいはこのようにも言えよう。すなわち、条理は規範を指向する性質を備えており、先例化という方法を通じて以後の類似の個別事案に援用し得るが、情理の性質は「準情酌理」という語が表すところと同じで、その重点は具体的な個別事案を考える際に時宜にかなった対応をする点にあった、と。このような条理と情理の区別は、大理院の判決の中で次第に明確な区別がなされていった。

大理院がどのように「条理」を応用して実定法の時宜と合わない部分と調和させたかについては、いくつかのすばらしい案例が存在する。例えば、『大清現行刑律』の「民事有効部分」たる婚姻門「出妻」条は、律文に「もし夫婦が相い和諧せず、双方が離婚を願う場合は、処罰しない」とある。これに関して、大理院の民国七年上字第一三三二号判例には次のようにある。

現行の法例を按ずるに、夫婦が協議して離婚することはまさに自らが主宰するもので、他人が代わって主宰することはできない。妾と家長が関係の解除を協議する場合も、当然準用すべきである。

また大理院の民国七年上字第一八六号判例には次のようにある。

妾と家長の間における名分の成立について、いかなる要件を具備すべきかは、『現行律』に規定する明文が存在しないため、条理に依拠して正しく解釈しなければならない。家長は当該女性を自己の正妻以外の配偶者として認め、家族員に列する意思を有さなければならない。妾については、家長の家に入り、正妻に次ぐ地位たることを家族が合意すれば、はじめて当該女性が家長の法律上の妾であることを認めることができる。もし男女がいかがわしく同居する関係に過ぎないのであれば、自ずから家長と妾の名分が存在するとは認められない。

――夫婦の倫は、これを合わすに義をもってするも、実にこれを連ねるに情をもってする。情がすでに離れれば、強いてこれを合わすことはできず、たとえ強いてこれを合わせても、益なくして害あり。上述の律文はわずかに「もし夫婦が相い和諧せず、双方が離婚を願う場合は、処罰しない」と規定するのみであるが、これを「夫婦が相い和諧しない場合は、双方の願い出により離婚をすることができる」と転換させることは、その意図するところは契約における当事者の意思表示の自由を尊重することにある。家長と妾の関係については、伝統的な倫理法と西洋近代の権利法が衝突するところである。大理院はなお納妾の存在を容認するも、これを考えてみると、正式の夫婦関係とは異なるものの、一般的な同棲関係とも異なる。こういった関係でも一種の契約が生じるが、しかしその性質と効力は婚姻とは異なり、この種の契約の解除には離婚の規定を適用することができない。大理院による、妾と家長は協議により関係を解除することができるとする上記判決例は、実に当該条文を類推適用して得たところの条理に由るものであった。

筆者はいまだ正式な統計を作成していないが、大まかな見積もりによれば、大理院の判決において「条理」を運用して裁判の根拠としたものは相当数あり、おそらくは「法律の明文に依る」あるいは「慣習法に依る」とするものを超過している。しかしながらそこで使用された判決用語はまったく統一されておらず、その中で特に頻出するものは、「民事法理」、「民法通理」、「現行法例」、「民事法例」、「民事法条理」、「現行規例」、「現行法則」、「至当之条理」、「民事法則」、「民商事条理」、「民事法之大原則」、「一般法例」、「民商事法例」などであった。一例を挙げれば、信義誠実の原則は民法において重要な「条理」の一つであって、もし法律の進化過程に着眼すれば、その由来は非常に古いものである。『大清民律草案』の第二条には、「権利を行使し義務を履行する際は、まさに誠実と信用の方法に依らなければならない」と規定する。これがいわゆる「信義則」であり、司法実務上の最も重要な概括的条項であって、実定法の機能を補充・検証するのみならず、法律解釈の基準ともなる。これは法律上の倫理価値の最高表現であって、社会における醇風美俗のようなもので、民事法律関係における「帝王条項」とも称される。いわゆる「事情変更の原則」、「権利濫用禁止の原則」、「不当利得禁止の原理」、「悪意の抗弁」、「禁反言の法則」などは、いずれも信義則に由来するもので、この大原則の支配を受けるものである。

しかし信義則の法理は、あるものは法律の明文の中に吸収され、あるものは慣習の中に潜んでいるなど、結局のところ抽象的な価値理念であるにすぎず、いかに裁判官をして個別具体的な事案に直接適用させ得るかについては、仔細に観察しなければならない。筆者はかつて大理院の一二件の信義則に関係する判例と解釈例を詳細に分析し、大理院が法律上の疑義を解釈する際、往々にして長い文章になることを厭わず、学理を論証し、事実を引用して証明し、整っていること非常に精巧かつ詳細であることを見出した。法例を適用する場合には、その法理を明らかにして、法律に明文がなく慣習法の援引すべくもない苦境をよく克服し、弾力的に法理を運用して新たな補充規範を創造していた。とりわけ信義則の意味するところやその道理を適切に用いて、民事紛争の解決において合理的かつ妥当な状態に至らしめていたのである。(24)

第三節　大理院民事判決（例）の法学的方法上の運用

政治を取り巻く環境や、立法手続あるいは立法技術上の困難により統一された民法典は最後まで生み出されることはなく、散発的かつ部分的な特別民事法令もまた統一性を欠いていたため、民事裁判で法源をどこに求めるかは非常に難しい問題であった。立法機関が達成できない任務は、これを司法機関、とりわけ最高裁判機関である大理院に丸投げしたに等しかった。民国初期、大理院が直面したのはこうした民事法の規範が多元化した局面であった。この時、『大清現行刑律』の「民事有効部分」、民商事特別法、民商事の慣習、民法草案、外国民法の立法例、学説の見解、さらには義理人情に至るまで、そのすべてが裁判で根拠とするに足るものとされたが、それぞれの規範にはそれぞれの基準があったため、すべての民事法律関係を包括するものとはならず、統一した民事法律体系を確立するには足らなかった。錯綜した法規範と頻繁に発生する民事事案は、各級審判庁を困難に陥れたが、このことは逆に大理院に民事法律体系を整備するための歴史的契機を提供することにもなった。

一、『大清現行刑律』はいかに民事裁判の法源へと転換されてその根拠とされたか

中華民国の建国後、その元年（一九一二）に『暫行新刑律』が公布されたが、これは一九一〇年一二月に大陸法を継受した『欽定大清刑律』を修正して制定されたもので、一九二八年六月まで施行された。これは北洋政府統治時期、一貫して適用された刑法典であるといえる。奇妙なことに、同じくその年に過渡的な伝統刑法典である『大清現行刑律』も制定公布されたが、こちらも北洋政府統治期間に法制の舞台上から完全に消えることはなかったのみならず、かえって本来とは異なる形で民国初期の司法実務の中で活用された。調べてみると、中華民国が成立して、北京で臨時大総統に就任することを宣誓した袁世凱が、一九一二年三月一一日に以下の命令を発していることがわかる。

現在、中華民国の法律はいまだ議定公布を経ていない。全ての従前施行されていた法律および新刑律は、中華民国の国体と抵触する各条項が効力を失うことを除き、他は全て暫時援用して忠実に実行せよ。ここに命ずる。

その後、参議院は大陸法を継受して成立した『大清民律草案』の援用を承認することはなく、逆に民国元年四月三日に以下の議決を行った。

今後、民事案件については、前清の『現行律』中の規定する各条理を参照して処理するべきである。(25)

以上の二つの史料から、清代においてすでに公布施行された一切の法律は、共和国の国体に抵触するものを除き、おおむね中華民国政府の継承するところとなったことがわかる。この継承は、その後に出された大理院の民国三年上

字第三〇四号判例から確認することができる。

本院が按ずるに、民国の民法法典はなお未だ公布されておらず、前清の『現行律』は、制裁部分及び国体と抵触する部分を除き、当然継続して有効である。前清の『現行律』は『現行刑律』という名称であるけれども、普通刑事部分のほか、特別刑法、民商事及び行政法に関する規定も少なくない。その名称が「刑律」であるからといって、それがすでに廃止されたものと誤解してはならない。

編纂の体裁から観察するに、『大清現行刑律』の「民事有効部分」というものは、依然として『大清律例』の旧制を踏襲している。律文は各「門」の下に分類され、さらに「門」の下に「条」が分かれ、条例は関係する律文の後に付記される体裁であった。あるいは以下のような問いがあるかもしれない。すなわち、『大清現行刑律』は結局のところ刑事法典でしかなかったのであるが、その刑事規範をどのように民事規範に転換して援用することができたのであろうか。また、当時「民事有効各条」を一つ一つ選択して一書を編纂することは行われていなかったが、このような状況下で、一体どの条文が有効でどの条文が失効したものだったのであろうか。援用する際に選択が異なることで疑義が生じなかったのであろうか。

実際、刑法規範の大部分はいわゆる禁止や命令の規定である。近代的な民法理念によれば、民事の法律行為が強行規定に違反した場合、その効力は無効となり、あるいは取消すことができる。そのため、これらの本来刑事規範に属する条文は、自然と民事規定に転換されて適用されることとなった。換言すれば、民国初年に、民事法律行為が『大清現行刑律』で禁止されていない行為に属していた場合、例えば「不坐（罪に問わない）」であれば、「有効」と転換された。一方、『大清現行刑律』で禁止された行為は通常、「無効」あるいは「取消すことができる」という法律効果が認定された。大理院の民国八年上字第八三二号判例は、次のように指摘している。

中華民国の民律が公布されるまで、『現行律』の民事に関する規定については、国体に抵触する場合を除き、当然継続して有効である。その制裁部分は、もし民事各款の処罰規定（例えば「某等罰に処する」や「罪はまた同じ」など）であったとしても、またそれに依拠して処罰することはできないが、処罰行為に関する効力はなおこれを適用して、「無効」あるいは「取消すことができる」と判決するべきである。ゆえに、該当する律文を引用して行為の効力を判断するも、それに依拠して当事者を制裁するのではない以上、法の適用に錯誤があると言うことはできない。

一例を挙げれば、『大清現行刑律』の「民事有効部分」である戸役「卑幼私擅用財」条の規定には、「およそ同居の卑幼が、尊長の許可を得ず、ひそかに本家の財物を擅用した場合、一〇両で二等罰とし、一〇両毎に一等を加ええ、罪は十等罰で止まる」とある。ここにある「二等罰」、「十等罰」とは、本来刑罰の制裁であったが、民国初期には「無効」あるいは「取消すことができる」という民事上の法律行為に転換された。大理院の民国五年上字第一一八八号判例は、「子による父の許可を得ない処分は、父親の追認を経てはじめて有効となる」と述べており、その行為を「取消し得る」法律行為と見なしていたことがわかる。また、大理院の民国八年上字第一四八号判例では、「卑幼がひそかに家財を処分する行為は、無権行為である」と述べ、その行為を「無効な行為」と見なしている。ここで興味深いのは、上述の「無効」の理論の基礎は、決して伝統的な「父為子綱」という身分制倫理の要求から出たものではなく、卑幼は完全な行為能力を持たないという大陸法の現代の民法観念に由来していたことである。

このように、元々刑法規範であったものを転換して、民国初期に私法上の権利義務関係を判断するのに用いた民事規範は、その転換して適用したものからも法理の脈略が読み取れることから、これは決して唐突なものではなかった。北洋政府が十数年間継続して適用した『大清現行刑律』の「民事有效部分」の内容及びその運用実態を考察すると、主要なものとしては「服制図」、「服制」、「名例」、「戸役」、「田宅」、「婚姻」、「犯姦」、「銭債」、「河防」などが挙げられる。このほかにも、清代の『戸部則例』の一部の内容も含まれている。例えば戸口門の「民人継嗣」項の三條、田賦門の「開墾事宜」項の二四条、「坍漲撥補」項の五条、「牧場徴租」項の二〇条、「寺院庄田」項の四条、「撤佃條款」項の八条、「灘地徴租」項の一一条などがそれである。戸役門の「立嫡子違法」条で法源となったものを例に挙げれば、その律文には、「およそ嫡子を違法に立てる場合は、八等罰に処す。その嫡妻の年齢が五十歳以上で子のない者は、庶長子を（嫡子として）立てることができるが、（庶）長子を立てないのであれば、罪はまた同じ。」とある。これについて、大理院の民国八年上字第二一九号判決は次のように述べている。

現行の律例を按ずるに、「子無くして立嗣する場合、世代順の倫序を乱してはならない」という規定は、元は公益の保護のために設けられたもので、強行法規に属すべきものである。この法規と相反する慣習は、当然にして法的効力を有さない。本案の上告人は孫全本の孫に属するため、その世代には相当しない。当該地方で（相続者として）孫が祖父を祀る特別な習慣があるかどうかを問わず、上告人は全本の後嗣となれないため、当初、被上告人の舅書元が全本を兼祧したことについて、合法であるかどうか、また被承継者あるいは親族会が選んで立てたか否かは、上告人が争えるところではない。

別の事例として、借主がすでに支払った違法な利息について返還請求をすることができるかという事案に関して、銭債「違禁取利」条には、「およそ個人間での金銭貸借や財物の典当においては、毎月の利子は決して三分を超えてはならない。年月が長くなる場合でも『一本一利（利息と元本が等しくなること）』を越えてはならない。超過分の利息は借主に返還する」とある。これに対して、大理院の民国五年上字第四五七号判決は、「重利という名目を避けながらも、違法な利息を取る行為は、その違法な部分を無効とする」と述べる。また大理院の民国一四年上字第二五二九号判例は、「利息を採る場合にもし月利三分を超えれば、「一本一利」であっても、禁に違うものであるため、借主が返還請求することを認める。」とさらに一歩進んだ指摘をしている。これらの見解は上述の『大清現行刑律』中の「禁に違いて利息を取る場合は、超過分を返還する」という規定に基づくもので、その内容が妥当であるか否かはともかく、大理院が根拠を持たなかったということはできない。

以上の関連部分は、一九二九年（民国一八）一〇月に南京国民政府が『中華民国民法』を公布施行した後ようやく廃止された。したがって、『大清現行刑律』の「民事有効部分」が大理院時期の「実質的な民法」であったということには、道理があるということになる。つまり民法典あるいは民事法の名はなくとも、実際上民事において有効となる実定法規範だったといえる。それゆえ理論上および実務上、それは慣習法および条理の上位に位置していたのである。実証的な角度から見てみると、大理院が『大清現行刑律』を運用する実例をしばしば目にするが、相当数に上る大理院判決（例）において、「民事有効部分」を引用する際、つねに「査現行律例」、「査現行有効之前清律例」、「按現行律載」などの表現が見出せることは、この見解を支える根拠となるだろう。初歩的な統計に依れば、『大清現行刑律』の「民事有効部分」のほぼすべての門のすべての条文が大理院に適用され、またいくつかの条文は複数回援用されており、ここからもその重要性の一端は明らかであろう。(26) このような状況ではあるものの、「民事有効部分」は結局個人の権利を本位とする近代的な意味での民事法律規範ではなかった。考えるに値することは、大理院の判事は常に権宜的な方式を用いて心力を尽くし、伝統的な倫理や義務を本位とする刑律の条文を、新しい法学の解釈方法を通じて、時には『大清現行刑律』の「民事有効部分」中のいくつかの客観的な具体規定を抽象的・概括的な原則に転換し、それに一般的な適用性を持たせることで、近代法学理論との結合を推進し、さらには律文という古い瓶を新しいデザインに換えることで、新時代に生み出される社会紛争問題を解決していたことである。例えば、戸役「脱漏戸口」条は「成丁」の年齢を一六歳と規定するが、大理院の民国三年上字第七九七号判決は「一六歳を成丁とし、完全な行為能力がある。」とする。

さらに、大理院の判決（例）中には、常に意識的・無意識的に現代的な民法の私的権利観念が導入されていた。『大清現行刑律』は帝制中国における最後の伝統的な刑法典であるが、大理院は逆に近代の大陸法の概念を通してその内容を解釈し、結果として個人の権利観念を作り上げ、それを刑律の条文の中に含み込ませたのである。例えば、「承嗣」をいかに処理するかの規定を、「択継権」、「親権」へと転換させたものとして、大理院の民国三年上字第一一六〇号判決は次のように述べている。

現行律の記載には、「婦人で夫を亡くし子がなく守志（貞節を守って再婚しない）する者は、夫分をうけるべく、族長によりその世代に相当する人を選んで継嗣させなければならない」とある。法文から解釈するに、夫は存命中すでに立継する専権を持っていたものの、死亡した場合、守志する妻が夫分をうけ、また継嗣を選択する権利を行使することができる。ただ夫が自ら直接立継していた場合、守志の妻は上記の条文の制約を受けるため、継嗣を選択する権利は、原則上族長が行使するべきである。族長やその他の親族が守志の妻の同意を得ずにその夫のために直接立継した場合は、その立てられた継嗣は、守志の妻の確認を経なければ、法において当然効力を発生しない。

上述の判例中で言う「現行律」とは、『大清現行刑律』の「民事有効部分」の「立嫡子違法」条の例文「婦人の夫が亡くなり子がなく守志する場合は、まさに夫分をうけるべし」である。本案の判決は最初に「文理解釈」によって、継嗣を選択する権利は守志の妻にあり、もし尊長がいる場合、事実上、卑幼による継嗣の選択は尊長の同意を得て初めて可能であるとするも、法律上は尊長が守志の妻に代わって継嗣を選択する権利を有し得ないと考えた。大理院は巧妙に「解釈」の方法を用いて、尊長権の範囲に一定の制限を加えた。そして、いわゆる「まさに夫分をうけるべし」とは、守志の妻を遺産の相続人と認めるものではなく、夫亡き後に、守志の妻が「親権人」の身分を取得して、未成年の子が相続した家産を管理し、処分を代理できるということである。

また「離異」の事由を「離婚権」、「人格権」に転換した事例として、大理院の民国五年上字第七一七号判例は次のように述べている。

およそ妻が夫から重大な侮辱を受け、実際に夫婦関係を継続するのに堪えられなくなった場合、その離婚をゆるし、それによって家庭の平和を維持し、個人の人格を尊重する。いうところの「重大な侮辱」とは、当然軽微な口論や重要なことに関わらない罵詈雑言を含まない。ただ、もしその言語行動がその妻の社会上の人格を喪失させるに足るもので、それによって受けた侮辱の程度が受忍できないほどのものである場合は、自ずからまさに重大な侮辱として論ずるべきである。人に対して妻が他人と密通しているとウソをついたものの、その妻は実際には良家の婦女であった場合というのはその適例である。

上述の判例は、ただ人格を言うのみで人格権にまでは及んでいないが、大理院の諸判決例を通覧するに、人格を人格権として理解することを妨げるものではない。このように、大理院は本来的に私権概念が欠如していた刑法典から当事者が主張し得るところの民法上の各種権利を導き出しているが、これは古今東西を問わず法制史上相当特異な事象であると言わざるを得ない。しかしながら、どのように言っても、『大清現行刑律』の「民事有効部分」は、結局のところ伝統中国の刑律という性質を持つ法典であり、その体現するところは依然として宗法の倫理身分が内包された秩序価値であった。これを用いて民国時期の民事紛争事案を解決しようとしても、そのすべてが社会の実際に合うとは限らなかったことは容易に想像できよう。しかし裁判を司る者はなおこれに拘泥せねばならず、ついには辻褄の合わない窮状を呈することとなった。したがって我々は、『大清現行刑律』に明文の規定があったとしても、その規定がもし現実の需要とは明らかに合致せず、さらには社会文化の進展を妨げる場合、大理院は往々にして律文や条文を用いるのをやめ、別に適切な「慣習」や「条理」を探し出して裁判の際の根拠としたことを見出すことができる。

二、大理院期の「判例」は「司法が立法を兼ねる」ものであったか

民国初期、大理院の司法過程における「立法の契機」や「判例の性質」とは、一体どのような性質で、どのような評価を与えられるものだったのだろうか。これは見解の分かれる問題である。すでに述べたように、大理院が存在した一六年の間に、民事事案については裁判の根拠となるべき独立した「民法典」は存在しなかった。したがって大理院は具体的な事案を審理する際、外見上は、「任由（担当）」の法曹がその信ずるところに依り、当該事案において社会的正義を実現するところの具体的な規範や法理を実行するために、「心証」を形成して判決を下していたように見える。ある学者はこの方法を英米法系国家の法制下における「裁判官による立法」（judge-made law）になぞらえて、大理院の作成した判例の性質を英米法系の判例法（case law）に属するものと考えている。[27] この考えは果たして妥当だろうか。近代中国の法制変革の過程で、一般的に言われる英米法系の国家の「判例法」が本当に出現したのだろう

か。

大理院の「判例」の性質については、従来一致した見解がない。上述の判例法という見解以外にも、慣習法説や司法解釈説、独立法源説などがある。[28] 理論上、筆者は「条理説」を採用するのが妥当であると考える。当然、判例というものは「条理」であったのか否か、あるいは「条理」の一種となるべきものであったか否かは、往々にして「条理」という言葉が内包する意味を広く取るか狭く取るかによって異なる。民国初期、大理院を除き、高等審判庁であるか地方審判庁であるかを問わず、作成された判決書は訴訟当事者に送達される以外に公布される方法はなく、外部においても裁判所の判決を先例とする習慣を重視していなかった。大理院は判例を刊行していたとは言え、結局その効力がどのようなものであったのか、法律にも規定はなかった。ただ『法院編制法』第三五条前段の規定に「大理院院長は法令の解釈を統一するために必要な処置を行う権限を有する」とあることからすれば、大理院が法令を解釈した解釈例を大理院院長の許可を経て刊行・公布する場合、もとより大理院院長の解釈権に基づく作用であって、下級裁判所を拘束する力を持っていたと理解すべきである。

大理院時期の民事判決の先例は、大部分が「創設的判例」（original precedents）であったが、この性質はどのように理解すべきであろうか。この種の「創設的判例」は、裁判所が法律に欠如がある時、「補充」方式でその空白を埋めるもので、新しいものを創造するという意味があり、この点において成文法や慣習法の内容を解釈して法に含まれる意図を明らかにするといういわゆる「宣示的判例」（declaratory precedents）とは異なる。これを『大清民律草案』第一条の民事における法律適用の順序において見てみると、「法律」・「慣習法」・「条理」はあるものの、「判例」という一項が列記されていなかったことから明白なように、判例は理論上、下級裁判所を拘束する根拠とはならず、僅かにドイツ・フランス・日本の各国の裁判所の判決のごとく、「条理」として制定法と慣習法の不足を補充するものにすぎなかった。

しかし、残存する豊富な大理院の民事判例・解釈例の全文を総合的に分析すると、大理院が業務を行う過程において、確かに「司法が立法を兼ねる」という立法に準ずる機能の傾向を備えていたことを見出すのは難しくない。形式的には、大理院は新たな法律の基礎を創造しようと試み、始終「民法の法典化」の理想を抱き、判例や解釈例を「法典」という形式に作り上げようとしていた。大理院の民事庭の「判例要旨」や解釈例を詳細に見ていくと、個別事案に対して判断と説明を行っているとは言え、裁判官と解釈者の心中では、あたかも意図的に「抽象的で普遍的な規則」を形成し、これらの規則を利用することで『大清現行刑律』の「民事有効部分」、民事慣習、条理をすべて一個の体系中に納め、これを折衷して調合し、論理を内在した安定性に到達するようにしていたようである。実際に、大理院の判例の編纂方式は大体において各編ごとに章立てするもので、成文法があるものはその定められているところに従い、成文法がなくとも草案があるものは、清末の「修訂法律館」の各草案に定められているところに従っている。

体系内部の矛盾を避け、司法の運用に便を図るため、大理院が作成した民法の判例と解釈例は、統一した様式を採用して「匯編」が作られた。『大理院編輯規則』の規定に基づき、民法判例と解釈例は『大清民律草案』の体裁に準拠し、条を単位として、編・章・節の順に構成された。「匯編」所収の判例は、具体的な事案の事実を省略し、普遍的な規範性を持つ部分のみを収録したため「判決要旨」と称された。解釈例もまた概括的な方式で収録した。同じ節に属し、内容的にも関連がある判決例や解釈例、判例もまた司法解釈の前に置かれた。判例と解釈例が日々蓄積されるにつれ、大理院の民事判例および解釈例の「匯編」は、次第に結集して形成された民事法律体系となった。もしこれを大理院の「立法成果」と言っても、過言ではないであろう。その結果、「法律に携わる人間でこの一冊を手にしないものはなく、訴訟に遭うごとに、弁護士と裁判官は示し合わせたわけでもないのに、『査するに、大理院の何年何字何号判決に何々とある』ということが争訟し、判決する際の根拠となった」[29]。

一つ見出せることは、民国初期の社会は、新旧思想が速度を増しながら融合・交替しており、時勢は大理院に機会を与え、大理院もまたいかに公平な判決例を構築して社会の交代に向かうかについて様々に考えを巡らしていたことである。例えば婚姻問題に関して、伝統的には父母が代わって縁談を決めていたものの、当時は婚姻の自由の観念が生じ、離婚事案も日々増加していたが、裁判所はどうして旧来の理を固守して動かないでいられただろうか。特に新聞メディアが新しい思想を積極的に鼓舞する中、司法当局もまた時代の新思想を完全に考慮しないという訳にはいかなかった。例えば、『大清現行刑律』の「民事有効部分」の規定では、他所に出た男子が主婚人がすでに結婚を決めていたことを知らずに自分で決めた妻と結婚していた場合を除き、主婚人が決めた婚約に拘束されるべきとされている。しかし、大理院は民国一〇年の上字第一一五八号判決と民国一一年の上字第一〇〇九号判例の中で、父母が未成年の子女のために定めた婚約は、その子女が成年に達した後、一方の子女が同意しなかったならば、婚姻は当事者の意思を尊重するという本旨を貫徹するためには、父母の定めた婚約に拘束されることを強いる道理はなく、婚約の相手方は僅かに婚約を決めた父母に契約不履行の損害賠償を請求することができるにすぎない、とする。これより先、成年の男女は倫理や義務を本位とした伝統的な主婚人による婚約に束縛されることはなく、未成年の男女もまた父母の専断的な意思から脱し、個人主義や自由主義の思潮の下での子女の婚姻の自主権が、伝統を突破して確立されたのである。とりわけこれらの判決文は、「法律」に明文規定があったとは言え、時代の需要に合わず、社会文化の進展を妨げるものであったため、大理院は巧妙に法源の順位の問題を回避し、「法律」を捨てて別に捜し求めた「条理」を優先して根拠とするものであった。これは形式的には「判決例」のようであるが、実質的には「立法」に近かったと言えよう。

表面上は、一九一二年から一九二七年までの間、下級審判庁は大理院判例に準拠しており、実際の状況からしても、それが法律としての効力を具えていたことから、大理院は単に最高立法機関としての任務を併せ持つにとどまらないものだったといえる。しかし厳密に言うならば、大理院の「判例」はなお英米法上の「判例法」体制とは異なる点があった。

まず、大理院の判例は、成文法の法典を補充する形式であり、僅かに法院の裁判の際に法律上の見解を示すに止まり、法規の本体となりうるものではなかった点が挙げられる。それは一般に、成文法の法典の原則や規定と相反することはできず、そうした場合は無効となった。つまり、民国初期の民事に関する法源は一つの「等級」関係を形成しており、それは法律、慣習法、条理の順となるため、判例はせいぜい成文法典の原則やその規定の具体的解釈、価値の補充および遺漏の補充をするに過ぎなかった。これに対し、英米の判例法は「判例」を主要な法源とし、その他の法源とは「平行」に位置づけられ、「等級」の関係ではなく、他から制限や制約を受けない法的効力を備えたものであった。

次に、英米法系の国家の裁判所は、過去の判例の運用に対し、個別の判例の内容をして拘束力を持たない内容（obiter dicta）か拘束力を持つものかに区分し、法律の原則と内容に関わる詳述（ratio decidendi）があれば、判例を編纂する際、当該判例内の法律原則を詳述して摘要を付記し、重要な参考とした。これに対して民国初期は、成文法体系の形式が存在し、法律は裁判官に比較的大きな自由裁量権と類推適用の権利を与えており、判例の適用にあたって必ずしも「先例拘束性の原理」（stare decisis）に従っていたわけではなかった。判例は大理院および下級裁判所によって広範に援用されたが、既判力の拘束を厳格に受けていたわけではなかった。

最後に、民国初期の判例はただ大理院のみ頒布可能で、かつ頒布された判例彙編は僅かに「判例要旨」を収録するに過ぎず、判決の全文が掲載されたわけではなかった[30]。また主旨と傍論を分けず、「字句の要点を考えて抽象化された原則と成り得るものは、これを摘録あるいは多少手を加えれば判例要旨となる」がごときもので、抽象的な結論に関して、条文や解釈との差異はほとんど存在しなかった。これに対して同時期の他の国家を見ると、判例法を用いる英米法系の国家であっても、判例で成文法を補充するドイツや日本などの法系の国家であっても、頒布した判例彙編はほとんど判決の原案であり、同時にそこで争われた事実や当事者双方が示した法律上の理由も示され、最後に裁判所が認定した結論を表明して判決とした。したがって、いわゆる「判例彙編」とは、実際には本来事実を含んだ案例全体を包括して言うべきもので、僅かに判決理由中の数句を取り上げて数字を換えれば完成するというものではない。このようであれば、事実平等の原則において確立された判例規範の合法性の基礎を見出せるのであり、またこのようであることによって、事案の内容から法規範と社会現実が呼応している状況を推測できるのである。

以上のことから、筆者の結論としては、大理院の判例の性質は、理論的に言えば「条理」に属すべきものであるけれども、実際にはそれが新たな規範の創出や法律の詳細な解釈や遺漏の補充などの機能を備えていたことから、事実上その創設が立法に同視されたと言うことができる、というものである。要約して言えば、判例は「裁判における立法に準じる機能」を備えていたのであり、あるいは「司法が立法を兼ねる」機能の傾向を有していたとも言いうるが、しかしそれが英米法系の判例法の性質と完全に同じものであったとは言うことができない。

三、『大清民律草案』は「法典に準ずるもの」か、それとも「条理」か

民国初期、『大清現行刑律』の「民事有効部分」以外に言及すべきものとして、『大清民律草案』及び一九二五年（民国一四）の『民国民律草案』の存在がある。『民国民律草案』の起草は北洋政府の末期であり、引用された民事の

法源はきわめて少なかったので、ここでは暫くおいて論じない。一方、『大清民律草案』は「総則編」三二三条、「債権編」六五四条、「物権編」三三九条、「親属編」一四三条、「継承編」一一〇条の総計一五六九条から成る。このうち、前三編は日本国籍の法典編纂顧問松岡義正が主導して起草し、後二編は松岡が中国人の朱献文・章宗元・高种・陳籙と協同して草稿を作成したものである。この作成は清末の「法典編纂」の時期にあたったため、立法審議の手続を通過せず、また正式に公布・施行されたものでもないため、法律としての効力は有さなかった。そのため、民国初期の参議院はこの民律草案を援用することを否決したのである。(31) しかし、大理院の判決（例）を総覧すると、大理院の法曹が判決を下すまでの過程において、「心証」の形成過程で『大清民律草案』が与えた影響はなお相当に大きなものであった。

あるいは、大理院の法曹や原告と被告双方の在野の弁護士たちが当時受けた法学の訓練は、明らかに伝統中国法や大陸法系の思考形式に偏っていたため、実際の訴訟事案を処理する際、自然と成文法典を選択し、あるいは必ずそれを適用したのかもしれない。しかし、正式な民法典およびその付属各法は制定されておらず、ただ二つの民律草案だけが存在するという状況の下では、手段をつくしてこれら既成の民律草案を採用せざるを得ず、場合によってはそれぞれの民律草案の立法原則と説明を参照して、事案を判断する際の法源として依拠することもあった。例えば民国四年の大理院上字第二一一八号判例は次のように述べている。

しかし考えてみると、失火による延焼は重大な過失があって始めて賠償責任を負うものであるかどうかは、現行法上はなお判断を待っている問題に属している。ただもし重大な過失を必要とすることで論じるならば、重大な過失というのはつまり軽微な注意すらも欠いていたということである。ゆえに軽微な注意さえ行っていれば他人の権利を侵害するという事実が予見できたにもかかわらず、その注意を怠って適切な備えを行わなかった場合は、重大な過失があったと言わざるを得ない。

上記事案が援引するする条理の根拠として、『大清民律草案』に同様の内容を見出だすことができる。該草案の「債権編」第八章「侵権行為」第九四五条の規定には「故意または過失により他人の権利を侵害して不法な場合、侵害によって生じた損害について、これを賠償する義務を負う。前項の規定は失火事件では適用しない。但し失火者に重大な過失がある場合はこの限りではない」とある。本条の立法理由として、「何人であるかを問わず、故意あるいは過失によって他人の人格や財産を侵害して不法な場合、相手が受けた損害を賠償するべきである。そうしなければ、正当な権利を持つ人の利益が必ず有名無実となってしまう。ただ失火で、もし重大な過失のない場合に、必ず失火によって生じた重大な損害を賠償させれば、それは過酷であることを免れず、このことが本条を設ける理由である」と述べられている。上記の判例が援用した法理と詳細に比較すると、民律の草案に重複する部分があったことがわかる。

大理院は実際には『大清民律草案』の規定を条理に転換して運用していたが、しかし大理院の多くの判決を通覧すると、適用された条理はたとえ民律草案と同じものであったとしても、直接民律草案を援引して対処することはなかったことがわかる。これは法源の位階を間違って配置することから生じうる誤解を避けるためであったようである。事実上、この民律草案は当時の外国籍の法典編纂顧問や本国で法案の草案を作成する碩学の士が知力の限りを尽くし、積年の研究調査によって得た結晶であった。ただそれはまだ「草案」の段階にあったため、当時の在朝の法曹として、彼らは法律関係者としての使命感に基づき、また法律者としての理想的な性格により、その適用過程において、草案の条文の妥当性を検証することを企図し、さらには将来草案から正式の民法典を制定する際の立法者に提供すべき参考意見の根拠を蓄積することを希求した。

『大理院判決例全書』[32]を詳細に検討すると、その編集方式は『大理院編輯規則』に基づき、各案の具体的事実を省略して、普遍的な規則としての効力を有する「判決理由」部分を抄録したものにすぎず、『大清民律草案』の編集スタイルを参照して、条を単位として、編・章・節に分けられていた。その編集スタイルはほとんど『大清民律草案』と同じであった。案情や争点で草案に該当する箇所があった場合、その条文を援引し、「条理」として判決を作成した。

現在の法学方法論の議論によれば、実際の法的秩序の中で遭遇する法の欠缺の問題を解決するために、いわゆる「裁判官による立法」という現象が生じる。ここから考えれば、問わねばならないのは、大理院の法官たちが法の欠缺の補充に従事する際、一体どのような条理を根拠として遭遇した欠缺を埋めようと考えたのか、ということである。それは「法を探す」ものであったのか、それとも「法を作る」ものであったのか。

本章では、先に具体的な条理を数多く列挙してきた。例えば、「夫妻が和諧せず、双方が願えば離婚できること」、「妾と家長が協議により関係を解除できること」、「信義誠実の原則」の法理とその実践、「婚姻は当事者の意思を尊重すべし」という原則などであるが、これらの具体的な「条理」を、大理院は民事裁判の中で常に持ち出して「欠缺の補充」の根拠としてきた。問題は、そのようにして行われた欠缺の補充が、整合性を有し、また内的な一貫性をも併せ持つ民事法律体系へと回帰あるいは帰納するに十分なものであったか、である。しかし、当時成文化された民法典がなかったとはいえ、大理院の判事の心中に「整合性を備えた民事法律体系」としての民法典が隠然として存在し、かつ常にそれを意識していたとはいえるかもしれない。実際、民国三年の大理院統字第一四四号解釈は、「民法草案はまだ公布されていないものの、その中の国情及び法理と適合する条文は、もとより条理として斟酌して採用することができる」と指摘する。この民律草案は当時条理の法源として援用されるにすぎなかったが、民律草案を引用して導き出される条理は、その規範の効力は明らかに一般の条理になぞらえることができないものであった。もしこれが合理的な推測であるとすれば、民律草案は実に民法典に「準ずる」地位を持つ傾向を有したと言えよう。(33)

おわりに

民国初期の法律は時機にかなって制定・公布することができず、全国で適用することもできなかったが、これは一方で国権を統一できず、政権の基礎が不安定であったためであり、他方で各省の軍閥が任意に「法規」を制定し、司法に干渉したからである。北洋政府時期の大理院は、このような劣悪な環境の中、当時の成文法が大量に欠缺し数多くの不備を抱えていることに対して、その困難を恐れることなく、判例で法の欠缺を補充するという方法を大胆に採用し、「司法が立法を兼ねる」という二重の任務を背負うことで、法制交替の過渡期を支えたのみならず、近代中国の法制の進展を推し進めたのであり、これは本当に容易なことではなかったと考えられる。「制定法」と「判例」が巧みに結合されたことは、民国の法制において独自の異彩を放つものとなった。外国法を継受する初期において大理院が演じた司法メカニズム上の役割は、法制史上相当に特別な意義を持っていたのである。

第一に、清末の法典編纂や中華民国の建国では、日本の後塵を歩むことを望み、法典の編纂では、ドイツ法やフランス法に並び立とうとするも、幾度も修正や撤廃を繰り返したため、一九二七年に至ってもなお成ることがなかった。その十余年、司法機関は民事「立法」の中枢としての役割を期待され、大理院の判例が当時の「私法」の重要な裁判の根拠となっていた。このような状況であったとは言え、当時の人民の法的水準はまだ未熟で、訴訟関係者は多く事実の存否を争い、法律適用の是非を争うことはほとんどなかった。そのため、民事法律に関係する判例は僅かに民法全体の極く一部を占めたに過ぎず、その成長の歩調も緩やかであった。しかし内容から見ると、大理院が裁判の対象としたのは、法令に違背しているか否かが問われる第三審であり、大理院の各判決はいずれも法律上の意見表明を含み、その大半は法律上の見解を明確に表示するものであって、原審が解明した事実内容を検討することはなく、名実相伴う「法律審」であった。(34) 大理院が十数年来、中国と西洋の法理を比較し判断した中で得た経験と成果は、後に南京国民政府の立法院が民法典を制定する際、確固たる基礎となった。数多くの指標としての意義を具えた民事判例の原則は、民法で採用されるところとなったのみならず、司法実務上、直接私法裁判の根拠ともなった。もし大理院の十数年来の努力がなかったならば、立法院がその成立からわずか二、三年という短い期間のうちにあのような巨大な民事法典を公布する力を持てなかったことは明らかである。

第二に、あるいは時勢に因るのかもしれないが、民国初期の司法界全体の人員構成は流動的で移り変わりがあった。これを大理院の判事の出身で見ると、その多くは幼少から科挙に関する学問をしており、それに合格して官職を得た者もいるなど、伝統的な学問の基礎を具えていた。しかし重要なことは、彼らは後に近代西洋の新式の法学訓練を受けたことであり、これが古来の訟師とは異なる点であった。統計によれば、一九一二年から一九二七年までの間、歴代の大理院長および判事は合計八一名におよび、そのうち学歴が明らかになったものは七五名であった。この中で日本の法政科に留学した者は四七名、アメリカ、イギリス、ドイツ、フランスの各大学の法律科に赴いた者はそれぞれ五名、四名、三名、一名であった。また新式の京師法律学堂の出身者が一三名で、旧式の科挙出身者は二人であった。(35) ここから見れば、大理院の法曹の出身およびその能力は当時の下級審判庁とはまったく異なり、まさにエリートが一堂に会したものであった。また判決文を作成する際の体例と文体は強く外来の法律文化の影響を受けていたが、なかでも最もその影響が大きかったのが日本であった。現在まで残存する裁判文書を見る限り、それを読む価値は確かに相当高い。

第三に、大理院の判事は八〇パーセント以上が国外の学歴を有しており、長期留学にせよ短期留学にせよ、彼らにとって西洋の近代法学の概念は自然と耳目に触れるものであった。当時の民法学の大半は日本を通じての間接輸入であり、日本が早期に継受したフランス法にせよ中後期に継受したドイツ法にせよ、いずれもローマ法の伝統の下における法体系であったため、大理院の民事裁判における法概念の思惟全体が大陸法系に覆われるところとなっていた。判決例の中で容易に見出せる「意思表示」、「法律行為」、「物権行為」、「債権行為」、「代理行為」、「無効」、「撤銷(「取消」)」、「同意権」、「人格権」、などの術語は、現在の法律家からすればおのずから相当に習熟しているものであるが、これらの用語は伝統中国法の体系の中では見慣れない語であった。非常に不思議なことは、このような大陸法の新概念が、大理院の判事らによって、常に伝統中国法系に属する『大清現行刑律』中の条文の解釈のために用いられ、しかもその運用が相当順調のようであったことである。しかし、現代の法律用語や概念を訴訟の中で使用することは、大理院の多くの裁判文書の中からはかすかに見出せるのみで、時にそれは当事者やその弁護士の訴訟過程における主張に由来するものであった。この現象より、当時、大理院などの司法機関のほかに、若干の現代法学に接触しあるいはその薫陶を受けた在野の法曹が存在し、彼らが「旧法を新しく用いる」という転換の過程においてある種の促進作用を発揮し、さらに進んで大理院が司法判決により「立法に準ずる」機能を果たすよう促したことが判明する。

第四に、大理院の一九一一九年以前のほぼすべての判決は「判決先例」と言えるが、この年以降、『判例要旨匯覧』の編集を開始したため、「判例」とは編集して収録された「判決要旨」の先例を指すこととなった。これは「判決全文」を公表するものでなかった。そして最も注目に値することは、各級審判庁の司法人員が「判例」を採用して裁判の基礎とする際、そのほとんどは「判決要旨」が示すところの文意を基準としたに過ぎず、個別事案の具体的事実を真剣に斟酌して正確な判断を下すものではなかったことである。こうなると、判例を抽象化する過程において「個別事案の状況に超越する」ことを生じさせたかどうか、さらには「判例編集者の専断」がもたらされて、判決における規範の合法性の基礎が失われたかどうか、多少なりとも疑わしいところがある。また大理院の判例は強い影響力を有していたが、その内容を系統的に社会へ公示するメカニズムが欠けていたため、世論はそれを監督することが困難であり、学界もまたそれを批判することが困難であった。とりわけ、判例の創造・破棄の過程が厳格ではなく、信頼性を明らかにすることが困難であった。本来、大理院が判例を創造・破棄する場合は、必ず「全院会議」を経なければならなかった。大理院は「全院会議」の組織を有していたが、旧来それは確実に実行されておらず、多少なりとも虚設に流れる憾があった。当然ながら、このような現象はこれを特殊な時空を背景とした産物に帰することができるかもしれないが、しかしながらこうした制度はその後の国民政府最高法院の判例制度に多くの影響を与えている。他方で、民法典各編が一九三〇年代に続々と公布されて以降、成文法典が完備することで民事裁判における主要な根拠となり、判例の機能はそれにしたがって相対的に低下した。

第五に、伝統中国の歴代の律典では、民事的法源に関して、規範の数量が少ない上に体系性も欠けていたため、それは完備されていないあるいは不完全なものであったと言える。一般的には多くの場合、概括的な「情・法・理」をして民事紛争を解決する際の根拠とした。民国初期に至って民事・刑事として裁判の法源が明確に二分されたが、民・商の法典を直ちに制定・公布することができず、民事紛争の事案が次々に生じる中で、結局のところどのように対応すべきであったのか。意外なことに、伝統中国の法体系が崩壊して司法の方向性が定まらない中、大理院の判事達は、閑職でありながらも、逆に高潔かつ品行方正にして、英知と胆力及び識見を頼りに、荒野の法林の中で模索と前進を続け、一方では立法の不備を補い、他方では情理の平を求め、そしてついに独特の司法運用のモデルを作り上げるに至った。筆者が多年整理編集してきた大理院の民事判決例から見るに、司法メカニズムの転換期についていえば、いかに「民刑混同」から「民刑殊途」に移行するかは、民事裁判の法源として依拠するものを探求する必要がある。その重心は明らかに「民事法典」の有無にあるのではなく、司法実務から考察しなければならない。

注

（1）この問題に関する論述として、楊鴻烈『中国法律思想史』（台北、台湾商務、一九九三年三月）四〇〇～四〇三頁。張晋藩『清代民法綜論』（北京、中国政法大学出版社、一九九八年二月）一頁。寺田浩明「清代司法制度研究における「法」の位置付けについて」（『思想』七九二号、一九九〇年六月）一七九～一九六頁を参照。

（2）滋賀秀三『清代中国の法と裁判』（東京、創文社、一九八四年二月）二六三～三〇四頁。大村敦志『法源・解釈・民法学』（東京、有斐閣、一九九五年一二月）二一～七八頁を参照。また張正学「法院判断民事案件適用之法則」（『法律評論』第二四九～二五〇期、一九二八年四月八・一五日）を参照。

（3）『平政院裁決録存』（全一三三四頁。台北、五南書局、二〇〇七年九月）は、平政院が民国三年に開院してから民国一七年に閉院するまで（一九一四～一九二八）の行政訴訟裁決書一八七案、また民国三年から民国六年に平政院が審理した糾弾案件裁決書一三件を収録する。『景印大理院民事判例百選』（全一〇一七頁。台北、五南書局、二〇〇九年四月）は、南京の「中国第二歴史档案館」の原档文献のマイクロフィルム複印本から、楷書で書かれて書法がしっかりしており、また法理が優れているものを選びだしたもので、判決原本という遺産を保存することを目的とするものである。

（4）故宮博物院明清档案部編『清末籌備立憲档案史料』下冊（北京、中華書局、一九七九年七月）八五一頁、光緒三四年正月二九日

「修訂法律大臣沈家本等奏請編定現行刑律以立推行新律基礎摺」。
（5）『現行刑律』の編纂過程について、詳細は『大清法規大全・法律部』、政学社印行（台北、宏業出版社重印、一九七二年）一六七九〜一七四四頁を参照。
（6）詳細は清史館『大清宣統政紀実録』第二六巻五・六、宣統元年正月一一日（台北、華文書局、一九六八年）を参照。また陳新宇「「分別民刑考」——以『大清現行刑律』之編纂為中心」（『（台湾）法制史研究』第一〇期、二〇〇六年一二月、二五三〜二八四頁）を参照。
（7）一九〇九年一二月二八日、清朝はさらに「法院編制法」を公布した。「各級審判庁試弁章程」と「法院編制法」は、清末の各省において各級審判庁を設立する際の主要な法源として依拠されるものであった。「各級審判庁試弁章程」第一一九条は、この章程の施行期間について、各級審判庁が開設された日より「法院編制法」および「民事刑事訴訟法」の公布施行までとすることを規定する。しかしながら清朝は最後まで正式な訴訟法を公布施行できなかったため、この章程は清末を通じて効力を有した。ただ「法院編制法」と抵触する具体的な条文については、その効力を失った。
（8）詳細は鋳新公司編訳所編纂『各級審判庁試弁章程』（蘇州、編纂者刊、一九一三年四月）を参照。
（9）「大理院職官表」および「刑民各庭現審案数犯数年表」（〔清〕大理院編『大理院第一次簡明統計表』、一九〇八年彙編本）を参照。
（10）残存する清末の数少ない裁判史料の中で、『各省審判庁判牘』は比較的参考価値を有している。同書は、上海法学編訳社の汪慶祺聯合社員が、清末の省都および開港都市における各級審判庁と検察庁の各種判牘の中から、優れているものを選び出して編集したものである（上海、法学編訳社印行、一九一二年）。
（11）袁世凱「保定府知府凌福彭卓異引見臚陳政績片」（『袁世凱奏議』巻四二、天津、天津古籍出版社、一九八七年）。
（12）黄源盛「帝制中国最後一部伝統刑法典——兼論晩清刑事法近代化的過渡」（『刑事法学之理想与探索（四）』、台北、学林出版社、二〇〇二年三月）五〇五〜五四六頁を参照。
（13）我妻栄編『旧法令集』（有斐閣、一九六八年）三三二頁、大河純夫「明治八年太政官布告第一〇三号『裁判事務心得』の成立と井上毅（一）、（二）、（三）」（『立命館法学』第二〇五／二〇六、二二七、二三四号、一九八九、一九九三、一九九四年）、野田良之「明治八年太政官布告第百三号第三条の『条理』についての雑観」（『法学協会百週年記念論文集』第一巻、東京、有斐閣、一九八三年一〇月）を参照。

(14) 詳細は、黄源盛纂輯『大理院民事判例全文彙編』（点校本）第一冊、七～一二頁、二〇〇五年修訂稿版を参照。本書はまだ正式に刊行されておらず、台北の国立政治大学基礎法学センターに所蔵されている。以下、本章で引用する大理院の判決例は、大半が本書からの引用であり、その場合は特に注記しない。

(15) 以上の各規範の詳細な内容については、蔡鴻源主編『民国法規集成』（合肥、黄山書社、一九九九年）を参照。

(16) 大理院は、県知事が発する命令は私法に関係する事項に対して拘束力を有さず、裁判所が民事裁判をする場合も、これらの命令による拘束を受ける必要がないとして、「教令」や「省の単行章程」とは同列に論じられないと考えていたようである。

(17) 滋賀秀三「法源としての経義と礼、および慣習」（注(2)所掲書）三二八～三五二頁。

(18) 「民事案件応注重習慣通飭」（『国民政府現行六法司法法令合編』第三冊民法、世界書局、一九二九年）。

(19) 黄源盛「民国初期的民事審判与民間習慣——以大理院裁判史料為中心的考察」（『法制与礼俗』中央研究院第三届国際漢学会議論文集、台北、中央研究院、二〇〇二年六月）一〇九～一五六頁。

(20) 以上の『尚書』、『中庸』、『易』の書き下し文は、いずれも集英社の「全釈漢文大系」による（池田末利『尚書』（東京、集英社、一九七六年四月）一八九頁。市原享吉・今井清・鈴木隆一『礼記　下』（東京、集英社、一九七九年七月）二七七頁。鈴木由次郎『易経　下』（東京、集英社、一九七四年五月）三一六頁）。

(21) 梁啓超は、「条理とは、日本の法律において専ら用いられている名詞の一つである。裁判官は法文が具わっていない場合に、条理を推して判決をなす。我が国のいわゆる「準情酌理」のようなものである」と指摘する（梁啓超『中国成文法編制之沿革』（台北、中華書局、一九五七年）一二頁）。「法理」と「条理」の区別の有無については、諸説あって一致しない。両者の意味が異なるとする説を簡略に説明すると、「法理」とは「客観的で正当な法理」を指し、「条理」とは「主観的で自然の道理」を指す（黄右昌『民法総則詮解』（台北、自版、一九六〇年）六四頁を参照）。

(22) 蘇永欽「民法第一条的規範意義」（楊与齡主編『民法総則争議問題研究』（台北、五南書局、一九九八年一〇月）一三頁を参照。

(23) 前掲注(2)、滋賀秀三前掲書、二八四頁を参照。

(24) 詳細は、黄源盛「大理院関於誠信原則的法理運用」（『(台湾) 法制史研究』第一六期、二〇〇九年一二月）二八三～二八五頁を参照。

(25)『法令輯覧』（北京、北京政府印鋳局編、一九一七年四月）。また羅志淵『近代中国法律演変研究』（台北、正中書局、一九七六年）二五二頁を参照。

(26) 詳細は鄭爰諏編輯『現行律民事有効部分集解』（上海、世界書局、一九二八年一〇月）を参照。

(27) 胡長清『中国民法総論』（上海、商務印書館、一九三四年）三六頁、郭衛編輯『大理院判決例全書』戴修瓚「序言」（一九三一年六月）、鄭天錫『大理院判例匯覧』「序言」（北京、一九二〇年）三頁を参照。

(28) 慣習法であると主張する者について、その詳細は余棨昌『民法要論総則』（北京、北平朝陽学院、一九三三年）二八頁を参照。司法解釈説を主張する者について、その詳細は張生『中国近代民法法典化研究』（北京、中国政法大学出版社、二〇〇四年五月）六六〜七三頁を参照。独立法源説を採用する者としては、黄聖棻『大理院民事判決法源之研究』（台北、国立政治大学法律学研究所碩士論文、二〇〇三年七月）一五二頁がある。

(29) 注(27)所掲、胡長清前掲書、三六頁以下を参照。

(30) 事実上、『大理院編輯処規則』第六条第二項の規定に依拠するものであるが、『大理院公報』には「判例・解釈を掲載する場合、その要旨と全文を合わせて掲載することとし、要旨の摘録すべきものが無い場合は、摘録する必要はない。」とある。惜しむべきはこの公報が一九二六年三月、六月、九月の三期しか発行されなかったことである。

(31)「大総統據司法総長伍廷芳呈請適用民刑法律草案及民刑訴訟法咨参議院議決文」（『臨時政府公報』一九一二年三月二四日第四七号）。南京臨時政府参議院が議決し通過させた其他いくつかの清末の法律は有効とされたが、ただ『大清民律草案』のみ援用することを認められなかった。また、謝振民『中華民国立法史』（台北、正中書局、一九四八年）八九四〜九〇一頁参照。

(32) この書は郭衛が編修したもので、「判例要旨」が載せられているのみで、「判例全文」を欠く（台北、司法院秘書処重印、一九七八年）。

(33) このような見方は、古くは黄静嘉氏が提起しており、本文もまた同様の見方をするものである。詳細は、黄静嘉『中国法制史論述叢稿』（北京、清華大学出版社、二〇〇六年七月）三二五〜三二六頁を参照。

(34) 姚瑞光『第三審民事判決之制作及其改進』（台北、作者印行、二〇〇八年二月）八一〜八六頁。

(35)　注(24)所掲、黄源盛前掲論文四六頁を参照。

【謝辞】　本章の初稿は前後して九州大学の西英昭氏および専修大学の鈴木秀光氏より添削指導を受けた。記して謝意を表する。

第十三章　現代中国の律師（弁護士）像

浅井　正

はじめに

本章は一九九六年から二〇〇八年の中国の法制日報社（司法部系の新聞社）発行の日刊紙『法制日報』の記事を主たる情報基盤として、二十世紀末から二十一世紀初頭の中国の律師（弁護士）像を抽出し分析するものである。分析の対象にした記事には、律師にかかわって発生した社会現象に関する報道のみならず、論評等も含む。我々が中国の律師像を明らかにするにあたって、これらは格好の素材であろうし、我々の論証に対する有力な根拠となりうるであろう。

本章ではこのように『法制日報』の律師関連記事を主たる素材とする。この関連記事については本章の後に、「法制日報関連記事一覧表」（表4）として一覧に供した。

筆者はかつて「中国の弁護士──その特色と課題」[1]と題して、一九〇二年以降一九九二年までの中国の律師像を論じた。その後、一九九六年に採択された中華人民共和国律師法を分析し、「中国の新弁護士法と今後の課題」[3]として発表した。その際、中国の律師育成の課題として、「一、公正・公平な裁判制度の確立」「二、管理の厳正と在野精神の育成」「三、地域格差への対応」を挙げ「新弁護士法が抱える課題を解決しながら、公正・公平で中国の旧弊に染まらず、手続きと人権を重視する愛国的律師三十万人の育成は、現代化を目指す中国にとっての大きな試練」であると指摘した。

本章ではこの三つの課題が二十世紀末から二十一世紀初頭の中国でいかに解決され、あるいは解決されていないかに言及しながら、現代の中国の律師像を探究していきたい。なお「地域格差への対応」については、本章では単に「地域」にとどまらず、格差一般を視野に置くことにした。

ところで、律師の主たる職業基盤が司法にある以上、司法とりわけ法院（裁判所）の実態は否応なく律師のありように影響せざるを得ない。前述の「中国の新弁護士法と今後の課題」において、第一に「公正・公平な裁判制度の確立」を挙げたのも、その観点からである。

筆者は二〇〇七年五月二六日、東アジア史上における中国訴訟社会の研究会（代表　夫馬進）において二十一世紀初頭における中国の法官（裁判官）に対する倫理規範についての報告をなす機会を与えられた。法令などの形で禁止されるものは、その社会に必ず存在することを意味する。この観点から、倫理規範でかくあるべしと宣言された法官像とは裏腹に、かくあるべきではない中国の法官の瀆職の実態や贈収賄の横行を窺い識ることができる。例えば、「(法官は)当事者やその委任する弁護士が費用を支払い住宅の内装工事を行うこと、商品を購入すること、あるいは、各種の娯楽や旅行を行うことを要求したり、これを受けたりしてはならない」との規範の存在は、現代中国の法官の清廉の程度を我々に知らしめるとともに、かかる司法の場を舞台にする中国の律師像をもまた、暗示してくれるものである。[4]そこで、第一節ではまず二十世紀末から二十一世紀初頭における中国の法官に対する倫理規範を紹介し、第二節以下で当該時期における中国の律師像を論ずることにする。

ところで、共産党の政治支配を優先する中国[5]では、今でも政治的観点からの情報制限が存在することを否定しえない。[6]

この論稿自体も、このような情報制限の網をかいくぐって公開報道された『法制日報』の記事を情報基盤とせざるを得ないものであることを、あらかじめお断りしておきたい。なお、上述の公開報道された記事を情報基盤とした中国律師研究や、禁止された法令等を情報基盤とする中国法官の研究については、いずれの先行研究も管見に及ばない。

第一節　現代中国の法官（裁判官）に対する倫理規範

人民間における紛争の解決や人民の権利救済を図るべき中国の裁判所は「人民法院」と呼称されている。また裁判官は「法官」と呼ばれている。[7]

本章末には、二〇〇七年五月時点で入手できたインターネット情報や中国国内で市販されている書籍掲載情報をもとに、法院、法官に対する各倫理規範・禁止規定（かくあるべしとの規定を含む）につき、次の区分で仕分けして一覧表に列記した。

「倫理規範等に列記された禁止条項一覧表」（表1）の区分
①政治活動、②宗教活動、③情報漏洩、④回避・忌避、⑤配偶者・子女、⑥兼任・兼職、⑦法官の中立、⑧出廷時、⑨適正手続、⑩証人・証拠、⑪職務怠慢、⑫誤判、⑬裁判文書、⑭職権濫用、⑮費用徴収、⑯官官接待、⑰汚職・横領・収賄、⑱執行、⑲その他

政治活動に関する、

国家の声誉を損なう言論を散布する、不法組織に参加する、国家に反対することを目的とした集会・デモ行進等の活動に参加する、ストライキに参加する〔表1-1〕。

等の行為の禁止は、中国当局により動乱と位置付けられた第二次天安門事件(8)への法官の何らかの関わりを彷彿させる(9)規定である。

また、宗教活動に関する、

邪教的性質のある組織に参加する〔表1-2〕。

との禁止規定は、中国当局が邪教と認定している法輪功(10)の法官への影響の存在を伺わせるものである。

このような政治活動、宗教活動に関する法官への禁止規定が、法官の政治的な思想信条、信仰心といった人の精神活動の崇高な局面に関する一般的な倫理規範である一方で、広義の瀆職に関する倫理規範は、あらゆる局面に懇切詳細な禁止規定が周到に準備されているのがその特色と言える。

例えば、

（人民法院や人民法院の職員が）商売を営み、手中の審判権を利用して経済的利益の獲得を謀る〔表1-33〕。

法官の配偶者や子女が、その法官の任職する法院が取り扱う案件の訴訟代理人、弁護人を務める〔表1-17〕。

審判人員や法院のその他の工作人員の配偶者、子女、父母が、その審判人員等の所属する法院が審理する案件の訴訟代理人、弁護人を務める〔表1-17〕。

との、より一般的な禁止規定がある一方で、

（在職中の職員が）人民法院が所属する事業単位が経営している会社、及びその他の経済主体の中で職務を兼任する〔表1-30〕。

指導幹部の配偶者や子女が、同法院が審理する案件において競売、換金、評価等の仲介活動に従事する〔表1-20〕。

指導幹部の配偶者や子女が、同法院及び下級法院機関で、商品売買、大口物品調達の入札等の商務活動に従事する〔表1-21〕。

指導幹部の配偶者や子女が、同法院及び下級法院機関で、法服の製作やインフラ工事の請負、執務施設の改造、及び営利目的の会議接待、職員研修、娯楽、自動車修理等の活動に従事する〔表1-22〕。

指導幹部の配偶者や子女が、その所轄地区で律師事務所を経営する〔表1-18〕。

最高人民法院の院長・副院長、及び、立案廷、刑事審判廷、民事審判廷、行政審判廷（賠償弁公室）、審判監督廷、執行弁公室等の業務部門の指導幹部の配偶者、子女が律師事務所で訴訟代理活動に従事する。その他の指導幹部の配偶者、子女が、同法院が審理する案件において訴訟代理人等の有償の法律服務活動に従事する〔表1-19〕。

重婚あるいは愛人を囲う（「人民法院工作人員処分条例」[11]第一〇〇条）。違法薬物を吸引・服用する、注射する、あるいは遊郭遊び、売春、好色淫乱活動に参加する（同条例第一〇二条）。との、きわめて具体的な禁止規定が併存している。

このように法官や法院工作人員（裁判所職員）が、配偶者や子女を自己の勤務する法院での調達業務などに関与させてはならないとする禁止規定の規定振り一つをとっても、具体的かつ詳細に例示しながら規定されている。この現象は、一般的な禁止規定の存在だけでは、潜脱、脱法の発生を防止し得なかった結果、あらゆる局面を予想して、常に取締りを可能とする多数の禁止規定に深化・進化したことを窺わせるものである。このこと自体が、法官の世界において断ちがたい構造的腐敗が存続していることを示唆するものである。

ところで、実のところ人民法院は中国の国家の主人公たる人民[12]を一体どのように扱っているのであろうか。福建省高級人民法院が制定した「福建省各級人民法院審判活動〝忌語〟（試行）[13]」全四六条によれば、案件の手続きや審理の過程において、審判人員が以下のような言葉を使用することは禁じられている。

一、何をしに来た？　用があるなら早く言いなさい！

十三、出て行け、出て行け、私は忙しい！

十四、文句があるんだな？　だったら私を訴えるがいい！

十五、見なくていい！　すべてあなた自身が言ったことだ、まず署名をしなさい！

十六、これが判決文だ、勝手に読みなさい！

十七、言わなくていい！　判決に意見があるなら上訴すればいい。

十九、これは上が決めたことだ、文句があるなら自分で言いに行け！

二〇、また騒いだら、手錠をかけるぞ！
二二、死んでやるなどと脅すのはやめなさい、そんな手は私には通用しないぞ！
二三、調解に同意しないと、敗訴にしてやる。
二五、（事件の結審前に）お前のこの事件は、絶対に負けると私は思う。
二六、（事件の結審前に）お前のこの事件は、勝てる可能性がある事件だと私は思う。
二七、（まだ調解書を送達していないのに、当事者に受領書への署名をさせる。）調解書は印刷しているところだから、まず署名をしなさい、印刷ができたら見せるから。
三〇、私は担当者で、私の見解はこの通りだから、後は自分で読んでご覧なさい。
三二、訴訟を取下げなければ、私が起訴を却下する。
三三、この事件はあなたが訴訟を取下げるのが一番良い、そうでなければあなたに不利になる。
三六、あなたの言うことに従うのか、それとも私の言うことに従うのか？
四一、（当事者からの事件処理の催促に対して）何を催促するのか？　私達はあなたに借りがあるわけではない。
四三、（刑事法廷の開廷審理時に被告人に対して）あなたの今日の法廷での態度は、直接、処罰と量刑に影響する。大人しく白状しなさい。
四四、言い逃れはやめなさい、さもないと重きに従い処罰する。
四六、（執行を申請する者に対して）どうして度々法院に来るんだ、法院はあなたの為だけにあるわけではない。
さらに、法廷でも、法官が理不尽な振る舞いをしたり、人民に狼藉を働くのはどうやら珍しいことではないようである。禁止規定の多さがその日常性を示してくれている。

口実を設けて開廷を遅延させる。理由無く、開廷時刻を変更する。欠席、遅刻、早退、勝手な入退室をする〔表1-53〕。

法廷審理活動と無関係な事をする〔表1-54〕。

通信機器を使用する、審判席で喫煙する、勝手に審判席を離れる〔表1-55〕。

飲酒後に、法廷審理に参加する〔表1-56〕。

当事者やその他の訴訟参加者の発言を勝手に遮る（法廷秩序の維持や法廷審理の必要によるものを除く）〔表1-57〕。

当事者やその他の訴訟参加者に対して、不当な訓戒や不適切な発言をする〔表1-58〕。

訴訟中のどちらか一方に、親しみの態度を示す〔表1-59〕。

偏向性を帯びた言葉で質問を進める〔表1-60〕。

当事者やその他の訴訟参加者と論争する、口論する〔表1-61〕。

当事者、代理人、弁護人が、重複する意見や案件とは無関係な意見を発表した際、横柄な言葉で非難する〔表1-63〕。


かかる多数の禁止規定の存在からして、中国の官庁でよく見かける「人民に奉仕する（為人民服務）」のスローガンとは裏腹に、人民は人民法院ではサービス（服務）の対象として、また中華人民共和国の主人公たる「人民」として尊重される存在とは到底位置づけられていないようである。

さて、仮に人民が民事訴訟を提訴する場合、人民法院ではどのような障害が待ち受けているのであろうか。以下に提訴前の障害、審理中の障害、判決後の執行の障害等の順で例示をしていくことにする。

民事訴訟の提訴に際しては、人民は人民法院に法律で定められた訴訟費用を納付しなければならない。(14)

ところが、人民法院の適正な財務管理及び訴訟費用に関しては多数の規定が存在し、それらの規定によれば、どうやら法律で定められた訴訟費用とは別に、何かと名目を付けて別途の諸費用を請求されることがあるようである。逆に、法律で定められた訴訟費用に満たない費用納付でも、訴訟を受理して貰える現象も存在するようである。かつて岩井茂樹は、中国に古くから存在する地方政府による人民からの収奪の仕組みである「攤派《たんぱ》・包干《ほうかん》」の分析論考の中で、そのような収奪を行う地方政府の特徴を「政府の企業化」と位置づけた『法制日報』の記事を紹介している[15]。農民に法定以上の金銭などの納付をさせてはいけないとの指示は、中央政府によって何度も下されている[16]。中央政府からの指示が何度なされてもどうやら改まる気配がないのは、かかる収奪が単に役人個人の資質で左右されるものではないことを伺わせる。それを示唆する規定が法院の費用徴収関連の規定にも存在する。すなわち、収奪（原文では「創収」すなわち収入の創出と表現されている）の目標値を上級の法院が下級の法院に下達することや、収奪の実績を法官の勤務評定に使うことはいけない（原文では、個人の賞罰に連動させ「利益駆動」を行うやり方は断固として是正すべき）との禁止規定である[17]。このような禁止規定の存在は、裏をかえせば、人民からより多く収奪し、法院の実入りを多くする法官ほど有能な人材と見なす傾向があることや、下級法院が収奪した金銭を上級の法院に上納している組織運営の実態、換言すれば、人民法院による組織ぐるみでの人民からの収奪の奨励の存在を伺わせるのである。「政府の企業化」という的を射た用語を借用するとすれば、中国の法院に於ける上述の現象は「法院の企業化」を示すものに他ならない[18]。人民法院は組織ぐるみで人民から収奪し、時には「私分」[19]（組織ぐるみで内部分配）することもある。つまりは人民法院の裏金である。

ここで「中国の法院」が奉仕すべき人民から収奪せざるを得なかった懐事情たる法院の財政問題について触れておきたい。

（前略）各級裁判所の経費は主に各級財政から支出される。予算編成は政府の職務である（憲法八九条五号、地方組織法五九条五号）。……そのため、〝裁判機関の経費は行政機構の財政部門により掌握され、その人員編成は、同級行政機関編制委員会により決定され、その設備および［後勤］の保障は、行政機構の関連部門が担当し、または協力する〟。むろん〝このことは政府が裁判所の裁判の独立に干渉する脅迫手段となる〟ことは容易に想像できよう。しかも、裁判所の経費は潤沢どころか、赤字というのが現状である。例えば一九八五年八月三一日に最高裁が財政部と連名で出した「人民裁判所の業務経費難問題を適切に解決することに関する通知」は〝一部の基層人民裁判所の経費は依然としてわりあい厳しく、まったく足りておらず、一年の経費を十ヶ月、ひいては半年で使い切ってしまうところもある〟と指摘した。……裁判所の財政難という状況は、今日でも変わっていない。このことを示すのが、江西省の全裁判所の一九九七年から二〇〇〇年までの収支状況をまとめた表……である。江西省の裁判所は全体として赤字が続いており、財政支出では人件費を賄うのが精一杯であり、しかも地方によっては給与の未払いすらあるという。そして、こうした状況は何も江西省に限ったことではない。人件費を例に挙げれば、二〇〇二年までに、全国の裁判所の未払い給与は計九・九億元に達したという。したがって、裁判所としてはより多くの予算をとりつけ、財政収入の拡大を図ることが必須となる。(20)（後略）

ところで、共産党独裁を国是とする中国では「裁判過程も共産党の政策を推し進める政治過程にほかならない」(21)。したがって、中国の法院の究極の目的は「公正・公平な裁き」の業務であると見なすことには異論もあろう。つまり、端的に言えば、共産党の指導で、法院・法官がその心証や法的判断を曲げて、白を黒と、黒を白と審判せざるを得ない状況は、生じうることであろう(22)。しかし、かかる法院の政治的な機能をもってしても、法院の企業化の合理的な理由にはなり得ない。結局のところ中国の法院は、「法院の経費問題」を解決する便法として「創収」の概念をその組織内に保持することで(23)、人民に奉仕するべき本来の役割よりも人民から収奪する企業化の道を選択せざるを得なかった感がある。

中国の法院には、事件を受理するか否かにつき、審査する特別の部門である「立案廷（立件廷）」がある。ここで受理の許可が下されないと、司法救済は受けられない。しかし、「勝手に案件を受理する」ことが禁止されている事実(24)は、時には立案廷での審査を迂回して受理してもらう抜け道の存在を物語るものである。

さて、無事受理されても、その後、法官に公平な裁きを望むのは、容易なことではない。

あえて極端な禁止規定を披瀝すれば、

訴訟参加者やその親族を、殴ったり罵ったりする、侮辱する、猥褻行為をする〔表1-229〕。

担当する案件の当事者や当事者の親族と男女関係をもつ〔表1-230〕。

など、法官から殴打されたり罵られたり、侮辱されたり、猥褻行為や男女関係を迫られる危険を常に覚悟しなければならない。そのような人身の自由にかかわる危害では無いにせよ、

当事者やその委任する律師が費用を支払い、住宅の内装工事や商品の購入を行うことを要求する、あるいはこれを受ける〔表1-164〕。

ことが禁止されていることから、法官の住宅の内装工事を行うこと等を求められるかもしれない。幸いにして、そのような要求が無い場合にも、提出した証拠について法官やその他の法院工作人員から、

証拠を改竄する、隠匿する、偽造する、すり替える、故意に損壊する〔表1-90〕。

などの工作をされてしまっては、勝てる裁判も勝てなくなってしまう。

さらに、事件によっては、担当する法官が判断を下すことなく、法院の幹部で構成される審判委員会が判断を下す場合がある。

『人民法院組織法』[25]第十一条によると、各級の人民法院は審判委員会を設けなければならない。審判委員会の委員について具体的な規定が見られないが、各級人民法院の院長、副院長、各審判廷の廷長から構成されるのが現状であり、人数は九～一一人となっている。審判委員会委員は院長が選任し、同級の人民代表大会常務委員会によって任命される。院長は審判委員会の長（主任）を担当する。審判委員会は民主集中制を実施し、会議は多数決で決められる。審判委員会の仕事は二つある。一つ目は重大または難決事件を討議し、判決を決定する。二つ目は審判の経験を総括する。審判委員会は直接に事件の審理を担当しないが、事実関係が複雑で、影響が重大で、判決を下すのに難しい事件について、実際に審判を担当している合議廷は院長を経由して審判委員会に討議をかけ、その決定を仰ぐことになる。合議廷の意見が審判委員会の意見と相違が出た場合には、合議廷は審判委員会の結論に従い、審判委員会の決定に基づき判決文または裁定書を作成しなければならない。この場合、その判決文または裁定書には合議廷の構成員が署名しなければならない。したがって、審判委員会と合議廷とは指導と被指導との関係となり、審判委員会は最終決定権を握っている。また、審判委員会が会議を開催する時、同級の人民検察院検察長は会議に列席することができるが、表決権はない[26]。

提訴した案件が、仮に審判委員会で審判されることになり、それによって質の高い審判を期待できるとしても、それで公正な審理を期待できるとは必ずしも限らない。どうやら法院内部で、何と審判委員会への記録不送付、証拠抜き取りや、審判委員会の討論記録の改竄、あるいは故意による損壊も発生しうることなのである。

合議廷や審判委員会への案件内容の報告で、故意に、主要な証拠や重要な事柄を隠匿する、虚偽の資料を提出する〔表1-91〕。

法廷審理記録、合議廷評議記録、審判委員会討論記録を改竄する、あるいは故意に損壊する〔表1-108〕。

ましてや、偽訴訟文書の作成や評議結果、審判結果を反映していない訴訟文書が横行するようでは、法院の判決正本自体でさえ、その真実性を疑わざるを得ないことになる。下記禁止規定はかかる疑念が杞憂ではないことを裏付けるものである。

勝手に訴訟文書を作成する、あるいは訴訟文書の作成時に、故意に合議廷の評議結果や審判委員会の決定に背く〔表1-107〕。

さて、審理の過程でも法官からさまざまな要求がもちこまれる。

当事者やその委任する律師が費用を支払って、各種の娯楽や旅行を行うことを要求する、あるいはこれを受ける〔表1-158〕。

律師に要求し、あるいは暗示し、当事者に財物やその他の利益を強要する〔表1-156〕。

冠婚葬祭・慶事を口実に、律師に贈物や祝儀を強要する、あるいはこれを受け取る〔表1-156〕。

職務上の便宜を利用し、不法に、当事者やその訴訟代理人、弁護人、請託人の財物を受け取り、彼らのために利益の獲得を謀る〔表1-153〕。

当事者やその委任する律師に、贈物、金銭、有価証券等を強要する、あるいはこれを受け取る〔表1-156〕。

当事者やその依頼を受けた者から、金銭、住宅、交通用具、通信機器等の物品を借用する〔表1-163〕。

外出して案件処理をする際、当事者と共に食事、宿泊、行動をし、その費用を当事者が支払う〔表1-161〕。

それればかりか、何らかの事情で事件の相手方を法官が贔屓する場合や、法院・法官の都合で案件を収束したい場合には、

私利私欲のため、あるいは私情にとらわれて、一方の当事者に肩入れし、真意に反して自己の権利を放棄するよう、他方の当事者に強要する〔表1-236〕。

当事者の意志に反し、不当な手段で、当事者に訴訟の取下げや調解の受け入れを強制する〔表1-234〕。

（一方の当事者が調解を望まない際）当事者があくまで調解を望まないのに、調解を強制する〔表1-232〕。

等々、権利放棄を強要されたり相手方との和解を押しつけられたりされかねない。

以上の難関をくぐり抜けて、めでたく勝訴判決を得たとしても、判決の強制執行がこれまた容易ではない。以下の禁止規定はその原因を我々に示してくれる。

故意に法律の規定に違反し、受理すべき執行案件を受理しない、あるいは受理すべきでない執行申請を違法に受理する〔表1-182〕。

被執行人に情報を知らせ、被執行財産を転移、隠匿、換価させ、執行を逃避させる〔表1-185〕。

執行条件を備えた案件に対し、故意に執行を引き延ばす、あるいは執行しない〔表1-186〕。

関係規定に基づき、被執行財産を調査、捜査、封鎖、差押え、凍結、換価すべき、あるいは関係機関に監査、評価、競売を委託すべきであるのに、それを行わない〔表1-187〕。

無断で、すでに封鎖、差押え、凍結された財産を解除する〔表1-194〕。

私利私欲のため、あるいは主観的に、一方の当事者に肩入れし、故意に法律の規定に違反し、他方の当事者を真意に反する執行和解協議に合意させ、その利益を損なう〔表1-197〕。

私利私欲のため、あるいは一方の当事者の利益のために、関係規定に違反し、監査、評価、競売、鑑定等の仲介機関を選定する際に不正を行い人を騙す。その仲介機関から、金品やその他の恩恵を受け取る〔表1-198〕。

関係部門や関係人員に対して、評価や競売で、関係規定に違反して価格を抑えたり、吊り上げたりするよう指図する、暗示する〔表1-199〕。

故意に法律の規定に違反し、執行暫定猶予、執行中止、執行終了をする。〔表1-200〕

執行文書を偽造する、改竄する〔表1-204〕。

法による執行文書の送達を行わず、深刻な結果をもたらす〔表1-207〕。

複数の債権者が一人の債務者への執行を申請する案件で、当事者と結託し、故意に分配参加の手続や原則に違反し、その他の当事者の利益を損なう〔表1-209〕。

正当な理由無く、故意に、案件執行金やその他の財産の返却を引き延ばし、債権者の損失をまねく〔表1-210〕。

審判委員会の決定を拒んで執行しない、上級人民法院の判決を拒んで執行しない〔表1-212〕。

すでに効力を生じた他地域の法院の判決や裁決を、拒んで協力しない、あるいは地元の被執行人に情報を知らせる〔表1-213〕。

執行工作の便宜を利用し、当事者やその代理人の金品を借用し、個人的に使用する〔表1-217〕。

被執行財産、その利殖分、その他の財産を、使用する、保留する、流用する、横領する、私分（組織ぐるみの内部分配）する〔表1-218〕。

執行工作の便宜を利用して、自己、配偶者、子女、その他の者のために、不当な利益の獲得を謀る〔表1-219〕。

以上は法院という名の企業が収益を上げるために、執行廷の法官や執行部門の法院職員もまた、あらゆる機会を捉えて人民からの収奪を試みようとしていることや、企業たる法院の収益活動とは無関係に、執行廷・執行部門の個々の法官や法院職員の一部が腐敗しており、彼らの私的な瀆職が存在することを示唆する、多数の禁止規定の一端である。

冒頭で提起した、中国の人民が権利実現を目指して民事訴訟を提訴した際に、人民法院ではどのような障害が待ち受けているのかの仮想事例は、以上で終幕とする。終幕にあたり心に留めておくべき核心点は、法院という名の企業が収益を上げるために行う人民からの収奪と、私的な腐敗現象から生じる瀆職との判別が、対象者たる人民からは識別困難な点である。

ちなみに、法院・法官の腐敗に対しては、一九九八年になると最高人民法院は、法官の腐敗に対する通報センターまで開設した(27)。いかに法官の腐敗が蔓延しているかを示唆する動きである。もっとも、法院・法官の腐敗については、ここで紹介したとおり、企業化した法院による収益活動としての人民からの収奪も、現象的には腐敗である。仮に法院ぐるみの収益活動を「腐敗現象」として通報された最高人民法院の腐敗に対する通報センターが、いかような対応を通報者たる人民になすのかは、今後の研究事象である。

なお、企業たる法院の収益活動や個々の法官や法院職員による腐敗としての瀆職の結果、国家刑罰権の発動としての刑事の手続きにおいてさえも、地獄の沙汰も金次第の傾向が存在する。かかる傾向を推測させる禁止規定を、以下に列記する。

故意に法律の規定に違反し、減刑や仮釈放の条件に符合しない犯罪者に対して、減刑や仮釈放の裁定を下す〔表1-66〕。

私情にとらわれて不正を行い、減刑、仮釈放、暫時監獄外執行の条件に符合しない犯罪者を、減刑、仮釈放、暫時監獄外執行にする〔表1-67〕。

職権を利用して、無断で、法を曲げて判決を変更するよう、審判人員に指図する〔表1-128〕。

職権を利用して、無断で、法律文書を作成する、判決を変更する、犯人のために減刑する、あるいは当事者のためにその他の利益の獲得を謀る〔表1-129〕。

執行猶予、減刑、仮釈放の案件の処理において、保証金、調査費、教育費、手続き費等を徴収する〔表1-138〕。

ところで、これら、法官に対して数々の禁止規定が存在しているのと同時に、律師（弁護士）についても、律師法等に同様の規定が存在している。一九九六年五月一五日発布の「中華人民共和国律師法」には、法官、検察官、仲裁員、その他の関係する工作人員に対する接待や贈物（第四四条第八項）、また、それらの者に対する贈賄、及び当事者への贈賄の指示や誘導（第四五条第二項）についての処分が定められている。また、二〇〇七年一〇月二八日修訂の新法においても、職務執行中の禁止される行為、処分の対象となる行為として、旧法同様の贈賄取締りの内容が挙げられている（第四〇条第五項、第四九条第二項）。かかる贈賄取締り規定の存続からしても、二〇〇七年一〇月段階において、法官の構造的腐敗の存在に変化は見られない状況が推察できる。否、それどころか、二〇〇八年時点で「近年、律師から法官への贈賄事件が増加している」との『法制日報』の記事まで存在するのである[28]。すなわち、法院の企業化や法官・法院職員の腐敗による瀆職に対し、法院で職務を追行する律師もまた、当該現象に対応して染まっていきつつある現実を、端的に報道しているのである。

第二節　現代中国の律師（弁護士）の状況と環境

一、律師の状況

（一）個人立律師事務所設立の容認

中国の律師は一九八〇年発布の「律師暫行条例」（第一条）では、国家の法律工作者、すなわち公務員であった。その後、一九九六年発布の「中華人民共和国律師法」では国営律師事務所の他に合作律師事務所（第一七条）、合伙律師事務所（パートナー律師事務所）（第一八条）の設立が認められ、さらに二〇〇七年の修訂律師法では個人律師事務所（第一六条）が認められ〔07-86〕、律師自体が国家の法律工作者でなくなると共に、律師事務所が国家の財政管理から除外されるようになってきた。なお、個人律師事務所の設立人は五年以上の執務経験を有し、かつ、律師事務所で発生した債務の無限責任を負わなければならない。

※〔 〕内の数字は、一九九六年から二〇〇八年までの『法制日報』記事の見出しをまとめた「法制日報関連記事一覧表」（表４）中の記事番号を示す。なお、番号の上二桁は記事の掲載年である。

（二）国家財政からの律師事務所の分離の可否

一九九〇年以降一九九五年までの律師制度の状況については、二〇〇五年二月三日の『法制日報』、「律師発展史上濃墨重彩的一章（律師発展史における重要な一章）」〔05-39〕によれば、国営律師事務所の改革が最重点とされ[29]、各形態の律師事務所の人事管理制度改革、分配制度改革、管理制度改革、律師機構体制の規制緩和、人員数の規制緩和、分配制度の規制緩和、内部管理制度の規制緩和が唱われている。当時の課題を鳥瞰するに国営律師事務所の国家財政負担からの切り離しがその中心的な課題と評しうる。なお、北京・大連ではすでに律師事務所はすべて非国営であり、全国の律師事務所をすべて非国営にすることが試みられたが、事前調査の結果、到底無理と判明した〔05-39〕。つまり、西部地域を中心にして貧困地域の国営律師事務所は、今の中国にとって必須なのである。

(三) 律師数・律師事務所数等

二〇〇七年四月二一日に開催された環太平洋律師協会第一七回大会(北京)における中国司法部副部長・趙大程の演説〔07-66〕によれば、中国の律師事務所は一万二四二八ヶ所、執業律師は約一三万人であった。律師法修訂草案の提出を控えた同年九月頃には、国営律師事務所は中国全土で一四七〇ヶ所を越え、律師事務所全体の約一一パーセントを占めており、主に中西部の貧困地区に所在している〔07-121〕。

ちなみに、二〇〇四年末の中国の律師人口は一一万人以上〔05-152〕、二〇〇八年三月頃の中国の執業律師一三万人以上、律師事務所は一万三〇〇〇ヶ所以上〔08-44〕。また、二〇〇八年四月一五日から開催された全国律師工作会議での報告では、当時の律師の総数は一四万三〇〇〇人、内三四一五人が各級人民代表大会及び各級政治協商会議の委員で、公職律師は二六四九人である〔08-71〕。二〇〇五年時点の軍隊律師(軍弁護士)数は一七五〇人である〔05-229〕。

(四) 律師の階層化

律師の階層化が顕著になってきている〔05-485〕〔05-419〕〔08-71〕。とりわけ北京、上海の律師とその他の地方の律師の所得の不均衡は歴然としてきている。簡便な比較は左表、「中国東西部地区の律師収入の対比(二〇〇四年)」を参照されたい。ちなみに、二〇〇五年時点の北京市の律師の人口は約一万人、年収総額は五〇億元といわれている〔05-175〕。

中国東西部地区の律師収入の対比（二〇〇四年）

地区	省・市	年収総額	律師数	律師一人当りの年収額
東部	北京	五〇億元	八〇〇〇人	六二・五万元
	上海	二四億元	七〇〇〇人	三四・三万元
	深圳	一〇億六〇〇〇万元	三一〇〇人	三四・二万元
西部	陝西	九〇〇〇万元	二八〇〇人	三・二万元

※『法制日報』二〇〇五年一二月二八日、「盤点律師的収入和支出」（律師の収入と支出を点検）〔05-485〕の内容をもとに作成。

律師の格差[30]につき、司法部幹部は、中国の律師は三分割でき、裕福な層、何とか暮らせている層、明日の生活に困り律師業務から去りたいと願っている層に三分割される旨、公言した〔08-71〕。『法制日報』の報道も格差の実情を生々しく伝えている。貧困律師対金持ち律師〔05-206〕、西部律師の状況は憂慮に堪えない〔05-324〕、中部地区律師は石を抱えて川を渡る状況にある〔05-217〕等といった視点からの報道がなされている。律師の格差問題〔05-223〕の解決のため、西部の律師が貧しい地域で公平を見守る中で〔07-196〕、東部が西部を応援し〔07-125〕、中部の律師の発展が課題とされている〔08-230・231・233〕。

（五）律師・律師事務所・律師協会における共産党組織

中共中央組織部、中共司法部党組の「律師の中に党建設の動きを強化し改善することに関する通知」[31]〔08-51〕に象徴されるように、律師の業界では党建設が強力に押し進められてきた。全国で四〇パーセントの律師事務所に党支部が設立され、四万人以上の党員律師が積極的に経済社会の発展に貢献している〔08-134〕。

（六）外国律師事務所の中国国内への進出

二〇〇七年時点の外国律師事務所の中国進出は一五九ヶ所〔07-130・131・132〕、香港律師事務所の大陸進出は五六の事務所が許可されている〔07-134〕。

（七）律師の腐敗

律師の腐敗としては、律師による贈収賄事件〔99-26〕〔02-81〕、律師の脱税による起訴（後述の陳徳恵事件）〔01-55〕、刑事弁護における律師の違法な弁護活動の存在が報道されている。違法な弁護活動については、偽証教唆・証拠隠滅等で起訴され実刑判決で下獄した律師も数名存在する〔96-17〕〔99-14〕[32]。勾留中のギャングに規則に反して手紙を渡した律師は営業停止一年に処されている〔06-193〕。さらに、重慶のある律師は、被疑者との接見が看守所の監視カメラで録画されていることに思い至らず、被疑者に妻子からの書面を渡し、口裏合わせの手助けをなした。当該律師には、司法妨害罪が成立し、律師資格を取り消された〔04-54〕。なお、まったくの個人的な殺人事件で律師が死刑に処せられている〔02-117〕。さらに、腐敗ではないが、法廷で暴力行為をなし、公務執行妨害で逮捕された律師も存在する〔05-83〕。

二、公正・公平な審判（裁判）制度と刑事弁護の状況

（一）検察官による法律監督（その一部としての審判監督）

検察官による法律監督を制度的に保障するために、「中華人民共和国人民法院組織法」は、各級法院の審判委員会（裁判委員会）に、同級人民検察院の検察長の列席の権限を明定している[33]。法院の建設規準を定めた法院規準設計図[34]にも「検事長席」設置を明記してある。

検察官による審判監督を強化する観点から、検事長だけでは他の公務との重複等で審判監督が行き届かないため、「検事長の指定する副検事長や検察委員会委員も、審判委員会に列席出来る様に法改正すべき」との提言も、検察によってなされている。[35]

とりわけ刑事訴訟の場合、訴訟の一方の当事者的立場にある検察行政の長が法院の審判委員会へ列席する制度は、審判の公正・公平にとって障害となるとの見方ができる反面、腐敗が構造的な法院での審判に検察が目を光らすことで、審判の公正・公平を確保する機能を発揮しているのではないか、との評価も出来よう。

（二）地方保護主義の壁

地方保護主義すなわち地元の訴訟当事者を贔屓して偏った判決を下したり、地元の訴訟当事者に対する、よそ者からの強制執行を困難にさせるいわゆる執行難の問題は、再三報道されているところである。『法制日報』にも多数の関連記事が存在するが、「執行難の主因は法院にある」事実を法院長が自ら認めた内容の地方保護主義批判記事〔08-72〕は問題の核心を突いている。

（三）法曹の癒着防止

法曹の癒着が審判の公正・公平を阻害することは言うまでもない。癒着防止のための多数の類似の禁止報道がなされている。[36] 法官と検察官と律師の交流禁止、法官と律師の交流禁止、検察官と律師の交流禁止〔05-131〕等、内容も豊富で、さらに、交流禁止の地方性法規も何件か制定されている。なお、反面で度の過ぎた禁止を戒める報道も散見された。

以上のごとく、法曹の癒着防止策につき、あらゆる観点から手を替え品を替えてその防止に努める情景が目に浮かぶ。ほとんど万策を尽くしている。それにもかかわらず法曹の癒着を原因とする腐敗現象が陰りを見せないのは、万策が尽きた結果かもしれない。

(四) 冤罪問題

中国における冤罪の概念と冤罪救済の大々的な普及は、文化大革命終結後の共産党による「平反冤假錯案工作」(文化大革命中の無実やでっち上げ案件の救済業務) による〔01-58〕。

文化大革命の実態については、

それは幾千万の人びとを無実の罪で死の淵に追いやり、億万の家庭を塗炭の苦しみに落とし入れ，国家に底知れぬ不安定な状態をもたらしたのでした。……中国共産党第十一期中央委員会第三回全体会議 (三中全会、一九七八年一二月開催) に提出されたといわれる文革の実態に関する報告書が伝えたところでは、一九六六年から六九年までの四年間に殺害された犠牲者は四〇万人以上、直接・間接の迫害をこうむった者約一億人としています。この数字はその後、過小評価と見なされ、同じく八一年六月の第六回全体会議 (六中全会) に提出された報告書では、六六年から七六年の一〇年間で犠牲者約一千万人に修正されました。後者の数字は国共内戦による犠牲者数にほぼ匹敵しますが、この数字には逆に若干の過大評価が含まれているとみてよいでしょう。私たちの推計では、文革の犠牲者は恐らく数百万人の桁で、五百万人前後とみるのが妥当と考えています。(37)

といわれている。

そのような背景事情の下、鑑定技術の向上、とりわけＤＮＡ鑑定技術の向上等により、具体的な数字を挙げて冤罪が晴らせた旨の報道や、真犯人検挙実績の報道がなされるにいたっている。そして、冤罪防止の諸々の提唱もされている。

「刑訊偪供原因的文化解読」（拷問自白強要の原因となる文化の分析）の記事〔03‐198〕は、中国における拷問自白捜査の問題点を戒め、科学捜査の重要性を唱えている。大連で指紋識別システムにより、五八件の立件をなした記事〔98‐106〕、ある冤罪事件（殺人事件の被害者が生存していたという冤罪）の紹介記事〔05‐195〕、律師立会いは冤罪防止の土台となる〔05‐233〕、との、いわば取調べ可視化の主張もなされるにいたっている。(38)

（五）刑事弁護

刑事弁護の問題は、中国の司法制度における最大の矛盾を孕むもので、刑事手続きにおける律師の存在自体を矛盾の象徴と見なすことができる。すなわち、刑事弁護を担う律師は、法制度の建前上は犯罪者・犯罪嫌疑者の人権を擁護し捜査当局による適正手続きの履践を監視する役割を与えられているにもかかわらず、実務では犯罪者に与する者として、犯罪者に手を貸し証拠湮滅などを行う危険を本質的に有する者として位置づけられている。律師の側からその実務の状況を評価するとすれば、おそらくは、刑事弁護の閉塞状況と表現されるであろう。卑近な言い方をすれば、律師は刑事手続きでは、飾り物であることを、強いられているのである。もちろん、ＷＴＯの諸公約、その他の中国が加盟した諸国際公約上、律師は刑事手続きに必須ではあるが、それは存在自体を必須とするものであり、律師が法の求めるままに全力で職務に精励することは、実際には歓迎されてはいない。例えば、現行刑法は、第六章で社会管理秩序を妨害する罪を定め、その第二節で第三〇五条から第三一七条までを司法を妨害する罪にあてている。(39)そして、その第三〇六条は、

刑事訴訟において、弁護人・訴訟代理人が犯罪証拠を湮滅、偽造し、当事者による犯罪証拠の湮滅・偽造を幇助し、証人を脅迫、誘惑して事実に反して証言を変えさせまたは偽証をさせた場合は、三年以下の有期懲役または

拘役に処する。情状が重いものは、三年以上七年以下の有期懲役に処する。弁護人・訴訟代理人が提供、開示、引用した証人の証言もしくはその他の証拠が事実を欠くが、故意に偽造したものでない場合は、証拠の偽造に属しない。(40)

と定めている。律師にとっては、威嚇効果十分な規定であろう。中国の律師は、この刑法第三〇六条を律師の生命を奪う内容であると半ば自嘲して「死亡条約」と俗称している〔04-172〕。

現在、中国の刑事弁護で律師が直面する課題は、六つあると問題提起されている〔08-1〕。「証拠妨害罪」、「調査難、尋問難、証拠取得難」、「内部情報を識る権利」、「会見難(日本における被疑者・被告人との接見交通阻害の意)」、「国家秘密を漏らす罪」、「費用徴収と詐欺罪」である。

「証拠妨害罪」とは、刑法第三〇六条を指すもので、弁護活動自体を、証拠湮滅・偽証教唆などの名目で弾圧することである。例えば、法廷の証人尋問で律師が弁護側立証に奏功すると、時として公安・検察から律師が偽証罪に関与(証拠妨害罪)したとの理由で弾圧の危険に晒されることになる。「調査難、尋問難、証拠取得難」とは、弁護活動としての事実調査、関係者への聴き取り、証拠取得活動が、いずれも尊重、保障されず、実現に多くの困難を伴うことを指す。「内部情報を識る権利」とは、刑事訴訟手続きの各段階において、司法機関から案件の進捗状況に関する情報を弁護活動の一環として入手する権利(が、確立されていないこと)を指す。時として、捜査の進捗状況に関する情報入手弁護活動を、「証拠妨害罪」として、弾圧されかねない。「会見難」とは、律師と被疑者・被告人との接見が、法令上の保障規定が不整備で、妨害され実現しない違法状態を指す。「国家秘密を漏らす罪」とは、弁護活動の過程で入手した情報を弁護活動に利用することをもって、国家秘密を漏らす罪に該当するとして、刑事弾圧の危険に晒される問題である。「費用徴収と詐欺罪」とは、律師事務所が依頼者から費用徴収をなすには、高い収益でないと割があわず、さりとて、費用徴収規定は曖昧で、その内容をもって、詐欺罪であるとして、弾圧されることにもなりかねない、とするものである。

以上六点を簡約すれば、刑事弁護は律師にとって危険が多く、弁護率低下や、弁護の質の低下をきたしている。律師制度を容認する法令の建前と現実の刑事弁護の実相には、超えがたい隔たりが存在し、律師が律師制度の期待に応えるべく努力をすればするほど不条理な危険な目にあわねばならず、また、刑事弁護制度にかなう業務が果たせないという現実である。(41)

本章でしばしば引用する『現代中国の法制と法治』は二〇〇四年に出版されている。著者熊達雲は、一九五三年に中国人として中国で生まれ一九八八年に中国社会科学院研究生院（大学院）で法学修士取得後に訪日し、一九九八年に早稲田大学政治学研究科で政治学博士号を取得後、山梨学院大学法学部で中国法・現代中国論の講義を担当する（一九九九年から教授）中国法の第一線の研究者の一人である（経歴情報は同書奥付の著者紹介による）。彼がこの書の中で「刑事法律および施行中の問題点」として二〇〇四年の時点で摘示する下記の諸問題は、いずれも現代中国の刑事手続きの基盤に根を張る重い問題ばかりである。現代日本の弁護士からすれば、現代中国で刑事弁護を担う律師が法の建前と実務の運用の大きな乖離の中で活動せざるをえない姿に対して、ただただ息を呑むばかりであろう。

第一に、刑法に規定された刑罰の多くが過分に重く、死刑に処される罪が過分に多い。……、現行刑法は四〇四種の罪を定め、犯罪の主観性、客観性、犯罪の形態、犯罪者の犯罪歴、犯罪の件数などに応じて、量刑の情状（重きに従う処罰、加重処罰、軽きに従う処罰、軽減処罰、処罰免除などの法定情状、犯罪の動機、手段、犯罪時の環境および条件、犯罪者の日ごろの品行および犯行後の反省態度などの酌量情状）などを斟酌して、それぞれの罪について量刑の範囲を定めた。しかし、刑法の目的は犯罪を撲滅し、犯罪者を懲罰、教育し、その改悛を促すという面から見れば、多くの罪について刑罰の量刑が過分に重い傾向が見られ、特に、死刑制度の廃止を求めている世界的趨勢から考えれば、百種類近くの罪が死刑に処されることにさらに検討を加える余地があろうかと思われる。……

第二に、量刑の幅が広く、裁判官に与えた裁量の余地が大きすぎるため、裁判の公平、公正さが損なわれかねない。……特に中国は国土が広く、経済、教育、文化および社会全体の発展については地方間に、場合によっては大きな差異が存在しているため、他の国より裁判官に量刑の裁量余地をより多く与えるのも納得できる。しかし、軽い刑罰と重い刑罰の量刑に裁量の余地が過分に存在すれば、法による正義が疑われるであろう。例えば、『刑法』第一二五条で「銃器、弾薬または爆発物を不法に製造し、売買し、運送し、郵送し、または貯蔵保管した者は、三年以上十年以下の有期懲役に処する。情状が重大である場合は、十年以上の有期懲役、無期懲役または死刑に処する」とある。この中で、三年以上十年以下の間に裁量の空間は三倍に及ぶことはさておき、十年以上の有期懲役と死刑との間の裁量が過分に大きいといわざるを得ない。……

第三に、容疑者の正当な訴訟権利に対する保護が充分とはいえない。この現象は特に捜査、起訴の審査・決定段階において目立つ。例えば、『刑事訴訟法』第九六条は犯罪容疑者の弁護権利について次のように規定している。「被疑者は捜査機関による第一回の取調べの後に、または強制措置が講じられた日から、弁護士に委嘱し、本人のために法律のコンサルティングを供与させ、または代理して不服を申し立てさせ、若しくは告訴させることができる。被疑者が拘留された場合は、委嘱を受けた弁護士は当該被疑者のため立保証を申請することができる。国家秘密にかかわる事件について、被疑者は弁護士を委嘱する場合は、捜査機関の承認を経なければならない。二、委嘱を受けた弁護士は捜査機関から、被疑者の嫌疑にかかわる罪名を知る権利を有し、拘禁中の被疑者と接見し、被疑者から事件に関する状況を知ることができる。弁護士が拘禁中の被疑者と接見する場合は、捜査機関は事件の状況および必要に応じて職員を派遣して立ち会わせることができる。国家秘密にかかわる事件について、弁護士は拘禁中の被疑者と接見する場合には、捜査機関の承認を経なければならない」。

この規定は旧訴訟法時代に事実上実施されていた「審理開廷の七日前に弁護士の委嘱ができる」状況と比べれば、被疑者の訴訟権利に対する保護は相当改善されたと評価すべきである。しかし、接見時に捜査機関が立会い要員を派遣し、国家機密にかかわる事件の被疑者との接見は捜査機関の承認を受けなければならない留保規定は明らかに被疑者の正当な訴訟権利の行使を妨げている。

捜査機関の立会い要員がそばにいるため、弁護士とその当事者との間との意思疎通が不十分であるという不満がよく聞かれる。

同『刑事訴訟法』第三三条では、公訴事件について事件が捜査機関から検察機関に送検され、起訴審査を受けた日から被疑者は正式に弁護人を委嘱する権利を持ち、第三六条では、弁護人は当該事件の訴訟文書、技術的鑑定資料を閲覧し、採録し、または複製することができ、かつ、拘禁中の容疑者と接見および通信することができる。また、裁判所が事件を受理した日より、弁護人は当該事件に訴えられた犯罪事実の資料を閲覧し、採録し、または複製することができ、かつ、拘禁中の被告人と接見および通信することができると規定されている。しかし、弁護人がそれを実行する過程で、弁護人の権利、特に技術的鑑定資料、犯罪事実に関する資料の閲覧、採録、複製の権利はややもすれば、検察機関または裁判機関によって妨害され、制限される恐れがある。……

第四に、無罪推定の理念が徹底していない。……一つは労働教養制度の存在である。人身自由を制限する面において、有罪判決の管制、拘役よりも人身自由が長期間制限されることがよくある労働教養制度は、判決を経ず有罪判決同然、否、それよりも酷い処罰だと言わざるをえない(42)。

充実した刑事弁護の実践を希求し、飾り物を潔しとしない律師たちは、刑事弁護から離れていく。北京の場合、一〇年前には律師一人につき年間二・六四件であった刑事弁護受任件数が、二〇〇四年時点で、〇・七八件に減少してしまっている。飾り物に嫌気がさした律師たちによる刑事弁護離れである。また、二〇〇四年に刑法第三〇六条の「死亡条約」により発生した二三件の律師偽証罪を中華全国律師協会で分析した結果、おおむね五〇パーセントは冤罪であった。例えば、広西省の優秀律師であるとされていた周建彬に対する律師偽証冤罪事件の場合、八ヶ月と一〇日間の身柄拘束の後、無罪判決が下された。彼の場合には、受任した刑事事件が傷害の傷口の長さにより刑事処分が異なることから、傷口の長短を巡って医師に対してなした調査活動等が、律師偽証罪にあたるとして起訴された〔99-14〕。また、二〇〇一年の昆明の律師王一冰に対する律師偽証冤罪事件では、二年間身柄を拘束された後、二審で無罪となったが、本人は憤怒が収まらず、出家し僧籍に入ってしまった〔04-172〕。ちなみに、中華全国律師協会の前述の調査によれば、二三件のうち一一件は無罪、六件は有罪、一件は刑事処分を免れており、五件は未決であって、誤判率は五〇パーセント〔04-243〕とのことである。

以上のように、おしなべて刑事弁護活動が閉塞状況にある一方で、弁護の充実、被告人による国選弁護人拒否問題、冤罪事件における律師の役割、死刑案件にかかわる弁護ガイドラインの策定、司法取引、録音録画、立会い(取調べの可視化)に関する報道もなされており、刑事弁護の閉塞状況を律師たちが創意工夫をしながら打開しようとする意気込みをも知ることができる(43)。とりわけ特筆すべきは、律師二人が原告となり、捜査当局の接見妨害に対して損害賠償金額を「二元」と算定してなされた国家賠償訴訟である〔04-144〕。これについては第三節二で詳述する。

また、律師の弁護活動に対する刑事弾圧への対抗措置として、律師協会刑事弁護委員会による組織的な支援と弁護活動（例えば後述の大連の律師・陳徳恵の脱税被告案件への支援）や、「弁護活動における違法・不当弁護」であるとの検察等からの批判に反論する論稿等多数が掲載報道され、刑事弁護を擁護する観点からの論陣が張られている。

しかも、二〇〇七年三月には、西北政法大学に「中国律師刑事弁護培訓中心（中国律師刑事事件弁護訓練センター）」が設立され、中華全国律師協会、西北五省区律師協会、米国フォード財団、西北大学教員、学生の代表らが設立の式典に参加した。そして二〇〇四年から四期の研修が開始され、西北五省から各民族の刑事弁護律師一一二名が訓練に参加している〔07-49〕。刑事実務で単なる飾り物になることを強いられている中国律師による刑事弁護に賭ける不撓不屈の心意気を示す快挙である。

（六）律師協会刑事弁護委員会による組織的な支援・弁護活動モデル――大連の律師・陳徳恵の脱税被告案件

陳徳恵事件は、被告人陳徳恵自身が著名な律師であることに加え、中華全国律師協会が事件を冤罪と位置づけて本格的に支援した案件であり、中国国内でも大きく報道され、事件の帰趨も劇的な経過をたどっている。

以下は、この陳徳恵事件の審判の経緯を報じた『大連日報』の記事である。資料として重要であると考えるから、まずできるだけ忠実にこの記事を紹介しよう。

『大連日報』（二〇〇三年一月二五日）

「昨日、市中級人民法院が最終審判決　陳徳恵律師事務所及び陳徳恵は無罪」

メディアが大きく注目していた大連陳徳恵律師事務所及び事務所主任・陳徳恵の脱税案件に最新の結果が出た。

一月二四日午後、大連市中級人民法院は法律に照らし、公に判決を宣告した。終審判決は上訴人大連陳徳恵律師事務所を無罪、上訴人陳徳恵も無罪とした。

被告人大連陳徳恵律師事務所及び被告人事務所主任陳徳恵の脱税案件の審理について、第一審法院は以下の判断を下した。被告人陳徳恵律師事務所は合伙企業（パートナーシップ企業）で、被告人陳徳恵は被告事務所の直接担当責任者であり、両者は共に、国家の税収法規による納税義務者であるところ、故意に国家の税収管理制度に違反し、二重帳簿を作成して、収入の過少申告、あるいは虚偽の納税申告を行う手口で、税金を過少に納付した。脱税金額が納税すべき額の三〇パーセント以上を占め、一一四万元余りに達しており、脱税罪を構成する。よって、刑法の関連規定に基づき、二〇〇一年五月二一日、一審刑事判決を下した。被告人大連陳徳恵律師事務所を脱税罪により罰金一一五万元に処す、被告人陳徳恵を脱税罪により有期懲役四年及び罰金一一五万元に処す。

第一審判決言い渡しの後、被告人大連陳徳恵律師事務所及び被告人陳徳恵は、大連市中級人民法院に上訴した。大連市中級人民法院は法律に従い合議法廷を設け、二〇〇一年九月六日、九月一三日、一二月二七日の三回に亘って本案の開廷審理を行った。

大連市中級人民法院は審理の上、以下の判断を下した。上訴人大連陳徳恵律師事務所及び上訴人陳徳恵は遼寧省長海県税務局大連駐在事務所にて税務申告の手続きを行っており、主観的には現地の優待政策を通じて税金を少なく納めようというもので、客観的にも確かに税金を少なく納めているが、しかし、すでに納付済のその税額はすべて直接的責任者である税務署職員との協議の上で決まったもので、税務署職員は事情を承知の上で何の異議も示していない。また、税務機関が検査を行った際には、陳徳恵が自主的にすべての帳簿を提出しており、被告人らが主観的に脱税の故意を有していた証拠は不十分と認定され、その行為は「中華人民共和国刑法」第二〇一条の規定には符合しない。上訴人陳徳恵律師事務所及び上訴人陳徳恵の脱税罪は証拠不十分であり、告発の犯罪は成立しない。「中華人民共和国刑事訴訟法」の関連規定に基づき、最終審は無罪の判決を下した。

また、『瀋陽日報』の記事は、さらに詳細な経過を報道しているので、その全文をも紹介する。

『瀋陽日報』（二〇〇三年一月二七日）

「遅かった判決、貴重な判例――律師脱税嫌疑案件の裁判を追跡」

一月二四日午後、脱税容疑で公訴された律師、陳徳恵に無罪釈放の判決が言い渡された。これにより、注目を集めた陳徳恵律師脱税嫌疑案が遂に最終結論を迎えた。

【律師には意外に感じられた一審判決】

今年、五一歳の陳徳恵は中国の律師業界では少々名が知られた人物である。一九九五年に中国初の法律相談電話サービスを開設した。一九九八年には中国法律顧問ネットを開設し、中華全国律師協会から唯一の法律サイトに指定された。

二〇〇一年一月の初め、大連警察は脱税の容疑で陳徳恵を刑事拘留し、ほどなくして、検察機関が逮捕を承認。これには、国内司法界の人々が大きな関心を寄せた。

二〇〇一年六月五日、大連市中山区人民法院は一審判決を下し、脱税罪により陳徳恵を懲役四年並びに罰金一一五万元、同律師事務所を罰金一一五万元に処すとした。一審判決によれば、陳徳恵及び同律師事務所の脱税金額は一一四万元余りに達する。被告人陳徳恵は逮捕後にも素直に罪を認めず、納めるべき税金も未だ支払わず、それらの事情を考慮した上で厳重に処罰しなければならない。

法院にて一審判決が下された後、陳徳恵はその場で判決不服を表明し、大連市中級人民法院に控訴した。

【法律の専門家が論証意見を提出】

二〇〇一年六月二四日、中華全国律師協会は、中国政法大学教授・中国法学会副会長の陳光中、中国政法大学教授・中国法学研究会副会長の厳振生、中国政法大学教授・中国刑法研究会副会長の梁華仁、北京大学法学院教授の儲懐植、北京大学法学院教授・中国刑法研究会理事の陳興良、北京大学教授・中国税法学研究会会長の劉隆亨ら六名を招聘し、陳徳恵律師及び同律師事務所脱税案件に対する論証を行った。六名の著名な専門家は、案件の起訴状、一審判決、弁護人弁論書、「大連市税収徴収管理条例」及び関連証拠書類を精査した後、陳徳恵に刑を言い渡した法的な根拠と十分な証拠が不足していると判断した。六名の法律専門家による長編の論証意見書は陳徳恵案件が二審の手続きに入った後、大連市中級人民法院に提出された。

専門家の論証意見によれば、まず、「大連市税収徴収管理条例」第四一条の規定を、陳徳恵の脱税罪を構成する法律的根拠として認定することはできない。一審判決は、「被告人律師事務所及び被告人陳徳恵は脱税行為の実施に際し、まず国家及び地方性の税収法規に故意に違反し、さらに『刑法』が規定する処罰基準に達している」とした、と法律専門家は考える。ここで言う「地方性の税収法規」とは、「大連市税収徴収管理条例」第四一条の規定、すなわち「定期定額方式で税金を納める納税者は、期限内に納めるべき税額が裁定税額の三〇パーセントを超えず、調整定額を期日通りに申告しない場合は、その裁定税額を超過した部分の納税すべき額を脱税として処理する」である。これは明らかに、地方性法規を定罪の根拠としたものだが、「刑法」が国家の基本法で、定罪、量刑の法律的根拠である。その「刑法」第二〇一条脱税罪には、「国家及び地方性の税収法規に違反」というような規定はまったく存在しない。つまり、脱税罪の認定は「刑法」第二〇一条の規定を根拠にのみできるもので、それ以外のものを根拠にすることはできないのである。

次に、被告人の行為は刑法第二〇一条の脱税罪の特徴には符合せず、犯罪の構成を認定するには、明らかに証拠が不十分である。専門家によれば、一審判決が認定した被告人の脱税行為は、「別帳簿を作成して収入を過少に記載する、あるいは虚偽の納税申告を行う」である。しかし事件の関連証拠から見ると、この二つの行為はいずれも成立しない。第一に、起訴状も判決も、本件では税務機関は被告律師事務所を「小型戸定額徴収方式による納税」として取り扱ったと認定している。この徴税方式では、被告人が帳簿を作成する必要がない。よって、別帳簿の作成を証拠として、被告人の脱税行為と見なすことはできない。第二に、本案の証拠から次のことが明らかになった。これまで被告人は税務機関が裁定した税額の通り、税務人員の要求する通りに申告表に記入して納税する以外に、他の納税申告を行ったことはなく、「虚偽の納税申告を行った」とする証明書類あるいはその他の証拠は一切無い。これは明らかな証拠不足である。

第三に、本案の証拠では、被告人が脱税の犯罪の故意を有していたとは証明できない。脱税罪は直接的で故意的な犯罪であり、一種の詐欺性犯罪でもある。しかし、本案では陳徳恵が営業収入を隠し、故意に脱税した証拠はない。また、被告人が正規の現金帳簿に記入すべきで記入していなかった九五万元の現金支出も、脱税額に算入すべきではない。

【困難に満ちた二審、素晴らしい弁護】

二〇〇一年九月六日、脱税で公訴された陳徳恵の案件は、大連市中級人民法院で二審の開廷審理が行われた。顧永忠と羅力彦の二名の律師は、法廷で陳徳恵の無罪弁護を行った。弁護の際、弁護人律師は次のように語った。陳徳恵律師事務所は、税務機関の許可を得ることで帳簿の作成を必要としない、定額包税により納税を行う個人所有の律師事務所である。彼は完全に税務機関の指示の通りに納税しており、まったく脱税罪の問題は存在しないのである。開廷審理中、法廷において法官が大連市地方税局による陳徳恵脱税鑑定の結論を読み上げた後、顧永忠はただちに異議を提出し、休廷を要求した。その理由は、法廷側がこのような重要な最新証拠を、検察官にも弁護人にも事前に通知しなかったからである。しかし、法廷は休廷後にも顧永忠の意見を受け入れなかった。この時、顧永忠は、再度の発言を要求した。審判長の許可の後、顧永忠は「最高人民法院関於執行中華人民共和国刑事訴訟法若干問題的解釈（最高人民法院の中華人民共和国刑事訴訟法の執行に関する若干問題の解釈）」第五五条を読み上げた。「人民法院は公訴案件について法律に基づき証拠を調査、確認する際、事件の事実認定にとって重要な新しい証拠資料を発見した場合は、検察官と弁護人に通知しなければならない。必要な時には、証拠を直接に入手し、複製を作った後に検察官と弁護人に送達することもできる」。審判長は審理の延期を宣言し、次回の開廷日時については決定を待つこととなった。顧永忠は法廷側が弁護人の合理的建議を尊重したことに感謝した。中国の法制建設が徐々に規範とその達成に向かって進んでいることがこの訴訟で明らかになった、と彼は語る。

二〇〇一年九月一三日、大連市中級人民法院で案件の第二回審理が行われた。まず、陳徳恵の弁護人が、前回、法廷が提出した大連市地方税局による脱税鑑定意見についての質疑を提出した。弁護人らは、大連市地方税局は本案と利害関係を有し、鑑定の依頼は客観的公正性が欠如しているとし、さらに、大連市地方税局は鑑定を回避するべきとの請求を法廷に提出した。弁護人の請求に鑑み、法廷は開廷の四五分後に一時間近くも休廷した。その後、審判長は開廷と審理の継続を宣言すると共に、院長の指示を受けて弁護人の提出した回避請求を却下するとした。法廷での弁論の際、顧永忠は再び一審での弁護の観点を申し立てた。羅力彦が特に強調したのは、律師を特殊な納税群体と見なして、法律を理解する律師が税金を少なく納めるのは脱税罪であるとすることはできない、との点であった。一方、検察官は弁論において一審の判決は公正であるとの主張を堅持した。

二〇〇一年一二月二七日、二審第三回目の開廷審理が行われた。法廷で法官が大連市中級人民法院の委託により遼寧省地方税務局が作成した陳徳恵及び同律師事務所の一九九五年から一九九九年までの期間の納税状況に関する最新の司法鑑定を読み上げた。この鑑定と前回の二審開廷時に提出された大連市地方税務局による鑑定の主な違いは、陳徳恵及び同律師事務所が少なく納めたとされる税額がさらに多く認定された点であった。

陳徳恵の弁護人顧永忠、羅力彦は、この最新の司法鑑定に対して再度の質疑を提出した。彼らは法廷弁論でこう述べた。この鑑定もやはり税務機関が作成したもので、遼寧省地方税局は大連地方税局の上級機関である。したがって、この鑑定の客観性と公正性には疑惑を抱かざるを得ない。それに対し、出廷した検察官は税務機関には鑑定を為す資格があり、陳徳恵は故意に脱税罪を犯したものと認定するとの主張を堅持した。二審法院における第三回目の審理も、また判決が下されないまま終了した。

その日から二〇〇三年一月二四日に法院が陳徳恵に無罪判決を言い渡すまで、一年以上の時が過ぎた。多数の法律関係者と傍聴した公民は、この無罪判決はあまりにも遅かったと感じた。主審の法官と弁護人の律師には、さらにいっそう、この案件の苦難と曲折が身に沁み、公正な判決を手にする難しさが深く感じられた。この案件は、多くの法律的思考と審判の蓄積を残した。陳徳恵の弁護人羅力彦は次のように語る。律師に脱税の嫌疑というこ と自体が、法律、社会、メディア、公衆にとってはデリケートな問題で、司法審判にとっても簡単な案件ではない。今回の審判の過程でも紆余曲折はあったが、しかし、私は本当に法律の温かさと結果の公正さを感じた。我々の法律と審判機関は、事実を尊重し無実を保護する方向に向かっている。この事件の判決も、中国の税金関連の事件の審判にとって、一つの貴重な判例になるだろう。

（七）陳徳恵脱税被告案件で露呈した中国刑事審判（裁判）の問題点

この『瀋陽日報』の詳細な経過報道記事は、はからずも中国の刑事審判に潜む幾つもの特色を我々に示してくれることになった。

記事の冒頭に「二〇〇一年一月の初め、大連警察は脱税の容疑で陳徳恵を刑事拘留し、ほどなくして、検察機関が逮捕を承認」したと記述されているとおり、中国の刑事手続きにおける「拘留」は、日本の「逮捕」に該当する概念であり、一方「逮捕」は、日本の「拘留」に該当する概念である(44)。

また、『瀋陽日報』の右の記事からは、中国の刑事裁判における「犯罪構成要件」についての類推解釈の傾向も見て取れる。繰り返しになるが、それは次のような箇所である。

一審判決は、「被告人律師事務所及び被告人陳徳恵は脱税行為の実施に際し、まず国家及び地方性の税収法規に故意に違反し、さらに『刑法』が規定する処罰基準に達している」とした、と法律専門家は考える。ここで言う「地方性の税収法規」とは、「大連市税収徴収管理条例」第四一条の規定、すなわち「定期定額方式で税金を納める納税者は、期限内に納めるべき税額が裁定税額の三〇パーセントを超えず、調整定額を期日通りに申告しない場合は、その裁定税額を超過した部分の納税すべき額を脱税として処理する」である。これは明らかに、地方性法規を定罪の根拠としたものだが、「刑法」が国家の基本法で、定罪、量刑の法律的根拠である。その「刑法」第二〇一条脱税罪には、「国家及び地方性の税収法規に違反」というような規定はまったく存在しない。つまり、脱税罪の認定は「刑法」第二〇一条の規定を根拠にのみできるもので、それ以外のものを根拠にすることはできないのである。

類推解釈の傾向とは、一審大連市中山区人民法院の有罪判決が、刑法第二〇一条脱税罪の規定[45]には明定されていない「地方性の税収法規に故意に違反し、さらに『刑法』が規定する処罰基準に達している」と認定してなされたものであることを言う。すなわち、「刑法」第二〇一条脱税罪の規定には、地方性税収法規に違反する場合を含んでいるであろうとの、実質的には「類推解釈」を有罪と認定するに際して導入している点である。もともと中国の刑事裁判では類推解釈を用いて犯罪分子に打撃を与えるべし、との原則があった。つまり、一般的に言われる「近代刑法における犯罪者の人権保障機能としての類推解釈禁止」の法理は採用していなかった[46]。中国が刑法を改正し、刑法の条文上、類推解釈禁止法理を導入したのは、一九九七年以降のことである。しかし、実際の刑事実務の現場では、なおも、類推解釈を採って犯罪分子を厳打する傾向が顕著であった[47]。むしろ、一審大連市中山区人民法院の有罪判決が、元来の中国における刑事裁判の一般的な傾向に則ったものなのかもしれない。

次の描写も現実の裁判がどのように進行するのか教えてくれる点で、重要である。

開廷審理中、法廷において法官が大連市地方税局による陳徳恵脱税鑑定の結論を読み上げた後、顧永忠はただちに異議を提出し、休廷を要求した。その理由は、法廷側がこのような重要な最新証拠を、検察官にも弁護人にも事前に通知しなかったからである。しかし、法廷は休廷後にも顧永忠の意見を受け入れなかった。この時、顧永忠は、再度の発言を要求した。審判長の許可の後、顧永忠は「最高人民法院関於執行中華人民共和国刑事訴訟法若干問題的解釈（最高人民法院の中華人民共和国刑事訴訟法の執行に関する若干問題の解釈）」第五五条を読み上げた。「人民法院は公訴案件について法律に基づき証拠を調査、確認する際、事件の事実認定にとって重要な新しい証拠資料を発見した場合は、検察官と弁護人に通知しなければならない。必要な時には、証拠を直接に入手し、複製を作った後に検察官と弁護人に送達することもできる」。審判長は審理の延期を宣言し、次回の開廷日時については決定を待つこととなった。

この描写によって、刑事審判において、しばしば法官は職権で被告人や弁護人の関知しない証拠を採用する実態を、図らずも明らかにすることになった。このような実態については、最高人民法院が「最高人民法院関於執行中華人民共和国刑事訴訟法若干問題的解釈(48)」なる通達の中で、被告人の防御活動の視点からは不意打ちになるとして、そのような訴訟指揮を禁じている。また、

顧永忠は法廷側が弁護人の合理的建議を尊重したことに感謝した。中国の法制建設が徐々に規範とその達成に向かって進んでいることがこの訴訟で明らかになった、と彼は語る。

との報道のくだりは、まさに、従来の法院の訴訟指揮が、一般的にはこの通達の第五五条を遵守せずになされるのが通例であることを示すものに他ならない。さらに、

二〇〇一年九月一三日、大連市中級人民法院で案件の第二回審理が行われた。まず、陳徳恵の弁護人が、前回、法廷が提出した大連市地方税局による脱税鑑定意見についての質疑を提出した。弁護人らは、大連市地方税局は本案と利害関係を有し、鑑定の依頼は客観的公正性が欠如しているとし、さらに、大連市地方税局は鑑定を回避するべきとの請求を法廷に提出した。弁護人の請求に鑑み、法廷は開廷の四五分後に一時間近くも休廷した。その後、審判長は開廷と審理の継続を宣言すると共に、院長の指示を受けて弁護人の提出した回避請求を却下するとした。

との記事により、我々は、第一節で紹介した審判委員会や法院長の権能を垣間見ることができる。つまり、審判に関する重要な判断は、当該案件の審理を担当する法官が下すのではなく、「上」が決定する権能を有するのである。極言すれば、当該案件の審理を担当する法官は、いわば操り人形にしか過ぎない。「審判委員会委員は院長が選任し、同級の人民代表大会常務委員会によって任命される。院長は審判委員会の長（主任）を担当する。審判委員会は民主集中制を実施し、会議は多数決で決められる」(49)。当該法院の案件については、法院長が強力な権能を有しているのである。この案件でも、有罪・無罪の判断につき法院長が重要なキーパーソンであったことは当然である。

鑑定結果と犯罪事実の認定との関連については、次の箇所が重要である。

二〇〇一年一二月二七日、二審第三回目の開廷審理が行われた。法廷で法官が大連市中級人民法院の委託により遼寧省地方税務局が作成した陳徳恵及び同律師事務所の一九九五年から一九九九年までの期間の納税状況に関する最新の司法鑑定を読み上げた。この鑑定と前回の二審開廷時に提出された大連市地方税務局による鑑定の主な違いは、陳徳恵及び同律師事務所が少なく納めたとされる税額がさらに多く認定された点であった。

この認定結果は、犯罪事実の認定との関係では、検察官にとっても陳徳恵にとっても諸刃の剣となる事実であった。つまり、脱税を過去何年にも亘って継続反復していたとも見なせる事実ともなり得る一方、逆に、陳徳恵が「これまで被告人は税務機関が裁定した税額の通り、税務人員の要求する通り、申告表に記入して納税」を継続反復していた上、今回の起訴事実も、単にそのような継続反復行為の一端にすぎず、当然のことながら、陳徳恵には、脱税の故意などさらさら無かった、との事実認定の基礎事実ともなるのである。換言すれば、法院長が陳徳恵を有罪にすべしと判断すれば有罪の、無罪にすべしと判断すれば無罪の、いずれの結論にも有用な事実であった。

陳徳恵の案件は、第二審終結後から判決までの期間が約一年という長期の期間であったことから推し測って、相当上級の党組織の意向が反映された結果と見なしうる。一審大連市中山区人民法院の有罪判決を維持するか逆転無罪にするかを巡り、本件で論点となった脱税罪の故意の有無に関する狭義の事実認定や、「刑法」第二〇一条の脱税罪の特徴、地方性法規が脱税罪の犯罪構成要件に該当するか否かといった類推解釈の傾向を有する法律判断のみならず、有罪・無罪それぞれの場合における法院・検察・司法部と中華全国律師協会との緊張関係、さらには大連地方の政府や党組織への政治的な影響、捜査公訴を遂げた公安（警察）や検察の面子も吟味されたことであろう。それこそが、政治優先の中国の司法の特色である(50)。

（八）刑事弁護活動の射程の拡大

近時、刑事弁護活動の射程の拡大がなされ、労働教養案件(51)への律師関与が一部地域で容認されることになった。この措置は、外国国籍の中国人に課す労働教養に対し、当該国籍国が人道・人権・ＷＴＯの公約などを持ち出して、律師が選任されないままで労働教養所への収容手続きがなされることを非難する可能性等を見極めて、労働教養案件への律師関与の解禁を決断したことを示すのではないか、と筆者は推測する。ちなみに、「ここ二〇年来、中国の法律や行政法規の改正が盛んであるにもかかわらず、労働教養法規は旧態依然で、時代遅れの規定をそのまま維持している。例えば〝反革命罪〟は一九九七年の刑法改正ですでに廃止されたのに対し、労働教養法規ではまだ反革命分子を労働教養の適用対象にしている。次に、労働教養の適用手続きは統一されず、厳密さ、具体性を欠いている。現行労働教養の適用手続きは、遵守すべき段取り、順序、方式、手続き、時限及び当事者に対する強制措置の具体的な作業基準等をほとんど規定していない。……最後に、労働教養の適用決定は透明性を欠き、その公正さ正当性が疑われる。……また、労働教養所内の非人道的な管理手法、労働教養所の管理職員による不法行為の氾濫なども最近労働教養経験者によって少しずつ、摘発されている」[52]、と批判されてきた。ＷＴＯへ加入する効果が、律師の活躍の場を拡大させたと評しうるのではないだろうか。[53] もっとも、「邪教組織法輪功」や民主化運動の活動家が律師を利用して、党や政府に圧力を加える道具にしようとしている、との警戒感にも強いものがある。[54]

『法制日報』では北京市団河労働教養所の紹介がなされている〔08-52〕。また、律師が代理人に就任することが可能な労働教養案件として、例えば重慶市が二〇〇七年四月一日に施行した律師代理労働教養案件暫行規定が紹介されている〔07-55〕。

（九）二〇〇七年修訂律師法

二〇〇八年六月一日、修訂律師法が施行された。修訂律師法は光をもたらしたとされ〔08-45〕、それは捜査弁護権の拡充（接見・証拠保全）をもたらすとされ〔08-9・84〕、これと刑事訴訟法の連携についても報道されている〔08-31〕。修訂律師法により、調査と証拠収集は容易になったし〔07-172〕、律師と被疑者との会見難・記録閲覧難・証拠取得難の三つの難は解決されることになった、と言われている。

しかし、一方で修訂律師法では刑事訴訟弁護についてはまだ不足である〔07-171〕ばかりか、「修訂律師法実施から二ヶ月がたったが、寧夏の律師は接見と調書閲覧に依然として困難をきたしており、このままだと誰も弁護活動ができなくなる」との、当局が刑事弁護を否定し修訂律師法をも否定し、律師が弁護活動をすることを認めないような酷い扱いをすることを訴える報道もなされている〔08-160〕。律師を刑事手続きにおける飾り物とする旧弊が存続している現状を垣間見ることのできる報道である。

にもかかわらず、修訂律師法が、律師の接見につき、制度的保障の点で前進した事実は評価したい。地域により、また、案件により、公正・公平な裁判制度に資する面が拡大することは必定であろう。

三、律師に対する管理の厳正と在野精神の育成

(一) 司法部による律師・中華全国律師協会・各地域律師協会の管理

司法部は、刑務所、労働矯正、法制宣伝、律師・公証、地方司法行政の指導等を主管する中国国務院の職能機関[55]で、修訂律師法第四条により律師・中華全国律師協会・各地域律師協会の管理をなしてきている。例えば「福建省　規定違反の律師事務所を全面的に処分」〔05-60〕という記事などは、その具体的な現れである。

(二) 中華全国律師協会による律師の管理

中華全国律師協会による律師の管理もなされている[56]。

中華全国律師協会は律師の実習を全面的に行う学習型機構を構築し〔06-226〕、律師の弁論技術格差の向上のためテレビ弁論大会を企画する一方、倫理規範教育の拡充、違法な律師広告の規制、律師評価記録情報の公開、問題のある律師に対する単年度ごとの律師業務許可用年度検査の暫時見合わせ措置等、も行っている。

なお、律師協会による律師の管理は、倫理規範の習得やスキルアップ、問題ある律師に対する各種規制に尽きるものではない。律師間の紛争への介入や解決も、その管理の範疇となってきている〔06-79〕。

(三) 律師及び律師事務所の管理[57]

律師協会は律師及び律師事務所の管理も担っている[58]。律師法修訂草案では律師の監督管理を厳しくする傾向にある〔07-85〕。

上海市は律師事務所の規範建設活動を展開した〔05-118〕。北京では律師管理体制を調整した〔05-262〕。

二〇〇六年末までに問題律師と律師事務所の監査を行うと報道され〔06-112〕、湖北省は四年がかりで律師の整理整

頓をした〔07-30〕。

律師行為規則・律師事務所管理のシンポジウムが開催され、課題が提起されている〔05-393〕。律師事務所の歩合制利益配分モデルの変革〔05-397〕・大規模律師事務所と利益分配方法など〔06-38〕、いずれも、律師協会が主導して律師事務所の利益配分の変革を目指している。律師事務所の乱収費（むやみな費用徴収）、規律違反に対する点検活動や司法局と連携しての処罰・行政処分等も管理の一環である。例えば、二〇〇五年には、全国で七一九名の律師と二一三の律師事務所を処分した〔05-16〕。安徽省では、二〇〇七年だけで法規違反の律師二五人を処罰した〔08-61〕。広東省は、規律違反律師を排除した〔05-90〕。新疆では法官への贈賄律師四名を処罰した〔05-190〕。

また、北京市律師協会は、ブラックリスト律師の公表や〔05-201〕、問題律師のインターネットでの公表をした〔07-44〕。吉林省では、不良律師五二名の名前をインターネットに掲載した〔08-68〕。このように、規律違反者に関する情報を公開するなど、律師及び律師事務所に対する管理の実効性に関して各種の工夫が凝らされている。

さらに、律師事務所内のパラリーガル養成と非弁提携（いわゆる事件屋との提携）問題のように、同一現象に二面がある場合の、規律違反の有無に関する判断などは、難渋な選択を律師協会にかけることになっている。

(四) 期待される律師像

鄧小平が死去した一九九七年二月一九日からほどなく、「偉大な律師」を『法制日報』が連載掲載〔97-7〕しはじめた。その名は高宗澤律師である(59)。この高宗澤律師を理想像として鄧小平死去直後からなされた、あるべき律師像の宣伝内容は、①外国語が堪能、②外国との紛争を中国側に有利に解決、③外国にも顔が効く（高宗澤律師の場合は英国・ロンドン）、とするものである。つまり社会貢献よりも、愛国的な渉外律師を理想像とするものであった。

もっとも、律師資格は無いが、「土律師(60)」が農民の権利を守るとして、農民の訴訟を支援し、勝訴率も高い土律師を賞賛する報道〔02-135〕〔03-61〕がなされていることも、忘れてはならない。このような報道は、同じ無資格でも人民のために奉仕する土律師は、偽律師（非弁活動）の取締り対象ではないとの司法部の示唆を示すであろう。つまり、今の中国には、いずれの律師をも必要とする社会的基盤が存在するのである。ちなみに渉外律師の位置づけについては、英雄か売国奴かとの論争〔06-18〕が存在することに注目しておく必要がある。

（五）律師協会の委員会活動と在野精神の育成

中華全国律師協会や各地域の律師協会は、多彩な委員会活動により、事実上律師自治に近い状況を生み出している。以下に、報道された委員会を列挙する。

中華全国律師協会

・情報ネットワークとハイテク専門委員会〔01-109〕
・青年律師工作委員会〔07-201〕
・労働と社会保障専門委員会〔02-39〕
・ＷＴＯ専門委員会〔02-79〕
・憲法と人権専門委員会〔04-259〕
・アンチダンピング反独占専門委員会〔03-65〕

北京市律師協会

・二〇〇二年時点で三〇の専門委員会を設置〔02-17〕
・二〇〇五年時点で五三の専門委員会を設置〔05-311〕
・二〇〇六年農村律師事務専門委員会設立〔06-62〕

このような委員会における律師どうしの相互交流や調査・研究活動により、個別の社会問題に対する知識と課題意識を抱くに至った多くの律師たちに対し、現在の中国の社会矛盾から目を背け、三猿よろしく「不見、不聴、不言」（見ざる聴かざる言わざる）の飾り物であり続けることを求めるのは、しょせんは無理な要求であろう。つまり、中国の律師たちは、刑事手続きのみならず、律師活動のあらゆる分野で、飾り物としてではなく、「律師職業道徳和執業紀律規範」第一二条[61]で明定する社会公益活動に積極的に参加し実践をなす主体として、すでに存在しているのである。そして、その社会公益活動への参加と実践は在野精神の育成の土壌でもあるのである。

四、律師による格差への対応

いかなる社会にも格差は存在するであろう。検証すべきは、かかる格差に当該社会はいかに対応しているかである。ここでは、さまざまな目前の格差に中国の律師たちが、いかに対応しているかを列記する。

律師による公益活動（プロボノ）に関する報道[62]は、六〇回を超えており、その内容もきわめて多彩である。期待される律師活動は、アメリカ法曹協会や日本弁護士連合会が会員弁護士に期待している「Pro bono publico（公共善のために）」と同様の期待である。公益活動に関する教宣活動も活発である。とりわけ、「農民工、民工」と呼ばれる出稼ぎ農民労働者の未払賃金に対する救済、社区（地域住民組織）での奉仕活動、希望工程（貧困地域における小学校の建設）、識字教育、貧困階層への法律扶助、刑事弁護扶助など、律師協会を挙げての活動もしばしば報道されており、共産党や国家が律師に対し、社会への貢献を強く求めていることを推定することができる。深圳のように、律師に対し公益活動にノルマを課す地域すらある〔02-87〕。

(一) 農村への法律扶助[63]

中国では、律師資格は有しないが、地域で法律サービスに従事する準律師的な資格があり、農村での法律扶助活動を行わせている。農民律師・康世珍[64]〔06-81〕が賞賛されるのは、中国の農村が律師過疎の状況にあることを物語るものである。中山市公職律師事務所が農村に向けて業務を開始すること〔05-73〕が報道されること自体、農民たちにとって、律師はこれまで無縁な存在であったことを示している。それだけに、律師が村の幹部に雇用された〔天津市大港区〕とか律師が地域政治に貢献するといった動向〔07-61〕は新たな局面である。福建で六〇〇名の律師が農民を援助〔06-211〕、湖南の農民工は直接律師事務所に救済を求めに行くことができる〔06-99〕、湖南省は法律援助組織を農村に建設、などの報道〔06-124〕もかかる動向の一翼である。

(二) 労働者の賃金保護[65]

中国では労働者とりわけ農民工に対する賃金不払いの頻発は大きな社会問題となった。人民主権による社会主義国家を標榜する中国で労働者の賃金不払いが発生する現象の存在は、国家存立理念の否定に他ならない。改革開放の鄧小平路線の帰結が労働者への賃金不払いであるというのでは、中国共産党の面子を保てるわけがない。国務院総理自らその社会問題解決に乗り出したのも当然と言えば当然である[66]。この社会問題解決の鍵として期待されたのが律師たちであった。期待の強さは『法制日報』に掲載された律師に対する賞賛の記事からも伺える。つまりこの局面では、党も国家も律師に対し飾り物であることを求めなかったのである。

賃金不払いの記事でまず目に付くのは、不払いの解決を律師の関与する手続きの中で解決すべく奨励する記事である。司法救済という手段がある〔06-72〕、福建省で不払賃金救済システムが構築された〔04-67〕等の記事である。法律援助、律師による無償ボランティアであることを強調する記事も多い。農民工に法律援助をするのは、律師業界がなす公益義務の熱意の現れである〔07-204〕、北京市で律師が無償で労働紛争事件の法律援助をなし、二四六人の労働者が賠償金を勝ち取った〔03-93〕、湖南省で律師が無償で農民工の賃金を回収した〔03-195〕、安徽省で九〇〇名の律師ボランティアが農民工の給与の支払いに活躍した〔04-9〕、南京で律師が無償弁護をなし、農民工一〇名の賃金を請求した〔05-5〕等である。救済した数も万人単位で大規模なものが目に付く。二〇〇六年の一年間で一二万人の農民工が法律援助の恩恵を受けた〔07-28〕、二〇〇八年農民工のための律師による法律援助案件は一一・九万件、援助を受けた農民工は一五万人余りにのぼる〔08-79〕等である。

(三) 消費者被害の救済

消費者被害の救済は、本来、党や政府が行うべき行政上の課題である。このような課題を律師が社会矛盾を解決する前衛の立場から担うことが奨励されている。湖南省で「経済一一〇番」が設けられ無料相談に応じる〔05-234〕、律師の目から見た公益訴訟とは何か〔06-131〕、携帯メール料金詐取で救済した〔05-447・455〕(67)、観光地で旅行客に写真を撮り売りつける行為について、律師が肖像権侵害であると指導した〔05-116〕、公益訴訟に刃を振るう「三剣客」〔05-426〕(68)、等の記事がそれである。

一方、公益訴訟は容易に勝訴できないとの〔05-232〕、高いハードルも指摘されている。それでも、このような活動によって社会的弱者を助ける在野精神が育まれることは必定であり、律師魂の源泉ともなっている。さらに、輸血エイズで損害賠償を獲得した〔06-231〕、全国最初の巨額懸賞金五〇万元事件で支払いを獲得した〔02-53〕等の成果も生まれている。

(四) 法律扶助

法律扶助の整備に関する概要は、季衛東によって次のように紹介されている。

中国でも、法律扶助への関心は、貧困者扶助の難関突破計画（扶貧攻堅計画）の策定と遂行によって促進されたのである。一九九四年三月、中国政府が「第八回五カ年計画期間中の貧困者扶助の難関突破計画」を公表し、それから約七年間（第九回五カ年計画の期間を含む）のうちに八〇〇〇万人の貧困者の生活保障を実現するという目標を立てた。……一九九六年三月、国家法律扶助センター準備委員会が設置され、同年六月三日、司法部の『迅速に法律扶助機構を設立し法律扶助活動を展開することに関する通達』が発布された。……貧困者扶助の難関突破計画と並んで、中国において法律扶助制度の整備を促進したもう一つの重要な因子は、社会コントロール方式の転換および全面的市場化・商品化の流れに沿った弁護士職業の変容である。……法律扶助制度がなければ、貧困者階層は充分に法務サービスを受けることができまい。一方、法律扶助は、既存の国家出資による公設法律事務所によって、そのままの態勢で時代に適応できるような専任スタッフ型の公益法務サービス機構へ移行してゆき、一筋の活路を切り開いた次元で意味もある。しかも、物事をうまく運んだ場合には、制度改革のコストの節約と法律扶助の実務水準の維持という〝一石二鳥〟の効果さえ収められるかもしれない。

法律扶助制度の整備を促進した第三の要素として、弁護士職業の性格上の変化と関連しあう司法改革が挙げられる。……多額の弁護士費用を負担する能力を持たない当事者にも法務サービスを届けるように扶助を提供することは、〝法の下の平等〟原則や司法公正を実現するために不可欠である。(69)

このような法律扶助に関しては、中国における法律援助の現状調査〔06-133〕を遂げながら、法律援助に各種システムが導入され、工夫されている〔07-83〕、司法所と律師事務所が合作すれば効果的な法律援助活動をなしうる〔07-184〕等、さまざまな試みがなされてきている。広州では法律援助の際、律師を指名することができるとか〔06-136〕、江蘇省法律援助センターで当番弁護制度を導入し、相談に対し即時対応できる態勢を構築したり〔07-62〕、老人への法律援助が全国展開されるなど〔06-139〕、対象を特化することもされてきている。西部地区で法律援助ボランティアが五〇〇人活動した〔08-171〕、青海牧場地域で法律援助の啓蒙活動をなした〔08-169〕等、貧困地域への普及にも努められている。法律援助が全国で一年間に三〇万人〔04-8〕、鎮江の律師が農村部で法律知識の宣伝をし、農民五〇万人が恩恵に浴した〔08-37〕等、対象数も数十万人の規模となっている。

軍人・軍属・軍関係者への法律扶助、公益活動については、軍隊律師（軍弁護士）[70]がその役割を担っている。すなわち、軍隊律師が担当し、法律扶助・法律援助を行っている〔05-229〕。その結果、一般律師との競合・棲み分け問題が存在するとされている〔96-16〕。

未成年者保護のボランティア活動では、未成年者保護に関する専門律師が出現する一方で、少年刑事事件で強制的に弁護人を付与する等、木目の細かい政策がとられはじめている。[71]中華全国律師協会の主導で全国でボランティア律師八〇〇〇人以上により未成年者保護の活動がなされた〔08-259〕、安徽省で初の公益弁護活動が開始され、未成年者保護の専門職に従事する律師が現れた〔07-17〕、全国の律師二〇〇〇人が未成年者の権利保護に尽力した〔05-436〕、法律援助律師が少年刑事事件に介入した〔06-43〕等の報道により、実情が紹介されている。

刑事弁護における法律扶助は、中国のＷＴＯ（世界貿易機関）加盟も影響してか、先述したとおり普及しはじめている。刑事弁護での法律扶助は困難が多い〔08-3〕、との現状評価がなされる一方で、刑事弁護ボランティアが全国で展開されているといった側面も見られる〔06-180〕。

（五）社区（地域住民組織）でのボランティア活動[72]

法律扶助の一環として、律師に対しては社区でのボランティア活動も奨励されている。都市では「律師は社区に入れ」という政治宣伝もなされ、深圳では律師が実際に社区に駐留した事例も紹介されている。一方、農村でも例えば、江蘇省の鎮江で一〇〇名の律師を一〇〇〇の村へ送るプロジェクトが正式に開始された〔06-167〕とのことである。また、民族問題が伏在する新疆ウイグル自治区で、新疆律師協会が行った個別案件に対する救貧支援についての感動的な報道〔01-7〕がなされている。それは次のような話である。

一九九三年一一月八日、漢族の棄子（女子）をウイグル族の夫婦が拾って育て始めた。ところが、一九九八年夏、その子供が事故に遭った。障害が残った子供を育てるのに疲れた夫は妻と離婚してしまった。障害を持つ漢族の子供を育てるウイグル族の独り身の女性にとって、子供の治療費などを工面することはいかにも重荷である。そこで新疆律師協会がこの不幸な母娘のために一万元の援助をなした、という。

（六）貧困地区でのボランティア活動

ボランティア活動に関しては、地域社会と並んで貧困地区を対象とした活動も特化されている。中国の法律援助基金会が貧困地区に力を注ぐとの報道〔05-96〕が、このような活動領域の存在を教えてくれる。もっとも、貧困地区を中心に律師が過疎である問題も深刻で、二〇〇六年時点で二〇六の県において律師がゼロである〔06-229〕という。律師過疎対策は容易に解決出来る問題ではない。

（七）構造的な社会矛盾の是正に対する関連組織との協力・連携

不払い賃金問題・刑事事件における犯罪被害者救済などは、いずれも構造的な社会矛盾の是正である。その問題解決のための律師による関連組織との協力・連携が推進されている。中国の建設業協会と中華全国律師協会とが連携して不払い賃金問題の解決に取り組むことになった〔04-101〕、刑事事件被害者救済制度についての報道〔08-194〕等が、その実情を教えてくれる。

（八）司法局・一四八電話[73]との律師ボランティアによる協力

司法局の法律相談制度である一四八電話制度への律師のボランティアによる参加も奨励されている。

（九）信訪制度[74]への関与

一四八電話制度へのボランティアによる参加の奨励と同様に、信訪制度への律師の協力もまた奨励されている。もっとも、ボランティアは歓迎だが、事件受任は禁止されている〔07-32〕。つまり、信訪制度への律師の協力の過程で、協力律師が事件の受任に努め、信訪制度を超えて自らの「仕事」にしてしまうことは禁止されているのである。先述した律師の階層化の中で、いわゆる「食えない律師」がボランティア活動を利用しておこなう「集客現象」が存在していることを示唆している。

（十）希望工程（貧困地域での小学校建設）、識字教育、貧困階層子弟への奨学資金の供出

各地の律師協会や律師事務所は、希望工程、識字教育、貧困階層子弟への奨学資金の供出等〔98-130〕〔04-147〕の役割も行っている。希望工程での小学校建設については、深圳律師希望小学校が四〇万元の援助により延安で創設された〔97-35〕、はじめての律師希望小学校が広東省にて落成した〔97-57〕、遼寧省の律師協会は五〇万元強を支出し希望小学校を設立した〔97-65〕、河南省初の律師希望小学校が建設された〔98-124〕、重慶の中豪律師事務所の出資により希望小学校を建設した〔99-13〕、北京律師協会による希望小学校が河南省偃師にて落成した〔99-51〕、上海の律師が募金により西部の希望小学校建設を援助した〔06-125〕等の報道がある。

五、その他の環境

(一) ＷＴＯ加盟の影響

二〇〇一年一二月一日、中国はＷＴＯへ加盟した。これは中国が国際公約として法治つまり法による支配を徹底し、各種情報の透明化をはかることを徹底すると約束するものであったから〔03-1・7〕、裁判手続きを含む律師の業務でも中国的特色を希薄化するという意味で、きわめて大きな影響を与えるに至った。(75) その影響は、単に国法のレベルの問題のみならず、地方性法規の透明度にも影響を与え〔03-13〕、律師の法に則った業務が従来よりも行いやすい環境が形成されつつある。(76)

(二) 戦時国際法に対応可能な軍隊律師(軍弁護士)体制の要請

中華人民共和国人民解放軍の軍隊律師は、一九九一年に制定された「中華人民共和国解放軍政治工作条例」に従う形で出現した。二〇〇五年に開催された第六回全国律師代表大会で、五名の軍隊律師(代表　劉志成中華人民共和国人民解放軍総政治部司法局副局長)が全軍一七〇〇名の軍隊律師を代表する者として注目された。この五名の代表が各方面で担う軍隊律師の職責を述べている。軍隊律師の職責は主に各級の指導者、機関の政策決定に対して法律的な助言や法律案を提案すること、軍隊、官兵及びその家族に法律援助を提供すること、軍隊で法制宣伝教育を展開することなどである。くわえて注目すべきは、戦時国際法に対応する軍隊律師の役割にも言及されている点である〔05-304〕。

この言及は、一九四九年八月一二日のジュネーヴ諸条約のうちで国際的な武力紛争の犠牲者にかかわる保護に関する追加議定書(議定書Ｉ)(略称「ジュネーヴ諸条約第一追加議定書」)の第八二条、すなわち「軍隊における法律顧問締約国はいつでも、また、紛争当事者は武力紛争の際に、諸条約及びこの議定書の適用並びにその適用について軍隊に与えられる適当な指示に関して軍隊の適当な地位の指揮官に助言する法律顧問を必要な場合に利用することができるようにする（訳文は、外務省ホームページによる）」を視野に置いてなされたものであり、現に『法制日報』ではイラク戦争法律問題シリーズの連載記事等において、イラク戦争中になされた米英軍弁護士による活動等を肯定的に評価している〔03-129〕。

もちろん、戦時国際法はあくまでも非常時限りのことであり、日常的な軍隊律師の活動内容については、二〇〇五年八月二九日の報道〔05-304〕が詳しい。そこでは次のように言っている。

現在軍隊律師は一七五〇人で、その中の三人が中華全国律師協会理事を務めた。一一人が全国律師協会民事、刑事、経済、金融証券、海事海商などで専業委員を務めた。統計によると去年だけで部隊と官兵のために七〇〇件余りの刑事弁護と一〇〇〇件余りの民事代理、経済訴訟九〇〇件、行政訴訟三六件を担当し、経済損失二億元余りを挽回、経済損失六億元余りを回避できたのである。

(三) 法曹資格・法曹教育

(1) 国家司法試験制度の導入(77)

かつて法官・検察官・律師と別々に施行されていたいわゆる法曹三者の資格試験が、国家司法試験として統一され、二〇〇二年三月三〇日・三一日に全国一斉に実施された。

この第一回の司法試験は、出願者が三六万人、受験者が三一万人で、三七の試験地区、四一八の試験地点、一万二八六〇の試験場が設けられ、四万人以上の試験担当職員を動員するという大規模なものであった。合格ラインは二四〇点（出願条件緩和地区では二三五点）、合格率約七パーセントの試験に二万四八〇〇人が合格している。ちなみに二〇

〇五年の全国合格ラインは三六〇点、出願条件緩和地区では三三〇点であった〔05-454〕。(78)

（2）司法試験の適正な執行、公正確保

第一回の国家司法試験では、五〇〇人以上の試験紀律違反者に対して、警告、単科目成績の取消、今回の成績取消、二年間の受験禁止等の処分が下されている。(79) 第一回から第三回までの試験で、処分を受けた紀律違反者は七〇五名であり〔05-345〕、二〇〇五年には新規則を制定し、(80) 司法試験の紀律を厳格化することになった〔05-256～258〕。また、二〇〇八年には「国家司法考試実施弁法」を修訂し、紀律違反者に刑事責任を科すことができるようになった(81)〔08-155〕。

（3）台湾居民にも開かれた国家司法試験

中国は台湾居民にも国家司法試験の受験資格を認めることにし、二〇〇八年六月四日に「台湾居民参加国家司法考試若干規定（台湾居民の司法試験参加の若干規定）」を発布・施行した〔08-93〕。この動向は台湾法曹界からも歓迎された〔08-77〕。

（4）司法試験受験産業の発展

一見、格差と無関係とも思しき問題ではあるが、司法試験にパスするかどうかが資力つまり貧富によって左右される点から、これは見過せない問題を含んでいる。

受験指導雑誌、通信添削付き雑誌、有名教授の電子情報化された受験用講義学習キット、長期・短期の集中講義等での費用にも注目する必要がある一方で、(82) 広東で違法司法講師学校を摘発した〔04-185〕、司法試験予備校の規範化がなされた〔05-308〕、不合格によって司法試験合格保証クラスに納付した金額を返還せよとの訴訟がなされている〔05-446〕、司法試験に不合格なら学費を返す契約（法院が返還を命じる判決）がなされている〔07-31〕等、トラブルに関する報道もなされている。

（5）法学教育課程への臨床教育の導入

中国では二〇〇〇年から、米国のフォード財団の支援を受けて、大学法学部での法学教育に臨床法学教育を導入し始めた。幸い中国の訴訟には公民代理制度が存在する。律師資格が無くても、民事・刑事・行政の各訴訟手続きの代理人としての法廷活動が可能なのである。中国の法学部の学生は臨床法学の科目を受講する過程で、公民代理制度により法廷活動を行っている。状況は米国のロースクールの学生とまったく同様である。

二〇〇九年一二月三一日現在、中国臨床法学教育委員会の一一八会員大学のうち、七六校において臨床教育関連科目を設置し、異なるテーマの科目計一二〇を開設している。テーマとして、民事、行政、交渉、NGO、公益、消費、法律扶助、地域矯正、労働法、立法、婦女の権利・利益保護、弱者・未成年者の権利・利益、未成年者の犯罪、農民工、農村サービス、調停、地域サービス、婚姻・家庭、農民の権利・利益保護、知的財産権、環境法、少年非行、少数民族・マイノリティーの権利・利益保護、刑事弁護等テーマは多彩である。(83)

(四) 司法制度改革

中国で司法制度改革(84)が唱えられてから、二〇〇七年でおおむね一〇年間が経過した〔07-195・210〕〔08-4・12・235〕。主要な論点の一つは審判委員会（裁判委員会）制度改革であり、担当法官自身による審判の確立を目指す動きが見られる。つまり、中国の審判の特色たる、重要な審判は担当法官ではなく、法院の審判委員会が決するという制度からの決別を目指すものである。

もっとも、「……中国の司法改革は、すでに現行体制の壁とぶつかって、国家権力構造の再編成や政治と法の体制転換を抜きに前進することがもはや難しい苦境に置かれている。最高人民法院の関係当局も、第二段階に入る際に困惑が多く、司法改革の方向や具体的内容が容易に決められない実態に鑑みて、まず憲法および法律の改正を推進すべきであるという覚悟をもつようになったが、だからこそ、暫く足踏みをせざるをえないのが現状である[85]」との冷徹な見方もあるところである。

司法制度改革の全体像は『法制日報』の記事、「当代中国司法改革的進程」〔08-234〕に簡潔にまとめられているので、以下に要約して紹介する。

『法制日報』（二〇〇八年一一月二三日）

建国時の法制における重大な出来事は次の三つである。①国民党政府の六法全書の廃棄、②建国初期の司法改革運動（六法全書を廃棄することにより旧法下の観念の限界を乗り越えたこと）、③「五四年憲法」により新中国の司法体制と司法制度の基本システムを確立したこと。しかし、文化大革命を経てこの中国の社会主義法制と司法制度は全面的に破壊された。

一九七八年の共産党第十一次三中全会から八〇年代の中期までに、現代の中国司法制度は回復した。その後の中国の司法改革は全面的な改革となり、三つの段階を経ている。

「第一段階」…裁判方式の改革をもって司法改革の柱となす段階（八〇～九〇年代中期）

第一段階は裁判制度と法官制度の改革である。これらは改革の初歩であるが、その後の段階に貴重な経験と基礎を提供した。その主要な内容は、次の通りである。

・職権主義的手続きから、立証責任等の当事者主義的な訴訟運営に転換したこと。
・訴訟手続きを簡易にして無駄をへらしたこと。
・合議法廷の職権を拡大し、法による独立の裁判のレベルを高めたこと。

・「中華人民共和国法官法」により、法官が独立して裁判を行う権利を高め、その他法官の権利義務、任免、条件等につき詳細な規定を置いたこと。

「第二段階」…法治主義を基本とする方針が全方面にわたる司法改革をもたらした段階（九〇年代中期～二〇〇〇年初頭）

一九九七年一〇月の共産党第十五大会で、法をもって国を治めること、社会主義法治国家を建設することを歴史的な任務であると規定した。制度上、司法機関が独立的に司法権と検察権（検察権の行使の主体は司法機関）を行使することが規定された。しかし、改革の進度が一定ではなく、改革の統一性や規範化が不十分であったことから、司法改革と不完全な現行の法律制度の衝突が日に日に明らかとなった。

「第三段階」…司法体制改革時代の到来（二〇〇二年～）

二〇〇二年の共産党第十六回大会で、（司法改革でなく）司法体制改革を現代の司法分野の発展方向と規定し、司法機関の機構の設置を完了すること、裁判機関と検察機関の独立を制度上保障すること、司法管理制度、司法機関の業務制度と財産管理制度を改善すること、を強調した。

二〇〇五年、最高人民法院は「人民法院第二個五年改革要綱（人民法院第二次五ヶ年改革要綱）」を発布し、最高人民検察院は「関於進一歩深化検察改革的三年実施意見（三年の検察改革のさらなる深化に関する実施意見）」を発布した。

人民法院の改革要綱は、司法改革の五〇個の基本任務を提示している。例えば訴訟の効率化、公正化、執行難の解決などである。この改革要綱の実施は司法領域の体制という側面の問題に一定程度触れたものである。

現在、いっそう深化発展するという新時期に突入している。

安徽省阜陽市で律師から法官へ転身した実績が報道されている〔02-38〕。これを法曹の身分相互交流すなわち法曹一元の萌芽であるとみることができれば、国家司法試験や司法領域の体制がさらに改革されてゆく先駆けであるとも把握でき、今後の類例の報道を注目したい。

（五）律師の業務保護[86]

律師が業務中に暴力的な被害に遭遇する案件は後を絶たない。上海では二〇〇五年に律師が危害を受けたのは七件であったとか〔05-400〕、北京では法院の入口で律師が襲撃された〔05-333〕等といった報道がなされている。このような事件関係者からの暴力的攻撃等に対する業務の保護のため、例えば、珠海市では「律師業務執行保障条例」を制定している〔03-174〕。重慶では律師協会が律師の業務保護に乗り出した〔05-284〕。

律師が業務を全うするためには、事実の調査や証拠収集は必須の前提条件である。事案の実相の把握もできずに、律師としての効果的な活動は不可能である。ところが現実には律師の証拠収集を銀行が拒否したり〔05-438〕、銀行が非協力であることもあり〔05-457〕、調査・証拠収集は困難なようである〔05-372・384〕。

もちろん各地における律師協会の存在も、律師の職務権限が不完全なことによる調査難の解消に貢献している。律師の業務保護は法治プロセスの物差しである〔05-255〕、調査・証拠収集の保障をせよ〔05-275〕、律師による調査と証拠収集を制度面で保障すべきである〔07-117〕といった論陣が『法制日報』の紙面を飾るのも、実務の現場で律師の臍《ほぞ》をかむ思いを汲み取っているからにほかならない。この点での救済の必要性には法院も理解を示し、法院が証拠収集のため律師の調査に協力して執行調査令を下した〔06-82・96〕、福建省で法院が民事調査令規則を制定した〔06-116〕、鎮江法院では調査令が発効した〔06-227〕、武漢市中級法院で調査令が下された〔07-185〕などと、各地で法院による律師の調査権保障のための地方性法規が制定されている。もっとも、それでもなお、調査令はなぜ実行が難しいか〔06

〔01-170〕といった報道に接するにつけ、地方性法規が制定されることで一挙に障害が潰え去るものではなく、律師を飾り物と見なす社会観念を払拭することが生やさしいものではないことも想起できる。

また、各地の律師協会は広義の業務保護（権益保護）に該当する「非弁活動（無資格者の律師活動）に対する取締り」も抜かりなく行っている。律師詐称による訴訟代理に対して刑事罰が科せられた〔04-14〕、偽律師による詐欺に懲役五年が科せられた〔02-134〕、偽律師が逮捕された〔03-109〕等はその表れである。

もっとも、偽律師（いわゆる事件屋、非弁活動）取締りには、実は痛し痒しの諸刃の剣となる問題が伏在している。独立して活動する偽律師、例えばこの場合は律師資格から潜脱した者として、中国の律師にとってはもちろん共通の敵である。しかし一方で、律師事務所が律師資格は無いものの有能な人材を雇用律師の給与に比較して割安の賃金で雇い入れ、パラリーガルとして重用する場合、偽律師（この場合は非弁活動）との境界線は判然としない。この点は、前出の第二節第三項「(三) 律師及び律師事務所の管理」でも触れたところである。

(六) 業務保険制度による律師業務への信頼醸成、各種保険制度による律師の生活保障(87)

律師業務への信頼醸成の手法としては、業務に関する保険が考えられる。律師が業務に関して依頼者に損害を生じさせても、業務保険で塡補されれば依頼者の律師に対する信頼は維持出来うる。さらに、各種保険制度の確立・拡充による律師の生活保障も、律師自身や家族の心の安定や万一の災禍に役立つ。

まず、業務保険制度が拡充するための一契機ともなる、依頼者から委任律師に対してなされる委任契約違反を原因とする損害賠償については、二〇〇二年の時点で依頼者が律師に対し業務遅延で提訴し、三三万元の賠償金が認容された案件が耳目を集めた〔02-74〕。その間、業務保険制度に関しては律師賠償保険の支払いについて論議がなされ〔98-144〕〔02-42・66〕、さらには律師賠償保険のリスクについて論議もなされ〔05-274〕、律師業務責任の判断基準が望まれるとする責任の規範化に関する論議〔06-222〕等がなされる一方、広州律師協会では律師執務責任保険に加入させ、一事故につき最高保険金額を八〇〇万元とした〔06-221〕等、律師賠償保険金額の高額化も目立つようになった。上海でも、初の律師賠償責任保険判決が下されている〔07-71〕。

各種保険制度に関しては、天津律師協会では律師のために二重の保険（業務執行責任保険と本人についての傷害・医療保険）を掛けるようになった〔04-82〕。また律師失業保険も全面普及の様相を呈してきた〔05-30〕。

第三節　在野精神の湧出

一、律師の在野精神の湧出(88)

律師の在野精神は「権力の横暴や社会的強者からの圧力に怯まずに、人権を擁護する精神(89)」であり、在野法曹たる律師に求められる精神と言えよう(90)。

かかる精神はいかに湧出してきているのであろうか。律師によってなされた、高速道路での不条理な代金徴収（高速道路が機能せず渋滞遅延）に対する損害賠償請求の報道〔04-4〕〔05-166・244〕〔06-89〕、すなわち持ち前の訴訟を手段とした社会問題提起は、結果的に敗訴であっても、そこに潜む問題点が大きく報道され、社会の持つ矛盾に衆目を集めることに貢献できた。

この種の在野精神の湧出にかかる報道としては、この他にも次のような事例の報道がある。高速道路の機能不足問題につき提訴、銀行の小切手の様式変更に伴う旧様式の買取り請求、即席ラーメンの談合値上げへの抗議、切符の値上げで鉄道側を提訴、北京郵政会社の専用封筒と郵便費用をセット販売することにつき提訴、所属の律師事務所を提訴、律師が律師協会を提訴、律師が米国人に対し中国龍門石窟の仏像の首を返還せよと提訴〔07-90〕等々、十八番の訴訟行為等を有効活用して社会の矛盾を社会に訴えかけるあり様は、まさに在野精神の湧出と見ることが出来よう。

律師の在野精神の湧出は、国家賠償訴訟〔04-144〕においても垣間見ることができる。中国の国家賠償法[91]は、行政賠償と刑事賠償の二本立てとなっている。行政賠償は、行政機関及びその工作人員が人身権や財産権を侵害した場合に損害を賠償するものである。刑事賠償は、捜査、検察、裁判、監獄管理の職権を行使する機関及びその工作人員の違法行為による人身権や財産権の損害を賠償するものである[92]。国家賠償法施行十周年を機に最高人民検察院が明らかにした刑事賠償の実績〔08-25[93]〕は、刑事賠償を検討した案件が七八二三件、その内、刑事賠償決定をした案件が三一六七件、支給賠償金総額は五八一九・五三万元である。現在、その適用の拡充が議論されている〔08-26[94]〕。

ここで心打たれる一例を紹介しよう。貴州省遵義市法律援助センターの主任律師童新強の場合、離婚案件に伴う財産の帰属を巡り、自動車の保管場所の移転をもって窃盗罪にあたるとして身柄を拘束された。拘束期間は、一九九九年一月七日に逮捕され同年二月一三日に釈放されるまでの約三五日間に及んだ。律師童新強は、一九八六年に実施された全国初の律師資格統一試験に合格した貴州省における成績優秀な律師である。その身柄拘束による名誉回復、損害賠償を求め、一九九九年一一月九日、紅花岡区人民検察院に対して国家賠償を求めた。二〇〇一年六月五日、紅花岡区人民検察院は賠償をしない旨の決定を下した。同律師はこの決定を不服として、同月二八日、遵義市人民検察院に不服申立をなした。遵義市人民検察院が同年八月二日に下した「刑事賠償復議決定書」によれば、「律師童新強の離婚事件処理には、社会治安秩序に反する行為があったので、紅花岡区検察院が賠償しないとする旨の決定に不適切な点は無い」とするものであった。律師童新強は、この復議決定に対し、二〇〇一年九月一〇日、遵義市中級人民法院に国家賠償を提訴した。この提訴の中で、律師童新強は、人民検察院が自ら国家賠償の該当、非該当を決定するのは越権行為であり、法の容認しないものであると主張した。貴州省高級人民法院は、この越権行為論を重視して、貴州省で最初の国家賠償聴証会を招集した。その後遵義市中級人民法院は、律師童新強に対し一六〇〇元の賠償金を支払うべしと決定した。律師童新強は「一六〇〇元は少額だが、法治が存在することを証明した点に意義がある」と強調するとともに、「律師でさえ自己の権利侵害に対する国家賠償の救済は困難である。法律に疎い一般人は、いかほど困難か」と問題を提起した〔02-98〕。

在野精神の湧出という観点からすれば、国家賠償訴訟に準じる行政訴訟においても見るべき報道があった。広東省で中国初の行政訴訟[95]で不服申立がなされた報道〔05-108〕や、陝西省の行政事件で北京の律師が公安に逮捕される事態が生じた報道〔05-222〕である。くわえて、刑事弁護における接見妨害に対する救済手段としての行政訴訟も提起されている〔08-120〕。

さらに注目すべきは、中国の大学法学教育課程における臨床法学教育の出現と継続である。先述した通り、中国の法学部の学生は感性豊かな青年期に多彩な臨床法学教育を受けている。かかる学生の内の相当数は、国家司法試験に挑戦し、律師への道を歩むことになる。そして当然のことながら、学生時代に臨床法学教育で直面した中国の現実の社会矛盾に対する彼らの正義感は、律師になってからも胸の内に育まれていくことであろう。そのような律師予備軍の存在も、在野精神を湧出させる源泉である。

二、接見妨害に対する「一二元」の国家賠償請求訴訟

以下、在野精神の湧出として最も顕著な事例を二つ紹介する。どの事例においても、これに関与した律師は飾り物

としての刑事弁護を潔しとせず効果的な刑事弁護の実現を希求した。彼らは律師法、刑事訴訟法を根拠にして被疑者との接見を求め、捜査当局と闘ったが、なお妨害が継続したために国家賠償や行政訴訟を提訴したのである。まず「二元」の国家賠償を請求した訴訟の報道、「〝接見裁判〟から律師の業務環境を考える」〔04-144〕の概要を略述する。

『法制日報』（二〇〇四年七月七日）

二〇〇四年四月一二日、ある刑事事件で、広東省の律師二名が事件を担当する鉄道公安処に対し、被疑者への接見を申し立てたが、公安処は法定期限内に接見を手配しなかった。両律師は行政の不作為を理由としてこの公安処を法廷に告訴し、人民元二元の賠償を求めた。

六月二三日、広東省広州市白雲区法院において一審の開廷審理が行われ、その場で両律師の起訴を棄却すると の宣告がなされた。棄却理由は次の通りである。律師の被疑者への接見は、刑事訴訟法における被疑者の人権保障のために設けられた手続きに属し、刑事訴訟法により調整されるべきものである。法律はすでに検察機関に刑事訴訟への監督を授権しており、行政訴訟を通して法院がこれを監督すべきではない。被告と原告両名の間には、管理と被管理という行政法上の法律関係は存在しない。本件の訴訟原因となった行為は、刑事訴訟活動における被疑者の法定権利の保障に関するものであり、政令の推進等の公務行為ではない。よって、広州鉄道公安処が実施したのは行政行為ではない。被疑者への接見は、公安機関と律師が共同参加する刑事訴訟活動の一つであり、両者の間には行政法上の管理と被管理の関係はない。

そこで六月二九日、律師二名は広州市中級人民法院に一審裁定の破棄を求めた。まず被告側である公安処の主張は次のようなものであった。

【被告側】

公安処は法によって事件を処理しており、「不作為」は存在しない。

法廷審理で広州鉄道公安処は、次のように主張した。まず最初に、刑事拘留後の律師の接見の手配は、刑事訴訟法による明確な授権があってはじめて実施される行為であり、行政行為ではない。

次に、広州鉄道公安処には、原告が訴状で言うところの「不作為」は存在しない。なぜなら、広州鉄道公安処は原告に応対をしており、受任当日には刑警支隊預審隊が律師の接見の手配を担当し、それ以外の部門及び個人には手続きを行う権利は無いので、原告はこれを遵守して接見に関する手続きを行わなければならない旨を伝えている。原告は、受任二日目の午前に一度、刑警支隊預審隊を訪れたが、書類に不備があって預審隊に提出する書類を自主的に持ち帰り、その後は、提訴に至るまで接見手配の書類は未提出であり、被告が接見を手配しなかったことは法律の規定に符合するものである。

この時なされた取材に対して、両律師は次のように話した。今回の訴訟の根本的意義は勝訴か敗訴かではなく、本件を通じて各方面の関心が高まり、行政機関の法による行政が促進され、律師の業務環境が改善され、それにより中国の法制の進歩が促されることにある。これは、行政機関の法による行政を求める律師業界全体の叫びの現れである。

【業界関係者はこう語る】

「律師の〝会見難（接見困難）〟は、長きにわたって適切な解決が得られない問題であるが、これは律師の業務執行権に対する不法な制限であるばかりか、被疑者あるいは被告人の訴訟権利に対する違法な侵害でもあり、現代の法制原則に符合しないものである」と広州市律師協会執行会長の郭学進氏は語る。

【関連情報】

最高人民法院、最高人民検察院、公安部、国家安全部、司法部、全人大常務委員会法制工作委員会の「関於刑事訴訟法実施中若干問題的規定（刑事訴訟法の実施における若干問題に関する規定）」第一一条、「（前略）律師が被疑者への接見を申し立てた場合は、四八時間以内に接見を手配しなければならない。暴力団的性質のグループへの組織・統率・参加の罪、テロ活動グループへの組織・統率・参加の罪、密輸犯罪、薬物犯罪、汚職・賄賂犯罪等の重大かつ複雑な二人以上による共同犯罪事件に関して、律師が被疑者への接見を申し立てた場合は、五日以内に接見を手配しなければならない」。

三、接見妨害救済のための行政訴訟

『法制日報』二〇〇八年七月一七日〔08-120〕の記事、「国内初の律師の接見交通権要求事件には変化があり、起訴はそのまま却下される運命に」の概略は次のとおりである。

本日、北京の程海律師が本紙記者に語った。彼は新律師法第三三条により刑事事件の当事者への接見を請求したがこれを拒否され、行政機関の職責不履行を理由に海南省海口市公安局を提訴した。事件は七月一八日に海口市龍華区人民法院で開廷審理が行われる予定で、現在、海南省に向けて出発の準備を進めているという。

だが、一六日午前に、記者が龍華区法院に電話で確認したところ、法院の行政審判廷裁判官は本件には変化があり、起訴はそのまま却下される運命にあると記者に告げた。

この事件は本年六月一日の新律師法施行後、国内初となる律師の接見交通権要求の行政訴訟事件になるという。

程海律師と黎雄兵律師は、二〇〇八年六月一〇日午前九時、海口市第一看守所を訪れ、新律師法第三三条の規定により、被疑者二名に対する接見を要求したが、これを拒否された。海口市公安局、検察院等の複数の部門に訴えたが、効果がなかったため、程海律師は海口市公安局を法院に提訴し、直ちに新律師法に基づき両律師の被疑者への接見を手配するよう被告に命じる判決を法院に求めた。

「私は六月三〇日に龍華区法院からの立案通知書を受け取り、七月二日には法院からの召喚状を受け取りました。召喚状には、七月一八日に当法院で本件の開廷審理を行うと明記されていました。私は海南省に向けて出発の準備をしているところです」と、程律師は嬉しそうに記者に語った。

記者が龍華区法院に電話で確認した際、行政審判廷の職員は記者にこう告げた。「確かにそのような案件はありますが、私はその件の合議廷メンバーではないので、具体的な状況は良くわかりません。今朝、書記員が記録を取りに来た際、合議廷の法官から開廷しないことになったと言われましたが、具体的な状況は事件の主審法官に聞いてください」。

その後、記者は事件の主審である王法官に電話をかけた。

「確かに、私がこの事件を担当しています。ただ、最初に決めた七月一八日の開廷は無くなりました」、と王法官は言う。

「どうしてですか？　当事者には通知をしましたか？」と記者は尋ねた。

「当事者にはまだ通知できていないが、すぐに電話連絡をする準備がある」。王法官は次のように語る。「立案廷が最初に厳格に審査をしなかったので、こんなことになった。最高人民法院の「関於執行『中華人民共和国行政訴訟法』若干問題的解釈（『中華人民共和国行政訴訟法』の執行の若干問題に関する解釈）」の第一条第二項の二の規定に基づき、本件は行政訴訟案件の受理範囲に属していない、つまり、〝公安、国家安全等の機関が刑事訴訟法の明確な授権に基づいて実施する行為〟は、受理範囲に属さない。公安機関は刑事訴訟法の規定に基づき、刑事事件について捜査権を行使するのであり、現在、この刑事事件はまだ捜査段階にあって、受理範囲には属さないので、我々はそのまま起訴を却下します」。

そして、記者は程律師に電話をかけた。程律師は記者にこう話す。「私はまだ龍華区法院から何も正式な通知をもらっていません。もし、起訴がそのまま却下されたら、起訴却下の裁定を受けた後、我々は必ず具体的な却下理由に基づいて、上訴あるいは再起訴を行います」。

「新律師法第三三条に基づいて、私たちが当事者との接見を申し出た際、看守所は私たちに、まだ上からの通知を受け取っていないので、刑事訴訟法と関連の司法解釈に基づいて処理するしかない、と言いました。つまり、接見はできないと」。程律師はやや興奮した様子で語った。「私達が海口市公安局を提訴する理由は、まず、今回の状況は新律師法第三三条の規定に符合しており、事件処理には当事者との接見が必要であるということ。また、私たちは依頼者の合法権益と、私たち律師が正当に法によって業務を行う権利を守らなければならないということです。さらに重要なのは、今回の行動を通して、私たちが国家法制の統一性と尊厳の擁護と促進に努めるということです」。

捜査段階で被疑者を弁護人と接見させるかどうか、実践中には論争が存在しており、地方ごとにやり方もそれぞれだ、と程律師は語る。「私達は行政訴訟という形を通して、この論争を社会にはっきりと示し、関連部門にこの問題の早期解決を促したい」。

【関連情報】

「律師法」第三三条、「被疑者が捜査機関から最初に尋問あるいは強制装置を取られた日から、委任を受けた律師は律師執業証書、律師事務所証明及び委託書あるいは法律援助の公文書により、被疑者、被告人に接見し、かつ、事件に関する状況を知る権利を有する。律師の被疑者、被告人への接見は、監視を受けない」。

結　語

一、律師法制定時点での獲得目標の帰結

中国が律師法を制定した時点での獲得目標（西暦二〇一〇年・律師三〇万人体制）を達成出来たか否かの評価は、律師人員の数値からは留保せざるを得ない。しかし、反党的ではないが、社会の諸矛盾の解決に貢献し社会安定に役立つ多くの律師が、すでに相当数生み出されてきていることは確かである。

そして、中国律師の在野精神は、むしろ中国共産党によって時として生じる不条理な支配や管理、理不尽な社会矛盾を糧にして、それらを反面教師として育まれ、自力で湧き出ているかに感じられる。なかでも、在野精神湧出の源泉の一つとして指摘した、刑事弁護における「律師飾り物論」と、その矛盾を打破するための、律師による接見妨害に対する国家賠償訴訟や行政訴訟の提起は、日本における「刑事弁護形骸化論」現象と相似している。ちなみに、日本における「刑事弁護形骸化論」現象とは、刑事弁護の現場で形式上、弁護士が存在するのみで、弁護活動が形骸化してしまい、弁護士からみて刑事弁護はやりがいがないものになっている現象を指す[96]。そこでまず中国における前述

の二件の接見妨害訴訟と日本における刑事弁護の閉塞状況、とりわけ接見交通の閉塞状況を打破するための七〇件を超える接見妨害国家賠償訴訟との類似性について言及することにする。

二、日本における「形骸から実効性のある最善の弁護をなす主体の地位」奪還のための接見妨害国家賠償訴訟

「日本国憲法」は、その第三四条一項で「何人も、理由を直ちに告げられ、且つ、直ちに弁護人に依頼する権利を与へられなければ、抑留又は拘禁されない。又、何人も、正当な理由がなければ、拘禁されず、要求があれば、その理由は、直ちに本人及びその弁護人の出席する公開の法廷で示されなければならない」と定めている。この規定は、被疑者・被告人の弁護人選任権と当該選任権に基づく実効性のある最善の弁護を受けうる権利を保障したもの[97]、と言われている。しかるに、「刑事訴訟法」三九条三項は、「検察官、検察事務官又は司法警察職員（司法警察員及び司法巡査をいう。以下同じ）は、捜査のため必要があるときは、公訴の提起前に限り、第一項の接見又は授受に関し、その日時、場所及び時間を指定することができる。但し、その指定は、被疑者が防禦の準備をする権利を不当に制限するようなものであつてはならない」と定めている。捜査当局は、捜査段階つまり被疑者段階における、被疑者と弁護人との接見交通を、この指定権行使を濫用して、日本国憲法制定直後から長年に亘り妨害してきた（日本弁護士連合会発行の接見マニュアル末尾の「接見妨害国賠訴訟一覧表[98]」に全事件の紹介がなされている）。まさに、接見交通の閉塞状況は、中国のそれと、日本におけるそれとの間に、何らの違いも無かったのである。その観点からは、日本における弁護士の在野精神湧出の源泉の一つもまた、この接見交通の閉塞状況にあったのである。

しかも興味深いのは、先述した二元の国家賠償を求める訴訟において、中国の当局がなした弁明である。つまり、

広州鉄道公安処には、原告が訴状で言うところの「不作為」は存在しない。なぜなら、広州鉄道公安処は原告に応対をしており、受任当日には、刑警支隊預審隊が律師の接見の手配を担当し、それ以外の部門及び個人には手続きを行う権利は無いので、原告はこれを遵守して接見に関する手続きを行わなければならない旨を伝えている。原告は、受任二日目の午前に一度、刑警支隊預審隊を訪れたが、書類に不備があって預審隊に提出する書類を自主的に持ち帰り、その後は、提訴に至るまで接見手配の書類は未提出であり、被告が接見を手配しなかったことは法律の規定に符合するものである。

この弁明は、当局としては接見を拒否した事実はなく、律師の側に落ち度があって、偶然に結果的に接見できなかっただけである、ということである。かかる弁明は、日本における接見妨害発生後の国家賠償訴訟において、当局が持ち出すそれと軌を一にしている。日本の場合、「当局は接見妨害の意図はなかった。弁護士の落ち度で接見が実現しなかっただけである」との弁明は、国家賠償訴訟における当局側の常套句となっているのである。中国の律師も日本の弁護士も、法に則り職務に精励するための一環としてなす接見を妨害されたうえ、黒白を決着するための国家賠償訴訟において、当局から接見が実現しなかったのは「律師・弁護士の落ち度だ」と主張された際に覚える怒りと無念さこそ、まさに両国の律師・弁護士に共通する在野精神涌出の源泉にほかならない。

中国の場合には、提訴をしても、立案廷が立案決定をしない限り、訴訟自体を受理されない仕組みとなっている。したがって、立案（受理）されるか否かが勝訴への第一関門なのである。立案されない場合は、門前払いとなってしまう。先述の中国初の接見交通権要求の行政訴訟にかかわる記事の中で、

「私は六月三〇日に龍華区法院からの立案通知書を受け取り、七月二日には法院からの召喚状を受け取りまし

た。召喚状には、七月一八日に当法院で本件の開廷審理を行うと明記されていました。私は海南省に向けて出発の準備をしているところです」と、程律師は嬉しそうに記者に語った。

との律師程海の「嬉しそう」な表情は、接見妨害を受けた日本の弁護士が、国家賠償で勝訴を勝ち取った際の嬉しそうな表情と同根である。

もっとも日本の場合には日本国憲法下の三権分立体制により、接見交通権の閉塞状況を打破し、弁護人が捜査段階で単なる飾り物から実効性のある最善の弁護をなす主体の地位を奪還し、憲法の建前を現実化するための手段としての国家賠償訴訟は、行政権から隔離された司法によって判断される。現に、上述の一連の接見妨害国家賠償訴訟においても、平成一一年三月二四日、最高裁判所は大法廷で口頭弁論を開き、最高裁判所としての判断を下している。(99)

一方、中国における接見交通の閉塞状況を打破し、刑事手続きにおける律師飾り物論を返上し、中国の刑事訴訟法や律師法が明定する建前通りの律師の弁護活動を獲得するための手段としての国家賠償訴訟の帰趨は、最高人民法院が握っているのではなく、中国共産党が把握しているのである。この国家賠償訴訟の帰趨に関する結論は単なる例示に過ぎない。あらゆる局面で、同一の結論がまちかまえているのである。(100)

三、律師協会の自治と共産党の支配の矛盾(101)

在野精神を湧出させる組織的基盤でもある律師協会の自治と共産党の支配が矛盾を生じている現状にも、在野精神の湧出そのものを見て取ることができる。

かかる矛盾は、例えば、律師協会の会長人事での紛糾等で、露呈されてきている。つまり、共産党の支配は、現象的には司法局幹部から律師協会幹部への天下りと、それに反発する現業の律師たちとの律師協会人事を巡る軋轢となって報道されている。司法局幹部たる律師協会会長の会計処理を暴露する報道なども、「乱収費」の規範遵守の有無の観点から問題とされている。また、一方で妥協もある。律師協会長には生え抜き律師をあて、同時に当該律師協会に党支部を設立して、党支部書記に司法部幹部が天下りする、といった構図である。

注目すべきは、委員会活動において、共産党の支配を逸らすかに見える動きである。中華全国律師協会内部の委員会活動については、すでに三の(五)で述べたが、なんと、中華全国律師協会は刑事弁護活動に関する国際交流では、カナダ弁護士会と刑事弁護委員会との交流提携を押し進めているのである〔98-143〕〔04-226〕〔04-240〕。おそらくは、仮にこのような対外交流が米国の弁護士会との交流であれば、相当いくつもの政治的障害を乗り越えざるを得ないものと推察出来る。ちなみに、米国による中国の人権問題に関する非難は継続してなされているし、かかる非難に対する中国の反発も続いている[102]。仮に中華全国律師協会が米国の弁護士会との交流を開始すると、かかる問題が交流の機会に持ち込まれ、中国の律師協会に、多くのやっかいな火種をも持ち込むことになるのは、容易に想像できるであろう。

先述した共産党や司法部・地元司法局幹部の律師協会への天下り人事[103]は、生え抜きの律師たちの反発を買い各地の地方律師協会で公然とした反対運動が生じている。律師協会の会長や幹部人事のプロパー化は律師協会の自立[104]へ向かう傾向と表裏一体の動きと見ることもでき、共産党による律師協会支配を含む政治問題であるだけに、共産党や司法部・地元司法局幹部の慎重な対応も見て取れる。

前述したとおり、地元律師協会会長にはプロパーの生え抜き律師を就任させる一方で、当該律師協会に党の支部を立ち上げ、書記に共産党や司法部・地元司法局幹部が天下るという、律師協会を二頭立てにする一種の棲み分けや妥協も図られている。かかる現象の発現は、プロパーの生え抜き律師たちが飾り物である存在をもって良しとせず、侮りがたい力量を各地で身につけてきたこと[105]を伺わせるものである。

四、靴を濡らさない律師たち

「川岸にたたずみながら靴は濡らさない」（黒竜江省の律師倫理規定[106]）は、中国の律師に向けられた規範である。おそらく、この「靴を濡らさない」という本来の含意は次のように多義的であろう。

①律師は渉外事件では外国・外国資本と交渉したり、外国・外国資本の代理人となったりする。このような場合、愛国心を忘れ、外国・外国資本の側に心を売り渡してしまってはならない。この点は、渉外律師売国奴論に象徴される論点である。

②律師は犯罪者や反革命分子、あるいは邪教集団の刑事弁護を担当する。その際、彼らに心を許し、取り込まれて反党・反政府の流れに組み込まれてはならない。

③律師は法官などとの関係で賄賂を求められたりするかもしれない。しかし、かかる腐敗に手を染めてはならない。

そしていずれにしても、靴を濡らしたか否かの評価、すなわち濡らしたか否かの吟味判定は、今後も現在の中華人民共和国が存続する限り、政治権力を独占する中国共産党が専権をもってなすであろう。この厳然たる事実こそが、現代中国の律師にとっての最大の特色であり、その存在の矛盾の根源である。

しかし、矛盾の根源は決して絶望の根源ではない。二〇〇〇年から開始された大学の法学教育課程の下、多彩な臨床法学教育を受けた多くの学生は、国家司法試験に挑戦し、律師への道を歩むであろう。感性豊かな青年期に臨床法学教育を通して直面した中国の現実の社会矛盾に対する彼らの正義感は、律師になってからも、彼らの胸の内に育まれて、在野精神の湧出の源泉となっていく。また現に、外国の弁護士会との国際交流、律師協会の幹部人事、刑事弁護権の実効性確保のためになされる国家賠償や行政訴訟、社会格差への対応や多彩な公益活動を行うなど、現代中国の党や政府と律師とが衝突する地点で、在野精神に支えられた律師たちは中国共産党の権力構造の逆鱗に触れるのを注意深く回避しながら、換言するならば「靴を濡らさない」ように、主体的、意識的に細心の注意を払いながら、社会正義の実現に腐心している現象がある。これらの現象こそが、矛盾の根源は決して絶望の根源ではないとの根拠である。

注

（1）拙稿「中国の弁護士——その特色と課題」『中国研究月報』五四三〜五四七号（社団法人中国研究所、一九九三年）。

（2）「中華人民共和国律師法」（一九九六年五月一五日発布、二〇〇一年一二月二九日修正、二〇〇七年一月二八日修訂）。

（3）拙稿「中国の新弁護士法と今後の課題」『法律時報』八五〇号（日本評論社、一九九七年）。

（4）最高人民法院、司法部「関於規範法官和律師相互関係維護司法公正的若干規定（法官と律師の相互関係を規範し司法の公正を維持することに関する若干規定）」〔表一-26〕第七条。

（5）「中国共産党章程」（中国共産党第十七次全国代表大会にて部分修正、二〇〇七年一〇月二一日通過）総綱を参照。

（6）司法に関しても、最高人民法院保密委員会が制定した「人民法院工作中国家秘密密級事項一覧表（人民法院工作における国家機密レベル事項一覧表）」（一九九一年五月二四日発布）がある。中紀委駐最高人民法院紀検組・最高人民法院監察室編『紀検監察工作手冊 第二編』（人民法院出版社、一九九四年）二一四頁以下。

（7）「中華人民共和国憲法」（二〇〇四年三月一四日修正）第一二三条、「中華人民共和国法官法」（二〇〇一年六月三〇日修正）第二条。

（8）『人民日報』一九八九年四月二六日「社論 必須旗幟鮮明地反対動乱（社説 旗幟鮮明に動乱に反対せよ）」

(9) 律師が第二次天安門事件に参加したことを非難する文献としては、高景亮、梁淑英主編『律師実務大全』(警官教育出版社、一九九二年) 二〇頁。拙稿・前掲注(1)五三頁参照。
律師以外の幹部が多数参加していたことについては、加々美光行『現代中国の黎明』(学陽書房、一九九〇年) 一頁以下を参照。

五月の大デモンストレーションには、そうした幹部層も多数参加していたのである。

(10) 西条正「『幹部履歴表』にみる中国体制内改革」加々美光行編『叢書　現代中国学の構築に向けて (2) ――中国内外政治と相互依存』(日本評論社、二〇〇八年)。
中国は体制内改革の一環として、経済の改革開放より十年遅れて、一九八八年に、中央所管の『幹部履歴表 (幹部履歴書)』から、血筋で中国人を善玉か悪玉かの判断に長年使われ多くの幹部や庶民を苦しめてきた『家庭出身 (出身階級)』『本人成分 (本人の階級区分)』という欄を初めて削除した。……ところが、一九九九年版の『幹部履歴表』には法輪功弾圧が目的と思われる宗教信仰の欄が新設された。……この『幹部履歴表』は本人が申告するだけで済むものではない。『幹部履歴表』の提出に当たって、審査機関の公印が必要である。審査の公印がないと、提出できない。したがって、当局にすでに知られてしまった法輪功の信者は、指摘を受けて申告せざるをえないだろう。

(11) 「人民法院工作人員処分条例」(二〇〇九年一二月三一日発布)〔表2-34〕。なお、本条例は二〇〇九年の発布であるため、表1には未反映である。

(12) 浅井敦「真実と正義、語る勇気を！」『法と民主主義』三九七号 (日本民主法律家協会、二〇〇五年) 四八頁。
現行の中華人民共和国憲法は、前文第五段で、中国共産党は、中国人民を指導して中華人民共和国を樹立した旨、規定している。同じ項目を、これより以前の憲法では、中国人民は、中国共産党の指導のもとに中華人民共和国を樹立したと規定していた。

(13) 「福建省各級人民法院審判活動の『禁句』(試行)」。曹建明編『法官職業道徳教程』(法律出版社、二〇〇二年) 一四五頁以下。

(14) 「中華人民共和国民事訴訟法」(二〇〇七年一〇月二八日発布)〔表3-30〕第一〇七条、「訴訟費用交納弁法」(二〇〇六年一二月一九日発布)〔表3-28〕。

(15) 岩井茂樹「現代中国の請け負い財政」『中国近世財政史の研究』(京都大学学術出版会、二〇〇四年) 第五章。『法制日報』の記事については同一五八頁。

(16) 国務院「関於切実減軽農民負担的通知（農民負担を適切に軽減することに関する通知）」（一九九〇年二月三日公布・施行）、国務院「農民承担費用和労務管理条例（農民が受け持つ費用及び労務の管理条例）」（一九九一年一二月七日公布・施行）、中共中央弁公庁・国務院弁公庁「関於切実減軽農民負担的緊急通知（農民負担を適切に軽減することに関する緊急通知）」（一九九三年三月一九日公布・施行）、中共中央・国務院「関於切実做好減軽農民負担工作的決定（農民負担軽減工作を適切に完成させることに関する決定）」（一九九六年一二月三〇日公布・施行）、中共中央弁公庁・国務院弁公庁「関於切実做好当前減軽農民負担工作的通知（当面の農民負担軽減工作を適切に完成させることに関する通知）」（一九九八年七月二一日公布・施行）、国務院弁公庁「関於切実做好当前減軽農民負担工作的通知（当面の農民負担軽減工作を適切に完成させることに関する通知）」（二〇〇一年六月五日公布・施行）、国務院弁公庁「関於做好当前減軽農民負担工作的意見（当面の農民負担軽減工作を完成させることに関する意見）」（二〇〇六年六月一六日公布・施行）等、多数の規定や通達がある。

(17)「創収」目標値の下達に関しては、

下級の法院・審判廷・工作人員に費用徴収や「創収（収入創出）」の目標を下達する、（各級人民法院が）下級の法院や審判部門に、「創収」の目標を下達する〔表1-142〕。

「利益駆動」に関しては、

費用徴収や「創収」（収入の創出）の状況と、案件処理経費や個人の賞罰を連動させ、「利益駆動」を行う／（各級人民法院が）賞罰と訴訟費用の徴収を直接的に連動させ、「利益駆動」を行う〔表1-143〕。

なお、「創収」に関しては、任建新「在全国高級人民法院院長座談会上的講話（全国高級人民法院院長座談会における談話）」最高人民法院公報編集部『中華人民共和国最高人民法院公報全集（1985-1994）』（人民法院出版社、一九九五年）九六一頁以下、「肖揚 法院不応有経済創収任務（最高人民法院院長・肖揚　法院は経済的収入創出の任務を負うべきでない）」二〇〇四年八月五日、http://zqb.cyol.com/content/2004-08/05/content_922553.htm（中国青年報）を参照。

(18) 安部健夫「耗羨提解の研究――『雍正史』の一章としてみた」（『清代史の研究』（創文社、一九七一年）五三三頁以下。

(19) 国家の規定に反して、国有財産や国家に納めるべき罰没財物を組織の名義を以って集団で個人に分配すること（「中華人民共和国刑法」第三九六条）。

(20) 坂口一成『現代中国刑事裁判論――裁判をめぐる政治と法』（北海道大学出版会、二〇〇九年）三一七頁以下。ちなみに二〇〇五年から二〇〇七年における湖北省の地方法院の負債情況は左記資料を参照。湖北省高級人民法院課題組「改革与完善人民法院経費保障体制的調研報告」（『人民司法・応用』二〇〇九年九月号、人民司法雑誌社、二〇〇九年）六五頁以下。

(21) 鈴木賢「裁判規範としての国家法と民間社会規範の緊張関係――中国法の特徴的構造」『北東アジアにおける法治の現状と課題――鈴木敬夫先生古稀記念』（成文堂、二〇〇八年）一三五頁。

(22) 前注(20)、坂口一成『現代中国刑事裁判論――裁判をめぐる政治と法』三三七頁以下。

(23) 表1の「⑮費用徴収」〔表1-131～147〕を参照。

(24) 「法律の規定に違反し管轄権の無い案件を受理する、法律の規定に違反し受理すべきでない案件を違法に受理する」〔表1-74〕、「勝手に案件を受理する」〔表1-75〕。

(25) 「中華人民共和国人民法院組織法」は一九七九年七月五日の制定（一九八〇年一月一日施行）後、一九八三年及び一九八六年に修訂、二〇〇六年に修正が行われている。審判委員会に関する規定は、現行法（二〇〇六年一〇月三一日修正）第一〇条。

(26) 熊達雲『現代中国の法制と法治』（明石書店、二〇〇四年）一二六頁。

(27) かかる状況に直面する時、ここで指摘した法官の構造的腐敗は、共産党幹部の腐敗の一断面と見ることも出来るであろう。もちろん、党の腐敗に対する腐敗撲滅は、中国共産党大会では大会毎に叫ばれてきたスローガンである。また、二〇〇三年一二月三一日発布の「中国共産党党内監督条例（試行）」は、その第一条で党員の腐敗防止のために、党内監督を強化することを規定しており、この発布を受けて二〇〇四年一月一一日から三日間に亘って開催された中国共産党中央紀律検査委員会第三次全体会議でも、党内の腐敗に対する取締りは重大な意義があると表明している〔表4-04-5〕。最近では共産党中央紀律検査委員会と監察部が党腐敗幹部摘発のための全国統一インターネット告発サイトの開設までなして、その一掃に腐心している。

腐敗告発サイトは、「中紀委挙報網站」http://www.12388.gov.cn/xf/index.html。

「挙報網站」開設に関する報道は、「中紀委開通挙報網站 受理民衆対違紀人員検挙控告」（二〇〇九年一〇月二九日）http://politics.people.com.cn/GB/1026/10278261.html（人民網）。

(28) 『法制日報』二〇〇八年一月二六日「律師与法官的博弈——破壊了公平的訴訟博弈規則（律師と法官のゲームが公平な訴訟ゲームのルールを破壊）」。近年、律師から法官への贈賄事件が増加し、公平な訴訟のルールが乱されているとの報道〔表4-08-206〕。

(29) 国営律師事務所については一九九六年律師法の第一六条、二〇〇七年修訂の現行法では第二一〇条。なお、原文では「国家出資設立的律師事務所（国家が出資して設立する律師事務所）」。

(30) 〔05-206〕〔05-419〕〔05-217〕〔05-223〕〔07-125〕〔07-196〕〔08-71〕〔08-230・231・233〕。

(31) 「関於進一歩加強和改進律師行業党的建設工作的通知」（組通字[2008]15号）。

(32) そのほかにも、一審無罪〔01-1〕、無罪〔01-118〕、公安とぐるになって懲役五年〔04-54・05-293〕等の例もある。なお、左記に紹介する案件は、担当する刑事事件の終了直後に、当該律師が偽証罪で逮捕された案件である〔05-293〕ことから、その後の二〇〇七年一〇月二八日発布の修訂律師法第三七条第三項「律師が訴訟活動に参与する中において、犯罪の嫌疑によって、法に依り逮捕、勾留された場合は、勾留機関は逮捕、勾留実施後の二四時間以内に当該律師の家族、所属する律師事務所及び所属する律師協会に通知しなければならない」を新設導入するきっかけを作った案件と見なし得る。ちなみに、〔05-293〕の報道は、左記のとおりである。

「公衆の面前での逮捕」と「報復性の法執行」

先頃の『法制早刊』の報道によれば、安徽省の律師・王宏柱の偽証罪嫌疑事件については、先日から、第二審の審理が行われており、再び、事件が社会の注目を集めている。昨年、本件被告の王宏柱律師はある刑事事件の代理人として法廷審理を終え、法院を出たところで逮捕された。

王律師が証拠偽造嫌疑により刑法第三〇六条に抵触したとして逮捕された際、被告人や傍聴の人々はまだ法廷に残っており、法廷の外には、王律師が代理人を務める伊西才の連続収賄事件に注目する多数のメディア関係者がいた。社会的な影響は、容易に想像できる。刑事訴訟法には法院前で被疑者を逮捕できないとは規定されていないし、このような手段は何らかの意図があってのことだろうが、休廷後の法院前を選んで捕え、「公衆の面前での逮捕」を実行するということ。このような、必ずしも必要でない状況下での「公衆の面前での逮捕」は、客観的に見て、検察機関が故意に律師に恥をかかせようとした「報復性の法執行」と、人々から思われるだろう。

元々、刑法第三〇六条は、例えて言えば「地雷」よりも更に敏感な条項である。その誕生の日より、律師の世界でも、法律理論の世界でも、意見はまちまちである。ある者は、律師を特殊な犯罪主体とし、法律上で律師を差別していると批判する。また、事実上、警察と検察官が「原告」と「裁判」の両方になり、「原告」が「被告」を逮捕できるという事態を招いて、刑事訴訟法の「対抗における公正の実現」の趣旨に背き、自然正義の基本原則にも背いていると批判する者もある。検察機関が法廷上で自らと真っ向から対立し、当事者の合法権益を保護しようとする律師を攻撃する道具に用いるのではないかと、疑いを抱く者もいる。そして、この第三〇六条の条項は、「律師の頭上に吊るされた尖った刃」に例えられている。そんな中で、先のような検察機関のやり方は、明らかに状況を悪化させ、刑法第三〇六条に対する律師達の恐怖と非難を増加させている。仮に、検察機関が故意に報復目的に行ったのではないとしてもだ。

こういった「公衆の面前での逮捕」という事態の再発を防止することの必要性はもちろんだが、さらに、重要となるのは、関係機関が刑法第三〇六条を正しく適用すること、つまり、刑法第三〇六条の適用に際しての「手当たり次第」を防止することである。当然のこと、私達は世論を通して、検察機関がその影響に注意し、自らを厳しく律し、清廉を保つように呼びかけることができる。しかし、往々にして、制度上の拘束は、ある一定のレベルにおいて、道徳的感化よりも人々を承服させ、安心感を持たせられる。検察機関による刑法第三〇六条の恣意的な適用の防止という問題では、やはり、制度上で何らかの対策が為されるべきである。

まず一つには、刑法第三〇六条を、さらに「水も漏らさぬ」ような、完全なものにする必要がある。例えば、犯罪主体の確定をさらに詳細にし、「証人を誘惑して証言を変える」といった曖昧な規定を具体的にし、恣意的な適用を避ける。

この他、手続き上の保証も不可欠である。なぜなら、正に、現在の刑事訴訟法の規定があるからこそ、審理中の事件の捜査機関が律師の偽証罪嫌疑の捜査機関になることができ、審理中の事件の公訴人が律師の偽証罪嫌疑の公訴人になることができ、客観的に見て、検察機関に「もし、君たち、律師が法廷で弁を振るって、俺たち、公訴人を遣り込めれば、牢屋に繋がれる気分を味あわせてやる」という要素が与えられるのである。つまり、現在の問題をすべて刑法第三〇六条によるものとしたところで、その結果、「竇娥よりもさらに悲惨」な現象が生じるかもしれない（訳注：竇娥は元朝の関漢卿が書いた雑劇の代表作「竇娥冤」の主人公である女性。冤罪により死刑となった）。このような状況に鑑み、刑事訴訟において、この種の事件は上級機関が捜査及び起訴を行うのが、一つのやり方ではないだろうか。

(33)「中華人民共和国人民法院組織法」（二〇〇六年一〇月三一日修正）第一〇条第三項。

(34)「人民法院法庭建設標準」（二〇〇二年一〇月二三日発布、二〇〇三年一月一日施行）。

(35)「中国検察体制改革論綱」『検察機関専項業務培訓教材』（中国検察出版社、二〇〇八年）二六〇頁。

(36)法曹の癒着に関連した『法制日報』の報道。

・反腐敗や交流制限…〔98-74〕〔00-49〕〔03-19〕〔04-15〕〔04-112〕〔04-114〕〔04-148〕〔04-161〕〔04-169〕〔04-209〕〔06-128〕〔05-132〕〔06-163〕〔05-279〕〔05-443〕。

・具体的な取締り規範等…〔98-43〕〔02-165〕〔03-27〕〔04-60〕〔04-113〕〔04-253〕〔05-4〕〔07-80〕〔07-209〕。

・刑事罰と行政罰…〔05-112〕〔07-136〕。

・過度の交流禁止を戒める報道…〔05-104〕。

(37)『中国文化大革命事典』（中国書店、一九九七年）三、一三頁。

(38)日本における取調べの可視化について、小坂井久著『取調べ可視化論の現在』（現代人文社、二〇〇九年）参照。

(39)『中華人民共和国刑法』（一九九七年三月一四日修訂、二〇〇九年二月二八日第七次修正）、日本語訳は全理其訳『中華人民共和国刑法』（早稲田経営出版、一九九七年）一一五頁以下。第三〇六条は本文中に引用。

第三〇五条　刑事訴訟において、証人・鑑定人・記録人・通訳人が事件に重要な関係がある情状に関して、故意に虚偽の証明・鑑定・記録・通訳をし、意図的に他人を陥れもしくは犯罪証拠を隠匿したものは、三年以上の有期懲役または拘役に処する。情状が重いものは、三年以上七年以下の有期懲役に処する。

第三〇七条　暴力・脅迫・買収またはその他の方法を用いて、証人の証言の提供を妨げ、もしくは他人を偽証させたものは、三年以下の有期懲役または拘役に処する。情状が重いものは、三年以上七年以下の有期懲役に処する。

当事者による犯罪証拠の湮滅・偽造を幇助し、情状が重いものは、三年以下の有期懲役または拘役に処する。

司法要員が前二項の罪を犯した場合は、重く処罰する。

第三〇八条　証人に対して、打撃を与え、報復したものは、三年以下の有期懲役または拘役に処する。情状が重いものは、三年以上七年以下の有期懲役に処する。

第三〇九条　多数聚合して騒乱を起こし、法廷に乱入し、あるいは司法要員に対し暴行し、法廷秩序を著しく破壊したものは、三年以下の有期懲役、拘役、管制または罰金に処する。

第三一〇条　犯罪者であることを明知しながら、その者のために隠蔽場所・財物を提供し、逃走を幇助し、あるいは偽証をして庇護するものは、三年以下の有期懲役、拘役または管制に処する。情状が重いものは、三年以上十年以下の有期懲役に処する。

前項の罪を犯したものであって、事前に通謀したものは、共同犯罪として処断する。

第三一一条　他人の間諜行為を明知しながら、国家安全機関による関係状況の調査・関係証拠の収集に対して、その提供を拒み、情状が重いものは、三年以上の有期懲役、拘役または管制に処し、罰金を併科または単科する。

（40）前注（39）、全理其訳『中華人民共和国刑法』、一一五頁。

（41）報道された内容はまた、（一）法令の建前と現実の刑事弁護の障害には超えがたい隔たりが存在する（〔05-192・214〕〔07-166〕〔08-21〕）、（二）不条理で危険な目にあう（〔05-148〕〔06-12〕）、（三）刑事弁護制度にかなう業務が果たせない（〔03-51〕〔05-58〕〔05-183〕〔05-425〕〔05-435〕〔06-85〕〔08-95〕〔08-103〕）の三点としても要約しうる。このうち（三）の問題点は多岐にわたる。捜査段階で律師が被疑者と接見できるとの法令上の保障は画餅であり、実際にはこれができない、公安・検察により接見を妨害される、被疑者との接触が困難である、起訴後に事件記録を閲覧することを妨げられる、刑事弁護執行の保障をすべきである、刑事訴訟法の改正により刑事弁護をさらに保障すべきである、等の主張が見られる。

（42）前注（26）、熊達雲『現代中国の法制と法治』三〇八頁以下。

（43）このような弁護の充実・創意工夫・取調べの可視化に関しては下記の様な報道がある〔03-24〕〔05-171〕〔05-127・128〕〔05-270〕〔05-297〕〔05-338〕〔05-392〕〔05-399〕〔06-228〕〔07-22〕〔08-23〕〔08-20〕。

（44）前注（26）、熊達雲『現代中国の法制と法治』三〇四～三〇六頁。

（45）前注（39）、全理其訳『中華人民共和国刑法』八〇頁。

第二〇一条　納税者が偽造・変造・隠匿手段を用いまた無断で帳簿および記帳証拠を廃棄し、または帳簿に支出を多く記入し、収入を少なく記入しもしくは収入を記入せずに、税務機関からの申告通知を受けたにもかかわらず申告を拒否し、あるいは不実の申告を行い、納税せずもしくは納税額を少なくした場合は、納税の額が納税すべき額の百分の十以上百分の三十未満かつ脱税額が一万元以上十万元未満の場合、または脱税の額が納税すべき額の百分の三十以上かつ脱税額が十万元以上の場合、三年以上七年以下の有期懲役または拘役に処し、脱税額の一倍以上五倍以下の罰金を併科する。

税金の代理徴収義務を負う者が前項に挙げられる方法を用いて、徴収した税金を納めずもしくは納める金額を少なくしたときは、脱税の額が納税すべき額の百分の十以上かつ一万元以上の場合、前項の規定により処罰する。

前二項の行為を繰り返し行い、また処理されていない場合は全額を合計して計算する。

(46) 拙稿「中国特許法における余事記載救済原則の出現とその帰趨——認識容易な法における柱状節理現象モデル」『愛知大学法学部法経論集』第一七四号、（愛知大学法学会、二〇〇七年）五三頁。

(47) 前注(20)、坂口一成『現代中国刑事裁判論——裁判をめぐる政治と法』八三頁以下。

(48) 「最高人民法院関於執行中華人民共和国刑事訴訟法若干問題的解釈」（一九九八年九月二日発布、一九九八年九月八日施行）

(49) 前注(26)、熊達雲『現代中国の法制と法治』一二六頁。「審判委員会」については本章第一節を参照。

(50) 前注(20)、坂口一成『現代中国刑事裁判論——裁判をめぐる政治と法』三三七頁以下。なお、陳徳恵の案件は、律師が訴追され、当該訴追に対して中華全国律師協会が冤罪を理由に被告人律師の支援をなし、検察当局と対峙した類似点からは、一九八三年一一月に遼寧省台安県で発生した、先行の律師三名に対する冤罪事件を彷彿させる。この律師三名は（この弾圧の過程で）弁護士資格も剥奪された。前注(1)、拙稿「中国の弁護士（四）——その特色と課題」一二六頁。季衛東『現代中国の法変動』（日本評論社、二〇〇一年）三九一頁、参照。また、この事件の経緯については、「台安律師案真相」http://www.mzyfz.com/news/mag/r/20091220/091712.shtml（民主与法制網）。

(51) 苗有水『北京大学刑法学博士文庫　保安処分与中国刑法発展』（中国方正出版社、二〇〇一年）。

中華人民共和国建国後まだ日も浅い一九五五年八月二五日、中国共産党中央は、中国社会の各分野に潜む反革命分子や敵対勢力を摘発し共産党政権の基盤を安定にするために「隠匿している反革命分子を徹底的に粛清する指示」を公布した。この指示が労働教養制度の始まりである。指示の内容は二つ。反革命分子や敵対分子は、刑を言い渡し労働改造させるか、労働教養機関に集中させ有給作業をさせる。

つまり、労働教養は、刑事政策上の保安処分の一種である。

（52）前注（26）、熊達雲『現代中国の法制と法治』二二二頁以下。
（53）王恒勤『中国監獄労教改革新論』（群衆出版社、二〇〇三年）一一二頁。ＷＴＯに加入する以上、受刑者に法律の保障を全うできる法制建設が必要である、とする。
（54）「呉愛英同志在全国律師隊伍建設工作会議上的講話（全国律師隊伍建設工作会議における呉藍英同志の講話）」『中国司法行政年鑑二〇〇七』（法律出版社、二〇〇七年）三八頁。
（55）「司法行政工作簡介」http://www.moj.gov.cn/index/content/2006-04/30/content_900525.htm（司法部ホームページ）「国務院の組織機構」http://lt.china.com.cn/japanese/78375.htm（中国網・チャイナネット）
（56）以下にその例示として、報道内容を列挙する〔01-42〕〔02-87〕〔03-31・45〕〔06-39〕〔06-79〕〔06-226〕〔07-12〕〔07-70〕。
（57）以下に、この律師及び律師事務所の管理に関する記事を列記する〔05-16〕〔05-90〕〔05-118〕〔05-190〕〔05-201〕〔05-262〕〔05-393〕〔05-397〕〔06-38〕〔06-112〕〔07-30〕〔07-44〕〔07-85〕〔08-61〕〔08-68〕。
（58）「中華人民共和国律師法」第四六条。
（59）高宗澤律師略歴（所属する金杜律師事務所のホームページ掲載情報より）。http://www.kingandwood.com/lawyer.aspx?id=gao-zongze&language=zh-cn

執業領域

主な業務領域は海商法、国際貿易法、国際金融法、国際投資法等の民商事法律事務、特に国家重大プロジェクト及び重大外商投資プロジェクトの商談、契約書の起草・修正、及び重大な訴訟・仲裁案件の代理。

業務経歴

大連海運学院、中国社会科学院研究生院を卒業し、法学修士学位を取得後、米国のコロンビア大学、ヒルマン・スリム律師事務所、ドイツのレーゲンスブルク大学法学院で研修及び講義を行う。金杜律師事務所に入所以前には中国社会科学院研究生院講師、中国法律事務センター主任、中国法律服務（香港）有限公司董事長・総経理等の職務を務める。

一九八二年律師資格を取得、一九九九年四月第四期全国律師協会会長に選出され、二〇〇二年五月第五期全国律師協会会長に選出される。

現在、就任している主な社会職務は全国政治協商会議委員、国際律師連盟副主席、環太平洋律師協会主席、中国法学会常務理事、中国海商法協会副主席、中国国際経済貿易仲裁委員会委員・仲裁員、中国海事仲裁委員会仲裁員、ストックホルム商会仲裁院仲裁員、中国社会科学院法学院特別招聘研究員・特別招聘教授、中国政法大学兼職教授、国家司法試験委員会委員、最高人民法院特別招聘諮問員等。

全国先進工作者、全国第一回十大律師、司法部系統英雄模範者、司法部直属機関優秀共産党員等の栄誉称号を受け、現在は国務院の突出貢献者特別専門家手当を受けている。

(60) 「土律師」を本当の職業律師ではないのに、不十分な法律知識をもとに法律相談に乗る者のことを軽蔑的に言うことがある。

(61) 「律師職業道徳和執業紀律規範（律師の職業道徳及び執業紀律規則）」（二〇〇一年一一月二六日、中華全国律師協会修訂）。

第一二条　律師は積極的に社会公益活動に参加しなければならない。

(62) 〔02-87〕〔03-11〕〔03-38〕〔07-4〕〔07-5〕。

(63) 〔05-73〕〔06-81〕〔06-99〕〔06-124〕〔06-211〕〔07-61〕。

(64) 「農民律師」とは、律師の資格は無いが基礎的な法律知識を有し、農民のために働く農村の基層法律工作者を指す。健世珍は海青省西寧市鮑家寨村の「農民法律之家」で村の法律顧問、法制宣伝員として、村民にさまざまな法律サービスを提供している。高校卒業後に都会で出稼ぎをし、十数年間の勉強を経て、二〇〇五年に青海省基層法律服務工作者の資格証と執業証を取得。

「『農民律師』健世珍」http://npc.people.com.cn/GB/28320/51965/51966/4453773.html（人民網）。

(65) 〔03-93〕〔03-195〕〔04-9〕〔04-67〕〔05-5〕〔06-72〕〔07-28〕〔07-204〕〔08-79〕。

(66) 二〇〇三年一〇月、温家宝総理が重慶市を視察した際、農村で偶然に出会った農民・熊徳明から、彼女の夫が出稼ぎの工事現場で働いた賃金が支払われず、生活苦に瀕しているとの訴えを受けた。温総理は自ら、この賃金不払い問題の解決を指示し、その日の夜には、一年近くも不払いであった二〇〇〇元余りの賃金全額が彼女の家に届いたという。この出来事は大きな反響を呼び、農民工の賃金不払い問題に対する社会の関心が高まるきっかけとなった。「驚動総理的民工欠薪」http://unn.people.com.cn/GB/22220/30701/31008/2248768.html（人民網）。

(67) 律師が自身の携帯料金に一〇元／月の不明瞭な費用が含まれているとして、携帯通信会社等を訴えた事件。訴訟での要求は①賠償金三二〇元（不当に徴収した費用の二倍）、②書面での公式謝罪、③訴訟費用全額負担。〔05-455〕の記事は、同じ律師がさらに、同じく携帯電話の別のサービスの費用徴収を訴えた事件である。

(68)「公益訴訟に刃を振る『三剣客』」というタイトルで、公益訴訟に取り組む三人の若手律師が紹介されている。三人は、一般テレビ放送の視聴で料金を徴収する会社を提訴した。この会社は、一般のテレビ放送電波に細工をし、特別な機器と契約が無ければ正常な視聴ができない状態にし、地域住民から視聴の費用を徴収していた。

(69) 季衛東『現代中国の法変動』（日本評論社、二〇〇一年）四四一頁以下。

(70) 前注(3)、拙稿「中国の新弁護士法と今後の課題」、五五頁（注四五）。

「軍弁護士制度」は、一九九三年三月司法部と人民解放軍総政治部が連合で発出した通知により、正式に発足した。活動の対象を民間ではなく人民解放軍とする弁護士として位置づけられた（石成林「関於軍隊律師工作特点的理論探討」『法学雑誌』一九九五年第五期（一九九五年九月二五日）三九頁）。その活動領域は、軍人の家族の民事紛争の処理の援助等にまで及んでいる（王志国「軍隊律師幇了他（軍弁護士は彼を援助した）」『解放軍報』一九九六年四月二一日、三面）。

なお、二〇〇七年修訂「律師法」においては、第五七条に軍隊律師に関する規定を設けている。

(71) 李亜学『少年教養制度比較研究』（群衆出版社、二〇〇四年）二九七頁以下。なお、貧困者扶助とは様相を異にするが、少年刑事事件における法律扶助や律師による強制弁護も、今後の発展に注目すべき中国律師の活躍の場である。

(72) 以下に社区でのボランティア活動に関する記事を列記する〔03-138〕〔05-82〕〔06-113〕〔06-215〕〔07-82〕〔08-237〕。

(73)「一四八電話」とは、「警察一一〇番電話」に似せて発案された法律サービスホットライン（「一四八」の音が「要司法（司法が必要）」に似ていることから）。全国的に一四八番の電話番号で、地域の司法局員が電話相談はもちろん、時には紛争の現場にまで出かけて、もめ事の迅速処理解決を目論んだ制度である。一四八電話については、浅井加葉子「中国で新設された一四八法律サービスホットラインについて――開花する基層法制工作」『中国研究月報』六六三号（中国研究所、二〇〇三年）を参照。

なお、これに関する記事には次のようなものがある〔98-68〕〔99-24〕〔00-85〕。

(74)「信訪」は「来信来訪」の略で、政府機関に対する投書・陳情のこと。「信訪条例」（二〇〇五年一月一〇日発布、同年五月一日施行）第二条には、公民、法人あるいはその他の組織が、封書、電子メール、ファックス、電話、訪問等の方法で、各級人民政府、県級以上の政府工作部門に対して事情を報告し、建議や意見の提出あるいは要求の訴えを行い、関係行政機関が法に依りこれを処理する活動であると定められている。

(75) 中国では一九八三年以降「厳打（厳厲打撃刑事犯罪活動）」と呼ばれる犯罪撲滅のための運動が中央政府によってなされ、特定の犯罪に迅速に重罰を与えることをもってその目的としていたが、かかる刑事手続きも、WTOへ加盟するという観点から、罪刑法定主義、無罪推定原則、人権保障原則を堅持すべきとの法官の論文も発表されている。鄒偉ほか「論新時期的厳打方針」貴州警官職業学院学報二〇〇二年第三期（貴州警官職業学院、二〇〇二年）一四頁以下を参照。

(76) WTO加盟の影響については、中国では、「中国のWTO加盟はまず政府のWTO加盟からだ（中国的入世、首先是政府的入世）」と、半ば揶揄されていた。つまり、WTOに加盟しWTOの理念である、「開放、平等、公平、透明」の理念の実現を世界に公約するためには、「中国の政府の政策の変更をまず行うことになる」、との揶揄である。ちなみに、中国のWTO加盟が発効した二〇〇一年一二月一一日の約二三ヶ月前である二〇〇〇年一月八日九日に、中華全国律師協会が北京で開催した「WTOと中国律師業」を標題とする研究討論会（約六〇〇人参加）では、「中国のWTO加盟により『開放、平等、公平、透明』の理念が、市場においても、律師の業務自体においても求められ、律師の社会的地位も必然的に向上する」と、指摘されていた。李文良主編『WTO与中国政府管理』（吉林人民出版社、二〇〇三年）一頁、三五四頁以下を参照。

(77) 国家司法試験制度、法曹養成については、木間正道ほか『現代中国法入門』（有斐閣、第五版、二〇〇九年）三二一頁以下を参照。

(78) 中国司法部は、司法試験合格者数、律師登録者数については、その人数を公表していないとのことである。公表していないことについては、二〇一〇年六月、中国監獄学会副会長沈白路氏（元中国司法部律師司司長）及び弁護士法人キャスト代表弁護士村尾龍雄氏のそれぞれにお手を煩わし、二度に亘り、同部に確認をさせて頂いたところである。

(79) 司法部副部長・劉颺「国家統一司法考試制度的建立和完善」『国家司法考試補導用書』（法律出版社、二〇〇五年）二一頁以下。

(80) 国家司法試験での紀律違反行為の処分に関する規定は、「国家司法考試違紀行為処理弁法（試行）」（二〇〇二年三月一三日発布・同三月三〇日施行、新法施行により廃止）、「国家司法考試違紀行為処理弁法」（二〇〇五年七月二九日発布・同九月一日施行、新法施行により廃止）、「国家司法考試違紀行為処理弁法」（二〇〇八年九月一六日発布・施行）がある。

また、受験規則を定めたものとしては、「国家司法考試応試規則」（二〇〇五年七月二九日発布、同九月一日施行、新法施行により廃止）、二〇〇八年発布の「国家司法考試応試規則」（二〇〇八年九月九日発布・施行）がある。

(81) 国家司法試験の実施に関する規定は、「国家司法考試実施弁法（試行）」（二〇〇一年一〇月三一日発布、二〇〇二年一月一日施行）、修訂後の新法は「国家司法考試実施弁法」（二〇〇八年八月一四日修訂）。紀律違反者の刑事責任については、二〇〇八年修訂法の第二〇条。

(82) 『法制日報』の紙面にも多数の司法試験受験産業関係の広告掲載がある〔04-69~71・84・107〕〔05-93・98・130〕〔06-44・45・58・77〕〔07-21・46・66・95〕〔08-92〕。

(83) 二〇一〇年四月二四日、早稲田大学で開催された日本学術振興会科学研究費臨床法学グループ主催・臨床法学教育シンポジウム「アジアにおける法曹養成と臨床法学教育——日中韓の制度改革とその課題」における清華大学教授・王晨光中国臨床法学教育委員会委員長の報告「中国における法曹養成と臨床法学教育」（於、早稲田大学）による。

(84) 前注(77)、木間正道ほか『現代中国法入門』三〇九頁以下。

(85) 季衛東『中国的裁判の構図』（有斐閣、二〇〇四年）二三五頁。

(86) 業務妨害等に関する記事を以下に列記する〔03-174〕〔05-212〕〔05-284〕〔05-333〕〔05-400〕〔06-48〕〔06-176〕。

職務権限（調査権限）の拡大への貢献に関する記事を以下に列記する〔05-255〕〔05-275〕〔05-372・384〕〔05-428〕〔05-438〕〔05-457〕〔06-82〕〔06-96〕〔06-116〕〔07-117〕〔06-170〕〔06-187〕〔06-227〕〔07-185〕。

偽律師（非弁活動）取締りに関する記事を以下に列記する〔02-134〕〔03-109〕〔04-14〕。

(87) 業務保険制度に関する記事を以下に列記する〔02-42・02-66・98・144〕〔02-74〕〔02-28・05-265〕〔03-160・03-161〕〔04-82〕〔05-274〕〔06-221〕〔06-222〕〔07-71〕。

各種保険制度に関する記事を以下に列記する〔04-82〕〔05-30〕。

(88) 在野精神の湧出に関する記事を以下に列記する〔02-26〕〔02-179〕〔04-4〕〔05-125〕〔05-166・244〕〔05-169〕〔05-245〕〔05-320〕〔06-89〕〔06-140〕〔07-72〕〔07-90〕〔08-18〕〔08-47〕〔08-48〕〔08-56〕〔08-215〕〔08-227〕。

(89) 前注(3)、拙稿「中国の新弁護士法と今後の課題」、五六頁（注五五）。

「在野精神」は、「在野性」を生み出す源泉である。前述した弁護士に対する多数の地方法規中には、「剛直不阿、不畏権勢（剛直でへつらわず、権勢をおそれない）」等の倫理規範を含んだものも多く、弁護士に「在野精神」が必要であるとの認識が一般的であることを示している。

(90) 前注(69)、季衛東『現代中国の法変動』三七六頁。

中国の弁護士は、人権擁護という職業的理念の樹立にあたって、次のような権威の資源を動員することが可能である。(一)人間疎外や、実質的不平等などの社会的弊害をなくそうとするマルクスの理論……。(二)中国が参加している国際的人権条約や国際交流を通じての法イデオロギーの伝達……。(三)環境保護、消費者利益の保護、労働条件の改善、女性あるいは少数民族の地位向上などをめぐる市民の団体と運動は、政治体制の相違を超えて、弁護士の職業的理念に実践の場および新しい言説を提供……。

(91) 「中華人民共和国国家賠償法」（一九九四年五月一二日発布）。

(92) 張正劉主編『国家賠償制度研究』（中国人民大学出版社、一九九六年）。

(93) 〔08-25〕によれば国家賠償法に関連し、法院や検察機関は制度上の矛盾の存在、とともに「賠償難」解消の必要性を提起している。例えば、汚職で逮捕された政府役人が、結局は証拠不十分で不起訴（棄却）になる。この場合、誤った逮捕として賠償の対象になるのか否か。法院は賠償対象になるとし、検察機関は無罪ではないので対象外と判断するが、現行制度では、賠償義務機関（ここでは、検察）の確認手続きを経なければ、賠償請求は受理されない。すなわち、賠償請求は困難である。

(94) 最高人民法院賠償委員会弁公室編『国家刑事賠償手冊』（人民法院出版社、一九九五年）。

(95) この中国初の行政訴訟事件（陳錦洪が佛山市経済委員会による権利侵害を訴え、行政賠償を請求した事件）では、二審で佛山市経済委員会の違法行為は認められたものの、高額の賠償金は認められなかった。そこで、原告・陳錦洪は最高人民法院と広東省高級人民法院に、それぞれ不服中立をした。しかし、最終的に地位回復等の救済は得られたものの、損害賠償請求は容認されなかった。

(96) 日本弁護士連合会ほか『第九回刑事弁護経験交流会報告集・弁護権の侵害をめぐる諸問題』（日本弁護士連合会ほか、二〇〇〇年）一頁。

(97) 上口裕『刑事訴訟法』（成文堂、二〇〇九年）一七四頁。

(98)　柳沼八郎・若松芳也編著『接見交通権の現代的課題』（日本評論社、一九九二年）。柳沼八郎・若松芳也編著『新　接見交通権の現代的課題　最高裁判決を超えて』（日本評論社、二〇〇一年）。日本弁護士連合会・接見交通権確立実行委員会編『接見交通権マニュアル』（日本弁護士連合会・接見交通権確立実行委員会、第一二版、二〇一〇年）一七三頁。

(99)　最高裁判所平成五年（オ）第一一八九号、平成一一年三月二四日大法廷判決（『判例時報』一六八〇号七二頁、『判例タイムズ』一〇〇七号一〇六頁）。

(100)　宇田川幸則「書評　小口彦太『現代中国の裁判と法』」『社会体制と法』五号（社会体制と法研究会、二〇〇四年）九六頁。

(101)　以下に、律師協会の自治と共産党の支配に関する報道を列記する〔02-148〕〔03-72〕〔03-110〕〔03-191〕〔04-100〕〔04-271〕〔05-85〕〔05-178〕〔08-51〕〔08-55〕〔08-70〕〔08-134〕〔08-269〕。

(102)　二〇一〇年には米国国務省発表の「二〇〇九年国別人権報告書」（三月一一日）に対し、中国国務院新聞弁公室が「二〇〇九年美国的人権記録（二〇〇九年米国の人権記録）」（三月一二日）を発表した。「二〇〇九年国別人権報告書」http://tokyo.usembassy.gov/j/p/tpj-20100311-78.html（在日米国大使館）、「二〇〇九年美国的人権記録」http://news.xinhuanet.com/world/2010-03/12/content_13158507.htm（新華網）、「国務院弁公室が『二〇〇九年米国人権記録』発表」http://jp.china-embassy.org/jpn/zgbk/t663945.htm（中華人民共和国駐日本国大使館）。

(103)　前注(26)、熊達雲『現代中国の法制と法治』一六八頁。

(104)　日本の場合は「弁護士法」により、日本弁護士連合会による弁護士自治が制度化されている。

(105)　二〇〇八年には律師登録後の業務従事期間一四年、三十八歳の劉正東が上海律師協会の会長に就任した。国内律師協会会長を初の七〇年代生まれの律師協会生え抜きの律師が務める。

(106)　前注(1)、拙稿「中国の弁護士（五）——その特色と課題」、一二一頁。

【謝辞】この論考の執筆にあたり、旧浅井正法律特許事務所スタッフの長田民氏、魏麗君氏、愛知大学法科大学院非常勤講師野田雄二朗弁護士を始め多くの方々の熱いご援助を受けました。ここに謝して記します。

表1　倫理規範等に列記された禁止条項一覧表

（2007年５月31日時点）

注：規範欄の「表2」は「法官及び法院工作人員に対する主な倫理規範等」、「表3」は「人民法院の訴訟費用徴収及び財務管理に関する規定」の表、及び、表中の番号を指し、末尾の（　）内の番号は各規範における条文番号を指す。

区分	番号	禁止及び処分対象となる行為の内容	規範
①政治活動	1	●国家の声誉を損なう言論を散布する、不法組織に参加する、国家に反対することを目的とした集会・デモ行進等の活動に参加する、ストライキに参加する。	表2-7(30) 表2-18(32) 表2-25(3)
②宗教活動	2	●邪教的性質のある組織に参加する。	表2-20(41)
③情報漏洩	3	●国家の機密保持規定に違反し、国家の機密を漏洩する、あるいは不注意による漏洩で好ましくない結果を生じさせる。 ●国家機密を漏洩する。	表2-3(12) 表2-7(30) 表2-18(32) 表2-25(8) 表3-2(1)
	4	●審判上の秘密を漏洩する。	表2-5(17) 表2-7(30) 表2-18(32) 表2-25(8) 表2-26(5) 表3-2(1)
	5	●合議廷の評議や審判委員会が討論する案件の具体的な状況や記録、その他の審判や執行工作の秘密を漏洩する。	表2-12(43) 表2-25(8)
	6	●当事者やその代理人、弁護人に案件の審理状況や案件を担当する法官の連絡先、その他の関連情報を与える、漏洩する。 ●当事者やその関係者に案件の内容を漏洩する、情報を知らせる、及び、その他の方法で案件の具体的内容を漏洩する。	表2-20(14) 表2-25(8)
	7	●投書・陳情工作中に知り得た国家秘密、商業秘密、個人のプライバシーを公表する、使用する。	表2-30(74)
	8	●他の法官が担当する案件の審理状況、関連情報を聞き出す。（審判や管理の職責を履行する場合を除く）	表2-20(14)
	9	●（職務外活動において）非公開の審判の情報、審判の過程で知り得た商業秘密、個人のプライバシー、その他の非公開情報を公表する、使用する。	表2-20(42)
	10	●（執筆、教授等の司法職務外の活動に従事する際）執筆、教授の過程で、職務中に知り得た国家秘密、商業秘密、個人のプライバシー、その他の非公開情報を公表する、使用する。	表2-30(82)
	11	●（法院工作に関してメディアからの取材を受ける際）取材を受ける際に、職務中に得た国家秘密、商業秘密、個人のプライバシー、その他の非公開情報を公表する。	表2-30(83)

④回避・忌避	12	●法官相互に夫婦関係、直系血族関係、三代以内の傍系血族関係、姻族関係がある場合に、同時に下記の職務を務める。 ・同一の人民法院の院長、副院長、審判委員会委員、廷長、副廷長。 ・同一の人民法院の院長、副院長、審判員、助理審判員。 ・同一の審判廷の廷長、副廷長、裁判員、助理審判員。 ・上下相接する級の人民法院の院長、副院長。	表2-7(15) 表2-18(16)
	13	●一つの審判手続きにおいて、案件の審判工作に関わった審判人員が、同一案件のその他の手続きの審判に関わる。	表2-15(3)
	14	●法定の回避事由があることを知りながら、故意に、自ら回避することをせず、案件の公正な審理に影響を及ぼす。 ●法定の回避条件に符合する申請に対して、故意に回避決定を出さず、案件の公正な審理に影響を及ぼす。	表2-11(6) 表2-12(24)
	15	●人民法院を離任後、元に任職していた法院が取り扱う案件の訴訟代理人、弁護人を務める。	表2-18(17)
	16	●離任後２年以内に、訴訟代理人、弁護人を務める。（当事者の近親族、後見人として訴訟を代理する、あるいは弁護を行う場合を除く） ●人民法院を離任後２年以内に、律師の資格で訴訟代理人、弁護人を務める。	表2-15(4) 表2-18(17)
⑤配偶者・子女	17	●法官の配偶者や子女が、その法官の任職する法院が取り扱う案件の訴訟代理人、弁護人を務める。 ●審判人員や法院のその他の工作人員の配偶者、子女、父母が、その審判人員等の所属する法院が審理する案件の訴訟代理人、弁護人を務める。	表2-15(5) 表2-18(17)
	18	●指導幹部の配偶者や子女が、その所轄地区で律師事務所を経営する。	表2-16(1)
	19	●最高人民法院の院長・副院長、及び、立案廷、刑事審判廷、民事審判廷、行政審判廷（賠償弁公室）、審判監督廷、執行弁公室等の業務部門の指導幹部の配偶者、子女が律師事務所で訴訟代理活動に従事する。その他の指導幹部の配偶者、子女が、同法院が審理する案件において訴訟代理人等の有償の法律服務活動に従事する。	表2-16(2)
	20	●指導幹部の配偶者や子女が、同法院が審理する案件において競売、換金、評価等の仲介活動に従事する。	表2-16(3)
	21	●指導幹部の配偶者や子女が、同法院及び下級法院機関で、商品売買、大口物品調達の入札等の商務活動に従事する。	表2-16(4)
	22	●指導幹部の配偶者や子女が、同法院及び下級法院機関で、法服の製作やインフラ工事の請負、執務施設の改造、及び営利目的の会議接待、職員研修、娯楽、自動車修理等の活動に従事する。	表2-16(5)
	23	●指導幹部の配偶者や子女が、同法院及び下級法院機関との間に、経済担保関係を生じさせる。	表2-16(6)
⑥兼任・兼職	24	●人民代表大会常務委員会の構成員を兼任する、行政機関・検察機関の職務を兼任する。	表2-7(14) 表2-18(15)
	25	●律師を兼任する、法律顧問を兼任する。 ●企業・事業組織の法律顧問等の職務を兼任する。	表2-7(14) 表2-18(15) 表2-20(28) 表2-25(13)
	26	●有償の仲介活動に従事する。	表2-25(13)

⑥兼任・兼職	27	●第二の職業や有償の仲介活動に従事する。	表3-2(3)
	28	●商売をして金儲けをする。	表2-3(12)
	29	●企業・事業組織の職務を兼任する。 ●経済主体の中で兼職する。 ●企業やその他の営利性組織の中で職務を兼任する。	表2-7(14) 表2-18(15) 表2-25(13) 表2-30(4)
	30	●(在職中の職員が) 人民法院が所属する事業単位が経営している会社、及びその他の経済主体の中で職務を兼任する。	表3-2(3)
	31	●(各種の社会団体組織、親睦活動への参加招待を受けた際) 営利性の社会団体組織に参加する。	表2-30(81)
	32	●営利性の経営活動に従事する。 ●個人で商売をする、企業を経営する。 ●営利性の活動に従事する、参加する。	表2-7(30) 表2-18(32) 表2-25(13) 表2-30(4)
	33	●(人民法院や人民法院の職員が) 商売を営み、手中の審判権を利用して経済的利益の獲得を謀る。	表3-2(3)
	34	●営利性社団組織や法官の影響力を利用して金儲けをする可能性のある社団組織に参加する。	表2-20(43)
	35	●法官の清廉潔白なイメージに対する、公衆の不信感を生じる可能性がある商業活動やその他の経済活動に従事する。	表2-20(25)
⑦法官の中立	36	●一方の訴訟当事者に肩入れする。	表2-30(3) 表3-2(1)
	37	●(訴訟当事者が言い争いをする、あるいは互いに人身攻撃を行った際) 一方に肩入れする。	表2-30(32)
	38	●無断で、担当する案件の当事者やその代理人に面会する。 ●無断で、一方の当事者やその代理人に単独で面会する。 ●無断で、一方の当事者やその依頼する律師に面会する。	表2-12(25) 表2-20(8) 表2-25(14) 表2-26(3) 表2-30(4)
	39	●担当する案件の当事者に、律師や代理人を推薦・紹介する。(法律が規定する場合を除く) ●当事者に、その代理人や弁護人として、律師を推薦・紹介する。 ●当事者に、代理人、弁護人、仲介機関を推薦・紹介する。	表2-12(23) 表2-26(6) 表2-30(4)
	40	●律師に代理や弁護等の法律業務を紹介する。 ●律師やその他の人員に、案件の処理を紹介する。 ●律師やその他の人員に、案件の代理を紹介する。(法律が規定する場合を除く)	表2-12(23) 表2-26(6) 表2-30(4)
	41	●当事者、代理人、弁護人のために、案件を担当する法官に連絡する、紹介する。	表2-20(14)
	42	●係争中の案件について、当事者、代理人、弁護人に、助言的意見や法律的意見を与える。 ●規定に違反して、当事者やその依頼する律師に、助言的意見や法律的意見を与える。 ●規定に違反して、当事者、代理人、弁護人に、助言的意見を与える。	表2-20(28) 表2-26(6) 表2-30(4)

⑦法官の中立	43	●判決前に、言葉、表情、行為を通して、裁判結果に対する自己の見地や態度を流露する。	表2-20(11)
	44	●(立案後、当事者から、証拠の有効性や勝訴の可能性等の具体的な質問を受けた際）当事者に対して偏向的な意見を与える。	表2-30(19)
	45	●担当律師の変更を示唆する。	表2-26(6)
	46	●職責の履行時に、当事者やその他の訴訟参加者に対して、言葉や行為で差別を表す。	表2-20(10)
	47	●無断で、下級人民法院の審判工作に干渉する。 ●無断で、下級人民法院が審理中の案件に関与する。	表2-11(7) 表2-12(26) 表2-20(13)
	48	●二審の案件について、上級人民法院に個人的な処理建議、意見を提出する。	表2-20(13)
	49	●他の担当者や他の法院が審理する案件に、影響を及ぼす。 ●当事者、代理人、弁護人のために、案件の内容を問い合わせる。 ●当事者、代理人、弁護人に、案件の担当者や合議廷の他のメンバーの連絡先を教える。	表2-30(3)
	50	●他の法官が審理中の案件に対して、評論を発表する。(審判の職責の履行に基づくもの、適切な手続きによるものを除く)	表2-20(13)
	51	●行政機関、社会団体、個人からの干渉を受ける。 ●法律の規定によるもの以外の影響を受ける。	表2-20(2) 表2-30(3)
	52	●当事者やその依頼する律師が案件の審理に対して、各種の人脈を利用し、不正な手段で行う、干渉や影響を受ける。	表2-26(2)
⑧出廷時	53	●口実を設けて開廷を遅延させる。 ●理由無く、開廷時刻を変更する。 ●欠席、遅刻、早退、勝手な入退室をする。	表2-20(33) 表2-26(9) 表2-30(26)(27)
	54	●法廷審理活動と無関係な事をする。	表2-20(33) 表2-30(28)
	55	●通信機器を使用する、審判席で喫煙する、勝手に審判席を離れる。	表2-30(28)
	56	●飲酒後に、法廷審理に参加する。	表2-30(28)
	57	●当事者やその他の訴訟参加者の発言を勝手に遮る。(法廷秩序の維持や法廷審理の必要によるものを除く)	表2-20(32)
	58	●当事者やその他の訴訟参加者に対して、不当な訓戒や不適切な発言をする。	表2-20(32)
	59	●訴訟中のどちらか一方に、親しみの態度を示す。	表2-30(27)
	60	●偏向性を帯びた言葉で質問を進める。	表2-30(28)
	61	●当事者やその他の訴訟参加者と論争する、口論する。	表2-30(28)
	62	●当事者、代理人、弁護人等の陳述を勝手に遮る。	表2-30(29)
	63	●当事者、代理人、弁護人が、重複する意見や案件とは無関係な意見を発表した際、横柄な言葉で非難する。	表2-30(29)
⑨適正手続	64	●私情にとらわれて法を曲げる。	表2-5(13) 表2-7(30) 表2-18(32) 表2-25(5)

⑨適正手続	65	●審判工作·執行工作中に、故意に、事実と法律に反し、法を曲げて裁定·決定を下す。	表2-25(5)
	66	●故意に法律の規定に違反し、減刑や仮釈放の条件に符合しない犯罪者に対して、減刑や仮釈放の裁定を下す。	表2-11(21) 表2-12(58)
	67	●私情にとらわれて不正を行い、減刑、仮釈放、暫時監獄外執行の条件に符合しない犯罪者を、減刑、仮釈放、暫時監獄外執行にする。	表2-25(5)
	68	●故意に法律の規定に違反し、強制措置をとる。	表2-11(19)
	69	●無断で、執行案件を処理する、借金の返済を請求する、犯罪容疑者を訊問する。	表2-12(60)
	70	●強制措置に過失行為があり、人を重傷・死亡に至らしめる。	表2-11(19) 表2-12(57)
	71	●故意に、当事者やその他の訴訟参加者、訴外人に対して、違法に拘留等の強制措置をとる。	表2-25(9)
	72	●強制措置を濫用し、「人質」の留置を執行の手段とする。	表3-2(1)
	73	●法律の規定に違反し、無断で、受理すべき案件を受理しない。	表2-11(5) 表2-12(22)
	74	●法律の規定に違反し、管轄権の無い案件を受理する。 ●法律の規定に違反し、受理すべきでない案件を違法に受理する。	表2-11(5) 表2-12(22) 表2-30(13) 表3-2(1)
	75	●勝手に案件を受理する。	表2-11(5) 表2-12(22)
	76	●過失により、受理すべき案件を受理せず、あるいは受理すべきでない案件を違法に受理し、深刻な結果をもたらす。	表2-11(5) 表2-12(22)
	77	●(当事者が人民法廷に赴いて起訴する際）人民法廷に受理の権利があるのに、所在地の基層人民法院の立案廷に行って起訴するよう、当事者に要求する。	表2-30(12)
	78	●(訴状の内容や形式が規定に符合しない際）起訴要件以外の瑕疵により立案を拒否する。	表2-30(15)
	79	●(起訴書類に証拠が不足している際）訴訟の請求を支持する証拠が不十分であることを理由に、立案を拒否する。	表2-30(16)
	80	●故意に、立案、送達、移送を長引かせる。	表2-25(11)
	81	●正当な理由無く、あるいは批准を経ずに、案件の審理·執行の期限を著しく超過する。	表2-25(11)
	82	●案件処理を長引かせて、業務に支障をきたす。 ●私利私欲のために、故意に案件処理を長引かせる。 ●過失により、案件処理を遅延させ、深刻な結果をもたらす。	表2-7(30) 表2-11(20) 表2-12(59) 表2-18(32) 表2-25(11)
	83	●正当な理由無く、他地域の人民法院が法により委託した事項に協力せず、その情状が深刻である。	表2-12(55)
	84	●(投書・陳情に対する処理について）直ちに調査し、規定通りに登録することをせず、勝手に隠す、あるいは対応を長引かせて処理しない。	表2-30(69)

⑩証人・証拠	85	●拷問により、自白を強要する。	表2-7(30) 表2-18(32) 表2-25(6)
	86	●審判活動中に、偽証を指図する。 ●偽証を指図する、後押しする、助言する。	表2-5(14) 表2-11(10) 表2-12(35)
	87	●暴力等の不法な手段を用いて、証人に証言を強要する。	表2-25(7)
	88	●暴力、威嚇、買収等の方法で、証人の証言を阻止する、人に偽証を指図する。	表2-25(7)
	89	●威嚇や利益誘導により、証拠を収集する。	表2-11(10) 表2-12(36)
	90	●審判活動中に、証拠を改竄する、隠匿する、破棄する。 ●証拠を改竄する、隠匿する、偽造する、すり替える、故意に損壊する。	表2-5(14) 表2-7(30) 表2-11(10) 表2-12(34) 表2-18(32) 表2-25(7)
	91	●証拠資料の紛失、あるいは過失による破損で、深刻な結果をもたらす。	表2-11(10) 表2-12(34)
	92	●合議廷や審判委員会への案件内容の報告で、故意に、主要な証拠や重要な事柄を隠匿する、虚偽の資料を提出する。	表2-11(12) 表2-12(39)
	93	●合議廷や審判委員会への案件内容の報告で、主要な証拠や重要な事柄を遺漏し、裁判の誤りを招き、深刻な結果をもたらす。	表2-11(12)
	94	●主要な証拠や重要な事情の遺漏で、裁判の誤りをまねく。	表2-12(39)
	95	●(客観的原因により、当事者やその訴訟代理人が案件の主要な事実認定に影響を及ぼす証拠を自ら収集することができず、人民法院に調査収集を請求した際) 関係する審判人員が、故意に収集をせず、裁判の誤りをまねく。	表2-11(8) 表2-12(32)
	96	●案件の主要な事実認定に影響を及ぼす証拠に対して、職権により、鑑定、実地調査、尋問、照合を行わなければならない、あるいは証拠保全措置をとらなければならないのに、故意にそれを行わず、裁判の誤りをまねく。	表2-11(9) 表2-12(33)
⑪職務怠慢	97	●官僚主義を行い、職務を軽んじ、仕事に支障をきたし、損失をもたらす。	表2-3(12)
	98	●職務怠慢により、審判工作の正常な進行に影響を及ぼす。	表2-5(18)
	99	●職務を軽んじ、誤判を下す、あるいは当事者に重大な損失をもたらす。 ●重大な職務怠慢により、裁判や執行の誤りをまねく。 ●著しく責務を全うせず、法定の職責を履行せず、当事者やその他の人の利益に重大な損失をもたらす。	表2-7(30) 表2-18(32) 表2-25(10)
	100	●職務を軽んじ、容疑者の脱走をまねく。	表2-5(22)
	101	●個人的な用事や予定、その他の行為により、職責の正常な履行に影響を与える。	表2-20(18)
	102	●直接的な監督・管理の職責を負う審判人員が、業務中に生じた違法・違紀問題について、是正しない、報告しない。	表2-12(69)

⑫誤判	103	●故意に事実や法律に反し、誤った裁判をする。	表2-11(14) 表2-12(40)
	104	●過失により裁判の誤りをまねき、深刻な結果をもたらす。	表2-11(14) 表2-12(40)
	105	●審判活動中に、主観による憶測で誤りをまねく。	表2-5(15)
	106	●審判活動中に、職務怠慢により誤判を下す。	表2-5(16)
⑬裁判文書	107	●勝手に訴訟文書を作成する、あるいは訴訟文書の作成時に、故意に合議廷の評議結果や審判委員会の決定に背く。	表2-11(18) 表2-12(53)
	108	●法廷審理記録、合議廷評議記録、審判委員会討論記録を改竄する、あるいは故意に損壊する。	表2-11(11) 表2-12(38)(41)
	109	●事件記録やその他の訴訟資料を故意に損壊し、審判工作の正常な進行に影響を及ぼす。	表2-12(62)
	110	●過失により、訴訟文書の内容に誤りをまねき、深刻な結果をもたらす。	表2-12(53)
	111	●案件処理の過程で、事件記録を紛失する。	表2-5(23) 表2-12(62)
	112	●無断で、事件記録やその他の訴訟資料を他人に貸し、深刻な結果をもたらす。	表2-12(62)
	113	●法による訴訟文書の送達を行わず、深刻な結果をもたらす。	表2-12(54)
	114	●過失により、訴訟文書の作成や送達の誤りをまねき、深刻な結果をもたらす。	表2-11(18)
	115	●(当事者が法廷審理記録に署名する際) 当事者の閲覧を経ずに、署名・捺印を要求する。	表2-30(33)
⑭職権濫用	116	●職権を濫用し、自然人、法人、その他の組織の合法権益を侵害する。	表2-7(30) 表2-18(32) 表2-25(9)
	117	●職権を利用して、非合法な利益の獲得を謀り、法を曲げて裁決をする。	表2-3(12)
	118	●職責の履行時に、直接的·間接的に職務や地位を利用して、不当な利益の獲得を謀る。	表2-20(23)
	119	●職権を利用して、自己や他人のために、私利の獲得を謀る。 ●職権を利用して、配偶者、子女、その他の親族のために、不当な利益の獲得を謀る。 ●職務の便宜を利用して、自己や他人のために、不当な利益の獲得を謀る。	表2-7(30) 表2-18(32) 表2-25(12) 表2-30(4)
	120	●法官の信望や影響力を利用し、自己、親族、その他の者のために、私利の獲得を謀る。	表2-20(26)
	121	●(人民法院の職員が) 職権を利用して、配偶者、子女、親類·友人の商売や会社経営に、特恵条件を与える。	表3-2(3)
	122	●特別待遇を受けるために、意図的に、自らの法官の身分を明かす。	表2-20(26)
	123	●「人情案」「関係案」(私情や縁故による案件処理)を行い、親類・友人に関係する案件のために取り成しをする。	表3-2(1)
	124	●(親類・友人が他人と対立し、その解決の手助けを求められた際) 法官の身分を利用し、関係部門による問題の解決を妨害する。	表2-30(85)

⑭職権濫用	125	●（本人及び家族が紛争に遭遇し、訴訟により解決する必要がある際）訴訟の過程で、法官であることによる特別待遇を受ける、あるいは職権を利用して必要な証拠を収集する。	表2-30(86)
	126	●自己と利害関係がある案件に対して、処理の建議や意見を提出する。	表2-20(13)
	127	●（日常生活で他人との間に対立が生じた際）紛争解決において、法官の身分を利用して通常以上の待遇を求め、法官のイメージを損なう。	表2-30(84)
	128	●職権を利用して、無断で、法を曲げて判決を変更するよう、審判人員に指図する。	表2-5(11)
	129	●職権を利用して、無断で、法律文書を作成する、判決を変更する、犯人のために減刑する、あるいは当事者のためにその他の利益の獲得を謀る。	表2-5(10)
	130	●（当事者が訴訟前に財産保全·証拠保全等の措置を申請した際）訴訟前の財産保全·証拠保全等の措置を濫用する。	表2-30(23)
⑮費用徴収	131	●無闇に費用を徴収する。	表3-2(2)
	132	●基準·範囲を超えて、費用徴収、罰金、各種の割当てを行う。	表3-18(2)
	133	●職権を利用して「創収（収入の創出）」を行う。	表3-2(3)
	134	●審判権力を利用し、当事者や企業·事業組織に対する無闇な費用徴収、無闇な罰金、賛助の取り付け、割当てなどの方法で、経費問題を解消する。	表3-18(2)
	135	●（当事者が訴訟費用を預納する際）規定額以上に受け取る、あるいは勝手に額を下げる。	表2-30(21)
	136	●人民法院の訴訟費用徴収弁法関係規定に違反し、無断で費用徴収項目を増設する、費用徴収範囲を拡大する、費用徴収基準を上げる、あるいは無断で当事者に訴訟費用徴収の減額·免除·猶予をする、あるいは当事者から法院への賛助を要求する、受け取るなどし、悪影響を及ぼす。	表2-12(30)
	137	●「人民法院訴訟収費弁法」、「関於適用『中華人民共和国民事訴訟法』若干問題的意見」、「関於貫徹執行『中華人民共和国行政訴訟法』若干問題的意見（試行）」、「関於貫徹執行『中華人民共和国企業破産法』（試行）若干問題的意見」の規定する範囲·基準を超えて、不合理な費用を徴収する。	表3-2(2)
	138	●執行猶予、減刑、仮釈放の案件の処理において、保証金、調査費、教育費、手続き費等を徴収する。	表3-2(2)
	139	●開廷審理案件において、傍聴費を徴収する。	表3-2(2)
	140	●訴訟当事者の代理人や被告人の弁護人が事件記録を閲覧する際、閲覧費、複写費、服務費を徴収する。	表3-2(2)
	141	●当事者、企業·事業組織、その他の団体·個人から、賛助を取り付ける、賛助を受け取る。	表3-19(1) 表3-18(2)
	142	●下級の法院、審判廷、工作人員に、費用徴収や「創収(収入創出)」の目標を下達する。 ●（各級人民法院が）下級の法院や審判部門に、「創収」の目標を下達する。	表3-18(2) 表3-19(1)

⑮費用徴収	143	●費用徴収や「創収」(収入の創出)の状況と、案件処理経費や個人の賞罰を連動させ、「利益駆動」を行う。 ●(各級人民法院が)賞罰と訴訟費用の徴収を直接的に連動させ、「利益駆動」を行う。	表3-18(2) 表3-19(1)
	144	●財政経済の法規・法律に違反する。	表2-5(28)
	145	●訴訟費用を私分(組織ぐるみの内部分配)する、あるいは訴訟費用を個人名義で銀行に預けて利息を得る。	表2-5(30)
	146	●訴訟費用管理規定に違反し、訴訟費用を使用して接待や贈物をする。	表2-5(29)
	147	●没収財物管理弁法に違反し、罰没金を使用して接待や贈物をする。	表2-5(31)
⑯官官接待	148	●下級法院が上級法院に出向いて請示匯報工作(指示を仰ぐことと事後の報告)をする際に、当事者やその代理人・弁護人を同行する、あるいは上級法院の工作人員を招宴する、上級法院の工作人員を営利性娯楽施設での娯楽活動に招待する、上級法院の工作人員が上述の招宴や招待に応じる。	表2-8(2)
	149	●上級法院の工作人員が下級法院に出向いて仕事をする期間中に、公金を支出しての営利性娯楽施設での活動に参加する。下級法院が上級法院の工作人員を接待する際に、地元で定める接待基準を超える。	表2-8(3)
	150	●法院の工作人員が他の組織・部門に出向いて公務を執行する際、招宴に応じる。招待に応じ、公金を支出しての営利性娯楽施設での娯楽活動に参加する。	表2-8(4)
	151	●主管部門・分管部門やその工作人員、下級法院やその工作人員、律師事務所や律師、及びその他の職権の行使と関係する組織・個人からの現金、有価証券、支払証書を受け取る。	表2-25(12)
⑰汚職・横領・収賄	152	●賄賂を要求したり、受け取ったりする。	表2-3(12)
	153	●職務上の便宜を利用し、不法に、当事者やその訴訟代理人、弁護人、請託人の財物を受け取り、彼らのために利益の獲得を謀る。	表2-25(4)
	154	●審判活動中に賄賂を要求する、受け取るなどし、法を曲げて裁判をする。	表2-5(12)
	155	●無断で、当事者やその代理人に面会し、接待や贈物を受ける。 ●当事者、その代理人、弁護人からの接待、財物、その他の利益を享受する。 ●当事者、その代理人、弁護人、依頼を受けた者からの贈物を受け取る。	表2-7(30) 表2-12(27) 表2-18(32) 表2-20(24) 表2-25(14)
	156	●律師に要求し、あるいは暗示し、当事者に財物やその他の利益を強要する。 ●冠婚葬祭・慶事を口実に、律師に贈物や祝儀を強要する、あるいはこれを受け取る。 ●職務上の便宜を利用し、当事者、その代理人、弁護人、請託人に財物を強要する。 ●当事者やその委任する律師に、贈物、金銭、有価証券等を強要する、あるいはこれを受け取る。	表2-25(4) 表2-26(7)(8)
	157	●案件の当事者、訴訟代理人、弁護人、当事者親族からの招宴に応じる。 ●当事者やその委任する律師からの招宴に応じる。 ●当事者、その代理人、依頼を受けた者からの招宴に応じ、悪影響を及ぼす。	表2-8(1) 表2-12(28) 表2-26(7)

⑰汚職・横領・収賄	158	●案件の当事者、訴訟代理人、弁護人、当事者親族からの招待に応じ、営利性娯楽施設での娯楽活動に参加する。 ●当事者、その代理人、依頼を受けた者が費用を支払う娯楽活動等に参加し、悪影響を及ぼす。 ●当事者、その代理人、弁護人、依頼を受けた者、仲介機関が費用を支払う招宴、娯楽、スポーツ、旅行等の活動に参加する。 ●当事者やその委任する律師が費用を支払って、各種の娯楽や旅行を行うことを要求する、あるいはこれを受ける。	表2-8(1) 表2-12(28) 表2-25(14) 表2-26(7)
	159	●当事者やその依頼を受けた者に、自己で支払うべき費用を清算させる。 ●当事者やその委任する律師に、何らかの費用の清算を要求する。	表2-12(27) 表2-26(7)
	160	●当事者と共に食事をする、宿泊する、案件を処理する。	表3-2(3)
	161	●外出して案件処理をする際、当事者と共に食事、宿泊、行動をし、その費用を当事者が支払う。	表3-18(2)
	162	●個人で支出すべき各種費用を、企業・事業組織で清算する。	表3-2(3)
	163	●当事者やその依頼を受けた者から、金銭、交通用具、通信機器、その他の物品を借用し、個人的に使用する。 ●当事者やその依頼を受けた者から、金銭、住宅、交通用具、通信機器等の物品を借用する。 ●当事者やその委任する律師から、交通用具、通信機器、その他の物品を借用する。	表2-12(29) 表2-25(12) 表2-26(7)
	164	●当事者やその依頼を受けた者が提供する、商品購入、住宅工事、その他の方面での特恵を受け取る。 ●当事者やその委任する律師が費用を支払い、住宅の内装工事や商品の購入を行うことを要求する、あるいはこれを受ける。	表2-12(29) 表2-25(12) 表2-26(7)
	165	●国家の規定に反し、個人の所有に帰する各種名義のリベートや手数料を受け取る。	表2-25(4)
	166	●（各種の社会団体組織、聯誼活動への参加招待を受けた際）何らかの清廉、公正、廉潔に反する供応、贈物、祝儀・謝礼、賛助を受け取る。	表2-30(81)
	167	●公務活動中に、祝儀・謝礼や各種有価証券を受け取る。	表3-2(3)
	168	●横領、収賄をする。 ●横領、窃盗をする。 ●国家財産を横領する。	表2-3(12) 表2-5(33) 表2-7(30) 表2-18(32) 表2-25(4)
	169	●公金を流用する。	表2-5(33)
	170	●訴訟費用、没収金、案件暫存金、贓品贓物、その利殖分を私分（組織ぐるみの内部分配）する、使い込む、流用する。 ●職務上の便宜を利用し、使い込み、窃盗、詐取、その他の手段で、不法に訴訟費、執行金品、案件暫存金、贓金贓物、その利殖分等の公共財産を占有する。	表2-12(31) 表2-25(4)
	171	●没収財物管理弁法に違反し、贓物を無断使用をする、払い下げ処分する、あるいは没収財物を私分（組織ぐるみの内部分配）する。	表2-5(32)

⑱執行	172	●故意に法律の規定に違反し、強制執行を行う。	表2-12(57)
	173	●故意に、違法に、保全措置·強制執行措置をとる。	表2-25(9)
	174	●故意に、違法に、第三者や訴外人の財産に執行し、財産の損失をもたらす。	表2-11(17) 表2-12(46)
	175	●仮執行の誤りで、当事者、訴外人に財産の損失をもたらす。	表2-11(16) 表2-12(45)
	176	●財産保全措置をとる際に過失行為があり、深刻な結果をもたらす。	表2-11(15) 表2-12(44)
	177	●故意に、重複して、被執行財産を閉鎖、差押え、凍結し、当事者に財産の損失をもたらす。	表2-11(17) 表2-12(49)
	178	●故意に法律の規定に違反し、財産保全措置をとり、あるいは解除し、当事者に財産の損失をもたらす。	表2-11(15) 表2-12(44)
	179	●法院工作人員の身分をもって、無断で執行案件を処理する、無断で犯人を訊問する。	表2-5(19)
	180	●法院工作人員の身分をもって、無断で当事者や他人のために、商品代金や財物を催促する。	表2-5(20)
	181	●執行工作中において、故意に関連法律法規に違反し、あるいは過失により関連法律法規に違反し、深刻な結果をもたらす。	表2-23(1)
	182	●故意に法律の規定に違反し、受理すべき執行案件を受理しない、あるいは受理すべきでない執行申請を違法に受理する。 ●過失により、法により受理すべき執行事件を受理せず、あるいは受理すべきでない執行申請を違法に受理し、深刻な結果をもたらす。	表2-23(2)
	183	●故意に「人民法院訴訟費用弁法」の関係規定に違反し、無断で、規準や範囲を超えて執行費用を徴収し、悪影響を及ぼす。	表2-23(3)
	184	●(執行工作において)法定の回避事由があることを知りながら、法によって自ら回避することをせず、悪影響を及ぼす。	表2-23(4)
	185	●被執行人に情報を知らせ、被執行財産を転移、隠匿、換価させ、執行を逃避させる。 ●被執行人、協助執行人に情報を知らせ、その逃亡や被執行財産の転移、隠匿、換価に至らせる。	表2-12(52) 表2-23(5)
	186	●執行条件を備えた案件に対し、故意に執行を引き延ばす、あるいは執行しない。 ●過失により、執行を遅延し、深刻な結果をまねく。	表2-23(6)
	187	●関係規定に基づき、被執行財産を調査、捜査、封鎖、差押え、凍結、換価すべき、あるいは関係機関に監査、評価、競売を委託すべきであるのに、それを行わない。	表2-23(7)
	188	●(競売・換価の関係規定に基づいて評価・競売機関に委託することをせずに)当事者の利益を損なう。	表2-30(63)
	189	●強制執行の際に、法により法院工作人員の証明書や関係法律文書を呈示することをせず、深刻な結果をもたらす。	表2-23(8)
	190	●故意に法律の規定に違反し、被執行人、協助執行人、その他の者に、拘引、拘留、過料等の強制措置をとる。	表2-23(9)
	191	●強制措置をとる際の過失行為で、死傷等の深刻な結果をまねく。	表2-23(9)

⑱執行	192	●故意に、基準を超えて、被執行財産を、閉鎖、差押え、凍結、換価し、当事者の財産に損失を与える。 ●基準を超えて、被執行人の財産を、閉鎖、差押え、凍結、競売、換価する。	表2-11(17) 表2-12(47) 表2-30(63)
	193	●故意に、基準を超えて、被執行人の分割可能な財産を、封鎖、差押え、凍結、換価し、比較的大きな損失を与える。	表2-23(10)
	194	●無断で、すでに封鎖、差押え、凍結された財産を解除する。	表2-23(11)
	195	●故意に法律の規定に違反し、被執行主体の誤った変更、あるいは追加をする。 ●過失により法律の規定に違反し、被執行主体の誤った変更、あるいは追加をして、深刻な結果をまねく。	表2-23(12)
	196	●訴外人が執行目的物について提出する異議に対し、法による審査や処理をせず、訴外人に財産的損失をもたらす。	表2-23(13)
	197	●私利私欲のため、あるいは主観的に、一方の当事者に肩入れし、故意に法律の規定に違反し、他方の当事者を真意に反する執行和解協議に合意させ、その利益を損なう。	表2-23(14)
	198	●私利私欲のため、あるいは一方の当事者の利益のために、関係規定に違反し、監査、評価、競売、鑑定等の仲介機関を選定する際に不正を行い人を騙す。その仲介機関から、金品やその他の恩恵を受け取る。	表2-23(15)
	199	●被執行財産を鑑定・評価する際に、関係部門に指示して、価格を抑え、あるいは吊り上げて、当事者に財産の損失をもたらす。 ●関係部門や関係人員に対して、評価や競売で、関係規定に違反して価格を抑えたり、吊り上げたりするよう指図する、暗示する。	表2-11(17) 表2-12(48) 表2-23(16)
	200	●故意に法律の規定に違反し、執行暫定猶予、執行中止、執行終了をする。	表2-11(17) 表2-12(50) 表2-23(17)
	201	●故意に法律の規定に違反し、執行を再開すべき案件を再開しない。	表2-23(18)
	202	●故意に合議廷の評議結果や審判委員会の決定に違反して、執行文書を作成する。	表2-23(19)
	203	●過失により、執行文書の作成で内容を誤り、深刻な結果をもたらす。	表2-23(19)
	204	●執行文書を偽造する、改竄する。	表2-23(20)
	205	●（執行工作において）記録や証拠等の資料を故意に破壊す、隠す。	表2-23(21)
	206	●（執行工作において）記録や証拠等の資料を紛失する。	表2-23(21)
	207	●法による執行文書の送達を行わず、深刻な結果をもたらす。	表2-23(22)
	208	●故意に関係規定に違反し、被執行人の満期債権を執行し、第三者に財産の損失をもたらす。	表2-23(23)
	209	●複数の債権者が一人の債務者への執行を申請する案件で、当事者と結託し、故意に分配参加の手続や原則に違反し、その他の当事者の利益を損なう。	表2-23(24)
	210	●正当な理由無く、故意に、案件執行金やその他の財産の返却を引き延ばし、債権者の損失をまねく。	表2-23(25)
	211	●故意に、案件執行金をその他の当事者に執行する。 ●過失により、案件執行金をその他の当事者に執行し、債権者に損失を与える。	表2-23(26)

⑱執行	212	●すでに法的効力が発生した上級法院の判決や裁定を、拒んで執行しない。 ●審判委員会の決定を拒んで執行しない、上級人民法院の判決を拒んで執行しない。 ●故意に、上級法院の執行決定を引き延ばす、あるいは執行しない。	表2-5(21) 表2-11(13) 表2-12(42) 表2-23(27)
	213	●すでに効力を生じた他地域の法院の判決や裁決を、拒んで協力しない、あるいは地元の被執行人に情報を知らせる。	表3-2(1)
	214	●他地域の人民法院が執行を委託する執行条件を備えた案件に対して、正当な理由無しに、故意に執行を引き延ばす、あるいは執行しない。	表2-23(28)
	215	●(執行工作において) 当事者、その代理人から財物や恩恵を受け取る、個人が支払うべき費用を当事者、その代理人に清算させる。	表2-23(29)
	216	●(執行工作において) 当事者、その代理人、依頼を受けた者からの招宴に応じる、あるいは彼等が費用を支払う娯楽活動等に参加し、悪影響を及ぼす。	表2-23(30)
	217	●執行工作の便宜を利用し、当事者やその代理人の金品を借用し、個人的に使用する。	表2-23(31)
	218	●被執行財産を、流用する、保留する、私分（組織ぐるみの内部分配）する、横領する。 ●被執行財産、その利殖分、その他の財産を、使用する、保留する、流用する、横領する、私分（組織ぐるみの内部分配）する。	表2-12(51) 表2-23(32)
	219	●執行工作の便宜を利用して、自己、配偶者、子女、その他の者のために、不当な利益の獲得を謀る。	表2-23(33)
⑲その他	220	●腐敗堕落し、道徳的に堕落する。	表2-3(12)
	221	●司法の公正や法官のイメージを損なう言動をする。	表2-30(7)
	222	●国家と人民法院の紀律に違反する。	表2-3(12)
	223	●国家の政策、法律、規則、制度、審判紀律に違反し、悪い結果をもたらす。	表2-3(12)
	224	●本来の立場を忘れ、違法行為を庇って放置する。	表2-3(12)
	225	●法律に違反し、紀律を乱す行為がある。	表2-25(15)
	226	●公務執行時に酒に酔い、悪い影響を及ぼす。	表2-12(66)
	227	●勤務時に厚化粧をする、法官の身分に不相応な装飾品を身に着ける。	表2-30(6)
	228	●案件処理の便宜を利用して、当事者や当事者親族にセクハラをする、猥褻行為をする。	表2-5(26)
	229	●訴訟参加者やその親族を、殴ったり罵ったりする、侮辱する、猥褻行為をする。	表2-12(67)
	230	●案件処理の便宜を利用して、当事者や当事者の親族と男女関係をもつ。 ●担当する案件の当事者や当事者の親族と男女関係をもつ。	表2-5(27) 表2-12(68)
	231	●故意に、違法に、当事者やその他の訴訟参加者の訴訟権利を侵害する、剝奪する。	表2-25(9)
	232	●(一方の当事者が調解を望まない際) 当事者があくまで調解を望まないのに、調解を強制する。	表2-30(40)
	233	●調解協議が他人の利益を損なうことを発見しながら、その調解協議の内容を認可する。	表2-30(41)

⑲その他	234	●当事者の意志に反し、不当な手段で、当事者に訴訟の取下げや調解の受け入れを強制する。	表2-20(5)
	235	●当事者を脅迫、あるいは誘惑して、訴訟を取下げさせる。	表2-12(37)
	236	●私利私欲のため、あるいは私情にとらわれて、一方の当事者に肩入れし、真意に反して自己の権利を放棄するよう、他方の当事者に強要する。	表2-25(5)
	237	●(当事者が立案後に案件処理の流れや期間を尋ねた際）立案工作と無関係であることを理由に、回答を拒否する。	表2-30(20)
	238	●故意に、違法に訴外人の合法権益を侵害する。	表2-25(9)
	239	●公の場や情報媒体で、有効な裁判の厳粛性や権威性を損なう評論を発表する。	表2-20(16)
	240	●(文章を発表する際、メディアの取材を受ける際）具体的な案件や当事者について不適切な評論をする。 ●(執筆、教授等の司法職務外の活動に従事する際）具体的な案件や当事者について評論をする。	表2-20(45) 表2-30(82)
	241	●(法院工作に関してメディアからの取材を受ける際）取材中に、現在審理中の案件や関係当事者について評論をする。	表2-30(83)
	242	●(法院工作に関してメディアからの取材を受ける際）取材中に、司法の公正を損なう言論を発表する。	表2-30(83)
	243	●(調解の過程で、当事者から責任問題についての態度表明を求められた際）法により釈明権を行使すべき場合以外に、勝手に態度表明をする。	表2-30(42)
	244	●(社交場に出入りする際の注意事項）警察車輌に乗り、制服を着て、営利性娯楽施設に出入りする。	表2-30(87)
	245	●民衆に対して、粗暴に応対する。	表2-30(7)
	246	●大衆の利益を侵害する。	表2-3(12)
	247	●公務の執行中に、当事者やその他の公民を殴打する。	表2-5(24)
	248	●上司の決議や命令に従わない、あるいは民主を抑圧する、報復攻撃をする。	表2-3(12)
	249	●銃器、警具、戒具を濫用し、民衆を威嚇する、威圧する。	表2-5(25)
	250	●悶着を起こして団結を乱す、あるいは事実を捏造して他人を陥れる。	表2-3(12)
	251	●無闇に機関を設置する。	表3-2(1)
	252	●株券や国家の批准を経ずに発行された高利の企業証券を売買する。	表3-2(3)
	253	●他地域の人民法院が、法によって当地で行う調査・証拠採取、財産保全措置、執行措置、強制措置を邪魔する、干渉する。	表2-12(56)

表2　法官及び法院工作人員に対する主な倫理規範等

（2010年３月31日時点）

注）番号欄に着色のあるものについては、「表1 倫理規範等に列記された禁止条項一覧表」にその内容（禁止条項）を記載する。

番号	発布日・施行日	発布部門	名　称	備　考
1	1982/9/3 ※1986年廃止	最高人民法院、最高人民検察院、労働人事部	**関於各級人民法院、人民検察院工作人員奨懲工作参照「国務院関於国家行政機関工作人員的奨懲暫行規定」弁理的通知** 各級人民法院、人民検察院の工作人員の賞罰工作は「国務院の国家行政機関工作人員の賞罰暫定規定」に照らし合わせて処理することに関する通知	各級人民法院・人民検察院の工作人員の賞罰工作は、新たな賞罰規定の制定前においては、「国務院関於国家行政機関工作人員的奨懲暫行規定」(1957年発布。2006年の「中華人民共和国公務員法」施行により廃止)に照らして処理する、との通知
2	1984/4/26	最高人民法院	**関於審判人員儀表風紀的幾項規定（試行）** 審判人員の風貌風紀に関する数項目の規定（試行）	1984年5月1日より、全国各級人民法院の現職の審判員、助理審判員、書記員の審判制服着用が順次開始されるにあたり、制服着用に関するルールを定めると同時に不適切な挙動についても禁止。
3	1986/10/28 ※2004年廃止	最高人民法院、労働人事部	**人民法院奨懲暫行弁法** 人民法院賞罰暫定弁法	※「人民法院奨励暫行規定」の施行により廃止(2004/2/2)。
4	1990/3/31 ※2008年廃止	最高人民法院	**人民法院監察工作暫行規定** **人民法院監察部門査処違紀案件的暫行弁法** 人民法院監察部門の紀律違反案件取締りの暫定弁法	各級人民法院の監察部門は、法院及びその工作人員に対する監察を担当する専門機関。 ※「人民法院監察工作条例」の施行により廃止（2008/6/5)。
5	1991/3/2 施行:1991/5/1 ※2009年廃止	最高人民法院監察室	**関於人民法院工作人員紀律処分的若干規定（試行）** 人民法院工作人員の紀律処分に関する若干規定（試行）	※「人民法院工作人員処分条例」の施行により廃止(2009/12/31)。
6	1993/8/31	最高人民法院	**関於糾正執法不厳和乱収費等不正之風的通知** 法執行の不厳格及び無闇な費用徴収等の不正の気風を是正することに関する通知	
7	1995/2/28 施行:1995/7/1 ※2001年修正	全国人大常委会	**中華人民共和国法官法** (1995)	※2001年6月30日修正。

8	1995/4/3	最高人民法院	**関於不准接受可能影響公正執行公務的宴請、不准参加用公款支付的営業性娯楽場所活動的暫行規定** 公正な公務の執行に影響を及ぼす可能性のある招宴を受けてはならないこと、公費支出による営業性娯楽場での活動に参加してはならないことに関する暫定規定	
9	1997/6/3	最高人民法院	**関於認真貫徹執行中共中央国務院「関於党政機関励行節約制止奢侈浪費行為的若干規定」的通知** 中共中央、国務院の「党政機関の節約の励行、贅沢浪費行為の阻止に関する若干規定」を真摯に貫徹執行することに関する通知	中共中央、国務院の「関於党政機関励行節約制止奢侈浪費行為的若干規定」（1997年5月25日公布・施行）を受けての通知。
10	1998/5/11	最高人民法院	**最高人民法院法官違法違紀挙報中心工作弁法** 最高人民法院法官法律違反・紀律違反通報センター工作弁法	通報センターは、最高人民法院の裁判官及び機関のその他の工作人員、高級院民法院の正副院長、中級人民法院院長の法律・紀律違反行為に対する通報を受理する。
11	1998/8/26	最高人民法院	**人民法院審判人員違法審判責任追及弁法（試行）**	
12	1998/9/7 ※2009年廃止	最高人民法院	**人民法院審判紀律処分弁法（試行）**	※「人民法院工作人員処分条例」の施行により廃止（2009/12/31）。
13	1998/9/16	最高人民法院	**最高人民法院督導員工作条例**	最高人民法院督導員は、最高人民法院を代表して下級人民法院の裁判工作、隊伍建設、行政管理工作に対して、検査、督促、指導を行う人員であり、最高人民法院の指導の下に工作を進める。
14	1999/7/29	最高人民法院	**関於貫徹中共中央「関於進一歩加強政法幹部隊伍建設的決定」建設一支高素質法官隊伍的若干意見** 中共中央の「政法幹部隊伍建設の更なる強化に関する決定」を貫徹し、質の高い法官隊伍を建設することに関する若干意見	第23項目に、政治紀律と審判紀律の厳格遵守を挙げ、中共中央政法委員会の「四条禁令」、「八不准（八つの禁止）」、法官にあってはならない13の行為（法官法第32条の規定）を厳格に遵守すること、としている。

15	2000/1/31	最高人民法院	**関於審判人員厳格執行回避制度的若干規定** 審判人員の回避制度の厳格執行に関する若干規定	
16	2000/11/7	中共最高人民法院党組	**関於最高人民法院廷(局)級以上領導幹部的配偶、子女従事有償法律服務活動和商務活動的若干規定** 最高人民法院の廷(局)級以上の指導幹部の配偶者・子女が有償の法律サービス活動及び商務活動に従事することに関する若干規定	中共中央紀律検査委員会第四次全会が提出した「省(部)、地(庁)級領導幹部的配偶、子女,不准有該領導幹部管轄的業務範囲個人従事可能与公共利益発生衝突的経商弁企業活動」の規定の貫徹に向けて設けられた規定。
17	2001/3/27	最高人民法院	**最高人民法院審判監督廷廉政自律若干規定** 最高人民法院審判監督廷廉潔・自律若干規定	
18	2001/6/30 施行:2002/1/1	全国人大常委会	**中華人民共和国法官法(2001修正)**	
19	2001/9/21	最高人民法院	**関於法院領導幹部不得兼任与審判工作無関的領導職務的通知** 法院指導幹部は審判工作と無関係な指導職務を兼任してはならないことに関する通知	法院の指導幹部が臨時機構や社会団体で指導職務を兼任することは、人民法院の独立公正な審判権行使に弊害を生じさせるとして、これを禁止。
20	2001/10/18	最高人民法院	**中華人民共和国法官職業道徳基本準則**	
21	2001/11/6	最高人民法院	**地方人民法院及専門人民法院院長、副院長引咎辞職規定(試行)** 地方人民法院及び専門人民法院院長・副院長の引責辞職規定(試行)	
22	2002/1/24	最高人民法院	**人民法院法官袍穿着規定** 人民法院法服着用規定	人民法院の裁判官が法服を「着用しなければならない場合」、「着用してもよい場合」、「着用してはならない場合」を規定。
23	2002/9/25 ※2009年廃止	最高人民法院	**人民法院執行工作紀律処分弁法(試行)**	※「人民法院工作人員処分条例」の施行により廃止(2009/12/31)。

24	2003/2/27	最高人民法院	**関於厳格執行「中華人民共和国法官法」懲戒規定的通知** 「中華人民共和国法官法」懲戒規定の厳格執行に関する通知	
25	2003/6/10 ※2009年廃止	最高人民法院	**関於厳格執行「中華人民共和国法官法」有関懲戒制度的若干規定** 「中華人民共和国裁判官法」に関連する懲戒制度の厳格執行に関する若干規定	※「人民法院工作人員処分条例」の施行により廃止(2009/12/31)。
26	2004/3/19	最高人民法院、司法部	**関於規範法官和律師相互関係維護司法公正的若干規定** 法官と律師の相互関係を規範し司法の公正を維持することに関する若干規定	
27	2004/7/13	最高人民法院	**関於現職法官不得担任仲裁員的通知** 現職法官は仲裁員を務めてはならないことに関する通知	
28	2005/4/27 施行:2006/1/1	全国人大常委会	**中華人民共和国公務員法**	
29	2005/7/15	最高人民法院	**関於在全国法院民事和行政審判部門開展“規範司法行為、促進司法公正”専項整改活動的通知** 全国法院の民事及び行政審判部門における“司法行為を規範し、司法の公正を促進する”特定項目整理改革活動の展開に関する通知	民事・行政審判の法官が当事者・代理人の人格を尊重せず、言動が粗暴で、人民法院のイメージを損なっている問題を指摘（「(七)法官の言動及びイメージの問題を重点的に解決する」)。
30	2005/11/4	最高人民法院	**法官行為規範（試行）**	
31	2005/11/8	最高人民法院	**関於依法保障法官権利的若干規定** 法に依る法官の権利保障に関する若干規定	「法官法」「公務員法」の法官の権利に関する規定の実行を貫徹し、司法領域中の腐敗現象を根源から予防、管理することを目的とした規定。
32	2008/6/5	最高人民法院	**人民法院監察工作条例**	人民法院監察部門は、人民法院が監察の職能を行使する専門機構で、人民法院及び法官、その他の工作人員に対する監察を実施する。

33	2009/1/8	最高人民法院	**関於“五個厳禁”的規定** “５つの厳禁”に関する規定 **関於違反“五個厳禁”規定的処理弁法** “５つの厳禁”規定の違反に関する処理弁法	人民法院の工作人員に対する５つの厳禁事項を規定。
34	2009/12/31	最高人民法院	**人民法院工作人員処分条例**	政治紀律違反、案件処理紀律違反、廉潔紀律違反、組織人事紀律違反、財政経済紀律違反、過失、管理秩序及び社会道徳違反の行為について、処分を規定。

表３　人民法院の訴訟費用徴収及び財務管理に関する規定

（2010年3月31日時点）

注）番号欄に着色のあるもの▒▒については、「表１　倫理規範等に列記された禁止条項一覧表」にその内容（禁止条項）を記載する。

番号	発布日・施行日	発布部門	名　称	備　考
1	1982/3/8 施行:1982/10/1 ※1991年廃止	全国人大常委会	**中華人民共和国民事訴訟法（試行）**	案件受理費用（第80条）、執行費用（第178条）、翻訳・通訳費用（第190条）、保全財産監督の費用（第200条）。 ※「中華人民共和国民事訴訟法」の施行により廃止（1991/4/9）。
2	1993/8/31	最高人民法院	**関於糾正執法不厳和乱収費等不正之風的通知** 法執行の不厳格及び無闇な費用徴収等の不正の気風を是正することに関する通知	「乱収費（無闇な費用徴収）」や「創収（収入の創出）」を厳禁。
3	1984/9/15 ※1989年廃止	最高人民法院	**民事訴訟収費弁法（試行）** 民事訴訟費用徴収弁法（試行）	※「人民法院訴訟収費弁法」の施行により廃止（1989/9/1）。
4	1985/9/20 ※2002年廃止	最高人民法院、財政部	**関於法院業務費開支範囲的規定的通知** 法院の業務経費支出範囲の規定に関する通知	※「人民法院財務管理暫行弁法」の施行により廃止（2002/1/1）。
5	1986/12/31 施行:1987/1/1	財政部	**罰没財物和追回贓款贓物管理弁法** 没収財物及び取り戻した贓金・贓物の管理弁法	
6	1989/4/4 施行:1990/10/1	全国人民代表大会	**中華人民共和国行政訴訟法**	「人民法院は行政案件の審理にあたり、訴訟費用を徴収しなければならない」（第74条）。
7	1989/7/12 施行:1989/9/1 ※2007年廃止	最高人民法院	**人民法院訴訟収費弁法** 人民法院訴訟費用徴収弁法	第１章「訴訟費用の徴収範囲」には、「当事者が負担すべきと人民法院が認めるその他の訴訟費用」（第4条）とあり、曖昧な部分が残る。 ※「訴訟費用交納弁法」の施行により廃止（2007/4/1）。
8	1989/9/18 施行:1989/10/1 ※1996年廃止	最高人民法院、財政部	**関於加強訴訟費用管理的暫行規定** 訴訟費用管理の強化に関する暫定規定	※「人民法院訴訟費用暫行管理弁法」の施行により廃止（1996/1/1）。

9	1990/8/13 ※2008年廃止	財政部	**関於加強公検法部門罰没収入管理和保証弁案経費的通知** 公安・検察・法院部門の罰没収入管理及び案件処理経費保証の強化に関する通知	※2008年1月31日廃止。
10	1990/9/16	中共中央、 国務院	**関於堅決制止乱収費、乱罰款和各種攤派的決定** 無闇な費用徴収、無闇な罰金及び各種割当てを断固阻止することに関する決定	各地方、各部門の政府機関による「乱収費」「乱罰款（無闇な罰金）」「攤派（寄付金・上納金等の割当て）」を禁止。
11	1991/4/9 ※2007年修正	全国人大常委会	**中華人民共和国民事訴訟法**	※2007年10月28日修正。
12	1991/6/11 施行:1991/7/11 ※2000年廃止	最高人民法院	**関於貫徹執行「中華人民共和国行政訴訟法」若干問題的意見（試行）** 「中華人民共和国行政訴訟法」の貫徹執行の若干問題に関する意見（試行）	訴訟費用については、第104条-第110条。 ※最高人民法院の「関於執行『中華人民共和国行政訴訟法』若干問題的解釈」の施行により廃止(2000/3/10)。
13	1992/7/14	最高人民法院	**関於適用「中華人民共和国民事訴訟法」若干問題的意見** 「中華人民共和国民事訴訟法」の適用の若干問題に関する意見	訴訟費用については、第128条-第138条。 ※「中華人民共和国民事訴訟法」(2007修正）により、一部に引用条文番号の調整及び廃止有り。
14	1995/2/9	審計署弁公庁	**関於対全国部分公検法機関弁案収費、罰没款物等財務収支進行審計的実施方案** 全国の一部、公安・検察・法院機関の案件処理費用徴収、没収金品等の財務収支に対する監査の実施方案	案件処理の過程における費用徴収項目の増設、徴収基準の増額、割り当て等の問題の有無などを重点とした監査。
15	1996/1/1 ※2003年廃止	最高人民法院、 財政部	**人民法院訴訟費用暫行管理弁法** 人民法院訴訟費用暫定管理弁法	※2003年1月30日廃止。
16	1996/6/19 施行:1996/7/1 ※1999年廃止	最高人民法院、 財政部	**関於最高人民法院集中部分訴訟費用的実施弁法** 最高人民法院が訴訟費用の一部を集めることに関する実施弁法	各級人民法院が徴収した訴訟費用の一部を最高人民法院に上納し、集まった資金を下級人民法院の業務建設等に用いる。 ※「人民法院訴訟費用管理弁法」の施行により廃止(1999/10/1)。

17	1996/9/6	最高人民法院	**関於集中部分訴訟費用具体解繳事項的通知** 訴訟費用の一部を集めることの具体的上納事項に関する通知	最高人民法院が訴訟費用の一部を集めることに関する具体的な上納、使用、管理等事項の実施方法。
18	1997/8/15	最高人民法院	**関於貫徹落実「中共中央、国務院関於治理向企業乱収費、乱罰款和各種攤派的決定」的通知** 「中共中央、国務院の『企業に対する無闇な費用徴収、無闇な罰金、各種の割当ての管理に関する決定』」の貫徹実施に関する通知	
19	1998/5/2	最高人民法院	**関於重申厳禁乱収費、乱拉賛助的緊急通知** 無闇な費用徴収、無闇な賛助の取り付けを重ねて厳禁することに関する緊急通知	
20	1998/6/9	最高人民法院	**関於認真貫徹落実"収支両条線"規定的通知** "収支二本線(収入と支出の区別管理)"規定を真摯に貫徹実施することに関する規定	
21	1998/6/19	中共中央弁公庁、国務院弁公庁	**(財政部等七部門) 関於加強公安、検察院、法院和工商行政管理部門行政性収費和罰没収入収支両条線管理工作的規定** (財政部等七部門の) 公安・検察院・法院及び工商行政管理部門の行政性費用徴収及び罰没収入の収支二本線管理工作の強化に関する規定	
22	1998/8/7	最高人民法院	**関於貫徹執行中弁発[1998]14号文件的実施意見** 中弁発[1998]14号文書の貫徹執行に関する実施意見	"中弁発[1998]14号"文書は、上段の「関於加強公安、検察院、法院和工商行政管理部門行政性収費和罰没収入収支両条線管理工作的規定」を指す。
23	1999/7/22 施行:1999/10/1	最高人民法院、財政部	**人民法院訴訟費用管理弁法**	

24	1999/7/28 ※2007年廃止	最高人民法院	**「人民法院訴訟収費弁法」補充規定** 「人民法院訴訟費用徴収弁法」補充規定	「人民法院訴訟収費弁法」の第4条“その他の訴訟費用”の内容を具体的に規定。また、「明文規定が無ければ費用を徴収しない」の原則を強調（第6項目）。 ※「訴訟費用交納弁法」の施行により廃止（2007/4/1）。
25	1999/9/20	最高人民法院	**関於厳格訴訟費用管理的通知** 訴訟費用管理の厳格化に関する通知	
26	2001/11/28 施行:2002/1/1	最高人民法院、財政部	**人民法院財務管理暫行弁法** 人民法院財務管理暫定弁法	
27	2006/5/18	最高人民法院	**関於執行款物管理工作的規定（試行）** 執行金品管理工作に関する規定（試行）	
28	2006/12/19 施行:2007/4/1	国務院	**訴訟費用交納弁法** 訴訟費用納付弁法	「当事者は民事訴訟、行政訴訟を行うにあたり、本法に照らして訴訟費用を納付しなければならない」（第2条）。
29	2007/9/20	最高人民法院	**関於訴訟収費監督管理的規定** 訴訟費用徴収の監督管理に関する規定	
30	2007/10/28	全国人大常委会	**中華人民共和国民事訴訟法（2007修正）**	

表４　法制日報関連記事一覧表

記事番号	掲載日	掲載面・位置	見出し（中国語）	内容要約
96-1	05/16/96	1右	律師法等三法律獲通過	「律師法」等の３つの法律が全人代常務委員会第19回会議で可決
96-2	05/17/96	2右中	司法部召開会議進行部署	司法部は「律師法」等の学習を徹底するための会議を開催し、手配を進めた
96-3	05/17/96	2左下	我国律師制度的重大發展	「律師法」が可決されたことは、我が国の律師制度の大きな発展である
96-4	05/18/96	2右下	律師助学助教行啓程	律師による学習援助システムが始動
96-5	05/22/96	8中中	中国政法大学96年律師資格考試考前補導班招生通知	中国政法大学　96年律師資格試験直前補習クラス　受講生募集通知
96-6	05/23/96	1中中	律師制度建設發展迅速	律師制度は迅速に構築・発展している
96-7	05/24/96	1中上	学習《律師法》掀熱潮	「律師法」学習ブームが巻き起こっている
96-8	06/11/96	3右下	'96律考講座録音帯面世	96年の律師資格試験講座対策カセットテープがお目見え
96-9	06/13/96	1左下	司法部律師負責人答本報記者問	司法部の律師である責任者が本紙の記者のインタビューに答えた
96-10	06/13/96	7左上	律師制度発展的里程碑	律師制度発展のマイルストーン
96-11	06/14/96	1左上	人大法工委司法部招開《律師法》座談会	人民代表大会の法制工作委員会は「律師法」の座談会を開催
96-12	06/20/96	7中中	此案当事人可以委托律師嗎？	コラム「この案件の当事者は律師に頼めますか」
96-13	06/20/96	7中下	新書架	新しい本棚
96-14	06/24/96	4左下	中国高級律師高級公証員培訓中心	中国の高級律師・高級公証員の育成センター
96-15	06/25/96	1中下	貫徹落實好律師法	良い「律師法」を徹底的に遂行する
96-16	06/27/96	1中中	軍隊律師暢談律師法	軍隊律師が「律師法」について存分に語り合う
96-17	07/15/96	2中中	律師蘇躍峰被逮捕	律師の蘇躍峰が偽証教唆の容疑で逮捕された
96-18	08/07/96	1左下	《律師法》大家談活動	法制日報は「律師法」について皆で語り合う活動を開始した
96-19	08/15/96	2右下	1996年招生簡章	1996年の受講生募集要項
96-20	08/15/96	3右上	法官和當事人、律師退出辦案有悖與法	法官と一方当事者と律師が出張して事件処理することは法の趣旨に悖る
96-21	08/20/96	6中下	介紹賄賂也犯罪	賄賂紹介罪もまた犯罪である
96-22	08/22/96	7左下	新書架	新しい本棚
96-23	08/23/96	1右下	1996年招生簡章	1996年の受講生募集要項

96-24	08/27/96	1中中	《律師法》頒布實施的意義	「律師法」を公布施行する意義
96-25	08/28/96	1中中	該判決能否執行	コラム「この判決は執行できますか」 解雇無効判決にも拘わらず、就労させず賃金も支払わないので執行したい
96-26	09/02/96	3中中	我国第一起信息權大案將開庭	我が国はじめての営業秘密権にかかる大事件について、まもなく第1回期日が開かれる
96-27	09/03/96	1右上	律師資格和律師執業	律師資格と律師の業務執行
96-28	09/04/96	6中下	律師協作之樹常青	律師協会は常に素晴らしい成果を上げている
96-29	09/05/96	2左下	中華全国律師函授中心碩果累累	中華全国律師通信教育センターは成果を積み重ね続けている
96-30	09/08/96	1右中	取消英国律師在香港免試執業特権	香港律師会は、香港においてイギリス人弁護士が無試験で業務できる特権を廃止することを決議
96-31	09/10/96	1右上	律師事務所制度	新法による律師事務所制度の解説記事
96-32	09/13/96	1中下	司法部舉辦宣伝《律師法》書画筆会	司法部は「律師法」を宣伝するための著名書道家による書道会を開催
96-33	09/17/96	1右上	律師業務範囲	新法による律師の業務範囲
96-34	09/24/96	1右上	律師的権利和義務	新法による律師の権利と義務
96-35	09/27/96	1右中	嚴格執行律師法加強律師隊伍建設	厳格に「律師法」を適用し律師組織を確立
96-36	09/27/96	2全面	司法部關於嚴格執行《律師法》進一歩加強律師隊伍建設的決定	司法部は厳格に「律師法」を執行することに関し、律師組織の確立をさらに一歩推し進める旨の決定をした
96-37	09/26/96	1右下	努力創建文明律師事務所	模範的な律師事務所を作りあげるために努力する
96-38	10/05/96	1左下	司法部提出全面貫徹《律師法》	司法部は「律師法」を全面的に徹底することを提案
96-39	10/05/96	2左上	中国国際高級法律人才培訓中心（北京）成立	中国国際高級法律人材育成センター（北京）が成立
96-40	10/08/96	8中上	律師懲戒制度	新法による律師懲戒制度の解説
96-41	10/04/96	3中中	武夷山市法院推出十項服務承諾	集団訴訟の便宜のため、武夷山市の法院は10項のサービスを受け入れることに
96-42	10/15/96	1右下	還是找律師管用	トラブルがあれば律師を頼むに如かず
96-43	10/15/96	8左中	律師協会及其職責	律師協会とその職責
96-44	10/17/96	3中中	司法部要求加強律師刑辯工作	司法部は律師が刑事弁護の仕事を扱うことを強化するよう要請
96-45	10/19/96	1左下	加強自律搞好優質服務	司法部は律師自律のもと質の高いサービスを行う方針を進めるべきと指摘
96-46	10/21/96	3右上	律師道徳紀律評査播鼓在即	司法部は律師倫理と業務規律の状況を評価する活動を開始

96-47	10/26/96	1右下	現職公務員不得兼任執業律師	司法部は新「律師法」13条で「現職公務員が律師を兼業することはできない」と明確に規定したことを強調
96-48	10/26/96	2右上	律師是社会規範的促進者	律師とは社会規範を促進するものだと海南省省長が語った
96-49	11/01/96	1右中	従自身職業道徳建設抓起	自らの職業道徳を確立することに力を入れることから始める
96-50	11/04/96	2右上	律協改革業務活動方式	律師協会は業務活動方式を改革する
96-51	11/08/96	7中上	一起交通肇事案背後	ある交通事故事案の背景事情
96-52	11/13/96	2中中	全国律協知識産権業務委員会成立	全国律師協会の知的財産委員会が11月9、10日に第１回の業務検討会を開催
96-53	11/14/96	7右中	軍隊律師性質的界定	「律師法」第２条が律師の国家公務員性を否定したことと軍隊律師の任務との関係について
96-54	11/21/96	7右上	律師提前介入與起訴階段案件保密	新「刑事訴訟法」により律師が起訴前の捜査段階から弁護活動が行えるようになったことと捜査の秘密の保護との関係
96-55	11/23/96	2右下	律師責任保険推出	律師責任保険がお目見え　保険額の上限は1000万元
96-56	12/19/96	8右下	軍内渉法事務不宜請地方律師代理	軍内の法律事務について地方の律師に依頼することは適切でない
96-57	12/26/96	3中上	煙台実行律師承諾制効果好	煙台が実行している「律師承諾制度」は責任が明確となり監督が広く行きわたるとして効果を上げている 「律師承諾制度」とは、例えば律師が法廷に遅刻した場合、律師費用を全部返還させたうえ500元を当事者に賠償させるというような制度
96-58	12/26/96	2右上	律師介入訴訟與保守国家秘密	律師が捜査段階から弁護活動に参加することと国家秘密の保護
96-59	12/31/96	2左下	1996年十大法制新聞	1996年の法律制度にかかわる10大ニュース (1)江沢民総書記の文章発表「各級指導者幹部は法律知識の勉強に努力しなければならない」(2) 董建華が香港特別行政区首任行政長官に当選。臨時立法会が誕生　(3)中共中央、国務院は「社会治安総合管理を強めるに関する決定」及び「1996－2000年全国社会治安総合管理工作五年計画」を発表　(4)第８回全人代４次会議で「行政処罰法」を可決。また「刑事訴訟法」の改正に関する決定を可決　(5)「刑事犯罪を厳しく取り締まる」活動を再度全国で展開　(6)山東省で禁酒令を全面的に推進　(7)河北省で２つの贈賄事件が起訴された　(8)北京銀行現金輸送車を襲撃した３つの事件について検挙　(9)山東省泰安元市委書記胡建学な

				ど6名の汚職幹部が、それぞれ重い刑罰を言渡された (10)中国が宣告：「外国のゴミ」を国内に持ち込むのを禁止する

記事番号	掲載日	掲載面・位置	見出し（中国語）	内容要約
97-1	01/01/97	3全面	公民、您了解這六部法律嗎？	国民の皆さん、あなたにこの6つの法律がわかりますか？ 「刑事訴訟法」、「律師法」、「郷鎮企業法」、「オークション法」、「鉱産資源法」、「人民防空法」
97-2	01/18/97	7右下	律師在知識産權領域中的作用	律師の知的財産法領域での役割
97-3	01/25/97	1右上	律師工作漸入佳境	律師制度改革は徐々に法制化の軌道にのり、素晴らしい段階に入りつつある
97-4	02/01/97	7右下	知識産權的保護途径和手段	知的財産権を保護する方途と手段
97-5	02/20/97	1全面	告全党全軍全国各族人民書	鄧小平が逝去したことを告げる記事
97-6	02/25/97	8中上	律師拔通“１１０”	律師が「１１０番」通報 ある農民が窃盗をしてしまったことに耐えきれず律師事務所を訪ねたところ、律師は自首がもっとも良い方法だと説得。農民がそれを受け入れたため、律師が１１０番通報した
97-7	02/27/97	1右中ほか	依法維護国家利益的衛士	法により国家利益を守る衛兵 全国優秀律師トップテンに選ばれた高宗澤の伝記
97-8	02/28/97	1全面	全国政協八届五次会議在京開幕	第8期全国政治協商会議第5回会議が北京で開幕
97-9	03/01/97	3右中	我国律師已逾10万	我が国の律師数はすでに10万人を超えた
97-10	03/01/97	1全面	鄧小平法制思想永遠放光芒	鄧小平の法制思想は永遠に光芒を放つ
97-11	03/05/97	1全面	人民永遠懷念您	鄧小平主席、人民は永遠にあなたのことを懐かしみます
97-12	03/10/97	3右下	去年律考録取分數先劃定	昨年の司法試験の合格最低点を240点と決定 昨年初めて司法試験に導入された外国語試験の成績は原則総得点に算入されないが、試験の成績が一定の点数に達していれば総得点に加算することに
97-13	03/15/97	7左上	論我国律師執業的基本原則	我が国の律師の職務執行についての基本原則
97-14	03/27/97	3左下	北京召開律師宣傳工作會	北京で律師の宣伝事業についての会議がはじめて開催された 現在北京市の律師事務所の数は263、律師は3799人。1996年に北京市の律師が処理した刑事案件は5202件以上、民事案件は5433件以上、経済案件6018件以上、行政案件169件、非訟業務は9805件

97-15	03/29/97	3中下	全国律考録取工作開始	全国律師資格試験合格者の採用活動が始動 合格点に達した者の特徴は、大学本科以上の学歴の者が占める割合が比較的高いこと、30歳以下の者が68％を占め、平均年齢は最も低かった
97-16	04/01/97	1右上	為人民服務　樹行業新風	人民のために働き、律師業務の新風を樹立する24の模範的律師事務所が提言した
97-17	04/05/97	1右中	司法部表彰英模和先進	司法部は英雄、模範、先進たるものを表彰し、称号を授与した
97-18	04/09/97	2中中	私人律師走進百姓家	銀川市では普通の市民が律師と顧問契約を結ぶという新しい潮流が見られるようになった
97-19	04/11/97	1～3	中国共産黨規律処分条例(試行)	中国共産党処分規律条例（試行）の条文 1997年２月27日発布・施行。全172条
97-20	04/11/97	5下	法律公正社会有情	法律援助制度の各地での発展状況
97-21	04/23/97	8全面	三株啓示録	「三株」の啓示録
97-22	04/27/97	1全面	彭真同志在北京逝世	彭真同志が北京において逝去
97-23	04/28/97	8左上	律師事務所賠償責任若干問題	律師事務所の賠償責任に関する若干の問題
97-24	04/29/97	1左中	律師眼中的“仲裁”	律師の目から見た「仲裁」制度
97-25	05/03/97	1右上	彭真同志光輝戰闘的一生	彭真同志の輝かしい、戦いの連続の一生
97-26	05/10/97	7右下	律師介入偵査階段的幾個問題	律師が捜査段階の弁護にかかわることについてのいくつかの問題
97-27	05/12/97	3中	律師眼中的新刑法	律師の目から見た新刑法
97-28	05/13/97	1上	大連律師甘做弱者後盾	大連の律師は進んで弱者の後ろ盾となる活動を行っている
97-29	05/13/97	3右中	中政大法律系將舉辯律師資格考前補導班	中国政法大学法律学部は司法試験直前の補習クラスを開講 学費640元、入学金50元
97-30	05/16/97	1右下	中国律師應當辦大所創名牌	中国律師は大局を見て、ブランドを確立させなければならない
97-31	05/16/97	2左上	走向成熟的律師業	成熟した律師業のために邁進せよ（「律師法」公布１周年によせて）
97-32	05/20/97	右中	司法部公布二十個文明示範単位	司法部は模範的な服務を行っている20の律師事務所等を発表、合わせて10項目の具体的な法律サービスに対する要求を提出
97-33	05/22/97	3右上	厳格執法必須提高辦案質量	「厳格に法を執行するためには案件処理の質をあげることが必須である」武安市人民検察院検察長談
97-34	05/24/97	2中下	首都青年律師宣講基本法	北京の青年律師ボランティアは香港基本法について講義をした

97-35	05/25/97	3左下	深圳律師希望小学在延安奠基	「深圳律師希望小学校」は40万元の援助により延安で創設された
97-36	05/27/97	1右上	中国法律援助基金会成立	中国法律援助基金会が発足
97-37	06/04/97	1中中	推動法律援助工作健康發展	法律援助活動の健全な発展を推進する
97-38	06/04/97	3全面	法律援助　任重道遠	法律援助の任務は重く、道のりは遥かである
97-39	06/10/97	1右上	中華全国律函学子遍神州	司法部の中華全国律師通信教育センターの卒業生は全国にあまねく送り出されている
97-40	06/10/97	2左下	中華全国律師函授中心法律専業　律師専業1997年招生簡章	中華全国律師通信教育センター法律専攻/律師専攻コース　1997年受講生募集要項
97-41	06/13/97	2左上	全国律考10月進行	全国律師資格試験は10月に行われる
97-42	06/14/97	1全面	宜興法院不搞地方保護主義	宜興市の法院は地方保護主義と決別する
97-43	06/16/97	8右上	案件執行中的地方保護主義探析	執行案件の中での地方保護主義の分析
97-44	06/19/97	3左上	法官律師簽約保廉	大連経済技術開発区では律師と法官が廉潔を維持すべき旨の規約に調印
97-45	07/09/97	2右中	深圳律師參加責任保険	深圳の律師は律師責任保険に加入
97-46	07/11/97	1左	中共中央国務院關於党政機關勵行節約制止奢侈浪費行為的若干規定	共産党中央国務院は党政機関に節約を励行し奢侈・浪費行為を制止する若干の規定を設けた（1997年５月25日）
97-47	07/12/97	2右下	為中国法律援助基金會捐款單位和個人的捐款數額	中国法律援助基金会へ寄付した「単位」と個人の寄付金額 中国法律服務（香港）有限公司310万元、中華全国律師協会30万元など会社、律師事務所、公証人役場、司法局などから数千ないし数十万元の寄付があった
97-48	07/12/97	1左上	死刑、暫停執行的背後	死刑が一時執行停止になった背景事情 強姦犯が死刑判決を受けた後、兄弟と協力して証拠を偽造し死刑執行停止に持ち込んだが発覚した
97-49	07/13/97	2中下	『律考信息』諮詢熱線開通	「律師資格試験情報」に関する問合せホットラインが開通
97-50	07/15/97	1左下	反地方保護主義呼喚“合力”	反地方保護主義は「協力」を呼びかける
97-51	07/28/97	1左上	大力培養法律明白人	法律に通じた人材の育成に大いに力を入れる
97-52	07/31/97	1上	上海法院不搞地方保護	上海の法院は地方保護主義をほしいままにさせなかった
97-53	08/09/97	3右上	地方主義不破 公平竟争難立	地方主義は破れず、公平を確立し難い
97-54	08/15/97	1左上	全国律師積極開展法律援助工作	全国の律師、積極的に法律援助活動を展開 今年遼寧省や上海市などの省、自治区では19万8066件の法律相談業務を行い、法律相談に登録している律師は９万2998人となった

97-55	08/20/97	3上中	軍隊律師“両法”培訓抓緊進行	刑法と刑事訴訟法の“二つの法律”を理解する軍隊律師を急ピッチで養成
97-56	09/10/97	2右下	法律書市	法律書市 『97年律師資格試験の指導と模擬試験問題』70元、『97年全国律師資格試験対策講義カセットテープ』260元など
97-57	09/11/97	1右下	首所律師希望小学在粤落成	はじめての「律師希望小学校」、広東省にて落成
97-58	09/12/97	2左中	司法部召開中国律師報宣傳發行會議	司法部は『中国律師』の宣伝発行会議を招集した
97-59	09/21/97	4中中	香港律師會擬開辦執業考試	香港律師協会は律師の質の低下を踏まえ「業務執行試験」を行う
97-60	09/23/97	1～3	中国共産黨章程	中国共産党章程 第15期全国代表大会で部分改正、97年９月18日可決。全50条
97-61	09/29/97	2左下	河北加大律函招生力度	河北省では律師通信教育の受講生募集に力を一層注いでいる
97-62	10/02/97	3右下	律師為自己討“説法”	律師が自己のために“説法”した 四川省で最初の律師報酬の費用に関する訴訟
97-63	10/03/97	3上	中国需要大批法律人才	中国は多数の法律に通じた人材を必要とする
97-64	10/04/97	1右上	国資所産權實行多元化	国資律師事務所の所産権を多元化する
97-65	10/05/97	2右中	遼寧律師捐資建希望小学	遼寧省の律師協会は50万元強を支出し「希望小学校」を設立
97-66	10/05/97	3左上	懷寧六千農戸聘請法律顧問	安徽省懐寧県の6000人の農家が法律顧問を招聘
97-67	10/09/97	3左中	天津市組織律師参加社会活動	天津市の律師協会の律師は市政府が主催する社会活動に参加した
97-68	10/12/97	1左上	97律師資格考試開考	97年律師資格試験始まる　参加人数は11.47万人
97-69	10/12/97	3全面	新時期彭真的人民民主思想	新時期の彭真の人民民主思想
97-70	10/13/97	3全面	還我公正還我尊嚴	公正と尊厳を返せ ある企業が外国企業から購入した最新機械は、実は何の役にも立たない鉄の塊であったという事件に端を発し、外国企業相手に訴訟して勝利するまでの道のり
97-71	10/14/97	1左	甘肅武威糾正一起重大錯案	甘粛省武威において、重大な誤判が糾された
97-72	10/19/97	4左上	香港人的“法律觀”	香港人の「法律観」
97-73	10/21/97	8左中	律師所化解矛盾“小蟷螂”風波平息	“小さなカマキリ”という名前のモーター車が免許不要の補助自転車として人気を呼んでいたところ、当局に罰金を支払わされる消費者が相次いだため、消費者から依頼を受けた律師事務所が調査・交渉の上返品を認めさせ、一件落着

97-74	10/26/97	1下～3	彭真同志対我国社會主義民主法制建設的卓越貢獻	彭真同志の我が国の社会主義民主法制に対する卓越した貢献
97-75	11/02/97	4右	香港法律援助署推出服務新承諾	香港法律援助署は、法律援助の審査期間を短縮する新しい決まりを打ち出した
97-76	11/05/97	2中下	河南法律援助中心成立	河南法律援助センター設立
97-77	11/05/97	1左	律考――金秋十月一道絢麗的風景	律師資格試験、それは秋も深まる10月の美しくきらびやかな一景色である
97-78	11/11/97	1中右	国家法官學院成立	国家法官学校設立
97-79	11/11/97	7右上	中国人民大學法學院 法律碩士専業1998年繼續招生	中国人民大学法学院は1998年も継続して法律修士専攻コースの学生を募集する
97-80	11/11/97	8中左	老師體罰學生 家長報復老師 師生対薄公堂 雙雙皆受處罰	教師が体罰、親が報復　ともに裁判にかけられ、双方が処罰を受けた
97-81	11/11/97	8中右	本是有志青年 律師夢卻難圓 偽造證件兩千 最終難逃法網	大志ありき少年　律師の夢なりがたく　偽の律師証作ること2000、ついに法の網に捕らわる
97-82	11/17/97	2左上	為了維護法律尊嚴	法律の尊厳を守るために 吉林市の中級法院は誤判事案の責任追及制度を導入
97-83	11/19/97	1右中	河南法律援助樂比不疲	河南省における法律援助案件は4000件を超え、各界から歓迎を受けている
97-84	11/23/97	1右上	河北法律援助蓬勃開展	河北の法律援助は勢いよく発展している
97-85	11/23/97	1左中	繼續深化律師工作改革	律師の仕事の改革を継続し深化させる
97-86	11/27/97	1中下	五年間萬餘貪官被拿下	1993年の１月から今年の10月まで、汚職・賄賂等の罪で立件されたのは29万513件
97-87	11/27/97	2左下	原延慶縣委書記劉金生被判刑	元延慶県書記の劉金生は、公金横領の罪で北京高級法院により懲役12年に処せられた
97-88	11/27/97	6右下	“小律師” 縁何不熟軍事法	軍隊内の法律通「小律師」はなぜ軍事法に通じていないのか
97-89	12/06/97	3左中	滅“火”與防“火”	「火消し」と「防火」 法律顧問が企業経営と経営改革の中で発揮する役割
97-90	12/08/97	3全面	企業法律顧問身價誰定	企業法律顧問　その価値を誰が決める？
97-91	12/10/97	3全面	希望工程需要法律保護	「希望プロジェクト」８年来貧しくて就学できない子供たちを援助 しかし、一部の悪用する者によってさまざまな法律問題が引き起こされている
97-92	12/13/97	1中下	建立高素質律師隊伍勢在必行	高い資質を備えた律師組織を作り上げることは必須である
97-93	12/06/97	3中中	西安碑林区成立法律援助服務中心	西安碑林区に法律援助センター設立

97-94	12/19/97	1右中	山東省法律援助中心掲牌	山東省法律援助センターが看板を掲げた
97-95	12/19/97	3全面	應該按法律規定辦事	法律に照らして物事を処理しなければならない 法官が公開裁判について語る
97-96	12/20/97	4中下	中華法友會在東京成立	在日の中国人弁護士、法律専門家、学者らをメンバーとする中華法友会が東京において発足
97-97	12/23/97	1右中	四十一名香港律師榮獲連續委託	41人の公証人委託を受けた香港律師は、連続して委託を受ける栄誉を獲得した
97-98	12/23/97	1～2	《中国共産黨黨員領導幹部廉潔從政若干準則（試行）》実施辦法	「中国共産党党員の指導的幹部を政治において廉潔たらしめるための若干の準則（試行）」実施弁法
97-99	12/31/97	1右中	97中国十大法制新聞	97年中国10大法制ニュース (1)江沢民が十五大報告の中で提起：社会主義の法律制度を健全にする、法律に照らして国を治める、社会主義の法治国家を建設する (2)第8期全人代第5回会議で修正後の「中華人民共和国刑法」を可決。1997年10月から施行 (3)中共中央が「科学技術進歩と法制建設」の講座を開いた　(4)香港臨時立法会第1次会議で範徐麗泰が臨時立法会主席に当選、臨時立法会が李国能を香港終審法院首席裁判官に任命、8月8日香港高等法院が初めて中国語を使って刑事事件を審理　(5)彭真同志が逝去 (6)第1回「中国傑出した青年衛兵」10名を表彰　(7)中国司法代表団、アメリカ訪問に成果 (8)甘粛省武威地区で無辜の者が死刑を言い渡され、誤審事件に関する責任者が刑事処分を受けた　(9)国務院証券委員会と中国人民銀行など関連部門は金融証券市場において規律違反行為を厳しく取り締まる決定をした。一部の規律違反行為をした機構及び責任者が処分された　(10)中共中央の許可を経て、元北京市委書記陳希同は党籍を除名され、刑律に犯した問題に対して法律に照らして処理された。元北京市人大副主任鉄英、政協副主席黄紀誠汚職事件が審理終結

記事番号	掲載日	掲載面・位置	見出し（中国語）	内容要約
98-1	01/03/98	1右上	海南力查司法人員犯罪	海南省では司法人員の犯罪捜査に力を入れている 昨年の1月から11月までで27件42人を立件
98-2	01/05/98	1左上	四年追究錯案153件	徐州の法院は誤判事例の責任追及制を採用 4年で153件の責任を追及
98-3	01/05/98	1左上	去年追究出問題法官51人	昨年、濰坊の法院は問題のある法官51人の責任を追及

98-4	01/06/98	1右上	黄岡民告官案上升	黄岡市の中級・高級法院で昨年1月から11月までに受理した行政訴訟案件は1128件、終結した件は1047件、前年同期に比べ大幅に上昇
98-5	01/07/98	2左下	受賄經商貪汚哪配當法官	甘粛省酒泉地区の中級法院の副法院長と法院長が贈賄の罪によって裁かれた
98-6	01/15/98	3中中	無罪遭羈押 損失當賠償	無罪で勾留された場合、損失は賠償されなければならない法院と検察院に各5000余元の賠償が認められた
98-7	01/15/98	8左下	全国十佳律師 岳成	全国優秀律師トップテン　岳成
98-8	01/17/98	6中中	我国法律援助的構架及特點	我が国の法律援助制度の機関設計と特徴
98-9	01/21/98	1下～2	關與刑事訴訟法實施中若干問題的規定	「刑事訴訟法を施行する際の若干の問題に関する規定」
98-10	01/22/98	1右下	擅自抵押 無效 違法放貸 該罰	無断で担保に入れることは無効であり、違法に貸すことは罰すべきである
98-11	01/24/98	1左下	辛業江丟官進班房	海南省人大海南省委員会副主任の辛業江が任期中に収賄したとして失職し、逮捕された
98-12	01/27/98	1右上	高檢出台刑事賠償規定	最高人民検察院は誤判事例のために刑事賠償規定を設けた
98-13	01/27/98	6下	地方保護：公正執法的大敵	地方保護主義は公正な法律執行の大敵である
98-14	01/31/98	1右上	全国法院克執行難	全国の法院は執行困難の克服に力を入れている
98-15	02/05/98	1左上	高檢部署反腐敗工作	最高人民検察院は汚職に対して厳しい姿勢で臨むことに
98-16	02/07/98	6中下	法律援助的主体	法律援助の主体
98-17	02/09/98	1中中	刑訊逼供中學生跳樓法院判決責任者服刑	拷問の上、中学生を3階から飛び降りさせ、けがを負わせた責任者に、24893.42元の賠償を命じる判決
98-18	02/12/98	6左下	地方保護“見鬼”去四十萬元失有得	地方保護主義は夢を見たかのように去り、40万元は回復
98-19	02/12/98	7右下	基層律師法律事務管理	基層律師の法律事務は早急に強化される
98-20	02/14/98	3右上	南通律師參政議政有地位	南通の律師16人は政協委員人代代表に当選し、政治機関に地位を得た
98-21	02/15/98	3中中	鄭州法院開展法律服貧活動	鄭州の法院は貧しい人を助ける法律活動を展開
98-22	02/21/98	1中中	17家外国法律事務所獲准在華設辦事處	17の外国の法律事務所が中国において事務所開設の許可を獲得
98-23	02/21/98	2上右	中国律師勇于走向世界	中国の律師は勇敢に世界に向かって駆け出す
98-24	02/23/98	8左上	“公款賄賂”現象思考	公用物による贈収賄の現象について考える
98-25	02/28/98	1右下	廣州兩法律援助機關聯手	広州の2つの法律援助機関が手を携えた
98-26	03/03/98	1右上	金華法院嚴究錯案	金華市の法院は誤判ケースを厳格に追及する

98-27	03/04/98	3中下	作投資的法律代言人	投資者の法律代理人をする アモイでは渉外投資案件のケースが増加
98-28	03/07/98	6中下	法律援助的程序	法律援助申請の手続き
98-29	03/12/98	2中中	全面加強執法監督工作 繼續查辦貪賄瀆職犯罪	法律執行の監督の仕事を全面的に強化し、汚職犯罪の調査を継続する
98-30	03/14/98	6中下	法律援助的程序(2)	法律援助申請の手続き(二)
98-31	03/18/98	1全面	朱鎔基任国務院總理	朱鎔基、国務院総理に任命
98-32	03/18/98	3左上	為三大改革工程構建法律機制	国有企業改革、金融体制改革、政府機構改革という３大改革プロジェクトのため、法律上の機関・制度を構築する
98-33	03/19/98	2右下	司法改革勢在必行	司法改革、やらずに済ませるわけにはいかない
98-34	03/20/98	3右上	建立高素質律師隊伍	高い資質を備えた律師組織を作り上げるには
98-35	03/21/98	6中中	法律援助的程序(3)	法律援助申請の手続き(三)
98-36	03/22/98	3左上	江西省檢察機關開展集中教育整頓	江西省の検察機関、紀律の徹底のための集中教育を実施
98-37	03/24/98	2全面	最高人民法院工作報告	最高人民法院の業務報告
98-38	03/24/98	3全面	最高人民檢察院工作報告	最高人民検察院の業務報告
98-39	03/27/98	1中中	全国律函中心將招本科考生	全国律師通信教育センターは本科生を募集する
98-40	03/27/98	3右中	司法部法學教育司負責人就律師專業本科開考答記者問	司法部の法学教育責任者、まもなく始まる律師専攻の本科生制度について記者の問いに答える
98-41	03/28/98	6中下	法律援助資金和法律援助基金會	法律援助資金と法律援助基金会
98-42	04/01/98	1下	終審判決適用法律不當再審糾偏維護合法權利	高級人民法院は法適用の不当を指摘し、自判し合法的な権利を擁護
98-43	04/03/98	1左下	重慶規範法官與法律關係	重慶の中級法院と司法局は合同で「法官と律師の訴訟活動中、業務において清潔であることの暫定規定」を発布した
98-44	04/03/98	3左	司法賠償任重道遠	国家賠償の任務は重く、道のりは遠い
98-45	04/03/98	4下	嚴正聲明	厳正な声明 律師が顧問会社の製品につき真実と異なる報道をした新聞があるとして、調査のうえ法的責任を追及することもあるという声明を発表
98-46	04/09/98	1右上	陪審員咋能只陪不審	陪審員、どうして陪席のみで判ぜざることができようか 陪審員に個人差があるとして試験を行い不合格者の任を解いた
98-47	04/11/98	3右中	法律顧問工作的“轉軌變型”	法律顧問業務の軌道変更 予防法務へ、相談から管理監督業務へ、能動的業務へ専門化

98-48	04/15/98	1左中	肖揚派員慰問受害人	最高人民法院長肖揚は長年未解決であることが問題化したある損害賠償請求事件の被害者につき、人を派遣して慰問した
98-49	04/16/98	1左中	最高人民法院將強化内外監督	最高人民法院は内部外部の監督強化を行おうとしている
98-50	04/16/98	2左下	留給我的法律思考	ある医療過誤事件により、さまざまな法律上の争点を発見
98-51	04/21/98	3右下	治標與治本	いかに地方保護主義を正すか
98-52	04/23/98	3中中	新東方律師所在海南大學設獎學金	新東方律師事務所は海南大学において奨学金制度を設立
98-53	05/01/98	3左下	江蘇建立法官違紀違法投訴中心	江蘇省は法官の違法に対するクレームセンターを設立
98-54	05/07/98	3全面	中国共産黨黨和国家機關基層組織工作條例	中国共産党と国家機関の基層組織の業務に関する条例
98-55	05/09/98	2上左	深入貫徹執行律師法 推進依法治国的進程	律師法の執行を徹底し、法をもって国を治めるプロセスを推し進める
98-56	05/09/98	2中右	首批部級文明律師事務所的名單	第１次「模範的な律師事務所」として表彰を受けた事務所の名簿
98-57	05/12/98	1右上	最高法院設立法官違法違紀舉報中心	最高人民法院は法官の法律紀律違反通報センターを設立
98-58	05/13/98	2右上	腐敗不除 地方保護難清	腐敗は除けず、地方保護主義をなくすのは難しい
98-59	05/14/98	2右上	中華人民共和国最高人民法院公告	中華人民共和国最高人民法院の公告 ある最高人民法院の法律解釈規定が公布・施行された
98-60	05/16/98	1～2	跨世紀的足音	世紀をまたぐ足音 「律師法」公布２周年
98-61	05/18/98	1右中	助殘日：法律援助諮詢忙	障害者の日、法律援助に多数の問い合わせ
98-62	05/19/98	1右上	連雲港法院対執結率打假	連雲港の法院は執行案件の終結率を胡麻化した
98-63	05/19/98	2左上	京津冀法院設投訴中心	北京、天津、河北省の法院はクレームセンターを設立
98-64	05/20/98	1右中	司法行政隊伍整頓初見效	司法行政組織ははじめて見られた効果を整理
98-65	05/20/98	3全面	檢査機關要做好刑事賠償工作	検察機関は刑事賠償の仕事をしっかり行わなければならない
98-66	05/21/98	3右下	《中国律師》辦“律考函授輔導班”	雑誌『中国律師』は「律師試験の通信教育補習コース」を行う
98-67	05/22/98	3全面	1990年以來国家公布取消的收費項目	1990年以来、国家が取消を公布した費用徴収項目
98-68	05/23/98	1中中	東明開通“１４８”法律服務送到家	山東省東明では「１４８」が開通し、法律サービスが各家庭まで行き渡った
98-69	05/23/98	3中中	力律師事務所開業	力律師の事務所が開業 北京でまたパートナー制の律師事務所が開業した

98-70	05/23/98	5全面	追求開拓	魏律師へのインタビュー
98-71	05/30/98	5左下	民生律師事務所為下崗職工發放義務法律服務卡	民生律師事務所は、「下崗（レイオフ）」中の労働者に無料法律サービスカードを配り、無料で賃金請求案件の代理を行った
98-72	05/30/98	6全面	律師韓文彦	律師韓文彦 地方のある優秀な、金儲けを求めない律師
98-73	05/30/98	7右上	律師介入偵査若干問題研究	律師が捜査段階にかかわることに関する若干の問題についての研究
98-74	06/06/98	2左下	新疆法官律師舉行座談	新疆の法官と律師は両者の正常な関係をいかに保つかについて座談会を開催
98-75	06/06/98	6左中	律師為她討回公道	律師は彼女のために正義を取り戻した 離婚に絡み財産を夫にだまし取られた女性の弁護に成功
98-76	06/09/98	1左下	連雲港一法院院長入監獄	連雲港の一法院長が収賄等の罪で入獄
98-77	06/11/98	1右中	“書記員獨自審案” 事件有果	「法院書記官が勝手に審判を行った」事件の結果
98-78	06/11/98	政文縦横	反腐先治奢	腐敗を防ぐためにはまず浪費を治すべき 中央国家機関が奢侈・浪費行為を制止するための取組の結果
98-79	06/12/98	1中左	將開展税收征管法執行檢查	「税金徴収管理法」の執行状況の検査
98-80	06/13/98	7右上	律師事務所賠償責任的適用	律師事務所の賠償責任の適用
98-81	06/17/98	1中中	『改革大潮中的中国律師』亮相	『改革の渦中にある中国律師』がお目見え
98-82	06/18/98	1上中	律師應為改革發展穩定作貢獻	律師は改革発展が定着するために貢献すべき
98-83	06/20/98	7右上	律師的職業構成及其改制	律師の職業公正とその制度改革
98-84	06/21/98	2右上	吉林高院強化八項措施	吉林省の高級人民法院は法廷の設置に関する８項目の措置を強化した
98-85	06/23/98	1中下	松濤律師事務所在京成立	国家出資の松濤律師事務所がまもなく北京で設立
98-86	06/27/98	6全面	律師不僅為訴訟	律師はただ訴訟のために存在するわけではない
98-87	07/02/98	2右下	律師專業本科大受歡迎	律師専攻本科コースは大人気
98-88	07/04/98	1左下	繼續深化審判方式改革	引き続き審判方式の改革を深化させる
98-89	07/04/98	8左上	法律援助圓了她的大學夢	法律援助が彼女の大学進学の夢をかなえた
98-90	07/04/98	7右下	設立公職律師的法律障碍	公職律師を設立する際の法律上の障害
98-91	07/07/98	1左上	黒河中院一錯再錯	黒龍江省黒河市の中級人民法院、一度誤判した案件で再度誤判
98-92	07/11/98	6左上	圓吧,我的律師夢	叶え、私の律師の夢 ある人の律師資格試験受験記
98-93	07/15/98	1右下	“儲金會” 索貨無者提起訴訟法院判決合同無效利息收繳	「被災者・困窮者基金」がホテル経営会社に貸金返還請求訴訟を起こしたが、法院の判決は「基金」が金を貸す契約は違法無効であるとし、利息の支払いを認めなかった

98-94	07/17/98	1中下	用改革精神搞好国資所	改革精神をもって国設事務所の設置を完成させる
98-95	07/18/98	3全面	第二届“全国十佳律師”候選人事績簡介	第2回全国優秀律師トップテンの候補者の事績紹介
98-96	07/18/98	7右中	關與律師事務所股份合作制的探討	株式制の律師事務所に関する検討
98-97	07/21/98	1左下	全国律協維權委員會成立	全国律師協会権利擁護委員会を設立
98-98	07/23/98	3全面	各界評説庭審直播	法廷の生中継に対する各界の意見
98-99	07/23/98	3左中	律師提前介入 避免一起錯案	律師が公訴提起前にかかわり、冤罪事案になることを免れた
98-100	07/25/98	1左上	上海市司法局抓的實	上海市司法局が事実を解明
98-101	07/25/98	2全面	第二届“十佳基層法律工作者”候選人事績簡介	第2回基層的な法律業務者トップテンの候補者の事績紹介
98-102	07/25/98	6右上	庭審直播案件程序是否存在違法	法廷生中継をした事件の審理手続に違法が存在するか否か
98-103	07/25/98	7右上	正確認識我国的公職律師	我が国の公職律師についての正確な認識
98-104	07/28/98	3中下	中政大法律系招收自費進修生	中国政法大学法学部、自費研修生を募集
98-105	07/29/98	2中下	江蘇法律援助機構迅速發展	江蘇省の法律援助機構は迅速に発展している
98-106	07/30/98	3右上	指紋識別系統真神	指紋識別システムはまことに素晴らしい 大連で1ヶ月に58件を立件
98-107	08/14/98	4中下	法律專業大專進修班	法律専門大専研究クラス 学費4000元/年、教科書その他の費用4500元/年 2年で計17000元
98-108	08/15/98	7右下	現行律師分配制度改革	現行の律師分配制度の改革
98-109	08/27/98	1右中	全国律師捐款八百萬	全国の律師、湖南省の洪水被災地に800万元を寄付
98-110	09/04/98	1左上	最高法院亮出殺手鐗	最高人民法院は殺人ナイフを抜いた 人民法院の違法審判の責任を厳しく追及
98-111	09/04/98	1中中	完善監督制約機制的重要舉措	最高人民法院が発表した「人民法院の違法審判の責任追及方法」は監督機関制度における重要な措置だ
98-112	09/04/98	2上	人民法院審判人員違法審判責任追究辦法（試行）	「人民法院審判人員の違法審判の責任追及弁法（試行）」
98-113	09/06/98	3左下	北京市陸通律師事務所	北京市陸通律師事務所、1998年度の登録律師公告
98-114	09/08/98	2～3、9日3～4	最高人民法院關于執行《中華人民共和国刑事訴訟法》若干問題的解釋	最高人民法院の「中華人民共和国刑事訴訟法」の執行に関する若干の問題についての解釈
98-115	09/12/98	1中中	湖南律師援助真忙	湖南省の法律援助は本当に忙しい
98-116	09/14/98	1右上	四川為法官檢察官律師設“電池”	四川省は法曹三者のために『電池』 清潔公正な司法を維持するための規定を設けた

98-117	09/15/98	1全面	楊尚昆同志在北京逝世	楊尚昆同志、北京において逝去
98-118	09/18/98	3全面	人民法院審判紀律處分辦法（試行）	「人民法院審判紀律処分方法（試行）」
98-119	09/21/98	4全面	光輝戰鬥的一生 不可磨滅的功勛	楊尚昆　輝かしい戦いの一生、その功績は決して磨滅することはない
98-120	09/26/98	7右下	提高律師素質是搞好法律服務的前提	律師の質をあげることが法律サービスの質をあげる前提である
98-121	09/26/98	8全面	獨立・自由・公正	独立・自由・公正 ドイツ、フランス、アメリカ、日本、イギリスの弁護士制度と制度の国際標準
98-122	09/27/98	2左	誠聘一位綜合業務能力較強的律師	総合能力が比較的高い律師を顧問として募集します 顧問律師募集の広告
98-123	10/02/98	1左上	律師業發展教育整頓	律師制度の発展、教育を整える
98-124	10/03/98	1中下	河南首所律師希望小學建成	河南省初の律師希望小学校が建設された
98-125	10/03/98	7左下	律師代理費應由敗訴方負擔	律師費用は敗訴者が負担しなければならない
98-126	10/04/98	2左中	尋求法律援助/誠聘一位精通行政訴訟的律師代理申訴案件/哪位律師可以代理這起医療糾紛訴訟	法律援助求む/行政訴訟に精通した弁護士募集/この医療訴訟を請け負ってくれる弁護士募集
98-127	10/06/98	7右下	《中国律師》月刊	月刊『中国律師』 購読を勧める広告。国内年間84元、国外150元（郵送費含む）
98-128	10/09/98	2左上	培養高素質律師隊伍	高い資質を備えた律師組織を養成する
98-129	10/10/98	7右下	律師職業道徳中的法人意識	律師の職業道徳における法人意識
98-130	10/13/98	2左下	天平律師所捐資十萬資助60名“春蕾女童”	天平律師事務所は10万元を出資し、貧しいけれども未来のある女児60人を支援
98-131	10/14/98	2左上	法律連心橋	法律連心橋 「１４８」番の法律サービス専用ダイヤルは心をつなぐ橋だ
98-132	10/17/98	2中下	中外律師研討破産法律實務	中国国内外の律師は破産法実務の検討会を開いた
98-133	10/19/98	1全面	再現清朝“司法”	清時代の司法を再現する
98-134	10/23/98	1中中	百餘香港律師再獲委託	百余人の香港律師は再度委託を獲得した
98-135	10/27/98	2全面	人民檢查院“檢務十公開”	人民検察院の開かれた検察業務の実現のための「検察業務十公開」
98-136	10/29/98	8全面	廣西第一案——查辦李乘龍巨額受賄、貧汚、財産來源不明案記實	広西省初の案件　李乘龍の巨額収賄、汚職、財産由来不明事件を捜査して
98-137	10/31/98	7右下	律師應做好回訪工作	律師は事件終了後の報告活動をしっかりすべき
98-138	11/05/98	3左下	美富律師所北京辦事處成立	米Morrison & Foerster LLPのメイフー弁護士事務所の北京事務所が設立された

記事番号	掲載日	掲載面・位置	見出し（中国語）	内容要約
98-139	11/07/98	7左下	律師辯護制度必要性之探討	律師による刑事弁護制度の必要性の検討
98-140	11/12/98	3左上	律師業：前景廣闊的“朝陽產業”	律師業は前途洋洋の「陽の当たる産業」
98-141	11/17/98	1中中	安徽律師樂辦刑案	安徽省の律師は利益の少ない刑事事件に進んで取り組んでいる
98-142	11/18/98	4中下	北京市金通律師事務所招聘啓事	北京市金通律師事務所の律師募集広告 律師経験３年以上の律師、２年以上の律師助手募集
98-143	11/21/98	4左上	共促中加法律援助制度發展	中国・カナダの法律援助制度の発展をともに促進する
98-144	11/21/98	7中中	談律師執業賠償	律師の業務上の損害賠償責任について語る
98-145	11/23/98	2中下	北京市律師第五次代表大會召開	北京市の律師、第５回代表大会を開催
98-146	11/28/98	7中中	律考改革之我見	律師資格試験の改革に対する私見
98-147	12/08/98	1右上	今年律考一萬五千人過關	今年の律師資格試験を15000人が突破 志願者14万2284人、受験者12万386人、合格率は受験者の12.54%
98-148	12/09/98	5全面	要司法 老百姓呼聲 服務經司法局念好	「司法が必要だ」と庶民の声　司法局はサービスのツボをしっかり押さえている 法律サービス専門ダイヤル「１４８」は効果的に機能している
98-149	12/17/98	3中上	律師訴律師名譽權案一審有果	律師が律師を名誉毀損で訴えた事件の一審判決が出された
98-150	12/19/98	3中中	千餘律師取得證券從業資格	1000人以上の律師が証券法律業務の従業許可を取得
99-2	01/14/99	3右中	違反證券法規兩律師所被罰	証券法規に違反したとして２人の律師が処罰
99-3	01/21/99	1中上	任何人都不能搞暗箱操作	何人もブラックボックスでの操作をしてはならない 公開審判制度の実現を最高人民法院長が要求
99-4	01/22/99	7左下	民国大律師	中華民国の大律師、王龍
99-5	01/26/99	7右上	應讓律師言無不儘	律師の法廷弁論は、余すところなく言を尽くさなければならない
99-6	01/28/99	2右下	律函工作在京受奬	律師の通信教育制度事業、北京で表彰
99-7	02/23/99	3右下	科普：法律為你護航	科学技術普及、法律はそれを保護します
99-8	03/02/99	6全面	検察工作五年發展規劃	検察業務発展の５ヶ年計画
99-9	03/06/99	3中下	法律與足球的“結縁”	法律とサッカーの「縁結び」 律師がサッカー協会の訴訟委員会の委員となった
99-10	03/06/99	3中下	中華全国律師函授中心法律專業專、本科　律師專業專、本科生　招生簡章	中華全国律師通信教育センター　1999年法律専攻本科/律師専攻本科生　受講生募集要項

99-11	03/09/99	6下	檢察工作五年發展規劃	検察業務発展の５ヶ年計画（３月２日の記事の続き）
99-12	03/21/99	1中中	兩律師被吊銷執業證書	２人の律師が業務執行証書を没収された 法官に対する贈賄（律師法45条違反）
99-13	04/01/99	3中中	重慶中豪律師所捐資建希望小學	重慶の中豪律師事務所の出資により、希望小学校を建設
99-14	1999/14/4	3全面	律師為自己辯護	律師が自己の為に弁護する 広西省における初の律師による証拠偽造の事件。一審は無罪を言渡した
99-15	04/27/99	1全面	第四次全国律師代表大會開幕	第４回全国律師代表大会が開幕
99-16	04/29/99	1中右	第四次全国律師代表大會閉幕	第４回全国律師代表大会が閉幕
99-17	05/04/99	5左下	冒充律師探夫招搖撞騙	河南省　律師の名前をかたって勾留中の夫に会おうとした妻
99-18	05/18/99	7左上	為了執業權 律師狀告公安局	業務執行権のため、律師は公安局を提訴
99-19	06/03/99	2左上	為人民服務 為時代增輝	人民のために働き、時代に輝きを増す 第２回全国律師、公証人、基層法律業務者トップテンの選評、感想
99-20	06/07/99	4下	中国嵩山少林寺授權法律顧問 陸咏歌律師發布鄭重聲明	中国嵩山少林寺の法律顧問である律師陸咏歌、厳粛に声明を発表 無断で少林寺の名義を使用され名誉を棄損されたとの声明
99-21	06/10/99	1右上	浙江律師依法執業天地寬	浙江省の律師が法に従って業務執行する下地が広がった
99-22	06/10/99	2右下	司法部律師資格考試中心	司法部律師資格試験センターの受講生募集 授業料毎学期680元
99-23	06/17/99	2左下	中華女子學院 中華全国律師函授中心　1999年法律專業全日制大專班招生簡章	中華女子学院全国律師通信教育センター1999年法律専攻全日制大専コース（専科２年）受講生募集要項
99-24	06/21/99	1上	“１４８”建設迅猛發展形勢喜人	法律サービス専用ダイヤル「１４８」の急速な発展状況を市民は大歓迎
99-25	06/24/99	7中下	1999年律師專業全日制大專班招生簡章	1999年律師専攻全日制大専コース　受講生募集要項
99-26	06/25/99	1右下	律師涉嫌貪汚案在哈開庭	律師が贈賄罪によって起訴された事件、ハルピンで開廷
99-27	06/29/99	2右下	中華全国律師函授中心 北京市昌平商法學校 1999年法律專業 全日制專本科生　招生簡章	中国全国律師通信教育センター　北京市昌平商法学校　1999年法律専攻　全日制本科生受講生募集要項
99-28	07/06/99	8左上	缺席判決的案件增多	欠席判決となる案件が増加
99-29	08/08/99	4全面	律師孫少波犯的是貪汚罪嗎？	律師孫少波が犯したのは贈賄罪か？ 律師が収賄罪の主体になり得るか、激しく争われている事件が結審

99-30	08/10/99	4下	中華全国律師函授中心法律専業専、本科　律師専業専、本科生　招生簡章	中華全国律師通信教育センター　1999年法律専攻本科/律師専攻本科生　受講生募集要項
99-31	08/25/99	8上	中華全国律師函授中心法律専業専、本科　律師専業専、本科生　招生簡章	中華全国律師通信教育センター　1999年法律専攻本科/律師専攻本科生　受講生募集要項
99-32	09/01/99	8左上	中華女子學院 中華全国律師函授中心 1999年法律専業全日制大専班招生簡章	中華女子学院全国律師通信教育センター 1999年全日制大専コース（専科２年）受講生募集要項
99-33	09/05/99	3左上	律師訴訟僧多粥少難為計 非訟業務不打官司也掙錢	訴訟じゃ少ないパイの奪い合い　訴訟以外の業務なら審判しなくとも稼げる
99-34	09/09/99	5右下	潢川縣寄發“１４８”拥軍服務卡	河南省潢川県で軍人に「１４８」ホットラインの無料利用カードを配布
99-35	09/11/99	2中中	律考再爆熱點	今年の志願者は18万に　律師資格試験が再び人気を集めている
99-36	09/16/99	7左上	罪刑法定原則下的犯罪構成	罪刑法定原則の下の犯罪構成
99-37	09/25/99	1左中	今年律考時間變更	今年の律師資格試験、日程に変更あり
99-38	10/06/99	1左下	江西律師請人監督	広西省では律師が監督員に監督を受けることになった
99-39	10/08/99	1右上	廣州近千律師當上国企“高參”	広州では1000人近い律師が国営企業の「高級参謀」となっている
99-40	10/11/99	3全面	法律援助盼援助	法律援助制度は援助を期待している
99-41	10/17/99	4右上	18萬人參加全国律師資格考試	18万人が全国律師資格試験に参加 18万2187人が受験､1998年に比して４万人以上、28%の増加、1995年に比して61%の増加
99-42	10/19/99	1中下	青年律師創意佳 普法台歴獲専利	青年律師の創意は素晴らしい　法律知識を普及する卓上カレンダーが特許を獲得
99-43	10/23/99	5上	律師書錯兩百處 一讀者怒上公堂 法院判決：主編出版社敗訴退書款	律師資格試験の参考書に間違いが200ヶ所あり、怒った一読者が訴訟を提起　法院は編集責任者と出版社に本代の賠償を認めた
99-44	10/26/99	6右上	法律援助顯威百戸農民除憂	法律援助の効果は明らかで、百戸の農民の憂いを取り除いた
99-45	11/01/99	1右中	首都律師界深入揭批 “法輪功”	首都の律師界、「法輪功」を痛烈に批判
99-46	11/15/99	2左上	律考并非為了當律師	律師資格試験は決して律師になるためのものでない 自己の資質を高めるための受験者が増加した
99-47	12/09/99	2右中	羊城律師公布自律承諾	広州（羊城）の律師は自律規約を発表
99-48	12/13/99	1中中	外国律師 忙在中国	中国の外国人弁護士は忙しい
99-49	12/13/99	3中中	外国律師在中国	中国国内の外国人弁護士

99-50	12/14/99	1左中	為国企當好參謀	国営企業のための有能参謀 湖南省の400人の律師が国有企業改革調査班に関わった
99-51	12/14/99	1左下	北京律師希望小學在河南偃師落成	北京律師会の希望小学校、河南省偃師にて落成
99-52	12/28/99	3上	正義的審判 邪悪的覆滅	正義の審判、邪悪の撲滅 法輪功の罪行に対する判決が下った
99-53	12/28/99	5中下	律師因丟包成被告原告訴請被判駁回	律師が訴訟記録を紛失したとして元依頼者より損害賠償を求められていた事案で、請求が棄却された
99-54	12/28/99	7左上	律師行業面対“入世”該如何	律師業界はＷＴＯ加盟によるグローバリゼーションにいかに対応すべきか
99-55	12/30/99	3全面	1999年中国十大法制新聞	1999年中国10大法制ニュース (1)「依法治国（法に依り国を治める）」と憲法に明記　(2)「マカオ特区基本法」実施　(3)〝虹橋〟が倒壊した事件で責任者が審判を受ける　(4)法律に依り、邪教法輪功を取り締まる　(5)「所得税法」修正案で貯蓄利子税と個人所得税を徴収するようになった　(6)最高人民法院が全国の法院に「執行難」解決に取り組むよう通知した　(7)公安機関が７月28日零時から、全国で逃亡中の犯罪者の情報を光ディスクで作成し、各地の基層派出所などに配布、一斉に犯罪者を追跡するようになった　(8)「煙草大王」が無期懲役を言渡された　(9)密輸犯罪専門の警察（緝私警察）を正式に組織、１月初めから仕事開始　(10)湛江密輸事件が処理された
99-56	12/31/99	3全面	100年磨礪 100年希望	百年の磨き、百年の希望 20世紀の中国民主法制のプロセス

記事番号	掲載日	掲載面・位置	見出し（中国語）	内容要約
00-1	01/03/00	1中下	律師難打 電腦官司	コンピューターソフトがらみの訴訟は難しい
00-2	01/04/00	5全面	警惕 昆侖闕下的大騙局	ご用心、昆侖関における大詐欺事情
00-3	01/06/00	1左下	律師業務国際化研討會將擧行	律師業務国際化検討会、まもなく開催
00-4	01/11/00	7全面	対合伙制律師事務所内部管理的幾點思考	パートナー制律師事務所の内部管理についてのいくつかの考察
00-5	01/19/00	1全面	三罪弁罰“盲院長”被判無期	「是非の判断もつかない法院長」が汚職等３つの罪により無期懲役の判決
00-6	01/20/00	4中下	中華全国律師函授中心2000年律考資格考前函授輔導招生	中華全国律師通信教育センター、2000年律師資格試験前の補習クラスの受講生募集要項 標準学費500元

00-7	01/24/00	2中下	誰是走私者成本案焦點	誰が私利を図ったのか、がこの案件の焦点
00-8	01/26/00	1全面	南京律師上保險	南京の律師は律師責任保険に加入
00-9	01/30/00	2全面	法制中国—從詞匯看国家民主法制建設	法制中国　用語から見る民主法制の構築
00-10	02/01/00	1左下	《“１４８”法律咨詢専用工具書》首發	『１４８」法律相談専用ガイドブック』新発売
00-11	02/02/00	6中下	上海一律師不服假幣被沒收引發訴訟	上海の一律師が偽札を没収されたことを不服として訴訟を提起
00-12	02/03/00	3右上	判決書未送達就要執行律師指出錯誤反被拘留	判決書が未送達のまま強制執行され、誤って拘留されたと律師が指摘
00-13	02/10/00	4左下	外軍律師制度簡介	外国の軍弁護士制度の簡単な紹介
00-14	02/12/00	3右上	律師在筆録上作假是否構成犯罪	律師が調査記録上虚偽記載をすることは犯罪を構成するか否か
00-15	02/22/00	3中下	律師孫少波被判11年	律師孫少波は汚職の罪で懲役11年の判決
00-16	02/22/00	4左下	中国政法大學2000年律師資格考試前輔導班招生通知	中国政法大学　2000年律師資格試験直前補習クラスの受講生募集通知 通信クラス320元、夜間クラス680元、強化班780元
00-17	02/22/00	7左下	律師擔任検察機關咨詢員	律師が検察機関の問い合わせ窓口業務を担当
00-18	02/24/00	7左下	律師擁軍忙	律師は軍の擁護に忙しい
00-19	03/01/00	8中上	香港律師執業均須考試英聯邦大律師特權告終	試験に合格しなければ香港で律師業務を行うことはできない　香港におけるイギリス連邦弁護士の特権が終わりを告げた
00-20	03/07/00	7中中	安陽市縣級政府全都聘律師	安陽市県級のすべての政府で律師を招聘
00-21	03/14/00	4左下	2000年高級律師資格考前輔導班招生通知	2000年高級律師資格試験直前補習クラスの受講生募集通知 養成クラス680元、通信クラス480元
00-22	03/20/00	4左下	2000年律師資格考前輔導班招生簡章	2000年律師資格試験直前補習クラスの受講生募集要項 平日・休日とも、普通クラス630元（入学金50元）、強化クラス430元（入学金50元）
00-23	03/21/00	1右下	四千名律師統考行業法規	浙江省で4000人の律師が業務に関係する法規と時事に関する試験を受けた
00-24	03/21/00	7右上	“１４８”邊城群眾貼心的人	「１４８」ホットラインは辺境の住民にとっての親切な相談相手
00-25	03/23/00	3右上	新疆司法腐敗第一案宣判	新疆の司法汚職第１号事件の判決言渡し
00-26	03/25/00	3中下	萍郷〝院長告律師〟案余音未斷	江西省萍郷市における「法院長が律師を訴えた」事件の余韻は冷めやらない
00-27	04/04/00	4中下	2000年高級律師資格考前輔導班招生通知	2000年高級律師資格試験直前補習クラスの受講生募集通知 休日強化クラスは730元、通信クラスは360元

00-28	04/06/00	7中中	霍律師和他的“１４８”	霍律師と彼の「１４８」 率先して法律相談ホットラインを開設した律師により、多くの人が救われた
00-29	04/07/00	4下	2000年律師資格考前函授輔導班招生	2000年律師資格試験直前通信補習クラスの受講生募集　学費500元
00-30	04/18/00	3左中	北京市法律緊缺人才培訓中心掲牌	北京市法律人材育成センターが開業
00-31	04/18/00	5右上	律師不同于法官	律師と法官は異なる
00-32	04/25/00	8中下	律師大有可為	律師のできることはたくさんある
00-33	05/08/00	5全面	使律師陥入兩難怪圈	律師をして困難に陥らしめる２つの法律　刑法・刑訴法
00-34	05/29/00	5全面	代理詞侵犯名譽權	律師の法廷弁論は名誉権の侵害を構成するか
00-35	06/05/00	5全面	西望律師	西部大開発政策のもと、西部の律師は
00-36	06/06/00	7左下	中国高級律師培訓中心2000年律師資格證書班招生通知	中国高級律師養成センター、2000年律師資格証書クラスの受講生募集通知　学費6800元
00-37	06/08/00	8左上	中華女子學院 中華全国律師函授中心 2000年全日制律師專業專本科 法律專業專科生招生簡章	中華女子学院中華全国律師通信教育センター2000年全日制律師専攻本科/法律専攻専科の受講生募集要項　本科４年、専科２年
00-38	06/09/00	1中中	今年律考將于10月開始	今年の律師資格試験は10月に開始
00-39	06/13/00	7右下	西部律師挺進上海灘	西部の律師が上海灘に進出
00-40	06/13/00	7右下	中倫、金通律師所成功合并	中倫、金通律師事務所の合併成功
00-41	06/13/00	7左下	中国政法大學2000年律考輔導班招生	中国政法大学　2000年律師資格試験補習クラスの受講生募集通知　学費580元
00-42	06/14/00	3右上	律師執業不是公務	律師業務は公務にあらず
00-43	06/20/00	1右下	律師所建黨支部	山西省の司法庁に対し、律師が党支部を作るよう要求
00-44	06/22/00	2中上	法律援助立法歩伐加快	法律援助立法の歩みは早い
00-45	06/28/00	2右中	企業法律顧問執業資格考試10月舉行	企業法律顧問業務試験が10月に開催される
00-46	06/28/00	2左下	招聘執業律師啓事	律師の中途採用募集
00-47	06/28/00	4左下	南方2000年律考輔導班招生	南方の2000年律師資格試験補習クラスの受講生募集　学費800元
00-48	07/01/00	6左中	律師調査取證難應引起重視	律師の調査・証拠収集難はもっと重視されるべき
00-49	07/02/00	1左上	在法官家庭構筑反腐長城	法官の家庭に腐敗防止の長城を築く
00-50	07/02/00	1中中	山西省長劉振華希望律師通外語	山西省長の劉振華は律師は外国語に通じていることが望ましいと語った
00-51	07/07/00	1中上	通過“１４８”把黨的温暖送萬家	「１４８」を通じて共産党の温もりをたくさんの家庭に送ります

00-52	07/08/00	7右下	主審法官為當事人推薦律師我能否申請其回避	法官長が当事者のために律師を推薦 「律師さん、私はその法官の回避を要求できますか」
00-53	07/11/00	1左下	柳州“7・7”事故善后有條不紊	柳州の「7・7」事故をめぐる善後処理は筋が通っている
00-54	07/11/00	7左上	法律援助呵護貧弱者的陽光	法律援助制度は貧しく弱きものを護る太陽の光だ
00-55	07/11/00	7右下	法律援助為打工仔爭得賠償	法律援助制度により労働者は賠償を勝ち取った
00-56	07/13/00	8左下	2000年律師資格考前輔導班招生通知	2000年律師資格試験前の補習クラスの受講生募集通知　養成クラス680元、速成クラス380元
00-57	07/24/00	8下	中華全国律師函授中心法律專業專、本科　律師專業專、本科生　招生簡章	中華全国律師通信教育センター　法律専攻・律師専攻本科の受講生募集要項
00-58	07/28/00	7右上	軍中“１４８”真管用	軍の中で「１４８」は本当に有用だ
00-59	08/01/00	1全面	成克杰一審被判處死刑	高級幹部でありがなら巨額の賄賂を受け取った成克杰、一審で死刑判決
00-60	08/08/00	2中下	徳恒律師事務所面向全国招聘	徳恒律師事務所、全国で律師を募集
00-61	08/15/00	1右下	律考録取方式今年改革	律師資格試験の合格者決定方式が今年改革される
00-62	08/22/00	7右下	律考將日趨制度化和規范化	律師資格試験は日に日に制度化、規範化されていく
00-63	08/24/00	8右上	中華全国律師函授中心法律專業專、本科　律師專業專、本科生　招生簡章	中華全国律師通信教育センター　法律専攻/律師専攻本科の受講生募集要項
00-64	09/15/00	1全面	成克杰被執行死刑	成克杰の死刑を執行
00-65	09/15/00	2右上	遏制司法腐敗要抓防范與査處	司法腐敗の防止のためには罰則の整備と調査の両面が必要
00-66	09/17/00	2全面	維護律師權利促進司法公正	律師の権利を擁護することは司法の公正を促す
00-67	09/19/00	7下	律師資格考試辦法	「律師資格試験実施法」(7月26日公布)
00-68	09/23/00	1右下	十余人公然劫持出庭律師	貴州省貴陽市の人民法院の門前で律師が公然と拉致された
00-69	09/25/00	1中下	長春律師提供法律援助	長春の律師は法律援助を提供する
00-70	09/25/00	2右下	上海新律師執業要宣誓	上海の律師は業務開始に先立って、職業道徳を遵守する旨の宣誓を義務付けられた
00-71	09/26/00	1右中	上海全国律師電視辯論會大賽將舉行	上海全国律師テレビ討論大会がまもなく開催される
00-72	09/17/00	1右中	司法部公布今年律師資格考試録取數額	司法部が今年の律師資格試験の合格点数を発表
00-73	10/01/00	2左上	細究“律師改行為哪般”	「律師が転職するのはなぜか」を検討する
00-74	10/07/00	1中上	毎月只花一元錢法律服務進家門	毎月１元しかかからない法律サービスが家にやってきた

00-75	10/08/00	1中右	加強律師公證員隊伍黨建	律師の公証員組織の設立の強化を司法部が要求
00-76	10/13/00	2中中	律考培訓網站開通	律師資格試験対策トレーニングのホームページが開設
00-77	10/13/00	4下	中華全国律師協會	中華全国律師協会 北京において「インターネット・電子取引法と律師の実務」のハイレベル討論会を開催。参加費は中国人律師800元、外国人弁護士等1000元
00-78	10/16/00	8下	中華全国律師函授中心　法律專業專、本科　律師專業專、本科生　招生簡章	中華全国律師通信教育センター　法律/律師専攻本科の受講生募集要項
00-79	10/18/00	8右上	香港與内地律師制度之異同	香港と内地の律師制度の同異
00-80	10/20/00	6、7全面	回首崢嶸歳月 三千里驚天動地	厳しい歳月を顧みる　驚天動地三千里 朝鮮戦争50周年
00-81	10/22/00	1右中	律考開考	律師資格試験開幕、司法部の指導者は北京の試験場を視察
00-82	10/22/00	1右下	山西律考見聞	山西省の律師試験見聞録
00-83	10/29/00	1右下	爭建一流律師所	一流の律師事務所を争って開設
00-84	10/29/00	1右下	山西律師事業發展迅速	山西省の律師事業は迅速に発展
00-85	11/12/00	2右下	廣州“１４８”以高科技掛師	広州の「１４８」はハイテクノロジーをもって電話オペレータとなす
00-86	11/13/00	1右下	律師感受挑戰	律師は挑戦の感覚を味わう
00-87	11/14/00	7全面	中国律師二十年歷程回眸	中国律師20年の過程を振り返る
00-88	11/19/00	1右上	中国律師2000年大會在京舉行	中国律師2000年大会が北京で行われた
00-89	11/28/00	7左上	各地加快司法調解中心建設	各地で司法調解センターの設立を加速
00-90	11/30/00	3右上	網上舉報反腐	ネット上で腐敗防止の情報に対する懸賞金公告
00-91	12/09/00	1中下	今年律考録取分數線公布	今年の律師試験の合格点ライン発表
00-92	12/16/00	6左上	執行和解中的問題不容忽視	和解執行中の問題を軽視してはならない
00-93	12/19/00	2上	最高人民檢察院關於進一步加強預防職務犯罪工作的決定	最高人民検察院は職務上犯罪予防に関してさらに強化する旨の決定を行った
00-94	12/20/00	6左下	拒付律師代理費　四萬費用買明白	訴訟に勝ったにもかかわらず弁護代理費用4万元の支払い拒否、当事者は違約行為と判決
00-95	12/24/00	2左下	司法改革需統籌兼顧	司法改革は各方面に配慮が必要
00-96	12/28/00	全面1	中国：高舉廉政旗幟　遏制腐敗勢頭	中国：廉政の旗を高く揚げ、汚職情勢を抑止せよ
00-97	12/28/00	全面2	鏟除腐敗　警鐘長鳴	近年の中国省部級以上幹部の汚職処罰事件備忘録
00-98	12/29/00	3全面1、2	2000年中国十大法制新聞	2000年中国10大法制ニュース

記事番号	掲載日	掲載面・位置	見出し（中国語）	内容要約
01-1	01/06/01	1右下	關押兩年的律師被判無罪	２年間拘禁された律師は証拠偽造罪名成立せず無罪判決を言渡された
01-2	01/08/01	8上	2001年律師資格考前函授輔導班招生	2001年律師資格試験直前通信教育補習クラス受講生募集
01-3	01/09/01	7中下	“律師人——中国律師資格考試遠程教育網”圓你一個夢	「律師人」という律師資格試験通信教育ネットはあなたの夢を叶える
01-4	01/16/01	4右下	2001年律師資格考試函授＋面授輔導班招生簡章	2001年律師資格試験用通信教育＋直接指導補習クラス　受講生募集要項
01-5	01/16/01	6左下	“律師人”網站助你實現律師夢想	「律師人」サイトはあなたの律師への夢の実現を手伝います
01-6	02/03/01	7左上	同所律師不可為雙方當事人代理	同じ事務所の律師が同一訴訟事件の双方当事者の代理人になってはならない
01-7	02/05/01	1左	新疆律師譜愛心新曲	捨て子だった漢族の娘と、その娘のために夫と離婚することも辞さなかったウイグル族の母。交通事故に遭い、治療費もなかった娘に、新疆の律師達が寄付や法律援助を行った
01-8	02/06/01	4中下	中国政法大學2001年律師資格考前輔導班招生通知	中国政法大学2001年律師資格試験直前補習クラス　受講生募集通知
01-9	02/07/01	8左上	台灣律師制度管窺	台湾律師制度を窺い見る
01-10	02/12/01	1右中	全国律師電視辯論大賽將舉行半決賽	全国律師テレビ弁論大会の準決勝、まもなく開催
01-11	02/12/01	7右下	拷問“律師提前介入”	新しい「刑事訴訟法」及び「刑法」の規定には「律師は前もって刑事訴訟事件の捜査段階で介入することができる」とあるが、実際に実施するには障害が多い
01-12	02/17/01	4下	国家法官學院法律(書記官)專業大專脱産班2001年招生簡章	国家法官学院法律（書記官）専攻大専脱産（一時職場を離れて学習する）クラス　2001年学生募集要項
01-13	02/20/01	7左上	企業面臨反傾銷該如何找律師應訴	企業がアンチ・ダンピングに直面した時、訴訟に対応するための律師探し
01-14	02/20/01	7右上	泰和泰律師所西部開發顯身手	泰和泰律師事務所は西部開発に大いに腕をふるう
01-15	02/26/01	2右中	北京律師執業規範浮出水面	北京律師執業規範、水面に浮かび上がる
01-16	03/05/01	3左上	中華全国律師協會經司法部授權發佈通知	中華全国律師協会は司法部より権限を授かり、律師資格試験前養成機構に関する通知を発表
01-17	03/06/01	7左上	律師的新課題——如何介入電子商務	律師の新しい課題　電子商取引（eコマース）に如何に介入するか
01-18	03/14/01	3左下	請全国政協給律師一席之地	全国政治協商委員会にも律師カテゴリーを設立してください

01-19	03/18/01	1右下	山東“１４８”網站開通	山東省の法律ホットライン「１４８」今日からウェブサイトも開通
01-20	03/20/01	7左中	廣州律師界抓緊迎“入世”	WTO加盟後、律師業界の競争に対応するため、広州市司法局は４つの対策を打ち出した
01-21	03/22/01	1全面1	加強安全穩定工作	司法部は全国の刑務所収容所および関連部門に関して仕事上安全意識と安定性を強化する手を打った
01-22	03/22/01	1右中	首屆全国律師電視辯論大賽半決賽將開賽	第１回全国律師テレビ弁論大会の準決勝、まもなく開催
01-23	03/22/01	1左下	最高人民法院工作報告——2001年3月10日在第九屆全国人大第四次會議上	最高人民法院院長・肖揚の工作報告、2001年３月10日第９期全人代第４回会議 (1)審判と執行業務の強化　(2)法院改革を強化する、司法公正をまもる、審判の効率を高める
01-24	03/22/01	2全面1、2	最高人民法院工作報告——2001年3月10日在第九屆全国人大第四次會議上	(同上) (3)組織建設を強化し、法官の素質を向上させる　(4)真実を求め実務に従事、新世紀法院業務の新たな局面を打ち立てる
01-25	03/22/01	1右下、3上	最高人民検察院工作報告——2001年3月10日在第九屆全国人大第四次會議上	最高人民検察院検察長・韓杼濱の工作報告、2001年３月10日第９期全人代第4回会議 汚職賄賂犯罪の処罰を厳しくし、廉潔建設と反腐敗闘争を促進するなどについて
01-26	03/22/01	3下	通向死亡的“圓滿”之路	邪教“法輪功”に誘惑され自殺死亡　136の案件の分析
01-27	03/28/01	1右上	10年脱盲84萬	全国刑務所系文盲をなくす教育の成果　10年間で84万人もの犯罪者が文盲から抜け出した
01-28	04/02/01	8左下	司法部律師資格考試中心在京委託舉辦2001律師考前輔導班招生簡章	司法部律師資格試験センターが北京で委託開講する2001年律師資格試験直前補習クラスの受講生募集要項
01-29	04/04/01	4下	司法部涉外經済法律人才培訓中心2001律師資格考試輔導班招生簡章	司法部渉外経済法律人材育成センター2001年律師資格試験直前補習クラス　受講生募集要項
01-30	04/05/01	7左下	中国政法大學2001年律考輔導班招生簡章	中国政法大学2001年律師資格試験直前補習クラス　受講生募集要項
01-31	04/06/01	5右下	被告緘口沉默不語　律師退庭拒絶辯護	被告人は黙して語らず　弁護人は退廷し弁護を拒否 江蘇徐州市雲竜区法院が「手続法」を無視し開廷審理したため
01-32	04/08/01	3左上	刑事辯護制度實施的現實分析	刑事弁護制度の実施、具体的に６つの面でやり難い
01-33	04/09/01	1左上1	企業法律顧問工作取得新進展	企業の法律顧問業務は新たな進展をみた
01-34	04/09/01	1左上2	安徽律師有了自己的“行規”	「安徽省律師執業規範(試行)」の可決により、安徽省の律師業界に業務執行時の規定が成立

01-35	04/12/01	4左中	中国政法大學2001年全国律師資格考前輔導班招生簡章	中国政法大学2001年律師資格試験直前補習クラス　受講生募集要項
01-36	04/24/01	6中央下	關於公佈全国律師資格考前培訓規範單位名單的公告	全国律師資格試験前規範養成機構リスト公布に関しての公告
01-37	04/25/01	3左下	歡迎加盟北京誠實律師事務所	北京誠実律師事務所、規模拡大のため人員大募集
01-38	04/26/01	5中央下	中国人民大學教育培訓中心2001年律師資格考前輔導班招生通知	中国人民大学教育育成センター2001年律師資格試験直前補習クラス　受講生募集通知
01-39	04/26/01	6中央下	中国政法大學2001年律考輔導班招生	中国政法大学2001年律師資格試験補習クラス受講生募集
01-40	04/28/01	3左下	歡迎投訴違規律師廣告	律師業務執行広告規則違反についての通報を歓迎します北京市律師協会、通報電話を開設
01-41	04/30/01	2中中	首屆全国律師電視辯論大賽鳴金	第1回全国律師テレビ弁論大会終了 上海チームが金賞を獲得
01-42	04/30/01	7左上	雄辯聲中唱大戲	第1回全国律師テレビ弁論大会の総監督にインタビュー
01-43	05/10/01	2左上	讓律師專業更臻完善合理	律師専攻学科をもっと完全、合理的に 大学卒業資格律師専攻認定試験改訂計画について司法部法規教育局の責任者にインタビュー
01-44	05/14/01	2左中	湖南省政協專題視察律師工作	湖南省政協主席及び委員たちは律師業務をテーマに視察を行った
01-45	05/14/01	2中央中	焦作一律師洩密被判刑	河南焦作のある律師は国家秘密を漏らした罪で1年懲役の判決を言渡された
01-46	05/14/01	7右下	西部黑馬	西部の黒馬　――第1回全国律師テレビ弁論大会・寧夏チームについて
01-47	05/15/01	7下	律師該不該做廣告	律師と律師事務所の広告は有りか無しか
01-48	05/16/01	1右上	律師隊伍要擴大數量提高質量	律師組織は数を増やし、質を向上させなければならない
01-49	05/16/01	1右中	貴州律師迎接入世“集體充電”	貴州律師はWTO加盟に備え、集団で育成訓練を行った
01-50	05/16/01	1右中	廣東律師舉行執業宣誓儀式	広東律師は業務執行を宣誓する儀式を行った
01-51	05/18/01	8上	律考書，今年你買了沒？	今年あなたは律師資格試験用の参考書を買った？どのような教材を選ぶと良いか、専門家に取材した
01-52	05/24/01	8左上	香港中小律師行要北上	WTO加盟を間近に控え、香港の中小律師事務所は大陸の法律市場に参入し腕を振るおうと勇みたっている
01-53	05/27/01	2左上	中国律師業必須提高国際競爭力	中国の律師業務は国際競争力を向上させなければならない

01-54	06/05/01	4中央下	法大名師　律考・法碩	中国政法大学の名講師が指導　中国政法大学律師資格試験補習クラス受講生募集
01-55	06/08/01	1右下	全国首例律師被控偷税案一審判決	全国で初めて律師が脱税で起訴された案件で、第一審判決が下された
01-56	06/14/01	4下	律考導航系列圖書　助你抵達成功彼岸	律師資格試験ガイドシリーズはあなたの成功をサポートします
01-57	06/28/01	6全面1	慶賀中国共産黨誕辰80週年	中国共産党誕生80周年を祝う 党の由来、党員数など
01-58	06/28/01	6全面2	党的平反冤假錯案工作	中国共産党の文化大革命中の無実やでっち上げの罪を破棄した仕事のプロセス
01-59	06/28/01	7全面1	探尋共和国司法史輝煌的一頁	中華人民共和国司法史上輝く一頁を訪ねる 延安は中国司法の歴史の発祥地である。当時の馬錫五審判方式などいろいろな司法活動は新中国法制建設の基礎を固めた
01-60	06/28/01	7全面2	紅都溯源	中国革命の根拠地で中国司法史の根源を追及する 江西瑞金にある祠堂は最高人民法院の起源の地、中国革命の第一部である「土地法」は井崗山で誕生した
01-61	07/01/01	2右	司法考試制度向我們走來	司法試験制度がまもなく我々のもとに 国が初任の法官、検察官及び律師の資格取得に対して、統一の司法試験制度をまもなく実行するという規定が、第９期全人代常務委員会第22回大会で我々に提案された
01-62	07/01/01	3全面1、2	中国共産黨80年20件大事	中国共産党80年間で20の重大な出来事
01-63	07/04/01	1中中	首部律師執業規範在京出台	第一部律師執業規範が北京で登場
01-64	07/04/01	8上	核准制下的律師法律意見書	審査制度下の律師法律意見書
01-65	07/06/01	4左下	北京萬国學校2001年律考輔導招生通知	北京万国学校2001年律師資格試験補習クラス受講生募集通知
01-66	07/06/01	4下	中華全国律師函授中心法律律師專業招生簡章	中華全国律師通信教育センター法律/律師専攻コース　受講生募集要項
01-67	07/07/01	5全面1	律師何時走入百姓家	律師はいつ庶民の家にやってくるの？ 我が国総人口に対し11万人の律師ではまだまだ不十分なのに、現実は律師の仕事が足りない。庶民は認識不足と経済的な理由で律師に依頼しない現象がある
01-68	07/09/01	2右上	為律師專業的考生提供更好的服務	律師専攻学科の受験生にもっと良いサービスを提供する 中華全国律師通信教育センター責任者は、改正後の律師専攻試験計画実施に関する問題について、読者の質問に答える

01-69	07/09/01	5全面1、2	法律三職業提高門檻統一考試	統一司法試験制度の実施により、法曹三者(法官、検察官、律師)の水準を引き上げる
01-70	07/15/01	3左上	統一司法考試制度操作初探	統一司法試験制度をどのようにするかについての初歩的な分析 統一司法試験制度は司法体制改革にとって画期的で進歩的な意義をもっているが、それとセットになる法規と制度の制定は最も切実な問題である
01-71	07/16/01	1全面1	統一司法考試將産生四大影響	統一司法試験制度は4つの面で大きな影響を及ぼす
01-72	07/16/01	1全面2	最高人民法院　最高人民検察院　司法部公告	最高人民法院　最高人民検察院　司法部公告 統一司法試験制度に関する公告
01-73	07/16/01	4左中	律師緣何提供免費服務	律師はなぜ無料サービスを提供するのか
01-74	07/17/01	3右	律師代理費被算作損失	律師代理費用も損失に計算された 上海で初めて被告が原告の律師代を負担する判決が下された
01-75	07/18/01	8下	今天上律函　明天當律師	今日中華全国律師通信教育センターで勉強すれば、明日には律師になれる
01-76	07/21/01	1中中	律師如何應対股票發行核准制	律師は株券発行審査制度にどう対応するか
01-77	07/28/01	8左上	香港女律師將擔起半邊天	香港の女性律師は律師業界の半分を支えている
01-78	07/30/01	3右下	律師辯論權受法律保護	律師の弁論権利は法律により保護されている
01-79	08/08/01	6全面1,2	反思日航風波	日本航空騒動について改めて考える 日航騒動は、建国以来大きな影響を及ぼす渉外商事紛争のひとつであった。その発生と円満解決は社会各界の関心を集めた
01-80	08/08/01	8左上	核准制向律師六大違規行為亮紅燈	審査制度は律師の6大規則違反行為の赤信号に
01-81	08/10/01	8右上	上海律師界自覺接受當的領導	上海律師業界は党の指導を積極的に受け入れる
01-82	08/21/01	2左中	2001年注冊律師開始公告	2001年登録律師公告開始
01-83	08/27/01	8全面1、2	委託人違規是律師之責嗎	委託者の規則違反は律師の責任か? 上海建維律師事務所は法律サービス中クレームを受け、委託者に2000万元の賠償を請求された。これは全国で過去最高の賠償額の法律サービス紛争案件である
01-84	09/01/01	3左中	開封律師所掛上部級文明所牌	河南省開封律師事務所、司法部部級栄誉を獲得
01-85	09/04/01	6上中	從《律師法》談起	「律師法」から話を始める 海南省司法庁庁長への取材記録
01-86	09/09/01	3全面1,2	統一司法考試與法官素質和法官遴選制度	統一司法試験と法官資質と法官選抜制度

01-87	09/11/01	7全面 1,2	目前我国開展的司法救助工作情況	現在我が国で展開している司法救済活動の状況
01-88	09/24/01	1左下	上海召開第六屆律師代表大會	上海で第6回律師代表大会を開催
01-89	09/26/01	2左中	以宣傳促律師業發展	宣伝で律師事業の発展を促進する 『中国律師』（雑誌）宣伝会議を開催
01-90	09/27/01	8右下	讓辯護律師走出尷尬	律師を苦しい立場から救い出して
01-91	09/29/01	1左上	全国法律援助制度雛形基本形成	全国法律援助制度の原型が基本的に完成 この5年間で法律援助を通じて、60万人もの合法的な権益を守った
01-92	09/29/01	2下	中華全国律師函授中心法律律師專業招生簡章	中華全国律師通信教育センター法律/律師専攻コース　受講生募集要項
01-93	09/30/01	4左上	把法律送給人民	法律を人民に届けよう 北京市法律宣伝教育活動記録
01-94	10/01/01	2中中	援助經費政府出	法律援助経費は政府が支出　江蘇省法律援助条例実施
01-95	10/16/01	1右下	司法部為116名香港律師頒授中国委託公證人證書	司法部は116名の香港律師に中国委託公証人証書を与えた
01-96	10/22/01	3上中	法律援助不能收錢	法律援助はお金を受け取ってはならない
01-97	10/22/01	4左上	中華人民共和国法官職業道德基本準則	「中華人民共和国法官職業道徳基本準則」
01-98	10/22/01	4右上	恪守職業道德　改進司法作風	法官職業道徳を厳格に遵守し　司法活動を改善する
01-99	10/31/01	8全面 1,2	重慶市司法局公告(一)	重慶市司法局公告（一） 2001年、年に一度の検査を通過登録した律師事務所と律師の公告
01-100	11/01/01	1左上	国家司法考試實施辦法出台	「国家司法試験実施弁法」発布 第1回目の試験は来年の初めに行うことに
01-101	11/01/01	3上	国家司法考試實施辦法(試行)	「国家司法試験実施弁法(試行)」 最高人民法院、最高人民検察院、司法部公告第2号で発布した
01-102	11/07/01	8全面 1,2	重慶市司法局公告(二)	重慶市司法局公告（二） 2001年、年に一度の検査を通過登録した律師事務所と律師の公告
01-103	11/13/01	1中下	国家司法考試3月下旬舉行	国家司法試験は3月下旬に行われる 司法部はネット上で質問に答える
01-104	11/13/01	8全面 1,2	湖北省司法廳公告(一)	湖北省司法廷公告（一） 2001年、年に一度の検査を通過登録した律師事務所と律師の公告。公告されたのは322の律師事務所と2464名の律師。登録していない人員は法律業務活動を禁止されている
01-105	11/14/01	8全面 1,2	湖北省司法廳公告(二)	湖北省司法廷公告（二） 同上

01-106	11/19/01	2中下	中南財經政法大學司法考試培訓班招生	中南財経政法大学司法試験養成コース　受講生募集
01-107	11/19/01	3左下	律師事務所廣告	律師事務所広告
01-108	11/27/01	8全面1,2	湖北省司法廳公告(三)	湖北省司法廷公告（三） 2001年、年に一度の検査を通過登録した律師事務所と律師公告。公告されたのは322の律師事務所と2464名の律師。登録していない人員は法律業務活動を禁止されている
01-109	11/28/01	2中下	律協成立信息網絡與高新技術專業委員會	中華全国律師協会は情報ネットワークとハイテク専門委員会を設立
01-110	11/28/01	4全面1,2	河南省司法廳公告(一)	河南省司法廷公告（一） 2001年、年に一度の検査を通過登録した律師事務所と律師の公告。公告されたのは550の律師事務所と4566名の律師。登録していない人員は法律業務活動を禁止されている
01-111	11/28/01	5左下	入世対我国司法制度的影響	WTO加盟の我が国司法制度に対しての影響
01-112	11/28/01	8全面1,2	河南省司法廳公告(二)	河南省司法廷公告（二） 同上
01-113	11/29/01	1左上	大力提高法律援助隊伍素質	法律援助組織の資質の向上に力を入れる
01-114	11/29/01	2左下	北京有了法律援助公職律師	北京に法律援助の公職律師が出現
01-115	11/29/01	4全面1	中華全国律師函授中心　司法考試招生簡章	中華全国律師通信教育センター　司法試験受講生募集要項
01-116	11/29/01	4全面2	中国行為法學會北京法律人才培訓中心　司法考前輔導班招生簡章	中国行為法学会北京法律人材育成センター司法試験前補習クラス受講生募集要項
01-117	11/30/01	1右下	入世為司法改革添動力	WTO加盟は司法改革に原動力をささげる 中国政法大学教授・李曙光インタビュー
01-118	11/30/01	3中下	民警律師串通一気造假供	警察官と律師がぐるになって供述を捏造、懲役7年と5年の判決を言渡された
01-119	12/02/01	2右下	WTO：推動中国律師業的變革與發展	WTO加盟は中国律師事業の変革と発展を促進する
01-120	12/03/01	7上	“土律師”索酬　眾學者評説	公民代理訴訟で報酬を貰えず裁判を起こした多くの学者が議論に参戦 法律は誰の味方になるか、また裁判官はどう判決するか
01-121	12/05/01	5左下	入世対我国專業服務法律制度的影響	WTO加盟の我が国専門服務法律制度に対する影響
01-122	12/08/01	8左中	香港司法改革建議　向律師收費討説法	香港司法機構が司法改革提案書を提出、律師代理費の透明度を高める
01-123	12/08/01	8右上	律師也“挣外快”	マカオの律師も“兼職” マカオでは律師の兼職は禁止されているが、立法会議員と法律学科の教員は例外

01-124	12/11/01	1上	我国正式成為世貿組織成員	我が国は正式にWTOのメンバーになった 対外経済貿易省は昨夜、我が国のWTO加盟法律文書を公布した
01-125	12/11/01	1中左、3左下	從法律制度上迎接入世——訪国務院法制辦主任楊景宇	法律制度上からWTO加盟へ　国務院法制事務局主任・楊景宇インタビュー
01-126	11/01/12	1下中	入世：中国律師發表昆明宣言	WTO加盟について、中国の律師が昆明宣言を発表
01-127	12/12/01	1左中	公證員也須通過国家司法考試	公証員も国家司法試験に合格しなければならない
01-128	12/12/01	8全面1,2	河南省司法廳公告(三)	河南省司法廷公告（三） 2001年、年に一度の検査を通過登録した律師事務所と律師の公告。公告されたのは550の律師事務所と4566名の律師。登録していない人員は法律業務活動を禁止されている
01-129	12/15/01	4全面1,2	河南省司法廳公告(四)	河南省司法廷公告（四） 同上
01-130	12/16/01	3全面1,2	WTO 法律的国内適用	WTO法律の国内適用
01-131	12/22/01	1下、2左下	為有源頭活水來	司法部機関の幹部人事制度改革が深化する活動に関する記事
01-132	12/22/01	2左	建立高素質的中国法官隊伍	素質の高い中国法官組織を作り上げる
01-133	12/23/01	2全面1,2	山西省司法廳公告(一)	山西省司法廷公告（一） 2001年、年に一度の検査を通過登録した律師事務所と律師の公告。公告されたのは239の律師事務所と2193名の律師
01-134	12/23/01	3左下	執行案件的中止執行	案件執行中の執行中止
01-135	12/24/01	1左下	甘肅法律援助辦法出台	「甘粛省法律援助弁法(試行)」発布
01-136	12/25/01	2上中	律師入門資格將提高為本科	司法試験受験資格、まもなく本科生に引き上げ
01-137	12/25/01	7上左	緊緊抓住"入世機遇"完善律師業管理機制	WTO加盟の好機を逃さず、律師業管理メカニズムを完成させる 司法部副部長・段正坤、「第１回中国律師フォーラム」での発言
01-138	12/25/01	7上右	首屆中国律師論壇昆明宣言	「第１回中国律師フォーラム」昆明宣言 昆明宣言は中国律師のWTO加盟宣言とも言われている
01-139	12/26/01	2左中	提高報考律師資格人員學歷很必要	司法試験受験者の学歴を引きあげることが大変必要である
01-140	12/26/01	4全面1,2	山西省司法廳公告(二)	山西省司法廷公告（二） 同上
01-141	12/28/01	3全面1,2	外国律師事務所駐華代表機構管理條例	「外国律師事務所中国駐在代表機構管理条例」
01-142	12/29/01	2左上	律師法修改　律考門欄高了	律師法改正に伴い、律師資格試験の受験者資格を引き上げ

01-143	12/30/01	3全面1,2	2001年中国法學熱點回顧	2001年中国法学の争点を振り返る
01-144	12/31/01	1全面1	首次国家司法考試明年3月底進行	第1回国家司法試験は来年3月30、31日全国統一で行われる
01-145	12/31/01	1全面2	從統一司法考試到司法職業的一體化	統一司法試験制度から司法職業までを一体化
01-146	12/31/01	3全面1,2	中華人民共和国律師法	「中華人民共和国律師法」(2001年12月29日第9期全人代常務委員会第25回会議で可決)
01-147	12/31/01	4全面1,2	中国十大法制新聞	2001年中国10大法制ニュース

記事番号	掲載日	掲載面・位置	見出し(中国語)	内容要約
02-1	01/03/02	1右下	敗訴律師憤然上訴	敗訴した律師、憤然と上訴 敗訴した律師は、食品メーカーの嘘の宣伝が消費者権利を侵害したと考え、消費者保護のため再審を求めた
02-2	01/05/02	2左下	北京隆安律師所通過ISO9002認證	北京の「隆安」律師事務所はISO9002認証に合格した
02-3	01/08/02	7全面1,2	首屆全国律師電視辯論大賽隨感	第1回全国律師のテレビ弁論大会は反響を呼んだ
02-4	01/09/02	1全面1	司法部周密部署首次国家司法考試	司法部は我が国初の国家司法試験の準備を周到に進めた
02-5	01/09/02	1全面2	被超期羈押3年的無辜者當庭釋放	無実の罪名で3年間も拘留された無辜の人は即時釈放された
02-6	01/12/02	2左中	第二屆中国律師與企業實務諮詢會召開	第2回中国律師と企業実務に関する諮問会開催
02-7	01/16/02	6右下	律師為何成了被告	律師はなぜ被告になったのか(職務不履行の為)
02-8	01/18/02	1右上	應対入世自我強身健體	律師業界はWTO加盟で専門人材育成に力を入れる
02-9	01/18/02	1右中	廣東“司考”報名上門服務	広東省は司法試験の受験申込みをしやすくするサービスを提供
02-10	01/19/02	1右下、2左下	司法考試向舞弊説不	司法試験にて不正行為を拒む 本紙記者が司法部国家司法試験部部長・杜国興にインタビュー
02-11	01/19/02	4左下	“WTO與法律服務全球化”国際研討會在京舉行	「WTOと法律サービスのグローバル化」の国際シンポジウムが北京で開催
02-12	01/30/02	4下	中華全国律師函授中心 關於郵購首次国家司考輔導叢書的公告	中華全国律師通信教育センター 第1回国家司法試験用補習教材シリーズの通販を行う
02-13	01/30/02	4右下	北京法律人才培訓中心 国家司考考前輔導班招生	北京法律人材育成センター 国家司法試験直前補習クラス 受講生募集通知

02-14	01/31/02	2下1	武警北京軍事檢查院全體備考司法考試	武装警察北京軍事検査院は全員司法試験の準備を行う
02-15	01/31/02	2下2	首次司考北京考區報名人數達17485人	第１回司法試験北京地区の出願者数は１万7485人に達した
02-16	01/31/02	2下3	四川1.5萬人報考司法考試	四川省にて1.5万人が司法試験に出願
02-17	02/03/02	1右中	北京律師成立30個專業委員會	北京の律師、30の専門委員会を設立
02-18	02/08/02	1下	司法考試是法制建設一大進歩	司法試験は法制建設の大きな進歩である
02-19	02/16/02	1下	国家司法考試需要相應的制度支持	国家司法試験には相応な制度のサポートが必要
02-20	02/17/02	1下	司法考試為什麽這様“火”？	司法試験はなぜこのように脚光を浴びているか？
02-21	02/19/02	1下	建立完善司法考試管理體制	司法試験管理体制の設立と改善
02-22	02/21/02	1下	以国家司法考試為契機　全面加強律師隊伍建設	国家司法試験を契機に、律師組織建設を全面的に強化する
02-23	02/21/02	6中下	律考改司考，找家好網校	律師資格試験から司法試験へ　良いネット教室を探す
02-24	02/21/02	7左上	軍隊律師在未來戰爭中大有作為	軍隊律師は将来の戦争で大いに力を発揮するだろう
02-25	02/28/02	1左上	司法部制定律師培訓規劃	司法部は律師の育成計画を作成
02-26	02/28/02	3左上	律師喬占祥終審敗訴	切符の値上がりについて国鉄を起訴した喬占祥律師は最終審で敗訴
02-27	03/01/02	2中上	深化體制改革　加強律師管理　規範律師執業　重申六條禁止	体制改革の深化と律師管理の強化　律師業務執行の規範と六条の禁止を重ねて言明する
02-28	03/01/02	2右上	律師執業責任保險將全面推行	律師業務執行責任保険、まもなく全面的に普及
02-29	03/02/02	2中中	上海律師志願團走進政協　為政協委員提供専門法律服務	上海律師ボランティア団体、政協へ　政協委員のため法律諮問サービスを提供
02-30	03/03/02	1左上	律師公證員職業道徳規範出台	律師及び公証員の職業道徳規範を発布
02-31	03/03/02	1左中	加強律師和公證員隊伍建設的重大舉措	律師と公証員の職業道徳規範は律師と公証員組織建設を強化するための重大な措置である
02-32	03/03/02	4左上	律師職業道徳和執業紀律規範	「律師職業道徳と業務執行紀律規範」（中華全国律師協会改正）
	03/02/03	4右上	公證員職業道徳基本準則	「公証員職業道徳基本準則」（中国公証員協会第３回３次理事会で可決）
02-33	03/07/02	4右中	山西省女律師協會成立	山西省女性律師協会が創立された
02-34	03/08/02	1下、2左下	加入WTO與中国律師業發展空間	司法部部長・張福森のWTO加盟と中国律師業界の発展空間についての談話
02-35	03/09/02	3上	法律援助急需法律的援助	法律援助活動には差し迫った法律的な援助が必要 法律援助の現状は、援助経費の保障がなく援助機構定員数が制約されているが、その反面社会では法律援助の必要が絶えず増している

02-36	03/09/02	4上	司法救助解民憂	司法救済は当事者の心配を解く 司法救済制度を実施して1年あまり。34万521件の案件で訴訟費用を減免し、経済的に困難な当事者の合法権益を効果的に守った
02-37	03/11/02	2中中	加入世貿律師業呼喚改革	WTO加盟により律師業界は改革を呼びかける
02-38	03/11/02	3右中	“律師法官”戴琦	「律師法官」戴琦 戴琦は元々優秀な女性律師、1998年律師として全人代代表にも選ばれた。1999年安徽省阜陽市法官長補佐役になり、安徽省で律師から法官に変わったのは彼女が第1号
02-39	03/13/02	2左中	全国律協勞動與社會保障法專業委員會成立	全国律師協会で労働と社会保障法専門委員会が設立
02-40	03/20/02	1左中	首次司法考試考區考點設置全部完成	第1回司法試験の試験地区、試験地点を設置する作業が全て終了 全国各地合わせて317の試験地区と1万2860ヶ所の試験会場が設置された。
02-41	03/20/02	2下	国家司法考試違紀行為處理辦法(試行)	「国家司法試験規律違反行為処理弁法(試行)」を発布
02-42	03/23/02	1左下	執業出錯　保險公司賠錢	律師業務執行中のクレームに保険会社が賠償金を支払った 律師事務所は律師業務執行責任保険をかけていた。このような案件は我が国では第1例目
02-43	03/24/02	3中下	WTO與中国律師	WTOと中国の律師
02-44	03/26/02	7右上	遵守考紀　維護考序	試験に関する紀律を厳格に遵守し、試験秩序をしっかり擁護する 国家司法試験センター責任者が第1回司法試験に関する質問に答える
02-45	03/27/02	2左上	香港、澳門特別行政區律師事務所駐内地代表機構管理辦法	「香港、マカオ特別行政区律師事務所中国駐在代表機構管理弁法」(2002年2月20日司法部長会議で可決、2002年4月1日施行)
02-46	03/28/02	1左下	構築法學教育與司法考試的新型互動關係	法学教育の構築と司法試験の新たな相互関係
02-47	03/29/02	2左下	国家司法考試檢察工作暫行規定	「国家司法試験検察工作暫定規定」
02-48	03/31/02	1全面1、2	首次国家司法考試開考	第1回国家司法試験開始 受験者数36万人余り、その内法律専攻の人数が29万人余りで全体の81.4%も占めている。各地試験場の情報満載
02-49	04/02/02	1中下	江西藥師考試宣告無效	江西薬剤師試験は無効と宣言 試験中不正行為があったため、江西南昌試験地区薬剤師試験は無効と宣告された。省人事庁両副庁長及び関係責任者らは行政警告処分を受けた

02-50	04/02/02	7左中	新規則：対執業律師帶來的挑戰和機遇	新規則「民事訴訟証拠に関する若干の規則」の施行は、業務執行する律師にとって挑戦でもありチャンスでもある
02-51	04/08/02	3上	律師按小時收有多少市場	律師代理費用が時給制になったら、どれくらいの市場が見込めるか
02-52	04/11/02	1中	企業法律顧問考試政策有變	企業法律顧問試験政策に変動あり 応募条件、試験免除、試験年度及び成績有効期限などの面で調整を行った
02-53	04/13/02	1中中	50萬懸紅該不該給——全国首例巨額懸賞糾紛案審結	50万元の懸賞金支払うべきか 全国で1例目の巨額懸賞金紛争案件が結審、原告は50万元の懸賞金を獲得
02-54	04/13/02	2右上	律師業健康發展的重要保障——中国律協會長高宗澤答記者問	律師業の健全発展の重要保障 中華全国律師協会会長・高宗澤は「律師職業道徳と業務執行紀律規範」について本紙記者の質問に答えた
02-55	04/21/02	3左中	控、辯平衡與保障辯護律師訴訟之我見	刑事訴訟をする際の公訴人方の攻撃力と被告人方の防御力の均衡と律師の弁護保障についての私見
02-56	04/25/02	6左下	大陸法制與律師實務研習論壇舉行	「大陸法制と律師実務研究フォーラム」北京で開催
02-57	05/06/02	1上	江澤民總書記為保護母親河行動題詞	江沢民総書記は母なる黄河の保護のために題字を記した
02-58	05/06/02	1中左	第十二屆太平洋地區律師公會年會在港舉行	「第12回太平洋地区律師会年会」香港で開催
02-59	05/21/02	8左上	讓歷史輝煌	燦然と輝く歴史を 第4回全国律師協会工作概要
02-60	05/21/02	8左下	發揮行業自律的主導作用	律師業界自律の主導的な役割を発揮せよ
02-61	05/23/02	2右	開創中国律師事業發展新局面——訪中華全国律師協會會長高宗澤	中国律師事業発展の新局面を打ち立てる　中華全国律師協会会長・高宗澤インタビュー
02-62	05/27/02	1左下	今年司考分數線為240分	今年の司法試験合格点ラインは240点
02-63	05/27/02	1下	中華人民共和国司法部国家司法考試辦公室公告	中華人民共和国司法部国家司法試験弁公室公告 (1)成績の公布、査問、確認 (2)合格ライン (3)法律職業資格書交付
02-64	05/28/02	1中下	中国普法網司考成績網上查詢即將開通	「中国普法網」サイトにて司法試験の成績が検索できる
02-65	05/31/02	1右中	中国普法網司考成績網上熱查	「中国普法網」の司法試験成績サイトへのアクセス数アップ
02-66	05/31/02	1中下	北京律師投保執業責任險	北京の律師、業務執行責任保険に加入

02-67	06/01/02	8中下	台灣推行刑事自訴律師強制代理制度	台湾では刑事自訴について代理律師に委任するのは必須
02-68	06/08/02	2左下	龍灣“１４８”為打工者討回200萬	温州市の法律ホットライン「１４８」は出稼ぎ者の為、200万元の未払い賃金を取り戻した
02-69	06/11/02	1左下	四川亮出新措施：3年後專科學歴律師將不予注冊	四川省の新施策：３年後から短大卒以下の律師の登録ができなくなる
02-70	06/11/02	6中下	威遠執業律師注冊先公示	四川省の威遠市では、律師は執業登録する前に、律師に関する情報が公開される
02-71	06/13/02	6右下	律師喜獲新“法寶”	「中国法律検索データベース」が北京大学にて開発　律師にとっては「法の宝」
02-72	06/17/02	1左上	首屆中国企業法律顧問論壇開幕	「第１回中国企業法律顧問フォーラム」開幕
02-73	06/18/02	1中下	首屆中国企業法律顧問論壇閉幕	「第１回中国企業法律顧問フォーラム」閉幕
02-74	06/21/02	3上中	延誤時效致損　律師被判賠錢	原告は訴訟業務遅延の律師を起訴し、33万元の賠償金が認められた
02-75	07/03/02	1左下	網上公佈律師誠信度	インターネット上で律師の信頼度が公開される
02-76	07/06/02	8右上	香港律師進軍西部	香港の律師、中国西部の成都市で初の事務所を設立
02-77	07/08/02	1左上	依法治国・輝煌五年間(1997－2002)	依法治国、輝かしい５年間（1997-2002） 中国法律援助の発展は迅速で、2002年に3232の機構が登録された
02-78	07/08/02	2上	法律援助：社會文明與進步的標尺	法律援助は社会文明と進歩の指標である
02-79	07/11/02	1左下	全国律協WTO專門委員會成立	全国律師協会でＷＨＯ専門委員会が設立された
02-80	07/12/02	2右上	法律職業資格證書管理辦法	「法律職業資格証書管理弁法」発布
02-81	07/13/02	3右上	律師“出丑”有人管	収賄等規則違反を犯した律師は厳罰に処される
02-82	07/18/02	3中中	律師私自收費違規	ひそかに6500元の料金を取った律師、１年間業務停止の処分を受ける
02-83	07/20/02	7中中	聘請律師莫入誤區	代理律師を招聘する時の注意事項
02-84	07/21/02	2左	司法考試、法律碩士培養與法學教育	司法試験、法律大学院生の養成と法学教育の関係
02-85	07/21/02	2中下	政府請律師“坐堂”妥當嗎?	律師が政府行政の代行をするのは妥当ではない
02-86	07/25/02	3左上	遼寧出台律師服務收費新標準	遼寧省にて律師業務の料金基準を発布
02-87	07/28/02	1右中	深圳律師法律援助有硬指標	深圳の律師には法律援助のノルマがある
02-88	07/31/02	1右中	外国律師所駐華機構管理有限定	外国弁護士事務所中国駐在機構に対する規制管理はある
02-89	07/31/02	2上	司法部關於執行《外国律師所駐華代表機構管理條例》的規定	司法部「外国弁護士事務所の中国駐在代表機構管理条例」執行に関する規定
02-90	08/01/02	1中上	法律援助要清理“四無”機構	法律援助は、編制無し、資金無し、専門人員無し、場所無しという「四無」のメカニズムを何とかしなければならない

02-91	08/01/02	1右上	進一歩完善法律援助機構	法律援助機構は一層改善の必要がある
02-92	08/04/02	3中下	勝訴方律師費用不應判決敗訴方承擔	勝訴側の律師の費用を敗訴側に負担させる判決は適当ではない
02-93	08/13/02	1右上	国家統一司法考試制度實施順利	全国統一司法試験制度は順調に実施されている
02-94	08/13/02	1左中	廣東全面整頓律師隊伍	廣東省は全面的に律師組織の整理を行う
02-95	08/14/02	1中上	健全完善国家統一司法考試制度	全国統一司法試験制度をより健全完璧なものにする
02-96	08/20/02	1右下	安徽出台律師收費新標準	安徽省で律師徴収費用の新基準が公布
02-97	08/23/02	3下	深圳一律師所告贏工商局	深圳のある律師事務所は商工行政管理局を起訴して勝った 商工局は律師の企業登録ファイルの調査を拒んだため。
02-98	08/28/02	3上	蒙冤律師呼籲淨化職業環境	罪を着せられた律師は釈放され、律師の業務執行環境の整備を呼びかけている
02-99	09/02/02	1右上	黨員總數：6635.5萬名	2002年の共産党員数は6635.5万人に達し、1997年より593.8万人増えた
02-100	09/05/02	1中中	律師自律誠信為首	律師の自律規約として誠実と信用は最も重要
02-101	09/12/02	1左下	WTO與法律服務国際研討會將召開	「WTOと法律サービスの国際シンポジウム」がまもなく開催される
02-102	09/16/02	1左中	律師主持起草地方法規	重慶の律師は地方法規の起草を主宰する
02-103	09/16/02	5左中	律師計時收費不能操之過急	律師料金の時給制の導入は急ぎすぎてはいけない
02-104	09/19/02	1全面1、2	世貿組織與法律服務国際研討會在京召開	北京で「WTOと法律サービスの国際シンポジウム」が開催
02-105	09/19/02	2中下	在WTO與法律服務国際研討會開幕式上的致辭	「WTOと法律サービスの国際シンポジウム」の開幕挨拶　（国務委員・羅干）
02-106	09/20/02	3全面1、2	在WTO與法律服務国際研討會開幕式上的講話	「WTOと法律サービスの国際シンポジウム」の開幕挨拶　（司法部部長・張福森）
02-107	09/21/02	1右中	WTO與法律服務国際研討會閉幕	「WTOと法律サービスの国際シンポジウム」が閉幕
02-108	09/21/02	1左下	法律援助到身邊	法律援助が身近に　（2001年の法律援助機構は2274ヶ所に達した）
02-109	09/21/02	3全面1、2	WTO與法律服務国際研討會發言摘登	「WTOと法律サービスの国際シンポジウム」の発表文書　（各国の代表）
02-110	09/21/02	8左上	香港の大律師公會在廣州舉辦研討會	香港の律師会は廣州市で研究会を開いた
02-111	09/23/02	7左上	律師迎來新機遇	WTOへの加盟は律師資質の向上にとって良いチャンスである
02-112	09/24/02	1右下	蘭州清理整頓法律服務市場	蘭州市は法律サービス環境の整備に力を入れる
02-113	09/25/02	1中下	南京20名律師兼職上崗	南京にて20名の律師が仲裁の業務を兼務

02-114	09/27/02	1右中	司法救助：為弱者撑起一片藍天	司法救済制度の導入により、訴訟費用の減免など経済困難の人でも訴訟を起こせるように
02-115	10/01/02	1中下1	甘肅啓動法律進社區活動	甘粛省で地域住民自治組織（社区）の法律活動が始動
02-116	10/01/02	1中下2	廣東法律援助降低門欄	廣東省では法律援助の収入基準を上げることによって、より多くの人が法律援助を得られる
02-117	10/01/02	8左中	律師雇凶殺人被處死刑	私的なもめ事で殺人首謀者になった某律師は死刑を言渡された
02-118	10/09/02	10全面1、2	透視重慶律師受托立法	重慶の律師が地方法規の起草を主宰することが注目された
02-119	10/10/02	1右下	遼寧規範律師個人納税	遼寧省で律師個人の納税を明確に規定
02-120	10/10/02	8左上	在法律框架内推進司法改革——訪北京大學法學院陳瑞華教授	法律の枠組みの中で司法改革を推進　北京大学法学院・陳瑞華教授インタビュー
02-121	10/11/02	2右上1	国家司法考試委員會成立	国家司法試験実行委員会設立
02-122	10/11/02	2右上2	国家司法考試制度研究課題項目啓動	国家司法試験制度の課題についての研究プロジェクトが始動
02-123	10/11/02	2右上3	2003年国家司法考試大綱編寫工作開始	2003年国家司法試験大綱の作成開始
02-124	10/11/02	3右下	重慶律師收費有新辦法	重慶で律師費用徴収について新弁法（新方法）が規定された
02-125	10/12/02	2上	中国律師和刑事辯護——紀念我的父親彭真誕辰100週年	中国律師と刑事弁護　我が父・彭真の生誕100周年を記念して
02-126	10/15/02	8左中	明年起律師出庭統著律師袍	来年から律師が出廷する時の着装を規定
02-127	10/16/02	10全面1、2	中国律師專業化之路	中国律師専門化への道 「第２回中国律師フォーラム」特集
02-128	10/18/02	1中中	5家個人律師事務所在京開業	律師個人名が命名された５つの個人律師事務所が北京で開業
02-129	10/20/02	1上	“第二屆中国律師論壇”在滬舉行	「第２回中国律師フォーラム」が上海で挙行 フォーラムのテーマは律師業の専門の位置づけと専門ブランド
02-130	10/21/02	5左下	律師的新裝	律師の新しい服装
02-131	10/22/02	9右上	為“坐堂”律師叫好	河北省易県投書陳情接待室には専任律師が長期的に招聘され、矛盾、紛争があるとただちに解決する 上級機関へ陳情に行く現象が大量に減少して、大衆に喜ばれている
02-132	10/23/02	10全面1、2	中華人民共和国司法部公告(2002年第10号)	中華人民共和国司法部公告（2002年第10号） 37の香港律師事務所中国駐在代表機構は香港、マカオ特別行政区及び海外への法律サービスを提供する業務執行の許可を得た

02-133	10/23/02	11全面 1、2	中華人民共和国司法部公告（2002年第11号）	中華人民共和国司法部公告（2002年第11号） 96の外国弁護士事務所中国駐在代表機構は中国国内で海外への法律サービスを提供する業務執行の許可を得た
02-134	10/24/02	3右中	假冒律師騙錢一審被判五年	偽律師詐欺罪で懲役５年の判決を言渡された
02-135	10/28/02	6全面 1、2	中国第一“土律師”	中国公民代理訴訟の第一人者　山東省陽谷県の農民・周広立 周広立は地元で「農民代理訴訟の英雄」とも呼ばれている
02-136	10/29/02	11全面 1、2	踏着時代的節拍	改革大潮の中の北京律師業
02-137	10/30/02	10全面 1、2	中国律師為発展而辯	中国律師は発展のために弁論する 「第２回中国律師フォーラム」の自由フォーラムでは２つのテーマについて論争　(1)中国では短期間に名高いブランド律師事務所が誕生することができるか　(2)中国律師業を発展させるために学者型律師を育成することができるか
02-138	10/31/02	1中中	北京律師法律服務進社區	北京律師は地域住民自治組織（社区）で法律サービス活動を開始
02-139	11/01/02	1右上	法律援助基金將多方籌措	法律援助基金を多方面にわたって調達する 国内外の寄贈は基金の中に
02-140	11/03/02	1右中	滬上首家私人律師所開業	上海で初めての個人律師事務所開業
02-141	11/03/02	3上	誠信，向律師提出了什麽	「誠信（誠実かつ信用を守る）」の実現は、律師と律師主管部門がやるべきこと
02-142	11/06/02	3全面 1、2	中共十三屆四中全會以來大事記	中国共産党13期四中全国大会以来の年表
02-143	11/06/02	10上	譲法律服務離百姓更近一些	法律サービスをもっと市民の身近に 個人律師事務所が北京、上海で登場した
02-144	11/07/02	3左下	吉林律師服務領域拓寬	吉林省律業務領域を拡張 企業高層の方策と市場経済の最前線にも介入し始めた
02-145	11/08/02	2上	中国律師：法治社會中的活躍角色	中国律師は法治社会のなかで最も活躍している役柄
02-146	11/08/02	2中	中国律師業將迎來規範和提高的新階段	中国律師業は間もなく規範を高める新段階を迎える 司法部副部長・段正坤インタビュー
02-147	11/14/02	3左中	律師蔣方斌個人出資200萬	律師・蔣方斌は個人で200万元を出資 福建省律師協会は貧困大学生に寄付する専用基金を設立
02-148	11/14/02	3中中	率先設立省律協黨委　律協會長由執業律師擔任	廣東省律師協会は全国で初めて省律師協会党委員会を設立、律師協会会長は初めて業務執行の律師が担当する

02-149	11/16/02	6中下	律師挑戰酒店業陳規	律師はホテルの古いしきたりに挑戦
02-150	11/20/02	10左上	律師接待信訪　依法為民解憂	律師は投書陳情接待に参与、法律に照らして紛争を解決、政府と国民の認可を受けた
02-151	11/20/02	10右上	認真敬業　誠信為本——記北京律師徐波	真面目で仕事熱心、誠実かつ信用を守るのは律師の基本である　北京の律師、徐波を記念して
02-152	11/20/02	10左下	徳衡律師所向社會公示調查報告受稱道	山東省徳衡律師事務所、調査報告を社会に公示することが好評を受けている
02-153	11/20/02	10左下	北京圍繞刑辯律師有關問題開展問卷調查	北京市は刑事弁護律師に関する問題のアンケート調査を展開
02-154	11/20/02	10左下	北京律協學習十六大報告提出今後工作目標	北京律師協会は党の16回大会の報告を学習し、今後の仕事の目標を打ち出した
02-155	11/22/02	4下	北京市司法局公告	北京市司法局公告 北京市司法局は2002年11月26日から12月４日までに「法律職業資格証書」を発布。それに関する事項の公告
02-156	11/24/02	2左中	一位司法考試過關者的崎嶇歷程	ある司法試験合格者の奮闘過程
02-157	11/25/02	6全面1、2	共話“土律師”	中国公民代理訴訟の第一人者　山東省陽谷県の農民・周広立 1995年から無料で地元の農民に500余りの行政訴訟を代理し、しかも90％の勝訴率を達した。周広立現象について３人の律師を取材した
02-158	11/27/02	10全面1	招商引資切不可忽視律師的作用	外国商人を招き外国の資本を導入する際には律師の役割を軽視してはならない
02-159	11/27/02	10全面2	美国刑事辯護制度	アメリカ国家刑事弁護弁護士協会会長がアメリカの刑事弁護制度について語る
02-160	11/28/02	2右中	全国律協發倡議建立健全誠信體系	全国律師協会は誠信体系の設立と健全化の提案をなした
02-161	11/29/02	3上中	北京司法局與人大清華法學院簽協議派學生辦理法律援助案件	北京司法局は人民大学と清華大学の法学院と法律援助提携協議にサイン　両法学院の学生は法律援助ボランティアとして北京市法律援助センターに派遣することができる
02-162	11/30/02	2左中	山西紀念律師執業條例頒布兩週年	「山西律師業務執行条例」発布２周年記念
02-163	12/03/02	7右上	法制日報助我成為一名軍隊律師	法制日報のお陰で私は軍隊律師の一員になった
02-164	12/04/02	10左下	遼寧律協當好律師的家	遼寧省律師協会は科学的な律師管理モデルを追求、法律サービス市場の新たな需要を満たすように努力した
02-165	12/04/02	10右下	法官與律師雙向監督機制建立	法官と律師双方向監督メカニズムを設立
02-166	12/06/02	3右上	福建律師界向社會贈閲《法制日報》	福建省律師界は法律の普及宣伝をするのため貧困農村に『法制日報』を贈呈
02-167	12/08/02	1左上	二〇〇二首屆北京律師論壇舉行	「2002年第１回北京律師フォーラム」が行われた

02-168	12/10/02	8中下	備戰司法考試	司法試験に備える受験生に、中国法制出版社の新刊『司法試験例年問題精読』は大人気
02-169	12/11/02	5左中	法律服務沉著應対国際化	法律サービスは国際化に冷静沈着に対処する
02-170	12/11/02	6上中	律師的威風	弁護士の威風 律師資格を持っているが公務員なので使い道がなかった。ある日買い物中、商品の質について店員ともめたが、律師資格を見せたお陰で商品の交換ができ、その時はじめて律師の威風を感じた。
02-171	12/11/02	10全面1、2	中国律師離WTO到底有多遠	中国律師はWTOとどれぐらいの距離があるのか WTO加盟からまもなく１年、WTO専門の法律人材がなかなか見つからないのは中国律師業が直面する重要な課題である
02-172	12/13/02	1右中	加強規範職工法律援助工作	職員と労働者のための法律援助活動規範を強化する
02-173	12/13/02	2左中	廣東全面清査假律師	今から来年１月まで広東省では偽物律師を徹底的に調査する
02-174	12/15/02	1左中	廣西法律援助條例明年實施	広西チワン族自治区、法律援助条例は来年から実施
02-175	12/17/02	2中中	209名執業律師定點定崗	広西柳州市では209名の業務執行律師が人数と持ち場を明確に決め、地域住民自治組織（社区）住民のために長期的に法律サービスを提供する
02-176	12/18/02	10中中	律師真是搖錢樹嗎	律師は本当に金のなる木ですか？ 収入は多いけれども、その割に業務費用も高く、福祉は少ないという現状
02-177	12/18/02	10左下	蘇港兩地律師聯姻	江蘇省、香港両地の律師の間で業務合作をする協議を結んだ
02-178	12/21/02	1右下	律師制度改革試點工作啓動首批公司律師登台亮相	律師制度改革試験地点が活動を開始、第一陣19名の律師は企業（公司）律師業務執行証を獲得した
02-179	12/23/02	5下	律師請王海代理索討通信秘密權案	湖南省某律師、王海さん（偽物の生産と使用に対し強力に反対する有名人）を代理人として委託し、自分の律師事務所に対して「１元の起訴」を行う 金銭より個人情報など、個人の権利を強調したいという目的だった
02-180	12/23/02	6全面1、2	“204條”造就風雲律師	「204条」は今を時めく律師を育成 北京の青年律師・秦兵は消費者の立場に立って、消費者の権益を保護するために『204条不動産売買契約補充』を出版、一躍有名になった
02-181	12/25/02	10上	上海律師握手西部	上海律師協会は西部の律師協会と合作合意書と合作協議を結んだ

02-182	12/26/02	1右下	300萬元巨獎惹風波——黒龍江彩民状告山東體彩中心	300万元の宝くじ巨額賞金が騒動を引き起こす 黒龍江省の宝くじの当選者が300万元の巨額当選金不払いのため、山東省体育宝くじ管理センターを訴えた
02-183	12/26/02	11右上	律師與法律發現	律師と法律の発見
02-184	12/27/02	1中	司法行政機關不應再辦直屬律師事務所	司法行政機関はまた直属律師事務所を創設するべきではない
02-185	12/27/02	2右下	北京法律人才培訓中心2003年司法考試考前培訓全面啓動	北京法律人材育成センター2003年司法試験直前養成コース、全面的に始動
02-186	12/31/02	1中中	律師做證券業務不再受資格限制	律師が証券業務をするときは資格の制約を受けなくてもよい

記事番号	掲載日	掲載面・位置	見出し（中国語）	内容要約
03-1	01/02/03	2左下	2002年人民法院十大新聞	2002年人民法院10大ニュース (1) 江沢民は中国初の統一試験による42名の法官と会見した (2) 数万人の法院職員が第1回国家司法試験に参加 (3) 全国の法院は開廷審理の時に法槌を使用 (4) 最高人民法院は法官組織の職業化建設を打ち出した (5) 最高人民法院は模範法院を盛大に表彰した (6)「最高人民法院民事訴訟証拠に関する若干の問題の規定」と「最高人民法院行政訴訟証拠に関する若干の問題の規定」相次ぎ公布 (7) 人民法院はＷＴＯ加盟に関連する司法審査職責を引受け始めた (8) 全国法院は人民調停業務の強化を行う (9)『中華人民共和国法庫』出版、江沢民が序言を執筆 (10) 第18回全国法院工作会議を開催
03-2	01/02/03	10左上	司法考試的定位	司法試験の位置づけ
03-3	01/08/03	10全面1	“知名律師”與優質優價	「著名な律師」と高品質、高価格 江蘇省律師協会は、有名な律師について、一般案件を処理する際の報酬基準を適切に引き上げることを許可する、と全国に先立って提唱した
03-4	01/08/03	10中右	我国建立專利代理機構懲戒制度	我が国は専売特許代理機構懲戒制度を設立した
03-5	01/08/03	10全面2	律師閲卷應當具函登記	律師が記録を閲覧する際、紹介状の持参と登録をすることが必要ではないか
03-6	01/09/03	1左中	本報等聯合評出2002年中国十大法治新聞	本紙等が共同で2002年中国10大法治ニュースを選出した

03-7	01/09/03	2全面1、2	2002年中国十大法制新聞	2002年中国10大法制ニュース (1) 新しくできた中央政治局、集団で憲法学習　(2) 最初の大法官、大検察官の証書を授ける儀式が北京で行われた　(3) 第１回国家司法試験無事終了　(4) 新中国第一部民法草案を全人代常務委員会に提出した　(5) ＷＴＯ加盟に適応するために我が国法律、法規を整える仕事が大体において完成　(6) 最高人民検察院はサッカー審判員の腐敗問題などを法律に照らして処理する通知を出した。サッカー審判員・龔建平は収賄の容疑で公訴された　(7) 国家計画委員会が法律に照らして第１回鉄道旅客運搬価格公聴会を開催　(8) 最高人民法院司法解釈では調停協議が合同法律の効力を持つことをはっきり認めた。司法部が人民調停業務をさらに規範する規則を発布した　(9) 北京の「藍極速」というネットカフェで火災が発生し、ネットカフェを集中管理する専門の活動を全国で展開　(10) 著名な女優、劉暁慶は会社脱税の容疑で法律に照らして逮捕された
03-8	01/09/03	3左下	11家外国律師事務所在華設立第二代表處	11の外国弁護士事務所が中国で第二の代表機構を増設した
03-9	01/09/03	9全面1	法治・權利・律師	法治・権利・律師　徳衡杯一等賞論文２編発表 (1) 法治：価値と政治の二重読解　(2)刑事弁護：現状スキャニングと原因分析
03-10	01/09/03	9全面2	徳衡杯——“法治、權利、律師”有奬徴文活動獲奬者名單	徳衡杯「法治、権利、律師」賞金付き投稿募集イベント入賞者リスト
03-11	01/12/03	1中中	北京首批法律援助公職律師上崗	北京で最初の法律援助公職律師達が仕事を始めた
03-12	01/13/03	1左上	刑事案件律師辯護率下降之憂	刑事事件で律師による弁護率が下がることを心配に思う 全国刑事案件弁護率は、1996年刑事訴訟法改正する前の40%から2001年には30%まで下がった。全国の律師分布水準が一番高い北京でも、2001年6000人の律師が処理した刑事弁護案件は4000件余り、全国平均より低い
03-13	01/15/03	8下	WTO考驗地方立法透明度	WTOが地方立法の透明度に試練を与えている
03-14	01/15/03	全面1、2	律師誠信状況一査便知	律師が誠実であるか、信用できるかは調べればすぐにわかる 秦皇島市では、律師の「誠信」行状記録管理システムを作りあげた
03-15	01/21/03	7中下	活躍的軍中“小律師”	「小さい律師」と呼ばれる法律諮問員が軍隊で活躍中

03-16	01/22/03	9右下	律師索費　栽贓法官	法官の名義で不法に費用を要求した律師、法官に謝り当事者に不正費用を返却
03-17	01/23/03	9下	解構中国語境的律師角色	中国語コンテクストにおける律師の役割を解釈する（徳衡杯二等賞論文）
03-18	01/23/03	11左下	律師的期待	律師が職業上、必ず期待されること
03-19	01/29/03	10全面1	追問律師行賄	律師が賄賂を贈ることについて追及する 江蘇省呉江地方法院裁判長は収賄罪で刑罰を下され、その事件において贈賄を行った律師が多数発覚した。この件について権威のある律師に見解を聞いた
03-20	01/29/03	10全面2	一歳児子状告生父	１歳児が生みの父親を提訴 広東東莞法律援助機構は、１歳の私生児の養育費を取り戻した
03-21	02/09/03	4左中	香港律師界看好“中国委託公證人”	香港の律師業界が「中国に委託された公証人」資格にビジネスチャンスを見出す
03-22	02/12/03	3中中	汝州一律師被判刑	汝州のある律師が暴力団に関与し、犯罪を指図した罪で刑を言渡された
03-23	02/12/03	10全面1	知名律師叫板傳統法學教育	著名な律師が伝統的な法学教育に疑問を投げかける 「巨匠律師育成プロジェクト」の創始者、著名な潘躍新律師との対話
03-24	02/12/03	10全面2	巴中市四律師兩年努力只為無罪辯護	巴中市で４人の律師が無罪の弁護に２年もの努力を費やした
03-25	02/13/03	9下	律師刑事責任追究爭論的基礎觀念評析	律師の刑事責任を追及する議論のベースとなる観念を分析する（徳衡杯二等賞論文）
03-26	02/19/03	10中中	請律師有講究	律師を雇うのにはいろいろと気をつけるべきことがある
03-27	02/19/03	10中下	律師與法官相處的禁令	律師と法官の付き合い方についての禁止事項
03-28	02/26/03	10右上	山東184名律師當選各級人大代表、政協委員	山東省で律師184人が各級の全人代代表、政治協商会議の委員に当選
03-29	02/26/03	10右中	劉曉慶偸税案辯護律師確定	劉曉慶（中国の有名女優）脱税事件を担当する律師が確定
03-30	02/26/03	10左中	中日律師在京研討対日索賠	日中の弁護士が北京で対日弁償請求（日中戦争）のセミナーを開催した
03-31	03/02/03	1右中	律師執業不良紀録制度將逐歩推廣	律師の業務不良記録制度が徐々に実施される
03-32	03/02/03	1中中	律師首次躋身全国政協委員行列	律師が初めて全国政治協商会議委員の仲間入りを果たした
03-33	03/05/03	10上	上海律師參政議政向多元化發展	上海の律師は多角化し、政治に参加し政治の議論をするようになった

03-34	03/05/03	10左中	誠和通商律師所成功代理一起渉嫌傾銷案	誠和通商律師事務所が、ダンピングが疑われる事件の弁護に成功
03-35	03/07/03	3中中	山西女律師紀念“三・八”婦女節	山西省の女性律師達が「3月８日国際婦人デー」を記念する催しを開催
03-36	03/07/03	7中中	律師會見制度應細化	律師面会制度をより緻密にすべきである (1)捜査機関が律師面会を手配する際、法律に依拠していなかった場合の法的責任を明確に規定すべきである　(2)面会する際、捜査機関は人員を派遣し監督する具体的な方式を明確に規定すべきである
03-37	03/10/03	3右上	廣西首次統考律師徳紀	広西チワン族自治区で律師職業道徳と業務執行紀律知識についての統一試験が初めて行われた
03-38	03/12/03	10全面1	北京律師在法律援助中顯身手	北京の律師が法律援助で大活躍している
03-39	03/12/03	10全面2	上海律師擔任法規起草專家	上海の律師が法規の編纂専門家を担う
03-40	03/17/03	8全面1、2	廣東律協――律師戰線上的橋頭堡	広東省律師協会　律師戦線で第一陣となる
03-41	03/19/03	10上	“兩會”律師代表、委員與網友対話側記	「両会」に参加する律師代表、委員がネットにて民衆と対話した
03-42	03/19/03	10左中	第三期滬青律師實務研修於今日結束	第３回上海青年律師の実務研修が本日で終了
03-43	03/19/03	10中中	律師正當辯護與妨礙司法罪的界限	律師の正当な弁護と司法妨害罪の境はどこにあるのか カナダ莫瑞弁護士案件について
03-44	03/20/03	10上	律師的刑事責任問題	律師の刑事責任問題
03-45	03/21/03	2上	律師違規處分信息將定期公布	「北京市律師誠信業務執行公約」公布 律師の規定違反情報及びその処分についての情報が定期的に公開される
03-46	03/25/03	1中中	上海律師走上政治舞台	上海の律師が政界入りを果たした 上海市人代代表、政協委員の中の律師専門職の人数は前回の５名から11名に増加
03-47	03/26/03	10全面1	北京律師主打誠信牌	北京の律師は誠実、信用を看板に掲げている
03-48	03/26/03	10全面2	肩負12萬律師的重托	「両会」に参加した12名の律師は全国12万人の律師の期待を背負っている
03-49	04/02/03	10全面1	上海：律師收費辦法遭遇司法挑戰	上海で律師報酬の計算方法が司法的な審査を経験した 法院は法律業務協議に準じて費用徴収するので合法的であるとの判決を下した
03-50	04/02/03	10全面2	公開招標代理律師	代理律師の入札を公に募る
03-51	04/05/03	1左下	北京依法保障律師刑事會見權利	北京市が法律に従い、刑事事件で律師が被疑者に面会する権利を保障する
03-52	04/09/03	4中	中華全国律師函授中心2003年国家司法考試考前班招生	中華全国律師通信教育センター2003年国家司法試験直前補習クラス　受講生募集

03-53	04/09/03	4下	品牌、名師、業績——司法考試找中法網	ブランド、高名な先生、業績　司法試験は「中法網」にお任せください
03-54	04/09/03	10全面1	代理律師解讀夫妻看黄碟案	夫婦が自宅でアダルトビデオを観賞して警察に逮捕された案件について、弁護人が解説する
03-55	04/09/03	10全面2	房地産律師事務所能幹什麼	不動産専門律師事務所は何ができるのか
03-56	04/13/03	1右中	海南律師公證業争創誠信	海南省の律師公証業が「誠実と信用」を目標として頑張っている
03-57	04/16/03	1左下	品牌、名師、業績——司法考試找中法網	ブランド、高名な先生、業績　司法試験は「中法網」にお任せください
03-58	04/16/03	1右下	司法考試開課通知	司法試験クラス開講についてのお知らせ
03-59	04/16/03	10左上	考生：通過司考為何不頒證 司法廳：條件不符考試無效	受験生曰く、司法試験に合格したのになぜ証書をもらえないのか　司法庁曰く、受験条件が不適合であったので、試験結果は無効となった 学歴無効あるいは学歴詐称の受験生に対し、合格の試験結果が無効であるとの判決が下された
03-60	04/16/03	10左上	律師如何面対當事人的實話	依頼人が話す事実に対して、律師はどのように対処すればいいのか
03-61	04/21/03	6下	我愿作“土律師”的助手	中国公民代理訴訟の第一人者、周広立の助手になりたい 山東省陽谷県の農民、周広立を紹介する新聞記事を読んだ法律専攻の大学生が、ぜひ周広立の助手になり農民達の役に立ちたい、と綴った本紙への手紙
03-62	04/22/03	12左下	10年, 一個律師和一個女孩的故事	10年、ある律師とある少女の物語 律師・呂軍は、ある重罪を起こした女の子に対し、裁判、懲役中及び服役後自立するために私心なく援助を続けた、10年間の感動物語
03-63	04/23/03	2上	沈陽律師公證業考核誠信	瀋陽の律師公証業が誠実度と信用度を審査する
03-64	04/30/03	1左下	2003年国家司法考試時間暫緩公布	2003年国家司法試験日程の公表が一時的に延期された（SARS流行のため）
03-65	04/30/03	10全面1	反傾銷　北京律師一馬當先	アンチ・ダンピング、北京の律師が先導 北京市律師協会アンチ・ダンピング反独占専門委員会主任・王雪華にインタビュー
03-66	04/30/03	10全面2	日本的司法研修制度	日本の司法修習制度について
03-67	05/07/03	10全面1	律師公證行業誠信社會評	律師公証業の誠実度と信用度が社会に判定される
03-68	05/07/03	10全面2	企業, 謹防“攜技跳槽者”	技術を持ち出して転職する者に企業は用心すべきである
03-69	05/14/03	10全面1	南陽律師參與信訪譽滿城郷	南陽の律師が「信訪」（投書・陳情制度）の法律相談に参加し、地域の好評を博した
03-70	05/14/03	10全面2	刑事辯護律師如何介入偵査階段	刑事事件の律師は捜査の段階でどのように介入すればよいのか

03-71	05/17/03	1左中	司法考試用書開始發行	司法試験用参考書、発売開始
03-72	05/21/03	10全面1	北京律協抓黨建促工作	北京律師協会が党風建設に力を入れ、業務を発展させる
03-73	05/21/03	10全面2	私接電線　險釀四年牢獄之災　法律援助　律師助其無罪獲釋	無断で電線をつなぐ罪で４年の判決を言渡されたが、法律援助のお陰で無罪釈放を勝ち取った
03-74	05/22/03	11上	傳統法律文化中的清官司法（上）	伝統的な法律文化における清廉で公正な役人による司法（上）
03-75	05/29/03	11上	傳統法律文化中的清官司法（下）	伝統的な法律文化における清廉で公正な役人による司法（下）
03-76	06/04/03	10全面1	非典法律問題　律師指點迷津	SARSに関する法律問題　律師が疑問に答える
03-77	06/04/03	10全面2	客觀評判的價值	客観的な判定の価値 サッカーファンが騒動を起こした事件についての代理律師の感想
03-78	06/08/03	1左中	司法救助為弱者撐腰	「司法救済」が弱い者を強力にバックアップする 新疆高等法院は３年間、当事者の訴訟費用700万元余りを減免した。
03-79	06/11/03	10全面1	北大、清華爆炸案辯護隨筆	北京大学、清華大学爆発事案を弁護したことについての随筆
03-80	06/11/03	10全面2	FIDIC合同適用中的法律服務	FIDIC契約を適用することにおける法律面での業務
03-81	06/16/03	1中中	浙江出台律師收費新標準	律師費用について新しい基準を浙江省が発表
03-82	06/16/03	1中中	中国普法網將舉辦司法考試在線訪談	司法試験に関するオンラインインタビューがまもなく「中国普法網」にて行われる
03-83	06/16/03	2中下	中国政法大學法學院推出司法考試網上培訓	中国政法大学法学院、司法試験のネットによる指導を行う
03-84	06/18/03	10全面1	非訴律師在風雨中前行	非訟律師が困難に会いながらも、前へ前へと進んで行く
03-85	06/18/03	10全面2	欠發達地區律師所何以求發展	非発展地区にある律師事務所、どのように発展を求めればよいのか
03-86	06/19/03	1全面1	今年国家司法考試10月開考	今年の国家司法試験は10月に始まる 出願期間は７月１日から７月31日まで、試験日は10月11日、12日の２日間
03-87	06/19/03	1全面2	中華人民共和国司法部公告（第18號）	中華人民共和国司法部公告（第18号） 2003年国家司法試験に関する事項につにいての公告
03-88	06/19/03	2下	司法考試特訓班——用事實説話	司法試験特訓クラス　事実を以って発言する
03-89	06/26/03	1右下	修改律師法徵文啓事	「律師法」を改正することについての投稿を募集
03-90	06/27/03	1左上1	中国普法網司法考試在線諮詢火爆	「中国普法網」が開催する司法試験オンラインコンサルティングにアクセス殺到

03-91	06/27/03	1左上2	一個目的：為考生服務——直擊2003年司法考試在線諮詢	たった一つの目的、ただ受験生のために 2003年司法試験オンラインコンサルティングを直撃インタビュー
03-92	07/01/03	3下	中華全国律師函授中心隆重推出司法考試衛星遠程輔導	中華全国律師通信教育センターが司法試験のために衛星を使った遠距離指導を行う
03-93	07/02/03	10全面1	擎天所律師無償援助246人喜獲賠償	北京市擎天所律師が法律援助により無償で弁護した労働紛争事件において、246人が無事賠償を勝ち取った
03-94	07/02/03	10全面2	網絡著作權：令人關注的法律領域	インターネットにおける著作権：注目の集まる法律領域
03-95	07/03/03	9左下	修改律師法徵文啓事	「律師法」を改正することについての投稿を募集
03-96	07/07/03	2中下	司法行政學院法律出版社聯合舉辦眾誠司法考試培訓招生	司法行政学院及び法律出版社が共同で開催する衆誠司法試験合格者養成クラスが受講生を募集
03-97	07/07/03	2右下	北京萬国司法考試學校推出“400分精品強化班”	北京萬国司法試験予備校が「400点厳選強化クラス」を開講
03-98	07/08/03	3中下	北大、人大、法大2003年国家司法考試培訓招生通知	北京大学、人民大学、法律大学による2003年国家司法試験合格者養成クラスの受講生募集通知
03-99	07/08/03	3右下	清華大學司法考試教育“66天成功”特訓班	清華大学司法試験教育「66日間で成功を勝ち取る」特訓クラスを開催
03-100	07/08/03	4中	中華全国律師函授中心国家司法考試考前面授輔導招生	中華全国律師通信教育センター国家司法試験直前対面指導クラス　受講生募集
03-101	07/08/03	4左下	北京海天司法考試培訓學校招生通知	北京海天司法試予備校　受講生募集
03-102	07/08/03	4右下	法律界精英與通訊業巨頭斥資6000餘萬元打造中国司法考試培訓航母	法律業界のエリートと通信業の巨頭が共同で6000万元の巨資を投じ、中国司法試験合格者養成訓練の空母を作る
03-103	07/09/03	3下	中華全国律師函授中心隆重推出司法考試衛星遠程輔導	中華全国律師通信教育センターが司法試験のために衛星を使った遠距離指導を行う
03-104	07/09/03	10全面1	“中科創業”案引發的思考	「中科創業」事件が考えさせてくれたもの 中国株式市場一番の大事件、中科創業の株券取引価額操縦事件を担当した律師の随筆
03-105	07/09/03	10全面2	法律援助 為少年討回撫養費	法律援助により、少年の養育費回収に成功
03-106	07/10/03	2下	政法大學、国家法官學院、国家検察官學院聯合啓動司法考試的培訓工作	政法大学、国家法官学院、国家検察官学院が共同で司法試験合格者の養成を始めた
03-107	07/16/03	10全面1	忠信為本　竟業京城——岳成律師在京創業的幕後故事	「忠信を本分とし、北京で成功を収める」 岳成律師の北京創業裏話
03-108	07/16/03	10全面2	《專利實施強制許可辦法》實施	「特許実施強制許可弁法」施行

03-109	07/19/03	1下	職業假律師假記者現形記	偽物律師と偽物記者がついに白日の下にさらされた 山西省のある農民が律師と記者を偽称して、10年間も詐欺を働いた。最近、本紙の記者を詐称し、詐欺を働いた時に逮捕された
03-110	07/21/03	1右中	律協會長由執業律師擔任	深圳で律師管理体制を改革　現役律師が律師協会会長に
03-111	07/23/03	10全面1	法院判決：雙方合意即合法	法院の判決：双方が合意したものは即ち合法である ３年前日本産三菱ジープのガラス爆燃致死賠償事件の当事者が代理律師の不正費用徴収を提訴した案件
03-112	07/23/03	10全面2	誠信：律師事務所不衰之源	「誠実と信用」が律師事務所の繁栄持続の根本である 北京王玉梅律師事務所は「誠実と信用」をモットーに事件を処理する
03-113	07/24/03	1上	司法考試報名工作有序進行	司法試験の出願は秩序を守って行われている 司法部副部長・張福森が司法試験長春試験区出願地を視察
03-114	07/24/03	4下	中華全国律師函授中心隆重推出司法考試衛星遠程輔導	中華全国律師通信教育センターが司法試験のために衛星を使った遠距離指導を行う
03-115	07/25/03	3中	中華全国律師函授中心国家司法考試考前面授輔導招生	中華全国律師通信教育センター国家司法試験直前対面補習クラス　受講生募集
03-116	08/01/03	3全面1、2	法律援助條例	「法律援助条例」(2003年７月16日国務院第15次常務会議で可決、2003年９月１日施行)
03-117	08/06/03	10全面1	崗前培訓：律師業的新課題	律師として仕事を始める前のトレーニングは律師業の新たな課題
03-118	08/06/03	10全面2	初為律師　責任之重	律師としての初仕事に重い責任を感じる
03-119	08/13/03	10全面1	與世界最大律師行零距離	世界最大の律師事務所に大接近　高偉紳律師事務所（Clifford Chance）ロンドン事務所取材記事
03-120	08/13/03	10全面2	患病職工亡故誰來為其主張權利	病気で亡くなった労働者の権益を誰が主張してあげることができるのか
03-121	08/19/03	1上	公職、公司律師大有可為	公職、企業律師には大いに将来性がある 司法部副部長・張福森、寧夏で開いた公職、企業律師証書の授与式での発言
03-122	08/19/03	7右上	“軍医律師”——張静	「軍医律師」　張静 張静はわが国軍隊で初めて律師と医師両方の免許を持っている人物で、「医療事故処理条例と法律の争い」、「医療事故の性質」など20数篇の論文を発表し、医学界と法律界の双方に大きな影響を及ぼした

03-123	08/20/03	2中下	北京律師所廣告	北京律師事務所の広告
03-124	08/30/03	2上	政府責任・律師義務・社會參與	政府の責任・律師の義務・社会参画 法律援助条例の3大焦点を解読
03-125	08/30/03	2中中	律師會見取證閲卷不再難	律師面会、証拠収集、事件記録閲覧などは以前ほど困難でなくなった
03-126	08/30/03	2左中	教育部通告一批亂收費案件	教育部は8件の不正費用徴収事件を通報、事件と関係のある責任者は相応の処分を受けた
03-127	09/08/03	1上	房貸律師：消費者沒有選擇權？	不動産ローン専門律師：消費者に選択権なし？
03-128	09/09/03	1中下	律師執業要過銀行關	「律師が業務執行するためには銀行の仲介組織の資格試験を受けなければならない」 中国建設銀行北京支店が新規定を発表、律師界で論争を巻き起こした
03-129	09/09/03	7中下	軍隊律師在武裝衝突中的職責	武装衝突における軍隊律師の職責 イラク戦争法律問題シリーズ談（十）
03-130	09/11/03	1下、2左中	律師費該由消費者埋單？	不動産ローン専門律師費用は消費者が負担すべきか？
03-131	09/13/03	1中中	各方關注房貸律師費話題	不動産ローン専門律師費用に各方面から注目が集まっている
03-132	09/15/03	2下	司法部關於貫徹落實《法律援助條例》促進和規範法律援助工作的意見	司法部の「『法律援助条例』の促進及び法律援助工作の規範化を徹底することに関する意見」
03-133	09/16/03	3左中	就中国勞工対日索賠案——1794名中国律師簽名聲援	中国の労働者が対日賠償請求を起こした案件について　中国の律師1794人が署名運動に参加
03-134	09/17/03	10全面1	盤點律師收費新規	律師費用に関する新規定を総点検する
03-135	09/17/03	10全面2	部分省、市、區律師收費新規定概覽	一部の省、市、区が発表した律師費用に関する新規定の一覧表
03-136	09/18/03	5左下	中華全国律師函授中心司考衝刺班招生	中華全国律師通信教育センター司法試験対策強化クラス　受講生募集
03-137	09/18/03	5右下	中華全国律師函授中心司考面授輔導招生	中華全国律師通信教育センター司法試験対面補習クラス　受講生募集
03-138	09/22/03	1左中	律師152名——在上海成立動拆遷法律服務志願團	律師152人　上海で立ち退き関連法律ボランティアの団体を結成
03-139	09/24/03	2中	律師要規範有序參與法律服務	律師が法律サービスを提供する時には標準に合わせ、秩序よくあるべき「山西省第1回律師管理と発展フォーラム」の記事
03-140	09/24/03	10全面1	上海浦東律師致力於做大做強	上海浦東の律師は業務を広く、強化することを目標として、上海浦東の発展のために積極的に力を尽くす
03-141	09/24/03	10全面2	律師法修改需完善兩結合體制	「律師法」の改正は2つの結合体制を完全にする必要がある

03-142	10/09/03	1上	今年国家司考準備就緒	今年の国家司法試験の準備が整った
03-143	10/09/03	10右上	訴訟欺詐行為的定性	訴訟詐欺行為の性質を決めることについて
03-144	10/09/03	10右下	司法考試——考前的時間安排	司法試験　試験直前の時間の使い方
03-145	10/10/03	1中下、4中下	李真靈魂毀滅採訪録	李真の人格壊滅についての取材手記 李真は元河北省政府事務局の秘書、河北省国税局局長、受賄罪と汚職の罪で死刑の判決を言渡された。
03-146	10/10/03	1右下	李真受賄貪汚案二審宣判	李真収賄横領事件の二審判決、一審死刑判決を支持
03-147	10/12/03	1全面1、2	第二屆国家司法考試開考	第２回国家司法試験が始まった 全国受験生総数は19.7万人、張福森は北京の試験会場を視察した
03-148	10/13/03	1上	律師團進駐第五屆国際高新技術成果交易會	弁護団が「第５回国際高度先端技術成果交易会」に参入
03-149	10/13/03	3全面1、2	2003年国家司法考試(試卷一)	2003年国家司法試験試験問題（一）
03-150	10/13/03	4下	2003年国家司法考試(試卷一)	2003年国家司法試験試験問題（一）
03-151	10/14/03	5全面1、2	2003年国家司法考試(試卷二)	2003年国家司法試験試験問題（二）
03-152	10/14/03	6中、下	2003年国家司法考試(試卷二)	2003年国家司法試験試験問題（二）
03-153	10/15/03	6中、下	2003年国家司法考試(試卷三)	2003年国家司法試験試験問題（三）
03-154	10/15/03	10全面1	律師鍥而不捨　擊碎謊言之訟	律師が粘り強くあきらめずに努力し、ついに虚言のはびこる訴訟を打ち破いた 交通事故に遭った被害者は、人身損害賠償の訴訟において証拠不足のために何度も敗訴したが、代理人の律師の３年間に及ぶ努力の末、勝訴した
03-155	10/15/03	10全面2	按揭律師亦應注重為購房者維權	住宅ローン専門律師も住宅購入者の権益を守ることに関心を払うべきである
03-156	10/16/03	6下部	2003年国家司法考試(試卷四)	2003年国家司法試験試験問題（四）
03-157	10/16/03	11右上	司法考試　有問要答	司法試験　Q&A
03-158	10/20/03	1上	答疑解惑今年司考相關問題——司法部国家司法考試辦公室負責人接受本報記者獨家專訪	今年の司法試験についてのQ&A　司法部国家司法試験弁公室の責任者への本紙記者の独占インタビュー
03-159	10/21/03	6左	2003年国家司法考試參考答案與評分標準	2003年国家司法試験参考解答及び採点基準
03-160	10/22/03	10全面1	律師執業責任險能否規避執業風險	律師業務責任保険が業務リスクを避けられるか否か
03-161	10/22/03	10全面2	律師執業責任保險索賠案例	律師業務責任保険賠償請求案例
03-162	10/23/03	10右中	“律師在場”讓正義看得見	正義を目に見えるようにするため「律師が取調尋問中にも同席する」という保障をするべき

03-163	10/29/03	10全面1	中国律師業呼喚CEO	中国の律師業界はCEOを待っている 長い間、大規模な律師事務所はCEO階層をほとんど形成してなかったが、そのことが我が国が多国間競争に参加するのに大きな障害となっている
03-164	10/29/03	10全面2	京港律師積極迎接CEPA商機	CEPAがもたらしてくれるビジネスチャンスに北京と香港の律師が積極的になっている
03-165	10/30/03	9全面1、2	關注律師法修改	「律師法」の改正に注目をしよう
03-166	11/03/03	1下	用法律手段統籌人和自然協調發展	人類と自然の調和発展を図るのに法律的な手段を用いる
03-167	11/05/03	10全面1	香港律師搶分CEPA蛋糕《内地與香港關於建立更緊密經貿關係的安排》(簡稱CEPA)	香港の律師がCEPAのマーケットシェアに躍起「経済貿易緊密化協定」(略称CEPA)
03-168	11/05/03	10全面2	8652部隊有個法律諮詢站	8652軍部隊に法律コンサルティングセンターがある
03-169	11/12/03	10全面1	現行律師法的立法檢討	現行律師法の立法的分析
03-170	11/12/03	10全面2	從一起大學生涉嫌搶劫案談律師辯護	ある大学生が強盗の疑いで起訴された案件から見る律師の弁護
03-171	11/20/03	9中	律師執業利益衝突規則的完善	「律師業務利益衝突規則」の完全化
03-172	11/20/03	11右上	律師的人格塑造	北京の著名な律師岳成が、律師の人格形成について語る
03-173	11/28/03	2中中	檢察院不知嫌疑人監視居住在何方　律師多次要求會見當事人遭到拒絶	被疑者の指定住所を知らない検察院　律師が当事者との数回にわたる面会申請をしたが拒否された
03-174	11/29/03	1上	珠海為律師撐起保護傘	「珠海市律師業務執行保障条例」の施行により、珠海の律師は庇護の傘に入った 律師の業務執行権利を専門に立法したのは全国で初めてである
03-175	12/01/03	2左上	香港特別行政區和澳門特別行政區居民參加国家司法考試若干規定	「香港特別行政区とマカオ特別行政区の住民が国家司法試験に参加することについての若干の規定」
03-176	12/01/03	2左中	取得内地法律職業資格的香港特別行政區和澳門特別行政區居民在内地從事律師職業管理辦法	「内地の法律職業資格を取得した香港特別行政区とマカオ特別行政区の住民が内地で律師業に従事することについての管理弁法」
03-177	12/01/03	2左下	香港特別行政區和澳門特別行政區律師事務所與内地律師事務所聯營管理辦法	「香港特別行政区とマカオ特別行政区の律師事務所と内地律師事務所の共同経営についての管理弁法」
03-178	12/01/03	2右上	香港法律執業者和澳門執業律師受聘于内地律師事務所擔任法律顧問管理辦法	「香港法律業務執行者とマカオ業務執行律師が内地の律師事務所に招聘され法律顧問を担当することについての管理弁法」

03-179	12/01/03	2右下	司法部關於修改《香港 澳門特別行政區律師所駐内地代表機構管理辦法》的決定	司法部の「香港　マカオ特別行政区律師事務所内地駐在代表機構の管理弁法」を改正することについての決定
03-180	12/03/03	10全面1	遭遇拒絶辯護——為天安門廣場製造事端案犯張理積辯護手記	弁護拒否に遭う　天安門広場で事件を起こした犯人、張理積の弁護をすることについての手記
03-181	12/03/03	10全面2	法律職業共同體片論	法律を職業とする共同体が個人的な議論を発表
03-182	12/05/03	1右上	司法部国家司法考試辦公室公告	司法部国家司法試験弁公室公告 2003年国家司法試験成績と合格ラインの公布と法律職業資格証書受領について
03-183	12/06/03	2全面1	司法部国家司法考試辦公室負責人解答録取工作有關問題	司法部国家司法試験弁公室の責任者が、合格者の採用について質問に回答 今年の合格ラインは240点、1.7万人が合格、法律職業資格証書は3種類に分かれた
03-184	12/06/03	2全面2	法律專家談香港政治體制發展	香港の政治体制の発展について法律の専門家が語った
03-185	12/06/03	1中中	第三屆中国律師論壇開幕	「第3回中国律師フォーラム」が開幕
03-186	12/06/03	3中中	打造“誠信律師”——安徽啓動律師隊伍建設工程	「誠実で、信用度の高い律師」を作る　安徽省が律師組織建設プロジェクトをスタート
03-187	12/10/03	1左中	中国普法網司考成績査詢火爆	「中国普法網」に司法試験成績についての問い合わせが殺到
03-188	12/10/03	9全面1	千名律師鄭重承諾執業為民	「第3回中国律師フォーラム」に参加の1000名の律師は国民の為に業務を執行することを厳かに承諾した
03-189	12/10/03	9全面2	第三屆中国律師論壇十宗“最”	「第3回中国律師フォーラム」において〝最も〟注目された10大話題 (1) 最も空前の規模：参加者は1000人あまり (2) 最も特殊な贈り物：香港、アモイの律師も参加 (3) 最も大きな懸念：次回のフォーラムは安徽で行われる (4) 最も困難な陳述：第5回フォーラムの主催権を争う (5) 最も注目された専門フォーラム：模擬法廷を会場に入れた (6) 最も奇抜な検討：環境保護律師の犠牲精神を表現したアメリカ映画の上演 (7) 最も苦難に満ちた聴講：床に座って超有名な法律専門家の講義を聴く (8) 最も感情を刺激：北京大学教授・賀衛東の歯に衣着せぬ講演 (9) 最も重い発言：経済が発達してない地域の律師の憂慮 (10) 最も美しい風景：エリート女性律師大集合
03-190	12/12/03	1右中	司法部確定明年律師隊伍整頓重點——嚴査違法違紀問題	司法部が来年の律師組織の整理に重点 法律、紀律に違反した事件を厳しく調査することを決定

03-191	12/12/03	1右下	全国律師隊伍黨建工作座談會要求：有3名黨員律師所要建支部	全国の律師組織党風建設に関する座談会が要求：共産党員が3人いる事務所には共産党支部を作らなければならない
03-192	12/13/03	1右下	滬港律師加強合作	上海と香港の律師が協力関係を強める
03-193	12/14/03	1右中	公司律師落戸最大磷礦肥基地	企業律師が最大のリン酸肥料生産基地、貴州に正式に進出
03-194	12/15/03	1中上	首批法律義務諮詢站昨日受牌	初の無料法律コンサルティングセンターに昨日許可が下りた
03-195	12/16/03	1左上	湖南一律師所免費為農民工追討工資	湖南省にある律師事務所が無償で農民工のために未払い給料を回収
03-196	12/17/03	9全面1、2	律海“紅旗”別様紅——黒龍江省級文明所紅旗律師所誠信自律優質服務紀實	弁護士海の“紅旗”はことのほか紅い 黒竜江省の省級模範事務所「紅旗律師事務所」は誠実で質の高い業務を提供している
03-197	12/17/03	10左上	律師如何針対檢察機關提出的量刑建議進行辯護	検察機関が要求する量刑に対して、律師はいかに弁護を行うか
03-198	12/18/03	11左	刑訊逼供原因的文化解讀	「拷問にかけ、自白を強要する」原因となる文化を分析する
03-199	12/20/03	1左上	司法部舉行頒證儀式——34名香港律師成為連續委託公證人	司法部が証書授与式を行った　香港出身の律師34人が連続委託公証人になる
03-200	12/20/03	2上	2003年全国十大法制新聞	2003年全国10大法制関連ニュース
03-201	12/31/03	1右下	2003年全国十大法制新聞評選揭曉	2003年全国10大法制関連ニュースの結果発表 (1) 憲法修正草案はすでに法定順序に入った　(2) 犯罪を厳しく取り締まり、社会治安を明らかに好転するという目標を実現する　(3)「公共衛生事件応急条例」の公布及び施行　(4) ホームレス収容制度を廃止、救助制度を作り上げた　(5)「行政許可法」を公布した　(6) 5種類の服役人員を地域住民自治組織（社区）で矯正する　(7) 新「婚姻登記条例」を公布、施行　(8)「道路交通安全法」を公布　(9) 拘留期限が超過することに関しての整理整頓を全国で展開した　(10) 最高人民法院は瀋陽劉涌案件の再審を決定した

記事番号	掲載日	掲載面・位置	見出し（中国語）	内容要約
04-1	01/07/04	10全面1	2003年度全国律師界新聞人物	2003年度全国律師界でニュースとなった人物 中国侵略日本軍・遺棄化学兵器訴訟に勝訴した蘇向祥、北京オリンピック組織委員会の法律〝軍師〟寧宣鳳など8名の紹介
04-2	01/07/04	10全面2	律師受到公衆關注意味著什麼	律師が人々の注目を集めるのは何故

04-3	01/08/04	6下	律師的春天——廣東律師參政議政紀事	律師の春—広東の律師の政治参加 律師の社会的的地位及び政治的地位のかつてない向上。各級人民代表大会代表48名、各級政治協商委員76人に
04-4	01/13/04	9中下	高速公路不高速　律師状告“滬杭甬”	「高速道路が高速でない」と律師が〝滬杭甬（上海・杭州・寧波）高速道路公司〟を提訴 事前に道路拡張工事及び補修工事の通知をきちんと行っていたため、一審で棄却
04-5	01/14/04	1下	中国共産黨中央紀律檢査委員會第三次全體會議公報	中国共産党中央紀律検査委員会第３次全体会議公報 「『３つの代表』思想に則り、党の廉潔政治の実現と反腐敗工作を指導し、小康社会建設のため政治的保証を行う」ことを採択
04-6	01/14/04	10全面1	“廈門模式”：公職律師制度的有益嘗試	アモイモデル：公職律師制度の有益な試み 試行後約１年、「アモイモデル」の特徴・利点及びその効果をアモイ市司法局局長にインタビュー
04-7	01/14/04	10全面2	打官司丟欠條　律師所成被告	借用書紛失で訴えられ、律師が被告に
04-8	01/17/04	1左上	去年全国30萬人獲法律援助	昨年全国で30万人が法律援助を受ける
04-9	01/17/04	2右上	九百律師上陣討欠薪	900名の律師が農民工の賃金未払い問題解決に出陣 安徽省が全国初となる公益律師ボランティア団体を組織、ホットラインを開設し農民工の権益のために服務、既に1400名以上の農民工の為に200万元以上に上る未払い賃金を取り返した
04-10	01/19/04	3左上	劉涌涉黑案兩次改判的背後	暴力団のボス・劉涌の案件の判決が２度も覆された背景 一審で死刑となった劉涌が二審で死刑執行猶予になったが、各メディア、ネットなどにより疑問を呈する世論が巻き起こり、結果的に最高人民法院で死刑に
04-11	01/21/04	10全面1	從知名辯護律師到司法大臣	著名な弁護士から司法大臣へ スウェーデンの司法大臣Thomas Bodstörm訪中の際のインタビュー
04-12	01/21/04	10全面2	法治建設呼喚專業行政訴訟律師	法治建設には行政訴訟専門の律師が必要
04-13	02/01/04	2左下	中央部委考試機構聯誼研討會在京舉行	中央部委試験機構連絡友誼検討会が北京にて行われる 主要議題は現代化技術の応用、問題データ作成、試験機構の法律的地位、試験準備養成市場と試験問題集市場の規範化など

04-14	02/04/04	11右下	冒充律師代理應受什麼處罰	律師を詐称し訴訟代理を行った場合、どのような処罰を受けるのか
04-15	02/05/04	2左上	鎮江京口法院嚴禁法官律師“私下交易”	江蘇省鎮江市京口区法院が法官と律師の「秘密裏の取引」を厳格に禁ずる
04-16	02/11/04	10全面1	六成犯罪嫌疑人認為不必請律師	犯罪被疑者の6割が「律師を頼む必要はない」との考え 北京市海淀区留置場の被勾留者200名へのアンケート調査結果（一）
04-17	02/11/04	10全面2	律師法修改應著眼保障律師權益	律師法の改正は律師の権益の保障に着眼すべき
04-18	02/16/04	3左上	律師費可否由敗訴方承擔？	律師費用は敗訴した側が負担すれば良いのではないだろうか？ 広東省第10回人代において提案された意見
04-19	02/18/04	1左下	中国共産黨 黨内監督條例(試行)	「中国共産党党内監督条例（試行）」
04-20	02/18/04	6下	中国共産黨 黨内監督條例(試行)	「中国共産党党内監督条例（試行）」
04-21	02/18/04	1左上	中共中央頒布《中国共産黨黨内監督條例(試行)》《中国共産黨紀律處分條例》	中国共産党中央政府が「中国共産党党内監督条例（試行）」及び「中国共産党紀律処分条例」を公布
04-22	02/18/04	10全面1	犯罪嫌疑人不清楚何為律師幫助權	犯罪被疑者は「律師の援助を得る権利とはどういうものか」はっきり知らず 北京市海淀区留置場の被勾留者200名へのアンケート調査結果（二）
04-23	02/18/04	10全面2	京滬證券律師佔領證券業務市場“半壁江山”	証券業務市場の半分を北京、上海の律師が独占
04-24	02/19/04	3全面1	中国共産黨紀律處分條例	「中国共産党紀律処分条例」
04-25	02/19/04	3全面2	就《中国共産黨 黨内監督條例(試行)》頒佈實施中央紀委副書記夏贊忠答新華社記者問	「中国共産党党内監督条例(試行)」の公布施行について、中央紀律検査委員会副書記・夏賛忠氏が新華社記者のインタビューに答える
04-26	02/19/04	4全面1、2	中国共産黨紀律處分條例	「中国共産党紀律処分条例」
04-27	02/19/04	5全面1、2	中国共産黨紀律處分條例	「中国共産党紀律処分条例」
04-28	02/19/04	6下	中国共産黨紀律處分條例	「中国共産党紀律処分条例」
04-29	02/20/04	1右上	高檢院出台保障律師執業權利規定	最高人民検察院が律師の業務執行権利を保証する規定を打ち出す 「人民検察院が律師の刑事訴訟における法に依る業務執行を保障することに関する規定」
04-30	02/20/04	2上	黨的紀律建設史上的重要里程碑——中央紀委負責同志就《中国共産黨紀律處分條例》的頒布實施答新華社記者問	党の紀律の構築史上重要な一里塚 中央紀律検査委員会の責任者が「中国共産党紀律処分条例」の公布施行について、新華社記者の質問に答える

04-31	02/20/04	2下	關於人民検察院保障律師在刑事訴訟中依法執業的規定	「人民検察院が律師の刑事訴訟における法に依る業務執行を保障することに関する規定」(2003年12月30日最高人民検察院第10回検察委員会第16次会議にて可決)
04-32	02/27/04	2右	今年法律服務三大任務——訪司法部律師公證工作指導司負責人	今年の法律サービスにおける三大任務　司法部律師公証業務指導司責任者へのインタビュー (1)数の問題：法律サービス領域を広げその対象を増やす　(2) 質の問題：法律サービスの業務執行環境及び条件を改善する　(3) イメージの問題：法律サービス業界への信用を高め、職業道徳及び紀律を遵守する
04-33	03/03/04	10全面1	参政議政不忘為律師維権——劉子華律師提議制定《北京市律師執業保障條例》	参政後も律師の権利擁護を忘れず 劉子華律師は「北京市律師業務執行保障条例」の制定を提議
04-34	03/03/04	10全面2	偵查階段律師會見率低	捜査段階での律師の接見率は低い 北京市海淀区留置場の被勾留者200名へのアンケート調査結果（四）
04-35	03/08/04	3左上	重慶市成立女律師協會	重慶市が女性律師協会を設立
04-36	03/10/04	9全面1	半數以上犯罪嫌疑人対律師服務滿意	犯罪被疑者の半数以上が律師の仕事に満足 北京市海淀区留置場の被勾留者200名へのアンケート調査結果（五）
04-37	03/10/04	9全面2	北京仲裁委第6次修改仲裁規則	北京仲裁委員会第６回改正規則が３月１日正式施行 仲裁場所を自由に選択できるなど当事者の意思を高度に反映等最大限国際的慣例に近づけ、国際化を図ったもの。
04-38	03/12/04	1右中、2左下	中国律師：高擎“誠信為民”大旗	中国の律師：「人民の為に誠意を持って信用を守る」との旗を高く掲げている
04-39	03/12/04	3左	律師依法執業權保障重在落實——法學專家呼籲加快啓動修改刑訴法進程	律師が法に依り業務執行をする権利の保障をさらに確実なものに　法学専門家が刑事訴訟法改正のプロセスを加速させるよう呼びかけ 1997年施行の「刑事訴訟法」に相応の規定がありながらも未だ「三難」問題（会見難、閲覧難、調査証拠取得難）が解決されていないため
04-40	03/19/04	2上	最高人民法院　司法部關於規範法官和律師相互關係維護司法公正的若干規定	最高人民法院及び司法部は「法官と律師の相互関係を規範し司法の公正を擁護することに関する若干の規定」を公布
04-41	03/22/04	2全面1、2	最高人民検察院、司法部貫徹落實《關於人民検察院保障律師在刑事訴訟中依法執業的規定》座談會發言摘録	「人民検察院が律師の刑事訴訟における業務執行を保障することに関する規定」を徹底的に実施するための最高人民検察院及び司法部の座談会での発言ダイジェスト

04-42	03/23/04	3左上	律師和律師事務所違法行為處罰辦法	「律師と律師事務所の違法行為に対する処罰弁法」(2004年２月23日公布　５月１日施行)
04-43	03/23/04	3左下	律師事務所收費程序規則	「律師事務所費用徴収手続規則」(2004年３月16日公布、５月１日施行)
04-44	03/23/04	7中下	走出三尺講台的軍隊女律師——記第二砲兵法律顧問處律師郝萍	法学教員から軍の女性律師へ　第二砲兵法律顧問所の律師、郝萍
04-45	03/24/04	1上	胡錦濤等就加強律師隊伍建設做出重要指示強調：認真堅持執法為民　切實維護司法公正	全国律師隊伍建設工作会議において、胡錦涛等党指導者が律師養成について重要な指示を与え次のように強調した：人民の為に真剣に法を執行し、司法の公正を適切に擁護すること
04-46	03/24/04	3下	廣東省高級人民法院公開招考審判人員公告	広東省高級人民法院の審判人員公開募集試験に関する通知
04-47	03/25/04	1中上	律師隊伍集中教育整頓四月開始	律師組織の「集中教育整頓活動」を４月より全国十数万の律師に対し全面的に展開
04-48	03/25/04	9全面1、2	司法改革名家關注“長沙模式”	司法改革の著名な専門家達が〝長沙モデル〟に注目 長沙モデル：長沙中級法院が審判執行法廷を執行局から独立させ、審判執行監督法廷を独立して設立するモデル
04-49	03/31/04	1右上	銀行卡收費惹惱消費者　湖南一律師状告農行	銀行カードの年会費を勝手に引落し、消費者の怒りを買ったため、湖南省の一律師が農業銀行を提訴
04-50	03/31/04	1左下	廣州推廣法律援助案件質監制度	広州市司法局は法律援助案件の品質監督制度を推し広めている
04-51	03/31/04	10左上	司法人員対律師幫助權的告知不到位　告知義務被忽略或敷衍	司法人員が被疑者に対する律師の援助を得る権利の告知は不十分で、告知義務がおろそかにされたり、適当に済まされたりしている 北京市海淀区留置場の被勾留者200名へのアンケート調査結果（六）
04-52	03/31/04	10下中	上海律師三五年達到1萬名	上海市司法局は上海の律師を現在の5000名余りから３～５年以内に１万名まで増やしたいと語った
04-53	03/31/04	10右	為什麼説“法官老的好，律師少的悄”	「法官は年寄りが、律師は若いのが良い」というのは何故？
04-54	04/01/04	1左下	重慶一律師渉嫌妨礙司法被查	重慶の一律師、司法妨害罪の嫌疑で捜査
04-55	04/01/04	11左上	法官與律師應“作繭自縛”	最高人民法院及び司法部は「法官と律師の相互関係を規範し司法公正を擁護することに関する若干の規定」において、法官は言を慎み、律師は自律するべしとの理念、即ち〝作繭自縛（自縄自縛）〟という理念を打ち出す

04-56	04/05/04	2左上	建設誠實守信律師隊伍	誠実で信用を守る律師組織を養成する 資質の高い律師組織養成のための紙面談話 中華全国律師協会会長談
04-57	04/07/04	2左下	中天司法考試培訓	広告　中天司法試験予備校
04-58	04/07/04	3左上	律師是維護法律正確實施的法律工作者	律師は法律を擁護し正確に実行する法律従事者である 資質の高い律師組織養成のための紙面談話 上海市司法局局長談
04-59	04/07/04	10下	在押人員選擇律師難以如願	被勾留者にとって望みにかなう律師を選択するのは難しい 北京市海淀区留置場の被勾留者200名へのアンケート調査結果（七）
04-60	04/08/04	2右上	八大機制規範律師法官的交往	８つのシステムで律師と法官の交際を規範化 資質の高い律師組織養成のための紙面談話 湖北省司法庁庁長談
04-61	04/08/04	2右下	誠信是律師行業的立足之本	誠実と信用は律師という職業の立脚点である 資質の高い律師組織養成のための紙面談話 重慶市司法局副局長談
04-62	04/10/04	1左左	北京律師隊伍全面開展集中教育整頓	北京市律師組織養成会議において、北京の律師養成のための「集中教育整頓活動」を全面的に繰り広げると発表
04-63	04/12/04	2左上	秦晉律師聯手援助貧困少年	陝西、山西省の律師が協力して貧困少年を法律援助 16歳の少年がレンガ工場での強制労働の末、両足切断
04-64	04/12/04	2左中	構建律師信用約束機制	律師信用管理システムの構築 資質の高い律師組織養成のための紙面談話 吉林省司法庁庁長談
04-65	04/12/04	2左下	四川開展律師集中教育整頓	四川省司法庁は04年末まで９ヶ月間の律師の「集中教育整頓活動」を行うと発表
04-66	04/13/04	1中下	司法部新批准9家外国（香港）律師所在内地執業	司法部は新たに計９ヶ所の外国（香港）の律師事務所の国内での開業を許可
04-67	04/13/04	1左下	福建建立追新法律援助機制	福建省は未払い賃金要求のための法律援助システムを設立
04-68	04/13/04	2右上	建立律師隊伍建設長效機制	律師組織養成のため持続的効果のあるシステムを構築する 資質の高い律師組織養成のための紙面談話 黒龍江省司法庁庁長談
04-69	04/13/04	3左下	海天學校2004年国家司法考試招生簡章	海天学校2004年国家司法試験補習　受講生募集要項
04-70	04/13/04	5右下	司法考試培訓班招生	司法試験予備校受講生募集 ３校の名教師が指導、「スーパー旗艦クラス」あり

04-71	04/14/04	5左下	北京萬国司法考試學校招生	北京万国司法試験学校　受講生募集
04-72	04/14/04	10中	犯罪嫌疑人更看重律師工作態度	犯罪被疑者は律師の仕事態度をより重視 北京市海淀区留置場の被勾留者200名へのアンケート調査結果（八）
04-73	04/15/04	8中	律師偽證罪：中国刑事辯護律師的“原罪”	律師の偽証罪は中国の刑事律師の「原罪」か？
04-74	04/15/04	8左	律師偽證罪與律師豁免權	律師の偽証罪と律師の免除特権
04-75	04/16/04	1右中	湖北：“律師隊伍建設深化年”	湖北省司法庁、本年を律師組織養成強化年とする
04-76	04/21/04	3左上	目標明確嚴查法紀	新疆ウィグル自治区、目標は明確 律師及び律師事務所の法律違反・規律違反を調査し、管理・整備を強化する
04-77	04/21/04	3左下	黑心律師逐出隊伍	黒龍江省は年末まで律師組織「教育整頓活動」を重点的に展開し、少数の「悪徳律師」を駆逐する
04-78	04/26/04	2全面1、2	律師執業行為規範（試行）	「律師業務執行行為規範（試行）」（2004年3月20日第5回中華全国律師協会第9次常務理事会にて可決、2004年3月20日施行）
04-79	04/28/04	10右上	讓律師成為普法課堂的主角	律師を法の普及の教師に 北京市律師協会が32名の律師を北京の学校の法制指導員に推薦
04-80	04/28/04	10右中	律師巨匠瞄準法律英語專業市場	律師の巨匠、法律英語専門市場に狙いを定める
04-81	04/28/04	10左中	做個好律師　要用一生來追求——記廈門今朝律師事務所主任呂金朝	良い律師になるには一生をかけて追求すべし アモイ今朝律師事務所主任・呂金朝の記録
04-82	04/28/04	10左下	天津律師執業有了雙保險	天津律師協会は、市内の律師の為に二重の保険（業務執行責任保険と万一に備えての傷害・医療保険）をかけた
04-83	04/28/04	10左下	首都律師網問世	北京市律師協会の新サイト「首都律師網」がお目見え
04-84	05/11/04	3右下	司法考試培訓班招生	司法試験予備校受講生募集　全国50余りの都市で同時開講　司法試験「スーパー空母」が就航
04-85	05/11/04	4右下	全美律師協會警告律師不要變成被告	全米弁護士協会は、弁護士に対し自らが被告にならないようにと警告
04-86	05/11/04	5中	旅游途中證件被扣人身自由受限　深圳律師狀告新加坡航空公司侵權	「旅行の途中で証明書類を取り上げられ、人身の自由も制限を受けた」と深圳の律師らがシンガポール航空を提訴
04-87	05/11/04	9右上	律師權利保護需要“第三者”	律師の権利保護には「第三者」が必用 最高人民検察院は「人民検察院が刑事訴訟において律師の法に依る業務執行を保障することに関する規定」の公布により律師の権利の保障を明確に規定したが、検察と律師の双方から中立の立場を守る「法院」の役目が重要

04-88	05/12/04	2中中	樹立遼寧律師新形象	遼寧省の律師の新しいイメージを樹立 資質の高い律師組織養成のための紙面談話（遼寧省司法庁庁長談）
04-89	05/12/04	10中中	青島律師在法院有了“候聴室”	青島中級法院に律師の為の「待合室」が作られた
04-90	05/12/04	10左下	胡明律師獲“山東青年五四奬章”	山東省済南市の胡明律師が省の法政関係者から唯一「山東青年五四表彰」を受賞
04-91	05/12/04	10左下	三和時代律師所設立奬學金	三和時代律師事務所が奨学金を設立
04-92	05/16/04	1左下	深圳開展律師教育整頓工作“問題”律師暫緩年檢	深圳で律師「教育整頓活動」を展開、深圳市律師協会は「問題のある」律師は年度検査をしばらく見合わせると規定
04-93	05/17/04	2全面1、2	2004年中国律師業發展政策報告	2004年中国律師業発展政策報告
04-94	05/18/04	1右上	今年司法考試方案將調整	今年の司法試験法案を調整 テスト時間・点数配分・合格点などすべて改定
04-95	05/18/04	1左中	律師集中教育整頓開局良好	律師の「集中教育整頓活動」、出だしは良好
04-96	05/19/04	3下	国家司法資格考試備考的科學規劃	国家司法資格試験準備のための科学的計画 北京万国司法養成学校校長・駱勇氏インタビュー
04-97	05/19/04	10中中	違反執業紀律　律師所輸官司	業務執行紀律に違反し、律師事務所が敗訴
04-98	05/19/04	10中下	WTO框架下律師所的人事管理	WTOの枠組みの下での律師事務所の人事管理
04-99	05/22/04	3中中	律師送法進大牆	上海の律師、刑務所の壁の中へ法律援助
04-100	05/25/04	1右上	律師所必須建立黨支部	安徽省司法庁は、律師事務所に必ず党支部を設立するよう決定
04-101	05/26/04	10全面1	一場攻堅的清欠戰役――全国律協與建築業協會聯手治“痼疾”	未払い賃金解決大作戦　全国律師協会と建築業協会が協力して「不治の病」に挑む
04-102	05/26/04	10全面2	幾年代理卻無報酬法院維護律師權益	弁護活動を何年もしながら報酬を受け取ることができなかった律師の権益を、法院が擁護する判決を下した
04-103	05/27/04	11右下	解讀2004年司法考試新變化	2004年司法試験の新しい変化を読み解く
04-104	05/28/04	1上中	司法部發佈公告2004年国家司法考試9月18日19日舉行	司法部は2004年国家司法試験を９月18日19日に行うとの公告を発表
04-105	05/28/04	2全面1	中華人民共和国司法部公告	中華人民共和国司法部公告（2004年国家司法試験）
04-106	05/28/04	2全面2	就 2004年国家司法考試有關問題司法部国家司考辦負責人答記者問	2004年国家司法試験に関する問題について、司法部国家司法試験事務室の責任者が記者のインタビューに答えた
04-107	05/28/04	8全面1、2	司法考試培訓班招生簡章	司法試験予備校　受講生募集要項
04-108	05/29/04	1右中	請點擊中国普法網	「中国普法網」をクリック 司法試験ネット事前出願システムが６月１日より開通

04-109	06/02/04	10上	邊疆律師在政治舞台展風姿	新疆の律師、政治の舞台で活躍する姿
04-110	06/02/04	10左上	全国律協抗議日対我勞工索賠案判決	全国律師協会は、日本の福岡の炭鉱での中国人労働者の強制労働の損害賠償案件に関する福岡高裁の判決に対し、抗議を行った
04-111	06/02/04	11左下	紙廠排汚未超標　致人損害仍需賠	製紙工場の排水した汚水は国家基準を超えてはいなかったが、汚水が魚の養殖業者に損害を与えたため、損害賠償の判決が言渡された
04-112	06/04/04	1左上、3中	最高人民法院　司法部聯合召開電視電話會議：切實規範法官與律師關係　確保司法公正	最高人民法院と司法部はテレビ電話会議を開催：法官と律師の関係を適切に規範し、司法の公正を確保することを強調
04-113	06/04/04	2左	努力實現法官與律師相互關係的規范化(講話摘要)	法官と律師の相互関係の規範化を努力し実現する（最高人民法院院長・肖揚の談話ダイジェスト）
04-114	06/04/04	2右	構建符合社會主義法治要求的律師與法官關係(講話摘要)	社会主義の法治要求に合致する律師と法官の関係を構築する（司法部部長・張福森の談話ダイジェスト）
04-115	06/09/04	3右下	司法考試試卷總分值的變化対民法考試的影響	司法試験問題の総合配点の変化が民法試験に与える影響
04-116	06/09/04	10左上	讓律師幫你掌控訴訟風險——廣東新方律師事務所全国首推民事訴訟風險告知制度	訴訟のリスクのコントロールは律師にお任せ 広東新方律師事務所は全国で初めて民事訴訟のリスクを告知する制度を打ち出す
04-117	06/09/04	10左中	青島律師人大代表為律師拓展市場	青島の律師人民代表大会代表は、律師の為に新たな市場を開拓 人民代表大会会議にて、律師の国有企業改革への参与及び政府の重大建設プロジェクトへの参与の必要を提案した
04-118	06/09/04	10左下	職業培訓伴随外国律師執業生涯	外国の弁護士の勤務生活には、持続的な職業研修が付きもの
04-119	06/13/04	4左下	珍貴佛像成了腐敗犧牲品阿富汗古蹟保護任重道遠	貴重な仏像が腐敗の犠牲に　アフガニスタンの古跡の保護は重大な任務だが、まだ道のりは遠い
04-120	06/16/04	10上	民事訴訟當事人作偽證緣何增多	民事訴訟の当事者が偽証を行うことが増えているのは何故？
04-121	06/16/04	10左下	北京律師開展執業觀大討論	北京の律師の執務観念に対する大討論
04-122	06/16/04	10左下	枝江律師特惠服務重點企業	湖北省枝江市司法局は、市内の律師が市内の重点企業の為に特別な優遇措置を採ることを約束
04-123	06/17/04	2全面1	合伙律師事務所管理辦法(中華人民共和国司法部令第90號)	「合同律師事務所管理弁法」（中華人民共和国司法部令　第90号）

04-124	06/17/04	2全面2	推動律師事務所的規范化建設——司法部負責人就修改後的《合伙律師事務所管理辦法》答本報記者問	律師事務所の規範化を推進 司法部責任者が改正後の「合同律師事務所管理弁法」について、本社の記者のインタビューに答えた
04-125	06/22/04	1右下	司法考試辦公室有關負責人提醒考生：考前培訓　細辨真偽	司法試験事務室の関係責任者が受験生に警告：受験予備校・参考書等は真偽を見極めて
04-126	06/23/04	3下	司法考試試卷總分值的變化対国際法學試題的影響	司法試験問題の総合配点の変化が法学問題に与える影響
04-127	06/23/04	10全面1	評點合伙律師事務所新規；黑律師“黑”你沒商量	合同律師事務所に関する新しい規則に対する評価　悪徳律師は相談の余地もなくあなたを食い物にする
04-128	06/23/04	10全面2	青島律師參與起草地方法規；焦作律師誠信宣誓；法院貽誤執行應否賠償責任系列討論	「青島市の律師が地方法規の起草に参与」「焦作市のすべての律師が律師として“誠実かつ信用を守ること”を宣誓」「法院の執行上のミスには賠償責任があるかどうか」についてのシリーズ討論
04-129	06/24/04	8上	司法改革須合乎合法性與正當性	司法改革は合法性及び正当性にかなったものでなければならない
04-130	06/24/04	9上	刷卡　排隊與司法現代化	カードによる法官の勤務時間管理や食堂での長蛇の列を見ると、司法の現代化を考えさせられる 司法の現代化にはソフト面（法官の資質向上）とハード面（法官の職業保障制度―職業的地位・待遇の保障）の改善が必要である
04-131	06/25/04	1中下	律師服務国企改革大有作為	河北省が行っている律師の国有企業改革推進業務は大いに効果が上がっている
04-132	06/29/04	1左	《法律援助條例》頒布近10個月全国法律援助經費大幅增加	「法律援助条例」公布から10ヶ月近く、全国の法律援助の経費は大幅に増加
04-133	06/30/04	6下	司法考試中的犯罪共同形態和停止形態問題	司法試験に見られる犯罪の共同形態及び停止形態の問題 万国学校司法試験テーマ別問題講座（十）
04-134	06/30/04	10上	律師涉嫌破壞生産經營罪第一案宣告無罪	律師が生産経営を犯した罪に問われるという初めての案件で、無罪が宣告された
04-135	06/30/04	10右上	山東形式多様促隊伍建設	山東省は多彩な形式で律師組織の育成を行っている
04-136	06/30/04	10右下	四川民工因死亡律師維權索賠十五万	四川の民工が炭鉱で死亡した件で、律師が権利を擁護し15万元の賠償金を勝ち取る
04-137	06/30/04	10左中	律師真的沒什麼錢	律師はそんなに金持ちではないというのは真実
04-138	06/30/04	10左中	律師怎様收費才合理	律師の合理的な律師費用とは
04-139	07/01/04	1右中、2右下	律師隊伍集中教育整頓要高標準嚴要求	律師組織の「集中教育整頓活動」には、水準は高く要求は厳格に（司法部部長・張福森の談）

04-140	07/05/04	1右中	全国律協擧辦律師教育遠程培訓	全国律師協会は、衛星システムを利用し、律師の長距離教育を実施
04-141	07/05/04	2右下	考問専家的良知	専門家の良識を問う 徐州市の済衆橋が竣工式直前に倒壊した事故につき、専門家が工事に問題はなく、偶発事故だと鑑定した件に関する評論
04-142	07/05/04	7全面1、2	為戰爭受害者出庭的中国女律師	戦争被害者の為に出廷する中国の女性律師 中国の労働者や慰安婦の為に、日本政府及び日本企業を相手に10年にも亘る戦いを繰り広げてきた
04-143	07/07/04	2左下	司法部国家司法考試辦公室公告	司法部国家司法試験弁公室公告 香港・マカオ特別行政区区民の司法試験出願要領
04-144	07/07/04	10全面1	“會見官司”引發律師執業環境的思考	〝接見裁判〟の例より律師の執務環境を考える
04-145	07/07/04	10上右	国内起訴民間対日賠償的可行性	日本への損害賠償訴訟を国内で起訴することの実行可能性
04-146	07/07/04	10中	也談律師地位之高低	律師の地位の高低について
04-147	07/07/04	10全面2	一起医療糾紛的艱難訴訟	ある医療紛争訴訟の奮闘記
04-148	07/07/04	10左中	湖北組織律師観看反腐敗専題片	湖北省司法庁及び省律師協会は、教育のため省内の全律師に「反腐敗」をテーマとした映画を鑑賞させる
04-149	07/07/04	10左中	上海律師以實際行動維護形象	上海の律師、実際の行動で以って良いイメージを保持
04-150	07/07/04	11下	律師事務所廣告	律師事務所の広告
04-151	07/14/04	8下	萬国司考“名師”解讀	万国学校、「名講師」が司法試験を読み解く
04-152	07/14/04	10上	建立高素質律師隊伍的“起跑線”	資質の高い律師組織を形成するためのスタートライン 全国律師組織「集中教育整頓活動」の総括
04-153	07/15/04	10中	律師服務貿易国際化與法律管制	律師の従事する取引の国際化と法律による管制
04-154	07/21/04	10上	了解規則　保護自己——上海律師談企業應対反傾銷問題	規則を知り、己を守る　上海の律師、企業のアンチ・ダンピング対応問題について語る
04-155	07/21/04	10右上	新疆律師時培勇見義勇為受稱讚	新疆ウィグル自治区の律師・時培勇「義を見て勇敢に行う」 少女を3人の強盗から守り賞賛される
04-156	07/21/04	10右中	京港律師渇望進一歩合作	香港の律師、北京の律師とのさらなる協力を望む
04-157	07/22/04	10中	律師業的價値取向趨向商業化	律師業の価値基準に商業化の傾向あり
04-158	07/23/04	1左上	律師有權從事商標代理服務	律師は商標登録代理業務を行う権利がある
04-159	07/24/04	3右上	秦晉律師為貧苦少年討回公道　磚窯窯主領刑3年賠償49萬餘元	陝西、山西の律師が協力して貧困少年の為に正義を取り戻す　レンガ焼き工場工場長は懲役3年、賠償額49万余元

04-160	07/27/04	1上中、2上中	律師業掀起整頓風暴	律師業に「教育整頓活動」の嵐を巻き起こす
04-161	07/28/04	10全面1	如何規範法官與律師關係	法官と律師の関係をどのように規範するか
04-162	07/28/04	10右上	河南焦作架通查詢律師熱線電話	河南省焦作市司法局は、律師相談ホットラインを開通
04-163	07/28/04	10右中	温州医學院請律師做法律顧問	温州医学院は法律顧問に律師を迎えた
04-164	07/28/04	10全面2	北京律協曝光違規律師	北京律師協会、違法律師を公表
04-165	07/28/04	10中	律師地位有多高	律師の地位はどれぐらいのものだろうか
04-166	07/28/04	10中	平衡領導關係是否構成個人行賄	指導関係のバランスを保つことは個人贈賄罪にあたるか
04-167	07/29/04	2左上	北京朝陽法院委託律師代行調查權	北京朝陽法院は律師に代行調査権を委託
04-168	07/29/04	4中	被毆中国女商人誓將官司進行到底　美律師表示將向美移民局索賠500萬	アメリカ移民局の警備員に殴打された中国女性商人は裁判で徹底的に争うと宣言　アメリカの弁護士はアメリカ移民局に500万ドルの損害賠償請求
04-169	08/01/04	1中下	律師應力戒與法官“零距離”	律師は法官との「癒着」を厳しく戒めるべき
04-170	08/05/04	2上	廣東構築律師隊伍管理長效機制	広東省は律師組織の持続的効果のある管理システムを構築
04-171	08/08/04	1右下	新疆律師集中考核職業道德執業紀律	新疆ウィグル自治区の律師2100名が職業道徳執務紀律試験を受験
04-172	08/08/04	2上	不要讓律師戴着“鐐銬”跳舞	律師に「手かせ足かせ」を着けたまま踊らせないで 律師の直面している種々の困難
04-173	08/11/04	10右上	不妨快快樂樂做律師	明るく楽しく律師活動をしてほしい
04-174	08/11/04	10左	青海律師收費有了地方標準	青海省で、律師費用に地方基準
04-175	08/11/04	10左	南京推行房産交易律師代理制	南京市は不動産取引の律師代理制度を推進
04-176	08/18/04	10全面1	反盜版　律師有多大市場空間	海賊版に対抗するため、律師の活躍できる市場空間はどれぐらいあるだろうか
04-177	08/18/04	10左中	律師執業觀到底出了什麼問題	律師の執務観念にはいったいどのような問題があるだろうか
04-178	08/18/04	10中	律師法修改要解決律師的角色定位	律師法の改正では、律師の位置づけの問題を解決することが必要
04-179	08/18/04	10全面2	法律顧問服務蘇州駐軍	法律顧問が蘇州駐軍のために法律教育
04-180	08/18/04	10中	中山律師持“三證”即可會見在押嫌疑人	広東中山市の律師は、三証（「委託書」「律師執業証」「律師が勾留中の被疑者に接見する書簡」）を持っていれば、勾留中の被疑者に接見可能
04-181	08/18/04	10下	律師事務所廣告	律師事務所の広告
04-182	08/23/04	3右中	律師稱：大學生禁租令與法無據	律師の意見：大学生が家を借りることを禁じることは、法律的に何の根拠もない

04-183	08/24/04	1左中	今年司考報名人數近20萬	今年の司法試験の出願者数は20万人近く 香港・マカオは500人超
04-184	08/25/04	2右中	新疆律師業自查自糾問題四千餘條	新疆ウィグル自治区律師業界が、律師自身が起こした問題を調査した結果、4000件余り見つかった
04-185	08/25/04	2右中	廣東首次查處違規司考培訓點	広東で初めて違法司法試験予備校を摘発
04-186	08/25/04	10全面1	"罷免風波" 讓我經歷了一次民主洗禮——深圳市律師協會會長徐建訪談録	「罷免騒ぎ」により民主の洗礼を受けた　深圳市律師協会会長徐建へのインタビュー録
04-187	08/25/04	10全面2	律師事務所廣告	律師事務所の広告
04-188	08/26/04	2左	律師名片應規範	律師の名刺に規範を
04-189	08/26/04	2左	誠信乃律師立身之本	誠実・信用は律師の立身の本である
04-190	08/30/04	4下	律界品牌　恆久益新——廣東恒益律師事務所二十年發展紀實	律師界のブランド　永遠に益々新しい 広東恒益律師事務所20年の発展の記録
04-191	08/30/04	10左上	堅定不移推進律師管理體制改革——訪深圳市司法局副局長石崗	律師管理体制の改革を断固として推進する 深圳市司法局副局長・石崗へのインタビュー
04-192	08/30/04	10右上	河南焦作律師積極參與信訪	河南省焦作市の律師、積極的に「信訪」(投書・陳情制度)の対応に参加
04-193	08/30/04	10右中	黑龍江通報違規律師	黒龍江省律師管理部門は、法律違反を犯した律師を通報
04-194	09/02/04	5左上	上海一律師事務所告贏保險公司	上海の律師事務所、保険会社に勝訴
04-195	09/03/04	2下	充分發揮律師事務所及律師的主體作用——來自江蘇連云港律師隊伍集中教育整頓情況的報告	律師事務所及び律師の主体作用を充分に発揮 江蘇省連雲港からやってきた律師組織「集中教育整頓」状況の報告
04-196	09/09/04	1左中	所有律師都須承辦法援案件	全ての律師が法律援助の案件を引き受けなければならない
04-197	09/10/04	2全面1	司法部關於表彰全国法律援助先進集體和先進個人的決定	司法部の、全国の法律援助について模範的な集団及び模範的な人物(個人)の表彰に関する決定
04-198	09/10/04	2右上	認真抓落實　創新求發展	真摯に実行し、発展を求めて新機軸を打ち出す
04-199	09/10/04	2中	民族地區法律援助事業蓬勃發展	民族地区の法律援助事業の著しい発展
04-200	09/10/04	2全面2	全国法律援助先進集體、個人名單	全国法律援助の模範的な集団及び人物(個人)の名簿
04-201	09/10/04	2中下	法律援助促進社會發展	法律援助は社会発展を促進する
04-202	09/10/04	2中	開創 "海淀特色" 新局面	「海淀特色」の新局面を開拓
04-203	09/10/04	2中	不辱使命　傾心盡責	使命に恥じないよう、専心誠意責任を果たす

04-204	09/11/04	1左中	依法開展集中査處　扎扎實實進行整改	法に依り集中的に調査を行い、着実に整備改革を進める（司法部部長・張福森談）
04-205	09/15/04	4上	律師業対社會承擔着特殊責任——訪澳大利亞律師協會會長斯蒂夫・索斯伍徳先生	弁護士業は社会に対して特殊な責任を負っている　オーストラリア弁護士会会長Steve Southwood氏へのインタビュー
04-206	09/15/04	10左上	中消協有了“御用律師團”	中国消費者協会は「御用律師団」を持つことに
04-207	09/15/04	10右上	找准司考定位	司法試験の正しい位置づけとは
04-208	09/15/04	10左	北京律協開門納諫	北京律師協会は、世間の諫言に門戸を開いた
04-209	09/15/04	10中	律師為何行賄法官	律師が法官に賄賂を送るのは何故
04-210	09/15/04	10中下	週邊環境及經營前景宣傳能否構成商品房買賣合同組成部分	周辺環境や経営見通しの宣伝は、分譲住宅の売買契約の構成部分と成り得るか
04-211	09/16/04	11中	律師職業成就的人生——訪北京市廣住律師事務所主任李剛	律師という職業を成就した人生　北京市広住律師事務所主任・李剛インタビュー
04-212	09/17/04	1左中	司法考試18日開考	司法試験、18日に始まる
04-213	09/19/04	1中	司法考試昨日開考	司法試験、昨日始まる
04-214	09/19/04	1中	關注考試之後	試験後の注目点
04-215	09/19/04	1中	新疆各民族考生順利参考	新疆ウィグル自治区の各民族の受験生、順調に試験に参加
04-216	09/19/04	2上	不走過場力求務實——全国律師隊伍集中教育整頓自査自糾紀實	ごまかさず、努めて実質的な効果を求める　全国律師組織「集中教育整頓活動」による自己調査自己処理の記録
04-217	09/20/04	3右上	司法考試熱度不減　萬眾瞻目情牽一線——2004年国家司法考試北京考區走訪側記	司法試験の熱冷めやらず　万人が注目し気にかけている　2004年国家司法試験北京試験区インタビューレポート
04-218	09/20/04	3右中	中国普法網今日零時公布2004年司法考試試題	中国普法網、本日０時に2004年司法試験試験問題発表
04-219	09/21/04	5上、中 6全面 1、2	2004年 国家司法考試試題(附答案)	2004年 国家司法試験試験問題（解答付）
04-220	09/21/04	7全面 1、2	2004年 国家司法考試試題(附答案)	2004年 国家司法試験試験問題（解答付）
04-221	09/21/04	8全面 1、2	2004年 国家司法考試試題(附答案)	2004年 国家司法試験試験問題（解答付）
04-222	09/21/04	9全面 1、2	2004年 国家司法考試試題(附答案)	2004年 国家司法試験試験問題（解答付）
04-223	09/21/04	10全面 1、2	2004年 国家司法考試試題(附答案)	2004年 国家司法試験試験問題（解答付）
04-224	09/22/04	10左上	従律師到法官——訪陝西省高級人民法院副院長王松敏	律師から法官へ　陝西省高級人民法院副院長・王松敏

04-225	09/22/04	10右上	北京686家律師所即將開展免費律師諮詢活動	北京の686の律師事務所がまもなく無料相談活動を展開
04-226	09/22/04	10左	加拿大律協獨特的營銷術	カナダ弁護士協会の独特なマーケティング技術
04-227	09/22/04	10中	資深律師為何不肯做法官	古参の律師は何故法官になろうとしないのか
04-228	09/22/04	10中	“較真”律師為11.21元話費上公堂	「生真面目」な律師、11.21元の通話費の為に法廷へ
04-229	09/23/04	1左中	中国普法網 司考論壇火爆異常	中国普法網の司法試験論壇、アクセス殺到
04-230	10/08/04	2左下	誠信職業的“領頭雁”——四川鼎立律師事務所主任律師施傑印象	誠実と信用の職業の「雁のリーダー」四川鼎立律師事務所主任律師・施傑氏の印象
04-231	10/13/04	10左中	律師是一面鏡子	律師は一枚の鏡
04-232	10/13/04	10中中	“德衡律師奬學金”設立	「徳衡律師奨学金」設立
04-233	10/13/04	10中中	倫敦刑事法院：辯護律師與公訴人平起平作	ロンドン刑事裁判所：弁護する弁護士と公訴人は対等の関係
04-234	10/14/04	9上	司法改革的現状與前瞻	司法改革の現状と展望
04-235	10/18/04	1左下	全国法律服務一網通投入試運行	全国法律サービス「一網通」システムの試験運行開始
04-236	10/24/04	1右上、2左中	中国律師論壇搭建境内外同行交流平台	「中国律師論壇」、国内外に同業交流の場を設立
04-237	10/24/04	2右上	為領導下基層配律師鼓掌	指導者が基層組織を訪問する時に律師を同行させるとの決定に拍手
04-238	10/27/04	6全面1、2	物權立法中應引入法定公證	物権立法には法定公証を導入すべき
04-239	10/29/04	1右中	110名香港律師成為第五批連續委託公證人	香港の110名の律師が第５陣連続委託公証人に選ばれる
04-240	10/30/04	2左中	中加刑事司法改革與辯護合作項目工作會議舉行	中国・カナダ刑事司法改革及び弁護協力プロジェクト会議を開催
04-241	10/30/04	4右中	平等行使控辯權利是實現司法公正的基礎	公訴側、弁護側の権利を平等に行使することが、司法の公正実現の基礎となる
04-242	11/01/04	7左中	反腐制度應當形成體系	反腐敗制度にはシステム作りが必要
04-243	11/03/04	10全面1	關注律師偽證罪	律師の偽証罪に注目
04-244	11/03/04	10上右	北京律師為奧運貢獻力量	北京の律師、オリンピック貢献の力量
04-245	11/03/04	10右中	62家国際律所入駐上海灘	62の国際弁護士事務所が上海灘に進出
04-246	11/03/04	10中	法律歧視律師的説法有失偏頗	法律が律師を差別しているという考え方は偏っている
04-247	11/03/04	10全面2	江蘇律師業形成多元化格局	江蘇省の律師業界は多元化構造をなしている
04-248	11/03/04	10中	有感於“法”的尷尬	「法」のジレンマを感じること
04-249	11/03/04	10下	律師事務所廣告	律師事務所の広告

04-250	11/05/04	1右下	“全球主要城市律師協會會長會議”在滬召開	世界主要都市弁護士協会会長会議、上海にて開催
04-251	11/10/04	2左上	新疆法律援助事業期待“援助”	新疆ウィグル自治区の法律援助事業は〝援助〟に期待
04-252	11/11/04	1左下	全国律師教育整頓進入查處階段	全国律師「教育整頓活動」は調査処理段階に移行
04-253	11/11/04	2左中	銀川構築法官律師“隔離帶”	銀川は法官と律師の「分離帯」を構築
04-254	11/13/04	2上	前進中的中国司法體制改革	前進中の中国司法体制改革 主席大法官・肖揚の香港城市大学での演説
04-255	11/15/04	1左上	首屆公司律師論壇在張家界舉行	「第１回企業律師フォーラム」が張家界にて開催
04-256	11/16/04	12全面1、2	建立健全教育制度監督並重的懲治和預防腐敗體系——中央紀委監察部理論研討會文章摘登	教育・制度・監督を同様に重んじ、腐敗を処罰或いは予防する健全なシステムを構築する中央紀律検査委員会監察部理論研究討論会の文章摘録
04-257	11/17/04	10上	讓律協真正當家作主——記廣州律師協會行業自治的探索與實踐	律師協会を本当の主人公とする　広州律師協会の自治の探求と実践
04-258	11/17/04	10右中	廣東中山律師成為普法主力軍	広東省中山市の律師、法律普及の主力軍となる
04-259	11/19/04	2左中	全国律協憲法與人權專業委員會成立	全国律師協会、憲法と人権専業委員会を設立
04-260	11/23/04	11左上	為增進律師權利建言獻策	律師の権利を強化するための提言と献策
04-261	11/24/04	10全面1	為在押人員請律師開闢綠色通道	被勾留者のため、「グリーンチャンネル（律師を頼みやすい優先ルート）」を開設すべき
04-262	11/24/04	10全面2	律師職業風險與沉沒成本	律師という職業のリスクと埋没費用
04-263	11/24/04	10下	律師事務所廣告	律師事務所の広告
04-264	12/01/04	10左上	探究律師與律師所關係	律師と律師事務所の関係を探求する
04-265	12/01/04	10右中	世界19城市律師會長歡迎外国律師執業	世界19都市の弁護士会長が外国人弁護士の開業を歓迎
04-266	12/01/04	10右中	宜昌律師抓住關鍵問題搞整頓	湖北宜昌市は、律師「集中教育整頓活動」の自己調査自己処理段階において、ポイントの問題の整理を行った
04-267	12/02/04	1右下	司法部国家司法考試辦公室公告	司法部国家司法試験弁公室公告
04-268	12/06/04	3全面1	2004年度法制新聞人物(候選)簡介	2004年度法制ニュースの重要人物（候補者）の紹介
04-269	12/06/04	3全面2	2004年度十大法制新聞(候選)簡介	2004年度10大法制ニュース（候補）の簡単な紹介
04-270	12/09/04	11左中	律師協會的行業管理	律師協会の業界管理

04-271	12/11/04	1左下	全国律師黨建工作座談會在京召開	全国律師党建設工作座談会が北京にて開催
04-272	12/14/04	1左上	内地與香港進一歩加強法律服務合作	大陸と香港、法律業務での協力をさらに強化
04-273	12/15/04	10全面1	上海“一元律師”計劃擱淺	上海「一元律師」計画が座礁
04-274	12/15/04	10上右	也談律師執業觀	律師の執務観念について
04-275	12/15/04	10中	金平律師所設立助學金慶生日	金平律師事務所が助学金を設立し、10周年の誕生日を祝う
04-276	12/15/04	10全面2	中国首個律協紀念郵票發行；案件輸贏與律師的綜合文化素質；北京一律師工作不盡職遭29人投訴	「中国初めて律師協会の記念切手を発行」「案件の勝ち負けと律師の総合文化資質」「北京の一律師、職責が果たせず29人からクレーム」
04-277	12/16/04	3右中	遺囑見證不完善律師事務所被判擔責	遺言状の証拠不十分で、律師事務所はその責任を負うよう判決
04-278	12/18/04	4上	中国律師豈能“袖手旁觀”	ASEAN自由貿易区という新市場を前に、中国の律師は「ただ手をこまねいて見ている」ことなどできない
04-279	12/18/04	4左中	區域經済一體化與法律服務的開放	区域経済の一体化と法律サービスの開放
04-280	12/20/04	7全面1、2	怪人周密徳：從法盲到職業訴訟代理人	怪人、周密徳：「文盲」「法盲」から職業訴訟代理人になった凄い人
04-281	12/22/04	10全面1	揭秘“魔鬼所”——廣東天倫律師事務所主任邱代倫的另類用人觀	〝お化け事務所〟の秘密を暴く　広東天倫律師事務所主任邱代倫の独自の雇用観
04-282	12/22/04	10中	客戸用脚給律師投票	顧客は自分の足で律師に投票する（気に入らなければ律師を変える）
04-283	12/22/04	10全面2	30%風險代理律師費該不該退	30%のリスク代理律師費用は返還するべきか否か 裁判には勝ったが、一部費用を返還するよう訴えられた。
04-284	12/22/04	10中	深港穗三地女律師為解決家庭暴力開“藥方”	深圳・香港・広州の女性律師、家庭内暴力解決のための「処方箋」を出す
04-285	12/23/04	3右上	律師何以賠了800萬	律師は何故800万元賠償しなければならないのか 法律顧問の会社の損害を賠償
04-286	12/24/04	8全面1、2	孫武勝：農民工“討薪代言人”	孫武勝：農民工は「未払い賃金返還要求のスポークスマン」 多くの未払い問題を解決に導いた農民工

記事番号	掲載日	掲載面・位置	見出し（中国語）	内容要約
05-1	01/01/05	3右中	沈陽司法行政系統開展向優秀律師金錫盛學習活動	瀋陽司法行政系統部門、「優秀律師金錫盛に学ぶ」活動を展開

05-2	01/03/05	5全面1、2	2004：中国法治記録	2004年　中国法治記録
05-3	01/03/05	6全面1、2	2004：熱點案件掃描	2004年　注目案件の検証
05-4	01/03/05	7全面1	2004：求真務實　制度反腐	2004年　真実の追究と実務の遂行　反腐敗の制度の構築
05-5	01/03/05	7全面2	2004中国廉政新聞	2004年　中国清廉政治ニュース
05-6	01/04/05	2左中	南京十人律師團免費為民工討薪	南京律師団10名、無料で農民工の未払賃金の請求活動を
05-7	01/05/05	10上左	聚焦驅逐律師現象	律師駆逐現象（律師退廷命令現象）を追う
05-8	01/05/05	10上右	甘肅省政府將補帖法援律師	甘粛省政府、律師の法律援助業務の費用補塡を実施
05-9	01/05/05	10左下	讓更多的當事人有律師協助訴訟	より多くの当事者に律師の訴訟援助を
05-10	01/05/05	10中	敗訴方報銷律師費　浙江判了第一例	敗訴側が律師費用を負担　浙江省で初の判決 通常の民事訴訟で「勝訴側の律師費用も敗訴側が負担する」とした初の判決
05-11	01/06/05	11左中	專業化是律師業的必然選擇——北京律師關於專業化發展的探索與實踐	専門分野化は律師業の必然的選択である　北京律師の専門分野化の発展に関する探求と実践
05-12	01/07/05	2左下	包頭律師隊伍集中教育整頓紮實有效	包頭市（内蒙古）の律師組織、「集中教育整頓活動」で着実な成果
05-13	01/08/05	3左上	律師會見權豈能如此限制	律師の会見権（接見交通権）、このような制限は許されるのか
05-14	01/13/05	11左上	學界英才　師之楷模——記清華大學法學院教授王保樹	学会の英才、教師の模範　清華大学法学院教授・王保樹
05-15	01/13/05	11左中	以專業化構建核心競爭力	専門分野化によって核心的競争力を構築
05-16	01/19/05	1右上	全国律師隊伍教育整頓活動不走過場　719名律師和213家律師所違法違紀受到懲處	全国律師組織の「教育整頓活動」はその場しのぎではない 719名の律師と213の律師事務所が法律･紀律違反で処分
05-17	01/19/05	1右中	建立健全律師隊伍建設的長效機制	健全なる律師組織建設のための長期的有効メカニズムの建設
05-18	01/19/05	2全面1	結合實際開展工作　多種方式提升素質——律師隊伍教育整頓先進單位經驗集萃	実際の状況と結びつけて業務を遂行　様々な方法で質を向上　律師組織「教育整頓活動」の先進的組織の経験から
05-19	01/19/05	2全面2	律師教育整頓：說，還是不說?——兼談“我們作律師為了什麼”	律師「教育整頓活動」、言うべきか否か？　そして、「我々は何のために律師をやっているのか」
05-20	01/19/05	7下	中国律師首選工作用車公眾調查	公開アンケート調査「中国律師が業務で使う車のファーストチョイス」
05-21	01/19/05	10全面1	律師被打　凸顯執業風險	律師が殴打される事件　職務上の危険が明らかに

05-22	01/19/05	10上右	律師在場権有望寫入刑訴法	刑事訴訟法に律師の在場権（取調べ立会い権）の記載を望む
05-23	01/19/05	10上右	安徽"緑色通道"為民工討薪340萬元	安徽省のグリーンチャンネル（優先ルート）農民工の未払賃金340万元を回収
05-24	01/19/05	10全面2	律師不宜擔任兼職仲裁員	律師は兼職仲裁員を務めるべきではない
05-25	01/19/05	10中中	集人大代表與博士與一身的女律師	人民代表大会代表、そして博士でもある女性律師
05-26	01/19/05	10下	律師事務所廣告	律師事務所の広告
05-27	01/20/05	1左下	促進律師業健康發展	律師業の健全な発展の促進
05-28	01/20/05	1中	合伙律師事務所規範建設年活動啓動	「合伙律師事務所(共同経営律師事務所)規範建設年」活動が始動
05-29	01/20/05	11中	北京老律師暢談律師情結	北京の老律師、律師観念を語る
05-30	01/21/05	1中	我国律師行業將全面推行執業責任保険	我国の律師業、「執業責任保険(律師賠償責任保険)」の全面普及へ
05-31	01/24/05	7中	從升官大閲兵到罷官被判刑	大閲兵式を行う高官から、免官され刑罰を受けるまで
05-32	01/25/05	2左下	北京兩律師所主任受到行政處罰	北京の２つの律師事務所主任に行政処罰
05-33	01/26/05	2左中	湖北1500名律師當上政府法律顧問	湖北省　律師1500名が政府の法律顧問に
05-34	01/26/05	10上左	800萬賠償讓律師戴上"緊箍咒"	800万元の賠償、律師の「緊箍児(孫悟空の金輪)」に 律師の過失による損失800万元を依頼者に賠償するよう命じた判決について
05-35	01/26/05	10上右	上海律師人大代表議案進入立法程序	上海の律師人民代表大会代表提出の議案、立法手続に入る
05-36	01/26/05	10中左	法院開闢民告官"緑色通道"好	法院による「民告官（民衆による行政訴訟)」のグリーンチャンネル（優先ルート）開設は素晴らしい 民告官：民衆が役人を訴える/民衆が訴える行政訴訟
05-37	01/26/05	10中中	北京律師教育整頓中有二十五家律師所受處分	北京の律師「教育整頓活動」で25の律師事務所に処分
05-38	01/27/05	11中	當年我們為什麼做律師	あの時、我々が律師になろうと思ったのは何故か
05-39	02/03/05	11中	律師發展史上濃墨重彩的一章	律師の発展の歴史における色鮮やかな一章
05-40	02/16/05	6上左	律師職業存在七大不平衡	律師職に存在する７つの不均衡
05-41	02/16/05	6右	律師能力該如何判斷	律師の能力を如何に判断すべきか
05-42	02/16/05	6中	訴訟策略贏得租賃之訴	訴訟戦略で賃料訴訟に勝訴
05-43	02/16/05	6中	内地與香港律師應拓展"混合式"法律服務	本土と香港地区の律師は〝混合式〟の法律サービスを開拓すべき

05-44	02/16/05	6左中	湖北首評AAA信用律師和合律所	湖北省　律師、律師事務所に初の信用度AAAランクの評定
05-45	02/16/05	6左中	北京律協徵集社區諮詢熱線服務	北京市律師協会、地域住民自治組織（社区）の法律ホットラインの律師を募集
05-46	02/17/05	7中	北京律師：未來十大發展趨勢	北京の律師、将来の10大発展趨勢
05-47	02/23/05	10上左	資深律師緣何不熱衷當法官	熟練律師が法官就任に熱意がないのは何故か
05-48	02/24/05	10上右	律師權責在兩法修訂中要合理分布	律師の権利・責任、二法（刑事訴訟法、律師法）の修正で合理的に分布されるべき
05-49	02/23/05	10中	執法者不能威嚴有餘而仁善不足	法の執行者は威厳の過多や思いやり不足であってはならない
05-50	02/23/05	10中	中国律師需要構建獨特的文化	中国の律師は独自の文化を構築する必要がある
05-51	02/23/05	10中	司法部新規：要當律師先考“品行”	司法部の新規定、律師になるにはまず「品行」のチェックを
05-52	03/02/05	10上左	北京律協為當事人作後盾	北京市律師協会、当事者の後ろ盾に 律師に対する律師会の監督、懲罰機能
05-53	03/02/05	10上右	農村選舉不可忽視律師的作用	農村部での選挙、軽視できない律師の存在
05-54	03/02/05	10上中	行政訴訟的門檻為何高	行政訴訟の敷居は何故に高いのか
05-55	03/02/05	10中左	中国律師加盟国際律師所	中国人律師が国際的法律事務所に加盟
05-56	03/02/05	10中左	武漢律師坐鎮高等院校	武漢で大学に律師を配備 大学内に法律相談室を開設
05-57	03/02/05	10中中	珠江律師違規執業受處罰	珠江市（広東省）の律師を業務上の規定違反で処罰
05-58	03/02/05	10中中	京城低價律師受歡迎	北京、低価格律師が人気
05-59	03/09/05	10上左	律師介入消費維權空間廣闊	律師の消費権利保護への介入、大きな発展の余地
05-60	03/09/05	10上右	福建全面清理不規範律師所	福建省、規定違反の律師事務所を全面的に処分
05-61	03/09/05	10上右	中国律師所首次在日設分支機構	中国の律師事務所、日本に初の分支機構（支店・事務所）を
05-62	03/09/05	10中左	法律挑錯的主力軍	法律のミスを指摘する主力軍 法律の矛盾、抵触を指摘する主力軍は律師
05-63	03/09/05	10中中	上海律師創陪購房屋新模式	上海の律師、家屋購入に伴う新モデルの業務を開始
05-64	03/09/05	10中下	我被當事人辭退過	当事者に解任された経験
05-65	03/15/05	2右下	律政司法考試班招生	広告（司法試験予備校の受講生募集）
05-66	03/16/05	10上	參政議政　不負重托——律師代表委員關注社會民生問題	参政・議政　重大な使命に背かず　律師代表委員が注目する社会民生問題
05-67	03/16/05	10上右	黑龍江成立首家教育律師所	黒龍江省、初となる教育分野専門の律師事務所を設立

05-68	03/16/05	10中左	法官，找准你的位置	法官、自分の立場を見定めよ 提訴を希望する被害者農民に対し、「電話をすればすぐに駆けつける」と連絡先を渡した法官の対応について
05-69	03/16/05	10中	CEPA吸引香港律師在京建辦事處	CEPA(経済貿易緊密化協定)が香港律師の北京事務所開設を呼び込む
05-70	03/16/05	10中下	律師仍需登高望遠	律師は、更に高みに登り遠くを眺望することが求められる
05-71	03/21/05	3右上	俄国律師協助事件調査中国鞋商在俄正常經營	ロシアの弁護士が事件の調査に協力　中国の靴業者はロシアで通常通りに営業
05-72	03/23/05	10上	關注“律師在場權”	注目 「律師の在場権（取調べ立会い権)」
05-73	03/23/05	10右中	中山市公職律師所向農村拓展業務	中山市(広東省)の公職律師事務所、農村に向けて業務を開拓
05-74	03/23/05	10右下	上海律師走進大牆普法	上海の律師、塀の中(刑務所)で法律の普及活動を
05-75	03/23/05	10下左	也談法官年軽化	法官の若年化についても
05-76	03/23/05	10下中	北京市民有了免費律師	北京市民に無料律師が 毎週土曜、無料の法律相談電話を開設
05-77	03/27/05	1中	北京市召開第七次律師代表大會	北京市で第７回律師代表大会を召集
05-78	03/28/05	1左下 2右下	河北：踐行科學發展觀　規範国企改革運行(164家律師所介入国企改革改制工作)	河北省：科学発展観を実行、国有企業改革規範の運用を規範 (164の律師事務所が国有企業改革改正業務に介入し、律師が国有企業改革の法律始動を強化する業務メカニズムを形成)
05-79	03/30/05	10上	律師為賠償法建言	律師、賠償法のための建議
05-80	03/30/05	10上右	韓国律師為12名中国工人討回公道	韓国人弁護士、12名の中国人労働者のために公平待遇を請求
05-81	03/31/05	10中左	律師到政府兼職不妥	律師が政府機関で兼職するのは不適切
05-82	03/31/05	10中中	中山市組建律師志願隊	中山市律師ボランティア・チームを組織
05-83	03/31/05	10中下	法院之内動拳脚律師妨礙公務被拘	法院内で暴力行為　律師が公務妨害で逮捕
05-84	03/31/05	2左上	律師需要安全執業環境	律師には安全な業務環境が必要
05-85	04/04/05	1左上	安徽：司法行政官員退出律師協會領導集體	安徽省：司法行政の役人、律師協会の指導者集団から脱退
05-86	04/04/05	2右下	律政司法考試班招生	広告（司法試験予備校の受講生募集)
05-87	04/05/05	8下	北京律政05司法考試形勢分析——從2004特點與規律看2005司考動態(上)	北京律政05司法試験の形勢分析　2004年の特徴と法則から2005年の司法動向を見る(上)
05-88	04/06/05	10上	北京律師應凝練行業文化	北京の律師は業界文化を洗練すべき

05-89	04/06/05	10上左	"新上海人" 呂紅兵——上海律協新會長素描	〝新上海人〟・呂紅兵　上海律師協会・新会長とは
05-90	04/06/05	10上右	廣東清除違規律師不手軟	広東省、規律違反律師排除の手を緩めない
05-91	04/06/05	10中	渉外民事案件訴訟的代理設計	渉外民事事件訴訟の代理設計 実務に向けたケーススタディ
05-92	04/06/05	10中左	律師業務新嘗試擔當徵婚法律顧問	律師業務の新しい試み　結婚相手募集の法律顧問を引き受ける
05-93	04/07/05	2左中	律政司法考試班招生	広告（司法試験予備校の受講生募集）
05-94	04/07/05	5下	談如何克服司考備戰中的惰性心理??側記指南針?——司法考試培訓思路	司法試験受験勉強中の惰性心理をどう克服するか?　司法試験準備構想
05-95	04/08/05	2中中	律師違規會見將受停業處罰	律師、接見の規定違反で停職処分に
05-96	04/09/05	1右上	中国法律援助基金會傾情貧困地區	中国の法律援助基金会、貧困地区に力を注ぐ
05-97	04/12/05	2下	人民法院出版社　北京萬国學校精心打造国家司法考試專題講座系列	広告　人民法院出版社、北京万国学校が総力製作　国家司法試験専門講座シリーズ（参考書）
05-98	04/12/05	3左中、左下、右下	中華全国律師函授中心司考培訓／北京萬国司法考試班招生／北京海天學校司法考試培訓	広告　中華全国律師通信教育センター司法試験予備校／北京万国司法試験予備校／北京海天学校司法試験予備校　受講生募集
05-99	04/13/05	10上左	律師民事代理觸犯幫助偽造證據罪	律師の民事代理業務が証拠偽造幇助罪に触れる
05-100	04/13/05	10上右	漫話律師事務所所訓	雑話　律師事務所所訓
05-101	04/13/05	10中中	週邊環境宣傳能否構成商品房買賣合同組成部分	周辺環境の宣伝は商品物件(建築物)の売買契約の構成部分となるか否か
05-102	04/19/05	8下	北京律政05司法考試形勢分析——從2004特點與規律看2005司考動態(下)	北京律政05司法試験の形勢分析　2004年の特徴と法則から2005年の司法動向を見る(下)
05-103	04/20/05	10全面1	噩夢醒來是早晨——鄧偉平、劉殿葵勇闖"麥科特欺詐發行股票案"之艱難刑辯路	悪夢から覚めたのは早朝　鄧偉平律師と劉殿葵律師、困難な「Maiket株券発行詐欺事件」の刑事弁護の道に飛び込む
05-104	04/20/05	10全面2	法官與律師正常交往不必大驚小怪	法官と律師の正常な交際は、大袈裟に騒ぎ立てるには及ばない
05-105	04/20/05	10右中	瑞生国際律師事務所進駐上海	Latham & Watloms法律事務所が上海進出
05-106	04/21/05	8下	北京三校名師　司法考試——2005年司考大綱(民法)之新變化上	北京の３校の名講師　司法試験　2005年司法試験大綱(民法)の新たな変化(上)
05-107	04/26/05	8下	北京三校名師　司法考試——2005年司考大綱(国立、国私、国經)之新變化中	北京の３校の名講師　司法試験　2005年司法試験大綱(国際公法、国際私法、国際経済法)の新たな変化(中)

05-108	04/27/05	10上	廣東律師團為“民告官”第一案申訴	広東省の弁護団、中国初の「民告官（行政訴訟）」事件で不服申立
05-109	04/27/05	10右	法律顧問不應惟命是従	法律顧問はクライアントに盲従すべきではない
05-110	04/27/05	10中	魏律師如何擺脱刑事代理的陷阱	魏律師、刑事事件代理の罠から如何に脱却するのか 刑事附帯民事訴訟で被害者に7万元の賠償を命じられた律師
05-111	04/27/05	10左中	中山市首屆律師電視辯論開鑼	中山市（広東省）、第1回律師テレビ弁論大会が開幕
05-112	04/27/05	10左中	寧夏3家律師所9律師被查處	寧夏、3つの律師事務所と9人の律師に取調べ
05-113	04/28/05	11左中	2005年国家司法考試大綱新變化	2005年　国家司法試験大綱の新たな変化
05-114	05/10/05	8下	北京三校名師　司法考試——2005年司考大綱（經済法、商法）之新變化下	北京の3校の名講師　司法試験　2005年司法試験大綱（経済法、商法）の新たな変化（下）
05-115	05/11/05	3左中	律師丟失債權憑證律師所承擔賠償責任	律師が債権証書を紛失、律師事務所が賠償責任を負担
05-116	05/12/05	3左下	律師：侵犯了遊客肖像權	「旅行者の肖像権を侵害」と律師 観光地で勝手に旅行者の写真を撮影して売りつける行為は肖像権の侵害にあたるかどうかというケースについて
05-117	05/12/05	8下	北京律政2005年司法考試——新大綱民商法、經済法的考點範圍解析	北京律政　2005司法試験 新大綱　民商法、経済法の配点範囲の分析
05-118	05/15/05	2左中	上海開展律師事務所規範建設活動	上海市、律師事務所の規範建設活動を展開
05-119	05/17/05	11全面1、2	中国司法：25年革故鼎新	中国司法、25年の「革故鼎新（古いものを取り除き新しいものを打ち建てる）」
05-120	05/19/05	9全面	我們需要怎樣的律師	我々はどんな律師を必要としているのか
05-121	05/19/05	11上	“新中国第一大律師”張思之	新中国で最も偉大な律師、張思之
05-122	05/19/05	11右	律師是否應該為壞人辯護	律師は悪人のために弁護すべきか否か
05-123	05/19/05	11中	“律師不是一個受歡迎的職業”——美国法學家邁克爾・阿西莫夫專訪	「律師は人々に歓迎される職業ではない」　米国法学者Michael Asimowインタビュー
05-124	05/19/05	11下	律師事務所廣告	律師事務所の広告
05-125	05/21/05	2中	北京首例律師状告律協案被駁回	北京、律師が律師協会を訴えた初の案件は却下
05-126	05/22/05	1上、2右下	依法促進律師事業發展——訪全国人大常委會副委員長、律師法執法檢查組組長顧秀蓮	法に依り律師事業の発展を促進　全国人民代表大会常務委員会副委員長、律師法執法検査組組長・顧秀蓮

05-127	05/22/05	3中	“見證” 訊問：啓動並等待加速(上)——一項可能有效杜絶刑訊逼供的制度嘗試	訊問の「検証」：発動し、加速を待つ(上) 拷問での自白強要の防止に有効であろう一つの制度の試み
05-128	05/24/05	3上	“見證” 訊問：啓動並等待加速(下)——一項可能有效杜絶刑訊逼供的制度嘗試	訊問の「検証」：発動し、加速を待つ(下) (同上)
05-129	05/25/05	1中中	今年司考９月17、18日舉行	本年度の司法試験、９月17日、18日に実施
05-130	05/25/05	4全面1、2	司法考試培訓班招生簡章	広告　司法試験受験予備校受講生募集要項
05-131	05/25/05	10全面1	檢察官與律師天生是冤家?	検察官と律師は生来の敵同士なのか？
05-132	05/25/05	10全面2	法官與律師：迎合還是互動	法官と律師：迎合なのか連携なのか
05-133	05/25/05	11全面1	司考培訓班競爭激烈如何擇班請您細酌	司法試験受験予備校の競争は激烈　選び方のコツをあなたにアドバイス
05-134	05/25/05	11上左	法官編制增加司考再成熱點	法官の定員増加で司法試験が再び注目を浴びる
05-135	05/25/05	11上左	北京法官三年之内未通過司考將被解聘	北京の法官、３年以内に司法試験に合格しなければ解任
05-136	05/25/05	11全面2	2005年国家司法考試題型的變化	2005年　国家司法試験の出題形式の変化
05-137	05/26/05	9全面1	銀行憑什麽指定按揭律師	銀行は何を根拠に〝不動産ローン律師〟を指定するのか 不動産購入のローンを組む際に銀行側が律師を指定し、律師は銀行のための手続をする。しかし、その費用は借入れをする客側が支払う、という問題について
05-138	05/26/05	9右	也説律師業務全球化	律師業務のグローバル化についても
05-139	05/26/05	9下	辦案手記：有限責任公司二人股東相互轉讓全部股權的協議無效	案件メモ：有限責任公司の2人の株主が相互に全ての株主の権利を議渡するという取り決めは無効
05-140	05/26/05	11左	漫話律師的品味	雑話　律師の品格
05-141	05/26/05	11中	標準化：開中国律師未來的鑰匙	規格化：中国の律師の未来を開く鍵
05-142	05/26/05	11中	好律師要厚德載物理致人和	良い律師は、職務に誠実(厚徳載物)で人の和を取り持つ(理致人和)
05-143	05/26/05	11下	律師事務所廣告	律師事務所の広告
05-144	05/31/05	2右中	在推進執法公開上下功夫	法の執行の公開を進める
05-145	06/01/05	1左中	司法考試網上預報名今零時開始	司法試験のWEB出願、本日０時にスタート
05-146	06/01/05	2上	2005中国律師業發展政策報告發佈	司法部、「2005年中国律師業発展政策報告」を発表
05-147	06/01/05	2上	2005中国公證業發展政策報告發佈	司法部、「2005年中国公証業発展政策報告」を発表

05-148	06/01/05	3上	律師呼籲：取消“律師偽證罪”	律師が呼びかけ：「律師偽証罪」の廃止を 刑事訴訟法第306条、律師偽証罪について
05-149	06/01/05	10上	律師話語權與司法權威構建	律師の発言権と司法権威の構築
05-150	06/01/05	11上	司法考試通過率僅一成門檻高低各方觀點迥異	司法試験の合格率は１割、敷居の高さについての観点は様々
05-151	06/02/05	9全面1	“第一時間后”的律師幫助	「最初の肝心な時間の後」での律師の助け 犯罪の被疑者は捜査機関の最初の訊問の後、または強制措置が採られた後でなければ律師を頼めない（「刑事訴訟法、律師法、刑事訴訟の実施における若干の問題に関する規定」(1998年)に規定)
05-152	06/02/05	9右	中国律師困惑	律師の戸惑い 2004年末で中国の律師人口は11万人以上、米国に次ぐ律師大国。だが、律師を取り巻く環境は決して理想的とはいえない
05-153	06/02/05	9上左	第六次全国律師代表大會將召開	第６回全国律師代表大会を召集
05-154	06/02/05	9下	辦案手記：対外擔保合同無效, 擔保人如何承擔民事責任	案件メモ：対外担保契約の無効、担保人はどのようにして民事責任を負うのか
05-155	06/02/05	11上左	漫話同業互助	雑話　同業者の助け合い
05-156	06/02/05	11上中	岳成和他的律師児女門	岳成と律師である彼の子女達 岳成は「第１回全国最優秀律師10人」の１人。４人の子供達も全て律師
05-157	06/02/05	11右	律師事務所網站的定位	律師事務所の事務所ホームページの在り方
05-158	06/02/05	11中	一名實習律師的心里話	ある修習律師の本音
05-159	06/02/05	11下	律師事務所廣告	律師事務所の広告
05-160	06/03/05	2左上	張海森(司法部部長)為海爾集團公司律師部掲牌	張福森(司法部部長)、Haierグループの企業律師部の設立式にて
05-161	06/06/05	1中中	港澳居民司考報名：7月5日至20日	香港·マカオ市民の司法試験出願、７月５日から20日まで
05-162	06/06/05	2上	司法部国家司法考試辦公室公告	司法部国家司法試験事務局公告
05-163	06/08/05	11上	法學畢業生就業遭遇制度瓶頸	法学部卒業生が就職で遭遇する制度のネック
05-164	06/08/05	11右	摒西學束縛開拓創新之路——陳瑞華教授新作《程序性制裁理論》評介	(書評)　洋学の束縛を捨て新機軸の道を開拓する　書評：陳瑞華教授の新作『程度性制裁理論』
05-165	06/08/05	11中	目標：法學教育與司法考試対接——中国第一所司法考試學院探秘	目標：法学教育と司法試験とのリンク　中国初の司法試験学院の探求
05-166	06/09/05	4上	北京律師状告華北高速案開審	北京の律師が華北高速道路会社を訴えた事件の審理開始 北京の律師が渋滞した高速道路で取られた高速料金の一部返還を求めた事件

05-167	06/09/05	9上	司法鑑定改革將推動律師執業	司法鑑定の改革は律師の業務を促進 「全人代常務委員会の司法鑑定管理問題に関する決定」、2005年10月１日に施行
05-168	06/09/05	9右	律師法應由義務型上升為權利型	律師法、義務型から権利型に発展すべき 律師法修正案の提出を踏まえて
05-169	06/09/05	9中	新疆司法廳為一律師召開聴證會	新彊ウイグル自治区司法庁、律師の為に公聴会を開く 律師資格取消等の処分決定を不服とした律師(法官への贈賄を教唆)が公聴会を要求
05-170	06/09/05	9下	辦案手記：學生參加學校組織的體育比賽受到傷害，應如何分担責任	案件メモ：学校のスポーツ大会に参加した学生が負傷した際、その責任はどう分担するか
05-171	06/09/05	10上	錯案中律師的責任	冤罪事件における律師の責任
05-172	06/15/05	1全面1	第六次全国律師代表大會在京舉行	第６回全国律師代表大会、北京で開催
05-173	06/15/05	1右	周永康在第六次全国律師代表大會上的講話	第６回全国律師代表大会における周永康(中共中央政治局委員、中央書記所書記、国務委員)の談話
05-174	06/15/05	1左中	107名“全国優秀律師”115家“全国優秀律師事務所”評出	107名の「全国優秀律師」、115の「全国優秀事務所」の選出
05-175	06/15/05	1左中	北京律師過萬人收入超50億元	北京市の律師人口は１万人を超え、収入は50億元以上に
05-176	06/15/05	3上	祝銘山談目前律師執業環境	祝銘山(全人大常務委員会委員、全人大内務司法委員会副主任委員)、現在の律師の業務環境を語る
05-177	06/16/05	9上右	律師協會環節之年呈現五大亮點	律師協会改選の年、注目の５大項目
05-178	06/16/05	9上左	全国24個地方律協執業律師作會長	全国24の地方律師協会、実務家律師が会長を務める
05-179	06/16/05	9下	辦案手記：尚未繳納投資的合作方簽訂的股權轉讓協議有效	案件メモ：まだ投資をしていない提携先が締結した株主権利譲渡の取り決めは有効
05-180	06/16/05	10上中	律師不能輸給自己	律師は自分に負けてはならない ネットカフェ放火殺人事件(25人死亡、14人受傷)の放火犯の弁護人を務めた律師の記録
05-181	06/16/05	10右	公職律師也應辦理法律援助案	公職律師も法律援助による案件を担当すべき
05-182	06/16/05	10左	打造律師三種業務能力	律師の３つの業務能力を構築する
05-183	06/15/05	10中	律師為什麽躲避刑辯	なぜ律師は刑事弁護を避けるのか
05-184	06/16/05	11全面1	推動律師行業發展　樹立律師良好形象――中国律師專刊懇談會側記	律師業界の発展を推進し、律師の優れた律師像を樹立する　中国律師特集、懇談会レポート

05-185	06/16/05	11全面2	中国律師業的困惑與焦慮	中国の律師業の困惑と苛立ち
05-186	06/16/05	11下	律師事務所廣告	律師事務所の広告
05-187	06/17/05	1上	第六次全国律師代表大會閉幕	第6回全国律師代表大会開幕
05-188	06/17/05	1右下	為律師行業盡責	律師業界の為に精一杯職責を果たす 全国律師協会新会長の就任談話
05-189	06/23/05	9全面1	職業律師是走“鋼絲”的群體	律師は〝綱渡り〟の職業
05-190	06/23/05	9右	新疆四名律師違規受罰	新疆ウイグル自治区の律師4名、規定違反で処罰 法官への贈賄、等
05-191	06/23/05	9下	辦案手記：企業改制前的債務如何承擔	案件メモ：企業の制度改変前の債務はどう負担するのか
05-192	06/23/05	10全面1	律師會見室“藩籬”何時拆	律師接見室の「垣根(仕切り)」はいつ取り払われるのか 律師代表大会に提出された、「公安部に『看守所建築設計規範』の改正、接見室の隔離格子撤廃を要求」の建議案
05-193	06/23/05	10左	資本運作中的律師盡職調査	資本運用における律師尽職(職責を果たす)調査 『律師法律意見書和律師工作報告』第5条
05-194	06/23/05	10右	約定“書面通知”履行時走様亦是違約	書面通知を約束し、履行時に形を変えるというのは、これも契約違反である
05-195	06/23/05	10中	我為岳兔元作無罪辯護	私は岳兎元の為に無罪弁護をする 岳兎元は余祥林(冤罪事件被害者として有名)と同じく殺人で有罪になった後、死者が生きていることが発見された
05-196	06/23/05	11全面1	模式之變——律師事務所成長的一種探索	形態の変化　律師事務所の成長に向けての探求
05-197	06/23/05	11下	律師事務所廣告	律師事務所の広告
05-198	06/30/05	9上中	網絡律師難尋覓	インターネット関連の事件に詳しい律師、見つけるのは困難
05-199	06/30/05	9右	律師的職業精神是什麽	律師の職業意識とは何か
05-200	06/30/05	9左上	第五屆律師論壇將在天津舉行	「第5回律師フォーラム」が天津で開催
05-201	06/30/05	9左上	北京市律協公布違規違紀黑榜	北京市律師協会、規定･紀律違反のブラックリストを公表 律師協会の処分を受けた律師、律師事務所を公表
05-202	06/30/05	9中	熱點　熱情　熱烈——北京律協專業委員會選舉側記	注目、意欲、活発　北京市律師協会選挙リポート
05-203	06/30/05	9下	辦案手記：股東會決議違反法律規定，決議無效	案件メモ：株主総会の法律規定に違反する議決は無効

05-204	06/30/05	11全面1	服務今天　服務未來——訪上海市律師協會會長呂紅兵	律師業務の今日と将来　上海市律師協会会長·呂紅兵インタビュー
05-205	06/30/05	11左	庭審活動中的民主風格	法廷審理の民主的スタイル
05-206	06/30/05	11中	窮律師VS富律師——試揭中国律師的成長之謎	貧乏律師VS金持ち律師　中国律師成長の謎に迫る
05-207	06/30/05	11下	律師事務所廣告	律師事務所の広告
05-208	07/07/05	9上	律師評説校規與法律	律師が評論する「校則と法律」
05-209	07/07/05	9右上	第七届民商法實務論壇舉行	「第７回　中国民商法実務フォーラム」が開催
05-210	07/07/05	9左上	愛德律師所駐蒙古代表處獲批准	愛特律師事務所、駐モンゴル事務所の設立許可
05-211	07/07/05	9中	律師熱議物權法熱點	律師が活発に議論、物権法の注目点 物権法草案の修正意見
05-212	07/07/05	9左	河南一律師取證遭毆事件被查處	河南省、証拠収集中の律師が殴打された事件に捜査 違法採鉱の訴えを受けた律師が現場写真撮影中に関係者に殴打された事件
05-213	07/07/05	9下	辦案手記：股東大會回購職工股份決議未履行法定程序的無效	案件メモ：株主総会の従業員持株買戻しの決議、法廷手続を履行していなければ無効
05-214	07/07/05	10中	拆除“藩籬”律協會長有建言——面対“藩籬”相關人士談看法	「垣根（接見室の仕切り）」撤廃に律師協会会長が建言 「垣根」に直面する各方面関係者が見解を語る ６月23日の記事に関連して
05-215	07/07/05	10左	如何建立律師客戸回訪制度	如何にして律師の顧客満足調査制度を樹立するか
05-216	07/07/05	10右	由律師被驅逐出法庭想到的......	律師法廷駆逐(退廷命令)事件から考えること １月５日の記事に関連して
05-217	07/07/05	11中上	江西律協會長方世揚談中部地區律師發展——抱著石頭過河	石を抱えて川を渡る　江西省律師協会会長·方世揚、中部地区の律師界の発展を語る
05-218	07/07/05	11右	律師實習基地初探	律師修習基地制度の初歩的研究
05-219	07/07/05	11右	律師CEO	律師CEO
05-220	07/07/05	11中	應聘律師行十招——律所主任招聘有感	律師業界、求人応募の10ヶ条
05-221	07/07/05	11下	律師事務所廣告	律師事務所の広告
05-222	07/14/05	9全面1	會見朱久虎律師竟然如此難	朱久虎律師への接見、想像以上の困難 朱久虎：北京市の律師事務所の律師。陝西省での行政事件担当中に地元公安機関によって逮捕。
05-223	07/14/05	9左	東西部律師差距在那里	東部地区と西部地区(北京)の律師、その差はどこにあるのか
05-224	07/14/05	9中下	縦論現代服務業與CBD寫字樓經済	放談、現代サービス業とCBDオフィス街(北京のビジネス街)の経済

05-225	07/14/05	9下	辦案手記：中外合作企業股權轉讓協議的效力補救	案件メモ：中外合作企業の株主権利譲渡の取決めの効力を補う
05-226	07/14/05	11全面1	“72條溝，溝溝有黄金”——訪中華全国律師協會副會長金山	「(アルタイ山脈には)72の谷があり、それぞれの谷には金がある」中華全国律師協会副会長・金山インタビュー
05-227	07/14/05	11中	律師、檢察官和法官的找法思維	律師、検察官、法官の法律適用の思考
05-228	07/14/05	11下	律師事務所廣告	律師事務所の広告
05-229	07/18/05	7全面1	軍隊律師：依法治軍的重要力量	軍隊律師、法による治軍の重要勢力
05-230	07/18/05	7左	軍隊預算有法可依	軍隊予算、根拠となる法律が公布
05-231	07/18/05	7全面2	戰俘畫面是否可以公開——有關薩達姆的法律問題系列談	戦争捕虜のテレビ画像は公開してよいのか　サダム·フセインに関する法律問題シリーズ
05-232	07/21/05	9全面1	律師上陣公益訴訟　難得勝訴	律師が公益訴訟に参加　勝訴は容易ではない
05-233	07/21/05	9中	“律師見證”為杜絶錯案奠基	〝律師立会〟は冤罪撲滅への土台
05-234	07/21/05	9左中	湖南“經済１１０”熱線律師提供免費諮詢	湖南省「経済１１０番」ホットライン、律師が無料相談
05-235	07/21/05	9下	辦案手記：房地産抵押合同的生效以辦理抵押登記為準	案件メモ：不動産抵当契約の発効は、抵当登記の手続に準ずる
05-236	07/21/05	10中	有一線希望就要付出最大努力——訪“敦煌機場墜機事件”代理人張起准律師	僅かでも希望があれば最大の努力をする〝敦煌飛行場の飛行機落下事件〟代理人・張起準律師インタビュー 子供が離陸する飛行機から落ちて死亡した事故。死亡児童の親族の代理人を務めた律師。
05-237	07/21/05	10左	“律師代理購樓”為何難推展	律師による不動産代理購入、発展が難しいのはなぜか
05-238	07/21/05	10右	免費諮詢不應是“免費午餐”	無料相談は「無料ランチ」ではない
05-239	07/21/05	11全面1	香港三代律師看香港律師業	香港三代の律師が香港律師界をみる
05-240	07/21/05	11全面2	律師書架：《物權法報告》(蔡耀忠主編，中信出版社2005年出版)《中国人權在行動》(中国人權研究會編，四川人民出版社2005年出版	律師の本棚：『物権法報告』(蔡耀忠主編、中信出版社2005年出版)、『法治』(法律出版社2005年出版)『中国人権在行動』(中国人権研究会編、四川人民出版社2005年出版)
05-241	07/26/05	1上	北京律師進法院不再安檢	北京の律師、今後は法院に入る際のセキュリティー検査は不要
05-242	07/26/05	1右中	民航總局試行公職律師　19人獲司法部頒發證書	民航総局が公職律師を施行　19名が司法部発布の証明書を獲得
05-243	07/26/05	2上	公職公司律師前景看好	公職企業律師の先行きは明るい
05-244	07/27/05	4上左	北京律師告華北高速敗訴	北京の律師が華北高速道路会社を訴えた事件は敗訴 6月9日掲載記事を参照

05-245	07/27/05	4上右	究竟是違章還是受株連——昆明一律師認為電子眼執法有缺陷状告交管部門	結局は規則違反なのか、連座責任なのか　昆明の律師、オービスでの法執行には欠陥があるとして交通管理部門を提訴
05-246	07/27/05	4中右	孫道臨等人肖像權案一審宣判	孫道臨(著名アーティスト)等の肖像権案件の一審判決
05-247	07/27/05	4中下	面対歹徒勇搏鬥　防衛過當仍獲刑	凶悪犯を前に勇気ある格闘も、過剰防衛で刑を受ける
05-248	07/27/05	4左上	開車撞死5児童被判死刑陪30萬	５名の児童が死亡の自動車事故　死刑、賠償金30万元の判決
05-249	07/28/05	9全面1	目標：健康　快速　和諧地發展——訪全国律協會長于寧、秘書長鄧甲明	目標：健康、スピーディ、調和のある発展　全国律師協会会長·于寧、秘書長·鄧甲明
05-250	07/28/05	9中	重慶律師湧動學習潮	重慶の律師、沸きかえる学習熱
05-251	07/28/05	9下	辦案手記：公司董事會決議的擔保事項対外披露且股東無異議的，為有效擔保	案件メモ：会社の董事会が決議した担保事項、外部に公表し、株主にも異議が無い場合は有効な担保である
05-252	07/28/05	11中上	兩地律師制度面面觀	様々な角度から考える、香港と大陸の律師制度
05-253	07/28/05	11左	做律師從學説話開始	律師の仕事は、話す勉強から始まる
05-254	07/28/05	11右	年軽律師怎樣才能稱職	若手律師はどうすれば職務を全うできるか
05-255	07/28/05	11中下	律師維權是社會法治進程的標竿	律師の権利保護は法治プロセスの物差
05-256	08/01/05	2上	国家司法考試違紀行為處理辦法（中華人民共和国司法部令第97號）	国家司法試験紀律違反行為処理弁法（中華人民共和国司法部令第97号）
05-257	08/01/05	2上	国家司法考試應試規則(中華人民共和国司法部令第98號)	国家司法試験受験規則（中華人民共和国司法部令第98号）
05-258	08/01/05	3上	新規章出台嚴肅司考紀律——訪司法部国家司法考試辦公室負責人	新規則の登場で司法試験の規律が厳格に　司法部国家司法試験事務局責任者インタビュー
05-259	08/03/05	11中	淺談2004年司考命題的瑕疵及2005年司考命題趨勢	早分かり　2004年司法試験の出題ミスと2005年司法試験の出題の動向
05-260	08/04/05	9中上	民間対日索賠　中国律師身先士卒	民間対日賠償請求　中国の律師が訴訟の先頭に
05-261	08/04/05	9右	為什麼律師越來越難做	律師の仕事がどんどんやり難くなるのは何故か
05-262	08/04/05	9中	北京調整律師管理體制	北京で律師管理体制を調整
05-263	08/04/05	9下	辦案手記：改制企業対於集團公司債務並非均應承擔連帶責任	案件メモ：改編会社はグループ会社の債務に対して連帯責任を負わなければならないわけではない
05-264	08/04/05	10全面1	發起“獨董”獨立運動的律師——訪上海嚴義明律師事務所主任嚴義明	社外取締役独立運動を提唱する律師　上海厳義明律師事務所主任・厳義明インタビュー

05-265	08/04/05	10右	也談律師賠償責任	律師の賠償責任についても
05-266	08/04/05	10中	適用表見代理當嚴謹	表見代理の適用は謹厳に
05-267	08/04/05	11全面1	與活躍的中国律師走得更近——訪全美最年軽的法學院院長、知名律師戴維・斯齊澤	活躍する中国人律師と親交を深める　全米最年少のロー・スクール院長、著名律師のDavid Schizerインタビュー
05-268	08/04/05	11中	法律人的假髮及其他	法曹(法律人)のかつら及びその他
05-269	08/04/05	11下	律師事務所廣告	律師事務所の広告
05-270	08/10/05	5上	記者親歴“三項偵査訊問試驗項目”之“焦作試驗”　録音録像律師在場考驗各方能力	記者が体験、「３つの捜査訊問のテスト項目」の「焦作市における試験」 録画・録音・律師立会いが検証する各方の能力
05-271	08/11/05	9全面1	律師為貧困孩子圓夢	律師が貧しい子供の夢を叶える
05-272	08/11/05	9全面2	辦案手記：物業公司過錯致業主遭受財産損失應如何承擔責任	案件メモ：不動産管理会社の過失が招いた所有者の財産の損失については、どう責任を負担すべきか
05-273	08/11/05	10全面1	專家律師“挑刺児”物權法草案——訪北京市律協物權法專業委員會主任蔡耀忠	専門家律師が物権法草案の粗探し　北京市律師協会物権法専門委員会主任・蔡耀忠インタビュー
05-274	08/11/05	10右	律師賠償責任風險防範	律師賠償責任のリスクを防ぐ
05-275	08/11/05	10左	應充分保障律師調査取證權	律師の調査、証拠収集権は十分に保障されるべき
05-276	08/11/05	10中	公職律師　超脱行政圈的政府雇員	公職律師　行政圏を超越した政府職員
05-277	08/11/05	11全面1	中外律師共同關注環境汚染	中国内外の律師が共同で環境汚染問題に注目
05-278	08/11/05	11右	律師書架	律師の本棚（書評）
05-279	08/11/05	11全面2	也談法官與律師的和諧	法官と律師の調和についても
05-280	08/18/05	9全面1	律所測謊業務的法律之辯	律師事務所の嘘発見(嘘発見機で真偽を判定する)業務の法律判断
05-281	08/18/05	9左上	貴州律師有了緑色通道	貴州省で律師にグリーンチャンネル（優先ルート）
05-282	08/18/05	9左中	律師探討首例基因案件	律師が討議、中国初の遺伝子特許紛争案件
05-283	08/18/05	9左中	律所推出英文法律網站	律師事務所が英語の法律サイトをオープン
05-284	08/18/05	9中	重慶律師“娘家”為律師仗義維權	重慶の律師の「実家（律師協会)」、律師のために正義の権利保護 律師が関係者から暴力的行為を受ける等のトラブル、律師協会が律師を救助
05-285	08/18/05	10全面1	律師坦言立法衝突	律師が率直に語る　立法の衝突 「黒龍江省母嬰保健条例」の11条(強制婚姻検査)と「母嬰保健法」、「婚姻登記条例」第５条が互いに抵触

05-286	08/18/05	10全面2	瀆職罪要深究客觀要件	汚職罪は客観的要件を深く追求する必要がある
05-287	08/18/05	11全面1	"律師不僅僅是一根救命稻草"——呂寶祥律師專訪	律師は単なる「最後の頼みの綱」ではない 呂宝祥律師の独占インタビュー タクシー強盗殺人事件の容疑者、4名の農民の弁護を務めた律師
05-288	08/18/05	11右	律師書架	律師の本棚（書評）
05-289	08/18/05	11左	律師要有豐厚的法學底蘊	律師には豊富で深い法学の素養が必須
05-290	08/18/05	11中	美国為什麼有這麼多律師	なぜアメリカにはあれ程多くの弁護士がいるのか
05-291	08/18/05	11下	律師事務所廣告	律師事務所の広告
05-292	08/25/05	9全面1	女律師為三軍儀仗隊維權	女性律師、陸空海三軍の義杖隊の権利を保護
05-293	08/25/05	9右	"當眾拘留" 與 "報復性執法"	「公衆の面前での逮捕」と「報復性の法執行」 偽証罪に問われた律師が担当する刑事事件の法廷を終え、法院から出てきたところを逮捕された件について
05-294	08/25/05	9中	"民間対日索賠法律援助基金"因何捉襟見肘	民間対日賠償請求法律援助基金、なぜ財政困難に
05-295	08/25/05	10全面1	沿海哪類律師最緊俏——與深圳律師協會會長徐建一席談	沿海都市で最も売れっ子なのはどの分野の律師か　深圳律師協会会長・徐健との談話
05-296	08/25/05	10左	法官不執行證據規則帶來的困惑	法官が証拠に関する規則を執行しないことによる困惑 「民事訴訟の証拠に関する若干の規定」(2002年施行)に関連して
05-297	08/25/05	10右	冤案中律師的聲音在哪裡——也談我国刑辯制度存在的問題（上）	冤罪事件で律師は何をしていたのか　我が国の刑事弁護制度に存在する問題についても(上)
05-298	08/25/05	10中	關於建立律師誠信體系的構想	律師の信用･信頼システムの樹立に関する構想
05-299	08/25/05	11上	領跑公益訴訟的苳麗華律師	公益訴訟の先駆者、佟麗華律師
05-300	08/25/05	11右	律師書架	律師の本棚（書評）
05-301	08/25/05	11中	美国法官談律師職業道徳	アメリカの裁判官が弁護士の職業道徳を語る
05-302	08/25/05	11下	律師事務所廣告	律師事務所の広告
05-303	08/26/05	3上	全国人大常委會律師法執法検査組建議　將修改律師法列入年度立法計劃	全国人民代表大会常務委員会律師法執行検査チームが建議　律師法改正を年度立法計画に組み入れる
05-304	08/29/05	7中	打造具有我軍特色的軍隊律師隊伍	解放軍独自の特色を持つ軍隊律師集団を作る
05-305	08/29/05	7右上	北京軍區：以法解決百起上訪積案	北京軍区：法に依り100件以上もの陳情懸案を解決
05-306	08/29/05	7右中	南京軍區：百名律師為官兵釋疑解難	南京軍区：100名の律師が兵士の為に疑いを解き難題を解決

05-307	08/29/05	7右下	瀋陽軍區：提升律師解決新問題能力	瀋陽軍区：新たな問題に対する律師の解決能力を向上させる
05-308	08/31/05	11上	司考培訓　亟待規範的市場	司法試験予備校　規範化に奔走する市場
05-309	09/01/05	9全面1	律師打假打出農業部一號大案	律師が偽物商品撲滅で農業部の一番の大事件を暴く
05-310	09/01/05	9中	律師首次列席全国人大常委會會議	律師が初めて全国人民大会常務委員会会議に列席
05-311	09/01/05	9左上	北京律協　53個専業委員會成立	北京律師協会　53の専門委員会を設立
05-312	09/01/05	9左上	天津律協　首次接手起草地方法規	天津市律師協会　初めて地方法規の起草を引き継ぐ
05-313	09/01/05	9左中	河北評出AAA級信用等級律所	河北省、信用度ＡＡＡ級の律師事務所を選出
05-314	09/01/05	10全面1	節約司法資源　律師責無旁貸	司法資源の節約　律師が負うべき責任
05-315	09/01/05	10右	冤案中律師的聲音在哪裡——也談我国形辯制度存在的問題（下）	冤罪事件で律師は何をしていたのか　我が国の刑事弁護制度に存在する問題についても（下）
05-316	09/01/05	10全面2	此案偵査人員應否迴避	この事件の捜査員は回避すべきか否か タバコの違法販売で実刑になった人の財産を捜査員が違法に没収。出所後に没収財産の返還を訴えた当人に対し、同じ捜査員が捜査し新たな違法事実を発見
05-317	09/01/05	11全面1	海爾出來的知産律師馬東曉	Haier出身の知的財産権律師、馬東暁
05-318	09/01/05	11中	刑法基本問題的厘清與彌合——評《刑法的基本概念》	刑法基本問題の整理と補修　書評『刑法の基本概念』
05-319	09/01/05	11下	律師事務所廣告	律師事務所の広告
05-320	09/06/05	4下	律師所告工行支票案聽前調解失敗	律師事務所が中国工商銀行を訴えた小切手事件、訴訟前の調停が失敗 様式変更で使用不可となった小切手用紙について、銀行側に買取を求めた事件
05-321	09/08/05	9全面1	律師解析“京城性騷擾第一案”	律師が解析　「北京で初のセクハラ事件」
05-322	09/08/05	9中	律師業當為構建和諧社會盡責	律師業界は調和社会の建設に責務を果たすべき
05-323	09/08/05	9下	辦案手記：勞動仲裁被裁定不予執行當事人可再向法院起訴	案件メモ：労働仲裁で執行しないとの裁定があっても、当事者は再び法院に提訴できる
05-324	09/08/05	10中上	西部律師狀況堪憂	西部地区の律師の状況は憂慮に堪えない
05-325	09/08/05	10右	詳解“雕王”和“雕皇”侵權之爭	詳細解釈　「雕王」と「雕皇」の権利侵害の争い
05-326	09/08/05	10中2	環境污染案件中證據的時間效力	環境汚染事件における証拠の時間的効力
05-327	09/08/05	10左	合伙制律所主任的定位	合伙律師事務所（共同経営律師事務所）の主任のポジション

05-328	09/08/05	11全面1	年軽律師的“殘酷青春”	若手律師の〝過酷な青春〟
05-329	09/08/05	11中	我曾經是一名人民律師	私はかつて人民律師だった
05-330	09/08/05	11下	律師事務所廣告	律師事務所の広告
05-331	09/11/05	1上	上海全力推進律師服務進社區工作　180家律師所為居民定紛止爭	「律師サービスを地域住民自治組織（社区）に」、上海で全力推進　180の律師事務所が住民の紛争を解決
05-332	09/15/05	9全面1	知名律師解析“趙燕在美被毆案”	有名律師が解析　米国での趙燕（中国人女性）殴打事件 米国滞在中の中国人女性がアメリカの国土安全部の警備員に殴打された事件
05-333	09/15/05	9中	北京律師法院門口遭襲律師維權再成關注焦點	北京の律師が法院の入口で襲撃に遭う　律師の権利保護が再び注目の焦点に
05-334	09/15/05	9左上	第五屆中國律師論壇緊張籌備	「第5回中国律師フォーラム」、慌しく準備
05-335	09/15/05	9左中	北京農民工法律援助工作站成立	北京で農民工法律援助工作ステーション設立
05-336	09/15/05	9左下	濟南法律援助受案範圍擴容	済南で法律援助の受理範囲が拡大
05-337	09/15/05	10全面1	電子商務挑戰律師業務	電子商取引が律師業務に挑戦 ※「中華人民共和国電子署名法」(2005年4月実施）に関連して
05-338	09/15/05	10全面2	被告拒絶指定律師辯護之對策	被告による国選弁護人の弁護拒否への対策
05-339	09/15/05	11上右	解構中國語境的律師角色	中国における律師の役割の分析
05-340	09/15/05	11右	律師書架	律師の本棚（書評）
05-341	09/15/05	11中	一個中專生的財税律師夢	中等専門学校卒の財務律師の夢
05-342	09/15/05	11下	律師事務所廣告	律師事務所の広告
05-343	09/18/05	1全面1	第四次國家司法考試順利開考	第4回国家司法試験、順調に開催
05-344	09/18/05	1中	國家司法考試合格率在10%左右	国家司法試験の合格率は10%前後
05-345	09/18/05	1中	司法考試三年處理違紀應試人員705人	司法試験3年間、規則違反で処分を受けた受験者705名
05-346	09/18/05	1中	港澳首設國家司法考試考場	香港·マカオに初の司法試験会場
05-347	09/18/05	1右下	司法考試試題參考答案異議專區9月22日開通，考生可登録普法網對試題參考答案提出異議並説明理由	司法試験問題の参考回答、9月22日に異議コーナーが開設 受験者は中国普法ネットに登録し、試験問題の参考答案に異議を提出し、理由を説明することができる
05-348	09/18/05	1中左	全國地方立法研討會舉行	全国地方立法検討会開催
05-349	09/18/05	1中下	計量法修訂工作基本完成	計量法の改正作業、ほぼ完成
05-350	09/19/05	3全面1、2	2005年國家司法考試試題（試卷一）	2005年　国家司法試験試験問題　（一）

05-351	09/19/05	4全面1、2	2005年国家司法考試試題(試卷一)	2005年　国家司法試験試験問題　(一)
05-352	09/19/05	5全面1、2	2005年国家司法考試試題(試卷二)	2005年　国家司法試験試験問題　(二)
05-353	09/19/05	6全面1、2	2005年国家司法考試試題(試卷二)	2005年　国家司法試験試験問題　(二)
05-354	09/19/05	7全面1、2,8全面1、2	2005年国家司法考試試題(試卷三)	2005年　国家司法試験試験問題　(三)
05-355	09/21/05	11左上	又是一年司考時　考生圓夢仍艱難——対今年司法考試考生感悟的思考	今年もまた司法試験の季節　受験生の夢の実現への道はまだまだ険しい
05-356	09/21/05	11右上	2005年司法考試国際法試題分析	2005年司法試験、国際法試験問題の分析
05-357	09/22/05	9全面1	深圳律協行業“修憲”令人瞻目	深圳の律師業の「憲法改正(律師協会の規約改正)」衆目を集める
05-358	09/22/05	9中	中国律師論壇是個什麼地方	中国律師論壇とは一体どんな所か
05-359	09/22/05	9下	辦案手記：婚後按揭購房離婚時如何分割	案件メモ：結婚時にローンで住宅を購入、離婚時にはどう分割するか
05-360	09/22/05	10全面1	中国律師反傾銷能力亟待提高——訪法国徳尚律師事務所薩爾瓦	中国の律師のアンチ・ダンピング能力、早急に向上が求められる
05-361	09/22/05	10左	市場營銷與年軽律師開拓業務	市場マーケティングと若手律師の業務開拓
05-362	09/22/05	10中	要抓住環境侵權案件的要點	環境権利侵害案件のポイントを掴む
05-363	09/22/05	10下	律師事務所廣告	律師事務所の広告
05-364	09/22/05	11中上	律師　一台不停的機器——兩位女律師的工作和生活	律師というのは止まることのない機械　2人の女性律師の仕事と生活
05-365	09/22/05	11左	律師的語言要有“殺傷”力	律師の言葉には殺傷力が必要
05-366	09/22/05	11全面2	書評：期盼社會正確看待律師——評《律師刑事責任比較研究》	書評：社会が律師を正しく扱ってくれることを待ち望む『律師の刑事責任の比較研究』
05-367	09/26/05	3上	修改律師法　加強律師隊伍建設——訪司法部副部長段正坤	律師法改正　律師部隊の建設を強化　司法部副部長・段正坤インタビュー
05-368	09/28/05	11上	實現司法考試與法學教育良性互動——訪華東政法學院院長何勤華教授	司法試験と法学教育の良好な相互効果を実現　華東政法学院院長·何勤華教授インタビュー
05-369	09/29/05	9全面1	律師剖析“官員寧可撤官業不撤資”	律師の分析　「役人を辞めたとしても投資は引き上げない」 「国務院弁公庁の安全生産条件を備えない、または非合法な炭鉱の整理、閉鎖の堅持に関する緊急通知」に関連して。役人と炭鉱の癒着の問題

05-370	09/29/05	9中	第五届中国律師論壇即将盛装亮相	「第５回中国律師フォーラム」、まもなく盛大にお披露目
05-371	09/29/05	9下	辦案手記：旅游因台風中斷退費、還是賠償?	案件メモ:旅行が台風で中断した場合は返金か、賠償か？
05-372	09/29/05	10全面1	探究律師調查取證難	律師の調査、証拠収集の難しさの問題を探求
05-373	09/29/05	10右	律師自律七要點	律師　自らを律する７つのポイント
05-374	09/29/05	10左	“兩公”（公司律師、公職律師）律師引發新的不公平競爭	「２つの公（公司、公職)」律師が引き起こす、新たな不公平競争
05-375	09/29/05	10中	正確選擇訴求是成功代理的前提	訴えを正しく選ぶことが原告代理の成功の前提
05-376	09/29/05	10下	律師事務所廣告	律師事務所の広告
05-377	09/29/05	11全面1	人人都有一壟地——訪勞動爭議律師馬国華	人には皆、自分の受け持つ畑がある　労働争議が専門の律師·馬国華
05-378	09/29/05	11右	律師書架	律師の本棚（書評）
05-379	09/29/05	11中	細説LSAT——美国法學院的“科擧”	ＬＳＡＴ（Law School Admission Test）の詳細　米国ロー·スクールの「科挙」
05-380	09/30/05	6全面1、2,7全面1、2	国家司法鑑定人和司法鑑定機構名冊	国家司法鑑定人、司法鑑定機関の名簿
05-381	10/01/05	2上	中央補助地方法律援助辦案專款管理暫行辦法	地方における案件処理のための法律援助の中央政府補助金の管理暫行弁法
05-382	10/12/05	11上	司法考試　別浪費了法學教育資源	司法試験　法学教育資源を無駄にするな
05-383	10/12/05	11右上	2005年司法資格考試民訴與仲裁試題簡評	2005年司法資格試験、民事訴訟と仲裁の試験問題ダイジェスト
05-384	10/13/05	10右上	破解律師取證難題	律師の証拠収集の難題を解明する
05-385	10/13/05	10左	專家律師呼籲金融不良資產處置監管立法	専門家律師が呼びかけ　金融不良資産処理を監督・管理する法律の立法を
05-386	10/13/05	10全面2	如何為国企改制提供法律服務	国有企業改編に法律サービスをどう提供するか
05-387	10/13/05	11全面1	中国律師的網絡化經營之路	中国の律師のインターネット化経営の道
05-388	10/13/05	11右	細説LAST——美国法學院的科擧	LSAT（Law School Admission Test）の詳細　米国ロー·スクールの〝科挙〟
05-389	10/13/05	11全面2	“一国兩制”的生動實踐——香港與内地律師制度的比較與互動	一国両制度のリアルな実践　香港と本土の律師制度の比較と連動
05-390	10/16/05	3上	中国律師法的時序定位	中国律師法　移り変わりの中のポジション
05-391	10/20/05	9中上	我為什麼給“壞人”辯護	なぜ私は「悪人」のために弁護をするのか
05-392	10/20/05	9左	刑事辯護僅兩成人請律師	刑事弁護　律師を依頼するのは僅か２割

05-393	10/20/05	9右中	“律師行為規則與律所管理”研討會召開	「律師行為規則と律師事務所管理」シンポジウムの開催
05-394	10/20/05	9下	辦案手記：超過起訴時效保險公司不賠	案件メモ：訴訟時効を超えた場合、保険会社は保障をしない
05-395	10/20/05	9右中	企業頻遭国外反傾銷調査寧波懂行律師告急	企業が度々、国外のアンチ·ダンピング調査に遭遇　寧波市の事情通律師が緊急報告
05-396	10/20/05	10左	房地産法律事務中的律師工作	不動産法律事務における律師業務
05-397	10/20/05	11左上	律所提成分配模式亟需變革	律師事務所の歩合制利益分配モデルは早急な変革が必要
05-398	10/20/05	11右	改變律師的工作語言	律師の業務用語句を変える
05-399	10/20/05	11中	“辯訴交易”的基礎是什麼	「司法取引」の基本とは何か
05-400	10/22/05	2上	上海今年發生7起律師被侵害事件　律師執業環境亟須立法保障	今年、上海では律師が危害を受ける事件が7件発生　律師の法執行環境には早急に立法での保障が必要
05-401	10/24/05	7上	全軍律師隊伍素質不斷提高	全軍の律師部隊の質は絶えず向上
05-402	10/26/05	11右上	2005年司法考試知識産權法試題分析	2005年司法試験知的財産権法、試験問題分析
05-403	10/27/05	4上	以改革的思維推進司法改革——最高人民法院有關負責人就二五改革綱要接受本報記者採訪	改革の思考で司法改革を推進　最高人民法院の関係責任者が二五改革要綱について本紙記者が独占インタビュー
05-404	10/27/05	9全面1	律師評説“少女與售票員衝突喪命”案	律師が評論、「少女が車掌とぶつかり命を落とした」事件 バスの社内で車掌とぶつかった14歳の少女が翌日に死亡
05-405	10/27/05	9左	全国律協徵求律師服務收費意見	全国律師協会が律師費用につての意見を募集
05-406	10/27/05	9中	立法呼喚律師	立法が律師に呼びかける
05-407	10/27/05	9下	辦案手記：“最終解釋權”的約定應屬無效條款	案件メモ：「最終解釈権」の取り決めは無効条項に属する
05-408	10/27/05	10右上	律師非訴風險代理起紛爭	律師の非訴訟案件の成功報酬代理契約が紛争に
05-409	10/27/05	10左	承攬關係與僱佣關係的工傷賠付	請負関係と雇用関係の労災賠償
05-410	10/27/05	10中	律師如何規避執業風險	律師は如何にして業務上のリスクを回避するか
05-411	10/27/05	10下	律師事務所廣告	律師事務所の広告
05-412	10/27/05	11中上	合縱連衡　武漢律師業謀變	統合で強化　武漢市律師業界が変化へ
05-413	10/27/05	11左	邊做律師邊修行	律師をしながら、心身修養を
05-414	10/27/05	11右	律師書架	律師の本棚（書評）

05-415	10/27/05	11中	愿五大洲律師結縁緑茵賽場——訪世界律師體育聯合會主席樊尚・皮納特爾先生	世界の律師が緑のグランドに親しんでくれることを願う　世界律師体育連合会主席・Vincent Pinet
05-416	11/02/05	9上	中華全国律師協會會長于寧、法制日報社賈京平社長致辭	中華全国律師協会于寧会長の挨拶　法制日報社賈京平社長の挨拶
05-417	11/02/05	9中	五大看點塑造本屆律師論壇巔峰	５つの観点から描き出す、今回の律師フォーラムの山場
05-418	11/02/05	9右	“中国律師論壇”經典回眸	「中国律師フォーラム」の歴史を振り返る
05-419	11/02/05	9左	中国律師行業現状簡介	中国律師業界現状のあらまし
05-420	11/02/05	9下	辦案手記：車輛轉讓后未變更保險合同發生交通事故保險公司不賠	案件メモ：車を譲渡して保険契約未変更のまま交通事故が発生した場合、保険会社は保障をしない
05-421	11/02/05	11右	2005年国家司法考試民法試題評析	2005年国家司法試験民法試験問題の分析
05-422	11/03/05	10中上	国際商事仲裁中的律師實務	国際商事仲裁における律師実務
05-423	11/03/05	10右	律師參與接訪工作的六大作用	律師の陳情対応業務参加で６つの効果
05-424	11/03/05	10左	淺談律師應対怯場難題	早分かり　律師が人前で緊張してしまう難問題の対処法
05-425	11/03/05	10中	律師閲卷難的成因和対策	律師が事件記録を閲読することが困難な問題の原因と対策
05-426	11/03/05	11上中	揮劍公益訴訟的“三劍客”	公益訴訟に刃を振るう「三剣客」
05-427	11/03/05	11右	律師的“敵人”是誰	律師の〝敵〟は誰か
05-428	11/03/05	11左	律師執業權利需要立法保護	律師の業務権利には立法の保護が必要
05-429	11/03/05	11中	律師業的一幅自畫像	一枚の律師業の自画像
05-430	11/05/05	1中中	第五屆中国律師論壇隆重開幕	「第５回中国律師フォーラム」、厳かに開幕
05-431	11/06/05	1右中	第五屆中国律師論壇落下帷幕	「第５回中国律師フォーラム」、幕を下ろす
05-432	11/08/05	4右上	萬名律師參加公司法證券法培訓	１万人近くの律師が参加、会社法・証券法の研修
05-433	11/10/05	9中上	百年律所縁何花落	100年以上の歴史を持つ老舗律師事務所が何ゆえ散ってしまうのか
05-434	11/10/05	9右	“提成制”是“營養液”還是“海洛因”	「歩合制」は栄養剤かヘロインか
05-435	11/10/05	9左中	江蘇為解決律師會見難立新規	江蘇省で律師接見困難の問題解決のために新規定
05-436	11/10/05	9左中	全国兩千律師為未成年人維權	全国の律師2000人が未成年の権利保護に
05-437	11/10/05	9下	辦案手記：保險人向第三人支付的賠償金由誰承擔	案件メモ：保険加入者が第三者に支払う賠償金は誰が負担するのか
05-438	11/10/05	10中上	銀行拒絶取證陷律師于兩難	銀行の証拠収集拒否が律師を２つの困難に陥れる
05-439	11/10/05	10左	仲裁解決了档案遺失羅圈案	档案紛失のゴタゴタ事件が仲裁で解決

05-440	11/10/05	10右	不當自救與職務侵占之辯	不当な自力救済と業務上横領の弁護
05-441	11/10/05	10中	探尋合伙律所的分配與管理模式	共同経営事務所の利益分配と管理のモデル
05-442	11/10/05	11全面1	律師界面臨四大心理危機	律師界が直面する4つの心理的危機
05-443	11/10/05	11左	律師與法官的距離	律師と法官との距離
05-444	11/10/05	11中	被人信任是律師的營銷之策	信用は律師の営業の策
05-445	11/10/05	11下	律師事務所廣告	律師事務所の広告
05-446	11/11/05	7中下	上了司考“包您過關班”卻未能過關考生一審要回學費	司法試験「合格保証クラス」に通ったのにパスしなかった　一審は受験生への学費返還を司法試験合格後に得られたであろう利益等の請求は却下
05-447	11/11/05	7右中	状告沈陽聯通手記短信欺詐律師孫洪文打到二審	瀋陽聯通(通信会社)を訴えた携帯メール料金詐欺事件　孫洪文律師が権利保護のため二審へ
05-448	11/16/05	11全面1	不辱律師會長的角色和使命	律師会会長の任務と使命に背かない
05-449	11/16/05	11右	第五屆中国律師論壇精彩話語	「第5回中国律師フォーラム」での素晴らしい言葉
05-450	11/16/05	11全面2	公告專欄	公告欄
05-451	11/17/05	11全面1	司考過後話職業——四大法律職業現状	試験を終えたら職業についてを　4大法律職の現状
05-452	11/17/05	11右	2005年刑事訴訟法司考試題解析(一)	2005年刑事訴訟法　司法試験問題の解析(一)
05-453	11/17/05	11全面2	後司法考試時代：司法者的考試	司法試験後の時代：法曹の試験
05-454	11/18/05	1中下	2005年国家司法考試合格分數線劃定(全国合格分數線為360分　放寬報名條件地區為330分)	2005年国家司法試験合格ラインが確定　全国の合格ラインは360点、出願条件緩和地区では330点
05-455	11/23/05	7中下	律師孫洪文又告沈陽聯通本次訴被告擅自收取炫鈴月租費	孫洪文律師が再び瀋陽聯通(通信会社)を提訴　携帯メール料金詐欺事件に続き、今回は待ち受けメロディ料金の無断徴収を訴えた。
05-456	11/23/05	11中上	律師健康状況不容小覷	軽視できない律師の健康状況
05-457	11/23/05	11左	対律師取證遭銀行拒絶的再思考	律師の証拠収集が銀行に拒否された事件についての再考
05-458	11/23/05	11右上	北京　律師為物業糾紛解難題	北京　律師が不動産紛争の難題を解決
05-459	11/23/05	11右中	杭州　五百律師聽講新公司法	杭州　500名の律師が新会社法の講義に出席
05-460	11/23/05	11右中	廣州　警方聘請十名律師顧問	広州　警察が10名の顧問律師を招聘
05-461	11/23/05	11右中	香港　七年律師方可做婚監人	香港　7年の律師経験があれば結婚鑑礼人(結婚の登録を行う)に
05-462	11/23/05	11右下	深圳　人大聘請律師做法律助理	人代表大会が法律助手に律師を招聘

05-463	11/24/05	9上	關於律師的話題	律師についての話題
05-464	11/24/05	11右	2005年司法考試刑訴法證據試題詳解	2005年司法試験　刑事訴訟法証拠　試験問題分析
05-465	11/30/05	11全面1	律師解讀人才"跳槽"法律問題	律師が解説　人材流出(転職)の法律問題
05-466	11/30/05	11右	兩岸三地律師共築合作平台	本土・台湾・香港の律師が共同で築く合作の舞台
05-467	11/30/05	11中	一個律師父親的呼喚——請大家救救我的愛女	律師である父親の呼びかけ　私の娘を助けて下さい 白血病の娘の手術代寄付の呼びかけ
05-468	11/30/05	11下	公告專欄	公告欄
05-469	12/05/05	1中下、2中	全国司法所建設呈嶄新面貌	全国の司法所建設、斬新な様相を呈する
05-470	12/06/05	3上	律師邱寶昌設計物業管理新模式	邱宝昌律師が構想する不動産管理の新モデル
05-471	12/06/05	11右上	海帰公司連遇糾紛律師介入柳暗花明	海外帰国者の会社で紛争が続出　律師の介入で苦境を脱する
05-472	12/07/05	11上	勞維律師所　勞維艱難前行	労働者権利保護を専門とする律師事務所　労働者権利保護の前進には困難が
05-473	12/08/05	11右	2005年司考商法經濟法試題分析	2005年司法試験　商法、経済法　試験問題分析
05-474	12/14/05	11上	律師建議修改航空法	律師が航空法の改正を建議
05-475	12/15/05	11右	2005年司考商法經濟法試題分析	2005年司法試験　商法、経済法　試験問題分析
05-476	12/19/05	6全面1、2,7全面1、2	司法鑑定名冊(2005第2號司法部) 司法鑑定名簿(2005第2號司法部)	司法鑑定機関の名簿
05-477	12/20/05	6全面1、2,8全面1、2	司法鑑定名冊(2005第3號司法部)	司法鑑定名簿(2005第3号　司法部) 司法鑑定機関の名簿
05-478	12/21/05	9上	"訴訟狂人"郝勁松	「訴訟狂」郝勁松 75億円もの税金を使用して公衆便所も作っていないとして地下鉄会社を提訴（書面の説明と5角の公衆便所費用を要求）等々
05-479	12/21/05	11中上	為降低民工維權成本支招	農民工が権利保護で必要とするコストを抑えるための知恵 賃金不払等を訴える農民工が、その権利を守る活動に使用する費用(交通費、宿泊費等々)をどう抑えるか
05-480	12/21/05	11左	律師如何認知案例和判例	律師は如何にして案例と判例を認知するか
05-481	12/21/05	11右下	行政專業律師三年翻一番	行政法専門の律師、3年間で倍増

05-482	12/21/05	11中	“我是最合適的會長候選人”——深圳市律協第五屆會長精選速寫	私は最適の会長立候補者　深圳市律師協会第5回会長選をスケッチ
05-483	12/26/05	6全面1、2,7全面1、2	司法鑑定名冊（2005第4號司法部）	司法鑑定名簿（2005第4号　司法部）司法鑑定機関の名簿
05-484	12/27/05	11全面1、2,12全面1、2	司法鑑定名冊（2005第5號司法部）	司法鑑定名簿（2005第5号　司法部）司法鑑定機関の名簿
05-485	12/28/05	11中上	盤點律師的收入和支出	律師の収入と支出を点検
05-486	12/28/05	11左	自行結算工程款的效力認定	自主的に精算した工事代金の効力認定
05-487	12/28/05	11中	律師業與GDP	律師業とＧＤＰ
05-488	12/28/05	12全面1、2	廣東省律師協會成立25周年發展報告	広東省律師協会設立25周年の発展報告
05-489	12/28/05	12右下	廣東省律師協會歷屆會長副會長　秘書長	広東省律師協会歴代会長、副会長、秘書長（名簿）
05-490	12/29/05	7上	律師事務所風險防範機制亟待建立（律師“捲走”業主700多萬辦證費　其執業律所陷入尷尬境地）	律師事務所のリスク防止システムの早急な構築を要する（律師がマンション所有者達の700万元以上の手続費用を持ち逃げ　その律師が所属する律師事務所は苦しい立場に）

記事番号	掲載日	掲載面・位置	見出し（中国語）	内容要約
06-1	01/01/06	1右中	港澳居民在内地做律師有新規只能在一個律師所執業	香港・マカオの住民が大陸で律師業を行うことに関する新しい管理規定　ただ1ヶ所の律師事務所でしか執務することができない
06-2	01/04/06	11全面1	回眸2005年律師十大新聞	2005年律師10大ニュースを回顧する
06-3	01/04/06		民主社會期待更多律師的聲音	民主社会はさらに多くの律師の声を期待している
06-4	01/04/06	11全面2	兩次肇事應以數罪論處	２度の事故を起こした場合、複数の罪で処罰を決定、数罪併罰を実行すべき
06-5	01/04/06	11右上	產權調換房被賣該怎麼辦	財産権の代替住宅を第三者に売られてしまった場合、どうすればいいか
06-6	01/04/06	11右中	不服勞動仲裁起訴怎樣收費	労働仲裁を不服として起訴する場合、費用はどのようになっているか
06-7	01/06/06	3全面1	《注冊稅務師管理暫行條例》公布並於2月1日起施行　注冊稅務師法律地位重新明確	「登録税務師管理暫行条例」公布、２月１日施行　登録税務師の法律的地位を改めて明確にする

06-8	01/06/06	3全面1	去年我国内貿立法填補大量空白	昨年、我が国の国内取引に関する立法は大きな空白を埋めた
06-9	01/06/06	3全面2	取得内地法律職業資格的香港特別行政區和澳門特別行政區居民在内地從事律師職業管理辦法（中華人民共和国司法部令第99號）	「大陸で法律職業資格を取得した香港・マカオ特別行政区の住民が大陸で律師業に従事する際の管理弁法」（中華人民共和国司法部令第99号）
06-10	01/06/06	3全面2	香港特別行政區和澳門特別行政區律師事務所與内地律師事務所聯營管理辦法（中華人民共和国司法部令第100號）	「香港・マカオ特別行政区の律師事務所が大陸の律師事務所と共同経営する際の管理弁法」（中華人民共和国司法部令第100号）
06-11	01/11/06	11中上	死刑複核應出現律師身影	死刑の再審には、律師が登場すべき
06-12	01/11/06	11中下	“律師偽證罪”應該取消	「律師偽証罪」は廃止すべき
06-13	01/18/06	11中中	令律師兩難的職業保密義務	律師をジレンマに陥らせる職業秘密保守義務
06-14	01/19/06	9上	律師的命運	律師の運命
06-15	01/19/06	11右	司法考試培訓以學生為本位	司法試験の補習は学生を本位とする
06-16	02/08/06	11中上	感謝站在潮頭的徐建——祝賀深圳市律師協會成功換屆	改革の潮流を率いてきた徐建氏に感謝　深圳市律師協会、円満に世代交代
06-17	02/08/06	11中下	律師能否從事非法律業務	律師は非法律業務に従事してもよいか
06-18	02/15/06	11全面1	涉外律師是“民族英雄”還是“漢奸”	渉外律師は「民族の英雄」か、それとも「売国奴」か？
06-19	02/15/06		為農民工維權不能限於追討工資	農民工の権利保護は、未払い賃金の支払い要求だけに留めてはいけない
06-20	02/15/06	11全面2	律師的思維方式：律師案例解答	律師の思考方法　律師の訴訟実例解答
06-21	02/22/06	11中上	律師指點節日常見糾紛維權	律師が祝祭日によく見られるもめ事の際の権利保護について教示
06-22	02/22/06	11中下	年軽律師成熟的必由之路	若い律師が成熟するために必ず通る道
06-23	03/01/06	11中上	律師細説“饅頭案”	律師が「饅頭案」について詳細に解説 著作権侵害事件
06-24	03/01/06	11中下	律師貴在自律	律師には自律が大切
06-25	03/02/06	9全面1	国家賠償決定也存在“執行難”？	国家賠償の決定にも「執行難」がつきもの？
06-26	03/02/06		優秀律師應發揮的作用	優秀な律師が発揮すべき役割
06-27	03/02/06	9全面2	中国律師風雲榜	中国の律師の風雲ランキング（社会を動かした事件ランキング）
06-28	03/02/06	11右	2006司法考試民法要點概述	2006年司法試験　民法要点概述
06-29	03/14/06	11全面1	一個律師的三天	ある律師の3日間
06-30	03/14/06		什麼樣的人適合做律師	どのような人が律師に向いているか

06-31	03/14/06	11全面2	走錯房門裝修誰擔過錯責任	買ったばかりのマンション、他人の部屋に間違えて入り、内装工事を行ってしまった　誰がその過失責任を負うべきか
06-32	03/14/06	11下	律師事務所廣告	律師事務所の広告
06-33	03/22/06	9中中	耿欣　一個医學院畢業生的律師路	耿欣　ある医学院卒業生の律師への道
06-34	03/22/06	11中上	律師解析“非法運營”陷阱	律師が「不法運行営業」の落とし穴について解析
06-35	03/22/06	11中下	設立規模化律所　增強綜合競爭能力	大規模律師事務所を設立し、総合競争力を高める
06-36	03/28/06	9	律師搜索網：能給律師搜出多少財富	律師検索サイト：律師にどれほどの利益をもたらすことができるだろうか
06-37	03/29/06	11中上	律師參與信訪工作大有作為	律師の「信訪工作」（投書・陳情制度）への参与は、大いにやりがいがある
06-38	03/29/06	11中下	規模化律所的利益分配層次	大規模律師事務所の利益分配の方法
06-39	04/03/06	2左中	律協開展建設學習型機關活動	律師協会、学習型機構を構築する活動を展開
06-40	04/05/06	9上	農民、政府和一個律師的故事——記重慶江津市律師鄧繼為	農民と政府と一律師の物語　重慶江津市の律師　鄧継為
06-41	04/05/06	11中上	專家　律師為“慎殺少殺”把脈	専門家は語る　律師は「慎重で、より少ない死刑執行」のための対策を
06-42	04/05/06	11中下	律所應加強與其他中介行業的合作	律師事務所は他の仲介業界との協力を強化するべき
06-43	04/10/06	5上	法援律師提前介入未成年人刑案	法律援助の律師は、検察院の捜査段階で未成年刑事事件に介入する
06-44	04/11/06	1下	司法考試培訓班招生	司法試験予備校　受講生募集
06-45	04/11/06	2下	司法考試培訓班招生	司法試験予備校　受講生募集
06-46	04/12/06	11中上	律師失業和失業保險	律師の失業と失業保険
06-47	04/12/06	11中下	實習律師如何做好助理工作	律師の実習はどのように補助するのがよいか
06-48	04/19/06	11中上	律師“被打”事件的啓示	律師が〝殴られた〟事件の啓示
06-49	04/19/06	11中下	律師事務所需要怎様的文化	律師事務所には、どのような「文化」が必要か
06-50	04/20/06	7下	司考培訓班選擇“全攻略”	司法試験予備校選択のための〝全攻略法〟
06-51	04/26/06	11中上	律師緣何冷落律師袍	律師が律師法衣を着たがらないのは何故
06-52	04/26/06	11中下	從律師統一著裝看法治形式主義	律師の服装の統一から見る法治形式主義
06-53	04/27/06	3上	鄭州一派出所因無處罰依據放走竊賊惹爭議　律師上書建議審查有關司法解釋	鄭州の一派出所が処罰の根拠がないとして泥棒を釈放したことが争議を呼んでいる　律師は関連の司法解釈を審査するよう、全人代常務委員会に建議書を提出した

06-54	04/27/06	9下	2006年司法考試大綱變化情況綜述——北京萬国學校司考團隊	2006年司法試験大綱の変化についての総括　北京万国学校司法試験団隊
06-55	05/09/06	1下	司法考試培訓班招生	司法試験予備校　受講生募集
06-56	05/10/06	11中上	律師談增加“拖欠勞動薪酬罪”	律師が「労働報酬遅延罪」の増加について述べる
06-57	05/10/06	11中下	我看“拖欠勞動薪酬罪”	私の考える「労働報酬遅延罪」
06-58	05/11/06	1下	司考培訓班招生	司法試験予備校　受講生募集
06-59	05/17/06	11全面1	共敘十年情　重温百年夢——第三屆中国青年律師論壇側記	共に10年の苦労を語り、100年の夢を思い出そう　「第３回中国青年律師フォーラム」レポート
06-60	05/17/06	11全面2	也説律師榮辱觀	律師の栄辱観念について
06-61	05/17/06		律師事務所廣告	律師事務所の広告
06-62	05/22/06	2中下	北京律協“農村律師事務專業委員會”成立	北京律師協会、「農村律師事務専門委員会」を設立
06-63	05/24/06	11中上	律師辦理群體性案件有章程	律師が集団性案件を処理する際の規定を公布
06-64	05/24/06	11中下	在夾縫中生存的年輕律師	狭い隙間の中で生きている青年律師
06-65	05/28/06	1右中	保護未成年人權益代表律師的社會良心　首屆25名特殊貢獻律師評出	未成年の権益を保護することが、律師の社会的良心を示している　第１回特別貢献律師に25名が選出される
06-66	05/31/06	11中上	讓我們為你撐起一片晴空——全国未成年人保護專業委員會紀事	私たちはあなたの為に青空を支えます　全国未成年保護専門委員会の記事
06-67	05/31/06	12全面1	廣東省律師協會緊跟時代歩伐　深化法律服務為“十一五”規劃保駕護航	広東省律師協会は時代とぴったり歩調を合わせる　法律サービスを強化し第11期５ヶ年計画の船出を保護する
06-68	05/31/06	12全面1	服務大局　促進律師業新發展	法律サービスの大局　律師業の新しい発展を促進する
06-69	05/31/06	12上左	賦予農民工平等勞動權	農民工に平等な労働権を与える
06-70	05/31/06	12中	法治是構建和諧社會的基石	法治は調和社会を築く礎である
06-71	05/31/06	12全面2	穩定是人民最高利益所在	安定こそが人民の最高利益
06-72	05/31/06	12中下	為解決欠薪提供有力司法救濟	未払い賃金問題を解決するため有力な司法救済を提供する
06-73	05/31/06	12右下	保障人權　完善權益保障機制	人権の保障　権益保障システムを整備する
06-74	06/03/06	1上	今年司法考試9月16日至17日舉行　採用網上預報名和現場報名　在香港澳門分設考區考場	今年の司法試験は９月16日～17日に実施　WEB出願及び窓口出願を採用　香港、マカオに地方試験区・試験会場を開設

06-75	06/03/06	2上	中華人民共和国司法部公告（第55號）	中華人民共和国司法部公告（第55号）
06-76	06/03/06	4全面1	中華人民共和国司法部国家司法考試辦公室公告	中華人民共和国司法部国家司法試験事務室公告
06-77	06/03/06	4全面2	司法考試培訓班招生	司法試験予備校　受講生募集
06-78	06/07/06	9中中	平凡律師周健	平凡な律師、周健
06-79	06/07/06	11中上	上海律師告律師　不找法院找律協	上海市律師協会が新規則を試行　律師が律師を提訴するなら、法院でなく律師協会へ
06-80	06/07/06	11中下	集團化律所重在科學管理	発展する法律事務所グループは、科学的管理を重視
06-81	06/08/06	2中下	“農民律師”康世珍	「農民律師」康世珍
06-82	06/08/06	5上	天山區法院為律師取證撐腰　首次給律師簽發執行調査令	天山区法院は律師の証拠集めを後押し　初めて律師に執行調査令を発行
06-83	06/13/06	3上	越來越不適應時代的消費者權益法律規定有望山東改版　人大委託律師所擬稿堪瞻目	時代のニーズに合わなくなってきた消費者権益法律規定を山東省にて改版の見込み　人民代表大会が律師事務所に起草を委託したことは注目に値する
06-84	06/13/06	3中	鄭州市人大向社會公開招標法規代擬稿　律師事務所走向立法前台	鄭州市人代は法規の代理起草を公開募集　律師事務所が立法の表舞台へ
06-85	06/14/06	5右中	深圳為刑辯律師鬆綁	深圳市は刑事弁護をする律師の足かせを緩めた「律師の刑事訴訟中の業務執行権を保障することに関する若干の規定」
06-86	06/15/06	2中中	北京開始司法考試網上預報名　相關負責人稱考生信息絕不可能外洩	北京で司法試験WEB出願受付を開始　関係責任者は、受験生の情報を決して外に漏らすことはないと発言
06-87	06/15/06	2中中	律師參與引導涉法上訪進入法律程序　呉忠市信訪走出不信法怪圈	法律に関わる陳情を律師が法律手続に導く寧夏回族自治区呉忠市の「信訪」（投書・陳情制度）が、法律不信の悪循環から脱出
06-88	06/15/06	11右	2006年司法考試“三国法”考前複習指要	2006年司法試験「三国法（国際公法、国際私法、国際経済法）」試験直前復習要旨
06-89	06/20/06	6中下	高速公路不高速　照常收費不應該　一律師狀告“東北高速”	高速道路が「高速」でないのに通常料金では不適切　一律師が東北高速を告訴
06-90	06/20/06	7左下	首例狀告公安查驗身份證案已受理　律師較真警察驗證程序	公安機関の違法な身分証確認検査の案件が初めて受理される　律師が警察の検証手続をとことん突き詰める
06-91	06/22/06	12全面1、2	服務社會大眾　弘揚法治精神——六屆全国律師協會換屆以來紀事	社会大衆の為に服務し、法治精神を発揚する第６期全国律師協会、第６期交替以来の出来事

06-92	06/26/06	4左中	全球第二大律所北京代表處成立	世界第２位の律師事務所が北京代表事務所を設立
06-93	06/28/06	10中上	律師法兼顧管理和保護律師的重任	律師法改正案、律師の重責の管理及び保護の双方を重視
06-94	06/28/06	10中下	“坐”案子與好律師的標準	事件に「座す」ことと良い律師の基準
06-95	06/29/06	2中下	北京：社區律師費可打五折 幾年來全国數以萬計的律師走入社區和基層	北京：地域住民自治組織（社区）では律師の料金は最大５割引　数年来、全国で数多くの律師が社区や基層部に進出
06-96	07/04/06	5右上	法官為律師發出調查令	法官が律師に史上初の調査令を発令
06-97	07/05/06	10中中	律師執業三境界	律師業の三境地
06-98	07/07/06	2上	我国律師要成為社會主義榮辱觀的實踐者和推動者	我が国の律師は社会主義の栄辱観の実践者かつ推進者にならなければならない　司法部副部長・趙大程
06-99	07/08/06	2右中	湖南農民工可直接到律師所尋求法律救済	湖南の農民工は、法律救済を求めるとき、直接律師事務所に出向けばよい
06-100	07/11/06	1右上, 2中下	中華全国律師協會成立20周年座談會提出：用社會主義法治理念推動律師業發展	中華全国律師協会設立20周年座談会での提案：社会主義法治理念でもって律師業の発展を推し進める
06-101	07/11/06	5中上	首次追究房貸審査失職律師刑責	住宅ローンの審査において、職務上の過失があった律師に対し、初めて刑事責任を追及
06-102	07/12/06	10中上	青年律師的愛與哀愁	青年律師の愛と哀愁
06-103	07/12/06	10中下	律師名片到底印什麼	律師の名刺には、結局何を載せるべきか
06-104	07/12/06	12全面1	牢固樹立社會主義法治理念推進中国律師事業全面發展(熱烈慶祝中華律協成立二十周年)	確固たる社会主義法治理念を樹立し、中国律師事業の全面的発展を推進する（中華律師協会設立20周年を心から祝福する）
06-105	07/12/06	12全面2	人大副委員長顧秀蓮、司法部部長呉愛英、中華全国律師協會會長于寧在會上發表講話	人代副委員長・顧秀蓮、司法部部長・呉愛英、中華全国律師協会会長・于寧が、会議において発表した談話
06-106	07/19/06	10中上	律師　道義和生存的艱難選擇——訪中華全国律師協會副會長、江蘇律協會長王凡	律師　道義か生存か、難しい選択　中華全国律師協会副会長兼江蘇律師協会会長・王凡
06-107	07/19/06	11中下	讓誠信成為律師的習慣	誠実と信用を律師の習慣とする
06-108	07/23/06	2左中	北京2.4萬人報名參加国家司法考試	北京で２万4000人が国家司法試験に出願
06-109	07/26/06	10中上	愿律師在博客平台上勁舞	律師にブログという舞台の上での活躍を望む
06-110	07/26/06	10中下	網絡私刑與律師博客	ネット上での吊し上げと律師のブログ
06-111	07/26/06	11右上	常熟市検察院推行律師風險代理申訴	江蘇省常熟市検察院は律師のリスク代理告訴を推進

06-112	07/28/06	2左中	年底前全面督察問題律師所及律師	年末までに、問題のある律師事務所及び律師の全面的監督査察を行う
06-113	07/28/06	2左中	社區有了法律事務助理　北京東城區百名律師進社區啓動	地域住民自治組織（社区）には法律事務の補助あり　北京東城区の100名の律師、地域住民自治組織（社区）にて始動
06-114	08/02/06	10全面1	律師質疑“天價滯納金”	律師、「超高額滞納金」に疑問を呈す
06-115	08/02/06	10全面2	“天價滯納金”與“合法”行政行為的合理性	「超高額滞納金」と〝合法〟な行政行為との合理性
06-116	08/03/06	5上	律師向法院申領調查令有依據　莆田法院推出《民事證據調查令實施規則》	律師が法院に調査令を申請受領するのには根拠がある　福建省莆田市人民法院、「民事証拠調査令実施規則」を公布
06-117	08/03/06	10中	關於律師事務所文化建設的幾點思考	律師事務所の文化建設について思うこと
06-118	08/04/06	1上	今年司考報名考生達27.8萬余人　四年來有近百萬人報名　近十萬人通過考試	今年の司法試験出願者数は27万8000人余りに達し、この4年で100万人近くが出願、10万人近くが合格している
06-119	08/06/06	2右上	在国家司法考試制度研討會上專家指出：當前司考制度與法學教育正處於衝突與互動期	国家司法試験制度研究討論会で専門家が指摘：現在の司法試験制度と法学教育は、まさに衝突し、互いに作用しあう過程にある
06-120	08/07/06	1中下	在国家司法考試制度研討會上專家指出：法學本科教育不會取消	国家司法試験制度研究討論会で専門家が指摘：法学本科教育は廃止してはならない
06-121	08/09/06	10全面1	律師再説“天價滯納金”	律師の意見再び「超高額滞納金」
06-122	08/09/06	10全面2	“天價滯納金”的制度特徵與制度成本	「超高額滞納金」制度の特徴と制度コスト
06-123	08/16/06	9中中	傾心法律援助的律師丁強	法律援助に心を傾ける律師・丁強
06-124	08/16/06	11左中	茶陵法律援助服務農村建設	湖南省茶陵県の法律援助　農村建設に邁進
06-125	08/16/06	11左中	上海律師援建西部希望小學	上海の律師、募金により西部の希望小学校建設を援助
06-126	08/17/06	10全面1	法官與律師：呼喚尊重與和諧	法官と律師：尊重と調和を呼びかけ
06-127	08/17/06		司法考試應當專業化	司法試験は専門化すべき
06-128	08/17/06	10全面2	司法行政化：法官與律師兩者畸形關係産生的重要原因	司法行政化：法官と律師、両者のいびつな関係が生ずる重大な原因
06-129	08/23/06	10中上	律師有底薪不是件容易的事	律師に基本給を保障するのは、簡単なことではない
06-130	08/23/06	10中下	政府應該帶頭支付律師費	政府は率先して律師費用を払うべき
06-131	08/30/06	10中上	律師眼中的公益訴訟	律師の眼から見た公益訴訟
06-132	08/30/06	10中下	最值得我榮耀的一件事	私が最も名誉に値すると思うこと 安徽省天長市律師協会の設立

06-133	08/31/06	8上	中国法律援助現状調査	中国法律援助現状調査
06-134	09/03/06	1左中	聴證會解決“電麻木”（電麻木即載客營運三輪摩托車）	公聴会で「電麻木（客を乗せ営業する三輪オートバイ）」問題を解決
06-135	09/04/06	8全面 1、2	農民工討薪路程終於變短了 最高院有關人士詳解“憑欠條直接起訴”規定出台背景	農民工が未払い賃金を取り返す道のりが短くなった 最高人民法院の関係者が「借用書による直接起訴」の規定を打ち出した背景を詳説
06-136	09/06/06	10上	沒錢照様挑律師——記廣州法律援助推行“點援制”	お金がなくても律師を選べる 広州の法律援助は「指名援助制」を推進
06-137	09/06/06	10左中	律師文化與企業文化之我見	「律師文化と企業文化」についての私見
06-138	09/07/06	10右	司法考試專業化的利與弊	司法試験専門化の利点と弊害
06-139	09/13/06	2左中	中国法律援助基金會轉贈専項基金 老年人法律援助項目啓動	中国法律援助基金会が専門基金を拠出 老人法律援助プロジェクト始動
06-140	09/14/06	5中下	交完錢出門時還要被超市強行檢查一遍才能走 山東一律師状告超市“強檢門”侵權	スーパーで買い物を清算し帰ろうとしたが、再度強制検査を受けなければ帰ることができなかった 山東の一律師がスーパーの「強制検査ゲート」による権利侵害について提訴
06-141	09/17/06	1左上	2006国家司法考試16日開考	2006年国家司法試験は16日に開幕
06-142	09/17/06	2上	法律職業夢想從這裡啓航——第五次全国司法考試側記	法律職業への夢はここからはじまった 第５回全国司法試験レポート
06-143	09/17/06	2左中	各地司考進行時（陝西、重慶、香港、新疆、内蒙古）	司法試験が行われている時、各地では…（陝西、重慶、香港、新疆、内モンゴル）
06-144	09/17/06	2左下	大連加強司法考試保密工作	大連、司法試験の秘密保持を強化
06-145	09/18/06	1右中	司考試題18日零時公布 試題參考答案異議專區開通	司法試験問題は18日０時に発表 試験問題参考答案異議受付専門サイトも開通
06-146	09/18/06	5全面 1、2, 6全面 1、2	2006年国家司法考試試題（試卷一）	2006年 国家司法試験試験問題 （一）
06-147	09/19/06	6全面 1、2	2006年国家司法考試試題（試卷二）	2006年 国家司法試験試験問題 （二）
06-148	09/20/06	5全面 1、2, 6全面 1、2	2006年国家司法考試試題（試卷三）	2006年 国家司法試験試験問題 （三）
06-149	09/20/06	10右上	所内競爭 一種不正常的競爭	事務所内競争 何ともおかしな競争
06-150	09/20/06	10右下	律師如何處理與委託人的關係	律師は依頼人との関係をどのように築いたらよいか

06-151	09/21/06	5上	廣東省高級法院立執行新規 側重以債務人為責任中心 “老賴” 須申報財産法官必實地核査	広東省高級法院は執行新規則を制定　以前は債務者を責任の中心と偏重「しらばっくれる人たち」も財産を申告しなければならず、法官が必ず実地調査を行うことに
06-152	09/21/06	6全面上	2006年国家司法考試參考答案	2006年　国家司法試験参考答案
06-153	09/21/06	6全面2	2006年国家司法考試試巻分析	2006年　国家司法試験試験問題分析
06-154	09/21/06	11全面1	廣東律協十年：規範發展 改革創新	広東省律師協会の10年：規範は発展し、常に改革刷新してきた
06-155	09/21/06		進一歩轉變政府職能　引領律師業有序發展	政府の機能のさらなる転換を　律師業の秩序ある発展を待ち望む 広東省司法庁副庁長・馬軍港のインタビュー
06-156	09/21/06	11全面2	廣東省律協十年大事記	広東省律師協会この10年の年代記
06-157	09/23/06	1左上	用社會主義法治理念指導政法工作	社会主義法治理念でもって政治法律事業を指導する
06-158	09/23/06	1左中	提高司法合作水平推動地區持久和平	司法協力水準を高め、地区の恒久平和を推進する
06-159	09/23/06	1中下	建設管理工作並重　推動司法所全面發展	建設、管理、業務を全て重視し、司法所の全面的発展を推し進める
06-160	09/23/06	2中	推動司法所建設又快又好發展	司法所の建設の迅速で素晴らしい発展を推し進める
06-161	09/25/06	1右中	第六屆中国律師論壇閉幕	「第６回中国律師フォーラム」閉幕
06-162	09/25/06	2全面1、2	加強法治宣傳教育　推進知識産權保護——知識産權法制宣傳教育論壇發言摘登	法治宣伝教育を強化し、知的財産権保護を推し進める「知的財産権法制宣伝教育フォーラム」での発言摘録
06-163	09/27/06	10上	律師與法官的対視	律師と法官の相手に対する評価
06-164	09/27/06	10中	也談律師的專業化問題	律師の専門化問題について
06-165	09/29/06	1上, 5左下	譲法律的陽光温暖貧弱者——記全国法律援助先進個人趙玉中	法律の陽射しで弱者を暖める　全国法律援助の模範人物・趙玉中の記録
06-166	10/02/06	2中下	京冀律師積極參與信訪效果不錯　律師坐堂信訪辦“把脈化淤”	北京及び河北省の律師が積極的に「信訪」(投書・陳情制度）に参加し、効果を発揮　律師は「信訪」に対応し、「脈を測りうっ血を取る」ように、事件を解決
06-167	10/02/06	2左中	江蘇鎮江百名律師送法進千村(社區)	江蘇鎮江市で百名の律師を1000の村地域住民自治組織（社区）へ送るプロジェクトが正式始動
06-168	10/10/06	6右中	管理商擅自關網站律師所法院討説法	管理業者に勝手に事務所のサイトを閉鎖されてしまった新疆の律師事務所が、法院に説明を求めた
06-169	10/11/06	9下	維護法律尊嚴　無私奉獻社會——記全国優秀律師王廣仁	法律の尊厳を擁護し、無心に社会に奉仕する全国優秀律師・王広仁の記録

06-170	10/11/06	10中	為何“調查令”有“令”難行	「調査令」というのに何故「命令」を実行するのが難しいのか
06-171	10/11/06	10中下	律師如何防範來自委託人的風險	律師は依頼人よりもたらされるリスクをどのように防げばよいのか
06-172	10/14/06	3上	“律師在線”亮相全軍政工網	律師オンラインが「全軍政工網」上に開設
06-173	10/15/06	1左	安徽千名律師參與各級信訪工作　五千條建議化解近千條難題	安徽省の1000名の律師が各級の「信訪工作」（投書・陳情制度）に参与　5000件の法律意見を提供し、1000件近くを解決
06-174	10/18/06	10左上	專家律師剖析首例空難汚染賠償案	専門家の律師が初の飛行機事故汚染賠償事件について徹底分析
06-175	10/24/06	8下	流動法庭注脚和諧社會司法保障	巡回法廷の注釈が調和社会の司法保障
06-176	10/25/06	3左下	上海一律師提供法援被群毆	上海の一律師が法律援助を提供し大勢の輩に殴られた
06-177	10/25/06	10中下	北京律師所兩極分化嚴重	北京の律師事務所は両極化が激しく進んでいる
06-178	10/27/06	8全面1、2	中華人民共和国司法部公告（第57號）	中華人民共和国司法部公告（第57号）
06-179	10/28/06	4全面1、2	中華人民共和国司法部公告（第57號）	中華人民共和国司法部公告（第57号）
06-180	10/29/06	1中中	刑辯律師義務諮詢活動全国展開	刑事弁護の律師、ボランティア相談活動を全国で展開
06-181	10/29/06	4全面1、2	中華人民共和国司法部公告（第57號）	中華人民共和国司法部公告（第57号）
06-182	10/30/06	7全面1	中華人民共和国司法部公告（第57號）	中華人民共和国司法部公告（第57号）
06-183	10/30/06	7全面2	中華人民共和国司法部公告（第58號）	中華人民共和国司法部公告（第58号）
06-184	10/31/06	12全面下	中華人民共和国司法部公告（第58號）	中華人民共和国司法部公告（第58号）
06-185	11/01/06	9下	巾幗律師展風采——記浙江省寧波市優秀女律師范雲（上）	品格のある女性律師　浙江省寧波市の優秀な女性律師　範雲（上）
06-186	11/01/06	10中上	律師計時收費走到前台	律師費用は時間による料金計算が主流に
06-187	11/01/06	10中下	法院給律師簽發調查令的冷思考	法院が律師に調査令を発行することに関する冷静な思索
06-188	11/04/06	1左上,2下	第三屆中国——東盟自由貿易區法律事務論壇在南寧舉行　共建法律事務合作機制	「第３回中国-ＡＳＥＡＮ自由貿易区法律事務フォーラム」、南寧で開催　共同で法律事務の協力システムを構築する
06-189	11/04/06	4中下	律師法修訂草案送審稿已報送国務院	律師法改正草案は審査のため既に国務院に提出済み

06-190	11/08/06	9下	巾幗律師展風采——記浙江省寧波市優秀女律師范雲(下)	品格のある女性律師　浙江省寧波市の優秀な女性律師　範雲（下）
06-191	11/08/06	10中上	中国律師如何面対豪華“夜宴”	中国の律師は豪華な「パーティー」にどのように対応していくのか（中国法律市場の発展の華やかさを「パーティー」に例えたもの）
06-192	11/08/06	10中下	律師向誰辯護誰來傾聽	律師は誰に向かって弁護し、誰が耳を傾けるのか
06-193	11/15/06	2左下	為在押黒悪勢力團伙首犯捎信　安徽一律師受罰停業一年	立場を利用して勾留中の犯罪者集団の主犯に手紙をことづけた安徽省の一律師が、営業停止１年の処罰を受けた
06-194	11/15/06	9下	參政律師盡心履責——記上海市政協常委、建瑋律師事務所主任朱樹英	参政律師、心を尽くして職責を履行する　上海市政治協商常務委員、建瑋律師事務所主任・朱樹英
06-195	11/15/06	10中上	養路費之爭成為普法大課堂	道路補修費用の争いが法律普及の大教室に
06-196	11/15/06	10中下	也談律師文化的内涵和外延	律師文化の内包と外延について
06-197	11/16/06	1左下	京港律師法律交流研討會在港召開	「北京と香港の律師の法律交流シンポジウム」が香港にて開催
06-198	11/16/06	8全面1、2	維護當事人合法權益遭誤解　稍有不慎可能面臨巨額賠償或身渉刑責　艱辛與困惑平添律師執業風険	当事者の合法権益を擁護すると誤解に遭い、ちょっとした不注意で巨額な賠償請求や刑事責任を問われるかもしれない　艱苦と困惑　律師の業務上のリスクは自然と増加する
06-199	11/16/06	8全面2	機票代理監管遭質疑	飛行機チケット代行購入の監督管理に疑問
06-200	11/19/06	2中下	環保總局和全国律協有關部門共同提出：律師要積極參與環保維權訴訟	環境保護総局と全国律師協会の関係部門が共同で提案：律師は積極的に環境保護の権利を守る訴訟に参与すべき
06-201	11/21/06	9全面1	中国律師開始深度介入美国337調査	中国の律師、米国337調査に深く介入を始める
06-202	11/21/06	9全面2	“律師函”被控侵犯他人聲譽權——北京一律師所走上被告席	「律師の書簡」が他人の名声を侵害したとして訴えられた　北京の一律師事務所が被告席へ
06-203	11/21/06	10中	律師發函制止不正當競爭是否構成侵權	律師が書簡を送り不当競争を阻止した場合、権利侵害を構成するか
06-204	11/22/06	1左中	国家司法考試成績今天公布	国家司法試験の成績、本日発表
06-205	11/22/06	1中下	誠信自律　律師業生存之本	誠実と信用をもって自律することが、律師業が生き残るための基本となる
06-206	11/22/06	2左中, 7中下	中華人民共和国司法部国家司法考試辦公室公告	中華人民共和国司法部国家司法試験弁公室公告
06-207	11/22/06	7中上	“以個人的名義”辦個律所	「個人の名義で」律師事務所を開設
06-208	11/22/06	7中下	律師事務所文化建設的“三點支撑”	律師事務所の文化建設の「３つの柱」

06-209	11/23/06	9中中	律師協會管理模式探析	律師協会管理モデルの探求分析
06-210	11/26/06	1左中	全国律所達1.2萬個執業律師12萬人　代理案件是“訴訟員”參與信訪成“調解員”	全国律師事務所の数は12000、執務律師は12万人に　代理案件は「訴訟員」であり、「信訪」（投書・陳情制度）に参与すると「調停員」となる
06-211	11/26/06	1左下	福建600律師投身農民工法援	福建の600名の律師が、農民工の法律援助に献身
06-212	11/29/06	9下	扶貧済困顯真情――記廣東深寶律師事務所黄振輝	貧しい人を援け、困った人を救済し、その真心を示す　広東深宝律師事務所・黄振輝
06-213	11/29/06	10中上	羊城律師參政議政有為有位	広州の律師が数多く参政しているのは、見込みも有れば地位も有るから
06-214	11/29/06	10中下	律師為何要改行檢垃圾	その律師は何故律師を辞め、「ごみ拾い」になったのか
06-215	11/29/06	11右中	深圳寶安律師挂點進駐社區	深圳市宝安区の律師、「法律を社区へ」を実践するため、各社区（地域住民自治組織）に登録律師を常駐させる
06-216	12/04/06	8全面1、2	司考苦與樂　艱辛但充滿希望	司法試験は苦あれば楽あり　つらく苦しいけれども希望に満ちている
06-217	12/05/06	2中下	湖北律協首次選出監事會	湖北律師協会、初めて監督理事会の役員を選出
06-218	12/06/06	6左	誰來挑戰房貸律師費霸王條款	住宅ローン律師費用という専制的な条項に、いったい誰が挑戦してくれるだろうか 北京消費者協会は消費者の訴えを支持すると表明
06-219	12/06/06	10中上	律師收費制度改革任重道遠	律師費用の制度改革は重大な任務であるが、道のりはまだ遠い
06-220	12/06/06	10中下	我們期盼和追求怎樣的律師文化	我々が期待し追求しているのは、どのような律師文化なのか
06-221	12/09/06	2上	廣州律協給律師買執業責任險	広州律師協会は、律師のための執務責任保険に加入　事故１件当たり最高保険金額800万元
06-222	12/12/06	8右下	律師執業風險責任期待明確判斷標準	律師の業務執行リスクの責任に対し、明確な判断基準が望まれる
06-223	12/13/06	9下	躋身高端搏風雲――記協力律師事務所主任游閩鍵	トップレベルに身をおき風雲の機を捉える協力律師事務所主任・遊閩鍵
06-224	12/13/06	10中上	收取購房律師費是霸王條款	住宅購入の際の律師費用の徴収は、専制的な条項である
06-225	12/13/06	10中下	律師事務所的最大資源是什麼	律師事務所の最大の資源は何か
06-226	12/14/06	1右下	全国律協完善行業准入制度實習律師將由律協全面組織管理	全国律師協会は業界への加入許可制度を整備し、律師の修習は、律師協会が全面的に組織管理を行う
06-227	12/17/06	1左中	京口法院為律師簽發法院調査令	江蘇省鎮江市京口区法院は律師に調査令を発行

06-228	12/20/06	1左上	天津市北辰區検察院實行陽光提訊　律師旁聴検察官提訊犯罪嫌疑人	天津市北辰区検察院は温情取調べを実施　律師は検察官の犯罪被疑者の取調べを傍聴可能に
06-229	12/24/06	1中下	中国：206縣無律師	中国：206県で律師ゼロ
06-230	12/24/06	7全面1、2, 8全面1、2	中国：206縣無律師　律師與基層漸行漸遠的困惑	中国：206県で律師ゼロ　律師と基層部が進めば進むほど却って遠ざかる、という困惑 司法試験の合格基準緩和措置など対策は立てているが、地方で開業したがらない律師が増加している
06-231	12/25/06	5中中	12年前輸血染艾滋　法援律師相助獲賠償	12年前の輸血でエイズに感染　法律援助律師の助力で損害賠償獲得

記事番号	掲載日	掲載面・位置	見出し（中国語）	内容要約
07-1	01/04/07	3全面1、2	方正杯2006年中国十大影響性訴訟初選案例	「方正杯第1回2006年中国でインパクトの強かった訴訟はなにか」投票の結果20件
07-2	01/02/07	5上	監督法實施首日廣東律師向有關部門呼籲“同命同價”	監督法が施行された初日、広東省の律師が「同じ命、同じ値段」の原則を関係部署に呼びかけた 今の法律によれば人身損害賠償金は都市の住民が農村住民の3.15倍（広東省例として）とされている
07-3	01/02/07	5右	律師建議為何這麽多	なぜこんなにも多い、律師からの提案
07-4	01/11/07	2左上	法援律師按公務員管理	重慶では法律援助をつとめる律師について公務員として管理せよ
07-5	01/12/07	2中中	司法部採取政策傾斜辦法 鼓勵律師、公證員進西部	律師、公証員が西部で働く意欲を持つために、司法部が優遇政策を取る
07-6	01/14/07	8左	律師風雲榜	律師風雲児ランキング (1)董緒公、一瀬敬一郎律師：「成都大爆撃」の被害者が対日賠償を請求した案件　(2)黄曉、陶鑫良律師：漢図文化伝播有限會社と著者韓寒の印税紛争事件双方の代理律師　(3)宋紹富、冷光強律師：「奥美定」（美容整形）被害者が賠償を請求した案件の代理人律師　(4)湖南省法律援助律師団：法律援助の力で2006年1年で出稼ぎ農民工達の8000万元あまりの経済損失を挽回した　(5)梁固本律師：キャノンカメラの品質、アフター・サービス問題事件
07-7	01/14/07	8右上	他們為“壞人”辯護	「悪人」のために弁護をした律師達
07-8	01/14/07	8右下	一個擁有5個中級法院的城市重慶	中級法院が5ヶ所もある都市　重慶市

07-9	01/14/07	14左	訓練學生像律師那様思考——記第四屆“理律杯”全国高校模擬法庭競賽暨學術研討會	生徒達が律師と同じように思考することができるようになるのを訓練するのが目的である　第４回「理律杯」全国大学模擬法廷コンテスト及び学術シンポジウムについての記事
07-10	01/16/07	6全面1、2	“方正杯2006年中国十大影響性訴訟”評選揭曉	「方正杯第１回2006年中国でインパクトの強かった訴訟はなにか」の投票結果が発表された (1)B型肝炎ウイルス感染者を就業差別する案件　(2)交通事故に遭った少女が飛行機搭乗を拒否され、緊急治療が遅れたため右足の切断を余儀なくされた案件　(3)邱興華殺人事件：11人を殺害、死刑判決を言渡された　(4)チチハル第二製薬会社が生産した注射剤を使用後死者が多数出た案件　(5)阜陽法官腐敗案件　(6)消費者李剛が全国歯予防組織を控訴した案件　(7)上海社会保険基金案件　(8)薬物監督管理局高官失脚案件　(9)「奥美定」（美容整形）被害者が賠償を請求した案件　(10)南方証券株式有限公司破産案件
07-11	01/16/07	7全面1、2	法律專家眼中的十大影響性訴訟	法律の専門家が見たインパクトの強かった10大訴訟
07-12	01/19/07	1右下	全国律師文化建設座談會提出：培育和發揚律師執業精神	全国律師文化建設座談会が「律師の倫理規範を育て、発揮させる」と指摘した
07-13	01/21/07	9上	代理律師披露如何在美国“打”程序　中国維C産業打贏海外反壟斷第一案	東北製薬代理律師が披露：米国で中国のビタミンC企業が如何に海外反独占案件で勝訴したか
07-14	01/21/07	14左上	司考大門不宜向非法律本科學歴者敞開	非法律系大卒者に司法試験の受験資格を与えるのは適切ではない
07-15	01/22/07	3上	洋律師行挺進　内地香港聯手抗衡	外国の律師事務所が中国に進出　大陸と香港が手を組んで対抗する
07-16	01/24/07	6上	強迫消費者交付律師費的做法不公平北京三部門聯合公告：房貸律師費施行八年終取消	消費者に律師費用を押しつけるのは不公平である　北京の３部署が共同公告：不動産ローン律師費用の施行が８年後に廃止となった
07-17	01/25/07	2中上	安徽首位公益律師上崗	安徽省初の公益律師が弁護業務をはじめた これからの３年間は未成年者法律保護の専門職に従事
07-18	01/27/07	1下	義利博弈中律師豈能壁上觀	（不動産ローン律師費用を消費者に押し付けることについて）正義と利益に直面する時、律師が傍観すべきではない
07-19	01/28/07	5全面2	引渡　正在編制的全球追逃網	身柄引き渡し　世界中で張り巡らされている逃亡者を逮捕するネットワーク

07-20	01/28/07	14左上	從知名律師到知名學者——記貴州師範大學法學院院長徐家力博士	著名な律師から有名な学者になるまで　貴州師範大学法学院院長徐家力博士についての記事
07-21	01/31/07	1左下	北斗星培訓學校　司法考試班招生	北斗星養成学校　司法試験対策クラスが受講生募集
07-22	01/31/07	5左上	藍田縣檢察官訊問嫌疑人請辯護律師到場監督成制度 訊問筆録上必須有律師簽名	藍田県では、検察官が被疑者を取り調べる際、律師が同席の上監督をすることが制度になっている　調書に律師が必ず署名をしている
07-23	02/04/07	2中	單位自建住房規劃是關鍵	会社が自ら住宅を建てる時、計画を立てるのが肝心である
07-24	02/04/07	8左	中国律師風雲榜	中国律師風雲児ランキング (1)日中の律師は中国人戦争被害者の賠償請求事件について国際法学者の協力を呼びかける (2)姚焯耀律師：安徽省で初めての公益律師 (3)朱奕禧、邱寶昌律師：エスカルゴ（リンゴマイマイ）を食べ広東住血線虫症を発症したという事件の律師　(4)楊崇玲律師：出版社が作者の許可を得ず無断で世博園（万博会場）のガイド図を使用出版したという訴訟案件の律師　(5)祝鵬律師：北京京鉄不動産開発公司元副社長汚職案件の担当律師
07-25	02/05/07	1左上	擔任各級人大代表政協委員約佔律師總人數的1% 廣州律師凸顯參政議政水平	約１％の律師が各級の人民大会代表か政治協商会議代表を勤めている　広州の律師に政治参加と政治参画が表れている
07-26	02/11/07	8左	中国律師風雲榜	中国律師風雲児ランキング (1)王麗律師：板床材特売と特許案件担当　(2)王乃龍律師：替え玉受験で除籍された大学生が母校を法院に提訴した案件担当　(3)付學軍、寧振国律師：食中毒賠償案件担当　(4)瀋陽千人の律師が投書、陳情接待室で順番に当直(5)天津市の徐鴻雁律師、中韓友好大使に
07-27	02/12/07	4左下	女律師出境游札記	女性律師の外国旅行記
07-28	02/15/07	1右中	法律援助去年惠及12萬農民工	農民工12万人が去年法律援助の恩恵に預かった
07-29	02/16/07	8右下	法律援助助力討薪　烏市開啓緑色通道	法律援助の力で給料を回収　ウルムチ市がグリーンチャンネル（優先ルート）を開通
07-30	02/24/07	1左上	湖北律師四年整頓走出信譽冬天	湖北省の律師業界が整理整頓に4年間をかけ、信用回復に務めた
07-31	02/27/07	6左中	承諾司考不過返學費　學員起訴法院判支持	司法試験に不合格なら学費を返還する約束だった　受験生が起こした訴訟に法院が支持する判決を出した
07-32	03/02/07	2中中	安徽省加強律師參與渉法信訪工作 接訪律師不得接受委託代理	律師が「信訪工作」（投書・陳情制度）に関与することを安徽省が強力に進める「信訪」を受け付けた律師は委託代理を受けてはならない

07-33	03/04/07	3右下	緩刑的現實意義	執行猶予の現実的な意義
07-34	03/05/07	2中中	全国律協召開代表委員座談會：律師要真實反映人民心聲	全国律師協会にて代表委員座談会を開催：律師は民衆の心の声を忠実に反映しなくてはならない
07-35	03/05/07	6左下	江西省人民檢察院檢察長孫謙：應制定被害人国家補償法	江西省人民検察院検察長・孫謙：被害者国家補償法を制定すべきである
07-36	03/09/07	5上	人大代表湖北省最高人民法院院長呂忠梅代表：應當重視研究公益訴訟司法實踐	人代代表湖北省最高人民法院院長・呂忠梅：公益訴訟の司法的実践の研究を重視すべきである
07-37	03/14/07	7兩會特刊右中	律師界代表委員共同關注律師法修訂 呼籲依法保障律師執業權	律師業界の代表委員達が律師法の改定に注目をしている　律師が業務執行をする権利を法律で保障することを呼びかけた
07-38	03/18/07	1全面1,3下	死刑複核：対生命的慎重無止境——訪最高人民法院審判委員會委員、刑五庭庭長高貴君	死刑事件の再審：命を慎重に扱うことについては慎重過ぎるということはない　最高人民法院審判委員会委員、刑五廷廷長・高貴君へのインタビュー
07-39	03/18/07	1左	最高人民法院已核准的四起死刑案件	最高人民法院が審査の上に許可を出した４件の死刑事件 (1)2005年安徽省の農民余茂鴿のタクシー運転手強盗殺人事件　(2)2005年江西省の農民趙貴勇の10歳の人質児童殺害事件　(3)2005年安徽省の農民劉世林の強姦致死、強盗致傷事件　(4)福建省の会社運転手李樹木の故意殺人（2人）事件
07-40	03/18/07	1下,3左	一個律師親歷的死刑複核程序	ある律師が自ら経験した死刑事件再審プロセス
07-41	03/18/07	2全面1	呼喚国家刑事補償制度	国家刑事補償制度の登場を待っている
07-42	03/18/07	2全面2	承諾不判賴昌星死刑的標誌性意義	頼昌星が死刑免除を約束されたことにおける象徴的な意義 頼昌星とは1949年以来我が国最大の経済犯罪事件、アモイ「遠華」密輸事件の主犯、事件発覚後カナダへ逃亡した。国際協力で頼昌星を逮捕するのに必要な条件は彼が死刑免除を約束されることである
07-43	03/18/07	3全面1	“二審是死刑案件質量的關鍵”——死刑二審開庭綜述	「二審が死刑案件の質を握る要である」　死刑二審開廷を総合的に論述する
07-44	03/20/07	2中中	北京今年網上公示受處分律師和律所　問題律師網上一查便知	処分をうけた律師及び事務所を北京市が今年からネット上で公表「問題あり」の律師はネットで調べればすぐに分かるようになる
07-45	03/20/07	2全面2	三校名師 ・司法考試	３校の名講師・司法試験対策クラス　受講生募集
07-46	03/20/07	4左下	中国政法大學司法考試學員招生	中国政法大学司法試験対策クラス　受講生募集
07-47	03/23/07	1左下	北斗星培訓學校　司法考試班招生	北斗星対策学校司法試験対策クラス　受講生募集

07-48	03/26/07	2左中	司法廳長與市長"簽約"河北律師公證服務曹妃甸工程拉開帷幕	司法庁長が市長と「契約を結んだ」河北省律師公証業務「曹妃甸プロジェクト」が幕を開けた
07-49	03/28/07	1右下	中国律師刑事辯護培訓中心成立	中国律師刑事事件弁護訓練センター、西北政法大学に設立
07-50	03/28/07	2左下	上海"東方大律師"評選揭曉	上海「東洋の大律師」投票結果が発表され、10名の優秀な律師が選ばれた
07-51	03/28/07	6上	律師申請商標被拒状告商鏢局	申請した商標権を不許可とされたために律師が商標局を相手に訴訟を起こした
07-52	03/29/07	6左下	律師出具證券法律意見不得含糊其詞	近日発布した「律師事務所が証券業務に従事するための管理方法」で明確に規定：証券についての法律コメントに律師は曖昧な言葉を用いてはならない
07-53	04/01/07	8右下	中国律師風雲榜	中国律師風雲児ランキング (1)陳秋林律師：全国初の民政局に対する事故で死んだホームレスの賠償請求事件（却下）の担当　(2)盧子明律師：北京市ボランティアベスト10に入選した　(3)中国律師：中国の労働者の対日賠償請求案件は引き続いて敗訴(4)張松岩律師：張怡寧、王勵勤など有名人も含めて被害者になった19才少女の詐欺案件担当　(5)曾凡栄律師：レストランが消費者に一元の食器消毒費用の徴収は一種の義務転換の権利侵害行為
07-54	04/01/07	8右中	中国勞工対日索賠案接連敗訴	中国の労働者が対日賠償請求を起こした案件は引き続いて敗訴した
07-55	04/03/07	2左上	重慶實施《律師代理勞動教養案件暫行規定》律師可代理勞動教養案件	重慶市で「律師が労働教育案件を代理することについての暫定規定」が施行され、律師が労働教育案件を代理できるようになった
07-56	04/06/07	1下, 7右上	廣州律師：服務民生建言獻策	広州市の律師：民衆の生活についても提案やアドバイスを行う
07-57	04/06/07	6左下	倡導誠信購房　力促交易信息対等　律師導購：置業維權新途徑	誠実で信用のできる不動産購入を提唱する取引情報を平等に公開させ、律師による購入案内をするように：不動産購入時に消費者が権益を守るための新しいやり方である
07-58	04/09/07	2左中	全国律協物權法示範性培訓開講	全国律師協会で物権法の模範を示す訓練が開催される
07-59	04/11/07	3下	北斗星培訓學校司法考試班招生	北斗星対策学校司法試験対策クラスが受講生募集
07-60	04/16/07	1右上	中華全国律師協會就刑訴法修改提出建議：16個方面完善律師辯護制度	中華全国律師協会が刑事訴訟法の改定について提案を出した：16の方面から律師弁護制度を完全なものにする

07-61	04/19/07	2左中	天津大港聘律師當村官　34名律師當上名譽法制副主任	天津市大港区が律師を村の幹部として雇った　律師34人が自ら奉仕的な法律サービスを提供して村の名誉法制副主任になった
07-62	04/20/07	2左下	江蘇啓東解決法援人員不足有新舉　全市律師輪流到法援中心値班	江蘇啓東で法律援助の人員不足問題を解決するのに新しい対策を打ち出した　市の律師全員が順番に法律援助センターで当番律師になる
07-63	04/22/07	1上	環太平洋律師協會第17屆年會在京召開	パンパシフィック律師協会第17回年会が北京で開催された
07-64	04/22/07	4全面1、2	律師在促進亞太地區和諧發展中的作用	アジア太平洋地域の調和のとれた発展を推し進める際の律師の役割
07-65	04/23/07	1左上	呉愛英向環太平洋律師協會第十七屆年會致辭：發揮中国律師在構建社會主義和諧社會中的積極作用	呉愛英がパンパシフィック律師協会第17回年会にて挨拶を述べた：社会主義の調和のとれた社会を構築することにおいて、中国の律師に積極的な役割を発揮させよう
07-66	04/24/07	1左下,2左中	司法部副部長趙大程在第十七屆年會上的主旨演講：推動律師業為促進經済發展構建和諧社會服務	司法部副部長・趙大程が第17回年会にてテーマ演説：律師業を経済の発展を促進するため、調和のとれた社会を作るために発展させよう
07-67	04/27/07	4中下	在法律服務市場競爭中尋求雙贏——環太平洋律師協會第17界年會側記	法律業務市場の競争においてウィン・ウィンを図る　パンパシフィック律師協会第17回年会についての記事
07-68	04/29/07	8下	龐正中律師：“知識産權毎一案都是一本書”	龐正中律師　「知的所有権の案件は案件ごとに１冊の本にできる」
07-69	05/01/07	1上	上海律協為提高律師參政能力做足文章	律師の政治参加能力を高めるために、上海律師協会が強力にサポートをする
07-70	05/09/07	7中下	律師廣告違法律師協會也要管	上海市では律師広告が違法であれば、律師協会が干渉する
07-71	05/10/07	6中下	一律師嚴重失職　保險公司賠付17.5萬元　上海判決首例律師執業責任保險案	ある律師が職責を果たさなかったため　保険会社が賠償金17.5万元を支払った　上海で初の律師業務責任保険事件の判決が出た
07-72	05/11/07	6右下	律師状告阿里巴巴欺詐案蘭州開庭	律師がアリババネットショッピングを詐欺で訴えた案件が蘭州で開廷
07-73	05/13/07	8左上	律師崔武：毎個犯罪嫌疑人都有一種權利	律師崔武：犯罪被疑者にも一種の権利がある
07-74	05/15/07	1左上	司法部證監會聯手《律師事務所從事證券法律業務管理辦法》賦與律師證券市場秩序維護者角色	司法部と証監会が共同で作成した「律師事務所が証券法律業務に従事するための管理方法」で、証券市場において律師に秩序維持者を演じる役割を担わせた
07-75	05/30/07	2上	中華人民共和国司法部公告（第67號）	中華人民共和国司法部公告（第67号） 2007年国家司法試験に関する事項の公告

07-76	05/30/07	4左下	中華人民共和国司法部国家司法考試辦公室公告	中華人民共和国司法部国家司法試験弁公室公告 香港特別行政区とマカオ特別行政区の住民が2007年国家司法試験を受けるための具体的な事項の公告
07-77	06/03/07	8左下	律師是什麼？——司莉和她的律師職業屬性研究	律師とは何か？　司莉と彼女の著書『律師職業の性質についての研究』
07-78	06/05/07	1右上	肖揚在第12屆亞太地區首席大法官會議上強調：司法改革必須堅持符合中国国情	第12回アジア太平洋地域首席大法官会議にて肖揚が強く主張した：司法改革をするときに中国の国情に合わせることを堅持しなくてはなりません
07-79	06/05/07	1左中	国家司法考試今起網上預報名	国家司法試験が本日よりネットにて事前申込みを受け付ける
07-80	06/14/07	2左上	法官與律師關係該怎麼處	法官はどのように律師と付き合えばよいのか 新疆では法官と律師双方が協議するシステムを作り上げた：四半期に一度共同会議を召集する、協議の内容は法律の手続きに焦点をあわせ、訴訟実体に触れないなど
07-81	06/15/07	6左下	律師著書引用案例被控侵權法院判決：侵權不成立	律師が著書中に案例を引用したために知的所有権を侵害されたとして起訴された　法院の判決：知的所有権の侵害は不成立
07-82	06/17/07	8左下	律師宋紹富和他的“巷戰”團隊	北京天壇律師事務所・宋紹富律師と彼のチームは5年前から地域住民自治組織（社区）で法律援助活動を展開している
07-83	06/21/07	2中	法律援助在不斷破題中前行	法律援助は新しい問題を解決しながら前進する 法律援助の律師は専門分野ごとに分ける、事件の調査と処理する経費をより保障する、法律援助異郷提携システムの設立など
07-84	06/24/07	11左上	王雪華：申訴律師要做産業代表人	著名律師王雪華：上訴律師は産業の代表をしなければならない
07-85	06/25/07	1右	“五大措施”嚴把律師監督管理關	「五大措置」が律師の監督管理を厳しくする 律師法改正草案にて律師組織の監督管理を強化するために５つの面で措置をとる
07-86	06/25/07	1右	個人將可申請開辦律師事務所	個人でも律師事務所を開設できるようになる
07-87	06/25/07	1右	律師會見犯罪嫌疑人不被監聽將“入法”	「律師が被疑者に接見するときに会話を盗聴されないこと」がまもなく法律になる
07-88	06/25/07	1右, 7右	律師庭上代理辯護意見不受法律追究	律師は法廷での弁護発言につき、法律で責任追及されない
07-89	06/25/07	7右下	律師法修訂草案擴大律師保密義務範圍	律師法改正草案にて律師の守秘義務範囲が拡大される

07-90	06/28/07	1中下	個人追索海外流失文物第一案在洛陽立案　北京律師訴請一美国男子帰還龍門石窟佛首	海外に流失した文物の返還を個人名義で求めた初めての案件が洛陽で立案された　アメリカ人男性に龍門石窟仏像の首を返還するよう北京の律師劉洋が訴訟を起こした
07-91	07/01/07	8左上	譲律師邁好職業前程第一歩——中華全国律師協會副會長金山專訪	律師達が職業の第一歩を上手に踏み出すために　中華全国律師協会副会長・金山を取材した
07-92	07/02/07	8右下	親歴者説　中国律師制度重建后的28年	中国で律師制度が再建されてから28年経った今　経験者が語った
07-93	07/03/07	2右中	全国律協出台訓練指南和大綱 申請律師職業人員如何接受實務訓練	全国律師協会が訓練手引きとアウトラインを公表　律師を登録を申請するためにどのように実務訓練をするのかを指導する
07-94	07/04/07	5上	中国貨運郵政航空公司原飛行員“跳槽案”開庭　培訓賠償金怎様認定成庭審焦點	中国貨運郵政航空会社の元パイロット「転職案」が審理開始　訓練賠償金をどのように認定するのかが審理の焦点となった
07-95	07/05/07	1左下	北京司考現場報名第一天	北京市司法試験窓口出願受付、第１日目 2067名の受験生が北京司法局で申し込みをした
07-96	07/06/07	1中中, 6中下	司法考試工作要樹立為考生服務理念	司法試験関連業務において、受験生のために奉仕することを理念とすべきであると司法部副部長・趙大程は指摘した
07-97	07/06/07	3左下	六屆全国律協第三次理事會提出：為構建和諧社會提供優質高效的法律服務	第６回全国律師協会第３次理事会：調和のとれた社会を構築するために高品質で効率的な法律業務を提供する
07-98	07/08/07	5上	當律師自己也成為原告和被告	律師自身が原告と被告になった時
07-99	07/09/07	8右下	黨政機關組建律師顧問團台前幕後	党政機関が法律顧問団を成立させた経緯と裏話
07-100	07/15/07	9左	一名律師與8家保險公司的較量	ある律師と保険会社８社の実力比べ 李濱律師は保険会社で勤めた経歴があり、保険訴訟の名手でもあったところ、ある事件の代理をした際、保険会社の専制的条項の発覚により保険会社８社に共同で通報された。李濱律師は保険会社７社を名誉侵害で訴えたが一審で敗訴した
07-101	07/17/07	6全面 1、2	司法鑑定名冊（2006年司法部）	司法鑑定名簿（2006年司法部） 2006年末までに省（区、市）司法庁（局）に法律に照らして登記した法医専門家、物証類、音映像資料類鑑定機構の総公布（北京市、天津市、河北省）
07-102	07/18/07	6全面 1、2	司法鑑定名冊（2006年司法部）	司法鑑定名簿（2006年司法部） 同上（河北省、山西省）
07-103	07/19/07	1右中	日本東京高等法院駁回我国受害者訴求 全国律協等三機構強烈譴責	日本の東京高等裁判所が我が国の被害者による訴えを却下し、全国律師協会など３つの機構がこれを強く非難した

07-104	07/19/07	6全面 1、2	司法鑑定名冊（2006年司法部）	司法鑑定名簿（2006年司法部） 同上（山西省、内蒙古、遼寧省、吉林省）
07-105	07/20/07	6全面 1、2	司法鑑定名冊（2006年司法部）	司法鑑定名簿（2006年司法部） 同上（吉林省、黒龍江省）
07-106	07/21/07	5全面 1、2	司法鑑定名冊（2006年司法部）	司法鑑定名簿（2006年司法部） 同上（上海市、江蘇省、浙江省、安徽省）
07-107	07/21/07	6全面 1、2	司法鑑定名冊（2006年司法部）	司法鑑定名簿（2006年司法部） 同上（安徽省、福建省、江西省）
07-108	07/21/07	7全面 1、2	司法鑑定名冊（2006年司法部）	司法鑑定名簿（2006年司法部） 同上（江西省、山東省）
07-109	07/21/07	8全面 1、2	司法鑑定名冊（2006年司法部）	司法鑑定名簿（2006年司法部） 同上（山東省、河南省）
07-110	07/22/07	13全面 1、2	司法鑑定名冊（2006年司法部）	司法鑑定名簿（2006年司法部） 同上（河南省）
07-111	07/22/07	14全面 1、2	司法鑑定名冊（2006年司法部）	司法鑑定名簿（2006年司法部） 同上（河南省、湖北省）
07-112	07/22/07	15全面 1、2	司法鑑定名冊（2006年司法部）	司法鑑定名簿（2006年司法部） 同上（湖北省、湖南省）
07-113	07/22/07	16全面 1、2	司法鑑定名冊（2006年司法部）	司法鑑定名簿（2006年司法部） 同上（湖南省、広東省）
07-114	07/23/07	8全面 1、2	司法鑑定名冊（2006年司法部）	司法鑑定名簿（2006年司法部） 同上（広東省、広西、海南省、重慶市、四川省）
07-115	07/24/07	6全面 1、2	司法鑑定名冊（2006年司法部）	司法鑑定名簿（2006年司法部） 同上（四川省、貴州省、雲南省）
07-116	07/25/07	6全面 1、2	司法鑑定名冊（2006年司法部）	司法鑑定名簿（2006年司法部） 同上（雲南省、陝西省、甘粛省、青海省、寧夏、新疆）
07-117	07/29/07	1中, 2左下	律師調査取證難　尋求制度突破	律師の調査と証拠収集の困難につき、制度の面で保障することに力をいれる
07-118	08/08/07	1中中	修訂后的律師法有望十月出台	改正後の律師法が10月に発表される可能性あり
07-119	08/08/07	1中中	律師法修訂草案有重要改進　律師將有條件享有職業豁免權	律師法改正草案に重大な改善がみられる　律師に条件付きで職業免除権が与えられる
07-120	08/08/07	2左中	重慶市律師勞保局要求全體律師參保　律師養老納入基本成保體系	律師全員が社会保険に参加することを重慶市律師労働保護局が要求した　律師の年金が基本成保体系に入れられる
07-121	08/09/07	4中上	律師法修訂草案有望十月出台	律師法の改正草案が10月に発表される可能性あり
07-122	08/12/07	2左中	律師的訴訟權利應得到平等対待	律師の訴訟権利は平等に扱われるべきである

07-123	08/22/07	1中中	公検法司有關人士會診刑訊逼供頑症　律師在場權偵查人員舉證責任進“藥方”	公検法司関係者が「拷問にかけて、自白を強要する」という頑固な病気について合同診察をした「律師がその場に居合わせる権利」「捜査人員が証拠取得をする責任」が処方箋
07-124	08/25/07	3左上	律師法修訂草案繼續提請審議　特許律師執業條件從嚴限制	律師法改正草案が引き続き審議に出された特許専門律師の開業条件を厳しく制限
07-125	08/26/07	7下	東部律師援助西部律師業大發展紀實	東部の律師が西部律師業務の大いなる発展に力を貸したことについての記事
07-126	08/26/07	8左上	滿運龍：我的美国律師生涯	奥睿律師事務所（Orrick, Herrington & Sutcliffe LLP）北京代表機構共同経営者満運龍：米国で過ごした我が律師生涯
07-127	08/26/07	8右上	呂立山：與中国律師分享經驗	路偉国際律師事務所（Lovells law firm）北京代表機構共同経営者呂立山（Robert Lewis）：中国の律師達と経験を共有したい
07-128	08/26/07	8下	美国的律師資格與律師考試	米国の弁護師資格及び司法試験
07-129	08/28/07	4左上	常委會組成人員分組審議律師法修訂草案時提出：律師費應由敗訴方承擔	常委会メンバーがグループで律師法改正草案を審議した時に指摘した：敗訴したほうが律師費用を負担すべきである
07-130	08/30/07	6全面1、2	中華人民共和国司法部公告（第69號）以下159家外国律師事務所駐華代表處獲准在中国境内執業	中華人民共和国司法部公告（第69号）　下記外国律師事務所159所の中国代表機構が中国国内で律師業務に従事することに許可を出した
07-131	08/30/07	7全面1、2	中華人民共和国司法部公告（第69號）	中華人民共和国司法部公告（第69号）　同上
07-132	08/30/07	8全面1、2	中華人民共和国司法部公告（第69號）	中華人民共和国司法部公告（第69号）　同上
07-133	08/31/07	2左中	江蘇涉外律師高級人才培訓班開辦	江蘇省対外律師高級人材育成クラスが開催される
07-134	08/31/07	6全面1、2	中華人民共和国司法部公告（第70號）以下56家香港律師事務所駐内地代表處獲准在内地執業	中華人民共和国司法部公告（第70号）　下記香港律師事務所56ヶ所の大陸代表機構が大陸で律師業務に従事することに許可を出した
07-135	09/03/07	1右上	顧秀蓮在第七屆中国律師論壇上指出：律師在構建社會主義和諧社會中擔負重要使命	第7回中国律師論壇で顧秀蓮が指摘した：社会主義で調和のとれた社会を構築するのに律師が重要な使命を背負っている
07-136	09/13/07	5下	6律師向法官行賄吊銷執照終身停業	法官に賄賂を贈った6人の律師が律師資格を取り消され、律師業務終身停止処分となった
07-137	09/16/07	4左	国家司法考試五年助推依法治国	国家司法試験がこの5年間で法治国家を建設するのに一役を買った 5年間で全国127.8万人が出願、112万人が受験、13.5万人余りが合格、受験者平均年齢28歳

07-138	09/16/07	8全面1	巨額市場催生律所聯盟成立中資律所管理模式遇到挑戰	巨額な市場が律師事務所連合の誕生を促したそれにより中国資本律師事務所の管理モデルが挑戦に直面している 2007年9月3日、中世律所連盟（略称SGLA）という名の中外法律サービス提携ネットが正式に成立
07-139	09/17/07	6全面1、2	2007年国家司法考試試題（試卷一）	2007年国家司法試験問題　（一）
07-140	09/18/07	6全面1、2	2007年国家司法考試試題（試卷二）	2007年国家司法試験問題　（二）
07-141	09/18/07	7全面1、2	2007年国家司法考試試題（試卷二）	2007年国家司法試験問題　（二）
07-142	09/19/07	6全面1、2	2007年国家司法考試試題（試卷三）	2007年国家司法試験問題　（三）
07-143	09/19/07	7全面1、2	2007年国家司法考試試題（試卷三）	2007年国家司法試験問題　（三）
07-144	09/20/07	7左上	2007年国家司法考試參考答案	2007年国家司法試験　参考解答
07-145	09/20/07	8左上、左中	分析　中央補助法院辦案專款制度細節	分析　中央政府が法院に事件審理専用資金を補助する制度の細部
07-146	09/20/07	8左下	訴訟費用新標準実施後各地狀況	訴訟費用の新しい基準を実施した後の各地の状況
07-147	09/23/07	8全面1	律師看呉英案：要讓民間資本安全流通	律師が見た呉英案件（違法金融活動罪）：民間資本を安全に流通させよう
07-148	09/15/07	8全面2	日本律師的職業教育與職業選擇	日本の律師職業教育及び職業選択
07-149	09/27/07	1右中	全国律師社會主義法治理念培訓班結束：牢固樹立和自覺踐行社會主義法治理念推動律師事業又好又快發展	全国律師社会主義法治理念養成クラス終了：社会主義法治理念を自ら確実に樹立、実践し律師事業にさらなる発展をより迅速に進める
07-150	10/09/07	1下,5全面1、2	黨的十六大以來大事記：為全面建設小康社會　開創中国特色社會主義事業新局面而奮鬥	党の十六大（中国共産党第16回大会）が開催されてから5年間（2002-2007）の重大なできごとの記録：ほどほどに裕福な暮らしができる社会を作るため、中国特色のある社会主義事業に新しい局面を作りだすために奮闘せよ
07-151	10/09/07	6全面1、2	黨的十六大以來大事記：為全面建設小康社會　開創中国特色社會主義事業新局面而奮鬥	党の十六大（中国共産党第16回大会）が開催されてからの重大なできごとの記録：ほどほどに裕福な暮らしができる社会を作るため、中国特色のある社会主義事業に新しい局面を作りだすために奮闘せよ
07-152	10/11/07	1左下	遵循司法規律　創新工作機制	司法の法則に従い　業務構造を新しいものにする

07-153	10/17/07	5左中	律師將勞動部門告上法庭	律師が労働管理部署を法院に訴えた 律師事務所は律師達が払った社会保険金を無断で他の使い道にまわした。律師がこの件を労働管理部署に報告したが、労働管理部署は律師事務所が社会保険金を支払うことは強制ではないので律師事務所に対して労働保障監察の法的根拠がないと主張した
07-154	10/19/07	5上	全国執行案件信息系統基本建成	全国執行案件情報システムの設立がほぼ完成
07-155	10/20/07	1左, 2中	"深化"司法體制改革繼續前行的號角——十七大代表關注司法體制改革	司法体制改革をさらに進める掛け声　十七大（中国共産党第17回大会）代表が司法体制改革に注目
07-156	10/20/07	2上	律師代表帶著"禮物"回娘家	十七大律師代表孫發榮、趙玉中、翟玉華3人が「贈物」（十七大会議を召集する記念封筒に3人の署名を載せてある）とともに「里帰り」（中華全国律師協会） 3人が初めて律師の身分として党の第17回大会に参加することは全国13万律師の誇りである
07-157	10/21/07	14右下	律師文化的價值脈絡	律師文化の価値脈絡
07-158	10/24/07	3左下	律師　黨代會上的新鮮血液——訪十七大代表　重慶律師協會會長孫發榮	律師が党代表大会の新鮮な血液である　十七大代表重慶律師協会会長孫發榮を取材した
07-159	10/25/07	6左中	特許律師僅限緊缺領域專門人才	人材の乏しい領域の専門人材にのみ特許専門律師が許可される
07-160	10/26/07	6左下	律師服務：社會矛盾的"分流器"和"減壓閥"	地域住民自治組織などでの法律援助業務は社会矛盾の「分流器」と「減圧弁」である
07-161	10/27/07	1左下	2007律師精英論壇舉行	「2007年律師エリートフォーラム」が北京で行われた 論壇のテーマは「律師の自己宣伝、律師事務所のブランド意識と管理問題」
07-162	10/28/07	8左上	美国律師支招中国企業面向海外市場	中国企業の海外進出に米国の弁護師が専売特許保護、商業秘密などためになることを教えてくれた
07-163	10/28/07	8左下	全国首例律師著作名譽侵權案二審庭審紀實	全国初の律師著作権名誉棄損案件の二審審理についての記事 2冊の著作に同じ案件例を引用したことで当事者の名誉権紛争を誘発
07-164	10/29/07	1左上	十屆全国人大常委會第三十次會議閉會　通過修改後的律師法等四部法律	第10回全国人民代表常務委員会第30回会議が閉会　改定後の律師法、エネルギー源節約法、都市と農村計画法と民事訴訟法を改正する決定、4つの法規が可決
07-165	10/29/07	2右下	為構建和諧社會提供法律服務	青海の律師と公証員が公開の場合で調和のとれた社会を作るために法律業務を提供することを誓った

07-166	10/29/07	3右中	律師會見嫌疑人不需經司法機關批准	律師が被疑者に接見するのに司法機関の許可を必要としない
07-167	10/30/07	1右中	司法部召開律師界學習貫徹黨的十七大精神座談會	律師業界が党の十七大の主旨を勉強するよう司法部が座談会を開いた
07-168	10/30/07	1右下	全国刑事辯護律師義務宣傳日啓動：3萬余名律師上街義務普法	全国刑事事件律師ボランティア宣伝デーがスタート：３万人あまりの律師達がボランティアとして街頭にて法律知識の普及に努めた
07-169	10/30/07	3中下	刑事辯護　用法律幫助群眾維權	刑事事件弁護：法律の力を借りて大衆の権益維持に役立つ
07-170	10/31/07	1左中, 5右	就十屆全国人大常委會第30次會議審議通過修訂后律師法司法部負責人答記者問	第10回全国人民代表常務委員会第30回会議が改正後の律師法を可決したことについて、司法部責任者が記者の質問に答えた
07-171	10/31/07	5中下	解決律師執業“三難”問題	律師業務を遂行する時の接見難、事件記録閲覧難、証拠取得難を解決する　改定後の律師法を分析する
07-172	11/01/07	3中上	新律師法力破律師“調査取證難”	新しい律師法が律師による「調査と証拠収集難」を解決しようとしている
07-173	11/01/07	4左上	緩解“申訴難”和“執行難”——解讀修改後的民事訴訟法	「上訴難」と「執行難」がある程度緩和される改正後の民事訴訟法を分析する
07-174	11/04/07	1上, 2右	民事訴訟法修改正式確立国家執行威懾機制　威懾機制搏擊執行難	民事訴訟法の改正が成立したことで国家執行威嚇体制が確立　威嚇体制で「執行難」に対抗する
07-175	11/04/07	1中	破解執行難將全面提速——訪最高人民法院副院長黄松有	「執行難」問題の解決がこれからスピードアップする　最高人民法院副院長・黄松有へのインタビュー
07-176	11/04/07	1下	執行案件信息是最高位階信用價值	執行案件の情報は最高ランクの信用価値がある
07-177	11/04/07	2左上	深圳經驗：地方立法遏制“老賴”——訪深圳市中級人民法院執行局長庄潮	深圳の経験：地方での、立法が法院の判決を執行しない、いわゆる「老頼」（法院の判決を拒否し、執行しない）問題を抑制する　深圳市中級人民法院執行局長・庄潮インタビュー
07-178	11/04/07	2中	河南模式：四大法寶整合解決執行難	河南省方式：４つの切り札で「執行難」問題を統合し解決する ４つの切り札とは：(1) 政法委員会の委員長自ら案件処理を監督する　(2) 威嚇制度を共同執行の形とし、全面的に「老頼」を阻止する　(3) ニュース・メディアの力を借りる　(4) 執行救助基金制度の設立
07-179	11/05/07	3下	四部法律表決前的最後修改	４つの法律（「改正後の律師法」、「エネルギー源節約法」、「都市と農村計画法と民事訴訟法を改正する決定」）が表決前に最終改正を行った

07-180	11/09/07	8全面1，2	權威披露　中国司法鑑定管理現状	政府筋が披露した中国司法鑑定管理の現状 鑑定能力は絶えず高くなっており、鑑定に関する規則制度の制定に一段と力を入れた
07-181	11/11/07	8下	新律師法發力破解刑辯“三難”問題	新律師法が刑事弁護における「3つの困難」の解決に力を入れた
07-182	11/12/07	2全面1、2	實施依法治国略　推進縣域法制建設	法律に則り国を治め、県など地方の法制建設を推し進める 中国・昆山「県域法治化」高層論壇発言摘録
07-183	11/13/07	1中中	河北司法廳集中培訓律師	河北省司法庁が集中的に律師の養成をする
07-184	11/14/07	8下	司法所與律所“結対”三困變三贏	司法所は地理上の優位があるが人手が不足、律師事務所は人材はいるが、案件が少ない 広州では司法所と律師事務所が「ペア」になれば3つの困難が3つの勝利になる
07-185	11/16/07	5中中	武漢中院擬推行調査令制度　律師持令取證的效力等同於法院	武漢市中級法院が調査令制度を施行する予定である 「律師が令状を以って証拠取得をすること」は法院がするのと同等な効力がある
07-186	11/18/07	8全面1	全国律協副會長李大進談律師過度商業化問題：“謀食”乎？“謀道乎”？	全国律師協会副会長・李大進が律師の過度な商業化について語った 「糧のため」か、それとも「道徳のため」か
07-187	11/18/07	8全面2左	張耀東：“律師要啓蒙良知，誠信複帰”	遼寧省律師協会副会長・張耀東：「律師は大衆の良知を啓蒙し、誠実と信用の復帰を図る責任がある」
07-188	11/18/07	8全面2右	“毎個領域都有無限的發展空間”——訪北京中済律師事務所婚姻家庭法務部主任王芳律師	「どの範疇にも発展の余地が限りなくある」北京中済律師事務所婚姻家庭法務部主任・王芳律師インタビュー
07-189	11/22/07	1左上	2007年司法考試成績今天公布　合格分數線360分	2007年司法試験の成績が本日発表された　合格最低点：360点
07-190	11/22/07	2左上	吉林省司法廳廳長祝国治談律師管理與改革：尊重發展規律　保證監管有效	吉林省司法庁庁長・祝国治が律師の管理及び改革について話した：発展の法則を尊重し、監督と管理が効果的であることを保証する
07-191	11/22/07	2右上	中華人民共和国司法部国家司法考試辦公室公告	中華人民共和国司法部国家司法試験弁公室公告 公告の内容は司法試験成績、合格ラインの公布及び法律職業資格証書の配布などの注意事項
07-192	11/25/07	8右	廣州律師提速專業化	広州律師の専業化がスピードアップしている
07-193	11/25/07	8左	律師要善於抓住業務開拓的機遇	律師は業務開拓のチャンスを捕まえることに長けていなくてはならない
07-194	11/25/07	8下	“用專利權保障中国企業進入關鍵市場”——訪路偉国際律所紐約代表處合伙人馬麗蘭律師	「特許権を以って中国の企業が主要マーケットに進出するのを保障する」 路偉国際律師事務所ニューヨーク代表事務所のパートナー馬麗蘭律師インタビュー

07-195	11/26/07	8全面1、2	透視中国法院十年司法改革“四最”	中国法院の10年に渡る司法改革における「4つの“最も”」を徹底分析する (1)死刑審査権を最高人民法院に取り戻したのは“最も”影響力がある　(2)再審制度の法定化は“最も”人情味がある　(3)国家執行連動メカニズムの設立は“最”大の難題（老頼）を解決　(4)人民陪審員制度は“最も”民主的である
07-196	12/02/07	8全面1	西部律師　在貧瘠的土地上守望公平	西部の律師　貧しい地域で公平を見守る
07-197	12/02/07	8全面2左	浙江：基層法律服務模式尋求突破	浙江省：基層部の法律業務方式に新たな発展を探っている
07-198	12/02/07	8全面2右	“像法律人那様去思考”——美国的J.D.教育與律師資格考試	「法律関係者のように思考する」米国のJ.D.教育と弁護士資格試験
07-199	12/05/07	5左	最高法院副院長親審巨額家産案　豪門恩怨當事人當庭調解結案	最高人民法院副裁判長・黄松有が自ら巨額財産事件を審理した　大豪族恩讐事件の当事者がその場で和解に同意し、審理が終了した
07-200	12/05/07	5中	“我們不是在越俎代庖”——対蓬萊市檢察院“附條件不起訴制度”的調査	「越権行為ではありません」蓬萊市検察院の「条件付き不起訴制度」を調査
07-201	12/09/07	8左上	“青年律師生存和發展”問題牽動中国律師界——訪全国律協青年律師工作委員會主任呂紅兵	「青年律師の生き残りと発展」が中国律師業界から関心を集めている　全国律師協会青年律師工作委員会主任・呂紅兵インタビュー
07-202	12/13/07	6左上	保監會將於14日舉行強險聴證會 律師要求精算師審計師到會受質詢	保監会が14日に交強険（自動車交通事故責任強制保険）公聴会を開催　アクチュアリー会計検査官が会場にて質問に答えることを律師が要求した
07-203	12/16/07	5全面1、2	律師風險代理制度亟待健全	律師業務リスク代理制度を健全にすることが切望されている
07-204	12/16/07	8全面1	法律援助農民工彰顯律師界公益傳統	農民工に法律援助を提供することは律師業界が公益事務に熱心である伝統の表れである
07-205	12/16/07	8全面2	律師劉家輝　強險聴證會上的“辣妹子”	律師　劉家輝　強制保険公聴会での「辣妹子」 2007年12月14日、大衆に大変注目された自動車交通事故責任強制保険公聴会を北京で開催した。これは我が国金融業界では初めての全国的な公聴会で、この公聴会ができたのは律師劉家輝の功労である。(辣妹子：四川省、湖南省出身の女性の愛称。劉家輝は湖南省出身)
07-206	12/20/07	2上	扶持律師業的文件是如何出台的	律師業界をバックアップする公文書はどのように作りだされたのか 深圳市福田区政府11月16日に発表した公文書「律師業の発展を推進するための若干の意見」は全国で関心を集めた。本紙の記者が公文書が作り出された背景を取材した

07-207	12/23/07	13左	辯護律師權利保障	弁護士の権利保障 改正後の律師法は律師権利保障の面では比較的に大きな発展があったが、刑事訴訟律師の権利保障についてはまだ不十分な点が残っている。刑事訴訟法を改正する際には不足を補うべきである
07-208	12/24/07	2左上	2007政法綜治九大關鍵詞	2007年政法総治の９大キーワード (1)平安建設を深化する　(2) 司法体制改革を推し進める　(3)社会主義法治理念教育を展開し、さらに深化する　(4)対立紛争を仲裁する構造を作り上げる　(5) 寛大と厳格をうまく調和させた刑事政策を徹底的に実行する　(6)司法行政主題の実践活動を展開する　(7)地域住民自治組織に警察当番を設立　(8)尋問と同時に全過程を録音、録画する新システム導入　(9)流動人口を新市民として管理する
07-209	12/24/07	5上	江蘇出台新規嚴格規範法官律師關係：法官不得強迫律師撤訴調解	法官と律師の関係について、江蘇省で厳しい新規定が登場：法官が律師に無理やり訴訟撤回と調停をさせてはならない
07-210	12/27/07	5左上	司法改革穩步推進　89項改革任務基本完成	司法改革を着実に推進　89項目の改革任務がほぼ完成
07-211	12/30/07	8全面1、2	尚法：和諧社會人的法律素質	法律を尊ぶ：22年間の法律普及教育と中国特色のある人民調停制度及び法律援助は調和のとれた社会で生きる人間の法律面の素質を向上させた

記事番号	掲載日	掲載面・位置	見出し（中国語）	内容要約
08-1	01/06/08	1下, 7下	刑事辯護律師執業面臨六大難題	刑事事件弁護の律師達が直面する六つの難しい課題 (1)証拠妨害罪　(2)調査難、尋問難、証拠取得難　(3)内情を知る権利　(4)接見難　(5)国家秘密を漏らす罪　(6)費用徴収と詐欺罪
08-2	01/06/08	8全面1	提高刑辯質量：是實施律師准入制還是提高普及率	刑事事件弁護の質を高める：律師許可制にするのか、普及率をアップさせるのか
08-3	01/06/08	8全面2	刑事辯護法律援助在困難中前行	刑事事件弁護における法律援助が困難の中なお前進する
08-4	01/10/08	8全面1	2008中国法院改革會有哪些大動作	2008年の中国法院改革にどのようなアクションが起きるのか (1)死刑案件の核準順序と裁判基準を一歩進んで完成する　(2)各地高級法院は民事、商事事件の一審受理を厳しく制限する　(3)審委会制度改革実施法案の制定が最後の段階に入った　(4)無限の再審から有限再審に変わる、マラソン訴訟を終結させる

08-5	01/10/08	8全面2	海外遇險　索賠之路是否平坦	海外で事故発生　保険請求はスムーズにできるのか 韓国での冷凍倉庫爆発事件における12名の中国人死亡者の賠償基準はまだはっきりしない
08-6	01/13/08	8全面1	刑事辯護：高風險高成本能不能高收費?	刑事事件の弁護：ハイリスクでハイコストだが、徴収費用も高めに設定できるのか？
08-7	01/13/08	8全面2	規範律師行為應從“執業”拓展到“職業”領域	律師倫理規範を「職務への従事」から「職業」の範疇までに広げる必要がある
08-8	01/19/08	4中左	珠海律師成為普法生力軍	珠海の律師達が法律知識の普及において新戦力となる
08-9	01/20/08	2左上	律師法修訂實施帶來刑事訴訟格局新變化	改正後の律師法が施行されることによって刑事訴訟に新しい構造変化をもたらす (1)律師は捜査の段階において犯罪容疑者に接見する主導権を取得　(2)律師は捜査の段階において犯罪容疑者と自由に交通をする権利を取得　(3)律師は捜査の段階において調査、証拠収得する権利を取得　(4)律師は捜査の段階において弁護権をもっと行使することができる
08-10	01/20/08	8全面1	刑辯律師渴望社會認可——訪全国律師協會刑事辯護委員會主任田文昌	刑事事件の律師が社会的に認められることを切望している　全国律師協会刑事弁護委員会主任・田文昌インタビュー
08-11	01/20/08	8全面2	刑辯律師的形象和地位	刑事事件律師のイメージと地位
08-12	01/20/08	13上	解讀十七大報告　推進司法改革	十七大（中国共産党第17回大会）報告を分析する　司法改革を推し進める
08-13	01/27/08	1下, 7下	加強刑事辯護　促進社會和諧	刑事事件の弁護に力を入れ　調和のとれた社会を推進する
08-14	01/27/08	8左上	“刑事辯護対我來説是一種情結”——訪大成律師事務所高級合伙人、著名刑事辯護律師錢列陽	「わたくしにとって、刑事事件の弁護は一種の運命である」大成律師事務所高級パートナー、著名な刑事事件律師　錢列陽インタビュー
08-15	01/27/08	8左下	呂良彪：律師行業發展需要“有尊嚴的律師營銷”	呂良彪：律師業界を発展させるためには「尊厳を感じさせる律師のマーケット戦略」が必要である
08-16	01/27/08	8右	律師眼中的網絡隱私權保護	律師が見たインターネットにおけるプライバシー保護
08-17	01/27/08	11下	毎一名律師都進入対應業務部門的管理層——諾基亞西門子通信公司的法務管理實踐	律師一人ひとりが関係業務部署の管理層入りをする　ノキア・シーメンス通信会社が実践した法務管理について
08-18	01/31/08	6左	電影《色戒》引發“民告官”河北兩律師起訴廣電總局	映画「ラスト・コーション」が引き起こした「民告官（民が官を告訴する）」事件　河北省の律師２人が映画を見た後大きな精神的な苦痛を受け、民族の誇りと自尊心を深く傷つけられたと広電総局を相手に訴訟を起こした

08-19	02/03/08	6左上	刑辯律師熱盼律師法刑訴法無縫対接	刑事事件律師は律師法と刑事訴訟法がうまくかみ合うことを熱望する
08-20	02/03/08	6左下	“我不能放棄刑辯律師的使命”——訪甘肅省律師協會刑事委員會主任尚倫生	「刑事事件律師の使命をあきらめてはならない」 甘粛省律師協会刑事委員会主任・尚倫生インタビュー
08-21	02/03/08	6右	必須為辯護權利而戰	弁護する権利のために戦わなくてはならない
08-22	02/03/08	7左	刀下留人！死刑複核辯護在爭議中前行	ちょっと待った！死刑事件再審弁護が争議にあいながらも前へと進む
08-23	02/03/08	7右	讓死刑辯護律師有規可循——李貴方談全国律協《死刑案件辯護綱要》	死刑再審案件の律師が従うことができるように法規をつくる　全国律師協会が作った「死刑案件弁護ガイドライン」について李貴方が語った
08-24	02/03/08	7中下	“程序”一名死刑辯護律師的困惑	「手続き」 ある死刑事件律師の困惑 死刑審査案件代理手続きで直面する問題は、律師と法官の連絡が比較的複雑で、それに相応する制度の規定がまだ充分でないこと
08-25	02/14/08	8左	我国国家賠償制度運行状況調査	我が国の国家賠償制度の運営状況についての調査 法院と検察機関は賠償についての解釈に抵触して賠償の可否を決するという現象が特に目立つ
08-26	02/15/08	8上	国家賠償法“翻修”將有哪些動作	国家賠償法はどのように〝リニューアル〟されるのか (1)賠償の範囲を拡大し、精神損害賠償の規定を導入する　(2)賠償基準を引き上げる　(3)賠償の手続を完全にする
08-27	02/17/08	2上	配合境外虚假投資公司騙取引資方巨額“盡職調査”費 北京一律師所遭律協公開譴責	海外にある偽投資会社に協力し、資金を導入した会社の巨額のデューデリジェンス費用をだまし取ったとして、律師協会が北京のある律師事務所を公に非難した
08-28	02/24/08	4上	“最熱門律師” 施徳宏	最も売れている律師、施徳宏（Christopher Stephens） 奥睿律師事務所アジア事務管理パートナー
08-29	02/24/08	4右上	全国律協“雙優評選活動”啓動　評選標準有所修改	全国律師協会「ダブル優秀賞選出活動」がスタート　選出の基準に変更箇所あり
08-30	02/24/08	4左下	不滿対方律師選讀起訴書口気　首例當事人訴対方律師案一審開庭	相手方律師が訴状の要旨を読み上げる時の口調に不満　当事者が相手方の律師を相手に起こした初めての訴訟の審理が始まった
08-31	02/24/08	9上	新律師法如何與刑事訴訟法銜接	新「律師法」をどのようにして「刑事訴訟法」とつなげるのかについて専門家たちは検討会を開いた

08-32	02/29/08	5全面 1、2	中国的法治建設（中華人民共和国国務院新聞辦公室 二〇〇八年二月・北京）	中国の法治建設（中華人民共和国国務院新聞弁公室　2008年2月・北京） (1)社会主義法治国家の歴史的な過程　(2)中国特色の立法体制と法律体系　(3)人権の法律制度の尊重と保障　(4)市場経済秩序を規範する法律制度
08-33	02/29/08	6全面 1、2	中国的法治建設（中華人民共和国国務院新聞辦公室 二〇〇八年二月・北京）	中国の法治建設（中華人民共和国国務院新聞弁公室　2008年2月・北京） (5)法律に従って行政を行う法治政府を建設する　(6)司法制度と司法公正　(7)法律普及と法学教育　(8)法治建設の国際交流と合作
08-34	02/29/08	7全面 1、2	中国的法治建設（中華人民共和国国務院新聞辦公室 二〇〇八年二月・北京）	中国の法治建設（中華人民共和国国務院新聞弁公室　2008年2月・北京） 中華人民共和国現行有効法律分類目録（229件）
08-35	03/02/08	2全面 1、2	律師參政：値得關注和期待 第十一屆全国人大代表中的律師代表　全国政協第十一屆委員會中律師委員	律師が政治に参加すること：注目と期待に値する　第11回全国人民代表大会に参加した律師代表と全国政治協商会議第11回委員会に参加した律師委員
08-36	03/02/08	3全面 1、2	我国各級人大代表中執業律師人數已達800余人	我が国の各級人民代表大会に参加した律師の人数が800人余りに達した 経済発達地区の律師代表が多く、律師代表はすべて業界の白眉であり、律師代表の中の党外人士の比率が高い
08-37	03/03/08	8下	鎮江律師送法進農村50萬人受益	鎮江の律師が農村部で法律知識の宣伝を行い50万人がその恩恵にあずかった
08-38	03/05/08	5右下	統一法律援助機構和受援條件	法律援助を提供する組織と援助を受ける条件を一致させよう
08-39	03/08/08	1左下, 3左下	司法部關於修改《香港特別行政區和澳門特別行政區律師事務所與内地律師事務所聯營管理辦法》的規定	司法部の「香港特別行政区及びマカオ特別行政区の律師事務所が大陸の律師事務所と共同運営することについての管理弁法」を改正することについての規定
08-40	03/09/08	4上	全国政協律師委員建議取消看守所隔離網	全国政治協商会議の律師委員が拘置所接見室の窓に貼った網をなくそうと提案した
08-41	03/09/08	4右下	那些參與美国337調查案的律師們	米国の337調査案件に参加した律師達
08-42	03/11/08	1中右	三十五名省部級以上官員被查辦	省部級及びそれ以上の幹部35人以上が取り調べと処罰を受けた
08-43	03/12/08	3右下	律師要為北京奧運會成功舉辦提供法律服務和保障	北京オリンピックの開催を成功させるために、律師が法律面での奉仕と保障を提供しよう
08-44	03/13/08	3右中	我国執業律師已達13萬人 毎年辦理訴訟案件150余萬件	我が国の開業律師はすでに13万人に達した　毎年150万件あまりの訴訟案件の処理にあたった

08-45	03/14/08	兩會特刊7中中	律師代表熱議新修改的律師法：律師法折射的光芒讓我們欣喜	律師代表が新しく改正される「律師法」について熱く議論をする：律師法がもたらした光に私たちは喜んでいる
08-46	03/16/08	8左上	72歳老人八進考場　最終通過司法考試　司法部破例為“兩彈”專家舉行頒證儀式	72歳の原子爆弾と水素爆弾の専門家、傅櫻が８回にわたり司法試験に挑戦、ついに合格した　司法部が初めて慣例を破って彼女に証書の授与式を行った
08-47	03/16/08	8右	律師披露舉報細節	メーカーが談合して即席ラーメンの値上げをしたことを告発した３人の律師が表彰され、その告発の細部を明らかにした
08-48	03/16/08	8左下	質疑“不足六小時不能退票”律師狀告北京鐵路局	「６時間以内なら切符の払い戻しに応じない」に疑問　律師が北京鉄路局を相手に訴訟を起こした
08-49	03/23/08	4上	李徳成：“訴訟促進互聯網新的行業規則産生”	（百度ネットワークが数多くの訴訟を起こされたのを受けて）担当律師、李徳成は「訴訟がインターネットに新しい業界規則を誕生させた」と述べた
08-50	03/23/08	4下	一家律師事務所的“非凡”創舉	ある律師事務所のずばぬけて立派な行動 13年前から『判例と研究』という所刊行物を発行し、反響を呼んでいる。
08-51	03/25/08	1左上,3右下	中組部司法部發出通知要求：加強和改進律師行業黨的建設工作	中組部司法部が通知を出した：律師業界における党の組織業務を強め、改善しよう
08-52	03/26/08	2下	以人為本打造“精品工程”——北京市團河勞教所教育挽救工作紀事	人間を基本とし、〝精巧な品を作るプロジェクト〟を打ち出す　北京市団河労教所が行った社会復帰教育についての記事
08-53	03/30/08	3左	絶望中的希望——全国首部重症罪犯管理辦法出台前後	絶望の中の希望　全国初の「重病罹患犯罪者管理弁法」登場前後
08-54	04/06/08	4左	中国律師正在成為国家立法“智庫”	中国の律師達が国の立法シンクタンクになりつつある
08-55	04/09/08	2左上	律師黨委下設12個支部　南昌百余名黨員律師都有“娘家”	律師党委員会の下に12個の支部を作り、南昌市の党員律師100人以上に「実家」ができた
08-56	04/09/08	5左下	律師狀告北京郵政公司“霸王條款”	８元の市内速達専用封筒と郵便費用をセットで販売することについての北京郵政会社の専制条項に、律師が訴訟を起こした
08-57	04/13/08	4左	社會資本進入律師所：“鮑魚”還是“雞肋”	社会の資本が律師事務所に入ること：それは「アワビ」なのか、それとも「鶏肋（捨てるには惜しいが割にあわないもの）」なのか
08-58	04/13/08	12全面1、2	三名著名刑訴專家就刑訴法再修改精彩論戰：關注刑事訴訟法修改的立足點　重點難點	有名な刑事訴訟専門家３人が「刑事訴訟法」の再改正につき見事な論戦を繰り広げた：「刑事訴訟法」改正の立場、重点と難点を見つめる

08-59	04/16/08	1左上, 3右下	全国律師工作會議在京召開　呉愛英強調：進一歩加強律師工作　努力服務黨和国家工作大局	全国律師業務会議が北京にて開かれ　呉愛英が強調した：律師業務をさらに進め、党と国の大局に奉仕するよう努力する
08-60	04/16/08	2左上	北京：兩千余名律師參與人民調解	北京：2000人以上の律師が人民調停に参加した
08-61	04/16/08	2左上	安徽：去年處罰25名違法違紀律師	安徽：去年１年で法律法規に違反した律師25人を処罰
08-62	04/16/08	2左中	廣東：主動商公檢法保障律師執業權	広東：公安、検察、法院法律関係者を活用し、律師の業務執行権を保障する
08-63	04/16/08	2左中	湖南：律師接待涉法信訪案兩千余件	湖南省：法律関係の手紙による「信訪」(投書・陳情) 案件2000余りを律師が受付けた
08-64	04/16/08	2左下	“老”黨支部書記王明志的做人標準：好律師首先是堂堂正正的人	シニア党支部書記王明志の人間としての基準：良い律師はまず正々堂々とした人間である
08-65	04/16/08	5中	為52名農民工追回15萬元工資	四川省瀘県人民法院の執行法官は農民工52人のために15万元の賃金取立に成功した
08-66	04/17/08	2右上	趙大程在全国律師工作會議上要求：履行律師“三維護”職責使命　服務科學發展構建和諧社會	趙大程が全国律師業務会議にて要求した：律師の「３つの権益維持」の職責を果たし、科学的な発展と調和のとれた社会を作るために奉仕しよう
08-67	04/17/08	2右中	山東：黨支部活動以落實黨章為主	山東省：党憲法の徹底的な執行が党支部活動のメインになる
08-68	04/17/08	2右中	吉林：網上披露不良行為律師52人	吉林省：不良行為のあった律師52人の名前をインターネットで発表
08-69	04/17/08	2右中	重慶：律師接受審判機關委託調解	重慶市：審判機構の委託を受け、和解に務める
08-70	04/17/08	2右中	上海：已建351個律師事務所黨支部	上海市：351の律師事務所党支部を開設
08-71	04/18/08	8全面 1、2	中国律師真實現状調查	中国の律師の本当の現状について行った調査 中国律師収入の不均衡や律師の積極的な政治参加などについて調査
08-72	04/22/08	5右中	執行難，主要難在法院自身	「執行難、その難は法院自身にあり」 寧夏高級人民法院裁判長馬三剛が語った
08-73	04/23/08	2左上	導入ISO9000規範司法考試流程	江蘇省淮安市は国家司法試験のプロセスを標準化するためにISO9000管理システムを導入する
08-74	04/27/08	4左上	38歳，執業14年，“金牌律師”劉正東領銜上海市律協　国内律協首次“交棒”70后會長	38歳、業務従事歴14年、「ゴールド律師」劉正東が上海市律師協会の会長になった　国内の律師協会会長を初の70年代生まれ律師が務める

08-75	04/27/08	4右	“海帰” 律師前景寛闊　北京、上海、廣東成為 “海帰” 律師首選就業地	〝外国留学経験ある〟律師は前途洋洋　北京、上海、広東が外国留学経験有りの律師にとって一番の就職地
08-76	04/27/08	7右	公司外聘律師的選擇	会社が律師を招聘するという選択肢
08-77	04/27/08	16全面1、2	台灣法律界：大陸開放司法考試是 “利好”	台湾法律業界：大陸が司法試験を開放することはグッドニュースである 2008年から、台湾住民は大陸の司法試験に参加することができるようになった。合格すれば、大陸の住民と同様、法律職業資格証書を授与される
08-78	05/03/08	4左中	山東章邱市：信訪代理制有效化解基層矛盾	山東章邱市：「信訪」（投書・陳情）代理制度は下部層の矛盾を解消するのに効果を上げている
08-79	05/04/08	4左	為農民工維權　中国律師在行動	農民工の権益を守るために、中国の律師達が行動をおこした １年間に農民工のため法律援助案件を処理した数は11.9万件、援助を受けた農民工は15万人余り
08-80	05/04/08	4右上	投資律師需強補訴訟仲裁經驗	投資専門律師は訴訟仲裁の経験を積む必要がある
08-81	05/21/08	8上	北京律師測政府信息公開 “時速”	政府の情報公開における「時速」を北京の律師が測る
08-82	05/29/08	8左	探訪中国刑事司法理念新途徑	中国の刑事事件における司法理念の新しいルートを探る
08-83	06/01/08	2全面1、2	備戰新律師法實施　公檢法司總動員	新律師法の実施に備えて、公検法司を総動員 審判機関：法官がまず見本となる　検察機関：相手が強くなるのは悪いことではない　公安機関：ベストを努めて執行する　司法部：律師の管理を強化し、律師業務執行の権利を保障する
08-84	06/01/08	3全面1	新律師法今起實施　律師高度關注第33條落實	新「律師法」、本日施行　第33条が確実に実施されるか否かを律師達が熱く注目している
08-85	06/01/08	3全面2	司法慣例或成新律師法實施障礙	司法慣例が新「律師法」施行の障碍になるかもしれない
08-86	06/01/08	6全面1、2	十一屆三中全會：30年中国 “法治崛起” 的起點	1978年の第11回三中全会における鄧小平の発言が、30年来の中国「法治国家立ち上げ」のスタートラインである
08-87	06/01/08	7全面1	“兩案” 審判　中国走向法治的重大里程碑	「林彪と江青 2つの反革命集団案件」の審判は中国が法治国家へと変身する重要なマイルストーン
08-88	06/01/08	7全面2	馬克昌―― “兩案” 中的辯護律師	馬克昌 「林彪と江青 2つの反革命集団案件」の律師を務めて

08-89	06/06/08	1中中	2008年国家司法考試將於9月20、21日舉行	2008年国家司法試験が９月20、21日に行われる
08-90	06/06/08	4左上	2008年国家司法考試有關政策做出調整	2008年国家司法試験の関連政策が調整された (1)2009年の本科卒業生は出願できる　(2)学歴条件を緩やかにする地区の範囲を拡大　(3)台湾居住者の出願も許可する　(4)四川震災地区試験の挙行は延期
08-91	06/06/08	6全面1、2	中華人民共和国司法部公告（第75號）	中華人民共和国司法部公告（第75号）2008年国家司法試験に関する事項
08-92	06/06/08	7全面1、2	司考培訓班廣告	司法試験対策クラス　受講生募集
08-93	06/06/08	8全面1	台灣居民參加国家司法考試若干規定（中華人民共和国司法部令　第110號）	「台湾居住者が国家司法試験に参加することについての若干の規定」（中華人民共和国司法部令　第110号）
08-94	06/06/08	8全面2	中華人民共和国司法部国家司法考試辦公室公告	中華人民共和国司法部国家司法試験弁公室公告 (1)出願の方法、時間、場所　(2)出願資料 (3)試験場所　(4)試験準備　(5)学歴（学位）の認定　(6)出願諮問
08-95	06/06/08	4上	新律師法實施第一周　律師會見還難不難	新「律師法」施行第１週目　各地の状況を見ると律師が被疑者に接見をすることは依然として困難なまま
08-96	06/06/08	4左	律師法中最具深意的條文	律師法のなかで最も深い意味のある条文：律師という職業の位置づけ
08-97	06/06/08	4中	新律師法實施　検察機關面臨七大挑戰	新「律師法」の施行により検察機関が直面する７大試練
08-98	06/08/08	4下	新律師法要求中国律師樹立怎樣的"執業關"——訪浙江思源崑崙律師事務所主任呂思源	新「律師法」は、中国の律師が律師業務に従事するにつきどのような〝関門〟を設けたのか　浙江思源崑崙律師事務所主任・呂思源インタビュー
08-99	06/08/08	6全面1、2	依法治国：劃時代的方略之選	法律に従い、国を治める：画期的な方略は第11回三中全会における鄧小平発言から、2007年の胡錦濤の重要発言までいくつか重要な段階がある
08-100	06/08/08	7全面1、2	中国法治建設大事記（1978-2008）（法治中国30年特刊）	中国法治建設大事記(1978-2008)　(法治中国30年記念特集号)
08-101	06/12/08	8右	律師走進取保候審程序會帶來什麼	立保証プロセスに律師を関与させることが何をもたらすのか 立保証の適用率が低いゆえに司法資源が浪費されることについて山東平邑県人民検察院は「立保証公聴会」に律師を参加させる実験をした。成功率は50%

08-102	06/15/08	5中	"薪酬律師" 跨至 "年收入百萬合伙人" 勞動合同成為律師業務 "敲門磚"	「サラリーマン律師」から「年収100万のパートナー」になるまで　労働契約法が律師業務の契機となる
08-103	06/15/08	8左上	確保48小時安排律師會見犯罪嫌疑人	律師接見難を緩和するために北京が真っ先に「過渡的な規定」を試行　48時間以内で律師が犯罪被疑者と接見できるよう保障する
08-104	06/15/08	11中	律師政治家：福兮? 禍兮? ——《法律人，你為什麽不争気》讀後	律師政治家：それは幸福なのか、それとも災いであるか『法律人、あなたはなぜ意気地がない』読後の感想
08-105	06/22/08	5左上	律師徵集基民委託書欲告建行失職	律師がファンドを購入した人々の委託書を集め、職責を果たさなかったとして建設銀行を提訴しようとする
08-106	06/22/08	12左下	論律師的刑事豁免權	律師の刑事責任免除権について
08-107	06/26/08	8左下	被告緣何替原告掏百萬訴訟費	原告人が負担すべき100万元の訴訟費用を被告人が支払うのはなぜか (1)原告は各級、各部門へ陳情に行くのが負担であるから訴訟で問題を解決をすることを選択したものであること　(2)被告は自分の経済力を見せつけ、訴訟に勝つ自信があるがゆえに応訴したものであること
08-108	06/29/08	4上	合作制律師事務所年底將退出歷史舞台　責任承擔、民主管理等問題將成改制難點	合作制律師事務所が年末で歴史の舞台から消える　責任の分担、民主的な管理などの問題が制度変更時の難点になる
08-109	06/29/08	4中	"為辦好奥運會出力就是最大的事！"——記北京奥運會惟一中国籍仲裁員劉馳律師	「オリンピックのために力を尽くすのが一番重要なことである！」　北京オリンピックのために働くたった一人の中国籍仲裁員、劉馳律師
08-110	06/29/08	4中	入選奥運特別仲裁員需要 "天時、地利、人和" ——記北京奥運會特別仲裁機構仲裁員陶景洲	オリンピックの特別仲裁員になるには「天の機、地の利、人の和」が必要である　北京オリンピック特別仲裁機構仲裁員、陶景洲についての記事
08-111	07/03/08	3中中	辯護律師為何不能 "反戈" 一撃	律師はなぜ「寝返って味方に矛先を向けること」ができないのか
08-112	07/06/08	4上	被指作罪重辯護 "倒戈" 律師連聲喊冤	罪を作って再弁護を図ったと指摘された律師が無実を訴えた
08-113	07/06/08	4下	擁有中西律師背景　一位海帰律師的成功之路	中国と外国の法律的なバックグランドを有す外国留学経験ある律師の成功への道のり
08-114	07/08/08	2中中	律師王傳寧：服務奥運之路始自四年前	王傳寧律師：オリンピックに奉仕するのは４年前より始まったこと
08-115	07/11/08	2右下	全国律協表彰抗震救災雙先	全国律師協会が地震災害の救助に貢献した律師を表彰した

08-116	07/11/08	8左上	重慶法援實現跳躍式嬗變始末	重慶市の法律援助に飛躍的な変化が起きた経緯 2007年重慶市政府は「援助を受けるべき案件をすべて援助する」という方針を打ち出した
08-117	07/11/08	8右	學生上課打架老師不管致一人死亡　記者調査發現 “不管” 背後有隱情　反思 “楊不管” 背後的制度失衡	生徒が授業中に殴り合いのケンカをしたが、教師が「何もしなかった（不管）」ため、生徒が１人死亡　記者の調査で「何もしなかった」ことの背後に事情があることが分かった 「楊“不管”」事件の背後にある制度の不均衡を反省する
08-118	07/13/08	4左上	新律師法催生特殊普通合伙制律師事務所	新「律師法」が特殊普通パートナー制律師事務所の誕生を促した
08-119	07/17/08	2左上	司法部發出通知要求學習 “重慶經驗” 加強法律援助基礎建設	「重慶経験」を学習し、法律援助におけるインフラ整備を強化するよう司法部が通知を出した
08-120	07/17/08	5左下	国内首例律師要求會見權案有變數	国内で初の律師接見権を主張した案件は、訴えを直接却下されるという運命に直面した
08-121	07/18/08	1右上, 5中下	扎實深入開展大學習大討論活動　推進律師事業又好又快發展	大学習大討論活動をしっかりと行い、律師事業のさらなる良い発展を推し進めよう 呉愛英が全国律師特定育成クラスでの発言
08-122	07/20/08	4左上	中資律所面臨管理瓶頸　利潤分配模式 “窮則思變”	中国資本の律師事務所が管理面でネックに直面　利潤配分モデルを変革しなければならない
08-123	07/20/08	4右	壓力大、收入低、門檻高律師助理路在何方?――律師助理生存状況調査	大きなプレッシャー、低い収入、高い敷居、律師助手の未来はどこにある？　律師助手の生活状況について調査を行った
08-124	07/21/08	5左上	根治會見難需修改刑訴法	〝接見難〟を根本から解決するためには刑事訴訟法を改正する必要がある
08-125	07/21/08	6右上	毎名律師都要參加一次集中培訓	司法部部長・趙大程は「律師全員が集中教育に一度は参加しなくてはならない」と述べた 全国の律師が党の十七大精神と胡錦濤の重要発言を学習・徹底する特定訓練クラスが本日終了
08-126	07/22/08	1右上	司法部出台律師所及律師執業管理辦法	司法部が律師事務所と律師業務の管理方法を発表
08-127	07/22/08	2左	服務民生化解矛盾　各地律師在行動	民衆の生活に奉仕をすることで矛盾の解消に役立てよう　各地で律師が行動を起こしている
08-128	07/22/08	6全面 1、2, 7左下	律師事務所管理辦法(中華人民共和国司法部令 第111號)	「律師事務所管理弁法」(中華人民共和国司法部令 第111号)
08-129	07/22/08	7全面1	律師執業管理辦法(中華人民共和国司法部令　第112號)	「律師業務執行管理弁法」(中華人民共和国司法部令 第112号)

08-130	07/22/08	8左	探秘被逼出來的崑山檢察院改革	江蘇崑山検察院が改革をせざるを得なくなった理由を探る 案件が多いわりに案件を処理する人員が少ないことに対し、崑山検察院が検察業務と検察事務を分離させ、特色のある「検察業務集約化管理」の道を切り開いた
08-131	07/22/08	8右	深圳斷供事件 地方政府和銀行應該反思	不動産価額の暴騰暴落が原因で深圳で起きた銀行のローンを払えなくなった事件　地方政府と銀行は反省すべきである
08-132	07/22/08	8下	記者體驗城管執法　一天經歷“冰火兩重天”	記者が都市管理者の法律執行を体験してみた１日のうちに「天国と地獄」を経験
08-133	07/24/08	3中中	刑事被害人補償金來源應多樣化	刑事事件被害者に支払う保証金の財源を多様化すべきである
08-134	07/25/08	2左上	全国近40%律師事務所建立黨支部	全国の40％近い律師事務所が党支部を作った
08-135	07/27/08	1右下, 2右中	“證券界死刑第一案” 主角楊彦明	「証券業界死刑第一案」の主役楊彦明 口が極めて固く、6000万元の汚職金が行方不明のまま、控訴審でまた死刑判決を言渡された
08-136	07/27/08	2右上	重大刑事司法改革讓楊彦明活到今天——楊彦明辯護律師錢列陽訪談	刑事司法における重大な改革のおかげで楊彦明が今日まで生き延びた　楊彦明の律師錢列陽インタビュー
08-137	07/27/08	3左上	《律師事務所管理辦法》出台“特殊的普通合伙”讓中国律所獲得新動力	「律師事務所管理弁法」で打ち出された“特殊でありながら普通のパートナー（全部責任分担から有限責任分担に）”などの規定が中国の律師事務所に新しいパワーをくれた
08-138	07/27/08	3右上	律師界高度關注律師事務所和律師執業管理辦法	律師事務所と律師業務に従事する管理方法に律師業界は注目している (1)特殊でありながら普通のパートナー　(2) 1回限りの告知
08-139	07/27/08	5右下	律師董正偉反壟斷維權記録	董正偉律師の、独占に反対し権益を維持する活動の記録
08-140	07/27/08	6全面 1、2	回望　人民法院三大審判三十載前行足跡　（法治治国30年特刊）	回顧　人民法院三大審判30年の足跡　（法治中国30年記念特集号）
08-141	07/27/08	7全面1	數字解析　中国特色社會主義審判制度	数字で分析　中国特色のある社会主義審判制度
08-142	07/27/08	7全面2	這十二項改革我們一起見證——最高法院新聞發言人倪壽明談30年法院司法改革	この12項目の改革を一緒に見証した　最高人民法院スポークスマン・倪壽明が法院の30年に渡る司法改革について語った
08-143	07/31/08	3中中	證據與程序：刑事辯護的“增長點”	証拠と順序：刑事事件弁護の「成長ポイント」

08-144	08/03/08	4左上	陳光中：律師法不是刑訴法的下位法　法律界人士提出四種辦法解決新律師法、刑訴法衝突難題	陳光中：律師法は刑事訴訟法の下位法ではない　法律業界人が新律師法と刑事訴訟法の衝突という難題を解決する４つの方法を主張
08-145	08/03/08	4右上	"慧海律師普法班車" 開進社區	北京市豊台区「慧海律師法律知識普及定期バス」が地域で活躍
08-146	08/03/08	4下	中資律所做大做強需迎戰知識管理新命題	知識の管理は、中国資本の律師事務所を発展させるための新しい課題である
08-147	08/05/08	1右上	進一歩改革完善国家司法考試工作 堅持和完善中国特色社會主義国家司法考試制度	「国家司法試験をさらなる改革でより完全なものにする、中国の特色のある社会主義国家司法試験制度を堅持し、完璧にする」と呉愛英が国家司法試験工作会議にて強調した
08-148	08/05/08	8左下	外地律師執業壓力緣何大於本地律師	地元律師より、他の地域の律師が業務展開をする時により大きいプレッシャーを受けるのはなぜか
08-149	08/06/08	5中中	首例律師會見權案被駁回	海南省海口市で初の律師接見権の行使を求めた案件が却下された
08-150	08/06/08	8下	15000名律師如何扛起奥運"法律大旗"	律師15,000人でいかにオリンピックのために法律業務を提供するか
08-151	08/10/08	2全面1、2	中国法律援助制度的歷史性飛躍	中国の法律援助制度における歴史的な飛躍 法律援助専門人員がゼロから１万に、援助を受けた人がゼロから300万人余りに達した。
08-152	08/10/08	3全面1	司法救助讓貧弱者跨過通向正義之檻	司法救助で貧しい者、弱い者でも正義への道のりへと踏み出せる
08-153	08/10/08	3全面2	国家賠償　不平凡的這些年——最高法院国家賠償辦公室主任劉志新談国家賠償制度	国家賠償法　穏やかでなかったこの数年間 最高人民法院国家賠償弁公室主任・劉志新が国家賠償制度について語った
08-154	08/10/08	5左上	我国司法體制改革的標準與路徑	我が国の司法体制改革の基準と道のり
08-155	08/15/08	1右上	《国家司法考試實施辦法》修訂后發佈　應試人員違反考試紀律構成犯罪將被追究刑事責任	「国家司法試験実施弁法」を修正後に公布、試験紀律に違反し、犯罪と犯したとみなされる受験生に刑事責任を課すことになる
08-156	08/15/08	4上	《国家司法考試實施辦法》	「国家司法試験実施方法」
08-157	08/16/08	3上	中華人民共和国司法部公告（第77號）	中華人民共和国司法部公告（第77号） 2008年国家司法試験に関する事項の公告
08-158	08/17/08	3左下	將有限合伙制度引入中国創投基金　參與中国私募立法——私募律師魏君賢	魏君賢律師：有限パートナー制度を中国の創業投資基金に導入し、中国プライベートエクイティファンドの立法も関わった、プライベートエクイティの第一人者

08-159	08/18/08	5右中	律師“視頻面対面”為災區老漢付欠款	援助律師「インターネットによる対面」で被災地の老人のために借金を払った
08-160	08/18/08	5右下	新律師法實施兩個多月寧夏律師會見閲卷依然很難　律師：再難下去，恐怕沒人辯護了	新律師法が実施され２ヶ月経ったが、寧夏の律師が依然として接見と調書の閲覧に困難を感じている　律師：このままだと、誰も弁護できなくなってしまう
08-161	08/24/08	6全面1、2	綜治30年鋪就中国特色平安路　(法治中国30年特刊)	社会治安総合管理30年で中国の特色のある平和な社会を作り上げた（法治中国30年記念特集号）
08-162	08/24/08	7全面1	五條經驗撐起社會治安綜合治理大網	５ヶ条の経験で社会治安総合管理アウトラインを作った（法治中国30年記念特集号）
08-163	08/24/08	7全面2	30個關鍵詞感受綜治進程(法治中国30年特刊)	30個のキーワードで感じ取る総合管理のプロセス（法治中国30年記念特集号）
08-164	08/24/08	9全面1	實現法律效果和社會效果的統一	法律面での効果と社会的な効果の一致を実現させる
08-165	08/24/08	9右下	滬港青年律師香港培訓項目結業典禮在香港舉行	上海と香港の青年律師による香港教育プロジェクト終了セレモニーが香港で行われた
08-166	08/24/08	9右下	安徽律師行業建立退出機制	安徽省が律師業界の退場メカニズムを構築
08-167	08/24/08	12全面1、2	程序正義：從審判規範做起——審判程序規范化專題研討會綜述	手続の正義：審判の基準化から始める　審判手続を基準化するテーマシンポジウムのまとめ記事
08-168	09/01/08	4左上	讓困難群眾真切感受法律援助的溫暖——訪司法部副部長趙大程	困っている群衆がしっかりと法律援助の温かみを感じられるようにしよう　司法部副部長・趙大程インタビュー
08-169	09/01/08	4左中	法援宣傳進牧區	青海牧場地域で法律援助についての啓蒙が行われた
08-170	09/01/08	4左下	完善我国法律援助制度的幾個問題	我が国の法律援助制度のいくつかの問題点をクリアする (1)法律援助制度の地位に関する認識問題　(2)法律援助は政府の責任を確実なものにするという点　(3)法律援助を獲得することは公民の権利意識に関わるという問題　(4)刑事法律援助の特殊な地位という問題
08-171	09/01/08	4右中	為社會弱者撐起公平正義的藍天	法律援助は社会的弱者の公平と正義のためにバックアップする
08-172	09/02/08	8左下	五百余名法律援助志願者服務西部	法律援助に務めるボランティア500人あまりが西部で奉仕する
08-173	09/02/08	8左下	青海法律援助志願者現狀探訪	青海法律援助ボランティアの現状を取材した
08-174	09/05/08	1上,4右中	司法部召開紀念《法律援助條例》頒布實施五周年座談會	司法部が「法律援助条例」公布施行５周年を記念する座談会を開いた

08-175	09/11/08	2左上	国家司法考試應試規則(中華人民共和国司法部令 第113號)	「国家司法試験受験規則 」(中華人民共和国司法部令 第113号)
08-176	09/11/08	6右下	許昌律師參與信訪接待作用明顯	河南許昌市の律師が「信訪」(投書・陳情)を受けつけるようになってから、はっきりとした効果が出た
08-177	09/14/08	1中中, 4右上	中国律所非訴業務出現迅猛發展勢頭	中国の律師事務所の非訟業務が物凄いスピードで勢いのある発展を見せている
08-178	09/18/08	2左	国家司法考試違紀行為處理辦法 (中華人民共和国司法部令 第114號)	「国家司法試験の紀律違反行為に対する処理弁法」(中華人民共和国司法部令 第114号)
08-179	09/21/08	1左中	2008年国家司法考試順利舉行	2008年国家司法試験が20、21日に順調に行われた 今年の出願者は37万人余り、昨年より8万人増加
08-180	09/21/08	1中中	司法部副部長張蘇軍巡查国家司法考試無錫考區	司法部副部長・張蘇軍が国家司法試験無錫試験区を見回りした
08-181	09/21/08	1左中	2008年国家司法考試順利開考1	2008年国家司法試験が順調にスタートした 各地試験場の秩序は整然としている
08-182	09/21/08	1右中	“我們都是追夢人”——第七次国家司法考試開考側記	「私たちはみんな夢を追いかけている」 第7回国家司法試験試験がスタートしたことについての記事
08-183	09/21/08	5全面2	匯源併購案引發“封口門”事件 律師“利益衝突規則”浮出水面	コカコーラが民族企業匯源M&A案件についてインターネットで意見を述べた 後日「口封じスキャンダル」を誘発した律師の「利益相反ルール」が浮き彫りになった
08-184	09/22/08	1右中	国家司法考試順利結束 實際參考近32萬人	国家司法試験が順調に終了 実際に受験したのは32万人近く
08-185	09/22/08	4左上	6省市將試點司法鑑定機構認證認可工作	司法鑑定機構認証認可が6つの省と市にて試行される
08-186	09/24/08	8全面1	中国律師走出社保困境的前前后后	中国の律師達が社会保険のジレンマを抜け出すまで
08-187	10/01/08	1左下, 3左下	天津律師積極服務濱海新區	天津の律師が積極的に濱海新区のために奉仕する
08-188	10/09/08	6全面1	一路忠誠之歌——回眸黨的紀律檢査工作走過30年光輝歷程	忠誠の歌をうたいながら 党の紀律検査の30年にわたる偉大なる道のりを振りかえって
08-189	10/12/08	4左上	律師領軍廣西新階層約會東盟	広西チワン族自治区の「新聯会」(律師が主なメンバーとしての新階層)がASEAN会議に参加
08-190	10/12/08	4右上	傾聽來自會員的聲音是律協的立命之本——訪北京律師協會會長李大進	メンバーたちの声を聞くことが律師協会の生命の元である 北京律師協会会長・李大進インタビュー

08-191	10/12/08	6全面1、2,7左上	村民自治：世界上最大的“民主訓練班”（法治中国30年特刊）	村民の自治：世界で一番大きい「民主訓練クラス」（法治中国30年記念特集号）
08-192	10/12/08	7左下	村民自治大事記	村民自治大事記（法治中国30年記念特集号）
08-193	10/12/08	7右	潘遠臣：親歴村民自治三十年	遼寧省農村幹部・潘遠臣：自ら経験した村民自治の30年
08-194	10/12/08	12上	關於建立刑事被害人救助制度的立法思考	刑事事件被害者を救済する制度を創設することについての立法的思考
08-195	10/16/08	8全面1	新一輪土地改革急需消除法律模糊點	新しい土地改革に法律上曖昧な箇所をなくすのが急務である
08-196	10/16/08	8全面2	法律撐起百姓文化權益保障之傘	民衆の文化権益を法律が保障する
08-197	10/19/08	6全面1	中国14萬律師推動民主法治進程	中国で14万人の律師が民主法治のプロセスを推し進めている（法治中国30年記念特集号）
08-198	10/19/08	6全面2	從律師資格考試到国家司法考試 回顧法官檢察官律師執業准入“首道關”	律師資格試験から国家司法試験になるまで法官・検察官・律師が執務する際の「最初の関門」を振り返ってみた
08-199	10/19/08	11中中	《清代地方政府》（1962）	『清代地方政府』（1962）：清の時代の地方司法などについての研究著作
08-200	10/26/08	1左中	全国律協表彰“雙優”	「ダブル優秀」賞を全国律師協会が表彰した100の律師事務所と107名の律師が表彰された。
08-201	10/26/08	1右下,2右中	在第七次全国律師代表大會上的講話（2008年10月25日周永康）	周永康が第７回全国律師代表大會で法律従事者に対して以下の５つの面で期待する旨を表明した (1)中国の特色のある社会主義の法律従事者になること　(2)経済社会をさらに発展するための服務者になること　(3)当事者の合法権益の擁護者になること　(4)社会の公平と正義の保障者になること　(5)安定で調和がとれている社会の促進者になること
08-202	10/26/08	3中中	全国律師事務所名單	全国律師事務所名簿
08-203	10/26/08	3下	全国優秀律師名單	全国優秀律師名簿
08-204	10/26/08	4左	第六屆中華全国律師協會三年畫卷	第６回中華全国律師協会３年間の写真集
08-205	10/26/08	4右	第六屆全国律協大事記(2005.6-2008.10)	第６回全国律師協会大事記(2005.6-2008.10)
08-206	10/26/08	10下	律師与法官的博弈——破壞了公平的訴訟博弈規則	律師 VS 法官　近年律師が法官に賄賂を贈る事件が多くなってきたことが公平な訴訟規則を乱している
08-207	10/28/08	1左中,3下	第七次全国律師代表大會閉幕	第７回全国律師代表大会が幕を閉じた

08-208	10/28/08	1左中, 3右下	依法履行好律師工作的五大重要責任	法律に従い、律師業務の５つの重要な責任をしっかりと履行しようと司法部部長・趙大程が述べた
08-209	10/28/08	4右下	擔負起光榮使命　推進律師業發展——訪第七屆全国律師協會會長于寧	名誉のある使命を背負って　律師業の発展を推し進める　第７期全国律師協会会長・于寧インタビュー
08-210	10/28/08	4中下	第七屆中華全国律師協會會長、副會長、常務理事、秘書長名單	第７期中華全国律師協会会長、副会長、常務理事、秘書長リスト
08-211	10/30/08	3左上	中国改革開放30年民主法治“突破點”	中国改革開放30年の民主法治における突破点
08-212	10/31/08	1右上, 6右下	引導律師進軍“非訴”攜手企業共發展	浙江省司法庁は律師を「非訟」に誘導し、企業と手を取り合って、共に発展を図る
08-213	11/02/08	4左上	頂級併購律師解讀中国企業海外併購前景　外国專家認為目前是中国公司抄底最佳時機	中国企業が海外でM&Aを行う展望について、M&A専門のトップ律師が分析した　今が中国の企業が底値でM&Aを行うベストタイミングであると外国の専門家が分析
08-214	11/02/08	4右中	中国刑辯律師專業化迫在眉睫	中国刑事訴訟律師の専門化が喫緊の課題となっている 刑事訴訟律師の基本技能を高めなければならない
08-215	11/03/08	5右上	律師叫板春運退票臨時規定終審被駁	律師が旧正月の帰省ラッシュ時の切符の払い戻しについての臨時規定に立ち向かったが、最終審で却下された
08-216	11/05/08	8左	村委會組織法頒行十年即將「大修」	実施されて10年経った今　「村委員会組織法」が間もなく改正されることになる
08-217	11/06/08	1右中	突出律師職業特性與企業法務要求　2008律師發展講壇本月底舉行	律師職業の特性と企業の法務に対する要求に重点をおく「2008律師発展フォーラム」が今月末に開催
08-218	11/09/08	11中	中韓刑事司法的首次対話——“中韓刑事司法改革的新進展”研討會綜述	中韓が刑事司法について初めて対話を行った「中韓刑事司法改革の新たな発展」シンポジウムのまとめ
08-219	11/15/08	4左下	以普法為事業的律師	法律知識の普及を自分の事業としている律師 重慶第１回ベスト10青年律師、賈鋭
08-220	11/16/08	4右上	律師見證業務遭遇尷尬	律師の立証業務が微妙な立場に
08-221	11/16/08	4右下	国際金融風暴給中国律師帶來機遇	国際金融危機が中国の律師業界にチャンスをもたらした
08-222	11/16/08	13全面 1、2	中華人民共和国司法部公告（第 76 號）	中華人民共和国司法部公告　（第76号） 177の外国律師事務所中国駐在代表機構が、中国国内で海外へ法律サービスを提供する業務執行の許可を得た

08-223	11/16/08	14全面 1、2	中華人民共和国司法部公告（第76號）	中華人民共和国司法部公告　(第76号) 同上
08-224	11/16/08	15全面 1、2	中華人民共和国司法部公告（第76號）	中華人民共和国司法部公告　(第76号) 同上
08-225	11/16/08	15下、16全面 1、2	中華人民共和国司法部公告（第79號）	中華人民共和国司法部公告　(第79号) 61の香港律師事務所大陸駐在代表機構が大陸での業務執行の許可を得た
08-226	11/18/08	1左下, 2右下	司法部部長呉愛英：堅持和完善中国特色社會主義司法行政制度	司法部部長・呉愛英：中国の特色のある社会主義司法行政制度を堅持し、完璧にする
08-227	11/20/08	6左中	児童飛機票價格怎麼比成人票還“貴”　新疆一律師挑戰航空公司行規	航空券の値段、大人よりも小人のほうが高いのはなぜか　新疆の律師が航空会社の業界規則に挑戦する
08-228	11/21/08	1右中	2008年国家司法考試成績公布	2008年国家司法試験成績が発表された
08-229	11/21/08	2左上	司法部国家司法考試辦公室公告	司法部国家司法試験弁公室公告 2008年国家司法試験成績の発表、合格ラインおよび法律資格証書の授与などに関する事項
08-230	11/23/08	4左上	中部律師的崛起情緒	中部の律師はさらなる発展を願っている
08-231	11/23/08	4左中	中部律所發展在於規範與拓展	中部の律師事務所が如何に発展を図るかは標準化と事業開拓にかかっている
08-232	11/23/08	4左下	首屆中国——徳国律師国際論壇在津召開	「第1回　中国・ドイツ弁護師国際フォーラム」が天津にて開催
08-233	11/23/08	4右	中部律師發展困境調査——以武漢為様本	中部の律師業を発展させるには何が難しいかについての調査　武漢を見本として
08-234	11/23/08	9中	當代中国司法改革的進程	現代中国の司法改革のプロセス
08-235	11/23/08	12上	司法改革的回望與反思	司法改革についての回顧と反省
08-236	11/26/08	2左下	北京實習律師培訓后方可上崗	北京では律師修習生は訓練を受けてからでないと業務を始めることができない
08-237	11/29/08	1右下, 2右中	“律師黨員志願者和諧江蘇服務團”掲牌	〝律師党員ボランティア、調和江蘇服務団〟が奉仕を始めた
08-238	11/30/08	4左上	首席大法官“握手”中国資深律師——最高法院徴求律師意見和建議座談會側記	首席大法官が中国のシニア律師と「握手」　最高人民法院が律師に意見と提案を求めるために開いた座談会の記事
08-239	11/30/08	4左下	涂崇禹：一個崇尚公益的法律人	涂崇禹：公益を大切にし、尊重する法律人
08-240	11/30/08	4右上	即將啓動針対百度的反壟斷訴訟程序　打開百度“競價門”的獨臂律師李長青	百度(BAIDU)に対する反独占訴訟が間もなくスタート　百度(BAIDU)の「競合スキャンダル」に対して片腕の律師、李長青が戦う
08-241	11/30/08	4右下	2008律師發展講壇在廣州舉行	「2008 律師業発展フォーラム」が広州にて開催

08-242	12/06/08	3全面1、2	中国軍事法治建設三十年(法治中国30年特刊)	中国軍事法治建設30年（法治中国30年記念特集号)
08-243	12/07/08	4左上	青年律師的最大問題還是市場——第四屆中国青年律師論壇在珠海舉行	青年律師にとって最も難しいのはマーケット「第4回中国青年律師フォーラム」が珠海にて開催
08-244	12/07/08	4左下	青年律師面対金融危機應當找准定位——訪中華全国律師協會副會長、青年工作委員會主任呂紅兵	金融危機の今、青年律師は自分の正しい位置を見つけ出すべきである　中華全国律師協会副会長、青年事務委員会主任・呂紅兵インタビュー
08-245	12/07/08	4右	律師協會的會長們在想什麼	律師協会の会長達は何を考えているのか 律師協会は何をするべきか（上海会長)、律師の社会責任（広州会長)、律師事務所は仲介組織ではない（大連会長)、コスト・ダウンを図る(香港律師協会)
08-246	12/07/08	10中	司法考試與職業化的悖論	司法試験と職業化のパラドックス
08-247	12/07/08	10下	法律職業共同體的責任	法律を職業とする共同体の責任
08-248	12/10/08	8左下	深圳：評選出公訴人與形辯律師雙十佳	深圳：公訴人ベスト10と刑事訴訟律師ベスト10を選出
08-249	12/10/08	4左上	分配機制成為国内律所發展瓶頸　国内律所亟待提升管理促産業升級	国内の律師事務所の発展にとって配分のメカニズムがネックに　管理をより良くし、産業としてのランクアップを図ることが期待されている
08-250	12/10/08	4左下	北京市律師協會8年發放互助金122萬元	北京市律師協会が8年で互助金122万元を配布した
08-251	12/10/08	4右	謝啓大：從新黨主席到兩岸律師	謝啓大：新党主席から大陸・台湾の律師になるまで
08-252	12/14/08	6全面1、2,7全面1、2	改革大潮中的一滴晶瑩的水——本報記者詳實披露22年前那場轟動国内外的“立法辯論”的特別節目出台内幕	改革という大波の中にある一滴の透明な水22年前に国内外を驚かせた「立法討論」についての特別番組の内情を本紙記者が詳しく明かしてくれた（法治中国30年記念特集号)
08-253	12/14/08	8全面1、2	基本法與“一国兩制”的偉大實踐	基本法と「一国二制度」という偉大なる実践(法治中国30年記念特集号)
08-254	12/14/08	15左上	“作為律師目睹中国法治社會的成長”	中国が法治社会へと成長する過程を日本の著名な中国法弁護士、射手矢好雄が目撃した
08-255	12/16/08	2全面1、2	2008十大法治新聞系列評選候選内容	2008 10大法治ニュースシリーズ選出候補内容 10大法治ニュース選出候補内容20、10大訴訟案件選出候補内容12
08-256	12/18/08	3全面1、2,4全面1、2	我們，與法治同行(法治中国30年特刊)	我々は法治と共に行く（法治中国30年記念特集号) 主な出来事：(1)律師立法　(2)両案審判　(3)82年憲法　(4)法律教育　(5)83年厳打　(6)民族地域自治　(7)五年法律普及企画　(8)民法通則　(9)司法試験

08-257	12/18/08	5全面1、2,6全面1、2	我們，與法治同行(法治中国30年特刊)	我々は法治と共に行く（法治中国30年記念特集号） 主な出来事：(10)消費者権益　(11)投機的取引をする　(12)憲法修正案　(13)民告官　(14)基本法　(15)人権白書　(16)法制（治）経済　(17)公司法　(18)法律に照らして行政を行う　(19)知識財産権　(20)中南海で法律講座を開く　(21)国家賠償　(22)王海現象　(23)97年刑法
08-258	12/18/08	7全面1、2,8全面1、2	我們，與法治同行(法治中国30年特刊)	我々は法治と共に行く（法治中国30年記念特集号） 主な出来事：(24)注射で死刑執行　(25)証券立法　(26)法律に照らして国を治める方策が憲法で規定された　(27)立法体制　(28)精神損害賠償　(29)訴訟協議　(30)環境影響評価　(31)死刑審査権が法院に　(32)物権法　(33)労働合同法　(34)反独占法　(35)法治白書　(36)法律体系
08-259	12/21/08	1中下	我国參與未成年人保護志願律師達8000余名　全国律協表彰10名“特殊貢獻律師”	未成年者を保護するボランティアに律師8000人以上が参加　全国律師協会が「特殊貢献をした律師」10人を表彰した
08-260	12/21/08	4左上	律師建議対音集協進行反壟斷調査（中国音像著作權集體管理協會簡稱音集協）	音集協に対して反独占調査を行うよう律師が提案した（音集協は中国音像著作権集体管理協会の略称）
08-261	12/21/08	13下	一個日本青年律師眼中的改革開放	ある日本人青年弁護師が見た改革開放
08-262	12/21/08	15右上	美国律師眼中的中国法治變遷——訪中国美国商會主席詹姆斯・吉莫曼	米国人弁護士が見た中国の法治変遷　中国米国商会主席James Zimmermanにインタビュー
08-263	12/22/08	1右上	司法部出台管理辦法明確符合條件的台灣居民可成為大陸律師所合伙人	司法部が管理方法を明確にした　条件に合う台湾住民は大陸の律師事務所のパートナーになることができる
08-264	12/22/08	4左上	取得国家法律職業資格的台灣居民在大陸從事律師職業管理辦法（中華人民共和国司法部令 第115號）	「国家法律職業資格を取得した台湾住民が大陸で律師職業に従事する際の管理弁法」（中華人民共和国司法部令 第115号）
08-265	12/25/08	6下	發揮律師職能　促進公平正義	律師の機能を発揮し、公平と正義を促進せよ
08-266	12/26/08	2全面	2008年度十大法治新聞系列簡介	2008年度10大法治ニュースシリーズの紹介 10大法治ニュース、10大政法英傑、「典型的な」10大案件
08-267	12/30/08	1右中	国家司法考試四川災區考試成績31日公布　可通過網絡或聲訊電話查詢成績	国家司法試験四川被災地区の成績が31日に発表される　インターネットまたは音声情報電話を通じて、成績を問い合わせることができる

08-268	12/30/08	2左上	司法部国家司法考試辦公室公告	司法部国家司法試験弁公室公告 2008年の司法試験で四川省大地震で延期になった6市（州）の司法試験の成績、合格ライン発表及び法律職業資格証書授与などに関する事項
08-269	12/30/08	2中中	天津律師行業黨的建設工作會議強調以黨風促行風　將制定律師誠信信息披露辦法	「天津律師業界党組織の構築に関する会議」が党の倫理規範により律師の倫理を徹底することを強調　天津の律師の「誠実度、信用度」情報を公表する方法をまもなく制定する

第四部

第十四章　清代巴県銭債案件の受理と審判
——近世イギリス法を背景として

王　志　強
（田邉章秀訳）

はじめに

学界が中国の伝統的な民事法理念及びその運用実態を重視するようになるにつれ、[1] この問題、とりわけ司法手続きに関する問題を、档案史料と結び付けて考えるようになり、研究の深度も次第に増していった。[2] 同時により深く中国の伝統法を理解するためのものとして、比較法という視角はかなり特有の作用を有している。[3] 本章では同治（一八六二〜一八七四）初年四川巴県の銭債案件[4]に関係する档案を中心として、近世イギリス法と比較対照しながら、訴訟プロセスの角度から中国の伝統的な聴訟における案件受理の特徴及び民事司法における「冤抑—伸冤」形式に相応する手続きの背景を重点的に検討する。(5)

銭債案件を例として取り上げたのは、「戸婚田土」等の民事案件中、婚姻・継承が身分や家族関係を中心とするものであり、また土地案件はその標的が比較的大きく、両者は当時の社会にあっても重要性が大きく、かつ制度上も中国固有の特徴が色濃いものであるのに対し、債務の紛争、特に小額債務の紛争は、身分や土地に関わる案件と比べて、重視される度合いが相対的に低く、案件中に持ち込まれる極端な衝突もそれに応じて少なく、より民事的性格が強い案件になっているからである。なおかつ銭債案件は法律の関係性が比較的簡単で、制度上もより強い普遍性を備えており、比較法の角度から司法の手続きの問題を検討するのにより好都合である。近世イギリス法を比較対象に選んだ理由は、一つには中国清代と時代がおおよそ重なるためであり、さらに十九世紀末の大きな司法変革を経ていないことで、伝統的な傾向をより多く保持していることによる。もう一つは、イギリス法は訴訟手続きの制度面で中国伝統法との対比が鮮明であることによる。清代司法の構造類型がより近似している同時代のヨーロッパ大陸法との比較については、紙幅の関係もあり、別の機会に論じたい。(6)

第一節　受理の条件

どのような社会にも衝突と紛争は存在するものであり、公権力の出現と、それが不断に強化されることで、こうした社会の衝突と紛争を解決するための重要で基本的な手段が提供される。それがすなわち司法である。官がどういった理念の下で、どのような組織をもって当事者の訴えを受け付けるか、訴訟を起こす原告もまたどのようにしてこうした組織や理念を利用して訴えを表明するのか、こうしたことはいかなる司法組織であれ、まずはじめに向かい合わなければならない公共的な問題である。

近世イギリス司法においては、民事的な紛争について、当事者は通常まず希望する訴訟手続きとそれに対応する裁判所を選定しなければならない。たとえば原告が刑事案件として起訴すると、そこではじめて法廷に出廷して証言する権利が得られ(7)、刑事手続きを通して相手に圧力を加えたり、より有利な条件での和解を図ることができる。そのため刑事裁判の手続きを選択して、治安判事（justice of peace）に訴えを提出するが、紛争が軽犯罪の案件として四季裁判所（quarter sessions）の審理に回されることもあり、こうした事態は稀なことではなかった(8)。またたとえば訴訟の標的が四〇シリング以下であれば、自治的な地方裁判所に起訴することとし、政府は関与しない(9)。もし標的がそれより大きければ、通常の状況なら当事者は直接大法官府（Chancery）の書記官から令状を購入し、それから対応する普通法裁判所に訴訟を提起するか(10)、あるいは直接大法官（Chancellor）が取り仕切っている衡平法裁判所に衡平法訴状（bill in Equity）を提出する。そして争う標的が四〇シリング以上で、選択した令状の形式が裁判所の要求に合ってさえいれば、各裁判所には案件の受理を拒絶する権限がない。この起訴と受理の段階では、近世イギリス法の特徴は、基本的に裁判所は求めれば必ず応じるというもので、消極的な地位にあるといえる。

これに対し、清代中国においては、民事紛争の起訴段階では明らかにイギリスと異なった特色が見られる。当時あらゆる案件はまず末端の州県長官に訴えが提出される。官府に案件を受理してもらうには訴えを起こすことが第一要件である。一方で『大清律例』「告状不受理」条の律文の規定には「……斗殴、婚姻、田宅等の事を受理しない者は、犯人の罪から二等を減じ、ならびに罪は杖八十に止める。……州県官に訴えたけれど受理されなかったもの、および州県での訴訟は済んだが、裁きが不当だとして、冤罪を訴えるものについては、各（部、院等）衙門がただちに詮議せよ。もし何かにかこつけて受理しなかったり、別の官に案件を申し渡したり、あるいはもとの官に差し戻したりするものは、「告状不受理」により罪を問う」とある。字面の上から律文を解釈すれば、処罰の対象となるのは、罪が刑罰にかかるものを受理しない場合に限られるように見えるが、ただ少なくとも「斗殴、婚姻、田宅」案件であっても受理しないというのは、明らかに制度の理念に背くものである。しかも制度上は官府が紛争を郷里の処分に委ねることは許されていない(11)。父母官たる者当然民のために責任を持って解決を図るべきであり、責任を転嫁して逃げ出すことはできないのである。

ただ一方で、実際には、官府が介入するか、介入するとしてどういう方式でどの程度介入するか、ということは当事者が主体的に決めることでも、官府に訴訟が受理される過程で決まることでもなく、決定権は基本的に官府に握られていた。案件を受理するか否かについて従うべき基準がないとまで言うことはできないが、こうした基準は政策的なもので、規則的なものではない。

まず債務案件の場合、標的となる金額は受理の基準とはならない。確かに受理されなかった案件の批詞の中にはその理由として「金額が少ない(12)」と明確に提示しているものもあるが、実際には案件における標的の金額は事態の一部分に過ぎない。標的金額に関する明確な規定はなく、標的金額を考慮しない大小の状況というものが普遍的に存在していた。当事者は極力「女の身では数十両という金額でも生死にかかわることで、決して訴訟を好んでのことではなく、本当にどうしようもないのです(13)。」というような主張をするし、案件の中には、官府が執行を促すときに「金額が多くないのだから、都合をつけるのは難しくないだろう(14)」と言っているものもあり、標的が大きくなくても案件が受理され裁断が得られたものがあったことがわかる。加えて後文にあげる人身傷害の状況では、標的金額は完全に二次的な地位に退いている。

その次に状式は一定の指導的作用を発揮しているとはいえ、規則としての意義を完全に発揮していたわけではない。(15) 各時代、各地域、各級の状式の要求はそれぞれ異なり、状式を含む案件受理に関する規定も厳格に遵守されていなかった。たとえば一八四一年（道光二一）劉森茂訴朱三義等債務糾紛案では、訴えられたもの四名、証人五名の名が書かれているが、当時の状式には「案件が人命案件でないもの、及び人命であっても徒党を組んでの争いで発生した案件でないものは、被告については三名、証人・関係者は二名を超えることを許さない。もし大勢の名を書き連ねたら、不准とするほか、代書も処罰する」(16) と明確な要求があった。該状の訴えは明らかに人命、共殴ではないが、それでも「候喚訊追」という受理を意味する批詞を得ている。一八六二年（同治元）鐘李氏訴熊宣三案の中では証人七名が書き並べられているが、状式には明確に「証人・関係者は二名を超えることを許さず、違反すれば不准とし、代書を処罰する」(17) という要求がある。同様に手続き上の要求を守っていないにもかかわらず受理された状況、たとえば一行に二行を重ね書きしているもの、規定の状紙を使っていないもの等、(18) そういった例は档案の中でも少なくない。

場合によっては、中央政府の訴訟手続きに関する法規でさえ有効に機能しないことがあった。たとえば『大清律例』「越訴」条例の規定には「軍民人等が訴訟にかかわりながら、もし理由も無しに自らでは訴え出ず、または壮丁を表に出さず、ことさらに老人、幼児、障害者、婦女、使用人に代理で訴えを起こさせたら、その案件は立件せず、さらに本人や壮丁は引き立てて罪に問う」とある。これは前代の明の規定を踏襲したもので、長い間中央で定められた法規であった。そうしたこともあって、一八六三年（同治二）楊李氏訴馮照幅案では、被告は「ひそかに考えますに、女子は嫁に行けば夫に従い、夫が死ねば子に従うものであり、かつ李氏のばあいは、夫は健在で子は成人しているにもかかわらず、どうして婦人であることを楯に出廷することができましょう」と強調している。被告は条例に依拠して「立案不行」を主張したわけではなく、ただ原告の夫とその子を出頭させるよう要求しただけだったが、官府は完全にこの要求を斥けた。[19] 反対に、こうした状式及び規則が強調していることは、どういう状況であれば案件を受理しないかということであり（上述の事例はその規則を厳格に遵守していないが）、理論上、これ以外の状況では『大清律例』「告状不受理」条の律文に基づいて受理しなければならないということになる。しかし実態は明らかにそれとは異なっていた。

そのほか人身傷害であると訴えることはしばしば有効な策略ではあったが、百発百中というわけにはいかなかった。無作為に取り出した同治初年の七八件の銭債案件の中で、大部分（五八件）は起訴の段階で人身傷害についての言及がある。[20] これは明らかに人身傷害が純粋な銭債の紛争に比べ容易に耳目を驚かし、官府の注意を引き付けたためである。こうした状況は、イギリス普通法の中における民事案件における管轄権の擬制と類似しているところがあるが、[21] ただ清代中国における訴えの誇張は当事者が進んで行うことで、本来は介入を望まない官府の目を引き付け、救済を提供してもらうことを期待してのことである。イギリスの制度は原告と裁判所が共同で図ったものであり、目的は当該の裁判所が管轄権を取得し、その業務範囲を拡大させることにある。法廷における当事者の態度ははっきり異なっていた。巴県の銭債案件の中には、債務を返済しないと相手方を訴えることを目的に人身傷害を持ち出しながら、そのための証拠となるような傷がない場合、人の注目を引き寄せるため過激な言辞を並べ「柄杓で冷水をかけられ、そのために風邪をひき、もともと傷があった場所が痛み出し、治癒の見込みすらなく、飲食も進まず、もう死にそうな様子です」[22] と言ったりするものがある。またあるものは訴えの中にも人身傷害などまったくないにもかかわらず、相手方が騒ぎを起こして威嚇してくるといったりする。[23] しかし裁判するものも、訴えの中に事実とは異なる点があることを知っており、時には「不足の銀両は小額であるから、証文によって自分で返済を要求せよ。傷を捏造してお上を煩わせるな」[24]と批示して、傷の状態をまったく調査しないこともある。また官府は先に人を派遣して傷の状態を調べさせることもあるが、もし傷がない、あるいは傷の状態を調査できない場合、あるものは受理されず[25]、またあるものは継続して取調べが行われるということになる[26]。傷を捏造して注意を引こうとしたり、訴訟をそそのかしたりすることは一種の策略であるが、必ずしも効果的ではなかったことがわかる。一方でまったく人身傷害がない訴えであっても、必ず受理されないというわけではない。呈状のなかには人身傷害を持ち出さなくても受理されるものもあり、その重要な原因の一つは、おそらく当事者の一方が比較的社会的地位の高い人物、たとえば職員や監生といった身分を有している場合であろう[27]。あるいはまた案件そのものが上控して差し戻された案件であったり、同級の官府から回されたものであったりする場合である[28]。一八六三年王洪心訴李春芳案[29]では原告が約定を手に被告が借金を返済していないと直訴したものの、傷害やその他の揉め事はなく、それでも受理されている。案巻の中からは、原告は帽子売りの行商人であり、被告は渡し舟の経営者で、ともに特別な背景もなければ特別な事情を考慮しなければならない情勢でもない。ただおそらく債務の発端は被告が勝手に原告が預けたお金を使い込んだことにあり、その後埋め合わせを約束する証文を立てたものの、仲介人も保証人もおらず、両者とも同一の共同体や宗族に属しているわけでもないので、原告にとっては返済を迫るほかの手段がなく、それゆえに官府の受理と救済を得ることができたのであろう。

不受理の詞状については、宝坻档案を根拠にして、情理に合わないことと確たる証拠がないことを不受理の主な理由であったと指摘する研究者もいる[30]。ただこの二つの理由、特に前者は本来非常に政策的な曖昧な概念である。一八六三年王玉泰訴張屠戸案の批詞では「呈状で述べていることは支離滅裂で、明らかに別の事情を隠している。召喚して調査訊問するのをまち、もし虚偽であれば厳しく罪を問う[31]。」と述べられている。一八六四年（同治三）張余亮訴馬必坤案では「訴えたところの馬必坤が詐欺を働き虚偽の要求をしたというのはすべてが事実ではないだろう。召喚訊問のうえ究明するのをまて。[32]」とある。事実がはっきりしているかどうか、証拠が確固たるものかどうかという問題は、案件を受理する基準ではなかったことがわかる。しかもいったん不受理であったからといって、再度訴えたとき再び不受理になるとは限らない。[33] 一八六三年余慶和訴許殿才案では、最初の訴状は受理されなかったが、一月後同様の理由で再度訴えたときは受理された。[34] 一八六四年丁復興訴張元順案では、二月一三日の訴えは受理されず、「……こうしたあいまいな文言は、訴えを起こして因縁をつけるのでなければ、一体誰を欺こうというのか？ 不准としてあわせて飭める」として斥けられたが、再度訴えたときは受理され、その理由は「再度訴え出ているので、とりあえず召喚訊問のうえ究明するのをまて。[35]」と示されている。そのほか州県档案の中からは、たとえ取り消された案件であっても、不断に訴え続ければ受理されることもあったことがわかる。[36] 民事的な紛争が受理されるか否かは、命盗の重大案件に関わるような場合を除き、その他は往々にして末端の官府の政策上の裁量に任せられたのである。

清代民事司法においては、官府に訴えを受理してもらうためにおおいに苦心を費やす必要があった。官府の角度から言えば、規則は厳格なものではなく、政策上の原則が存在するとすれば、おそらくその一つはできるだけ不受理にすること、[37] もう一つは当事者の身分や、実際の、あるいは出現すると考えられるリアクションの程度がどれほど深刻か、およびその他の紛争解決組織の有効性など各種の状況に基づき、総合的に判断するということである。したがって根本的に官府の主導と掌握下におかれていたことになる。

起訴と受理の段階は、清代中国とイギリスでは相応する時代において明確な違いが見られる。理論上は両者とも紛争を公権力に訴え出て、訴訟に持ち込むための門が政府により開放されていた。そして客観的に見ても、確かに大量の紛争が発生し、それが公権力による裁断に委ねられていた。ただしイギリス王室裁判所が標的と管轄権に関する規則を定めた以外は来るものを拒まず、ことによっては八方手を尽くして案件を招きよせていたのとは異なり、清代中国官府は訴えから逃避し、そのあらを捜すという態度を保持し続けていた。理念の上から言えば、これは当然中国の特徴である冤抑―伸冤式の民事司法スタイルと関係がある。相手が自分を虐げることはなはだしく、周囲にも助けてくれる人間がいないとき、名官に助けを求めるしかない。(38) これは告状人の表現形式の背後にある理念を説明する有力な解釈であるが、同時に別の角度から官府の立場をも説明している。もし事態が度を過ぎたと見なせる程度まで発展しておらず、もし当事者が親族や郷里で救済を求めることができるなら、官府は手を差し出すことを願わない。この理念の背後には複雑な現実の制度的背景があった。

第二節　好訟と利を言わぬこと

清代州県官が州県自理訴訟をどのように受理するかという政策は、好訟の風と関係があるのだろうか。ただ訴訟を開放していたことが訴訟の滞積を醸成し、その結果当然のことながら官府が選択的にしか訴訟を受理しなくなった、という点は否定できない。しかしイギリスの状況と比較してわかることは、これはおそらく真の原因ではないということである。

訴訟の数量について、関連する研究が示すところでは、一八三〇年イギリスの中央と主な地方裁判所に提起された民事訴訟の総量は三八万七四〇〇件（そのうち中央裁判所が約九万件）に達し、平均すると一〇万人ごとに二七六七件の訴訟を提起したことになる。(39) ただこの数字は教会法廷で審理された案件や刑事案件、すなわち四季裁判所の軽犯罪案件、及び中央刑事裁判所や各地の巡回法廷が審理した重罪案件は含まれていない。これは前述したように刑事案件の管轄と処理の手続きが民事案件とは異なるためである。同時により以前の状況については全面的な統計資料を欠いているため、局地的な統計が示すところに過ぎないが、上述の十九世紀初期はイギリスでも訴訟の数が大幅に減少しており、相対的に件数が少ない時期であった。[40] 十七世紀初期イギリス中央裁判所に提起された民事訴訟の数量は十九世紀初期の倍になる。[41] これでも十七世紀中後期のイギリスが最も好訟だった時期ほどではない。局地的な統計と人口を基準にすれば、当時民事案件の起訴数量はさらに目を見張るものであり、中央裁判所に起訴されたものだけで、一〇万人ごとに六百余件にも達したことになる。[42]

これに比べれば、清代中国における訴訟の絶対的な数量はイギリスの状況に劣るものではなかったが、人口比で言うならば、これほどの数にはならないだろう。巴県档案に基づき、同治年間の訴訟状況についての統計が示すところでは、この時期の呈状数は年一二〇〇〇件から一五〇〇〇件程であったが、実際に新たな訴えが起こされた案件数は一〇〇〇件から一四〇〇件程であった。[43] この二つの数字には大きな開きがあるが、これは清代の呈状の中に大量の「訴詞、催詞」[44]、すなわち被告の反論や原告が審理の進行を催促するための詞状が含まれていることによる。巴県やその他各地の档案に見られるように各案件には少なくとも二、三件こうした詞状があり、複雑な案件であればさらに多く、たとえば劉森茂訴朱三義等債務案の案巻では詞状が二九件にも達する。[45] 一八二四年（道光四）の巴県の人口が三八・六万人[46]、光緒末年の人口が七五・六万人[47]という記載に基づいて推定すると、この時期の巴県の人口増加率は八パーミル[48]となる。ここから同治初年の当地の人口は約四六・七万人と推定され、一〇万人ごとの呈状数は二五七〇～三二一二件に、一〇万人ごとの新案件は二一四～三〇〇件ということになる。[49] 前述したイギリスの状況と比べてみると、実際に起訴された新しい案件数は、どのように計算しようと前述のイギリスほど多くはならないだろう。

同じように膨大な訴訟文書の圧力に直面していながら、イギリスの法官数が決して多かったわけではない。十四世紀から十九世紀初めにいたるまで、イギリスの中央王室裁判所の法官は通常一五名を超えることはなかった[50]。ところが中央裁判所の案件は好訟の時期だった十七世紀中後期には、民事高等裁判所と御座裁判所の二つの中央裁判所だけでも、審理段階に入った案件の数はおよそ三万件にも達しており[51]、しかもこれは起訴の数ではない。事実を調査証明する民事巡回裁判の期間には財務裁判所の法官と高等弁護士（serjeant）がその負担を分担することもできたが、それにしてもこの数は目を見張るものがある。一八二三～一八二七年には、上記の裁判所の年間平均起訴案件は七万二二二四件で[52]、この期間の両裁判所の法官は七名前後[53]、平均すると一人当たり一万件近い案件を処理していたことになる。衡平法裁判所は法官がわずか一名だけの裁判所で、一七〇〇～一七〇一年起訴されて受け取った訴状の数は五七〇七件であり、これ以前も以後もその数は一貫して三〇〇〇～四〇〇〇件であり、十八世紀中期に入ってようやく毎年二〇〇〇件という数値に落ち着いた[54]。これに対し、巴県の知県が一年間に受理した詞状は一万余件あるとはいえ、訴詞と催詞を除けば、実際に処理した新しい案件は多くても二〇〇〇件を超えることはなく、あるいはもっと少ないかもしれず、受理して堂訊まで至った案件はさらに少ないであろう。清代中国の地方官の詞状に応対する負担は明らかにイギリス民事高等裁判所や御座裁判所の法官たちよりも少なく、最大限に見積もっても、訴訟が比較的少なかった時期の衡平法裁判所の大法官たちと同程度である。ただイギリスの法官たちは大量に案件の受理を拒絶することはできなかったし、またしなかったのである。

起訴と受理の問題に密接に関わってくるのが訴訟費徴収の問題であり、これも問題の重要な側面である。確かに清代の官府は民の父母であることを標榜して、訴訟を受け付けるとき人民から直接費用を取り立てるようなことは不可能で、たんに書吏や差役が各種の手数料を直接取り立ててそれを経費に補填していたにすぎない[55]。早期イギリス法の中では、王室裁判所が案件を管轄できるよう推進し、紛争に対する救済を提供することは国王の特別な恩恵ということになっていたので、民事紛争に対する国王の救済を得るには、令状を購入するための費用を支払わなければならなかった。そして案件の訴訟費がかつては王室の重要な収入であり、法官たちにとっても主要な収入の源となっていたため、各裁判所の間でも激烈な競争が展開され、巧妙に名目を立てては案件の管轄権を奪い合っていた。(56) ただその後裁判所に支払う起訴費用の額が少なくなると、もはや政府の重要な財源ではなくなった。早くも一四九五年(ヘンリ七世二年)には立法上の規定が定められ、貧民は無料で訴訟を提起し、並びに無料で裁判所が指定する弁護士の援助を獲得できることとされた。(57) 一八二九年の国会報告を根拠にすれば、その他の人であっても、当時普通法裁判所は令状の形で訴訟費の徴収を行うものの、そこには法廷の公務費や弁護士費用も含まれており、平均しても三ポンド一四シリングから五ポンド四シリングまでであった。(58) イギリスの同時期の手工業者の平均給与年収は六〇英国ポンドだから、(59) 一回の訴訟のコストは高いとは言えないだろう。これに対し清代中後期は告状に一元、すなわち米の値段にして一六斤相当、堂訊の段階に行き着くまでには少なくとも四元、すなわち米の値段にして六、七〇斤相当を費やさなければならない。(60) 両者を比べたところ、実際には近世イギリスの訴訟費用は決して高いものではない。というのもそこには弁護士費用も含まれており、裁判所についても、おそらくは中国の官府ほど利潤をはかる余地は大きくなかったであろう。したがって裁判所が利潤のために訴訟をより多く引き受けようと願っていたわけではないことになる。

こうして見ると、近世イギリスの状況と比べて、民衆の健訟と官が利を言わないことは、ともに清代の末端の官員たちが選択的に詞状を受理したことの鍵となる理由にはなり得なかったことがわかる。この二つの要素以外に冤抑——伸冤表現形式の背後には、清代の末端の官員たちが選択的に訴状を受理するように導く鍵となる原因が存在したことになり、おそらくは案件を処理する手続きと方式がそれにあたるだろう。

第三節　受理から審判まで

近世イギリスの民事裁判では、伝統的な裁判スタイルが継続しており、法官たちはかなりの程度各種の非政府的な社会資源、特に当事者及び陪審団に頼っていた。当事者は訴訟手続きの開始段階において絶対的な主導権を持っているとともに、あらゆる責任とリスクを背負っており、裁判所は案件を受理したときも実質的な調査は行わない。そのためもし令状を選び間違えれば証拠の提示方法が不利になったり、救済方式が誤ったものになったり、最終的に敗訴に至ってしまうなど各種のマイナス面の影響がもたらされる恐れがあり、原告はその結果をすべて負担しなければならなかった。したがって起訴の段階で個人的に専門の法律人士、すなわち弁護士を雇うことが非常に重要となっていた。訴答の段階では弁護士の助けを借りて自分に有利になるような法律を根拠として提示し、自分の利益になるように法律を解釈する。同時に普通法裁判所であろうと衡平法裁判所であろうと、当事者とその弁護士は事実を証明する過程において全責任を負うことになり、自ら証拠の収集、提出、説明、並びに相手方の証拠に対する反駁を行わなければならない。とりわけ普通法裁判所では、民事案件の当事者は証人となる資格がないため、法廷で案件の事実について述べることができず[61]、そのため当事者にとっては、証拠にかかわる問題がより突出した形で負担になっていた。法官は往々にして論争過程の監督者で、事実問題と法律問題を区別するだけに過ぎない。事実問題であれば完全にこれは陪審団に委ねられる。そのほか紛争の救済手段と要求は当事者からの申し出による。もし刑事手続きを選択すると、裁判所は有罪か無罪かの問題を解決するだけで、主体的に民事上の問題を処理することはなく、金銭賠償であろうと特定の約定の履行であろうと刑事手続きでは実現させることはできない。もし民事手続きを選択すれば、裁判所や令状の選択は往々にして救済の方式と密接に関わることとなり、金銭保証の額や特定の履行要求などはすべて当事者が自ら明確に表明することとなる。手続きであろうと救済の方式であろうと、どの裁判所であれひとたび案件を受理すれば、その裁判所の手続き及び令状、あるいは訴状の要求に照らして活動が展開され、裁判所が主体的にそれを変更しないだけでなく、一般には当事者でさえ変更は許されない。

イギリス法の法官たちが受動的な裁断者の特徴を持つのとは対象的に、清代中国の州県官は民事紛争を処断するとき、完全に積極的な主導者となる。証人の喚問から証拠の鑑別、事実認定、救済方式と手続きの選択等、各方面にわたって万全を期す必要がある。

案件を受理したあとはまず証拠の収集と証人の召喚を行う。この過程は官府により開始され、専門職員により「験喚査究」される。官の耳目を驚かせるために人身傷害があったとされることが多いが、これに対して官府は人を派遣して調査検証させる必要があった。このあと、あるいは同時に、州県官は召喚状を発して当事者及び証人を召喚する必要がある。ただ騒ぎを起こして相手に損害をあたえることを目的として、無関係の人間を証人として指し示すこともあり得るので、あらゆる関係者をすべて召喚するということはなく、提示された証人（それが一人に止まらない場合）を仔細に検討し、随時不適当な召喚要求を却下する準備をして、可能な限り社会を騒がせないようにする必要があった。この過程は実際には多くの場合幕友がその労を担うのであるが、最後は必ず長官が「行」と書いて、初めて差役により執行される。

通常当事者が催状で一再ならず催促して、案件はようやく審理の段階に入る。このとき州県官は堂訊を通して調査の主要な責任を負い、ここから事実を判定する。近世イギリスの普通法訴訟の中では、概括的な訴答（general pleading）を除いて、事実の存在を争うときは通常弁護士による書面での訴答（それ以前の口頭での応答に取って代わる）が必要となり、それが何度か繰り返されたあと、[62]いわゆる「係争点」（issue）が形成され、そのあと陪審団の裁決に回される。[63]しかし清代の訴訟にはイギリス法のような令状や衡平法訴状といった法律上の前提を確定させるような文書は存在せず、法律上の前提要件に基づいて事実範囲を限定するようなことも、それに関連して証拠の提出を制限する過程も存在しない。そのため双方が争う事実の境界は非常に曖昧であり、当事者は意義があると考える新しい事実の提出をそのつど主張することができた。当時の人も「最近のことを訴えるのに古いことを持ち出し、別のことを引っ張ってきて無理やりな証明をしようとするのは、実は何か企みがあってのことである。訟師は牽強付会を技とし、万一主客を分けなければ、案件のもつれは止まらなくなる。最初の詞状では一つのことを訴えるだけでも、続けていくうちに枝葉末節が生じ、被告と原告が入れ替わり、どう裁断すればいいのかわからなくなる……[64]」と意識はしていた。案件の中には、はなはだしい場合事実をでっち上げて手続き上の機会を奪い取ろうというものもあり、たとえば一八六三年陳晭堂訴陳和泰案では、原告は旅籠の経営者で、陳某とその仲間の李某が旅籠に泊まっていたとき代金のつけを支払わず、李某が逃げ出したため、陳某を縛り上げて官府に送った。ただ被告の陳某は、李某とはもともと知り合いではなく、偶然出会ったあと一緒に宿を取っただけと主張した。官府の裁断が下され賠償したあとも、これは原告と李某がグルになって自分を陥れたのだと主張した。[65]もし被告の陳某が本当に事情を知らないとしたら、あとになって行った主張は、稟状後より多くの時間を稼いで真の債務人李某を探し出すためにおこなったものであろう。事実の境界（または法律の境界）が相対的に不明瞭で、しかも当事者間の互いの論争でその意義が判断されることがないので、審理する官員は双方が提出するこうした類の事実に関する主張すべてに対応する必要がある。もし審理の争点を形成することができなければ、その負担は大幅に増加したのである。

事実を調査証明する過程は、基本的に末端の行政長官が取り仕切りその判定の責任を負う。どのように事実の真相を突きとめるかについては、各人それぞれいっぱしの経験があるが、制度としては存在しない(66)。最も流行し権威があったものは、まず必要な証拠をそろえ(67)、それを補うものとして伝統的ないわゆる「五聴」式の印象判断を用いるという方法であった(68)。目下档案の中から見出される法廷訊問の供述記録は、基本的に公認された事実をまとめるような記述であり、同一の事実が違う人間の口から同じ言葉を用いて反復して描写されており、「同供」という言い方も含めて、口頭で実際に語られたことを忠実に記録したものではないことは明らかである。しかも常識的、論理的に考えて、当事者と証人が事実を説明してから長官は始めて裁決（すなわち堂諭）を出すことが出来るはずだが、档案の供述においてあまねく見られることは、当事者と証人が逐一事実を述べるとともに、全員の供述には堂諭の内容そのものと堂諭を受け入れるという態度が表明されており、この態度の表明をもって供述が終了しているというものである。こうしたことから档案の供述は間違いなく事後の処理を経過したものであることがわかる。その目的を探れば、それは書面の記録を統一し(69)、上級の官員のチェックに対応するためであろう。

これと関連して、案件における解決の方法、すなわち救済手段の提示も審理を担当した州県官が主導するものであり、具体的な状況を根拠にして裁量決定するのだが、それは往々にして訴状の中で当事者が明確に主張したものとは異なっている。当然銭債紛争では当事者の実質的な要求は基本的に債務の返済であるが、ただ実際の表現は訴状の中では不明確であることが多い。大多数の紛争はいわゆる「凶殴」による人身傷害を名目にしているため、呈状のなかでは大まかに「験喚究追」を要求するような、紋切り型の伸冤表現が使われている。イギリスの債務の令状は明確に単独の被告を指し示し、金額を明確に記載するという形式で(70)、これは清代の訴状にはまったく見られないものであった。被告は往々にして一人に止まらず、訴訟の要求がいったい誰にどういう責任を負わせるのか、その責任（たとえば債務の返済）をどう分担するのか、（もし人身傷害があったとすれば）いったい凶行犯を罰してほしいのか、それともある約定を履行してほしいのか、それとも損害賠償か、はたまた債務の返済か、利息は主張しているのか、またどのように計算するのか、訴状には一言も書かれないことが多い。呈状に書かれているのは、原告が完全に窮地に陥り、一切を官の解決に委ねるという態度である。一八六四年孫徳禄訴曾怡昌重複出佃土地案では、官府は以下のように裁断している。被告は保証金を収受しても清算する余力がないので、被告の属している合会および小作人をあわせた三方で共同出資して債務を返済せよと。(71) これはおそらく原告にとってもまったく思いもよらなかった結果であり、合会および小作人の二者は当初告訴の範囲内にはいなかったものである。

そのほか清代中国でも命盗重案と州県自理訴訟の区別はあったけれども、こうした手続き上の区分は基本的に受理した官府が制御しており、イギリスが完全に当事者の選択によっていたのとは明らかに異なる。しかもこの手続きは量刑の程度が基準となっているため、往々にして裁断が下されたあとようやく決定されるものであり、したがって州県官にとっても周到な配慮を必要とする問題となっていた。民事訴訟であっても人身傷害は官の注意を引き付け、訴訟が受理されるよう促す重要な手段であったが、一方でひとたび本当に傷害案件が発生し、その法定刑が徒罪や徒罪以上に達していれば、必ず州県官より府へ報告せねばならず、州県自理訴訟として処理することは出来ない。末端の官府は案件の節目節目をうまく処理する必要があり、往々にして軽い量刑で処理して報告とチェックを出来るだけ免れていた。一八六三年劉錫安与劉謝氏互控案では、劉武衡が窃盗に及んだことによりその母の劉謝氏と劉煥然との間にいさかいが生じ、そのため劉謝氏は劉煥然を、窃盗犯を匿い、平民を虐げ、窃盗に及んだと訴えた。一方で債務の紛争により劉武衡は父の従弟と劉煥然の兄錫安を地面に押し倒し、後者が一族のものを集めて劉武衡を官に突き出した。劉謝氏は劉煥然と錫安兄弟が息子に恨みをもち、その仕返しをしているとして、再度訴え出た。『大清律例』「殴大功以下尊長」条[72]によれば、劉錫安は劉武衡の大功尊属であり、その罪は杖八十、徒二年にあたる。ただ事実を調査したあと、官府は徒罪を追及していない。一方で劉武衡は不応干犯尊長であると認定して掌責を加え、戻ったあと衆人の前で劉錫安に頭を下げる（すなわち罪を認める）よう要求した。その一方で彼が貧困であることに鑑み、その債務の返済は免除した。同時に劉謝氏とその子に対しては劉煥然の窃盗に関する訴えを取り下げるよう要求した[73]。この案件に基づけば、案件処理の手続き上の選択権も、まして決定権も、訴えを申し出た原告にはなかったことがわかる。極端な状況を除き、案件終結の手続きは往々にして州県官府の制御下にある。当事者は本当に人命案件のような重大事件が出来した場合を除き、通常は事態を誇張するものだし、あるいは本当に重大な事情がある場合でも、末端の官府は手段を尽くして案件を州県自理訴訟の範囲内におさめようとする。汪輝祖は愛民の角度から「通常の戸婚田土のような細事は速決を良しとし、胥吏の吹聴を聞いて、軽率に詳報することはない[74]」と主張した。これは当然上へ報告することで反駁にあい勤務成績に影響することを出来るだけ避けるためであり、訴訟を処理するときには必ず考慮しなければならない点であった。

こうして見ると、受理から裁断まで、官府は多くの作業を負担しなければならず、その点ではイギリスの法官と比較にならない。訴訟の滞留が深刻で、利益を図ることもできないような状況では、おそらくこの手続き上の責任が、清代の官員をしてついに訴訟を憚るようにさせた原因であろう。官府は一切を請負い、これは冤抑―伸冤の理念と相通じるものであった。ただ物事は極点に達すると反作用が生じるもので、父母官として振舞うことで、最終的には背負いきれない重荷を背負い込むことになり、そこから事態は別の方向へ走り出すこととなった。

第四節　事は希望通りに行かない

訴訟過程を官府が完全に主導していたのとは対象的に、当事者が手続きの過程上担う責任は、形式的には非常に小さな余地しか残されていなかった。形式と理論の上からは、民は不当な状況に陥れられたり、訴え出る先が他にないとき、伸冤の形式を通じて官府に訴えを提出することが出来るというものであった。彼等は政府以外の専門的な援助を求める必要はなく、官府が指定した代書機構を通じて事実に基づき自分がこうむった不当な状況を説明しさえすれば、官府が適当と認める救済を獲得することが出来る。ただ実際にはこうした責任の欠如は権利の剝奪を意味しており、ひいては訴訟上の立場を大きく損なうことになった。

まず清代の訴訟当事者たちには、制度上知る権利に対する保証が欠如していた。近世イギリスの普通法では、事実範囲を確定させるため書面による応答を行うが、その過程で当事者は相手方の主張を知ることができるという作用があった(75)。ところが清代中国においては比較的時期の早い官箴書においても、当事者に相手方の訴訟戦術と内容を知られないよう備えるべきで、とりわけ被告には直接訴状の内容を把握できないようにすべきだと提案されている。これまでの理解によれば、こうすることで当事者が事前の準備をすること、特に訟師が手出ししてくることを防ぎ、官府は容易に真相を探知することが出来ると考えられていた(76)。同治初年の銭債案件を見てみると、訴えの中で双方ともそれぞれ自分の主張を繰り広げているが、相手が訴えの中で主張している事実に対し直接の攻防を展開しているものは少なく(77)、おそらく通常では当事者は相手の詞状内容を知りうる手段がなかったのであろう。彼等が訴えられた内容を知る最もありうる手段というのは、相手が直接告知して圧力をかけてくるか、召喚されたときに召喚状から手がかりを得るというものであったはずだ[78]。呈状の批詞については、多くの官箴書の中で公開すべきだと主張されているが、時には当事者自らで写すことが必要なときもあった。たとえば一八六四年李栄産訴雷泰順案では原告は府へ上控し、まず府へ呈詞した後、宿屋で一緒になった差役が批詞を写し出して来たと詐称し、彼を宿に押し留めて銭を巻き上げようとした。後になって「かたじけなくも批が下され、私は房へ赴きそれを写し出しましたが、「押発移提」という文言はありませんでした[79]」と称しており、批の内容は実際には当事者が自ら獲得したもので、官府が公示したり送達していたわけではなかったことがわかる。当事者が相手の主張を了解できないことについては確かに一定の利点があり、「互いの言うことはその矛先がそれぞれ別を向いている[80]」ことになるのだが、ただこうした方法は事実争議の焦点を曖昧にするものだし、審理においては事実をめぐる主張が際限なく広がり、相手の主張を反駁するための証拠を準備し提出することができなくなって、実際には官府が事実を調査証明する作業量と難度を増加させることにつながった。

ついで、清代の訴訟コストについてだが、これは実質的にはなんら減少することがなく、むしろより多くの腐敗と社会矛盾をもたらすこととなった。清代の官府は訴訟を営利的な事務とはしておらず、訴訟の費用で官府として利益を獲得することは基本的になかった。ただ形式上は官府が担うべきだとされた責任及び相応の経費は、実際にはみな直接当事者に転嫁され、当事者から直接各種の政府機関に煩瑣な名目の費用が支払われた[81]。こうした費用を徴収する主な目的は政府の財源を補填することにあり[82]、薄給の下級役人の収入を補填するもので、その正当性自体には疑問の余地がない。ただし官府は民の父母であり、民とは利益を争わないイメージを標榜していたため、官府により主導される司法過程全体の中では、かえって重要な節目で常に当事者と具体的な執行人との間の私的な授受を許すこととなり、政府による統一的な収支の管理が進められることもなく、実際にはより直接的な腐敗を生み出すこととなった。しかも客観的には当事者は双方とも訴訟攻防の必要から自らの置かれた状況を理解することを期待し、そのために容易に情報の混乱と差役による強要がはびこって、歇家と差役がグルになり偽りの勾留と強要といった事態を発生させることとなった。(83) こうしたことは当事者の訴訟負担を増加させるもので、ある案件が示すところでは、政府が費用を当事者に転嫁する過程でさらに多くの社会紛争が発生している。たとえば一八六四年袁清泉訴雷興隆等案では、当事者が歇家に勾留され、その経費は勾留されたものが自弁し、経費の徴収は歇家が責任を負っていたため、費用の不足が生じ、結果として新しい紛争を生み出すこととなった。(84)

同時に当事者は専門的な援助がないと、常に不利な立場におかれることとなる。イギリス法の中で当事者が自ら専門家の援助を探し出していた状況と異なり、清代中国は理論上は官代書の使用を除いて専門的な人士が案件の起訴を手助けすることを禁止していた。(85) 実際には訟師の存在が相当普遍的に見られていたけれども、制度上の地位を獲得することはなく、そのイデオロギーと制度設計の間には相当先鋭な緊張関係が存在していた。(86) 規則を墨守して、専門的な援助を求めなければ当事者はそのために不利益をこうむることになる。彼らの訴状が官府の注意を引き付けることが出来ず、受理されずにおわるということはありふれた現象になっていた。(87)

清代、官府の側から言うと、一方では父母官として一切合切を引き受けて主導するという役割を持ちながら、一方では民事紛争の実質的処理は選択的で部分的なものになっており、はなはだしい場合受理した後でさえも当事者が自ら訴訟を取り下げることを期待していた。案件受理後の放任処置もその表れの一つである。通常の状況では、官員が詞状に批を下して(88)召喚状を発し、さらに実際に傷を検証したり関係者を召喚するまで、それぞれかなりの日数をあけている。同治初年巴県の七十余件の銭債案件の中で、最初に批が下されてから、傷の検証や召喚状の発行までのあいだが一〇日以内であったものはわずかに九例である。十数日から二〇日あいていることが普通であり、はなはだしい場合一ヶ月半もあいているものがあり、[89] また再度呈状して催促する必要があったものもある。[90] 傷の検証をするよう命令が下ってから差役が復命して報告するまで、一〇日から半月余を要することが多かった。一八六二年張玉成訴胡松栄等案では、五月一〇日に傷を検証するための票が発行され、六月二八日にようやく戻って報告があり、この時点で四月二八日に呈状してからすでに二ヶ月経過している。このように長い期間を経過しては、たとえ訴えた人身傷害が事実であり、本当に軽傷があったとしても、その傷は治癒してしまうだろう。該案の最後には「傷はすでに快復」との検証結果が報告されており、審理を継続しないことが決定された。[91] こうした遷延という策略は原告の真の訴訟意図を暴露できることもある。一八六三年劉香庭訴王大成案では、原告は職員であり、田畑の水を引き込んだうえ、刀を持って言いがかりをつけてきたとして、被告を起訴し、三月の呈状が受理された後に召喚が行われ、同月再度催促をおこない、七月に入りようやく再度召喚状が発せられたが、結局いずれも法廷訊問までは至らなかった。八月に入り、原告は再度訴えを提出し、事件の原因は実は債務をめぐる紛争であることを説明したところ、今度は受理されなかった。知県は批示で「王春山は王韋氏に対し膳銀（老後の蓄え）のつけがあるのか否か、王香圃等が恨みを抱いて約定を偽造したのか否か、自分で約定を頼りに三方に掛け合い処理せよ。にわかに訴訟を起こすな。[92]」としている。上述の例から見てみると、審理の進行を遅らせていたのは、おそらくすべてが官僚の惰性によるものだというわけではなく、やむを得ない事情もあったことがわかる。

同時に大量の事実を調査するという作業は時間の制約もあって、妥当な処理ができず、案巻のなかには明らかに事実が不明瞭で相互に矛盾した痕跡が残されている。たとえば劉森茂訴朱三義等債務案は、一八四一年にはじめて批が下されてから、長い間処理されていなかった。その後債権者と債務者双方が帳面を提出したが、なお債務が清算されたかどうかをめぐって双方が譲らず、そのため官府は「双方が共同で証明するよう、胥吏・差役とともに帳面を逐一検算し、それから再度訊問のうえ断を下すこととする」[93]とした。そこで担当の胥吏と差役が双方の当事者と共同で衙門の祠に行って帳面を精査した。調査の結果それでもなお双方譲らず、再度の訊問の際も、債務人は供述の中で依然として自分の見解に固執したが、ただ官府の方では、いかなる理由に基づくかはわからないが、債務者が「償還が済んでいない」とし、債権者は「帳面に虚偽はない」と認定した。債権者は証人一名を出廷させたが、その証言は非常に簡単で、ただ「銭を返済しきっていないのは事実であります。〔債務者は〕厚顔にもすでに返済しきったと言ったために、互いに話し合いを続けることが出来ず、訴訟沙汰に至り、私が証人となるに及んだのです」と言うだけであった。ただ常識的に考えて、発生していないこと、ここではすなわち「銭を返済しきっていない」であるが、これを証明するには、肯定、つまり相手方の証拠を否認しなければならないが、実際には債権者及びその証人はともにそうした証拠を提出していない。しかし堂諭のなかではこのような裁断を被告に受け入れるよう承服させたようであり、「訴訟も長期にわたり、商況も思わしくないので（債務人は塩商で家の状況が苦しかったことを指す）、債務すべてを返済するのは難しい」として、債務者には情状酌量の上、一部（九百千文中の二百千文）を返済するよう断を下し、保証人を立てて期限を切って返済させ、その他の返済は免除した。債権者についてはもともと帳面記載の金銭を公用に納めることを承諾していたので、その納金を免除させることで、債務者の返済免除を受け入れさせるとともに、債務者からの返済分も公用に納める必要はないとした[94]。これは双方に妥協させるための手段のようである。

真相の究明は、官府にとって明らかに不可能な任務となることがあった。官府は双方が確認した事実や争点となっている事実をはっきりさせることに力を尽くすのではない。またこれを前提に証拠を参照して事実を確認するのでも、さらにこれにより裁決を作成するのでもなく、大体の評価に基づいてある種の解決方法を提示し、当事者がそれを受

け入れて紛争が無事おさまることを求めていたのである。(95)

結　語

どのような司法もコストと責任分担の問題に向き合わなければならない。近世イギリス民事司法では、国家の正式な機構である中央司法システムに組み込むことが社会統制の手段の一つであった。こうした裁判所や法官たちは当事者の要求する範囲内で行動して、司法と行政の分離を実現し、その政策実施の特徴は社会との共同作業の過程において集中的に体現されていた。大量の案件が地方各種の自治的な裁判所システムにおいて処理されていた。案件の事情が比較的重要なものや王室裁判所の救済を求める必要があるものは、当事者が直接裁判所に相当の訴訟費用を支払い、またみずから弁護士費用を負担した。同時に普通法裁判所は王室の権威を頼りに、上記のことを実行するために有効で、かつコストもかからない陪審団を組織し、裁判所と共同で事実問題を処理した。(96) 事実と法律の主張及びそれに関連する証拠、紛争救済の要求はすべて当事者及び弁護士より提出され、裁判所はこの過程ではただ形式的な審理、法廷審理の監督、及び証人等の召喚の責任を担うだけである。(97) そのためイギリスの中央裁判所システム、とりわけ普通法裁判所は当事者を含む各種の社会資源を効果的に動員し、それを有機的に司法過程の中に組み込むことが出来た。(98) 〝自治〟(self-government)と〝法治〟(rule of law)の結合がイギリス法の特色となったことは、(99) ここにその一端がうかがえる。

民事的な訴訟の絶対数及び訴訟件数と正式な裁判官との相対比は、清代中国がイギリスより多いというわけではなかったが、それでも州県官はその対応に疲れていた。官府は、父母官として家父長的な権威と恩沢を示すため、形式上は一切合切を引き受け、起訴、調査、証人範囲の確定、証人の喚問から事実争議の確定、真相の究明、そして有効な救済方法の提示や案件類別の確定にいたるまで、すべてを官府一手で引き受けた。州県官が権力を濫用することを防ぐため、上控と重大案件の報告およびそれへのチェック制度があり、特に後者は直接業務成績への圧力となった。民間の調停も存在していたとはいえ、官方の組織とは分離しており、イギリスの陪審団制度のように官方体制に組み込まれて通常の司法組織になることはなかった。こうした行政―司法合一の官僚家父長型体制では、その制度設計当初に想定された膨大な任務を完成させることは、明らかに不可能であった。官府、特にその長官にとっては、何もかも管轄しないといけないというような手続き制度の下で、膨大な案件を処理することはできなかった。彼等は出来るだけ受理する案件を少なくして、行政コストを節約し、そして上へ報告する案件を州県自理訴訟にしてしまうことで、リスクを軽減することを期待していた。そして一方では八方手を尽くして訟師に打撃を加えて好訟を押さえ込むとともに、もう一方で冤抑―伸冤型のイデオロギーを宣伝し、民事的な紛争を選択的に処理していた。こうした状態が帝政末期まで一貫して維持されていたのである。

注

(1)　現代的な意味での刑事と民事の区分はないが、既往の研究が論じるように、いわゆる「命盗重案」と「自理訴訟」がおおむねこの区分に対応する。その基準は両者が違う結審手続きを持つことによる。また王又槐『辦案要略』の「刑銭之分」についての記述を刑事と民事を区別する基準であると考える学者もいる（黄宗智『清代的法律、社会与文化：民法的表達与実践』（上海書店、二〇〇一年）二〇六頁）。各房の事務分配の方法を区分の基準とすることは不可能ではないが、実際には、当時においてもその制度の境界は不明確であり、これは王又槐もはっきりさせることを望んでいた。しかも同書では「若告斗殴、姦偽、墳山争継、婚姻及有関綱常名教一切重事、詞内有銭債応追、田産不清等類、応帰刑名」とも述べられており、「墳山争継、婚姻」類といった刑房が処理していた案件を現代的な意味での刑事案件に対応しているとみなすことが出来ないのは明らかである。それに対し通詳上報して審判が再チェックの手続きに入るかどうかということは、基準としてはより確定的なもので、「自理訴訟」の範囲もより現代的な意味での民事に対応している（滋賀秀三「民事的法源の概括的検討：情・理・法」『清代中国の法と裁判』（創文社、一九八四年）二六四～二六五頁、二九二～二九三頁（注釈２））。

（２）近年末端の司法档案を用いた法律史研究の代表的な論著としては、注（１）黄宗智前掲書、Mark A. Allee, *Law and Local Society in Late Imperial China*, Stanford, Calif.: Stanford University Press, 1994. 寺田浩明「中国清代民事訴訟と「法の構築」」（『法社会学』五八号、二〇〇三年）がある。

（３）広義には中国古代司法を現代的に解説することは、概念あるいは価値理念の点からも、一種の比較法的な意義を有する研究である。たとえば、賀衛方「中国的司法伝統及其現代化」（載蘇力・賀衛方主編『二〇世紀的中国：学術與社会』法学巻、山東人民出版社、二〇〇一年）一七五～一八四頁。

（４）『巴県档案（同治朝）』〈借貸〉No. 3471～3548.

（５）冤抑―伸冤モデルの詳細については寺田浩明「権利と冤抑――清代聴訟世界の全体像」（『法学』第六一巻第五号、一九九七年）参照。

（６）普通法とヨーロッパ大陸法の司法制度を原型としたり、理念的類型の意義から類型化を進めた研究として、Mirjan R. Damaška, *The Faces of Justice and State Authority*, New Haven: Yale University Press, 1986. ヨーロッパ大陸法が備える等級制と（早期刑事司法中の）政府主導性については，id. at pp. 31-33, pp. 187-189. これは中国とより類似したものである。

（７）John H. Langbein, "The Historical Foundations of the Law of Evidence: A View from the Ryder Sources," *Columbia Law Review* 96 (1996), pp. 1168, pp. 1178-1179. 民事案件で当事者が証言できないことは、理論上案件の直接的かつ密接な利害関係を持つことにより、偽証することを避けるためである。id., at pp. 1184-1186; C. J. W. Allen, *The Law of Evidence in Victorian England*,

Cambridge ; New York: Cambridge University Press, 1997, pp. 96–122.

（8）Norman Landau, "Indictment for Fun and Profit: A Prosecutor's Reward at Eighteenth-Century Quarter Sessions," *Law and History Review* 17(1999).

（9）この状況は十八世紀まで続く。こうした民事的な地方裁判所も中央裁判所と類似の制度と手続き、特に陪審団を準用していた。John P. Dawson, *A History of Lay Judges*, Cambridge mass: Harvard University Press, 1960, pp. 208–286.

（10）御座裁判所（King's/Queen's Bench）で提起された民事訴訟は、直接裁判所に対してミドルセックス令状（bill of Middlesex）を要求することが出来た。

（11）『大清律例』告状不受理　乾隆三〇年条例。

（12）たとえば、『巴県档案（同治朝）』〈借貸〉No. 3480-2, No. 3495-2.

（13）『巴県档案（同治朝）』〈借貸〉No. 3480-3.

（14）『巴県档案（同治朝）』〈借貸〉No. 3545-21.

（15）台湾淡新の状式については、滋賀秀三「淡新档案の初歩的知識」『東洋法史の研究』（汲古書院、一九八七年）二五九～二六〇頁、Allee, *supra* note 2, at pp. 153-154. その他各地の状式の状況及びその内容については、鄧建鵬「清代健訟社会与民事証拠規則」『中外法学』二〇〇六年第五期、六一七～六二〇頁。巴県档案からは、本章で言及する同治年間の巴県の状式以外に、当時の重慶府の状式及び道光年間の巴県の状式も見出すことが出来た。それぞれ『巴県档案（同治朝）』〈借貸〉No. 3543とNo. 3512.

（16）『巴県档案（同治朝）』〈借貸〉No. 3512-2.

（17）『巴県档案（同治朝）』〈借貸〉No. 3475-2.

（18）前者は『巴県档案（同治朝）』〈借貸〉No. 3472-2, No. 3491-2, No. 3497-2（すべて重ね書き十二字）、後者はNo. 3545-35（批詞：〝……違式率渎、此飭〟）。

（19）『巴県档案（同治朝）』〈借貸〉No. 3537-11.

（20）民事案件における暴力と「聳聴」の状況については滋賀秀三「清代州県衙門における訴訟をめぐる若干の所見」（『法制史研究』三七号、一九八七年）三八～四三頁参照。こうした状況は巴県の銭債紛争についての司法档案においても非常にありふれたもので

あった。たとえば一八六三年彭祝三訴王天栄案（『巴県档案（同治朝）』〈借貸〉No.3508-2,5）、一八六四年楊李氏訴馮照幅案（『巴県档案（同治朝）』〈借貸〉No.3537-7）、一八六四年鄧向氏訴頼星斎案（『巴県档案（同治朝）』〈借貸〉No.3542-5）。

（21）原告はまず御座裁判所に向かって被告に侵犯（trespass）行為があり、逮捕すべきだと主張し、その後でさらに民事訴訟を提起したり、あるいは財政裁判所（Excheque）に向かって、被告が民事債務を履行せず、そのために国王に対して税を支払うことが出来なくなったので、裁判所に民事債務を審理するよう要求する。御座裁判所のミドルセックス令と財政裁判所の「無力支付令状」（quo minus）については、John H. Baker, *An Introduction to English Legal History*, London: Butterworths LexisNexis, 2002, pp.42-43, 48.

（22）『巴県档案（同治朝）』〈借貸〉No.3480-3.

（23）『巴県档案（同治朝）』〈借貸〉No.3546-2.

（24）『巴県档案（同治朝）』〈借貸〉No.3480-2.

（25）たとえば「傷既平復、毋庸票喚」、『巴県档案（同治朝）』〈借貸〉No.3474-4.

（26）たとえば「査験幷不睁面、顕系捏傷妄控、候集訊査究」『巴県档案（同治朝）』〈借貸〉No.3500-4, またはNo.3473-4参照。

（27）たとえば『巴県档案（同治朝）』〈借貸〉No.3503（原告為職員）、No.3504（職員）、No.3511（経書）、No.3515（監生）、No.3517（職員）。

（28）たとえば『巴県档案（同治朝）』〈借貸〉No.3489, No.3514.

（29）『巴県档案（同治朝）』〈借貸〉No.3518.

（30）Liang Linxia, *Delivering Justice in Qing China*, Oxford: Oxford University Press for The British Academy, 2007, p.63.

（31）『巴県档案（同治朝）』〈借貸〉No.3529-2.

（32）『巴県档案（同治朝）』〈借貸〉No.3546-2.

（33）ここで言う不受理は「未准」の例である。「未准」と「不准」の区別については、本書第一章夫馬進論文、七八～七九頁参照。

（34）『巴県档案（同治朝）』〈借貸〉No.3519.

（35）『巴県档案（同治朝）』〈借貸〉No.3544-5,6.

(36) 滋賀秀三、注(20)前掲論文、五三頁。

(37) 官箴書が論じるように多くの人は「濫準詞訟」に反対であった（方大湜『平平言』巻二 不準之詞勿擲還、徐棟『牧令書』巻七 詞訟、王元曦「禁濫準詞訟」、陳慶門「仕学一貫録」）。

(38) 寺田浩明、注(5)前掲論文、八九二頁。

(39) C. W. Brooks, *Pettyfoggers and Vipers of the Commonwealth*, Cambridge ; New York: Cambridge University Press, 1986, p. 77.

(40) id., "Interpersonal Conflict and Social Tension: Civil Litigation in England, 1640-1830," and "Litigation and Society in England, 1200-1996," both in id., *Lawyers, Litigation and English Society Since 1450*, London ; Rio Grande, Ohio: Hambledon Press, 1998, p. 32 (fig. 3.4), p. 68 (fig. 4.3).

(41) 一六〇六年は一〇万人ごとに一三五一件、一八二三〜一八二七年は六五三件であった。Brooks, *supra* note 39, p. 78.

(42) 一六七〇年頃を例にとると、当時のイギリスの総人口は約四九八万人で、一六〇六年と比べて一七・二パーセント増加している（E. A. Wrigley & R. S. Schofield, *The Population History of England, 1541-1871 : A Reconstruction*, London: Edward Arnold for the Cambridge Group for the History of Population and Social Structure, 1981, p. 208-209, table 7.8）。民事高等裁判所と御座裁判所の二つが案件数が最も多い中央裁判所で、審理段階に入った案件の数量はあわせて約三万件、一六〇六年の二万三〇〇〇件と比べて三〇・四パーセント増加している（Brooks, *supra* note 39, p. 76; id., *supra* note 39, p. 31, fig. 3.3）。

(43) 本書第一章夫馬進論文、七四頁参照。

(44) 夫馬進「明清時代の訟師と訴訟制度」、梅原郁編『中国近世の法制と社会』（京都大学人文科学研究所、一九九三年）四七六頁、注一一。

(45) 『巴県档案（同治朝）』〈借貸〉No. 3512.

(46) 「道光四年巴県保甲煙戸男丁女口花名総冊」『清代乾嘉道巴県档案選編』下（四川大学出版社、一九九六年）三四一頁。

(47) 『巴県志』（重慶出版社、一九九四年）六四一頁。

(48) この増加率の推計は一九五三年に使われていた数字により導き出された一七・九パーミル（曹樹基『中国人口史』第五巻、復旦大学出版社、二〇〇一年、二七五頁）と比べても、同治年間の人口数としてはより正確であると考えられる。ただこの数値と戸口数の増加率の間には一定の差が見られるが（本書第一章夫馬進論文、一二二頁参照）、イギリスとの比較を進める上では、この誤差には実質的な影響は無いだろう。

（49） 黄宗智は陝西と宝坻の史料に基づき、五〇から五〇〇件と推測している。黄宗智注（1）前掲書、一六五～一六九頁。

（50） John P. Dawson, *The Oracles of the Law,* Ann Arbor: University of Michigan Law School, 1968, p.3. こうした法官の詳細な状況については、John Sainty, *The Judges of England, 1272-1990 : A List of Judges of the Superior Courts,* London: Selden Society, 1993.

（51） Brooks, *supra* note 40, p.68.

（52） id., *supra* note 39, p.76.

（53） Sainty, *supra* note 50, pp.38, 82-83.

（54） Brooks, *supra* note 40, p.30.

（55） 巴県のやり方については、李栄忠「清代巴県衙門書吏和差役」（『歴史档案』一九八九年第一期）九八～九九頁参照。光緒末年の改革については、黄宗智、注（1）前掲書、一七四～一七五頁、Bradly W. Reed, *Talons and Teeth : County Clerks and Runners in the Qing Dynasty,* Stanford, Calif.: Stanford University Press, 2000, p.276. その他の地区の規定について、四川南部県は呉佩林・蔡東洲「清代南部県衙档案中的差票考釈」（『文献』二〇〇八年第四期）一六四頁参照。

（56） 前注（21）参照。

（57） Hen. VII. 11th chapter 5; cf. William Blackstone, *Commentaries on the Laws of England*, Oxford: printed at the Clarendon Press, 1768, vol.3 p.400.

（58） *The First Report Made to His Majesty by the Commissioners Appointed to Inquire into the Practice and Proceedings of the Superior Courts of Common Law* 1829, p.810. 衡平法裁判所の費用は高くかつ不合理であったために非難をこうむった。（William Holdsworth, *A History of English Law* v.1, 7^{th}ed. London: Methuen : Sweet & Maxwell, 1956, pp.424-425, 440-441; Baker, *supra* note 21, p.112.）

（59） 年平均三〇〇日働くとして、一ポンドを二四〇ペンスで計算すると、日給は四八ペンスとなる。（Henry P. Brown & Sheila V. Hopkins, *A Perspective of Wages and Prices,* London ; New York: Methuen, 1981, p.11.）

（60） 黄宗智、注（1）前掲書、一七四～一七五頁。

(61) 前注(7)参照。

(62) その具体的な形式については、Holdsworth, *supra* note 58, v.9 3rd ed., London: Methuen : Sweet and Maxwell, 1944, p.265-276.

(63) 争点となる事実は一つでなければならない。これは陪審団を統制しその誤判のリスクを減らすためである。陪審団は重要な事実が存在するか否かを裁定して、勝訴か敗訴の裁決（verdict）を下すのみであり、その根拠となった事実認定について具体的に説明することはない。したがってもし争点となる事実が一つ以上ある場合、陪審団は裁断することが出来ない。

(64) 汪輝祖『続佐治薬言』核詞須認本意。

(65) 『巴県档案（同治朝）』〈借貸〉No.3504.

(66) たとえばかつて巴県の知県を勤めていた劉衡は速審を主張していた。『州県須知』稟制憲札詢民風好訟応如何妥議章程遵即議復十条由、『蜀僚問答』保富之道莫要于批駁呈詞先審原告。事実判断の過程における経験と困難については鄧建鵬『財産権利的貧困』（法律出版社、二〇〇六年）一三〇～一三三頁。

(67) 明清時代民事案件の証拠形式については、蔣鉄初『明清民事証拠制度研究』（中国人民公安大学出版社、二〇〇八年）四四～一三八頁。

(68) 類似の帰納については寺田浩明「清代州県档案中的命案処理実態」（台湾大学人文及社会科学高等研究院講座、二〇〇九年三月一八日）。寺田先生からは未刊行の内容をご教授いただいた。

(69) 刑事案件での供述の分析については、唐澤靖彦「話すことと書くことのはざまで——清代裁判文書における供述書のテクスト性」（『中国——社会と文化』第一〇号、中国社会文化学会、一九九五年）。同主旨の英文版はYasuhiko Karasawa, "From Oral Testimony to Written Records in Qing Legal Cases," in Charlotte Furth, Judith T. Zeitlin, and Ping-chen Hsiung ed. *Thinking with Cases : Specialist Knowledge in Chinese Cultural History*, Honolulu: University of Hawai'i Press, 2007. 口頭供述の書面化についての分析は自理訴訟にも適用できる。

(70) 関連する令状、たとえば債務（debt）、引き受け訴訟（assumpsit）と侵害訴訟（trespass on the case）令状の形式については、Baker, *supra* note 21, p.540-541, 546-547; J. H. Baker & S. F. C. Milsom, *Sources of English Legal History : Private Law to 1750*, London: Butterworths, 1986, pp.343-344.

(71)『巴県档案(同治朝)』〈借貸〉No.3545.

(72) 律文には「凡卑幼殴本宗及外姻緦麻兄姉、(但殴即坐、) 杖一百。小功兄姉、杖六十、徒一年。大功兄姉、杖七十、徒一年半。尊属又各加一等。」とある。

(73)『巴県档案(同治朝)』〈借貸〉No.3527.

(74) 徐棟『牧令書』巻七、詞訟、汪輝祖「省事」。ここには承継・婚姻案件が収録されており、代表的な事例となっている。王志強「清代的喪娶、収継及其法律実践」(『中国社会科学』二〇〇〇年第六期) 一〇九~一一〇頁参照。

(75) 前注(62)およびその本文を参照。

(76) 黄六鴻『福恵全書』巻十一、立状式 参照。呈状のときはさらに副状一部を添えるよう要求しているが、その目的は起訴状の副本を相手に送るためではなく、承辦房が費用を巻き上げて訴状の内容を相手に漏らすことを防ぐためである。副状には「止塡注語及被証姓名、住址、而其詞不載焉。準状之后、止発副状落房、出票拘審。該房无所庸其勒索、被告無所拠為剖制、則彼此所云機鋒各別、其真情不覚躍然与紙上矣。」とある。副状は現存する淡新档案と黄巌档案にも残っているが、基本的にすべて正状の副本である。したがって黄六鴻が提案したこのやり方は、後世流行したわけではない。滋賀秀三注(15)前掲論文、二六一頁、田涛他編『黄巌訴訟档案及調査報告』(法律出版社、二〇〇四年) 三二一~三二三頁、那思陸『清代州県衙門審判制度』(文史哲出版社、一九八二年) 六四頁参照。しかし詞状の内容が正式に公布されていたかどうかについては目下のところ確証がない。ただ当時呈状の量は大変多く、あらゆる状詞と批詞がすべて書き写されて公示されていたとするのは、おそらく現実的ではない。もし掲示されていたとすれば、おそらく当事人、案由と批詞だけであろう。本注釈における議論と結論は寺田浩明・郭建両教授との討論によるもので、ここに謹んで謝意を表する。

(77) 一八六三年楊李氏訴馮照幅案では、共同被告であった馮徳儒の稟状中に、原告が言及した人身傷害に対する反駁がある「蟻與伊郷城遠隔、并未睥面、凶傷何来?」ただ稟状では明確にこの情報の出所を指摘している。「伊以妻楊李氏之名、揑傷架、逆甥凶騙、誣控在案、沐準査験、始知駭切。」(『巴県档案(同治朝)』〈借貸〉No.3527-8) これはおそらく原告が直接提示したもので、あるいはそれを察知した後批詞を写したのかもしれない。同案は召喚を経た後、被告側が再度「査伊詞列筆証秦泰春、蟻境百里之内、并无其人。」(『巴県档案(同治朝)』〈借貸〉No.3527-11) と指摘している。原告の呈状を目にしたように思われるが、おそらくはこの一月前に発行された召喚状を通してこの情報を察知したのであろう。注(78)参照。

(78) 召喚状には告状人と案由が簡単に記されており、たとえば一八六三年楊李氏訴馮照幅案中、伝票上の記載には「……為差喚事。案拠節里四甲民婦楊李氏以藐批估騙等情具禀馮照幅等一案、……。」とある。このあと召喚するあらゆる人員およびその案件中の身分、たとえば被首両人、主騙一人、原証三人、抱救一人、筆証一人（前注はこれを〝秦太春〟としている）、原禀一人と抱告一人というように記載される。『巴県档案（同治朝）』〈借貸〉No.3527-9参照。当時の白話小説『海公大紅袍全伝』では差役が召喚状を示すときに当事者からたかりを行ったと描いているが、おそらく当事者が案件の訴えた理由と関係する内容を知りたがったためであろう。そうでなければ召喚されるものがなぜ票を見るのにたかられなければならないのか。李春芳『海公大紅袍全伝』第一回、張5氏却謀致訟（宝文堂書店、一九八四年）七二〜七三頁（鄧建鵬、注(66)前掲書、一三七頁より転載）。当時の伝票の写真及びその詳細については呉佩林・蔡東洲、注(55)前掲論文参照。

(79)『巴県档案（同治朝）』〈借貸〉No.3543-5.

(80) 注(76)参照。イギリス衡平法裁判所の調査でも、ある程度この原則を採用しているが、証拠を示す過程に限られる。Amalia D. Kessler, "Our Inquisitorial Tradition: Equity Procedure, Due Process, and the Search for an Alternative to the Adversarial," *Cornell Law Review* 90, pp. 1181, 1216-1222（2005）.

(81) 注(55)参照。

(82) 地区によっては紳商の出資を命案の検証費用に充てて、犯人、被害者親族、被害者隣人等から徴収しないようにしているところがあったという言及もある（方大湜、注(37)前掲書、巻二、為百姓省銭）。官府が当然処理すべき命案でさえこうなのだから、その他の民事的案件については財政上負荷できず費用の徴収を必要としていたことは、推して知るべしであろう。

(83) 注(79)及びその本文を参照。

(84)『巴県档案（同治朝）』〈借貸〉No. 3540.

(85) 当時の官代書の作用と地位については、呉佩林「法律社会学視野下的清代官代書研究」（『法学研究』二〇〇八年第二期）、鄧建鵬「清朝官代書制度研究」（『政法論壇』二〇〇八年第六期）参照。

(86) 注(44)夫馬進前掲論文、邱澎生「以法為名：明清訟師與幕友対法律秩序的沖撃」（『新史学』第一五巻第四期、二〇〇四年）、同

「十八世紀清政府修訂〈教唆詞訟〉律例下的査拿訟師事件」（『中央研究院歴史語言研究所集刊』九七本四分、二〇〇八年）参照。

(87) 注(44)夫馬進前掲論文、四五六〜四五七頁参照。

(88) 档案に記載されている日付は批状のもので呈状の日付ではないはずである。一方字体については代書の呈状とは完全に異なるものの、批詞とは似通っている。さらに本章が重点的に検討した七十余の案件では、その日付の末尾は一から十まですべてそろっており、伝統的な三・八あるいは三・六・九の放告日とは符合せず、したがって批状の日は呈状の日とは違っていたはずである。そのほか一八六三年劉錫安、劉謝氏互控案中（『巴県档案（同治朝）』〈借貸〉No. 3527）では双方の告状が同一の日付になっており、さらに後者の告状には前状の訴えについての言及があった。当時の情報をめぐる条件と訴訟手続き体制下では、二つの訴状が同一の日に完成されたとは想像し難い。官箴書では出来るだけ早く、場合によってはその場で批状するようにとの提案があるものの（方大湜、注(37)前掲書、巻二、放告収詞不必当堂批示）、呈状と批状の間隔は目下のところ知りようがない。

(89) 一八六三年王玉泰訴張屠戸案（『巴県档案（同治朝）』〈借貸〉No. 3529）では、十月初六起訴、十一月二十四日にようやく簽票となっている。

(90) 一八六一年（咸豊十一年）鄧東堂訴傅張氏案（『巴県档案（同治朝）』〈借貸〉No. 3482）では、十二月初七受理、翌年正月二十三日催状、二月七日にようやく簽票となっている。また一八六三年朱洪訴戴安順案（『巴県档案（同治朝）』〈借貸〉No. 3522）は、九月十日初状に批が下され、十月五日催状、十日簽票となっていた。

(91)『巴県档案（同治朝）』〈借貸〉No. 3474.

(92)『巴県档案（同治朝）』〈借貸〉No. 3517-7.

(93)『巴県档案（同治朝）』〈借貸〉No. 3512-64.

(94)『巴県档案（同治朝）』〈借貸〉No. 3512-69.

(95) 滋賀秀三注(20)前掲論文、四三頁。

(96) イギリスの陪審制度の起源は、中央の権威を頼みとして地方の資源を動員できたことにある。Dawson, *supra* note 9, p. 301.

(97) 証人の喚問は十六世紀後半にようやく裁判所の責任において開始された。John H. Langbein *et als*, *History of the Common Law : the Development of Anglo-American Legal Institutions*, New York: Aspen Publishers, 2009, p. 246.

(98)　衡平法裁判所は一つの反証になる。後代には事実問題が普通法裁判所に移行され、陪審団により裁断され、律師もその過程に介入した。その手続き全体の原則は裁判所が主体的な責任を担うものとされたが、十九世紀には効率の低下と機構の腐敗により最も非難をこうむる司法機関となった。

(99)　Holthworth, *supra* note 58, v. 2, 4th ed., p. 405 (1936), id., v. 4, 2nd ed., p. 133–134 (1937); cf. Dawson, *supra* note 9, p. 285.

第十五章　判決がでたあと

——江戸時代の「訴訟社会」像

大平祐一

はじめに

一、「訴訟社会」

全国の県史、郡史、市町村史には、江戸時代の民事訴訟に関する大量の史料が収録されている。各種の刊本、雑誌にも、膨大な量の江戸時代民事訴訟関係資料が収められている。各地には、いまだ刊行されていない山のような訴訟関係の文書が存在する。これらの残された史料から、江戸時代に生きる人々が訴訟ときわめて深いかかわりをもって生きていたことが分かる。訴訟にたずさわる役人たちが残した大量の訴訟取扱手引書の存在、訴訟当事者をサポートする多数の公事師、公事宿、郷宿等の存在からも、そのことが知られる。江戸時代の日本社会は「訴訟社会」といってても過言ではない(1)。

二、本章の目的

江戸時代の民事訴訟については、戦前から現在に至るまで数多くの研究が蓄積されてきた。とくに近年の大坂町奉行所の民事訴訟に関する研究の進展には目を見張るものがある。大坂町奉行所の民事訴訟に関する貴重な研究・史料がこの間、続々と公にされ、大坂民事訴訟法史研究という大きな流れが形成されつつあるかのような観を呈している。また従来の江戸法、大坂法に関する研究に加えて、京都(2)、奈良(3)、岡山藩(4)、広島藩(5)、徳島藩(6)、和歌山藩田辺領(7)、仙台藩(8)、盛岡藩(9)、丹後田辺藩(10)等の民事訴訟に関する研究も出現してきた。こうして裁判手続、執行手続、裁判管轄、裁判機関、裁判所役人、裁判にかかわる人々、内済等、民事訴訟に関する豊富な研究が蓄積され、江戸時代の民事訴訟についての実り豊かな像が築き上げられてきた。

こうした従来の豊富な研究のなかで、いまだ手がつけられていないのが、判決後の現実の債務履行の問題であろう。金銭の支払いや物の引き渡しを求める給付訴訟においては、給付を命ずる判決が出されたあと判決がどのように現実化されるのかは、債権者(原告)、債務者(被告)、そして判決を申し渡した奉行所自身にとっての大きな関心事であった。いま、このプロセスを、「判決の実現」と呼ぶとすると、この「判決の実現」の問題は、『判決申し渡し後、どのように「判決に従った履行」がなされ、債権者の「権利の実現」がはかられたのか。そのさい奉行所はどのような「手続き」によりその実現を保障したのか』という問題に集約されよう。従来の研究は、法令、通達、書付、伺・指令、奉行所役人の手引書、問答書、相談書等の資料にもとづき、判決後の執行手続を明らかにすることにより、この問題にこたえてきた。[11]その結果、江戸時代における「判決の実現」についての理解が大きく進んだ。

しかし、訴訟当事者あるいは当事者が属する町村が残した史料をもとに、判決がどのように実現されたのかについて、その実際の姿をまとまった形で明らかにした研究はほとんど見られない。[12]そのため、「判決の実現」をめぐって展開される当事者の動きと奉行所の対応とが有機的に交錯して織りなす実際の姿が生き生きと伝わらず、判決申し渡しから紛争の解決までの全体像の現実の姿を一定の広がりをもった形で理解し、その特徴を把握することは十分なされてこなかった。

そこで本章では、幕末大坂町方の史料を手がかりにして、町方の者がかかわった給付訴訟の代表的なものである金銀出入と有物出入における「判決の実現」の実態を明らかにし、そこに見られる特徴を探ってみることにする。そこから従来の「訴訟社会」像を再考する何がしかの手がかりが得られれば幸いである。

第一節　『目安帳』

一、『目安帳』とは

本章で中心的に用いる史料は、大阪府立中之島図書館所蔵の木挽町南之丁『目安帳』（一冊）（以下、木挽町『目安帳』と略称）および道修町三丁目『目安帳』（二冊）（以下、道修町『目安帳』と略称）である。いずれも町会所に詰める町役人が作成したものと思われ、町内の者が原告または被告となった民事訴訟の訴状（要旨）と訴訟の経緯が記されている。(13) 他に各種の訴訟関連文書の写、控、下書等が収録されている。大坂では、当時、訴状や答弁書は奉行に提出する前に町会所に持参し町年寄の吟味を受けることになっていた。(14)『目安帳』には修正をほどこされた訴状や答弁書が収録されており、町会所での吟味に基づく修正をうかがわせる。道修町『目安帳』には目安裏書（写）および被告となった住人の他参留誓約書（訴訟期間中他行せぬ旨の誓約書）（原本）が多数収録されている。『目安帳』が、訴状・答弁書の吟味や送達されてきた訴状の受け取りにかかわり、被告の出廷確保義務を負った町役人（町年寄）の手になるものであったことがうかがわれる。木挽町『目安帳』には一八五〇年（嘉永三）七月二五日から一八七〇年（明治三）閏一〇月一〇日までの訴訟に関する記事が記されている。(15) 道修町『目安帳』には一八四二年（天保一三）正月七日より一八四七年（弘化四）一〇月一三日まで（第一冊）(16)、および一八五三年（嘉永六）七月二一日から一八七二年（明治五）七月一三日まで（第二冊）(17) の訴訟に関する記事が記されている。両『目安帳』合わせて三〇〇件ほどの出入に関する記事が見られる。

『目安帳』は、訴状・答弁書の点検、訴状をはじめ奉行所提出訴訟関連文書への奥印、被告の出廷確保、被告病気見分の際の立ち会い、訴訟にかかわる各種呼び出しへの出頭等、町内住人が訴訟当事者となることから生ずるさまざまな用務にかかわった町役人が、そのことを丹念に記録し、事務処理上洩漏なきようにするために作成したものと思われる。『目安帳』を見ると町役人が訴訟に関わるさまざまな任務をこなしていたことが分かる。『目安帳』には一件が片付いた事案につき、本文中にそのことが明記されているにもかかわらず、あえて欄外に「相済」と朱書したり、「済」の押印がなされている場合がある。一件落着の記しであろうが、そこには一件から解放された町役人の安堵感がうかがえる。

二、大坂法の現実の運用

大坂町奉行所の民事訴訟法に関しては、役人たちの手になる各種の手引書、問答書等が残されており、その作成当時の「大坂法」をうかがうことができる。これら『大坂法書』の代表格の一つが一八〇五年（文化二）に完成した『大坂堺問答』[18]であろう。そこには裁判管轄や裁判手続、執行手続に関する詳細な記述が見られる。『目安帳』には、『大坂法書』に示された「大坂法」に忠実にのっとって処理された事例や、必ずしもそうとは思えない事例など、多様な事例が豊富に収録されている。『目安帳』を見ると、『大坂法書』に示された「大坂法」が幕末に、現実の庶民の世界でどのように運用されていたかがよく分かる。

第二節　金銀出入

一、序

『目安帳』の中にはさまざまな金銭債権をめぐる訴訟に関する記述がみられる。そのなかで頻出するのが預ヶ銀（金）出入、売掛金出入に関する記述である。預ヶ銀とは、江戸法では無利子で金銀を預けることであるが、大坂では利子付きの借銀であり、江戸の借金銀と実質的に差はない[19]。預ヶ銀は大坂商人の金融手段として広く利用された。この預ヶ銀の返済を求める訴訟が預ヶ銀出入である。売掛金とは、売買商品のあと払い代金であり、売り掛けは商慣行として広く行われた。この売掛金の支払いを求める訴訟が売掛金出入である。以下では、これら二種を中心に、金銀出入の「判決の実現」過程について見てみることにする。

二、弁済期限の延長

次の〔事例1〕は、一八五〇年（嘉永三）一〇月二五日、木挽町南之丁の平野屋善五郎が桑名町の山口屋庄兵衛を相手どり、預ヶ銀一貫六三六匁五分の返済を求めて東町奉行所に訴え出た事例である。

〔事例1〕一八五〇年（嘉永三戌）十月廿五日願　東

一預ヶ銀出入

木挽南之丁
願人　平野屋善五郎
病身ニ付
介添　仁兵衛
桑名町
相手　山口屋庄兵衛

一右之者江弘化四未年二月、慥成證文を以銀九貫目預ヶ置、同年三月より去子九月迄、
七貫百匁請取、残銀壱貫五百匁、此り（利）先月迄百三拾六匁五分、
差引都合壱貫六百三拾六匁五分相滞、
十一月廿五日、対決之上、六十日切済方被為　仰付候、
亥正月廿六日、切日、

安政二卯年正月十五日、願銀高壱貫六百三拾六匁五分之内、当時金六両、此代四百八
匁受取、残銀用捨いたし出入相済、
　済口御断、相済、[20]

これによれば、一八五〇年（嘉永三）一一月二五日、債権者（原告）、債務者（被告）が法廷で対決し、奉行所は債務者に対し六〇日以内の弁済を命ずる判決を申し渡した。金銭給付訴訟であるので、金銀出入の判決（「裁許」）はこうした期限付弁済命令（「日切済方」）の形をとる。[21] 本件では翌一八五一年（嘉永四）正月二六日がその弁済期限（「切日」）であった。ところが弁済はなされず、四年ほど後の一八五五年（安政二）正月一五日、債権者は請求金額のうち四百八匁を受け取り、残りの債務を免除して出入は済んだ。判決で申し渡された弁済期限から四年も遅れて弁済がなされている。

『大坂堺問答』によれば、判決で申し渡された弁済期限が来ても弁済できない場合、弁済期限の延長（「日延」）を認めるかどうかについて、堺奉行所と大坂町奉行所でその扱いが次のように大きく異なった。

一対決以後日切相満、出入不相済、又ハ吟味成（ニ）候諸出入致内済度旨、双方より日延願出候時ハ、日数廿日迄ニ候ハヽ、幾度も聞届可申候、尤、出入相対者相済候得共、銀子取渡不相済候間、取渡相済候之上、済口断可申出旨、双方より日延相願、日数廿日より内之日延ニ候ハヽ、是又願之趣可聞届候、

　但、出入相対相済、銀子取渡之日延相願聞届候以後、切日ニ至出入相対通不済候ハヽ、済口及異変同様ニ而、相手不埒ニ付、其仕儀ニ寄、手鎖又（者）所預ヶ等申付、可

遂吟味候、

此儀、当表（於）ハ日切申付置候出入、限日ニ至り日延願者不承届候、[22]

これによれば、対決後、判決で申し渡された弁済期限が来ても弁済がなされず出入が済まない場合、内済をするため債権者、債務者双方から弁済期限の延長（「日延」）を願い出たならば、日数が二〇日までであれば何度でもその願いを聞き届ける、というのが堺奉行所の取り扱いであった。それに対し大坂町奉行所では、期限内弁済を命じる判決申し渡しを行った出入については、期限日が来ても弁済期限を延長することは認めない、という取り扱いをしていた。いま、大坂町奉行所のこのような取り扱い原則を「日延不可原則」と呼ぶことにする。堺法が弁済期限の延長を何度でも認めたのに対し、大坂法ではそれを認めなかったことは注目される。安竹貴彦氏は、大坂法のこの「日延不可原則」を、「当事者の意思にかかわりなく次の段階へ手続が進行する」[23]ものと特徴づけている。

判決で申し渡された弁済期限を大幅に経過したのちに弁済がなされるという現象は、次の〔事例2〕においても見られる。

〔事例2〕一八六一年（文久元酉）二月廿五日願　西

一預ヶ金出入

（訴状要旨省略）

三月廿五日　西対決、六十日切済方被為仰付候、

五月廿五日　切日、

元治元子年　願銀高七百五拾六匁、内五百八拾壱匁相渡、残銀新證文仕、出入相済、

四月八日

東様へ済口御断、『相済』[24]

これは一八六一年（文久元）二月二五日、五幸町の為屋善助が木挽町の姫路屋寅吉を相手どり、預ヶ銀元利合計七五六匁の返還を求めて西町奉行所に訴え出た事例である。本件においても判決で申し渡された弁済期限内に弁済が完了していない。弁済期限（同年五月二五日）から二年一〇ヶ月強も経過した一八六四年（元治元）四月八日に債務の部分弁済がなされている。このような弁済期限の大幅経過後の弁済につき奉行所からクレームがついたという形跡はない。〔事例1〕〔事例2〕どちらも出入は済んでおり、そのことを奉行所に届け出て聞き届けられている。両事例のように、判決で申し渡された弁済期限を過ぎてから債務を弁済して出入が済んだ事例は『目安帳』の中に数多く見られる。このような実際の取り扱いと、上記した大坂法の「日延不可原則」、すなわち判決で申し渡された弁済期限の延長は認めないという原則との関係はどのように考えるべきであろうか。以下、この点について触れてみたい。

まず、大坂町奉行所がこのような「日延不可原則」を掲げた理由である。仮に奉行所が弁済期限の延長を認めた場合、延長された期限内に必ず弁済がなされるという保障はないので、再延長、再々延長という事態が起こり得よう。これは判決で申し渡された弁済期限の際限なき延長、実質的な骨抜きにつながる危険性があるものであった。大坂町奉行所は、「御大法」に従って下された判決（「裁許」[25]）のこのような「変質」に抵抗を感じたのであろう。大坂町奉行所が「日延不可原則」を掲げた背景にはこのような理由があったと見ることもできよう。大坂町奉行所が堺奉行所[26]と大きく異なる姿勢を示したのは、大坂城代の膝下にあって一定の格式を有した大坂町奉行所が公儀の威光をより強く意識したということであろうか。[27]

しかし、現実には期限内弁済ができない場合がいくらでも起こりうる。そのことは『目安帳』を見れば一目瞭然である。それらに対し「日延不可原則」を厳しく適用すれば、当然、手続き上の次のステップである債務者に対する三〇日手鎖、あるいは債務者が病気の場合は病気見分のうえ三〇日押込という強制措置の発動に進むことになる。手鎖人、押込人の著しい増大となろう。このような事態を町人たちは——そして奉行所も——好まなかったのではあるまいか。

債務の弁済については債権者、債務者が当然話し合い交渉する。その結果、当事者同士で弁済期限の延長に合意することは大いにあり得る。幕末にはこうした当事者同士の合意による延長（「日延」）を奉行所が認めるようになっていたとみてよいであろう。『目安帳』に弁済期限経過後の弁済により内済が整い、奉行所がそれを聞き届けた事例が数多く見られることがそのことを物語っている。次の史料は、「日延」が認められていたことを端的に示す史料である。

御詫書　乍恐以御書付御詫奉申上候
一誉田八幡宮社領河州志記郡古宝村源兵衛より私共相手取、預ヶ〔銀滞〕出入、当四月廿一日被願上、同五月廿五日対決之上切日済方被為　仰付、奉畏候、然ル処、右御切日延引之上、願人より相届候ニ付、対談中追々日延奉願上候処、御聞済被為　成下、難有奉存候、然ル処、今日別紙之通り対談行届、願人より済方御断奉申上候、右ニ付、前書御切日延引仕候段、御紕奉請候而恐入候、全私共右出入下済致、銀子調達罷在候内延引仕候儀ニ而、御日切等閑ニ相心得候義ニ而ハ一切無御座候間、何卒格別之以御

憐愍、此段御聞済被為　成下候ハヽ、難有奉存候、以上、

安政参辰年

九月

土岐美濃守殿御領分

同州同郡沢田村

相手　吉　治　郎

甚　右　衛　門

御奉行様[28]

右史料から、判決で申し渡された弁済期限（「切日」）までに弁済がなされず、債権者（原告）がそのことを届け出たので、当事者で弁済の件につき話し合うことになり、その話し合いの最中に（「対談中」）奉行所に弁済期限の延長（「日延」）を願い出て承認されていたことが分かる。奉行所に提出する公式文書のなかで、「日延」を奉行所が容認する表現がとられている。[29]「日延」に関する大坂法は幕末には大きな変容をとげていたといえよう。

三、合意による解決

〔事例1〕〔事例2〕から、大坂町奉行所が、期限遅れの弁済であっても当事者同士の交渉、合意にもとづく弁済を認め、内済を聞き届けていたことが分かる。当事者による合意形成とそれにもとづく紛争解決を奉行所が重視していたことがうかがわれる。そのことは次の事例からもうかがうことができる。

〔事例3〕一八六〇年（万延元申）七月五日願　東

一預ヶ金出入

（訴状要旨省略）

八　月　五日　対決延引、
同　　　七日　東対決、六十日切済方被仰付候、
十一月十六日　東願人より切日延引御断奉申上候ニ付、対談中御断奉申上候処、願人相対仕候様被仰付候ニ付、来ル廿日迄日延、
同　　廿二日　願銀高壱貫百八拾匁六分三厘之内、当時七百四十四匁入、残り四百卅六匁六分三厘、新證文仕、出入相済、
金八、金十弐両弐歩二朱、内六両弐朱頼母子差引、正金四両渡、
残弐両弐歩證文ニ成、『相済』(30)

右は、一八六〇年（万延元）七月五日、西高津新地の枡屋善次郎が木挽町の和泉屋由兵衛を相手どり、預ヶ金元利合計一貫一八〇匁六分三厘の返済を求めて、東町奉行所に訴え出た事例である。これによれば、判決で申し渡された弁済期限（一〇月七日）を四〇日ほど経過した一一月一六日、債権者が、弁済期限が過ぎ弁済が延引していると奉行所に上申したので、債務者側は、現在債権者側と掛合中であるとお届け申し上げたところ、奉行所は債権者に対し「相対」の話し合いによる処理を命じた。そのため弁済期限は一一月二〇日まで延長（「日延」）された。「相対」が実を結んだのであろう、一一月二二日、債務者は債務の大半を弁済し、残りは新証文を差し出して出入は済んだ。内済の成立と見てよいであろう。「日延不可原則」の存在にもかかわらず、弁済期限が過ぎている債務の弁済について、奉行所が当時者の「相対」による解決を促していることがリアルに示されている。「判決の実現」につき当事者の合

意による解決を奉行所が重視していたことがうかがわれる。

四、「水平の動き」と「垂直の動き」

いま、当事者間の交渉により合意を形成し「判決の実現」をめざそうとする当事者間の動きを「水平の動き」と呼ぶことにする。奉行所がこのような動きを重視したことは上記した。当事者も当然「水平の動き」を展開する。しかし、ときとしてこの動きが頓挫する可能性もあった。当事者の力では事態の進展を望めなくなったとき、当事者は奉行所に助力を求める。それに対応して奉行所は何らかの措置をとる。このような当事者、奉行所間の動きを「垂直の動き」と呼ぶことにする。次の事例は「水平の動き」が行き詰まり、「垂直の動き」に転換したことを示す一事例である。

〔事例4〕

乍恐御届奉申上候

一土岐美濃守様御領分河州志記郡沢田村平重郎、吉治郎、甚右衛門、右三人相手取預ヶ銀滞出入、当四月廿一日奉願上、同五月廿五日対決之上、六十日限済方被　仰付、七月廿五日限日相成候ニ付、度々及掛合候得共、色々申延立会呉不申候故、滞り延引ニ相成、恐多奉存候間、此段御断奉申上候、何卒右之者御召出之上、早々立会呉候様、被為　仰附成下度、乍恐御願奉申上候、以上、

安政三年　　　　誉田八幡宮社領

辰九月十三日

河州志記郡古宝村
寅太郎
幼少代
源兵衛

御奉行様(31)

これによれば、一八五六年（安政三）四月二一日、債権者寅太郎の後見人源兵衛は、他領の債務者三名を相手どって、預ヶ銀滞出入の訴えを大坂町奉行所に提起した。同年五月二五日、対決のうえ債務者に対し六〇日以内弁済を命ずる判決申し渡しがあった。七月二五日が弁済期限であった。源兵衛はたびたび交渉に及んだが、債務者たちはいろいろと理由をつけて立ち会わず、そのため弁済が延引した。そこで源兵衛は同年九月一三日、奉行所にその旨を届け出た。そして、債務者三名を召喚し交渉に立ち会うように命じてほしいと奉行所に願った。「水平の動き」が十分展開できず、事態を打開するため「垂直の動き」に期待したのである。ここで注目すべきは、源兵衛が、債務者たちが交渉の場に立つようにすることを奉行所に求めたことであろう。再び「水平の動き」に立ち戻るため「垂直の動き」を活用していたことが分かる。「水平の動き」を基礎にすえ、「垂直の動き」も活用しつつ「判決の実現」をはかろうとしていたのである。この源兵衛のもくろみは成功し、債務者は奉行所に召喚され、「厳しく仰せ付けられ」その結果、当事者同士の「対談行き届き」、「双方申し分無く、出入下済み」している(32)。奉行所も債務者に対し「厳しく仰せつける」にとどめ、それ以上の「垂直の動き」はとっていない。奉行所も当事者同士の「水平の動き」による「判決の実現」に期待しそれを重視していたといえよう。当事者の「水平の動き」を基礎とし、「垂直の動き」を活用しつつ「判決の実現」をはかろうとしたのは奉行所も同じであった。

五、「垂直の動き」と交渉

奉行所による強力な「垂直の動き」を示すものとして、債務者に対する手鎖、押込、身体限の申し付けをあげることができよう。当事者間の交渉による合意形成が期待できなくなった場合にこれらの強制措置が果たす役割は大きい。『大坂堺問答』によれば、判決で申し渡された弁済期限が来ても出入が済まない旨の届が奉行所になされ、債務者本人が出頭したなら、奉行所はその債務者に三〇日手鎖を申し付けた。[33] 債務者が病気のため代理の者が出頭してきたときは、奉行所は債権者に対し、債務者の病状を見届ける「病気見分」を命じ、病気に間違いがなければ債務者に三〇日押込を申し付けた。[34] 三〇日手鎖、三〇日押込の期間中に出入が済まぬ旨債権者、債務者双方が届け出たならば、奉行所は債務者に身体限を申し付けた。[35] これら大坂法の原則は奉行所による「垂直の動き」を端的に示すものである。ここで注目すべきは、このような動きにさいしても、当事者の交渉、合意による紛争解決という「水平の動き」が重視されたことである。以下、この点について見てみる。

『目安帳』には、判決で申し渡された弁済期限を何ヶ月も経過して病気見分を申し付けた事例や、弁済期限が過ぎているにもかかわらず、結局病気見分を申し付けなかった事例が少なからず見られる。弁済期限が到来しても奉行所がただちに病気見分を申し付けたわけではなかったのである。『大坂要用録』によれば、債務者が病気の場合、債権者、債務者（代人）連名で「御切日出入不済断」（判決で申し渡された弁済期限が来ても出入が済まない旨の届）を提出すると、奉行所は債権者に病気見分を申し付けることになっていた。[36] 上記した『大坂堺問答』の記述とほぼ同旨といえよう。弁済期限が来たにもかかわらず奉行所が債権者に対し病気見分を申し付けていないということは、「御切日出入不済断」が奉行所に提出されていないか、あるいは提出されたが、病気見分を、大坂法の先例に反してあえて申し付けていないということを意味しよう。前者であれば、当事者の意思・判断により「御切日出入不済断」の提出やそれにもとづく病気見分が左右されたことになる。後者であれば、次の手続き（押込）に進まないことに対する奉行所の積極的意思がうかがえる。いずれの場合も、債務弁済に関する当事者の話し合い・交渉がなされており、その進捗状況いかんが「御切日出入不済断」提出や病気見分申し付けに大きく影響したと見てよいであろう。弁済期限到来後も病気見分を申し付けていない事例がいくつも見られることからすると、奉行所は当事者の「水平の動き」を重視し期待していたと見ることができよう。

『目安帳』には、当事者が大坂の者で、病気見分申し付け後四ヶ月半経過しても押込を申し付けられることなく出入が済んだ事例も見られる(37)。また、当事者が大坂の者で、過半弁済により残債務につき改めて期限付き弁済（「六〇日済方」）を申し付けられたのち、四年二ヶ月もの間、押込や身体限を申し渡されることなく、出入が済んだ事例も見られる(38)。当事者が大坂の者で、弁済期限日から四ヶ月もの間病気見分を申し付けられることがなく、病気見分申し付けから五ヶ月弱もたってようやく押込を申し付けられた事例も見られる(39)。あるいは債権者が大坂の者で債務者が摂州の者の事例で、病気見分申し付けから六ヶ月強もたって病気見分を終えた旨の届をし、さらに押込申し付けから二年三ヶ月半もの間身体限の申し付けもなく、結局出入が済んだ事例も見られる(40)。これらの事例において、そこに示された年月の間、当事者の交渉がなされていたであろうことは想像に難くない。当事者の交渉による合意形成が重視され、その進捗状況いかんが次の手続きである押込や身体限申し付けに大きな影響を与えたといってもよいであろう。押込、身体限が機械的に適用されたわけではなかった。

六、合意形成の慫慂

「判決の実現」にさいし奉行所が当事者の話し合い・交渉による合意形成を重視し期待したのみならず、みずから積極的に追求していたことを端的に示すのが次の事例であろう。

〔事例5〕一八五六年（安政三辰）五月十八日願　東

一生蠟売掛出入

（訴状要旨省略）

六月十八日　東対決、六十日切済方被仰付、

八月十八日　切日、

九月廿二日　御切日方御役所へ本人宗七召連、願人同断ニ而罷出申候処、願人本人直々罷出可申様被仰付、依之、願人代人早々南堀江四丁目代判弥助呼ニ参り、両方揃罷出申候処、明廿三日迄ニ対決いたし可申様被仰付候、

九月廿四日　罷出候処、対談不行届ニ付、来ル廿七日迄済口御断奉申上候様、被仰付候事、

同　廿七日　罷出候処、十月四日迄ニ済方致、罷出候様被仰付、

十月　五日　別紙之通書附、目安方吉田様掛り相成候、対談之上、明八日罷出候様被仰付候、

同十二日迄御猶予ニ相成候処、銀子調達中対談行届候ニ付、
同十三日、願銀高之内へ金五両、此代銀三百七十六匁六分差入、残銀九百九十弐匁年
賦新證文ニ相成、済口ニ成、御詫之断書別段差出ス、[41]『相済』

これは一八五六年（安政三）五月一八日、玉屋町の大和屋宗太郎が木挽町の大和屋宗七を相手どり、生蠟売掛銀一貫三二八匁六分の支払いを求めて東町奉行所に訴え出た事例である。同年六月一八日、債権者、債務者は奉行所で対決し、奉行所より、債務者に六〇日以内弁済を命じる判決申し渡しがなされた。八月一八日、弁済期限が到来した。その直後の経過は、債務者宗七が奉行所に提出した文書[42]（以下、「宗七文書」と略称）の控えによれば、次の通りである。八月一八日の弁済期限までに弁済がなかったため、債権者宗太郎（代判弥助）より、弁済が遅延していると奉行所に願い出た（「願人より御日切及延引候段、御願上」）。奉行所に然るべき措置を求めたのであろう。そのため同月二〇日、債務者宗七は奉行所より呼び出され、右の件につき「不念」であるとお叱りを受けた。そして、債権者側との「対談申入」を「御憐愍」をもって仰せ付けられた。しかし、交渉はうまく行かなかった（「掛合行届不申」）。そこで一〇月四日までにこの出入を済ます旨、奉行所に届け出た。以上の経過の中で、弁済期限までに弁済できなかった債務者を奉行所に呼び出して債権者側との対談を命じていることは注目される。

九月二〇日呼び出された宗七は病気のため出頭できず、実際に出頭したのは九月二二日であった。[43]〔事例5〕九月二二日条によれば、当事者双方が出頭したところ、翌九月二三日まで「対決」せよと奉行所が当事者に命じたとある。「対決」は「対談」の意味であろう。[44]〔事例5〕九月二四日条に、「対談不行届ニ付」とあることからもそのことが知られよう。九月二四日、当事者が奉行所に出頭したところ、『「対談」がうまく行かなかったので、九月二七日までに

「済口御断」を申し上げるように』と奉行所より申し渡された（「事例5」）。つまり、二七日までに内済するように申し渡されたのである。そこで双方が「対談」し、種々「掛合」を行ったがうまく行かず（「宗七文書」）、九月二七日、奉行所に出頭したところ、『一〇月四日までに出入を済ませて出頭するように』と仰せ付けられた（「事例5」「宗七文書」）。またまた内済を申し付けられたのである。一〇月五日、前日までの内済が整わなかった旨当事者が別紙書附を提出したのであろう、新担当与力吉田某は、「対談」のうえ一〇月八日に出頭するように申し付けた。改めて「対談」による内済をすすめていることが分かる。その「対談」が一〇月八日までにまとまらなかったのか、その後一〇月一二日まで猶予が認められた。そして、資金調達中に「対談」がまとまり、一〇月一三日、返済に関する内済が成立した（「済口ニ成」）。

判決で申し渡された弁済期限までに弁済がなされず弁済が遅延していると債権者が奉行所に訴え出た本件において、奉行所がくり返し「対談」による内済を命じ、当事者の話し合い・交渉による合意形成を強く推し進めている様子がうかがえる。奉行所が「判決の実現」においてもっとも重視したのは、こうした当事者の交渉、合意形成にもとづく紛争の自主的解決であったのではあるまいか。当時者による交渉が行き詰まりを見せたとき、奉行所が一定の介入をすることで当事者の交渉を促進させ、紛争解決に導こうとしたと見ることができよう。(45)

七、大坂法

金銀出入において判決で申し渡された期限内弁済がなされなかった場合、大坂法は、分割弁済（「切金」）による長期弁済を認めた江戸法や、追訴と残高一部弁済・残部期限付弁済のくり返しにより実質的な分割弁済による長期弁済を認めた京都法と異なり、(46)原則として分割弁済を認めず、(47)三〇日手鎖あるいは病気見分のうえ三〇日押込、そして身体限という強制措置により、債権の早期回収を保障した。この意味で大坂法は執行手続の緩慢な江戸法や京都法と異なり金銭債権の法的保護が強かったといえる。この点は大坂法の大きな特徴として強調されてよいであろう(48)。債権保護の強い大坂法が経済活動の発展に積極的役割を果たしたであろうことは想像に難くない。天保年間に大坂法は江戸や京都に導入され、大坂法は神保文夫氏の表現をかりるなら「いわば全国法としての性格をも獲得するに至る(49)」。

大坂法は右のような特徴を持ちつつ、同時に、当事者の交渉による合意形成と自主的な紛争解決、すなわち内済を重視するという江戸を始めとする各地の法と同様の特徴を持っていた。裁判において内済が重視されていたことは、つとに中田薫氏の指摘するところである。氏によれば、「裁判の妙訣は、出来るだけ当事者双方をして正理に従て和睦せしめ、衡平の理念に従て互譲妥協せしめ、以て内済（和解）を遂げしむることに在るのであ(50)」り、裁判は内済を「根本義として居た(51)」のである。氏のいわれる内済とは、裁判手続の中での内済であり、内済が成功しなかったときに「最後手段(52)」として判決申し渡しがなされた。このような裁判手続の中で内済が多用されたことについてはこれまで多くの研究が触れている(53)。しかし、判決申し渡し後の、執行手続の中での内済については、これまで正面から取り上げて論じられることはほとんどなかった(54)。

大坂町奉行所においては、裁判の過程においても、判決申し渡し後の「判決の実現」過程においても当事者の内済が重視され期待されていた。当事者の交渉と合意形成により紛争が解決するのであればそれにこしたことはないという考慮が働いていたのであろう。金銀出入については、「判決の実現」過程において間接強制、直接強制を含む各種の措置が用意されていた。しかし、「判決に従った履行」がなされなかったとき、これらの措置が機械的にとられたわけではなかった。合意形成の可能性を探りながらこれらの措置が適宜とられたのである。「水平の動き」と「垂直の動き」が有機的に交錯しつつ「判決の実現」がめざされたといえよう(55)。

第三節　有物出入

一、序

有物出入とは、物の返還・引き渡しを求める訴訟あるいは担保物の引き渡しを伴う訴訟のことをいう。(56) 家質（銀）出入、質地出入、家明出入、地明出入、貸物出入、質物出入等がそれである。これらは金銀出入と同様、給付訴訟であるが、金銀の給付を求める金銀出入とは大きく異なる取り扱いがなされていた。以下、『目安帳』に見られる事例を紹介する。

二、**貸物出入**

貸物の返還を求める訴訟は、貸主（貸権者）・借主（債務者）対決のうえ、借主に対して早期返還を命じる判決が申し渡される。借主が「判決に従った履行」をしない場合、履行を求めて貸主は何度も奉行所に追訴した。一例を左に掲げる。

〔事例6〕一八五三年（嘉永六年丑）十一月七日願　西

一貸本取戻出入

（訴状要旨省略）

十一月十八日　西対決之上、早々差戻候様被仰付候、
十二月　七日　一　追訴、翌八日罷出候処、早々差戻候様被仰付、
正月　廿日　二　追訴、
二月　九日　三　追訴、
同　二八日　四　追訴、
三月　一九日　五　追訴奉申上候、廿日御召、罷出候処、早々差戻候様、
四月　八日　六　追訴、
四月　廿五日　右貸本百四十五冊、代百六十匁受取処、内六十匁受取、残り百匁證文
ニいたし、出入相済、
『相済』(57)

これは一八五三年（嘉永六）一一月七日、木挽町の三木屋与七が摂州東成郡天王寺村の小山屋市郎兵衛を相手どり、貸本の返還を求めて西町奉行所に訴え出た事例である。これによれば、奉行所は一一月一八日、対決のうえ「早々差し戻し候様」と貸本の早期返還を命じる判決を申し渡した。しかし返還されぬため、貸主は何度も追訴し、奉行所はそのたびに借主に対し「早々差し戻し候様」と申し渡している。奉行所は借主が自主的に「判決に従った履行」をすることを期待していたのである。

『大坂堺問答』によれば、堺奉行所では、貸物出入において貸主の追訴が合計七度に及ぶと借主本人には牢舎または手鎖・所預、受人（保証人）には所預等を申し付け、貸物を返還しない理由や貸物の流通先等につき吟味する。こ

れに対し大坂町奉行所では、貸物出入において貸主の追訴が数度に及んでも返還されないときは、借主本人に所預等を申し付け吟味をすることになっていた。堺奉行所のように、追訴七度までという定まりはなく、「追訴数度でことが済まぬ場合は、借主に所預を申し付けて吟味することになっているが、それも場合によるので、あらかじめ決めがたい」ということであった(58)。

ここで注目すべきは、追訴がなされた日程上の間隔（「日割」）である。〔事例6〕の貸本取戻出入では、貸主が大坂の者、借主が摂州の者であり、対決、判決申し渡しののち追訴が約二〇日～四〇日強の間隔でなされている。一八五四年（嘉永七）三月二一日の貸衣裳取戻出入では、貸主が大坂の者、借主が摂州の者であり、四月五日の対決、判決申し渡しののち五月一二日、六月八日、九月一五日、一〇月二五日と、約三〇日弱～一〇〇日弱の間隔で追訴がなされている(59)。

『大坂堺問答』によれば、堺奉行所では、追訴を認める日程上の間隔については、前回の訴えから一〇日もたたぬうちに追訴して願い出たなら、しっかりと交渉するよう申し渡し（「得与掛合候様申渡」）、訴状は返す。一〇日以上経過した場合は訴状を受理する、ということになっていた。これに対し大坂町奉行所では、追訴願「日割」については特に取り決めたものはないが、大体当事者の交渉ができる程度の日程上の余裕が認められるならば（「大体掛合出来候程之猶予有之候ハヽ」）、借主を呼び出して、早く返還するよう申し付けるしきたりであった(60)。大坂町奉行所では――堺奉行所もそうであるが――、追訴から次の追訴までの間隔については、当事者による交渉が十分可能な程度の日程上の余裕が確保されていることが重視されたのである。奉行所が当事者の交渉による合意形成を期待して追訴の「日割」を工夫していたことが分かる。奉行所が借主に期待した自主的履行の前提にはこうした当事者間の交渉による合意が想定されていたのである。くり返される追訴とそれへの御奉行所の対応という「垂直の動き」も、実は当事者の

「水平の動き」の成就が期待されてのことであった。(61)

三、家質銀出入

次に家質銀出入について見てみる。大坂の家質銀は、債務者が自己の家屋敷を質に入れ、有利子で債権者から金銀を借りるものである。家質銀は、債権者にとっては家屋敷が確実な担保物であったことから、そして債務者にとっては、そのまま家屋敷に住み続けることができ、利率も低利率であったことから、低利で確実な金融手段として大いに利用された。(62)江戸では家質に利息をつけないという建て前から、「利銀」ではなく、「家賃」と表現する。(63)『大坂堺問答』によれば、家質銀出入で、債務者が期限までに家質銀を返済せぬ場合、債権者の訴えにもとづき奉行所は債務高に応じた期限内弁済を命じる判決を申し渡す。期限内弁済がなされぬとき、奉行所は、家屋敷の名儀書き替え、引き渡しを命じた。(64)以下、家質銀出入の具体例を見てみることにする。

〔事例7〕一八五四年（嘉永七寅）六月廿七日願　東

一家質銀出入

（訴状要旨省略）

七月　廿七日　東対決刻限切御断、

閏七月　二日　西対決之上、百五十日切済方、

十二月　四日　切日、

正月　廿七日　西切日ニ付家屋敷帳切致、願人江相渡候様被仰付候事、

三月　七日　西　願人より追訴申上候ニ付、今日御取上、早々致帳切相渡候様被仰付、
四月　廿七日　西　右同断、早々相渡候様、被仰付候事、
五月　十一日　東　西御奉行様御参府ニ付、東様へ追訴、早々帳切いたし相渡候様、被仰付候、
六月　九日　東　追訴ニ付罷出候処、早々帳切致、願人へ相渡候様被仰付候、
七月　廿九日　東　追訴ニ付罷出候処、早々帳切致、願人へ相渡候様被仰付候、
十月　八日　東　追訴申上候ニ付、罷出候処、早々相渡候様被為仰付候、
十一月十六日　西　追訴ニ付罷出候処、厳敷被為仰付、来ル廿四日迄、十日間日延奉願上候事、
十一月　晦日　西　御召出之上、両三日之内家屋敷相渡候様、被仰付候事、
十二月　三日　西　家附之義対談不行届ニ付、来ル六日迄御日延、
十二月　八日　出入相済、西様へ御断奉申上候処、東様へ相断候様、被仰付候事、
　　尤、御月番　東[65]

これは一八五四年（嘉永七、安政元）六月二七日、西久宝寺町の和泉屋嘉平次が木挽町の田中屋善右衛門を相手どり、家質銀三貫匁の返済を求めて東町奉行所に訴え出た事例である。本件の家質銀利銀についても同じ日に、家質利銀出入として債権者により同じく東町奉行所に訴えがなされている[66]。この家質利銀出入では、債務者は期限内弁済ができず、病気見分を申し付けられている。金銀出入の手続きがとられていることが分かる[67]。

〔事例7〕の家質銀出入では、一八五四年（嘉永七、安政元）七月二七日の対決が当事者の遅参により流れたあと、閏七月二日対決がなされ、債務者に対し一五〇日以内の弁済を命じる判決が申し渡された。同年一二月四日、弁済期

限が到来したが弁済はなされなかった。翌一八五五年（安政二）正月二七日、奉行所は債務者に対し、弁済期限が来ているので家屋敷の名義書き替え（「帳切」）をして債権者に引き渡すよう申し渡した。しかし履行されず、そのため債権者はその後追訴をくり返すことになる。奉行所はそのたびに債務者に対し家屋敷の引き渡しを命じた。こうして六回の追訴がくり返され、一一月一六日、七回目の追訴がなされたとき、奉行所はこれまでと異なり債権者に対し厳しく名義書き替え・引き渡しを命じた。債務者は一一月二四日までの一〇日間の猶予を求めたが、その後結局履行されなかったため、一一月晦日奉行所に呼び出され、二、三日中に家屋敷を引き渡すように命じられた。それから三日後の一二月三日、家附の件で話がまとまらず、一二月六日まで引き渡しは延期された。一二月八日、ついに出入が済み、その旨西町奉行所へ届け出たところ、月番の東町奉行所に届けるようにと命じられた。

〔事例7〕では、家質銀の期限内弁済がされなかったからといって、金銀出入のように手鎖や押込を命じることはなかった。期限内弁済ができなかった債務者に対し、特に期限を定めることなく早期の名義書き替えと引き渡しを命ずるだけであった(68)。債務者が履行せぬ場合、債権者の追訴と奉行所の履行命令がくり返された。奉行所が債権者に代わって名義書き替えをすることもなかったし(69)、奉行所が家屋敷の引き渡しを執行することもなかった。何度も追訴とそれにもとづく奉行所の命令がくり返された点は、〔事例6〕の貸本取戻出入とまったく変わるところがない。ここでも奉行所は債務者に何度も履行を促しており、債務者の自主的履行に期待していたことが分かる。

ところで、『大坂堺問答』によれば、家質銀出入においても、貸物出入の場合と同様、追訴は一定の間隔をあけて行うことが求められた。債権者と債務者が交渉するだけの日取りの余裕がとれないような（「致掛合候程之日取猶予も無之」）短い間隔で債権者が追訴してきた場合、奉行所は債権者を説諭し、訴えは受理しないという方針をとった(70)。家質銀出入についても奉行所は、当事者の交渉による合意形成、自主的解決を期待していたのである。それが順調に進まぬとき、追訴にもとづき奉行所が介入した。ここでも「水平の動き」を基礎に、その効果的促進のため、「垂直の動き」が活用された。

債務が履行されず債権者が追訴したとき、奉行所は、債務者、加判の年寄、五人組を翌日呼び出し、早く名義書き替え、引き渡しをするように申し渡した。(71) 金銀出入において、病気で弁済できない債務者に対する三〇日押込を「所之者」に命じたこと(72)、身体限にさいし町村役人が立ち会ったこと(73)、「六十日切断」（「御切日出入不済断」）、「押込請証文」、「押込切日出入不相済断」（「押込切日断」）、「身体限請証文」等に年寄、名主——ときには家主も——が押印したこと(74)などをあわせて考えると、執行手続のなかで共同体関係者が大きな役割を期待されていたことが分かる。

『大坂堺問答』によれば、家質銀出入において追訴が七度に及んだ場合、債務者、加判年寄、五人組等、関係者一同を呼び出し、債務者本人には牢舎または手鎖、預を申し付けて、吟味をする。吟味中に名義書き替えをするか債務を弁済するならば、許して聞き届け、急度叱り置く。(75) 以上が大坂法の家質銀出入取り扱い原則であった。『日安帳』には、家質銀出入の判決申し渡し後七度追訴した事例につき、「右七ヶ度追訴奉申上候処、相手御召之上厳敷被仰渡、家屋敷直様致帳切請取、出入相済候事」(76)と記されている。これによれば、債権者が七度追訴したところ債務者は奉行所に呼び出されて厳しく仰せ付けられた。そして家屋敷はただちに名義書き替えされ債権者に引き渡されて出入は済んでいる。債務者が牢舎、手鎖、預を申し付けられた様子もなく、奉行所で「吟味」がなされた様子もない。上記した大坂法の取り扱い原則と異なり、ゆるやかな取り扱いがなされている。金銀出入において「日延」をゆるさない大坂法の原則が、現実にはゆるやかな形で運用されていたことと軌を一にする。

四、地明出入

次に地明出入（貸地の返還請求訴訟）について見てみる。地明出入においても、判決申し渡し後、何度も追訴がくり返されるという現象が見られた。その具体例を左に掲げる。

〔事例8〕一八六二年（文久二戌）七月十八日願　西

一地明出入

（訴状要旨省略）

七月　廿七日　西対決、早々明ケ渡候様被仰付候、
閏八月　三日　追訴奉申上候処、翌日御召之上、早々明ケ渡候様被仰付候、
九月　　四日　追訴、
十月　十三日　追訴、
十一月十四日　追訴、
戌十二月廿日　追訴、
亥三月　八日　済口御断、『相済候事』(77)

これは一八六二年（文久二）七月一八日、木挽町の平野屋善五郎が摂州住吉郡青連寺村の小西屋治作を相手どり、地所明け渡しを求めて西町奉行所に訴え出た事例である。一八六二年（文久二）七月二七日、対決のうえ奉行所は地所の早期明け渡しを命ずる判決を申し渡した。しかし履行されなかったため債権者は奉行所に追訴した。それにこた

えて奉行所がただちに判決の執行にみずから乗り出すことはなく、債務者に対し早期明け渡しを命ずるだけであった。くり返しの追訴に対し奉行所は債務者の自主的明け渡しをそのつど求めている。貸物出入の場合と同様、奉行所は可能な限り当事者の交渉による合意形成、紛争解決を期待していたといってもよいであろう。

大坂町奉行所における地明出入の取り扱いについては、『大坂堺問答』に次のようにある。すなわち、通例の場合は家明出入に準じ、期限までに返還されぬときは、早く借地を返還するようにと借地人に申し渡す。それでも返還せず貸主が追訴してきたなら、追訴六回目までは同様に借地人に返還を申し渡す。追訴が七回に至った場合は吟味をする。地代銀については期限内弁済を申し付け、弁済されぬときは手鎖、押込、身体限を申し付ける。(78) 右の大坂町奉行所の取り扱い方針から、（1）地明出入の取り扱いは家明出入のそれに準じたこと、(79)（2）追訴六回目までは早期返還を申し渡し、追訴七回目に至れば吟味したこと、（3）滞納地代銀については金銀出入の手続きで処理されたこと、が分かる。（2）は家質銀出入の場合と同様である。（3）は家質利銀出入が金銀出入の手続きで処理されていたことを想起させるものがある。

五、追訴の意味

以上、「判決に従った履行」がなされなかったため債権者による追訴がくり返しなされた事案として貸物出入、家質銀出入、地明出入を紹介した。『大坂堺問答』によれば、追訴がくり返し行われたものには、他に質地出入と家明出入がある。質地出入は家質銀出入と同様に処理された。(80) 家明出入は、上述のように、地明出入に準じて処理された。これらの出入に共通するのは、動産、不動産の返還、不動産の名義書き替え、引き渡しという物の返還、引き渡しに関する争いであるという点である。このような物権変動を伴う出入について追訴がくり返し行われたのである。「判決に従った履行」がなされぬとき、金銀出入のような手鎖、病気見分のうえ押込、身体限という強制措置が用意されていなかった有物出入では、債権者は奉行所に追訴し債務者に履行を促してくれるよう、くり返し求めるほかなかった。

このことは、物の占有、所有という物権的秩序に対し奉行所が無関心であったことを意味しない。有物出入でも、上述のように、追訴が数度あるいは七度に及ぶと債権者は、牢舎、手鎖、預等を申し付けられ――あるいは申し付けられることなく――、金銀出入の手続きでは見られなかった奉行所の吟味を受け、吟味中の履行に対しても刑罰としての急度叱が申し付けられた。物の支配秩序に奉行所は強い関心を持っていたのである。

しかし、上記のように、債権者の追訴にもとづき奉行所がただちに強制執行に臨むことはなかった。追訴のつど奉行所は債務者に対し「判決に従った履行」――すなわち、早期の返還、名儀書き替え・引き渡し――を命ずるにすぎなかった。このことは、公権力が債権者の請求にもとづき、ただちにみずからの物理的強制力を駆使して執行するだけの体制が確立されていなかったことを意味したともいえよう。執行手続における共同体関係者の果たす役割が大きかったことを考えると、そのことも十分理解できる。しかし、有物出入においても、最終的には奉行所も断固たる措置をとったところを見ると、物理的強制力を十分備えていなかったとだけ見ることにも躊躇を覚える。物理的強制力の不備という側面のほかに、公権力はただちに物権変動を生ぜしめることに慎重であったという側面もあったのではあるまいか。動産、不動産の現実の利用者の立場を考えた場合[81]、奉行所は債権者の主張は認めつつも、物の支配秩序の変動を生ぜしめることについては、可能な限り当事者の交渉による合意形成とそれにもとづく自主的履行、自主的解決に委ねようとしていたのではあるまいか。そのことが当事者にとって妥当な結果をもたらすであろうという観念のもとに。

契約証文に記された「権利」（債権）にもとづき動産、不動産の返還、引き渡しを求める訴訟において、公権力がその占有権、所有権の移転を容易に認め容易に実現させる社会は、取引社会、債権重視の社会といえよう。大坂法は、金銭債権の保護を手厚く行う取引社会、債権重視の社会に一方の軸足を置きつつ、それとは対蹠的な物権的秩序重視の社会にもう一方の軸足を置いていたといえるのではあるまいか。

おわりに

一、金銀出入と有物出入

本章では、金銀出入と有物出入という給付訴訟において、「判決の実現」がどのような形でなされるのかを見てきた。債務者による「判決に従った履行」がなされなかったとき、債権者は奉行所に救済を求めた。そのときの奉行所の対応は金銀出入と有物出入とでは大きく異なった。金銀出入では手鎖、押込、そして身体限という強制措置が、手続き上の次のステップとして用意されていた。これに対し有物出入では、債権者はくり返し追訴をしなければならなかった。公権力は、占有、所有の変更という物権変動を生ぜしめることに慎重であったように思われる。物の現実の利用者に対する配慮、物権的秩序重視の社会の一面がうかがわれる。

二、交渉と合意形成

「判決に従った履行」がなされなかった場合、金銀出入においても有物出入においても当事者の交渉が重視されたことは共通している。交渉による合意形成、紛争の自主的解決――内済――が「判決の実現」の基本とされ、それを促進すべく奉行所の介入がなされた。「水平の動き」が主となり「垂直の動き」が従となって「判決の実現」がめざされたのである。ここには、「日本法が、法の実現はお上《かみ》の仕事であるとの発想に立ち、法の実現における私人の役割を著しく軽視していることは、また私人が裁判所の手を借りずに自ら権利を実現することに対して著しく消極的な態度をとっているところにも、あらわれている」[82]と指摘されるところの「日本法」とは対照的な法の姿がうかがわれる。江戸時代の大坂法は、私人の果たす役割が大きく、「権利」実現のために奉行所を巧みに活用する庶民のたくましさを感じさせる。大坂法の原則が修正されていると思われるところがあるのも、そうした庶民のたくましさの反映であるのかも知れない。

もちろん、当事者の交渉、内済が重視されていたとはいえ、そこに強制の要素が含まれていたことは見落されてはならない[83]。判決申し渡し前の内済において自主と強要が不即不離の関係にあったことが想起されよう[84]。

三、「訴訟社会」再論

一般にある社会を「訴訟社会」と呼ぶ場合、そこでは公権力に対する「訴訟」の提起が大量に見られるということが念頭に置かれているように思われる。そこでは、日常用語として用いられている「裁判」、すなわち訴えの提起に始まり判決で終わる世界が「訴訟」としてイメージされているように思われる。しかし、江戸時代の給付訴訟では、「出入」は判決によっては終結せず、その後も履行をめぐり当事者間の交渉、奉行所への追訴あるいは願、届等がなされ、それに対応して奉行所による履行勧奨、履行強制等がなされた。江戸時代の「出入」を、「判決の実現」をも視野に入れて考察しようとする場合、こうした執行手続の中での「水平の動き」と「垂直の動き」が織りなす世界をも組み込んだ、新しい「訴訟社会」像が求められるのではあるまいか。

（二〇〇九年八月二六日脱稿、一二月二八日修正）

注

（1）江戸時代を「訴訟社会」と見ることについては、たとえば、大塚英二氏が、「江戸時代は意外にも訴訟社会というぐらい、非常に訴訟が多いのです」と述べている（平成一四年一一月二一日に行われた愛知県立大学公開講座「『国際文化』グローバル化と民族アイデンティティー」第三回「日本社会史の現場からグローバルスタンダードを見る」の要約より。http://www.manabi.pref.aichi.jp/general/10003363/0/index.html 二〇〇九年八月二四日アクセス）。また、「健訴社会」（渡辺尚志『百姓の力――江戸時代から見える日本』（柏書房、二〇〇八年）一六五頁）、「訴訟の時代」（高橋敏『江戸村方騒動顛末記』（筑摩書房、二〇〇一年）五五頁）と呼ぶ表現もみられる。

（2）宇佐美英機『近世京都の金銀出入と社会慣習』（清文堂出版、二〇〇八年）。

（3）本間修平「資料　奈良奉行問合書」（『法学新報』第九六巻第七・八号、一九九〇年）。

（4）藤原明久「岡山藩制確立期における『民事』裁判機構の形成」（大竹秀男・服藤弘司編『幕藩国家の法と支配』（有斐閣、一九八四年））。同「岡山藩評定所における在方公事の裁判過程――岡山藩制確立期を中心として」（『神戸法学雑誌』第三三巻第三号、一九八三年）。なお、支配違出入に関するものではあるが、曾根總雄「藍玉売掛金訴訟――元禄一〇年の訴訟を中心に」（『東海史学』三三号、一九九八年）、藤原明久「元禄期岡山藩の支配違金銀出入に関する一考察――分散をめぐって」（藩法研究会編『大名権力の法と裁判』（創文社、二〇〇七年））をも参照。

（5）豊田寛三「広島藩の民事訴訟制度」（『芸備地方史研究』八〇号、一九七〇年）。

（6）安澤秀一「徳島藩裁許所公事落着帳・裁許御目付扣帳の基礎的研究」（『史料館研究紀要』第一一号、一九七九年）。

（7）藤原明久「『田辺町大帳』にみえる近世前期田辺町の民事訴訟記録」（『田辺文化財』三〇号、一九八七年）。

(8)　吉田正志「貞享二年および元禄一五年の幕府相対済令と仙台藩金銀出入取捌仕法」(『岩手史学研究』第六九号、一九八五年)、同「享保・元文期における仙台藩金銀出入取捌仕法の確立」(『法学』第六〇巻第五号、一九九六年)、同「宝暦期仙台藩の金銀出入取捌仕法改革」(『同上』第四八巻第六号、一九八五年)、同「仙台藩金銀出入取捌仕法の崩壊過程(一)(二)(三・完)」(『同上』第六一巻第三号、一九九七年、第六三巻第一号、一九九九年、第六六巻第一号、二〇〇二年)、同「仙台藩の『沽却』について(一)(二)(三・完)――身体限ならびに分散との関連で」(『同上』第五四巻第二号、一九九〇年、第五四巻第五号、一九九〇年、第五五巻第二号、一九九一年)。

(9)　吉田正志「盛岡藩『文化律』と借金銀取捌法について」(『岩手史学研究』第八〇号、一九九七年)。

(10)　井ヶ田良治「近世譜代大名領の裁許記録と進達書類の作成――丹後田辺牧野家領の公事出入を例として」(『同志社法学』第三一三号、二〇〇六年)、井ヶ田良治等編「丹後田辺藩裁判資料(一)~(六)」(『同上』一九四、一九五、一九六、一九八、二〇一、二〇二号、一九八六~一九八八年)。

(11)　大坂の執行手続法については、石井良助『近世取引法史』(創文社、一九八二年)第四「江戸時代前期大坂の取引法史」、第五「江戸時代後期大坂の取引法史」、同『続近世民事訴訟法史』(創文社、一九八五年)第一編「大坂奉行所における民事訴訟法」、安竹貴彦・注(18)所引書一一七頁以下、同・注(53)所引論文、神保文夫「近世民事裁判における判例法の形成――『取捌題号』に見る大坂町奉行所の身代限法」(林董一博士古稀記念論文集刊行会編『近世近代の法と社会――尾張藩を中心として』(清文堂出版、一九九八年))、同・注(12)所引論文を、京都の執行手続法については、宇佐美・注(2)所引書第二部第二章「京都町奉行所の内上銀取捌仕法」を、奈良の執行手続法については、本間・注(3)所引資料を、仙台藩、盛岡藩の執行手続法については、吉田・注(8)(9)所引論文を、江戸法については、さしあたり、石井良助『近世民事訴訟法史』(創文社、一九八四年)第一編第二章「訴訟手続」、第三編「近世民事訴訟法の変遷」、小早川欣吾「近世に於ける身代限り及分散について」(『法学論叢』第四三巻第五号、一九四〇年)、同「近世に於ける身代限り及分散続考」(一)(二)(三・完)(『同上』第四四巻第一号、第二号、第四号、一九四一年)を、それぞれ参照。なお、小早川氏の論文には大坂法に関する記述も見られる。吉田・注(9)所引論文には、幕府法との対比も随所に見られ、注目される。

(12)　神保文夫氏は、論文「西欧近代法受容の前提――大坂町奉行所民事訴訟法の性格について」(石井三記・寺田浩明・西川洋一・

水林彪編『近代法の再定位』（創文社、二〇〇一年）において、大阪市立図書館所蔵「小林家文書」を用いて、「判決の実現」に関する二つの具体例を紹介しており（一六五、一六六頁）、注目される。

(13) 金田平一郎氏は、論文「判例近世大坂私法一斑」の中で、本章で用いた二種の『目安帳』とは別種の『目安帳』を引用し、「大坂の町役所に備付せられたる訴訟日記」と紹介している（石井良助編『中田先生還暦祝賀法制史論集』（岩波書店、一九三七年）二二八頁）。『目安帳』は神戸市立中央図書館、関西大学附属図書館、大阪商業大学商業史博物館にも所蔵されている。いずれも本章で用いたものとは別種のものであるが、複写不可あるいは虫喰いの激しさのため、本章では中之島図書館所蔵のものを用いた。

(14) 宝暦四年『家持借屋毎月判形帳』（京都大学法学部図書室所蔵）に次のようにある。

「一諸事売掛ヶ諸論之出入、惣而御窺之筋不限、何事御番所江訴出候儀有之者、訴状、返答書前日ニ相認、会所へ致持参、疾々吟味之上、可被罷出候、若町江無断御番所江罷出、間違有之候者、其趣御断可申上間、常々可被〔得〕其意事」

右は、大坂南組農人橋二丁目年寄山田屋五兵衛が町中に宛てた箇条書の一条である。なお、引用文中の〔得〕は、脱字と思われたので大平が補った。

(15) 表紙右上には、「嘉永七甲寅年正月」と書かれている。木挽町『目安箱』が、嘉永七年（一八五四）一月に、それまでの訴訟記録をまとめて作成され、その後引き続き書き続けられたものであることがわかる。

(16) 表紙右上には、「天保十三壬寅年三月下旬ゟ」と記されている。ただし、「ゟ」は「より」と改めた。以下同じ。

(17) 表紙右上には、「嘉永六癸丑七月」と書かれている。

(18) 『大坂堺問答』は、出入筋に関する堺奉行所からの問合せと、それに対する大坂町奉行所の回答を一書に記したものである。本資料は安竹貴彦氏により翻刻されている（安竹編『大坂堺問答――十九世紀初頭大坂・堺の民事訴訟手続』（『大阪市史史料』第四四輯、一九九五年））。以下所引の『大坂堺問答』はすべて本書による。なお、『大坂堺問答』の内容については、石井良助氏の詳細な紹介がある（石井・注(11)所引『近世取引法史』一九九頁以下）。

(19) 石井・注(11)所引『近世取引法史』一三二、一三四頁参照。

(20) 木挽町『目安帳』嘉永三年一〇月二五日条。字数制限のため〔事例2〕以下では原告・被告名、訴状要旨は省略した。

(21) 神保文夫「幕府法曹と法の創造――江戸時代の法実務と実務法学」（国学院大学日本文化研究所編『法文化のなかの創造性――

江戸時代に探る』（創文社、二〇〇五年）一一九頁）参照。

(22)『大坂堺問答』壱番帳三三（二五頁）。なお、同壱番帳三二（二五頁）、壱番帳三六（二六頁）、弐番帳七五（六〇、六一頁）をも参照。

(23) 安竹・注(18)所引書一二七頁注(11)。

(24) 木挽町『目安帳』文久元年二月二五日条。なお、引用文中の『　』は朱書を意味する。

(25) 八木滋「佐賀藩大坂蔵屋敷のネットワーク――「家質公訴内済記録」を通して」（『大阪商業大学商業史博物館紀要』第九号、二〇〇八年）七〇頁。

(26) 大坂町奉行所は他の遠国奉行と異なり、秘密法典『公事方御定書』や重要先例集『御仕置例類集』、『選述格例』を閲覧することができ、京都町奉行と並んで、京都所司代や大坂城代のもとで、評定所と同様の役割を果たしていた（小倉宗「近世中後期幕府の上方支配――『御仕置例類集』の検討を中心に」（『法制史研究』五七号、二〇〇七年）一一五、一一六頁。なお、平松義郎『近世刑事訴訟法の研究』（創文社、一九六〇年）五四七～五五二頁をも参照）。また、大坂町奉行には広範囲に及ぶ裁判管轄権が与えられていた（神保文夫「近世私法史における「大坂法」の意義について――大坂町奉行所の民事裁判管轄に関する一考察」（平松義郎博士追悼論文集編集委員会編『法と刑罰の歴史的考察――平松義郎博士追悼論文集』（名古屋大学出版会、一九八七年）三一一頁以下、特に三三六、三三七頁））。なお、大坂町奉行所は「堺奉行所の上級支配官庁ともいうべき性格を有していた」ともいわれる（安竹・注(18)所引書一三二頁）。

(27) この点については、文化九年（一八一二）の江戸町奉行永田備後守の伺が参考になろう。そこには次のようなことが記されている。すなわち、武士が三度切金（分割弁済金）を不足に持参したので、奉行所に数日留め置き説諭したが残金を一向に渡さなかった。このようなふつつかなことを緩やかに扱うと、切金を不足に持参した者は厳重に取り扱うと申し渡した詮も立たないことになる。ことに借手の者たちがそのことを知るに及んで、「失躰之事」も出てきて、「奉行所一躰之御威光にも拘り」、寛政九年の書取の趣意にも触れる、と（法制史学会編『徳川禁令考』後集二、二六〇頁）。奉行所の支払い命令が遵守されず骨抜きになることに対し、「奉行所の威光に拘る」と警戒感をあらわにしていることが、如実に示されている。なお江戸幕府の威光重視については、渡辺浩「「御威光」と象徴――徳川政治体制の一側面」（渡辺浩『東アジアの王権と思想』（東京大学出版会、一九九七年））をも参照。

(28) 東京大学法学部法制史資料室所蔵『大坂御訴訟返答書』。なお、〔 〕内は、原告源兵衛と被告吉治郎、甚右衛門の連名で奉行に提出した「乍恐済口御断」(『同上』所収)により補った。

(29) 安政三年九月一九日付「乍恐済口御断」(『同上』所収)には、弁済期限到来後二ヶ月たった時点での振る舞いにつき、「当時御日延中ニ御座候処、段々掛合参候故、右対談行届」と書かれており、ここでも奉行所に提出した公式文書の中で弁済期限到来後の「日延」を容認した表現がとられている。『目安帳』は奉行所に提出した公式文書ではないが、そこには、期限到来後の弁済につき、「当時御切日中御座候処、願銀高……之内……相渡」と表現している例も見られる(木挽町『目安帳』嘉永七年四月二七日条)。

(30) 木挽町『目安帳』万延元年七月五日条。

(31) 注(28)所引『大坂御訴訟返答書』。なお、石井・注(11)所引『続近世民事訴訟法史』二〇二頁所収「切日延引断」は、同様の書類の文例である。

(32) 注(28)所引『大坂御訴訟返答書』所収安政三年九月一九日付「乍恐済口御断」。

(33) 『大坂堺問答』壱番帳三四(二六頁)。

(34) 『大坂堺問答』壱番帳三五(二六頁)。

(35) 『大坂堺問答』壱番帳三九(二七頁)。

(36) 神宮文庫所蔵『大坂要用録』二所収「御切日出入不済断」、石井・注(11)所引『続近世民事訴訟法史』五〇頁所収「六十日切断」はどちらも同じ性格の資料であり、いずれにも、願人(債権者)へ債務者の病気見分を仰せつける旨の書き込みがある。瀧川・注(81)所引書五三三頁引用「対決切日出入不済断」も同種の史料である。なお、この「御切日出入不済断」は債務者の名で提出される場合もあったようである(注(28)所引『大坂御訴訟返答書』所収文政四年九月二八日付「乍恐口上」、天保一五年六月二二日付「乍恐口上」)。

(37) 木挽町『目安帳』嘉永七年三月七日条。

(38) 同嘉永六年一二月一三日条。

(39) 同文久元年一二月一八日条。

(40) 同安政三年七月二五日条。

(41)　同安政三年五月一八日条。

(42)　同右。

(43)　同右所収九月二二日付奉行所提出文書（宗七署名、月行事加判）。

(44)　「宗七文書」にも、「対談申入」を仰せつけられたとある。

(45)　幕末には合意形成のためのかなり手荒い介入もみられた。慶応二年（一八六六）五月二七日、木挽町の者が宇成嶋町の者を相手どって訴え出た紙類売掛出入では、出訴したその翌日の五月二八日、相手（被告）を呼び出し手鎖・預けを申し付け、願人（原告）には、「五日之内相対可致旨」命じた。すなわち、当事者同士で話をつける――すなわち内済する――よう命じたのである。しかも、六月一日、双方を出頭させ、相手（被告）に六月五日までに弁済するよう命じている。訴状を見る限り本件は普通の売掛金出入である。出訴の翌日被告を召喚して手鎖・預けを命じるとともに、原告に五日以内の内済を命じ、その三日後に被告に対し、五日以内の弁済を命ずるというのは、大坂法の原則から大きくかけ離れた処理である。奉行所が内済による紛争の早期解決を強く望んでいる様子がうかがえる（木挽町『目安帳』慶応二年五月二七日条）。

(46)　宇佐美・注(2)所引書一五一頁以下参照。

(47)　大坂では切金が原則として認められず、限定された範囲で認められたことについては、神保・注(11)所引「近世民事裁判における判例法の形成――『取捌題号』に見える大坂町奉行の身代限法」二八一頁以下、石井・注(11)所引『続近世民事訴訟法史』五七頁以下、一〇一頁以下参照。

(48)　この点については、安竹貴彦氏も、「「大坂法」の特徴として金銭債権の保護、とくに敏速な裁判手続や厳格な債権回収を挙げることができよう」（安竹「大阪市立大学学術情報総合センター所蔵『大坂公事方問合伺留――大坂町奉行所関係文書（二　其之弐）』」（『法学雑誌』第四八巻第三号、二〇〇一年）一五六頁）と述べており、神保文夫氏も、大坂法の「特徴は殊に金銭債権保護の点によく表れて」いる（神保・注(26)所引論文三一一頁）と述べている。

(49)　神保・注(12)所引論文一七二頁。大坂法を取り入れた江戸の「日限済方」改正＝切金廃止令が京都でも触れ出されたことについては、宇佐美・注(2)所引書一四一～一四三頁を参照。

(50)　中田薫『法制史論集』第三巻下（岩波書店、一九七一年）八六三頁。

(51) 同八七八頁。
(52) 同右。
(53) 大坂法についても、たとえば、安竹貴彦氏が、大坂東町奉行所松浦信正の改革とのかかわりで、「金銀出入の各局面に、訴訟人・相手方の両当事者に加え、家主・年寄・五人組などの関与を義務付けることで、彼らを介した済口（内済）・願下による解決を促進しようとする意図も垣間見ることができる」と指摘されている（安竹貴彦「寛保～延享期における大坂町奉行所の金銀出入取捌法改革」（『大阪商業大学商業史博物館紀要』第八号、二〇〇七年）一九、二〇頁）。
(54) 執行手続の中で内済の奨励に言及したものとして、小早川・注(11)所引論文（一）一六三、一六四頁参照。
(55) 神保文夫氏は、注(12)所引論文において、「小林家文書」の分析から「対決の上日切済方申付、押込から身代限に到る手続進行がすみやかに行われている」と指摘されている（一六六頁）。『目安帳』を見るとこのような事例もみられるが、「すみやか」ならざる事例も少なくない。服藤弘司氏が、「幕府が民事裁判、とくに金銀出入につき当事者相対解決主義を根本原則として据えた」（服藤「近世民事裁判と「公事師」」（大竹秀男・服藤弘司編『幕藩国家の法と支配』（有斐閣、一九八四年）三五二頁））と指摘した点は、大坂法の執行手続についてもあてはまると言えるのではあるまいか。
(56) 有物出入については、石井・注(11)所引『近世取引法史』二三二頁、服藤弘司『刑事法と民事法』（創文社、一九八三年）三三二頁、安竹・注(53)所引論文二〇頁を参照。
(57) 木挽町『目安帳』嘉永六年一一月七日条。
(58) 『大坂堺問答』三番帳十一（七一頁）。なお、石井良助氏が大坂町奉行所の民事訴訟法に関する史料として紹介された『幕政秘録乾』には、「貸物出入」「預物出入」等については「凡七ヶ度追訴之事」とある（石井・注(11)所引『続近世民事訴訟法史』四〇頁）。
(59) 木挽町『目安帳』嘉永七年三月二一日条。
(60) 『大坂堺問答』三番帳十一（七一頁）。なお、石井・注(11)所引『近世取引法史』二五二頁をも参照。
(61) 大坂町奉行所では、本文で述べたように追訴数度に及んでも履行されぬ場合は借主に所預を申し付け吟味することになっていたが、吟味に入る前に内済すれば、借主はお咎めを受けることなく差許された（『大坂堺問答』三番帳十一（七一頁））。このことも、当事者間の「水平の動き」を奉行所が期待していたことを物語るものであろう。

(62) 石井・注(11)所引『近世取引法史』九二頁以下、石井良助『続江戸時代漫筆』（井上書房、一九六三年重版）二一五、二一六頁、安竹・注(18)所引書一二二頁等参照。
(63) 石井・注(11)所引『近世取引法史』九〇頁以下。
(64)『大坂堺問答』四番帳六四（一〇八頁）。
(65) 木挽町『目安帳』嘉永七年六月二七日条。
(66) 同右。
(67) この家質利銀出入では相手（債務者）と並んで請人の名が見えるので、『大坂堺問答』四番帳五〇に該当する事例のように思われる。なお、石井・注(11)所引『近世取引法史』七〇頁参照。
(68)『摂州西宫邸裁判至要』奇之部十一、公事留帳対決請証文帳之事（桑田優「摂州西宫邸裁判至要（二）」（『八代学院大学経済経営論集』第三巻第一号、一九八三年）二二頁）にも、家質出入や田畑、船、株等を質にとった出入につき、「一右切日ニ至出入不相済旨双方断来時者、不及手鎖、押込等ニ、右之質物致帳切、願人江可相渡旨、於公事場ニ直ニ可申渡候」とある。
(69) 石井・注(11)所引『近世取引法史』一〇二頁注(22)。
(70)『大坂堺問答』四番帳六四（一〇八頁）。
(71) 同右。
(72)『当番所御用取調帳』(29)（野高宏之「江戸時代中期の大坂東町奉行所当番所史料」（『大阪の歴史』第四四号、一九九五年）六六頁）に、相手が病気に間違いないときは、「相手三十日切押込之儀、於公事場所之者江可申渡候」とある。
(73) 小早川・注(11)所引論文（二）一一七、一一八頁。
(74) 石井・注(11)所引『続近世民事訴訟法史』五〇頁、一七二、一七三、一七六頁、注(36)所引『大坂要用録』二参照。
(75)『大坂堺問答』四番帳六四（一〇八頁）。
(76) 道修町『目安帳』弘化二年一一月一八日条。
(77) 木挽町『目安帳』文久二年七月一八日条。
(78)『大坂堺問答』四番帳一（九二頁）。

(79)もっとも、地明出入では、〔事例八〕からも理解されるように、判決では、早期返還を命じているが、期限を区切って返還を命ずることはしていない（『大坂堺問答』四番帳一（九二頁）をも参照）。これに対し、家明出入では、判決で二〇日以内に明け渡しを命ずることになっていた（藤木喜一郎「大坂町奉行管下に於ける民事訴訟法」（『関西学院高等商業学部論叢』第一輯、一九四九年）一一一頁引用の家明出入裁許請証文、『大坂堺問答』三番帳一（六八頁）、石井・注(11)所引『続近世民事訴訟法史』一三三頁引用の「大坂表訴願案文」願方之部十六等参照）。この点では明らかに扱いが異なった。

(80)『大坂堺問答』四番帳八六（一一五頁）。

(81)この点に関して、瀧川政次郎氏は家明出入につき、「奉行所は原告が七度まで家明しの追訴をしても、強制的手段を用いて借家人を追立てることをしなかった様子が観取せられる。江戸時代の裁判所も、債務者、借家人の権利を保護することに啬かでなかったことが知られる」（瀧川『公事師・公事宿の研究』（赤坂書院、一九八四年）五一三、五一四頁）と指摘している点は注目される。

(82)田中英夫・竹内昭夫『法の実現における私人の役割』（東京大学出版会、一九八七年）一二一頁。

(83)この点についてはすでに、小早川欣吾氏が、「日限済方手続以下手鎖又は押込に至る一連の手続は一面に於て債務者に対する債務完済の強制手続を意味すると共に、他面に於ては其の精神に於て一種の強制和解とも考へられるのである」（小早川・注(11)所引論文（一）一六三頁）と述べて、「判決の実現」過程における和解の強制性を指摘されている。

(84)大平祐一「内済と裁判」（藤田覚編『近世法の再検討——歴史学と法史学の対話』（山川出版社、二〇〇五年））参照。

【付記】 拙稿「「出入」の終了——江戸時代の民事訴訟手続」（『立命館法学』三二七・三二八合併号、二〇〇九年）は、本章と一体不可分のものであるので、併せて読んでいただければ幸いである。

執筆者紹介（執筆順、現職、代表的業績）

籾山　明（もみやま　あきら）
元埼玉大学教養学部教授
『中国古代訴訟制度の研究』（京都大学学術出版会、2006年）

辻　正博（つじ　まさひろ）
京都大学大学院人間・環境学研究科准教授
『唐宋時代刑罰制度の研究』（京都大学学術出版会、2010年）

水越　知（みずこし　とも）
関西学院大学非常勤講師
「宋代社会と祠廟信仰の展開――地域核としての祠廟の出現――」（『東洋史研究』60巻4号、2002年）

谷井　陽子（たにい　ようこ）
天理大学文学部准教授
「八旗制度再考」（一）～（四）（『天理大学学報』208・211・216・223輯、2005～2010年）

陳　宝良（Chen Baoliang）
西南大学歴史文化学院教授
『中国的社与会』（浙江人民出版社、1996年）

范　金民（Fan Jinmin）
南京大学歴史系教授
『明清商事纠纷与商业诉讼』（南京大学出版社、2007年）

阿　風（A Feng）
中国社会科学院歴史研究所研究員
『明清時代婦女的地位和権利――以明清契約文書・訴訟档案為中心』（社会科学文献出版社、2009年）

伍　躍（ウ　ユエ）
大阪経済法科大学教養部教授
『中国の捐納制度と社会』（京都大学学術出版会、2011年）

寺田　浩明（てらだ　ひろあき）
京都大学大学院法学研究科教授
「権利と冤抑——清代聴訟世界の全体像」（『法学』61巻5号、1997年）

田邉　章秀（たなべ　あきひで）
京都大学大学院文学研究科聴講生
「『大清刑律』から『暫行新刑律』へ」（『東洋史研究』65巻3号、2006年）

黄　源盛（Huang Yuansheng）　国立政治大学法学院法律学系特聘教授
『漢唐法制与儒家伝統』（元照出版社、2009年）

浅井　正（あさい　ただし）
愛知大学法科大学院教授
「中国の新弁護士法と今後の課題」（『法律時報』69巻3号、1997年）

王　志強（Wang Zhiqiang）　復旦大学法学院教授
『法律多元視角下的清代国家法』（北京大学出版社、2003年）

大平　祐一（おおひら　ゆういち）
立命館大学法学部教授
『目安箱の研究』（創文社、2003年）

（訳者）
箱田　恵子（はこだ　けいこ）
宮城教育大学教育学部　准教授

井上　充幸（いのうえ　みつゆき）
関西大学文化交渉学教育研究拠点（ICIS）COE特別研究員

中国诉讼社会史研究

索　引

あ

さ

た

ま

や

ら

わ

A–Z

編者略歴

夫馬　進（ふま　すすむ）

京都大学大学院文学研究科教授

一九四八年生まれ。

一九七一年京都大学文学部卒業。一九七四年京都大学大学院中退。京都大学人文科学研究所助手、富山大学人文学部講師、同助教授、京都大学文学部助教授を歴任ののち、京都大学文学部教授、一九九六年より現職。

主な著書

『中国善会善堂史研究』（同朋舎出版）、『燕行使と通信使』（ハングル、新書苑）、『朝鮮燕行使と朝鮮通信使――使節が見た中国・日本』（中国語、上海古籍出版社）、編書に『増訂使琉球録解題及び研究』（榕樹書林）、『燕行録全集日本所蔵篇』（共編、東国大学校韓国文学研究所）、『中国東アジア外交交流史の研究』（京都大学学術出版会）など。

中国《ちゅうごく》訴訟《そしょう》社会史《しゃかいし》の研究《けんきゅう》

二〇一一年三月三十一日　初版　第一刷発行

編　者　夫《ふ》馬《ま》　進《すすむ》

発行者　檜山爲次郎

発行所　京都大学学術出版会

〒606-8315 京都市左京区吉田近衛町六九京都大学吉田南構内

電話〇七五(七六一)六一八二　FAX〇七五(七六一)六一九〇

URL http://www.kyoto-up.or.jp/

印刷所　亜細亜印刷 株式会社

Printed in Japan

定価はカバーに表示してあります

ISBN978-4-87698-992-8　C3022